Direito Civil BRASILEIRO

CONTRATOS E ATOS UNILATERAIS

O GEN | Grupo Editorial Nacional – maior plataforma editorial brasileira no segmento científico, técnico e profissional – publica conteúdos nas áreas de concursos, ciências jurídicas, humanas, exatas, da saúde e sociais aplicadas, além de prover serviços direcionados à educação continuada.

As editoras que integram o GEN, das mais respeitadas no mercado editorial, construíram catálogos inigualáveis, com obras decisivas para a formação acadêmica e o aperfeiçoamento de várias gerações de profissionais e estudantes, tendo se tornado sinônimo de qualidade e seriedade.

A missão do GEN e dos núcleos de conteúdo que o compõem é prover a melhor informação científica e distribuí-la de maneira flexível e conveniente, a preços justos, gerando benefícios e servindo a autores, docentes, livreiros, funcionários, colaboradores e acionistas.

Nosso comportamento ético incondicional e nossa responsabilidade social e ambiental são reforçados pela natureza educacional de nossa atividade e dão sustentabilidade ao crescimento contínuo e à rentabilidade do grupo.

Carlos Roberto Gonçalves

Direito Civil BRASILEIRO

CONTRATOS E ATOS UNILATERAIS

3

23a edição
revista, atualizada
e reformulada

gen | saraiva jur

■ Data do fechamento do livro: 27/10/2025

Publicada pelo selo **SaraivaJUR**
Uma editora integrante do GEN | Grupo Editorial Nacional
Travessa do Ouvidor, 11
Rio de Janeiro – RJ – 20040-040
www.grupogen.com.br

■ **Atendimento ao cliente: (11) 5080-0751 | faleconosco@grupogen.com.br**

■ Capa: Tiago Della Rosa

■ **CIP – BRASIL. CATALOGAÇÃO NA FONTE.**
SINDICATO NACIONAL DOS EDITORES DE LIVROS, RJ.

G625d
23. ed.

Gonçalves, Carlos Roberto, 1938-
Direito civil brasileiro : 3 : contratos e atos unilaterais / Carlos Roberto Gonçalves. - 23. ed. - Rio de Janeiro : Saraiva Jur, 2026.

Inclui bibliografia
ISBN 9786584004467

1. Direito civil - Brasil. 2. Contratos - Brasil. I. Título.

25-101031.0 CDU: 347(81)

Carla Rosa Martins Gonçalves - Bibliotecária - CRB-7/4782

SOBRE O AUTOR

Carlos Roberto Gonçalves é Mestre em Direito Civil pela Pontifícia Universidade Católica de São Paulo (PUC-SP). Desembargador aposentado do Tribunal de Justiça de São Paulo. Membro da Academia Brasileira de Direito Civil e do Instituto Brasileiro de Direito Contratual. Compõe o Corpo de Árbitros do Centro de Arbitragem e Mediação da Federação das Indústrias de São Paulo (Fiesp).

ÍNDICE

PARTE I
DOS CONTRATOS

Título I
TEORIA GERAL DOS CONTRATOS

Capítulo I
NOÇÃO GERAL

Capítulo II
DA FORMAÇÃO DOS CONTRATOS

Capítulo III
CLASSIFICAÇÃO DOS CONTRATOS

Capítulo IV
DA ESTIPULAÇÃO EM FAVOR DE TERCEIRO

Capítulo V
DA PROMESSA DE FATO DE TERCEIRO

Capítulo VI
DOS VÍCIOS REDIBITÓRIOS

Capítulo VII
DA EVICÇÃO

Capítulo VIII
DOS CONTRATOS ALEATÓRIOS

Capítulo IX
DO CONTRATO PRELIMINAR

Capítulo X
DO CONTRATO COM PESSOA A DECLARAR

Capítulo XI
DA EXTINÇÃO DO CONTRATO

Título II
DAS VÁRIAS ESPÉCIES DE CONTRATO

Capítulo I
DA COMPRA E VENDA

Capítulo II
DA TROCA OU PERMUTA

Capítulo III
DO CONTRATO ESTIMATÓRIO

Capítulo IV
DA DOAÇÃO

Capítulo V
DA LOCAÇÃO DE COISAS

Capítulo VI
DO EMPRÉSTIMO

Capítulo VII
DA PRESTAÇÃO DE SERVIÇOS

Capítulo VIII
DA EMPREITADA

Capítulo IX
DO DEPÓSITO

Capítulo X
DO MANDATO

Capítulo XI
DA COMISSÃO

Capítulo XII
DA AGÊNCIA E DISTRIBUIÇÃO

Capítulo XIII
DA CORRETAGEM

Capítulo XIV
DO TRANSPORTE

Capítulo XV
DO SEGURO

CAPÍTULO XVI
DA CONSTITUIÇÃO DE RENDA

CAPÍTULO XVII
DO JOGO E DA APOSTA

CAPÍTULO XVIII
DA FIANÇA

CAPÍTULO XIX
DA TRANSAÇÃO

Capítulo XX
DO COMPROMISSO E DA ARBITRAGEM

Capítulo XXI
DO CONTRATO DE ADMINISTRAÇÃO FIDUCIÁRIA DE GARANTIAS

PARTE II
DOS ATOS UNILATERAIS

Capítulo I
DA PROMESSA DE RECOMPENSA

Capítulo II
DA GESTÃO DE NEGÓCIOS

Capítulo III
DO PAGAMENTO INDEVIDO

Capítulo IV
DO ENRIQUECIMENTO SEM CAUSA

Capítulo V
DOS TÍTULOS DE CRÉDITO

PARTE III
DOS CONTRATOS ESPECIAIS

CAPÍTULO I
DA EDIÇÃO

CAPÍTULO II
DOS CONTRATOS BANCÁRIOS

CAPÍTULO III
DO ARRENDAMENTO MERCANTIL OU *LEASING*

Capítulo IV

DA FRANQUIA OU *FRANCHISING*

Capítulo V

DA FATURIZAÇÃO OU *FACTORING*

Capítulo VI

DO CONTRATO DE RISCO OU *JOINT VENTURE*

Capítulo VII

DA TRANSFERÊNCIA DE TECNOLOGIA OU *KNOW-HOW*

Capítulo VIII

DO CONTRATO DE *ENGINEERING*

Capítulo IX

DA COMERCIALIZAÇÃO DE PROGRAMA DE COMPUTADOR (*SOFTWARE*)

PARTE I
DOS CONTRATOS

Título I
TEORIA GERAL DOS CONTRATOS

Capítulo I
NOÇÃO GERAL

1. CONCEITO

O contrato é a mais comum e a mais importante fonte de obrigação, devido às suas múltiplas formas e inúmeras repercussões no mundo jurídico. Fonte de obrigação é o fato que lhe dá origem. Os fatos humanos que o Código Civil brasileiro considera geradores de obrigação são: a) os contratos; b) as declarações unilaterais da vontade; e c) os atos ilícitos, dolosos e culposos.

Como é a lei que dá eficácia a esses fatos, transformando-os em fontes diretas ou *imediatas*, aquela constitui fonte *mediata* ou *primária* das *obrigações*. É a lei que disciplina os efeitos dos contratos, que obriga o declarante a pagar a recompensa prometida e que impõe ao autor do ato ilícito o dever de ressarcir o prejuízo causado. Há obrigações que, entretanto, resultam diretamente da *lei*, como a de prestar alimentos (CC, art. 1.694), a de indenizar os danos causados por seus empregados (CC, art. 932, III), a *propter rem* imposta aos vizinhos etc.

O contrato é uma espécie de *negócio jurídico* que depende, para a sua formação, da participação de pelo menos duas partes. É, portanto, negócio jurídico bilateral ou plurilateral. Com efeito, distinguem-se, na teoria dos negócios jurídicos, os *unilaterais*, que se aperfeiçoam pela manifestação de vontade de apenas uma das partes, e os *bilaterais*, que resultam de uma composição de interesses. Os últimos, ou seja, os negócios bilaterais, que decorrem de mútuo consenso, constituem os contratos. Contrato é, portanto, como dito, uma espécie do gênero negócio jurídico[1].

Segundo a lição de Caio Mário[2], o fundamento ético do contrato é a vontade humana, desde que atue na conformidade da ordem jurídica. Seu *habitat* é a ordem legal. Seu efeito, a criação de direitos e de obrigações. O contrato é, pois, "um acordo de vontades, na conformidade da lei, e com a finalidade de adquirir, resguardar, transferir, conservar, modificar ou extinguir direitos. Desde Beviláqua o contrato é comumente conceituado de forma sucinta, como o "acordo de vontades para o fim de adquirir, resguardar, modificar ou extinguir direitos"[3].

Sempre, pois, que o negócio jurídico resultar de um mútuo consenso, de um encontro de duas vontades, estaremos diante de um contrato. Essa constatação conduz à ilação de que o contrato não se restringe ao direito das obrigações, estendendo-se a outros ramos do direito privado (o casamento, p. ex., é considerado um contrato especial, um contrato do direito de família) e também ao direito público (são em grande número os contratos celebrados pela Administração Pública, com características próprias), bem como a toda espécie de convenção. Em sentido estrito, todavia, o conceito de contrato restringe-se aos pactos que criem, modifiquem ou extingam relações *patrimoniais*, como consta expressamente do art. 1.321 do Código Civil italiano.

O Código Civil brasileiro de 2002 disciplina, em vinte capítulos, vinte e três espécies de contratos nominados (arts. 481 a 853) e cinco de declarações unilaterais da vontade (arts. 854 a 886 e 904 a 909), além dos títulos de crédito, tratados separadamente (arts. 887 a 926). Contém ainda um título referente às obrigações por atos ilícitos ("Da Responsabilidade Civil", arts. 927 a 954).

Começaremos o estudo pelo *contrato*, que constitui o mais expressivo modelo de negócio jurídico bilateral.

2. EVOLUÇÃO HISTÓRICA

O direito romano distinguia *contrato* de *convenção*. Esta representava o gênero, do qual o contrato e o *pacto* eram espécies.

O Código Napoleão foi a primeira grande codificação moderna. A exemplo do direito romano, considerava a convenção o gênero, do qual o contrato era uma espécie (art. 1.101). Idealizado sob o calor da Revolução de 1789, o referido diploma disciplinou o contrato como mero instrumento para a aquisição da propriedade. O acordo de vontades representava, em realidade, uma garantia para os burgueses e para as classes proprietárias. A transferência de bens passava a ser dependente exclusivamente da vontade[4].

O Código Civil alemão, promulgado muito tempo depois, considera o contrato uma espécie de negócio jurídico, que por si só não transfere a propriedade, como sucede igualmente no atual Código Civil brasileiro.

Hoje, as expressões *convenção*, *contrato* e *pacto* são empregadas como sinônimas, malgrado a praxe de se designar os contratos acessórios de pactos (pacto comissório, pacto antenupcial etc.). A propósito, afirma Roberto de Ruggiero que tudo se modificou no direi-

---

1 Orlando Gomes, *Contratos*, p. 4; Silvio Rodrigues, *Direito civil*, v. 3, p. 9.
2 Caio Mário da Silva Pereira, *Instituições de direito civil*, v. III, p. 7.
3 Clóvis Beviláqua, *Código Civil dos Estados Unidos do Brasil*, v. IV, obs. 1 ao art. 1.079.
4 Sílvio Venosa, *Direito civil*, v. II, p. 362.

to moderno, pois qualquer acordo entre duas ou mais pessoas, que tenha por objeto uma relação jurídica, pode ser indiferentemente chamado de contrato ou convenção e às vezes pacto, visto este termo ter perdido aquele significado técnico e rigoroso que lhe atribuía a linguagem jurídica romana. E arremata o mencionado jurista italiano: "Assim a convenção, isto é, o acordo das vontades, torna-se sinônimo de contrato e o próprio contrato identifica-se assim com o consenso..."[5].

A ideia de um contrato com predominância da *autonomia da vontade*, em que as partes discutem livremente as suas condições em situação de igualdade, deve-se aos conceitos traçados para o contrato nos Códigos francês e alemão. Entretanto, essa espécie de contrato, essencialmente privado e paritário, representa hodiernamente uma pequena parcela do mundo negocial. Os contratos em geral são celebrados com a pessoa jurídica, com a empresa, com os grandes capitalistas e com o Estado.

A economia de massa exige *contratos impessoais* e *padronizados* (contratos-tipo ou de massa), que não mais se coadunam com o princípio da autonomia da vontade. O Estado intervém, constantemente, na relação contratual privada, para assegurar a supremacia da ordem pública, relegando o individualismo a um plano secundário. Essa situação tem sugerido a existência de um *dirigismo contratual*, em certos setores que interessam a toda a coletividade. Pode-se afirmar que a força obrigatória dos contratos não se afere mais sob a ótica do dever moral de manutenção da palavra empenhada, mas da realização do bem comum.

No direito civil, *o contrato está presente não só no direito das obrigações como também no direito de empresa, no direito das coisas (transcrição, usufruto, servidão, hipoteca etc.), no direito de família (casamento) e no direito das sucessões (partilha em vida). Trata-se de figura jurídica que ultrapassa o âmbito do direito civil, sendo expressivo o número de contratos de direito público hoje celebrado, como já foi dito.*

O contrato tem uma *função social*, sendo veículo de circulação da riqueza, centro da vida dos negócios e propulsor da expansão capitalista. O Código Civil de 2002 tornou explícito que a *liberdade de contratar* só pode ser exercida em consonância com os fins sociais do contrato, *implicando os valores primordiais da boa-fé e da probidade* (arts. 421 e 422).

3. FUNÇÃO SOCIAL DO CONTRATO

O Código Civil de 2002 procurou afastar-se das concepções individualistas que nortearam o diploma anterior para seguir orientação compatível com a socialização do direito contemporâneo. O princípio da *socialidade* por ele adotado reflete a prevalência dos valores coletivos sobre os individuais, sem perda, porém, do valor fundamental da pessoa humana.

Com efeito, o sentido social é uma das características mais marcantes do aludido diploma, em contraste com o sentido individualista que condiciona o Código Beviláqua. Há uma convergência para a realidade contemporânea, com a revisão dos direitos e deveres dos cinco principais personagens do direito privado tradicional, como enfatiza Miguel Reale: *o proprietário, o contratante, o empresário, o pai de família e o testador*[6].

Nessa consonância, dispunha o art. 421 do Código Civil, em sua redação original: "*A liberdade de contratar será exercida em razão e nos limites da função social do contrato*".

A concepção social do contrato apresenta-se, modernamente, como um dos pilares da teoria contratual. Por identidade dialética guarda intimidade com o princípio da "*função social da propriedade*" *previsto na Constituição Federal.* Tem por escopo promover a realização

---

5 *Instituições de direito civil*, v. III, p. 185-188.

6 *O Projeto do novo Código Civil*, p. 7.

de uma justiça comutativa, aplainando as desigualdades substanciais entre os contraentes[7].

Efetivamente, o dispositivo supratranscrito subordina a liberdade contratual à sua função social, com prevalência dos princípios condizentes com a ordem pública. Considerando que o direito de propriedade, que deve ser exercido em conformidade com a sua função social, proclamada na Constituição Federal, se viabiliza por meio dos contratos, o atual Código estabelece que a liberdade contratual não pode afastar-se daquela função. A função social do contrato constitui, assim, princípio moderno a ser observado pelo intérprete na aplicação dos contratos. Alia-se aos princípios tradicionais, como os da autonomia da vontade e da obrigatoriedade, muitas vezes impedindo que estes prevaleçam.

Segundo Caio Mário[8], a função social do contrato serve precipuamente para limitar a autonomia da vontade quando tal autonomia esteja em confronto com o interesse social e este deva prevalecer, ainda que essa limitação possa atingir a própria liberdade de não contratar, como ocorre nas hipóteses de contrato obrigatório. Tal princípio desafia a concepção clássica de que os contratantes tudo podem fazer, porque estão no exercício da autonomia da vontade. Essa constatação tem como consequência, por exemplo, possibilitar que terceiros, que não são propriamente partes do contrato, possam nele influir, em razão de serem direta ou indiretamente por ele atingidos.

Nessa mesma linha, anota Judith Martins-Costa9 que a função social é, evidentemente, e na literal dicção do art. 421, uma condicionante posta ao princípio da liberdade contratual. Nesse sentido, a cláusula poderá desempenhar, no campo contratual que escapa à regulação específica do Código de Defesa do Consumidor, funções análogas às que são desempenhadas pelo art. 51 daquela lei especial, para impedir que a liberdade contratual se manifeste sem peias.

Todavia, adverte a mencionada civilista, o citado art. 421 não representa apenas uma restrição à liberdade contratual, pois tem um peso específico, que é o de entender a eventual restrição à liberdade contratual não mais como uma "exceção" a um direito absoluto, mas como expressão da função metaindividual que integra aquele direito. Há, portanto, aduz, um valor operativo, regulador da disciplina contratual, que deve ser utilizado não apenas na interpretação dos contratos, mas, por igual, na integração e na concretização das normas contratuais particularmente consideradas.

É possível afirmar que o atendimento à função social pode ser enfocado sob dois aspectos: um, *individual, relativo aos contratantes, que se valem do contrato para satisfazer seus interesses próprios, e outro, público*, que é o interesse da coletividade sobre o contrato. Nessa medida, a função social do contrato somente estará cumprida quando a sua finalidade – distribuição de riquezas – for atingida de forma justa, ou seja, quando o contrato representar uma fonte de equilíbrio social[10].

---

7 Jones Figueirêdo Alves, *Novo Código Civil comentado*, coord. de Ricardo Fiuza, p. 372-373.

8 *Instituições de direito civil*, v. III, p. 13-14.

9 O direito privado como um "sistema em construção" – as cláusulas gerais no Projeto de Código Civil brasileiro, *RT*, 753/40-41, jul. 1998.

A "Jornada de Direito Civil", realizada em Brasília de 11 a 13 de setembro de 2002, promovida pelo Centro de Estudos Judiciários do Conselho da Justiça Federal, sob a coordenação científica do Min. Ruy Rosado de Aguiar Júnior, do Superior Tribunal de Justiça, com acerto, baseando-se no princípio da conservação do contrato, amoldado às regras da função social do contrato e da boa-fé objetiva, proclamou: "A função social do contrato, prevista no art. 421 do novo Código Civil, constitui cláusula geral, que reforça o princípio de conservação do contrato, assegurando trocas úteis e justas" (STJ 22). Significa dizer que o contrato é também instrumento de realização do bem comum.

10 Mônica Bierwagen, *Princípios e regras de interpretação dos contratos no novo Código Civil*, p. 42-43. Aduz a mencionada autora que "há contratos que, embora atendam aos interesses individuais dos contratantes, nem sempre se mostram compatíveis com o interesse social. É o caso, por exemplo, do terre-

Destaca-se que o *Enunciado n. 23 da I Jornada de Direito Civil (STJ-CJF)* deixa claro que a função social do contrato não elide a autonomia contratual conferida aos contratantes, mas apenas opera como atenuante quando interesses de natureza metaindividuais ou mesmo individuais atrelados à ideia de dignidade da pessoa humana estejam em jogo.

Observa-se que as principais mudanças no âmbito dos contratos, no atual diploma, foram implementadas por *cláusulas gerais*, em paralelo às normas marcadas pela estrita casuística. *Cláusulas gerais* são normas orientadoras sob forma de diretrizes, dirigidas precipuamente ao juiz, vinculando-o, ao mesmo tempo em que lhe dão liberdade para decidir. São elas formulações contidas na lei, de caráter significativamente genérico e abstrato, cujos valores devem ser preenchidos pelo juiz, autorizado para assim agir em decorrência da formulação legal da própria cláusula geral. Quando se insere determinado *princípio geral* (regra de conduta que não consta do sistema normativo, mas se encontra na consciência dos povos e é seguida universalmente) no direito positivo do país (Constituição, leis etc.), deixa de ser princípio geral, ou seja, deixa de ser regra de interpretação e passa a caracterizar-se como *cláusula geral*[11].

As *cláusulas gerais* resultaram basicamente do convencimento do legislador de que as leis rígidas, definidoras de tudo e para todos os casos, são necessariamente insuficientes e levam seguidamente a situações de grave injustiça. Embora tenham, num primeiro momento, gerado certa insegurança, convivem, no entanto, harmonicamente no sistema jurídico, respeitados os princípios constitucionais concernentes à organização jurídica e econômica da sociedade. Cabe à doutrina e à jurisprudência identificá-las e definir o seu sentido e alcance, aplicando-as ao caso concreto, de acordo com as suas circunstâncias, como novos princípios do direito contratual e não simplesmente como meros conselhos, destituídos de força vinculante, malgrado isso possa significar uma multiplicidade de soluções para uma mesma situação basicamente semelhante, mas cada uma com particularidades que impõem solução apropriada, embora diferente da outra[12].

Cabe destacar, dentre outras, a cláusula geral que proclama a função social do contrato, ora em estudo, e a que exige um comportamento condizente com a probidade e boa-fé objetiva (CC, art. 422). Podem ser também lembrados, como integrantes dessa vertente, aos quais se poderá aplicar a expressão "função social do contrato", os arts. 50 (desconsideração da personalidade jurídica), 156 (estado de perigo), 157 (lesão), 424 (contrato de adesão), parágrafo único do art. 473 (resilição unilateral do contrato), 884 (enriquecimento sem causa) e outros.

---

no que é alugado por uma empresa para armazenamento de lixo tóxico sem tratamento, ou da distribuição de amostras grátis de bebida alcoólica em frente a uma unidade dos Alcoólatras Anônimos. Não há como negar que, nesses casos, há um interesse que decorre dos direitos sociais – de ter um meio ambiente limpo ou a recuperação do alcoólatra – que não pode ser desprezado em favor da liberdade contratual" (p. 47).

[11] Nelson Nery Junior, Contratos no Código Civil – Apontamentos gerais, in *O novo Código Civil*: estudos em homenagem ao Professor Miguel Reale, coord. de Domingos Franciulli Netto, Gilmar Ferreira Mendes e Ives Gandra da Silva Martins Filho, p. 406-408.

A inovação, segundo Ruy Rosado de Aguiar Júnior, pressupõe uma técnica judicial diversa da comumente usada para aplicar a regra que tipifica a conduta, feita mediante simples subsunção, para exigir um trabalho judicial prévio e criador da própria regra concreta do caso. Isso significa certa indefinição quanto à solução da questão, o que tem sido objeto de crítica. Do emprego da cláusula geral decorre o abandono do princípio da tipicidade e fica reforçado o poder revisionista do juiz, a exigir uma magistratura preparada para o desempenho da função, que também deve estar atenta, mais do que antes, aos usos e costumes locais (Projeto do Código Civil – As obrigações e os contratos, *RT*, 775/20).

[12] Ruy Rosado de Aguiar Júnior, Projeto do Código Civil – As obrigações e os contratos, p. 20.

Deve-se ainda realçar o disposto no parágrafo único do art. 2.035 do Código Civil em vigor: "*Nenhuma convenção prevalecerá se contrariar preceitos de ordem pública, tais como os estabelecidos por este Código para assegurar a função social da propriedade e dos contratos*". As partes devem celebrar seus contratos com ampla liberdade, observadas as exigências da ordem pública, como é o caso das cláusulas gerais.

Como *a função social é cláusula geral*, assinala NELSON NERY JUNIOR, o juiz poderá preencher os claros do que significa essa "função social", com valores jurídicos, sociais, econômicos e morais. A solução será dada diante do que se apresentar, no caso concreto, ao juiz. Poderá, por exemplo, proclamar a inexistência do contrato por falta de objeto; declarar sua nulidade por fraude à lei imperativa (CC, art. 166, VI), porque a norma do art. 421 é de ordem pública (CC, art. 2.035, parágrafo único); convalidar o contrato anulável (CC, arts. 171 e 172); determinar a indenização da parte que desatendeu a função social do contrato etc.

Aduz o mencionado jurista que, sendo "*normas de ordem pública, o juiz pode aplicar as cláusulas gerais em qualquer ação judicial, independentemente de pedido da parte ou do interessado, pois deve agir ex officio*. Com isso, ainda que, por exemplo, o autor de ação de revisão de contrato não haja pedido na petição inicial algo relativo à determinada cláusula geral, o juiz pode, de ofício, modificar cláusula de percentual de juros, caso entenda que deve assim agir para adequar o contrato à sua função social. Assim agindo, autorizado pela cláusula geral expressamente prevista na lei, o juiz poderá ajustar o contrato e dar-lhe a sua própria noção de equilíbrio, sem ser tachado de arbitrário"[13].

Assinala, por sua vez, ARAKEN DE ASSIS[14] que o contrato cumprirá sua função social "respeitando sua função econômica, que é a de promover a circulação de riquezas, ou a manutenção das trocas econômicas, na qual o elemento ganho ou lucro jamais poderá ser desprezado, tolhido ou ignorado, tratando-se de uma economia de mercado".

Destarte, salienta, "toda vez que o contrato inibe o movimento natural do comércio jurídico, prejudicando os demais integrantes da coletividade na obtenção dos bens da vida, descumpre sua função social. Figure-se o caso de a empresa de banco, que conhece o fato de o conjunto habitacional se encontrar ocupado por inúmeras pessoas, mediante pré-contratos firmados com a construtora, todavia recebê-lo como garantia hipotecária de um empréstimo destinado a outros empreendimentos e invocar a eficácia *erga omnes* do gravame na ulterior execução do crédito. O contrato de mútuo-hipotecário obstou à destinação normal das unidades autônomas, construídas para serem adquiridas e ocupadas para fins habitacionais, e incidiu no veto do art. 421, *in fine*. Assim se resolveu, em que pese desnecessária invocação do princípio da boa-fé objetiva, o 'Caso Encol'".

A Lei n. 13.874, de 20 de setembro de 2019, deu nova redação ao mencionado art. 421 do Código Civil, *verbis*:

"Art. 421. A liberdade contratual será exercida nos limites da função social do contrato.

---

[13] Contratos no Código Civil – Apontamentos gerais, in *O novo Código Civil*: estudos em homenagem ao Professor Miguel Reale, coord. de Domingos Franciulli Netto, Gilmar Ferreira Mendes e Ives Gandra da Silva Martins Filho, p. 416-417.

Aduz Nelson Nery Junior: "O contrato estará conformado à sua função social quando as partes se pautarem pelos valores da solidariedade (CF, 3º, I) e da justiça social (CF, 170, *caput*), da livre-iniciativa, for respeitada a dignidade da pessoa humana (CF, 1º, III), não se ferirem valores ambientais (CDC, 51, XIV) etc. Haverá desatendimento da *função social*, quando a) a prestação de uma das partes for exagerada ou desproporcional, extrapolando a álea normal do contrato; b) quando houver vantagem exagerada para uma das partes; c) quando quebrar-se a base objetiva ou subjetiva do contrato etc." (p. 427).

[14] *Comentários ao Código Civil brasileiro*, v. V, p. 85-86.

Parágrafo único. Nas relações contratuais privadas, prevalecerão o princípio da intervenção mínima e a excepcionalidade da revisão contratual".

A função social do contrato, inserida no dispositivo em apreço, foi uma inovação do atual diploma civil. Trata-se de "um princípio de justiça contratual, por meio do qual o juiz pode corrigir os efeitos produzidos entre as partes, em um primeiro momento, quando estes forem socialmente inaceitáveis por prejudicarem a coletividade ou por estarem em desacordo com valores fundamentais e, em um segundo momento, quando houver a produção de efeitos diversos daqueles esperados por uma das partes ao ter celebrado o contrato. Com a edição da MP 881 (convertida na mencionada Lei n. 13.874/2019), a liberdade de contratar continua sendo limitada pela função do contrato, mas esta, por sua vez, passa a ser limitada pela liberdade de contratar no exercício da atividade econômica, em especial pela tal 'Declaração de Direitos de Liberdade Econômica', o que pode caracterizar petição de princípio. Lendo atentamente tais afirmações, duas delas estariam relacionadas à função social do contrato: são aquelas dos incisos V e VIII do artigo 3º da MP 881, em que se estabelecem, respectivamente, a presunção de boa-fé nos atos praticados no exercício da atividade econômica – traduzindo-se: na celebração dos contratos –, preservando a 'autonomia de sua vontade', exceto em caso de disposição expressa em contrário, e a preservação da livre estipulação das partes nos contratos empresariais"[15].

O Enunciado n. 542 do Conselho da Justiça Federal – STJ, da VI Jornada de Direito Civil/2013, trata, *verbi gratia*, de cláusula que atenta contra a função social do contrato, nestes termos:

"A recusa de renovação das apólices de seguro de vida pelas seguradoras em razão da idade do segurado é discriminatória e atenta contra a função social do contrato".

E o *Superior Tribunal de Justiça*, nessa linha, em julgamento de incidente de recursos repetitivos, Tema 952, proclamou que "o reajuste de mensalidade de plano de saúde individual ou familiar fundado na mudança de faixa etária do beneficiário é válido desde que (i) haja previsão contratual, (ii) sejam observadas as normas expedidas pelos órgãos governamentais reguladores e (iii) não sejam aplicados percentuais desarrazoados ou aleatórios que, concretamente e sem base atuarial idônea, onerem excessivamente o consumidor ou discriminem o idoso"[16].

Quanto ao reajuste por faixa etária em planos de saúde coletivos, em sede de julgamento de recursos repetitivos, a Segunda Seção do STJ, no julgamento do Tema 1.016, firmou o seguinte entendimento: "(i) aplicabilidade das teses firmadas no Tema 952/STJ aos planos coletivos, ressalvando-se, quanto às entidades de autogestão, a inaplicabilidade do CDC; (ii) A melhor interpretação do enunciado normativo do art. 3º, II, da Resolução n. 63/2003, da ANS, é aquela que observa o sentido matemático da expressão 'variação acumulada', referente ao aumento real de preço verificado em cada intervalo, devendo-se aplicar, para sua apuração, a respectiva fórmula matemática, estando incorreta a simples soma aritmética de percentuais de reajuste ou o cálculo de média dos percentuais aplicados em todas as faixas etárias"[17].

Registre-se que a Lei n. 13.709, de 14 de agosto de 2018, com vigência a partir de fevereiro de 2020, promove, nas "Disposições Finais e Transitórias", mudanças na Lei n. 12.965, de 23 de abril de 2014 (*Marco Civil da Internet*), em vigor com as seguintes alterações:

"Art. 7º [...]

---

[15] MP da "liberdade econômica": o que fizeram com o Direito Civil?, Eduardo Tomasevicius Filho, *Revista Consultor Jurídico* de 13-5-2019.

[16] STJ, REsp 1.568.244-RJ, 2ª S., rel. Min. Villas Bôas Cueva, *DJe* 19-12-2016.

[17] STJ, REsp 1.716.113-DF, 2ª S., rel. Min. Paulo de Tarso Sanseverino, *DJe* 8-4-2022.

X – exclusão definitiva dos dados pessoais que tiver fornecido a determinada aplicação de internet, a seu requerimento, ao término da relação entre as partes, ressalvadas as hipóteses de guarda obrigatória de registros previstas nesta Lei e na que dispõe sobre a proteção de dados pessoais; [...]".

"Art. 16. [...]

II – de dados pessoais que sejam excessivos em relação à finalidade para a qual foi dado consentimento pelo seu titular, exceto nas hipóteses previstas na Lei que dispõe sobre a proteção de dados pessoais."

A propósito da função social do contrato, a *3ª Turma do Superior Tribunal de Justiça considerou que* "a operadora de plano de saúde está obrigada a ressarcir o Sistema Único de Saúde quando seus beneficiários se utilizarem do serviço público de atenção à saúde, conforme procedimento próprio estabelecido na Resolução Normativa 358/2014, da ANS, porque se a operadora de plano de saúde é obrigada a ressarcir o SUS na hipótese de tratamento em hospital público, não há razão para deixar de reembolsar o próprio beneficiário que se utiliza dos serviços do hospital privado que não faz parte da sua rede credenciada. O reembolso das despesas efetuadas pelo beneficiário com assistência à saúde deve ser permitido quando não for possível a utilização dos serviços próprios, contratados, credenciados ou referenciados pelas operadoras, sendo as hipóteses de urgência e emergência apenas exemplos (e não requisitos) dessa segurança contratual dada aos consumidores"[18].

Cita Flávio Tartuce[19] que "A extinção de vínculos contratuais, a revisão judicial, e a suspensão de cláusulas contratuais são medidas a serem evitadas pelas partes, sempre que possível. É vantajosa à decisão judicial a negociação feita pelos contratantes, em atenção à boa-fé, ao dever de cooperação e à solidariedade social, mormente na atual situação, em que restrições ocasionadas pela pandemia de coronavírus são impostas a todos. Padece de razoabilidade a suspensão liminar, total e indefinida das obrigações contratuais de uma das partes em detrimento da outra e anteriormente à oitiva desta, mormente se não realizada qualquer tentativa de reconstrução do equilíbrio econômico do contrato por elas firmado".

4. CONTRATO NO CÓDIGO DE DEFESA DO CONSUMIDOR

Determina a Constituição Federal que o "Estado promoverá, na forma da lei, a defesa do consumidor" (art. 5º, XXXII). Em cumprimento a essa determinação, foi elaborado o Código de Defesa do Consumidor (Lei n. 8.078/90), que entrou em vigor em março de 1991, trazendo profundas modificações à ordem jurídica nacional, estabelecendo um conjunto sistemático de normas, de naturezas diversificadas, mas ligadas entre si por terem como suporte uma relação jurídica básica, caracterizada como uma relação de consumo.

A nova legislação repercutiu profundamente nas diversas áreas do direito, inovando em aspectos de direito penal, administrativo, comercial, processual civil e civil, em especial.

Com a evolução das relações sociais e o surgimento do consumo em massa, bem como dos conglomerados econômicos, os princípios tradicionais da nossa legislação privada já não bastavam para reger as relações humanas, sob determinados aspectos. E, nesse contexto, surgiu o Código de Defesa do Consumidor atendendo a princípio constitucional relacionado à ordem econômica.

Partindo da premissa básica de que o consumidor é a parte vulnerável das relações de consumo, o Código pretende restabelecer o equilíbrio entre os protagonistas de tais relações.

---

18 STJ, REsp 1.575.764-SP, 3ª T., rel. Min. Nancy Andrighi, *DJe* 30-5-2019.

19 *Teoria geral dos contratos e contratos em espécie*, p. 88.

Assim, declara expressamente o art. 1º que o Código estabelece normas de proteção e defesa do consumidor, acrescentando serem tais normas de ordem pública e de interesse social. De pronto, percebe-se que, tratando-se de relações de consumo, as normas de natureza privada, estabelecidas no Código de 1916, onde campeava o princípio da autonomia da vontade, e em leis esparsas, deixaram de ser aplicadas. O Código de Defesa do Consumidor retirou da legislação civil, bem como de outras áreas do direito, a regulamentação das atividades humanas relacionadas com o consumo, criando uma série de princípios e regras em que se sobressai não mais a igualdade formal das partes, mas a vulnerabilidade do consumidor, que deve ser protegido.

Os dois principais protagonistas do Código de Defesa do Consumidor são o consumidor e o fornecedor. Incluídos se acham, no último conceito, o produtor, o fabricante, o comerciante e, principalmente, o prestador de serviços (art. 3º).

O atual Código Civil, ao tratar da *prestação de serviço* (arts. 593 a 609), declara que somente será por ele regida a que não estiver sujeita às leis trabalhistas ou a lei especial (art. 593). As regras do Código Civil têm, pois, caráter residual, aplicando-se somente às relações não regidas pela Consolidação das Leis do Trabalho e pelo Código do Consumidor, sem distinguir a espécie de atividade prestada pelo locador ou prestador de serviços, que pode ser profissional liberal ou trabalhador braçal. Todavia, ao tratar do fornecimento de *transportes* em geral, que é modalidade de prestação de serviço, o diploma civil em vigor inverteu o critério, conferindo caráter subsidiário ao Código de Defesa do Consumidor. Aplica-se este aos contratos de transporte em geral, "*quando couber*", desde que não contrarie as normas que disciplinam essa espécie de contrato no Código Civil (art. 732).

O Código do Consumidor estabeleceu princípios gerais de proteção que, pela sua amplitude, passaram a ser aplicados também aos contratos em geral, mesmo que não envolvam relação de consumo. Destacam-se o princípio geral da boa-fé (art. 51, IV), da obrigatoriedade da proposta (art. 51, VIII), da intangibilidade das convenções (art. 51, X, XI e XIII). No capítulo concernente às cláusulas abusivas, o referido diploma introduziu os princípios tradicionais da lesão nos contratos (art. 51, IV e § 1º) e da onerosidade excessiva (art. 51, § 1º, III).

Pondera Sílvio Venosa que "os princípios tornados lei positiva pela lei de consumo devem ser aplicados, sempre que oportunos e convenientes, em todo contrato e não unicamente nas relações de consumo. Desse modo, o juiz, na aferição do caso concreto, terá sempre em mente a boa-fé dos contratantes, a abusividade de uma parte em relação à outra, a excessiva onerosidade etc., como regras gerais e cláusulas abertas de todos os contratos, pois os princípios são genéricos, mormente levando-se em conta o sentido dado pelo novo Código Civil"[20].

Nesse diapasão, justifica Gustavo Tepedino[21] a incidência do conjunto de mecanismos de defesa do consumidor nas relações do direito privado em geral pela aplicação direta dos princípios constitucionais da isonomia substancial, da dignidade da pessoa humana e da realização plena de sua personalidade. Assim, aduz, o conjunto de princípios inovadores, *como a proteção da boa-fé objetiva*, a interpretação mais favorável, a inversão do ônus da prova diante da verossimilhança do pedido ou da hipossuficiência, tem pertinência com a preocupação constitucional da redução das desigualdades e com o efetivo exercício da cidadania. Em conclusão, afirma o mencionado mestre, parece chegada a hora de se buscar uma definição de um conjunto de princípios ou de regras que se constituam em normas gerais a serem utilizadas não de forma isolada em um ou outro setor, mas de maneira abrangente, em

---

20 *Direito civil*, v. II, p. 371.

21 As relações de consumo e a nova teoria contratual, in *Temas de direito civil*, p. 213.

consonância com as normas constitucionais, para que se possa, a partir daí, construir o que seria uma nova teoria contratual.

Adverte, ainda, Gustavo Tepedino sobre as consequências inquietantes que poderiam advir se se admitisse a tese defendida pelo Professor Natalino Irti, da Universidade de Roma, de que cada microssistema (Código de Defesa do Consumidor, Estatuto da Criança e do Adolescente, p. ex.) se feche em si mesmo, sendo autossuficiente do ponto de vista hermenêutico, já que cada estatuto traz normalmente os próprios princípios interpretativos. O exame de cláusula contratual, afirma, não poderá se limitar ao controle de ilicitude, à verificação da conformidade da avença às normas regulamentares expressas relacionadas à matéria. A atividade interpretativa deverá, para além do juízo de ilicitude, verificar se a atividade econômica privada atende concretamente aos valores constitucionais (especialmente a regra concernente à justiça distributiva, à erradicação da pobreza e à diminuição das desigualdades sociais e regionais, insculpida no art. 3º, III, e a relativa ao objetivo central de efetivação de uma sociedade em que se privilegie o trabalho, a cidadania e a dignidade humana, prevista no art. 1º, III), só merecendo tutela jurídica quando a resposta for positiva. E tal critério se aplica não só às relações de consumo mas aos negócios jurídicos em geral, ao exercício do direito de propriedade, às relações familiares e ao conjunto das relações do direito civil[22].

Vários desses princípios foram reafirmados pelo atual Código Civil, como os concernentes à boa-fé objetiva, à onerosidade excessiva, à lesão, ao enriquecimento sem causa, aproximando e harmonizando ainda mais os dois diplomas em matéria contratual.

Em artigo que trata exatamente da possibilidade de diálogo entre o Código de Defesa do Consumidor e o atual Código Civil, Cláudia Lima Marques relembra que a Lei de Introdução ao Código Civil (hoje Lei de Introdução às Normas do Direito Brasileiro) e o próprio Código Civil de 2002 preveem a aplicação conjunta (lado a lado) das leis especiais, como o Código de Defesa do Consumidor, e a lei geral, como o novo diploma civil. Com a entrada em vigor do Código de 2002, salienta, fragmenta-se, ainda mais, o combate às cláusulas abusivas. São três os tipos de regulamentação: a aplicação pura do Código de 2002 para as relações puramente civis, a aplicação do Código de 2002 e das leis especiais comerciais nos casos de contratos entre comerciantes ou interempresários, e a aplicação prioritária do Código de Defesa do Consumidor, nas relações mistas entre um civil e um empresário, isto é, entre um consumidor e um fornecedor. Uma visão de diálogo das fontes pode ajudar a transpor conquistas de um microssistema para o sistema geral e vice-versa.

Em conclusão, afirma Cláudia Lima Marques, "o CDC tende a ganhar com a entrada em vigor no NCC/2002, se o espírito do diálogo das fontes aqui destacado prevalecer: é necessário superar a visão antiga dos conflitos e dar efeito útil às leis novas e antigas! Mister preservar a *ratio* de ambas as leis e dar preferência ao tratamento diferenciado dos diferentes concretizado nas leis especiais, como no CDC, e assim respeitar a hierarquia dos valores constitucionais, sobretudo coordenando e adaptando o sistema para uma convivência coerente! A convergência de princípios e cláusulas gerais entre o CDC e o NCC/2002 e a égide da Constituição Federal de 1988 garantem que haverá diálogo e não retrocesso na proteção dos mais fracos nas relações contratuais. O desafio é grande, mas o jurista brasileiro está preparado"[23].

Inclusive, "a jurisprudência tem aplicado, de modo reiterado, o diálogo das fontes para proteger a vítima de danos, aplicando-se o Código Civil, diante de relações de consumo,

---

22 As relações de consumo e a nova teoria contratual, in *Temas de direito civil*, p. 209-211.

23 Diálogo entre o Código de Defesa do Consumidor e o novo Código Civil: do "diálogo das fontes" no combate às cláusulas abusivas, *Revista de Direito do Consumidor*, 45/71.

quando não houver disposição expressa no Código do Consumidor e o Código Civil for mais benéfico ao consumidor" (TJDFT, Acórdão 1202291, 3ª T. Cív., rel. Des. Maria de Lourdes Abreu, *DJe* 27-9-2019).

Proclamava a *Súmula 321 do Superior Tribunal de Justiça*: "O Código de Defesa do Consumidor é aplicável à relação jurídica entre a entidade de previdência privada e seus participantes". A Segunda Seção da referida Corte, todavia, cancelou-a em 24 de fevereiro de 2016 e aprovou, em seu lugar, a *Súmula 563*, do seguinte teor: "O Código de Defesa do Consumidor é aplicável às entidades abertas de previdência complementar, não incidindo nos contratos previdenciários celebrados com entidades fechadas". *Vide*, a propósito, o art. 3º, § 2º, do CDC.

Por sua vez, dispõe a *Súmula 297 da mesma Corte*: "O Código de Defesa do Consumidor é aplicável às instituições financeiras". Nessa linha, o Supremo Tribunal Federal, no julgamento da ADIn n. 2.591, realizado aos 4 de maio de 2006, decidiu também aplicar o Código de Defesa do Consumidor às instituições financeiras. Extrai-se do voto do Min. Eros Grau o seguinte tópico: "A relação entre banco e cliente é, nitidamente, uma relação de consumo" (...). "É consumidor, inquestionavelmente, toda pessoa física ou jurídica que utiliza, como destinatário final, atividade bancária, financeira e de crédito." Tem decidido o *Superior Tribunal de Justiça* que, embora os negócios bancários estejam sujeitos ao Código do Consumidor, inclusive quanto aos juros moratórios, "a abusividade destes, todavia, só pode ser declarada, caso a caso, à vista de taxa que comprovadamente discrepe, de modo substancial, da média do mercado na praça do empréstimo, salvo se justificada pelo risco da operação"[24]. Esse entendimento cristalizou-se na Súmula 381, do seguinte teor: "Nos contratos bancários, é vedado ao julgador conhecer, de ofício, da abusividade das cláusulas".

No que diz respeito à aplicabilidade das normas consumeristas aos planos de saúde, a *Súmula 608* do Superior Tribunal de Justiça estipula que: "Aplica-se o Código de Defesa do Consumidor aos contratos de plano de saúde, salvo os administrados por entidades de autogestão". Nessa linha de raciocínio, a jurisprudência da referida corte tem reiteradamente negado a aplicação do CDC aos planos de saúde administrados por entidades de autogestão[25].

5. CONDIÇÕES DE VALIDADE DO CONTRATO

Para que o negócio jurídico produza efeitos, possibilitando a aquisição, modificação ou extinção de direitos, deve preencher certos requisitos, apresentados como os de sua validade. Se os possui, é válido e dele decorrem os mencionados efeitos, almejados pelo agente. Se, porém, falta-lhe um desses requisitos, o negócio é inválido, não produz o efeito jurídico em questão e é nulo ou anulável.

O contrato, como qualquer outro negócio jurídico, sendo uma de suas espécies, igualmente exige para a sua existência legal o concurso de alguns elementos fundamentais, que constituem condições de sua validade.

Os requisitos ou condições de validade dos contratos são de duas espécies: a) de *ordem geral*, comuns a todos os atos e negócios jurídicos, como a capacidade do agente, o objeto lícito, possível, determinado ou determinável, e a forma prescrita ou não defesa em lei (CC, art. 104); b) de *ordem especial*, específico dos contratos: o consentimento recíproco ou acordo de vontades.

---

24 REsp 736.354-RS, 3ª T., rel. Min. Ari Pargendler, *DJU*, 6-2-2006.

25 REsp 1.285.483-PB, 3ª T., rel. Min. Luis Felipe Salomão, *DJe* 16-8-2016; REsp 1.766.181-PR, 3ª T., rel. Min. Nancy Andrighi, *DJe* 13-12-2019.

Os requisitos de validade do contrato podem, assim, ser distribuídos em três grupos: subjetivos, objetivos e formais.

5.1. Requisitos subjetivos

Os *requisitos subjetivos* consistem: a) na manifestação de duas ou mais vontades e capacidade genérica dos contraentes; b) na aptidão específica para contratar; c) no consentimento[26].

a) *Capacidade genérica* – A capacidade genérica dos contratantes (que podem ser duas ou mais pessoas, visto constituir o contrato um negócio jurídico bilateral ou plurilateral) é o primeiro elemento ou condição *subjetiva* de ordem geral para a validade dos contratos. Estes serão nulos (CC, art. 166, I) ou anuláveis (art. 171, I), se a incapacidade, absoluta ou relativa, não for suprida pela representação ou pela assistência (CC, arts. 1.634, V, 1.747, I, e 1.781). A capacidade exigida nada mais é do que a capacidade de agir em geral, que pode inexistir em razão da menoridade (CC, art. 3º), ou ser reduzida nas hipóteses mencionadas no art. 4º do Código Civil (menoridade relativa, embriaguez habitual, dependência de tóxicos, impossibilidade de manifestação da vontade em virtude de causa transitória ou permanente, prodigalidade).

No tocante às pessoas jurídicas exige-se a intervenção de quem os seus estatutos indicarem para representá-las ativa e passivamente, judicial e extrajudicialmente.

b) *Aptidão específica para contratar* – Além da capacidade geral, exige a lei a especial para contratar. Algumas vezes, para celebrar certos contratos, requer-se uma capacidade especial, mais intensa que a normal, como ocorre na doação, na transação, na alienação onerosa, que exigem a capacidade ou poder de *disposição* das coisas ou dos direitos que são objeto do contrato. Outras vezes, embora o agente não seja um incapaz, genericamente, deve exibir a outorga uxória (para alienar bem imóvel, p. ex.: CC, arts. 1.647, I, 1.649 e 1.650) ou o consentimento dos descendentes e do cônjuge do alienante (para a venda a outros descendentes: art. 496). Essas hipóteses não dizem respeito propriamente à capacidade geral, mas à *falta de legitimação* ou impedimentos para a realização de certos negócios. A capacidade de contratar deve existir no momento da declaração de vontade do contratante[27].

c) *Consentimento* – O requisito de ordem especial, próprio dos contratos, é o *consentimento recíproco* ou *acordo de vontades*. Deve abranger os seus três aspectos: c1) acordo sobre a *existência* e *natureza* do contrato (se um dos contratantes quer aceitar uma doação e o outro quer vender, contrato não há); c2) acordo sobre o *objeto* do contrato; e c3) acordo sobre as *cláusulas* que o compõem (se a divergência recai sobre ponto substancial, não poderá ter eficácia o contrato)[28].

O consentimento deve ser livre e espontâneo, sob pena de ter a sua validade afetada pelos vícios ou defeitos do negócio jurídico: erro, dolo, coação, estado de perigo, lesão e fraude. A manifestação da vontade, nos contratos, pode ser tácita, quando a lei não exigir que seja expressa (CC, art. 111). *Expressa* é a exteriorizada verbalmente, por escrito, gesto ou mímica, de forma inequívoca. Algumas vezes a lei exige o consentimento *escrito* como requisito de validade da avença. É o que sucede na Lei do Inquilinato (Lei n. 8.245/91), cujo art. 13 prescreve que a sublocação e o empréstimo do prédio locado dependem de consentimento, *por escrito*, do locador.

---

26 Maria Helena Diniz, *Tratado teórico e prático dos contratos*, v. 1, p. 13.

27 Francesco Messineo, *Doctrina general del contrato*, t. I, p. 79 e 87; Maria Helena Diniz, *Tratado teórico e prático dos contratos*, v. 1, p. 15.

28 Caio Mário da Silva Pereira, *Instituições de direito civil*, v. III, p. 31.

Não havendo na lei tal exigência, vale a manifestação *tácita*, que se infere da conduta do agente. Nas doações puras, por exemplo, muitas vezes o donatário não declara que aceita o objeto doado, mas o seu comportamento (uso, posse, guarda) demonstra a aceitação. O *silêncio* pode ser interpretado como manifestação tácita da vontade quando as circunstâncias ou os usos o autorizarem, e não for necessária a declaração de vontade expressa (CC, art. 111), e, também, quando a lei o autorizar, como nos arts. 539 (doação pura), 512 (venda a contento), 432 (praxe comercial) etc., ou, ainda, quando tal efeito ficar convencionado em um pré-contrato. Nesses casos o silêncio é considerado *circunstanciado* ou *qualificado* (*v.*, a propósito, no v. 1 desta coleção, *Elementos do negócio jurídico*, item 7.1.1 – *O silêncio como manifestação de vontade*).

Como o contrato, por definição, é um acordo de vontades, não se admite a existência de *autocontrato* ou *contrato consigo mesmo*. Todavia, pode ocorrer a hipótese de ambas as partes se manifestarem por meio do mesmo representante, configurando-se então a situação de dupla representação. O representante não figura e não se envolve no negócio jurídico, mas somente os representados.

Pode ocorrer, ainda, que o representante seja a outra parte no negócio jurídico celebrado, exercendo neste caso dois papéis distintos: participando de sua formação como representante, atuando em nome do dono do negócio, e como contratante, por si mesmo, intervindo com dupla qualidade, como ocorre no cumprimento de *mandato em causa própria*, previsto no art. 685 do Código Civil, em que o mandatário recebe poderes para alienar determinado bem, por determinado preço, a terceiros ou a si próprio.

Surge, nas hipóteses mencionadas, o negócio jurídico que se convencionou chamar de *contrato consigo mesmo* ou *autocontratação*. O que há, na realidade, são situações que se assemelham a negócio dessa natureza. No caso de dupla representação somente os representados adquirem direitos e obrigações. E, mesmo quando o representante é uma das partes, a outra também participa do ato, embora representada pelo primeiro.

Dispõe o art. 117 do atual Código Civil que, "*Salvo se o permitir a lei ou o representado, é anulável o negócio jurídico que o representante, no seu interesse ou por conta de outrem, celebrar consigo mesmo*". Complementa o parágrafo único: "*Para esse efeito, tem-se como celebrado pelo representante o negócio realizado por aquele em quem os poderes houverem sido subestabelecidos*". O atual diploma prevê, portanto, a possibilidade da celebração do contrato consigo mesmo, desde que a lei ou o representado autorizem sua realização. Sem a observância dessa condição, o negócio é anulável.

Melhor estaria o atual Código se condicionasse a possibilidade da celebração do contrato consigo mesmo à ausência de conflitos de interesses, como o fizeram os Códigos português (art. 261º) e italiano (art. 1.395). Esse entendimento é consagrado na *Súmula 60 do Superior Tribunal de Justiça*, do seguinte teor: "É nula a obrigação cambial assumida por procurador do mutuário vinculado ao mutuante, no exclusivo interesse deste". É de se supor que, malgrado a omissão do novo diploma, a jurisprudência continuará exigindo a ausência do conflito de interesses, como condição de admissibilidade do contrato consigo mesmo, como vem ocorrendo.

O supratranscrito parágrafo único do art. 117 do atual Código trata de hipótese em que também pode configurar-se o contrato consigo mesmo de maneira indireta, ou seja, quando o próprio representante atua sozinho declarando duas vontades, mas por meio de terceira pessoa, substabelecendo-a para futuramente celebrar negócio com o antigo representante. Ocorrendo esse fenômeno, tem-se como celebrado pelo representante o negócio realizado por aquele em que os poderes houverem sido subestabelecidos (*v.*, no v. 1 desta coleção, no capítulo *Da representação*, item 6 – *Contrato consigo mesmo (autocontratação)*).

5.2. Requisitos objetivos

Os requisitos objetivos dizem respeito ao *objeto* do contrato, que deve ser lícito, possível, determinado ou determinável (CC, art. 104, II). A validade do contrato depende, assim, da:

a) *Licitude de seu objeto* – Objeto lícito é o que não atenta contra a lei, a moral ou os bons costumes. Objeto imediato do negócio é sempre uma conduta humana e se denomina prestação: dar, fazer ou não fazer. Objeto mediato são os bens ou prestações sobre os quais incide a relação jurídica obrigacional.

Quando o objeto jurídico do contrato é imoral, os tribunais por vezes aplicam o princípio de direito de que ninguém pode valer-se da própria torpeza (*nemo auditur propriam turpitudinem allegans*). Tal princípio é aplicado pelo legislador, por exemplo, no art. 150 do Código Civil, que reprime o dolo ou a torpeza bilateral, e no art. 883, que nega direito à repetição do pagamento feito para obter fim ilícito, imoral, ou proibido por lei. Impedem eles que as pessoas participantes de um contrato imoral sejam ouvidas em juízo.

b) *Possibilidade física ou jurídica do objeto* – O objeto deve ser, também, possível. Quando impossível, o negócio é nulo (CC, art. 166, II). A impossibilidade do objeto pode ser física ou jurídica. Impossibilidade *física* é a que emana das leis físicas ou naturais. Deve ser absoluta, isto é, alcançar a todos, indistintamente, como, por exemplo, a que impede o cumprimento da obrigação de tocar a Lua com a ponta dos dedos, sem tirar os pés da Terra. A relativa, que atinge o devedor mas não outras pessoas, não constitui obstáculo ao negócio jurídico, como proclama o art. 106 do Código Civil.

Ocorre impossibilidade *jurídica* do objeto quando o ordenamento jurídico proíbe, expressamente, negócios a respeito de determinado bem, como a herança de pessoa viva (CC, art. 426), de alguns bens fora do comércio, como os gravados com a cláusula de inalienabilidade etc. A ilicitude do objeto é mais ampla, pois abrange os contrários à moral e aos bons costumes.

c) *Determinação de seu objeto* – O objeto do negócio jurídico deve ser, igualmente, determinado ou determinável (indeterminado relativamente ou suscetível de determinação no momento da execução). Admite-se, assim, a venda de *coisa incerta*, indicada ao menos pelo gênero e pela quantidade (CC, art. 243), que será determinada pela escolha, bem como a *venda alternativa*, cuja indeterminação cessa com a concentração (CC, art. 252).

Embora não mencionado expressamente na lei, a doutrina exige outro requisito objetivo de validade dos contratos: o objeto do contrato deve ter algum *valor econômico*. Um grão de areia, por exemplo, não interessa ao mundo jurídico, por não ser suscetível de apreciação econômica. A sua venda, por não representar nenhum valor, é indiferente ao direito, pois tão irrisória quantidade jamais levaria o credor a mover uma ação judicial para reclamar do devedor o adimplemento da obrigação[29].

5.3. Requisitos formais

O terceiro requisito de validade do negócio jurídico é a *forma* (*forma dat esse rei*, ou seja, a forma dá ser às coisas), que é o meio de revelação da vontade. Deve ser a prescrita ou não defesa em lei.

Há dois sistemas no que tange à forma como requisito de validade do negócio jurídico: o *consensualismo*, da liberdade de forma, e o *formalismo* ou da forma obrigatória. O direito romano e o alemão eram, inicialmente, formalistas. Posteriormente, por influência do cris-

---

[29] Maria Helena Diniz, *Tratado teórico e prático dos contratos*, v. 1, p. 40.

tianismo e sob as necessidades do intenso movimento comercial da Idade Média, passaram do formalismo conservador ao princípio da liberdade da forma[30].

No direito brasileiro a forma é, em regra, *livre*. As partes podem celebrar o contrato por escrito, público ou particular, ou verbalmente, a não ser nos casos em que a lei, para dar maior segurança e seriedade ao negócio, exija a forma escrita, pública ou particular. O consensualismo, portanto, é a regra, e o formalismo, a exceção. Dispõe, com efeito, o art. 107 do Código Civil:

"A validade da declaração de vontade não dependerá de forma especial, senão quando a lei expressamente a exigir".

A esse respeito, no julgamento do REsp 1.868.099-CE, a Terceira Turma do Superior Tribunal de Justiça reconheceu a validade de contrato de empréstimo pactuado por consumidor que não sabia ler e escrever assinado a rogo, pois: "A liberdade de contratar é assegurada ao analfabeto, bem como àquele que se encontre impossibilitado de ler e escrever. Em regra, a forma de contratação, no direito brasileiro, é livre, não se exigindo a forma escrita para contratos de alienação de bens móveis, salvo quando expressamente exigido por lei"[31].

É nulo o negócio jurídico quando "*não revestir a forma prescrita em lei*" ou "*for preterida alguma solenidade que a lei considere essencial para a sua validade*" (CC, art. 166, IV e V). Em alguns casos a lei reclama também a publicidade, mediante o sistema de Registros Públicos (CC, art. 221). Cumpre frisar que o formalismo e a publicidade são garantias do direito.

Na mesma esteira do art. 166, IV e V, do Código Civil, supratranscrito, estabelece o art. 406 do Código de Processo Civil: "*Quando a lei exigir instrumento público como da substância do ato, nenhuma outra prova, por mais especial que seja, pode suprir-lhe a falta*". Por sua vez, estatui o art. 188 do mesmo diploma: "*Os atos e os termos processuais independem de forma determinada, salvo quando a lei expressamente a exigir, considerando-se válidos os que, realizados de outro modo, lhe preencham a finalidade essencial*".

Podem ser distinguidas três espécies de formas: livre, especial ou solene e contratual.

a) *Forma livre* – É a predominante no direito brasileiro (CC, art. 107). É qualquer meio de manifestação da vontade, não imposto obrigatoriamente pela lei (palavra escrita ou falada, escrito público ou particular, gestos, mímicas etc.).

b) *Forma especial ou solene* – É a exigida pela lei, como requisito de validade de determinados negócios jurídicos. Em regra, a exigência de que o ato seja praticado com observância de determinada solenidade tem por finalidade assegurar a autenticidade dos negócios, garantir a livre manifestação da vontade, demonstrar a seriedade do ato e facilitar a sua prova.

A forma especial pode ser única ou múltipla (plural). *Forma única* é a que, por lei, não pode ser substituída por outra. Exemplos: o art. 108 do Código Civil, que considera a escritura pública essencial à validade das alienações imobiliárias, não dispondo a lei em contrário; o art. 1.964, que autoriza a deserdação somente por meio de testamento; os arts. 1.535 e 1.536, que estabelecem formalidades para o casamento etc.

Diz-se *múltipla* ou *plural* a forma quando o ato é solene, mas a lei permite a formalização do negócio por diversos modos, podendo o interessado optar validamente por um deles. Como exemplos citam-se o reconhecimento voluntário do filho, que pode ser feito de quatro modos, de acordo com o art. 1.609 do Código Civil; a transação, que pode efetuar-se por termo nos autos ou escritura pública (CC, art. 842); a instituição de uma fundação, que pode

---

30 Francisco Amaral, *Direito civil*: introdução, p. 396-397.

31 REsp 1.868.099-CE, 3ª T., rel. Min. Marco Aurélio Bellizze, *DJe* 18-12-2020.

ocorrer por escritura pública ou por testamento (art. 62); a renúncia da herança, que pode ser feita por escritura pública ou termo judicial (art. 1.806).

c) *Forma contratual* – É a convencionada pelas partes. O art. 109 do Código Civil dispõe que, "*no negócio jurídico celebrado com a cláusula de não valer sem instrumento público, este é da substância do ato*". Os contratantes podem, portanto, mediante convenção, determinar que o instrumento público torne-se necessário para a validade do negócio.

Ainda se diz que a forma pode ser *ad solemnitatem*, também denominada *ad substantiam*, ou *ad probationem tantum*. A primeira, quando determinada forma é da substância do ato, é indispensável para que a vontade produza efeitos (*forma dat esse rei*). Exemplo: a escritura pública, na aquisição de imóvel (CC, art. 108), os modos de reconhecimento de filhos (art. 1.609) etc. A segunda, quando a forma destina-se a facilitar a prova do ato.

Alguns poucos autores criticam essa distinção, afirmando que não há mais formas impostas exclusivamente para prova dos atos. Estes ou têm forma especial, exigida por lei, ou a forma é livre, podendo, neste caso, ser demonstrada por todos os meios admitidos em direito (CPC, art. 369).

Entretanto, a lavratura do assento de casamento no livro de registro (art. 1.536) pode ser mencionada como exemplo de formalidade *ad probationem tantum*, pois destina-se a facilitar a prova do casamento, embora não seja essencial à sua validade.

Não se deve confundir *forma*, que é meio para exprimir a vontade, com *prova* do ato ou negócio jurídico, que é meio para demonstrar a sua existência (cf. arts. 212 e s.; *v.*, no v. 1 desta coleção, *Elementos do negócio jurídico*, item 8.3 – *Forma*).

6. PRINCÍPIOS FUNDAMENTAIS DO DIREITO CONTRATUAL

O direito contratual rege-se por diversos princípios, alguns tradicionais e outros modernos. Os mais importantes são os: da autonomia da vontade, da supremacia da ordem pública, do consensualismo, da relatividade dos efeitos, da obrigatoriedade, da revisão ou onerosidade excessiva e da boa-fé.

6.1. Princípio da autonomia da vontade

Tradicionalmente, desde o direito romano, as pessoas são livres para contratar. Essa liberdade abrange o direito de contratar se quiserem, com quem quiserem e sobre o que quiserem, ou seja, o direito de contratar e de não contratar, de escolher a pessoa com quem fazê-lo e de estabelecer o conteúdo do contrato.

O princípio da autonomia da vontade se alicerça exatamente na ampla liberdade contratual, no poder dos contratantes de disciplinar os seus interesses mediante acordo de vontades, suscitando efeitos tutelados pela ordem jurídica. Têm as partes a faculdade de celebrar ou não contratos, sem qualquer interferência do Estado. Podem celebrar contratos nominados ou fazer combinações, dando origem a contratos inominados.

Esse princípio teve o seu apogeu após a Revolução Francesa, com a predominância do individualismo e a pregação de liberdade em todos os campos, inclusive no contratual. Foi sacramentado no art. 1.134 do Código Civil francês, ao estabelecer que "as convenções legalmente constituídas têm o mesmo valor que a lei relativamente às partes que a fizeram". Esclarecem MAZEAUD e MAZEAUD[32] que os redatores do Código Civil desejaram frisar que uma obrigação originária de um contrato se impõe aos contratantes com a mesma força que uma

---

[32] *Leçons de droit civil*, v. 1, t. 2, p. 713.

obrigação legal. Este era o sentido, dizem, em que a compreendeu Domat, ao precisar que os contratantes "*se font extr'eux une loy d'exécuter ce qu'ils promettent*" ("os contratantes estabelecem entre si uma lei de executar o que prometem"). Como a vontade manifestada deve ser respeitada, a avença faz lei entre as partes, assegurando a qualquer delas o direito de exigir o seu cumprimento.

O princípio da autonomia da vontade serve de fundamento para a celebração dos contratos atípicos[33]. Segundo Carlos Alberto da Mota Pinto, consiste ele no "poder reconhecido aos particulares de autorregulamentação dos seus interesses, de autogoverno da sua *esfera jurídica*"[34]. Encontra os veículos de sua realização nos direitos subjetivos e na possibilidade de celebração de negócios jurídicos.

A liberdade contratual é prevista no art. 421 do Código Civil, já comentado (*v. Função social do contrato*, n. 3, *retro*), nestes termos (redação conferida pela Lei n. 13.874, de 20 de setembro de 2019):

"A liberdade contratual será exercida em razão e nos limites da função social do contrato.

Parágrafo único. Nas relações contratuais privadas, prevalecerão o princípio da intervenção mínima e a excepcionalidade da revisão contratual".

A citada lei gerou o art. 421-A do Código Civil, com a seguinte redação:

"Os contratos civis e empresariais presumem-se paritários e simétricos até a presença de elementos concretos que justifiquem o afastamento dessa presunção, ressalvados os regimes jurídicos previstos em leis especiais, garantido também que:

I – as partes negociantes poderão estabelecer parâmetros objetivos para a interpretação das cláusulas negociais e de seus pressupostos de revisão ou de resolução;

II – a alocação de riscos definida pelas partes deve ser respeitada e observada; e

III – a revisão contratual somente ocorrerá de maneira excepcional e limitada".

Preceitua ainda o art. 425:

"É lícito às partes estipular contratos atípicos, observadas as normas gerais fixadas neste Código".

Caio Mário critica a redação da primeira parte do último dispositivo legal transcrito, considerando-a ociosa, "pois que, em todos os tempos, a velocidade da vida econômica e as necessidades sociais estimularam a criação de toda uma tipologia contratual que o legislador não pode prever, e que os Códigos absorveram após a prática corrente havê-la delineado"[35]. No seu entender, a segunda parte, determinando a aplicação das normas do Código aos novos contratos elaborados atipicamente, também poderia ser mais precisa, acrescentando-lhes, além destas, as que constem de leis extravagantes, normalmente adequadas a cada contrato atípico.

Contrato atípico é o que resulta de um acordo de vontades não regulado no ordenamento jurídico, mas gerado pelas necessidades e interesses das partes. É válido, desde que estas sejam capazes e o objeto lícito, possível, determinado ou determinável e suscetível de apreciação

---

[33] Luiz Roldão de Freitas Gomes, *Contrato*, p. 27.

[34] *Teoria geral do direito civil*, p. 6.

O Código Civil português disciplina o aludido princípio no art. 405º, *verbis*:

"Art. 405º – Liberdade contratual

1. Dentro dos limites da lei, as partes têm a faculdade de fixar livremente o conteúdo dos contratos, celebrar contratos diferentes dos previstos neste código ou incluir nestes as cláusulas que lhes aprouver.

2. As partes podem ainda reunir no mesmo contrato regras de dois ou mais negócios, total ou parcialmente regulados na lei".

[35] *Instituições de direito civil*, v. III, p. 24.

econômica. Ao contrário do contrato típico, cujas características e requisitos são definidos na lei, que passam a integrá-lo, o atípico requer muitas cláusulas minudenciando todos os direitos e obrigações que o compõem. Essas noções, aceitas na doutrina, foram convertidas em preceito legal, no atual diploma civil.

Têm aumentado consideravelmente as limitações à liberdade de contratar, em seus três aspectos[36]. Assim, a *faculdade de contratar e de não contratar* (de contratar se quiser) mostra-se, atualmente, relativa, pois a vida em sociedade obriga as pessoas a realizar, frequentemente, contratos de toda espécie, como o de transporte, de compra de alimentos, de aquisição de jornais, de fornecimento de bens e serviços públicos (energia elétrica, água, telefone etc.). O licenciamento de um veículo, por exemplo, é condicionado à celebração do seguro obrigatório. O Código de Defesa do Consumidor dispõe que o fornecedor de produtos e serviços não pode recusar atendimento às demandas dos consumidores, na medida de suas disponibilidades de estoque, e em conformidade com os usos e costumes (art. 39, II).

Também a liberdade de *escolha do outro contraente* (de contratar com quem quiser) sofre, hoje, restrições, como nos casos de serviços públicos concedidos sob regime de monopólio e nos contratos submetidos ao Código do Consumidor[37].

Nesse sentido, percebe-se que "o Estado assume uma função protetiva ao favorecer economicamente os mais fracos, intervém para estabelecer o equilíbrio, de modo que o princípio da força obrigatória dos contratos seja mitigado para ajustar o contrato à nova realidade social. Além de proteger, o Estado também dirige, não mais de acordo com os interesses dos particulares, mas com o interesse social. O contrato passa a ser dirigido, regulamentado e fiscalizado pelo Poder Público. Esse fenômeno é chamado de dirigismo contratual, em que o Estado interfere em favor da comutatividade contratual, limitando a autonomia privada"[38].

E, em terceiro lugar, o poder de estabelecer o *conteúdo do contrato* (de contratar sobre o que quiser) sofre também, hodiernamente, limitações determinadas pelas *cláusulas gerais*, especialmente as que tratam da função social do contrato e da boa-fé objetiva, do Código de Defesa do Consumidor e, principalmente, pelas exigências e supremacia da ordem pública, como se verá a seguir.

6.2. Princípio da supremacia da ordem pública

A liberdade contratual encontrou sempre limitação na ideia de ordem pública, entendendo-se que o interesse da sociedade deve prevalecer quando colide com o interesse individual.

O princípio da autonomia da vontade, como vimos, não é absoluto. É limitado pelo princípio da supremacia da ordem pública, que resultou da constatação, feita no início do século passado e em face da crescente industrialização, de que a ampla liberdade de contratar

---

36 A liberdade de contratar, no entendimento de Jacyr de Aguilar Vieira, "sofre limitações em seus três aspectos: na liberdade de contratar, diante das necessidades elementares da vida moderna que obrigam o indivíduo a celebrar contratos e contatos, geradores de direitos e de responsabilidade obrigacional, inclusive com a administração pública – os chamados 'contratos ditados'; na liberdade de escolher as partes com que contratar, que se vê também limitada principalmente pelos ditames constitucionais que protege os indivíduos contra as práticas discriminatórias; e na liberdade de estabelecer o conteúdo, a forma e os efeitos do contrato, diante das normas imperativas que permeiam as leis especiais, dos contratos estandardizados, das condições gerais de venda, enfim, do contrato de adesão, com as cláusulas predeterminadas unilateralmente" (A autonomia da vontade no Código Civil brasileiro e no Código de Defesa do Consumidor, *RT*, 791/61).

37 Caio Mário da Silva Pereira, *Instituições de direito civil*, v. III, p. 22-23.

38 Luiz Edson Fachin; Uiara Andressa Brekailo, *Superior Tribunal de Justiça*: doutrina: edição comemorativa, 20 anos, p. 151.

provocava desequilíbrios e a exploração do economicamente mais fraco. Compreendeu-se que, se a ordem jurídica prometia a igualdade política, não estava assegurando a igualdade econômica. Em alguns setores fazia-se mister a intervenção do Estado, para restabelecer e assegurar a igualdade dos contratantes.

Surgiram os movimentos em prol dos direitos sociais e a defesa destes nas encíclicas papais. Começaram, então, a ser editadas leis destinadas a garantir, em setores de vital importância, a supremacia da *ordem pública*, da *moral* e dos *bons costumes*, podendo ser lembradas, entre nós, as diversas leis do inquilinato, a Lei da Usura, a Lei da Economia Popular, o Código de Defesa do Consumidor e outros. A intervenção do Estado na vida contratual é, hoje, tão intensa em determinados campos (telecomunicações, consórcios, seguros, sistema financeiro etc.) que se configura um verdadeiro *dirigismo contratual*.

A noção de ordem pública, todavia, é muito fugidia, não se amoldando a qualquer classificação feita *a priori*. O mesmo sucede com a de *bons costumes*. Cabe aos tribunais verificar, em cada caso, se a ordem pública está ou não em jogo. Segundo Silvio Rodrigues, a "ideia de ordem pública é constituída por aquele conjunto de interesses jurídicos e morais que incumbe à sociedade preservar. Por conseguinte, os princípios de ordem pública não podem ser alterados por convenção entre os particulares. *Jus publicum privatorum pactis derrogare non potest*"[39].

Dispõe o art. 6º do Código Civil francês: "Não se pode derrogar, por convenções particulares, as leis que interessam à ordem pública". O atual Código Civil brasileiro, por sua vez, proclama, no parágrafo único do art. 2.035: "*Nenhuma convenção prevalecerá se contrariar preceitos de ordem pública, tais como os estabelecidos por este Código para assegurar a função social da propriedade e dos contratos*".

A *ordem pública* é também uma cláusula geral, que está no nosso ordenamento por meio do art. 17 da Lei de Introdução às Normas do Direito Brasileiro, regra de direito internacional privado que retira eficácia de qualquer declaração de vontade ofensiva da ordem pública. O atual Código dispõe sobre as relações internas, para as quais também passa a vigorar, expressamente, o princípio de ordem pública. Seu conceito corresponde ao da ordem considerada indispensável à organização estatal, constituindo-se no estado de coisas sem o qual não existiria a sociedade, assim como normatizada pelo sistema jurídico[40].

A doutrina considera de ordem pública, dentre outras, as normas que instituem a organização da família (casamento, filiação, adoção, alimentos); as que estabelecem a ordem de vocação hereditária e a sucessão testamentária; as que pautam a organização política e administrativa do Estado, bem como as bases mínimas da organização econômica; os preceitos

---

39 *Direito civil*, v. 3, p. 16.

40 Ruy Rosado de Aguiar Júnior, Projeto do Código Civil – As obrigações e os contratos, *RT*, 775/24.

Prossegue o notável jurista dizendo que *ordem pública* é "um *topos*, um lugar comum, com o qual se faz ou: a) a *classificação das leis*, para os mais diversos sentidos (no Brasil, tem sido usada para classificar as normas instituidoras dos planos econômicos e para lhes dar aplicação retroativa, o que tem sido objeto de crítica do Min. Moreira Alves, pois o direito adquirido tem proteção constitucional e está infenso à lei posterior, seja ou não de ordem pública), ou b) a *avaliação de cláusulas contratuais*, afastáveis na medida em que forem contrárias à ordem pública. O par. ún. do art. 2.049 do Projeto (*atual art. 2.035*) dá, a título de exemplo de preceitos de ordem pública, aqueles estabelecidos para assegurar a função social do contrato. Outros existem. Assim, tenho que são de ordem pública os preceitos legais sobre a igualdade entre as partes e a equivalência entre as prestações, sendo contrárias a ela as cláusulas legais que dispõem sobre a isenção de responsabilidade do estipulante do contrato de adesão, a que dificulta sobremodo a defesa de um dos contratantes, a violadora da boa-fé objetiva, e assim por diante" (*Projeto do Código Civil – As obrigações e os contratos*, p. 24).

fundamentais do direito do trabalho; enfim, "as regras que o legislador erige em cânones basilares da estrutura social, política e econômica da Nação. Não admitindo derrogação, compõem leis que proíbem ou ordenam cerceando nos seus limites a liberdade de todos"[41].

Os direitos também devem ser exercidos no limite ordenado pelos *bons costumes*, conceito que decorre da observância das normas de convivência, segundo um padrão de conduta social estabelecido pelos sentimentos morais da época. Serve para definir o comportamento das pessoas. Pode-se dizer que bons costumes são aqueles que se cultivam como condições de moralidade social, matéria sujeita a variações de época a época, de país a país, e até dentro de um mesmo país e mesma época[42].

Em suma, a noção de ordem pública e o respeito aos bons costumes constituem freios e limites à liberdade contratual. No campo intervencionista, destinado a coibir abusos advindos da desigualdade econômica mediante a defesa da parte economicamente mais fraca, situa-se ainda o princípio da revisão dos contratos ou da onerosidade excessiva, baseado na *teoria da imprevisão*, regulado nos arts. 478 a 480 e que será estudado adiante, no item 6.6.

6.3. Princípio do consensualismo

De acordo com o princípio do consensualismo, basta, para o aperfeiçoamento do contrato, o acordo de vontades, contrapondo-se ao formalismo e ao simbolismo que vigoravam em tempos primitivos. Decorre ele da moderna concepção de que o contrato resulta do consenso, do acordo de vontades, independentemente da entrega da coisa.

A compra e venda, por exemplo, quando pura, torna-se perfeita e obrigatória, desde que as partes acordem no objeto e no preço (CC, art. 482). O contrato já estará perfeito e acabado desde o momento em que o vendedor aceitar o preço oferecido pela coisa, independentemente da entrega desta. O pagamento e a entrega do objeto constituem outra fase, a do cumprimento das obrigações assumidas pelos contratantes (CC, art. 481).

Em breve relato histórico, assinala Caio Mário: "Quando, pois, no limiar da Idade Moderna, um jurista costumeiro, como Loysel, dizia que 'os bois se prendem pelos chifres e os homens pela palavra', fazia na verdade, e a um só tempo, uma constatação e uma profissão de fé: testemunhava em favor da força jurígena da palavra em si mesma, e deitava uma regra, segundo a qual os contratos formavam-se, em princípio, *solo consensu*"[43].

Por sua vez, obtempera Carlos Alberto Bittar que, "sendo o contrato corolário natural da liberdade e relacionado à força disciplinadora reconhecida à vontade humana, tem-se que as pessoas gozam da faculdade de vincular-se pelo simples consenso, fundadas, ademais, no princípio ético do respeito à palavra dada e na confiança recíproca que as leva a contratar. Com isso, a lei deve, em princípio, abster-se de estabelecer solenidades, formas ou fórmulas que conduzam ou qualifiquem o acordo, bastando por si para a definição do contrato, salvo em poucas figuras cuja seriedade de efeitos exija a sua observância (como no casamento, na transmissão de direitos sobre imóveis)"[44].

Essa necessidade de garantir as partes contratantes levou, mais modernamente, o legislador a fazer certas exigências materiais, subordinadas ao tema do *formalismo*, como, por exemplo, a elaboração de instrumento escrito para a venda de automóveis; a obrigatoriedade de inscrição no registro imobiliário, para que as promessas de compra e venda sejam dotadas

---

[41] Caio Mário da Silva Pereira, *Instituições de direito civil*, v. III, p. 25-26.

[42] Ruy Rosado de Aguiar Júnior, Projeto do Código Civil - As obrigações e os contratos, *RT*, 775/24; Caio Mário da Silva Pereira, *Instituições de direito civil*, v. III, p. 26.

[43] *Instituições de direito civil*, v. III, p. 18-19.

[44] *Curso de direito civil*, v. 1, p. 455.

de execução específica com eficácia real (CC, art. 1.417), e a imposição do registro na alienação fiduciária em garantia (CC, art. 1.361, § 1º)[45].

Como exposto no item 5.3, *retro* (*Requisitos formais*), no direito brasileiro a forma é, em regra, *livre*. As partes podem celebrar o contrato por escrito, público ou particular, ou verbalmente, a não ser nos casos em que a lei, para dar maior segurança e seriedade ao negócio, exija a forma escrita, pública ou particular (CC, art. 107). O consensualismo, portanto, é a regra, e o formalismo, a exceção.

Os contratos são, pois, em regra, consensuais. Alguns poucos, no entanto, são reais (do latim *res*: coisa), porque somente se aperfeiçoam com a entrega do objeto, subsequente ao acordo de vontades. Este, por si, não basta. O contrato de depósito, por exemplo, só se aperfeiçoa depois do consenso e da entrega do bem ao depositário. Enquadram-se nessa classificação, também, dentre outros, os contratos de comodato e mútuo.

6.4. Princípio da relatividade dos efeitos do contrato

Funda-se tal princípio na ideia de que os efeitos do contrato só se produzem em relação às partes, àqueles que manifestaram a sua vontade, vinculando-os ao seu conteúdo, não afetando terceiros nem seu patrimônio.

Mostra-se ele coerente com o modelo clássico de contrato, que objetivava exclusivamente a satisfação das necessidades individuais e que, portanto, só produzia efeitos entre aqueles que o haviam celebrado, mediante acordo de vontades. Em razão desse perfil, não se poderia conceber que o ajuste estendesse os seus efeitos a terceiros, vinculando-os à convenção.

Essa a situação delineada no art. 928 do Código Civil de 1916, que prescrevia: "*A obrigação, não sendo personalíssima, opera assim entre as partes, como entre seus herdeiros*". Desse modo, a obrigação, não sendo personalíssima, operava somente entre as partes e seus sucessores, a título universal ou singular. Só a obrigação personalíssima não vinculava os sucessores.

Eram previstas, no entanto, algumas *exceções* expressamente consignadas na lei, permitindo estipulações em favor de terceiros, reguladas nos arts. 436 a 438 (comum nos seguros de vida e nas separações judiciais consensuais) e convenções coletivas de trabalho, por exemplo, em que os acordos feitos pelos sindicatos beneficiam toda uma categoria.

Essa visão, no entanto, foi abalada pelo atual Código Civil, que não concebe mais o contrato apenas como instrumento de satisfação de interesses pessoais dos contraentes, mas lhe reconhece uma função social, como já foi dito (*v. Função social do contrato*, n. 3, *retro*). Tal fato tem como consequência, por exemplo, possibilitar que terceiros que não são propriamente partes do contrato possam nele influir, em razão de serem direta ou indiretamente por ele atingidos.

Não resta dúvida de que o princípio da relatividade dos efeitos do contrato, embora ainda subsista, foi bastante atenuado pelo reconhecimento de que as *cláusulas gerais*, por conterem normas de ordem pública, não se destinam a proteger unicamente os direitos individuais das partes, mas tutelar o interesse da coletividade, que deve prevalecer quando em conflito com aqueles.

Nessa conformidade, a nova concepção da função social do contrato representa, se não ruptura, pelo menos abrandamento do princípio da relatividade dos efeitos do contrato, tendo em vista que este tem seu espectro público ressaltado, em detrimento do exclusivamente privado das partes contratantes. *A propósito, foi aprovada conclusão, na "Jornada de Direito Civil"* já mencionada (*v.* nota 9, *retro*): "A função social do contrato, prevista no art. 421 do

---

[45] Caio Mário da Silva Pereira, *Instituições de direito civil*, v. III, p. 19.

atual Código Civil, constitui cláusula geral, a impor a revisão do princípio da relatividade dos efeitos do contrato em relação a terceiros, implicando a tutela externa do crédito”[46].

6.5. Princípio da obrigatoriedade dos contratos

O princípio em epígrafe, também denominado *princípio da intangibilidade dos contratos*, representa a força vinculante das convenções. Daí por que é também chamado de *princípio da força vinculante dos contratos*.

Pelo princípio da autonomia da vontade, ninguém é obrigado a contratar. A ordem jurídica concede a cada um a liberdade de contratar e definir os termos e objeto da avença. Os que o fizerem, porém, sendo o contrato válido e eficaz, devem cumpri-lo, não podendo se forrarem às suas consequências, a não ser com a anuência do outro contraente. Como foram as partes que escolheram os termos do ajuste e a ele se vincularam, não cabe ao juiz preocupar-se com a severidade das cláusulas aceitas, que não podem ser atacadas sob a invocação dos princípios de equidade. O princípio da força obrigatória do contrato significa, em essência, a irreversibilidade da palavra empenhada[47].

O aludido princípio tem por fundamentos: a) a *necessidade de segurança nos negócios*, que deixaria de existir se os contratantes pudessem não cumprir a palavra empenhada, gerando a balbúrdia e o caos; b) a *intangibilidade* ou *imutabilidade* do contrato, decorrente da convicção de que o acordo de vontades faz lei entre as partes, personificada pela máxima *pacta sunt servanda* (os pactos devem ser cumpridos), não podendo ser alterado nem pelo juiz. Qualquer modificação ou revogação terá de ser, também, bilateral. O seu inadimplemento confere à parte lesada o direito de fazer uso dos instrumentos judiciários para obrigar a outra a cumpri-lo, ou a indenizar pelas perdas e danos, sob pena de execução patrimonial (CC, art. 389).

A única limitação a esse princípio, dentro da concepção clássica, é a escusa por caso fortuito ou força maior, consignada no art. 393 e parágrafo único do Código Civil.

No entanto, após a 1ª Grande Guerra Mundial, de 1914 a 1918, observaram-se situações contratuais que, por força desse fato considerado extraordinário, se tornaram insustentáveis, em virtude de acarretarem onerosidade excessiva para um dos contratantes. Coincidiu o episódio com o surgimento dos movimentos sociais, sob alegação de que o poder econômico acarretava a exploração dos economicamente mais fracos pelos poderosos, sob pena de não contratar. Compreendeu-se, então, que não se podia mais falar em absoluta obrigatoriedade dos contratos se não havia, em contrapartida, idêntica liberdade contratual entre as partes.

Ocorreu, em consequência, uma mudança de orientação, passando-se a aceitar, em caráter excepcional, a possibilidade de intervenção judicial no conteúdo de certos contratos, para corrigir os seus rigores ante o desequilíbrio de prestações. Acabou medrando, assim, no direito moderno, a convicção de que o Estado tem de intervir na vida do contrato, seja mediante aplicação de leis de ordem pública em benefício do interesse coletivo, seja com a adoção de uma intervenção judicial na economia do contrato, modificando-o ou apenas liberando o contratante lesado, com o objetivo de evitar que, por meio da avença, se consume atentado contra a justiça[48].

Em síntese, pode-se compreender que, se de um lado há a liberdade contratual, em via oposta encontra-se a força obrigatória dos contratos, pois, “se o agente é livre para realizar

---

[46] Nelson Nery Junior, Contratos no Código Civil – Apontamentos gerais, in *O novo Código Civil*: estudos em homenagem ao Professor Miguel Reale, coord. de Domingos Franciulli Netto, Gilmar Ferreira Mendes e Ives Gandra da Silva Martins Filho, p. 423.

[47] Caio Mário da Silva Pereira, *Instituições de direito civil*, v. III, p. 14-15.

[48] Orlando Gomes, *Contratos*, p. 39; Caio Mário da Silva Pereira, *Instituições de direito civil*, v. III, p. 27-28.

qualquer negócio jurídico dentro da vida civil, deve ser responsável pelos atos praticados, pois os contratos são celebrados para serem cumpridos (*pacta sunt servanda*)"[49]. A suavização do princípio da obrigatoriedade, no entanto, como observa Mônica Bierwagen, não significa o seu desaparecimento. Continua sendo imprescindível que haja segurança nas relações jurídicas criadas pelo contrato, tanto que o Código Civil, ao afirmar que o seu descumprimento acarretará ao inadimplente a responsabilidade não só por perdas e danos, mas também por juros, atualização monetária e honorários advocatícios (art. 389), consagra tal princípio, ainda que implicitamente. *O que não se tolera mais é a obrigatoriedade quando as partes se encontram em patamares diversos e dessa disparidade ocorra proveito injustificado.*

Acrescenta a mencionada autora: "Daí o novo Código Civil, atento a essa tendência de amenização do rigor do princípio, ter incorporado expressamente em seu texto a cláusula *rebus sic stantibus* aos contratos de execução continuada e diferida (arts. 478 a 480), assim como os institutos da lesão (art. 157) e do estado de perigo (art. 156), que permitem a ingerência estatal, seja para resolver, seja para revisar as condições a que se obrigaram as partes"[50].

Preleciona, por sua vez, Nelson Nery Junior[51] que o princípio da *conservação dos contratos*, ante a nova realidade legal, deve ser interpretado no sentido da sua manutenção e continuidade de execução, observadas as regras da *equidade*, do *equilíbrio contratual*, da *boa-fé objetiva* e da *função social do contrato*. Falar-se em *pacta sunt servanda*, com a conformação e o perfil que lhe foram dados pelo liberalismo dos séculos XVIII e XIX, é, no mínimo, desconhecer tudo o que ocorreu no mundo, do ponto de vista social, político, econômico e jurídico nos últimos duzentos anos. O contratante mais forte impõe as cláusulas ao contratante mais débil, determina tudo aquilo que lhe seja mais favorável, ainda que em detrimento do outro contratante, procedimentos que quebram as regras da boa-fé objetiva e da função social do contrato, e ainda quer que esse seu comportamento seja entendido como correto pelos tribunais, invocando em seu favor o vetusto brocardo romano *pacta sunt servanda*.

Pondera Flávio Tartuce[52] que, na nova Lei da Liberdade Econômica (Lei n. 13.874/2019), "o princípio da força obrigatória – com as suas corriqueiras limitações – pode ser retirado dos outrora citados art. 3º, incs. V e VIII, segundo os quais 'são direitos de toda pessoa, natural ou jurídica, essenciais para o desenvolvimento e o crescimento econômicos do País, observado o disposto no parágrafo único do art. 170 da Constituição Federal; (...) V – gozar de presunção de boa-fé nos atos praticados no exercício da atividade econômica, para os quais as dúvidas de interpretação do direito civil, empresarial, econômico e urbanístico serão resolvidas de forma a preservar a autonomia privada, exceto se houver expressa disposição legal em contrário. (...) VIII – ter a garantia de que os negócios jurídicos empresariais paritários serão objeto de livre estipulação das partes pactuantes, de forma a aplicar todas as regras de direito empresarial apenas de maneira subsidiária ao avençado, exceto normas de ordem pública'".

6.6. Princípio da revisão dos contratos ou da onerosidade excessiva

Opõe-se tal princípio ao da *obrigatoriedade*, pois permite aos contraentes recorrerem ao Judiciário, para obterem alteração da convenção e condições mais humanas, em determi-

---

49 REsp 1.409.849-PR, 3ª T., rel. Min. Paulo de Tarso Sanseverino, *DJe* 5-5-2016.

50 *Princípios e regras de interpretação dos contratos no novo Código Civil*, p. 30.

51 Contratos no Código Civil – Apontamentos gerais, in *O novo Código Civil*: estudos em homenagem ao Professor Miguel Reale, coord. de Domingos Franciulli Netto, Gilmar Ferreira Mendes e Ives Gandra da Silva Martins Filho, p. 424.

52 *Direito civil*: teoria geral dos contratos e contratos em espécie, p. 109.

nadas situações. Originou-se na Idade Média, mediante a constatação, atribuída a Neratius, de que fatores externos podem gerar, quando da execução da avença, uma situação muito diversa da que existia no momento da celebração, onerando excessivamente o devedor.

A teoria recebeu o nome de *rebus sic stantibus* e consiste basicamente em presumir, nos contratos *comutativos*, de trato sucessivo e de execução diferida, a existência implícita (não expressa) de uma *cláusula*, pela qual a obrigatoriedade de seu cumprimento pressupõe a inalterabilidade da situação de fato. Se esta, no entanto, modificar-se em razão de acontecimentos extraordinários (uma guerra, p. ex.), que tornem excessivamente oneroso para o devedor o seu adimplemento, poderá este requerer ao juiz que o isente da obrigação, parcial ou totalmente.

Depois de permanecer longo tempo no esquecimento, a referida teoria foi lembrada no período da I Guerra Mundial de 1914 a 1918, que provocou um desequilíbrio nos contratos de longo prazo. Alguns países regulamentaram a revisão dos contratos em leis próprias. Na França, editou-se a *Lei Faillot*, de 21 de janeiro de 1918. Na Inglaterra, recebeu a denominação de *Frustration of Adventure*. Outros a acolheram em seus Códigos, fazendo as devidas adaptações às condições atuais.

Entre nós, a teoria em tela foi adaptada e difundida por Arnoldo Medeiros da Fonseca, com o nome de *teoria da imprevisão*, em sua obra *Caso fortuito e teoria da imprevisão*. Em razão da forte resistência oposta à teoria revisionista, o referido autor incluiu o requisito da *imprevisibilidade*, para possibilitar a sua adoção. Assim, não era mais suficiente a ocorrência de um fato extraordinário, para justificar a alteração contratual. Passou a ser exigido que fosse também *imprevisível*. É por essa razão que os tribunais não aceitam a inflação e alterações na economia como causa para a revisão dos contratos. Tais fenômenos são considerados previsíveis entre nós[53].

A teoria da imprevisão consiste, portanto, na possibilidade de desfazimento ou revisão forçada do contrato quando, por eventos imprevisíveis e extraordinários, a prestação de uma das partes tornar-se exageradamente onerosa – o que, na prática, é viabilizado pela aplicação da cláusula *rebus sic stantibus*, inicialmente referida[54].

O Código Civil de 1916 não regulamentou expressamente a revisão contratual. Porém, o princípio que permite a sua postulação em razão de modificações da situação de fato foi acolhido em artigos esparsos, como o 401, que permitia o ajuizamento de ação revisional de alimentos, se sobreviesse mudança na fortuna de quem os supria, podendo ser ainda lembrados, como exemplos, os arts. 594 e 1.058 do mesmo diploma.

Na realidade, a cláusula *rebus sic stantibus* e a *teoria da imprevisão* eram aplicadas entre nós somente em casos excepcionais e com cautela, desde que demonstrados os seguintes *requisitos*: a) vigência de um contrato comutativo de execução diferida ou de trato sucessivo; b) ocorrência de fato extraordinário e imprevisível; c) considerável alteração da situação de fato existente no momento da execução, em confronto com a que existia por ocasião da celebração; d) onerosidade excessiva para um dos contratantes e vantagem exagerada para o outro.

O Código Civil *atual* dedicou uma seção, composta de três artigos, à resolução dos contratos por onerosidade excessiva. Dispõe, com efeito, o art. 478 do referido diploma:

---

53 "Revisão contratual. Instrumento particular de confissão e reescalonamento de dívida. Pretendida aplicação da cláusula *rebus sic stantibus*, fundada na imprevisão em virtude de alterações na economia. Inadmissibilidade. Circunstância de o país ter enfrentado diversos planos econômicos, que afasta a imprevisibilidade desses fenômenos na economia brasileira" (*RT*, 788/270).

54 Mônica Bierwagen, *Princípios e regras de interpretação dos contratos no novo Código Civil*, p. 72.

"Nos contratos de execução continuada ou diferida, se a prestação de uma das partes se tornar excessivamente onerosa, com extrema vantagem para a outra, em virtude de acontecimentos extraordinários e imprevisíveis, poderá o devedor pedir a resolução do contrato. Os efeitos da sentença que a decretar retroagirão à data da citação".

O Enunciado n. 175, aprovado nas Jornadas de Direito Civil, salienta: "A menção à imprevisibilidade e à extraordinariedade, insertas no art. 478 do Código Civil, deve ser interpretada não somente em relação ao fato que gere o desequilíbrio, mas também em relação às consequências que ele produz". E o *Enunciado n. 17 proclama*: "A interpretação da expressão 'motivos imprevisíveis' constante do art. 317 do Código Civil deve abarcar tanto causas de desproporção não previsíveis como também causas previsíveis, mas de resultados imprevisíveis".

Esse dispositivo será analisado minuciosamente mais adiante, no capítulo concernente à *Extinção do Contrato* (Capítulo XI, n. 2.2.1.3.2, *infra*).

Prescreve, por sua vez, o art. 479 do Código Civil:

"A resolução poderá ser evitada, oferecendo-se o réu a modificar equitativamente as condições do contrato".

Estatui, ainda, o art. 480 do mesmo diploma:

"Se no contrato as obrigações couberem a apenas uma das partes, poderá ela pleitear que a sua prestação seja reduzida, ou alterado o modo de executá-la, a fim de evitar a onerosidade excessiva".

Este dispositivo, aplicável aos contratos unilaterais, permite que o pedido não resulte necessariamente na resolução do contrato, mas se converta em um reajuste equitativo da contraprestação. A revisão deve ser escolhida como objetivo preferencial, só admitida pelo juiz a resolução se aquela malograr.

Malgrado o retrotranscrito art. 478 do Código Civil, concernente aos contratos bilaterais, permita somente a resolução do contrato, e não a sua revisão, esta pode, todavia, ser pleiteada com base no art. 317 do mesmo diploma, que estatui: "*Quando, por motivos imprevisíveis, sobrevier desproporção manifesta entre o valor da prestação devida e o do momento de sua execução, poderá o juiz corrigi-lo, a pedido da parte, de modo que assegure, quanto possível, o valor real da prestação*".

Muito embora este dispositivo, tendo em vista a sua localização, possa, num primeiro momento, dar a ideia de que sua finalidade foi apenas a de proteger o credor da prestação que se desvalorizou, na verdade "a regra se aplica para os dois lados: a desproporção manifesta pode ser tanto pela desvalorização do bem a ser prestado (desvalorização da moeda pela inflação, p. ex.), como pela superveniente desvalorização excessiva da prestação, quebrando a proporcionalidade entre a que fora convencionada e a que agora deve ser cumprida, em prejuízo do devedor"[55].

Em realidade, com base nas *cláusulas gerais* sempre se poderá encontrar fundamento para a revisão ou a extinção do contrato em razão de fato superveniente que desvirtue sua finalidade social, agrida as exigências da boa-fé e signifique o enriquecimento indevido para uma das partes, em detrimento da outra.

Assim, em resumo, as modificações supervenientes que atingem o contrato podem ensejar pedido judicial de revisão do negócio jurídico, se ainda possível manter o vínculo com modificações nas prestações (arts. 317 e 479 do CC), ou de resolução, nos termos dos arts. 317 e 478, a ser apreciado tendo em conta as cláusulas gerais sobre o enriquecimento injusto (art. 884), a boa-fé (art. 422) e o fim social do contrato (art. 421), se houver modificação da

---

55 Ruy Rosado de Aguiar Júnior, *Extinção dos contratos por incumprimento do devedor*, p. 152-153.

base do negócio que signifique quebra insuportável da equivalência ou a frustração definitiva da finalidade contratual objetiva[56].

Em linha geral, a teoria da imprevisão não se aplica aos contratos aleatórios, porque envolvem um risco, salvo se o imprevisível decorrer de fatores estranhos ao risco próprio do contrato. A propósito, preleciona Ruy Rosado de Aguiar Júnior: "Não pode haver onerosidade excessiva pelo que corresponder ao risco normal do contrato. Além disso, e de forma expressa, a lei italiana exclui a aplicação do princípio ao contrato aleatório (art. 1.469). No Brasil, no entanto, o contrato de renda vitalícia admite a resolução (art. 810 do Código Civil), e os contratos de seguro têm regulação própria quanto ao inadimplemento. Em princípio, pois, não seria de excluir a onerosidade excessiva nos contratos aleatórios, desde que fora da álea própria do contrato. Na renda a álea está na duração (art. 806, 2ª parte); no seguro, na época ou na própria ocorrência do fato"[57].

6.7. Princípio da boa-fé e da probidade

Preceitua o art. 422 do Código Civil:

"Os contratantes são obrigados a guardar, assim na conclusão do contrato, como em sua execução, os princípios de probidade e boa-fé".

O princípio da boa-fé exige que as partes se comportem de forma correta não só durante as tratativas, como também durante a formação e o cumprimento do contrato. Guarda relação com o princípio de direito segundo o qual ninguém pode beneficiar-se da própria torpeza. Recomenda ao juiz que presuma a boa-fé, devendo a má-fé, ao contrário, ser provada por quem a alega. Deve este, ao julgar demanda na qual se discuta a relação contratual, dar por pressuposta a boa-fé objetiva, que impõe ao contratante um padrão de conduta, de agir com retidão, ou seja, com probidade, honestidade e lealdade, nos moldes do homem comum, atendidas as peculiaridades dos usos e costumes do lugar.

A regra da boa-fé, como já dito, é uma cláusula geral para a aplicação do direito obrigacional, que permite a solução do caso levando em consideração fatores metajurídicos e princípios jurídicos gerais. O atual sistema civil implantado no país fornece ao juiz um novo instrumental, diferente do que existia no ordenamento revogado, que privilegiava os princípios da autonomia da vontade e da obrigatoriedade dos contratos, seguindo uma diretriz individualista. A reformulação operada com base nos princípios da socialidade, eticidade e operabilidade deu nova feição aos princípios fundamentais dos contratos, como se extrai dos novos institutos nele incorporados, *verbi gratia*: o estado de perigo, a lesão, a onerosidade excessiva, a função social dos contratos como preceito de ordem pública (CC, art. 2.035, parágrafo único) e, especialmente, a boa-fé e a probidade. De tal sorte que se pode hoje dizer, sinteticamente, que as cláusulas gerais que o juiz deve rigorosamente aplicar no julgamento das relações obrigacionais são: a boa-fé objetiva, o fim social do contrato e a ordem pública[58].

A *probidade*, mencionada no art. 422 do Código Civil, retrotranscrito, nada mais é senão um dos aspectos objetivos do princípio da boa-fé, podendo ser entendida como a honestidade de proceder ou a maneira criteriosa de cumprir todos os deveres, que são atribuídos ou cometidos à pessoa. Ao que se percebe, ao mencioná-la teve o legislador mais a intenção de reforçar a necessidade de atender ao aspecto objetivo da boa-fé do que estabelecer um novo conceito[59].

---

56 Ruy Rosado de Aguiar Júnior, *Extinção dos contratos por incumprimento do devedor*, p. 148-151.

57 *Extinção dos contratos por incumprimento do devedor*, p. 157.

58 Ruy Rosado de Aguiar Júnior, *Extinção dos contratos por incumprimento do devedor*, p. 232.

59 Mônica Bierwagen, *Princípios e regras de interpretação dos contratos no novo Código Civil*, p. 51.

6.7.1. Boa-fé subjetiva e boa-fé objetiva

O princípio da boa-fé se biparte em boa-fé *subjetiva*, também chamada de concepção *psicológica* da boa-fé, e boa-fé *objetiva*, também denominada concepção *ética* da boa-fé.

A *boa-fé subjetiva* esteve presente no Código de 1916, com a natureza de regra de interpretação do negócio jurídico. Diz respeito ao conhecimento ou à ignorância da pessoa relativamente a certos fatos, sendo levada em consideração pelo direito, para os fins específicos da situação regulada. Serve à proteção daquele que tem a consciência de estar agindo conforme o direito, apesar de ser outra a realidade[60].

Segundo JUDITH MARTINS-COSTA[61], a expressão "*boa-fé subjetiva*" denota estado de consciência, ou convencimento individual da parte ao agir em conformidade ao direito, sendo aplicável, em regra, ao campo dos direitos reais, especialmente em matéria possessória. Diz-se "subjetiva" justamente porque, para a sua aplicação, deve o intérprete considerar a intenção do sujeito da relação jurídica, o seu estado psicológico ou íntima convicção.

Em sua concepção psicológica (subjetiva), preleciona NELSON NERY JUNIOR, a boa-fé sempre se baseia numa crença ou numa ignorância. Assim, por exemplo, o art. 1.994 do Código Civil do Paraguai, que afirma ser a boa-fé *ad usucapionem* "a crença, sem dúvida alguma, de que o possuidor seja titular legítimo do direito"[62].

Num primeiro plano, a boa-fé subjetiva implica a noção de entendimento equivocado, em erro que enreda o contratante. Aduz JUDITH MARTINS-COSTA que a situação é regular e essa sua ignorância escusável reside no "próprio estado (subjetivo) da ignorância (as hipóteses de casamento putativo, da aquisição da propriedade alheia mediante a usucapião), seja numa errônea aparência de certo ato (mandato aparente, herdeiro aparente etc.)"[63].

Todavia, a boa-fé que constitui inovação do Código de 2002 e acarretou profunda alteração no direito obrigacional clássico é a *objetiva*, que se constitui em uma norma jurídica fundada em um princípio geral do direito, segundo o qual todos devem comportar-se de boa-fé nas suas relações recíprocas. Classifica-se, assim, como regra de conduta. Incluída no direito positivo de grande parte dos países ocidentais, deixa de ser princípio

---

60 Ruy Rosado de Aguiar Júnior, *Extinção dos contratos por incumprimento do devedor*, p. 243.

61 *A boa-fé no direito privado*, p. 411.

Segundo a lição de Jorge Mosset Iturraspe, "a boa-fé subjetiva protege o contratante que age com base na confiança que tem na existência de um negócio aparente; que não pode advertir o cocontratante ou terceiro de um erro não reconhecível; que para a formação do contrato atende aos termos que decorrem de sua declaração de vontade e não aos que permanecem retidos na consciência dos celebrantes" (*Contratos*, p. 264).

62 Contratos no Código Civil – Apontamentos gerais, in *O novo Código Civil*: estudos em homenagem ao Professor Miguel Reale, coord. de Domingos Franciulli Netto, Gilmar Ferreira Mendes e Ives Gandra da Silva Martins Filho, p. 429.

Art. 1.994 do Código Civil paraguaio de 1987: "La buena fé exigida por este Código, es la creencia sin duda alguna, en el poseedor de ser titular legítimo del derecho".

63 *A boa-fé no direito privado*, p. 411-412.

Ao definir a posse de boa-fé, o art. 1.201 do novo Código Civil descreve um estado de ignorância ("É de boa-fé a posse, se o possuidor ignora o vício, ou o obstáculo que impede a aquisição da coisa") e protege o seu titular, assegurando-lhe o direito aos frutos, à indenização por benfeitorias e o de retenção (art. 1.214), além da redução do prazo para a prescrição aquisitiva (art. 1.242). Na fraude contra credores, sofrem a ação anulatória os terceiros adquirentes que hajam procedido de má-fé (art. 161). No casamento nulo ou anulável, há produção de efeitos civis em favor dos cônjuges de boa-fé ou de terceiros (art. 1.561).

geral de direito para transformar-se em *cláusula geral* de boa-fé objetiva. É, portanto, fonte de direito e de obrigações[64].

Denota-se, portanto, que a boa-fé é tanto forma de conduta (*subjetiva* ou *psicológica*) como norma de comportamento (*objetiva*). Nesta última acepção, está fundada na honestidade, na retidão, na lealdade e na consideração para com os interesses do outro contraente, especialmente no sentido de não lhe sonegar informações relevantes a respeito do objeto e conteúdo do negócio.

A boa-fé objetiva constitui um modelo jurídico, na medida em que se reveste de variadas formas. Não é possível catalogar ou elencar, *a priori*, as hipóteses em que ela pode configurar-se, porque se trata de uma norma cujo conteúdo não pode ser rigidamente fixado, dependendo sempre das concretas circunstâncias do caso. No entanto, essa imprecisão se mostra necessária, num sistema aberto, para que o intérprete tenha liberdade de estabelecer o seu sentido e alcance em cada caso[65].

É pacífica, *verbi gratia*, a jurisprudência da *Segunda Seção do Superior Tribunal de Justiça* "no sentido de reconhecer a existência do dano moral nas hipóteses de recusa injustificada pela operadora de plano de saúde em autorizar tratamento a que estivesse legal ou contratualmente obrigada, por configurar comportamento abusivo"[66]. A empresa viola nesse caso, portanto, a boa-fé objetiva.

Na mesma linha, a posição do *Tribunal de Justiça de São Paulo*, *verbis*:

"Indeferimento do pedido de tutela provisória de urgência para determinar o restabelecimento do contrato de plano de saúde. Inconformismo. Cabimento. Presença dos requisitos para a concessão da tutela de urgência ao caso. A suspensão ou cancelamento do plano de saúde por inadimplência durante a pandemia de COVID-19 pode, em tese, caracterizar prática abusiva. Observância da boa-fé objetiva, equilíbrio na relação de consumo e função social do contrato. Agravante teve o seu faturamento diretamente afetado pela brusca diminuição das operações portuárias no aeroporto de Congonhas, local onde exerce suas atividades comerciais. Operadora de plano de saúde impedida de suspender ou rescindir o contrato com fundamento no inadimplemento do consumidor durante a pandemia de COVID-19. Decisão reformada. Agravo provido"[67].

Por fim, destaca-se a *Súmula 302 do Superior Tribunal de Justiça*: "É abusiva a cláusula contratual de plano de saúde que limita no tempo a internação hospitalar do segurado". Em sintonia com as disposições do Código de Defesa do Consumidor e dos princípios da boa-fé e da equidade, tal disposição se mostra protetiva ao ente mais vulnerável da relação jurídica e já era aplicada antes mesmo da vigência do Código Civil de 2002 pela jurisprudência do egrégio tribunal[68].

6.7.2. *Disciplina no Código Civil de 2002*

A cláusula geral da boa-fé objetiva é tratada no Código Civil em três dispositivos, sendo de maior repercussão o art. 422 ("*Os contratantes são obrigados a guardar, assim na conclusão do contrato, como em sua execução, os princípios de probidade e boa-fé*").

---

64 Nelson Nery Junior, Contratos no Código Civil – Apontamentos gerais, in *O novo Código Civil*: estudos em homenagem ao Professor Miguel Reale, coord. de Domingos Franciulli Netto, Gilmar Ferreira Mendes e Ives Gandra da Silva Martins Filho, p. 430-431.

65 Judith Martins-Costa, *A boa-fé no direito privado*, p. 412-413.

66 STJ, AgInt no AREsp 835.892-MA, 4ª T., rel. Min. Antonio Carlos Ferreira, j. 27-8-2019.

67 TJSP, AgI 2098399-35.2020.8.26.0000, 8ª Câm. Dir. Priv., rel. Des. Pedro de Alcântara da Silva Leme Filho, j. 29-8-2020.

68 REsp 158.728-RJ, 3ª T., rel. Min. Carlos Alberto Menezes, j. 16-3-1999.

Os demais são: o art. 113 ("*Os negócios devem ser interpretados conforme a boa-fé e os usos do lugar de sua celebração*") e o 187 ("*Também comete ato ilícito o titular de um direito que, ao exercê-lo, excede manifestamente os limites impostos pelo seu fim econômico ou social, pela boa-fé ou pelos bons costumes*").

No Código de Defesa do Consumidor, a boa-fé é tratada como princípio a ser seguido para a harmonização dos interesses dos participantes da relação de consumo (art. 4º, III) e como critério para definição da abusividade das cláusulas (art. 51, IV: "*São nulas de pleno direito, entre outras, as cláusulas contratuais relativas ao fornecimento de produtos e serviços que: (...) estabeleçam obrigações consideradas iníquas, abusivas, que coloquem o consumidor em desvantagem exagerada, ou sejam incompatíveis com a boa-fé ou a equidade*").

O art. 422 do Código Civil é uma norma legal aberta. Com base no princípio ético que ela acolhe, fundado na lealdade, confiança e probidade, cabe ao juiz estabelecer a conduta que deveria ter sido adotada pelo contratante, naquelas circunstâncias, levando em conta ainda os usos e costumes. Estabelecido esse modelo criado pelo juiz para a situação, cabe confrontá-lo com o comportamento efetivamente realizado. Se houver contrariedade, a conduta é ilícita porque violou a cláusula da boa-fé, assim como veio a ser integrada pela atividade judicial naquela hipótese. Somente depois dessa determinação, com o preenchimento do vazio normativo, será possível precisar o conteúdo e o limite dos direitos e deveres das partes[69].

Não se pode negar que a cláusula geral da boa-fé objetiva está tratada no atual Código Civil com inegável apuro técnico. Não obstante, a redação do aludido art. 422 tem sido criticada por alguns doutrinadores. Antônio Junqueira de Azevedo, por exemplo, a considera insuficiente, "pois só dispõe sobre dois momentos: conclusão do contrato – isto é, o momento em que o contrato se faz – e execução. Nada preceitua sobre o que está depois, nem sobre o que está antes"[70]. Aponta ainda o ilustre civilista "deficiências" e "desatualização" do mencionado dispositivo.

Todavia, como obtempera Nelson Nery Junior, "o BGB § 242 mantém sua redação original, de 1896, que não menciona nem a fase pré-contratual, tampouco a pós-contratual e nem por isso a doutrina e a jurisprudência deixaram de incluir aquelas duas circunstâncias. Mesmo com redação insuficiente, estão compreendidas no CC 422 as tratativas preliminares, antecedentes do contrato, como também as obrigações derivadas do contrato, ainda que já executado"[71].

Igualmente Ruy Rosado de Aguiar Júnior, comentando o art. 422 em foco, menciona que, durante as tratativas preliminares, o princípio da boa-fé é fonte de deveres de esclarecimento, também surgindo, nessa fase, deveres de lealdade, decorrentes da simples aproximação pré-contratual. Assim, "a censura feita a quem abandona inesperadamente as negociações já em adiantado estágio, depois de criar na outra parte a expectativa da celebração de um contrato para o qual se preparou e efetuou despesas, ou em função do qual perdeu outras oportunidades. A violação a esse dever secundário pode ensejar indenização"[72].

---

69 Ruy Rosado de Aguiar Júnior, *Extinção dos contratos por incumprimento do devedor*, p. 248.
A propósito, proclama a Conclusão n. 26 da Jornada de Direito Civil (STJ-CJF), que trata da atividade do juiz e dos critérios que são impostos às partes pela boa-fé objetiva: "A cláusula geral contida no art. 422 do novo Código Civil impõe ao juiz interpretar e, quando necessário, suprir e corrigir o contrato segundo a boa-fé objetiva, entendida como a exigência de comportamento leal dos contratantes".

70 Insuficiências, deficiências e desatualização do projeto de Código Civil na questão da boa-fé objetiva nos contratos, *RT*, 775/11.

71 Contratos no Código Civil – Apontamentos gerais, in *O novo Código Civil*: estudos em homenagem ao Professor Miguel Reale, coord. de Domingos Franciulli Netto, Gilmar Ferreira Mendes e Ives Gandra da Silva Martins Filho, p. 433.

72 *Extinção dos contratos por incumprimento do devedor*, p. 250.

O segundo dispositivo (art. 113) trata da função de interpretação do negócio jurídico, ao mencionar que "*os negócios devem ser interpretados conforme a boa-fé e os usos do lugar de sua celebração*". Em seu conteúdo vislumbra-se não somente a *boa-fé objetiva* como também a *função social do contrato* e a complementação do art. 112, segundo o qual "*nas declarações de vontade se atenderá mais à intenção nelas consubstanciada do que ao sentido literal da linguagem*".

Por fim, o art. 187 retromencionado estabelece a denominada "*função de controle ou de limite*", ao proclamar que comete *ato ilícito* quem, ao exercer o seu direito, exceder manifestamente os *limites impostos pela boa-fé*. Cogita, assim, do chamado *abuso de direito*.

A incidência da regra da boa-fé pode ocorrer em várias situações, não só para se reclamar do contratante o cumprimento da obrigação, como também para exonerá-lo, como, por exemplo, "quando vem em auxílio do devedor a circunstância de o credor ser usurário; de um credor que pretende desconhecer a modificação das circunstâncias das bases do negócio jurídico; de um credor que pretende ignorar o estado de necessidade que aflige seu devedor; de um credor que pretende exercitar seu direito de maneira abusiva, seja com intenção de causar dano a seu devedor, seja sem proveito algum para si, seja contrariando os fins que a lei teve em mira ao reconhecer seu direito subjetivo"[73].

A *boa-fé objetiva* enseja, também, a caracterização de inadimplemento mesmo quando não haja mora ou inadimplemento absoluto do contrato. É o que a doutrina moderna denomina *violação positiva* da obrigação ou do contrato. Desse modo, quando o contratante deixa de cumprir alguns deveres anexos, por exemplo, esse comportamento ofende a boa-fé objetiva e, por isso, caracteriza inadimplemento do contrato[74]. Nesse sentido a *Conclusão n. 24 da I Jornada de Direito Civil (STJ-CJF): "Em virtude do princípio da boa-fé objetiva, positivado no art. 422 do novo Código Civil, a violação dos deveres anexos constitui espécie de inadimplemento, independentemente de culpa"*.

Esses deveres anexos ou secundários excedem o dever de prestação e derivam diretamente do princípio da boa-fé objetiva, tais como os deveres laterais de esclarecimento (informações sobre o uso do bem alienado, capacitações e limites), de proteção (como evitar situações de perigo), de conservação (coisa recebida para experiência), de lealdade (não exigir cumprimento de contrato com insuportável perda de equivalência entre as prestações), de cooperação (prática dos atos necessários à realização plena dos fins visados pela outra parte) etc.[75].

---

[73] Jorge Mosset Iturraspe, *Contratos*, p. 264.

"Alienação fiduciária. Busca e apreensão. O cumprimento do contrato de financiamento, com a falta apenas da última prestação, não autoriza o credor a lançar mão da ação de busca e apreensão, em lugar da cobrança da parcela faltante. Não atende à exigência da boa-fé objetiva a atitude do credor que desconhece esses fatos e promove a busca e apreensão, com pedido liminar de reintegração de posse" (STJ, REsp 272.739-MG, 4ª T., rel. Min. Rosado de Aguiar, *DJU*, 2-4-2001).

"Conta-corrente. Apropriação do saldo. Age com abuso de direito e viola a boa-fé o banco que, invocando cláusula contratual constante do contrato de financiamento, cobra-se lançando mão do numerário depositado pela correntista em conta destinada ao pagamento dos salários de seus empregados, cujo numerário teria sido obtido junto ao BNDES" (STJ, RE 250.523-SP, 4ª T., rel. Min. Rosado de Aguiar, *DJU*, 18-12-2000).

[74] Nelson Nery Junior, Contratos no Código Civil – Apontamentos gerais, in *O novo Código Civil*: estudos em homenagem ao Professor Miguel Reale, coord. de Domingos Franciulli Netto, Gilmar Ferreira Mendes e Ives Gandra da Silva Martins Filho, p. 435.

[75] Ruy Rosado de Aguiar Júnior, *Extinção dos contratos por incumprimento do devedor*, p. 251-252.

"Responsabilidade civil. Estacionamento. Relação contratual de fato. Dever de proteção derivado da boa-fé. Furto de veículo. O estabelecimento bancário que põe à disposição dos seus clientes uma área para estacionamento dos veículos assume o dever, derivado do princípio da boa-fé objetiva, de proteger os bens e a pessoa do usuário" (STJ, Ag. 47.901-SP, 4ª T., rel. Min. Rosado de Aguiar, *DJU*, 31-10-1994).

A jurisprudência do *Superior Tribunal de Justiça* firmou o entendimento de que "é abusiva a negativa de cobertura, pela operadora de plano de saúde – mesmo aquelas constituídas sob a modalidade de autogestão – de algum tipo de procedimento, medicamento ou material necessário para assegurar o tratamento de doenças previstas no contrato"[76]. E ainda: "É pacífica a jurisprudência da Segunda Seção no sentido de reconhecer a existência do dano moral nas hipóteses de recusa injustificada pela operadora de plano de saúde em autorizar tratamento a que estivesse legal ou contratualmente obrigada, por configurar comportamento abusivo"[77].

Acerca dos contratos de natureza bancária, o *Enunciado n. 432 da V Jornada de Direito Civil* explicita que: "Em contratos de financiamento bancário, são abusivas cláusulas contratuais de repasse de custos administrativos (como análise do crédito, abertura de cadastro, emissão de fichas de compensação bancária, etc.), seja por estarem intrinsecamente vinculadas ao exercício da atividade econômica, seja por violarem o princípio da boa-fé objetiva".

Em suma: "A boa-fé objetiva deve ser observada pelas partes na fase de negociações preliminares e após a execução do contrato, quando tal exigência decorrer da natureza do contrato" (*Enunciado n. 170 da III Jornada de Direito Civil*).

6.7.3. *Proibição de* venire contra factum proprium

Uma das principais funções do princípio da boa-fé é limitadora: veda ou pune o exercício de direito subjetivo quando se caracterizar *abuso da posição jurídica*. É no âmbito dessa função limitadora do princípio da boa-fé objetiva, diz o mencionado jurista Ruy Rosado de Aguiar Júnior[78], "que são estudadas as situações de *venire contra factum proprium, suppressio, surrectio, tu quoque*". A "teoria dos atos próprios", ou a proibição de *venire contra factum proprium*, aduz, "protege uma parte contra aquela que pretende exercer uma posição jurídica em contradição com o comportamento assumido anteriormente. Depois de criar uma certa expectativa, em razão de conduta seguramente indicativa de determinado comportamento futuro, há quebra dos princípios de lealdade e de confiança se vier a ser praticado ato contrário ao previsto, com surpresa e prejuízo à contraparte".

Pontifica Humberto Theodoro Júnior: "Um dos grandes efeitos da teoria da boa-fé, no campo dos contratos, traduz-se na vedação de que a parte venha a observar conduta incoerente com seus próprios atos anteriores. A ninguém é lícito fazer valer um direito em contradição com a sua anterior conduta interpretada objetivamente segundo a lei, segundo os bons costumes e a boa-fé, ou quando o exercício posterior se choque com a lei, os bons costumes e a boa-fé"[79].

No mesmo sentido a jurisprudência do *Superior Tribunal de Justiça*: "Havendo real contradição entre dois comportamentos, significando o segundo quebra injustificada da confiança gerada pela prática do primeiro, em prejuízo da contraparte, não é admissível dar eficácia à conduta posterior"[80].

"O contrato de compra e venda celebrado para o fornecimento futuro de frutas cítricas (laranja) não pode lançar as despesas à conta de uma das partes, o produtor, deixando a critério da compradora a fixação do preço. Modificação substancial do mercado que deveria ser suportada pelas duas partes, de acordo com a boa-fé objetiva (art. 131 do Código Comercial)" (STJ, REsp 256.456, 4ª T., rel. Min. Rosado de Aguiar, *DJU*, 7-5-2001).

76 STJ, AgInt no REsp 1.776.448-SP, 4ª T., rel. Min. Maria Isabel Gallotti, *DJe* 1º-7-2019.

77 STJ, AgInt no AREsp 835.892-MT, 4ª T., rel. Min. Antonio Carlos Ferreira, j. 27-8-2019.

78 *Extinção dos contratos por incumprimento do devedor*, p. 254.

79 *O contrato e seus princípios*, p. 87.

80 STJ, REsp 95.539-SP, 4ª T., rel. Min. Rosado de Aguiar, *DJU*, 14-10-1996.

Assim, por exemplo, o credor que concordou, durante a execução do contrato de prestações periódicas, com o pagamento em lugar ou tempo diverso do convencionado não pode surpreender o devedor com a exigência literal do contrato. Igualmente, aquele que vende um estabelecimento comercial e auxilia, por alguns dias, o comprador, inclusive preenchendo pedidos e novas encomendas com seu próprio número de inscrição fiscal, não pode, posteriormente, cancelar tais pedidos, sob a alegação de uso indevido de sua inscrição.

Na *IV Jornada de Direito Civil promovida pelo Conselho da Justiça Federal* foi aprovado o *Enunciado n. 362*, que assim dispõe: "A vedação do comportamento contraditório (*venire contra factum proprium*) funda-se na proteção da confiança, tal como se extrai dos artigos 187 e 422 do Código Civil". E a Súmula 370 do Superior Tribunal de Justiça, *verbi gratia*, proclama que "caracteriza dano moral a apresentação antecipada de cheque pré-datado".

6.7.4. Suppressio, surrectio *e* tu quoque

Suppressio, *surrectio* e *tu quoque* são conceitos correlatos à boa-fé objetiva, oriundos do direito comparado. Devem ser utilizados como função integrativa, suprindo lacunas do contrato e trazendo deveres implícitos às partes contratuais[81].

Corroborando com esse entendimento, o *Enunciado n. 412 da V Jornada de Direito Civil*, em menção ao art. 187 do Código Civil, expõe que: "As diversas hipóteses de exercício inadmissível de uma situação jurídica subjetiva, tais como *supressio*, *tu quoque*, *surrectio* e *venire contra factum proprium*, são concreções da boa-fé objetiva".

Na *suppressio*, assevera Ruy Rosado de Aguiar Júnior[82], "um direito não exercido durante determinado lapso de tempo não poderá mais sê-lo, por contrariar a boa-fé. O contrato de prestação duradoura que tiver permanecido sem cumprimento durante longo tempo, por falta de iniciativa do credor, não pode ser motivo de nenhuma exigência, se o devedor teve motivo para pensar extinta a obrigação e programou sua vida nessa perspectiva. O comprador que deixa de retirar as mercadorias não pode obrigar o vendedor a guardá-las por tempo indeterminado. Enquanto a prescrição encobre a pretensão pela só fluência do tempo, a *suppressio* exige, para ser reconhecida, a demonstração de que o comportamento da parte era inadmissível, segundo o princípio da boa-fé".

A *suppressio*, malgrado se aproxime da figura do *venire contra factum proprium*, dela se diferencia basicamente, pois, enquanto no *venire* a confiança em determinado comportamento é delimitada no cotejo com a conduta antecedente, na *suppressio* as expectativas são projetadas apenas pela injustificada inércia do titular por considerável decurso do tempo, somando-se a isso a existência de indícios objetivos de que o direito não mais seria exercido[83].

Pode ser apresentada como exemplo da *suppressio* a situação descrita no art. 330 do Código Civil, referente ao local do pagamento: "*O pagamento reiteradamente feito em outro local faz presumir renúncia do credor relativamente ao previsto no contrato*".

A *surrectio*, aduz Ruy Rosado de Aguiar Júnior[84], "é a outra face da *suppressio*, pois consiste no nascimento de um direito, sendo nova fonte de direito subjetivo, consequente à continuada prática de certos atos. A duradoura distribuição de lucros da sociedade co-

---

V. ainda: "A teoria dos atos próprios não permite voltar sobre os próprios passos depois de estabelecer relações em cuja seriedade os cidadãos confiaram (*venire contra factum proprium*)" (STJ, REsp 141.879-SP, 4ª T., rel. Min. Rosado de Aguiar, *DJU*, 22-6-1998).

81 Flávio Tartuce, *Direito civil*, v. 3, 3. ed., p. 120.

82 *Extinção dos contratos por incumprimento do devedor*, p. 254-255.

83 Cristiano Chaves de Farias e Nelson Rosenvald, *Curso de direito civil*.

84 *Extinção dos contratos por incumprimento do devedor*, p. 255.

mercial em desacordo com os estatutos pode gerar o direito de recebê-los do mesmo modo, para o futuro".

Por fim, conclui o insigne jurista, "aquele que descumpriu norma legal ou contratual, atingindo com isso determinada posição jurídica, não pode exigir do outro o cumprimento do preceito que ele próprio já descumprira (*tu quoque*). O condômino que viola a regra do condomínio e deposita móveis em área de uso comum, ou a destina para uso próprio, não pode exigir do outro comportamento obediente ao preceito (...) Faz-se aqui a aplicação do mesmo princípio inspirador da *exceptio non adimpleti contractus*: quem não cumpriu o contratado, ou a lei, não pode exigir o cumprimento de um ou outro". Ou seja, o *tu quoque* veda que alguém faça contra o outro o que não faria contra si mesmo.

Veja-se, a propósito, o seguinte quadro:

CONCEITOS CORRELATOS À BOA-FÉ OBJETIVA	
Venire contra factum proprium	Protege uma parte contra aquela que pretende exercer uma posição jurídica em contradição com o comportamento assumido anteriormente.
Suppressio	Um direito não exercido durante determinado lapso de tempo não poderá mais sê-lo, por contrariar a boa-fé.
Surrectio	É a outra face da *suppressio*. Acarreta o nascimento de um direito em razão da continuada prática de certos atos.
Tu quoque	Proíbe que uma pessoa faça contra outra o que não faria contra si mesmo, consistindo em aplicação do mesmo princípio inspirador da *exceptio non adimpleti contractus*.

No julgamento do REsp 1.338.432-SP, restou consignado que "a *supressio* inibe o exercício de um direito, até então reconhecido, pelo seu não exercício. Por outro lado, e em direção oposta à *supressio*, mas com ela intimamente ligada, tem-se a teoria da *surrectio*, cujo desdobramento é a aquisição de um direito pelo decurso do tempo, pela expectativa legitimamente despertada por ação ou comportamento"[85].

Exemplificando, o *Superior Tribunal de Justiça* teve a oportunidade de analisar se, não tendo exercido o direito de reajustar os aluguéis durante o período de cinco anos e com base em cláusula contratual expressa, poderia o locador exigir o pagamento de tais valores, inclusive de retroativos, após realizada a notificação do locatário. Julgou-se pela impossibilidade de cobrança dos montantes retroativos, mas não da correção devida a partir da notificação do locador, que poderia ainda ser cobrada. Declarou-se que "a *supressio* decorre do não exercício de determinado direito, por seu titular, no curso da relação contratual, gerando para a outra parte, em virtude da boa-fé objetiva, a legítima expectativa de que não mais se mostrava sujeito ao cumprimento da obrigação. Destoa da realidade fática supor que, no caso, o locatário tivesse criado a expectativa de que o locador não fosse mais reclamar o aumento dos aluguéis e, por esse motivo, o decurso do tempo não foi capaz de gerar a confiança de que o direito não seria mais exercitado em momento algum do contrato de locação. Viola a boa-fé objetiva impedir que o locador reajuste os aluguéis por todo o período da relação contratual.

---

85 STJ, REsp 1.338.432-SP, 4ª T., rel. Min. Luiz Felipe Salomão, *DJe* 29-11-2017.

No caso, a solução que mais se coaduna com a boa-fé objetiva é permitir a atualização do valor do aluguel a partir da notificação extrajudicial encaminhada ao locatário e afastar a cobrança de valores pretéritos"[86].

No julgamento do REsp 1.643.203, o instituto da *supressio* foi aplicado em litígio acerca de pedido de indenização de direitos autorais pelo uso por mais de 40 anos da obra sem qualquer espécie de cobrança. A indenização foi negada pela Terceira Turma sob o fundamento de que, "no caso concreto, foi reconhecida a existência de contrato válido entre as partes acerca da utilização gratuita de vinhetas protegidas pelos direitos de autor, uma vez que, à época dos fatos, não havia exigência legal quanto à forma escrita. O acordo foi observado pelas partes, de modo pacífico e tranquilo, ao longo de mais de 4 (quatro) décadas, com convivência amistosa entre elas. A modificação de comportamento abrupta por uma das partes não condiz com a boa-fé objetiva, fazendo incidir a *suppressio*, a despeito da vitaliciedade dos direitos autorais"[87].

6.7.5. Duty to mitigate the loss e Nachfrist

A expressão *duty to mitigate the loss* ou "mitigação do prejuízo" constitui uma inovação verificada primeiramente no direito anglo-saxão (*doctrine of mitigation* ou *duty to mitigate the loss*), relacionada diretamente com a boa-fé objetiva e aprovada no *Enunciado n. 169 da III Jornada de Direito Civil (STJ-CJF)*, nestes termos: "O princípio da boa-fé objetiva deve levar o credor a evitar o agravamento do próprio prejuízo".

Informa ANTUNES VARELA[88] que o direito português assegura que a vítima do inadimplemento, mesmo quando não contribui para o evento danoso, tem não apenas o dever de proceder de sorte que o dano não se agrave, mas também o de tentar reduzi-lo na medida possível. DÍEZ-PICAZO[89], por sua vez, afirma que o dever de mitigar os danos sofridos decorre do princípio da boa-fé e, quando descumprido, é um fato que "*rompe la relación de causalidad, pues el aumento de los daños no es ya consecuencia direta e inmediata del incumplimiento, sino de la inacción o de la passividad del acreedor*". Na Itália, FRANCESCO GALGANO[90] opina que o recíproco comportamento do credor e do devedor conforme ao princípio da correção e da boa-fé é uma "obrigação geral acessória" cujo conteúdo não é pré-determinável.

A mencionada máxima tem sido aplicada especialmente aos contratos bancários, em casos de inadimplência dos devedores, em que a instituição financeira, ao invés de tomar as providências para a rescisão do contrato, permanece inerte, na expectativa de que a dívida atinja valores elevados, em razão da alta de juros convencionada no contrato (confira-se acórdão nesse sentido do TJSP, na Ap. 0003643-11.2012.8.26.0627, de 15-5-2015).

Essa conduta incorreta tem sido reprimida pelos nossos Tribunais, especialmente pelo *Superior Tribunal de Justiça*, para o qual "os contratantes devem tomar as medidas necessárias e possíveis para que o dano não seja agravado. A parte a que a perda aproveita não pode permanecer deliberadamente inerte diante do dano. Agravamento do prejuízo, em razão da inércia do credor. Infringência dos deveres de cooperação e lealdade..." "... O fato de ter deixado o devedor na posse do imóvel por quase 7 (sete) anos, sem que este cumprisse com o seu dever contratual (pagamento das prestações relativas ao contrato de compra e venda), evidencia a ausência de zelo com o patrimônio do credor, com o consequente agravamento das perdas, uma vez que a realização mais célere dos atos de defesa possessória diminuiriam

---

86 STJ, REsp 1.803.278-PR, 3ª T., rel. Min. Villas Bôas Cueva, j. 22-10-2019.

87 REsp 1.643.203-RJ, 3ª T., rel. Marco Aurélio Bellizze, *DJe* 1-12-2020.

88 *Das obrigações em geral*. 2. ed. Coimbra: Almedina, v. I, p. 917.

89 *Fundamentos del derecho civil patrimonial*. Madrid: Editorial Civitas, v. 2, p. 689.

90 *Diritto privato*. 4. ed. Ed. Pádua, p. 184.

a extensão do dano. Violação ao princípio da boa-fé objetiva"[91]. A referida tese foi adotada no Código Civil, no capítulo concernente aos contratos de seguro. Dispõe, com efeito, o art. 769 do aludido diploma que "*o segurado é obrigado a comunicar ao segurador, logo que saiba, todo incidente suscetível de agravar consideravelmente o risco coberto, sob pena de perder o direito à garantia, se provar que silenciou de má-fé*".

Na mesma linha, proclama o art. 771: "*Sob pena de perder o direito à indenização, o segurado participará o sinistro ao segurador, logo que o saiba, e tomará as providências imediatas para minorar-lhe as consequências*".

Com vigência a partir de 11-12-2025, por força da Lei n. 15.040/2024, as disposições do contrato de seguro previstas no Código Civil serão revogadas, passando a viger a referida legislação especial. Nesta, semelhante à previsão do Código Civil, há menção que "*o segurado deve comunicar à seguradora relevante agravamento do risco tão logo dele tome conhecimento*" (art. 14, *caput*), sob pena de: "*§ 3º O segurado que dolosamente descumprir o dever previsto no* caput *deste artigo perde a garantia, sem prejuízo da dívida de prêmio e da obrigação de ressarcir as despesas incorridas pela seguradora; § 4º O segurado que culposamente descumprir o dever previsto no caput deste artigo fica obrigado a pagar a diferença de prêmio apurada ou, se a garantia for tecnicamente impossível ou o fato corresponder a tipo de risco que não seja normalmente subscrito pela seguradora, não fará jus à garantia*".

Contudo, cabe destacar que o simples retardo para o ajuizamento da ação não condiz com a aplicação automática do instituto da mitigação do prejuízo. A Quarta Turma do Superior Tribunal de Justiça firmou a seguinte tese: "O ajuizamento de ação de cobrança muito próximo ao implemento do prazo prescricional, mas ainda dentro do lapso legalmente previsto, não pode ser considerado, por si só, como fundamento para a aplicação do *duty to mitigate the loss*. Para tanto, é necessário que, além do exercício tardio do direito de ação, o credor tenha violado, comprovadamente, alguns dos deveres anexos ao contrato, promovendo condutas ou omitindo-se diante de determinadas circunstâncias, ou levando o devedor à legítima expectativa de que a dívida não mais seria cobrada ou cobrada a menor"[92]. No tocante à expressão *Nachfrist*, afirmam PAULO NALIN e RENATA STEINER[93] que o seu conceito é desconhecido na experiência nacional e que não há no direito brasileiro algo próximo. Aduzem que a referida expressão designa a possibilidade de concessão de prazo suplementar para cumprimento da obrigação, findo o qual também se poderá utilizar o remédio resolutório, independentemente da configuração do descumprimento fundamental.

Como esclarece FLÁVIO TARTUCE[94], o instituto em apreço, de origem alemã, "constitui a concessão de um prazo adicional ou período de carência pelo comprador para que o vendedor cumpra a obrigação, o que tem o intuito de conservar a avença..." "Nos termos do dispositivo citado, (1) o comprador poderá conceder ao vendedor prazo suplementar razoável para o cumprimento de suas obrigações, (2) Salvo se tiver recebido a comunicação do vendedor de que não cumprirá suas obrigações no prazo fixado conforme o parágrafo anterior, o comprador não poderá exercer qualquer ação por descumprimento do contrato, durante o prazo suplementar. Todavia, o comprador não perderá, por este fato, o direito de exigir indenização das perdas e danos decorrentes do atraso no cumprimento do contrato."

---

91 STJ, REsp 758.518-PR, 3ª T., rel. Des. Conv. Vasco Della Giustina, j. 17-6-2010.

92 REsp 1.201.672-MS, 4ª T., rel. Des. Conv. Lázaro Guimarães, j. 21-11-2017.

93 Atraso na obrigação de entrega e essencialidade do tempo do cumprimento na CISG. In: *Compra e venda internacional de mercadorias*. Curitiba: Ed. Juruá, 2014, p. 327-328

94 *Direito civil:* teoria geral dos contratos e contratos em espécie, p. 146. TJRS, Apel. 0000409-73.2017.8.21.7000, 12ª Câm. Cív., rel. Des. Umberto Sudbrack, j. 14-2-2017.

Aduz o renomado civilista que em 2017 "surgiu o primeiro acórdão estadual aplicando a concessão". Trata-se do *caso dos pés de galinha*, julgado pelo Tribunal Gaúcho, envolvendo fornecimento dessa iguaria por empresa brasileira a comprador localizado em Hong Kong. Ali se reconheceu a rescisão do contrato pelo fato de as mercadorias não terem sido entregues, mesmo tendo sido concedida a extensão de prazo ou *Nachfrist* para que o vendedor o fizesse. Nos termos da ementa, "contrato de compra e venda internacional de mercadorias cuja rescisão vai declarada, por força da aplicação conjunta das normas do art. 47 (1), do art. 49 (1) (b) e do art. 81 (2), todos da Convenção das Nações Unidas sobre contratos de compra e venda internacional de mercadorias ('Convenção de Viena de 1980'), a cujo marco normativo se recorre simultaneamente ao teor dos princípios UNIDROIT relativos aos contratos comerciais internacionais". No Brasil, o Decreto n. 8.327, de 16 de outubro de 2014, promulgou a Convenção das Nações Unidas sobre Contratos de Compra e Venda Internacional de Mercadorias.

7. INTERPRETAÇÃO DOS CONTRATOS

7.1. Conceito e extensão

Toda manifestação de vontade necessita de interpretação para que se saiba o seu significado e alcance. O contrato origina-se de ato volitivo e por isso requer sempre uma interpretação.

Nem sempre o contrato traduz a exata vontade das partes. Muitas vezes a redação mostra-se obscura e ambígua, malgrado o cuidado quanto à clareza e precisão demonstrado pela pessoa encarregada dessa tarefa, em virtude da complexidade do negócio e das dificuldades próprias do vernáculo.

Por essa razão não só a lei deve ser interpretada, mas também os negócios jurídicos em geral. A execução de um contrato exige a correta compreensão da intenção das partes. Esta exterioriza-se por meio de sinais ou símbolos, dentre os quais as palavras.

Interpretar o negócio jurídico é, portanto, precisar o sentido e alcance do conteúdo da declaração de vontade. Busca-se apurar a vontade concreta das partes, não a vontade interna, psicológica, mas a vontade objetiva, o conteúdo, as normas que nascem da sua declaração. Esta matéria já foi por nós estudada e desenvolvida no volume 1 desta coleção (Parte Geral), Título I do Livro III, Capítulo I (*Disposições gerais*), n. 2.5, sob o título *Interpretação do negócio jurídico*, mostrando-se, portanto, despicienda a sua análise minuciosa.

A vontade contratual, para ter efeitos concretos, não prescinde do trabalho de hermenêutica realizado pelas próprias partes, nas suas relações jurídicas, e pelo magistrado, na hipótese de conflito de interesse. Pode-se dizer que as regras de interpretação dos contratos previstas no Código Civil dirigem-se primeiramente às partes, que são as principais interessadas em seu cumprimento. Não havendo entendimento entre elas a respeito do exato alcance da avença e do sentido do texto por elas assinado, a interpretação deverá ser realizada pelo juiz, como representante do Poder Judiciário[95].

Diz-se que a interpretação contratual é *declaratória* quando tem como único escopo a descoberta da intenção comum dos contratantes no momento da celebração do contrato; e *construtiva* ou *integrativa*, quando objetiva o aproveitamento do contrato, mediante o suprimento das lacunas e pontos omissos deixados pelas partes.

---

[95] Arnoldo Wald, *Obrigações e contratos*, p. 208; Sílvio Venosa, *Direito civil*, v. II, p. 453-454.

A *integração contratual* preenche, pois, as lacunas encontradas nos contratos, complementando-os por meio de normas supletivas, especialmente as que dizem respeito à sua função social, ao princípio da boa-fé, aos usos e costumes do local, bem como buscando encontrar a verdadeira intenção das partes, muitas vezes revelada nas entrelinhas. Seria, portanto, um modo de aplicação jurídica feita pelo órgão judicante, mediante o recurso à lei, à analogia, aos costumes, aos princípios gerais de direito ou à equidade, criando norma supletiva, que completará, então, o contrato, que é uma norma jurídica individual[96].

A propósito, exemplifica SÍLVIO VENOSA: "Se os contratantes, por exemplo, estipularam determinado índice de correção monetária nos pagamentos e esse índice é extinto, infere-se que outro índice próximo de correção deve ser aplicado, ainda que assim não esteja expresso no contrato, porque a boa-fé e a equidade que regem os pactos ordenam que não haja injusto enriquecimento com a desvalorização da moeda"[97].

7.2. Princípios básicos

Nos contratos e demais negócios escritos, a análise do texto (interpretação *objetiva*) conduz, em regra, à descoberta da intenção dos pactuantes. Parte-se, portanto, da declaração escrita para se chegar à vontade dos contratantes (interpretação *subjetiva*), alvo principal da operação.

Quando, no entanto, determinada cláusula mostra-se obscura e passível de dúvida, alegando um dos contratantes que não representa com fidelidade a vontade manifestada por ocasião da celebração da avença, e tal alegação está demonstrada, deve-se considerar como verdadeira esta última, pois o art. 112 do Código Civil declara que, nas "*declarações de vontade se atenderá mais à intenção nelas consubstanciada do que ao sentido literal da linguagem*".

O acréscimo, ora verificado, da expressão "nelas consubstanciada", inexistente no art. 85 do Código Civil de 1916, correspondente ao dispositivo supratranscrito do novo diploma, mostra que se deve atender à intenção manifestada no contrato, e não ao pensamento íntimo do declarante.

Parte-se da declaração, que é forma de exteriorização da vontade, para se apurar a real intenção das partes. Esta deve, pois, ser considerada, não no sentido de pensamento íntimo dos declarantes, pois não se buscam os seus motivos psicológicos, mas sim o sentido mais adequado a uma interpretação que leve em conta a boa-fé, e o contexto e o fim econômico do negócio jurídico.

O novo texto veio trazer o devido equilíbrio, reforçando a *teoria da declaração*, mas sem aniquilar a da *vontade*, em face da necessidade de se agilizarem as relações jurídicas que, de certo modo, ficam travadas com a perquirição do conteúdo íntimo da vontade declarada.

O Código de 2002 inova ao dispor, na Parte Geral, quanto a critérios gerais de interpretação do negócio jurídico, não os restringindo aos contratos, como o fazia o art. 1.090 do Código de 1916. Além de se referir a todos os negócios benéficos, introduz a renúncia dentre os que ficam submetidos a uma interpretação restritiva.

---

96 Maria Helena Diniz, *Tratado teórico e prático dos contratos*, v. 1, p. 95-96; Francesco Messineo, *Doctrina general del contrato*, t. II, p. 122.

97 *Direito civil*, v. II, p. 459.

Dispõe o art. 239º do Código Civil português: "Art. 239º – Integração

Na falta de disposição especial, a declaração negocial deve ser integrada de harmonia com a vontade que as partes teriam tido se houvessem previsto o ponto omisso, ou de acordo com os ditames da boa-fé, quando outra seja a solução por eles imposta".

Conforme assinala Arnoldo Wald, os "processos e as técnicas de fixação do sentido da lei, como os processos literal, histórico, sociológico, sistemático e lógico, são utilizados, além de outros, na interpretação contratual, em que também se atende à *finalidade econômica da operação*, à *boa-fé presumida* e ao comportamento passado das partes, ao *conteúdo* real do ato, independentemente da terminologia utilizada, às *circunstâncias peculiares do caso, aos usos sociais* e *locais e à equidade*"[98].

Dois princípios hão de ser sempre observados, na interpretação do contrato: o da *boa-fé* e o da *conservação do contrato*. No tocante ao primeiro, deve o intérprete presumir que os contratantes procedem com lealdade e que tanto a proposta como a aceitação foram formuladas dentro do que podiam e deviam eles entender razoavelmente, segundo a regra da boa-fé (CC, art. 422).

Nessa linha, dispõe o art. 113 do atual Código que "*os negócios jurídicos devem ser interpretados conforme a boa-fé e os usos do lugar de sua celebração*".

Percebe-se, mais uma vez, uma relativização do subjetivismo na interpretação do negócio jurídico, uma vez que, se, por um lado, a investigação sobre a intenção é importante, por outro, elementos objetivos devem também ser observados.

Deve o intérprete presumir que os contratantes procedem com lealdade e que tanto a proposta como a aceitação foram formuladas dentro do que podiam e deviam eles entender razoável, segundo a regra da boa-fé. Como pauta de interpretação, a boa-fé exerce valioso papel para a exata compreensão das cláusulas do contrato e das normas legais incidentes.

Miguel Reale teve a oportunidade de enfatizar que em todo ordenamento jurídico há artigos-chave, isto é, normas fundantes que dão sentido às demais, sintetizando diretrizes válidas "para todo o sistema". Nessa ordem de ideias, "nenhum dos artigos do atual Código Civil me parece tão rico de consequência como o art. 113". Desdobrando essa norma em seus elementos constitutivos, aduziu, "verifica-se que ela consagra a eleição específica dos *negócios jurídicos* como disciplina preferida para regulação genérica das relações sociais, sendo fixadas, desde logo, a *eticidade* de sua hermenêutica, em função da boa-fé, bem como a sua *socialidade*, ao se fazer alusão aos 'usos do lugar de sua celebração'"[99].

É comum, nos contratos em que se caracteriza a superioridade intelectual, econômica ou profissional de uma parte, e principalmente nos contratos de adesão, "a necessidade de invocar-se o princípio da boa-fé para a eventual suspensão da eficácia do primado da autonomia da vontade, a fim de rejeitar-se cláusula abusiva ou imposta sem o devido esclarecimento de seus efeitos, principalmente no tocante à isenção de responsabilidade do estipulante ou à limitação de vantagens do aderente"[100].

O segundo princípio, o da *conservação* ou *aproveitamento do contrato*, tem aqui este significado: se uma cláusula contratual permitir duas interpretações diferentes, prevalecerá

---

98 *Obrigações e contratos*, p. 208.

99 Um artigo-chave do Código Civil, comentário publicado no jornal *O Estado de S. Paulo*, 21-6-2003, p. A-2.

Acrescentou Miguel Reale, na sequência: "No tocante à primeira, andou bem o legislador ao se referir à *boa-fé*, que é o cerne ou a matriz da eticidade, a qual não existe sem a *intentio*, sem o elemento psicológico da intencionalidade ou do propósito de guardar fidelidade ou lealdade ao passado. Dessa intencionalidade, no amplo sentido que Husserl dá a essa palavra, resulta a boa-fé objetiva, como *norma de conduta*, que deve salvaguardar a veracidade do que foi estipulado... Além de à boa-fé, o negócio jurídico deve obedecer aos usos e costumes do lugar em que foi constituído, o que demonstra que seu titular não é um 'sujeito de direito abstrato', mas uma pessoa situada no contexto de suas circunstâncias existenciais".

100 Ruy Rosado de Aguiar Júnior, *Extinção dos contratos por incumprimento do devedor*, p. 252.

a que possa produzir algum efeito, pois não se deve supor que os contratantes tenham celebrado um contrato carecedor de qualquer utilidade.

O *Enunciado n. 22 da I Jornada de Direito Civil* reza que "A função social do contrato, prevista no art. 421 do novo Código Civil, constitui cláusula geral que reforça o princípio de conservação do contrato, assegurando trocas úteis e justas". Já na *III Jornada de Direito Civil, promovida pelo Conselho da Justiça Federal, foi aprovado o Enunciado n. 176*, de seguinte teor: "Em atenção ao princípio da conservação dos negócios jurídicos, o art. 478 do Código Civil de 2002 deverá conduzir, sempre que possível, à revisão judicial dos contratos e não à resolução contratual". E na *IV Jornada foi aprovado o Enunciado n. 367*, relativo ao mesmo tema: "Em observância ao princípio da conservação do contrato, nas ações que tenham por objeto a resolução do pacto por excessiva onerosidade, pode o juiz modificá-lo equitativamente, desde que ouvida a parte autora, respeitada a sua vontade e observado o contraditório".

O art. 157, § 2º, do Código Civil exemplifica a busca pela conservação dos contratos mesmo no caso de lesão, visto disciplinar que "*não se decretará a anulação do negócio, se for oferecido suplemento suficiente, ou se a parte favorecida concordar com a redução do proveito*". O *Enunciado n. 149 da I Jornada de Direito Civil* reforça esse desiderato: "Em atenção ao princípio da conservação dos contratos, a verificação da lesão deverá conduzir, sempre que possível, à revisão judicial do negócio jurídico e não à sua anulação, sendo dever do magistrado incitar os contratantes a seguir as regras do art. 157, § 2º, do Código Civil de 2002".

Prescreve, ainda, o art. 114 do Código Civil que "*os negócios jurídicos benéficos e a renúncia interpretam-se estritamente*". *Benéficos* ou *gratuitos* são os que envolvem uma liberalidade: somente um dos contratantes se obriga, enquanto o outro apenas aufere um benefício. A doação pura constitui o melhor exemplo dessa espécie. Devem ter interpretação estrita porque representam renúncia de direitos.

7.3. Regras esparsas

Além dos dispositivos já mencionados, há outros poucos artigos esparsos no Código Civil e em leis especiais, estabelecendo regras sobre interpretação de determinados negócios: quando houver no contrato de adesão cláusulas ambíguas ou contraditórias, dever-se-á adotar a interpretação mais favorável ao aderente (art. 423); a transação interpreta-se restritivamente (art. 843); a fiança não admite interpretação extensiva (art. 819); sendo a cláusula testamentária suscetível de interpretações diferentes, prevalecerá a que melhor assegure a observância da vontade do testador (art. 1.899).

Podem ser mencionados, ainda, os arts. 110 e 111 do Código Civil, que tratam, respectivamente, da *reserva mental* e do *silêncio como manifestação da vontade*, já comentados no volume 1 desta coleção, no título concernente ao *negócio jurídico*.

7.4. Interpretação dos contratos no Código de Defesa do Consumidor

O Código de Defesa do Consumidor (Lei n. 8.078/90) dedicou um capítulo ao *contrato de adesão*, conceituando-o da seguinte forma, no art. 54: "*Contrato de adesão é aquele cujas cláusulas tenham sido aprovadas pela autoridade competente ou estabelecidas unilateralmente pelo fornecedor de produtos ou serviços, sem que o consumidor possa discutir ou modificar substancialmente seu conteúdo*".

Por sua vez, proclama o art. 47: "*As cláusulas contratuais serão interpretadas de maneira mais favorável ao consumidor*". A excepcionalidade decorre de previsão específica do rol dos direitos fundamentais, como disposto no art. 5º, XXXII, combinado com o art. 170, V, da Constituição Federal. Nesse sentido, há farta jurisprudência do Superior Tribunal de Justiça que sinaliza para a aplicação da disposição mais favorável ao consumidor, inteligência que vai ao encontro da vulnerabilidade deste ente[101].

O dispositivo em destaque aplica-se a todos os contratos que tenham por objeto relações de consumo e harmoniza-se com o espírito do referido diploma, que visa à proteção do hipossuficiente, isto é, do consumidor, visto que as regras que ditam tais relações são, em geral, elaboradas pelo fornecedor.

O Código de Defesa do Consumidor ainda avança ao dispor, no seu art. 46, que os contratos que regulam as relações de consumo deixam de ser obrigatórios se ao consumidor não for dada oportunidade de conhecer previamente o seu conteúdo, ou forem redigidos de forma a dificultar a compreensão de seu sentido e alcance. Trata-se de norma que constitui, ao mesmo tempo, regra de interpretação e de garantia do prévio conhecimento e entendimento do conteúdo do contrato por parte do consumidor.

7.5. Critérios práticos para interpretação dos contratos

Algumas regras práticas podem ser observadas no tocante à interpretação dos contratos: a) a melhor maneira de apurar a intenção dos contratantes é verificar o modo pelo qual o vinham executando, de comum acordo; b) deve-se interpretar o contrato, na dúvida, da maneira menos onerosa para o devedor (*in dubiis quod minimum est sequimur*); c) as cláusulas contratuais não devem ser interpretadas isoladamente, mas em conjunto com as demais; d) qualquer obscuridade é imputada a quem redigiu a estipulação, pois, podendo ser claro, não o foi (*ambiguitas contra stipulatorem est*); e) na cláusula suscetível de dois significados, interpretar-se-á em atenção ao que pode ser exequível (princípio da conservação ou aproveitamento do contrato)[102].

---

101 REsp 1.249.701-SC, 3ª T., rel. Min. Paulo de Tarso Sanseverino, *DJe* 10-12-2012; REsp 1.726.225-RJ, 3ª T., rel. Min. Marco Aurélio Bellizze, *DJe* 24-9-2018; REsp 1.740.997-CE, 3ª T., rel. Min. Paulo de Tarso Sanseverino, *DJe* 12-6-2020.

102 Pothier formulou, a propósito, fundado nas fontes clássicas, as seguintes regras: a) o intérprete deve indagar a intenção comum das partes, de preferência ao sentido gramatical das palavras – *potentior est quam vox mens dicentis*; b) quando uma cláusula for suscetível de dois entendimentos, deve ter aquele em que possa produzir algum efeito, e não no em que nenhum possa gerar – *quoties in stipulationibus ambigua oratio est, commdissimum est id accipi quo res de qua agitur in tuto sit*; c) quando um contrato encerrar expressões de duplo sentido, deve entender-se no sentido condizente com a natureza do negócio mesmo; d) a expressão ambígua interpreta-se segundo o que é de uso no país; e) devem-se considerar implícitas em todo contrato as cláusulas de uso – *in contractibus tacite veniunt ea quae sunt moris et consuetudini*; f) as cláusulas contratuais interpretam-se uma em relação às outras, sejam antecedentes, sejam consequentes; g) em caso de dúvida, a cláusula interpreta-se contra o estipulante e em favor do promitente; h) as cláusulas contratuais, ainda quando genéricas, compreendem apenas aquilo que foi objeto do contrato, e não as coisas de que os contratantes não cogitam – *iniquum est perimi pacto, id de quo cogitatum non est*; i) compreendem-se na universalidade todas as coisas particulares que a compõem, mesmo quando as partes ao contratar não tenham tido conhecimento destas; j) o caso expresso para explicação da obrigação não deve considerar-se com o efeito de restringir o vínculo, e sim que este abrange os casos não expressos; k) uma cláusula expressa no plural decompõe-se muitas vezes em cláusulas singulares; l) o que está no fim da frase se relaciona com toda ela e não apenas com o que imediatamente a precede, uma vez que guarde concordância em gênero e número com a frase inteira; m) interpreta-se a cláusula contra aquele contratante, em razão de cuja má-fé, ou culpa, a obscuridade, ambiguidade ou outro vício se origina; n) as expressões que se apresentam sem sentido nenhum devem ser rejeitadas como se não constassem do texto do contrato (*Oeuvres* (par Bugnet), v. II, n. 91 e s., apud Caio Mário da Silva Pereira, *Instituições de direito civil*, v. III, p. 53-54).

7.6. Interpretação dos contratos de adesão

O atual Código Civil estabeleceu duas regras de interpretação dos *contratos de adesão*, que se caracterizam pelo fato de o seu conteúdo ser determinado unilateralmente por um dos contratantes, cabendo ao outro contratante apenas aderir ou não aos seus termos. Serão elas comentadas pormenorizadamente logo adiante, no capítulo concernente à classificação dos contratos. A primeira consta do art. 423, que assim dispunha:

"Quando houver no contrato de adesão cláusulas ambíguas ou contraditórias, dever-se-á adotar a interpretação mais favorável ao aderente".

Será "ambígua a cláusula que da sua interpretação gramatical for possível a extração de mais de um sentido, como, por exemplo, o prestador de serviços que se compromete a trocar dois pneus de dois carros; há ambiguidade na medida em que não é possível determinar se a troca versa sobre dois pneus de cada carro, ou seja, quatro pneus, ou um pneu de cada um dos dois carros, totalizando dois pneus. De outro lado, há contradição se o conteúdo das cláusulas foi inconciliável, tal como dispor que o mútuo é celebrado sem vantagens para o mutuante e estabelecer cobrança de juros"[103].

Exatamente pelo fato de, nessa espécie de contrato, não se dar ao aderente oportunidade ou possibilidade de discutir as suas cláusulas e influir em seu conteúdo é que o aludido art. 423 do Código Civil determinou que eventuais cláusulas ambíguas ou contraditórias sejam interpretadas de maneira mais favorável a ele.

A segunda regra vem expressa no art. 424 do mencionado diploma, que proclama:

"Nos contratos de adesão, são nulas as cláusulas que estipulem a renúncia antecipada do aderente a direito resultante da natureza do negócio".

O legislador teve em mira proteger especialmente os direitos correlatos que na prática comercial são comumente excluídos por cláusulas-padrão, como a de não reparação pelos danos decorrentes de defeitos da coisa ou pela má prestação de serviços, não indenizabilidade de vícios redibitórios, evicção etc.

8. PACTOS SUCESSÓRIOS

Dispõe o art. 426 do Código Civil:

"Não pode ser objeto de contrato a herança de pessoa viva".

Trata-se de regra tradicional e de ordem pública, destinada a afastar os *pacta corvina* ou *votum captandae mortis*. A sua inobservância torna *nulo* o contrato em razão da impossibilidade jurídica do *objeto*.

O nosso ordenamento só admite duas formas de sucessão *causa mortis*: a legítima e a testamentária. O dispositivo em questão afasta a *sucessão contratual*. Apontam os autores, no entanto, duas exceções: a) é permitido aos nubentes fazer doações antenupciais, dispondo a respeito da recíproca e futura sucessão, desde que não excedam a metade dos bens (CC, arts. 1.668, IV, e 546); b) podem os pais, por ato entre vivos, partilhar o seu patrimônio entre os descendentes (CC, art. 2.018).

Quando em vigor o Código de 1916, a doutrina mencionava também, como exceção à regra proibitiva da sucessão contratual, a estipulação, no pacto antenupcial, de doações para depois da morte do doador, prevista no art. 314 daquele diploma. Esta hipótese não é, todavia, disciplinada no Código de 2002 (arts. 1.653 a 1.657).

---

103 Mônica Bierwagen, *Princípios e regras de interpretação dos contratos no novo Código Civil*, p. 95.

Parece-nos que, em face do diploma civil, somente a partilha *inter vivos* pode ser considerada exceção à norma do art. 426, por corresponder a uma sucessão antecipada, visto que os citados arts. 546 e 1.668, que tratam de doações entre cônjuges, não contemplam a hipótese de recíproca e futura sucessão *causa mortis*. A cláusula que assim dispõe é considerada não escrita, por fraudar lei imperativa, contrariando disposição absoluta de lei (CC, arts. 166, VI, e 1.655)[104]. Na realidade, nas doações *propter nuptias* a exceção é apenas aparente, porquanto a doação, como foi dito, não vem subordinada ao evento morte, mas sim ao casamento, sendo a morte mera consequência[105].

Ao julgar Agravo em Recurso Especial, a relatora do Superior Tribunal de Justiça, em seu voto, destacou que: "é defeso o negócio jurídico que tenha por objeto a herança de pessoa viva e esta (a suposta herança que é mera expectativa de direito) não pode ser objeto de negociação ('pacta corvina'). Ou seja, não podem os descendentes negociarem a sua parte em expectativa de exercício de direito, caso o(s) ascendente(s) ainda estiver(em) vivo(s)"[106].

---

104 Maria Helena Diniz manifesta idêntica opinião, in *Tratado teórico e prático dos contratos*, v. 1, p. 39.

105 Sílvio Venosa, *Direito civil*, v. II, p. 532.

106 STJ, AREsp 2.273.801-CE, rel. Min. Maria Thereza de Assis Moura, *DJ* 23-2-2023.

Capítulo II

DA FORMAÇÃO DOS CONTRATOS

1. A MANIFESTAÇÃO DA VONTADE

A manifestação da vontade é o primeiro e mais importante requisito de existência do negócio jurídico. A vontade humana se processa inicialmente na mente das pessoas. É o momento subjetivo, psicológico, representado pela própria formação do querer. O momento objetivo é aquele em que a vontade se revela por meio da declaração. Somente nesta fase ela se torna conhecida e apta a produzir efeitos nas relações jurídicas. Por isso se diz que, em rigor, é a declaração da vontade, e não ela própria, que constitui requisito de existência dos negócios jurídicos e, conseguintemente, dos contratos[1].

O contrato é um acordo de vontades que tem por fim criar, modificar ou extinguir direitos. Constitui o mais expressivo modelo de negócio jurídico bilateral. A manifestação da vontade pode ser expressa ou tácita. Poderá ser tácita quando a lei não exigir que seja expressa (CC, art. 111). *Expressa* é a exteriorizada verbalmente, por escrito, gesto ou mímica, de forma inequívoca. Algumas vezes a lei exige o consentimento *escrito* como requisito de validade da avença. Não havendo na lei tal exigência, vale a manifestação *tácita*, que se infere da conduta do agente.

O *silêncio* pode ser interpretado como manifestação tácita da vontade quando as circunstâncias ou os usos o autorizarem, e não for necessária a declaração de vontade expressa (CC, art. 111), e, também, quando a lei o autorizar, como nos arts. 539 (doação pura), 512 (venda a contento), 432 (praxe comercial) etc., ou, ainda, quando tal efeito ficar convencionado em um pré-contrato. Nesses casos o silêncio é considerado *circunstanciado* ou *qualificado* (*v.*, a propósito, no v. 1 desta coleção, *Elementos do negócio jurídico*, item 7.1.1 – *O silêncio como manifestação de vontade*).

2. NEGOCIAÇÕES PRELIMINARES

O contrato resulta de duas manifestações de vontade: a *proposta* e a *aceitação*. A primeira, também chamada de *oferta*, *policitação* ou *oblação*, dá início à formação do contrato e não depende, em regra, de forma especial.

---

[1] Silvio Rodrigues, *Direito civil*, v. 3, p. 63.

Nem sempre, no entanto, o contrato nasce instantaneamente de uma proposta seguida de uma imediata aceitação. Na maior parte dos casos a oferta é antecedida de uma fase, às vezes prolongada, de *negociações preliminares* caracterizada por sondagens, conversações, estudos e debates (*tractatus, trattative, pourparlers*), também denominada *fase da puntuação*. Nesta, como as partes ainda não manifestaram a sua vontade, não há nenhuma vinculação ao negócio. Qualquer delas pode afastar-se, simplesmente alegando desinteresse, sem responder por perdas e danos. Mesmo quando surge um *projeto* ou *minuta*, ainda assim não há vinculação das pessoas. Tal responsabilidade só ocorrerá se ficar demonstrada a deliberada intenção, com a falsa manifestação de interesse, de causar dano ao outro contraente, levando-o, por exemplo, a perder outro negócio ou realizando despesas. O fundamento para o pedido de perdas e danos da parte lesada não é, nesse caso, o inadimplemento contratual, mas a prática de um ilícito civil (CC, art. 186).

Embora as negociações preliminares não gerem, por si mesmas, obrigações para qualquer dos participantes, elas fazem surgir, entretanto, deveres jurídicos para os contraentes, decorrentes da incidência do princípio da boa-fé, sendo os principais os deveres de lealdade e correção, de informação, de proteção e cuidado e de sigilo. A violação desses deveres durante o transcurso das negociações é que gera a responsabilidade do contraente, tenha sido ou não celebrado o contrato. Essa responsabilidade ocorre, pois, não no campo da culpa contratual, mas da aquiliana, somente no caso de um deles induzir no outro a crença de que o contrato será celebrado, levando-o a despesas ou a não contratar com terceiro etc. e depois recuar, causando-lhe dano. Essa responsabilidade tem, porém, caráter excepcional[2].

Na *Jornada de Direito Civil realizada em Brasília em setembro de 2002*, já mencionada (STJ-CJF), foi aprovada a *Conclusão n. 25, do seguinte teor*: "O art. 422 do Código Civil não inviabiliza a aplicação, pelo julgador, do princípio da boa-fé nas fases pré e pós-contratual". Pode-se afirmar que, mesmo com a redação insuficiente do aludido art. 422, nela estão compreendidas as tratativas preliminares, antecedentes do contrato, que podem acarretar a responsabilidade pré-contratual[3].

Como assevera RUY ROSADO DE AGUIAR JÚNIOR[4], em lição já referida, o princípio da boa-fé, durante as tratativas preliminares, é fonte de deveres de esclarecimento, situação que surge seguidamente quando uma das partes dispõe de superioridade de informações ou de conhecimentos técnicos, que devem ser repassados amplamente e de forma compreensível à contraparte, para que esta possa decidir com suficiente conhecimento de causa. Também surgem, nas tratativas, deveres de lealdade, decorrentes da simples aproximação pré-contra-

---

2 Caio Mário da Silva Pereira, *Instituições de direito civil*, v. III, p. 37-38.

3 Nelson Nery Junior, Contratos no Código Civil, in *O Novo Código Civil – Estudos em homenagem ao Professor Miguel Reale*, p. 433.

4 *Extinção dos contratos por incumprimento do devedor*, p. 250.

Já se decidiu: "Contrato. Tratativas. *Culpa in contrahendo*. Responsabilidade da empresa alimentícia, industrializadora de tomates, que distribui sementes, no tempo do plantio, e então manifesta a intenção de adquirir o produto, mas depois resolve, por sua conveniência, não mais industrializá-lo naquele ano, assim causando o prejuízo do agricultor, que sofre a frustração da expectativa da venda da safra, uma vez que o produto ficou sem possibilidade de colocação. Decorre do princípio da boa-fé objetiva, aceito pelo nosso ordenamento, o dever de lealdade durante as tratativas e a consequente responsabilidade da parte que, depois de suscitar na outra a justa expectativa de celebração de um certo negócio, volta atrás e desiste de consumar a avença" (*RJTJRS*, 154/378).

E ainda: "Responsabilidade pré-contratual. *Culpa in contrahendo*. Alienação de quotas sociais.

É possível o reconhecimento da responsabilidade pré-contratual, fundada na boa-fé, para indenização das despesas feitas na preparação de negócio que não chegou a se perfectibilizar por desistência de uma das partes" (*RJTJRS*, 152/605).

tual. Censura-se, assim, quem abandona inesperadamente as negociações já em adiantado estágio, depois de criar na outra parte a expectativa da celebração de um contrato para o qual se preparou e efetuou despesas, ou em função do qual perdeu outras oportunidades. A violação a esse dever secundário pode ensejar indenização, por existir uma relação obrigacional, independentemente de contrato, fundada na boa-fé.

Proclamou a *3ª Turma do Superior Tribunal de Justiça* que "a responsabilidade pré-contratual não decorre do fato de a tratativa ter sido rompida e o contrato não ter sido concluído, mas do fato de uma das partes ter gerado à outra, além da expectativa legítima de que o contrato seria concluído, efetivo prejuízo material". Frisou o relator que, no caso *sub judice*, "houve o consentimento prévio mútuo, a afronta à boa-fé objetiva com o rompimento ilegítimo das tratativas, o prejuízo e a relação de causalidade entre a ruptura das tratativas e o dano sofrido[5].

D'outra feita, a mesma Turma decidiu que a responsabilidade pré-contratual pode gerar dever de indenizar despesas, mesmo que o contrato não seja fechado. Asseverou o relator que, "na fase de nascimento, o princípio da boa-fé objetiva já impõe deveres às partes, ainda que não tenha ocorrido a celebração definitiva do ato negocial. Antes mesmo da conclusão do negócio jurídico, são estabelecidas entre as pessoas certas relações de fato, os chamados 'contatos sociais', que dão origem a deveres jurídicos, cuja violação importa responsabilidade civil. O princípio da boa-fé objetiva já incide desde a fase de formação do vínculo obrigacional, antes mesmo de ser celebrado o negócio jurídico pretendido pelas partes. A ruptura imotivada de tratativas somente viola a boa-fé objetiva, e enseja indenização, quando as negociações preliminares tenham chegado a tal ponto que faz prever que o contrato deveria poder-se estreitar[6].

Entretanto, cabe destacar o entendimento de que, "em caso de responsabilidade civil pré-contratual, o proponente não pode pretender, a título de reparação de danos, indenização equivalente à vantagem que teria obtido com o próprio negócio jurídico que nunca se concretizou (interesses positivos). Verificada a antijuridicidade no rompimento de tratativas negociais, a responsabilidade civil pré-contratual que se estabelece cobre apenas as despesas realizadas para finalização do negócio jurídico frustrado ou em razão dessa mesma operação. (interesses negativos)"[7].

3. A PROPOSTA

3.1. Conceito e características

Nem toda iniciativa ou manifestação de vontade no sentido de dar vida a um contrato é oferta em sentido técnico, mas só a declaração de vontade dirigida por uma parte à outra com a intenção de provocar uma adesão do destinatário à proposta[8].

A oferta traduz uma vontade definitiva de contratar nas bases oferecidas, não estando mais sujeita a estudos ou discussões, mas dirigindo-se à outra parte para que a aceite ou não, sendo, portanto, um negócio jurídico unilateral, constituindo elemento da formação contratual. Pode-se dizer, então, que *proposta*, *oferta*, *policitação* ou *oblação* "é uma declaração receptícia de vontade, dirigida por uma pessoa a outra (com quem pretende celebrar um contrato), por força da qual a primeira manifesta sua intenção de se considerar vinculada, se a outra parte aceitar"[9].

---

5 STJ, REsp 1.051.065-AM, 3ª T., rel. Min. Ricardo Villas Bôas Cueva, j. 21-2-2013.
6 STJ, REsp 1.367.955-SP, 3ª T., rel. Min. Paulo de Tarso Sanseverino, j. 18-3-2014.
7 REsp 1.641.868-SP, 3ª T., rel. Min. Marco Aurélio Bellizze, j. 5-8-2018.
8 Roberto de Ruggiero, *Instituições de direito civil*, trad. de Ary dos Santos, v. III, p. 207.
9 Orlando Gomes, *Contratos*, p. 65; Maria Helena Diniz, *Tratado teórico e prático dos contratos*, v. 1, p. 78.

Representa ela o impulso decisivo para a celebração do contrato, consistindo em uma declaração de vontade definitiva. Distingue-se nesse ponto das negociações preliminares, que não têm esse caráter e não passam de estudos e sondagens, sem força obrigatória. Aquela, ao contrário, cria no aceitante a convicção do contrato em perspectiva, levando-o à realização de projetos e às vezes de despesas e à cessação de alguma atividade. Por isso, vincula o policitante, que responde por todas essas consequências, se injustificadamente retirar-se do negócio[10].

A proposta deve conter todos os elementos essenciais do negócio proposto, como preço, quantidade, tempo de entrega, forma de pagamento etc. Deve também ser séria e consciente, pois *vincula o proponente* (CC, art. 427). Deve ser, ainda, clara, completa e inequívoca, ou seja, há de ser formulada em linguagem simples, compreensível ao oblato, mencionando todos os elementos e dados do negócio necessários ao esclarecimento do destinatário e representando a vontade inquestionável do proponente.

A oferta é um negócio jurídico receptício, pois a sua eficácia depende da declaração do oblato. Não tem, entretanto, força absoluta, gerando desde logo direitos e obrigações. Não se pode assim dizer que equivale ao contrato. Não perde o caráter de negócio jurídico receptício se for endereçada não a uma pessoa determinada, mas assumir a forma de *oferta aberta ao público*, como nos casos de mercadorias expostas em vitrinas, feiras ou leilões com o preço à mostra, bem como em licitações e tomadas de preços para contratação de serviços e obras.

O art. 429 do atual Código Civil declara que "*a oferta ao público equivale a proposta quando encerra os requisitos essenciais ao contrato, salvo se o contrário resultar das circunstâncias ou dos usos*". Em geral entende-se que é limitada ao estoque existente. Acrescenta o parágrafo único que "*pode revogar-se a oferta pela mesma via de sua divulgação, desde que ressalvada esta faculdade na oferta realizada*". A oferta aberta ao público vale como proposta obrigatória, pois, quando contém todos os elementos essenciais do contrato.

Há negócios, com efeito, em que a oferta, pela sua natureza, é aberta. Deixa de ser obrigatória se o policitante tiver a natural faculdade de mantê-la ou não. Neste caso, haverá apenas a potencialidade do contrato, que estará formado se até a sua aceitação ela ainda estiver vigente.

3.2. A oferta no Código Civil

3.2.1. A força vinculante da oferta

Dispõe o art. 427 do Código Civil:

"*A proposta de contrato obriga o proponente, se o contrário não resultar dos termos dela, da natureza do negócio, ou das circunstâncias do caso*".

Portanto, repetindo: desde que séria e consciente, a proposta *vincula o proponente*. A obrigatoriedade da proposta consiste no ônus, imposto ao proponente, de mantê-la por certo tempo a partir de sua efetivação e de responder por suas consequências, por acarretar no oblato uma fundada expectativa de realização do negócio, levando-o muitas vezes, como já dito, a elaborar projetos, a efetuar gastos e despesas, a promover liquidação de negócios e cessação de atividade etc.

A lei abre, entretanto, várias *exceções* a essa regra. Dentre elas não se encontram, todavia, a morte ou a interdição do policitante. Nesses dois casos, respondem, respectivamente, os

---

[10] "Tratativas iniciais para celebração do contrato. Proponente que, logo após a formalização da proposta e da emissão do cheque de sinal, se arrepende do negócio e comunica a desistência ao corretor de imóveis. Hipótese que não implica responsabilidade pré-contratual, de molde a gerar o direito à indenização, se o vendedor não chegou a aceitar a proposta, não podendo aventar com expectativa concreta de venda, muito menos com eventuais despesas" (*RT*, 790/280).

herdeiros e o curador do incapaz pelas consequências jurídicas do ato. Com efeito, a morte intercorrente não desfaz a promessa, que se insere como elemento passivo da herança. A proposta se transmite aos herdeiros como qualquer outra obrigação[11]. Estes somente poderão retratar-se na forma do art. 428, IV, do atual diploma. O princípio, como adverte Sílvio Venosa[12], evidentemente não se aplica a uma proposta de obrigação personalíssima.

3.2.2. *Proposta não obrigatória*

As *exceções* referidas no item anterior encontram-se na segunda parte do retrotranscrito art. 427. Desse modo, a proposta de contrato obriga o proponente, "*se o contrário não resultar dos termos dela, da natureza do negócio, ou das circunstâncias do caso*".

A oferta não obriga o proponente, em primeiro lugar, *se contiver cláusula expressa a respeito*. É quando o próprio proponente declara que não é definitiva e se reserva o direito de retirá-la. Muitas vezes a aludida cláusula contém os dizeres: "proposta sujeita a confirmação" ou "não vale como proposta". Neste caso a ressalva se incrusta na proposta mesma e o aceitante, ao recebê-la, já a conhece e sabe da sua não obrigatoriedade. Se ainda assim a examinar e estudar, será com seu próprio risco, pois não advirá nenhuma consequência para o proponente se optar por revogá-la, visto que estará usando uma faculdade que a si mesmo se reservou[13].

Em segundo lugar, a proposta não obriga o proponente em razão da *natureza do negócio*. É o caso, por exemplo, das chamadas propostas abertas ao público, que se consideram limitadas ao estoque existente e encontram-se reguladas no art. 429 do atual diploma, comentado no item n. 3.1, *retro*.

E, por último, a oferta não vincula o proponente em razão das *circunstâncias do caso*, mencionadas no art. 428 do mesmo diploma. Não são, portanto, circunstâncias quaisquer, mas aquelas a que a lei confere esse efeito. O referido dispositivo declara que a proposta deixa de ser obrigatória:

"*I – Se, feita sem prazo a pessoa presente, não foi imediatamente aceita...*".

Quando o solicitado responde que irá estudar a proposta feita por seu interlocutor, poderá este retirá-la. É "*pegar ou largar*, e se o oblato não responde logo, dando pronta aceitação, caduca a proposta, liberando-se o proponente"[14]. Considera-se também presente – aduz o dispositivo em tela – "*a pessoa que contrata por telefone ou por meio de comunicação semelhante*".

Presente, portanto, é aquele que conversa diretamente com o policitante, mesmo que por algum outro meio mais moderno de comunicação a distância, e não só por telefone, e ainda que os interlocutores estejam em cidades, Estados ou países diferentes. Se a comunicação entre as partes é feita pela Internet, estando ambas em contato simultâneo, a hipótese merece o mesmo tratamento jurídico conferido às propostas feitas por telefone, por se tratar de *comunicação semelhante*, só se tornando obrigatória a policitação se for imediatamente aceita. Todavia, o mesmo não deve suceder com a proposta feita por via de *e-mail*, não estando ambos os usuários da rede simultaneamente conectados.

"*II – Se, feita sem prazo a pessoa ausente, tiver decorrido tempo suficiente para chegar a resposta ao conhecimento do proponente*".

Cuida-se de oferta enviada, por corretor ou correspondência, a pessoa ausente. Uma pessoa não é considerada ausente, para esse fim, por se encontrar distante do outro contraen-

---

11 Arnaldo Rizzardo, *Contratos*, v. 1, p. 73.
12 *Direito civil*, v. 2, p. 520.
13 Caio Mário da Silva Pereira, *Instituições de direito civil*, v. III, p. 42.
14 Caio Mário da Silva Pereira, *Instituições de direito civil*, v. III, p. 42.

te, visto que são considerados presentes os que contratam por telefone, mas sim devido à inexistência de contato direto. Para os fins legais, são considerados ausentes os que negociam mediante troca de correspondência ou intercâmbio de documentos.

O *prazo suficiente* para a resposta varia conforme as circunstâncias. É o *necessário* ou razoável para que chegue ao conhecimento do proponente e denomina-se *prazo moral*. Entre moradores próximos, não deve ser muito longo. Diferente será o entendimento se os partícipes do negócio residirem em locais distantes e de acesso difícil e demorado.

"*III - Se, feita a pessoa ausente, não tiver sido expedida a resposta dentro do prazo dado*".

Se foi fixado prazo para a resposta, o proponente terá de esperar pelo seu término. Esgotado, sem resposta, estará este liberado, não prevalecendo a proposta feita.

"*IV - Se, antes dela, ou simultaneamente, chegar ao conhecimento da outra parte a retratação do proponente*".

Malgrado a força obrigatória da proposta, a lei permite ao proponente a faculdade de retratar-se, ainda que não haja feito ressalva nesse sentido. Todavia, para que se desobrigue, e não se sujeite às perdas e danos, é necessário que a retratação chegue ao conhecimento do aceitante antes da proposta ou simultaneamente com ela, "casos em que as duas declarações de vontade (proposta e retratação), por serem contraditórias, nulificam-se e destroem-se reciprocamente. Não importa de que via ou meio se utiliza o proponente (carta, telegrama, mensagem por mão de próprio etc.)"[15].

Por exemplo: antes que o mensageiro entregue a proposta ao outro contratante, o ofertante entende-se diretamente com ele, por algum meio rápido de comunicação, retratando-se. A proposta, *in casu*, não chegou a existir juridicamente, porque retirada a tempo[16].

3.3. A oferta no Código de Defesa do Consumidor

O Código de Defesa do Consumidor (Lei n. 8.078/90) regulamenta, nos arts. 30 a 35, a proposta nos contratos que envolvem relações de consumo. Preceituam eles que deve ser séria, clara e precisa, além de definitiva, como também o exige o Código Civil. Entretanto, naquele a oferta é mais ampla, pois normalmente dirige-se a pessoas indeterminadas. A distinção básica é a destinação do Código de Defesa do Consumidor à contratação em massa, como regra geral.

No tocante aos efeitos, a recusa indevida de dar cumprimento à proposta dá ensejo à execução específica (arts. 35, I, e 84), consistindo opção exclusiva do consumidor a resolução em perdas e danos. Além de poder preferir a execução específica (CDC, art. 35, I), o consumidor pode optar por, em seu lugar, "aceitar outro produto ou prestação de serviço equivalente" (II) ou, ainda, por "rescindir o contrato, com direito à restituição de quantia eventualmente antecipada, monetariamente atualizada, e a perdas e danos" (III).

O art. 34 do referido diploma, por sua vez, estabelece solidariedade entre o fornecedor e seus prepostos ou representantes autônomos.

Em conformidade com o art. 30 do diploma consumerista, toda informação ou publicidade, suficientemente precisa, veiculada por qualquer forma ou meio de comunicação com relação a produtos ou serviços oferecidos ou apresentados, obriga o fornecedor, integrando o contrato. A oferta deve ser clara, precisa, veiculada em língua portuguesa e de fácil enten-

---

[15] Caio Mário da Silva Pereira, *Instituições de direito civil*, v. III, p. 44.

[16] "Proponente que, logo após a formalização da proposta e da emissão do cheque de sinal, se arrepende do negócio e comunica a desistência ao corretor de imóveis. Hipótese que não implica responsabilidade" (*RT*, 790/280).

dimento. Se uma empresa construtora, *verbi gratia*, menciona na propaganda das unidades habitacionais à venda que estas são dotadas de determinado acabamento (azulejos, metais e pisos de determinada marca ou qualidade, p. ex.), tais informações erigem-se à condição de verdadeiras cláusulas contratuais.

A proposta aberta ao público, por meio de exibição de mercadorias em vitrinas, catálogos, anúncios nos diversos meios de divulgação etc., vincula o ofertante. O fornecedor deve assegurar não apenas o preço e as características dos produtos e serviços, mas também as quantidades disponíveis em estoque. Deve, assim, atender à clientela nos limites do estoque informado, sob pena de responsabilidade.

O art. 35 do diploma ora em estudo dispõe que, se o fornecedor se recusar a dar cumprimento à sua oferta, o consumidor poderá exigir, alternativamente, o cumprimento forçado da obrigação, um produto equivalente ou ainda a rescisão do contrato, recebendo perdas e danos.

Ao cotejar o regramento civil e consumerista, o julgado do Tribunal de Justiça de Minas Gerais considerou que, "no regime do CDC, a oferta revestida de precisão suficiente, diversamente da proposta regulada pelo Código Civil (artigo 429, CC), vincula o fornecedor de maneira irrevogável"[17].

4. A ACEITAÇÃO

4.1. Conceito e espécies

Aceitação é a concordância com os termos da proposta. É manifestação de vontade imprescindível para que se repute concluído o contrato, pois, somente quando o oblato se converte em aceitante e faz aderir a sua vontade à do proponente, a oferta se transforma em contrato. A aceitação consiste, portanto, "na formulação da vontade concordante do oblato, feita dentro do prazo e envolvendo adesão integral à proposta recebida"[18].

Para produzir o efeito de aperfeiçoar o contrato a aceitação deve ser pura e simples. Se apresentada "*fora do prazo, com adições, restrições, ou modificações, importará nova proposta*" (CC, art. 431), comumente denominada *contraproposta*. Como a proposta perde a força obrigatória depois de esgotado o prazo concedido pelo proponente, a posterior manifestação do solicitado ou oblato também não obriga o último, pois aceitação não temos e, sim, nova proposta. O mesmo se pode dizer quando este não aceita a oferta integralmente, introduzindo-lhe restrições ou modificações.

A aceitação pode ser *expressa* ou *tácita*. A primeira decorre de declaração do aceitante, manifestando a sua anuência; a segunda, de sua conduta, reveladora do consentimento.

O art. 432 do Código Civil menciona duas hipóteses de aceitação tácita, em que se reputa concluído o contrato, não chegando a tempo a recusa: a) quando "*o negócio for daqueles em que não seja costume a aceitação expressa*"; b) ou quando "*o proponente a tiver dispensado*".

Se, por exemplo, um fornecedor costuma remeter os seus produtos a determinado comerciante, e este, sem confirmar os pedidos, efetua os pagamentos, instaura-se uma praxe comercial. Se o último, em dado momento, quiser interrompê-la, terá de avisar previamente o fornecedor, sob pena de ficar obrigado ao pagamento de nova remessa, nas mesmas bases das anteriores[19].

---

17 TJMG, Apelação Cível 1.0000.23.032353-7/001, 20ª Câmara Cível, rel. Des. Fernando Lins, j. 28-9-2023.

18 Silvio Rodrigues, *Direito civil*, v. 3, p. 70; Caio Mário da Silva Pereira, *Instituições de direito civil*, v. III, p. 45.

19 Silvio Rodrigues, *Direito civil*, v. 3, p. 71.

Costuma-se mencionar, como exemplo da situação descrita na letra *b*, a hipótese do turista que remete um *fax* a determinado hotel, reservando acomodações, informando que a chegada se dará em tal data, se não receber aviso em contrário. Não chegando a tempo a negativa, reputar-se-á concluído o contrato.

4.2. Hipóteses de inexistência de força vinculante da aceitação

Malgrado o contrato se aperfeiçoe com a aceitação, o Código Civil trata de duas hipóteses em que tal manifestação de vontade deixa de ter força vinculante:

a) *Se a aceitação, embora expedida a tempo, por motivos imprevistos, chegar tarde ao conhecimento do proponente* (CC, art. 430, primeira parte) – Assim, se, embora expedida no prazo, a aceitação chegou tardiamente ao conhecimento do policitante, quando este, estando liberado em virtude do atraso involuntário, já celebrara negócio com outra pessoa, a circunstância deverá ser, sob pena de responder por perdas e danos, *imediatamente comunicada ao aceitante*, que tem razões para supor que o contrato esteja concluído e pode realizar despesas que repute necessárias ao seu cumprimento. Assim o exige a segunda parte do mencionado art. 430.

b) *Se antes da aceitação, ou com ela, chegar ao proponente a retratação do aceitante* – Dispõe, com efeito, o art. 433 do Código Civil que se considera "*inexistente a aceitação, se antes dela ou com ela chegar ao proponente a retratação do aceitante*". Verifica-se que a lei permite também a *retratação* da aceitação. Neste caso, a "declaração da vontade, que continha a aceitação, desfez-se, antes que o proponente pudesse tomar qualquer deliberação no sentido da conclusão do contrato"[20].

5. MOMENTO DA CONCLUSÃO DO CONTRATO

5.1. Contratos entre presentes

Se o contrato for celebrado *entre presentes*, a proposta poderá estipular ou não prazo para a aceitação. Se o policitante não estabelecer nenhum prazo, esta deverá ser manifestada imediatamente, sob pena de a oferta perder a força vinculativa. Se, no entanto, a policitação estipulou prazo, a aceitação deverá operar-se dentro nele, sob pena de desvincular-se o proponente.

Constitui ponto relevante na doutrina da formação dos contratos a determinação do momento em que se deve considerar formado o contrato entre presentes e entre ausentes. Para que se possa estabelecer a obrigatoriedade da avença, será mister verificar em que instante o contrato se aperfeiçoou, unindo os contraentes, impossibilitando a retratação e compelindo-os a executar o negócio, sob pena de responderem pelas perdas e danos.

Se o contrato for realizado *inter praesentes* nenhum problema haverá, visto que as partes estarão vinculadas na mesma ocasião em que o oblato aceitar a proposta. Nesse momento caracterizou-se o acordo recíproco de vontades e, a partir dele, o contrato começará a produzir efeitos jurídicos[21].

5.2. Contratos entre ausentes

A dificuldade para se precisar em que momento se deve considerar formado o contrato aparece na avença *inter absentes*, efetivado por correspondência epistolar (carta ou telegrama)

---

20 Clóvis Beviláqua, *Código Civil dos Estados Unidos do Brasil comentado*, v. IV, obs. ao art. 1.085.

21 Maria Helena Diniz, *Tratado teórico e prático dos contratos*, v. 1, p. 86.

ou telegráfica, com ou sem a intervenção dos serviços de correio. A correspondência pode ser encaminhada pelo próprio interessado ou por alguém contratado para essa tarefa.

Quando o contrato é celebrado *entre ausentes*, por correspondência (carta, telegrama, *fax*, radiograma, *e-mail* etc.) ou intermediários, a resposta leva algum tempo para chegar ao conhecimento do proponente e passa por diversas fases.

Divergem os autores a respeito do momento em que a convenção se reputa concluída. Para a *teoria da informação* ou da *cognição*, é o da chegada da resposta ao conhecimento do policitante, que se inteira de seu teor. Tem o inconveniente de deixar ao arbítrio do proponente abrir a correspondência e tomar conhecimento da resposta positiva. Não basta a correspondência ser entregue ao destinatário. O aperfeiçoamento do contrato se dará somente no instante em que o policitante abri-la e tomar conhecimento do teor da resposta.

A segunda teoria, a da *declaração* ou da *agnição*, subdivide-se em três: a) da declaração propriamente dita; b) da expedição; e c) da recepção.

Para a *teoria da declaração propriamente dita*, o instante da conclusão coincide com o da redação da correspondência epistolar. Obviamente, tal entendimento não pode ser aceito, porque, além da dificuldade de se comprovar esse momento, o consentimento ainda permanece restrito ao âmbito do aceitante, que pode destruir a mensagem em vez de remetê-la.

Para a *teoria da expedição*, não basta a redação da resposta, sendo necessário que tenha sido expedida, isto é, saído do alcance e controle do oblato. É considerada a melhor, embora não seja perfeita, porque evita o arbítrio dos contraentes e afasta dúvidas de natureza probatória.

Por último, a *teoria da recepção* exige mais: que, além de escrita e expedida, a resposta tenha sido entregue ao destinatário. Distingue-se da teoria da informação porque esta exige não só a entrega da correspondência ao proponente, como também que este a tenha aberto e tomado conhecimento de seu teor.

O art. 434 do Código Civil acolheu expressamente a *teoria da expedição*, ao afirmar que os contratos entre ausentes tornam-se perfeitos desde que a aceitação é *expedida*. Proclama, com efeito, o aludido dispositivo:

"Os contratos entre ausentes tornam-se perfeitos desde que a aceitação é expedida, exceto:

I – no caso do artigo antecedente;

II – se o proponente se houver comprometido a esperar resposta;

III – se ela não chegar no prazo convencionado".

Observa-se que o novo diploma estabeleceu três exceções à regra de que o aperfeiçoamento do contrato se dá com a expedição da resposta. Na realidade, recusando efeito à expedição se tiver havido *retratação* oportuna, ou se a resposta não chegar ao conhecimento do proponente no *prazo*, desfigurou ele a teoria da expedição. Ora, se sempre é permitida a retratação antes de a resposta chegar às mãos do proponente, e se, ainda, não se reputa concluído o contrato na hipótese de a resposta não chegar no prazo convencionado, na realidade o referido diploma filiou-se à teoria da *recepção*, e não à da expedição.

A terceira exceção apresentada no retrotranscrito art. 434 do Código Civil ("se a resposta não chegar no prazo convencionado") é inútil e injustificável, como reconhece a doutrina, pois, se há prazo convencionado e a resposta não chega no intervalo determinado, não houve acordo e sem ele não há contrato[22].

---

[22] Silvio Rodrigues, *Direito civil*, v. 3, p. 75; Washington de Barros Monteiro, *Curso de direito civil*, v. 5, p. 22; Maria Helena Diniz, *Tratado teórico e prático dos contratos*, v. 1, p. 88.

6. LUGAR DA CELEBRAÇÃO

Dispõe o art. 435 do Código Civil:

"Reputar-se-á celebrado o contrato no lugar em que foi proposto".

Optou o legislador, pois, pelo local em que a *proposta* foi feita[23]. Aparentemente, tal solução encontra-se em contradição com a expressa adoção da teoria da expedição, no dispositivo anterior. Entretanto, para quem, como nós, entende que o Código Civil acolheu, de fato, a da *recepção*, inexiste a apontada contradição.

O problema tem relevância na apuração do foro competente e, no campo do direito internacional, na determinação da lei aplicável. Prescreve o art. 9º, § 2º, da Lei de Introdução ao Código Civil, atualmente denominada Lei de Introdução às Normas do Direito Brasileiro (cf. Lei n. 12.376, de 30-12-2010), que *"a obrigação resultante do contrato reputa-se constituída no lugar em que residir o proponente"*. Tal dispositivo aplica-se aos casos em que os contratantes residem em países diferentes e assumiu maior importância com o recrudescimento dos contratos formados pela Internet.

Denota-se que o legislador preferiu a uniformização de critérios, levando em conta o local em que o impulso inicial teve origem. Ressalve-se que, dentro da autonomia da vontade, podem as partes eleger o foro competente (foro de eleição) e a lei aplicável à espécie.

7. FORMAÇÃO DOS CONTRATOS PELA INTERNET

Crescem, a cada dia, os negócios celebrados por meio da Internet. Entretanto, o direito brasileiro não continha, até há pouco tempo, nenhuma norma específica sobre o comércio eletrônico, nem mesmo no Código de Defesa do Consumidor. Todavia, a Medida Provisória n. 2.200, de 28 de junho de 2001, que institui a Infraestrutura de Chaves Públicas Brasileira – ICP-Brasil, e dá outras providências, como a garantia da comunicação com os órgãos públicos por meios eletrônicos, publicada em 29 de junho de 2001, disciplina a questão da integridade, autenticidade e validade dos documentos eletrônicos.

Ressalve-se a tramitação no Congresso Nacional de vários projetos que tratam da regulamentação jurídica do comércio eletrônico e da assinatura digital.

Segundo Semy Glanz, "contrato eletrônico é aquele celebrado por meio de programas de computador ou aparelhos com tais programas. Dispensa assinatura ou exige assinatura codificada ou senha. A segurança de tais contratos vem sendo desenvolvida por processos de codificação secreta, chamados de criptologia ou encriptação. Tal método vem sendo aperfeiçoado, porque foi verificado que certos técnicos, mal-intencionados, chamados em inglês *hackers* ou *crackers*, conseguem descobrir as senhas e penetrar nas contas ou operações secretas, inclusive transferindo dinheiro de contas bancárias"[24].

No estágio atual, a obrigação do empresário brasileiro que se vale do comércio eletrônico para vender os seus produtos ou serviços, para com os consumidores, é a mesma que o Código de Defesa do Consumidor atribui aos fornecedores em geral. A transação eletrônica realizada entre brasileiros está, assim, sujeita aos mesmos princípios e regras aplicáveis aos demais contratos aqui celebrados.

No entanto, o contrato de consumo eletrônico internacional obedece ao disposto no art. 9º, § 2º, da Lei de Introdução às Normas do Direito Brasileiro, que determina a aplicação, à hipótese, da lei do domicílio do proponente. Por essa razão, se um brasileiro faz a aquisição

---

[23] *RT*, 713/121.

[24] Internet e contrato eletrônico, *RT*, 757/72.

de algum produto oferecido pela Internet por empresa estrangeira, o contrato então celebrado rege-se pelas leis do país do contratante que fez a oferta ou proposta.

Assim, malgrado o Código de Defesa do Consumidor brasileiro (art. 51, I), por exemplo, considere abusiva e não admita a validade de cláusula que reduza, por qualquer modo, os direitos do consumidor (cláusula de não indenizar), o internauta brasileiro pode ter dado sua adesão a uma proposta de empresa ou comerciante estrangeiro domiciliado em país cuja legislação admita tal espécie de cláusula, especialmente quando informada com clareza aos consumidores. E, nesse caso, não terá o aderente como evitar a limitação de seu direito.

Da mesma forma, o comerciante ou industrial brasileiro que anunciar os seus produtos no comércio virtual deve atentar para as normas do nosso Código de Defesa do Consumidor, especialmente quanto aos requisitos da oferta. Podem ser destacadas as que exigem informações claras e precisas do produto, em português, sobre o preço, qualidade, garantia, prazos de validade, origem e eventuais riscos à saúde ou segurança do consumidor (art. 31), e as que se referem à necessidade de identificação dos fabricantes pelo nome e endereço (art. 33). Se as informações transmitidas são incompletas ou obscuras, prevalece a condição mais benéfica ao consumidor (CDC, arts. 30 e 47). E, se não forem verdadeiras, configura-se vício de fornecimento, sendo que a disparidade entre a realidade do produto ou serviço e as indicações constantes da mensagem publicitária, na forma dos arts. 18 e 20 do mencionado Código, caracteriza vício de qualidade.

Anote-se que essas cautelas devem ser tomadas pelo anunciante e fornecedor dos produtos e serviços, como único responsável pelas informações veiculadas, pois o titular do estabelecimento eletrônico onde é feito o anúncio não responde pela regularidade deste nos casos em que atua apenas como veículo. Do mesmo modo, não responde o provedor de acesso à Internet, pois os serviços que presta são apenas instrumentais e não há condições técnicas de avaliar as informações nem o direito de interceptá-las e de obstar qualquer mensagem[25].

O Código Civil, em harmonia com o art. 9º, § 2º, da Lei de Introdução, diz que o direito aplicável aos contratos em geral é aquele do lugar de onde emanou a *proposta* (art. 435). É certo, porém, que o Código de Defesa do Consumidor expressamente dispõe que consumidores brasileiros têm o direito de promover quaisquer ações fundadas na responsabilidade do fornecedor perante o foro de seu próprio domicílio. Desse modo, o consumidor poderia promover a ação no Brasil, mas o direito a ser aplicado pela corte brasileira teria de ser o alienígena, do país de onde originou-se a proposta.

Essa situação, como se pode perceber, traz inúmeros problemas. Assinala a propósito, e com razão, Ronaldo Lemos da Silva Júnior que a aplicação de direito estrangeiro por parte de tribunais brasileiros traz insegurança tanto para as partes quanto para o próprio Judiciário. A tendência seria, assim, em princípio, a aplicação da *lex fori*, ou seja, a lei brasileira. Todavia tal solução não seria consistente, do ponto de vista estritamente jurídico. Ademais, aduz, para que a decisão de tribunal brasileiro seja acatada em países como os Estados Unidos, por exemplo, precisaria ela ser homologada pelas cortes americanas, o que obriga o consumidor a promover uma outra ação naquele país para que estas reconheçam a decisão proferida no Brasil.

Ressalta o mencionado autor a deficiência da legislação para a solução desses problemas, observando que, em razão dessa dificuldade, surgem elementos traçados pelo próprio mercado como forma de responder à necessidade de se assegurar proteção institucional às relações de consumo. Surgem assim os chamados "Mecanismos Alternativos de Resolução de Dispu-

25 Carlos Roberto Gonçalves, *Responsabilidade Civil*, p. 133.

tas" (ADR: *Alternative Dispute Resolution*). Caso iniciativas como essa sejam concretizadas, "o consumidor que enfrentasse problemas com consumo *on-line*, em vez de recorrer às cortes tradicionais, poderia dirigir-se a um fórum criado especificamente com a finalidade de resolver esse tipo de problema... A tendência é que, em um futuro muito próximo, todos os *sites* de *e-commerce* filiem-se a algum órgão de resolução de disputas"[26].

Enquanto tal não ocorre, o consumidor brasileiro terá dois caminhos a seguir, no caso de compra realizada pela rede, em que a empresa vendedora possua sede social em país estrangeiro: a) mover a ação judicial no país sede da empresa; ou b) ajuizá-la no Brasil, amparado que se encontra pela Constituição Federal (art. 5º, XXXII), Lei de Introdução às Normas do Direito Brasileiro (art. 9º, § 2º), Código de Processo Civil (art. 21, II) e Código de Defesa do Consumidor (art. 101, I).

Outra questão relevante relacionada à contratação eletrônica versa sobre a sua caracterização como negociação entre ausentes ou entre presentes. Como foi visto no item n. 5.2 *retro*, é difícil se saber quando se aperfeiçoa o contrato celebrado entre ausentes, reputando-se presentes os que contratam por *telefone* (CC, art. 428, I).

Entende Sílvio Venosa que, embora seja utilizada a linha telefônica, a contratação eletrônica não pode ser tida como realizada entre presentes, devido à ausência de colóquio direto entre as partes. Somente pode ser reputada entre presentes quando cada pessoa se utiliza de seu computador de forma simultânea e concomitante, como se ocorresse uma conversa normal, com remessa recíproca de dados: "remetemos a proposta, o destinatário está à espera, lê-a no monitor e envia a aceitação ou rejeição, ou formula contraproposta".

Todavia, aduz o insigne civilista paulista, não é isso que geralmente ocorre. As transmissões "são normalmente decorrentes de pré-programação, com horários acertados de transmissão, que procuram, por vezes, os momentos de menor sobrecarga na rede telefônica. Por sua vez, o receptor, o oblato no caso, raramente estará à espera da mensagem, a postos diante de seu equipamento eletrônico. Destarte, a contratação, nesse caso, é feita entre ausentes. Existem fases de apresentação da proposta e de aceitação bem nítidas. Desse modo, a contratação por computadores assim como pelos aparelhos de *fax* será entre presentes ou entre ausentes, dependendo do posicionamento das partes quando das remessas das mensagens e documentos"[27].

A controvérsia já foi objeto de intensos estudos doutrinários. Maristela Basso[28], ao analisar a formação dos contratos internacionais, manifesta opinião praticamente análoga à externada por Sílvio Venosa, formulando três espécies de formação contratual: a) instantânea, em que o intervalo entre oferta e aceitação pode ser desconsiderado; b) *ex intervallo*, em que existe um intervalo considerável entre oferta e aceitação; e c) *ex intervallo temporis*, em que há troca de contrapropostas entre as partes.

Nessa linha, assevera Luís Wielewicki: "Considerando-se a brevidade do envio e recebimento de mensagens eletrônicas, é possível concluir que, independentemente da definição do binômio ausentes *versus* presentes, a formação dos *contratos eletrônicos* sujeita-se a regimes distintos, de acordo com a duração do período existente entre a oferta e aceitação contratuais... Na formação contratual instantânea, o vínculo contratual eletronicamente formado dá-se de imediato, com o envio de pronta aceitação. Na formação contratual *ex intervallo*, o emissor da aceitação eletrônica envia a mensagem confirmatória após um prazo

---

26 Ronaldo Lemos da Silva Júnior, Perspectivas da regulamentação da Internet no Brasil – Uma análise social e de direito comparado, in *Comércio eletrônico*, diversos autores, p. 159-161.

27 *Direito civil*, v. II, p. 528-529.

28 *Contratos internacionais do comércio. Negociação – Conclusão – Prática*, p. 78.

considerável de reflexão. Já na formação *ex intervallo temporis*, o emissor da aceitação torna-se remetente de nova proposta, sob a forma de uma contraproposta"[29].

Um dos grandes problemas com que se defronta o comércio eletrônico diz respeito à autenticidade dos documentos. Para a sua validade jurídica é necessário que seja devidamente "assinado", dentro do seu ambiente, qual seja o digital ou virtual. Essa espécie de assinatura, na realidade, nada tem que ver com a manuscrita, que conhecemos e utilizamos frequentemente. Na categoria de *assinaturas eletrônicas* podem-se enquadrar vários tipos diferentes de processos técnicos, que precisam dos meios informáticos para serem aplicados, como, por exemplo: código secreto, assinatura digitalizada, assinatura digital (criptográfica), criptografia com chave privada (simétrica, com utilização de uma senha comum), criptografia com chave pública (assimétrica, com utilização de uma senha ou chave privada)[30].

A doutrina, em face do elevado grau de certeza jurídica da autenticidade da assinatura digital, tem preconizado a sua equiparação, desde logo, a um original escrito e assinado de forma autógrafa pelo seu subscritor, independentemente de lei específica ou lei complementar[31].

Sobre a possibilidade de os contratos assinados digitalmente se configurarem como títulos executivos extrajudiciais, e com isso permitir sua execução, a Terceira Turma do Superior Tribunal de Justiça já se manifestou no sentido de que, apesar de o rol de títulos executivos extrajudiciais ser taxativo, há "possibilidade, no entanto, de excepcional reconhecimento da executividade de determinados títulos (contratos eletrônicos) quando atendidos especiais requisitos, em face da nova realidade comercial com o intenso intercâmbio de bens e serviços em sede virtual"[32].

Destaque-se a Lei n. 12.965/2014, denominada "*O Marco Civil da Internet*", considerada uma espécie de Constituição da Internet por estabelecer princípios, garantias, direitos e deveres para uso da Internet no Brasil, tanto para os usuários quanto para os provedores de conexão e de aplicações da Internet.

A Lei n. 13.874, de 20 de setembro de 2019, em que se converteu a Medida Provisória n. 881, de 30 de abril de 2019, estabeleceu, no art. 10, que:

"A Lei n. 12.682, de 9 de julho de 2012, passa a vigorar com as seguintes alterações:

'*Art. 2º-A. Fica autorizado o armazenamento, em meio eletrônico, óptico ou equivalente, de documentos públicos ou privados, compostos por dados ou por imagens, observado o disposto nesta Lei, nas legislações específicas e no regulamento.*

§ 1º Após a digitalização, constatada a integridade do documento digital nos termos estabelecidos no regulamento, o original poderá ser destruído, ressalvados os documentos de valor histórico, cuja preservação observará o disposto na legislação específica.

---

[29] Contratos e Internet – Contornos de uma breve análise, in *Comércio eletrônico*, diversos autores, p. 206-207.

[30] Renato Muller da Silva Opice Blum e Sérgio Ricardo Marques Gonçalves, As assinaturas eletrônicas e o direito brasileiro, in *Comércio eletrônico*, diversos autores, p. 299-301.

[31] Na jurisprudência podem ser citados os seguintes precedentes:

"Inventário. Certidão negativa quanto à dívida da União, obtida por meio da Internet. Não aceitação, com ordem de juntada de outra, fornecida pela Secretaria da Receita Federal. Portaria da Procuradoria-Geral da Fazenda Nacional (Portaria 414/98) que concede a esse documento os mesmos efeitos da certidão negativa comum. Aplicação do disposto na Lei Fed. 9.800/99. Recurso a que se dá provimento" (TJSP, 1ª Câm. Dir. Priv., AgI 139.645-4, rel. Des. Luís de Macedo, j. 16-11-1999). No mesmo sentido acórdão da 8ª Câm. Dir. Priv. da mesma Corte, AgI 105.464.4/7-SP, rel. Des. César Lacerda, j. 17-3-1999.

[32] REsp 1.495.920-DF, 3ª T., rel. Min. Nancy Andrighi, *DJe* 7-6-2018.

§ 2º O documento digital e a sua reprodução, em qualquer meio, realizada de acordo com o disposto nesta Lei e na legislação específica, terão o mesmo valor probatório do documento original, para todos os fins de direito, inclusive para atender ao poder fiscalizatório do Estado.

§ 3º Decorridos os respectivos prazos de decadência ou de prescrição, os documentos armazenados em meio eletrônico, óptico ou equivalente poderão ser eliminados.

§ 4º Os documentos digitalizados conforme disposto neste artigo terão o mesmo efeito jurídico conferido aos documentos microfilmados, nos termos do disposto na Lei n. 5.433, de 8 de maio de 1968, e regulamentação posterior.

§ 5º Ato do Secretário de Governo Digital da Secretaria Especial de Desburocratização, Gestão e Governo Digital do Ministério da Economia estabelecerá os documentos cuja reprodução conterá código de autenticação verificável.

§ 6º Ato do Conselho Monetário Nacional disporá sobre o cumprimento do disposto no § 1º deste artigo, relativamente aos documentos referentes a operações e transações realizadas no sistema financeiro nacional.

§ 7º É lícita a reprodução de documento digital, em papel ou em qualquer outro meio físico, que contiver mecanismo de verificação de integridade e autenticidade, na maneira e com a técnica definidas pelo mercado, e cabe ao particular o ônus de demonstrar integralmente a presença de tais requisitos.

§ 8º Para a garantia de preservação da integridade, da autenticidade e da confidencialidade de documentos públicos será usada certificação digital no padrão da Infraestrutura de Chaves Públicas Brasileira (ICP-Brasil)'".

O art. 12 da aludida Lei n. 13.874/2019 dispõe que:

"A Lei n. 6.015, de 31 de dezembro de 1973, passa a vigorar com as seguintes alterações:

'Art.1º [...]

§ 3º Os registros poderão ser escriturados, publicitados e conservados em meio eletrônico, obedecidos os padrões tecnológicos estabelecidos em regulamento'".

O art. 3º da Lei n. 12.682/2012 sofreu alteração da Lei n. 14.129, de 29 de março de 2021, passando a constar:

"*Art. 3º O processo de digitalização deverá ser realizado de forma a manter a integridade, a autenticidade e, se necessário, a confidencialidade do documento digital, com o emprego de assinatura eletrônica".*

Capítulo III
CLASSIFICAÇÃO DOS CONTRATOS

1. INTRODUÇÃO

Os contratos agrupam-se em diversas categorias, suscetíveis de subordinação a regras peculiares. É importante distingui-las, pois o conhecimento de suas particularidades é de indubitável interesse prático, tornando-se quase indispensável quando se têm em mira fins didáticos.

É de se frisar que um mesmo fenômeno pode ser classificado de diversas formas, conforme o ângulo em que se coloca o analista. Desse modo, os contratos classificam-se em diversas modalidades, subordinando-se a regras próprias ou afins, conforme as categorias em que se agrupam. Dividem-se:

a) *Quanto aos efeitos*, em unilaterais, bilaterais e plurilaterais; gratuitos e onerosos. Os últimos subdividem-se em comutativos e aleatórios, e estes, em aleatórios por natureza e acidentalmente aleatórios.

b) *Quanto à formação*, em paritários, de adesão e contratos-tipo.

c) *Quanto ao momento de sua execução*, em de execução instantânea, diferida e de trato sucessivo ou em prestações.

d) *Quanto ao agente*, em personalíssimos ou *intuitu personae* e impessoais; individuais e coletivos.

e) *Quanto ao modo por que existem*, em principais, acessórios ou adjetos e derivados ou subcontratos.

f) *Quanto à forma*, em solenes ou formais e não solenes ou de forma livre; consensuais e reais.

g) *Quanto ao objeto*, em preliminares ou *pactum de contrahendo* e definitivos.

h) *Quanto à designação*, em nominados e inominados, típicos e atípicos, mistos, coligados e união de contratos.

2. CONTRATOS UNILATERAIS, BILATERAIS E PLURILATERAIS

Unilaterais são os contratos que criam obrigações unicamente para uma das partes, como a doação pura, por exemplo. Segundo ORLANDO GOMES, o contrato "é *unilateral* se, no momento em que se forma, origina obrigação, tão somente, para uma das partes - *ex uno latere*"[1].

Na dicção de MESSINEO[2], o contrato *com prestação a cargo de uma só parte*, mesmo envolvendo duas partes e duas declarações de vontade, coloca o que deve a prestação na *posição exclusiva de devedor*: o peso do contrato está todo de um lado; os efeitos são somente passivos de um lado, e somente ativos de outro. Menciona o notável mestre italiano alguns exemplos de contratos unilaterais: o mútuo, o comodato, o depósito, a doação, o mandato, a fiança etc., *aduzindo que muitos deles são, ao mesmo tempo, contratos reais.*

Bilaterais são os contratos que geram obrigações para ambos os contratantes, como a compra e venda, a locação, o contrato de transporte etc. Essas obrigações são recíprocas, sendo por isso denominados *sinalagmáticos*, da palavra grega *sinalagma*, que significa reciprocidade de prestações. Na compra e venda, dispõe o art. 481 do Código Civil, um dos contraentes se obriga a transferir o domínio de certa coisa, e o outro, a pagar-lhe certo preço em dinheiro. A obrigação de um tem por causa a do outro.

KARL LARENZ conceitua o contrato bilateral como aquele em que ambas as partes contraem obrigações e ao menos alguns dos deveres recíprocos de prestação estão vinculados entre si, de modo que a prestação de um representa, de acordo com a vontade de ambas as partes, a contraprestação, a compensação pela outra. Para caracterizar a bilateralidade, no entanto, aduz, não é necessário que essas prestações sejam equivalentes, segundo um critério objetivo: "basta que cada parte veja na prestação da outra uma compensação suficiente à sua própria prestação"[3].

Não é necessário, todavia, que todas as prestações sejam estabelecidas com esse nexo de reciprocidade e equivalência, bastando que o sejam as obrigações principais, podendo haver obrigações acessórias (devolver as coisas ao término do contrato) ou deveres de conduta (dar informações) apenas de uma das partes[4].

Plurilaterais são os contratos que contêm mais de duas partes. Na compra e venda, mesmo que haja vários vendedores e compradores, agrupam-se eles em apenas dois polos: o ativo e o passivo. Se um imóvel é locado a um grupo de pessoas, a avença continua sendo bilateral, porque todos os inquilinos encontram-se no mesmo grau. Nos contratos *plurilaterais* ou *plúrimos*, temos várias *partes*, como ocorre no contrato de sociedade, em que cada sócio é uma parte. Assim também nos contratos de consórcio. Uma característica dos contratos plurilaterais é a rotatividade de seus membros.

Segundo a lição de MESSINEO[5], *por contrato plurilateral se há de entender o contrato em que podem tomar parte ab initio, ou depois de sua formação, várias partes.* A sua principal característica consiste no fato de que, mediante a sua realização, as partes perseguem um fim comum. Desse modo, o chamado contrato plurilateral se manifesta, em realidade, como *ato coletivo*, o qual é, efetivamente, *do tipo negocial, mas não é figura contratual.* Disto é exemplo eloquente a sociedade, da qual constituem características a ausência do elemento "consentimento" e a possibilidade de sua formação (e de sua gestão) mediante deliberação também majoritária; daí a sua exclusão do rol dos contratos.

---

1 *Contratos*, p. 77.
2 Francesco Messineo, *Doctrina general del contrato*, t. I, p. 413.
3 *Derecho de obligaciones*, p. 267.
4 Ruy Rosado de Aguiar Júnior, *Extinção dos contratos por incumprimento do devedor*, p. 82.
5 *Doctrina general del contrato*, t. I, p. 76-77.

Podem ser apontadas algumas vantagens práticas da distinção entre contratos unilaterais e bilaterais: a) a *exceptio non adimpleti contractus* e a cláusula resolutiva tácita somente se amoldam ao contrato bilateral, que requer prestações simultâneas, não podendo um dos contratantes, antes de cumprir sua obrigação, exigir o implemento da do outro (CC, art. 476, primeira parte); b) a teoria dos riscos só é aplicável ao contrato bilateral, no qual se deverá apurar qual dos contraentes sofrerá as consequências da perda da coisa devida ou da impossibilidade da prestação; c) no contrato bilateral pode uma das partes recusar-se à prestação que lhe incumbe, se, depois de concluído o contrato, sobrevier ao outro contratante diminuição em seu patrimônio capaz de comprometer ou tornar duvidosa a prestação pela qual se obrigou (CC, art. 477)[6].

À primeira vista pode parecer estranho denominar-se um contrato unilateral, porque todo contrato resulta de duas manifestações de vontade. Sob este aspecto, isto é, o de sua *formação*, o contrato é, realmente, sempre bilateral, pois se constitui mediante concurso de vontades. Entretanto, a classificação em unilateral e bilateral é feita não sob o prisma da formação dos contratos, mas, sim, sob o dos *efeitos* que acarretam. Os que geram obrigações recíprocas são bilaterais. E os que criam obrigações unicamente para um dos contraentes são unilaterais.

Parte da doutrina vislumbra uma categoria intermediária: a do contrato *bilateral imperfeito*. Assim é denominado o unilateral que, por circunstância acidental, ocorrida no curso da execução, gera alguma obrigação para o contratante que não se comprometera. Pode ocorrer com o *depósito* e o *comodato* quando, por exemplo, surgir para o depositante e o comodante, no decorrer da execução, a obrigação de indenizar certas despesas realizadas pelo comodatário e pelo depositário. Também é assim considerado aquele contrato que, já na sua celebração, atribui prestações às duas partes, mas não em reciprocidade (o comodante tem a obrigação de propiciar ao comodatário o gozo da coisa, e este, a de restituí-la, como estatuem os arts. 579 e s. do CC).

O *contrato bilateral imperfeito subordina-se ao regime dos contratos unilaterais porque aquelas contraprestações não nascem com a avença, mas de fato eventual, posterior à sua formação, não sendo, assim, consequência necessária de sua celebração*. Essa modalidade de contrato, precisamente porque continua sendo unilateral, como fica claro na classificação de ENNECCERUS[7], está "fora do instituto da resolução, porquanto inexiste prestação correspectiva que possa ser incumprida, pressuposto do surgimento do direito resolutivo. A eventual obrigação, posteriormente criada, não decorre da vontade contratual, mas da incidência da lei..."[8].

3. CONTRATOS GRATUITOS OU BENÉFICOS E ONEROSOS

Quanto às *vantagens patrimoniais* que podem produzir, os contratos classificam-se em gratuitos e onerosos. *Gratuitos* ou *benéficos* são aqueles em que apenas uma das partes aufere benefício ou vantagem, como sucede na doação pura, no comodato, no reconhecimento de filho etc. Para a outra há só obrigação, sacrifício. Nessa modalidade, outorgam-se vantagens a uma das partes sem exigir contraprestação da outra.

Nos contratos *onerosos* ambos os contraentes obtêm proveito, ao qual, porém, corresponde um sacrifício. São dessa espécie quando impõem ônus e, ao mesmo tempo, acarretam

---

6 Maria Helena Diniz, *Tratado teórico e prático dos contratos*, v. 1, p. 99-100.

7 Enneccerus propõe denominar os bilaterais imperfeitos de "não rigorosamente unilaterais" (*Tratado de derecho civil*, p. 162).

8 Ruy Rosado de Aguiar Júnior, *Extinção dos contratos por incumprimento do devedor*, p. 84.

vantagens a ambas as partes, ou seja, sacrifícios e benefícios recíprocos. *É o que se passa com a compra e venda, a locação e a empreitada, por exemplo.* Na primeira, a vantagem do comprador é representada pelo recebimento da coisa, e o sacrifício, pelo pagamento do preço. Para o vendedor, o benefício reside no recebimento deste, e o sacrifício, na entrega da coisa. Ambos buscam um *proveito*, ao qual corresponde um *sacrifício*.

A doutrina distingue os contratos *gratuitos propriamente ditos* dos contratos *desinteressados*. Aqueles acarretam uma diminuição patrimonial a uma das partes, como sucede nas doações puras. Estes, subespécies dos primeiros, não produzem esse efeito, malgrado beneficiem a outra parte (comodato e mútuo, p. ex.)[9].

Em geral, todo contrato oneroso é, também, bilateral. E todo unilateral é, ao mesmo tempo, gratuito. Não, porém, necessariamente. O *mútuo feneratício* ou oneroso (em que é convencionado o pagamento de juros) é contrato unilateral e oneroso. Unilateral porque de natureza real: só se aperfeiçoa com a entrega do numerário ao mutuário, não bastando o acordo de vontades. Feita a entrega (quando o contrato passa a produzir efeitos), nenhuma outra obrigação resta ao mutuante. Por isso se diz que gera obrigação somente para o mutuário.

Como exemplo de contrato que pode ser bilateral e gratuito menciona-se o *mandato*, embora se trate de bilateral imperfeito, visto que, para o mandante, a obrigação surge, em geral, *a posteriori* (a de pagar as despesas necessárias à sua execução, p. ex.).

Como destaca Silvio Rodrigues, a presente classificação "oferece, igualmente, enorme interesse, porque, em numerosos casos, a proteção outorgada ao contratante que recebe a título gratuito é menos importante que a conferida a quem obtém a título oneroso. Pois aqui incide a regra segundo a qual, havendo de escolher entre o interesse de quem procura assegurar um lucro (*qui certat de lucro captando*) e o de quem busca evitar um prejuízo (*qui certat de damno vitando*), é o interesse deste último que o legislador prefere"[10].

Assim, por exemplo, os negócios jurídicos benéficos e a renúncia interpretam-se estritamente (CC, art. 114); no caso de fraude contra credores, os contratos gratuitos são tratados mais rigorosamente do que os onerosos (CC, arts. 158 e 159); o doador não está sujeito à evicção (CC, art. 552), que por disposição expressa da lei só se aplica aos contratos onerosos (CC, art. 447), nem está sujeito às ações decorrentes da existência de vícios redibitórios – a menos que se trate de doação gravada de encargo, pois a responsabilidade por esses vícios só pode decorrer de contrato *comutativo*, que, como já visto (item n. 1, *retro*), é espécie de contrato oneroso[11].

4. CONTRATOS COMUTATIVOS E ALEATÓRIOS

Os contratos onerosos subdividem-se em comutativos e aleatórios.

Comutativos são os de prestações certas e determinadas. As partes podem antever as vantagens e os sacrifícios, que geralmente se equivalem, decorrentes de sua celebração, porque não envolvem nenhum risco.

---

9 Messineo, a propósito, esclarece: "Alguns autores distinguem também do contrato oneroso e do gratuito o contrato '*desinteressado*', que seria aquele em que um dos contratantes não se empobrece, mas, todavia, não recebe nada em troca da prestação que realiza ou que se compromete a realizar, como ocorre nas figuras do comodato, do mútuo simples, do depósito não remunerado, da fiança não remunerada e, segundo alguns, na constituição de dote. Não parece, no entanto, que esse grupo chegue a diferenciar-se do dos contratos gratuitos. Trata-se, em suma, de uma subespécie de contratos gratuitos caracterizada pelo fato de que, diferentemente da doação, não há diminuição patrimonial embora haja enriquecimento da outra parte" (*Doctrina general del contrato*, t. I, p. 420).

10 *Direito civil*, v. 3, p. 32.

11 Silvio Rodrigues, *Direito civil*, v. 3, p. 32; Caio Mário da Silva Pereira, *Instituições de direito civil*, v. III, p. 65.

Na ideia de comutatividade está presente a de equivalência das prestações, pois, em regra, nos contratos onerosos, cada contraente somente se sujeita a um sacrifício se receber, em troca, uma vantagem equivalente. Todavia, pode não haver equivalência objetiva, mas subjetiva, existente apenas no espírito dos contraentes, e não necessariamente na realidade, visto que cada qual é juiz de suas conveniências e interesses. Assim, na compra e venda, por exemplo, o vendedor sabe que irá receber o preço que atende aos seus interesses, e o comprador, que lhe será transferida a propriedade do bem que desejava adquirir[12].

Contrato *comutativo* é, pois, o oneroso e bilateral, em que cada contraente, além de receber do outro prestação relativamente equivalente à sua, pode verificar, de imediato, essa equivalência[13].

4.1. Contratos aleatórios por natureza

Contrato *aleatório* é o bilateral e oneroso em que pelo menos um dos contraentes não pode antever a vantagem que receberá, em troca da prestação fornecida. Caracteriza-se, ao contrário do comutativo, pela incerteza, para as duas partes, sobre as vantagens e sacrifícios que dele podem advir. É que a perda ou lucro dependem de um fato futuro e imprevisível.

O vocábulo *aleatório* é originário do latim *alea*, que significa sorte, risco, acaso. São exemplos dessa subespécie os contratos de jogo, aposta e seguro. Já se disse que o contrato de seguro é comutativo porque o segurado o celebra para se acobertar contra qualquer risco. No entanto, para a seguradora é sempre aleatório, pois o pagamento ou não da indenização depende de um fato eventual.

A propósito, preleciona Caio Mário: "Há uma corrente doutrinária tradicional que situa a noção de contrato aleatório na existência da álea bilateral. Mas a evolução desse tipo de negócio o desautoriza. Basta que haja o *risco* para um dos *contratantes*. Com efeito, em vários contratos em voga como o seguro, a aposta autorizada nos hipódromos, a loteria explorada pela Administração ou pelo concessionário, existe álea apenas para um dos contratantes, ao passo que o outro baseia a sua prestação em cálculos atuariais ou na dedução de percentagem certa para custeio e lucro, de tal maneira que se pode dizer perfeitamente conhecida, e lhe não traz risco maior do que qualquer contrato comutativo normal".

Aduz o emérito civilista: "Se é certo que em todo contrato há um *risco*, pode-se contudo dizer que no contrato aleatório este é da sua essência, pois que o ganho ou a perda consequente está na dependência de um acontecimento *incerto* para ambos os contratantes. O *risco* de perder ou de ganhar pode ser de um ou de ambos; mas a *incerteza* do evento tem de ser dos contratantes, sob pena de não subsistir a obrigação"[14].

4.2. Contratos acidentalmente aleatórios

Além dos aleatórios por natureza, há contratos tipicamente comutativos, como a compra e venda, que, em razão de certas circunstâncias, tornam-se aleatórios. Denominam-se contratos *acidentalmente aleatórios*.

Os contratos acidentalmente aleatórios são de duas espécies: a) venda de coisas *futuras*; e b) venda de coisas *existentes mas expostas a risco*. Nos que têm por objeto coisas futuras, o risco pode referir-se: a) à própria *existência da coisa*; e b) à sua *quantidade*.

Do risco respeitante à própria *existência* da coisa trata o art. 458 do Código Civil. Tem-se, na hipótese, a *emptio spei* ou venda da *esperança*, isto é, da probabilidade de as coisas ou

---

12 Silvio Rodrigues, *Direito civil*, v. 3, p. 33-34; Orlando Gomes, *Contratos*, p. 80.

13 Maria Helena Diniz, *Tratado teórico e prático dos contratos*, v. 1, p. 101.

14 *Instituições de direito civil*, v. III, p. 68-69.

fatos existirem. O art. 459 cuida do risco respeitante à quantidade maior ou menor da coisa esperada (*emptio reisperatae* ou venda da coisa esperada). A venda de coisas já *existentes* mas sujeitas a perecimento ou depreciação é disciplinada nos arts. 460 e 461.

Os contratos aleatórios serão pormenorizadamente estudados no Capítulo VIII, *infra*, que tem esse título (arts. 458 a 461).

A distinção entre contratos comutativos e aleatórios é de indiscutível importância, visto que estão submetidos a regimes legais diversos. Assim, por exemplo, o Código Civil, ao cuidar da *evicção*, restringe-a ao campo dos contratos comutativos; os *vícios redibitórios* apresentam-se, exclusivamente, nos contratos comutativos (CC, art. 441); criou-se um regime especial para os contratos aleatórios, nos arts. 458 a 461; a rescisão por lesão não ocorre nos contratos aleatórios, mas apenas nos comutativos.

Com efeito, a possibilidade de oferecimento de suplemento suficiente, prevista no art. 157 do atual Código Civil, reforça a ideia defendida pela doutrina de que a lesão só ocorre em contratos comutativos, em que a contraprestação é um dar e não um fazer, e não nos aleatórios, pois nestes as prestações envolvem risco e, por sua própria natureza, não precisam ser equilibradas.

A propósito, assevera Caio Mário da Silva Pereira: "É de sua própria natureza a inexistência de correlação das prestações, nem pode alegar ter sido lesado o alienante, se recebeu preço certo por uma coisa, cujo valor real dependerá da álea do tempo ou de outro fator. É justamente a incerteza que elimina a possibilidade de aproveitamento de uma parte em prejuízo da outra"[15]. Somente se poderá invocar a lesão nos contratos aleatórios, todavia, excepcionalmente, como assinala Anelise Becker, "quando a vantagem que obtém uma das partes é excessiva, desproporcional em relação à álea normal do contrato"[16].

5. CONTRATOS PARITÁRIOS E DE ADESÃO. CONTRATO--TIPO

Contratos *paritários* são aqueles do tipo tradicional, em que as partes discutem livremente as condições, porque se encontram em situação de igualdade (par a par). Nessa modalidade há uma fase de negociações preliminares, na qual as partes, encontrando-se em pé de igualdade, discutem as cláusulas e condições do negócio.

Contratos de *adesão* são os que não permitem essa liberdade, devido à preponderância da vontade de um dos contratantes, que elabora todas as cláusulas. O outro adere ao modelo de contrato previamente confeccionado, não podendo modificá-las: aceita-as ou rejeita-as, de forma pura e simples, e em bloco, afastada qualquer alternativa de discussão. São exemplos dessa espécie, dentre outros, os contratos de seguro, de consórcio, de transporte, e os celebrados com as concessionárias de serviços públicos (fornecedoras de água, energia elétrica etc.).

Segundo Messineo, "contrato de adesão é aquele em que as cláusulas são previamente estipuladas por um dos contraentes, de modo que o outro não tem o poder de debater as condições, nem introduzir modificações no esquema proposto; ou aceita tudo em bloco ou recusa tudo por inteiro ('é pegar, ou largar'). A falta de negociações e de discussão implica uma situação de disparidade econômica e de inferioridade psíquica para o contratante teoricamente mais fraco"[17].

---

[15] *Lesão nos contratos*, p. 174.

[16] *Teoria geral da lesão nos contratos*, p. 98.

[17] *Doctrina general del contrato*, t. I, p. 440.

A concepção do contrato de adesão opõe-se à do contrato paritário, que constitui a regra, em que a possibilidade outorgada a cada um dos contraentes de influir na determinação do conteúdo do contrato é um sintoma e uma consequência da paridade econômica e psíquica, traduzida em termos jurídicos.

No contrato de adesão deparamos com uma restrição mais extensa ao tradicional princípio da autonomia da vontade. Normalmente, vamos encontrá-lo nos casos de *estado de oferta permanente*, seja por parte de grandes empresas concessionárias ou permissionárias de serviços públicos ou ainda titulares de um monopólio de direito ou de fato (fornecimento de água, gás, eletricidade, linha telefônica), seja por parte de lojas e empresas comerciais ou de prestadoras de serviços, envolvendo relações de consumo (transporte, venda de mercadorias em geral, expostas ao público). O indivíduo que necessita contratar com uma grande empresa exploradora de um serviço público depara com um contrato-padrão, previamente elaborado, limitando-se a dar a sua adesão ao paradigma contratual já estabelecido. Ou se submete a ele, sem chance de discutir o preço e outras condições propostas, contratando, ou se priva de um serviço muitas vezes indispensável.

Em razão dessa característica, alguns autores chegaram a lhe negar natureza contratual, sob o fundamento de que falta a vontade de uma das partes – o que evidencia o seu caráter *institucional*. Todavia, prevalece o entendimento de que a aceitação das cláusulas, ainda que preestabelecidas, lhe assegura aquele caráter[18].

Comumente o contrato de adesão é celebrado em relação de consumo, sendo regido, portanto, pelo *Código de Defesa do Consumidor* (Lei n. 8.078/90). Dedicou-lhe este diploma um capítulo, conceituando-o da seguinte forma, no art. 54: "*Contrato de adesão é aquele cujas cláusulas tenham sido aprovadas pela autoridade competente ou estabelecidas unilateralmente pelo fornecedor de produtos ou serviços, sem que o consumidor possa discutir ou modificar substancialmente seu conteúdo*".

O § 1º permite a inserção de cláusula no formulário, sem que isso desfigure a natureza da adesão do contrato, ou seja, sem que afaste a posição privilegiada do proponente. O § 3º exige que os contratos de adesão sejam redigidos em termos claros e legíveis, de modo a facilitar a sua compreensão pelo consumidor. As cláusulas que eventualmente limitem o seu direito deverão ser redigidas com destaque, permitindo sua fácil e imediata compreensão (§ 4º). Esta espécie de cláusula limitativa não pode, porém, ser abusiva, sob pena de incidir na cominação de nulidade do art. 51.

O art. 47 do Código do Consumidor estatui que as cláusulas contratuais serão interpretadas de maneira mais favorável ao consumidor. Já de há muito a jurisprudência vem proclamando que, nos contratos de adesão em geral, na dúvida, a interpretação deve favorecer o aderente, porque quem estabelece as condições é o outro contratante, que tem a obrigação de ser claro e de evitar dúvidas.

Embora normalmente o contrato de adesão esteja ligado às relações de consumo, há negócios jurídicos que não têm essa característica. Por essa razão o atual Código Civil dispôs sobre o contrato de adesão em dois dispositivos. Prescreve, com efeito, o art. 423:

"*Quando houver no contrato de adesão cláusulas ambíguas ou contraditórias, dever-se-á adotar a interpretação mais favorável ao aderente*".

Por sua vez, proclama o art. 424 do mesmo diploma:

"*Nos contratos de adesão, são nulas as cláusulas que estipulem a renúncia antecipada do aderente a direito resultante da natureza do negócio*".

---

18 Silvio Rodrigues, *Direito civil*, v. 3, p. 45; Caio Mário da Silva Pereira, *Instituições de direito civil*, v. III, p. 72-73.

Em ambos os dispositivos, o novel diploma procura resguardar a posição do aderente não só em vista de "*cláusulas ambíguas ou contraditórias*", como ao proibir "*a renúncia antecipada*" a direito, levando em conta especialmente o fato de o contrato de adesão ter o seu conteúdo fixado por deliberação exclusiva do ofertante.

Malgrado o contrato de adesão esteja submetido à norma geral de submissão aos princípios da probidade e da boa-fé, preconizados no art. 422 do Código Civil, entendeu o legislador necessário estabelecer, no art. 423, a retrotranscrita regra de hermenêutica. Tendo em vista que o contrato de adesão é integralmente elaborado pelo policitante, economicamente mais poderoso, e que o aderente limita-se a aderir às cláusulas preestabelecidas, sem poder discuti-las, é dever do primeiro redigi-las com clareza, precisão e simplicidade. Se, não obstante, inserir cláusula ambígua ou contraditória, capaz de ensejar dúvidas ao juiz, caberá a este adotar a interpretação mais favorável ao aderente, que não pode ser prejudicado pela redação deficiente dada pelo outro contratante[19].

No art. 424 não cuidou o legislador de inserir regra de hermenêutica. Considerando a situação em que o aderente geralmente se encontra, de hipossuficiência econômica em face do ofertante, estabeleceu o legislador a nulidade das cláusulas que estipulem a renúncia antecipada a direito resultante da natureza do negócio. A regra tem caráter proibitivo e de ordem pública. Cláusulas dessa espécie deverão ser desconsideradas pelo juiz, em face de sua abusividade. "É abusiva a cláusula, inserida em contrato de adesão, que autoriza a instituição financeira a utilizar o saldo de qualquer conta, aplicação financeira e/ou crédito em nome do contratante ou coobrigado para cobrir eventual débito vencido desse mesmo contrato"[20].

A doutrina refere-se ainda a uma espécie de contrato que se aproxima do contrato de adesão e que se denomina *contrato-tipo* ou contrato *de massa, em série* ou *por formulários*. A afinidade com o contrato de adesão reside no fato de ser apresentado por um dos contraentes, em fórmula impressa ou datilografada, ao outro, que se limita a subscrevê-lo. Mas dele difere porque não lhe é essencial a desigualdade econômica dos contratantes, bem como porque admite discussão sobre o seu conteúdo.

No contrato-tipo as cláusulas não são impostas por uma parte à outra, mas apenas pré-redigidas. Em geral, são deixados claros, a serem preenchidos pelo concurso de vontades, como ocorre em certos contratos bancários, que já vêm impressos, mas com espaços em branco no tocante à taxa de juros, prazo e condições do financiamento, a serem estabelecidos de comum acordo.

Além disso, os contratos de adesão são endereçados a um número indeterminado e desconhecido de pessoas, enquanto os contratos-tipo destinam-se a pessoas ou grupos identificáveis. Podem ser acrescentadas, às impressas, cláusulas datilografadas ou manuscritas. Estas só serão consideradas revogadas por aquelas se houver incompatibilidade ou contradição entre elas, caso em que prevalecerão as últimas. Não havendo, coexistirão.

Na visão de Caio Mário, "o contrato-tipo não resulta de cláusulas impostas, mas simplesmente pré-redigidas, às quais a outra parte não se limita a aderir, mas que efetivamente aceita, conhecendo-as, as quais, por isso mesmo, são suscetíveis de alteração ou cancelamento, por via de cláusulas substitutivas, que venham manuscritas, datilografadas ou carimbadas"[21].

---

19 Caio Mário da Silva Pereira, *Instituições de direito civil*, v. III, p. 76.

20 Tribunal Regional de Uniformização dos Juizados Especiais Federais, 4ª Reg., rel. Juiz Antonio F. S. do Amaral e Silva, *Revista Consultor Jurídico*, de 27-4-2017.

21 *Instituições de direito civil*, v. III, p. 75-76.

6. CONTRATOS DE EXECUÇÃO INSTANTÂNEA, DIFERIDA E DE TRATO SUCESSIVO

A classificação enunciada leva em consideração o *momento* em que os contratos devem ser cumpridos. São de *execução instantânea* ou *imediata* ou ainda de *execução única* os que se consumam num só ato, sendo cumpridos imediatamente após a sua celebração, como a compra e venda à vista, por exemplo. Cumprida a obrigação, exaurem-se. A solução se efetua de uma só vez e por prestação única, tendo por efeito a extinção cabal da obrigação[22].

Contratos de *execução diferida* ou *retardada* são os que devem ser cumpridos também em um só ato, mas em momento futuro: a entrega, em determinada data, do objeto alienado, *verbi gratia*. A prestação de uma das partes não se dá imediatamente após a formação do vínculo, mas a termo.

Contratos de *trato sucessivo* ou de *execução continuada* são os que se cumprem por meio de atos reiterados. São exemplos: compra e venda a prazo, prestação permanente de serviços, fornecimento periódico de mercadorias, dentre outros. Caso típico é a locação, em que a prestação do aluguel não tem efeito liberatório, a não ser do débito correspondente ao período, visto que o contrato continua até atingir o seu termo ou ocorrer uma outra causa extintiva.

Há interesse prático na aludida classificação, por diversas razões: a) a teoria da imprevisão, que permite a resolução do contrato por onerosidade excessiva, disciplinada nos arts. 478 a 480 do atual Código Civil, só se aplica aos contratos de execução diferida e continuada (já dizia a cláusula *rebus sic stantibus*: "*Contractus qui habent* tractu sucessivum *et* dependentiam de futuro *rebus sic stantibus intelliguntur*"); b) o princípio da *simultaneidade das prestações* só se aplica aos de execução instantânea; por conseguinte, não se permite, em contrato de execução diferida ou de trato sucessivo, que o contratante, que deve satisfazer em primeiro lugar sua prestação, defenda-se pela *exceptio non adimpleti contractus*, alegando que a outra parte não cumpriu a dela; c) nos contratos de execução instantânea a nulidade ou resolução por inadimplemento reconduz as partes ao estado anterior, enquanto nos de execução continuada são respeitados os efeitos produzidos (os aluguéis pagos, o serviço prestado pelo empregado, p. ex.), não sendo possível restituí-las ao *statu quo ante*; d) a prescrição da ação para exigir o cumprimento das prestações vencidas, nos contratos de trato sucessivo, começa a fluir da data do vencimento de cada prestação[23].

7. CONTRATOS PERSONALÍSSIMOS E IMPESSOAIS

Contratos *personalíssimos* ou *intuitu personae* são os celebrados em atenção às qualidades pessoais de um dos contraentes. Por essa razão, o obrigado não pode fazer-se substituir por outrem, pois essas qualidades, sejam culturais, profissionais, artísticas ou de outra espécie, tiveram influência decisiva no consentimento do outro contratante. Geralmente dão origem a uma obrigação de fazer, cujo objeto é um serviço infungível, que não pode ser executado por outra pessoa.

Nesses contratos, tem influência decisiva no consentimento de um dos contraentes a pessoa concreta do outro. Tem o primeiro interesse em que a prestação seja cumprida pessoalmente por este, em razão de sua qualificação, prestígio, habilidade, competência, idoneidade etc.

---

22 Orlando Gomes, *Contratos*, p. 85; Silvio Rodrigues, *Direito civil*, v. 3, p. 38; Caio Mário da Silva Pereira, *Instituições de direito civil*, v. III, p. 70.

23 Orlando Gomes, *Contratos*, p. 87; Silvio Rodrigues, *Direito civil*, v. 3, p. 38-39; Caio Mário da Silva Pereira, *Instituições de direito civil*, v. III, p. 70-71.

Contratos *impessoais* são aqueles cuja prestação pode ser cumprida, indiferentemente, pelo obrigado ou por terceiro. O importante é que seja realizada, pouco importando quem a executa, pois o seu objeto não requer qualidades especiais do devedor.

As obrigações *personalíssimas*, não podendo ser executadas por outrem, são intransmissíveis aos sucessores. Também não podem ser objeto de cessão. Havendo erro essencial sobre a pessoa do outro contratante, são anuláveis.

A propósito, preleciona Maria Helena Diniz: "A distinção entre contratos *intuitu personae* e impessoais reveste-se de grande importância, em virtude das consequências práticas decorrentes da natureza personalíssima dos negócios pertencentes à primeira categoria, que: *a*) são intransmissíveis, não podendo ser executados por outrem; assim sendo, com o óbito do devedor, extinguir-se-ão, pois os sucessores não poderão cumprir a prestação, que era personalíssima; *b*) não podem ser cedidos, de modo que, se substituído o devedor, ter-se-á a celebração de novo contrato; *c*) são anuláveis, havendo erro essencial sobre a pessoa do contratante"[24].

Dentre os contratos típicos, o mandato é considerado como contrato personalíssimo, pois uma das causas extintivas é a morte do mandatário, conforme o art. 682, II, do CC[25]. Assim, "a relação contratual entre o advogado e seu cliente, baseada na confiança, tem caráter personalíssimo, sendo o contrato de prestação de serviços advocatícios típico contrato de mandato, possibilitando sua revogação ou renúncia, a qualquer tempo, sempre que verificado abalo na fidúcia recíproca"[26].

8. CONTRATOS INDIVIDUAIS E COLETIVOS

A classificação dos contratos em individuais e coletivos é mais utilizada no Direito do Trabalho.

No *contrato individual*, as vontades são individualmente consideradas, ainda que envolva várias pessoas. Na compra e venda, por exemplo, pode uma pessoa contratar com outra ou com um grupo de pessoas.

Nessa linha, assevera Caio Mário: "Contrato *individual* é o que se forma pelo consentimento de pessoas, cujas vontades são individualmente consideradas. Não é a singularidade de parte que o identifica. Pode uma pessoa contratar com várias outras ou um grupo de pessoas com outro grupo, e o contrato ser individual, uma vez que, na sua constituição, a emissão de vontade de cada uma entra na etiologia da sua celebração"[27].

Os *contratos coletivos* perfazem-se pelo acordo de vontades entre duas pessoas jurídicas de direito privado, representativas de categorias profissionais, sendo denominados *convenções coletivas*. Segundo Orlando Gomes[28], não têm eles verdadeiramente natureza contratual, visto que de sua celebração não nascem relações jurídicas que coloquem as partes nas posições de credor e devedor. Constituem, destarte, um *acordo normativo*; não um contrato. Todavia, a doutrina em geral tem admitido essa classificação e a sua natureza contratual, assim como o fez o art. 611 da Consolidação das Leis do Trabalho.

A importância da classificação ora em estudo, segundo a lição de Caio Mário, está em que "o *contrato individual* cria direitos e obrigações para as pessoas que dele participam; ao

---

24 *Tratado teórico e prático dos contratos*, v. 1, p. 110-111. No mesmo sentido a lição de Francesco Messineo, in *Doctrina general del contrato*, t. II, p. 180.

25 REsp 1.055.819-SP, 3ª T., rel. Min. Massami Uyeda, *DJe* 7-4-2010.

26 RMS 67.105-SP, 4ª T., rel. Min. Luis Felipe Salomão, *DJe* 17-11-2021.

27 *Instituições de direito civil*, v. III, p. 71.

28 *Contratos*, p. 91.

passo que o *contrato coletivo*, uma vez homologado regularmente, gera deliberações *normativas*, que poderão estender-se a todas as pessoas pertencentes a uma determinada categoria profissional, independente do fato de terem ou não participado da assembleia que votou a aprovação de suas cláusulas, ou até de se haverem, naquele conclave, oposto à sua aprovação"[29].

Pode também haver contrato coletivo no âmbito do Direito de Empresa, celebrado por pessoas jurídicas representativas de determinadas indústrias ou sociedades empresárias, destinado a inibir a concorrência desleal, a incentivar a pesquisa, a desenvolver a cooperação mútua etc.

9. CONTRATOS PRINCIPAIS E ACESSÓRIOS. CONTRATOS DERIVADOS

A presente classificação toma como ponto de partida o fato de que alguns contratos dependem, lógica e juridicamente, de outro como premissa indispensável. Os contratos dos quais dependem chamam-se *principais*. Contratos *principais* são os que têm existência própria, autônoma e não dependem, pois, de qualquer outro, como a compra e venda e a locação, por exemplo.

Os contratos que, no entanto, dependem da existência de outros são chamados de *acessórios*. Contratos *acessórios*, assim, são os que têm sua existência subordinada à do contrato principal, como a cláusula penal, a fiança etc. Assinala Messineo[30] que a função predominante dos contratos acessórios é garantir o cumprimento de obrigações contraídas em contrato principal, como o penhor, a hipoteca convencional, a fiança e similares. Entretanto, aduz, não são apenas acessórios os contratos de garantia, mas todos os que têm como pressuposto outro contrato.

A distinção entre contratos principais e acessórios encontra justificativa no princípio geral de que o acessório segue o destino do principal. Em consequência: a) nulo o contrato principal, nulo será também o negócio acessório; a recíproca, todavia, não é verdadeira (CC, art. 184); b) a prescrição da pretensão concernente à obrigação principal acarretará a da relativa às acessórias, embora a recíproca também não seja verdadeira; desse modo, a prescrição da pretensão a direitos acessórios não atinge a do direito principal[31].

Anota Arnoldo Wald que a aplicação geral dos princípios que regulam os acessórios sofre todavia algumas limitações no campos dos contratos. Se é verdade, afirma, que a nulidade, a rescisão ou a caducidade do contrato principal importa em ineficácia do acessório (terminando o contrato de locação, termina o de fiança), não é menos certo que as partes podem convencionar a extinção do contrato principal em virtude do desaparecimento do acessório. É comum nos contratos locativos uma cláusula resolutória baseada no falecimento, na falência ou na interdição do fiador, salvo se o locatário dentro de certo prazo apresentar outro fiador idôneo a critério do locador[32].

No mesmo sentido, assevera Messineo[33] que, da circunstância de o contrato acessório seguir a sorte do principal, não se infere que, sobre ele, não exerça qualquer influência. A regra segundo a qual o credor pode pedir imediato pagamento, se perece ou se deteriora a coisa dada em garantia, comprova essa assertiva.

Orlando Gomes[34], com apoio em Santoro Passarelli, afirma que os contratos acessórios podem ser *preparatórios*, como o mandato; *integrativos*, como a aceitação do terceiro na estipulação em seu favor; *complementares*, como a adesão a um contrato aberto.

---

29 *Instituições de direito civil*, v. III, p. 72.
30 *Doctrina general del contrato.*, t. I, p. 435-436.
31 *RT*, 476/155.
32 *Obrigações e contratos*, p. 230-231.
33 *Doctrina general del contrato*, t. I, p. 436.
34 *Contratos*, p. 85.

Alguns contratos são denominados *derivados* ou *subcontratos*, por também dependerem ou derivarem de outros. Contratos *derivados* são os que têm por objeto direitos estabelecidos em outro contrato, denominado básico ou principal. Entre os principais *subcontratos* destacam-se a sublocação, a subempreitada e a subconcessão.

Esses contratos têm em comum com os *acessórios* o fato de que ambos são dependentes de outro. Diferem, porém, pela circunstância de o derivado participar da própria natureza do direito versado no contrato-base. Nessa espécie de avença, um dos contratantes transfere a terceiro, sem se desvincular, a utilidade correspondente à sua posição contratual. O locatário, por exemplo, transfere a terceiro os direitos que lhe assistem, mediante a sublocação. O contrato de locação não se extingue. E os direitos do sublocatário terão a mesma extensão dos direitos do locatário, que continua vinculado ao locador.

O subcontrato também se distingue da *cessão da posição contratual*, na qual o contrato básico persiste em sua integridade, mas com novo titular, o cessionário. No contrato derivado, no entanto, surge uma nova relação contratual, sem alteração da primeira, havendo apenas um dos sujeitos que é titular de ambos os contratos.

Segundo a lição de MESSINEO[35], o subcontrato se distingue da cessão do contrato porque dá lugar ao nascimento de um *direito novo*, embora do mesmo conteúdo e de extensão não maior (*nemo plus iuris* etc.) que o contrato básico, enquanto a cessão de contrato transfere ao cessionário *o mesmo direito* pertencente ao cedente.

Observa ARNOLDO WALD que, "embora o subcontrato tenha normas próprias, devem ser compatíveis com as do contrato principal e a extinção deste enseja normalmente a do contrato dele derivado, embora, em certas hipóteses, se admita, excepcionalmente, que o sublocatário possa substituir-se ao locatário. Em princípio, não há direito do sublocatário ou do subempreiteiro em relação ao locador ou ao dono da obra, mas, em determinadas situações especiais pode haver repercussões do subcontrato sobre o contratante principal que não participar da subcontratação"[36].

Por sua vez, adverte SÍLVIO VENOSA que, "como consequência da derivação, o direito contido no subcontrato tem como limite o direito contido no contrato-base; sua extensão não pode ser ultrapassada. Aplica-se o princípio segundo o qual ninguém pode transferir mais direito do que tem (*nemo plus iuris ad alium transferre potest quod non habet*). No mesmo diapasão, se o contrato principal se extingue, extingue-se o contrato derivado por impossibilidade material de sua continuação"[37].

Os contratos personalíssimos ou *intuitu personae* não admitem a subcontratação, pois são celebrados em razão das qualidades pessoais do obrigado. Também não a permitem os contratos de execução instantânea, tendo em vista que o subcontrato é um negócio de duração.

10. CONTRATOS SOLENES E NÃO SOLENES

Encarados segundo a maneira como se aperfeiçoam, distinguem-se os contratos em *solenes* ou *formais*, e *não solenes* ou *não formais*.

Solenes são os contratos que devem obedecer à forma prescrita em lei para se aperfeiçoar. Quando a forma é exigida como condição de validade do negócio, este é solene e a formalidade é *ad solemnitatem*, isto é, constitui a substância do ato (escritura pública na alienação de imóveis, pacto antenupcial, testamento público etc.). Não observada, o contrato é nulo (CC, art. 166, IV).

---

[35] *Doctrina general del contrato*, t. II, p. 250.
[36] *Obrigações e contratos*, p. 236.
[37] *Direito civil*, v. II, p. 425.

Segundo a lição de Orlando Gomes, porque prevalece no direito moderno o princípio da liberdade de forma, os contratos se concluem, por via de regra, pelo simples consentimento das partes, seja qual for o modo de expressão da vontade. Em atenção, porém, à conveniência de dar maior segurança ao comércio jurídico, aduz, "a lei exige que certos contratos obedeçam a determinada *forma*, elevando-se à condição de requisito essencial à sua validade. Nesses casos, a vontade das partes não basta à formação do contrato. Dizem-se *solenes* os contratos que só se aperfeiçoam quando o consentimento é expresso pela forma prescrita na lei. Também se denominam *contratos formais*. A solenidade exigida consiste em serem lavrados por tabelião. Têm como *forma* a *escritura pública*"[38].

Quando a formalidade é exigida não como condição de validade, mas apenas para facilitar a prova do negócio, diz-se que ela é *ad probationem tantum*.

Contratos *não solenes* são os de forma livre. Basta o consentimento para a sua formação. Como a lei não reclama nenhuma formalidade para o seu aperfeiçoamento, podem ser celebrados por qualquer forma, ou seja, por escrito particular ou verbalmente. Em regra, os contratos têm forma livre, salvo expressas exceções. Podem ser mencionados como exemplos, dentre inúmeros outros, os contratos de locação e os de comodato. Dispõe, com efeito, o art. 107 do Código Civil:

"A validade da declaração de vontade não dependerá de forma especial, senão quando a lei expressamente a exigir".

Por outro lado, "*não dispondo a lei em contrário*, a escritura pública é essencial à validade dos negócios jurídicos que visem à constituição, transferência, modificação ou renúncia de direitos reais sobre imóveis de valor superior a trinta vezes o maior salário mínimo vigente no País" (CC, art. 108)[39].

Têm as partes permissão para estipular que determinado contrato só poderá ser celebrado por instrumento público. Neste caso, este será da "*substância do ato*" (CC, art. 109). E o contrato, que não seria, em princípio, formal, passa a sê-lo. Todavia, um contrato solene não terá validade se não for celebrado por instrumento público, ainda que as partes o tenham dispensado.

Alguns autores distinguem os contratos *solenes* dos *formais*, conceituando os primeiros como aqueles que exigem escritura pública para a sua validade. Formais seriam os que exigem a forma escrita, sem a solenidade do instrumento público[40].

O principal efeito prático da distinção entre contratos *solenes* e *não solenes* reside no fato de serem nulos os primeiros, se não observada a *forma* prescrita em lei, que é elemento essencial à sua validade, ao passo que os segundos *não*.

---

[38] *Contratos*, p. 83-84.

[39] Observa Caio Mário que alguns sustentam a inconstitucionalidade da regra, "em razão do disposto no art. 7º, IV, da Constituição Federal, que veda a vinculação do salário mínimo para qualquer fim. O argumento não procede porque a vinculação que a Constituição proíbe é a que tenha efeitos financeiros que dificultem ou impeçam o aumento do salário mínimo pelo fenômeno da indexação, o que não é o caso, já que o valor é mera referência para se exigir ou não a escritura pública como elemento formal do negócio de compra e venda de bens imóveis" (*Instituições de direito civil*, v. III, p. 62).

[40] Sílvio Venosa, *Direito civil*, v. II, p. 415.

José Abreu Filho entende que nem sempre os negócios formais são solenes, somente possuindo tais características aqueles negócios que não prescindem da intervenção da autoridade. Quando se exige a forma escrita, tem-se somente uma formalidade, mas não obrigatoriamente a solenidade, que se configura com a intervenção de uma autoridade pública, como é próprio de uma escritura pública, e dos demais atos praticados com fórmulas sacramentais. Por essa razão o mencionado autor classifica os negócios jurídicos, quanto à forma, em formais, não formais e solenes (*O negócio jurídico e sua teoria geral*, p. 101).

11. CONTRATOS CONSENSUAIS E REAIS

Contratos consensuais são aqueles que se formam unicamente pelo acordo de vontades (*solo consensu*), independentemente da entrega da coisa e da observância de determinada forma. Por isso, são também considerados contratos *não solenes*.

Ao proferir voto como relatora em Recurso Especial, a Min. Nancy Andrighi destacou que, "de acordo com a disciplina geral do direito contratual, o contrato consensual se torna perfeito e acabado quando vontades coincidentes de duas ou mais partes se encontram, sendo caracterizado, assim, o acordo de vontades"[41].

Embora se possa dizer que todo contrato, na sua formação, é consensual no sentido de que pressupõe o consentimento, alguns existem para cujo aperfeiçoamento a lei nada mais exige que esse consentimento. A classificação em epígrafe também encara os contratos segundo a maneira como se aperfeiçoam. Como predomina, no direito moderno, o princípio do *consensualismo* (*v.* Capítulo I, item 6.3, *retro*), pode-se afirmar que o contrato *consensual* é a regra, sendo exceções os contratos reais[42].

A compra e venda de bens móveis, por exemplo, quando pura, pertence à classe dos contratos consensuais, segundo dispõe o art. 482 do Código Civil, pois "*considerar-se-á obrigatória e perfeita, desde que as partes acordarem no objeto e no preço*" (grifei).

Contratos *reais* são os que exigem, para se aperfeiçoar, além do consentimento, a entrega (*traditio*) da coisa que lhe serve de objeto, como os de depósito, comodato, o mútuo, por exemplo, e alguns poucos (penhor, anticrese, arras). Esses contratos não se formam sem a tradição da coisa. Antes pode existir promessa de contratar, mas não existe depósito, comodato ou mútuo. A efetiva entrega do objeto não é fase executória, porém requisito da própria constituição do ato[43].

A propósito, preleciona Roberto de Ruggiero: "Antes dessa dação não existe senão uma obrigação de dar de mútuo ou em comodato, devedor é o futuro mutuante ou o futuro comodante e credor aquele que aceitou a promessa; depois da dação, que constitui cumprimento do contrato e extinção da respectiva obrigação, forma-se um novo contrato, no qual é devedor o mutuário ou o comodatário e credor quem deu a coisa de mútuo ou em comodato. São, pois, dois contratos completamente diversos e tendentes a fins diversos, posto que um seja preordenado a gerar o outro, que adquire a função de objeto do primeiro"[44].

Em regra, os contratos reais são *unilaterais*, visto que, entregue a coisa (quando o contrato torna-se perfeito e acabado), só resta a obrigação para o depositário, o comodatário e o mutuário. Nada impede, porém, como lembra Orlando Gomes, que a *realidade* se exija como requisito para a formação de um contrato *bilateral*, ainda que excepcionalmente. O *depósito*, frisa, no qual o depositante se obriga a remunerar o depositário, "é contrato *bilateral* que, todavia, só se torna perfeito e acabado com a entrega da coisa"[45].

Registre-se a existência de vários autores que rejeitam a noção de contrato *real*, sob o fundamento de que a *traditio* é apenas pressuposto da exigibilidade da obrigação de restituição, que caracteriza os principais contratos dessa espécie, como o depósito, o comodato e o mútuo. No entanto, há outros contratos simplesmente consensuais nos quais também

---

41 REsp 1.872.048-RS, 3ª T., rel. Min. Nancy Andrighi, *DJe* 1-3-2021.

42 Roberto de Ruggiero, *Instituições de direito civil*, v. III, p. 193; Caio Mário da Silva Pereira, *Instituições de direito civil*, v. III, p. 61.

43 Silvio Rodrigues, *Direito civil*, v. 3, p. 35; Caio Mário da Silva Pereira, *Instituições de direito civil*, v. III, p. 63.

44 *Instituições de direito civil*, v. III, p. 195.

45 *Contratos*, p. 82.

se dá a entrega de uma coisa, que é recebida pelo outro contraente com a obrigação de devolvê-la após certo prazo, como na locação, por exemplo. Na realidade, a obrigação de restituir, nos contratos reais, não se origina do contrato propriamente dito, mas do fato da posse de coisa alheia[46].

12. CONTRATOS PRELIMINARES E DEFINITIVOS

O contrato, como visto, é um acordo de vontades que tem por fim criar, modificar ou extinguir direitos. Nem sempre, porém, essa convergência de vontades ocorre de forma instantânea, mediante uma proposta e pronta aceitação. Algumas vezes resulta de uma prolongada e exaustiva fase de tratativas ou negociações preliminares. Outras vezes, malgrado o consenso alcançado, não se mostra conveniente aos contraentes contratar de forma definitiva, seja porque o pagamento será feito de modo parcelado e em elevado número de prestações, seja pela necessidade de se aguardar a liberação de um financiamento, seja, ainda, por algum outro motivo de natureza particular, ou mesmo de mera conveniência. Nesse caso, podem os interessados celebrar um contrato provisório, preparatório, no qual prometem complementar o ajuste, celebrando o definitivo.

Essa avença constitui o *contrato preliminar*, que tem sempre por objeto a efetivação de um contrato definitivo. Quanto ao objeto dividem-se os contratos, pois, em *preliminares* e *definitivos*.

Contrato *preliminar* ou *pactum de contrahendo* (como era denominado no direito romano) é aquele que tem por objeto a celebração de um contrato definitivo. Ostenta, portanto, um único objeto. CAIO MÁRIO, inspirado em VON TUHR, conceitua o contrato preliminar como aquele "por via do qual ambas as partes ou uma delas se compromete a celebrar mais tarde outro contrato, que será contrato principal"[47]. Não visam os contraentes modificar efetivamente sua situação, mas apenas criar a obrigação de um futuro *contrahere*.

O contrato *definitivo* tem objetos diversos, de acordo com a natureza de cada avença. Cada contrato tem um objeto peculiar. Na compra e venda, por exemplo, as prestações, que constituem o seu objeto, são a entrega da coisa, por parte do vendedor, e o pagamento do preço, pelo adquirente. Já o contrato de locação gera outras espécies de obrigações, quais sejam: a atribuída ao locador, de garantir ao locatário o uso pacífico da coisa, e a imposta a este, de pagar um aluguel.

O contrato preliminar é, também, denominado *pré-contrato*. Quando tem por objeto a compra e venda de um imóvel, é denominado promessa de compra e venda, ou *compromisso de compra e venda*, se irretratável e irrevogável. Embora possa ter por objeto a celebração de qualquer espécie de contrato definitivo, é mais comum a sua utilização como contrato preliminar de compra e venda ou promessa de compra e venda.

A fase das *negociações* ou *tratativas preliminares* (fase da *puntuação*) antecede à realização do contrato preliminar e com este não se confunde, pois não gera direitos e obrigações. Nela os interessados em negociar entabulam conversações e estudos, mas podem afastar-se, simplesmente alegando desinteresse, sem responder por perdas e danos. Tal responsabilidade somente advirá se ficar demonstrada a deliberada intenção de prejudicar o outro contratante, com a falsa manifestação de interesse, para levá-lo, por exemplo, a perder outro negócio ou realizar despesas, configurando hipótese de ato ilícito (CC, art. 186), como já comentado no capítulo concernente à *formação dos contratos* (*v.* Capítulo II, item 2, *retro*).

---

46 Orlando Gomes, *Contratos*, p. 83.

47 *Instituições de direito civil*, v. III, p. 81.

Quando o contrato preliminar gera obrigações para apenas uma das partes, constituindo promessa unilateral, denomina-se *opção*. Na opção de venda, por exemplo, o vendedor se obriga a vender ao comprador determinado bem, sob certas condições. Mas este se reserva a faculdade de realizar o negócio ou não. Não assume, pois, nenhuma obrigação. Na opção de compra, quem se obriga é somente o comprador. O direito do ofertado, destinatário da proposta, é potestativo, pois tem o direito de exigir que se estipule o contrato futuro, com preferência sobre todas as outras pessoas, ao passo que a outra parte não tem direitos, mas somente obrigações, subordinadas à vontade da primeira.

Na sua formação, a *opção* é negócio jurídico bilateral. Mas, nos efeitos, é contrato unilateral. A parte que recebe a oferta verificará a conveniência de aceitá-la ou não. A opção também deve ser considerada uma espécie de negócio preliminar, com características próprias. O seu exercício pode culminar em outro contrato preliminar ou em um contrato definitivo, o que dependerá da vontade das partes. Equiparando-se a opção à proposta irrevogável, o destinatário da promessa conserva o poder de aceitá-la por todo o tempo em que for válida de acordo com a vontade das partes. Se para a aceitação do destinatário da promessa não se estabeleceu o termo, este pode ser fixado pelo juiz[48].

Segundo Orlando Gomes, a opção "é um negócio jurídico bilateral, mediante o qual estipulam as partes que uma delas permanece vinculada à própria declaração de vontade, enquanto a outra se reserva a faculdade de aceitá-la, ou não. Caracteriza-se por ser proposta irrevogável de contratar decorrente de mútuo consenso".

Não é, entretanto, aduz Orlando Gomes, como parece a alguns escritores, "um contrato perfeito, subordinado, na sua eficácia, à condição de seja aceito pela parte que não contraiu a obrigação, mas, ao contrário, ficou com a faculdade ou prerrogativa. Se o fora, a venda prometida estaria perfeita e acabada, posto que ineficaz no momento em que estivesse concluído o contrato de opção... Com a opção, uma das partes já está vinculada irrevogavelmente, surgindo a obrigação com a aceitação. Compreendendo vinculação irretratável, comporta ela execução sob forma específica, porque não é necessária uma sentença para vincular o proponente, vinculado que se acha pela sua própria declaração de vontade. Permitido é, nessa hipótese, obter sentença constitutiva de igual eficácia do contrato recusado"[49].

13. CONTRATOS NOMINADOS E INOMINADOS, TÍPICOS E ATÍPICOS, MISTOS E COLIGADOS. UNIÃO DE CONTRATOS

No direito moderno, em que há liberdade de contratar, é facultado às pessoas, mediante o exercício da autonomia da vontade, criar as mais diversas espécies de obrigações, desde que lícitas, sem necessidade de observar qualquer modelo contratual definido na lei.

Em geral, no entanto, as relações jurídicas se formam sob formas adrede disciplinadas na lei, pois esta procura regulamentar as situações e espécies mais comuns, identificando-as por denominação privativa. Surgem, assim, os contratos *nominados*, que são aqueles que têm designação própria. Abrangem, segundo a lição de Antunes Varela[50], as espécies contratuais que têm *nomen iuris* e servem de base à fixação dos esquemas, modelos ou tipos de regulamentação específica da lei.

O Código Civil regulamenta, em vinte capítulos, vinte e três contratos nominados, a saber: compra e venda, troca, contrato estimatório, doação, locação de coisas, empréstimo,

48 Messineo, *Doctrina general del contrato*, t. I, p. 355-356; Sílvio Venosa, *Direito civil*, v. II, p. 421-422.
49 *Contratos*, p. 265-266.
50 *Direito das obrigações*, v. I, p. 152.

prestação de serviço, empreitada, sociedade, depósito, mandato, comissão, agência, distribuição, corretagem, transporte, constituição de renda, seguro, jogo, aposta, fiança, transação e compromisso.

O legislador, no entanto, não consegue prever todas as situações que levam as pessoas a se relacionar e a contratar. A diversificação dos negócios e as crescentes necessidades decorrentes da vida moderna, bem como a inesgotável imaginação humana, fazem com que as pessoas estabeleçam relações jurídicas não previstas e não deduzidas de maneira precisa no Código Civil ou em leis especiais. Surgem, então, outros contratos além daqueles que recebem o batismo legislativo, ou que não foram tipificados, e por esta razão se consideram *inominados* e *atípicos*, os quais Josserand pitorescamente apelidou "*contratos sob medida*, em contraposição aos típicos, que seriam para ele os já *confeccionados*"[51].

Contratos inominados são, pois, os que não têm denominação própria. A rigor, tomada ao pé da letra, a expressão *contrato inominado* equivaleria a contrato que *não tem um nome* no ordenamento jurídico[52].

Contratos típicos, por outro lado, são os regulados pela lei, os que têm o seu perfil nela traçado. Não é o mesmo que contrato nominado, embora costumam ser estudados em conjunto, porque todo contrato nominado é típico e vice-versa.

Contratos atípicos são os que resultam de um acordo de vontades, não tendo, porém, as suas características e requisitos definidos e regulados na lei. Para que sejam válidos basta o consenso, que as partes sejam livres e capazes e o seu objeto lícito (não contrariem a lei e os bons costumes), possível, determinado ou determinável e suscetível de apreciação econômica.

Preceitua, com efeito, o art. 425 do atual Código Civil:

"É lícito às partes estipular contratos atípicos, observadas as normas gerais fixadas neste Código".

A celebração de contratos dessa espécie justifica-se como aplicação dos princípios da liberdade de obrigar-se e do consensualismo. Representam eles a indicação mais segura de que a vida jurídica não se fossiliza em formas imutáveis, mas que, ao contrário, está em perene movimento e em constante evolução, também sob o aspecto técnico. Por exemplo: da compra e venda se depreendeu a promessa de venda; da locação se destacou o arrendamento de coisas produtivas; do mútuo, a abertura de crédito e o desconto. Às formas tradicionais de origem romanista vão-se agregando modelos de contrato que são o resultado da vida econômica moderna. Quanto maior o desenvolvimento da vida econômica, mais cresce o número de novas figuras contratuais[53].

Ao se referir a *normas gerais*, o novo diploma estabelece princípios para os contratos inominados e atípicos, pois se reporta, ainda que indiretamente, aos arts. 421 e 422, que tratam, respectivamente, da função social do contrato, e da probidade e boa-fé.

O contrato típico não requer muitas cláusulas, pois passam a integrá-lo todas as normas regulamentadoras estabelecidas pelo legislador. Já o contrato atípico exige uma minuciosa especificação dos direitos e obrigações de cada parte, por não terem uma disciplina legal.

O *contrato misto* resulta da combinação de um contrato típico com cláusulas criadas pela vontade dos contratantes. Deixa de ser um contrato essencialmente típico, mas não se transforma em outro totalmente atípico. A nova combinação gera uma nova espécie contratual, não prevista ou regulada em lei. Constitui, pois, contrato *único* ou unitário. Segundo

---

51 Apud Caio Mário da Silva Pereira, *Instituições de direito civil*, v. III, p. 60.

52 Francesco Messineo, *Doctrina general del contrato*, t. I, p. 378.

53 Francesco Messineo, *Doctrina general del contrato*, t. I, p. 381.

ANTUNES VARELA[54], o contrato misto reúne elementos de dois ou mais negócios, total ou parcialmente regulados na lei.

O contrato pode ser, também, *atípico misto*. Atípico, por não se enquadrar em nenhum tipo contratual legal; e misto, por reunir em seu conteúdo os elementos de dois ou mais tipos contratuais previstos no ordenamento jurídico. Pode, ainda, ser atípico misto *em sentido amplo*, quando reúne em seu conteúdo elementos que apenas apresentam afinidades com outros institutos jurídicos. Sendo atípicos mistos, os contratos são *unitários e incidíveis* quando seu escopo não pode ser alcançado sem essa incidibilidade. Preleciona TRABUCCHI que o contrato misto é um negócio unitário de múltiplo conteúdo jurídico, acrescentando que "o negócio é único quando é configurado de modo que seja jurídica e economicamente impossível alcançar o escopo perseguido pelos contratantes sem o liame incidível dos vários elementos considerados no acordo e coordenados formalmente, porém nas individualidades causais de cada um deles"[55].

O *contrato coligado* não se confunde com o misto, pois constitui uma pluralidade, em que vários contratos celebrados pelas partes apresentam-se interligados. Quando o elo entre eles consiste somente no fato de constarem do mesmo instrumento, não existe propriamente coligação de contratos, mas *união de contratos*. Aquela passa a existir quando a reunião é feita com *dependência*, isto é, com um contrato relacionado ao outro, por se referirem a um negócio complexo. Apesar disso, conservam a individualidade própria, distinguindo-se, nesse ponto, do misto.

Contratos coligados são, pois, os que, embora distintos, estão ligados por uma cláusula acessória, implícita ou explícita[56]. Ou, no dizer de ALMEIDA COSTA, são os que se encontram ligados por um nexo funcional, podendo essa dependência ser bilateral (vende o automóvel e a gasolina); unilateral (compra o automóvel e arrenda a garagem, ficando o arrendamento subordinado à compra e venda); alternativa (compra a casa na praia ou, se não for para lá transferido, loca-a para veraneio). Mantém-se a individualidade dos contratos, mas "as vicissitudes de um podem influir sobre o outro"[57].

Como exemplos de contrato coligado são também citados o celebrado pelas distribuidoras de petróleo com os exploradores de postos de gasolina, que engloba, em geral, várias avenças interligadas, como fornecimento de combustíveis, arrendamento das bombas, locação de prédios, financiamento etc.; e o contrato de transporte aéreo com concomitante seguro do passageiro.

De acordo com o *Enunciado n. 621 da VIII Jornada de Direito Civil do Conselho da Justiça Federal*, "Os contratos coligados devem ser interpretados a partir do exame do conjunto das cláusulas contratuais, de forma a privilegiar a finalidade negocial que lhes é comum".

Ocorre, por outro lado, a *união de contratos* quando há contratos distintos e autônomos; apenas são realizados ao mesmo tempo ou no mesmo documento. O vínculo é meramente externo (compra da moradia e reparação de um outro prédio)[58].

---

54 *Direito das obrigações*, v. I, p. 279.

55 *Instituciones de derecho civil*, 1967, v. 2, § 66, nota 2.

56 Ruy Rosado de Aguiar, *Extinção dos contratos por incumprimento do devedor*, p. 89.

57 *Direito das obrigações*, p. 257-258.

58 Almeida Costa, *Direito das obrigações*, p. 336.

Capítulo IV
DA ESTIPULAÇÃO EM FAVOR DE TERCEIRO

Sumário: 1. Conceito. 2. Escorço histórico. 3. Natureza jurídica da estipulação em favor de terceiro. 4. A regulamentação da estipulação de terceiro no Código Civil.

1. CONCEITO

Ao estudarmos os princípios fundamentais do direito contratual (Capítulo I, *retro*), vimos que um deles é o da *relatividade dos efeitos do contrato* (item n. 6.4), que se funda na ideia de que os efeitos do contrato só se produzem em relação às partes, àqueles que manifestaram a sua vontade, vinculando-os ao seu conteúdo, não afetando terceiros nem seu patrimônio.

Essa situação era bem retratada no art. 928 do Código Civil de 1916, que prescrevia: "A obrigação, não sendo personalíssima, opera assim entre as partes, como entre seus herdeiros". Desse modo, a obrigação, não sendo personalíssima, operava somente entre as partes e seus sucessores, a título universal ou singular. Só a obrigação personalíssima não vinculava os sucessores.

Eram previstas, no entanto, algumas *exceções* expressamente consignadas na lei, permitindo *estipulações em favor de terceiros*, reguladas nos arts. 1.098 a 1.100 daquele diploma, correspondentes aos arts. 436 a 438 do Código de 2002, comuns nos seguros de vida, em que a convenção beneficia quem não participa da avença, e nas separações judiciais consensuais, nas quais se inserem cláusulas em favor dos filhos do casal, bem nas convenções coletivas de trabalho, por exemplo, em que os acordos feitos pelos sindicatos beneficiam toda uma categoria.

Nessas modalidades, uma pessoa convenciona com outra que concederá uma vantagem ou benefício em favor de terceiro, que não é parte no contrato. Dá-se a *estipulação em favor de terceiro*, pois, quando, no contrato celebrado entre duas pessoas, denominadas estipulante e promitente, convenciona-se que a vantagem resultante do ajuste reverterá em benefício de terceira pessoa, alheia à formação do vínculo contratual[1]. Nela, como se vê, figuram três personagens: o estipulante, o promitente e o beneficiário, este último estranho à convenção. Por conseguinte, a *capacidade* só é exigida dos dois primeiros, pois qualquer pessoa pode ser contemplada com a estipulação, seja ou não capaz.

O art. 793 do Código Civil, todavia, interpretado *a contrario sensu*, estabelece uma restrição, nos contratos de seguro, proibindo a instituição de beneficiário inibido de receber

---

1 Silvio Rodrigues, *Direito civil*, v. 3, p. 91; Caio Mário da Silva Pereira, *Instituições de direito civil*, v. III, p. 107; Orlando Gomes, *Contratos*, p. 185; Maria Helena Diniz, *Tratado teórico e prático dos contratos*, v. 1, p. 118-119; Francesco Messineo, *Doctrina general del contrato*, t. II, p. 191.

a doação do segurado, como a concubina do homem casado. Já o art. 115, § 2º, da Lei n. 15.040/2024, com vigência a partir de 11-12-2025, estipula que: "*se o segurado for separado, ainda que de fato, caberá ao companheiro a metade que caberia ao cônjuge*".

A peculiaridade da estipulação em favor de terceiros está em que estes, embora estranhos ao contrato, tornam-se credores do promitente. No instante de sua formação, o vínculo obrigacional decorrente da manifestação da vontade estabelece-se entre o estipulante e o promitente, não sendo necessário o *consentimento* do beneficiário. Tem este, no entanto, a faculdade de *recusar* a estipulação em seu favor. Completa-se o triângulo somente na fase da execução do contrato, no instante em que o favorecido aceita o benefício, acentuando-se nessa fase a sua relação com o promitente[2]. Embora a validade do contrato não dependa da vontade do beneficiário, sem dúvida a sua eficácia fica nessa dependência.

Também se faz mister que o contrato proporcione uma *atribuição patrimonial gratuita* ao favorecido, ou seja, uma vantagem suscetível de apreciação pecuniária, a ser recebida sem contraprestação. A eventual onerosidade dessa atribuição patrimonial invalida a estipulação, que há de ser sempre em favor do beneficiário[3].

2. ESCORÇO HISTÓRICO

O direito romano não admitia a estipulação em favor de terceiro, que se opõe ao caráter estritamente pessoal do vínculo obrigatório capaz de produzir consequências somente entre os partícipes da convenção, simbolizado pela parêmia *alteri stipulari nemo potest*, mencionada nas *Institutas* de Justiniano e no *Digesto*, fonte, na época, das obrigações voluntárias cercadas de formalidades. O beneficiário da promessa não teria legitimação para propor ação reclamando o seu cumprimento por não ser parte na convenção original.

Aos poucos, no entanto, o rigor do mencionado princípio passou a ser mitigado, principiando pela permissão de se convencionar, em caso de constituição de dote, a sua restituição a terceiro após a dissolução da sociedade conjugal. Não demorou muito para que fosse aceita em várias espécies de contratos, como os de constituição de renda, seguro de vida, transporte de objetos para terceiros destinatários e doações com encargo em favor de terceiro, tornando-se de efetiva importância prática para o comércio jurídico.

O Código Napoleão, por influência de Pothier, manteve-se fiel à tradição romana clássica, não admitindo as estipulações em favor de terceiro (art. 1.119). Somente a partir de 1860 a jurisprudência começou a admiti-las, praticamente contrariando o texto legal, nos contratos de seguro de vida e de seguro coletivo contra acidentes. O Código alemão de 1896, todavia, veio a consolidar e sistematizar as conquistas da jurisprudência belga e da francesa, admitindo a estipulação em favor de terceiro sempre que houvesse interesse econômico ou moral por parte do estipulante. Posteriormente, os códigos modernos passaram a disciplina-la, em geral como exceção ao princípio da relatividade dos efeitos do contrato. Assim também o fez o Código Civil brasileiro de 1916, como já dito[4].

Esse posicionamento mostrava-se coerente com o modelo clássico de contrato, que objetivava exclusivamente a satisfação das necessidades individuais e que, portanto, só produzia efeitos entre aqueles que o haviam celebrado, mediante acordo de vontades. Em razão

---

[2] Caio Mário da Silva Pereira, *Instituições de direito civil*, v. III, p. 109.

[3] Orlando Gomes, *Contratos*, p. 185.

[4] Silvio Rodrigues, *Direito civil*, v. 3, p. 93-94; Washington de Barros Monteiro, *Curso de direito civil*, v. 5, p. 46-47; Caio Mário da Silva Pereira, *Instituições de direito civil*, v. III, p. 112-113. Orlando Gomes, *Contratos*, p. 184.

desse perfil, não se poderia conceber que o ajuste estendesse os seus efeitos a terceiros, vinculando-os à convenção.

Essa visão, no entanto, foi abalada pelo atual Código Civil, como explicitado no Capítulo I desta obra, item 6.4, *retro*, que não concebe mais o contrato apenas como instrumento de satisfação de interesses pessoais dos contraentes, mas lhe reconhece uma função social. Tal fato tem como consequência, por exemplo, possibilitar que terceiros, que não são propriamente partes do contrato, possam nele influir, em razão de serem direta ou indiretamente por ele atingidos.

Não resta dúvida de que o princípio da relatividade dos efeitos do contrato, embora ainda subsista, foi bastante atenuado pelo reconhecimento de que as *cláusulas gerais*, por conterem normas de ordem pública, não se destinam a proteger unicamente os direitos individuais das partes, mas tutelar o interesse da coletividade, que deve prevalecer quando em conflito com aqueles.

3. NATUREZA JURÍDICA DA ESTIPULAÇÃO EM FAVOR DE TERCEIRO

Diverge a doutrina a respeito da natureza jurídica da estipulação em favor de terceiro. Várias teorias são propostas para defini-la. A primeira e mais simples é a da *oferta*, segundo a qual a estipulação em questão não passa de mera proposta ou oferta, dependente de aceitação do terceiro beneficiário. O contrato só surge com a anuência deste. A proposição, todavia, não convence, pois o promitente não é mero proponente, mas verdadeiramente obrigado.

Alguns vislumbram na estipulação em favor de terceiro uma *gestão de negócios*, que é espécie de ato unilateral pelo qual alguém, sem autorização do interessado, intervém na administração de negócio alheio, sem mandato, no interesse deste (cf. CC, art. 861). Também não colhe esta teoria, tendo em vista que o estipulante e o promitente agem em seu próprio nome, e não em nome alheio.

Há, em terceiro lugar, quem considera a estipulação em favor de terceiro uma *declaração unilateral da vontade*. Segundo Silvio Rodrigues, por exemplo, escudado em Colin e Capitant, a obrigatoriedade das estipulações em favor de terceiro encontra-se na circunstância da *vontade unilateral de o promitente ser bastante para vinculá-lo*[5]. Esse ponto de vista tem sido, todavia, criticado pela doutrina, sendo abandonado por Colin e Capitant na 10ª edição de sua obra *Cours élémentaire de droit civil français*, visto que a promessa unilateral é indeterminada e anônima, ao passo que a estipulação em favor de terceiro é contraída em benefício de pessoa certa e determinada. Ademais, requer esta o concurso de duas vontades para ter nascimento, sendo, portanto, ato tipicamente convencional[6].

Aparece em quarto lugar a teoria do *direito direto*, que reconhece a natureza contratual da estipulação, afirmando que o terceiro não participante do negócio jurídico recebe a repercussão de seus efeitos, sendo o benefício prometido uma espécie de contrato acessório. Não vingou, porém, em nosso direito a concepção da estipulação como negócio jurídico acessório. Mesmo no direito francês, onde assim se entendia, a doutrina e a jurisprudência rejeitaram esse caráter, tratando-a como contrato principal, em que o só fato da estipulação, independentemente da intervenção do terceiro, é que dá origem aos direitos a este prometidos.

A teoria mais aceita, finalmente, é a que considera a estipulação em favor de terceiro um *contrato*, porém *sui generis* pelo fato de a prestação não ser realizada em favor do próprio

---

5 *Direito civil*, v. 3, p. 95.

6 Washington de Barros Monteiro, *Curso de direito civil*, v. 5, p. 41-42; Caio Mário da Silva Pereira, *Instituições de direito civil*, v. III, p. 108.

estipulante, como seria natural, mas em benefício de outrem, que não participa da avença. A sua existência e validade não dependem da vontade deste, mas somente a sua eficácia, subordinada que é à aceitação. De tal sorte que a doutrina italiana, corretamente, a denomina *contrato a favor de terceiro.*

A concepção *contratualista* da estipulação em favor de terceiro não sofre contestação entre nós, uma vez que é consagrada no Código Civil. Com efeito, os arts. 436, parágrafo único, 437 e 438 do novo diploma referem-se a ela utilizando o vocábulo *contrato.*

A promessa em favor de terceiro é, também, *consensual* e de *forma livre*. O terceiro não precisa ser desde logo determinado. Basta que seja *determinável*, podendo mesmo ser *futuro*, como a prole eventual. Tem diversas aplicações práticas, especialmente no campo do *seguro*, em várias de suas modalidades (de vida, contra acidentes pessoais, contra acidentes do trabalho, p. ex.), em que o segurado (estipulante) convenciona com o segurador (promitente) pagar ao beneficiário (terceiro) o valor ajustado, em caso de sinistro[7].

É bastante frequente também nas *separações judiciais consensuais*, nas quais o cônjuge varão promete à varoa, por exemplo, transferir determinado imóvel para o nome dos filhos[8], bem como nas *doações onerosas* ou *modais*, quando o donatário se obriga para com o doador a executar o encargo a benefício de pessoa determinada ou determinável.

Ocorre, ainda, na *constituição de renda*, pela qual o promitente recebe do estipulante um capital e obriga-se a pagar a terceiro uma renda por tempo certo ou pela vida toda. Nos *contratos celebrados com a Administração Pública* é também comum a inclusão de cláusulas em favor de pessoas naturais ou jurídicas.

4. A REGULAMENTAÇÃO DA ESTIPULAÇÃO DE TERCEIRO NO CÓDIGO CIVIL

A disciplina da estipulação em favor de terceiro encontra-se nos arts. 436 a 438 do Código Civil. Dispõe o primeiro:

"O que estipula em favor de terceiro pode exigir o cumprimento da obrigação.

---

7 "Seguro de vida. Indenização. Beneficiária que ocasiona a morte do segurado ao tentar frustradamente o suicídio. Verba devida, pois ausente a intenção de matar" (*RT*, 788/296). "Seguro de vida em grupo. Segurado que ao assinar a proposta omitiu que era fumante, portador de bronquite crônica, enfisema pulmonar, além de ter várias passagens em pronto-socorro por crises dispneicas. Verba indevida" (*RT*, 783/323).

8 Casos de *doação definitiva*: "Separação judicial consensual. Doação de bem em favor dos filhos feita na homologação. Pretensão à expedição de carta de sentença para concretização do registro junto ao cartório de registro de imóveis. Cabimento. Recurso provido" (*JTJ*, Lex, 259/374).

"Doação. Bem imóvel. Separação consensual com cláusula nesse sentido em favor dos filhos. Não cumprimento. Irretratabilidade da avença. Necessidade, tão só, da lavratura de auto de adjudicação, condicionado o registro ao recolhimento dos tributos" (*RT*, 762/295).

Hipóteses de *promessa de doação*: "A promessa de doação aos filhos do casal inserida em acordo de separação judicial já ratificado não pode ser unilateralmente retratada por um dos cônjuges. Aplicação da Súmula 305 do STF" (STF-*RT*, 613/260). "Promessa de doação. Separação judicial consensual. O acordo, quando contém os mesmos requisitos formais e de fundo da liberalidade prometida, erige-se em contrato preliminar, sujeitando-se à execução específica das obrigações de emitir declaração de vontade. Correta a solução que compeliu o cônjuge varão à emissão da declaração, em certo prazo, sob pena de a sentença substituí-la, tudo nos termos dos arts. 639 e 641 do CPC" (TJSP, 1ª Câm., Ap. 234.983-1, j. 7-8-1995). "Promessa de doação feita às filhas pelos ex-cônjuges em separação consensual. Retratabilidade enquanto não formalizada a doação. É da substância do ato (doação) escritura pública. Tratando-se de mera liberalidade, uma promessa de doação sem encargo, é ela por natureza retratável: enquanto não formalizada a doação, é lícito ao promitente-doador arrepender-se" (STJ, 4ª T., rel. Min. Barros Monteiro, j. 23-11-1998).

Parágrafo único. Ao terceiro, em favor de quem se estipulou a obrigação, também é permitido exigi-la, ficando, todavia, sujeito às condições e normas do contrato, se a ele anuir, e o estipulante não o inovar nos termos do art. 438".

Como assinala Sílvio Venosa, o texto "não é suficientemente claro, porque, ao anuir no contrato, deixa o estranho de ser terceiro. E, mesmo que não tenha havido anuência, o promitente não pode ser obrigado a cumprir mais do que se comprometeu"[9].

A obrigação assumida pelo promitente pode, assim, ser exigida tanto pelo estipulante como pelo beneficiário, que assume, na execução do contrato, as vezes do credor, ficando, todavia, sujeito às condições e às normas do contrato, se a ele anuir, e o estipulante não houver reservado a faculdade de o substituir. É que o aludido art. 438, *caput*, proclama que "*o estipulante pode reservar-se o direito de substituir o terceiro designado no contrato, independentemente da sua anuência e da do outro contratante*".

Se se estipular que o beneficiário pode reclamar a execução do contrato, o estipulante perde o direito de exonerar o *promitente* (CC, art. 437). Destarte, a estipulação será irrevogável. A ausência de previsão desse direito sujeita o terceiro à vontade do estipulante, que poderá desobrigar o devedor, bem como substituir o primeiro na forma do art. 438.

O direito atribuído ao beneficiário, assim, só pode ser por ele exercido se o contrato não foi inovado com a sua substituição prevista, a qual independe da sua anuência e da do outro contraente.

Verifica-se, portanto, que, no silêncio do contrato, o estipulante pode substituir o beneficiário, não se exigindo para tanto nenhuma formalidade, a não ser a comunicação ao promitente, para que este saiba a quem deve efetuar o pagamento. No seguro de vida, por exemplo, essa comunicação deve ser feita ao segurador, efetivando-se por simples endosso da apólice, ou por testamento. Nos seguros contra acidentes do trabalho, efetuados em favor dos empregados da empresa, a relação nominal é periodicamente enviada ao segurador, com substituição dos que se demitiram ou foram despedidos pelos novos contratados.

Basta, portanto, a declaração unilateral de vontade do estipulante, por ato *inter vivos* ou *mortis causa*, como previsto no parágrafo único do art. 438 supratranscrito.

Entende Silvio Rodrigues que, no tocante à possibilidade de revogação do benefício pelo estipulante mediante exoneração do devedor (CC, art. 437, interpretado *a contrario sensu*), devem-se distinguir as estipulações feitas a título gratuito das constituídas a título oneroso. No primeiro caso, a revogação ou inovação poderá ser feita a qualquer tempo, contanto que o estipulante o faça antes do cumprimento, a menos que expressamente abra mão desse direito. Se, entretanto, aduz, "o negócio não se enquadra entre os gratuitos, por derivar de causa onerosa, a liberalidade do estipulante encontra barreira no interesse do beneficiário. Assim, por exemplo, se a estipulação foi obtida para compensar um débito do estipulante, que desse modo obtém quitação do beneficiário, será injusta a lei que permita a liberação do devedor, ou a substituição do terceiro"[10].

---

9 *Direito civil*, v. II, p. 488-489.

10 *Direito civil*, v. 3, p. 97.

Capítulo V
DA PROMESSA DE FATO DE TERCEIRO

Sumário: 1. Introdução. 2. Promessa de fato de terceiro. 3. Inovações introduzidas pelo Código Civil de 2002.

1. INTRODUÇÃO

O tema abordado neste capítulo era tratado, no Código Civil de 1916, na "Parte Geral das Obrigações", no título concernente aos "Efeitos das Obrigações", capítulo atinente às "Disposições Gerais", num único dispositivo (art. 929).

O atual diploma reproduziu, com redação idêntica, o aludido dispositivo, agora como art. 439, porém inserindo-o no título "Dos Contratos em Geral", Seção IV, introduzindo duas novas regras: o parágrafo único do citado art. 439 e o art. 440, que serão comentados a seguir.

2. PROMESSA DE FATO DE TERCEIRO

Prescreve o art. 439 do Código Civil:

"Aquele que tiver prometido fato de terceiro responderá por perdas e danos, quando este o não executar".

Trata-se do denominado *contrato por outrem* ou *promessa de fato de terceiro*. O único vinculado é o que promete, assumindo obrigação de fazer que, não sendo executada, resolve-se em perdas e danos. Isto porque ninguém pode vincular terceiro a uma obrigação. As obrigações têm como fonte somente a própria manifestação da vontade do devedor, a lei ou eventual ato ilícito por ele praticado.

Aquele que promete fato de terceiro assemelha-se ao fiador, que assegura a prestação prometida. Se alguém, por exemplo, prometer levar um cantor de renome a uma determinada casa de espetáculos ou clube, sem ter obtido dele, previamente, a devida concordância, responderá por perdas e danos perante os promotores do evento, se não ocorrer a prometida apresentação na ocasião anunciada. Se o tivesse feito, nenhuma obrigação haveria para quem fez a promessa (CC, art. 440).

Na hipótese, o agente não agiu como mandatário do cantor, que não se comprometeu de nenhuma forma. Desassiste razão aos que aproximam essa figura contratual do *mandato*, por faltar-lhe a representação. Malgrado a semelhança com a *fiança*, também com ela não se confunde, visto que a garantia fidejussória é contrato acessório, ao passo que a promessa de fato de terceiro é principal. Igualmente não se confunde esta com a *gestão de negócios*, pelo fato de o promitente não se colocar na defesa dos interesses do terceiro[1].

---

[1] Caio Mário da Silva Pereira, *Instituições de direito civil*, v. III, p. 114-115.

Salienta Anderson Schreiber[2] que a "*promessa de fato de terceiro* consiste na obrigação assumida pelo promitente em face do promissário de obter certa prestação de um terceiro. Exemplo de promessa de fato de terceiro tem-se na compra e venda de um imóvel tombado em que o vendedor se obriga a obter o destombamento do bem pela Prefeitura. A obrigação assumida pelo devedor é, em realidade, a obtenção de um ato de terceiro. Trata-se de obrigação de resultado, da qual não se desincumbe demonstrando que empregou diligentes esforços para obter a conduta do terceiro. A rigor, a promessa de fato de terceiro *não* exprime uma exceção ao princípio da relatividade, ao contrário do que sustenta grande parte da nossa doutrina. A promessa de fato de terceiro não gera efeito jurídico algum para o terceiro. Desse modo, não poderá ser o terceiro compelido ao cumprimento da conduta prometida (e muito menos ao pagamento de indenização pelo eventual descumprimento), razão pela qual o único remédio do qual cogita o art. 439 é a responsabilidade civil do promitente".

3. INOVAÇÕES INTRODUZIDAS PELO CÓDIGO CIVIL DE 2002

O Código Civil de 2002, depois de reproduzir, com idêntica redação, o art. 929 do Código de 1916, editou duas regras novas para completar o capítulo sob a denominação *promessa de fato de terceiro*, como foi dito inicialmente. A primeira veio compor o parágrafo único do retrotranscrito art. 439, recebendo a seguinte redação:

"*Parágrafo único. Tal responsabilidade não existirá se o terceiro for o cônjuge do promitente, dependendo da sua anuência o ato a ser praticado, e desde que, pelo regime do casamento, a indenização, de algum modo, venha a recair sobre os seus bens*".

A nova regra evidentemente visa à proteção de um dos cônjuges contra desatinos do outro, negando eficácia à promessa de fato de terceiro quando este for cônjuge do promitente, o ato a ser por ele praticado depender da sua anuência e, em virtude do regime de casamento, os bens do casal venham a responder pelo descumprimento da promessa. Silvio Rodrigues exemplifica com a hipótese de o marido ter prometido obter a anuência da mulher na concessão de uma fiança, tendo esta se recusado a prestá-la. A recusa sujeitaria o promitente a responder por perdas e danos que iriam sair do patrimônio do casal, consorciado por regime de comunhão. Para evitar o litígio familiar, conclui, o legislador tira a eficácia da promessa[3].

Na sua Exposição de Motivos Complementar, Agostinho Alvim informa que a regra em tela "visa a impedir que o cônjuge, geralmente a mulher, por ter usado do seu direito de veto, venha a sofrer as consequências da ação de indenização que mais tarde se mova contra o cônjuge promitente. O pressuposto é que, pelo regime do casamento, a ação indenizatória venha, de algum modo, a prejudicar o cônjuge que nada prometera"[4].

Deve-se registrar que a fiança dada pelo marido sem a anuência da mulher pode ser por esta anulada (CC, art. 1.649), acarretando a ineficácia total da garantia, conforme previsão da *Súmula 332 do Superior Tribunal de Justiça*. Se a hipótese for de concessão de aval, pode esta opor embargos de terceiro para livrar da penhora a sua meação[5]. Ainda: no regime da comunhão parcial, que é o regime legal, excluem-se da comunhão "*as obrigações provenientes de atos ilícitos, salvo reversão em proveito do casal*" (CC, art. 1.659, IV)[6].

---

2 *Código Civil comentado*: doutrina e jurisprudência, obra coletiva. São Paulo: GEN/Forense, 2020, p. 275.

3 *Direito civil*, v. 3, p. 100.

4 Apud Jones Figueirêdo Alves, *Novo Código Civil comentado*, p. 391.

5 *RTJ*, 93/878; *RT*, 514/268.

6 "Ato ilícito. Meação da mulher. Patrimônio que somente responde pelos danos resultantes do ato praticado pelo marido, mediante prova de que a esposa se beneficiou dos valores indevidamente

Dispõe, por fim, o art. 440 do atual Código Civil:

"Nenhuma obrigação haverá para quem se comprometer por outrem, se este, depois de se ter obrigado, faltar à prestação".

Está repleto de razão Silvio Rodrigues quando declara que o dispositivo supratranscrito afirma um truísmo, pois cogita de uma promessa de fato de terceiro que, uma vez ultimada, foi por este ratificada, com sua concordância. Ora, "assumindo a obrigação, o terceiro passou a ser o principal devedor. A assunção da obrigação pelo terceiro libera o promitente"[7].

---

desviados. Ônus da prova que compete ao credor, diversamente do que se passa com as dívidas contraídas pelo cônjuge, em que a presunção de terem favorecido o casal deve ser elidida pela mulher" (*RT*, 800/363).

7 *Direito civil*, v. 3, p. 100.

Capítulo VI

DOS VÍCIOS REDIBITÓRIOS

1. DISCIPLINA NO CÓDIGO CIVIL

1.1. Conceito

Vícios redibitórios são defeitos ocultos em coisa recebida em virtude de contrato comutativo, que a tornam imprópria ao uso a que se destina, ou lhe diminuam o valor. A coisa defeituosa pode ser enjeitada pelo adquirente, mediante devolução do preço e, se o alienante conhecia o defeito, com satisfação de perdas e danos (CC, arts. 441 e 443).

Dispõe, com efeito, o art. 441 do Código Civil:

"A coisa recebida em virtude de contrato comutativo pode ser enjeitada por vícios ou defeitos ocultos, que a tornem imprópria ao uso a que é destinada, ou lhe diminuam o valor".

O adquirente tem, contudo, a opção de ficar com ela e "*reclamar abatimento no preço*", como lhe faculta o art. 442 do referido diploma[1].

Essas regras aplicam-se aos contratos *bilaterais* e *comutativos*, em geral translativos da propriedade, como a compra e venda, a dação em pagamento e a permuta. Mas aplicam-se também às empreitadas (CC, arts. 614 e 615). Decorrem do paralelismo que devem guardar as prestações nos contratos bilaterais, derivado do princípio da comutatividade, assegurando ao interessado a fruição normal das utilidades advindas da coisa adquirida. Em razão da natureza desses contratos, deve haver correspondência entre as prestações das partes, de modo que o vício, imperceptível à primeira vista, inviabiliza a manutenção do negócio[2].

---

1 "Vício redibitório. Ocorrência. Arrendamento rural. Contrato comutativo. Área real inferior à referida na avença e insatisfatória para a finalidade à qual se destinava. Direito ao abatimento proporcional da paga pelo ajuste através de ação *quanti minoris*" (*RT*, 800/314).

2 Carlos Alberto Bittar, *Curso de direito civil*, v. 1, p. 507. Menciona o referido autor, como exemplos de vícios ocultos: defeitos em *peças*, ou em *automóveis*, como distorções de funcionamento, aquecimento excessivo, barulhos insuportáveis; em *gado*, doenças várias; em *imóveis*, inundações, desvios de terra; em *móveis*, existência de cupim, ou outra praga; em *roupas*, ou em *tapetes*, esgarçamento localizado do tecido, e outros.

Com efeito, "a proteção do equilíbrio das prestações, nos contratos comutativos, e da boa-fé dos contratantes em todos os negócios jurídicos, impuseram àquele que entrega determinado objeto a obrigação de responder pelos defeitos e vícios, não só do direito transferido (responsabilidade pela evicção) como da própria coisa, quando não perceptíveis por quem recebeu o bem"[3].

Salienta ANDERSON SCHREIBER: "Em que pese a expressa referência do *caput* do artigo em comento a 'contrato comutativo' – estendida pelo parágrafo único às 'doações onerosas', a doutrina tem alertado que 'o art. 441 do Código Civil deve ser interpretado no sentido de abranger também os contratos aleatórios, desde que não inclua os elementos aleatórios do contrato'" (*Enunciado n. 583 da VII Jornada de Direito Civil*)[4].

Como os contratos comutativos são espécies de contratos *onerosos*, não incidem as referidas regras sobre os *gratuitos*, como as doações puras, pois o beneficiário da liberalidade, nada tendo pago, não tem por que reclamar (CC, art. 552). O Código ressalva, porém, a sua aplicabilidade "*às doações onerosas*", até o limite do encargo (art. 441, parágrafo único). Embora tal diploma nada mencione sobre as *doações remuneratórias*, tal omissão não exclui, entretanto, a responsabilidade pelos vícios redibitórios nessas hipóteses, por não haver liberalidade pura, mas onerosidade até o valor dos serviços remunerados (CC, art. 540).

Em resumo: *vícios redibitórios* são "defeitos ocultos existentes na coisa alienada, objeto de contrato comutativo, não comuns às congêneres, que a tornam imprópria ao uso a que se destina ou lhe diminuem sensivelmente o valor, de tal modo que o ato negocial não se realizaria se esses defeitos fossem conhecidos, dando ao adquirente ação para redibir o contrato ou para obter abatimento no preço"[5].

1.2. Fundamento jurídico

Várias teorias procuram explicar a teoria dos vícios redibitórios. Dentre as mais importantes pode ser citada a que se apoia na *teoria do erro*, não fazendo nenhuma distinção entre defeitos ocultos e erro sobre as qualidades essenciais do objeto. Tudo não passaria de mera consequência da ignorância em que se achava o adquirente. Todavia, como se verá adiante (item 1.4.3.3), diversos são os fundamentos de uma e de outra teoria.

A *teoria do inadimplemento contratual* tem por fundamento a violação do *princípio de garantia* que onera todo alienante e o faz responsável pelo perfeito estado da coisa, em condições de uso a que é destinada.

A *teoria dos riscos* afirma que o alienante responde pelos vícios redibitórios porque tem a obrigação de suportar os riscos da coisa alienada. Trata-se na verdade de uma variante da teoria da responsabilidade por inadimplemento contratual, mencionada no parágrafo anterior.

---

3 Arnoldo Wald, *Obrigações e contratos*, p. 265.

4 *Código Civil comentado*: doutrina e jurisprudência, p. 304.

5 Maria Helena Diniz, *Tratado teórico e prático dos contratos*, v. 1, p. 128.

"Veículo. Apreensão posterior pela Polícia, vez que constatada adulteração de número de chassi. Vício redibitório caracterizado. Desconhecimento de sua existência pelos adquirentes e alienante. Rescisão do contrato determinada com reposição das partes ao estado anterior" (*RT*, 713/146). Vício redibitório. Caracterização. Alienação de imóvel alvo de enchentes por chuvas pelo não escoamento de águas pluviais sem a menção do fato para a compradora, sexagenária, separada e do lar. Abatimento do preço do negócio que se impõe" (*RT*, 778/250). "Configurada a existência de vício redibitório, não há que se falar em reparação de danos por parte do locatário, estando o mesmo liberado do pagamento da multa contratual. No entanto, utilizando-se do imóvel, mesmo que em condições precárias, são devidos os alugueres, com abatimento em seu preço" (*RT*, 763/381).

Há, ainda, os que se baseiam na *teoria da equidade*, afirmando a necessidade de se manter justo equilíbrio entre as prestações dos contratantes, como é de rigor nos contratos comutativos.

Outras teorias, como a da responsabilidade do alienante pela parcial impossibilidade da prestação, a da pressuposição e a da finalidade específica da prestação não tiveram muita repercussão.

A teoria mais aceita e acertada é a do *inadimplemento contratual*, que aponta o fundamento da responsabilidade pelos vícios redibitórios no *princípio de garantia*, segundo o qual todo alienante deve assegurar, ao adquirente a título oneroso, o uso da coisa por ele adquirida e para os fins a que é destinada. O alienante é, de pleno direito, garante dos vícios redibitórios e cumpre-lhe fazer boa a coisa vendida. Ao transferir ao adquirente coisa de qualquer espécie, por contrato comutativo, tem o dever de assegurar-lhe a sua posse útil, equivalente do preço recebido. O inadimplemento contratual decorre, pois, de infração a dever legal que está ínsito na contratação[6].

Efetivamente, o adquirente, sujeito a uma contraprestação, tem direito à utilidade natural da coisa e, como geralmente não tem condições de examiná-la a fundo para descobrir os seus possíveis defeitos ocultos que a tornam imprestável ao uso a que se destina, o legislador faz o alienante responsável por eles, assegurando, assim, o equilíbrio próprio da comutatividade das prestações.

1.3. Requisitos para a caracterização dos vícios redibitórios

Não é qualquer defeito ou falha existente em bem móvel ou imóvel recebido em virtude de contrato comutativo que dá ensejo à responsabilização do alienante por vício redibitório. Defeitos de somenos importância ou que possam ser removidos são insuficientes para justificar a invocação da garantia, pois não o tornam impróprio ao uso a que se destina, nem diminuem o seu valor econômico.

Segundo se deduz dos arts. 441 e seguintes do Código Civil e dos princípios doutrinários aplicáveis, os requisitos para a verificação dos vícios redibitórios são os seguintes:

a) *Que a coisa tenha sido recebida em virtude de contrato comutativo, ou de doação onerosa, ou remuneratória* (*v.* n. 1.1, *retro*) – Como já vimos (Capítulo III, n. 4, *retro*), *contratos comutativos* são os de prestações certas e determinadas. As partes podem antever as vantagens e os sacrifícios, que geralmente se equivalem, decorrentes de sua celebração, porque não envolvem nenhum risco. Doação *onerosa*, *modal*, *com encargo* ou *gravada* é aquela em que o doador impõe ao donatário uma incumbência ou dever. *Remuneratória* é a doação feita em retribuição a serviços prestados, cujo pagamento não pode ser exigido pelo donatário.

Em razão da natureza dos contratos comutativos, deve haver correspondência entre as prestações das partes, de sorte que o vício oculto, que inviabilizaria a concretização do negócio se fosse conhecido por acarretar um desequilíbrio nos efeitos da relação negocial, prejudica a manutenção do ajuste nos termos em que foi celebrado.

b) *Que os defeitos sejam ocultos* – Não se caracterizam os vícios redibitórios quando os defeitos são facilmente verificáveis com um rápido exame e diligência normal. Devem eles ser tais que não permitam a imediata percepção, advinda da diligência normal aplicável ao mundo dos negócios.

---

6 Caio Mário da Silva Pereira, *Instituições de direito civil*, v. III, p. 123-124; Washington de Barros Monteiro, *Curso de direito civil*, v. 5, p. 48; Silvio Rodrigues, *Direito civil*, v. 3, p. 101; Maria Helena Diniz, *Tratado teórico e prático dos contratos*, v. 1, p. 130.

Se o defeito for aparente, suscetível de ser percebido por um exame atento, feito por um adquirente cuidadoso no trato dos seus negócios, não constituirá vício oculto capaz de justificar a propositura da ação redibitória. Nesse caso, presumir-se-á que o adquirente já os conhecia e que não os julgou capazes de impedir a aquisição, renunciando assim à garantia legal da redibição[7]. Não pode alegar vício redibitório, por exemplo, o comprador de um veículo com defeito grave no motor, se a falha pudesse ser facilmente verificada com um rápido passeio ao volante, ou a subida de uma rampa, e o adquirente dispensou o *test-drive*.

c) *Que os defeitos existam no momento da celebração do contrato e que perdurem até o momento da reclamação* – Não responde o alienante, com efeito, pelos defeitos supervenientes, mas somente pelos contemporâneos à alienação, ainda que venham a se manifestar só posteriormente. Os supervenientes presumem-se resultantes do mau uso da coisa pelo comprador.

O art. 444 do Código Civil proclama: "*A responsabilidade do alienante subsiste ainda que a coisa pereça em poder do alienatário, se perecer por vício oculto, já existente ao tempo da tradição*". A ignorância de tais vícios pelo alienante não o exime da responsabilidade, devendo restituir "*o valor recebido, mais as despesas do contrato*" (CC, art. 443).

d) *Que os defeitos sejam desconhecidos do adquirente* – Presume-se, se os conhecia, que renunciou à garantia. A expressão "vende-se no estado em que se encontra", comum em anúncios de venda de veículos usados, tem a finalidade de alertar os interessados de que não se acham eles em perfeito estado, não cabendo, por isso, nenhuma reclamação posterior.

e) *Que os defeitos sejam graves* – Apenas os defeitos revestidos de gravidade a ponto de prejudicar o uso da coisa ou diminuir-lhe o valor podem ser arguidos nas ações redibitória e *quanti minoris*, não os de somenos importância (*de minimis non curat praetor*).

Como assinala Serpa Lopes, "os vícios e defeitos ocultos devem ser tais a ponto de tornar a coisa inapta ao uso a que é destinada, ou importar em diminuir-lhe notavelmente o seu valor. Não ocorre tal circunstância, se a coisa for unicamente menos excelente, menos bela, menos agradável ou se se trata de ausência de alguma qualidade, *v. g.* o defeito de um quadro só porque não é ele obra do autor cujo nome traz, pois neste e em outros casos semelhantes trata-se de erro"[8].

Nas palavras de Paulo Lôbo, "O vício, para o direito civil brasileiro, tem de estar oculto no momento da tradição. Não se cuida aí de dano ou prejuízo ou de adimplemento incompleto ou defeituoso. O vício é na própria coisa, afetando seu uso adequado ou próprio, ou sua utilidade. Considera-se oculto o vício quando não é percebido pela diligência do destinatário comum, não do perito ou do técnico. O desempenho de um produto de alta tecnologia dificilmente pode ser apreendido ao primeiro contato ou uso"[9].

Nos repertórios de jurisprudência encontram-se alguns exemplos de defeitos considerados graves: a esterilidade de touro adquirido como reprodutor, o excessivo aquecimento do motor de veículo nos aclives, as frequentes inundações em virtude de chuvas de terreno destinado a construção de residência, sacos adquiridos para embalar produtos consumíveis apresentando cheiro intolerável etc.

---

[7] Washington de Barros Monteiro, *Curso de direito civil*, p. 49-50; Maria Helena Diniz, *Tratado teórico e prático dos contratos*, v. 1, p. 129.

[8] *Curso de direito civil*, v. III, p. 174-175.

[9] Paulo Luiz Netto Lôbo, *Direito civil*: contratos, v. 3, p. 369-370.

1.4. Efeitos. Ações cabíveis

Se o bem objeto do negócio jurídico contém defeitos ocultos, não descobertos em um simples e rápido exame exterior, o adquirente, destinatário da garantia, pode enjeitá-lo ou pedir abatimento no preço (CC, arts. 441 e 442).

A *ignorância dos vícios* pelo alienante não o exime da responsabilidade. No sistema do Código Civil de 1916 a responsabilidade do alienante na hipótese de ignorância sobre o vício podia ser afastada por cláusula contratual exoneratória (art. 1.102). No entanto, assinala percucientemente Mônica Bierwagen, "como esse dispositivo não foi reproduzido pelo novo Código Civil – até porque destoa da nova leitura dada aos princípios da boa-fé e da vedação ao enriquecimento sem causa –, a inclusão de cláusula dessa natureza só pode ser nula, não operando efeitos"[10].

Também Jones Figueirêdo Alves adverte que "não é mais desonerado o alienante, por ignorância do vício, havendo cláusula expressa", como dispunha o art. 1.102 do Código Civil de 1916[11]. Nada impede, todavia, que as partes convencionem a ampliação dos limites da garantia, em benefício do adquirente, elevando, por exemplo, o valor a ser restituído na hipótese de enjeitar a coisa defeituosa.

Se o alienante não conhecia o vício, ou o defeito, isto é, se agiu de boa-fé, "*tão somente restituirá o valor recebido, mais as despesas do contrato*". Mas se agiu de má-fé, porque conhecia o defeito, além de restituir o que recebeu, responderá também por "*perdas e danos*" (CC, art. 443).

Ainda que o adquirente não possa restituir a coisa portadora de defeito, por ter ocorrido o seu *perecimento* (morte do animal adquirido, p. ex.), a "*responsabilidade do alienante subsiste*", se o fato decorrer de "*vício oculto, já existente ao tempo da tradição*" (CC, art. 444). No exemplo citado, o adquirente terá de provar que o vírus da doença que vitimou o animal, por exemplo, já se encontrava encubado, quando de sua entrega.

1.4.1. Espécies de ações

O art. 442 do Código Civil deixa duas alternativas ao adquirente: a) rejeitar a coisa, rescindindo o contrato e pleiteando a devolução do preço pago, mediante a *ação redibitória*; ou b) conservá-la, malgrado o defeito, reclamando, porém, abatimento no preço, pela ação *quanti minoris* ou *estimatória*. Entretanto, o adquirente não pode exercer a opção, devendo propor, necessariamente, ação redibitória, na hipótese do citado art. 444, quando ocorre o *perecimento* da coisa em razão do defeito oculto.

As referidas ações recebem a denominação de *edilícias*, em alusão aos *edis curules*, que atuavam junto aos grandes mercados, na época do direito romano, em questões referentes à resolução do contrato ou ao abatimento do preço.

Cabe ao credor optar pela redibição ou pela diferença de preço, com o efeito de *concentrar a prestação*. Daí afirmar-se que "a escolha é irrevogável. Uma vez feita, não admite recuo – *electa uma via non datur recursus ad alteram*"[12].

---

10 *Princípios e regras de interpretação dos contratos no novo Código Civil*, p. 110.

11 *Novo Código Civil comentado*, p. 394.

12 Caio Mário da Silva Pereira, *Instituições de direito civil*, v. III, p. 127, escudado nas doutrinas de Teixeira de Freitas, *Esboço*, art. 3.589; Carvalho de Mendonça, *Obrigações*, v. II, n. 700; Clóvis Beviláqua, *Código Civil dos Estados Unidos do Brasil comentado*, Comentário ao art. 1.105; Trabucchi, *Istituzioni*, n. 322; e de Aubry e Rau, *Cours*, v. V, § 355-*bis*.

1.4.2. Prazos decadenciais

Os prazos para o ajuizamento das ações edilícias – redibitória e *quanti minoris* – são decadenciais: *trinta dias*, se relativas a bem móvel, e *um ano*, se relativas a imóvel, contados, nos dois casos, da *tradição*. Se o adquirente já estava na posse do bem, "*o prazo conta-se da alienação, reduzido à metade*" (CC, art. 445)[13].

Segundo dispõe o *Enunciado n. 174 da III Jornada de Direito Civil*, "Em se tratando de vício oculto, o adquirente tem os prazos do *caput* do art. 445 para obter redibição ou abatimento de preço, desde que os vícios se revelem nos prazos estabelecidos no § 1º, fluindo, entretanto, a partir do conhecimento do defeito".

Podem os contraentes, no entanto, ampliar convencionalmente o referido prazo. É comum a oferta de veículos, por exemplo, com prazo de garantia de um, dois ou mais anos. Segundo prescreve o art. 446 do Código Civil, "*não correrão os prazos do artigo antecedente na constância de cláusula de garantia; mas o adquirente deve denunciar o defeito ao alienante nos trinta dias seguintes ao seu descobrimento, sob pena de decadência*". Essa cláusula de garantia é, pois, complementar da garantia obrigatória e legal, e não a exclui.

Em síntese, haverá cumulação de prazos, fluindo primeiro o da garantia convencional e, após, o da garantia legal. Se, no entanto, o vício surgir no curso do primeiro, o prazo para reclamar se esgota em trinta dias seguintes ao seu descobrimento. Significa dizer que, mesmo havendo ainda prazo para a garantia, o adquirente é obrigado a denunciar o defeito nos trinta dias seguintes ao em que o descobriu, sob pena de decadência do direito.

A obrigação imposta ao adquirente, de denunciar desde logo o defeito da coisa ao alienante, decorre do dever de probidade e boa-fé insculpido no art. 422 do Código Civil, segundo consta do primeiro relatório ao Projeto do atual Código Civil apresentado pelo Deputado Ernani Satyro, acrescentando este que não é por estar amparado pelo prazo de garantia que o comprador deva se prevalecer dessa situação para abster-se de dar ciência imediata do vício verificado na coisa adquirida.

A inovação, todavia, não deixa de representar uma involução pelo fato de a doutrina e a jurisprudência já virem admitindo, anteriormente, o início da contagem do prazo para o exercício da redibição a partir do fim da garantia, não importando o momento em que o vício se apresentou[14].

A jurisprudência vem aplicando duas exceções à regra de que os referidos prazos se contam da tradição: a primeira, quando se trata de máquinas sujeitas a *experimentação*; a segunda, nas vendas de *animais*. Quando uma máquina é entregue para experimentação, sujeita a ajustes técnicos, o prazo decadencial conta-se do seu perfeito funcionamento e efetiva utilização. No caso do animal, conta-se da manifestação dos sintomas da doença de que é portador, até o prazo máximo de cento e oitenta dias.

---

[13] Os prazos foram duplicados, em relação ao Código de 1916. A justificativa apresentada pelo Deputado Juarez Bernardes na emenda aprovada é que "certas propriedades rurais exigem dos compradores muito tempo para que sejam conhecidas. As divisas, as servidões, o regime de água, a qualidade da terra, o revestimento desta impõem averiguações imprescindíveis para cujo conhecimento o prazo de seis meses é insuficiente. Daí a necessidade de sua duplicação, que objetiva a tranquilidade do comprador, e intenta prevenir o desfazimento de aquisições de bens imóveis em desacordo com as finalidades em vista"; "O art. 445, § 1º, do Código Civil dispõe que o prazo para reclamar dos vícios ocultos é de 30 dias, contados da data em que o adquirente teve ciência do vício, até o prazo máximo de 180 dias, em se tratando de bem móvel. Ação ajuizada 09 meses após a ciência do defeito. Extinção da ação pelo reconhecimento da decadência" (TJRS, Ac. 0103829-94.2017.8.21.7000, Guaporé, 18ª Câm. Cív., rel. Des. Marlene Marlei de Souza, *DJe* 6-9-2017).

[14] Caio Mário da Silva Pereira, *Instituições de direito civil*, v. III, p. 128-129.

Dispõe, a propósito, o § 1º do art. 445 do Código Civil que, em se tratando de vício que "*só puder ser conhecido mais tarde*", a contagem se inicia no momento em que o adquirente "*dele tiver ciência*", com "*prazo máximo de cento e oitenta dias em se tratando de bens móveis; e de um ano, para os imóveis*". Já no caso de venda de *animais* (§ 2º), "*os prazos serão os estabelecidos por lei especial*", mas, enquanto esta não houver, reger-se-ão "*pelos usos locais*"; e, se estes não existirem, pelo disposto no § 1º.

No caso dos animais, justifica-se a exceção, visto que o período de incubação do agente nocivo é, às vezes, superior ao prazo legal, contado da tradição. Se um primeiro objeto é substituído por outro, porque tinha defeito, o prazo para redibir o contrato conta-se da data da entrega do segundo.

1.4.3. Hipóteses de descabimento das ações edilícias

1.4.3.1. Coisas vendidas conjuntamente

Não cabem as ações edilícias nas hipóteses de *coisas vendidas conjuntamente*. Dispõe, com efeito, o art. 503 do Código Civil:

"*Nas coisas vendidas conjuntamente, o defeito oculto de uma não autoriza a rejeição de todas*".

Só a coisa defeituosa pode ser restituída e o seu valor deduzido do preço, salvo se formarem um todo inseparável (uma coleção de livros raros ou um par de sapatos, p. ex.). Se o defeito de uma comprometer a universalidade ou conjunto das coisas que formem um todo inseparável, pela interdependência entre elas, o alienante responderá integralmente pelo vício.

1.4.3.2. Inadimplemento contratual

A entrega de coisa diversa da contratada não configura vício redibitório, mas *inadimplemento contratual*, respondendo o devedor por perdas e danos (CC, art. 389). Desse modo, o desfalque ou diferença na quantidade de mercadorias ou objetos adquiridos como coisas certas e por unidade não constitui vício redibitório. Assim também a compra de material de determinado tipo e recebimento de outro. Em caso de inexecução do contrato, assiste ao lesado o direito de exigir o seu cumprimento ou pedir a resolução, com perdas e danos.

A possibilidade de a vítima pleitear a resolução do contrato aproxima os casos de vícios redibitórios do inadimplemento contratual. Nos primeiros, no entanto, o contrato é cumprido de modo imperfeito, enquanto no segundo ele é descumprido.

Nas hipóteses de *vícios redibitórios*, a aquisição da coisa se faz no pressuposto de sua inexistência. Todavia, sendo eles ocultos e não comuns em objetos congêneres ou da mesma natureza, mas peculiares às unidades negociadas, não são percebidos prontamente. Não é natural, por exemplo, que um veículo aparentemente em bom estado não consiga subir uma rampa ou ladeira porque o motor esquenta demasiadamente, ou que o animal vendido contenha o vírus de uma doença mortal.

O inadimplemento contratual, diferentemente, não resulta de imperfeição da coisa adquirida, mas de entrega de uma coisa por outra[15].

---

[15] Silvio Rodrigues, *Direito civil*, v. 3, p. 103; Messineo, *Doctrina general del contrato*, v. 2, p. 362. Veja-se a jurisprudência: "Vício redibitório. Descaracterização. Entrega de coisa diversa da contratada. Defeito que não é oculto. Inadimplemento contratual configurado" (*RT*, 657/102).

1.4.3.3. Erro quanto às qualidades essenciais do objeto

Igualmente não configura vício redibitório e não autoriza a utilização das ações edilícias o *erro quanto às qualidades essenciais do objeto*, que é de natureza *subjetiva*, pois reside na manifestação da vontade (CC, art. 139, I). Dá ensejo ao ajuizamento de ação anulatória do negócio jurídico, no prazo decadencial de quatro anos (CC, art. 178, II).

O vício redibitório é *erro objetivo* sobre a coisa, que contém um defeito oculto. O seu fundamento é a obrigação que a lei impõe a todo alienante de garantir ao adquirente o uso da coisa. Provado o defeito oculto, não facilmente perceptível, cabem as ações edilícias, sendo decadencial e exíguo, como visto, o prazo para a sua propositura (trinta dias, no caso de bem móvel, e um ano, no de imóvel).

Se alguém, por exemplo, adquire um relógio que funciona perfeitamente, mas não é de ouro, como o adquirente imaginava (e somente por essa circunstância o comprou), trata-se de erro quanto à qualidade essencial do objeto. Se, no entanto, o relógio é mesmo de ouro, mas não funciona por causa do defeito de uma peça interna, a hipótese é de vício redibitório.

Quando o indivíduo compra determinado objeto supondo ter ele uma qualidade especial, que na realidade não possui, há apenas *diferença de qualidade* e não vício ou defeito do produto. Segundo Cunha Gonçalves, "há diferença de qualidade quando a coisa, em si, intrinsecamente, não é viciada, nem defeituosa, mas não é aquela que o comprador quisera e esperava"[16].

Nos casos de *erro*, o comprador não quer comprar a coisa que afinal adquiriu; nos de *vícios redibitórios*, ele deseja adquirir exatamente a coisa comprada, mas não imagina que ela apresenta uma imperfeição não comum entre suas congêneres e não perceptível em um simples e rápido exame exterior.

Preleciona com clareza Messineo[17] que a ação redibitória é, igualmente, uma ação de resolução do contrato, mas com a finalidade específica de defender o adquirente dos vícios da coisa que a tornem imprópria ao uso a que se destina, ou lhe diminuam sensivelmente o valor, e não sejam facilmente perceptíveis. Não é, pois, um remédio geral, como é a ação resolutória. A ação redibitória pode dar lugar à resolução do contrato, mas com base em um pressuposto muito particular: o cumprimento imperfeito da obrigação no tocante ao objeto, que se apresenta com defeitos ou vícios. Por outro lado, a ação resolutória de caráter geral pressupõe o próprio inadimplemento, ou seja, a falta de cumprimento ou, pelo menos, o retardamento no cumprimento.

Aduz o preclaro mestre italiano que a diferença entre a ação resolutória e a ação redibitória reside no fato de que a *falta ou diferença de qualidade*, que dá ensejo à ação anulatória, afeta a coisa no sentido de fazer dela algo completamente *distinto* (um *genus* diferente) do que imaginava o adquirente, enquanto o *vício da coisa*, que dá lugar à redibitória, é menos grave, no sentido de que a torna *inepta* para o uso a que se destina, mas não a torna um *genus* diferente daquele a que, segundo o pensamento do adquirente, deve pertencer. Um cavalo de uma raça distinta da pactuada é uma coisa que apresenta uma *falta de qualidade*; um cavalo que se enfurece facilmente é uma coisa afetada de um vício.

---

[16] *Da compra e venda no direito comercial brasileiro*, n. 128, p. 447. Confira-se a jurisprudência: "Vício redibitório. Compra e venda de mercadoria. Código de Defesa do Consumidor. Equipamento de informática. Distinção entre vício de qualidade e diferença de qualidade. Hipótese em que nesta última há entrega de mercadoria em desacordo com o que o comprador esperava, o que ocorreu no caso. Inocorrência de qualquer espécie de vício" (*JTACSP*, Lex, 168/236).

[17] *Doctrina general del contrato*, v. 2, p. 362-363.

1.4.3.4. Coisa vendida em hasta pública

O Código Civil de 1916 excluía a possibilidade de o adquirente de bens em hasta pública, que apresentassem algum vício oculto, se valesse das ações edilícias. Dizia o art. 1.106 do aludido diploma: "Se a coisa foi vendida em hasta pública, não cabe a ação redibitória, nem a de pedir abatimento no preço".

Aplicava-se tal regra somente aos casos de venda forçada. Não respondia o dono por defeitos de coisa vendida contra a sua vontade, por determinação judicial (penhora em ação executiva, venda por determinação judicial em inventário, venda de bens de órgãos etc.). A justificativa se baseava no entendimento de que a sua exposição prévia possibilitava minucioso exame, bem como no fato de se tratar de alienação realizada em processo judicial. Diferente, porém, era a situação, quando o proprietário escolhia livremente a venda em leilão, como ocorre com a venda de obras de arte, de animais em rodeios etc. Neste caso, a sua responsabilidade subsistia.

Esse dispositivo não foi reproduzido no Código Civil de 2002. Por conseguinte, poderá o adquirente lesado, em qualquer caso, mesmo no de venda feita compulsoriamente por autoridade da justiça, propor tanto a ação redibitória como a *quanti minoris*, se a coisa arrematada contiver vício redibitório. Não prevalece mais, pois, a hipótese excepcionada no diploma anterior como exclusão de direito[18].

2. DISCIPLINA NO CÓDIGO DE DEFESA DO CONSUMIDOR

Quando uma pessoa adquire um veículo, com defeitos, de um particular, a reclamação rege-se pelas normas do Código Civil. Se, no entanto, adquire-o de um comerciante estabelecido nesse ramo, pauta-se pelo Código de Defesa do Consumidor. Este diploma considera vícios redibitórios tanto os defeitos ocultos como também os aparentes ou de fácil constatação.

O estatuto consumerista mostra-se mais rigoroso na defesa do hipossuficiente, não se limitando a permitir reclamação contra os vícios redibitórios mediante propositura das ações edilícias, mas responsabilizando civilmente o fabricante pelos defeitos de fabricação e impondo a substituição do produto por outro da mesma espécie, em perfeitas condições de uso, e a restituição imediata da quantia paga, devidamente corrigida, além das perdas e danos, ou ainda abatimento no preço[19].

Os prazos são decadenciais. Para os vícios *aparentes* em produto *não durável* (mercadoria alimentícia, p. ex.), o prazo para reclamação em juízo é de trinta dias; e de noventa dias, em produto *durável*, contados a partir da entrega efetiva do produto ou do término da execução dos serviços. Obsta, no entanto, à decadência, a reclamação comprovada formulada perante o fornecedor, até resposta negativa e inequívoca. Em se tratando de vícios *ocultos*, os prazos são os mesmos, mas a sua contagem somente se inicia no momento em que ficarem evidenciados (CDC, art. 26 e parágrafos)[20].

---

18 Jones Figueirêdo Alves, *Novo Código Civil comentado*, p. 393; Mônica Bierwagen, *Princípios e regras de interpretação dos contratos no novo Código Civil*, p. 111.

19 Caio Mário da Silva Pereira, *Instituições de direito civil*, v. III, p. 130-131.

20 "Defeito do produto. Consumidor. Prazo que não flui enquanto a reclamação não for respondida pelo fabricante ou comerciante" (*RT*, 742/237). "Consumidor. Fornecimento de produto durável. Vício redibitório. Prazo de 90 dias contados da entrega efetiva do produto, sendo obstado com a reclamação formulada pelo consumidor ao fornecedor" (*RT*, 738/325). "Consumidor. Vício oculto. Fluência do prazo de 90 dias a partir da constatação dos defeitos no veículo adquirido. Inaplicabilidade do Código Civil. Inteligência do art. 26, II, § 3º, da Lei 8.078/90" (*RT*, 746/246).

O Superior Tribunal de Justiça reconheceu a responsabilidade do fornecedor por defeitos ocultos apresentados em eletrodomésticos, mesmo estando vencida a garantia contratual, mas ainda durante o prazo de vida útil dos produtos. No julgamento, a Terceira Turma destacou que "o Código de Defesa do Consumidor, em seu art. 26, § 3º, ao tratar dos vícios ocultos, adotou o critério da vida útil do bem, e não o da garantia, podendo o fornecedor se responsabilizar pelo vício mesmo depois de expirada a garantia contratual. No caso, os vícios observados nos produtos adquiridos pela recorrente apareceram durante o período de vida útil do produto, e não foi produzida nenhuma prova de que o mau funcionamento dos eletrodomésticos decorreu de uso inadequado pelo consumidor, a evidenciar responsabilidade da fornecedora"[21].

Os fornecedores, quando efetuada a reclamação direta, têm o prazo máximo de *trinta dias* para sanar o vício. Não o fazendo, o prazo decadencial, que ficara suspenso a partir da referida reclamação, volta a correr pelo período restante, podendo o consumidor exigir, alternativamente: a) substituição do produto; b) a restituição da quantia paga, atualizada, sem prejuízo de eventuais perdas e danos; ou c) o abatimento proporcional do preço. O prazo mencionado pode ser reduzido, de comum acordo, para o mínimo de sete dias, ou ampliado até o máximo de cento e oitenta dias (CDC, art. 18, §§ 1º e 2º).

Para reforçar ainda mais as garantias do consumidor, o referido diploma assegura ao consumidor a inversão do ônus da prova no processo civil, quando, a critério do juiz, for verossímil a alegação, ou quando for ele hipossuficiente, segundo as regras ordinárias de experiência (art. 6º, VIII).

Proclamou o *Superior Tribunal de Justiça* que "em se tratando de relações consumeristas, o fato do produto ou do serviço (ou acidente de consumo) configura-se quando o defeito ultrapassar a esfera meramente econômica do consumidor, atingindo-lhe a incolumidade física ou moral, como é o caso analisado, em que consumidor, no período de lazer programado, fora – juntamente com seus familiares – submetido a desconforto e aborrecimentos desarrazoados, em virtude de alojamento, em quarto insalubre, em *resort*"[22].

Em outro caso, asseverou a mencionada Corte que, "no contrato de penhor celebrado com instituição bancária, é notória a hipossuficiência do consumidor, pois este, necessitando de empréstimo, apenas adere a contrato cujas cláusulas são inegociáveis, submetendo-se, inclusive, à avaliação unilateral realizada pela instituição financeira. Com efeito, o referido contrato traz embutido o de depósito do bem e, por conseguinte, o dever do credor pignoratício de devolver esse bem após o pagamento do mútuo. Há, portanto, nos casos de roubo de joias objeto de contrato de penhor ligado ao mútuo, falha no serviço prestado pela instituição financeira, a impor a incidência da norma especial. Com isso, na hipótese em análise deve incidir o prazo de cinco anos previsto no art. 27 do CDC para a ação de indenização por danos materiais e morais. Isso porque, frise-se, a indenização requerida não se fundamenta no inadimplemento contratual, nada obstante a base da natureza jurídica entre as partes seja o contrato regido pela lei consumerista. A guarda do bem penhorado é, sim, obrigação da instituição financeira, isso não se discute, mas não é prestação contratual *stricto sensu*. De fato, a contraprestação devida nos contratos de mútuo garantido por penhor é o pagamento do valor acordado para o empréstimo"[23].

---

21 REsp 1.787.287-SP, 3ª T., rel. Min. Ricardo Villas Bôas Cueva, *DJe* 16-12-2021.

22 STJ, REsp 1.378.284-PB, 4ª T., rel. Min. Luis Felipe Salomão, *DJe* 7-3-2018.

23 STJ, REsp 1.369.579-PR, 4ª T., rel. Min. Luis Felipe Salomão, *DJe* 23-11-2017.

Capítulo VII
DA EVICÇÃO

Sumário: 1. Conceito e fundamento jurídico. 2. Extensão da garantia. 3. Requisitos da evicção. 4. Verbas devidas. 5. Da evicção parcial.

1. CONCEITO E FUNDAMENTO JURÍDICO

Evicção é a perda da coisa em virtude de sentença judicial, que a atribui a outrem por causa jurídica preexistente ao contrato.

Todo alienante é obrigado não só a entregar ao adquirente a coisa alienada, como também a garantir-lhe o uso e gozo. Dá-se a evicção quando o adquirente vem a perder, total ou parcialmente, a coisa por sentença fundada em motivo jurídico anterior (*evincere est vincendo in judicio aliquid auferre*)[1].

Funda-se a evicção no mesmo *princípio de garantia* em que se assenta a teoria dos vícios redibitórios. Nesta, o dever do alienante é garantir o uso e gozo da coisa, protegendo o adquirente contra os defeitos ocultos. Mas essa garantia estende-se também aos *defeitos do direito* transmitido. Há, portanto, um conjunto de garantias a que todo alienante está obrigado, por lei, na transferência da coisa ao adquirente. Não só deve fazer boa a coisa vendida no sentido de que ela possa ser usada para os fins a que se destina, como também no de resguardar o adquirente contra eventuais pretensões de terceiro e o risco de vir a ser privado da coisa ou de sua posse e uso pacífico, pela reivindicação promovida com sucesso por terceiro, ressarcindo-o se se consumar a evicção.

Cumpre ao alienante, por conseguinte, assistir o adquirente em sua defesa, ante ações de terceiros, como decorrência de obrigação ínsita nos contratos onerosos. *Não se exige culpa do alienante, que mesmo de boa-fé responde pela evicção, salvo quando expressamente se tenha convencionado em contrário, pois se admite a exclusão da responsabilidade, como se verá adiante*[2].

A 3ª Turma do Superior Tribunal de Justiça asseverou que "a evicção representa um sistema especial de responsabilidade negocial decorrente da perda total ou parcial de um direito, atribuído, por sentença, a outrem, cujo direito é anterior ao contrato de onde nasceu

---

1 Washington de Barros Monteiro, *Curso de direito civil*, v. 5, p. 55.

2 Carlos Alberto Bittar, *Direito dos contratos e dos atos unilaterais*, p. 119.

Veja-se a jurisprudência: "Evicção e indenização. Cumulação. Possibilidade. Ainda que seja irrelevante a existência ou não de culpa do alienante para que este seja obrigado a resguardar o adquirente dos riscos da evicção, toda vez que se não tenha excluído expressamente esta responsabilidade, nada impede que o adquirente busque o ressarcimento também com base na regra geral da responsabilidade civil contida nos arts. 159 e 1.059 do Código Civil (*de 1916, atuais arts. 186 e 402*)" (*RSTJ*, 126/270).

a pretensão do evicto. Logo, se tal direito não existe ou se, existindo, dele não for privado, total ou parcialmente, o reivindicante, não há falar em evicção"[3].

Em várias legislações a evicção é disciplinada no capítulo da compra e venda, pois esta constitui, por excelência, o contrato oneroso donde deriva a obrigação de se transmitirem os direitos reais e na qual o fenômeno ocorre com mais frequência. O Código Civil brasileiro, todavia, regula o assunto na parte concernente aos contratos em geral, pois o dever de garantia imposto ao alienante surge não só na compra e venda, como em todo contrato oneroso.

Trata-se de *cláusula de garantia que opera de pleno direito, não necessitando, pois, de estipulação expressa*, sendo ínsita nos contratos comutativos onerosos, como os de compra e venda, permuta, parceria pecuária, sociedade, transação, bem como na dação em pagamento e na partilha do acervo hereditário. Inexiste, destarte, em regra, responsabilidade pela evicção nos *contratos gratuitos* (CC, art. 552), salvo se se tratar de doação *modal* (onerosa ou gravada de encargo).

O Código Civil de 1916 dispunha, no art. 1.101, que, "nos contratos onerosos, pelos quais se transfere o domínio, posse ou uso, será obrigado o alienante a resguardar o adquirente dos riscos da evicção, toda vez que se não tenha excluído expressamente esta responsabilidade", acrescentando o parágrafo único que "as partes podem reforçar ou diminuir essa garantia".

O estatuto de 2002 transformou o mencionado parágrafo único em artigo, desdobrando o conceito em dois dispositivos, a saber:

"*Art. 447. Nos contratos onerosos, o alienante responde pela evicção. Subsiste esta garantia ainda que a aquisição se tenha realizado em hasta pública.*

Art. 448. Podem as partes, por cláusula expressa, reforçar, diminuir ou excluir a responsabilidade pela evicção".

De se destacar que, "apesar de o CC/1916 não prever a evicção sobre bem arrematado em hasta pública, tanto a doutrina e a jurisprudência do STF já se preocupavam há muito tempo com a peculiar situação e admitiam sua possibilidade, a qual foi confirmada no art. 447 do CC/2002"[4].

Será o alienante, pois, obrigado a resguardar o adquirente dos riscos pela perda da coisa para terceiro, por força de decisão judicial em que fique reconhecido que aquele não era o legítimo titular do direito que convencionou transmitir. Essa perda denomina-se *evicção*, palavra derivada do latim *evincere*, que significa *ser vencido* num pleito relativo a coisa adquirida de terceiro (*Evincere est vincendo in iudicio aliquid auferre*)[5].

O *Superior Tribunal de Justiça*, todavia, alterou o entendimento tradicional de que a evicção somente é admitida mediante sentença transitada em julgado. Confira-se:

"Os civilistas contemporâneos ao CC/1916 somente admitiam a evicção mediante sentença transitada em julgado, com base no art. 1.117, I, do referido código, segundo o qual o adquirente não poderia demandar pela evicção se fosse privado da coisa não pelos meios judiciais, mas por caso fortuito, força maior, roubo ou furto. Ocorre que o Código Civil vigente, além de não ter reproduzido esse dispositivo, não contém nenhum outro que preconize expressamente a referida exigência. Dessa forma, ampliando a rigorosa interpretação anterior, jurisprudência e doutrina passaram a admitir que a decisão judicial e sua definitividade nem sempre são indispensáveis para a consumação dos riscos oriundos da evicção"[6].

---

3 STJ, REsp 1.779.055-SC, 3ª T., rel. Min. Nancy Andrighi, *DJe* 22-3-2019.
4 REsp 1.237.703-MG, 3ª T., rel. Min. Nancy Andrighi, *DJe* 13-5-2011.
5 Cunha Gonçalves, *Tratado de direito civil*, v. 6, n. 779.
6 STJ, REsp 1.332.112-GO, 4ª T., rel. Min. Luis Felipe Salomão, j. 21-3-2013.

D'outra feita, a aludida Corte frisou que também caracteriza a evicção a conduta da parte de promover gravame (no caso, a falência) capaz de impedir a transferência livre e desembaraçada de veículo objeto de negócio jurídico de compra e venda[7].

Há, na evicção, três personagens: o *alienante*, que responde pelos riscos da evicção; o *evicto*, que é o adquirente vencido na demanda movida por terceiro; e o *evictor*, que é o terceiro reivindicante e vencedor da ação. A responsabilidade decorre da lei e independe, portanto, de previsão contratual, como já dito. Mesmo que o contrato seja omisso a esse respeito, ela existirá *ex vi legis*, em todo contrato *oneroso*, pelo qual se transfere o *domínio*, *posse* ou *uso*. Pode decorrer, assim, tanto de ações petitórias como de possessórias, pois o citado art. 447 não prevê nenhuma limitação, subsistindo a garantia ainda que a aquisição se tenha realizado em *hasta pública*.

2. EXTENSÃO DA GARANTIA

Sendo uma garantia legal, a sua extensão é estabelecida pelo legislador. Ocorrendo a perda da coisa, em ação movida por terceiro, o adquirente tem o direito de voltar-se contra o alienante, para ser ressarcido do prejuízo. Tem direito à garantia não só o proprietário, como o possuidor e o usuário. Cabe, pois, a denunciação da lide, destinada a torná-la efetiva, não só nas ações petitórias, como nas possessórias[8].

Só se excluirá a responsabilidade do alienante se houver cláusula expressa (*pactum de non praestanda evictione*), não se admitindo cláusula tácita de não garantia. Podem as partes, por essa forma, *reforçar* (impondo a devolução do preço em dobro, p. ex.) ou *diminuir* a garantia (permitindo a devolução de apenas uma parte), e até mesmo *excluí-la*, como consta do art. 448 do Código Civil retrotranscrito.

Entende Silvio Rodrigues que se deve entender que a lei não permite reforço ilimitado da garantia, não podendo, em princípio, a responsabilidade do alienante superar o prejuízo do adquirente, constituindo um lucrativo negócio em vez de indenizá-lo do prejuízo, assim como não se permite que se segure uma coisa por mais de seu valor, ou pelo seu todo, mais de uma vez, como consta do art. 765 do Código Civil[9].

Parece-nos que as cláusulas que excluem, reforçam ou diminuem a garantia não podem deixar de se submeter ao controle judicial, em face da nova leitura determinada pelo Código de 2002 dos princípios da boa-fé e do enriquecimento sem causa.

Não obstante a cláusula de exclusão da garantia, se a evicção se der, tem direito o evicto a recobrar "*o preço que pagou pela coisa evicta, se não soube do risco da evicção, ou, dele informado, não o assumiu*" (CC, art. 449).

A cláusula de irresponsabilidade, por si só, isto é, desacompanhada da ciência da existência de reivindicatória em andamento, exclui apenas a obrigação do alienante de indenizar todas as demais verbas, mencionadas ou não no art. 459 do Código Civil, mas não a de restituir o preço recebido. Para que fique exonerado também desta última, faz-se mister, além da cláusula de irresponsabilidade, que o evicto tenha sido informado do risco da evicção e o assumido, renunciando à garantia[10].

---

7 STJ, REsp 1.713.096-SP, 3ª T., rel. Min. Nancy Andrighi, *DJe* 23-2-2018.

8 Washington de Barros Monteiro, *Curso de direito civil*, v. 5, p. 56.

9 *Direito civil*, v. 3, p. 115.

10 "Evicção. Compra e venda. Imóvel. Restituição ao autor da quantia por ele paga. Alegação de que o adquirente tinha conhecimento dos riscos que cercavam o negócio. Inadmissibilidade. Existência de comprometimento dos vendedores, no contrato, da outorga de escritura definitiva do bem. Ato para o qual nunca se mostraram em condições de fazer. Inexistência, ademais, de declaração expressa do comprador, tomando sobre si o risco. Verba devida" (*JTJ*, Lex, 236/55).

WASHINGTON DE BARROS MONTEIRO resume com perfeição as diversas hipóteses: "Por outras palavras, o conhecimento pelo adquirente da causa de evicção, sem outro ajuste, não releva o alienante da garantia legal; tal conhecimento, porém, aliado ao pacto de *non praestanda evictione*, imprime a essa cláusula o máximo efeito, dispensando o alienante de qualquer ressarcimento, inclusive da restituição do preço". Assim, convencionada a cláusula de exclusão da garantia, tendo o adquirente ciência de que existe ação de reivindicação em andamento, versando sobre a coisa adquirida, "perde o evicto, integralmente, o que desembolsou, sem direito a qualquer ressarcimento", verificada a perda desta por decisão judicial. Se o adquirente, todavia, não é informado da reivindicatória e ocorre a evicção, "assiste-lhe o direito de recobrar o preço que havia pago com a aquisição da coisa evicta. Se não houvesse pelo menos essa restituição do preço, locupletar-se-ia o alienante à custa do evicto". Por fim: excluída a garantia, se "o adquirente, posto que informado, não assume expressamente o risco da evicção", pode ele, perdida a coisa, "reaver do alienante o que por esta havia pago"[11].

A cláusula que dispensa a garantia não é, portanto, absoluta. Para que opere integralmente, deve somar-se ao conhecimento do risco *específico* da evicção pelo evicto, informado pelo alienante da existência de terceiros que disputam o uso, posse ou domínio da coisa, tendo aquele assumido tal risco, renunciando à garantia. Quando o adquirente, conscientemente, dispensa a garantia, sabendo duvidoso o direito do alienante, sujeita-se a um contrato aleatório[12]. Se a cláusula excludente da responsabilidade for *genérica*, sem que o adquirente saiba da ameaça específica que recai sobre a coisa, ou se dela informado não assumiu o risco, não se exonera o alienante da obrigação de restituir o preço recebido.

3. REQUISITOS DA EVICÇÃO

A evicção tem por causa um vício existente no título do alienante, ou seja, *um defeito do direito transmitido ao adquirente*. É necessário que a perda da propriedade ou da posse da coisa para terceiro decorra de uma causa jurídica, visto que as turbações de fato podem por ele ser afastadas mediante o recurso aos remédios possessórios.

Essa turbação de direito pode fundar-se em direito real, como o de propriedade e de usufruto, por exemplo, ou em direito pessoal, como no caso de arrendamento, *verbi gratia*, arguido pelo terceiro em relação à coisa. Na cessão de crédito, o cedente responde tão somente pela existência do direito transferido (*veritas nominis*) e não pela solvência do devedor (*bonitas nominis*), salvo estipulação em contrário (CC, art. 296)[13].

Para que se configure a responsabilidade do alienante pela evicção devem ser preenchidos os seguintes requisitos:

a) *Perda total ou parcial da propriedade, posse ou uso da coisa alienada* – Constitui pressuposto da evicção o recebimento da coisa pelo adquirente em condições de perfeito uso devido à ausência de qualquer defeito oculto e a sua posterior perda *total* ou *parcial*, conforme se veja dela despojado na sua integridade ou apenas parcialmente, ficando privado do domínio, da posse ou do uso.

b) *Onerosidade da aquisição* – Consoante foi visto no n. 1, *retro*, o campo de ação da teoria da evicção são os contratos onerosos. Malgrado quase todos os Códigos, mesmo os mais modernos, disciplinem a evicção no contrato de compra e venda, andou bem o direito

---

[11] *Curso de direito civil*, v. 5, p. 57-58.

[12] Sílvio Venosa, *Direito civil*, v. II, p. 570.

[13] Sílvio Venosa, *Direito civil*, v. II, p. 570; Caio Mário da Silva Pereira, *Instituições de direito civil*, v. III, p. 138-139.

brasileiro, disciplinando-a na parte geral dos contratos, fiel à tradição romana que não limitava os seus efeitos à *emptio venditio*. Inexiste, destarte, em regra, responsabilidade pela evicção nos *contratos gratuitos* (CC, art. 552), abrindo-se exceção para as doações *modais* (onerosas ou gravadas de encargo), porque, "sem perderem o caráter de liberalidade, assemelham-se aos contratos onerosos, em razão do encargo imposto ao donatário"[14].

c) *Ignorância, pelo adquirente, da litigiosidade da coisa* – Dispõe o art. 457 do Código Civil que "*não pode o adquirente demandar pela evicção, se sabia que a coisa era alheia ou litigiosa*". Se a conhecia, presume-se ter assumido o risco de a decisão ser desfavorável ao alienante. Como assinala Caio Mário, não há responsabilidade para o alienante se o adquirente sabia que a coisa era *alheia*, "porque seria ele, no caso, um cúmplice do apropriamento, e não poder fundar, na sua conduta ilícita, uma pretensão jurídica". Igualmente inexiste se sabia o adquirente que a coisa era *litigiosa*, "porque então estava ciente de que a prestação do outro contratante dependia de acertamento judicial que lhe podia ser desfavorável"[15].

Pondera, todavia, João Luiz Alves: "Cumpre, porém, notar que, mesmo sabendo que a coisa era alheia ou litigiosa, não tendo direito à garantia, tem contudo, o adquirente evicto, direito à restituição do preço, salvo se assumiu o risco que conhecia, porque o preço não faz parte da garantia"[16].

d) *Anterioridade do direito do evictor* – O alienante só responde pela perda decorrente de causa já existente ao tempo da alienação. Se lhe é posterior, nenhuma responsabilidade lhe cabe. É o caso da *desapropriação* efetuada pelo Poder Público. A causa da perda surgiu após a transmissão do direito. No entanto, se já havia sido expedido decreto de desapropriação antes da realização do negócio, responde o alienante pela evicção, ainda que a expropriação se tenha efetivado posteriormente, porque a causa da perda é anterior ao contrato e o adquirente não tinha meios de evitá-la.

Se, por outro lado, o imóvel adquirido está na posse de terceiro, que adquire o domínio pela *usucapião*, não cabe ao alienante ressarcir o adquirente, porque competia a este evitar a consumação da prescrição aquisitiva, a menos que ocorresse em data tão próxima da alienação que se tornasse impossível ao evicto impedi-la[17].

O atual Código Civil apresenta uma inovação no art. 447 retrotranscrito, dispondo que subsiste a garantia da evicção "*ainda que a aquisição se tenha realizado em hasta pública*". A dúvida que o dispositivo suscita, não dirimida pelo Código, consiste em saber quem responde pela evicção, tendo em vista que a venda não se dá de modo espontâneo pelo proprietário da coisa, mas forçado, pelo Estado, a fim de que terceiro seja favorecido.

Diferente a situação quando o proprietário escolhe livremente a alienação de bem de sua propriedade em leilão, como sucede com a venda de obras de arte, de animais em rodeios etc. Neste caso, a sua responsabilidade pela evicção permanece, sem que paire qualquer dúvida a esse respeito. O problema se propõe apenas nas vendas forçadas realizadas pelo Estado, como se dá, por exemplo, nas hastas públicas de bens penhorados em execução movida contra o proprietário. Indaga-se se, neste caso, ocorrendo a evicção, o adquirente do bem deve exigir a indenização do antigo proprietário, ou do credor que obteve o proveito com a venda que veio a ser prejudicada em razão de um direito anterior.

---

14 Caio Mário da Silva Pereira, *Instituições de direito civil*, v. III, p. 137-138.

15 *Instituições de direito civil*, v. III, p. 142.

16 *Código Civil da República dos Estados Unidos do Brasil anotado*, v. 3, p. 759.

17 Caio Mário da Silva Pereira, *Instituições de direito civil*, v. III, p. 137, apoiado em lição de Planiol, Ripert e Boulanger (*Traité élémentaire de droit civil*, v. II, n. 2.530).

Sublinha Caio Mário, a propósito, sem apresentar a solução: "Na primeira hipótese, as chances de o adquirente vir a obter a sua indenização são diminutas, tendo em vista o provável estado de insolvência do proprietário que teve bem de sua propriedade levado a hasta pública. Na segunda hipótese, se estará transferindo a responsabilidade pela evicção a quem nunca foi proprietário da coisa evencida"[18].

Parece-nos que o arrematante ou adjudicante que sofreu a evicção total ou parcial pode exigir a restituição do preço da coisa evicta, ou o valor do desfalque, voltando-se contra o credor ou credores que se beneficiaram com o produto da arrematação, ou contra o devedor-executado, proprietário do bem, se este recebeu saldo remanescente[19].

Importantes mudanças no regime da evicção resultaram da promulgação da Lei n. 13.097, de 19 de janeiro de 2015, que promove uma concentração de dados nas matrículas imobiliárias, pela qual em um único instrumento serão conjugadas todas as informações respeitantes ao bem de raiz (*Vide* art. 54 e seu parágrafo único). A partir de agora, como salienta Nelson Rosenvald[20], "o terceiro de boa-fé que adquire propriedade – ou outros direitos reais imobiliários – será imunizado da privação do direito, se posteriormente alguém postular a referida titularidade por atos jurídicos precedentes que não tenham sido registrados ou averbados na matrícula do imóvel".

Em suma, a referida lei declarou, em outros termos, que, se a matrícula estiver livre, ou seja, sem gravames, a aquisição feita será plenamente eficaz, isto é, não poderá ser contestada por eventuais credores ou litigantes, exceto nas hipóteses de usucapião e da sociedade que se encontra em processo de falência.

e) *Denunciação da lide ao alienante* – Dispunha o art. 456 do Código Civil, revogado pelo atual Código de Processo Civil (Lei n. 13.105/2015, que "*para poder exercitar o direito que da evicção lhe resulta, o adquirente notificará do litígio o alienante imediato, ou qualquer dos anteriores, quando e como lhe determinarem as leis do processo*".

Observa-se que o diploma processual em vigor eliminou a obrigatoriedade da denunciação da lide pelo adquirente ao alienante, tornando-a facultativa. De acordo com *Enunciado n. 434 do Conselho da Justiça Federal*, "A ausência de denunciação da lide ao alienante, na evicção, não impede o exercício da pretensão reparatória por meio de via autônoma".

Faz-se a notificação por meio da *denunciação da lide* (CPC, art. 125, I), "*promovida por qualquer das partes*": "*I – ao alienante imediato, no processo relativo à coisa cujo domínio foi transferido ao denunciante, a fim de que possa exercer os direitos que da evicção lhe resultam; II – àquele que estiver obrigado, por lei ou pelo contrato, a indenizar, em ação regressiva, o prejuízo de quem for vencido no processo*". Instaura-se, por meio dela, a lide secundária entre o adquirente e o alienante, no mesmo processo da lide principal travada entre o reivindicante e o primeiro. A sentença julgará as duas e, se julgar procedente a ação, declarará o direito do evicto (CPC, art. 129).

Com a finalidade de abreviar o litígio dispõe o art. 128, II, do Código de Processo Civil em vigor que, "*se o denunciado for revel, o denunciante pode deixar de prosseguir com sua defesa, eventualmente oferecida, e abster-se de recorrer, restringindo sua atuação à ação regressiva*". Permite a regra inovadora que o adquirente deixe de apresentar contestação, ou usar recursos, quando for manifesta a procedência da evicção, como acontece seguidas vezes

---

18 *Instituições de direito civil*, v. III, p. 138.

19 Nessa linha, o pensamento de Pontes de Miranda (*Tratado de direito privado*, v. 38, p. 181) e Sílvio Venosa (*Direito civil*, v. II, p. 573).

20 O princípio da concentração na matrícula imobiliária – Lei n. 13.097/15, Jornal *Carta Forense*, março/2016.

quando esta se origina de um título flagrantemente falso. Além do desconhecimento dos fatos pelo adquirente, a contestação na hipótese em nada influiria no resultado do julgamento. Por essa razão, não seria razoável, nessas circunstâncias, sofrer o adquirente, que deixa de contestar ou de recorrer, as consequências da revelia, limitando a sua ação exclusivamente a denunciar a lide.

O art. 456 do Código Civil, como já mencionado, foi revogado expressamente pelo art. 1.072 do atual Código de Processo Civil. O dispositivo revogado admitia a chamada denunciação *per saltum*, pela qual o adquirente poderia notificar do litígio o alienante imediato, ou *qualquer dos anteriores*. O art. 125, I, do diploma processual, todavia, dispõe que é admissível a denunciação da lide somente "*ao alienante imediato*", rejeitando assim a mencionada denunciação *per saltum*.

Por força dos termos peremptórios do art. 1.116 do Código Civil de 1916 ("o adquirente *notificará* do litígio o alienante..."), reproduzidos no art. 456 do diploma de 2002, ora revogado, inclinou-se a jurisprudência para o entendimento de que, se não for feita a denunciação da lide, o adquirente não poderá mais exercer o direito decorrente da evicção. Verificada esta, não terá direito à indenização, pois o aludido dispositivo impede o ajuizamento de *ação autônoma de evicção* por quem foi parte no processo em que ela ocorreu.

Aos poucos, no entanto, outra corrente foi-se formando, sustentando a admissibilidade da ação autônoma, como indenização pela prática de verdadeiro ilícito, fundada no princípio que veda o enriquecimento sem causa. Esta última acabou prevalecendo no *Superior Tribunal de Justiça*, que tem a função de uniformizar a jurisprudência no País.

Tem a referida Corte proclamado, com efeito, que "o direito que o evicto tem de recobrar o preço que pagou pela coisa evicta independe, para ser exercitado, de ter ele denunciado a lide ao alienante, na ação em que terceiro reivindicara a coisa"[21], bem como que "a jurisprudência do STJ é no sentido de que a não denunciação da lide não acarreta a perda da pretensão regressiva, mas apenas ficará o réu, que poderia denunciar e não denunciou, privado da imediata obtenção do título executivo contra o obrigado regressivamente. Daí resulta que as cautelas insertas pelo legislador pertinem tão só com o direito de regresso, mas não privam a parte de propor ação autônoma contra quem eventualmente lhe tenha lesado"[22].

Em regra, a perda que acarreta a evicção é a que se opera em virtude de *sentença judicial*, que define o direito das partes de modo definitivo. Não é, portanto, qualquer perda que a configura. Não ocorre evicção, por exemplo, quando a perda decorre da subtração do bem por terceiro, de esbulho, de seu perecimento em razão do fortuito e da força maior e de outros fatos posteriores à alienação. No entanto, a jurisprudência tem admitido a ação autônoma de evicção, independentemente de sentença e de denunciação, quando o evicto não foi parte na ação originária, não tendo, assim, oportunidade de denunciar a lide ao alienante, como nas hipóteses de apreensão de veículo furtado, devolvido à vítima, e de apreensão de bens contrabandeados[23]. Nestes casos o adquirente se vê privado do bem, sem ter tido a oportunida-

---

21 REsp 255.639-SP, 3ª T., rel. Min. Menezes Direito, *DJU*, 11-6-2001.

22 REsp 132.258-RJ, rel. Min. Nilson Naves, *DJU*, 17-4-2000.

No mesmo sentido: "Evicção. Compra e venda de imóvel. Restituição do preço. Pretensão que se mantém mesmo se não efetivada a denunciação da lide" (*JTJ*, Lex, 224/57). "Evicção. Restituição de preço pago pelo imóvel. Direito que se mantém a favor do evicto, perante ação que terceiro reivindica a coisa, ainda que não efetivada a denunciação da lide ao alienante" (*RT*, 772/212). "Em sede de evicção, a falta de notificação do litígio não impede a propositura de ação de indenização pelo adquirente" (*RT*, 672/126).

23 Assinala, a propósito, Arnoldo Wald: "O mesmo princípio podemos aplicar à apreensão administrativa que importará em responsabilidade do alienante, se o vício de direito for anterior à alienação, como

de de denunciar a lide ao alienante, porque a perda decorreu de ato administrativo, e não de sentença proferida em regular processo[24]. A esse respeito, cita-se o *Enunciado n. 434 da V Jornada de Direito Civil*: "A ausência de denunciação da lide ao alienante, na evicção, não impede o exercício de pretensão reparatória por meio de via autônoma".

Essa orientação foi reforçada pelo fato de o art. 457 do atual Código Civil não reproduzir a exigência, feita no diploma de 1916, de que a perda tenha decorrido de sentença judicial. Dada a omissão legislativa, o *Enunciado n. 651 da IX Jornada de Direito Civil* elucidou que "A evicção pode decorrer tanto de decisão judicial como de outra origem, a exemplo de ato administrativo". A jurisprudência do Superior Tribunal de Justiça reconhece que o direito decorrente da evicção pode decorrer de ato administrativo[25].

Reitere-se que o Código de Processo Civil em vigor permite que a denunciação da lide seja requerida pelo autor ou pelo réu, embora sejam mais comuns as feitas pelo réu. Assim, por exemplo, "uma pessoa vítima de um acidente de trânsito e que seja beneficiária de contrato de seguro pode optar por ajuizar ação de reparação de danos contra o causador do acidente, em vez de solicitá-la da seguradora. No entanto, temendo eventual improcedência, pode requerer desde logo a denunciação da lide à sua seguradora. Quando feita pelo autor, a denunciação da lide deve ser requerida desde logo na petição inicial. Pelo réu, na contestação. Nada impede ainda que litisdenunciação seja feita a quem já é parte no processo[26].

4. VERBAS DEVIDAS

Segundo dispõe o art. 447 do Código Civil, ocorrendo a perda da coisa adquirida por meio de contrato oneroso, em ação movida por terceiro fundada em direito anterior, o adquirente tem o direito de voltar-se contra o alienante. As verbas devidas estão especificadas no art. 450 do Código Civil, que assim dispõe:

"Salvo estipulação em contrário, tem direito o evicto, além da restituição integral do preço ou das quantias que pagou:

I – à indenização dos frutos que tiver sido obrigado a restituir;

II – à indenização pelas despesas dos contratos e pelos prejuízos que diretamente resultarem da evicção;

III – às custas judiciais e aos honorários do advogado por ele constituído.

---

tem acontecido com as apreensões pelas autoridades alfandegárias de automóveis que entraram ilegalmente no país, havendo no caso responsabilidade dos vendedores pela evicção, salvo causa explícita, em sentido contrário" (*Obrigações e contratos*, p. 289).

24 "Evicção. Caracterização. Bem de procedência criminosa apreendido por ato de autoridade administrativa. Reparação devida ao adquirente independentemente da existência de sentença judicial" (STJ, *RT*, 758/177). "Evicção. Compra e venda. Veículo, objeto do negócio, apreendido por ordem judicial. Responsabilização do alienante, ainda que de boa-fé, pois o vendedor deve garantir a idoneidade da coisa vendida" (*RT*, 754/284, 732/245, 696/123). "Evicção. Adquirente de boa-fé. Dever legal de colaborar. Veículo roubado. Devolução. O direito de demandar pela evicção não supõe, necessariamente, a perda da coisa por sentença judicial. Hipótese em que, tratando-se de veículo roubado, o adquirente de boa-fé não estava obrigado a resistir à autoridade policial; diante da evidência do ato criminoso, tinha o dever legal de colaborar com as autoridades, devolvendo o produto do crime" (*RSTJ*, 130/233).

25 STJ, REsp 259.726-RJ, 4ª T., rel. Min. Jorge Scartezzini, j. 3-8-2004; STJ, REsp 1.332.112-GO, 4ª T., rel. Min. Luis Felipe Salomão, j. 21-3-2013; STJ, REsp 1.342.145-SP, 3ª T., rel. Min. Paulo de Tarso Sanseverino, j. 4-12-2014.

26 Marcus Vinicius Rios Gonçalves, *Curso de direito processual civil*, v. 1, p. 233.

Parágrafo único. O preço, seja a evicção total ou parcial, será o valor da coisa, na época em que se evenceu, e proporcional ao desfalque sofrido, no caso de evicção parcial".

Na realidade, o ressarcimento deve ser amplo e completo, como se infere da expressão *prejuízos que resultarem diretamente da evicção*, incluindo-se as despesas com o ITBI recolhido, lavratura e registro de escritura, juros e correção monetária. São indenizáveis os prejuízos devidamente comprovados, competindo ao evicto o ônus de prová-los. As perdas e danos, segundo o princípio geral inserido no art. 402 do Código Civil, abrangem o dano emergente e o lucro cessante. Os juros legais são devidos à vista do disposto no art. 404 do Código Civil.

"Independentemente do seu *nomen juris*, a natureza da pretensão deduzida em ação baseada na garantia da evicção é tipicamente de reparação civil decorrente de inadimplemento contratual, a qual se submete ao prazo prescricional de três anos, previsto no art. 206, § 3º, V, do CC/02. Reconhecida a evicção, exsurge, nos termos dos arts. 447 e seguintes do CC/02, o dever de indenizar, ainda que o adquirente não tenha exercido a posse do bem, já que teve frustrada pelo alienante sua legítima expectativa de obter a transmissão plena do direito"[27].

O atual diploma manteve a redação do Código de 1916 (art. 1.109), apenas incluindo nas despesas ressarcíveis os *honorários de advogado*, que de resto já estavam assegurados pelo princípio da sucumbência instituído no estatuto processual. E, no parágrafo único, procurou solucionar antiga discussão sobre o montante do preço a ser devolvido no caso de evicção total, dispondo que, seja total ou parcial a evicção, será sempre o do valor da coisa na época em que se evenceu.

Neste passo, adverte Caio Mário, "cabe esclarecer que o alienante responde pela *plus valia* adquirida pela coisa, isto é, a diferença a maior entre o preço de aquisição e o seu valor ao tempo em que se evenceu (parágrafo único do art. 450), atendendo a que a lei manda indenizar o adquirente dos prejuízos, e, ao cuidar das perdas e danos, o Código Civil (art. 402) considera-as abrangentes não apenas do dano emergente, porém daquilo que o credor razoavelmente deixou de lucrar. E, se a evicção vem privá-lo da coisa no estado atual, o alienante tem o dever de recompor o seu patrimônio, transferindo-lhe soma pecuniária equivalente à estimativa da valorização... Se, ao contrário de valorização, estiver depreciada, a aplicação pura e simples do disposto no art. 450 desautoriza levá-la em consideração, pois que constrange o alienante a efetuar a 'restituição integral do preço', e não obsta uma possível alegação de que a *menor-valia* corre à conta de negligência do adquirente"[28].

O *Superior Tribunal de Justiça*, afinado com esse entendimento, tem proclamado: "Perdida a propriedade do bem, o evicto há de ser indenizado com importância que lhe propicie adquirir outro equivalente. Não constitui reparação completa a simples devolução do que foi pago, ainda que com correção monetária"[29].

Procurando manter a mesma ideia de integralidade da indenização, estabelece o art. 451 do Código Civil que "*subsiste para o alienante*" a obrigação instituída no dispositivo anterior, "*ainda que a coisa alienada esteja deteriorada, exceto havendo dolo do adquirente*". Por conseguinte, a deterioração da coisa, em poder do adquirente, não afasta a responsabilidade do alienante, que responde pela evicção total, salvo em caso de deterioração do bem provocada intencionalmente por aquele. Vale dizer que a responsabilidade permanece, quando a deterioração decorre de simples culpa. Não poderá, destarte, o alienante arguir a desvalorização da coisa evicta, com a pretensão de obter uma diminuição do montante da indenização.

---

[27] STJ, REsp 1.577.229-MG, 3ª T., rel. Min. Nancy Andrighi, j. 8-11-2016.

[28] *Instituições de direito civil*, v. III, p. 140.

[29] REsp 248.423-MG, 3ª T., rel. Min. Eduardo Ribeiro.

Todavia, "*se o adquirente tiver auferido vantagens das deteriorações*" (vendendo material de demolição ou recebendo o valor de um seguro, p. ex.), serão elas deduzidas da verba a receber, a não ser que tenha sido condenado a indenizar o terceiro reivindicante (CC, art. 452).

No tocante às *benfeitorias* realizadas na coisa, dispõe o art. 453 do Código Civil que as "*necessárias ou úteis, não abonadas ao que sofreu a evicção, serão pagas pelo alienante*". O evicto, como qualquer possuidor, tem direito de ser indenizado das necessárias e úteis, pelo reivindicante (CC, art. 1.219)[30]. Contudo, se lhe foram abonadas (pagas pelo reivindicante) e tiverem sido feitas, na verdade, pelo alienante, "*o valor delas será levado em conta na restituição devida*" (CC, art. 454). A finalidade da regra é evitar o enriquecimento sem causa do evicto, impedindo que embolse o pagamento, efetuado pelo reivindicante, de benfeitorias feitas pelo alienante.

Portanto, conforme frisa PAULO LÔBO, ao evicto cabível "são apenas as benfeitorias necessárias e úteis, não fazendo jus às benfeitorias voluptuárias ou de mero adorno. O valor das benfeitorias deverá ser atualizado até a data da evicção"[31].

5. DA EVICÇÃO PARCIAL

Dá-se a evicção *parcial* quando o evicto perde apenas parte, ou fração, da coisa adquirida em virtude de contrato oneroso. Pode caracterizá-la, ainda, obstáculo oposto ao gozo, pelo adquirente, de uma faculdade que lhe fora transferida pelo contrato, como a utilização de uma servidão ativa do imóvel comprado; o fato de ter de suportar um ônus, como o de uma hipoteca incidente sobre o imóvel vendido como livre e desembaraçado; a sucumbência em ação confessória de servidão em favor de outro prédio etc.[32].

Se a evicção for parcial, mas com perda de *parte considerável da coisa*, poderá o evicto optar entre a rescisão do contrato e a restituição da parte do preço correspondente ao desfalque sofrido. Com efeito, dispõe o art. 455 do Código Civil:

"Se parcial, mas considerável, for a evicção, poderá o evicto optar entre a rescisão do contrato e a restituição da parte do preço correspondente ao desfalque sofrido. Se não for considerável, caberá somente direito a indenização".

Se, por exemplo, o evicto adquiriu cem alqueires de terra e perdeu sessenta, pode optar por rescindir o contrato, ou ficar com o remanescente, recebendo a restituição da parte do preço correspondente aos sessenta alqueires que perdeu.

A doutrina em geral considera *parte considerável*, para esse fim, a perda que, atentando-se para a finalidade da coisa, faça presumir que o contrato não se aperfeiçoaria se o adquirente conhecesse a verdadeira situação[33]. Deve-se sublinhar, também, que não somente sob o aspecto da *quantidade* pode ser aferido o desfalque, mas também em função da *qualidade*, que pode sobrelevar àquele. Se, por exemplo, alguém adquire uma propriedade rural e perde uma pequena fração dela, porém justamente aquela em que se situa a casa da sede, ou o manancial de água, pode a evicção, não obstante a pouca extensão territorial subtraída, ser considerada considerável ou de grande monta, por atingir a própria finalidade econômica do objeto.

---

30 "O evicto há de ser indenizado amplamente, inclusive por construções que tenha erigido no imóvel. A expressão 'benfeitorias', contida no art. 1.112 do Código Civil (*de 1916, art. 453 do CC/2002*), há de ser entendida como compreendendo acessões" (STJ, REsp 139.178-RJ, 3ª T., rel. Min. Eduardo Ribeiro, *DJU*, 29-2-1999).

31 Paulo Luiz Netto Lôbo, *Direito civil*: contratos, v. 3, p. 369-370.

32 Caio Mário da Silva Pereira, *Instituições de direito civil*, v. III, p. 144; Sílvio Venosa, *Direito civil*, v. III, p. 572.

33 João Luiz Alves, *Código Civil da República dos Estados Unidos do Brasil anotado*, v. 3, p. 757.

Se não for considerável a evicção, "*caberá somente direito a indenização*", segundo preceitua a segunda parte do dispositivo retrotranscrito. Não se justifica, realmente, o desfazimento de um negócio jurídico perfeito por causa de uma diferença irrelevante. O preço, seja a evicção total ou parcial, será o do valor da coisa, na época em que se evenceu, "*e proporcional ao desfalque sofrido, no caso de evicção parcial*" (CC, art. 450, parágrafo único). Desse modo, o preço dos sessenta alqueires será calculado pelo valor ao tempo da sentença que ocasionou a evicção, pois foi nesse momento que efetivamente ocorreu a diminuição patrimonial, e não pelo do tempo da celebração do contrato[34].

[34] Enfatiza Caio Mário, inspirado nas lições de Mazeaud e Mazeaud e Planiol, Ripert e Boulanger, que, "se tiver havido aumento, o adquirente recebe soma proporcional à valorização. Mas, reversamente, se tiver ocorrido depreciação, suporta-a o adquirente, pois que, pela aplicação do dispositivo, não vigora o mesmo princípio que relativamente à evicção total: nesta, a restituição do preço é integral; naquela, o adquirente evicto parcialmente suporta a menor-valia da coisa" (*Instituições de direito civil*, v. III, p. 144).

Capítulo VIII

DOS CONTRATOS ALEATÓRIOS

1. CONCEITO E ESPÉCIES

Contratos bilaterais são os que geram obrigações para ambos os contratantes, como a compra e venda, a locação, o contrato de transporte etc. Essas obrigações são recíprocas, estando a de um dos contratantes atrelada à do outro. Por isso são sempre onerosos. No entanto, considerando-se as expectativas de vantagens ou benefícios que as partes aguardam e alimentam por ocasião de sua celebração, os contratos bilaterais e onerosos podem revelar-se *comutativos* ou *aleatórios*.

Comutativos são os contratos de prestações certas e determinadas, como foi dito no Capítulo III, concernente à *Classificação dos contratos*, n. 4, *retro*. As partes podem antever as vantagens e os sacrifícios, que geralmente se equivalem, decorrentes de sua celebração, porque não envolvem nenhum risco.

Na ideia de comutatividade está presente a de equivalência das prestações, pois em regra, nos contratos onerosos, cada contraente somente se sujeita a um sacrifício se receber, em troca, uma vantagem equivalente. Todavia, pode não haver equivalência objetiva, mas subjetiva, existente apenas no espírito dos contraentes, e não necessariamente na realidade, visto que cada qual é juiz de suas conveniências e interesses. Assim, na compra e venda, por exemplo, o vendedor sabe que irá receber o preço que atende aos seus interesses, e o comprador, que lhe será transferida a propriedade do bem que desejava adquirir[1].

Contrato *comutativo* é, pois, o oneroso e bilateral, em que cada contraente, além de receber do outro prestação relativamente equivalente à sua, pode verificar, de imediato, essa equivalência[2].

Contrato *aleatório* é o bilateral e oneroso em que pelo menos um dos contraentes não pode antever a vantagem que receberá, em troca da prestação fornecida. Caracteriza-se, ao contrário do comutativo, pela incerteza, para as duas partes, sobre as vantagens e sacrifícios que dele podem advir. A equivalência não está entre as prestações estipuladas, mas "*dans la chance de gain ou de perte pour chacune des parties*", como preceitua o Código Civil francês.

[1] Silvio Rodrigues, *Direito civil*, v. 3, p. 33-34; Orlando Gomes, *Contratos*, p. 80.
[2] Maria Helena Diniz, *Tratado teórico e prático dos contratos*, v. 1, p. 101.

Segundo Silvio Rodrigues, "aleatórios são os contratos em que o montante da prestação de uma ou de ambas as partes não pode ser desde logo previsto, por depender de um risco futuro, capaz de provocar sua variação". Neles, aduz, "as prestações oferecem uma possibilidade de ganho ou de perda para qualquer das partes, por dependerem de um evento futuro e incerto que pode alterar o seu montante. *O objeto do negócio está ligado à ideia de risco*. Isto é, existe uma álea no negócio, podendo daí resultar um lucro ou uma perda para qualquer das partes"[3].

O vocábulo *aleatório* é originário do latim *alea*, que significa sorte, risco, azar, dependente do acaso ou do destino, como na célebre frase de Júlio César, ao atravessar o rio Rubicão: *alea jacta est* (a sorte está lançada)[4]. Daí o fato de o contrato aleatório ser também denominado *contrato de sorte*[5]. São exemplos dessa subespécie os contratos de jogo, aposta e seguro. Já se disse que o contrato de seguro é comutativo, porque o segurado o celebra para se acobertar contra qualquer risco. No entanto, para a seguradora é sempre aleatório, pois o pagamento ou não da indenização depende de um fato eventual.

A propósito, preleciona Caio Mário: "Há uma corrente doutrinária tradicional que situa a noção de contrato aleatório na existência da álea bilateral. Mas a evolução desse tipo de negócio o desautoriza. Basta que haja o *risco* para um dos *contratantes*. Com efeito, em vários contratos em voga como o seguro, a aposta autorizada nos hipódromos, a loteria explorada pela Administração ou pelo concessionário, existe álea apenas para um dos contratantes, ao passo que o outro baseia a sua prestação em cálculos atuariais ou na dedução de percentagem certa para custeio e lucro, de tal maneira que se pode dizer perfeitamente conhecida, e lhe não traz risco maior do que qualquer contrato comutativo normal".

Aduz o emérito civilista: "Se é certo que em todo contrato há um *risco*, pode-se contudo dizer que no contrato aleatório este é da sua essência, pois que o ganho ou a perda consequente está na dependência de um acontecimento *incerto* para ambos os contratantes. O *risco* de perder ou de ganhar pode ser de um ou de ambos; mas a *incerteza* do evento tem de ser dos contratantes, sob pena de não subsistir a obrigação"[6].

A exposição desigual das partes contratantes aos riscos do contrato "não atenta contra o princípio da boa-fé, desde que haja, ao tempo da celebração da avença, plena conscientização dos riscos envolvidos na operação. A aferição do dever de apresentar informações precisas e transparentes acerca dos riscos do negócio pode variar conforme a natureza da operação e a condição do operador, exigindo-se menor rigor se se fizerem presentes a notoriedade do risco e a reduzida vulnerabilidade do investidor"[7].

Todavia, os contratos aleatórios não se confundem com os *contratos condicionais*. Enquanto nestes a eficácia do contrato depende de um evento futuro e incerto, nos aleatórios o contrato é perfeito desde logo, surgindo apenas um risco de a prestação de uma das partes ser maior ou menor, ou mesmo não ser nenhuma[8].

---

3 *Direito civil*, v. 3, p. 122.

4 Cunha Gonçalves, *Tratado de direito civil*, v. 8, p. 298; Washington de Barros Monteiro, *Curso de direito civil*, v. 5, p. 65.

5 Francesco Messineo, *Doctrina general del contrato*, t. I, p. 422.

6 *Instituições de direito civil*, v. III, p. 68-69.

7 STJ, REsp 1.689.225-SP, 3ª T., rel. Min. Villas Bôas Cueva, j. 21-5-2019.

8 Barassi, *La teoria generale delle obbligazioni*, v. II, § 26. Também Cunha Gonçalves, depois de reconhecer a afinidade dos contratos aleatórios com os contratos condicionais, demonstra como se distinguem: "a) nestes, a própria existência do contrato depende de acontecimento futuro e incerto; naqueles, o contrato está formado e perfeito, e a incerteza recai, tão somente, sobre a extensão dos lucros e das perdas dos contratantes; b) nos contratos condicionais, ambas as partes podem tirar proveito, ou o

A distinção entre contratos comutativos e aleatórios é de indiscutível importância, como já dissemos anteriormente (*v.* Capítulo III, *Classificação dos contratos*, n. 4, *retro*), visto que estão submetidos a regimes legais diversos. Assim, por exemplo, o Código Civil, ao cuidar da *evicção*, restringe-a ao campo dos contratos comutativos; os *vícios redibitórios* apresentam-se, exclusivamente, nos contratos comutativos (CC, art. 441); criou-se um regime especial para os contratos aleatórios, nos arts. 458 a 461; a rescisão por lesão não ocorre nos contratos aleatórios, mas apenas nos comutativos.

Com efeito, a possibilidade de oferecimento de suplemento suficiente, prevista no art. 157 do atual Código Civil, reforça a ideia defendida pela doutrina de que a *lesão* só ocorre em contratos comutativos, em que a contraprestação é um dar e não um fazer, e não nos aleatórios, pois nestes as prestações envolvem risco e, por sua própria natureza, não precisam ser equilibradas.

A propósito, assevera HUMBERTO THEODORO JÚNIOR, com arrimo nas lições de ORLANDO GOMES e CUNHA GONÇALVES, que da "especial essência do contrato aleatório decorre que a eventual disparidade entre prestação e contraprestação jamais poderá ser considerada como 'lesão' para a parte frustrada na sua expectativa de ganho ou lucro no negócio convencionado sob cláusula de risco. Inocorre, *in casu*, locupletamento indevido ou enriquecimento sem causa, porque as partes, ao pactuarem o contrato aleatório, assumiram conscientemente a probabilidade de prestações desproporcionais"[9].

A jurisprudência francesa é toda no sentido de que "em princípio, os contratos aleatórios se livram das sanções da lesão", por vários fundamentos, entre os quais o de que, nesse tipo de negócio jurídico, "as partes aceitaram voluntariamente o risco, a submissão ao azar, que constitui um dos elementos do contrato"[10].

Somente se poderá invocar a lesão nos contratos aleatórios, todavia, excepcionalmente, como assinala ANELISE BECKER "quando a vantagem que obtém uma das partes é excessiva, desproporcional em relação à álea normal do contrato"[11]. A situação se aproximaria, neste caso, do fortuito e da força maior.

Do mesmo modo, se a intenção das partes transparece de modo a não sugerir dubiedade alguma, o recurso ao *princípio da boa-fé* esbarra em outros princípios igualmente relevantes, dentre eles o da "especificidade do objeto da obrigação" e o da "força obrigatória dos contratos". Na verdade, como sublinha HUMBERTO THEODORO JÚNIOR, a boa-fé funciona como meio de interpretar a vontade contratual, nunca como fonte de criar vínculo obrigacional anteriormente estabelecido sem vício ou defeito de espécie alguma. Citando HENRI DE PAGE, afirma o mencionado jurista mineiro que o princípio da boa-fé não tem outro escopo que o de "*préciser l'interprétation que le juge peut faire d'un contrat*". O

---

proveito de uma pode não constituir perda para a outra; nos contratos aleatórios, o ganho de um representa a perda do outro; c) nos contratos condicionais, a condição é sempre um fato futuro, ao passo que, nos aleatórios, o fato de que depende o ganho, ou a perda, pode já ter-se realizado, sendo apenas ignorada a sua realização" (*Tratado de direito civil*, v. 8, p. 299).

9 *O contrato e seus princípios*, p. 72. Caio Mário da Silva Pereira, por sua vez, assevera: "É de sua própria natureza a inexistência de correlação das prestações, nem pode alegar ter sido lesado o alienante, se recebeu preço certo por uma coisa, cujo valor real dependerá da álea do tempo ou de outro fator. É justamente a incerteza que elimina a possibilidade de aproveitamento de uma parte em prejuízo da outra" (*Lesão nos contratos*, p. 174).

10 Mazeaud e Mazeaud, *Leçons de droit civil*, v. 1, n. 215, p. 243-244. Na dicção de Josserand, "*los contratos aleatorios son refractários a la rescisión por causa de 'lesión'; como cada una de las partes acepta el probar su suerte, ninguna de ellas, ocurra la que ocurra, puede sentirse lesionada*" (*Derecho civil*, t. II, v. 1, n. 30, p. 29).

11 *Teoria geral da lesão nos contratos*, p. 98.

intérprete, obviamente, jamais poderá deformar a convenção, a pretexto de aplicar a teoria da boa-fé[12].

Além dos *aleatórios por natureza*, há contratos tipicamente comutativos, como a compra e venda, que, em razão de certas circunstâncias, tornam-se aleatórios. Denominam-se contratos *acidentalmente aleatórios*.

Os contratos *acidentalmente aleatórios* são de duas espécies: a) venda de *coisas futuras*; e b) venda de *coisas existentes, mas expostas a risco*. Nos que têm por objeto coisas futuras, o risco pode referir-se: a) à própria *existência da coisa*; e b) à sua *quantidade*.

Do risco respeitante à própria *existência* da coisa trata o art. 458 do Código Civil. Tem-se, na hipótese, a *emptio spei* ou venda da *esperança*, isto é, da probabilidade de as coisas ou fatos existirem. O art. 459 cuida do risco respeitante à quantidade maior ou menor da coisa esperada (*emptio rei speratae* ou venda da coisa esperada). A venda de coisas já *existentes*, mas sujeitas a perecimento ou depreciação, é disciplinada nos arts. 460 e 461.

2. VENDA DE COISAS FUTURAS

2.1. Risco concernente à própria existência da coisa: *emptio spei*

Do risco respeitante à própria *existência* da coisa trata o art. 458 do Código Civil, nestes termos:

"Se o contrato for aleatório, por dizer respeito a coisas ou fatos futuros, cujo risco de não virem a existir um dos contratantes assuma, terá o outro direito de receber integralmente o que lhe foi prometido, desde que de sua parte não tenha havido dolo ou culpa, ainda que nada do avençado venha a existir".

Tem-se, na hipótese, a *emptio spei* ou *venda da esperança*, isto é, da probabilidade de as coisas ou fatos existirem. Caracteriza-se, por exemplo, quando alguém vende a colheita futura, declarando que "a venda ficará perfeita e acabada haja ou não safra, não cabendo ao comprador o direito de reaver o preço pago se, em razão de geada ou outro imprevisto, a safra inexistir". Se o risco se verificar, "*sem dolo ou culpa do vendedor*, adquire este o preço; se não houver, porém, colheita por culpa ou dolo do alienante, não haverá risco, e o contrato é nulo"[13].

Costuma-se mencionar, como exemplo da espécie ora tratada, o da pessoa que propõe pagar determinada importância ao pescador pelo que ele apanhar na rede que está na iminência de lançar ao mar. Mesmo que, ao puxá-la, verifique não ter apanhado nenhum peixe, terá o pescador direito ao preço integral, se agiu com a habitual diligência.

Silvio Rodrigues chama a atenção para a desproporção das prestações, no exemplo clássico figurado, lembrando que poderá ela ser acentuada em sentido contrário, quando o pescador colhe quantidade de peixe em muito superior ao preço recebido. Do fato, extrai a seguinte ilação: "É a possível desigualdade entre as prestações, bem como a impossibilidade de se verificar desde logo o montante da prestação de uma ou de outra parte, que caracteriza o contrato aleatório"[14].

---

[12] *O contrato e seus princípios*, p. 76-79.

[13] Washington de Barros Monteiro, *Curso de direito civil*, v. 5, p. 67. Veja-se a jurisprudência: "Contrato. Compra e venda de laranjas. Livre pactuação das cláusulas consubstanciadas em contrato-padrão, ainda que sujeitas à álea. Hipótese de contrato em que se adianta ao produtor parcela do preço final, dependente este de apuração, segundo as cotações do mercado. Regularidade do acordo, firmado no interesse do comprador e do produtor. Ação de cobrança julgada procedente" (1º TACSP, Ap. 6.258-4/5-Mirassol, rel. Vasconcellos Pereira, j. 17-12-1996).

[14] *Direito civil*, v. 3, p. 124.

2.2. Risco respeitante à quantidade da coisa esperada: *emptio rei speratae*

O art. 459 cuida do risco respeitante à *quantidade* maior ou menor da coisa esperada (*emptio rei speratae* ou venda da coisa esperada):

"Se for aleatório, por serem objeto dele coisas futuras, tomando o adquirente a si o risco de virem a existir em qualquer quantidade, terá também direito o alienante a todo o preço, desde que de sua parte não tiver concorrido culpa, ainda que a coisa venha a existir em quantidade inferior à esperada.

Parágrafo único. Mas, se da coisa nada vier a existir, alienação não haverá, e o alienante restituirá o preço recebido".

Assim, se o risco da aquisição da safra futura limitar-se à sua *quantidade*, pois deve ela existir, o contrato fica nulo se nada puder ser colhido. Porém, se vem a existir alguma quantidade, por menor que seja, o contrato deve ser cumprido, tendo o vendedor direito a todo o preço ajustado. Ou, voltando ao exemplo do pescador, se o terceiro comprou o produto do lanço de sua rede, assumindo apenas o risco de ele conseguir apanhar maior ou menor quantidade de peixes, o proponente se liberará se a rede vier vazia[15].

3. VENDA DE COISAS EXISTENTES, MAS EXPOSTAS A RISCO

A venda de *coisas já existentes*, e não futuras, mas sujeitas a perecimento ou depreciação é disciplinada no art. 460, como segue:

"Se for aleatório o contrato, por se referir a coisas existentes, mas expostas a risco, assumido pelo adquirente, terá igualmente direito o alienante a todo o preço, posto que a coisa já não existisse, em parte, ou de todo, no dia do contrato".

Menciona João Luiz Alves, como exemplo, a venda de mercadoria que está sendo transportada em alto-mar por pequeno navio, cujo risco de naufrágio o adquirente assumiu. É válida, mesmo que a embarcação já tenha sucumbido na data do contrato. Se, contudo, o alienante sabia do naufrágio, a alienação "*poderá ser anulada como dolosa pelo prejudicado*", como prescreve o art. 461 do Código Civil, cabendo ao adquirente a prova dessa ciência[16]. Neste caso, o adquirente não terá guardado, na celebração do contrato, os princípios da probidade e boa-fé, exigidos no art. 422 do atual diploma.

---

15 Silvio Rodrigues, *Direito civil*, v. 3, p. 124.

16 *Código Civil da República dos Estados Unidos do Brasil anotado*, v. 2, p. 201.

Capítulo IX

DO CONTRATO PRELIMINAR

1. CONCEITO

O contrato, como visto anteriormente, é um acordo de vontades que tem por fim criar, modificar ou extinguir direitos. Nem sempre, porém, como foi dito no capítulo concernente à *Classificação dos contratos* (Capítulo III, n. 12), essa convergência de vontades ocorre de forma instantânea, mediante uma proposta e pronta aceitação. Algumas vezes resulta de uma prolongada e exaustiva fase de conversações ou negociações preliminares. Outras vezes, malgrado o consenso alcançado, não se mostra conveniente aos contraentes contratar de forma definitiva, seja porque o pagamento será feito de modo parcelado e em elevado número de prestações, seja pela necessidade de se aguardar a liberação de um financiamento, seja ainda por algum outro motivo de natureza particular, ou mesmo de mera conveniência. Nesse caso, podem os interessados celebrar um contrato provisório, preparatório, no qual prometem complementar o ajuste, celebrando o definitivo.

Essa avença constitui o *contrato preliminar*, que tem sempre por objeto a efetivação de um contrato definitivo. Contrato *preliminar* ou *pactum de contrahendo* (como era denominado no direito romano), ou ainda *contrato-promessa*, é aquele que tem por objeto a celebração de um contrato definitivo. Tem, portanto, um único objeto.

Acentua, com clareza, Enzo Roppo que, com o contrato-promessa as partes obrigam-se, sem mais, a concluir um contrato com um certo conteúdo. "A peculiaridade de tal instrumento jurídico é justamente esta: as partes já definiram os termos essenciais da operação econômica que tencionam realizar (suponhamos, a venda de um imóvel por um certo preço), mas não querem passar de imediato a atuá-la juridicamente, não querem concluir, desde já, o contrato produtor dos efeitos jurídico-econômicos próprios da operação; preferem remeter a produção de tais efeitos para um momento subsequente, mas, ao mesmo tempo, desejam a certeza de que estes efeitos se produzirão no tempo oportuno, e por isso não aceitam deixar o futuro cumprimento da operação à boa vontade, ao sentido ético, à correção recíproca, fazendo-a, ao invés, desde logo matéria de um vínculo jurídico. Estipulam, então, um contrato preliminar, do qual nasce precisamente a obrigação de concluir, no futuro, o *contrato definitivo*, e, com isso, de realizar efetivamente a operação econômica prosseguida"[1].

[1] *O contrato*, p. 102-103

Não visam os contraentes, ao celebrar um contrato preliminar, modificar efetivamente sua situação, mas apenas criar a obrigação de um futuro *contrahere*. Podem eles achar conveniente protelar a produção dos efeitos e a assunção das obrigações definitivas, mas "fechando" ao mesmo tempo o negócio.

Os requisitos para a sua validade são os mesmos exigidos para o contrato definitivo. É preciso, assim, que o objeto do contrato seja lícito, possível, determinado ou determinável (requisito *objetivo*: CC, art. 104, II). Como o objeto do contrato preliminar é a celebração do contrato definitivo, constituindo este a prestação consubstanciada naquele, não pode o contrato principal atentar contra a ordem pública e os bons costumes, nem ofender disposição legal ou ser fisicamente impossível.

No tocante ao requisito *subjetivo*, é necessário que, além da capacidade genérica para a vida civil (CC, art. 104, I), os contraentes tenham aptidão para validamente alienar, sob pena de restar inviabilizada a execução específica da obrigação de fazer. Se casado, necessitará o contraente da outorga uxória para celebrar o contrato preliminar.

O requisito *formal* é disciplinado no art. 462 do atual Código Civil, que não exige que o contrato preliminar seja pactuado com os mesmos requisitos formais exigidos para o contrato definitivo a ser celebrado[2].

A promessa de compra e venda, ou compromisso de compra e venda, é exemplo do contrato preliminar mais comum. Entende ORLANDO GOMES que se deve utilizar as expressões *compromisso de compra e venda* e *promessa irrevogável de venda* para os negócios irretratáveis e irrevogáveis, a fim de evitar a confusão reinante na doutrina, com repercussão na jurisprudência, reservando a expressão contrato preliminar para os que admitem arrependimento[3].

O atual Código Civil não faz, todavia, essa distinção, proclamando, no art. 463, que, "*concluído o contrato preliminar*", com observância dos requisitos essenciais ao contrato a ser celebrado, "*e desde que dele não conste cláusula de arrependimento, qualquer das partes terá o direito de exigir a celebração do definitivo, assinando prazo à outra para que o efetive*".

Por outro turno, no que se refere à possibilidade de pactuação de contrato de promessa de doação, a doutrina e a jurisprudência do Superior Tribunal de Justiça se mostram contrárias, dada a incompatibilidade com a execução forçada. Nesse sentido, CAIO MÁRIO ensina que "é da própria essência da promessa de contratar a criação de compromisso dotado de exigibilidade. O promitente obriga-se. O promissário adquire a faculdade de reclamar-lhe a execução. Sendo assim, o mecanismo natural dos efeitos do pré-contrato levaria a esta conclusão: se o promitente-doador recusasse a prestação, o promitente-donatário teria ação para exigi-la, e, então, ter-se-ia uma doação coativa, doação por determinação da Justiça, liberalidade por imposição do juiz e ao arrepio da vontade do doador. No caso da prestação em espécie não ser mais possível haveria a sua conversão em perdas e danos, e o beneficiado lograria recuperação judicial, por não ter o benfeitor querido efetivar o benefício. Nada disto se coaduna com a essência da doação, e, conseguintemente, a doação pura não pode ser objeto de contrato preliminar"[4].

---

2 "A despeito de instrumentalizado mediante um simples recibo, as partes celebraram um contrato preliminar, cuja execução se consumou com a entrega do imóvel ao compromissário-comprador e com o pagamento do preço por este último, na forma convencionada. Improcedência da alegação segundo a qual as negociações não passaram de simples tratativas preliminares" (STJ, REsp 145.204-BA, 4ª T., rel. Min. Barros Monteiro, *DJU*, 14-12-1998). "Não incidência do ITBI em promessa de compra e venda, contrato preliminar que poderá ou não se concretizar em contrato definitivo, este sim ensejador da cobrança do aludido tributo. Precedentes do STF" (STJ, REsp 57.641-PE, 2ª T., rel. Min. Eliana Calmon, *DJU*, 22-5-2000).

3 *Contratos*, p. 268.

4 Caio Mário da Silva Pereira, *Instituições de direito civil*, v. III, p. 257-258.

Acerca dos efeitos, para a 3ª Turma do Superior Tribunal de Justiça, não é possível dar maior eficácia jurídica ao contrato preliminar do que ao definitivo, especialmente quando as partes, neste último, pactuam obrigações opostas às assumidas anteriormente e desautorizam os termos da proposta original[5].

2. EVOLUÇÃO DA PROMESSA DE COMPRA E VENDA NO DIREITO BRASILEIRO

Prescrevia o art. 1.088 do Código Civil de 1916: "Quando o instrumento público for exigido como prova do contrato, qualquer das partes pode arrepender-se, antes de o assinar, ressarcindo à outra as perdas e danos resultantes do arrependimento, sem prejuízo do estatuído nos arts. 1.095 e 1.097".

O aludido dispositivo permitia, pois, o arrependimento, por qualquer das partes, enquanto não assinado o instrumento público mas apenas o contrato preliminar, sujeitando-se, porém, ao pagamento das perdas e danos. Permitia, assim, que muitos loteadores, utilizando-se do direito de se arrependerem, deixassem de outorgar a escritura definitiva e optassem por pagar perdas e danos ao compromissário comprador, estipuladas geralmente sob a forma de devolução do preço em dobro, com a intenção de revender o lote com lucro.

Com o advento do Decreto-Lei n. 58/37, passou a ser irretratável e a conferir direito real ao comprador o compromisso que não estabelecesse expressamente o direito ao arrependimento, desde que levado ao registro imobiliário. No silêncio do compromisso, pois, quanto ao arrependimento, a regra passou a ser a irretratabilidade, ao contrário do que dispunha o citado art. 1.088.

A Lei n. 649, de 11 de março de 1949, deu nova redação ao art. 22 daquele decreto-lei (posteriormente modificado pela Lei n. 6.014, de 27-12-1973), estendendo tal proteção aos imóveis não loteados. A Lei do Parcelamento do Solo Urbano (Lei n. 6.766, de 19-12-1979) derrogou o Decreto-Lei n. 58/37, que hoje se aplica somente aos loteamentos rurais. O art. 25 da referida lei declara irretratáveis e irrevogáveis os compromissos de compra e venda de imóveis loteados. Qualquer cláusula de arrependimento, nesses contratos, ter-se-á, pois, por não escrita.

Em se tratando de imóvel não loteado, lícito afigura-se convencionar o arrependimento, afastando-se, com isso, a constituição do direito real. Mas a jurisprudência não vem admitindo o exercício dessa faculdade se o cumprimento do compromisso já foi iniciado.

O *Superior Tribunal de Justiça* permite a propositura de ação de adjudicação compulsória mesmo não estando registrado o compromisso de compra e venda irretratável e irrevogável. Proclama, com efeito, a *Súmula 239 desse Sodalício*: "O direito à adjudicação compulsória não se condiciona ao registro do compromisso de compra e venda no cartório de imóveis"[6].

Quanto aos imóveis loteados, dispõe o art. 26 da Lei n. 6.766/79 que o negócio pode ser celebrado por instrumento *particular* ou *público*. No tocante aos não loteados, tem sido ad-

---

5 STJ, REsp 2.054.411-DF, 3ª T., rel. Min. Moura Ribeiro, j. 3-10-2023.

6 "Adjudicação compulsória. Compromisso de compra e venda. Instrumento particular não registrado. Admissibilidade. Súmula 239 do Superior Tribunal de Justiça e artigos 639 [atual art. 501 do CPC/2015] e 640 do Código de Processo Civil. Contrato firmado em caráter irrevogável e irretratável e com previsão expressa de adjudicação compulsória. Quitação do preço e inocorrência de interesses de terceiros. Suficiência para adjudicação. Ação procedente. Recurso não provido" (*JTJ*, Lex, 248/15 e 253/193). "Adjudicação compulsória. Indispensabilidade da demonstração da efetiva quitação do preço ajustado. Exigência que não se afasta nem mesmo diante da revelia do requerido. Inteligência dos arts. 16, § 1º, e 22 do Dec.-lei 58/37 e do art. 640 do CPC" (*RT*, 790/408).

mitida, também, a forma particular. A autorização do cônjuge é indispensável, por consistir em alienação de bem imóvel sujeita à adjudicação compulsória.

Proclama ainda a *Súmula 413 do Supremo Tribunal Federal* que "o compromisso de compra e venda de imóveis, ainda que não loteados, dá direito à execução compulsória, quando reunidos os requisitos legais".

3. A DISCIPLINA DO CONTRATO PRELIMINAR NO CÓDIGO CIVIL DE 2002

O atual Código Civil dedicou uma seção ao contrato preliminar (arts. 462 a 466), exigindo que contenha todos os requisitos do contrato definitivo, salvo quanto à forma, e seja levado ao registro competente. Dispõe, com efeito, o art. 462 do mencionado diploma:

"O contrato preliminar, exceto quanto à forma, deve conter todos os requisitos essenciais ao contrato a ser celebrado".

A inexigência de forma para a sua validade, bem como para a produção normal de suas consequências jurídicas, é corolário natural do princípio consensualista, predominante entre nós. O dispositivo supratranscrito coloca uma pá de cal na discussão a respeito do requisito *formal* do contrato preliminar, não exigindo que seja celebrado com observância da mesma forma exigida para o contrato definitivo a ser celebrado. Mesmo que o contrato definitivo deva ser celebrado por escritura pública, o preliminar pode ser lavrado em instrumento particular.

Prescreve ainda o art. 463 do Código Civil:

"Concluído o contrato preliminar, com observância do disposto no artigo antecedente, e desde que dele não conste cláusula de arrependimento, qualquer das partes terá o direito de exigir a celebração do definitivo, assinando prazo à outra para que o efetive.

Parágrafo único. O contrato preliminar deverá ser levado ao registro competente".

Cumprida a promessa de compra e venda, com o pagamento integral do preço, pode o compromissário comprador, sendo o pré-contrato irretratável e irrevogável por não conter cláusula de arrependimento, exigir a celebração do contrato definitivo e, se necessário, valer-se da execução específica.

Embora o dispositivo em questão use, no parágrafo único, o verbo *deverá*, não parece que o registro do instrumento no cartório competente seja requisito necessário para a aquisição do direito real. A melhor interpretação é a que considera necessário o registro, nele exigido, para que o contrato preliminar tenha efeitos em relação a terceiros. Entre as próprias partes, porém, o contrato preliminar pode ser executado mesmo sem o registro prévio, como corretamente assinalam Caio Mário e Sílvio Venosa. Quando este for exigido, deverá ser feito no Registro de Imóveis onde os bens imóveis estiverem localizados, e no Registro de Títulos e Documentos, no caso de bens móveis[7].

Jones Figueirêdo Alves, contrariamente, afirma que a nova regra torna prejudicada a *Súmula 239 do Superior Tribunal de Justiça*, retrotranscrita, que não condiciona o direito à adjudicação compulsória ao registro do compromisso de compra e venda no cartório de imóveis. No seu entendimento, a exigência do registro, constante do parágrafo único do art. 463 do Código Civil, desestimula, na prática, "expedientes de vantagem patrimonial ilícita, em prejuízo alheio, induzindo ou mantendo em erro alguém mediante a venda sucessiva do mesmo bem"[8]. No mesmo sentido a manifestação de Carlos Alberto Dabus Maluf, na atualização da obra de Washington de Barros Monteiro[9].

---

7 Caio Mário da Silva Pereira, *Instituições de direito civil*, v. III, p. 90; Sílvio Venosa, *Direito civil*, v. II, p. 423.

8 *Novo Código Civil comentado*, coord. de Ricardo Fiuza, p. 413.

9 *Curso de direito civil*, v. 5, p. 71, nota 4.

Afigura-se-nos, todavia, que a razão se encontra com Ruy Rosado de Aguiar, quando considera exagerada a exigência do parágrafo único do mencionado art. 463 do Código Civil, nestes termos: "Sabemos que as pessoas, quanto mais simples, menos atenção dão à forma e à exigência de regularizar seus títulos. A experiência revela que os contratos de promessa de compra e venda de imóveis normalmente não são registrados. Não há nenhum óbice em atribuir-lhe eficácia entre as partes, possível mesmo a ação de adjudicação, se o imóvel continua registrado em nome do promitente vendedor"[10].

Já Orlando Gomes[11] dizia que o caráter real do compromisso de compra e venda decorre de sua irretratabilidade, e não do registro no cartório de imóveis. Levando-o a registro, impede-se que o bem seja alienado a terceiro. Ou seja: o registro só é necessário para a sua validade contra terceiros, produzindo efeitos, no entanto, sem ele, entre as partes. Daí a jurisprudência do *Superior Tribunal de Justiça*, cristalizada na referida *Súmula 239* e em julgados que proclamam: "A pretensão de adjudicação compulsória é de caráter pessoal, restrita assim aos contraentes, não podendo prejudicar os direitos de terceiros que entrementes hajam adquirido o imóvel e obtido o devido registro, em seu nome, no ofício imobiliário"[12].

Nesse sentido o *Enunciado n. 30 aprovado na I Jornada de Direito Civil realizada pelo Conselho da Justiça Federal*: "A disposição do parágrafo único do art. 463 do novo Código Civil deve ser interpretada como fator de eficácia perante terceiros". Desse modo, mesmo não registrado, o contrato preliminar gera obrigação de fazer para as partes.

Compete, pois, ao adquirente precaver-se contra expedientes ilícitos de venda sucessiva do mesmo bem, registrando o compromisso no ofício imobiliário. Todavia, mesmo sem o registro poderá pleitear a adjudicação compulsória do imóvel registrado em nome do promitente vendedor.

Esgotado o prazo assinado ao promitente vendedor para que efetive a promessa feita no contrato preliminar, "*poderá o juiz, a pedido do interessado, suprir a vontade da parte inadimplente, conferindo caráter definitivo ao contrato preliminar, salvo se a isto se opuser a natureza da obrigação*" (CC, art. 464).

Bem andou o novel legislador ao conferir, no citado art. 464 do Código de 2002, primazia ao princípio da execução específica da obrigação de fazer contida no contrato preliminar, seguindo a evolução já delineada pelo estatuto processual civil. Somente quando não houver interesse do credor, ou a isso se opuser a natureza da obrigação, é que se valerá o contraente pontual das perdas e danos (CC, art. 465)[13].

O *Tribunal de Justiça de São Paulo, por sua Turma Especial, concluiu, em 31 de agosto de 2017, o julgamento de incidente de resolução de demandas repetitivas (IRDR) relativo a compromissos de compra e venda de imóveis, no qual foram fixadas sete teses jurídicas a respeito do assunto, tendo, todavia, rejeitado se posicionar sobre duas outras questões*. Vejam-se as teses aprovadas no referido julgamento:

1. É válido o prazo de tolerância, não superior a cento e oitenta dias corridos estabelecido no compromisso de venda e compra para entrega de imóvel em construção, desde que previsto em cláusula contratual expressa, clara e inteligível.

2. Na aquisição de unidades autônomas futuras, financiadas na forma associativa, o contrato deverá estabelecer de forma clara e inteligível o prazo certo para a formação do grupo de adquirentes e para a entrega do imóvel.

---

[10] Projeto do Código Civil – As obrigações e os contratos, *RT*, 775/27.

[11] *Contratos*, p. 268.

[12] REsp 27.246-RJ, 4ª T., rel. Min. Athos Gusmão Carneiro.

[13] Caio Mário da Silva Pereira, *Instituições de direito civil*, v. III, p. 90.

3. O atraso da prestação de entrega de imóvel objeto de compromisso de compra e venda gera obrigação de a alienante indenizar o adquirente pela privação injusta do uso do bem. O uso será obtido economicamente pela medida de um aluguel, que pode ser calculado em percentual sobre o valor atualizado do contrato, correspondente ao que deixou de receber, ou teve de pagar para fazer uso de imóvel semelhante, com termo final na data da disponibilização da posse direta ao adquirente da unidade autônoma já regularizada.

4. É lícito o repasse dos "juros de obra", ou "juros de evolução da obra", ou "taxa de evolução da obra", ou outros encargos equivalentes após o prazo ajustado no contrato para entrega das chaves da unidade autônoma, incluindo período de tolerância.

5. A restituição de valores pagos em excesso pelo promissário comprador em contratos de compromisso de compra e venda far-se-á de modo simples, salvo má-fé do promitente vendedor.

6. O descumprimento do prazo de entrega de imóvel objeto de compromisso de venda e compra, computado o período de tolerância, não faz cessar a incidência de correção monetária, mas tão somente dos juros e multa contratual sobre o saldo devedor. Devem ser substituídos indexadores setoriais, que refletem a variação do custo da construção civil por outros indexadores gerais, salvo quando estes últimos forem mais gravosos ao consumidor.

7. Não se aplica a multa prevista no art. 35, § 5º, da Lei n. 4.591/64 para os casos de atraso de entrega das unidades autônomas aos promissários compradores.

Segundo o *Superior Tribunal de Justiça*, "não pode ser reputada abusiva a cláusula de tolerância no compromisso de compra e venda de imóvel em construção desde que contratada com prazo determinado e razoável, já que possui amparo não só nos usos e costumes do setor, mas também em lei especial (art. 48, § 2º, da Lei n. 4.591/1964). Deve ser reputada razoável a cláusula que prevê no máximo o lapso de 180 (cento e oitenta) dias de prorrogação. Mesmo sendo válida a cláusula de tolerância para o atraso na entrega da unidade habitacional em construção com prazo determinado de até 180 (cento e oitenta) dias, o incorporador deve observar o dever de informar e os demais princípios da legislação consumerista, cientificando claramente o adquirente, inclusive em ofertas, informes e peças publicitárias, do prazo de prorrogação, cujo descumprimento implicará responsabilidade civil. Igualmente, durante a execução do contrato, deverá notificar o consumidor acerca do uso de tal cláusula juntamente com a sua justificação, primando pelo direito à informação"[14].

Segundo o *Superior Tribunal de Justiça*, "É abusiva a cobrança pelo promitente-vendedor do serviço de assessoria técnico-imobiliária (SATI), ou atividade congênere, vinculado à celebração de promessa de compra e venda de imóvel. O fornecedor tem o dever de prestar ao consumidor informações claras, adequadas e precisas acerca de seus produtos e serviços. Além do pagamento da comissão de corretagem, têm sido transferidos ao promitente-comprador os custos do serviço de assessoria técnico-imobiliária (SATI), consistente na prestação de esclarecimentos técnicos e jurídicos acerca das cláusulas do contrato e das condições do negócio...". "... A abusividade dessa cláusula contratual deflui do disposto no art. 51, IV, do CDC. Consideram-se, assim, nulas de pleno direito as cláusulas que obrigam o consumidor a pagar o serviço de assessoria técnico-imobiliária (SATI) ou congênere, IV, *in fine*, do CDC"[15].

Decidiu também a referida Corte Superior:

"No contrato de promessa de compra e venda de imóvel em construção, além do período previsto para o término do empreendimento, há, comumente, cláusula de prorrogação

---

[14] STJ, REsp 1.582.318-RJ, 3ª T., rel. Min. Villas Bôas Cueva, *DJe* 21-9-2017.

[15] STJ, REsp 1.599.511-SP, 2ª S., rel. Min. Paulo de Tarso Sanseverino, *DJe* 6-9-2016.

excepcional do prazo de entrega da unidade ou de conclusão da obra, que varia entre 90 (noventa) e 180 (cento e oitenta) dias: a conhecida cláusula de tolerância...". "... Tal disposição contratual concorre para a diminuição do preço final da unidade habitacional a ser suportada pelo adquirente, pois ameniza o risco da atividade advindo da dificuldade de se fixar data certa para o término de obra de grande magnitude sujeita a diversos obstáculos e situações imprevisíveis. Por seu turno, no tocante ao tempo de prorrogação, deve ser reputada razoável a cláusula que prevê no máximo o lapso de 180 (cento e oitenta) dias, visto que, por analogia, é o prazo de validade do registro da incorporação e da carência para desistir do empreendimento (arts. 33 e 34, § 2º, da Lei n. 4.591/1964 e 12 da Lei n. 4.864/1965) e é o prazo máximo para que o fornecedor sane vício do produto (art. 18, § 2º, do CDC). Assim, a cláusula de tolerância que estipular prazo de prorrogação superior a 180 (cento de oitenta) dias será considerada abusiva, devendo ser desconsiderados os dias excedentes para fins de não responsabilização do incorporador"[16].

A jurisprudência do STJ é no sentido de que a corretora de imóveis é parte legítima para figurar no polo passivo da demanda que objetive a rescisão do contrato de promessa de compra e venda de imóvel com pedido de devolução de quantias pagas, uma vez que pertence à cadeia de consumo. Ademais, o Egrégio Tribunal entende que, resolvido o contrato de promessa de compra e venda de imóvel por inadimplemento do vendedor, é cabível a restituição das partes ao *status quo ante*, com a devolução integral dos valores pagos pelo comprador, inclusive com a comissão de corretagem[17].

---

16 STJ, REsp 1.582.318-RJ, 3ª T., rel. Min. Villas Bôas Cueva, *DJe* 21-9-2017.

17 STJ, AgInt no AREsp 1.768.177-SP, 3ª T., rel. Min. Nancy Andrighi, *DJe* 6-5-2021.

Capítulo X

DO CONTRATO COM PESSOA A DECLARAR

Sumário: 1. Conceito. 2. Natureza jurídica. 3. Aplicações práticas. 4. Contrato com pessoa a declarar e institutos afins. 5. Disciplina no Código Civil de 2002.

1. CONCEITO

A disciplina do contrato com pessoa a declarar, ou nomear, é uma das inovações do Código Civil de 2002, regulado nos arts. 467 a 471. Nessa modalidade, um dos contraentes pode reservar-se o direito de indicar outra pessoa para, em seu lugar, adquirir os direitos e assumir as obrigações dele decorrentes (CC, art. 467).

Trata-se de avença comum nos compromissos de compra e venda de imóveis, nos quais o compromissário comprador reserva-se a opção de receber a escritura definitiva ou indicar terceiro para nela figurar como adquirente. A referida cláusula é denominada *pro amico eligendo* ou *sibi aut amico vel eligendo*. Tem sido utilizada para evitar despesas com nova alienação, nos casos de bens adquiridos com o propósito de revenda, com a simples intermediação do que figura como adquirente. Feita validamente, a pessoa nomeada adquire os direitos e assume as obrigações do contrato com efeito retroativo (CC, art. 469).

Malgrado o seu campo de maior incidência seja a compra e venda e a promessa de compra e venda, o contrato com pessoa a nomear pode aplicar-se a toda espécie de contrato que, pela sua natureza, não demonstre incompatibilidade. Em geral, essa inconciliabilidade se revela nos negócios em que, basicamente, se verifique insubstituível a pessoa de um de seus sujeitos, como sucede nos contratos personalíssimos ou *intuitu personae*.

Essa modalidade de contrato é disciplinada no Código Civil português, nos arts. 452º a 456º, com o nome de "contrato para pessoa a nomear", dedicando-lhe os doutrinadores portugueses especial atenção. Segundo Antunes Varela, trata-se de contrato "em que uma das partes se reserva a faculdade de designar uma outra pessoa que assuma a sua posição na relação contratual, como se o contrato fora celebrado com esta última"[1]. Para Inocêncio Galvão Telles, dá-se o contrato com pessoa a declarar "quando um dos intervenientes se reserva a faculdade de designar outra pessoa como parte, vindo os efeitos jurídicos a projetar-se sobre essa outra pessoa em caso de designação"[2].

Participam desse contrato o *promitente*, que assume o compromisso de reconhecer o *amicus* ou *eligendo*; o *estipulante*, que pactua em seu favor a cláusula de substituição; e o *electus*, que, validamente nomeado, aceita sua indicação, que é comunicada ao promitente. A

[1] *Das obrigações em geral*, v. I, p. 310.
[2] *Direito das obrigações*, p. 158.

validade do negócio requer capacidade e legitimação de todos os personagens, no momento da estipulação do contrato.

Como se pode constatar pelo disposto no art. 456º do Código Civil português e no art. 1.403, alínea 2, do Código Civil italiano, o contrato ora em estudo pode recair sobre bens sujeitos ao registro. Dispõe o primeiro dispositivo que o registro será feito em nome do interveniente, mas com menção da referida cláusula, procedendo-se, depois da aceitação, às necessárias averbações.

O direito romano não conheceu essa espécie de convenção, dado o caráter personalíssimo das obrigações, incompatível com a circunstância de duas pessoas celebrarem um contato, cujos efeitos desbordem delas. A sua origem remonta à Idade Média, surgindo na Itália e se irradiando para o antigo direito consuetudinário francês e para a legislação do cantão suíço do *Pays de Vaud*. Como assinala Luiz Roldão de Freitas Gomes, em sua excelente monografia sobre o tema, tal modalidade de contrato surgiu na época medieval com o escopo de esconder a participação de nobres e pessoas de elevada categoria social em vendas judiciais de bens, nas quais seu comparecimento causava constrangimento por sua condição, que não lhes permitia também serem vencidos nas ofertas.

Aduz o mencionado monografista que a "cláusula da faculdade de designar o *amicus* ou *command*, *ami*, *consort* ou *compagnon*, nas expressões iniciais, *sibi vel amico aut electo aut eligendo, pour soi ou pour son command* e outras equivalentes, permitia à pessoa encarregada oferecer lanços em seu próprio nome, reservando-se, porém, para designar o verdadeiro adquirente"[3].

No direito moderno, o aludido contrato foi disciplinado primeiramente no Código Civil italiano de 1942 e, posteriormente, nos Códigos português, peruano e boliviano, sendo também objeto, na França, de disposições legislativas de caráter tributário. O Código Civil brasileiro de 2002, como foi dito, introduziu-o nos arts. 467 a 471, que serão comentados adiante.

2. NATUREZA JURÍDICA

Viceja grande controvérsia em torno da natureza jurídica do contrato com pessoa a declarar. Dentre as várias teorias existentes, destacam-se as que o consideram estipulação em favor de terceiro, contrato condicional, aquisição alternativa, sub-rogação, representação e gestão de negócios em que a aceitação do terceiro atua como aprovação do contrato celebrado em seu nome.

Não resta dúvida de que tal contrato se aproxima fortemente das estipulações em favor de terceiro, constituindo, como estas, exceção ao princípio da relatividade dos efeitos dos contratos, princípio este segundo o qual os referidos efeitos se produzem apenas entre as partes e seus herdeiros, não afetando terceiros. Todavia, apesar da semelhança, distinguem-se pelo fato de que, nas primeiras, o estipulante e o promitente permanecem vinculados ao contrato, mesmo depois da adesão do terceiro, que se mantém estranho a ele. No contrato com pessoa a nomear, um dos contraentes desaparece, sendo substituído pelo nomeado e aceitante.

A teoria mais razoável e apta a explicar a natureza jurídica do indigitado contrato, e por isso sufragada pela prevalente doutrina, como menciona Luiz Roldão de Freitas Gomes[4], que a ela adere, é a *teoria da condição*, que vislumbra no contrato entre o promitente e o es-

---

3 *Contrato com pessoa a declarar*, p. 263-264.
4 *Contrato com pessoa a declarar*, p. 267-271.

tipulante uma subordinação a esta, de caráter resolutivo da aquisição do último mediante a *electio*, evento cuja verificação importa, ao mesmo tempo, na aquisição do *electus*, que se encontrava suspensa, na dependência de seu implemento. Em suma, os efeitos do contrato direcionar-se-ão num ou noutro sentido, conforme se dê ou não o implemento da condição, consistente na *electio* válida, a qual será, por isso, simultaneamente, suspensiva da aquisição do *eligendo* e resolutiva da do estipulante.

De forma precisa descreve Inocêncio Galvão Telles a situação: "Na modalidade mais característica e mais vulgar, o interveniente celebra o contrato em alternativa, ou para si ou para outrem, tornando-se, desde logo, o sujeito de direitos e obrigações, mas vindo esses direitos e obrigações a caber retroativamente, em sua substituição, ao terceiro que indicar. Nesta modalidade, há um contratante *nomine próprio*, suscetível de se transformar em contratante *nomine alieno* ou representante. O contrato apresenta-se como contrato em nome próprio, sob condição resolutiva e como contrato em nome alheio sob condição suspensiva"[5].

O contrato com pessoa a declarar é negócio jurídico bilateral, que se aperfeiçoa com o consentimento dos contraentes, que são conhecidos. As partes contratantes são assim, desde logo, definidas e identificadas. Uma delas, no entanto, reserva-se a faculdade de indicar a pessoa que assumirá as obrigações e adquirirá os direitos respectivos, em momento futuro (*electio amici*). Só falta, portanto, a pessoa nomeada ocupar o lugar de sujeito da relação jurídica formada entre os agentes primitivos.

Desdobra-se o contrato, desse modo, em duas fases. Na primeira, o estipulante comparece em caráter provisório, ao lado de um contratante certo, até a aceitação do nomeado. Na segunda, este passa a ser o *dominus negotii*[6].

3. APLICAÇÕES PRÁTICAS

Várias aplicações práticas podem ter o contrato com pessoa a declarar. Messineo[7] observa que uma de suas funções práticas consiste em permitir ao contratante que, por razões pessoais, não quer aparecer – pelo menos no momento da celebração do contrato (p. ex., um condômino que quer adquirir outras quotas da copropriedade), sem prejuízo de revelar-se depois, uma vez realizada a operação – valer-se de um intermediário que estipula em nome próprio, mas reservando-se declarar em favor de quem efetivamente estipulou. Pode recorrer ao contrato com pessoa a declarar, aduz, tanto o adquirente como o alienante.

Luiz Roldão, na monografia citada, menciona significativos exemplos de aplicação do instituto em epígrafe, extraídos da vida jurídica: "Pode interessar ao pretendente à aquisição de um imóvel não aparecer, para que o proprietário, em função de sua condição pessoal, não eleve o preço; pode um condômino recorrer a outrem para adquirir, para si, a cota de coerdeiro; podem um vizinho ou um concorrente não desejar ser revelados, inicialmente, na compra de um bem. Pode mesmo servir a que se evite gravosa taxação por dupla alienação, quando o comprador já adquire com a intenção de revender, logo, o imóvel a quem melhor lhe ofereça por ele. Favorece a intermediação de negócios"[8].

Também Reymond[9] lembra sugestivas hipóteses, como a do dono de um imóvel não desejar vendê-lo, por motivos pessoais, a determinada pessoa, que recorre a outrem para este fim; do arquiteto que pretende construir em um imóvel que não lhe pertence e que pensa em

---

5 *Direito das obrigações*, p. 158-159.

6 Caio Mário da Silva Pereira, *Instituições de direito civil*, v. III, p. 119.

7 *Doctrina general del contrato*, t. I, p. 276.

8 *Contrato com pessoa a declarar*, p. 3-4.

9 Jean Fréderic Reymond, *La promesse de vente pour soi ou pour son nommable*, p. 9-11.

reunir capitais para este fim em uma sociedade anônima a ser constituída, e promete comprar o imóvel para si ou para aquela sociedade; do promitente comprador que, valendo-se da cláusula, especula sobre o valor do imóvel, retendo-o por tempo suficiente para revendê-lo a bom preço etc.

4. CONTRATO COM PESSOA A DECLARAR E INSTITUTOS AFINS

Importa distinguir a figura do contrato com pessoa a nomear de alguns institutos de que se valeram os estudiosos, ao longo de sua evolução histórica, com a finalidade de explicar-lhe a natureza jurídica e que, de certo modo, se prestaram a uma certa confusão ou foram invocados para explicar o seu mecanismo.

Inicialmente, como já se disse, procurou-se identificar a figura contratual em tela com a *estipulação em favor de terceiro*, da qual se aproxima pelo fato de, como esta, constituir uma derrogação ao princípio da relatividade dos efeitos do contrato.

Todavia, no contrato em favor de terceiro, o estipulante e o promitente permanecem vinculados à relação contratual durante toda a sua existência, enquanto aquele se mantém alheio, mesmo após a aceitação. No contrato com pessoa a declarar um dos contraentes primitivos é substituído pelo nomeado, que passa a figurar no contrato retroativamente. No primeiro, o estipulante age em nome próprio, ao passo que no segundo há uma *contemplatio domini*. Ainda: na estipulação em favor de terceiro é atribuído ao beneficiário um simples direito; no contrato com pessoa a nomear o *electus* adquire a inteira posição contratual, como se tivesse sido contraente desde a sua celebração[10].

A *cessão do contrato* e o contrato com pessoa a nomear têm em comum o fato de ambas as figuras, do ponto de vista funcional e estrutural, corresponderem ao fenômeno sucessório no contrato. Todavia, a primeira é convencionada entre estipulante e promitente em ocasião posterior à da celebração e, quando aquele se substitui por um terceiro, este entra na relação *ex nunc*, somente a partir do momento em que a cessão foi por ele aceita. No *contrato com pessoa a declarar*, a cessão de direitos é previamente concertada entre estipulante e promitente, ingressando o terceiro na relação, em substituição ao primeiro, retroativamente, como se fosse parte desde o início. Ademais, não se há falar em sucessão, sequer cronológica, tendo em vista a retroatividade da aquisição do *electus* e a qualidade de parte que a este se reconhece.

Do *mandato* difere o contrato com pessoa a nomear, embora possa com ele coexistir, pela circunstância de que o mandatário declara sempre o nome do mandante, que não é indeterminado, existindo antes da sua outorga. No segundo contrato mencionado, diferentemente, o negócio pode ser de exclusiva e espontânea iniciativa de quem o pactuou, podendo afigurar-se incerta, à época da estipulação, a pessoa a nomear[11].

A *representação* é instituto mais amplo, que tem no mandato uma forma de concretização. Distingue-se, também, do contrato com pessoa a declarar no ponto em que produz seus efeitos na pessoa do representado exclusivamente, enquanto o último os gera para a pessoa nomeada ou para a do estipulante. O primeiro ou é negócio representativo ou é nulo. O segundo pode ser negócio representativo ou negócio em nome próprio.

Segundo Messineo, não se trata, tampouco, de *gestão de negócios alheios*, porque o nome da pessoa não é invocado no momento da estipulação do contrato e, quando vem a sê-lo

---

10 Diogo Leite de Campos, *Contrato a favor de terceiro*, p. 75-76; Messineo, *Doctrina general del contrato*, t. I, p. 279.

11 Cunha Gonçalves, *Da compra e venda no direito comercial brasileiro*, p. 221.

(mediante a nomeação), a declaração de aceitação da pessoa indicada torna-se, com eficácia *ex tunc*, declaração em nome próprio, excluindo a representação[12].

É mais nítida a diferença com a *promessa de fato de terceiro*, porque esta acarreta obrigação tão somente para o promitente, a de obter de terceiro uma declaração ou prestação. No contrato com pessoa a declarar, o contratante promete fato próprio, mas eventualmente - e alternativamente - fato de terceiro, com o efeito de que, se a declaração de nomeação for válida, o nomeado não pode legitimamente recusar-se ao cumprimento[13].

5. DISCIPLINA NO CÓDIGO CIVIL DE 2002

Como foi dito inicialmente, a disciplina do contrato com pessoa a declarar, ou nomear, é uma das inovações do Código Civil de 2002, cujo art. 467 assim dispõe:

"No momento da conclusão do contrato, pode uma das partes reservar-se a faculdade de indicar a pessoa que deve adquirir os direitos e assumir as obrigações dele decorrentes".

A redação segue a trilha do art. 452º do Código Civil português, que estatui: "Ao celebrar o contrato, pode uma das partes reservar o direito de nomear um terceiro que adquira os direitos e assuma as obrigações provenientes desse contrato".

O diploma brasileiro não faz a ressalva contida no Código português, mas que está ínsita nessa modalidade de contrato, de que a "reserva de nomeação não é possível nos casos em que não é admitida a representação ou é indispensável a determinação dos contraentes". Certos negócios, celebrados *intuitu personae*, inviabilizam a aludida nomeação.

Verifica-se, assim, que o dispositivo retrotranscrito permite a um dos contraentes reservar-se, no negócio jurídico celebrado com a cláusula *pro amico eligendo*, a indicação de outra pessoa que o substitua na relação contratual, adquirindo os direitos e obrigações dela resultantes.

A indicação da pessoa deve ser feita, comunicando-se "*à outra parte*" *no prazo estipulado*, ou, em sua falta, no "*de cinco dias*", para o efeito de declarar se aceita a estipulação, como prescreve o art. 468 do atual diploma. Acrescenta o parágrafo único que a "*aceitação da pessoa nomeada não será eficaz se não se revestir da mesma forma que as partes usaram para o contrato*". Nesse ponto já proclama o art. 220 do Código Civil que a anuência de outrem, necessária à validade de um ato, "*provar-se-á do mesmo modo que este, e constará, sempre que se possa, do próprio instrumento*".

O art. 469 do Código Civil define o efeito retro-operante da aceitação, dispondo:

"A pessoa, nomeada de conformidade com os artigos antecedentes, adquire os direitos e assume as obrigações decorrentes do contrato, a partir do momento em que este foi celebrado".

Feita validamente a nomeação e manifestada a aceitação, a pessoa nomeada adquire os direitos e assume as obrigações do contrato como se estivesse presente como parte contratante desde a data de sua celebração, independentemente de qualquer entendimento prévio entre ela e o estipulante.

Se o nomeado não aceita a indicação, ou esta não é feita no prazo assinado, nem por isso perde o contrato sua eficácia. Continua válido, subsistindo entre os contraentes originários. Sucede o mesmo se a pessoa nomeada era insolvente e a outra parte desconhecia esse fato. Dispõe, com efeito, o art. 470 do Código Civil:

"O contrato será eficaz somente entre os contratantes originários:

---

12 *Doctrina general del contrato*, t. I, p. 279.

13 Messineo, *Doctrina general del contrato*, t. I, p. 279.

I – se não houver indicação de pessoa, ou se o nomeado se recusar a aceitá-la;

II – se a pessoa nomeada era insolvente, e a outra pessoa o desconhecia no momento da indicação".

O contrato terá eficácia somente entre os contratantes originários, portanto, se não houver indicação da pessoa, se o nomeado se recusar a aceitá-la ou era incapaz ou insolvente e a outra pessoa desconhecia essa circunstância no momento da indicação. O art. 471 do diploma civil, praticamente repetindo os dizeres do dispositivo anterior, inciso II, enfatiza que, "*se a pessoa a nomear era incapaz ou insolvente no momento da nomeação, o contrato produzirá seus efeitos entre os contratantes originários*".

Em resumo: "Se a nomeação não for idônea, no prazo e na forma corretos, o contratante originário permanece na relação contratual, assim como se o indicado era insolvente, com desconhecimento da outra parte. Da mesma forma ocorrerá, se o nomeado era incapaz no momento da nomeação. Também permanecerão os partícipes originários, se o nomeado não aceitar a posição contratual"[14].

[14] Sílvio Venosa, *Direito civil*, v. II, p. 493.

Capítulo XI

DA EXTINÇÃO DO CONTRATO

1. MODO NORMAL DE EXTINÇÃO

Os contratos, como os negócios jurídicos em geral, têm também um ciclo vital: *nascem do acordo de vontades, produzem os efeitos que lhes são próprios e extinguem-se*.

Como assinala Humberto Theodoro Júnior, "ao contrário dos direitos reais, que tendem à perpetuidade, os direitos obrigacionais gerados pelo contrato caracterizam-se pela temporalidade. Não há contrato eterno. O vínculo contratual é, por natureza, passageiro e deve desaparecer, naturalmente, tão logo o devedor cumpra a prestação prometida ao credor"[1].

A extinção dá-se, em regra, pela *execução*, seja instantânea, diferida ou continuada. O cumprimento da prestação libera o devedor e satisfaz o credor. Este é o meio *normal* de extinção do contrato. *Comprova-se o pagamento pela quitação fornecida pelo credor*, observados os requisitos exigidos no art. 320 do Código Civil, que assim dispõe: "*A quitação, que sempre poderá ser dada por instrumento particular, designará o valor e a espécie da dívida quitada, o nome do devedor, ou quem por este pagou, o tempo e o lugar do pagamento, com a assinatura do credor, ou do seu representante*". Acrescenta o parágrafo único que, "*ainda sem os requisitos estabelecidos neste artigo valerá a quitação, se de seus termos ou das circunstâncias resultar haver sido paga a dívida*" (*v.* n. 2.2.2.1, *infra*).

2. EXTINÇÃO DO CONTRATO SEM CUMPRIMENTO

Algumas vezes o contrato se extingue sem ter alcançado o seu fim, ou seja, sem que as obrigações tenham sido cumpridas. Várias causas acarretam essa extinção *anormal*. Algumas são *anteriores* ou *contemporâneas* à formação do contrato; outras, *supervenientes*.

---

1 *O contrato e seus princípios*, p. 100.

2.1. Causas anteriores ou contemporâneas à formação do contrato

As causas anteriores ou contemporâneas à formação do contrato são: a) defeitos decorrentes do não preenchimento de seus requisitos *subjetivos* (capacidade das partes e livre consentimento), *objetivos* (objeto lícito, possível, determinado ou determinável) e *formais* (forma prescrita em lei), que afetam a sua validade, acarretando a *nulidade* absoluta ou relativa (*anulabilidade*); b) implemento de *cláusula resolutiva*, expressa ou tácita; e c) exercício do *direito de arrependimento* convencionado.

A propósito, preleciona Messineo[2], que o contrato pode estar sujeito à eventualidade de não produzir o seu efeito em virtude do comprometimento de sua execução de diversas maneiras. Trata-se dos casos de nulidade e de anulabilidade e, sob outro aspecto, da rescindibilidade e da ineficácia. São todas hipóteses que extinguem o contrato tal como surgiu e que, portanto, encontram sua origem em circunstâncias ou fatos concomitantes com o seu surgimento. Isto as distingue de outro grupo de vicissitudes do contrato, que têm sua raiz em circunstâncias ou fatos supervenientes.

2.1.1. Nulidade absoluta e relativa

A *nulidade absoluta* decorre de ausência de elemento essencial do ato, com transgressão a preceito de ordem pública, impedindo que o contrato produza efeitos desde a sua formação (*ex tunc*).

Tratando-se de vício originário, verificado na fase genética da obrigação, e sendo o caso de ineficácia em sentido amplo (ato nulo é ineficaz), como observa Ruy Rosado de Aguiar Júnior[3], o pronunciamento da nulidade pode ser requerido em juízo a qualquer tempo, por qualquer interessado, podendo ser declarada de ofício pelo juiz ou por promoção do Ministério Público (CC, art. 168).

Se a hipótese for de nulidade parcial, só quanto a ela poderá ser exercido o direito (art. 184). Quando cabível a *conversão* (art. 170), a procedência do pedido extintivo de nulidade será apenas parcial, devendo o juiz declarar qual o negócio jurídico que subsiste.

O *Superior Tribunal de Justiça* sustentou que "a nulidade do contrato, por se operar *ex tunc*, acarreta o retorno das partes ao *status quo ante*, de maneira que o provimento jurisdicional de decretação de nulidade do ajuste contém em si eficácia restituitória –, nasce o direito de as partes serem ressarcidas pelo que despenderam na vigência do contrato nulo – e liberatória, pois desobriga ambos da relação contratual"[4].

A *anulabilidade* advém da imperfeição da vontade: ou porque emanada de um relativamente incapaz não assistido (prejudicando o interesse particular de pessoa que o legislador quis proteger), ou porque contém algum dos vícios do consentimento, como erro, dolo, coação etc. Como pode ser sanada e até mesmo não arguida no prazo prescricional, não extinguirá o contrato enquanto não se mover ação que a decrete, sendo *ex nunc* os efeitos da sentença. Malgrado também contenha vício congênito, é eficaz até sua decretação pelo juiz.

A anulabilidade, diversamente da nulidade, não pode ser arguida por ambas as partes da relação contratual, nem declarada *ex officio* pelo juiz. Legitimado a pleitear a anulação está

---

2 *Doctrina general del contrato*, v. 2, p. 260.

3 *Extinção dos contratos por incumprimento do devedor*, p. 65-66.

"A conversão é uma espécie de correção da qualificação jurídica do negócio, ainda que nulo, feita pelo juiz com dados objetivos, atendendo a critérios de oportunidade, boa-fé e justiça" (Emílio Betti, *Teoria general del negocio jurídico*, p. 375).

4 REsp 1.611.415-PR, 3ª T., rel. Min. Marco Aurélio Bellizze, *DJe* 7-3-2017.

somente o contraente em cujo interesse foi estabelecida a regra (CC, art. 177). Tratando-se apenas de proteger o interesse do incapaz, do lesado, do enganado ou do ameaçado, só a estes – e, nos casos de incapacidade, devidamente assistidos por seu representante legal – cabe decidir se pedem ou não a anulação[5].

De qualquer modo, o resultado é o mesmo: "a desconstituição do próprio ato, com extinção *ex tunc* dos seus efeitos, uma vez que a sua passagem para o plano da eficácia foi apenas provisória. *O direito formativo pode ser exercido por meio da ação do autor, da reconvenção, quando cabível, ou da simples defesa*"[6].

2.1.2. Cláusula resolutiva. O adimplemento substancial do contrato

Na execução do contrato, cada contraente tem a faculdade de pedir a resolução, se o outro não cumpre as obrigações avençadas. Essa faculdade pode resultar de estipulação ou de presunção legal.

Quando as partes a convencionam, diz-se que estipulam a *cláusula resolutiva expressa* ou *pacto comissório expresso*, cuja origem remonta à *lex commissoria* romana, que protegia o vendedor contra o inadimplemento do comprador. Naquela época, sendo as prestações independentes, o vendedor, que confiara no comprador, estava sujeito a perder a coisa sem receber o preço, vindo daí a utilidade da cláusula. Na ausência de estipulação, tal pacto é presumido pela lei, que subentende a existência da *cláusula resolutiva*. Neste caso, diz-se que é *implícita* ou *tácita*[7].

Em todo contrato bilateral ou sinalagmático presume-se a existência de uma *cláusula resolutiva tácita*, autorizando o lesado pelo inadimplemento a pleitear a resolução do contrato, com perdas e danos. O art. 475 do Código Civil proclama, com efeito:

"A parte lesada pelo inadimplemento pode pedir a resolução do contrato, se não preferir exigir-lhe o cumprimento, cabendo, em qualquer dos casos, indenização por perdas e danos".

O contratante pontual tem, assim, ante o inadimplemento da outra parte, a alternativa de resolver o contrato ou exigir-lhe o cumprimento mediante a execução específica (CPC, art. 497). Em qualquer das hipóteses, fará jus à indenização por perdas e danos.

O *adimplemento substancial* do contrato, todavia, tem sido reconhecido, pela doutrina, como impedimento à resolução unilateral do contrato. Sustenta-se que a hipótese de resolução contratual por inadimplemento haverá de ceder diante do pressuposto do atendimento quase integral das obrigações pactuadas, ou seja, do incumprimento insignificante da avença, não se afigurando razoável a sua extinção como resposta jurídica à preservação e à função social do contrato (CC, art. 421). Portanto, "nessa linha de entendimento, a teoria do substancial adimplemento visa a impedir o uso desequilibrado do direito de resolução por parte do credor, preterindo desfazimentos desnecessários em prol da preservação da avença, com vistas à realização dos princípios da boa-fé e da função social do contrato"[8].

Ressalta Jones Figueirêdo Alves que "a introdução da boa-fé objetiva nos contratos, como requisito de validade, de conclusão e de execução, em regra expressa e norma positivada pelo art. 422 do Novo Código Civil, trouxe consigo o delineamento da teoria da *substancial performance* como exigência e fundamento do princípio consagrado em cláusula geral aber-

---

5 Enzo Roppo, *O contrato*, p. 244.

6 Ruy Rosado de Aguiar Júnior, *Extinção dos contratos por incumprimento do devedor*, p. 67; Antônio Junqueira de Azevedo, *Negócio jurídico*, p. 62.

7 Orlando Gomes, *Contratos*, p. 191; Ruy Rosado de Aguiar Júnior, *Extinção dos contratos por incumprimento do devedor*, p. 182.

8 REsp 1.051.270-RS, 4ª T., rel. Min. Luis Felipe Salomão, *DJe* 5-9-2011.

ta na relação contratual. É pela observância de tal princípio, notadamente aplicável aos contratos massificados, que a teoria se situa preponderante, como elemento impediente ao direito de resolução do contrato, sob a inspiração da doutrina de Couto e Silva"[9].

A jurisprudência tem sedimentado a teoria, reconhecendo que o contrato substancialmente adimplido não pode ser resolvido unilateralmente. Proclamou, com efeito, o *Superior Tribunal de Justiça* que "*o adimplemento substancial do contrato pelo devedor não autoriza ao credor a propositura de ação para extinção do contrato, salvo se demonstrada a perda do interesse na continuidade da execução*". Aduziu a mencionada Corte que a atitude do credor, de desprezar o fato do cumprimento quase integral do contrato, "não atende à exigência da boa-fé objetiva"[10].

Em face da evolução doutrinária e jurisprudencial a respeito de descumprimento integral ou parcial do contrato, especialmente em matéria de construção civil, mostra-se aplicável à hipótese a teoria do adimplemento substancial, na qual sustenta-se que a solução de resolução contratual por inadimplemento haverá de ceder diante do pressuposto do atendimento quase integral das obrigações pactuadas, ou seja, do incumprimento insignificante da avença, não se afigurando razoável a sua extinção como resposta jurídica à preservação e à função social do contrato (CC, art. 421). Frise-se que a jurisprudência tem efetuado mera aferição percentual, declarando substancial o adimplemento nas hipóteses em que a parcela contratual inadimplida representa de 8 a 10% do valor total das prestações ou da obra. Todavia, melhor se mostra o critério recomendado pela doutrina, pelo qual deve ser levado em conta não apenas o critério *quantitativo*, mas também o *qualitativo*, como proclama enunciado aprovado na *VII Jornada de Direito Civil*, de 2015, *verbis*: "*Para a caracterização do adimplemento substancial* (tal qual reconhecido pelo *Enunciado n. 361 da IV Jornada de Direito Civil* – CJF), *leva-se em conta tanto aspectos quantitativos quanto qualitativos*" (Enunciado n. 586). Ou seja, em uma obra de construção civil, por exemplo, de construção de um edifício de vários andares, pode ser considerada *falta grave* uma única omissão, como a não colocação dos elevadores, porque impossibilitaria ou dificultaria muito o seu uso; e de *pouca monta*, aplicando-se então à hipótese a teoria do adimplemento substancial, *vários pequenos defeitos*, que não inviabilizam a utilização da obra.

Nessa trilha, a lição de Anderson Schreiber: "*Pior que a disparidade entre decisões proferidas com base em situações fáticas semelhantes – notadamente, aquelas em que há cumprimento quantitativo de 60 a 70% do contrato –, o que espanta é a ausência de uma análise qualitativa, imprescindível para se saber se o cumprimento não integral ou imperfeito alcançou ou não a função que seria desempenhada pela relação obrigacional em concreto. Em outras palavras, urge reconhecer que não há um parâmetro numérico fixo que possa servir de divisor de águas entre o adimplemento substancial ou o inadimplemento* tout court, *passando a aferição de substancialidade por outros fatores que escapam ao mero cálculo percentual*"[11].

---

9 O adimplemento substancial como elemento decisivo à preservação do contrato, *Revista Jurídica Consulex*, n. 240, p. 35.

10 REsp 469.577-SC, 4ª T., rel. Min. Ruy Rosado de Aguiar, j. 25-3-2003, e REsp 272.739-MG, j. 1º-3-2001. No mesmo sentido: TJRS, Ap. 70.009.127.531, 14ª Câm. Cív., rel. Des. Sejalmo Sebastião, j. 28-10-2004; TJRGS, Ap. 70.010.227.387, 18ª Câm. Cív., rel. Des. Mário Rocha, j. 24-2-2005. *V.* ainda: "Na linha dos precedentes desta Corte e do Superior Tribunal de Justiça, a falta do pagamento de parcela mínima do financiamento atrai a aplicação da teoria do adimplemento substancial, uma vez que a parcela não paga não induz o desequilíbrio entre as partes e representa parcela ínfima do objeto contratual, devendo o autor buscar forma diversa para exigir o cumprimento da obrigação, que não seja tão gravosa quanto a devolução do bem" (TJDFT, 4ª T., Ap. 2004.01.025119-0, rel. Des. Cruz Macedo, j. 9-5-2005).

11 A boa-fé objetiva e adimplemento substancial. In: *Direito contratual*. Temas atuais. Giselda Maria Fernandes Novaes Hironaka e Flávio Tartuce. São Paulo: Método, 2008.

Ao se deparar com o caso de uma compradora de imóvel que deixou de pagar mais de 30% do valor da dívida, a *Quarta Turma do Superior Tribunal de Justiça* apontou que "o uso do instituto da substancial performance não pode ser estimulado a ponto de inverter a ordem lógico-jurídica que assenta o integral e regular cumprimento do contrato como meio esperado de extinção das obrigações". A decisão considerou que a "devedora inadimpliu com parcela relevante da contratação, o que inviabiliza a aplicação da referida doutrina, independentemente da análise dos demais elementos contratuais"[12].

Como preleciona ANELISE BECKER, "*O adimplemento substancial consiste em um resultado tão próximo do almejado, que não chega a abalar a reciprocidade, o sinalagma das prestações correspectivas. Por isso, mantém-se o contrato, concedendo-se ao credor direito a ser ressarcido pelos defeitos da prestação, porque o prejuízo, ainda que secundário, se existe deve ser* reparado"[13].

Nesse sentido, preleciona JANDREI OLISSES HERKERT, "*diante de incumprimento de menor importância, preserva-se a relação contratual, não permitindo a ruptura do vínculo contratual por via da resolução, devendo para tanto o credor buscar o cumprimento coercitivo da obrigação, pleiteando a indenização dos seus créditos pela execução do contrato e eventuais perdas e danos*"[14].

Anote-se que a *Segunda Seção do Superior Tribunal de Justiça*, com força vinculativa, afastou a possibilidade de aplicação da teoria do adimplemento substancial aos casos relativos à alienação fiduciária em garantia de bens móveis, diante das mudanças que foram feitas recentemente no Decreto-Lei n. 911/69[15].

A mesma Corte Superior frisou, d'outra feita, por maioria de votos, que "A teoria do *adimplemento substancial* não tem incidência nos vínculos jurídicos familiares, revelando-se inadequada para solver controvérsias relacionadas a obrigações de natureza alimentar"[16].

Quanto à cláusula resolutiva expressa ou comissória, o Código Civil de 1916 manteve-se fiel à origem romana, que a concebia somente como benefício concedido ao vendedor, no contrato de compra e venda. Segundo dispunha o art. 1.163 do aludido diploma, tendo o comprador e vendedor ajustado o desfazimento da venda, ante o não pagamento do preço, até certo dia, podia o vendedor declarar extinto o contrato, ou exigir o cumprimento dessa obrigação. Pelo parágrafo único do mesmo artigo, deveria manifestar-se o vendedor, no prazo de dez dias, se quisesse reclamar o preço, sob pena de restar, de pleno direito, desfeita a venda.

Muitas legislações modernas, como a italiana, por exemplo (art. 1.456), admitem a cláusula em apreço em benefício de qualquer das partes. O Código Civil de 2002 adaptou-se a esse novo modelo, prevendo a cláusula resolutiva expressa sem qualquer limitação, seja quanto à natureza do contrato, seja quanto à parte beneficiada, no art. 474, *verbis*:

"*A cláusula resolutiva expressa opera de pleno direito; a tácita depende de interpelação judicial*".

Bem andou o aludido diploma, tratando como cláusula e não como condição a hipótese prevista no dispositivo supratranscrito. Também, acertadamente, suprimiu a referência que

---

12 REsp 1.581.505-SC, 4ª T., rel. Min. Antônio Carlos Ferreira, *DJe* 28-9-2016.

13 A doutrina do adimplemento substancial no direito brasileiro em perspectiva comparativista. *Revista da Faculdade de Direito da Universidade Federal do Rio Grande do Sul*, Porto Alegre: Livraria dos Advogados, n. 1, v. 9, nov. 1993, p. 62.

14 Disponível em <jusbrasil.com.br>, de 6-12-2017.

15 REsp 1.622.555-MG, rel. p/ acórdão Min. Marco Aurélio Bellizze, *DJe* 16-3-2017.

16 STJ, HC 439.973-MG, rel. Min. Luis Felipe Salomão, rel. p/ acórdão Min. Antonio Carlos Ferreira, *DJe* 4-9-2018.

o parágrafo único do art. 119 do Código de 1916 fazia à condição resolutiva tácita, por não se tratar propriamente de condição em sentido técnico, considerando-se que esta só se configura se aposta ao negócio jurídico. E a denominada condição resolutiva expressa – que é, juridicamente, condição – opera, como qualquer outra condição em sentido técnico, de pleno direito[17].

Em ambos os casos, *tanto no de cláusula resolutiva expressa ou convencional, como no de cláusula resolutiva tácita*, a resolução deve ser *judicial*, ou seja, precisa ser judicialmente pronunciada. No primeiro, a sentença tem efeito meramente declaratório e *ex tunc*, pois a resolução dá-se automaticamente, no momento do inadimplemento; no segundo, tem efeito desconstitutivo, dependendo de interpelação judicial. Havendo demanda, será possível aferir a ocorrência dos requisitos exigidos para a resolução e inclusive examinar a validade da cláusula, bem como avaliar a importância do inadimplemento, pois a cláusula resolutiva, "apesar de representar manifestação de vontade das partes, não fica excluída da obediência aos princípios da boa-fé e das exigências da justiça comutativa"[18].

Orlando Gomes, referindo-se ao compromisso de compra e venda com cláusula resolutiva expressa, enuncia: "Não se rompe unilateralmente sem a intervenção judicial. Nenhuma das partes pode considerá-lo *rescindido*, havendo inexecução da outra. Há de pedir a *resolução*. Sem a sentença resolutória, o contrato não se dissolve, tenha como objeto imóvel loteado, ou não"[19].

Também José Osório de Azevedo Júnior declara: "Haja ou não cláusula resolutiva expressa, impõe-se a manifestação judicial para a resolução do contrato"[20]. Nesse sentido a jurisprudência: "A cláusula de resolução expressa não dispensa, em princípio, a ação judicial"[21].

Embora o Código Civil não exija a notificação do devedor para a atuação dos efeitos do pacto, pois vencida a dívida o devedor está em mora (CC, art. 397), pelo Decreto-Lei n. 745/69, em se tratando de contrato de promessa de compra e venda de imóvel não loteado, é indispensável a prévia interpelação, ainda quando presente cláusula resolutiva, ficando o devedor com quinze dias para purgar a mora. Assim também na alienação fiduciária em garantia (Lei n. 4.728, de 14-7-1965; Decreto-Lei n. 911, de 1º-10-1969) e no arrendamento mercantil (Lei n. 6.099, de 12-9-1974)[22].

---

17 José Carlos Moreira Alves, *A Parte Geral do Projeto do Código Civil brasileiro*, p. 107.

18 Ruy Rosado de Aguiar Júnior, *Extinção dos contratos por incumprimento do devedor*, p. 183.

19 *Contratos*, p. 281.

20 *Compromisso de compra e venda*, p. 16.

21 STJ, REsp 237.539-SP, 4ª T., rel. Min. Rosado de Aguiar, *DJU*, 8-3-2000. *V.* ainda, no mesmo sentido: "A despeito de estipulada a cláusula resolutiva expressa no 'Termo de Ocupação com Opção de Compra', era imprescindível promovesse a empresa a prévia resolução judicial do ajuste. Precedente da Quarta Turma" (STJ, REsp 88.712-SP, 4ª T., rel. Min. Barros Monteiro, *DJU*, 24-9-2001). "Inexiste em nosso direito a figura da rescisão automática de compromisso de compra e venda de imóvel loteado ou não (art. 1º do Dec.-Lei 745/69)" (*RT*, 594/175). "Compromisso de compra e venda. Mora da loteadora que pré-exclui a dos compromissários compradores. Nulidade do cancelamento do registro. *Necessidade de ação prévia de rescisão contratual*" (TJSP, Ap. 68.536-4-São Bernardo do Campo, 2ª Câm. Dir. Priv., rel. Des. Cezar Peluso, j. 1º-6-1999, v. u.).

22 A resolução por via extrajudicial mediante notificação do devedor está regulada na Lei do Parcelamento do Solo Urbano (art. 32 da Lei n. 6.766/79). A resolução, neste caso, dispensa a providência judicial, porque decorre automaticamente do transcurso em branco do prazo de trinta dias concedido na notificação, autorizando o vendedor a obter o cancelamento da averbação. A Lei n. 4.591, de 16-12-1994, que trata do "condomínio em edificações e incorporações imobiliárias", dispõe, em seu art. 63, acerca da resolução convencional do contrato após o atraso de três prestações do preço da construção, mediante notificação com prazo de dez dias para purgar a mora, conforme fixado no contrato.

Assevera Ruy Rosado de Aguiar Júnior que "o credor com cláusula resolutiva expressa a seu favor pode promover ação resolutória para obter a declaração judicial da resolução, a fim de espancar qualquer dúvida e acertar a respeito da restituição e da indenização, mas também pode fundamentar seu pedido no art. 475 do Código Civil, abrindo mão do pacto comissório, ou cumulando este fundamento com aquele... O credor que, depois do vencimento, faz uma opção pelo cumprimento do contrato não pode mais invocar o art. 474 do Código Civil. Se concedeu novo prazo, com a mesma advertência de essencialidade quanto ao tempo do pagamento, a persistência do devedor em descumprir restabelece o direito de resolver do credor"[23].

2.1.3. *Direito de arrependimento*

Quando expressamente previsto no contrato, *o arrependimento autoriza qualquer das partes a rescindir o ajuste, mediante declaração unilateral da vontade, sujeitando-se à perda do sinal, ou à sua devolução em dobro, sem, no entanto, pagar indenização suplementar*. Configuram-se, *in casu*, as arras penitenciais, previstas no art. 420 do Código Civil[24].

O direito de arrependimento deve ser exercido no prazo convencionado ou antes da execução do contrato, se nada foi estipulado a esse respeito, pois o adimplemento deste importará renúncia tácita àquele direito.

O Código de Defesa do Consumidor concede a este o direito de desistir do contrato, no prazo de sete dias, sempre que a contratação se der fora do estabelecimento comercial, especialmente quando por telefone ou em domicílio, com direito de devolução do que pagou, sem obrigação de indenizar perdas e danos (art. 49). Trata-se de caso especial de arrependimento, com desfazimento do contrato por ato unilateral do consumidor. O fundamento encontra-se na presunção de que, por ter sido realizado fora do estabelecimento comercial, o contrato não foi celebrado com a reflexão necessária.

Apesar de o art. 49 do CDC não trazer nenhuma ressalva ao direito de reflexão, ao proferir seu voto, o Relator Min. Benedito Gonçalves interpretou que "A gênese teleológica do direito de arrependimento é a proteção do consumidor contra as práticas comerciais agressivas, verificada geralmente nas vendas fora do estabelecimento comercial do fornecedor, destinando-se a resguardar que suas escolhas sejam feitas de forma segura e em conformidade com seus desejos e necessidades, mitigando sua vulnerabilidade pela ausência de contato direito com o produto ou serviço, e, considerando-se sua origem e o contexto histórico em que fora inserido no direito brasileiro, *tem-se que não deve ser garantido em toda e qualquer compra feita à distância, mas, somente nas hipóteses em que haja necessidade de se assegurar ao consumidor a consumação de aquisição consciente diante do desconhecimento do produto ou serviço ofertado*"[25] (grifei).

Em caso de ter havido já o adimplemento das prestações por ambas as partes de contrato de promessa de compra e venda de imóvel submetido ao Código de Defesa do Consumidor, em recente julgado, o Superior Tribunal de Justiça destacou que tal circunstância obsta o exercício do direito de desistência pelo consumidor[26].

---

[23] *Extinção dos contratos por incumprimento do devedor*, p. 184.

[24] "Arras penitenciais. Caracterização somente quando ficar estipulado entre as partes o direito ao arrependimento" (*RT*, 792/370).

[25] REsp 1.534.519-DF, rel. Min. Benedito Gonçalves, *DJe* 25-4-2018.

[26] STJ, REsp 2.023.670-SP, 3ª T., rel. Min. Nancy Andrighi, *DJe* 15-9-2023.

2.2. Causas supervenientes à formação do contrato

Verifica-se a dissolução do contrato em função de causas posteriores à sua criação por: a) *resolução*, como consequência do seu inadimplemento *voluntário*, *involuntário* ou por *onerosidade excessiva*; b) *resilição*, pela vontade de um ou de ambos os contratantes; c) *morte de um dos contratantes*, se o contrato for *intuitu personae*; e d) *rescisão*, modo específico de extinção de certos contratos.

2.2.1. *Resolução*

A obrigação visa à realização de um determinado fim. Nem sempre, no entanto, os contraentes conseguem cumprir a prestação avençada, em razão de situações supervenientes, que impedem ou prejudicam a sua execução. A extinção do contrato mediante *resolução* tem como causa a inexecução ou incumprimento por um dos contratantes.

Resolução, portanto, na lição de Orlando Gomes, é "um remédio concedido à parte para romper o vínculo contratual mediante ação judicial"[27]. O inadimplemento por ser voluntário (culposo), ou não (involuntário).

2.2.1.1. Resolução por inexecução voluntária

A resolução por inexecução voluntária decorre de comportamento culposo de um dos contraentes, com prejuízo ao outro. Produz efeitos *ex tunc*, extinguindo o que foi executado e obrigando a restituições recíprocas, sujeitando ainda o inadimplente ao pagamento de *perdas e danos* e da *cláusula penal*, convencionada para o caso de total inadimplemento da prestação (cláusula penal *compensatória*), em garantia de alguma cláusula especial ou para evitar o retardamento (cláusula penal *moratória*), conforme os arts. 475 e 409 a 411 do Código Civil[28].

Entretanto, se o contrato for de *trato sucessivo*, como o de prestação de serviços de transporte e o de locação, por exemplo, a resolução não produz efeito em relação ao pretérito, não se restituindo as prestações cumpridas. O efeito será, nesse caso, *ex nunc*.

O devedor acionado por resolução pode apresentar várias defesas, de direito material ou de natureza processual, como, por exemplo, que o contrato não é bilateral; que o cumpriu integralmente ou de modo substancial, suficiente para impedir a sua resolução (não foi paga apenas pequena parcela do preço); que não o cumpriu porque o credor, que deveria cumprir antes a sua parte, não o fez (*exceptio non adimpleti contractus*); que o credor já não está legitimado à ação, porque houve cessão da posição contratual, ou que o réu já não é o devedor, em virtude de assunção dessa posição, com exclusão da responsabilidade; prescrição do direito de crédito; advento de circunstâncias que alteraram a base do negócio, tornando inexigível a prestação (onerosidade excessiva) etc.[29].

---

27 *Contratos*, p. 190.

28 "Promessa de compra e venda. Resolução. Restituição. Seja no sistema do Código Civil, seja no do Código de Defesa do Consumidor, a resolução do negócio leva à restituição das partes à situação anterior, nela incluída a devolução das parcelas recebidas pela vendedora, a quem se reconhece o direito de reter parte das prestações para indenizar-se das despesas com o negócio e do eventual benefício auferido pelo comprador quando desfrutou da posse do imóvel" (STJ, REsp 171.951-DF, 4ª T., rel. Min. Rosado de Aguiar, *DJU*, 13-10-1998). "Na vigência do Código de Defesa do Consumidor, é abusiva a cláusula de decaimento de 90% das importâncias pagas pela promissária compradora de imóvel. Recurso provido para permitir a retenção pela promitente vendedora de 10% das prestações pagas" (STJ, REsp 94.640-DF, 4ª T., rel. Min. Rosado de Aguiar, *DJU*, 7-10-1996).

29 Além das possíveis defesas mencionadas, outras são lembradas por Ruy Rosado de Aguiar Júnior: renúncia, pelo credor, após o inadimplemento do devedor, ao exercício do direito de resolução, de

A resolução do contrato por incumprimento é subordinada, como retromencionado, à condição de que a falta não seja de somenos importância, levando-se em conta o interesse da parte que sofre os seus efeitos. Seria, na verdade, absurdo e injusto, salienta Enzo Roppo[30], se cada parte fosse legitimada a desembaraçar-se do contrato, tomando por pretexto "toda a mínima e insignificante inexatidão na execução da outra parte". É necessário, ao invés, que o não cumprimento invocado por quem pede a resolução, "seja razoavelmente sério e grave, e prejudique, de modo objetivamente considerável, o seu interesse". Se uma parte manifestou sempre tolerância por uma certa margem de atraso ou de pagamento de valor inexato, pouco inferior ao convencionado, "isto pode ter relevância para excluir a possibilidade de resolução do contrato por falta de cumprimento integral"[31].

O juiz, ao avaliar, em cada caso, a existência desses pressupostos, levará em conta os princípios da boa-fé e da função social do contrato, bem como as legítimas expectativas das partes em relação à complexidade econômica do negócio.

2.2.1.1.1. Exceção de contrato não cumprido

Preceitua o art. 476 do Código Civil:

"Nos contratos bilaterais, nenhum dos contratantes, antes de cumprida a sua obrigação, pode exigir o implemento da do outro".

Os contratos bilaterais ou sinalagmáticos *geram obrigações para ambos os contratantes, envolvendo prestações recíprocas, atreladas umas às outras.* Segundo preleciona Caio Mário, "nos contratos bilaterais as obrigações das partes são recíprocas e interdependentes: cada um dos contraentes é simultaneamente credor e devedor um do outro, uma vez que as respectivas obrigações têm por causa as do seu cocontratante, e, assim, a existência de uma é subordinada à da outra parte"[32].

---

modo expresso ou implícito; mora do credor, que se recusou ao recebimento da obrigação (mora creditória); inadimplemento simultâneo, tendo o devedor interesse em manter o contrato, ou, não o tendo, podendo o juiz, então, decretar a resolução, mas sem condenação do devedor em perdas e danos; impossibilidade temporária, podendo ser cumprida a obrigação ainda enquanto houver interesse do credor; que o incumprimento é de prestação acessória, sem força para tornar inútil ou imprestável a prestação principal; incumprimento inimputável ao devedor, que o atribui ao caso fortuito, a terceiro, ao próprio credor, ou mesmo ao devedor, mas sem culpa; que a exigência do credor é abusiva etc. (*Extinção dos contratos por incumprimento do devedor*, p. 220-222).

30 *O contrato*, p. 266.

Veja-se, a propósito: "A resolução por inadimplemento do devedor somente pode ser reconhecida se demonstrada e aceita a falta considerável do pagamento devido. Do contrário, a regra é a de que se preserve o contrato, permitido ao credor ainda insatisfeito a propositura da ação de cobrança do que lhe for devido. É por isso que na legislação estrangeira, no trato de comércio internacional e também na mais recente doutrina nacional, tem sido admitido que o adimplemento substancial pelo devedor impede a extinção do contrato" (STJ, REsp 226.283-RJ, 4ª T., Voto-vista proferido pelo Min. Rosado de Aguiar, *DJU*, 27-8-2001).

31 "O fato de o promissário comprador ter promovido ação cautelar preparatória da ação de modificação de cláusula contratual sobre a correção das parcelas, com depósito em juízo das quantias consideradas devidas, não impede a promitente vendedora de notificar o devedor, manifestando sua pretensão de cobrar de acordo com o que entende avençado, e depois ingressar com a ação de resolução fundada no inadimplemento do comprador" (STJ, REsp 468.186-0-RJ, 4ª T., rel. Min. Rosado de Aguiar, j. 20-2-2003). "Promessa de compra e venda. Resolução. Devolução parcial do preço. Compensação pelo uso do imóvel. A inadimplência do promitente comprador não justifica a perda dos valores pagos a título de preço, ainda que prevista contratualmente, mas o promitente vendedor tem direito à indenização do que poderia auferir a título de locação, no período em que o imóvel esteve ocupado por aquele" (STJ, REsp 416.338-0, 3ª T., rel. Min. Ari Pargendler, j. 3-4-2003).

32 *Instituições de direito civil*, v. III, p. 67. Ensinam, a propósito, os irmãos Mazeaud: "En los contratos sinalagmáticos o bilaterales, las obligaciones creadas son recíprocas: cada uno de los contratantes es, a

Se uma delas não é cumprida, deixa de existir causa para o cumprimento da outra. Por isso, nenhuma das partes, sem ter cumprido o que lhe cabe, pode exigir que a outra o faça[33].

Infere-se do art. 476 retrotranscrito que qualquer dos contratantes pode, ao ser demandado pelo outro, utilizar-se de uma defesa denominada *exceptio non adimpleti contractus* ou exceção do contrato não cumprido, para recusar a sua prestação, ao fundamento de que o demandante não cumpriu a que lhe competia. Aquele que não satisfez a própria obrigação não pode exigir o implemento da do outro. Se o fizer, o último oporá, em defesa, a referida exceção, fundada na equidade, desde que as prestações sejam *simultâneas*.

Adverte Silvio Rodrigues, com efeito, que, além de recíprocas, "é mister que as prestações sejam simultâneas, pois, caso contrário, sendo diferente o momento da exigibilidade, não podem as partes invocar tal defesa". Aduz o emérito professor que a *exceptio non adimpleti contractus* "paralisa a ação do autor, ante a alegação do réu de não haver recebido a contraprestação devida; não se debate o mérito do direito arguido, nem o excipiente nega a obrigação; apenas contesta sua exigibilidade, em face de não haver o excepto adimplido o contrato"[34].

Quando as prestações, em vez de simultâneas, são *sucessivas*, a exceção ora em estudo, efetivamente, não pode ser oposta pela parte a que caiba o primeiro passo. Se não foi estipulado o momento da execução, entendem-se simultâneas as prestações. Se *ambas mostram-se inadimplentes*, impõe-se a resolução do contrato, com restituição das partes à situação anterior[35].

É requisito, para que a exceção do contrato não cumprido seja admitida, que a falta cometida pelo contraente, que está exigindo a prestação do outro sem ter antes cumprido a sua, seja grave, bem como que haja equilíbrio e proporcionalidade entre as obrigações contrapostas. Anotam Colin e Capitant, nessa ordem, que "não basta qualquer falta do contratante para justificar a exceção: é necessário uma 'falta grave', uma verdadeira inexecução de sua obrigação"[36].

Nessa conformidade, a aplicação da *exceptio non adimpleti contractus* não pode prescindir da boa-fé e não deve ser feita sem levar em conta a diversidade de obrigações. Se o inadimplemento do credor for de leve teor, não poderá ele servir de fundamento ou justificar a oposição da aludida defesa[37]. Inclusive, o *Enunciado n. 652 da IX Jornada de Direito Civil* disciplina que: "É possível opor exceção de contrato não cumprido com base na violação de deveres de conduta gerados pela boa-fé objetiva".

---

la vez, acreedor y deudor; sus obligaciones tienen por causa las del otro contratante suyo: cada cual se compromete para con el otro, porque el otro se obliga para con él. Más que recíprocas, esas obligaciones son 'interdependientes': la existencia de las unas está subordinada a la de las otras" (*Lecciones de derecho civil*, 2ª parte, *Obligaciones*, v. I, p. 109, n. 96).

33 "Avença sinalagmática. Parte que, antes de cumprir a sua obrigação, exige que a outra implemente a sua. Inadmissibilidade. Observância da regra *exceptio non adimpleti contractus*" (*RT*, 788/385).

34 *Direito civil*, v. 3, p. 83-85.

35 Washington de Barros Monteiro, *Curso de direito civil*, v. 5, p. 80.

Veja-se a jurisprudência: "Contrato. Rescisão. Exceção do contrato não cumprido. Ininvocabilidade. Cumprimento das obrigações não simultâneo" (*JTJ*, Lex, 149/15).

36 *Cours élémentaire de droit civil français*, t. II, n. 143, p. 106.

37 Serpa Lopes, *Exceções substanciais: exceção do contrato não cumprido*, n. 71, p. 311.

Confira-se: "Documentos não entregues no prazo pelos vendedores. Recusa dos compradores de quitar as parcelas. Inadmissibilidade. *Exceptio non adimpleti contractus* não caracterizada. O fato de os vendedores não cumprirem com o avençado de entregar no prazo estipulado determinados documentos, não justifica a recusa dos compradores de quitar as parcelas, não se podendo falar em *exceptio non adimpleti contractus*, tendo em vista a falta de demonstração de dano e o fato de se tratar de obrigação acessória, podendo os próprios compradores obter tais documentos" (*RT*, 805/227).

A exceção em apreço, que é de direito material, constitui uma defesa indireta contra a pretensão ajuizada. Não é uma defesa voltada para resolver o vínculo obrigacional e isentar o réu excipiente do dever de cumprir a prestação convencionada. Obtém este apenas o reconhecimento de que lhe assiste o direito de recusar a prestação que lhe cabe enquanto o autor não cumprir a contraprestação a seu cargo[38]. No entanto, poderá vir a ser condenado a cumprir a obrigação assim que o credor cumprir a sua prestação, pois, ao opor a aludida exceção, não se negou ele à prestação, mas apenas aduziu em sua defesa que não estava obrigado a realizá-la antes de o autor cumprir a sua.

Preleciona Ruy Rosado de Aguiar Júnior que bem diferentemente ocorre na ação de resolução. Alegando o incumprimento do credor, "o réu não está querendo apenas encobrir, para afastar temporariamente, o direito extintivo do autor, mas negar de todo a própria existência desse direito, porque um dos requisitos da resolução é não ser o credor inadimplente. Logo, a alegação de incumprimento do autor não é só exceção, é defesa que ataca o próprio direito alegado pelo autor".

Aduz o renomado jurista que o devedor "pode reconvir para obter a resolução a seu favor, alegando qualquer causa que lhe atribua direito formativo, inclusive por modificação das circunstâncias supervenientes". Acrescenta ainda não caber a pretensão de "obter resolução por 'exceção'". Esta consiste em "defesa contra a ação já proposta, sem ampliar os limites da lide, enquanto o pedido de resolução formulado pelo réu em reconvenção alarga esses confins e expressa a sua pretensão de obter a atuação da lei a seu favor"[39].

Se um dos contraentes cumpriu apenas em parte, ou de forma defeituosa, a sua obrigação, quando se comprometera a cumpri-la integral e corretamente, cabível se torna a oposição, pelo outro, da exceção do contrato *parcialmente* cumprido ou *exceptio non rite adimpleti contractus*. Diferencia-se da exceção *non adimpleti contractus* porque esta pressupõe completa e absoluta inexecução do contrato. Na prática, porém, a primeira é abrangida pela segunda[40].

Como decorrência do princípio da autonomia da vontade, admite-se a validade de cláusula contratual que restrinja o direito de as partes se utilizarem do aludido art. 476 do Código Civil. Trata-se da cláusula *solve et repete*, pela qual obriga-se o contratante a cumprir a sua obrigação, mesmo diante do descumprimento da do outro, resignando-se a, posteriormente, voltar-se contra este, para pedir o cumprimento ou as perdas e danos. *Importa em renúncia ao direito de opor a exceção do contrato não cumprido.*

A eficácia da aludida cláusula consiste em que uma das partes não pode eximir-se da prestação, nem a retardar, pelo fato de opor exceções que, em outra situação, seriam justificadas pelo comportamento do outro contraente. Deve a parte, portanto, cumpri-la prontamente, sem prejuízo de fazer valer, em ação própria, seus direitos nascidos desse comportamento. Em outras palavras, deve renunciar à vantagem que resultaria da aplicação do princípio da economia processual.

Na precisa dicção de Messineo[41], a cláusula *solve et repete* ou *exceptio solutionis* limita a oposição das exceções de resolução por incumprimento, como a *non adimpleti contractus* e *non rite adimpleti contractus*, o direito de retenção e análogas, mas não de algumas outras, como as de nulidade, anulabilidade ou rescisão do contrato. É um caso de renúncia contratual por parte do devedor ao direito de opor determinadas exceções.

---

38 Bruno Afonso de André, Prescrição e decadência, *Tribuna da Magistratura*, São Paulo: Apamagis, n. 127, p. 3; Humberto Theodoro Júnior, *O contrato e seus princípios*, p. 88.

39 *Extinção dos contratos por incumprimento do devedor*, p. 224-225.

40 Washington de Barros Monteiro, *Curso de direito civil*, v. 5, p. 80.

41 *Doctrina general del contrato*, v. 2, p. 443-444.

A mencionada cláusula não é muito comum, sendo encontrada em alguns contratos administrativos, para proteger a Administração, bem como em contratos de locação de imóveis residenciais, de compra e venda de móveis (em geral, de máquinas) e de sublocações (em favor do locador). Nas *relações de consumo* deve ser evitada, em razão da cominação de nulidade a toda cláusula que coloque o consumidor em desvantagem exagerada (CDC, art. 51).

Verifica-se, do exposto, que o contratante pontual pode, ante o inadimplemento do outro, tomar, a seu critério, três atitudes, uma passiva e duas ativas: a) ou permanecer inerte e defender-se, caso acionado, com a *exceptio non adimpleti contractus*; b) ou pleitear a resolução do contrato, com perdas e danos, provando o prejuízo sofrido; c) ou, ainda, exigir o cumprimento contratual, quando possível a execução específica (CPC, arts. 497, 499, 500, 501, 536, § 1º, e 537).

2.2.1.1.2. Garantia de execução da obrigação a prazo

Ainda como consequência da reciprocidade das prestações existente nos contratos bilaterais, o art. 477 do Código Civil prevê uma *garantia de execução* da obrigação a prazo, nos seguintes termos:

"Se, depois de concluído o contrato, sobrevier a uma das partes contratantes diminuição em seu patrimônio capaz de comprometer ou tornar duvidosa a prestação pela qual se obrigou, pode a outra recusar-se à prestação que lhe incumbe, até que aquela satisfaça a que lhe compete ou dê garantia bastante de satisfazê-la".

Procura-se acautelar os interesses do que deve pagar em primeiro lugar, protegendo-o contra alterações da situação patrimonial do outro contratante. Autoriza-se, por exemplo, o vendedor a não entregar a mercadoria vendida, se algum fato superveniente à celebração do contrato acarretar diminuição considerável no patrimônio do comprador, capaz de tornar duvidoso o posterior adimplemento de sua parte na avença, podendo aquele, neste caso, reclamar o preço de imediato ou exigir garantia suficiente.

Na hipótese mencionada, não poderá o comprador exigir do vendedor a entrega da mercadoria, enquanto não cumprir a sua obrigação de efetuar o pagamento do preço ou oferecer garantia bastante de satisfazê-la. Se promover ação judicial para esse fim, poderá aquele opor a exceção de contrato não cumprido.

De acordo com o *Enunciado n. 438 da V Jornada de Direito Civil*, "A exceção de inseguridade, prevista no art. 477, também pode ser oposta à parte cuja conduta põe, manifestamente em risco, a execução do programa contratual".

Independentemente de a inexecução ter sido voluntária ou involuntária, certas consequências do inadimplemento afloram por efeito do princípio da vedação ao enriquecimento sem causa. Ilustrativamente, na promessa de compra e venda imobiliária, o desfazimento do negócio jurídico não apenas motiva o essencial retorno das partes ao estado anterior, tendo, de um lado, a devolução do preço pago e a indenização pelas benfeitorias e, de outro, a restituição do imóvel, como também enseja a condenação do possuidor direto ao pagamento de aluguéis pelo período de permanência no bem objeto do contrato resolvido[42].

Nessa linha, proclamou o *Superior Tribunal de Justiça*: "É devida a condenação ao pagamento de taxa de ocupação (aluguéis) pelo período em que o comprador permanece na posse do bem imóvel, no caso de rescisão do contrato de promessa de compra e venda, independentemente de ter sido o vendedor quem deu causa ao desfazimento do negócio"[43].

---

[42] Cristiano Chaves de Farias e Nelson Rosenvald, *Curso de direito civil*, 9. ed. 2019, p. 649.

[43] STJ, REsp 1.613.613-RJ, 3ª T., rel. Min. Villas Bôas Cueva, *DJe* 18-6-2018.

2.2.1.2. Resolução por inexecução involuntária

A resolução pode também decorrer de fato não imputável às partes, como sucede nas hipóteses de ação de terceiro ou de acontecimentos inevitáveis, alheios à vontade dos contraentes, denominados *caso fortuito* ou *força maior*, que impossibilitam o cumprimento da obrigação.

A *inexecução involuntária* caracteriza-se pela impossibilidade superveniente de cumprimento do contrato. Há de ser *objetiva*, isto é, não concernir à própria pessoa do devedor, pois deixa de ser involuntária se de alguma forma este concorre para que a prestação se torne impossível[44].

A impossibilidade deve ser, também, *total*, pois se a inexecução for parcial e de pequena proporção, o credor pode ter interesse em que, mesmo assim, o contrato seja cumprido. Há de ser, ainda, *definitiva*. Em geral, a impossibilidade temporária acarreta apenas a suspensão do contrato. Somente se justifica a resolução, neste caso, se a impossibilidade persistir por tanto tempo que o cumprimento da obrigação deixa de interessar ao credor. Mera dificuldade, ainda que de ordem econômica, não se confunde com impossibilidade de cumprimento da avença, exceto se caracterizar onerosidade excessiva[45].

O inadimplente não fica, no caso de inexecução involuntária, responsável pelo pagamento de perdas e danos, salvo se expressamente se obrigou a ressarcir os "*prejuízos resultantes de caso fortuito ou força maior*", ou estiver "*em mora*" (CC, arts. 393 e 399). A resolução opera de pleno direito. Cabe a intervenção judicial, para proferir sentença de natureza declaratória e obrigar o contratante a restituir o que recebeu. O efeito da resolução por inexecução decorrente do fortuito e da força maior é retroativo, da mesma forma como ocorre na resolução por inexecução culposa, com a diferença que, na primeira hipótese, o devedor não responde por perdas e danos. Todavia, deve restituir o que eventualmente tenha recebido, uma vez resolvido o contrato.

Dispõe, a propósito, o art. 1.463 do Código Civil italiano que, "nos contratos com prestações recíprocas, a parte desonerada pela impossibilidade superveniente da prestação devida, não pode exigir a contraprestação, devendo restituir o que já tiver recebido". Pondera ENZO ROPPO que se trata de consequências intuitivas da resolução do contrato: "se falta um dos termos da troca (ainda que por causas de força maior, sem que algum dos contraentes tenha culpa) falta a própria operação econômica, o contrato perde a sua funcionalidade e a sua própria razão de ser, sendo, por tal razão extinto"[46].

2.2.1.3. Resolução por onerosidade excessiva

2.2.1.3.1. A cláusula *rebus sic stantibus* e a teoria da imprevisão

Embora o princípio *pacta sunt servanda* ou da *intangibilidade do contrato* seja fundamental para a segurança nos negócios e fundamental a qualquer organização social, os negócios jurídicos podem sofrer as consequências de modificações posteriores das circunstâncias,

---

[44] "Prestação de serviços. Inadimplemento contratual. Força maior alegada pelo devedor, consubstanciada em greve de seus empregados. Descaracterização. Fato a ele próprio atribuível. Exoneração de responsabilidade pelo descumprimento do contrato somente quando levada a efeito por terceiros estranhos ao devedor e impediente de sua atuação, entendida, então, como fato necessário, inevitável e irresistível. Impossibilidade de se considerar seus prepostos como terceiros em relação ao credor" (*RT*, 642/184).

[45] Orlando Gomes, *Contratos*, p. 197-198.

[46] *O contrato*, p. 255.

com quebra insuportável da equivalência. Tal constatação deu origem ao *princípio da revisão dos contratos* ou *da onerosidade excessiva*, que se opõe àquele, pois permite aos contratantes recorrerem ao Judiciário, para obterem alteração da convenção e condições mais humanas, em determinadas situações.

Essa teoria originou-se na Idade Média, mediante a constatação, atribuída a NERATIUS, em torno da aplicação da *condictio causa data causa non secuta*, de que fatores externos podem gerar, quando da execução da avença, uma situação diversa da que existia no momento da celebração, onerando excessivamente o devedor. Como o contrato devia ser cumprido no pressuposto de que se conservassem imutáveis as condições externas, essas modificações na situação de fato implicariam a modificação, igualmente, da execução: "*Contractus qui habent tractum succesivum et dependentiam de futuro rebus sic stantibus intelliguntur*". Essa cláusula difundiu-se resumidamente como *rebus sic stantibus*, sendo considerada implícita em todo contrato comutativo de trato sucessivo[47].

Na realidade a teoria em apreço ganhou relevo na Idade Média, mas já constava dos textos antigos, sendo conhecida muito antes do direito romano, que não chegou a sistematizá-la, embora a tenha aplicado em situações restritas, como exceção. Informa OTHON SIDOU que o princípio em que mais tarde se baseou a teoria da onerosidade excessiva já se encontrava, um milênio antes da criação de Roma, no art. 48 do famoso Código de HAMMURABI, rei da Babilônia, o mais antigo documento integral que a ciência arqueológica ofereceu à ciência jurídica[48].

A teoria que se desenvolveu com o nome de *rebus sic stantibus* consiste basicamente em presumir, nos contratos comutativos, de trato sucessivo e de execução diferida, a existência implícita (não expressa) de uma *cláusula*, pela qual a obrigatoriedade de seu cumprimento pressupõe a inalterabilidade da situação de fato. Se esta, no entanto, modificar-se em razão de acontecimentos extraordinários, como uma guerra, por exemplo, que tornem excessivamente oneroso para o devedor o seu adimplemento, poderá este requerer ao juiz que o isente da obrigação, parcial ou totalmente.

A referida teoria permaneceu longo tempo no esquecimento, principalmente após o movimento revolucionário do século XVIII, quando se pregou que o homem, livre e igual, podia obrigar-se em pactos individuais com a mesma força vinculativa e obrigatória da lei. A primeira reação ao princípio da imutabilidade do contrato surgiu com WINDSCHEID, em 1850, ao lançar a *teoria da pressuposição*, segundo a qual o contratante se obriga confiando na permanência de uma situação sem a qual não teria contratado. Falhando esse pressuposto, o interessado poderia resolver o negócio[49].

Posteriormente, surgiu a *teoria da desaparição* da base do negócio, formulada por OERTMANN e divulgada por LARENZ, assim resumida por ENNECCERUS: "Por base de negócio, a esses efeitos, se há de entender as representações dos interessados ao tempo da conclusão do contrato, sobre a existência de certas circunstâncias básicas para sua decisão, no caso de que essas representações não hajam sido conhecidas meramente, senão constituídas, por ambas as partes, em base do contrato, como, por exemplo, a igualdade de valor, em princípio, de prestação e contraprestação nos contratos bilaterais (equivalência), a permanência aproxima-

47 Caio Mário da Silva Pereira, *Instituições de direito civil*, v. III, p. 162.

48 *A revisão judicial dos contratos*, p. 3.
O mandamento, escrito em pedra, dizia: "Se alguém tem um débito a juros, e uma tempestade devasta o campo ou destrói a colheita, ou por falta d'água não cresce o trigo no campo, ele não deverá nesse ano dar trigo ao credor, deverá modificar sua tábua de contrato e não pagar juros por esse ano".

49 Ruy Rosado de Aguiar Júnior, *Extinção dos contratos por incumprimento do devedor*, p. 144-145.

da do preço convencionado, a possibilidade de repor a provisão das mercadorias e outras circunstâncias semelhantes"[50].

O recrudescimento da cláusula *rebus sic stantibus* veio a ocorrer, porém, efetivamente, no período da I Guerra Mundial, de 1914 a 1918, que provocou um desequilíbrio nos contratos de longo prazo. Na França, editou-se a *Lei Faillot*, de 21 de janeiro de 1918. Na Inglaterra, recebeu a denominação de *Frustration of Adventure*. Outros a acolheram em seus Códigos, fazendo as devidas adaptações às condições atuais. A *teoria da impossibilidade superveniente*, regulada nos Códigos contemporâneos, aplica-se a diversas situações criadas por modificação posterior da situação de fato, ensejando a quebra do contrato[51].

Entre nós, a teoria em relevo foi adaptada e difundida por ARNOLDO MEDEIROS DA FONSECA, com o nome de teoria da *imprevisão*. Em razão da forte resistência oposta à teoria revisionista, o referido autor incluiu o requisito da *imprevisibilidade*, para possibilitar a sua adoção. Assim, não era mais suficiente a ocorrência de um fato extraordinário, para justificar a alteração contratual. Passou a ser exigido que fosse também *imprevisível*. É por essa razão que os tribunais não aceitam a inflação e alterações na economia como causas para a revisão dos contratos. Tais fenômenos são considerados previsíveis entre nós (cf. Capítulo I, n. 6.6, *retro*)[52].

A resolução por onerosidade excessiva tem a característica de poder ser utilizada por ambas as partes, seja pelo devedor, seja pelo credor. A ação de resolução por inadimplemento contratual parte do pressuposto de que o credor já perdeu o interesse pelo adimplemento, enquanto na onerosidade excessiva "esse interesse ainda pode existir, tanto que permitida a simples modificação do contrato. Também a circunstância de fato que fundamenta o pedido de extinção é, na onerosidade excessiva, estranha às partes, enquanto no incumprimento decorre de fato atribuível ao devedor"[53].

Embora a resolução por onerosidade excessiva se assemelhe ao caso fortuito ou força maior, visto que em ambos os casos o evento futuro e incerto acarreta a exoneração do cumprimento da obrigação, diferem, no entanto, pela circunstância de que o último impede, de forma absoluta, a execução do contrato (*impossibilitas praestandi*), enquanto a primeira determina apenas uma *dificultas*, não exigindo, para sua aplicação, a impossibilidade absoluta, mas a excessiva onerosidade, admitindo que a resolução seja evitada se a outra parte se oferecer para modificar equitativamente as condições do contrato.

Nas hipóteses de *caso fortuito* ou *força maior*, o contrato será necessariamente extinto, em razão da absoluta impossibilidade de cumprimento das obrigações contraídas, como é o caso, por exemplo, do locador, impossibilitado de assegurar ao locatário o uso de seu imóvel, em razão de incêndio provocado por um raio, que o destruiu logo após a celebração do contrato[54].

Em linha geral, o princípio da resolução dos contratos por onerosidade excessiva não se aplica aos *contratos aleatórios*, porque envolvem um risco, sendo ínsita a eles a álea e a influência do acaso, salvo se o imprevisível decorrer de fatores estranhos ao risco próprio do

---

50 *Tratado de derecho civil*, v. 1, t. 2.

51 Caio Mário da Silva Pereira, Cláusula *rebus sic stantibus*, *RF*, 92/797; Ruy Rosado de Aguiar Júnior, *Extinção dos contratos por incumprimento do devedor*, p. 147.

52 "Revisão contratual. Instrumento particular de confissão e reescalonamento de dívida. Pretendida aplicação da cláusula *rebus sic stantibus*, fundada na imprevisão em virtude de alterações na economia. Inadmissibilidade. Circunstância de o país ter enfrentado diversos planos econômicos, que afasta a imprevisibilidade desses fenômenos na economia brasileira" (*RT*, 788/270). "Revisão contratual. Pretensão, fundada na teoria da imprevisão, diante da desvalorização do bem adquirido com os recursos provenientes da avença. Inadmissibilidade" (*RT*, 792/391).

53 Ruy Rosado de Aguiar Júnior, *Extinção dos contratos por incumprimento do devedor*, p. 154.

54 Luiz Guilherme Loureiro, *Teoria geral dos contratos no novo Código Civil*, p. 258-263.

contrato. Assinala Caio Mário, a propósito, que "nunca haverá lugar para a aplicação da teoria da imprevisão naqueles casos em que a onerosidade excessiva provém da álea normal e não do acontecimento imprevisto, como ainda nos contratos aleatórios, em que o ganho e a perda não podem estar sujeitos a um gabarito determinado"[55].

No entanto, o *Enunciado n. 440 da V Jornada de Direito Civil* leciona que: "É possível a revisão ou resolução por excessiva onerosidade em contratos aleatórios, desde que o evento superveniente, extraordinário e imprevisível não se relacione com a álea assumida no contrato". Percebe-se que a essência do contrato aleatório não permite a aplicabilidade da teoria em estudo, mas que, havendo fato extraordinário, imprevisível e superveniente que não se configure como o núcleo que caracteriza o contrato, a onerosidade excessiva poderá ser aplicada.

2.2.1.3.2. A onerosidade excessiva no Código Civil brasileiro de 2002

O Código Civil de 1916 não regulamentou expressamente a revisão contratual. Porém, o princípio que permite a sua postulação em razão de modificações da situação de fato foi acolhido em artigos esparsos, como o 401, que permitia o ajuizamento de ação revisional de alimentos, se sobreviesse mudança na fortuna de quem os supria, podendo ser ainda lembrados, como exemplos, os arts. 954 e 1.058 do mesmo diploma.

Na realidade, a cláusula *rebus sic stantibus* e a *teoria da imprevisão* eram aplicadas entre nós somente em casos excepcionais e com cautela, desde que demonstrada a ocorrência de fato extraordinário e imprevisível e a consequente onerosidade excessiva para um dos contratantes.

A introdução da teoria da imprevisão no direito positivo brasileiro ocorreu com o advento do Código de Defesa do Consumidor, que, no seu art. 6º, V, elevou o equilíbrio do contrato como princípio da relação de consumo, enfatizando ser direito do consumidor, como parte vulnerável do contrato na condição de hipossuficiente, a postulação de modificação das cláusulas contratuais que estabeleçam prestações desproporcionais ou sua revisão em razão de fatos supervenientes que as tornem excessivamente onerosas[56].

O Código Civil em vigor consolidou o direito à alteração do contrato em situações específicas, dedicando uma seção, composta de três artigos, à resolução dos contratos por onerosidade excessiva. Dispõe o primeiro deles:

"Art. 478. Nos contratos de execução continuada ou diferida, se a prestação de uma das partes se tornar excessivamente onerosa, com extrema vantagem para a outra, em virtude de acontecimentos extraordinários e imprevisíveis, poderá o devedor pedir a resolução do contrato. Os efeitos da sentença que a decretar retroagirão à data da citação".

Além de exigir que o acontecimento seja extraordinário, imprevisível e excessivamente oneroso para uma das partes, o dispositivo em apreço insere mais um requisito: o da extrema vantagem para a outra – o que limita ainda mais o âmbito de abrangência da cláusula. Críticas têm sido feitas a essa redação, bem como ao fato de não priorizar a conservação do contrato pela sua revisão. A teoria da imprevisão deveria representar, em princípio, pressuposto necessário da revisão contratual e não de resolução do contrato, ficando esta última como exceção[57].

---

55 *Instituições de direito civil*, v. III, p. 167.

56 "Revisão contratual. Aplicação da cláusula *rebus sic stantibus*. Admissibilidade se a avença se torna onerosa ao consumidor, impossibilitando o cumprimento da obrigação inicialmente assumida. Possibilidade da modificação da avença que implique enriquecimento sem causa, em homenagem ao princípio da equivalência contratual" (*RT*, 785/335).

57 Jones Figueirêdo Alves, *Novo Código Civil comentado*, p. 424; Washington de Barros Monteiro, *Curso de direito civil*, v. 5, p. 83. Regina Beatriz Tavares da Silva observa, com acuidade, que "a parte que sofre o desequilíbrio do contrato deseja cumprir as suas obrigações e não extinguí-las, não conseguindo

A redação criticada foi inspirada no art. 1.467 do Código Civil italiano[58]. Objeta-se que melhor disciplina o assunto o art. 437º do Código Civil português, segundo o qual "tem a parte lesada direito à resolução do contrato, ou à modificação dele segundo juízos de equidade, desde que a exigência das obrigações por ela assumidas afecte gravemente os princípios da boa-fé e não esteja coberta pelos riscos próprios do contrato".

Ruy Rosado de Aguiar Júnior, com sua reconhecida sabedoria, observa, por seu turno, que as *cláusulas gerais*, tratadas de modo conveniente e amplo no atual Código Civil, permitem ao intérprete "encontrar fundamento para a modificação ou a extinção do contrato em razão de fato superveniente que desvirtue sua finalidade social, agrida as exigências da boa-fé e signifique o enriquecimento indevido para uma das partes, em detrimento da outra. O que não se ajustar a tais soluções será examinado à luz da regra específica da onerosidade excessiva (art. 478 do Código Civil). A ideia de ser essa norma usada apenas subsidiariamente decorre do seu enunciado por demais restritivo"[59].

Pode-se aduzir outra vantagem de se considerar de natureza subsidiária a aludida norma: sendo as cláusulas gerais de ordem pública, podem ser aplicadas de ofício pelo juiz, enquanto o art. 478 retrotranscrito exige provocação da parte interessada.

Em regra, os fatos extraordinários e imprevisíveis tornam inviável a prestação para ambas as partes, sem que disso decorra vantagem a uma delas, como sucede com guerra, revoluções, planos econômicos etc. Portanto, o requisito da "extrema vantagem" para o outro contraente é, efetivamente, "inadequado para a caracterização da onerosidade, que existe sempre que o efeito do fato novo pesar demais sobre um, pouco importando que disso decorra ou não vantagem ao outro"[60].

De modo oportuno, o Projeto n. 276/2007, atual PL n. 699/2011 e que propõe a alteração de diversos dispositivos do Código Civil, modifica o dispositivo em tela, suprimindo essa exigência.

Os casos de *revisão* foram contemplados com regra melhor, fundada apenas no dado objetivo da equivalência da prestação: "*Art. 317. Quando, por motivos imprevisíveis, sobrevier desproporção manifesta entre o valor da prestação devida e o do momento de sua execução, poderá o juiz corrigi-lo, a pedido da parte, de modo que assegure, quando possível, o valor real da prestação*". A "desproporção manifesta" tanto pode ocorrer em prejuízo do credor como do devedor.

Em resumo, deve-se entender que, quando a situação não pode ser superada com a revisão das cláusulas, admite-se a extinção do contrato em razão do fato superveniente. Isso porque: "*a*) ou o contrato já não tem interesse para o credor, e deve ser extinto em seu favor, ou o contrato impõe ao devedor um dano exagerado, deixando de atender à sua função social (art. 421 do Código Civil) – que é a de ser útil e justo, conforme a lição de Ghestin; *b*) o princípio da igualdade, constitucionalmente assegurado, não permite que o tratamento dis-

---

fazê-lo sem graves prejuízos em sua economia privada. Dessa forma, solução mais acertada deverá ser a de facultar à parte, prejudicada pela alteração no equilíbrio do contrato, o pedido das respectivas prestações e à parte contrária a proposição de resolução contratual, por não lhe interessar, ou melhor, por lhe causar prejuízos a modificação no cumprimento das obrigações, cabendo ao órgão julgador optar pela decisão mais justa e equitativa" (*Cláusula "rebus sic stantibus" ou teoria da imprevisão – revisão contratual*).

[58] "Art. 1.467. Nos contratos de execução continuada ou periódica, ou então de execução diferida, se a prestação de uma das partes tornar-se excessivamente onerosa pela ocorrência de acontecimentos extraordinários e imprevisíveis, poderá a parte, que deve tais prestações, pedir a resolução do contrato com os efeitos estabelecidos no art. 1.458".

[59] *Extinção dos contratos por incumprimento do devedor*, p. 148.

[60] Ruy Rosado de Aguiar Júnior, *Extinção dos contratos por incumprimento do devedor*, p. 152.

pensado preferentemente ao credor que vai receber um pagamento seja diverso do reservado ao devedor de prestação excessivamente onerosa; *c*) o princípio da boa-fé exige que a equivalência das prestações se mantenha também no momento da execução, inexistente na hipótese de manifesta desproporção de valor entre elas"[61].

O mencionado art. 421 do Código Civil passou a ter a seguinte redação, dada pela Lei n. 13.874, de 20 de setembro de 2019:

"A liberdade contratual será exercida nos limites da função social do contrato".

Nessa conformidade, o fato superveniente que provoca a desproporção manifesta da prestação é causa também de resolução do vínculo contratual quando for insuportável para a parte prejudicada pela modificação das circunstâncias, seja o credor ou o devedor.

Os *requisitos* para a resolução do contrato por onerosidade excessiva são os seguintes: a) vigência de um contrato comutativo de execução diferida ou de trato sucessivo; b) ocorrência de fato extraordinário e imprevisível; c) considerável alteração da situação de fato existente no momento da execução, em confronto com a que existia por ocasião da celebração; d) nexo causal entre o evento superveniente e a consequente excessiva onerosidade.

Como é intuitivo, o primeiro pressuposto para que se possa invocar a onerosidade excessiva é que se trate dos denominados *contratos de duração*, nos quais há um intervalo de tempo razoável entre a sua celebração e a completa execução. Não podem ser, pois, contratos de *execução instantânea*, mas de *execução diferida* ou de realização em momento futuro, como a compra e venda com postergação da entrega do bem para o mês seguinte ao da alienação, ou do pagamento para noventa dias após a conclusão do negócio, por exemplo, ou de *execução continuada* ou *periódica*, como o de prestação de serviços por prazo indeterminado, de empreitada, de fornecimento etc.

O segundo requisito ou *condição externa* é a superveniência de fato *extraordinário* e *imprevisível*, que tenha operado a mutação do ambiente objetivo de tal forma que o cumprimento do contrato implique por si só o enriquecimento de um e empobrecimento de outro. Se as circunstâncias que a determinam pertencem ao ordinário curso dos acontecimentos naturais, políticos, econômicos ou sociais, e podiam, por isso, ter sido previstas quando da conclusão do negócio, não há razão, como afirma Enzo Roppo, "para tutelar o contraente que nem sequer usou da normal prudência necessária para representar-se a possibilidade da sua ocorrência e regular-se de acordo com as mesmas na determinação do conteúdo contratual"[62]. Destaca-se que "O fato extraordinário e imprevisível causador de onerosidade excessiva é aquele que não está coberto objetivamente pelos riscos próprios da contratação" (*Enunciado n. 366 da IV Jornada de Direito Civil*).

Faz-se mister que o evento prejudicial surja após o aperfeiçoamento do negócio e antes da sua execução, pois, sendo preexistente, não se poderia falar em desequilíbrio superveniente, visto que poderia ter sido levado em conta pelo contraente lesado quando da estipulação da avença. Deve este, por outro lado, ingressar em juízo no curso da produção dos efeitos do contrato, pois que se já o tiver executado não cabe mais qualquer intervenção judicial. Mesmo nos casos de extrema onerosidade não pode o prejudicado cessar pagamentos e considerar resolvido o contrato. Essa proclamação deverá ser feita em juízo, mediante rigorosa verificação da presença dos pressupostos da aplicação da teoria revisionista[63].

No contexto da pandemia de Covid-19, inúmeras ações objetivavam a revisão contratual com fundamento na teoria da imprevisão. Ao julgar demanda que buscava a redução das

---

[61] Ruy Rosado de Aguiar Júnior, *Extinção dos contratos por incumprimento do devedor*, p. 153.

[62] *O contrato*, p. 261-262.

[63] Caio Mário da Silva Pereira, *Instituições de direito civil*, v. III, p. 166.

mensalidades escolares em razão do quadro pandêmico, o Superior Tribunal de Justiça rechaçou o pedido autoral sob o fundamento de que "a revisão dos contratos em razão da pandemia não constitui decorrência lógica ou automática, devendo ser analisadas a natureza do contrato e a conduta das partes – tanto no âmbito material como na esfera processual –, especialmente quando o evento superveniente e imprevisível não se encontra no domínio da atividade econômica do fornecedor"[64]. O terceiro requisito ou *condição subjetiva* é a considerável alteração da situação de fato existente no momento da execução, em confronto com a que existia por ocasião da celebração. Diz respeito tal pressuposto à substância do negócio, concernente exatamente à medida de tal agravamento e desequilíbrio. Se a obrigação foi parcialmente cumprida, a onerosidade pode atingir a parte restante, com a revisão ou a resolução parcial do contrato.

O *Enunciado n. 439 da IV Jornada de Direito Civil* considera que: "A revisão do contrato por onerosidade excessiva fundada no Código Civil deve levar em conta a natureza do objeto do contrato. Nas relações empresariais, observar-se-á a sofisticação dos contratantes e a alocação de riscos por eles assumidas com o contrato".

É necessário também que o acontecimento não se manifeste só na esfera individual de um contraente, mas tenha *caráter de generalidade*, afetando as condições de todo um mercado ou um setor considerável de comerciantes e empresários, como greve na indústria metalúrgica, por exemplo, ou inesperada chuva de granizo que prejudica a lavoura de toda uma região ou, ainda, outros fenômenos naturais de semelhante gravidade.

Não exige a lei, como foi dito, que haja hipótese de impossibilidade absoluta. Segundo dispõe o art. 478 do Código Civil, o contrato pode ser resolvido "*se a prestação de uma das partes se tornar excessivamente onerosa, com extrema vantagem para a outra, em virtude de acontecimentos extraordinários e imprevisíveis*". Mesmo, portanto, que circunstâncias supervenientes não impeçam, de modo absoluto, o adimplemento da prestação, pode-se considerar que elas o tornaram excessivamente oneroso se fossem exigidos da parte prejudicada "atividades e meios não razoavelmente compatíveis com aquele tipo de relação contratual, em termos de a transformar numa prestação substancialmente diversa da acordada", como preleciona Enzo Roppo[65]. Seria absurdo, exemplifica o mencionado autor, exigir que o transportador efetue o transporte de uma mercadoria por via aérea, único meio possível no momento, quando foi contratado para realizá-lo de barco, estando a embarcação, porém, impossibilitada de deixar o porto, como todas as demais, em virtude de condições adversas e proibitivas do mar, naquele dia.

Não há medida padrão para se concluir que uma obrigação se tornou *excessivamente onerosa*, nos termos do art. 478 do Código Civil. Cabe ao juiz, no exercício do seu prudente arbítrio, avaliar casuisticamente, de acordo com os aspectos específicos do caso concreto, se a onerosidade surgida posteriormente no contrato submetido a exame pode considerar-se excessiva. Deve, assim, verificar se ocorreu, de fato, o desequilíbrio do contrato e sopesar a posição relativa das partes, considerando, como ponto de partida, a equação econômico-financeira inicial da avença, ou seja, as obrigações contraídas pelas partes e os objetivos comuns que almejavam.

Igualmente não prevê o Código Civil qualquer prazo para que a onerosidade excessiva se configure. O importante é que haja grave desequilíbrio contratual, de tal forma que o cumprimento do acordado implique o enriquecimento de uma das partes e o empobrecimento da outra – o que pode ocorrer no início da vigência do pacto ou em qualquer outra fase.

---

64 REsp 1.998.206-DF, 4ª T., rel. Min. Luis Felipe Salomão, *DJe* 4-8-2022.

65 *O contrato*, p. 256.

Nessa senda, decidiu o *Superior Tribunal de Justiça* que a "onerosidade excessiva deriva exatamente de um fato objetivo, qual seja, a existência ou não de desproporção econômica entre a prestação da arrendadora e contraprestação ofertada pelo arrendatário. (...) Se o desequilíbrio contratual – fato objetivo que é – é o quanto basta para a intervenção judicial, não influi na hipótese a análise de fatos subjetivos, tais como a capacidade econômico-financeira do arrendatário ou a data específica em que foi proposta a demanda, se 1 mês, 6 meses ou 2 anos após a ocorrência do fato causador do desequilíbrio"[66].

O quarto pressuposto, como visto, é a *existência de nexo causal* entre o evento superveniente e a consequente excessiva onerosidade. É necessário que esta decorra de uma mutação da situação objetiva, em tais termos que o cumprimento do contrato, em si mesmo, acarrete o empobrecimento do prejudicado. O contrato só é resolúvel, no entanto, se a sucessiva onerosidade exceder a *álea normal* do contrato, como expressamente prevê o art. 1.467, segunda parte, do Código Civil italiano.

O contratante que estiver em mora quando dos fatos extraordinários não pode invocar, em defesa, a onerosidade excessiva, pois, estando nessa situação, responde pelos riscos supervenientes, ainda que decorrentes de caso fortuito ou força maior (CC, art. 399).

A onerosidade excessiva pode ser arguida como defesa, ou reconvenção, na ação de cobrança ou de exigência de cumprimento de obrigação, ou na de resolução. Todavia, a alegação em contestação é, em regra, considerada mal soante, vista como desculpa de mau pagador, entendendo-se que deveria a parte lesada tomar a iniciativa e antecipar-se à cobrança judicial, invocando a impossibilidade de cumprimento da dívida antes de seu vencimento, em decorrência de fato superveniente extraordinário e imprevisível, e requerendo a revisão do avençado ou a sua resolução.

Deverá, pois, a contestação ser apreciada à luz da boa-fé, pois, como afirma Ruy Rosado, com base na experiência do que normalmente acontece, "o comportamento do devedor que, p. ex., ainda no prazo para efetivar a prestação, deixa de tomar as medidas possíveis e recomendadas para o cumprimento do contrato, uma vez evidenciada a iminência de fatos futuros e extraordinários determinantes da onerosidade, demonstra comportamento contrário aos deveres secundários de conduta"[67].

Preceitua o art. 479 do Código Civil, por sua vez:

"A resolução poderá ser evitada, oferecendo-se o réu a modificar equitativamente as condições do contrato".

O dispositivo reproduz o significado da parte final do art. 1.467 do Código Civil italiano, que proclama: "A parte contra a qual for pedida a resolução poderá evitá-la oferecendo modificações equitativas das condições do contrato". Por sua vez, dispõe o art. 427º, 2, do Código Civil português: "Requerida a resolução, a parte contrária pode opor-se ao pedido, declarando aceitar a modificação do contrato nos termos do número anterior".

Ademais, nos termos do *Enunciado n. 367 da IV Jornada de Direito Civil*, "em observância ao princípio da conservação do contrato, nas ações que tenham por objeto a resolução do pacto por excessiva onerosidade, pode o juiz modificá-lo equitativamente, desde que ouvida a parte autora, respeitada sua vontade e observado o contraditório".

Presentes os pressupostos exigidos no art. 478 do Código Civil, a parte lesada pode pleitear a resolução do contrato. Permite, todavia, o art. 479 supratranscrito que a parte contrária possa, considerando que lhe é mais vantajoso manter o contrato, restabelecendo o seu equilíbrio econômico, oferecer-se para modificar equitativamente as suas condições.

---

66 REsp 447.336-SP, 3ª T., rel. Min. Nancy Andrighi, j. 11-4-2003.

67 *Extinção dos contratos por incumprimento do devedor*, p. 157.

Malgrado o dispositivo citado se refira a "réu", nada impede que a parte interessada em evitar a resolução do contrato se antecipe, ingressando em juízo antes do ajuizamento da ação resolutória, oferecendo-se para restabelecer o equilíbrio contratual.

Nesse rumo, pondera Ruy Rosado de Aguiar Júnior que, ao devedor atingido pela modificação superveniente, recomenda-se dê aviso ao credor, inclusive para lhe garantir a possibilidade de propor, ainda em tempo útil, a modificação das cláusulas do negócio, ou de colaborar na criação das condições que viabilizem a perfeição do contrato. Principalmente, aduz, "quando se tratar de relação entre comerciantes e empresários, cabe a uns e outros o dever de dar aviso prévio sobre a dificuldade do cumprimento. O recomendável será que o devedor tome a iniciativa de propor a ação de revisão judicial do contrato, ou de modificação de cláusulas, ou mesmo a ação de resolução, tão logo que verifique a situação modificadora"[68].

Permite-se, portanto, dar solução diversa ao problema da onerosidade excessiva, por iniciativa de uma das partes, inibindo a resolução do contrato. Serve o dispositivo de "efetividade ao princípio da boa-fé que deve acompanhar a execução dos contratos, em desproveito do enriquecimento sem causa pela parte que recepciona, supervenientemente, vantagem excessiva. A modificação será feita segundo juízos de equidade"[69].

Por fim, dispõe o art. 480 do Código Civil:

"*Se no contrato as obrigações couberem a apenas uma das partes, poderá ela pleitear que a sua prestação seja reduzida, ou alterado o modo de executá-la, a fim de evitar a onerosidade excessiva*".

O Código de 1916 não continha artigo correspondente a este. O contrato que estabelece obrigações só para uma das partes mostra-se, em geral, leonino. Neste caso, admite o dispositivo em epígrafe que a parte prejudicada possa pleitear a redução do montante devido, ou, ainda, a alteração do modo como deve ser efetuado o pagamento, "no intuito, sempre, de que se evite a resolução pelo excesso oneroso"[70].

2.2.2. *Resilição*

A resilição não deriva de inadimplemento contratual, mas unicamente da manifestação de vontade, que pode ser bilateral ou unilateral. *Resilir*, do latim *resilire*, significa, etimologicamente, "voltar atrás". A *resilição bilateral* denomina-se *distrato*, que é o acordo de vontades que tem por fim extinguir um contrato anteriormente celebrado. A *unilateral* pode ocorrer somente em determinados contratos, pois a regra é a impossibilidade de um contraente romper o vínculo contratual por sua exclusiva vontade.

2.2.2.1. Distrato e quitação

Dispõe o art. 472 do Código Civil:

"*O distrato faz-se pela mesma forma exigida para o contrato*".

A redação reproduz a primeira parte do art. 1.093 do Código de 1916, aprimorando-a, porém. De forma benéfica, eliminou-se a segunda parte deste dispositivo, que proclamava a validade da quitação, qualquer que fosse a sua forma, deslocando-a, corretamente, para o capítulo concernente à prova do pagamento, inserindo-a no art. 320, onde se declara que a quitação "*sempre poderá ser dada por instrumento particular*". Não precisa, destarte, obedecer à mesma forma do contrato. Hipoteca, por exemplo, só pode ser convencionada por escritu-

---

68 *Extinção dos contratos por incumprimento do devedor*, p. 160.
69 Jones Figueirêdo Alves, *Novo Código Civil comentado*, p. 428-429.
70 Álvaro Villaça Azevedo, *Teoria geral dos contratos típicos e atípicos*, p. 115.

ra pública. A quitação do crédito hipotecário, no entanto, pode ser outorgada por instrumento particular. Entretanto, como o citado dispositivo exige determinados requisitos para a validade da quitação, dentre eles a assinatura do credor, obviamente deve ter a *forma escrita*.

Segundo a lição de Caio Mário, distrato ou resilição bilateral "*é a declaração de vontade das partes contratantes, no sentido oposto ao que havia gerado o vínculo.* É o *contrarius consensus* dos romanos, gerando o *contrato liberatório.* Algumas vezes é chamado de *mútuo dissenso*"[71]. Segundo Messineo[72], mais adequada se mostra a expressão *mútuo consenso*, que dá a ideia de vontade concordante.

Qualquer contrato pode cessar pelo distrato. É necessário, todavia, que os efeitos não estejam exauridos, uma vez que o cumprimento é a via normal da extinção. Contrato extinto não precisa ser dissolvido. Se já produziu algum efeito, o acordo para extingui-lo não é distrato, mas outro contrato que modifica a relação. O mecanismo do distrato é o que está presente na celebração do contrato: a mesma vontade humana, que tem o poder de criar, atua na direção oposta, para dissolver o vínculo e devolver a liberdade àqueles que se encontravam compromissados.

Preleciona Messineo que, juridicamente, o distrato é, "em substância, um caso de *retratação bilateral do contrato* que se perfaz mediante um novo contrato (*solutório e liberatório*) de *conteúdo igual e contrário* ao do contrato originário e celebrado entre as *mesmas partes* do contrato que se irá dissolver; razão pela qual deve revestir *igual forma*". Acrescenta o renomado jurista italiano que a "eficácia do mútuo dissenso começa a correr *ex nunc*" e "opera sem necessidade de pronunciamento judicial"[73].

A exigência de observância da mesma forma exigida para o contrato, feita no citado art. 472, não deve ser interpretada, contudo, de forma literal, mas com temperamento: o distrato deve obedecer à mesma forma do contrato a ser desfeito quando este tiver forma especial, mas não quando esta for livre. Desse modo, a compra e venda de imóvel de valor superior à taxa legal, que exige escritura pública, só pode ser desfeita, de comum acordo, por outra escritura pública. Mas o contrato de locação, que tem forma livre, pode ser objeto de distrato verbal, mesmo tendo sido constituído mediante contrato escrito, por exemplo[74].

De acordo com o *Enunciado n. 584 da VII Jornada de Direito Civil*, "Desde que não haja forma exigida para a substância do contrato, admite-se que o distrato seja pactuado por forma livre". Desse modo, "uma doação celebrada por escritura pública pode ser distratada por instrumento particular, pois o distrato terá respeitado a forma exigida para o contrato de doação, que é a forma escrita"[75].

A jurisprudência tem reafirmado a liberdade formal concedida pelo art. 472 às partes na realização de distratos. Confira-se:

"A r. sentença, entendendo que a rescisão de pacto firmado por instrumento por escrito também deve ser assim feita e, não havendo prova escrita da rescisão, julgou procedente o pedido inicial e improcedente o pedido reconvencional, nos termos já exposto. O entendimento adotado, contudo, não merece prevalecer. Nos termos do art. 472 do Código Civil, 'o distrato faz-se pela mesma forma exigida para o contrato'. Vale salientar que, consoante referido dispositivo, o distrato deve ocorrer pela forma exigida por lei. Logo, se o contrato tem

---

71 *Instituições de direito civil*, v. III, p. 151.

72 *Doctrina general del contrato*, v. II, p. 333.

73 *Doctrina general del contrato*, v. II, p. 334-335.

74 "Se para os contratos de conteúdo patrimonial objeto do Livro das Obrigações é exigida, no distrato, a mesma forma deles, com maior razão haveria de ser exigida a mesma forma (escritura pública) para o distrato de pacto antenupcial, ou para a mudança do ajuste" (*RT*, 691/94).

75 Anderson Schreiber, *Código Civil comentado:* doutrina e jurisprudência, p. 290.

forma livre, como é o caso do contrato de locação ora em análise, o distrato também o terá. Destarte, ainda que as partes tenham celebrado o contrato de locação de fls. 06/08 por instrumento escrito, possível que o distrato seja realizado de modo verbal no caso em análise"[76].

Os efeitos do distrato são, efetivamente, *ex nunc*, para o futuro, não se desfazendo os anteriormente produzidos.

2.2.2.2. Resilição unilateral: denúncia, revogação, renúncia e resgate

A resilição, como já se disse, não deriva de inadimplemento contratual, mas unicamente da manifestação de vontade. O fundamento para a sua efetivação seria assim a *vontade presumida*. Outras vezes, o contrato se baseia na *confiança* e só perdura enquanto esta existir entre as partes. Por último, os próprios sujeitos reservam-se o direito de *arrependimento*, sujeitando-se à perda ou pagamento em dobro das arras penitenciais.

A resilição unilateral pode ocorrer somente nas obrigações duradouras, contra a sua renovação ou continuação, independentemente do não cumprimento da outra parte, nos casos permitidos *na lei* (p. ex., *denúncia* prevista nos arts. 6º, 46, § 2º, e 57 da Lei n. 8.245, de 18-10-1991, sobre locação de imóveis urbanos) ou *no contrato*.

Obrigação duradoura é aquela que não se esgota em uma só prestação, mas supõe um período de tempo mais ou menos largo, tendo por conteúdo ou uma conduta duradoura (cessão de uso, arrendamento, locação), ou a realização de prestações periódicas (como no pagamento dos aluguéis e no fornecimento de gás, de alimentação, de energia, de mercadorias etc., por prazo indeterminado). Nesses casos, a resilição denomina-se *denúncia*[77].

Segundo Orlando Gomes[78], a faculdade de resilição unilateral é suscetível de ser exercida: a) nos contratos *por tempo indeterminado*; b) nos contratos de *execução continuada*, ou *periódica*; c) nos contratos *em geral*, cuja execução não tenha começado; d) nos contratos *benéficos*; e) nos contratos *de atividade*. A resilição é o meio próprio para dissolver os contratos *por tempo indeterminado*. Se não fosse assegurado o poder de resilir, seria impossível ao contratante libertar-se do vínculo se o outro não concordasse.

Podem ser mencionados, ainda, como exemplos, os contratos de mandato, comodato e depósito. No primeiro, a resilição denomina-se *revogação* ou *renúncia*, conforme a iniciativa seja, respectivamente, do mandante ou do mandatário. Efetivamente, os contratos estipulados no pressuposto da *confiança recíproca* entre as partes podem resilir-se *ad nutum*, pelas formas mencionadas. Na enfiteuse, ocorre o *resgate* (CC/1916, art. 693), como modo de liberação unilateral do ônus real.

A resilição unilateral independe de pronunciamento judicial e produz efeitos *ex nunc*, não retroagindo. Para valer, deve ser notificada à outra parte, produzindo efeitos a partir do momento em que chega a seu conhecimento. É, destarte, *declaração receptícia da vontade*. Em princípio, não precisa ser justificada, mas em certos contratos exige-se que obedeça à justa causa. Nestas hipóteses a inexistência de justa causa não impede a resilição do contrato, mas a parte que o resiliu injustamente fica obrigada a pagar, à outra, perdas e danos[79].

Nessa linha, proclamou o *Superior Tribunal de Justiça*: "Estando claro nos autos que o comportamento das recorridas, consistente na exigência de investimentos certos e determinados como condição para a realização da avença, somado ao excelente desempenho das obrigações pelas recorrentes, gerou legítima expectativa de que a cláusula contratual que

---

[76] TJSP, Apel. 0060931-12.2013.8.26.0002, 32ª Câm., Dir. Priv., rel. Des. Luis Fernando Nishi, j. 25-5-2016.

[77] Clóvis do Couto e Silva, *A obrigação como processo*, p. 211.

[78] *Contratos*, p. 206-207.

[79] Orlando Gomes, *Contratos*, p. 207.

permitia a qualquer dos contratantes a resilição imotivada do contrato, mediante denúncia, não seria acionada naquele momento, configurado está o abuso do direito e a necessidade de recomposição de perdas e danos, calculadas por perito habilitado para tanto"[80].

Dispõe o art. 473 do Código Civil de 2002, inovando:

"A resilição unilateral, nos casos em que a lei expressa ou implicitamente o permita, opera mediante denúncia notificada à outra parte.

Parágrafo único. Se, porém, dada a natureza do contrato, uma das partes houver feito investimentos consideráveis para a sua execução, a denúncia unilateral só produzirá efeito depois de transcorrido prazo compatível com a natureza e o vulto dos investimentos".

Na hipótese, em vez de simplesmente determinar o pagamento de perdas e danos sofridas pela parte que teve prejuízos com a dissolução unilateral do contrato, o legislador optou por atribuir uma tutela específica, convertendo o contrato, que poderia ser extinto por vontade de uma das partes, em um contrato comum, com duração pelo prazo compatível com a natureza e o vulto dos investimentos. Em um contrato de comodato de imóvel sem prazo, por exemplo, não é razoável que, poucos dias depois de o comodatário se instalar, o comodante solicite a sua restituição, sem a ocorrência de fato superveniente que a justifique.

Nesse caso, se o comodatário realizou obras no imóvel para ocupá-lo, esse prazo ainda pode estender-se por muito mais tempo. Certos contratos, todavia, não comportam a incidência da regra do mencionado parágrafo único do art. 473 do atual diploma. O de mandato, por exemplo, admite por sua natureza a resilição incondicional, porque se esteia na relação de confiança entre as partes. Nessas situações resta ao lesado "apenas obter indenização pelos danos sofridos, sem a possibilidade de extensão compulsória da vigência do contrato"[81].

Quando em um contrato bilateral as partes convencionam a possibilidade de resilição voluntária por *declaração unilateral de vontade* (no contrato de trabalho por tempo determinado em que se reservam o direito de resilir *ante tempus*, mediante aviso prévio, p. ex.), produz ela as consequências do distrato. Embora a notificação seja unilateral, a cessão do contrato é efeito do ajuste bilateral realizado. Por essa razão, é tratada por alguns autores, como ORLANDO GOMES[82], *verbi gratia*, como *resilição convencional.*

Os contratantes podem, "no exercício da autonomia da vontade, prever expressamente o direito à resilição unilateral ou arrependimento, o qual constitui direito potestativo – um poder a ser exercido por qualquer dos contratantes independentemente do consentimento da outra parte – que não acarreta o descumprimento do contrato"[83].

Na resilição unilateral dá-se o exercício de um direito potestativo, aquele que se contrapõe a um estado de sujeição. A simples resilição do contrato, "a exemplo do que ocorre com o mero inadimplemento contratual, não é suficiente para caracterizar danos morais"[84].

2.2.3. *Morte de um dos contratantes*

A morte de um dos contratantes só acarreta a dissolução dos contratos personalíssimos (*intuitu personae*), que não poderão ser executados pela morte daquele em consideração do qual foi ajustado. Subsistem as prestações cumpridas, pois o seu efeito opera-se *ex nunc.*

---

80 STJ, REsp 1.555.202-SP, 4ª T., rel. Min. Luis Felipe Salomão, *DJe* 16-3-2017.

81 Caio Mário da Silva Pereira, *Instituições de direito civil*, v. III, p. 153-154.

82 *Contratos*, p. 205.

83 STJ, REsp 1.580.278-SP, 3ª T., rel. Min. Nancy Andrighi, *DJe* 3-9-2018.

84 STJ, REsp 1.630.665-BA, 3ª T., rel. Min. Moura Ribeiro, *DJe* 23-5-2017.

Nesses casos, a impossibilidade da execução do contrato sem culpa tem como consequência a sua resilição automática, dado que é insubstituível a parte falecida. Esta cessação, segundo expressa Caio Mário[85], citando os irmãos Mazeaud, pode-se dizer *resilição convencional tácita*, por entender-se que os contratantes o avençaram com a cláusula implícita de extinção.

2.2.4. Rescisão

Entre nós, o termo *rescisão* é usado como sinônimo de resolução e de resilição. Deve ser empregado, no entanto, em boa técnica, nas hipóteses de dissolução de determinados contratos, como aqueles em que ocorreu *lesão* ou que foram celebrados em *estado de perigo*[86].

A *lesão* é defeito do negócio jurídico que se configura quando uma pessoa, sob premente necessidade, ou por inexperiência, se obriga a prestação manifestamente desproporcional ao valor da prestação assumida pelo outro contraente (CC, art. 157). É, assim, como dissemos no volume 1 desta coleção, o prejuízo resultante da enorme desproporção existente entre as prestações de um contrato, no momento de sua celebração, determinada pela premente necessidade ou inexperiência de uma das partes[87].

Segundo Messineo, dois são os casos em que se admite a rescisão: a) quando o contrato é celebrado em *estado de perigo* e em *condições iníquas*; b) quando acarreta uma *lesão* sofrida por uma das partes, determinada por uma situação de necessidade que a impulsionou a concluí-lo. No seu conceito, a *lesão* consiste na desproporção ou desequilíbrio entre a prestação executada ou prometida pela parte e a que deve receber (que é de menor extensão): desproporção que decorre do estado de necessidade em que se encontrava, que foi o motivo determinante do negócio e do qual se aproveitou a contraparte para obter vantagem[88].

Também Enzo Roppo menciona, como requisito para a configuração da lesão, "que a outra parte tenha 'aproveitado para tirar vantagem' desse estado, e que um tal aproveitamento se tenha concretizado em impor à parte necessitada um conteúdo contratual que determine uma gravíssima desproporção entre prestação e contraprestação"[89].

Todavia, o Código Civil brasileiro de 2002 não exige, para a caracterização da lesão, a atitude maliciosa do outro contratante, denominada "dolo de aproveitamento". A preocupação do legislador, demonstrada no art. 157, foi apenas proteger o lesado, e não punir o contratante favorecido. Pode o vício existir ainda que este, ao realizar o negócio, não tivesse ciência da situação de premente necessidade daquele. O atual diploma considera a lesão um vício do consentimento, que torna anulável o contrato (art. 178, II). Faz, porém, uma ressalva: não se decretará a anulação do negócio "*se for oferecido suplemento suficiente, ou se a parte favorecida concordar com a redução do proveito*" (art. 157, § 2º). *Privilegia, assim, o princípio da conservação dos contratos.*

O *estado de perigo* assemelha-se à anulação pelo vício da coação e caracteriza-se quando a avença é celebrada em condições desfavoráveis a um dos contratantes, que assume *obrigação excessivamente onerosa*, em situação de extrema necessidade, conhecida da outra parte (CC, art. 156). Os efeitos da sentença retroagem à data da celebração do contrato, em ambos os casos. Destarte, a parte que recebeu fica obrigada a restituir.

---

85 *Instituições de direito civil*, v. III, p. 154.

86 Messineo, *Doctrina general del contrato*, v. II, p. 289-291; Enzo Roppo, *O contrato*, p. 249-251; Orlando Gomes, *Contratos*, p. 210.

87 Carlos Roberto Gonçalves, *Direito civil brasileiro*, v. 1, p. 474.

88 *Doctrina general del contrato*, v. II, p. 291.

89 *O contrato*, p. 250.

O objetivo da regra do citado art. 156 do Código Civil é afastar a proteção a um contrato abusivo entabulado em condições de dificuldade ou necessidade do declarante. O fundamento é o enorme sacrifício econômico que teria o devedor para cumprir a prestação assumida, colocando em risco, algumas vezes, todo o seu patrimônio, em consequência do desmedido desequilíbrio das prestações, e ferindo a equidade que deve estar presente em todo contrato comutativo[90].

Na precisa lição de MESSINEO, o *estado de perigo* que origina a rescindibilidade do contrato consiste no fato de que o *motivo determinante* da conclusão do contrato (*ainda que seja aleatório*) e da assunção da obrigação tenha sido, para uma das partes, a *necessidade – conhecida pela contraparte* – de salvar-se a si mesma (ou salvar outra pessoa) do perigo *atual* de um dano *grave à pessoa*; e, ademais, no fato de que a obrigação tenha sido assumida em *condições contrárias à equidade* (iníquas)[91].

O art. 178, II, do Código Civil declara *anulável* o negócio jurídico celebrado em estado de perigo. É o caso, por exemplo, de quem seja obrigado a promover uma compensação desproporcionada a um guia alpino para convencê-lo a prestar socorro a um amigo ou parente, perdido na montanha; dos depósitos em dinheiro exigidos pelos hospitais para que o paciente possa ser atendido e internado numa emergência; da exigência feita pelo cirurgião, de pagamentos de honorários excessivos, para atender paciente em perigo de vida etc.

O contrato concluído em tal estado de perigo só pode ser anulado (rescindido) se a obrigação assumida for *excessivamente onerosa* e iníqua. Com uma fórmula assim elástica, a lei atribui ao juiz o poder de avaliar em concreto se os termos da avença foram tão gravemente desequilibrados que justifiquem, sem mais, a eliminação daquela operação econômica. Ao juiz compete, em concreto, analisar com rigor a prova para a exata caracterização da conduta das partes[92].

2.2.5. Reajuste de aluguel no período da Covid-19

Conforme comentários de NELSON PIETNICZKA JÚNIOR, BEATRIZ MARINA BELON e YARA LETÍCIA CRUZ DE OLIVEIRA a respeito do reajuste de aluguel em tempos de Covid-19,

"O amparo jurídico para determinado auxílio se encontra na Lei do Inquilinato em seu artigo 18, o qual afirma que as partes podem definir um novo valor do aluguel, bem como inserir ou modificar cláusulas de reajuste. Tal princípio decorre diretamente da ideia de que o contrato faz lei entre as partes, mas podem estas modificá-las a bom senso, desde que não haja restrições legais e abusividades para tanto. Além disso, o Código Civil, nos artigos 317, 478 e 393 aborda formas de correção e alterações contratuais em situações imprevisíveis e de caso fortuito ou força maior".

Aduzem os mencionados juristas que a definição dos termos "caso fortuito ou de força maior" e "acontecimentos extraordinários e imprevisíveis" remete-nos à ideia de "fatos que não dependem da vontade das partes e, portanto, impremeditados, porém causam consequências ou efeitos para outras pessoas, mas não geram responsabilidade e nem o direito de indenização" (...). "Após a decretação de calamidade pública (Decreto n. 30.071) e a recomendação do isolamento social, os contratos de locação vêm sofrendo alterações movidas pelo bom senso e pela boa-fé das partes na relação jurídica, visando à possibilidade de acordos.

---

90 Teresa Ancona Lopez, O estado de perigo como defeito do negócio jurídico, *Revista do Advogado*, n. 68, p. 55.

91 *Doctrina general del contrato*, v. II, p. 290.

92 Enzo Roppo, *O contrato*, p. 249; Carlos Alberto Bittar, *Curso de direito civil*, v. 1, p. 157.

Esses acordos devem ser pautados pelo princípio da solidariedade, da lealdade e da cooperação entre as partes".

Acrescentam os conceituados doutrinadores que "Algumas das opções viáveis para a adequação do contrato são a condição temporária de desconto no aluguel; a suspensão integral dos pagamentos com prorrogação de tempo maior; o pagamento percentual de parte do valor acordado; o não reajuste anual do aluguel e o desfazimento do contrato". *O Tribunal de Justiça de São Paulo* definiu que "a situação deve ser considerada como um caso fortuito ou de força maior, o que impede que o contrato continue vigorando em seus termos firmados, fazendo com que haja a necessidade de readequação do aluguel, no caso avaliada em 30%" (TJSP, AI 2099506-17).

"De tal maneira" – acrescentaram os mencionados juristas –, "aplicando os princípios contratuais utilizados pela doutrina, é necessário olhar de forma mais cautelosa a revisão contratual, baseada na teoria de imprevisão. Denota-se que, sobre a cláusula *rebus sic stantibus*, sua aplicação independe da previsão expressa no contrato discutido, ao momento em que for demonstrada a excessividade pendendo a uma das partes, afetando o equilíbrio contratual, se tornando exageradamente onerosa"[93].

O *Superior Tribunal de Justiça* considerou cabível a revisão judicial de contrato de locação não residencial, com redução proporcional do valor dos aluguéis em razão de fato superveniente decorrente da pandemia da Covid-19[94].

---

93 Nelson Pietniczka Júnior, Beatriz Marina Belon e Yara Letícia Cruz de Oliveira, Reajuste de aluguel em tempos de Covid-19, *Revista Consultor Jurídico*, de 16-1-2021.

94 REsp 1.984.277-DF, 3ª T., rel. Min. Luis Felipe Salomão, *DJe* 9-9-2022.

Título II

DAS VÁRIAS ESPÉCIES DE CONTRATO

Sumário: 1. Introdução ao estudo das várias espécies de contrato. 2. Espécies de contrato reguladas no Código Civil de 2002.

1. INTRODUÇÃO AO ESTUDO DAS VÁRIAS ESPÉCIES DE CONTRATO

Após o estudo do Título I, concernente à teoria geral dos contratos, no qual se encontram os princípios e fundamentos básicos que servem de orientação para a generalidade dos ajustes e convenções bilaterais, passamos agora a tratar *das várias espécies de contrato*.

O Código Civil de 2002 disciplina vinte e três contratos típicos e nominados, em vinte capítulos. E o art. 425 preceitua que "*é lícito às partes estipular contratos atípicos, observadas as normas gerais fixadas neste Código*". É cediço que o ordenamento jurídico positivo de um país não consegue tudo prever em seus textos e, por isso, procura, no campo específico dos contratos, ao menos regular os que existem de longa data e são do conhecimento geral, sacramentados pelos usos e costumes e reconhecidos pela jurisprudência.

A transformação dessas categorias contratuais, através dos tempos, faz com que algumas delas, por se tornarem arcaicas e superadas, sejam retiradas do rol dos contratos típicos, sendo substituídas por outras mais modernas e úteis. Além disso, esse rol é sempre acrescido de novas formas, toda vez que sobrevém uma nova codificação. Mesmo assim, não consegue esta abarcar todas as modalidades que as necessidades econômicas e sociais do mundo hodierno exigem. Tantas e tão variadas formas novas surgem que muitas delas são disciplinadas em leis especiais e outras permanecem atípicas e inominadas, como é permitido.

Um *iter* histórico mostra a crescente complexidade e um incremento das próprias dimensões quantitativas do sistema de normas jurídicas que regulam os contratos em geral, e de cada tipo de contrato em particular, dando vida a uma disciplina legal cada vez mais imponente e minuciosa. Superior ainda o aumento sofrido pelas normas relativas a tipos específicos de contratos, contidas em leis especiais. O fenômeno explica-se facilmente a partir do momento em que se observa a multiplicação e complexidade das operações econômicas, por sua vez determinadas pela crescente expansão das atividades de produção, de troca e de distribuição de serviços.

Há hoje um verdadeiro entrelaçamento de figuras típicas e atípicas de toda sorte, gerando um emaranhado de obrigações que coloca muitas vezes o juiz diante de situações complexas e de difícil solução.

Pondera Álvaro Villaça Azevedo que, para evitar abusos decorrentes da liberdade contratual, "e ante a impossibilidade prática de regulamentação legislativa de todos os contratos atípicos e os que surgem, no trato diário, nas relações jurídicas, deve ser criada uma Teoria Geral, na lei, para regulamentar, *in genere*, todos esses negócios novos"[1].

É inegável que, embora o novo diploma não tenha criado um capítulo específico que cuidasse dos princípios gerais atinentes aos contratos atípicos, a inclusão do art. 425, permitindo "*às partes estipular contratos atípicos*" com observância das "*normas gerais*" nele fixadas, representa um progresso no tratamento legislativo dos contratos atípicos, especialmente considerando-se que, dentre as *normas gerais* a serem observadas, incluem-se a que determina a obrigatoriedade de se guardar "os princípios de probidade e boa-fé" (art. 422) e a que declara que a liberdade de contratar será exercida "em razão e nos limites da função social do contrato (art. 421).

Esta obra procurará tratar não só das figuras contratuais tipificadas no Código Civil de 2002, mas também, na terceira e última parte, das modernas figuras contratuais reputadas de maior relevância.

2. ESPÉCIES DE CONTRATO REGULADAS NO CÓDIGO CIVIL DE 2002

Com a unificação do direito das obrigações e a inclusão do direito de empresa, que constitui uma das grandes inovações do Código Civil de 2002, reconhecida a autonomia doutrinária do direito civil e do direito comercial, alguns contratos que pertencem a este último ramo, como o *contrato de comissão*, de *agência* e *distribuição*, o de *corretagem* e o de *transporte* de pessoas e de coisas, passaram a ser regulados no novo diploma.

Incluiu-se, também, no título concernente às *várias espécies de contrato*, a *transação* e o *compromisso*. E a *gestão de negócios*, que o Código de 1916 disciplinava impropriamente entre os contratos, foi deslocada para título autônomo denominado "Dos atos unilaterais".

O atual diploma não tratou da *representação dramática*, hoje regulada em lei especial, e transportou o *contrato de sociedade* para o direito de empresa, disciplinando-o pormenorizadamente. O *contrato de seguro*, por seu turno, foi desdobrado em uma seção intitulada "Seguro de dano" e outra denominada "Seguro de pessoa", na qual se cuida principalmente do seguro de vida.

---

1 *Teoria geral dos contratos típicos e atípicos*, p. 146.

Capítulo I

DA COMPRA E VENDA

Sumário: 1. Conceito e características do contrato de compra e venda. 2. Unificação da compra e venda civil e mercantil. 3. Natureza jurídica da compra e venda. 4. Elementos da compra e venda. 4.1. O consentimento. 4.2. O preço. 4.3. A coisa. 4.3.1. Existência da coisa. 4.3.2. Individuação da coisa. 4.3.3. Disponibilidade da coisa. 5. Efeitos da compra e venda. 5.1. Efeitos principais: geração de obrigações recíprocas e da responsabilidade pelos vícios redibitórios e pela evicção. 5.2. Efeitos secundários ou subsidiários. 5.2.1. A responsabilidade pelos riscos. 5.2.2. A repartição das despesas. 5.2.3. O direito de reter a coisa ou o preço. 6. Limitações à compra e venda. 6.1. Venda de ascendente a descendente. 6.2. Aquisição de bens por pessoa encarregada de zelar pelos interesses do vendedor. 6.3. Venda da parte indivisa em condomínio. 6.4. Venda entre cônjuges. 7. Vendas especiais. 7.1. Venda mediante amostra. 7.2. Venda *ad corpus* e venda *ad mensuram*.

1. CONCEITO E CARACTERÍSTICAS DO CONTRATO DE COMPRA E VENDA

A origem histórica e remota do contrato de compra e venda está ligada à troca. Efetivamente, numa fase primitiva da civilização, predominava a troca ou permuta de objetos. Trocava-se o que se precisava pelo que sobejava para o outro. Esse sistema atravessou vários séculos como prática de negócio, até certas mercadorias passarem a ser usadas como padrão, para facilitar o intercâmbio e o comércio de bens úteis aos homens.

A princípio, foram utilizadas as cabeças de gado (*pecus*, dando origem à palavra "pecúnia"); posteriormente, os metais preciosos. Quando estes começaram a ser cunhados com o seu peso, tendo valor determinado, surgiu a moeda e, com ela, a *compra e venda*. Tornou-se esta, em pouco tempo, responsável pelo desenvolvimento dos países e o mais importante de todos os contratos, pois aproxima os homens e fomenta a circulação das riquezas.

Caio Mário anota que desde as origens de Roma já se praticava a compra e venda. Antes mesmo que se tivessem cunhado as primeiras moedas, quando o *libripens* pesava em público uma porção de metal do pagamento, o romano já sabia distinguir a *emptio venditio* da permuta em espécie. Depois que se distinguiu da permuta, a venda caracterizou-se por ser um contrato translativo imediato da propriedade por operação instantânea. Contrato, então, "meramente obrigatório, não operava a transmissão do domínio, limitando-se a transferir a posse – *vacuam possessionem tradere*. Aquela consequência (aquisição da propriedade) não nascia do contrato, porém de um daqueles atos que, na sistemática romana, eram hábeis a gerá-la, como a *traditio* e a *mancipatio*"[1].

---

1 *Instituições de direito civil*, v. III, p. 171-172, tendo como fontes as lições de Frédéric Girard (*Droit romain*, p. 562), Démangeat (*Cours élémentaire de droit romain*, p. 300), Henri De Page (*Traité élémentaire de droit civil*, v. IV, n. 12), Ruggiero e Maroi (*Istituzioni*, v. II, § 141).

Denomina-se *compra e venda* o contrato bilateral pelo qual uma das partes (vendedor) se obriga a transferir o domínio de uma coisa à outra (comprador), mediante a contraprestação de certo preço em dinheiro[2]. O Código Civil o enuncia desta forma:

"*Art. 481. Pelo contrato de compra e venda, um dos contratantes se obriga a transferir o domínio de certa coisa, e o outro, a pagar-lhe certo preço em dinheiro*".

O contrato em apreço pode ter por objeto bens de toda natureza: *corpóreos*, compreendendo móveis e imóveis, bem como os *incorpóreos*. Todavia, para a alienação dos últimos reserva-se, como mais adequada e correta tecnicamente, a expressão *cessão* (cessão de direitos hereditários, cessão de crédito etc.).

Ressalta do texto retrotranscrito o *caráter obrigacional* do aludido contrato. Por ele, os contratantes apenas obrigam-se reciprocamente. Mas a transferência do domínio depende de outro ato: a *tradição*, para os móveis (CC, arts. 1.226 e 1.267); e o *registro*, para os imóveis (arts. 1.227 e 1.245). Dispõe o art. 1.267 do Código Civil, com efeito, que "*a propriedade das coisas não se transfere pelos negócios jurídicos antes da tradição*". Do mesmo modo, "*os direitos reais sobre imóveis constituídos, ou transmitidos por atos entre vivos, só se adquirem com o registro no Cartório de Registro de Imóveis dos referidos títulos (arts. 1.245 a 1.247), salvo os casos expressos neste Código*" (art. 1.227)[3].

Filiou-se o nosso Código, nesse particular, aos sistemas alemão e romano. O sistema *francês*, diferentemente, atribui *caráter real* ao contrato; este, por si só, transfere o domínio da coisa ao comprador. De acordo com o art. 1.582 do Código Napoleão, o contrato cria o vínculo obrigacional e, simultaneamente, transfere o domínio da coisa vendida (*nudus consensus parit proprietatem*). O aludido dispositivo considera a transferência realizada por virtude do próprio contrato.

O sistema francês afastou-se, assim, da tradição romana, expressa pela máxima *traditionibus et usucapionibus dominia rerum, non nudis pactis, transferuntur*, pois o próprio contrato transfere o domínio, independentemente da tradição da coisa vendida, servindo o registro apenas como meio de publicidade.

O sistema alemão (BGB, art. 433) é voltado para a concepção romana, segundo a qual o contrato gera, para o vendedor, apenas uma obrigação de dar, ou seja, a de entregar a coisa vendida (*ad tradendum*). Somente com essa efetiva entrega (*traditio*) dá-se a transferência do domínio.

Malgrado os inegáveis pontos de contato, não há uma perfeita identidade entre o sistema germânico e o romano, uma vez que este não conheceu o Registro de Imóveis nem, conseguintemente, a *transcrição*, que o atual Código Civil brasileiro denomina *registro*, como elemento da transmissão de domínio. Ademais, no direito romano o vendedor não transmi-

---

2 Eduardo Espínola, *Dos contratos nominados no direito civil brasileiro*, p. 23; Carvalho de Mendonça, *Contratos no direito civil brasileiro*, v. I, p. 364; Cunha Gonçalves, *Dos contratos em especial*, p. 256; Orlando Gomes, *Contratos*, p. 245; Caio Mário da Silva Pereira, *Instituições de direito civil*, v. III, p. 172.

3 Darcy Bessone, em sua obra *Da compra e venda – promessa e reserva de domínio*, n. 14 a 30, sustenta a tese de que o contrato de compra e venda, no direito brasileiro, gera efeitos reais, sendo instrumento hábil para a transferência do domínio. Todavia, malgrado o esforço e o fulgor da argumentação, a referida tese não encontrou aceitação na doutrina. O ponto de vista majoritário, inclusive na jurisprudência, é o que vislumbra no aludido contrato potencial para gerar apenas efeitos pessoais. Confira-se: "Penhora de bens móveis. Compra e venda. Tradição. A compra e venda de bens móveis só se perfaz com a tradição, correndo o risco da coisa por conta do vendedor enquanto aquela não se der. Assim, recaindo a penhora sobre bens que se encontram na posse do vendedor-executado, antes de efetuada a tradição, não há que se falar em constrição de bens alheios, ainda que a compra e venda a ela fosse anterior" (TRT, 3ª Reg., Ap. 3.585/97, 3ª T., rel. Juiz Antônio Álvares da Silva, *DJMG*, 15-9-1998, p. 4).

tia ao comprador a propriedade da coisa vendida, pois para isso fazia-se mister uma *mancipatio* ou uma *traditio*. A obrigação assumida pelo devedor era apenas a de transferir a posse ao comprador (*tradere vacuam possessionem*) e obter para este o *habere licere*, assegurando-lhe a livre *disponibilidade* de fato, enquanto o sistema alemão visa à transferência da propriedade[4].

É bem verdade, assinala Eduardo Espínola, "que essa tradição se fazia para que o comprador pudesse tornar-se proprietário da coisa, certo como é que a transferência da propriedade não era estranha à natureza e finalidade da venda... Assim, o contrato constituía um título ou justa causa para a aquisição da propriedade pelo comprador; mas para se tornar efetiva, devia intervir um modo de aquisição, como a *participatio* ou a *traditio*"[5].

Em nosso país (e em outros que também seguem o sistema alemão, como Áustria, Suíça, Hungria, Holanda, Espanha, Argentina, Chile etc.), sofre a perda do veículo o alienante que recebeu o pagamento do preço e convencionou entregá-lo no dia seguinte, se ocorrer à noite, por exemplo, o seu perecimento por incêndio ou furto, porque a coisa perece para o dono (*res perit domino*), e o fato aconteceu antes da tradição. Na França (e, também, na Itália, Bélgica, Polônia, Bulgária, Bolívia, Venezuela, bem como em Portugal[6], dentre outros países que seguem o mesmo sistema), o prejuízo seria do adquirente, que já se tornara dono pela convenção.

O contrato de *alienação fiduciária* constitui exceção à regra apontada, pois transfere o domínio independentemente da tradição (CC, art. 1.361). Acerca deste contrato, a 2ª Seção do *Superior Tribunal de Justiça* entendeu que o registro do contrato de alienação fiduciária no Registro Imobiliário é imprescindível para a alienação extrajudicial do imóvel, tendo em vista que a constituição do devedor em mora e a eventual purgação desta se processa perante o Oficial de Registro de Imóveis, nos moldes do art. 26 da Lei n. 9.514/1997[7].

Entre nós, se o alienante, que assumira a obrigação de efetuar a entrega, não a cumpre e aliena o mesmo bem posteriormente a terceiro, em favor de quem efetua a tradição (procedendo este ao registro da escritura, se se tratar de imóvel), não tem o primeiro adquirente, mesmo provando haver concluído o contrato e pago o preço, o direito de reivindicá-lo, mas tão somente o de reclamar perdas e danos.

No tocante à *compra e venda internacional*, a Lei de Introdução às Normas do Direito Brasileiro estabelece que, "*para qualificar e reger as obrigações, aplicar-se-á a lei do país em que se constituírem*" (art. 9º) e que "*a obrigação resultante do contrato reputa-se constituída no lugar em que residir o proponente*" (art. 9º, § 2º). Podem as partes, no entanto, avençar diferentemente, desde que a estipulação não ofenda a soberania nacional, a ordem pública e os bons costumes (art. 17).

Embora muitos países não tenham ainda aderido à Convenção de Viena, que entrou em vigor em 1988, suas regras têm sido adotadas no comércio internacional de mercadorias. A Câmara de Comércio Internacional, que reúne especialistas de todo o mundo desde 1928, tem adotado termos comerciais em forma abreviada, especialmente no tocante à relação da venda internacional com o transporte e a repartição dos riscos entre vendedor e comprador, termos estes conhecidos como *Incoterms* (*International commerce terms*), que constituem um vocabulário de termos comerciais normatizados que objetivam limitar as controvérsias e

---

4 Washington de Barros Monteiro, *Curso de direito civil*, v. 5, p. 89; Roberto de Ruggiero, *Instituições de direito civil*, v. III, p. 235.

5 *Dos contratos nominados no direito civil brasileiro*, p. 24, nota 4.

6 Dispõe o art. 874º do Código Civil português: "Compra e venda é o contrato pelo qual se transmite a propriedade de uma coisa, ou outro direito, mediante um preço".

7 STJ, EREsp 1.866.844-SP, 2ª Seção, rel. Min. Nancy Andrighi, j. 27-9-2023.

estabelecer critérios seguros de interpretação, verdadeiras súmulas dos costumes internacionais concernentes à compra e venda.

A cláusula Cif (*Cost, insurance, freight*) significa que a mercadoria é posta no local designado, incluídos no preço as despesas de transporte e os riscos da coisa, operando-se aí a sua tradição e a deslocação dos riscos. A cláusula Fob (*Free on board*) quer dizer que o vendedor se obriga até o embarque, a partir do qual todas as despesas e riscos estão a cargo do comprador.

2. UNIFICAÇÃO DA COMPRA E VENDA CIVIL E MERCANTIL

O Código Civil de 2002 revogou a primeira parte do Código Comercial (CC, art. 2.045), eliminando as distinções legais entre os contratos de compra e venda civil e de compra e venda mercantil. Em realidade, o novo diploma unificou as obrigações civis e mercantis, de acordo com o modelo das primeiras, trazendo para o seu bojo a matéria constante do diploma mercantilista, procedendo, desse modo, a uma unificação parcial do direito privado.

Miguel Reale comenta, a propósito, que o objetivo visado não foi estabelecer a unidade do direito privado. O que na realidade se fez "foi consolidar e aperfeiçoar o que já estava sendo seguido no País, que era a *unidade do Direito das Obrigações.* Como o Código Comercial de 1850 se tornara completamente superado, não havia mais questões comerciais resolvidas à luz do Código de Comércio, mas sim em função do Código Civil. Na prática jurisprudencial, essa unidade das obrigações já era um fato consagrado, o que se refletiu na ideia rejeitada de um Código só para reger as obrigações, consoante projeto elaborado por jurisconsultos da estatura de Orozimbo Nonato, Hahnemann Guimarães e Philadelpho Azevedo"[8].

Na realidade, embora os contratos de compra e venda civil e de compra e venda mercantil tenham finalidades distintas (os primeiros destinam-se ao consumo final dos particulares, e os últimos, à revenda), são ontologicamente iguais. Assinala Gino Gorla que a vantagem de considerar o instituto da compra e venda unitariamente é de si evidente, pois, "estruturalmente, ambos os contratos são a mesma coisa: a diversidade de disciplina em pontos particulares é um reflexo da diversidade de função econômica, embora esta por vezes inexista"[9].

Preleciona, por sua vez, Paulo Luiz Netto Lôbo que, por ser "o contrato mais importante no mercado de consumo, a compra e venda, em que são partes a empresa vendedora e um adquirente destinatário final, fica sujeita à incidência da legislação de defesa do consumidor, principalmente do Código respectivo. Nessa circunstância, a relação contratual convola-se em contrato de consumo e os figurantes convertem-se em fornecedor e consumidor". A unificação do contrato de compra e venda, aduz, "também ressalta essa notável mudança de paradigma ocorrida no trânsito da codificação liberal para o novo Código: a tutela legal que favorecia o vendedor transferiu-se para o comprador"[10].

Essa mudança pode ser observada no Código Civil de 2002, ao destacar, em vários de seus dispositivos, a primazia conferida ao comprador, mesmo que o negócio não envolva relação de consumo, mas como consequência da adoção da *socialidade*, um de seus princípios informativos, com ênfase para a função social do contrato (art. 421), para o princípio da boa-fé objetiva (art. 422) e para o equilíbrio das posições contratuais e das prestações (arts. 423, 424 e 478).

---

8 *O Projeto do novo Código Civil*, p. 5.

9 *Teoria e prática da compra e venda*, v. I, p. 74-75.

10 *Comentários ao Código Civil*, v. 6, p. 4-5.

Nessa linha, proclamou a *3ª Turma do Superior Tribunal de Justiça que*, "em que pese o contrato de incorporação ser regido pela Lei n. 4.591/64, admite-se a incidência do Código de Defesa do Consumidor, devendo ser observados os princípios gerais do direito que buscam a justiça contratual, a equivalência das prestações e a boa-fé objetiva, vedando-se o locupletamento ilícito"[11].

A aludida Corte considera efetivamente o Código de Defesa do Consumidor aplicável aos contratos de compra e venda de imóveis, desde que o comprador seja o destinatário final do bem, inclusive em relação à corretora imobiliária responsável pelo negócio (cf. REsp 1.087.225). Frisou o Egrégio Tribunal em apreço que "o Código de Defesa do Consumidor atinge os contratos de compra e venda nos quais a incorporadora se obriga a construir unidades imobiliárias mediante financiamento"[12]. Segundo a Lei n. 4.561/64, que regula o condomínio em edificações e as incorporações imobiliárias, a atividade da incorporadora consiste em promover e efetuar a construção, para alienação total ou parcial, de edificações ou conjunto de edificações compostas de unidades autônomas. Difere da construtora, que muito costumeiramente apenas executa a obra.

3. NATUREZA JURÍDICA DA COMPRA E VENDA

A compra e venda é o mais importante dos contratos e a origem de quase todo o direito das obrigações, bem como de quase todo o direito comercial[13]. Na sua caracterização jurídica, diz a doutrina[14] que este contrato é:

a) *Sinalagmático* ou *bilateral perfeito*, uma vez que gera obrigações recíprocas: para o comprador a de pagar o preço em dinheiro; para o vendedor, a de transferir o domínio de certa coisa. Se não existisse a reciprocidade de obrigações haveria uma doação ou uma dação em pagamento. Esta característica faz com que as obrigações se entrelacem de tal modo que a execução da prestação de um dos contraentes é causa do adimplemento da do outro.

b) Em regra, *consensual*, em oposição aos contratos reais, porque se aperfeiçoa com o acordo de vontades, independentemente da entrega da coisa, consoante dispõe o art. 482 do Código Civil, *verbis*: "*A compra e venda, quando pura, considerar-se-á obrigatória e perfeita, desde que as partes acordarem no objeto e no preço*". Forma-se, portanto, *solo consensu*. Em certos casos, todavia, tem caráter *solene* quando, além do consentimento, a lei exige uma forma para a sua celebração, como sucede na compra e venda de imóveis, em que a lei reclama a escritura pública (CC, art. 108) e registro.

c) *Oneroso*, pois ambos os contratantes obtêm proveito, ao qual corresponde um sacrifício (para um, pagamento do preço e recebimento da coisa; para outro, entrega do bem e recebimento do pagamento). Faz-se, destarte, por interesse e utilidade recíproca de ambas as partes.

d) Em regra, *comutativo*, porque de imediato se apresenta certo o conteúdo das prestações recíprocas. As prestações são certas e as partes podem antever as vantagens e os sacrifícios, que geralmente se equivalem, malgrado se transforme em *aleatório* quando tem por

---

11 STJ, REsp 1.006.765, 3ª T., rel. Min. Ricardo Villas Bôas Cueva.

12 STJ, REsp 120.905, rel. Min. Ricardo Villas Bôas Cueva, j. 6-5-2014.

13 Cunha Gonçalves, *Dos contratos em especial*, p. 256.

14 Enneccerus, Kipp e Wolff (*Tratado de derecho civil*: derecho de obligaciones, v. 2, p. 29), Cunha Gonçalves (*Dos contratos em especial*, p. 256), Eduardo Espínola (*Dos contratos nominados no direito civil brasileiro*, p. 30), Serpa Lopes (*Curso de direito civil*, v. III, p. 257-258), Orlando Gomes (*Contratos*, p. 245-246), Caio Mário da Silva Pereira (*Instituições de direito civil*, v. III, p. 173), Silvio Rodrigues (*Direito civil*, v. 3, p. 140-141).

objeto coisas futuras ou coisas existentes, mas sujeitas a risco (*v. Dos contratos aleatórios*, Título I, Capítulo VIII, *retro*).

4. ELEMENTOS DA COMPRA E VENDA

O contrato de compra e venda, pela sua própria natureza, exige, como elementos integrantes, a *coisa*, o *preço* e o *consentimento* (*res, pretium et consensus*). Por se tratar da espécie de contrato mais utilizada no comércio jurídico e na convivência social, a lei procura facilitar a sua celebração, simplificando-a. O art. 482 do Código Civil, retrotranscrito, nessa ordem, a considera obrigatória e perfeita, desde que as partes *acordem* no *objeto* e no *preço*.

Quando se fala em elementos essenciais da compra e venda deve-se ter em vista a sua natureza específica, a par dos elementos constitutivos em geral, comum a todos eles, como requisitos de existência e de validade.

Malgrado a observação de Eduardo Espínola[15] de que aos elementos *coisa, preço* e *consentimento* acrescenta-se um quarto requisito, a *forma*, que é exigida na compra de bens imóveis, não é o último requisito, todavia, essencial na generalidade dos casos e, por essa razão, não retira da compra e venda o genérico caráter consensual.

4.1. O consentimento

O consentimento pressupõe a *capacidade* das partes para vender e comprar e deve ser *livre* e *espontâneo*, sob pena de anulabilidade, bem como recair sobre os outros dois elementos: a *coisa* e o *preço*.

Será anulável a venda, também, se houver erro sobre o *objeto principal* da declaração ou sobre as suas *qualidades essenciais* (CC, art. 139). Não existe venda se o vendedor julga estar alienando uma coisa e o comprador acredita estar adquirindo objeto diferente. No erro sobre o *objeto principal*, o consentimento recai sobre objeto diverso daquele que o agente tinha em mente. Exemplo: o do indivíduo que se propõe a alugar a sua casa da cidade e o outro contratante entende tratar-se de sua casa de campo.

Ocorre erro sobre as *qualidades essenciais do objeto* quando o motivo determinante do consentimento é a suposição de que este possui determinada qualidade que, posteriormente, se verifica inexistir, como no caso da pessoa que adquire um quadro por alto preço, na persuasão de se tratar de original quando não passa de cópia. Somente não vicia a manifestação da vontade o *erro acidental*, de somenos importância, que não acarreta prejuízo.

Não basta a capacidade genérica para os atos da vida civil. Para vender exige-se também a específica para *alienar*, pois o cumprimento da obrigação de entregar a coisa pressupõe o *poder de disposição* do vendedor. No tocante ao comprador, basta a capacidade de obrigar-se.

As incapacidades genéricas dos arts. 3º e 4º do Código Civil não impedem, todavia, que os seus portadores realizem toda sorte de negócios jurídicos, especialmente os de compra e venda, porque podem ser supridas pela representação e pela assistência e pela autorização do juiz (CC, arts. 1.634, V, 1.691, 1.748 e 1.774).

Em muitos casos, a lei impõe restrição específica à liberdade de comprar e vender, atuando a limitação como hipótese de *falta de legitimação*. Assim, por exemplo, é anulável a venda de *ascendente* a *descendente*, sem que os demais descendentes e o cônjuge expressamente o consintam (CC, art. 496).

O art. 497 do Código Civil, por sua vez, impõe restrições à aquisição de bens por tutores, curadores, testamenteiros e outras pessoas, encarregadas de zelar pelo interesse dos

---

[15] *Dos contratos nominados no direito civil brasileiro*, p. 31-32.

vendedores. Ainda, pendente estado de indivisão, o condômino não pode vender a sua parte a estranho, se outro consorte a quiser, tanto por tanto (CC, art. 504); é vedada a compra e venda entre marido e mulher que tenha por objeto bem que integre a comunhão (art. 499); não pode o cônjuge, sem a anuência do outro, exceto quando o regime do casamento é o da separação absoluta de bens, celebrar contrato de compra e venda que tenha por objeto imóvel de qualquer valor (art. 1.647, I) etc.

Não tem sido exigido o requisito do consenso na compra e venda feita por incapazes, especialmente quando estes adquirem produtos no mercado de consumo para sua utilização pessoal. A doutrina tem enquadrado esses fatos negociais como relações contratuais de fato ou como condutas sociais típicas, que independem de vontade real ou tácita e de capacidade negocial das partes, em razão do irrefreável processo de massificação social[16].

Assim, por exemplo, não se considera nula a compra de um doce ou sorvete feita por uma criança de sete ou oito anos de idade, malgrado não tenha ela capacidade para emitir a vontade qualificada que se exige nos contratos de compra e venda. Em se tratando de ato dotado de ampla aceitação social, deve ser enquadrado na noção de ato-fato jurídico, que a lei encara como fato, sem levar em consideração a vontade, a intenção ou a consciência[17].

4.2. O preço

O preço é o segundo elemento essencial da compra e venda. Sem a sua fixação, a venda é nula (*sine pretio nulla venditio*, dizia ULPIANO)[18]. É determinado, em regra, pelo livre debate entre os contraentes, conforme as leis do mercado, sendo por isso denominado *preço convencional*. Mas, se não for desde logo *determinado*, deve ser ao menos *determinável*, mediante critérios objetivos estabelecidos pelos próprios contratantes.

O art. 486 do Código Civil permite que se deixe "*a fixação do preço à taxa do mercado ou de bolsa, em certo e determinado lugar*"[19]. Se a cotação variar no mesmo dia escolhido, "tomar-se-á por base a média nessa data, caso as partes não tenham convencionado de forma diversa, por aplicação analógica do parágrafo único do art. 488 do Código"[20].

Vários outros modos de determinação futura do preço podem ser escolhidos pelos contraentes: o preço do custo, o preço em vigor no dia da expedição, a melhor oferta, o *preço do costume* etc. O que não se admite é a indeterminação absoluta, como na cláusula "pagarás o que quiseres", deixando ao arbítrio do comprador a taxação do preço. O art. 489 a declara *nula*, por potestativa[21].

Permite a lei que a fixação do preço seja "*deixada ao arbítrio de terceiro, que os contratantes logo designarem ou prometerem designar. Se o terceiro não aceitar a incumbência, ficará*

[16] Paulo Luiz Netto Lôbo, *Comentários ao Código Civil*, v. 6, p. 27-28.

[17] Carlos Roberto Gonçalves, *Direito civil brasileiro*, v. 1, p. 375; Jorge Cesa Ferreira da Silva, *A boa fé e a violação positiva do contrato*, p. 53.

[18] "Contrato. Compromisso de compra e venda. Rescisão. Falta de objeto. Negócio celebrado verbalmente. Preço não fixado. Inadmissibilidade. Elemento essencial ao contrato. Nulidade absoluta. Reconhecimento possível em qualquer instância. Carência da ação" (*JTJ*, Lex, 209/228).

[19] "Compra e venda de safra de laranjas. Contrato tipo celebrado entre as partes, com preço acertado conforme permissivo legal (art. 1.124 do Código Civil – *de 1916, correspondente ao art. 486 do CC/2002*). Possibilidade. Inexistência de cláusulas abusivas em detrimento do direito do produtor. Cobrança procedente. Preliminar rejeitada. Recurso não provido" (TJSP, Ap. Cív. 23.601-4-Matão, 6ª Câm. Dir. Priv., rel. Des. Munhoz Soares, j. 3-4-1997).

[20] Caio Mário da Silva Pereira, *Instituições de direito civil*, v. III, p. 183-184.

[21] Cunha Gonçalves, *Dos contratos em especial*, p. 263, n. 154; Washington de Barros Monteiro, *Curso de direito civil*, v. 5, p. 94.

sem efeito o contrato, salvo quando acordarem os contratantes designar outra pessoa" (CC, art. 485). O terceiro age como mandatário destes, não se exigindo capacidade especial. Não é ele propriamente um avaliador da coisa, mas um árbitro escolhido pelos interessados.

Se as partes expressamente convencionarem submeter-se ao preço fixado por terceiro que escolherem, implicitamente renunciam ao direito de impugnar o laudo que este apresentar. Não têm o direito de repudiar a sua estimativa, que se torna obrigatória[22]. Todavia, o preço não poderá ser desarrazoado, contrário às legítimas expectativas dos contratantes ou em desarmonia com as circunstâncias que devam ser levadas em conta[23]. Embora a estimação feita pelo terceiro não possa ser reduzida, é ressalvado a qualquer dos contratantes o direito de demandar a nulidade do contrato por dolo[24].

O terceiro escolhido de comum acordo pelas partes levará em conta, ao fixar o preço, o valor atual da coisa, que é o contemporâneo da estimativa e não o da data da celebração da avença, salvo estipulação dos contraentes em contrário[25].

O preço pode ser fixado, também, "*em função de índices ou parâmetros, desde que suscetíveis de objetiva determinação*" (CC, art. 487). Índices são os indicadores de cálculo da variação de preços e valores de determinados conjuntos de bens. A inflação tem provocado a criação de índices de atualização monetária, que podem ser adotados pelos contratantes. Parâmetros são referenciais que servem como indicativos de custo de vida ou de inflação. Paulo Luiz Netto Lôbo dá o seguinte exemplo, para explicar o seu significado: "o contrato de compra e venda de derivados de petróleo pode ter como parâmetro a variação do preço do petróleo no mercado nacional".

Na sequência, aduz o mencionado autor que, se "as partes contratantes não definem o índice ou o parâmetro que serão aplicáveis, fazendo referência apenas a sua atualização de valor ou à correção monetária em geral, compete ao juiz defini-los dentre os que são calculados por entidades oficiais e que sejam mais pertinentes às finalidades do contrato"[26].

Pode ser convencionada, ainda, "*a venda sem fixação de preço ou de critérios para a sua determinação*", entendendo-se que, nesse caso, "*as partes se sujeitaram ao preço corrente nas vendas habituais do vendedor", se não houver tabelamento oficial* (art. 488). Complementa o parágrafo único: "*Na falta de acordo, por ter havido diversidade de preço, prevalecerá o termo médio*".

Contudo, cabe destacar que a interpretação do *Enunciado n. 441 da V Jornada de Direito Civil* é no sentido de que, "na falta de acordo sobre o preço, não se presume concluída a compra e venda. O parágrafo único do art. 488 somente se aplica se houverem diversos preços habitualmente praticados pelo vendedor, caso em que prevalecerá o termo médio".

O dispositivo mencionado, inovação do Código de 2002, constitui outra hipótese de determinabilidade do preço da coisa, a partir de comportamentos habituais dos contraentes. Busca preservar a avença nos casos de ausência de fixação expressa do preço, suprindo a omissão pela adoção do preço corrente nos negócios frequentemente celebrados pelo vendedor. A norma tem caráter supletivo, somente incidindo nos casos em que não houver manifestação expressa[27].

---

22 Cunha Gonçalves, *Dos contratos em especial*, p. 265, n. 156.

23 Paulo Luiz Netto Lôbo, *Comentários ao Código Civil*, v. 6, p. 41.

24 Carvalho Santos, *Código Civil brasileiro interpretado*, v. 16, p. 26.

25 Caio Mário da Silva Pereira, *Instituições de direito civil*, v. III, p. 183; Paulo Luiz Netto Lôbo, *Comentários ao Código Civil*, v. 6, p. 41.

26 *Comentários ao Código Civil*, v. 6, p. 48.

27 Paulo Luiz Netto Lôbo, *Comentários ao Código Civil*, v. 6, p. 52.

Se houver tabelamento oficial, afastada fica a manifestação de vontade expressa ou tácita das partes na fixação do preço, por se tratar de norma cogente. Enquanto aquele perdurar, não se poderá entender que as partes se sujeitaram ao preço corrente nas vendas habituais do vendedor. O que sobejar ao valor tabelado estará eivado de nulidade.

A norma em apreço veio atenuar o rigor do entendimento de que, sem a fixação do preço, a venda é nula. Não o será se for possível considerar, pela intenção negocial demonstrada, manifestação tácita no sentido de sujeição das partes ao preço corrente nas vendas habituais do vendedor. A expressão "vendas habituais do vendedor" não significa que o preço será estabelecido unilateralmente por ele no caso concreto, mas o que costuma constar de seus catálogos ou tabelas ou ofertas ao público. O preço corrente deve representar a média aferida pelo conjunto das transações realizadas[28].

O preço deve ser pago "*em dinheiro*", como prescreve o art. 481, *in fine*, do Código Civil ou redutível a dinheiro, subentendendo-se válido o pagamento efetuado por meio de título de crédito, do qual conste o montante em dinheiro estipulado. Se for pago mediante a entrega de algum objeto, teremos contrato de troca ou permuta; se mediante prestação de serviços, o contrato será inominado.

Quando o pagamento é estipulado parte em dinheiro e parte em outra espécie, a configuração do contrato como compra e venda ou como troca é definida pela predominância de uma ou de outra porcentagem. Se mais da metade do preço for paga em dinheiro, haverá compra e venda. Se, porém, a maior parte do preço for paga em espécie, a compra e venda se transmudará em permuta. Essa distinção produz pouco efeito prático, pois o legislador determinou, em razão da semelhança existente entre ambas, que se aplicassem à troca todas as disposições relativas à compra e venda, com apenas duas modificações (CC, art. 533).

O preço deve ser, também, *sério* e *real*, correspondente ao valor da coisa, e não vil ou fictício. A venda de um edifício suntuoso pelo preço de R$ 1,00 constitui, na verdade, doação. Não se exige, contudo, exata correspondência entre o valor real e o preço pago, pois muitas pessoas preferem negociar o bem por preço abaixo do valor real para vendê-lo rapidamente. O que não pode haver é *erro*, nem *lesão*, que se configura quando uma pessoa, sob premente necessidade ou por inexperiência, se obriga a prestação manifestamente desproporcional ao valor da assumida pela outra parte (CC, arts. 138 e 157).

Quando consta do contrato que a venda é feita pelo *justo preço*, deve-se entender, segundo a doutrina, haver alusão ao *preço normal* ou, conforme o caso, ao corrente no mercado ou na Bolsa.

4.3. A coisa

O art. 481 do Código Civil refere-se a "*certa coisa*" como objeto da prestação do vendedor. No direito do consumidor, o vocábulo "coisa" foi substituído, na compra e venda decorrente de relação de consumo, por "produto", significando "qualquer bem, móvel ou imóvel, material ou imaterial" (CDC, art. 3º, § 1º).

---

[28] Segundo a lição de Jones Figueirêdo Alves, a "sujeição do preço corrente nas vendas habituais do vendedor, entendida como tal diante da compra e venda sem a sua fixação imediata, ou da escolha de critérios objetivos que a determine, não implica, por sua natureza, que o preço fique deixado ao arbítrio exclusivo de quem vende. Esta presunção legal impõe que o preço seja o geralmente admitido como certo, usualmente praticado pelo vendedor, não podendo ser majorado ou reduzido. Quando oscilante, dentro da prática correntia das vendas, este será apurado pelo valor médio exercido" (*Novo Código Civil comentado*, p. 434).

A coisa, objeto do contrato de compra e venda, deve atender a determinados requisitos, quais sejam, os de existência, individuação e disponibilidade.

4.3.1. Existência da coisa

É nula a venda de coisa inexistente. A lei se contenta, porém, com a existência potencial da coisa, como a safra futura, por exemplo, cuja venda se apresenta como condicional (*emptio rei speratae*) e se resolve se não vier a existir nenhuma *quantidade*, mas que se reputa perfeita desde a data da celebração com o implemento da condição (CC, art. 459). Outras vezes a venda de coisa futura se identifica como venda da esperança (*emptio spei*), válida como negócio jurídico e devido o preço, ainda que nada venha a existir, como dispõe o art. 458 do Código Civil (*v. Dos contratos aleatórios*, Capítulo VIII, n. 2, *retro*).

São suscetíveis de venda as coisas atuais e as futuras, corpóreas e incorpóreas. O art. 483 do atual diploma, que não tem correspondente no Código de 1916, admite expressamente que "*a compra e venda pode ter por objeto coisa atual ou futura*", dispondo que, "*neste caso, ficará sem efeito o contrato se esta não vier a existir, salvo se a intenção das partes era de concluir contrato aleatório*". A doutrina fornece vários exemplos de venda de coisa futura: a do bezerro da vaca prenhe, obrigando-se o alienante a transferir a propriedade após o nascimento provável; a do produto que está sendo fabricado em série pela indústria etc.

Destaque-se que o critério legal estabelecido no dispositivo supratranscrito para se definir se o contrato é aleatório ou não é o da intenção das partes, a ser aferida em cada caso pelo juiz. Se for interpretado como comutativo, estará afastada toda a álea da futuridade, ficando assegurado ao comprador uma maior garantia contra os riscos de a coisa não vir a existir[29].

A venda de coisas incorpóreas, como o crédito e o direito à sucessão aberta, por exemplo, é denominada *cessão* (cessão de crédito, cessão de direitos hereditários). Mas é proibida a venda de herança de pessoa viva, pois constitui imoral pacto sucessório (CC, art. 426). Trata-se de preceito de ordem pública, com origem no direito romano, que considerava a modalidade verdadeiro *votum mortis* ou *pacta corvina*.

4.3.2. Individuação da coisa

O objeto da compra e venda há de ser determinado, ou suscetível de determinação no momento da execução, pois o contrato gera uma obrigação de dar, consistente em entregar, devendo incidir, pois, sobre coisa individuada. Admite-se a venda de *coisa incerta*, indicada ao menos pelo gênero e quantidade (CC, art. 243), que será determinada pela escolha, bem como a venda *alternativa*, cuja indeterminação cessa com a concentração (art. 252).

A coisa pode ser, portanto, *específica*, quando o objeto que se vende é precisamente determinado, ou *genérica*, quando é feita alusão ao gênero das coisas ou à sua quantidade, sem especificá-las (tantas sacas de café, sem precisar a sua qualidade, p. ex.). Admite-se também a determinação por meio de comparação com a *amostra*, *protótipo* ou *modelo* exibido, entendendo-se, nesse caso, como se verá a seguir, no item 7.1, *infra*, "*que o vendedor assegura ter a coisa as qualidades que a elas correspondem*" (CC, art. 484).

Quando o contrato alude à quantidade da coisa, deve especificar o peso ou a medida. Não o fazendo, ou não sendo claro, "prevalece o que determinem os usos e costumes do lugar em que deva ser cumprido, inclusive quanto a pesos bruto e líquido, a embalagens

---

[29] Paulo Luiz Netto Lôbo, *Comentários ao Código Civil*, v. 6, p. 32.

e a critérios de medição, que nem sempre observam o sistema métrico decimal. As expressões 'aproximadamente' ou 'cerca de' deixam o vendedor com larga margem para atendê-las"[30].

4.3.3. *Disponibilidade da coisa*

A coisa deve encontrar-se disponível, isto é, não estar fora do comércio. Consideram-se nesta situação as coisas insuscetíveis de apropriação (indisponibilidade *natural*) e as legalmente inalienáveis, sejam estas indisponíveis por força de lei (indisponibilidade *legal*) ou devido a cláusula de inalienabilidade colocada em doação ou testamento (indisponibilidade *voluntária*). São igualmente inalienáveis os valores e direitos da personalidade (CC, art. 11), bem como os órgãos do corpo humano (CF, art. 199, § 4º).

A disponibilidade alcança a *coisa litigiosa*, como se extrai do art. 457 do Código Civil, que impede o adquirente de demandar pela evicção se sabia da litigiosidade, quando adquiriu a coisa, pois assumiu voluntariamente o risco de o alienante sucumbir. Por sua vez, o art. 109 do Código de Processo Civil confirma a possibilidade de ser alienada coisa litigiosa. Embora a citação válida torne a coisa litigiosa (CPC, art. 240), tal fato, como visto, não impede a sua alienação.

Nem sempre, porém, a coisa *in commercium* pode ser transferida ao comprador. Não o pode a *coisa alheia* (venda *a non domino*), salvo se o adquirente estiver de boa-fé, e o alienante adquirir depois a propriedade. Nesse caso, considera-se realizada a transferência desde o momento em que ocorreu a tradição (CC, art. 1.268, § 1º). A eficácia da *venda de coisa alheia* depende de sua posterior revalidação pela superveniência do domínio. Se se admite a convalidação, a venda em princípio não é nula, mas *anulável*. Por outro lado, não pode ser transferida ao comprador, pelo aludido contrato, coisa que já lhe pertence. Ninguém pode adquirir o que já é seu, ainda que o desconheça (*Suae rei emptio non valet, sive sciens, sive ignorans emi*).

5. EFEITOS DA COMPRA E VENDA

5.1. Efeitos principais: geração de obrigações recíprocas e da responsabilidade pelos vícios redibitórios e pela evicção

Os *principais* efeitos da compra e venda são: a) gerar obrigações recíprocas para os contratantes: para o vendedor, a de transferir o domínio de certa coisa, e para o comprador, a de pagar-lhe certo preço em dinheiro (CC, art. 481); e b) acarretar a responsabilidade do vendedor pelos vícios redibitórios e pela evicção. Pode tal responsabilidade derivar também de outros contratos. Por essa razão, o nosso direito a disciplina na teoria geral dos contratos, diferentemente de alguns sistemas, que a inserem na dogmática da compra e venda, em face da íntima relação que mantém com o aludido contrato.

No direito brasileiro, como já foi dito, a compra e venda não é contrato translativo, pois o vendedor apenas promete transferir a posse e a propriedade ao adquirente. O contrato gera obrigações, mas não produz o efeito de transferir a propriedade. O vendedor não a transfere e, sim, promete transferir. Embora separados, os dois negócios jurídicos, ou seja, a compra e venda e o acordo de transmissão mediante a tradição ou a outorga da escritura pública, encontram-se entrelaçados. Quem vende um imóvel por escritura pública, preleciona Couto e Silva, não necessitará de outro ato ou de outra declaração de vontade para que possa ser

---

[30] Paulo Luiz Netto Lôbo, *Comentários ao Código Civil*, v. 6, p. 11.

realizado o registro, pois, na vontade de vender, está a vontade de adimplir, de transmitir, que, por si só, é suficiente para permitir o registro no albo imobiliário[31].

Assinala, por sua vez, Paulo Lôbo[32] que o nosso direito estabelece relação de causalidade entre o modo (transmissão da propriedade) e o título (contrato de compra e venda). Se este for invalidado, aquele também o será, por consequência. No direito alemão, distintamente, aduz, o modo é abstrato, não sendo contaminado pela invalidade ou ineficácia do contrato (título).

O descumprimento da obrigação de transmitir o domínio (acordo de transmissão) mediante a tradição ou o registro caracteriza o inadimplemento, possibilitando a resolução do contrato do qual é oriunda, com o retorno das partes ao *statu quo ante*[33], podendo o adquirente optar pelo ajuizamento da ação de obrigação de fazer ou pela ação de adjudicação compulsória, conforme o caso.

A principal obrigação do vendedor, como visto, é a entrega da coisa ou tradição, que é o ato pelo qual se consuma a compra e venda. Não haverá compra e venda, como sublinha Cunha Gonçalves, se for feita com a cláusula de nunca se fazer a tradição[34].

A tradição pode ser *real* (ou efetiva), *simbólica* (ou virtual) e *ficta* (ou tácita). *Real*, quando envolve a entrega efetiva e material da coisa, ou seja, quando o comprador recebe a posse material, tendo a coisa nas suas mãos ou em seu poder. É a entrega propriamente dita. É *simbólica* a tradição quando representada por ato que traduz a alienação, como a entrega das chaves do apartamento vendido, ou de documentos concernentes à coisa, tais como conhecimento de carga, ordem de remessa, fatura ou qualquer outro que autorize a entrega[35]. E é *ficta*, no caso do constituto possessório ou cláusula *constituti*, que se configura, por exemplo, quando o vendedor, transferindo a outrem o domínio da coisa, conserva-a todavia em seu poder, mas agora na qualidade de locatário.

A referida cláusula tem a finalidade de evitar complicações decorrentes de duas convenções, com duas entregas sucessivas. O atual Código Civil a adotou no parágrafo único do art. 1.267, segundo o qual a propriedade das coisas "*não se transfere pelos negócios jurídicos antes da tradição*", mas esta se subentende "*quando o transmitente continua a possuir pelo constituto possessório*".

5.2. Efeitos secundários ou subsidiários

Outras consequências ou efeitos a compra e venda acarreta e que podem ser chamados de *secundários* ou *subsidiários*, destacando-se os que seguem.

5.2.1. A responsabilidade pelos riscos

Até o momento da tradição dos móveis e o registro dos imóveis, a coisa pertence ao vendedor. Os riscos da coisa perecer ou se danificar, até esse momento, correm, portanto, por sua conta (*res perit domino*); e os do preço se perder, por conta do comprador. Preceitua, com efeito, o art. 492 do Código Civil:

"Até o momento da tradição, os riscos da coisa correm por conta do vendedor, e os do preço por conta do comprador".

---

31 *A obrigação como processo*, p. 62.

32 *Comentários ao Código Civil*, v. 6, p. 11.

33 TJRJ, Ap. Cív. 8.067/95, 3ª Câm. Cív., rel. Des. Elmo Arueira, j. 19-8-1997.

34 *Dos contratos em especial*, p. 281.

35 Cunha Gonçalves, *Dos contratos em especial*, p. 283.

Essa regra é uma consequência da vinculação do nosso Código ao sistema alemão. Se já houve a transferência do domínio, pela tradição ou pelo registro, quem sofre as consequências do perecimento é o comprador; e da perda do dinheiro, depois de pago, é o vendedor. Risco é o perigo que recai sobre a coisa objeto da prestação, de perecer ou deteriorar-se por caso fortuito ou força maior.

O § 1º do supratranscrito art. 492 prevê hipótese de *tradição simbólica*, ao proclamar que "*os casos fortuitos, ocorrentes no ato de contar, marcar ou assinalar coisas*" e que "*já tiverem sido postas à disposição do comprador, correrão por conta deste*". Na compra e venda de gado, por exemplo, o comprador costuma contar, pesar e marcar os animais, ao retirá-los. Enquanto tais operações não forem feitas, não se pode considerar certa a coisa vendida, principalmente porque ainda se encontram na propriedade do vendedor. Mas se este os colocou *à disposição do comprador*, que os contou e marcou nessa mesma propriedade, os casos fortuitos ocorridos durante tais atos correrão por conta deste[36].

Outrossim, a coisa deve ser entregue, na falta de estipulação expressa, no local em que se encontrava ao tempo da venda, como proclama o art. 493 do Código Civil, *verbis*:

"*A tradição da coisa vendida, na falta de estipulação expressa, dar-se-á no lugar onde ela se encontrava, ao tempo da venda*".

A norma é de caráter supletivo, pois os contraentes podem estipular o que quiserem a respeito do lugar onde deva ocorrer a tradição da coisa. A coisa móvel pode ter, assim, qualquer lugar para sua entrega ou tradição. Em regra, esse lugar é onde o contrato foi concluído. No caso de omissão ou dúvida incidirá a norma supratranscrita.

Como assevera Paulo Lôbo, nas hipóteses em que o comprador já tenha posse imediata da coisa que lhe foi vendida (p. ex., locação ou comodato), "a tradição é no lugar em que essa posse existe e o que se tem a receber é apenas a posse mediata, transferida pelo vendedor (chamada tradição *brevi manu*). Configurando-se o constituto possessório, a tradição se dá no endereço do vendedor, pois houve transferência da posse mediata para o comprador. Nas relações de consumo, na dúvida quanto ao local do contrato, prevalecerá o do contratante consumidor"[37].

Se a coisa for expedida "*para lugar diverso*" de onde se encontrava ao tempo da venda, "*por ordem do comprador, por sua conta correrão os riscos*", uma vez entregue à transportadora indicada, porque houve tradição, "*salvo se das instruções dele se afastar o vendedor*", remetendo-a por meio diverso do solicitado, como dispõe o art. 494 do estatuto civil, porque, assim procedendo, age como mandatário infiel. Não se escusará, como esclarece Caio Mário, "com a alegação de que procurou ser útil ao comprador mediante a adoção de meio mais eficiente e mais rápido, como o transporte aéreo em vez do terrestre, por exemplo, porque não se trata de apurar uma possível intenção de bem servir. Deixando de seguir as instruções do comprador, tomou a si o risco da coisa até sua efetiva entrega, e, desta sorte, a pessoa que a transportou deixa de ser um representante do adquirente. A tradição fica, pois, adiada até a chegada ao destino"[38].

Quando o comprador está em *mora* de receber a coisa adquirida, "*colocada à sua disposição*" conforme ajustado, os riscos correrão por sua conta (CC, art. 492, § 2º). A *mora acci-*

---

36 "Compra e venda. Semoventes. Reses já contadas e marcadas. O comprador recebe o gado no momento em que o aparta, conta e marca. Desse instante para frente deixa o vendedor de ser responsável pelos riscos, ainda que os animais fiquem por alguns dias em sua propriedade. Entregue a coisa pelo vendedor, opera-se a tradição, e, a não ser que haja culpa deste, o dono da coisa é quem sofre o prejuízo se ela desaparecer ('res perit domino')" (*RT*, 640/179).

37 *Comentários ao Código Civil*, v. 6, p. 73.

38 *Instituições de direito civil*, v. III, p. 195.

piendi traz como consequência, pois, a inversão do risco, sem que tenha havido a tradição. Mesmo que a coisa "venha a desaparecer, por motivo de caso fortuito, e estando em poder do vendedor, poderá este exigir o preço"[39].

A distribuição dos riscos entre o vendedor e o comprador no comércio internacional de mercadorias, envolvendo o transporte, é definida nas cláusulas ou termos comerciais (*Incoterms*) regulados pela Câmara de Comércio Internacional, que foram comentados no final do item 1, *retro*.

5.2.2. *A repartição das despesas*

Dispõe o art. 490 do Código Civil:

"Salvo cláusula em contrário, ficarão as despesas de escritura e registro a cargo do comprador, e a cargo do vendedor as da tradição".

Pode, no entanto, em face do princípio da autonomia da vontade, ser adotada outra solução, de comum acordo, carreando, por exemplo, ao vendedor todos os ônus, inclusive o de arcar com o pagamento das despesas da própria escritura e registro[40].

Despesas da tradição são as efetuadas com o transporte da coisa e sua entrega no domicílio do comprador, ou outro lugar por ele indicado. Pode ser convencionado que incumbe ao adquirente retirá-la no endereço do vendedor, fornecer embalagem mais segura ou veículo adequado para o seu transporte. A norma supratranscrita incidirá na falta de cláusula expressa.

5.2.3. *O direito de reter a coisa ou o preço*

Na compra e venda *à vista*, as obrigações são recíprocas e simultâneas. Mas cabe ao comprador o primeiro passo: pagar o preço. Antes disso, o vendedor não é obrigado a entregar a coisa, podendo retê-la, ou negar-se a assinar a escritura definitiva, até que o comprador satisfaça a sua parte. É o que estatui o art. 491 do Código Civil, *verbis*:

"Não sendo a venda a crédito, o vendedor não é obrigado a entregar a coisa antes de receber o preço".

Se o vendedor não está em condições de entregar a coisa, deve o comprador se precaver, consignando o preço. Por outro lado, como observa ENNECCERUS, tem o comprador, salvo pacto em contrário, o dever, suscetível de ser exigido por ação, de receber a coisa comprada, ou de retirá-la materialmente, liberando o vendedor; se não o faz, isto é, se não recebe a coisa que se lhe oferece devidamente, incorre não somente em *mora accipiendi*, mas também em *mora debendi* em relação ao seu dever de receber[41].

Sendo a venda *a crédito*, pode o vendedor sobrestar a entrega, se antes de tradição "*o comprador cair em insolvência*", até obter dele "*caução*" de que pagará "*no tempo ajustado*" (CC, art. 495). Preceito semelhante consta do art. 477 do mesmo diploma, de caráter geral: "*Se, depois de concluído o contrato, sobrevier a uma das partes contratantes diminuição em seu patrimônio capaz de comprometer ou tornar duvidosa a prestação pela qual se obrigou, pode a outra recusar-se à prestação que lhe incumbe, até que aquela satisfaça a que lhe compete ou dê garantia bastante de satisfazê-la*".

---

[39] Paulo Luiz Netto Lôbo, *Comentários ao Código Civil*, v. 6, p. 68.

[40] "Escritura pública. Despesas que o autor, adquirente, vem a cobrar das rés. Obrigação que é de ser atribuída ao próprio demandante, pelo fato de ter sido adquirente do prédio, com ressalva de reversão convencional, no caso inocorrente, pois, os réus, segundo a prova, não assumiram o gravame" (TJSP, Ap. 266.534-1-SP, 3ª Câm. Dir. Priv., rel. Des. Ney Almada, j. 30-7-1996).

[41] Enneccerus, Kipp e Wolff, *Tratado de derecho civil*: derecho de obligaciones, v. 2, p. 29, § 102.

Tal dispositivo fala, porém, em *diminuição do patrimônio* do devedor, enquanto o art. 495, aplicável à compra e venda, mais rigoroso, exige que ele tenha caído em *insolvência*. Da mesma forma, e para que haja igualdade de tratamento das partes, se é o vendedor que se torna insolvente, pode o comprador reter o pagamento até que a coisa lhe seja entregue, ou prestada caução.

É importante a definição sobre qual das partes deve adimplir em primeiro lugar, como consta do art. 491 retrotranscrito, tendo em vista a possibilidade de utilização da exceção do contrato não cumprido (*exceptio non adimpleti contratus*). Proclama, efetivamente, o art. 476 do Código Civil que "*nenhum dos contratantes, antes de cumprida a sua obrigação, pode exigir o implemento da do outro*". De acordo com o sistema adotado, o benefício da ordem é atribuído ao vendedor, que pode opor a exceção, enquanto não houver o pagamento do preço[42].

Se a venda for a prazo, todavia, não é lícito ao alienante condicionar sua prestação à do outro. A entrega, imediata ou não, não dependerá do pagamento integral do preço. Na hipótese versada, o vendedor entrega a coisa e o comprador assume a dívida, a ser paga nas datas e condições estabelecidas no contrato.

6. LIMITAÇÕES À COMPRA E VENDA

Algumas pessoas sofrem limitações, decorrentes da *falta de legitimação*, em razão de determinadas circunstâncias ou da situação em que se encontram, que não se confundem com incapacidade. Só não podem vender ou comprar de certas pessoas. A lei, nessas hipóteses, não cogita de qualquer deficiência individual que constitua ou acarrete incapacidade genérica de agir. São pessoas maiores e dotadas de pleno discernimento, mas que, em face de sua posição na relação jurídica, isto é, por serem ascendentes, condôminos, tutores ou, ainda, cônjuges, ficam impedidas de comprar e vender até estarem devidamente legitimadas.

6.1. Venda de ascendente a descendente

Prescreve o art. 496 do Código Civil:

"*É anulável a venda de ascendente a descendente, salvo se os outros descendentes e o cônjuge do alienante expressamente houverem consentido.*

Parágrafo único. Em ambos os casos, dispensa-se o consentimento do cônjuge se o regime de bens for o da separação obrigatória".

A lei não distingue entre bens móveis e imóveis, nem proíbe a venda feita por descendente a ascendente. A exigência subsiste mesmo na venda de avô a neto, e não só aos descendentes que estiverem na condição de herdeiros, pois a lei referiu-se a todos os descendentes. Não fosse assim, bastaria que a negociação "fosse feita diretamente com o neto, filho do filho predileto do 'vendedor', para não ser impugnada. O legislador, ao dispor que os ascendentes não podem vender aos descendentes, referiu-se a todos os descendentes, indistintamente (filhos, netos, bisnetos, trinetos, etc.), e não só aos descendentes que estiverem na condição de herdeiros"[43].

Em consonância com o art. 496, o *Superior Tribunal de Justiça* julgou que, "diversamente do que se constatava do CC/16 – que era omisso quanto à natureza do vício da venda de ascendente a descendente sem o consentimento dos demais descendentes –, o CC/02 passou

---

[42] Paulo Luiz Netto Lôbo, *Comentários ao Código Civil*, v. 6, p. 60.

[43] TJSP, Ap. 1.676.4/6-Guararapes, rel. Des. Benini Cabral, j. 29-5-1996. Também já se decidiu: "É nula a compra e venda realizada por avô a neta, sem o consentimento do pai desta. Art. 1.132 do Código Civil (de 1916)" (TJRJ, 5ª Câm., Ap. 1.476/98, j. 4-6-1998).

a definir, expressamente, que a hipótese seria de anulabilidade do ato jurídico, e não de nulidade de pleno direito, encerrando divergências doutrinárias e jurisprudenciais sobre sua específica natureza"[44]. Quanto ao prazo decadencial para se pleitear a anulação, aplica-se o art. 179 do Código Civil: "*Quando a lei dispuser que determinado ato é anulável, sem estabelecer prazo para pleitear-se a anulação, será este de dois anos, a contar da data da conclusão do ato*". Nesse sentido, a jurisprudência pátria também já se posicionou[45].

No caso de venda ao neto, todos os filhos vivos, incluindo o pai ou a mãe do comprador, seus tios e os demais netos do vendedor devem anuir[46].

Há, contudo, uma corrente que sustenta o contrário, sob alegação de que o aludido dispositivo aplica-se somente a herdeiro imediato[47].

A finalidade da vedação é evitar as simulações fraudulentas: doações inoficiosas disfarçadas de compra e venda. Os outros descendentes e o cônjuge devem fiscalizar o ato do ascendente, para evitar que faça doação a um só dos filhos, conferindo ao ato a aparência e a forma de compra e venda, para que este último não fique obrigado à colação, em prejuízo das legítimas dos demais. Esta é necessária, nas doações de pais a filhos (CC, art. 2.002), sendo dispensada na compra e venda[48].

Inclui-se na proibição legal a *dação em pagamento* do devedor a descendente, pois envolve alienação de bem. No tocante à *troca*, o art. 533, II, do Código Civil, semelhantemente, exige o consentimento dos outros descendentes.

O ascendente, malgrado respeitáveis opiniões em contrário, *pode hipotecar bens* a descendente, sem consentimento dos outros, não se lhe aplicando a limitação referente à venda, imposta no art. 496 do Código Civil, que deve ser interpretado restritivamente por cercear o direito de propriedade.

A preocupação com a legítima dos descendentes, demonstrada no art. 496 retrotranscrito, não se justifica, pois é permitido ao ascendente deixar quinhões desiguais a seus herdeiros necessários, utilizando-se da metade disponível e desde que não a ultrapasse, determinando a dispensa da colação (CC, art. 2.005).

Devem consentir os *herdeiros necessários* ao tempo do contrato, ou seja, os mais próximos em grau, salvo o direito de representação, havidos ou não do casamento (os últimos, desde que reconhecidos), e os adotivos, pois o art. 227, § 6º, da Constituição Federal, e o art. 1.596 do atual Código Civil os equipararam.

O *Supremo Tribunal Federal*, a propósito, decidiu que a norma apenas se refere aos descendentes existentes, aos que se achavam nessa situação no momento da venda. Afirmou a aludida Corte, ancorada na lição de Francisco Morato, que a exigência legal "não se re-

---

44 "O STJ, ao interpretar a norma inserta no artigo 496 do CC/02, perfilhou o entendimento de que a alienação de bens de ascendente a descendente, sem o consentimento dos demais, é ato jurídico anulável, cujo reconhecimento reclama: (i) a iniciativa da parte interessada; (ii) a ocorrência do fato jurídico, qual seja, a venda inquinada de inválida; (iii) a existência de relação de ascendência e descendência entre vendedor e comprador; (iv) a falta de consentimento de outros descendentes; e (v) a comprovação de simulação com o objetivo de dissimular doação ou pagamento de preço inferior ao valor de mercado. Precedentes" (REsp 1.679.501-GO, 3ª T., rel. Min. Nancy Andrighi, *DJe* 13-3-2020).

45 Apelação Cível 1.0000.23.054197-1/001, 13ª C. Cív., rel. Des. Newton Teixeira Carvalho, j. 12-5-2023; Apelação Cível 1.0000.22.220529-6/001, 14ª C. Cív., rel. Des. Evangelina Castilho Duarte, j. 18-5-2023.

46 Paulo Luiz Netto Lôbo, *Comentários ao Código Civil*, v. 6, p. 83.

47 Maria Helena Diniz, *Tratado teórico e prático dos contratos*, v. 1, p. 388.

48 "Venda de ascendente a descendente. Promessa de cessão e transferência de cotas societárias. Negócio realizado sem a anuência dos demais herdeiros. Inadmissibilidade. Fraude à lei caracterizada. Desnecessidade de prova da simulação" (*RT*, 631/116).

fere nem pode referir-se aos que ainda não nasceram, nem tampouco aos que, embora nascidos, não estiverem de fato e de direito na posse do estado de descendentes; pelo que os atos regularmente consumados com a anuência dos descendentes existentes não se invalidam pela superveniência de filhos ilegítimos ou reconhecimento posterior de filhos ilegítimos, por ato espontâneo dos pais ou por sentença judicial em ação de investigação de paternidade. Não seria possível exigir, como requisito formal de um ato, o consentimento de filhos que ainda não eram filhos em face do direito e que, portanto, não podiam ser chamados a se manifestar"[49].

Também Caio Mário entende que os herdeiros "não reconhecidos no momento da venda não têm de ser ouvidos, porque somente o ato de reconhecimento tem o efeito de converter uma situação fática em *status* jurídico"[50].

A questão não é, todavia, pacífica. O próprio *Supremo Tribunal Federal*, de outra feita, proclamou que "é parte legítima para pleitear a nulidade de venda o filho natural reconhecido judicialmente *a posteriori*, porquanto a ação vitoriosa de investigação de paternidade estabelece a proponibilidade da ação anulatória"[51]. Na mesma linha reconheceu o *Tribunal de Justiça de São Paulo* a "legitimidade dos filhos nascidos após as vendas para pleitearem tal anulação", provendo o recurso de apelação "para se afastar a carência a fim de que a ação seja julgada pelo mérito"[52].

Mais recentemente pronunciou-se o *Superior Tribunal de Justiça* no sentido de que a venda por ascendente aos filhos depende do consentimento de todos os descendentes, sendo irrelevante "o fato de o reconhecimento e registro daqueles concebidos fora da relação matrimonial, mas em sua constância, terem ocorrido após a alienação dos imóveis, porquanto, se a existência de irmãos era desconhecida dos filhos legítimos, o mesmo não acontecia em relação ao genitor, na hipótese". Aduziu a aludida Corte que, embora anulável o ato, "o seu desfazimento depende de prova de que a venda se fez por preço inferior ao valor real dos bens"[53]. O genitor, no caso em apreço, reconheceu voluntariamente, cinco anos após a venda, os filhos havidos fora do casamento, demonstrando que tinha ciência de sua existência na data da celebração do contrato.

Parece razoável entender-se que, em casos como esse, e naqueles em que os filhos já reivindicavam o reconhecimento da paternidade, se deve reconhecer a sua legitimidade para pleitear a posterior anulação da venda realizada sem a sua anuência.

Somente será dispensado o consentimento do cônjuge se o regime de bens for o da separação *obrigatória*. Embora haja, nessa regra, simetria com a regra geral dos regimes matrimoniais de bens, particularmente com o art. 1.647, I, do atual Código, que excluiu o regime de separação *absoluta* da exigência de consentimento do outro cônjuge para alienar bens, a inovação está aquém da diretriz estabelecida no aludido dispositivo legal, pois, no caso de venda a descendente, mesmo que seja casado no regime da *separação absoluta*, o cônjuge necessita da outorga uxória, exceto se este regime resultar de *imposição legal*[54].

Em suma, quando o regime da separação total de bens for livremente escolhido pelos cônjuges (*separação voluntária*), o que pretender vender bem a descendente deverá obter o consentimento do outro. Somente estará dispensado dessa exigência nos casos em que o regime da separação é imposto pela lei (*separação obrigatória ou legal*), como nas hipóteses de

49 RE 103.513-MG, rel. Min. Francisco Rezek, *DJU*, 21-3-1986.
50 *Instituições de direito civil*, v. III, p. 186.
51 *Adcoas*, 1982, n. 82.625.
52 Boletim da *AASP*, 1.963/63.
53 *RT*, 789/180.
54 Caio Mário da Silva Pereira, *Instituições de direito civil*, v. III, p. 186.

casamento celebrado sem observância das causas suspensivas da celebração, por pessoas maiores de setenta anos ou por pessoas que dependerem de suprimento judicial para casar (CC, art. 1.641).

A *anuência* para a venda deve ser *expressa*. Mas o art. 496 é omisso no tocante à *forma*. Aplica-se, então, a regra geral constante do art. 220 do mesmo diploma, pelo qual "a *anuência ou a autorização de outrem, necessária à validade de um ato, provar-se-á do mesmo modo que este, e constará, sempre que se possa, do próprio instrumento*". Desse modo, será concedida por instrumento público (na própria escritura, se possível), em se tratando de venda de imóvel de valor superior à taxa legal, podendo ser dada por instrumento particular, em se tratando de bem móvel.

Se um dos descendentes é *menor*, ou *nascituro*, cabe ao juiz nomear-lhe curador especial (CC, art. 1.692), em razão da colidência de interesses. Verificada a inexistência de propósito fraudulento, este comparecerá à escritura, para anuir à venda em nome do incapaz. Se a hipótese é de recusa em dar o consentimento, ou de impossibilidade (caso do amental), pode o ascendente requerer o *suprimento judicial*. Será deferido, na primeira hipótese, desde que a discordância seja imotivada, fruto de mero capricho[55], malgrado respeitáveis opiniões em contrário, baseadas na inexistência de permissão expressa.

Tal omissão, entretanto, não constitui óbice ao *suprimento judicial do consentimento* do descendente, como decidido nos arestos citados na nota de rodapé n. 54, porque inexiste, por outro lado, proibição expressa. Pode, assim, ser empregada a analogia, com base nas hipóteses legais de recusa dos pais em consentir no casamento de filhos menores, e do cônjuge em anuir na prática dos atos elencados no art. 1.647 do Código Civil.

Aduza-se que o *cônjuge do descendente* não precisa consentir[56]. Não se pode estender exigência legal a situações não expressamente previstas. Ademais, o descendente nada está alienando, mas apenas praticando um ato pessoal, anuindo na venda. O art. 1.647 do Código Civil só exige o consentimento do cônjuge nas alienações ou onerações de bens imóveis. Portanto, quem necessita de outorga uxória é somente o ascendente alienante.

A venda realizada com inobservância do disposto no art. 496 do Código Civil é *anulável*, estando legitimados para a ação anulatória os descendentes preteridos. Como o Código de 1916 não dizia se a venda era nula ou anulável, forte corrente doutrinária e jurisprudencial sustentava que era nula, porque os incisos IV e V do art. 145 do referido diploma cominavam tal pena ao ato praticado com preterição de alguma solenidade que a lei considerava essencial para a sua validade e quando taxativamente o declarava nulo ou lhe negava efeito.

Entretanto, acabou prevalecendo a tese da anulabilidade, ao fundamento de que os tribunais admitiam a *confirmação* do ato pelo descendente – e somente a nulidade relativa pode ser sanada. Além disso, não se o anulava quando se demonstrava a inexistência de artifício fraudulento e a autenticidade da venda, sendo justo o preço pago pelo descendente--adquirente[57].

Dizia a *Súmula 152 do Supremo Tribunal Federal que a ação anulatória prescrevia em quatro anos, a contar da abertura da sucessão. Entretanto, a Súmula 494 do mesmo Tribunal*

55 STF, *RF*, 121/187, 126/450, 145/110; *RT*, 354/506, 520/259, 607/166.

56 *RT*, 534/82.

57 *RJTJSP*, 136/305; STJ, *RT*, 789/180. Veja-se ainda: "Sem embargo das responsabilíssimas opiniões em contrário, tem-se por anulável o ato da venda de bem a descendente sem o consentimento dos demais, uma vez: a) que a declaração de invalidade depende da iniciativa dos interessados; b) porque viável a sua confirmação; c) porque não se invalidará o ato se provado que justo e real o preço pago pelo descendente" (STJ, *RF*, 331/236).

veio a proclamar: "A ação para anular a venda de ascendentes a descendente, sem consentimento dos demais, prescreve em vinte anos, contados da data do ato, *revogada a Súmula 152*". Todavia, continuou sendo admitida a confirmação pelo descendente omisso e a prova de que a venda era real, para afastar a anulação da venda[58].

O Código Civil em vigor optou, expressamente, pela tese da anulabilidade da venda, como se pode verificar pela redação do art. 496 retrotranscrito. Sob a égide do Código Civil de 1916, o exercício do direito de anular venda de ascendente a descendente – que não contara com o consentimento dos demais e desde que inexistente interposta pessoa – submetia-se ao prazo prescricional vintenário disposto no art. 177 do Codex. "Tal lapso, na verdade decadencial, foi reduzido para dois anos com a entrada em vigor do Código Civil de 2002 (art. 179)"[59].

A ação de anulação, segundo antigo entendimento dos tribunais, inclusive do *Supremo Tribunal Federal*, embora com alguma vacilação, só pode ser intentada depois de ocorrido o falecimento do ascendente-vendedor, por não ser lícito litigar a respeito de herança de pessoa viva. Todavia, tal entendimento não deve prevalecer, pois a hipótese nada tem que ver com abertura de sucessão ou com litígio sobre herança de pessoa viva, como corretamente sustenta Paulo Luiz Netto Lôbo, pois "a anulação é relativa ao contrato de compra e venda, que é ato entre vivos e produz efeitos imediatamente após sua conclusão"[60]. Trata-se de imperfeição do negócio jurídico resultante da falta de legitimação que a lei exige dos ascendentes[61].

Legitimados para arguir a anulabilidade de venda são os demais descendentes e o cônjuge do vendedor. Embora não mencionado expressamente, o companheiro, por equiparado ao cônjuge, também goza de legitimidade, uma vez que o art. 1.725 do Código Civil dispõe que, "*na união estável, salvo contrato escrito entre os companheiros, aplica-se às relações patrimoniais, no que couber, o regime da comunhão parcial de bens*".

Ainda que somente um dos interessados tenha tomado a iniciativa da ação, a anulabilidade do contrato o invalida por inteiro e não apenas em face do seu autor. Não tendo o atual Código Civil indicado prazo para que a demanda seja proposta, aplica-se a regra geral do art. 179, segundo a qual "*quando a lei dispuser que determinado ato é anulável, sem estabelecer prazo para pleitear-se a anulação, será de dois anos, a contar da data da conclusão do ato*".

Esse prazo é decadencial, por não estar elencado expressamente entre os prazos prescricionais (CC, art. 189) e por ser dessa natureza os relativos à anulação de negócio jurídico (art. 178). Dessa forma, se a decadência se consumar em virtude do ingresso em juízo do

---

58 STJ, *RF*, 331/236. Agostinho Alvim, indagando da validade do negócio em tal hipótese, considera irrecusável o argumento extraído do art. 1.164, II, do Código Civil de 1916, correspondente ao art. 533, II, do novo diploma, afirmando que, com efeito, "no caso de permuta, entre ascendentes e descendentes, valerá ela, ou deixará de valer, conforme os valores tiverem ou não sido iguais. Ora, se é a própria lei, que ao disciplinar a troca satisfaz-se com equivalência de valores, verificada 'a posteriori', a resposta à indagação que formulamos terá que ser afirmativa, pois não é razoável supor que o legislador varie de critério, ao se ocupar de casos idênticos, uma vez que a hipótese da troca, para os efeitos visados, em nada diversifica da venda. Feita a prova da igualdade de valores, ou seja, de ter sido pago o justo preço, o motivo da nulidade terá desaparecido" (*Da compra e venda e da troca*, p. 70, n. 68).

59 STJ, REsp 1.356.431-DF, 4ª T., rel. Min. Luis Felipe Salomão, *DJe* 21-9-2017.

60 *Comentários ao Código Civil*, v. 6, p. 89.

61 Já decidiu o Supremo Tribunal Federal que a "ação do descendente, para obter a declaração de nulidade da venda feita pelo ascendente a outros descendentes, pode ser proposta ainda em vida do alienante, isso porque sua legitimação ativa decorre não de sua expectativa, como herdeiro, o que seria matéria de direito das sucessões, mas sim da infringência por parte do ascendente de norma cogente de direito das obrigações, que condiciona a validade da alienação ao prévio assentimento dos outros descendentes" (*RTJ*, 52/829).

interessado após o prazo de dois anos contado da data do conhecimento da conclusão do contrato, deve o juiz reconhecê-la de ofício, como prescreve o art. 210 do aludido diploma.

Quando houver "obrigatoriedade de registro público, este será considerado, em virtude de sua presunção de publicidade"[62].

Se, no entanto, a venda do bem for feita a interposta pessoa, com o intuito de que seja transferida ao descendente, é cabível a arguição de *simulação*, com pleito de declaração de nulidade, nos termos do art. 167 do Código Civil. A propósito, preleciona Sílvio Venosa que, quando a venda ao descendente é ultimada muito tempo após o primeiro negócio de venda a terceiro, "devemos entender que ocorre nulidade a partir da primeira transferência à interposta pessoa. Porém, na permanência da compra e venda em nome do agente interposto, não há que se inibir aos prejudicados a ação de anulação por simulação. No novo sistema, haverá nulidade na simulação, como apontamos"[63].

Parece-nos, no entanto, muito difícil, na última hipótese mencionada, a caracterização e a comprovação da fraude, uma vez que, em regra, esta se consuma com a transferência ao descendente do bem alienado a terceiro. Afigura-se-nos, por isso, mais pertinente, na hipótese versada, o seguinte aresto: "Havendo prova da venda do ascendente a terceiro (negócio simulado) e não se demonstrando a venda efetiva do terceiro ao descendente (negócio real), inaplicável é a disposição do art. 1.132 do Código Civil (*de 1916, correspondente ao art. 496 do CC/2002*). Falta um pressuposto essencial: a transmissão ao descendente"[64].

Já decidiu o *Supremo Tribunal Federal* que não ocorre ofensa à lei quando o descendente readquire, *sem fraude*, bem alienado legitimamente pelo pai a terceiro[65]. Na mesma linha, proclamou o *Superior Tribunal de Justiça*: "Não há impedimento a que, alienado bem a terceiro, venha o mesmo bem a ser adquirido por descendente do alienante, mais de sete anos após, sem prova de que o negócio fora simulado"[66].

6.2. Aquisição de bens por pessoa encarregada de zelar pelos interesses do vendedor

Embora em regra a compra e venda possa ser efetuada por qualquer pessoa capaz, o Código Civil recusa legitimação a certas pessoas, encarregadas de zelar pelo interesse dos vendedores, para adquirir bens pertencentes a estes. A intenção é manter a isenção de ânimo naqueles que, por dever de ofício ou por profissão, têm de zelar por interesses alheios, como o tutor, o curador, o administrador, o empregado público, o juiz e outros, que foram impedidos de comprar bens de seus tutelados, curatelados etc.

Preceitua, com efeito, o art. 497 do Código Civil que, "*sob pena de nulidade, não podem ser comprados, ainda que em hasta pública: I – pelos tutores, curadores, testamenteiros e administradores, os bens confiados à sua guarda ou administração; II – pelos servidores públicos, em geral, os bens ou direitos da pessoa jurídica a que servirem, ou que estejam sob sua administração direta ou indireta; III – pelos juízes, secretários de tribunais, arbitradores, peritos e outros serventuários ou auxiliares da justiça, os bens ou direitos sobre que se litigar em tribunal, juízo ou conselho, no lugar onde servirem, ou a que se estender a sua autoridade; IV – pelos leiloeiros e seus prepostos, os bens de cuja venda estejam encarregados*".

---

62 Paulo Luiz Netto Lôbo, *Comentários ao Código Civil*, v. 6, p. 89.
63 *Direito civil*, v. III, p. 46.
64 *RT*, 518/182.
65 *RT*, 561/259.
66 *EJSTJ*, 5/86.

As proibições têm por fundamento a presunção de aproveitamento desleal da situação, na aquisição de bens confiados à sua gestão ou administração, em virtude da especial posição das pessoas a que se refere o texto. Haveria "conflito entre o próprio interesse, o de fazer um bom negócio, e o interesse a elas confiado, de pugnar sempre pelo mais alto preço. Supõe-se então que, nessa contingência, optou pelo primeiro, o desejo de comprar mais barato, descurando-se, pois, do segundo e assim traindo a confiança das pessoas que haviam acreditado na sua diligência e honestidade"[67].

A proibição, no caso, é absoluta. As aludidas pessoas não podem comprar ainda que paguem o justo preço ou valor maior, de nada importando as intenções que possam ter de beneficiar os proprietários. Sublinha Paulo Luiz Netto Lôbo que razões de ordem ética levam o legislador a proibir os referidos negócios e, assim, enquanto ditas pessoas "estiverem no exercício dos cargos, funções ou múnus permanecerá a proibição"[68].

O Código de 1916 proibia expressamente que os mandatários adquirissem, ainda que em hasta pública, os bens de cuja administração ou alienação estavam encarregados. O Código de 2002 não faz tal proibição no art. 497 supratranscrito. Desse modo, como norma que restringe direito não pode receber interpretação extensiva, nela não se incluindo as pessoas ou situações não expressamente referidas, o mandatário ou procurador agora pode realizar tais negócios, ainda que a outorga de poderes não tenha sido feita expressamente em causa própria.

Não apenas o dispositivo supratranscrito considera insubsistente a compra de bens do *pupilo* pelo *tutelado*, como também o art. 1.749, I, do atual Código. Procura-se evitar que o tutor prevaleça de sua ascendência para se beneficiar, em detrimento do tutelado. Pela mesma razão não podem ser comprados pelos *curadores* bens pertencentes a seus *curatelados*. Já se decidiu que cessa, todavia, o impedimento, uma vez finda a curatela[69].

O *testamenteiro* que é também herdeiro não está impedido de adquirir os bens, em igualdade de condições com os demais herdeiros. A proibição atinge apenas o testamenteiro estranho à sucessão[70].

A inibição dirige-se, ainda, aos *administradores em geral*, tais como pessoas que cuidam de bens ou coisas de pessoas jurídicas de direito privado, sejam sócios ou não; mandatários que receberam poderes para administração em geral; inventariantes, gestores de negócios, administradoras de condomínios, síndico da massa falida etc.

Em segundo lugar, não podem ser também comprados pelos *servidores públicos*, em geral, os bens ou direitos da pessoa jurídica a que servirem, ou que estejam sob sua administração direta ou indireta. No conceito amplo de servidores públicos estão abrangidos os agentes das autarquias e fundações públicas e os empregados das empresas de economia mista e empresas públicas.

Os *membros* e *serventuários do Poder Judiciário* são abrangidos pela proibição, bem como os que os auxiliam, como os arbitradores e peritos, que, de qualquer modo, possam influir no ato ou preço da venda. A restrição relaciona-se apenas com julgamentos, decisões e processos em razão do lugar onde servirem, ou seja, que estejam incluídos nas suas jurisdições ou competências.

Se as referidas pessoas são partes no processo, e por essa razão estão legalmente impedidas de atuar como autoridades, deixa de existir a proibição. Essa situação é explicitada pelo

---

67 Washington de Barros Monteiro, *Curso de direito civil*, v. 5, p. 106.
68 *Comentários ao Código Civil*, v. 6, p. 93.
69 *RT*, 120/622.
70 Guillermo Borda, *Manual de contratos*, p. 172.

art. 498 do Código Civil, que ressalva interesses legítimos que não podem ser prejudicados em razão do exercício de funções vinculadas ao Poder Judiciário. Nas situações mencionadas no aludido dispositivo os agentes em apreço são partes ou legitimamente interessados nas coisas pretendidas.

Por fim, igualmente não podem ser adquiridos pelos *leiloeiros* e seus prepostos os bens de cuja venda estejam encarregados (CC, art. 497, IV). São eles pessoas legalmente incumbidas de realizar leilões públicos, deferindo a venda ao que der o lance mais alto para a coisa. Devem, no exercício de suas funções, que podem ser públicas ou privadas, evitar atitudes que beneficiem os interessados. Se pudessem participar, poderiam, em tese, manipular os resultados, em razão do domínio privilegiado de informações. Perfeitamente justificável, pois, a sua exclusão, bem como a de seus prepostos.

Dispõe ainda o parágrafo único do citado art. 497 do Código Civil que "*as proibições deste artigo estendem-se à cessão de crédito*". Justifica-se a restrição em razão da proximidade da cessão com a compra e venda. Trata-se também de venda, porém de um bem incorpóreo, que é o crédito. As pessoas mencionadas no dispositivo anterior não podem adquirir bens corpóreos nem incorpóreos, como a cessão de crédito, das pessoas cujos bens e direitos são por elas geridos, cuidados ou administrados.

6.3. Venda da parte indivisa em condomínio

O condômino, como todo proprietário, tem o direito de dispor da coisa. Todavia, se o bem comum for indivisível, a prerrogativa de vendê-lo encontra limitação no art. 504 do Código Civil, que assim dispõe:

"*Art. 504. Não pode um condômino em coisa indivisível vender a sua parte a estranhos, se outro consorte a quiser, tanto por tanto. O condômino, a quem não se der conhecimento da venda, poderá, depositando o preço, haver para si a parte vendida a estranhos, se o requerer no prazo de cento e oitenta dias, sob pena de decadência.*

Parágrafo único. Sendo muitos os condôminos, preferirá o que tiver benfeitorias de maior valor e, na falta de benfeitorias, o de quinhão maior. Se as partes forem iguais, haverão a parte vendida os comproprietários, que a quiserem, depositando previamente o preço".

O condômino preterido pode exercer o seu *direito de preferência* pela *ação de preempção*, ajuizando-a no prazo decadencial de *cento e oitenta dias*, contados da data em que teve ciência da alienação[71], e na qual efetuará o depósito do preço pago, havendo para si a parte vendida ao terceiro. Em linha de princípio, a orientação legal é no sentido de evitar o ingresso de estranho no condomínio, preservando-o de futuros litígios e inconvenientes[72].

A venda de parte indivisa a estranho somente se viabiliza, portanto, quando: a) for comunicada previamente aos demais condôminos; b) for dada preferência aos demais condôminos para aquisição da parte ideal, pelo mesmo valor que o estranho ofereceu; c) os demais condôminos não exercerem a preferência dentro do prazo legal. O direito de preferência é de *natureza real*, pois não se resolve em perdas e danos. O condômino que depositar o preço

---

[71] *RT*, 432/229, 543/144; STJ-REsp 71.731-SP, 4ª T., rel. Min. Asfor Rocha, *DJU*, 13-10-1998, p. 110. Na hipótese de coisa imóvel, o prazo começará a correr da data do registro imobiliário, dada a presunção de sua publicidade. A falta de registro ou de tradição da coisa móvel obsta a fluência do prazo decadencial (Paulo Luiz Netto Lôbo, *Comentários ao Código Civil*, v. 6, p. 134). *V.* ainda: "Direito de preferência. Prazo decadencial. Contagem a partir do registro do negócio, perante o Cartório de Registro de Imóveis. Como cediço, a venda somente ocorre com o registro perante o Cartório de Registro de Imóveis. Enquanto não houver venda, tecnicamente falando, não há falar-se em contagem de prazo" (*JTJ*, Lex, 143/39).

[72] STJ, *RF*, 329/223.

haverá para si a parte vendida. Tal não ocorrerá se este fizer contraproposta diferente da que ofereceu o estranho[73].

A comunicação aos demais consortes, pelo interessado em vender sua parte ideal, pode ser feita por meios *judiciais* e *extrajudiciais*, como carta, telegrama, notificação pelo oficial de títulos e documentos etc., de modo expresso e com comprovante de recebimento, devendo mencionar as condições de preço e pagamento para a venda, negociadas com o estranho[74]. A regra em apreço aplica-se somente ao condomínio tradicional e não ao edilício. Assim, um condômino em prédio de apartamentos não precisa dar preferência aos demais proprietários. Mas se a unidade pertencer também a outras pessoas, estas devem ser notificadas para exercer a preferência legal, pois instaurou-se, nesse caso, um condomínio tradicional dentro do horizontal[75].

Se a coisa é divisível, nada impede que o condômino venda a sua parte a estranho, sem dar preferência aos seus consortes, pois estes, se não desejarem compartilhar o bem com aquele, poderão requerer a sua divisão.

Até a partilha, "*o direito dos coerdeiros*", quanto à propriedade e posse da herança, é "*indivisível*" e regula-se "*pelas normas relativas ao condomínio*" (CC, art. 1.791, parágrafo único). Podem, portanto, exercer o direito de preferência em caso de *cessão de direitos hereditários* a estranhos. Proclama, com efeito, o art. 1.794 do estatuto civil:

"O coerdeiro não poderá ceder a sua quota hereditária a pessoa estranha à sucessão, se outro coerdeiro a quiser, tanto por tanto".

A preferência será exercida mediante o "*depósito do preço*", no prazo de "*cento e oitenta dias*" contados da transmissão. Sendo vários os coerdeiros a exercer a preferência, "*entre eles se distribuirá o quinhão cedido, na proporção das respectivas quotas hereditárias*" (CC, art. 1.795 e parágrafo único).

Ressalte-se que o direito de preferência deve ser observado apenas nos casos em que a alienação do bem indivisível se pactue entre condômino e estranho, e não entre condôminos. Nessa linha, proclamou o *Superior Tribunal de Justiça* que a regra do art. 504 do Código Civil aplica-se somente quando há concorrência entre o condômino e um terceiro estranho, acrescentando: "Não há que se falar em direito de preferência entre os próprios condôminos, que se igualam, de modo que, se um condômino alienar a sua parte a um consorte, nenhum outro poderá reclamar invocando direito de preferência"[76]. Em outro julgado, a referida corte destacou que "não há direito potestativo de preferência na hipótese em que um dos condôminos aliena sua fração ideal para outro condômino, já que não se fez ingressar na compropriedade pessoa estranha ao grupo condominial, razão pela qual fora erigida a preempção ou preferência"[77]. Mesmo que o imóvel se encontre em estado de indivisão, apesar de ser divisível, "há de se reconhecer o direito de preferência do condômino que pretenda adquirir o quinhão do comunheiro, uma vez preenchidos os demais requisitos legais"[78].

---

73 Paulo Luiz Netto Lôbo, *Comentários ao Código Civil*, v. 6, p. 133.

74 Paulo Luiz Netto Lôbo, *Comentários ao Código Civil*, v. 6, p. 132.

75 Segundo Caio Mário, não se aplica o princípio ao caso de venda de unidade em edifício submetido ao regime de *condomínio edilício* "porque, em tal sistema, o escopo preponderante é a propriedade exclusiva da unidade, ao mesmo passo que o condomínio sobre o solo e partes comuns somente existe em atenção ao objetivo de proporcionar a utilização efetiva da parte exclusiva. E, como a copropriedade é mero veículo de realização do direito individual, a venda do apartamento, mesmo se a convenção do condomínio dispuser em contrário, pode ser livremente feita, sem a restrição do art. 504" (*Instituições de direito civil*, v. III, p. 188).

76 STJ, REsp 1.137.176, 4ª T., rel. Min. Marco Buzzi, *Revista Consultor Jurídico*, de 18-2-2016.

77 REsp 1.526.125-SP, 3ª T., rel. Min. Paulo de Tarso Sanseverino, *DJe* 24-4-2018.

78 STJ, REsp 1.207.129-MG, 4ª T., rel. Min. Luis Felipe Salomão, *DJe* 26-6-2015.

6.4. Venda entre cônjuges

Um cônjuge, qualquer que seja o regime de bens do casamento, exceto no da separação absoluta, só estará legitimado a alienar, hipotecar ou gravar de ônus reais os bens imóveis depois de obter a autorização do outro, ou o suprimento judicial de seu consentimento (CC, arts. 1.647, I, e 1.648; CF, art. 226, § 5º).

Em razão da omissão do Código Civil de 1916, alguns doutrinadores entendiam ser vedada a compra e venda entre marido e mulher. Para Caio Mário, por exemplo, se o regime vigente fosse o da comunhão universal, a venda não seria senão um ato fictício, pois que o acervo de bens do casal é comum, e não pode haver compra e venda sem a consequente mutação do patrimônio. Aduz o notável civilista pátrio que, em face do atual Código Civil, "se o bem está excluído da comunhão, a venda é permitida por expressa disposição legal (art. 499), ao contrário do que preceituava o Código de 1916"[79].

Serpa Lopes, todavia, filia-se à corrente que tem entendimento diverso: não havendo impedimento expresso na lei, a compra e venda entre cônjuges é válida desde que não ocorra simulação ou fraude à lei, pois se esta "entendeu inútil uma determinada forma de proteção, não pode ser ela introduzida por força de dedução"[80].

Observa Jones Figueirêdo Alves que a crítica formulada por Caio Mário fundou-se "na circunstância de se constituir tal venda uma transgressão ao princípio legal da imutabilidade do regime de bens, hoje, aliás, atenuado pelo NCC (art. 1.639, § 2º)"[81].

O art. 499 do Código Civil estatui:

"É lícita a compra e venda entre cônjuges, com relação a bens excluídos da comunhão".

Nada mais impede, portanto, que o cônjuge aliene ao outro bens que estejam sob sua titularidade exclusiva, fora da comunhão. Na realidade, no regime da comunhão universal, tal venda mostra-se inócua, pois, além do que já foi dito, o numerário utilizado na compra sairia do patrimônio comum. Mas nos demais regimes o sistema não impõe proibição. Inadmissível, todavia, a *doação* entre cônjuges casados no regime da separação legal ou obrigatória, por desvirtuar as suas características e finalidades.

Afirma Paulo Lôbo, com razão, que o dispositivo retrotranscrito "faz sentido como exceção à regra do art. 1.647 do Código Civil, que proíbe a alienação de bens imóveis por um dos cônjuges sem autorização do outro, salvo na hipótese de separação absoluta. Se um cônjuge está alienando um bem particular seu ao outro, presume-se a autorização recíproca. A escritura pública será outorgada e assinada, na posição de vendedor, apenas pelo cônjuge que esteja alienando o bem"[82].

7. VENDAS ESPECIAIS

7.1. Venda mediante amostra

Dispõe o art. 484 do Código Civil:

"Se a venda se realizar à vista de amostras, protótipos ou modelos, entender-se-á que o vendedor assegura ter a coisa as qualidades que a elas correspondem".

Amostra é o mesmo que paradigma. Constitui reprodução integral da coisa vendida, com suas qualidades e características, apresentada em tamanho normal ou reduzido. Se a

---

79 *Instituições de direito civil*, v. III, p. 189.

80 *Curso de direito civil*, v. III, p. 293.

81 *Novo Código Civil comentado*, p. 442.

82 *Comentários ao Código Civil*, v. 6, p. 105.

mercadoria entregue não for em tudo igual à amostra, caracteriza-se o inadimplemento contratual, devendo o comprador protestar imediatamente, sob pena de o seu silêncio ser interpretado como tendo havido correta e definitiva entrega. Para acautelar-se, pode este requerer a vistoria da mercadoria, como medida preparatória da ação de resolução contratual, cumulada com perdas e danos, ou da ação para pedir abatimento do preço.

Acrescenta o parágrafo único do citado dispositivo, sem correspondente no Código de 1916, que "*prevalece a amostra, o protótipo ou modelo, se houver contradição ou diferença com a maneira pela qual se descreveu a coisa no contrato*".

A regra tem relação com o dever de prestar informação adequada e suficiente ao comprador a respeito da mercadoria oferecida à venda, como corolário do princípio fundamental da boa-fé objetiva consagrado no art. 422 do Código Civil, comprometendo a responsabilidade contratual do alienante.

A amostra ou modelo é um meio prático e eficiente de evitar minuciosa descrição das características e qualidade da mercadoria ofertada, que fala muito melhor do que as próprias palavras, como bem destaca Washington de Barros Monteiro. Por isso, "há de ser em tudo igual à mercadoria que se vai entregar; se o vendedor não a entrega em perfeita correspondência com a amostra, protótipo ou modelo, pode o comprador recusá-la no ato do recebimento"[83].

7.2. Venda *ad corpus* e venda *ad mensuram*

O art. 500 do Código Civil apresenta regra aplicável somente à compra e venda de *imóveis*:

"*Se, na venda de um imóvel, se estipular o preço por medida de extensão, ou se determinar a respectiva área, e esta não corresponder, em qualquer dos casos, às dimensões dadas, o comprador terá o direito de exigir o complemento da área, e, não sendo isso possível, o de reclamar a resolução do contrato ou abatimento proporcional ao preço*".

Trata-se da venda *ad mensuram*, em que o preço é estipulado com base nas dimensões do imóvel (p. ex., tal preço por alqueire). A venda é *ad mensuram*, pois, quando se determina o preço de cada unidade, de cada alqueire, hectare ou metro quadrado. Se se verifica, em posterior medição, que a área não corresponde às dimensões dadas, tem o comprador o direito de exigir a sua *complementação*. Somente se esta não for possível (pois não se oferece uma tríplice alternativa), por não ter o vendedor área remanescente contígua, é que se abre para aquele a opção de reclamar a resolução do contrato ou abatimento proporcional ao preço.

A complementação de área é exigida por meio da ação *ex empto* ou *ex vendito*, de natureza pessoal, porque o que nela se pleiteia é o integral cumprimento do contrato, mediante a entrega de toda a área prometida. Não pode ser pleiteada a resolução da avença, ou abatimento no preço, se puder ser feita a complementação. Inexistente essa possibilidade, abre-se então a alternativa para o comprador: ajuizar a ação redibitória (*actio redhibitoria*) ou a estimatória (*actio aestimatoria* ou *quanti minoris*). O atual Código Civil, como observa Ruy Rosado de Aguiar Júnior, deixou de prever a possibilidade de ser concedida a indenização, em lugar destas duas últimas alternativas, "uma vez que o prejuízo pode não justificar a extinção do contrato, nem ficar satisfeito com o abatimento proporcional do preço. Assim pode ocorrer, por exemplo, na venda de apartamento com área de estacionamento em dimensão insuficiente para o fim a que se destina"[84].

---

[83] *Curso de direito civil*, v. 5, p. 107.

[84] Projeto do Código Civil – As obrigações e os contratos, *RT*, 775/28.

Como também ocorre no caso de vícios redibitórios, "*decai do direito*" de propor as referidas ações, bem como a *ex empto*, o comprador que não o fizer no prazo decadencial "*de um ano*", a contar, porém, "*do registro do título*", e não da efetiva entrega da coisa (CC, art. 501). Se houver "*atraso na imissão de posse no imóvel, atribuível ao alienante, a partir dela fluirá o prazo de decadência*" (parágrafo único). A redução do prazo, como se vê, foi radical, pois era o das ações pessoais, de vinte anos, no Código de 1916, tendo agora sido igualado ao previsto para as ações edilícias no caso de vícios redibitórios de coisas imóveis (CC, art. 445).

As ações previstas para a hipótese de a área não corresponder às dimensões dadas, na venda *ad mensuram*, não se confundem com as ações *edilícias* por vício redibitório. Como assinala aresto do Superior Tribunal de Justiça, enquadra-se nesta última hipótese a entrega da coisa vendida em sua integralidade, mas apresentando vícios ou defeitos ocultos – o que não era o caso *sub judice*, porque se tratava de venda de apartamentos por uma construtora, com áreas menores do que a declarada. Porém, diz o acórdão, "quando a coisa é entregue em quantidade menor daquela declarada, o comprador pode acionar o vendedor pelo descumprimento do contrato, em razão da falta de parte do bem adquirido. Tratando-se de imóvel, incide a regra do *art. 500 do CC de 2002*, e três são as alternativas a ele oferecidas, correspondentes à ação *ex empto*: a) pode exigir a complementação do que falta; b) não sendo isso possível, a rescisão do contrato, se a falta é suficientemente grave para determinar a perda do seu interesse em manter o negócio; c) pedir o abatimento do preço, ou a restituição do seu equivalente, se já pago"[85].

Se em vez de falta houver excesso de área, "e o vendedor provar que tinha motivos para ignorar a medida exata da área vendida, caberá ao comprador, à sua escolha, completar o valor correspondente ao preço ou devolver o excesso", sob pena de caracterizar-se o enriquecimento sem causa deste. Assim preceituam o Código Civil italiano e o Código Civil brasileiro (art. 500, § 2º).

É de se presumir, em princípio, que o alienante conhece a coisa que lhe pertence. Se a vendeu pelo preço estipulado, não pode atribuir ao adquirente uma complementação de preço injustificada, devendo a venda, para ele, ser considerada *ad corpus*. Ressalva-se-lhe, contudo, o direito de ilidir essa presunção, provando que tinha motivos para ignorar a medida exata da área vendida, igualmente no prazo decadencial de um ano, a contar do registro do título. O ônus, pois, de provar que apenas tomou conhecimento da diferença após a conclusão do contrato, é do vendedor. Neste caso, o direito de escolha das duas alternativas legais não cabe a ele, pois o legislador concedeu ao comprador o direito potestativo de completar o valor do preço, correspondente ao excesso, ou devolver a parte que excedeu do imóvel.

Na venda *ad corpus* a situação é diferente. O § 3º do citado art. 500 prescreve que "*não haverá complemento de área, nem devolução de excesso, se o imóvel for vendido como coisa certa e discriminada, tendo sido apenas enunciativa a referência às suas dimensões, ainda que não conste, de modo expresso, ter sido a venda* ad corpus". Nessa espécie de venda o imóvel é adquirido como um todo, como corpo certo e determinado (p. ex., Chácara Palmeiras), caracterizado por suas confrontações, não tendo nenhuma influência na fixação do preço as suas dimensões. Presume-se que o comprador adquiriu a área pelo conjunto que lhe foi mostrado e não em atenção à área declarada. Certas circunstâncias, como a expressão "tantos

---

85 REsp 52.663-9-SP, 4ª T., rel. Min. Rosado de Aguiar, *DJU*, 16-6-1995, Seção I, p. 17629. Na mesma linha, decidiu o Tribunal de Justiça de São Paulo: "Tem o comprador a faculdade de compelir o vendedor a entregar a coisa vendida pela ação *ex empto* (*art. 1.136, CC/1916*), que não se confunde com a redibitória. Portanto, não há falar-se em prazo prescricional de seis meses, posto que para ação *ex empto* é aplicado o prazo de vinte anos previsto no artigo 179 do CC (*de 1916*)" (*RT*, 702/91).

alqueires mais ou menos", a discriminação dos confrontantes e a de se tratar de imóvel urbano totalmente murado ou quase todo cercado, evidenciam que a venda foi *ad corpus*[86].

Não exige a lei, para que uma venda se caracterize como *ad corpus*, que o contrato o diga expressamente. O juiz, para decidir sobre sua natureza, se *ad mensuram* ou *ad corpus*, deve apurar a real intenção das partes, consultando o contrato. Não existindo declaração expressa, ou sendo esta dúbia, deverá o magistrado valer-se de elementos extraídos da descrição do imóvel, de sua finalidade econômica e até de indícios e presunções, que lhe "permitam inferir se o objeto da venda foi coisa certa ou foi uma área"[87].

Em recente julgamento, o Superior Tribunal de Justiça não deu provimento ao Recurso Especial que enfrentava pedido de rescisão de compra e venda de sala comercial adquirida na planta e que se apurou diferença de 1,9667 m². Ponderou-se que, "conquanto exista relação de consumo, a compra e venda, no caso *sub judice*, não se qualifica como 'ad mensuram', pois o negócio envolveu coisa delimitada (sala comercial), sem apego as suas exatas medidas. A referência à medida, no contrato, foi meramente enunciativa, não sendo decisiva como fator da aquisição. A própria lei faz a presunção de que a compra deve ser considerada 'ad corpus' quando a diferença encontrada não exceder de um vigésimo da área total enunciada (art. 500, § 1º do CC), que é o caso dos autos, em que a diferença equivale apenas a 1,96% da área do imóvel, o que não inviabiliza, nem tampouco prejudica a utilização do bem para o fim esperado. Assim, a pretensa resolução contratual com atribuição de culpa à Construtora não se justifica"[88]. Portanto, observa-se que a corte compreendeu tratar-se de venda *ad corpus*.

Aduz o § 1º do mencionado dispositivo: "*Presume-se que a referência às dimensões foi simplesmente enunciativa, quando a diferença encontrada não exceder de um vigésimo da área total enunciada, ressalvado ao comprador o direito de provar que, em tais circunstâncias, não teria realizado o negócio*". Um vigésimo corresponde a 5% da extensão total. Diferença tão pequena não justifica o litígio, salvo se foi convencionado o contrário. A presunção em questão é *juris tantum*: não prevalecerá quando comprovada intenção diversa das partes. O critério deve ser aplicado, assim, somente em casos de dúvida sobre a intenção das partes, não dirimida pela leitura do contrato.

Desse modo, o comprador "pode provar o contrário, requerendo a aplicação das regras relacionadas com esse *vício redibitório* especial, nos termos do art. 500 do CC/2002. A ilustrar, do Tribunal Paulista: 'Contrato de compra e venda de terreno com 'mais ou menos' 1.250 metros quadrados. Constatação de que o imóvel possuía metragem inferior. Pedido de resti-

---

86 Preço do imóvel e metragem. Impossibilidade de reconhecer-se que o preço do imóvel foi fixado com base nas metragens anunciadas. Recorrentes admitiram a ausência de informação sobre o tamanho da construção na matrícula e assumiram a responsabilidade pela regularização. Interesse no imóvel pelos apelantes seria em razão da construção residencial de 800 m². Contrato de compra e venda em que não consta referência específica à metragem da construção, limitando-se as partes à descrição da área total do terreno. Informação relativa ao tamanho da construção constante apenas do anúncio da imobiliária. Contrato que se limita à aquisição do terreno, sem especificação expressa das dimensões da construção, afastando a aplicação do art. 500 do Código Civil. Ausência de alusão à construção que faz entender que não teve nenhuma relevância para a conclusão do negócio jurídico (TJSP, Apel. Cível 1005095-57.2022.8.26.0152, 5ª Câmara de Direito Privado, rel. João Batista Vilhena, *DJe* 17-7-2024).

87 Caio Mário da Silva Pereira, *Instituições de direito civil*, v. III, p. 193. Confira-se: "Ação de complementação de área ou de abatimento do preço. Caracterização da compra e venda como *ad mensuram* ou *ad corpus*. Exame do conteúdo do contrato de venda e compra. Descrição da área conforme contido na matrícula junto ao cartório imobiliário. Exame, ainda, das demais provas, consistentes em depoimentos pessoais e de testemunhas e prova pericial. Configuração como compra e venda de imóvel *ad corpus*" (TJSP, Ap. 247.626-1/2-Eldorado Paulista, rel. Des. Antonio Rodriguez, j. 14-8-1996).

88 REsp 2.021.711/RS, 3ª T., rel. Min. Nancy Andrighi, j. 14-3-2023.

tuição de parte do montante pago. Parcial procedência do pedido (TJSP, Apel. 00161472120138260625, São Paulo, 5ª Câmara de Direito Privado, Rel. Des. J. L. Mônaco da Silva, j. 29-3-2017, data de publicação: 29-3-2017)'"[89].

Na venda *ad corpus*, compreensiva de corpo certo e individuado, presume-se que o comprador teve uma visão geral do imóvel e a intenção de adquirir precisamente o que se continha dentro de suas divisas. A referência à metragem ou à extensão é meramente acidental. O preço é global, pago pelo todo vistoriado. Feita nessas condições, a venda não outorga ao comprador direito de exigir complemento de área, nos termos do § 3º do art. 500 do Código Civil retrotranscrito[90].

Malgrado o aludido dispositivo legal, diferentemente do diploma de 1916, indique apenas a exclusão do complemento de área e a devolução do excesso, não se deve interpretá-lo de modo literal, mas sim de forma sistemática, no sentido de entender-se a referência a apenas duas pretensões como exemplificativa, não restringindo o alcance e a natureza da venda *ad corpus*, como propõe Paulo Luiz Netto Lôbo[91]. Se se admitir que o comprador possa postular, nas vendas *ad corpus*, a resolução do contrato ou o abatimento do preço, não haverá diferença entre ela e a venda *ad mensuram*.

Em arremate, o Superior Tribunal de Justiça considerou que a "distinção (cláusula *ad corpus* e *ad mensuram*) concentra-se precipuamente no direito (em regra conferido ao comprador) de requerer, apenas na segunda hipótese, quando se verificar uma diferença a menor na extensão da área do imóvel, a revelar a natureza de vício redibitório especial: (i) o complemento da área ou, não sendo possível, (ii) a resolução contratual ou (iii) o abatimento proporcional ao preço"[92].

DAS CLÁUSULAS ESPECIAIS À COMPRA E VENDA

Sumário: 8. Introdução. 9. Da retrovenda. 10. Da venda a contento e da sujeita a prova. 11. Da preempção ou preferência. 12. Da venda com reserva de domínio. 13. Da venda sobre documentos.

8. INTRODUÇÃO

O Código Civil de 1916 disciplinava algumas cláusulas especiais que as partes podem adicionar à compra e venda: a *retrovenda*, a *venda a contento*, o *pacto de preferência*, o *pacto de melhor comprador* e o *pacto comissório*.

Já se dizia, à época, que tais cláusulas tinham pouca utilidade nos tempos modernos e raramente eram encontradas nos contratos de compra e venda. Algumas delas tornaram-se obsoletas em razão da crescente utilização do compromisso de compra e venda nos negócios imobiliários e do surgimento do fenômeno inflacionário. O diploma de 2002 não reproduziu o pacto de *melhor comprador* nem o *pacto comissório*. O primeiro constitui cláusula em que se estipula que a venda de um bem imóvel ficará desfeita se, dentro de certo prazo, não superior a um ano, apresentar-se outro comprador, oferecendo maiores vantagens. Dificilmente se encontrará, hodiernamente, comprador disposto a concordar com cláusula desse teor e ver rescindido o negócio apenas porque aparece alguém disposto a oferecer maior preço.

---

89 Flávio Tartuce, *Direito Civil*, v. 3, p. 334.
90 Washington de Barros Monteiro, *Curso de direito civil*, v. 5, p. 109.
91 *Comentários ao Código Civil*, v. 6, p. 117.
92 STJ, REsp 2.111.549-DF, 3ª T., rel. Min. Marco Aurélio Bellizze, *DJe* 10-4-2024.

Malgrado a omissão do Código de 2002, podem as partes, exercendo a sua autonomia da vontade, estipular no contrato de compra e venda o pacto de melhor comprador. Todavia, como raramente tal fato ocorrerá, justificada se encontra a postura do legislador de não lhe dar tratamento de cláusula especial, a merecer disciplina própria.

O atual Código Civil também não reproduziu expressamente a regra do art. 1.163 do Código de 1916, que cuidava do *pacto comissório*, por já tê-lo regulado, de forma genérica, nos arts. 127 e 128, ao tratar da condição resolutiva, bem como no art. 474, que dispõe sobre a cláusula resolutiva expressa, que pode ser inserida em qualquer modalidade de contrato.

O Código de 2002 disciplinou, em subseções autônomas, a *retrovenda*, a *venda a contento* ou *sujeita a prova*, a *preempção* ou *preferência*, a *venda com reserva de domínio* e a *venda sobre documentos*. As inovações estão representadas pela venda sujeita a prova, venda com reserva de domínio e venda sobre documentos, que tomam os lugares do pacto de melhor comprador e do pacto comissório.

9. DA RETROVENDA

A retrovenda é instituto atualmente em desuso. Constitui esta um *pacto adjeto*, pelo qual o vendedor reserva-se o direito de reaver o imóvel que está sendo alienado, em certo prazo, "*restituindo o preço*", mais as "*despesas*" feitas pelo comprador, "*inclusive as que, durante o período de resgate, se efetuaram com a sua autorização escrita, ou para a realização de benfeitorias necessárias*" (CC, art. 505).

A *natureza jurídica* da retrovenda é a de um *pacto acessório*, adjeto ao contrato de compra e venda. Por conseguinte, a invalidade da cláusula *a retro* não afeta a validade da obrigação principal (CC, art. 184, *in fine*). Caracteriza-se como *condição resolutiva expressa*, trazendo como consequência o desfazimento da venda, retornando as partes ao estado anterior. Não constitui nova alienação e, por isso, não incide o imposto de transmissão *inter vivos*. Só pode ter por objeto *bens imóveis*, pois os móveis se transferem por simples tradição, dificultando o exame da situação.

O prazo máximo para o exercício do *direito de retrato* ou *de resgate* é de três anos. Se as partes ajustarem período maior, reputa-se não escrito somente o excesso. O Código de 1916 presumia, no art. 1.141, "estipulado o máximo do tempo", quando as partes o não determinavam. O atual diploma não reproduziu essa regra. Entretanto, diz enfaticamente que o vendedor pode recobrar a coisa "*no prazo máximo de decadência de três anos*". Não se deve entender que o prazo de recompra seja este, em todo e qualquer caso, porque essa interpretação contraria a tradição do instituto. Tal prazo deve ser entendido como máximo, e não único, podendo as partes estipular que apenas poderá ser exercido o direito a partir do segundo ano ou no último ano. Mais precisamente: "*não estipulado prazo menor, prevalecerá o máximo, para o direito de retrato ou de resgate*"[93].

Fixado pelas partes, ou presumido pela lei, o prazo é sempre *decadencial* e, por isso, insuscetível de suspensão ou interrupção. Dizia o parágrafo único do art. 1.141 do Código de 1916, que, sendo de decadência, o aludido prazo "prevalece ainda contra o incapaz". Nesse caso, o direito pode ser exercitado pelo respectivo representante legal[94]. Todavia, o Código de 2002, como inovação, proclama que não corre prescrição nem *decadência* contra os abso-

---

93 Jones Figueirêdo Alves, *Novo Código Civil comentado*, p. 447; Paulo Luiz Netto Lôbo, *Comentários ao Código Civil*, v. 6, p. 145.

94 Washington de Barros Monteiro, *Curso de direito civil*, v. 5, p. 114; Silvio Rodrigues, *Direito civil*, v. 3, p. 186.

lutamente incapazes (arts. 198, I, e 208). Corre, portanto, somente contra os relativamente incapazes.

Estabelece o art. 506 do Código Civil que, "*se o comprador se recusar a receber as quantias a que faz jus, o vendedor, para exercer o direito de resgate, as depositará judicialmente*". Prossegue o parágrafo único: "*Verificada a insuficiência do depósito judicial, não será o vendedor restituído no domínio da coisa, até e enquanto não for integralmente pago o comprador*".

O direito de resgate pode ser cedido a "*terceiro*", transmitido "*a herdeiros e legatários*" e "*ser exercido contra o terceiro adquirente*" (CC, art. 507). O diploma civil admite, pois, expressamente, a cessão desse direito *inter vivos*. O alienante conserva a sua ação contra os terceiros adquirentes da coisa retrovendida, ainda que não conhecessem a cláusula de retrato, pois adquiriram a *propriedade resolúvel* (CC, art. 1.359).

O direito de retrato permanece, ainda que a cláusula não tenha sido averbada no Registro de Imóveis. Trata-se de direito pessoal, e não de direito real. Todavia, o registro gera eficácia *erga omnes*, sendo oponível a terceiros que venham a adquirir o imóvel do adquirente. Exercido o direito, o comprador recebe de volta o preço que pagou, acrescido das despesas feitas (CC, art. 505), tendo direito aos frutos e rendimentos da coisa, até o momento da restituição, pois até então é titular do domínio, embora resolúvel.

Se a periodicidade for superior a um ano, o preço deve sofrer a incidência da correção monetária, para evitar injusto enriquecimento do vendedor[95] (CC, art. 884), malgrado essa circunstância possa facilitar a utilização do instituto para fins usurários, que deve ser sempre reprimida, anulando-se o negócio quando comprovado o intuito simulatório.

Comenta Agostinho Alvim[96] que, como a compra e venda de um imóvel implica elevadas despesas, dificilmente alguém recorrerá a esse negócio para desfazê-lo em breve intervalo, por meio da retrovenda. Além disso, a cláusula priva o comprador da expectativa de lucro que move a maioria dos adquirentes, nestes tempos de valorização imobiliária e desvalorização da moeda.

Muitos credores, todavia, em busca de segurança nos contratos de mútuo, fazem uso, indevidamente, do pacto de retrovenda, simulando uma compra e venda do imóvel dado em garantia, colocando como preço o valor do empréstimo, em regra inferior ao daquele. Consta da escritura pública, nesses casos, apenas tratar-se de uma compra e venda com cláusula de retrato, que pode ser exercida pelo vendedor (mutuário, na realidade) dentro de certo prazo, que é, de fato, o concedido ao mutuário para pagamento da dívida. Se este não conseguir numerário suficiente para saldá-la (exercer o direito de resgate), não recuperará o imóvel, que já se encontra em nome do mutuante na escritura, na qual figura apenas como adquirente. Trata-se de negócio simulado para esconder a usura, cuja nulidade é declarada pelos tribunais quando o encontram provado[97].

---

95 Sílvio Venosa, *Direito civil*, v. III, p. 77. Confira-se: "Retrovenda. Correção monetária. Benfeitorias. Não contraria a regra do art. 1.140 do Código Civil (*de 1916, correspondente ao art. 505 do CC/2002*) o julgado que manda apurar as benfeitorias e computar a correção monetária na fase de liquidação da sentença" (STJ, REsp 104.828-DF, 3ª T., rel. Min. Menezes Direito, *DJU*, 9-12-1997). "Ação de retrovenda. Aplicação da correção monetária ao preço pago pelos compradores e apuração do valor da indenização por benfeitorias relegada para a liquidação da sentença. Inocorrência de violação dos artigos relativos à ação de consignação em pagamento" (STJ, REsp 89.560-DF, 4ª T., rel. Min. Sálvio de Figueiredo, *DJU*, 25-5-1998).

96 *Da compra e venda e da troca*, n. 159.

97 *V.* a jurisprudência: "Negócio Jurídico. Pleito de outorga das escrituras definitivas de compra e venda de 6 (seis) bens imóveis, os quais haveriam sido, supostamente, objeto de compromissos de compra e venda celebrados pelo *de cujus* com a ré. Inadmissibilidade. Contratos celebrados em agosto e

Havendo pluralidade de pessoas com direito ao resgate sobre o mesmo imóvel, se "*só uma o exercer, poderá o comprador intimar as outras para nele acordarem, prevalecendo o pacto em favor de quem haja efetuado o depósito, contanto que seja integral*" (CC, art. 508).

Preleciona José Carlos Moreira Alves que, "no sistema jurídico brasileiro, o direito de retrato pode ser empenhado, arrestado, penhorado e executado (adjudicado ou remido), e dado em pagamento"[98], uma vez que o Código de Processo Civil alude genericamente a direitos como bens suscetíveis de penhora, o que abarcaria, também, direitos potestativos.

10. DA VENDA A CONTENTO E DA SUJEITA A PROVA

A *venda a contento do comprador* constitui pacto adjeto a contratos de compra e venda relativos, em geral, a gêneros alimentícios, bebidas finas e roupas sob medida. A cláusula que a institui é denominada *ad gustum*. Entende-se realizada "*sob condição suspensiva, ainda que a coisa tenha sido entregue*" ao comprador. E "*não se reputará perfeita, enquanto o adquirente não manifestar seu agrado*" (CC, art. 509).

O Código de 1916 dizia, no art. 1.144, que a venda a contento "reputar-se-á feita sob condição suspensiva, se no contrato não se lhe tiver dado expressamente o caráter de condição resolutiva". O Código de 2002, inovando, não admite possa ela ter este caráter, proclamando que a venda não se reputará perfeita, enquanto o adquirente não manifestar seu agrado (art. 509, segunda parte). Desse modo, a tradição da coisa não transfere o domínio, limitando-se a transmitir a posse direta, visto que efetuada a venda sob condição suspensiva. A compra e venda não se aperfeiçoa enquanto não houver a manifestação de agrado do potencial comprador. Se se admitisse que as partes lhe atribuíssem caráter resolutivo, o contrato seria considerado desde logo perfeito e concluído, suscetível de resolver-se se o comprador manifestasse seu desagrado[99].

A inovação aproxima o diploma de outros códigos civis contemporâneos, como o francês (art. 1.588), o italiano (art. 1.521), o português (art. 925º), o argentino (art. 1.377) e o de Quebec (art. 1.744)[100].

Preceitua o art. 511 do Código Civil que "*as obrigações do comprador, que recebeu, sob condição suspensiva, a coisa comprada, são as de mero comodatário, enquanto não manifeste aceitá-la*".

O aperfeiçoamento do negócio depende exclusivamente do arbítrio, isto é, do *gosto do comprador*, não podendo o vendedor alegar que a recusa é fruto de capricho. Não pode este pretender discutir a manifestação de desagrado, nem requerer a realização de exame pericial ou postular em juízo, visto que a venda a contento é uma estipulação que favorece o comprador, subordinando o aperfeiçoamento do negócio à sua opinião pessoal e gosto. Não está em jogo a qualidade ou utilidade objetiva da coisa.

---

dezembro de 2010, pelos preços de R$ 500.104,00 e R$ 400.000,00. *De cujus* que faleceu em 2019. Contratos de compromisso de compra e venda que continham cláusula de retrovenda em favor da requerida. Não bastasse, inexiste qualquer prova do pagamento do preço em favor da requerida. Ao revés, há mais de duas centenas de comprovantes de pagamentos efetuados pela ré em favor do *de cujus*, logo após a celebração dos contratos, em valores elevados. Elementos constantes dos autos que indicam ter havido simulação na celebração dos negócios jurídicos (art. 167, CC), ocultando-se agiotagem. Sentença de improcedência mantida. Recurso improvido" (TJSP, Apel. Cível 1000969-58.2021.8.26.0326, 6ª Câmara de Direito Privado, rel. Vito Guglielmi, j. 14-11-2023).

98 *A retrovenda*, p. 180.

99 Maria Helena Diniz, *Tratado teórico e prático dos contratos*, v. 1, p. 408; Jones Figueirêdo Alves, *Novo Código Civil comentado*, p. 451.

100 Paulo Luiz Netto Lôbo, *Comentários ao Código Civil*, p. 159.

Trata-se de exceção à regra geral do art. 122 do mesmo diploma, que proíbe as condições puramente potestativas. Na realidade, a cláusula *ad gustum* não é condição potestativa pura, como a que o art. 123 do Código Civil considera ilícita, mas, sim, condição *simplesmente potestativa*, como entende a doutrina, tendo em vista que se não apresenta o ato dependente do arbítrio exclusivo do comprador (*si voluero*), porém do *fato* de agradar-lhe a coisa, o que é bem diferente[101].

O contrato somente se perfaz se houver manifestação expressa do comprador, aceitando a oferta. Não havendo prazo estipulado, "*o vendedor terá direito de intimá-lo, judicial ou extrajudicialmente, para que o faça em prazo improrrogável*" (art. 512). O Código de 1916 dizia que a intimação podia ser feita com a cominação de considerar-se perfeita a venda caso não houvesse manifestação alguma do comprador (art. 1.147). Neste caso, o silêncio era interpretado como consentimento.

Pelo sistema do Código de 2002, no entanto, a manifestação de vontade do comprador não pode ser tácita, pois o art. 509 proclama que a venda não se reputará perfeita, "*enquanto o adquirente não manifestar seu agrado*". Além disso, o art. 512 não repete a possibilidade, prevista no art. 1.147 do Código de 1916, de a intimação ser realizada para que o comprador se manifeste dentro do prazo assinado, "sob pena de considerar-se perfeita a venda", como foi dito.

O direito resultante da venda a contento (*pactum displicentiae*) é simplesmente *pessoal*, não se transferindo a outras pessoas, quer por ato *inter vivos*, quer por ato *causa mortis*. Extingue-se, se o comprador morrer antes de exercê-lo. Mas subsiste, e será manifestado perante os herdeiros do vendedor, se este for o que falecer.

"*Também a venda sujeita a prova presume-se feita sob a condição suspensiva de que a coisa tenha as qualidades asseguradas pelo vendedor e seja idônea para o fim a que se destina*" (CC, art. 510). Recebida sob essa condição a coisa comprada, as obrigações do comprador também "*são as de mero comodatário, enquanto não manifeste aceitá-la*" (art. 511).

O Código de 1916 referia-se (art. 1.144, parágrafo único), como objeto da venda a contento, a gêneros que se costumam provar, medir, pesar ou experimentar antes de aceitos. O Código de 2002 deu novo tratamento à venda sujeita a prova ou experimentação, disciplinando-a em dispositivo próprio e também presumindo realizar-se sob *condição suspensiva*.

Observa-se que o novel legislador inseriu uma condição não ligada à satisfação ou gosto do comprador, mas sim à circunstância de a coisa ter ou não as qualidades asseguradas pelo vendedor e ser ou não idônea para o fim a que se destina. Por conseguinte, se a coisa tiver as qualidades apregoadas e for adequada às suas finalidades, não poderá o adquirente, depois de prová-la ou experimentá-la, recusá-la por puro arbítrio, sem a devida justificação. A redação do art. 510 revela a exigência, para tanto, de comprovação de que o objeto do contrato não é idôneo[102].

As qualidades da coisa podem ser asseguradas pelo vendedor por qualquer meio de informação, inclusive publicitária. O Código de Defesa do Consumidor admite (arts. 18 e 20) a existência de vício de qualidade assim no fornecimento de produtos como no de serviços[103].

---

[101] Caio Mário da Silva Pereira, *Instituições de direito civil*, v. III, p. 213; Carlos Alberto Dabus Maluf, *As condições no direito civil*, p. 42.

[102] Caio Mário da Silva Pereira, *Instituições de direito civil*, v. III, p. 215; Jones Figueirêdo Alves, *Novo Código Civil comentado*, p. 452-453.

[103] Paulo Luiz Netto Lôbo, *Comentários ao Código Civil*, v. 6, p. 164.

11. DA PREEMPÇÃO OU PREFERÊNCIA

Preempção ou *preferência é o pacto, adjeto à compra e venda, pelo qual o comprador de uma coisa, móvel ou imóvel, se obriga a oferecê-la ao vendedor, na hipótese de pretender futuramente vendê-la ou dá-la em pagamento, para que este use do seu direito de prelação em igualdade de condições. É, em outras palavras, o direito atribuído ao vendedor de se substituir ao terceiro nos mesmos termos e condições em que este iria adquirir a coisa*[104].

A preempção distingue-se da *retrovenda*. Nesta, o vendedor de coisa *imóvel* pode reservar-se o direito de recobrá-la, independente da vontade do comprador, não se podendo falar em preferência por inexistir terceiro ou estranho com quem se dispute a primazia. A preempção pode versar também sobre coisa *móvel*, conforme dispõe o parágrafo único do art. 513 do novo diploma.

A preferência do condômino na aquisição de parte indivisa (CC, art. 504) e a do inquilino, quanto ao imóvel locado posto à venda (Lei n. 8.245/91, art. 27), são exemplos de *preferência* ou *prelação legal*. Os arts. 513 a 520 do Código Civil, ora em estudo, tratam, porém, da *preferência convencional*, resultante de acordo de vontades. Pode ser convencionado que o comprador se obriga a "*oferecer ao vendedor a coisa que aquele vai vender, ou dar em pagamento, para que este use de seu direito de prelação na compra, tanto por tanto*" (CC, art. 513). Prelação é o mesmo que preferência ou preempção.

O vendedor de um objeto de estimação pode, assim, fazer constar do contrato, com a concordância do comprador, que este dará preferência ao primeiro, quando resolver vender o referido bem. O direito de preferência só será exercido *se* e *quando* o comprador vier a revender a coisa comprada, não podendo ser compelido a tanto. Embora seja peculiar ao contrato de compra e venda, não se exclui a sua aplicabilidade a outros contratos compatíveis, como, por exemplo, o de locação.

O *pactum protimiseos*, como o denominavam os romanos, há de reunir alguns requisitos que juridicamente o caracterizam: a) é personalíssimo, no sentido de que somente pode exercê-lo o próprio vendedor, que não o transmite nem por ato *inter vivos* nem *causa mortis* (CC, art. 520); b) malgrado peculiar ao contrato de compra e venda, pode ser incluído em vários tipos de contrato compatíveis (locação, p. ex.) e, por essa razão, segundo a doutrina, melhor estaria na parte geral dos contratos; c) o direito de prelação somente pode ser exercido na hipótese de pretender o comprador vender a coisa ou dá-la em pagamento; d) pode ter por objeto bem corpóreo ou incorpóreo, móvel ou imóvel.

O prazo para o exercício da preempção pode ser convencionado por lapso não excedente "*a cento e oitenta dias, se a coisa for móvel, ou a dois anos, se imóvel*" (art. 513, parágrafo único). A regra foi introduzida no novo Código para estabelecer um limite temporal, um prazo máximo de decadência dentro do qual pode ser estipulado o direito de preferência. Diante da inovação, o adquirente está livre para revender o bem sem respeitar o direito de preferência do vendedor, uma vez decorridos os mencionados prazos legais.

Dispõe o art. 516 do Código Civil que, "*inexistindo prazo estipulado, o direito de preempção caducará, se a coisa for móvel, não se exercendo nos três dias, e, se for imóvel, não se exercendo nos sessenta dias subsequentes à data em que o comprador tiver notificado o vendedor*". Contam-se os prazos não da data da expedição da notificação, mas da do efetivo recebimento. Os aludidos prazos são exíguos e constituem o mínimo que a lei admite, tendo caráter

---

104 Eduardo Espínola, *Dos contratos nominados no direito civil brasileiro*, p. 109; Caio Mário da Silva Pereira, *Instituições de direito civil*, v. III, p. 215-216; Paulo Luiz Netto Lôbo, *Comentários ao Código Civil*, v. 6, p. 170.

subsidiário: aplicam-se quando inexistir prazo maior estipulado. Pode o comprador, por exemplo, fixar o prazo de trinta dias, inexistindo outro na cláusula de preempção, a contar da notificação, para que o vendedor exerça a prelação para readquirir coisa móvel por ele alienada.

A *notificação pode ser judicial ou extrajudicial. É lícito às partes, todavia, convencionar que seja apenas judicial.* Os referidos prazos decadenciais são para que o vendedor examine a possibilidade de readquirir a coisa nas mesmas condições oferecidas pelo terceiro e verifique a sua real capacidade de obter o numerário a tempo.

Se o comprador desrespeitar a avença, não dando ciência ao vendedor do preço e das vantagens que lhe oferecem pela coisa, "*responderá por perdas e danos*" (CC, art. 518, primeira parte), desde que este prove efetivo prejuízo. "*Responderá solidariamente o adquirente, se tiver procedido de má-fé*" (art. 518, segunda parte). O direito de preferência convencional é, portanto, de natureza pessoal, e não real. Não se pode "*ceder nem passa aos herdeiros*" (art. 520).

O pacto de preempção depende da existência de cláusula expressa, não se admitindo preferência tácita. A obrigação, para o comprador, é correlata a um direito do vendedor. Este "*pode também exercer o seu direito de prelação, intimando o comprador, quando lhe constar que este vai vender a coisa*" (CC, art. 514). A regra pressupõe o descumprimento do dever de comunicação imposto ao comprador, proclamando que o vendedor não necessita aguardar a intimação ou notificação do comprador, para que possa exercitar seu direito de preferência. Não atendida a interpelação, o vendedor poderá ajuizar a ação competente (que, no entanto, não depende de prévia intimação), antecipando-se à fluência e esgotamento do prazo decadencial.

Quando o direito de preempção for estipulado a favor de dois ou mais vendedores, então condôminos, "*só pode ser exercido em relação à coisa no seu todo*", tal como fora alienada (CC, art. 517). Cada um o exercerá sobre a totalidade da coisa. Se um dos titulares não quiser ou não puder exercer o direito, os demais poderão fazê-lo, respeitado o valor integral do preço (art. 517, segunda parte). Assinala Caio Mário que, se, todavia, o comprador tiver havido a coisa, mediante a compra das quotas ideais de diversos condôminos, assegurando a cada um deles a preferência na reaquisição da respectiva cota-parte, a preferência poderá ser exercida *pro parte*[105].

O legislador incluiu, no assunto ora em estudo, uma hipótese de *preferência legal*, denominada *retrocessão*. Consiste esta no direito de preferência atribuído ao expropriado no art. 519, "*pelo preço atual da coisa*", se esta "*não tiver o destino para que se desapropriou, ou não for utilizada em obras ou serviços públicos*". Tem-se, pois, ao lado da preferência convencional, a *prelação legal*, em favor do ex-proprietário da coisa expropriada, obrigando o poder público expropriante a oferecê-la àquele, se não a tiver destinado à finalidade especificada na desapropriação ou não a tiver utilizado em obras e serviços públicos.

O valor a ser pago deve corresponder ao *preço atual da coisa*, segundo preceitua o aludido art. 519 do Código Civil, ao contrário da regra equivalente do Código de 1916. *Preço atual* "não significa preço do mercado, que flutua em razão de vários fatores, para mais ou para menos. Para os fins da norma, significa preço atualizado, aplicando-se índices oficiais e reconhecidos, a partir do valor da indenização paga e mais os prejuízos que porventura tenham decorrido da desapropriação e imissão de posse do expropriante. A solução de preço de mercado poderia redundar em enriquecimento sem causa do expropriado"[106].

---

[105] *Instituições de direito civil*, v. III, p. 218.

[106] Paulo Luiz Netto Lôbo, *Comentários ao Código Civil*, v. 6, p. 188.

Considera-se que age de forma condenável o Poder Público que, após despojar o particular da coisa que lhe pertence, para um fim determinado e admitido pela lei, desvia-se dessa finalidade e a utiliza em obra ou atividade diversa, não lhe dando o aproveitamento previsto no decreto desapropriatório. Por essa razão, é sancionado com a obrigação de oferecê-la ao ex-proprietário, para que a readquira pelo mesmo preço.

Tem a jurisprudência proclamado que não caberá a retrocessão se, desapropriado o terreno para nele ser construída, por exemplo, uma escola, outra destinação lhe for dada, também de interesse público (se, em vez da escola, construir-se uma creche, p. ex.)[107].

Se em cinco anos não for dada ao imóvel expropriado nenhuma finalidade de interesse público ou social, haverá lugar, em tese, para a retrocessão, nos termos do mencionado art. 519. Mas a jurisprudência entende também ser inadmissível a reivindicatória contra o Poder Público, devendo o direito do ex-proprietário resolver-se em *perdas e danos*, mediante a propositura de ação de indenização, dentro de cinco anos (Dec. n. 20.910/32), para receber a diferença entre o valor do imóvel à época em que devia ter sido oferecido ao ex-proprietário e o atual.

Os tribunais têm dado à retrocessão, assim, apenas o caráter de direito pessoal do ex-proprietário às *perdas e danos* e não um direito de reaver o bem, na hipótese de o expropriante não lhe oferecer o bem pelo mesmo preço da desapropriação, quando desistir de aplicá-lo a um fim público[108].

12. DA VENDA COM RESERVA DE DOMÍNIO

A venda com reserva de domínio constitui modalidade especial de venda de *coisa móvel*, em que o vendedor tem a própria coisa vendida como *garantia* do recebimento do preço. Só a posse é transferida ao adquirente. A propriedade permanece com o alienante e só passa àquele após o recebimento integral do preço. Dispõe, com efeito, o art. 521 do Código Civil que, "*na venda de coisa móvel, pode o vendedor reservar para si a propriedade, até que o preço esteja integralmente pago*".

Darcy Bessone enfatiza a finalidade de garantia ou segurança para o vendedor, dizendo perceber-se logo que "o vendedor retém o domínio apenas no interesse da garantia, que deseja, do integral pagamento do preço. À falta de outro meio, sob esse aspecto igualmente eficaz, ele permanece dono. Mas, privado do uso e gozo da coisa e vinculado *realmente* ao comprador, já no instante contratual o seu domínio começa a esvaziar-se, tornando-se progressivamente, a cada prestação nova que o comprador satisfaça, mais próximo do momento fatal, que se exaurirá por completo"[109].

O referido pacto adjeto, celebrado em geral nas compras e vendas a crédito de bens móveis, como os eletrodomésticos, objetiva dar maior garantia aos comerciantes, enquanto

---

107 "Processual Civil. Agravo Interno nos Embargos de Divergência nos Embargos de Divergência em Recurso Especial. Desapropriação. Retrocessão. Destinação diversa do imóvel. Preservação da finalidade pública. Tredestinação lícita matéria pacificada. Súmula 168/STJ. Inviabilidade de análise de dissenso. Precedentes" (AgInt nos EDv nos EREsp 1.421.618/RJ, 1ª Seção, rel. Min. Og Fernandes, *DJe* de 2-12-2019).

108 Administrativo e processual civil. Ação indenizatória movida pela sucessora da parte expropriada contra o município sucessor do estado expropriante. Alegação de irregular alteração da destinação originariamente prevista para o imóvel expropriado. Falha na prestação jurisdicional não configurada. Limites objetivos da coisa julgada. Violação. Inocorrência. Desapropriação direta. Reserva biológica. Posterior mudança no zoneamento urbano do município. Implantação de polo de cine, vídeo e comunicação. Tredestinação ilícita não caracterizada. Interesse público mantido (REsp 1.421.618/RJ, rel. Min. Benedito Gonçalves, 1ª T., *DJe* 20-11-2017).

109 *Da compra e venda – promessa e reserva de domínio*, p. 267-268.

o contrato de *alienação fiduciária* visa a garantir as financeiras, que atuam como intermediárias entre o vendedor e o consumidor. O Código de 2002 introduziu, no art. 528, a figura do financiamento de instituição do mercado de capitais, aproximando os dois tipos, com a vantagem de permanecer o comprador como possuidor direto e de se proporcionar garantia ao agente financiador, que fica investido na qualidade e direitos do vendedor. A venda com reserva de domínio não contempla a ação de depósito, só existente na alienação fiduciária, pois o comprador, na primeira, nunca assume a posição de depositário[110].

Washington de Barros Monteiro ressalta cinco elementos que caracterizam a compra e venda com reserva de domínio: "*a*) a compra e venda a crédito; *b*) que recaia sobre objeto individuado, infungível; *c*) entrega desse objeto pelo vendedor ao comprador; *d*) pagamento do preço convencionado nas condições estipuladas, comumente em prestações; *e*) obrigação do vendedor de transferir o domínio ao comprador tão logo se complete o pagamento do preço"[111].

Na realidade, resolve-se a propriedade do vendedor automaticamente com o pagamento integral do preço, sem necessidade de acordo adicional. O acordo de transmissão insere-se naturalmente no contrato, ficando dependente do implemento da condição suspensiva legalmente estabelecida, qual seja, o pagamento da totalidade do preço[112].

Malgrado o campo de maior incidência da *venda com reserva de domínio* seja o de *bens móveis* infungíveis, inexiste qualquer norma que proíba a sua aplicação à venda de imóveis. Observa, a propósito, Darcy Bessone que "não é a *reservatio dominii*, por sua natureza jurídica, inaplicável aos imóveis. Ficou visto mesmo que, historicamente, a sua prática passou pelo estádio *imobiliário* antes de restringir-se ao campo *mobiliário*. No nosso direito, porém, julgamos, ela é de aplicação apenas aos bens *móveis*"[113].

Nesse aspecto, o atual Código Civil não acompanhou a extensão que foi dada pela Lei n. 9.514, de 20 de novembro de 1997, à alienação fiduciária em garantia para as coisas imóveis[114]. Como assinala Caio Mário, o "Código Civil de 2002 espancou qualquer dúvida sobre a incidência do instituto apenas aos bens móveis, tendo em vista que restringiu no seu art. 521 a venda com reserva de domínio a esta categoria de bens"[115].

Embora muito se tenha discutido a respeito da *natureza jurídica* do *pactum reservati dominii*, há hoje um consenso de que a modalidade em apreço tem a natureza de venda sob *condição suspensiva*, pois a aquisição do domínio fica subordinada ao pagamento da última prestação. O evento incerto é o *pagamento* do preço. Preleciona, com efeito, Eduardo Espínola que "é contrato de compra e venda dependente de uma condição suspensiva aquele em que o vendedor reserva para si o domínio da coisa vendida até o momento em que se verifique o pagamento da última prestação do preço"[116]. No mesmo sentido a manifestação de Messineo: "É, pois, uma venda submetida à condição suspensiva (*donec pretium solvatur*); deve-se notar, porém, que a reserva da propriedade pode depender da aposição de um termo"[117].

Não se trata de condição puramente potestativa, mas de uma condição simplesmente potestativa, perfeitamente válida. O seu cumprimento não depende exclusivamente do arbítrio do comprador, mas da obtenção de recursos financeiros que possibilitem o pagamento.

---

110 "Nas vendas a crédito com reserva de domínio, o credor não tem ação de depósito contra o devedor" (*JTACSP*, RT, 121/100).

111 *Curso de direito civil*, v. 5, p. 120.

112 Paulo Luiz Netto Lôbo, *Comentários ao Código Civil*, v. 6, p. 192.

113 *Da compra e venda – promessa e reserva de domínio*, p. 263.

114 Paulo Luiz Netto Lôbo, *Comentários ao Código Civil*, v. 6, p. 194.

115 *Instituições de direito civil*, v. III, p. 232.

116 *Dos contratos nominados no direito civil brasileiro*, p. 117.

117 *Manuale di diritto civile e commerciale*, v. 3, p. 24.

Não colhe o argumento, contrário a essa ideia, de que tal pagamento, sendo um elemento essencial à compra e venda, não pode receber o tratamento de condição de sua eficácia, pois se é lícito, como se admite francamente, erigir a falta de pagamento em condição resolutiva, o é também reputá-la condição suspensiva dos efeitos do contrato, durante a sua pendência[118].

O comprador, enquanto pendente o pagamento das prestações, é mero possuidor a título precário. Pode, no entanto, desfrutar da coisa como lhe aprouver, bem como praticar todos os atos necessários à conservação de seus direitos, valendo-se, se necessário, dos interditos possessórios para a sua defesa contra as turbações de terceiros ou do próprio vendedor. Pode, inclusive, vender ou ceder a terceiro o direito expectativo, com efeitos de assunção de dívida (CC, art. 299), com o consentimento expresso do vendedor. Esse direito expectativo é penhorável ou sequestrável em razão de dívidas do comprador, embora não o seja a própria coisa vendida com reserva de domínio por deter ele apenas a posse direta.

Não há, por outro lado, impedimento legal para a transmissibilidade da posição de vendedor ou proprietário. A cessão de crédito pode ocorrer em qualquer espécie de contrato (CC, arts. 286 a 298), salvo se neste houver cláusula proibitiva expressa[119].

Constituído "*o comprador em mora, mediante protesto do título ou interpelação judicial*", poderá "*o vendedor mover contra ele a competente ação de cobrança das prestações vencidas e vincendas e o mais que lhe for devido; ou poderá recuperar a posse da coisa vendida*" (CC, arts. 525 e 526). Desse modo, a falta de pagamento do preço impede a aquisição do domínio e abre ao vendedor uma alternativa: cobrá-lo ou recuperar a própria coisa. Observe-se que as notificações extrajudiciais não servem mais para constituir o comprador em mora, nesses casos, pois não oferecem a necessária segurança que o ato requer.

Poderá o vendedor cobrar a totalidade da dívida representada pelo título executivo, ou seja, as prestações vencidas e vincendas, penhorando a própria coisa e levando-a a hasta pública para se ressarcir com o produto da arrematação, ou optar pela *apreensão* e *depósito* da coisa vendida. No último caso, não havendo contestação, pagamento do preço ou pedido de prazo para efetuá-lo, pode ser requerida a imediata *reintegração na posse* da coisa depositada, devendo restituir ao comprador as prestações já pagas, devidamente corrigidas, abatidas do necessário "*para cobrir a depreciação da coisa, as despesas feitas e o mais que de direito lhe for devido*" (CC, art. 527)[120].

---

[118] Caio Mário da Silva Pereira, *Instituições de direito civil*, v. III, p. 228; Washington de Barros Monteiro, *Curso de direito civil*, v. 5, p. 121; Silvio Rodrigues, *Direito civil*, v. 3, p. 175; Serpa Lopes, *Curso de direito civil*, v. III, p. 364; Maria Helena Diniz, *Tratado teórico e prático dos contratos*, v. 1, p. 414; Paulo Luiz Netto Lôbo, *Comentários ao Código Civil*, v. 6, p. 191-192; Sílvio Venosa, *Direito civil*, v. III, p. 96. Contra tal opinião: Darcy Bessone, *Da compra e venda – promessa e reserva de domínio*, p. 248-250; Agostinho Alvim, *Da compra e venda e da troca*, n. 336 e s.; e Orlando Gomes, *Contratos*, p. 293, reconhecendo este último, porém, que "inclina-se a doutrina para a teoria da *venda sob condição suspensiva*".

[119] Washington de Barros Monteiro, *Curso de direito civil*, v. 5, p. 121-122; Paulo Luiz Netto Lôbo, *Comentários ao Código Civil*, v. 6, p. 194.

[120] "Reserva de domínio. Reintegração de posse. Medida utilizada pelo vendedor diante do inadimplemento do contrato. Possibilidade. Inadmissibilidade, no entanto, da cumulação da recuperação dos bens e o pagamento integral da avença se o comprador, diante da não localização dos bens, foi condenado a pagamento do saldo devedor integral" (*RT*, 797/311). "Reserva de domínio. Busca e apreensão. Ação intentada visando a recuperação da posse do bem pelo credor. Admissibilidade se comprovada a mora e o esbulho através do protesto de título ou da notificação do devedor" (*RT*, 785/392). "Reserva de domínio. Ação de apreensão e depósito com posterior reintegração de posse. Circunstância que impõe o desfazimento do negócio, restituindo-se ao comprador eventual saldo entre o valor arbitrado e aquele da dívida acrescido das despesas judiciais e extrajudiciais" (*RT*, 792/329).

A expressão "*e o mais que de direito lhe for devido*" diz respeito às eventuais perdas e danos que tiver sofrido o vendedor com o negócio que veio a se frustrar. O Código permite, assim, a recuperação imediata da coisa vendida, atribuindo ao vendedor *direito de retenção* das prestações já pagas até a solução do litígio. Se tal não bastar para a indenização de todos os prejuízos, fica o vendedor com crédito contra o comprador pelo remanescente[121].

Embora o domínio e a posse indireta permaneçam com o alienante, os "*riscos da coisa*" passam para o adquirente, mero possuidor direto (CC, art. 524, segunda parte). Há, assim, uma inversão da regra *res perit domino*, aplicando-se o princípio *res perito emptoris* (a coisa perece para o comprador).

"*A cláusula de reserva de domínio será estipulada por escrito*" e, "*para valer contra terceiros*", o contrato deve ser registrado no Cartório de Títulos e Documentos do "*domicílio do comprador*" (CC, art. 522). Dá-se, dessa forma, publicidade ao ônus, impedindo que terceiro, a quem eventualmente o bem seja alienado, alegue boa-fé, para impedir a sua apreensão, na ação movida por aquele.

Por conseguinte, alienada a coisa, o ônus igualmente se transfere ao terceiro adquirente. Constando do registro público a cláusula de reserva de domínio, o pacto é oponível a este, mesmo que o contrato o silencie, competindo ao vendedor a ação de apreensão e reintegração de posse contra ele (CC, art. 522)[122].

Salientou o *Superior Tribunal de Justiça* que, "com a vigência do CPC/2015, essa aparente antinomia entre as regras processuais e o CC/2002 restou superada, pois o novo CPC deixou de regulamentar o procedimento especial da ação de apreensão e depósito. Desse modo, a partir da vigência do CPC/2015, a venda com reserva de domínio encontra disciplina exclusiva no CC/2002, aplicando-se, quando as partes estiverem em Juízo, as regras relativas ao procedimento comum ordinário ou, se for o caso, das normas afetas ao processo de execução"[123]. No mesmo *decisum*, frisou a referida Corte que "a mora do comprador, na ação ajuizada pelo vendedor com o intuito de recuperação da coisa vendida com cláusula de reserva de domínio, pode ser comprovada por meio de notificação extrajudicial enviada pelo Cartório de Títulos e Documentos".

13. DA VENDA SOBRE DOCUMENTOS

A venda sobre documentos, ou contra documentos, é disciplinada no Código Civil de 2002 como cláusula especial à compra e venda, nos moldes dos arts. 1.527 a 1.530 do Código Civil italiano. A rapidez com que se desenvolvem, na atualidade, as atividades comerciais fez com que essa modalidade se desenvolvesse e se tornasse, na sociedade contemporânea, um imperativo para a eficiência, principalmente, das compras e vendas internacionais de mercadorias, embora possa ser aplicada também aos negócios realizados internamente.

É no comércio exterior, entretanto, que a sua utilidade ressalta. Segundo ALBERTO TRABUCCHI[124], a venda sobre documentos tem maior uso no comércio marítimo, na venda

---

[121] Caio Mário da Silva Pereira, *Instituições de direito civil*, v. III, p. 230.

O art. 53 do Código de Defesa do Consumidor dispõe que "nos contratos de compra e venda de móveis e imóveis mediante pagamento em prestações, bem como nas alienações fiduciárias em garantia, consideram-se nulas de pleno direito as cláusulas que estabeleçam a perda total das prestações pagas em benefício do credor que, em razão do inadimplemento, pleitear a resolução do contrato e a retomada do produto alienado".

[122] Caio Mário da Silva Pereira, *Instituições de direito civil*, v. III, p. 233.

[123] STJ, REsp 1.629.000-MG, 3ª T., rel. Min. Nancy Andrighi, *DJe* 4-4-2017.

[124] *Instituciones de derecho civil*, v. 2, p. 287.

de praça a praça e entre nações ou países distantes. A sua finalidade é dar maior agilidade aos negócios mercantis que envolvam venda de mercadorias e, por sua natureza, pode ter por objeto apenas *bens móveis*.

Dispõe o art. 529 do Código Civil:

"Na venda sobre documentos, a tradição da coisa é substituída pela entrega do seu título representativo e dos outros documentos exigidos pelo contrato ou, no silêncio deste, pelos usos.

Parágrafo único. Achando-se a documentação em ordem, não pode o comprador recusar o pagamento, a pretexto de defeito de qualidade ou do estado da coisa vendida, salvo se o defeito já houver sido comprovado".

O vendedor, entregando os documentos, libera-se da obrigação e tem direito ao preço; e o comprador, na posse justificada de tal documento, pode exigir do transportador (*vettore*) ou depositário a entrega da mercadoria. Há uma substituição da tradição real pela simbólica. A entrega física da coisa pode não ser feita, sendo suficiente que esteja à disposição do comprador. Ocorre com frequência na venda de mercadoria que está depositada em armazém, em transporte ou dependente de liberação na alfândega. O vendedor entrega ao comprador o título, *warrant* ou outro documento que permite o recebimento ou levantamento da mercadoria.

A venda sobre documentos opera alteração nos princípios que disciplinam a tradição da coisa vendida, pois o pagamento deve ser feito contra a entrega daqueles. O art. 530 do Código Civil usa a expressão "*na data e no lugar da entrega dos documentos*". Sem esta, o comprador pode reter o pagamento. Dar-se-á a sua efetivação, portanto, no lugar e no momento em que o comprador os receber. Lícita, como anota Caio Mário, "a convenção de lugar diverso. Tem o comprador o arbítrio de recusar o pagamento se a documentação não estiver em ordem"[125].

Uma vez entregue a documentação nas mãos do comprador ou confiada sua entrega a pessoa física ou jurídica, presume-se que o vendedor se desincumbiu de sua obrigação, cabendo ao comprador efetuar o pagamento. Achando-se a documentação em ordem, considera-se que a coisa vendida corresponde à feita no contrato e conserva as qualidades nele asseguradas. "*Não pode o comprador recusar o pagamento, a pretexto de defeito de qualidade ou do estado da coisa vendida, salvo se o defeito já houver sido comprovado*", como estatui o parágrafo único do art. 529 retrotranscrito.

A entrega dos documentos gera, pois, presunção de que a coisa conserva as qualidades neles apontadas, não podendo o comprador condicionar o pagamento à realização de vistoria para constatação de inexistência de defeitos ocultos (vícios redibitórios) ou aparentes. Como observa Paulo Luiz Netto Lôbo, ocorre, em relação ao comprador, aproximação com o esquema *solve et repete* (primeiro pague, depois reclame), muito utilizado no direito fiscal. O comprador paga contra a entrega do documento representativo e reclama contra o vendedor sobre vício ou defeito da coisa[126].

Muitas vezes, como se tornou habitual na vida mercantil, especialmente nos contratos internacionais, a documentação é entregue por intermédio de instituição financeira, em razão de contrato de financiamento celebrado entre ela e o comprador. O comprador vale-se do estabelecimento bancário para que este efetue o pagamento do preço ao vendedor. A operação é geminada ao *contrato de crédito documentado*, emitindo-se carta de crédito quando a intermediação bancária envolver agências de praças distintas ou de países distintos. Autorizado

---

125 *Instituições de direito civil*, v. III, p. 224.

126 *Comentários ao Código Civil*, v. 6, p. 218.

pelo comprador, o banco assume o encargo de lhe efetuar a entrega, obrigando-se a pagar o preço, ao lhe serem confiados os documentos.

Segundo dispõe o art. 532 do Código Civil, *"estipulado o pagamento por intermédio de estabelecimento bancário, caberá a este efetuá-lo contra a entrega dos documentos, sem obrigação de verificar a coisa vendida, pela qual não responde"*. *"Nesse caso, somente após a recusa do estabelecimento bancário a efetuar o pagamento, poderá o vendedor pretendê-lo, diretamente do comprador"* (parágrafo único). Ao banco cabe verificar a exatidão dos documentos. Estando em ordem, efetuará o pagamento, a débito do comprador. Satisfeita a dívida pelo pagamento ao vendedor, incumbe à instituição financeira receber o preço diretamente do comprador[127].

Não cabe ao banco o dever de examinar a coisa vendida. Deve efetuar o pagamento sem fazer a verificação e sem responder pela *res*. Somente se houver recusa do estabelecimento bancário em realizar o pagamento poderá o vendedor exigi-lo diretamente do comprador.

Assinala Waldirio Bulgarelli[128] que, com o crédito documentário, ambas as partes ficam assim garantidas, pois, com a confirmação do banco de que fará o pagamento ou aceitará a letra contra a entrega dos documentos, o vendedor estará protegido; em caso de aceite por parte do banco, o vendedor poderá descontar a letra aceita em outro banco, obtendo assim o numerário antecipado. Por seu turno, o comprador estará garantido, pois o pagamento somente será efetuado após o exame pelo banco da regularidade dos documentos, além de beneficiar-se do crédito concedido, podendo pagá-lo em data posterior, ou prolongar o financiamento obtido.

Entende Gino Gorla, nessa consonância, que venda contra documentos é aquela em que o comprador (ou por ele o banqueiro em caso de abertura de confirmação de crédito) se obriga a pagar o preço, quer no lugar e momento próprios da consignação ou da venda sob expedição, quer no lugar e momento da entrega dos documentos que lhe dão direito a obter a propriedade ou a posse da mercadoria de um terceiro.

Dentre os documentos que provam o *direito de haver a propriedade* da mercadoria de um terceiro, menciona o aludido professor italiano os títulos de crédito ou documentos comuns. Os que provam o *direito de crédito a haver de um terceiro a posse* (documentos de crédito da consignação) são, em regra, títulos de crédito (bilhetes de transporte, conhecimento de carga, *delivery order* próprio) ou documentos comuns (recibos de depósito regular etc.). Há, ainda, os que provam um *negócio autorizativo*, como "as chamadas *delivery orders* impróprias: aqueles documentos nos quais o titular de um conhecimento de carga autoriza o capitão a entregar parte da mercadoria à pessoa indicada (uma indicação de pagamento ou, se se quiser, um negócio análogo ao cheque)"[129].

Se a coisa vendida estiver coberta por apólice de seguro, a perda ou deterioração sub-roga-se no valor segurado. Eventual prejuízo decorrente de avaria será indenizado pela se-

[127] Caio Mário da Silva Pereira, *Instituições de direito civil*, v. III, p. 224.

[128] *Contratos mercantis*, p. 227. *V.* a jurisprudência: "Contrato de abertura de crédito documentário para importação de mercadorias emitido em moeda estrangeira. Validade. Exegese do disposto no art. 2º, I, do Decreto-Lei n. 857/69. Prova de liberação do dinheiro. Desnecessidade. Nota promissória emitida de acordo com o pactuado no contrato" (TAPR, Ap. Cív. 143.984.700-Londrina, 1ª Câm. Cív., rel. Juiz Antônio Martelozzo, *DJPR*, 9-6-2000).

"Responsabilidade civil. Contrato de crédito documentário. Cancelamento de pagamento. O banco intermediário, mesmo com a obrigação de examinar a documentação necessária à liberação do crédito, não pode responder por omissões e inadequações apresentadas pela exportadora" (TJRS, Ap. Cív. 598.036.762-RS, 3ª Câm. Cív., rel. Des. Luiz Ari Azambuja Ramos, j. 14-5-1998).

[129] Gino Gala, *Teoria e prática da compra e venda*, v. II, p. 658-662.

guradora. Se o vendedor, todavia, proceder de má-fé, por já ter prévia ciência de danos sofridos pela coisa vendida, não poderá transferir ao comprador os riscos da coisa, a pretexto de havê-la segurado (CC, art. 531).

Essa situação é mais comum na venda de coisas que estão sendo transportadas, isto é, em viagem. O comprador somente assume os riscos do transporte se entre os documentos recebidos estiver a apólice do seguro correspondente. Este será feito tendo o comprador como beneficiário. Receberá este a indenização em caso de perda ou dano sofridos pela coisa durante o transporte, uma vez que os riscos estarão a seu cargo. Com o contrato de seguro, os prejuízos inerentes à coisa são transferidos para a seguradora, que os ressarcirá ao comprador.

Capítulo II
DA TROCA OU PERMUTA

Sumário: 1. Conceito e caracteres jurídicos. 2. Regulamentação jurídica.

1. CONCEITO E CARACTERES JURÍDICOS

Segundo Carvalho de Mendonça, permuta, escambo, troca, permutação, barganha – palavras sinônimas na técnica e no uso vulgar – exprimem "o contrato em que as partes se obrigam a prestar uma coisa por outra, excluindo o dinheiro"[1]. A troca é, portanto, o contrato pelo qual as partes se obrigam a dar uma coisa por outra, que não seja dinheiro[2]. Difere da compra e venda apenas porque, nesta, a prestação de uma das partes consiste em dinheiro.

Entre as tribos primitivas obtinha-se o que se queria, oferecendo a outrem aquilo que ele desejava. Acredita-se, desse modo, ter sido este o primeiro contrato surgido nos tempos primitivos. O contrato de *troca* ou *permuta* perdeu, no entanto, a sua importância, historicamente, com o surgimento da moeda, quando as coisas deixaram de ser permutadas por outras e passaram a ser trocadas por dinheiro, surgindo assim o contrato de compra e venda, que teve rápida ascensão e tornou-se responsável pelo desenvolvimento das nações.

A compra e venda, no fundo, constitui verdadeira troca, porém, com a particularidade de uma das coisas trocadas ser o dinheiro. Por outro lado, a troca encerra dupla venda, mas, em vez de haver alienação de coisa contra certo preço, compreende a alienação de uma coisa por outra. Em regra, "qualquer coisa ou objeto *in commercium* é suscetível de troca: móveis por móveis, móveis por imóveis, imóveis por imóveis, coisa por coisa, coisa por direito, direito por direito. Tudo o que pode ser vendido pode ser trocado"[3].

A permuta pode, assim, envolver coisas distintas e quantidades diversas: móveis e imóveis, vários móveis por um imóvel etc. Pode ter por objeto, também, coisas futuras, sendo frequente, hoje, a permuta de um terreno por apartamentos do edifício que nele será construído pelo incorporador permutante[4].

---

1 *Contratos no direito civil brasileiro*, t. II, p. 5.

2 Clóvis Beviláqua, *Código Civil dos Estados Unidos do Brasil*, v. IV, obs. ao art. 1.164.

3 Washington de Barros Monteiro, *Curso de direito civil*, v. 5, p. 129.

4 "A hipoteca decorrente de financiamento concedido pelo banco à incorporadora e construtora para construção de edifício não alcança as unidades que o ex-proprietário do terreno recebeu da construtora em troca ou como prévio pagamento deste" (STJ, REsp 146.659-MG, 4ª T., rel. Min. Asfor Rocha, *DJU*, 5-6-2000). "O proprietário de terreno prometido em permuta por um apartamento no prédio em que está sendo construído em regime de condomínio tem legitimidade, pelas peculiaridades da espécie, para embargar de terceiro contra a penhora efetivada na construção, por dívida contraída pelo condomínio, pois são diversas as suas qualidades jurídicas (de condômino e de proprietário do terreno) com que comparece nos distintos feitos" (STJ, REsp 17.631-PR, 4ª T., rel. Min. Asfor Rocha, *DJU* 19-8-1996).

Como ocorre com a compra e venda, a troca é negócio jurídico *bilateral* e *oneroso*, tendo caráter apenas obrigacional: gera para os permutantes a obrigação de transferir, um para o outro, a propriedade de determinada coisa. É também *consensual*, e não real, porque se aperfeiçoa com o acordo de vontades, independente da tradição. É *solene* só por exceção, quando tem por objeto bens imóveis (CC, art. 108). Como as prestações são certas e permitem às partes antever as vantagens e desvantagens que dele podem advir, é também contrato *comutativo*.

Quando um dos contraentes faz a reposição parcial em dinheiro, a troca não se transmuda em compra e venda, salvo se representar mais da metade do pagamento. Assim, se um contratante recebe coisa que vale R$ 100,00 e entrega outra que vale R$ 30,00, fazendo a reposição da diferença (R$ 70,00) em dinheiro, terá havido compra e venda.

2. REGULAMENTAÇÃO JURÍDICA

Pouco efeito prático produz a distinção suprarreferida, pois o legislador, considerando a semelhança existente entre a permuta e a compra e venda, determinou, no art. 533 do Código Civil, que se aplicassem àquela todas as disposições referentes a esta (as que concernem a vícios redibitórios, evicção, perigos e cômodos da coisa etc.), com apenas duas modificações: a) salvo disposição em contrário, cada um dos contratantes pagará por metade as despesas com o instrumento da troca; b) é anulável a troca de valores desiguais entre ascendentes e descendentes, sem consentimento expresso dos outros descendentes e do cônjuge do alienante.

Se os valores são desiguais, e *o objeto que pertence ao ascendente é mais valioso*, os demais descendentes devem ser ouvidos e consentir expressamente, pelas mesmas razões que justificam a necessidade de tal consentimento na venda de ascendente para descendente (art. 496). Se os valores são *iguais*, não há necessidade da referida anuência, pela impossibilidade de haver prejuízo para os demais descendentes. E, embora o Código não mencione, também será dispensável tal anuência se o bem recebido pelo ascendente, na troca, tiver *valor superior* ao por ele entregue, pois haverá, na hipótese, aumento de seu patrimônio, não tendo os demais descendentes legítimo interesse para discordar do negócio.

Sendo as regras comuns aos contratos em geral aplicáveis à permuta, se uma parte não cumpre a obrigação de entregar a coisa, a outra poderá opor a *exceptio non adimpleti contractus*. Apesar de se aplicar à permuta a teoria dos vícios redibitórios, nela não há a opção, ensejada ao comprador, de exigir a resolução do contrato ou o abatimento do preço, cabendo à parte lesada apenas a pretensão à resolução do contrato, com a volta ao estado anterior. A evicção que atinge uma das coisas afeta todo o contrato. Na hipótese, o evicto tem direito à restituição da coisa, além das despesas com o contrato, da indenização pelas perdas e danos e das custas processuais[5].

Apesar das semelhanças entre a compra e venda e a permuta, o *Superior Tribunal de Justiça* firmou o entendimento "no sentido de que o contrato de troca ou permuta não deve ser equiparado na esfera tributária ao contrato de compra e venda, pois não haverá, na maioria das vezes, auferimento de receita, faturamento ou lucro"[6].

---

5 Paulo Luiz Netto Lôbo, *Comentários ao Código Civil*, v. 6, p. 230-231. *V.* a jurisprudência: "Se um dos veículos permutados, por ser produto de furto, veio a ser apreendido, evidencia-se a inexecução do contrato, já que quem permuta, tal como no contrato de compra e venda, deve fazer a entrega da coisa permutada a fim de, no caso de móvel, com essa tradição operar-se a transferência do domínio. Essa inexecução do contrato proporciona à parte lesada a sua resolução, com perdas e danos" (TJPR, Ap. Cív. 43.145-8, 10ª Câm. Cív., rel. Des. Pacheco Rocha, j. 9-4-1996).

6 REsp 1.733.560-SC, 2ª T., rel. Min. Herman Benjamin, *DJe* 21-11-2018; AgInt no AREsp 1.749.494-RS, 2ª T., rel. Min. Herman Benjamin, *DJe* 14-4-2021.

Capítulo III

DO CONTRATO ESTIMATÓRIO

Sumário: 1. Conceito e natureza jurídica. 2. Regulamentação legal.

1. CONCEITO E NATUREZA JURÍDICA

Contrato estimatório ou de *vendas em consignação* é aquele em que uma pessoa (consignante) entrega bens móveis a outra (consignatária), ficando esta autorizada a vendê-los, obrigando-se a pagar um preço ajustado previamente, se não preferir restituir as coisas consignadas dentro do prazo ajustado.

O consignatário recebe o bem com a finalidade de vendê-lo a terceiro, segundo estimação feita pelo consignante. Nada impede, porém, que fique com o objeto para si, pagando o preço fixado. Se preferir vendê-lo, auferirá lucro no sobrepreço que obtiver.

Proclama o art. 534 do Código Civil, tendo como paradigma os arts. 1.556 a 1.558 do Código Civil italiano, que pelo contrato estimatório o consignante entrega bens móveis a outrem, denominado consignatário, para que os venda pelo preço estimado, pagando-o àquele, "*salvo se preferir, no prazo ajustado, restituir-lhe a coisa consignada*". É contrato de natureza mercantil, agora disciplinado pelo Código Civil de 2002 como contrato típico e nominado devido à sua importância no mundo moderno, sendo de uso bastante frequente no comércio de joias e antiguidades, de obras de arte e de livros, "com ressalva de restituição, ao fabricante ou proprietário, das unidades não alienadas, e lucrando o comerciante a diferença entre o preço estabelecido pelo consignante e o obtido do comprador"[1].

Nos textos de Ulpiano, concernentes ao direito romano, ao menos em duas passagens (Digesto, Livro 19, tít. III, fr. 1, e tít. V, fr. 13) são encontradas alusões à consignação para venda, na qual o *tradens* entregava ao *accipiens* uma coisa com valor previamente estimado, para que este a vendesse, com a obrigação de pagar o preço ou de a restituir ("*aut igitur ipsam rem debebit incorruptam reddere, aut estimationem de qua convenit*").

Embora haja muita incerteza a respeito da natureza jurídica do contrato estimatório, sendo às vezes tratado como venda sob condição suspensiva ou condição resolutiva, como promessa de venda e mesmo como contrato de depósito preparatório de eventual compra e venda, assemelha-se tal modalidade a um *mandato para vender*, com opção de restituição[2]. É tratado no novo diploma como *obrigação alternativa*, pois a autorização para venda não é essencial, uma vez que o consignatário pode optar por adquirir a coisa para si ou simplesmente restituí-la.

---

1 Caio Mário da Silva Pereira, *Instituições de direito civil*, v. III, p. 233.

2 Antônio Chaves, *Tratado de direito civil*, v. 2, t. 1, p. 668.

A venda por consignação não configura uma compra e venda, visto não acarretar o dever de pagar o preço por permitir a devolução da coisa. Também não constitui depósito, por ser essa devolução uma opção. Embora se aproxime do mandato, também não se amolda perfeitamente a esta figura contratual, tendo em vista que, se a venda alcançar excesso de preço, a parte excedente poderá ficar retida, o que seria inadmissível no mandato[3].

Em realidade, essa comparação ou tentativa de enquadrar o contrato estimatório em outras modalidades afins de contratos deixou de ter importância a partir do momento em que o legislador optou por discipliná-lo como contrato típico e autônomo, com definição de seus pressupostos, modos de aplicação e efeitos.

Segundo preleciona Paulo Luiz Netto Lôbo[4], não há qualquer consequência jurídica pela não venda, seja por falta de empenho do consignatário, seja por não conseguir interessado em adquirir a coisa. Sem embargo de ser mais apropriado para as relações mercantis, o contrato estimatório pode ser concluído entre particulares, uma vez que o Código Civil não o restringiu às hipóteses em que um dos figurantes seja uma empresa comercial.

Trata-se de contrato de natureza *real*, pois se aperfeiçoa com a entrega do bem ao consignatário. Esta não produz o efeito de lhe transferir a propriedade. A tradição é essencial para que o poder de disposição que foi transferido ao consignatário possa ser exercido. É, também, *oneroso*, visto que ambas as partes obtêm proveito; *comutativo*, porque não envolve risco; e bilateral, pois acarreta obrigações recíprocas.

Caio Mário[5] assim resume os caracteres jurídicos do contrato estimatório: a) exige a entrega da coisa; b) esta deve ser bem móvel; c) acarreta a obrigação para o *accipiens* de restituí-la ou pagar o preço; d) este é elemento essencial, devendo ser previamente estimado; e) é contrato a termo, devendo ser cumprido no prazo estipulado; f) transfere ao consignatário a disponibilidade da coisa.

2. REGULAMENTAÇÃO LEGAL

Dispõe o art. 535 do Código Civil que o "*consignatário não se exonera da obrigação de pagar o preço, se a restituição da coisa, em sua integridade, se tornar impossível, ainda que por fato a ele não imputável*".

O contrato estimatório transfere os riscos, destarte, ao consignatário, que suporta a perda ou deterioração da coisa, não se eximindo da obrigação de pagar o preço ainda que a restituição se impossibilite sem culpa sua. Segundo Pontes de Miranda[6], sua posse é como a de qualquer possuidor próprio se o proprietário não tem posse, ou se não há proprietário. O consignatário recebeu a posse própria, de que se desfez o consignante até certo momento ou depois, definitivamente, se até esse momento o consignatário lhe presta o preço do direito de propriedade e posse. Os riscos do caso fortuito ou da força maior são de quem não é dono, sempre que há fundamento legal para isso. O possuidor próprio sofre o fortuito.

O consignante ostenta a condição de dono da coisa móvel deixada em consignação. Embora se trate de modalidade especial de venda não têm os credores do consignatário nenhum poder sobre a coisa. Destarte, não pode ela "*ser objeto de penhora ou sequestro pelos credores do consignatário, enquanto não pago integralmente o preço*" (art. 536). Por outro lado,

---

3 Maria Helena Diniz, *Tratado teórico e prático dos contratos*, v. 2, p. 3-4.
4 *Comentários ao Código Civil*, v. 6, p. 244-245.
5 *Instituições de direito civil*, v. III, p. 234-236.
6 *Tratado de direito privado*, v. 39, p. 426.

o "*consignante não pode dispor da coisa antes de lhe ser restituída ou de lhe ser comunicada a restituição*" (art. 537).

Findo o prazo do contrato, ou da notificação feita pelo consignante, se não estabelecido o *dies ad quem*, terá ele direito ao preço ou à restituição da coisa. Em contrapartida, na fluência do lapso contratual, não poderá pretender a sua restituição, nem perturbar a posse direta do consignatário, sob pena de sujeitar-se aos interditos possessórios.

Assinala, a propósito, Paulo Luz Netto Lôbo que a regra resulta da situação singular do contrato estimatório "porque o consignatário pode dispor da coisa, é possuidor com posse própria, mas não é proprietário; por seu turno, o consignante, que é proprietário, não pode dispor da coisa até que ela lhe seja restituída, mas reserva o domínio. O consignatário pode dispor por ato voluntário, mas seus credores não podem penhorar ou sequestrar a coisa até que o prazo ajustado no contrato estimatório se encerre"[7].

O art. 537 do atual Código Civil impede que o consignante disponha da coisa consignada, enquanto perdurar o contrato. A restituição é alternativa facultada ao consignatário, que deve ser exercida dentro do prazo ajustado no contrato. O aludido dispositivo prevê dois modos de restituição: a entrega física da coisa e a comunicação sem entrega física. Com a primeira, o bem móvel consignado retorna ao consignante, que recupera o poder de disposição e a posse própria. A comunicação, por seu turno, interrompe a fluência do prazo ajustado, desobrigando o consignatário de pagar o preço, e reintegra fictamente a coisa no domínio do consignante. Se aquele, depois da comunicação, retardar indevidamente a restituição física, haverá esbulho, porque não mais desfruta da posição de contratante.

---

[7] *Comentários ao Código Civil*, v. 6, p. 265-266.

Capítulo IV
DA DOAÇÃO

1. CONCEITO E CARACTERÍSTICAS

Doação, define o Código Civil no art. 538, é "*o contrato em que uma pessoa, por liberalidade, transfere do seu patrimônio bens ou vantagens para o de outra*".

Não é comum o Código Civil apresentar definições e conceitos, pois a função de um diploma legal é estatuir normas e comandos, deixando aquela tarefa para a doutrina. A explicação alvitrada é que o novel legislador, assim como o de 1916, quis tomar posição diante da controvérsia reinante sobre a natureza contratual da doação, negada por muitos. Os Códigos que se filiam ao sistema francês, por exemplo, como o italiano de 1942, colocam-na ao lado do testamento, considerando-a modo particular de adquirir a propriedade. O Código Civil brasileiro, todavia, a exemplo do alemão e do suíço, preferiu colocá-la, mais adequadamente, entre as várias espécies de contrato, enfatizando, no aludido art. 538, que se considera doação "*o contrato...*"[1].

Do conceito legal ressaltam os seus *traços característicos*: a) a natureza contratual; b) o *animus donandi*, ou seja, a intenção de fazer uma liberalidade; c) a transferência de bens para o patrimônio do donatário; e d) a aceitação deste. O primeiro nem precisaria, a rigor, ser mencionado, pois o fato de a doação estar regulada no capítulo dos contratos em espécie já evidencia a sua natureza contratual e, *ipso facto*, a necessidade da aceitação, cuja menção foi dispensada. Mas o legislador o incluiu, como foi dito, para demonstrar ter optado pela corrente que a considera um contrato, diferentemente do direito francês.

Na realidade, dois são os elementos *peculiares* à doação: a) o *animus donandi* (elemento subjetivo), que é a intenção de praticar uma liberalidade (principal característica); e b) a transferência de bens, acarretando a diminuição do patrimônio do doador (elemento objetivo).

Predomina, na moderna dogmática, a *concepção contratualista*, tendo em vista que a doação requer a intervenção de duas partes, o doador e o donatário, cujas vontades hão de se completar para que se aperfeiçoe o negócio jurídico. Exige-se a mesma *capacidade ativa* que a requerida para os contratos em geral. Todavia, não vigora a restrição imposta aos ascenden-

1 Caio Mário da Silva Pereira, *Instituições de direito civil*, v. III, p. 245-246; Washington de Barros Monteiro, *Curso de direito civil*, v. 5, p. 134.

tes, no caso de permuta ou venda a descendentes. Não necessitam eles da anuência dos demais, nem do cônjuge, para doar a um descendente, importando adiantamento de legítima a doação de pai a filho ou de um cônjuge a outro (CC, art. 544).

Em menção ao art. 544 do Código Civil, vale a transcrição do *Enunciado n. 654 da IX Jornada de Direito Civil*: "Em regra, é válida a doação celebrada entre cônjuges que vivem sob o regime da separação obrigatória de bens".

Marido e mulher podem fazer doações recíprocas, sendo porém inócuas no regime da comunhão universal. A doação de cônjuge adúltero ao seu cúmplice é, no entanto, proibida, podendo ser anulada pelo outro cônjuge (CC, art. 550). Também o menor não pode doar. No entanto, quando autorizado a casar, pode fazer doação ao outro nubente, no pacto antenupcial, mas a eficácia deste "*fica condicionada à aprovação de seu representante legal, salvo as hipóteses de regime obrigatório de separação de bens*" (CC, art. 1.654).

Têm *capacidade passiva* todos aqueles que podem praticar os atos da vida civil, sejam pessoas naturais ou pessoas jurídicas de direito privado, e, por exceção, o *nascituro* (CC, art. 542), em função do caráter benéfico do ato. Pela mesma razão, têm-na os *incapazes* (art. 543) e a *prole eventual* de determinado casal (art. 546). As pessoas jurídicas poderão aceitar doações na conformidade das disposições especiais a elas concernentes.

A *liberalidade* ou *animus donandi* é elemento essencial para a configuração da doação, tendo o significado de ação desinteressada de dar a outrem, sem estar obrigado, parte do próprio patrimônio. No direito italiano alude-se a "espírito de liberalidade", o qual não se aperfeiçoa apenas com a atribuição patrimonial sem contraprestação, mas com a existência, no agente, da intenção de doar pela consciência de conferir a outrem uma vantagem patrimonial sem ser obrigado (*liberalitas nullo iure cogente in accipientem facta*)[2].

Clóvis Beviláqua, em comentários ao art. 1.165 do Código Civil de 1916, depois de salientar que o que caracteriza a doação é o *animus donandi*, afirma que este "não está na intenção de enriquecer o donatário (Savigny), nem nos motivos finalísticos do ato (Becker), mas na liberalidade, elemento subjetivo pessoal do agente, ora beneficente, ora generosa, ora expressão de estima ou apreço"[3]. Para Savigny[4], não há o *animus donandi* "quando o enriquecimento do donatário só secundariamente está na intenção do doador", como na hipótese, por exemplo, de a doação ser feita para que os donatários mantenham em funcionamento a empresa ou o empreendimento por ele criado.

Assinala Agostinho Alvim[5] que é possível haver doação mesmo que o *animus donandi* inexista interiormente, como na hipótese de várias pessoas fazerem doação a um parente que está mal de vida e uma delas se sentir contrariada por ter que dar, não escondendo o seu constrangimento. Por essa razão, dizem alguns que a verdadeira característica da doação é a gratuidade, e não a liberalidade. Por outro lado, não há em regra doação, por falta de *animus donandi*: na inatividade do proprietário ou do credor, que deixa consumar-se a usucapião, ou a prescrição; na venda por baixo preço, salvo se este for meramente simbólico; na emancipação; na concessão de garantias reais ou fidejussórias; na concessão de gorjetas, esmolas e donativos, e na prestação de serviços gratuitos, feitos no cumprimento de deveres ou costumes sociais etc.

---

2 Paulo Luiz Netto Lôbo, *Comentários ao Código Civil*, v. 6, p. 276.

3 *Código Civil dos Estados Unidos do Brasil comentado*, v. IV, p. 341.

4 *Sistema del diritto romano attuale*, trad. Vittorio Scialoja, v. IV, § 152, p. 95.

5 *Da doação*, p. 11-17. Aduz Agostinho Alvim: "Na doação, o donatário objetiva o aumento do seu patrimônio; e o doador objetiva isso mesmo: o aumento do patrimônio do donatário, mediante ato de liberalidade. O motivo, porém, que tiver levado o doador a doar, se é amor, amizade, vaidade, ou temor da censura alheia, isso não importa, porque não constitui elemento da doação, que se contenta com o rótulo da liberalidade, externado na gratuidade do ato".

O elemento objeto da doação é a *transferência de bens ou vantagens* de um patrimônio para outro. A vantagem há de ser de natureza patrimonial, bem como deve haver ainda aumento de um patrimônio à custa de outro. É necessário que haja uma relação de causalidade entre o empobrecimento, por liberalidade, e o enriquecimento (*pauperior et locupletior*)[6]. O essencial é a existência de atribuição patrimonial. A aludida transferência de bens se perfaz, se se tratar de imóveis, por escritura pública e registro. O título endossável pode ser transferido mediante endosso e entrega ao donatário.

A *aceitação* é indispensável para o aperfeiçoamento da doação e pode ser expressa, tácita, presumida ou ficta. Em geral vem *expressa* no próprio instrumento. Por exemplo, o donatário comparece à escritura que formaliza a liberalidade para declarar que aceita o benefício. Mas não é imprescindível que seja manifestada simultaneamente à doação, podendo ocorrer posteriormente. É *tácita* quando revelada pelo comportamento do donatário. Este não declara expressamente que aceita o imóvel que lhe foi doado, mas, por exemplo, recolhe a sisa devida, demonstrando, com isso, a sua adesão ao ato do doador; ou, embora não declare aceitar a doação de um veículo, passa a usá-lo e providencia a regularização da documentação, em seu nome.

A aceitação é *presumida* pela lei: a) quando o doador fixa prazo ao donatário, para declarar se aceita, ou não, a liberalidade. Desde que o donatário, ciente do prazo, não faça, dentro dele, a declaração, entender-se-á que aceitou (CC, art. 539). O *silêncio* atua, nesse caso, como manifestação de vontade. Tal presunção só se aplica às doações *puras,* que não trazem ônus para o aceitante; b) quando a doação é feita em *contemplação de casamento futuro* com certa e determinada pessoa e o casamento se realiza. A celebração gera a presunção de aceitação, não podendo ser arguida a sua falta (CC, art. 546).

Ficto é o consentimento para a doação ao incapaz. Dispensa-se a aceitação, "*desde que se trate de doação pura, se o donatário for absolutamente incapaz*" (CC, art. 543). A dispensa protege o interesse deste, pois a doação pura só pode beneficiá-lo. O atual diploma corrigiu impropriedade do Código de 1916, que admitia aos absolutamente incapazes a aceitação da doação pura (art. 1.170). Trata-se, na realidade, de aceitação ficta, que dispensa manifestação de vontade, mas que produz os efeitos de um consentimento efetivo, tal qual ocorreria se o donatário fosse capaz e emitisse uma declaração volitiva, como emerge da redação do citado art. 543[7].

A doação é contrato, *em regra*, gratuito, unilateral e formal ou solene. *Gratuito,* porque constitui uma liberalidade, não sendo imposto qualquer ônus ou encargo ao beneficiário. Será, no entanto, oneroso, se houver tal imposição. *Unilateral*, porque cria obrigação para somente uma das partes. Contudo, será bilateral, quando modal ou com encargo. *Formal*, porque se aperfeiçoa com o acordo de vontades entre doador e donatário e a observância da forma escrita, independentemente da entrega da coisa. Mas a doação *manual* (de bens móveis de pequeno valor) é de natureza real, porque o seu aperfeiçoamento depende incontinenti da tradição destes (CC, art. 541, parágrafo único).

Malgrado alguns poucos autores considerem a doação contrato de natureza real, a melhor posição, e dominante, é a que sustenta ocorrer o seu aperfeiçoamento com a aceitação, independentemente da entrega da coisa. Esta é necessária apenas para a transferência do domínio, como ocorre também no contrato de compra e venda, em que há, igualmente, transferência de bens de um patrimônio para outro.

Orlando Gomes bem esclarece a questão: "Se a doação é um contrato em que uma pessoa, por liberalidade, transfere do seu patrimônio bens ou vantagens para o de outra, que

---

6 Agostinho Alvim, *Da doação*, p. 13.

7 Caio Mário da Silva Pereira, *Instituições de direito civil*, v. III, p. 251.

os aceita, poder-se-ia colher a falsa impressão de que, pelo contrato, se transfere a propriedade dos bens doados, mas na realidade não produz esse efeito. A propriedade do bem doado somente se transmite pela *tradição*, se *móvel*, ou pela *transcrição*, se *imóvel*. O *contrato* é apenas o *título*, a causa da transferência, não bastando, por isso só, para operá-la. Nesse sentido é que se diz ser a doação contrato translativo do domínio. São obrigacionais os efeitos que produz. O doador obriga-se a transferir do seu patrimônio bens para o do donatário, mas este não adquire a propriedade senão com a tradição, ou a transcrição. Entre nós, o domínio das coisas não se adquire *solo consensu*, regra válida tanto para a compra e venda e a permuta como para a *doação*[8].

A doação é, portanto, em geral, *formal* ou *solene*, porque a lei impõe a forma escrita, por instrumento público ou particular (art. 541, *caput*), salvo a de bens móveis de pequeno valor, que pode ser verbal (parágrafo único). A lei não tolera, realmente, a liberdade de forma, optando por inscrever a doação entre os contratos formais, como regra[9]. Mesmo nas doações de bens móveis de pequeno valor a tradição é indispensável. A eficácia da liberalidade está condicionada à observância da forma prescrita na lei, não produzindo efeitos jurídicos pelo simples consentimento (*solo consensu*). Na realidade, impõe a lei a *forma escrita* (CC, art. 541), seja móvel ou imóvel o seu objeto. Trata-se, portanto, de *contrato formal*[10].

A respeito do citado art. 541 do Código Civil, proclama o *Enunciado n. 622 da VIII Jornada de Direito Civil do Conselho da Justiça Federal*: "Para a análise do que seja bem de pequeno valor, nos termos do que consta do art. 541, parágrafo único, do Código Civil, deve-se levar em conta o patrimônio do doador".

A doação constitui ato *inter vivos*. O nosso ordenamento jurídico desconhece doações *causa mortis*, admitidas no direito pré-codificado, pois lhes falta o caráter de irrevogabilidade, que é inerente às liberalidades. Somente não produzirão efeito, porém, as liberalidades ou legados que realmente se façam *causa mortis*, se não observarem as normas próprias das declarações de última vontade, não se enquadrando nessa hipótese "a fixação do dia da morte do doador como *termo inicial* da doação, ficando até esse momento suspenso o exercício do direito do donatário"[11].

---

8 No mesmo sentido o escólio de Caio Mário (*Instituições de direito civil*, v. III, p. 258-259) e Eduardo Espínola. Diz este último: "Em se tratando de doação de coisas imóveis, o doador se obriga a transmiti-la ao donatário e este a recebê-la; mas a propriedade só é por este adquirida com a transcrição da escritura de doação; no caso de doação de coisas móveis, o donatário só adquire o objeto doado com a tradição" (*Dos contratos nominados no direito civil brasileiro*, p. 159, nota 57). Agostinho Alvim também entende que, em face do nosso direito, a doação não é contrato real, argumentando que seria incompreensível que o legislador, depois de haver-se orientado no sentido de que pelos contratos não se transfere o domínio, infringisse o sistema, sem razão plausível, em matéria de doação (*Da doação*, p. 9 e 65). Roberto de Ruggiero, por seu turno, afirma: "Se pelo princípio geral que declara suficiente o simples consenso para transferir a propriedade, as coisas doadas são adquiridas pelo donatário logo que haja o consenso, sem necessidade de tradição, fica ainda para o doador uma obrigação a cumprir, que é a de fazer entrega da coisa, identicamente ao que se viu quanto à venda. Perfeita fica a doação quando tenha sido aceita pelo donatário" (*Instituições de direito civil*, v. 3, p. 346). A tradição pertence, pois, à fase de cumprimento ou execução da obrigação assumida.

9 "Em interpretação sistemática dos arts. 107, 108, 109 e 541 do CC, a doação – por consistir na transferência de bens ou vantagens do patrimônio do doador para o do donatário –, quando recair sobre imóvel cujo valor supere o equivalente a 30 (trinta) salários mínimos, deve observar a forma solene, efetivando-se, com isso, mediante escritura pública" (STJ, REsp 1.938.997-MS, 3ª T., rel. Min. Marco Aurélio Bellizze, *DJe* 30-9-2021).

10 Caio Mário da Silva Pereira, *Instituições de direito civil*, v. III, p. 247; Agostinho Alvim, *Da doação*, p. 75. Afirma o último, a propósito: "Entendemos que em face do nosso Direito a doação não é contrato consensual, nem real" (p. 9).

11 *RTJ*, 41/214. Preleciona, a propósito, Roberto de Ruggiero que a "demissão atual da coisa" e a sua "irrevogabilidade" são precisamente os caracteres da doação que impedem que ela se faça *mortis causa* (*Instituições de direito civil*, v. III, p. 339).

O doador não é obrigado a pagar *juros moratórios*, nem é sujeito às consequências da *evicção* ou do *vício redibitório* (CC, art. 552, primeira parte), pois não seria justo que surgissem obrigações para quem praticou uma liberalidade. Mas a responsabilidade subsiste nas doações remuneratórias e com encargo, até o limite do serviço prestado e do ônus imposto. Nas doações para casamento com certa e determinada pessoa, o doador ficará sujeito à evicção, salvo convenção em contrário (art. 552, segunda parte).

2. OBJETO DA DOAÇÃO

O art. 538 do Código Civil retromencionado fala na transferência de "*bens ou vantagens*". Objeto da doação é, portanto, a prestação de dar coisa ou vantagens. Pode ser objeto da doação todo bem que esteja *in commercium*, ou seja, qualquer coisa que tenha expressão econômica e possa ser alienada. Incluem-se os bens móveis e imóveis, corpóreos e incorpóreos, consumíveis e inconsumíveis.

A *coisa alheia* não pode ser objeto de doação, mas a aquisição posterior do domínio convalida o ato, como estatui o § 1º do art. 1.268 do Código Civil.

Divergem os doutrinadores a respeito da doação de *bens futuros*. Entende Paulo Lôbo que a doação "não pode abranger bens futuros, por sua natureza real, salvo na hipótese de subvenções periódicas (art. 545 do Código Civil)"[12]. Orlando Gomes, na mesma linha, sustenta que a doação de coisa futura, considerada como tal a que ainda não ingressou no patrimônio do doador, é proibida, "pois ninguém pode transferir do seu patrimônio o que neste não está"[13].

A razão está, no entanto, com aqueles que, afastando-se da interpretação literal, chegam a conclusão oposta. Agostinho Alvim, por exemplo, afirma que a "coisa futura pode ser objeto de doação: ex. os frutos que eu colher este ano, o primeiro bezerro que nascer de tal vaca que me pertence. Isto não é promessa de doar, e sim, doação condicional: se colher, se nascer"[14].

Caio Mário, na mesma linha, sublinha que "não é, porém, vedada a doação de *bens futuros*. O ato terá o caráter de contrato condicional, e não chegará a produzir nenhum efeito, se a coisa doada não vier a ter existência e disponibilidade por parte do doador. Mas não valerá se a doação tiver natureza sucessória, direta ou indireta, como, *e. g.*, se se referir aos bens que tenha o doador por ocasião de sua morte, ou os bens que o doador espera herdar de pessoa viva"[15].

Eduardo Espínola, por sua vez, depois de frisar que os bens futuros não podem ser objeto de doação, na maior parte dos sistemas legislativos, aduz que "essa proibição, porém, não existe de modo absoluto em nossa lei", acrescentando: "Em nosso direito, não se declara terminantemente que a doação não pode ter por objeto coisa futura"[16]. Também Carvalho de Mendonça assevera: "Em rigor, porém, as coisas futuras, com exceção das sucessões ainda não abertas, podem, em nosso direito, ser objeto de um contrato"[17].

3. PROMESSA DE DOAÇÃO

Assim como há promessa (ou compromisso) de compra e venda, pode haver, também, promessa de doação. Há controvérsias, no entanto, a respeito da exigibilidade de seu cumpri-

---

12 *Comentários ao Código Civil*, v. 6, p. 276.

13 *Contratos*, p. 237-238.

14 *Da doação*, p. 13.

15 *Instituições de direito civil*, v. III, p. 252.

16 *Dos contratos nominados no direito civil brasileiro*, p. 157, nota 51.

17 *Contratos no direito civil brasileiro*, t. I, p. 59.

mento. Caio Mário[18] sustenta ser inexigível o cumprimento de promessa de *doação pura*, porque esta representa uma liberalidade plena. Não cumprida a promessa, haveria uma execução coativa ou poderia o promitente-doador ser responsabilizado por perdas e danos, nos termos do art. 389 do Código Civil – o que se mostra incompatível com a gratuidade do ato. Tal óbice não existe, contudo, na *doação onerosa*, porque o encargo imposto ao donatário estabelece um dever exigível do doador.

Para outra corrente, a intenção de praticar a liberalidade manifesta-se no momento da celebração da promessa. A sentença proferida na ação movida pelo promitente-donatário nada mais faz do que cumprir o que foi convencionado. Nem faltaria, *in casu*, a espontaneidade, pois se ninguém pode ser compelido a praticar uma liberalidade, pode, contudo, assumir voluntariamente a obrigação de praticá-la. Esta corrente admite promessa de doação entre cônjuges, celebrada em separação judicial consensual, e em favor de filhos do casal, cujo cumprimento, em caso de inadimplemento, pode ser exigido com base no art. 501 do Código de Processo Civil.

Washington de Barros Monteiro[19], com efeito, afirma inexistir razão para excluir tal promessa, cuja possibilidade jurídica é expressamente admitida pelo direito alemão (BGB, art. 2.301). Acrescenta o mestre que ela não contraria qualquer princípio de ordem pública e que dispositivo algum a proíbe.

Na jurisprudência, entretanto, há divergências. Algumas decisões acolhem este último entendimento. Outras, porém, exigem que a promessa convencionada em separação consensual tenha caráter retributivo (não seja de doação pura), havendo ainda manifestações no sentido de que a promessa enseja a possibilidade de arrependimento entre a vontade manifestada e o ato de doar, sendo inadmissível a execução forçada[20]. O *Enunciado n. 549 da VII da Jornada de Direito Civil* estipula que: "A promessa de doação no âmbito da transação constitui obrigação positiva e perde o caráter de liberalidade previsto no art. 538 do Código Civil".

Na jurisprudência do *Superior Tribunal de Justiça* verificam-se julgados que reconhecem ser "inviável juridicamente a promessa de doação ante a impossibilidade de se harmonizar a exigibilidade contratual e a espontaneidade, característica do *animus donandi*. Admitir a promessa de doação equivale a concluir pela possibilidade de uma doação coativa, incompatível, por definição, com um ato de liberalidade"[21].

Yussef Said Cahali considera necessário distinguir, nas separações consensuais, a *doação definitiva* da *promessa de doação* de bens imóveis aos filhos. Na primeira, homologado o acordo por sentença, a doação se tem como consumada, não se sujeitando a retratação unilateral ou bilateral dos autores da liberalidade. Antecedendo à sentença homologatória, nada

---

18 Afirma Caio Mário que, sob o aspecto formal, pode alguém obrigar-se a realizar uma doação pura, porque, "tendo o contrato preliminar por objeto um outro contrato, futuro e definitivo, este novo *contrahere* poderia ser a doação, como qualquer outra espécie". Acontece, aduz, "que se não pode deixar de encarar o problema sob o aspecto ontológico, e, assim considerado, a solução negativa impõe-se. É da própria essência da promessa de contratar a criação de compromisso dotado de exigibilidade. O promitente obriga-se". Portanto, "se o promitente-doador recusasse a prestação, o promitente-donatário teria ação para exigi-la, e, então, ter-se-ia uma doação coativa, doação por determinação da Justiça, liberalidade por imposição do juiz e ao arrepio da vontade do doador. No caso da prestação em espécie já não ser possível haveria a sua conversão em perdas e danos, e o beneficiado lograria reparação judicial, por não ter o benfeitor querido efetivar o benefício. Nada disto se coaduna com a essência da doação, e, conseguintemente, a doação pura não pode ser objeto de contrato preliminar" (*Instituições de direito civil*, v. III, p. 257-258).

19 *Curso de direito civil*, v. 5, p. 137.

20 *RT*, 699/55, 738/400.

21 REsp 730.626-SP, 4ª T., rel. Min. Jorge Scartezzini, *DJe* 4-12-2006.

impede a retratação *bilateral*. Não há necessidade de completar o ato transmissivo por instrumento público, pois, sendo praticado em juízo, tem a mesma eficácia da escritura pública.

A *promessa de doação* em favor da prole é admitida, "atribuindo-se à cláusula do acordo homologado eficácia plena e irrestrita, sem condições de retratabilidade ou arrependimento, assegurando-se ao beneficiário direito à adjudicação compulsória do imóvel ou à sentença condenatória substitutiva da declaração de vontade recusada"[22]. Nesse diapasão decidiu o Tribunal de Justiça de São Paulo que "o acordo, quando contém os mesmos requisitos formais e de fundo da liberalidade prometida, erige-se em contrato preliminar, sujeitando-se à execução específica das obrigações de emitir declaração de vontade[23].

O *Superior Tribunal de Justiça*, por sua vez, manifestou-se a respeito da questão nos seguintes termos:

"Hipótese dos autos em que a liberalidade não animou o pacto firmado pelas partes, mas sim as vantagens recíprocas e simultâneas que buscaram alcançar a aquiescência de ambos ao matrimônio e ao regime de separação total de bens, estabelecendo o compromisso de doação de um determinado bem à esposa para o acertamento do patrimônio do casal. Aplicação analógica da tese pacificada pela Segunda Seção no sentido da validade e eficácia do compromisso de transferência de bens assumidos pelos cônjuges na separação judicial, pois, nestes casos, não se trata de mera promessa de liberalidade, mas de promessa de um fato futuro que entrou na composição do acordo de partilha dos bens do casal (EREsp 125.859-RJ, rel. Min. Ruy Rosado de Aguiar. Segunda Seção, *DJe* 24-3-2003)"[24].

4. ESPÉCIES DE DOAÇÃO

A doação pode ser classificada, em razão de seus elementos integrativos, em vários tipos:

a) *Pura e simples* ou *típica* (*vera et absoluta*) – Quando o doador não impõe nenhuma restrição ou encargo ao beneficiário, nem subordina a sua eficácia a qualquer condição. O ato constitui uma liberalidade plena.

b) *Onerosa, modal, com encargo* ou *gravada* (*donatione sub modo*) – Aquela em que o doador impõe ao donatário uma incumbência ou dever. Assim, há doação onerosa, por exemplo, quando o autor da liberalidade sujeita o município donatário a construir uma creche ou escola na área urbana doada. O *encargo* (representado, em geral, pela locução *com a obrigação de*) não suspende a aquisição, nem o exercício do direito (CC, art. 136), diferentemente da *condição suspensiva* (identificada pela partícula *se*), que subordina o efeito da liberalidade a evento futuro e incerto (art. 121). Enquanto este se não verificar, o donatário não adquirirá o direito.

O encargo pode ser imposto a benefício do doador, de terceiro, ou do interesse geral (art. 553)[25]. O seu *cumprimento*, em caso de mora, pode ser exigido judicialmente, salvo quando instituído em favor do próprio donatário, valendo, nesse caso, como mero conselho ou recomendação (ex.: "dou-te tal importância para comprares tal imóvel")[26]. Doação com reserva de usufruto não é onerosa, porém pura e simples.

---

22 *Divórcio e separação*, p. 174-197.

23 *RT*, 460/107.

24 STJ, REsp 1.355.007-SP, 3ª T., rel. Min. Paulo de Tarso Sanseverino, *DJe* 10-8-2017.

25 "A jurisprudência desta eg. Corte já se manifestou no sentido de considerar que não se caracteriza como ato de mera liberalidade ou simples promessa de doação, passível de revogação posterior, a doação feita pelos genitores aos seus filhos estabelecida como condição para a obtenção de acordo em separação judicial" (AgRg no REsp 883.232-MT, rel. Min. Raul Araújo, *DJe* 26-2-2013).

26 Eduardo Espínola, *Dos contratos nominados no direito civil brasileiro*, p. 177.

Têm legítimo interesse, para exigir o cumprimento, o doador e o terceiro (em geral, alguma entidade), aplicando-se as regras da estipulação em favor de terceiro, bem como o Ministério Público; este, somente se o encargo foi imposto no interesse geral e o doador já faleceu sem tê-lo feito (CC, art. 553, parágrafo único). Mas somente o doador pode pleitear a *revogação* da doação. Não perde o caráter de liberalidade o que exceder o valor do encargo imposto. Assim, se o bem doado vale R$ 100.000,00 e o encargo exige o dispêndio de R$ 20.000,00, haverá uma doação de R$ 80.000,00 e uma alienação a título oneroso de R$ 20.000,00.

Preceitua o art. 137 do Código Civil que se considera "*não escrito o encargo ilícito ou impossível, salvo se constituir o motivo determinante da liberalidade, caso em que se invalida o negócio jurídico*". Assim, por exemplo, se a doação de um imóvel é feita para que o donatário nele mantenha casa de prostituição (atividade ilícita), sendo esse o motivo determinante ou a finalidade específica da liberalidade, será invalidado todo o negócio jurídico[27]. E o art. 441, parágrafo único, manda aplicar às doações oneradas de encargo a teoria dos vícios redibitórios.

c) *Remuneratória* – É a feita em retribuição a serviços prestados, cujo pagamento não pode ser exigido pelo donatário. É o caso, por exemplo, do cliente que paga serviços prestados por seu médico, mas quando a ação de cobrança já estava prescrita; e, ainda, do que faz uma doação a quem lhe salvou a vida ou lhe deu apoio em momento de dificuldade. Se a dívida era exigível, a retribuição chama-se pagamento, ou dação em pagamento se ocorrer a substituição da coisa devida por outra; se não era, denomina-se doação remuneratória[28].

Se o valor pago exceder o dos serviços prestados, o excesso "*não perde o caráter de liberalidade*", isto é, de doação pura (CC, art. 540). Sendo o motivo determinante recompensar serviços ou favores prestados ao doador, na parte correspondente à retribuição dos serviços, o ato, em verdade, não é doação, mas pagamento, como foi dito. Neste caso, o doador responde pela evicção na parte equivalente ao serviço prestado. Se os serviços valem R$ 1.000,00 e paga-se R$ 1.500,00, os R$ 500,00 excedentes constituem, porém, pura liberalidade.

Na doação remuneratória não há, assim, dever jurídico exigível pelo donatário. Todavia, o doador sente-se no dever moral de remunerá-lo em virtude da prestação de um serviço que aquele lhe prestou e, por alguma razão pessoal, não exigiu o correspectivo ou a ele renunciou[29].

Segundo o *Superior Tribunal de Justiça*, "A doação remuneratória, caracterizada pela existência de uma recompensa dada pelo doador pelo serviço prestado pelo donatário e que, embora quantificável pecuniariamente, não é juridicamente exigível, deve respeitar os limites impostos pelo legislador aos atos de disposição de patrimônio do doador, de modo que, sob esse pretexto, não se pode admitir a doação universal de bens sem resguardo do mínimo existencial do doador, nem tampouco a doação inoficiosa em prejuízo à legítima dos herdeiros necessários sem a indispensável autorização desses, inexistente na hipótese em exame"[30].

---

27 Carlos Roberto Gonçalves, *Direito civil brasileiro*, v. 1, p. 429.

28 Eduardo Espínola considera muito difícil estabelecer um critério absoluto de distinção entre as doações remuneratórias que se devam ter como puras liberalidades e as doações remuneratórias com caráter oneroso. Se "um médico declara ao cliente que nada lhe quer cobrar por seu tratamento, ou um cirurgião por uma hábil e feliz operação, cumpre admitir que o valioso presente que lhe faça o cliente restabelecido é uma doação remuneratória, de caráter oneroso, até a correspondência equitativa do serviço prestado. Se, ao invés, sem qualquer manifestação do cirurgião, o operado lhe oferece uma joia para a esposa ou a filha, ou um aparelho cirúrgico, trata-se de uma doação gratuita, que não impede aquele de cobrar a importância de seus serviços" (*Dos contratos nominados no direito civil brasileiro*, p. 169, nota 4).

29 Paulo Luiz Netto Lôbo, *Comentários ao Código Civil*, v. 6, p. 296; Silvio Rodrigues, *Direito civil*, v. 3, p. 202.

30 STJ, REsp 1.708.951-SE, 3ª T., rel. Min. Nancy Andrighi, j. 14-5-2019.

d) *Mista* – É aquela em que se procura beneficiar por meio de um contrato de caráter oneroso. Decorre da inserção de liberalidade em alguma modalidade diversa de contrato (p. ex., venda a preço vil ou irrisório (venda amistosa), que é venda na aparência, e doação na realidade). Embora haja a intenção de doar, existe um preço fixado, caracterizando a venda (*negotium mixtum cum donatione*). Pode ocorrer, também, na aquisição de um bem por preço superior ao valor real (paga-se R$ 1.500,00, sabendo-se que o valor real é R$ 1.000,00). O sobrepreço inspira-se na liberalidade que o adquirente deseja praticar.

Embora sustentem alguns que o negócio deve ser separado em duas partes, aplicando-se a cada uma delas as regras que lhe são próprias, a melhor solução é verificar a preponderância do negócio, se oneroso ou gratuito, levando-se em conta o art. 112 do Código Civil.

e) *Em contemplação do merecimento do donatário* (*contemplativa* ou *meritória*) – Configura-se quando o doador menciona, expressamente, o motivo da liberalidade, dizendo, por exemplo, que a faz porque o donatário tem determinada virtude, ou porque é seu amigo, consagrado profissional ou renomado cientista (a gratificação pecuniária ao vencedor do Prêmio Nobel, v. g.) etc. Não tem como pressuposto a recompensa de um favor ou de um serviço recebido. Segundo dispõe a primeira parte do art. 540 do Código Civil, a doação é pura e como tal se rege, não exigindo que o donatário faça por merecer a dádiva.

f) *Feita ao nascituro* – Dispõe o art. 542 do Código Civil que tal espécie de doação "*valerá, sendo aceita pelo seu representante legal*". Pode o nascituro ser contemplado com doações, tendo em vista que o art. 2º põe a salvo os seus direitos desde a concepção[31]. A aceitação será manifestada pelos pais, ou por seu curador quando o pai falecer e a mãe não detiver o poder familiar (art. 1.779), neste caso com autorização judicial (CC, art. 1.748, II, c/c o art. 1.774). Sendo titular de direito eventual, sob condição suspensiva, caducará a liberalidade, se não nascer com vida.

A aceitação do representante legal do nascituro não torna o contrato de doação definitivamente válido. A validade deve ser entendida nos limites do direito expectativo: condicionada ao nascimento com vida. Enquanto perdurar o estado de nascituro são produzidos os efeitos jurídicos da doação, antecipadamente. O nascimento resolve o estado de incerteza e a doação produz todos os efeitos, complementando os anteriores, sem necessidade de recurso à retroatividade[32].

g) *Em forma de subvenção periódica* – Trata-se de uma pensão, como favor pessoal ao donatário, cujo pagamento termina com a morte do doador, não se transferindo a obrigação a seus herdeiros, salvo se o contrário houver, ele próprio, estipulado. Neste caso, "*não poderá ultrapassar a vida do donatário*" (CC, art. 545). Em vez de entregar a este um objeto, o doador assume a obrigação de ajudá-lo mediante auxílio pecuniário, sob a forma de rendas, dividendos ou alimentos, periodicamente, com intuito de liberalidade.

A periodicidade é definida pelo doador, sendo comuns a mensal e a anual, como ocorre nas contribuições a entidades sem fins lucrativos. Mas pode ser adotada qualquer outra. Além de proclamar a admissibilidade desse tipo de doação, o citado art. 545 tem também a finalidade de estabelecer o limite temporal da obrigação, que é a vida do doador. Sua morte gera a extinção da obrigação, salvo se ele próprio outra coisa houver estipulado. Neste caso, os herdeiros só serão obrigados dentro das forças da herança, não podendo, porém a obrigação "*ultrapassar a vida do donatário*". Este outro limite temporal constitui inovação introduzida pelo Código de 2002.

h) *Em contemplação de casamento futuro* (*donatio propter nuptias*) – Constitui liberalidade realizada em consideração às núpcias próximas do donatário com certa e determinada

---

31 REsp 1.415.727-SC, 4ª T., rel. Min. Luis Felipe Salomão, *DJe* 29-9-2014.

32 Paulo Luiz Netto Lôbo, *Comentários ao Código Civil*, v. 6, p. 307.

pessoa. Segundo prescreve o art. 546 do Código Civil, "*só ficará sem efeito se o casamento não se realizar*". A sua eficácia subordina-se, pois, a uma condição suspensiva: a realização do casamento (*si nuptiae sequuntur*). Dispensa aceitação, que se presume da celebração.

Embora se possa dizer que tal modalidade de doação é um presente de casamento, não se confunde com os presentes enviados pelos parentes e amigos, como é costume fazer. Não há aí propriamente um ato jurídico, mas o cumprimento de uma obrigação social, salvo quando se tratar de bem de maior valor, configurando-se a intenção de auxiliar os nubentes[33].

O dispositivo permite tal espécie de doação quer pelos nubentes entre si, quer por terceiro a um deles, a ambos, ou aos filhos que, de futuro, houverem um do outro. Pode ser beneficiada, portanto, a *prole eventual* do futuro casal. Neste caso, são duas as condições suspensivas: se o casamento se realizar e se os filhos nascerem com vida. A doação à prole futura é insuscetível de revogação por ingratidão, por impossibilidade lógica, sendo que a praticada pelos futuros pais não autoriza a revogação. Frustrando-se o casamento ou se a futura prole se inviabilizar, o nubente deverá devolver a coisa, com os efeitos de possuidor de boa-fé[34].

A doação *propter nuptias* não se resolve pela separação, nem podem os bens doados para casamento ser reivindicados pelo doador por ter o donatário enviuvado ou divorciado e passado a novas núpcias[35].

i) *Entre cônjuges* – O art. 544 do atual Código Civil estatui que a doação "*de um cônjuge a outro importa adiantamento do que lhes cabe por herança*". A regra não constava do Código de 1916 e aplica-se às hipóteses em que o cônjuge participa da sucessão do outro na qualidade de herdeiro, em concorrência com os descendentes, previstas no art. 1.829 do Código Civil. Pondera Jones Figueirêdo Alves ser lógica "a conclusão de que a doação versará sobre os bens particulares de cada cônjuge, certo que, no regime de comunhão universal, o acervo patrimonial é comum a ambos, o que seria ocioso doar; no de separação obrigatória de bens, o cônjuge não concorre na sucessão, e no da comunhão parcial, apenas concorre se o autor da herança não houver deixado bens particulares"[36].

Conclui-se, portanto, que podem ser doados por um cônjuge ao outro: no regime de *separação absoluta*, convencional ou legal, todos os bens, em virtude da inexistência de bens comuns; no regime da *comunhão parcial* podem ser doados pelo cônjuge ao outro os bens particulares; no regime da *comunhão universal*, os excluídos da comunhão (CC, art. 1.668); no regime *de participação final dos aquestos* os bens próprios de cada cônjuge, excluídos os aquestos (CC, art. 1.672)[37].

A regra instituída no mencionado art. 544 do Código Civil não é, todavia, cogente, pois os arts. 2.005 e 2.006 do mesmo estatuto autorizam o doador, ascendente ou cônjuge, a dispensar o donatário da colação no próprio título de liberalidade.

---

33 Agostinho Alvim, *Da doação*, p. 20 e 123.

34 Paulo Luiz Netto Lôbo, *Comentários ao Código Civil*, v. 6, p. 322.

35 Carvalho de Mendonça, *Contratos no direito civil brasileiro*, t. I, p. 110, n. 23; Caio Mário da Silva Pereira, *Instituições de direito civil*, v. III, p. 255.

36 *Novo Código Civil comentado*, p. 481.

37 Paulo Luiz Netto Lôbo, *Comentários ao Código Civil*, v. 6, p. 312-313.

Decidiu o Tribunal de Justiça de São Paulo: "Cônjuge varão, sexagenário, que doa metade da parte ideal de seu único imóvel à sua mulher. Admissibilidade, ainda que o casamento tenha sido celebrado sob o regime de separação de bens, por força do art. 258, par. ún., II, do CC (*de 1916, correspondente ao art. 1.641, II, do CC/2002*). Impossibilidade de se presumir, nos dias de hoje, que o homem de 60 anos e a mulher de 50 anos, em plena capacidade intelectual e laborativa, não tenham capacidade de discernimento quanto à administração de seus bens" (*RT*, 784/235).

Segundo o *Superior Tribunal de Justiça*, "salvo expressa disposição de lei, não é vedada a doação entre os conviventes, ainda que o bem integre o patrimônio comum do casal (aquestos), desde que não implique a redução do patrimônio do doador ao ponto de comprometer sua subsistência, tampouco possua caráter inoficioso, contrariando interesses de herdeiros necessários, conforme os arts. 548 e 549 do CC/2002"[38].

Decidiu a 3ª Turma da mencionada Corte:

"É nula a doação entre cônjuges casados sob o regime da comunhão universal de bens, na medida em que a hipotética doação resultaria no retorno do bem doado ao patrimônio comum amealhado pelo casal diante da comunicabilidade de bens no regime e do exercício comum da copropriedade e da composse"[39].

No entanto, cabe frisar que, nos termos do *Enunciado n. 654 da IX Jornada de Direito Civil*, "em regra, é válida a doação celebrada entre cônjuges que vivem sob o regime da separação obrigatória de bens".

j) *Em comum a mais de uma pessoa* (*conjuntiva*) – Quando a doação é feita em comum a várias pessoas, entende-se distribuída entre os beneficiados, "*por igual*". Estabelece-se, assim, uma obrigação divisível. A regra é prevista no art. 551 do Código Civil, que permite, todavia, ao doador dispor em contrário, determinando que a parte do que falecer acresça à do que venha a sobreviver. O direito de acrescer é previsto também no art. 1.411 do atual diploma, que trata do direito real de usufruto.

"*Se os donatários, em tal caso, forem marido e mulher*", a regra é o *direito de acrescer*: "*subsistirá na totalidade a doação para o cônjuge sobrevivo*", em vez de a parte do falecido passar aos seus herdeiros (CC, art. 551, parágrafo único). Não assim, se foi feita a um só dos cônjuges, mesmo no regime da comunhão universal[40]. Nos casos em que prevalece o direito de acrescer, o bem doado não deve ser incluído no inventário do cônjuge falecido, excluído que foi do acervo hereditário por ter sido acrescido à quota do cônjuge supérstite.

Proclamou o *Tribunal de Justiça do Distrito Federal* haver firmado o entendimento de que a doação de imóvel pelo referido Distrito "no contexto de programa habitacional de natureza assistencial presume-se realizada em proveito ou em função da entidade familiar e assim não pode ser considerada exclusiva para o fim do artigo 1.659, inciso I, do Código Civil. Precedentes. 3. O direito de acrescer do companheiro sobrevivente, previsto no art. 551, parágrafo único, do Código Civil, ante a natureza meramente patrimonial e disponível do direito, é faculdade que pode ou não ser exercida, de forma que a manifestação de vontade expressa na proposta de partilha dos bens da falecida, em que este incluiu a parte do bem que cabia ao *de cujus*, deve prevalecer"[41].

k) *De ascendentes a descendentes* – Proclama o art. 544 do Código Civil que a doação de ascendentes a descendentes "*importa adiantamento do que lhes cabe por herança*". Estes estão obrigados a conferir, no inventário do doador, por meio de colação, os bens recebidos, pelo valor que lhes atribuir o ato de liberalidade ou a estimativa feita naquela época (CC, art. 2.004,

---

[38] STJ, REsp 1.171.488-RS, 4ª T., Min. Raul Araújo, *DJe* 11-5-2017.

[39] STJ, REsp 1.787.0.27-RS, rel. Min. Nancy Andrighi, *DJe* 24-4-2020.

[40] *RT*, 677/218.

O Superior Tribunal de Justiça, na mesma linha, decidiu pela inaplicabilidade da norma que estabelece o direito de acrescer entre cônjuges quando a doação é recebida por apenas um dos cônjuges, que veio a falecer, restringindo a sua incidência às hipóteses em que "figurarem como donatários ambos os cônjuges. Quando, no entanto, somente um deles aceitou a doação, há comunicabilidade do bem doado no monte hereditário, para a composição da meação e da legítima dos herdeiros, em caso de morte de qualquer dos cônjuges" (REsp 6.358-SP, 3ª T., rel. Min. Dias Trindade, *DJU* 17-6-1991).

[41] TJDF, Proc. 07049.79-31.20198.07.0000, 7ª T., rel. Des. Romeu Gonzaga Neiva, j. 24-7-2019.

§ 1º), para que sejam igualados os quinhões dos herdeiros necessários, salvo se o ascendente os dispensou dessa exigência, determinando que saiam de sua metade disponível, contanto que não a excedam, computado o seu valor ao tempo da doação (CC, arts. 2.002 e 2.005).

A obrigatoriedade da colação, na doação dos pais a determinado filho, dispensa, salvo a ressalva feita, a anuência dos outros filhos, somente exigível na venda (art. 496) ou permuta de bens de valores desiguais (art. 533, II). Observa Silvio Rodrigues que, para a liberalidade beneficiar um filho em detrimento dos outros, "é mister que o doador a inclua em sua quota disponível, com expressa menção de que o donatário fica dispensado da colação. Caso isso não ocorra, entende-se que a doação do pai ao filho nada mais é do que o adiantamento daquilo que por morte do doador o donatário receberia"[42].

Os efeitos de adiantamento da legítima são exclusivamente decorrentes de doação de ascendentes para descendentes. Entre estes não se distinguem os havidos dentro ou fora do casamento de seus pais, por origem biológica ou adotiva (CF, art. 227, § 6º). A doação do avô a um neto não importa adiantamento da legítima, quando apenas concorrem os filhos do doador, inclusive o pai do donatário. O neto somente estará obrigado à colação se suceder no lugar do pai, por estirpe ou representação[43].

l) *Inoficiosa* – É a que excede o limite que o doador, "*no momento da liberalidade, poderia dispor em testamento*"[44]. O art. 549 do Código Civil declara "*nula*" somente a parte que exceder tal limite, e não toda a doação. Havendo herdeiros necessários, o testador só poderá dispor da metade de seus bens, pois a outra "*pertence de pleno direito*" aos referidos herdeiros (CC, art. 1.846). O art. 549 visa preservar, pois, a "*legítima*" dos herdeiros necessários. Só tem liberdade plena de testar e, portanto, de doar quem não tem herdeiros dessa espécie, a saber: descendentes, ascendentes e cônjuge[45].

---

42 *Direito civil*, v. 3, p. 204.

V. a jurisprudência: "A doação dos pais a filhos é válida, independentemente da concordância de todos estes, devendo-se apenas considerar que ela importa adiantamento da legítima. Como tal – e quando muito – o mais que pode o herdeiro necessário, que se julgar prejudicado, pretender é a garantia da intangibilidade da sua quota legitimária, que em linha de princípio só pode ser exercitada quando for aberta a sucessão, postulando pela redução dessa liberalidade até complementar a legítima, se a doação for além da metade disponível" (STJ, REsp 124.220-MG, 4ª T., rel. Min. Asfor Rocha, *DJU* 13-4-1998). "Doação. Nulidade. Inocorrência. Liberalidade de pai a um dos filhos, sem o consentimento dos demais. Negócio jurídico que importa, tão só, em adiantamento de legítima" (TJSP, Ap. Cív. 94.220-4-Franca, 6ª Câm. Dir. Priv., rel. Des. Octávio Helene, j. 4-5-2000, v. u.).

43 Paulo Luiz Netto Lôbo, *Comentários ao Código Civil*, v. 6, p. 312.

44 REsp 112.254-SP, 4ª T., rel. Min. Fernando Gonçalves, *DJe* 6-12-2014.

45 "Na esteira da sólida jurisprudência desta Corte, firmada tanto sob a ótica do art. 1.176 do CC/1916, quanto também sob a égide do art. 549 do CC/2002, o excesso caracterizador da doação inoficiosa deve ser considerado no momento da liberalidade e não no momento do falecimento do doador e da abertura da sucessão" (STJ, REsp 2.026.288-SP, 3ª T., rel. Min. Nancy Andrighi, *DJe* 20-4-2023).

"Doação inoficiosa. Momento de aferição. A validade da liberalidade é verificada no momento em que feita a doação e, não, quando da transcrição do título no registro de imóveis" (STJ, REsp 111.426-ES, 3ª T., rel. Min. Eduardo Ribeiro, *DJU* 29-3-1999). "Se o legislador restringiu a liberdade de testar, das pessoas com herdeiros, à metade de seus bens, tal princípio seria burlado se o testador pudesse doar mais da metade de seus bens, pois desse modo alcançaria, por ato *inter vivos*, aquilo que a lei veda, *causa mortis* (*RT*, 683/72). "A nulidade da doação inoficiosa pode ser demandada em vida do doador, pois toca aos prejudicados, que não hão de aguardar a abertura de sua sucessão para trazê-la à colação. Cuida-se de nulidade da parte excedente, não de sua redução, aplicável às disposições testamentárias" (TJRJ, Ap. Cív. 106/97, 7ª Câm. Cív., rel. Des. Luiz Roldão F. Gomes, j. 19-8-1997). "A anulação da doação, no tocante à parcela do patrimônio que ultrapassa a cota disponível em testamento, exige que o interessado prove a existência do excesso no momento da liberalidade" (STJ, REsp 160.969-PE, 3ª T., rel. Min. Waldemar Zveiter, *DJU* 23-11-1998).

O *companheiro* não foi incluído expressamente no rol dos herdeiros necessários, malgrado o art. 226, § 3º, da Constituição Federal, ao reconhecer a união estável como entidade familiar, o equipare ao cônjuge, procurando igualar as entidades familiares. Por sua vez, o art. 1.790 do Código Civil estabelece a sucessão obrigatória do companheiro, "*na vigência da união estável*", em concorrência com os filhos comuns ou os do outro, ou o "*direito à totalidade da herança*", se não houver parentes sucessíveis. Por essa razão afirma PAULO LUIZ NETTO LÔBO: "se há herança necessária, há herdeiro necessário"[46]. Todavia, o que se pode dizer é que o legislador perdeu a oportunidade de prever, de forma expressa, tal proteção também para o *companheiro supérstite*. Como assinala GISELDA HIRONAKA, não se vislumbra "motivo para que as condições do cônjuge e do companheiro não se equiparassem também na proteção da legítima, como, aliás, seria de bom alvitre em face das disposições constitucionais a respeito da equivalência entre o casamento e a união estável"[47].

Conforme assinalam CRISTIANO CHAVES DE FARIAS e NELSON ROSENVALD[48], "A doação inoficiosa é caracterizada pela prática de uma liberalidade ultrapassando a metade disponível do patrimônio líquido do doador, ao tempo da prática do ato. Isso porque toda e qualquer alienação gratuita que ultrapasse a metade disponível (invadindo a legítima, pertencente aos herdeiros necessários, que são os descendentes, os ascendentes e o cônjuge sobrevivente, a teor do art. 1.845 da Lei Civil, devendo ser incluído o companheiro supérstite, conforme orientação do Supremo Tribunal Federal, que determinou a incidência na união estável das regras sucessórias do casamento) será passível de nulificação por estes interessados, eis que eles detêm, de pleno direito, a legítima (CC, arts. 1.789 e 1.846). O *Supremo Tribunal Federal*, com efeito, em 10 de maio de 2017, concluiu o julgamento dos Recursos Extraordinários 646.721 e 878.694, julgados sob a égide do regime da repercussão geral, reconhecendo, incidentalmente, a inconstitucionalidade do art. 1.790 do Código Civil, que estabelecia a diferenciação dos direitos dos cônjuges e companheiros para fins sucessórios, excluindo praticamente do sistema o aludido dispositivo, ao fixar a seguinte tese:

"No sistema constitucional vigente, é inconstitucional a distinção de regimes sucessórios entre cônjuges e companheiros, devendo ser aplicado em ambos os casos o regime estabelecido no artigo 1.829 do Código Civil".

Malgrado o argumento de que, ajuizada a ação declaratória de nulidade da parte inoficiosa (*ação de redução*) antes da abertura da sucessão, estar-se-ia a litigar em juízo sobre herança de pessoa viva, inclina-se a doutrina pela possibilidade de tal ação ser ajuizada desde logo, não sendo necessário aguardar a morte do doador, porque o excesso é declarado *nulo*, expressamente, pela lei. Dispõe o art. 168 do Código Civil que as nulidades "*podem ser alegadas por qualquer interessado, ou pelo Ministério Público, quando lhe couber intervir*", acrescentando o parágrafo único que "*devem ser pronunciadas pelo juiz*", de ofício. Ademais, a ação tem por objeto contratos entre vivos e se reporta ao "*momento da liberalidade*"[49]. A redução

---

46 *Comentários ao Código Civil*, v. 6, p. 333.

47 Concorrência do companheiro e do cônjuge na sucessão dos descendentes, in *Questões controvertidas no novo Código Civil*, diversos autores, p. 424.

48 Cristiano Chaves de Farias e Nelson Rosenvald. *Curso de direito civil*, 2019, p. 840.

49 O Código Civil de 1916 também determinava que a inoficiosidade fosse verificada no momento da doação, como se o doador houvesse falecido nesse dia. Segundo Clóvis, seria injusto considerar o instante da abertura da sucessão, pois o doador abastado, que doasse moderadamente e que por qualquer circunstância viesse a se empobrecer posteriormente, poderia ter reduzida a liberalidade, se esta, ao abrir-se-lhe a sucessão, excedesse o valor da legítima (*Código Civil dos Estados Unidos do Brasil*, v. IV, p. 344). Apesar disso, o Código de Processo Civil alterou o princípio, mandando calcular-se os bens pelo valor que tiverem ao tempo da abertura da sucessão (art. 1.014, parágrafo único). O Código Civil de 2002, no entanto, restaurou, em seu art. 549, a regra que manda apreciar a inoficiosi-

do excesso "nada tem que ver com a sucessão hereditária, pois o legislador apenas utilizou o mesmo parâmetro que determinou para o testador"[50].

O pedido é feito para que, anulado o ato, os bens retornem ao patrimônio do doador. Se forem feitas várias doações, tomar-se-á por base a primeira, isto é, o patrimônio então existente, para o cálculo da inoficiosidade. Caso contrário, o doador continuaria doando a metade do que possui atualmente, e todas as doações seriam legais, até extinguir todo o seu patrimônio. A redução, neste caso, deve alcançar somente as inoficiosas, a começar pela última. Não são consideradas as doações feitas ao tempo em que o doador não tinha herdeiros necessários; mas somam-se os valores das que se fizeram em todo o tempo em que o doador tinha herdeiros necessários[51].

Tem-se decidido que "a inoficiosidade da doação se verifica na data da liberalidade e não ao tempo da abertura da sucessão. Logo, se ainda não nascido, o segundo apelante não tinha nem direito, nem expectativa de direito sobre o patrimônio de seu genitor. Ao tempo da doação não se violou qualquer direito deste, posto que sequer existia, e a pretensão nasce com a violação do direito (art. 189 do CC/2002), daí sua ilegitimidade ativa"[52].

Segundo o *Superior Tribunal de Justiça*, o prazo para ajuizar ação anulatória de doação inoficiosa efetuada pelo pai aos filhos só começa a correr, para aquele que teve a condição de herdeiro reconhecida após a morte do doador, a partir do trânsito em julgado da ação de investigação de paternidade.

Assim entendendo, a 3ª Turma da aludida Corte negou provimento a recurso especial interposto pelos três filhos que receberam do pai a doação de uma fazenda e agora são alvos de ação anulatória por parte da irmã, cuja existência foi reconhecida somente após a morte do doador.

O Tribunal de Justiça de Minas Gerais decidiu que o prazo começou a fluir apenas a partir do reconhecimento da paternidade da recorrida, entendendo que, antes de exigir o vínculo de filiação, não poderia existir ação a prescrever. Esse entendimento foi mantido pela mencionada 3ª Turma do *Superior Tribunal de Justiça*, tendo o relator, Ministro Paulo de Tarso Sanseverino, destacado que não basta a violação a direito subjetivo, sendo necessário que o seu titular tenha conhecimento dessa violação e, a partir de então, surge para ele a pretensão de reclamá-lo. Salientou que "a legitimidade do herdeiro prejudicado, seja para reclamar direitos hereditários pelo falecimento do seu pai, seja para postular a anulação da

---

dade tomando-se por base os valores vigentes no momento da liberalidade, revogando, destarte, a determinação do estatuto processual civil.

50 Paulo Luiz Netto Lôbo, *Comentários ao Código Civil*, v. 6, p. 334-335.

Anota Silvio Rodrigues que outra razão "milita em favor do critério legal. É a questão da segurança das relações sociais. Se a eficácia da doação só se verificasse por ocasião da morte do doador, o domínio do donatário só se afirmaria de maneira inconteste com essa ocorrência, pois, até o seu advento, seria ele resolúvel. Ora, isso representa um elemento de insegurança, que o legislador deve repudiar" (*Direito civil*, v. 3, p. 206).

51 Paulo Luiz Netto Lôbo, *Comentários ao Código Civil*, v. 6, p. 334.

Agostinho Alvim (*Da doação*, p. 185) menciona que autores modernos e antigos ensinam que a redução deve fazer-se a começar pela última, sendo que Carlos Maximiliano defende, porém, a redução proporcional das inoficiosas. Aduz o notável civilista: "Esclareçamos com exemplos. Um viúvo tem dois filhos e possui um milhão, podendo doar a estranhos até Cr$ 500.000,00. Faz três doações de Cr$ 100.000,00 cada uma; outra de Cr$ 300.000,00; e outra de Cr$ 200.000,00. Pelo primeiro sistema, a última doação cai, inteiramente; e a penúltima deve sofrer uma redução de Cr$ 100.000,00. Pelo segundo sistema, como a partir da quarta doação já se manifestou a inoficiosidade, esta quarta doação e a quinta sofrerão redução proporcional. Nós optamos pelo primeiro sistema, que nos parece mais justo, e que congrega a grande maioria dos civilistas, que discorrem sobre sucessões".

52 TJMS, AC n. 00069-72.2010.8.12.0002, 5ª Câm. Cív., rel. Des. Sidnei S. Pimentel, j. 26-7-2016.

doação realizada por este em vida apenas aos filhos havidos do casamento, somente foi adquirida quando efetivamente reconhecida a sua parentalidade"[53].

m) *Com cláusula de retorno ou reversão* – Permite o art. 547 do Código Civil que o doador estipule o retorno, "*ao seu patrimônio*", dos bens doados, "*se sobreviver ao donatário*". Não fosse essa cláusula, que configura condição resolutiva expressa, os referidos bens passariam aos herdeiros do último. Revela o propósito do doador de beneficiar somente o donatário e não os herdeiros deste, sendo, portanto, *intuitu personae*. A cláusula de reversão só terá eficácia se o doador sobreviver ao donatário. Se morrer antes deste, deixa de ocorrer a condição e os bens doados incorporam-se definitivamente ao patrimônio do beneficiário, transmitindo-se, por sua morte, aos seus próprios herdeiros.

Uma vez que a condição é resolutiva, e não suspensiva, o donatário goza de direito atual e pode exercer, desde o momento da doação, o direito por ela estabelecido, podendo inclusive dispor da coisa, vendendo-a, doando-a ou dando-a em pagamento. Será, porém, resolúvel a propriedade do adquirente. Verificada a resolução, resolvem-se não só o domínio do donatário, mas também todos os direitos reais por ele estabelecidos (CC, art. 1.359). O bem doado, acrescido dos frutos pendentes e dos colhidos com antecipação, volta ao patrimônio do próprio doador (art. 1.214, parágrafo único). Os frutos percebidos pertencem ao donatário, o qual não pode ser compelido a restituí-los (art. 1.214, *caput*).

O mencionado art. 547 do Código Civil refere-se exclusivamente à reversão em favor do próprio doador, não sendo possível, destarte, convencioná-la em favor de terceiro. Prescreve, com efeito, o parágrafo único do aludido preceito: "*Não prevalece cláusula de reversão em favor de terceiro*". A razão da proibição é que tal cláusula caracterizaria uma espécie de fideicomisso por ato *inter vivos*.

Nada impede que se convencione a reversão do bem, ainda vivo o donatário, pois nada há de ilícito, ou de contrário ao nosso sistema, determinar que uma doação se resolva, após o decurso de certo tempo ou verificada certa condição. Com afirma AGOSTINHO ALVIM, "o texto em exame não quis restringir. Apenas aventou uma hipótese"[54].

Se ocorrer morte simultânea de doador e donatário, e tiver de ser aplicada a presunção de comoriência estabelecida no art. 8º do Código Civil, a cláusula de reversão não prevalecerá, pois não terá havido sobrevivência do doador ao donatário. Neste caso, o bem doado se transferirá aos herdeiros deste[55].

n) *Manual* – É a doação verbal de "*bens móveis de pequeno valor*". Será válida "*se lhe seguir incontinenti a tradição*" (CC, art. 541, parágrafo único). A doação é contrato *formal*, porque a lei exige a forma pública, quando tem por objeto bens imóveis, e o instrumento particular, quando versa sobre bens móveis de grande valor (art. 541, *caput*), aperfeiçoando-se com o acordo de vontades, independentemente da entrega da coisa. Entretanto, a *manual* constitui exceção à regra, porque pode ser feita *verbalmente*, desde que se lhe siga, incontinenti, a *tradição*. Geralmente constitui presente de casamento ou de aniversário, homenagem ou demonstração de estima[56].

---

[53] STJ, REsp 1.605.483, 3ª T., rel. Min. Paulo de Tarso Sanseverino, *Revista Consultor Jurídico*, de 17-3-2021.

[54] *Da doação*, p. 154-155.

[55] Paulo Luiz Netto Lôbo, *Comentários ao Código Civil*, v. 6, p. 323.

[56] "Doação. Bem móvel. Alegação e liberalidade verbal. Inocorrência. Fato não comprovado. Coisa, ademais, de considerável valor. O simples fato de uma coisa mobiliária encontrar-se na posse de quem alega ser donatário dela não é prova suficiente de doação" (*RT*, 693/149). "Doação à namorada. Empréstimo. Matéria de prova. O pequeno valor há de ser considerado em relação à fortuna do doador; se se trata de pessoa abastada, mesmo as coisas de valor elevado podem ser doadas mediante simples doação manual" (STJ, REsp 155.240-RJ, 3ª T., rel. Min. Antônio de Pádua Ribeiro, *DJU* 5-2-2001).

Como a lei não fornece critério para se aferir o *pequeno valor*, leva-se em consideração o patrimônio do doador. Se este é pessoa abastada, até mesmo as coisas de valor elevado podem ser doadas através de simples doação manual. Um critério às vezes utilizado é o de considerar de pequeno valor a doação que não ultrapassa dez por cento do patrimônio do doador. Tal critério, todavia, não pode ter aplicação generalizada, por não corresponder, em muitos casos, à intenção do legislador. Se o patrimônio for de valor muito elevado, o denominado "pequeno valor" poderá perder essa conotação – o que não parece acertado[57].

o) *Feita a entidade futura* – Dispõe o art. 554 do Código Civil que a doação a "*entidade futura*", portanto inexistente, "*caducará se, em dois anos, esta não estiver constituída regularmente*". Presume-se a aceitação com a existência da entidade donatária. O prazo para a sua constituição é decadencial e de dois anos: não se prorroga nem se interrompe. A existência legal das pessoas jurídicas de direito privado começa com a inscrição do ato constitutivo no respectivo registro (art. 45).

O dispositivo em apreço alude a entidade futura, gênero do qual a pessoa jurídica é espécie. Entidades podem ser tanto as pessoas jurídicas de direito público ou de direito privado (sociedades, associações, fundações particulares) como os entes não personificados, como o condomínio edilício, a massa falida, o espólio etc.[58].

5. RESTRIÇÕES LEGAIS

A lei impõe algumas limitações à liberdade de doar, visando preservar o interesse social, o interesse das partes e de terceiros. Proíbe, assim:

a) *Doação pelo devedor já insolvente*, ou por ela reduzido à insolvência, por configurar fraude contra credores, podendo a sua validade ser impugnada por meio da ação pauliana, sem a necessidade de comprovar conluio (*consilium fraudis*) entre doador e donatário. O art. 158 do Código Civil, com efeito, presume fraudulentos os "*negócios de transmissão gratuita de bens, se os praticar o devedor já insolvente, ou por eles reduzido à insolvência*". Somente quem não tem dívidas insolúveis tem a faculdade de fazer liberalidades (*nemo liberalis nisi liberatus*).

A regra busca proteger os credores do doador. Se as dívidas deste superam o ativo, ou seja, o seu patrimônio, caracterizando o estado de insolvência, a doação constitui inaceitável liberalidade realizada com dinheiro alheio[59].

b) *Doação da parte inoficiosa*. O art. 549 do Código Civil proclama ser nula "*a doação quanto à parte que exceder à de que o doador, no momento da liberalidade, poderia dispor em testamento*" (cf. n. 4, *l*, *retro*). Se o bem já tiver sido alienado, segue-se o disposto na *I Jornada de Direito Civil do Conselho da Justiça Federal*, *verbis*: "Para evitar o enriquecimento sem causa, a colação será efetuada com base no valor da época da doação, nos termos do *caput* do art. 2.004, exclusivamente na hipótese em que o bem doado não mais pertença ao patrimônio do donatário. Se, ao contrário, o bem ainda integrar seu patrimônio, a colação se fará com base no valor do bem na época da abertura da sucessão, nos termos do art. 1.014 do CPC, de modo a preservar a quantia que efetivamente integrará a legítima quando esta se constituiu, ou seja, na data do óbito (resultado da interpretação sistemática do art. 2.004 e seus parágrafos, juntamente com os arts. 1.832 e 884 do Código Civil)".

---

57 Washington de Barros Monteiro, *Curso de direito civil*, v. 5, p. 140; Agostinho Alvim, *Da doação*, p. 79.

58 Paulo Luiz Netto Lôbo, *Comentários ao Código Civil*, v. 6, p. 352.

59 Silvio Rodrigues, *Direito civil*, v. 3, p. 208; Carvalho de Mendonça, *Contratos no direito civil brasileiro*, t. I, p. 89, n. 18.

c) *Doação de todos os bens do doador.* O art. 548 do Código Civil considera "*nula a doação de todos os bens sem reserva de parte, ou renda suficiente para a subsistência do doador*". Não haverá restrição se este tiver alguma fonte de renda ou reservar para si o usufruto dos referidos bens, ou de parte deles, pois o que o legislador não permite é doação universal (*omnium bonorum*) sem que o doador conserve o necessário para assegurar a sua sobrevivência[60].

A limitação visa proteger o autor de liberalidade tão ampla, impedindo que, por sua imprevidência, fique reduzido à miséria, bem como a sociedade, evitando que o Estado tenha de amparar mais um carente. Não basta que o donatário se comprometa a assisti-lo, moral e materialmente. A nulidade recai sobre a totalidade dos bens, mesmo que o doador seja rico e a nulidade de uma parte baste para que viva bem[61].

Preleciona Agostinho Alvim que, se forem feitas doações sucessivas, em épocas diferentes, as que não deixaram o doador sem meios para subsistir são inatacáveis. A nulidade "recairá na que o houver despojado do restante de seus bens, ou o houver reduzido à privação de meios para viver. Se as doações foram simultâneas, todas elas são nulas"[62].

d) *Doação do cônjuge adúltero a seu cúmplice.* Dispõe o art. 550 do Código Civil que tal doação "*pode ser anulada pelo outro cônjuge, ou por seus herdeiros necessários, até dois anos depois de dissolvida a sociedade conjugal*". Tal proibição tem o propósito de proteger a família e repelir o adultério, que constitui afronta à moral e aos bons costumes.

No art. 1.801, III, o Código também proíbe que o testador casado beneficie o concubino, em seu testamento. Mas o art. 550 é mais amplo, porque alcança o *cúmplice* no adultério – expressão mais ampla do que *concubino* (*v.* art. 1.727), por abranger também a pessoa que manteve um relacionamento sexual eventual com o doador.

Na mesma linha, prescreve o art. 1.642, V, que tanto o marido quanto a mulher podem "*reivindicar os bens comuns, móveis ou imóveis, doados ou transferidos pelo outro cônjuge ao concubino, desde que provado que os bens não foram adquiridos pelo esforço comum destes, se o casal estiver separado de fato por mais de cinco anos*", ainda que a doação se dissimule em venda ou outro contrato. A jurisprudência tem, entretanto, limitado a anulação aos casos em que o doador vive em companhia do cônjuge inocente e pratica o adultério (concubinato *adulterino* ou relacionamento extraconjugal), não a admitindo quando aquele se encontra separado de fato, de há muito, do cônjuge, vivendo *more uxorio* com a donatária, agora denominada *companheira*[63].

---

60 "Não há que se conhecer alegação de nulidade de doação se o doador reserva usufruto de bens ou renda suficiente à sua subsistência" (STJ, REsp 34.271-9-SP, 3ª T., rel. Min. Cláudio Santos, *DJU* 23-8-1993). "É nula a doação de todos os bens sem reserva de parte ou renda suficiente para subsistência do doador. Tal nulidade, expressamente cominada, deve ser pronunciada pelo juiz quando conheça do ato e a encontrar provada" (TJSC, EI 280-SC, 2º Gr. de Câms., rel. Des. João José Schaerer, j. 10-3-1997). "Nula é a doação da totalidade dos bens do doador, sem reserva de parte ou renda suficiente para a sua subsistência. Tal nulidade, entretanto, produz efeitos 'ex tunc', indo alcançar a declaração de vontade no momento mesmo da emissão e pode ser arguida por qualquer interessado, pelo Ministério Público, ou ser reconhecida de ofício pelo juiz" (*RT*, 676/95).

61 Silvio Rodrigues, *Direito civil*, v. 3, p. 204-205; Washington de Barros Monteiro, *Curso de direito civil*, v. 5, p. 143.

62 *Da doação*, p. 160.

63 "O homem que, depois da separação de fato da esposa, une-se a outra mulher e com ela mantém concubinato 'more uxorio' não pode ser considerado como adúltero. E nem a segunda mulher pode ser definida como concubina. No caso trata-se de companheira, abrangida pelo art. 226, § 3º, da CF" (*RT*, 725/271). "Doação. Companheira. União estável. Distinção entre concubina e companheira. O art. 1.177 do Código Civil (*de 1916; CC/2002: art. 550*) não atinge a doação à companheira" (STJ, *RT*, 719/258). "Concubinato impuro. Aquisição de bens pelo cônjuge adúltero em nome da concubina. Tolerância da mulher com o relacionamento. Validade. Se a mulher do cônjuge adúltero tolera, durante largos

A doação não é nula, mas *anulável*, pois não pode ser decretada de ofício pelo juiz. A lei limita as pessoas que podem alegá-la: o cônjuge inocente e os herdeiros necessários. Sujeito passivo da ação é o donatário, cúmplice do adultério, ou seus sucessores. A prioridade para o seu ajuizamento é do cônjuge enganado. Enquanto estiver vivo, é o único legitimado, pois o adultério é ofensa cometida contra ele. Se não quiser propô-la, para não tornar público o fato constrangedor, ninguém poderá fazê-lo. Pode preferir esgotar o prazo de dois anos, que se conta a partir da dissolução da sociedade conjugal, sem o referido ajuizamento. Depois, não é mais possível intentar a ação, nem ao cônjuge, nem aos herdeiros necessários. Estes só poderão fazê-lo se o cônjuge inocente falecer antes de vencido o aludido prazo[64].

Embora a ação deva ser intentada dentro de dois anos a partir da dissolução da sociedade conjugal, nada obsta que o possa ser na constância do casamento. O referido prazo é decadencial, pois são prescricionais somente os mencionados nos arts. 205 e 206 do Código Civil, sendo decadenciais todos os demais, estabelecidos como complemento de cada artigo que rege a matéria. Em razão de sua natureza especial, tal ação não pode ser ajuizada pelo curador do cônjuge inocente interditado ou declarado ausente. Mas o prazo permanece suspenso até o levantamento da curatela, pois a decadência não corre contra os incapazes a que se refere o art. 3º (CC, arts. 198, I, e 208)[65].

A proibição não alcança o cônjuge separado ou divorciado. Assim, será válida a doação se realizada após a separação judicial e antes da decretação do divórcio. Igualmente não se aplica a restrição quando o donatário inicia a relação concubinária após a efetivação da doação[66].

6. DA REVOGAÇÃO DA DOAÇÃO

A doação pode ser revogada "*por ingratidão do donatário, ou por inexecução do encargo*" (CC, art. 555), bem como pelos modos comuns a todos os contratos.

6.1. Casos comuns a todos os contratos

Tendo natureza contratual, a doação pode contaminar-se de todos os vícios do negócio jurídico, como erro, dolo, coação, estado de perigo, lesão ou fraude contra credores, sendo desfeita por ação anulatória (CC, art. 171, II). A sua natureza contratual torna dispensável qualquer menção à hipótese, no Código, dada a sua evidência.

Pode também ser declarada nula *como os demais contratos*, se o agente for absolutamente incapaz, o objeto ilícito, impossível ou indeterminável, ou não for observada a forma prescrita no art. 541 e parágrafo único (CC, art. 166, I a IV), bem assim se ocorrerem vícios que lhe são peculiares ou exclusivos, como nas hipóteses de inoficiosidade (art. 549), de compreensão de todos os bens, de ser feita pelo cônjuge adúltero ao seu cúmplice ou entre cônjuges, casados no regime da separação legal. Pode, ainda, ser rescindida, de comum acordo, ou resolver-se, revertendo os bens para o doador (CC, art. 547)[67].

---

anos, a situação dúplice, consente com as atribuições patrimoniais, desaparecendo qualquer vício" (TJRS, Ap. Cív. 597.144.328, 5ª Câm. Cív., rel. Des. Araken de Assis, j. 28-8-1997). "As doações feitas por homem casado à sua companheira, após a separação de fato de sua esposa, são válidas, porque, nesse momento, o concubinato anterior dá lugar à união estável; *a contrario sensu*, as doações feitas antes disso são nulas" (STJ, REsp 408.296, 3ª T., rel. Min. Ari Pargendler, *DJe* 24-6-2009).

64 Silvio Rodrigues, *Direito civil*, v. 3, p. 210; Agostinho Alvim, *Da doação*, p. 196-197.

65 Agostinho Alvim, *Da doação*, p. 198-199.

66 Washington de Barros Monteiro, *Curso de direito civil*, p. 146; Paulo Luiz Netto Lôbo, *Comentários ao Código Civil*, v. 6, p. 550.

67 Washington de Barros Monteiro, *Curso de direito civil*, v. 5, p. 147.

6.2. Revogação por descumprimento do encargo

A expressão *revogação*, utilizada pelo legislador, é inadequada, porque ocorre, na verdade, anulação, rescisão ou resolução. E, diversamente do que sucede no caso do mandato, não se opera pela simples vontade do doador, mas somente se houver "*ingratidão do donatário*" ou "*inexecução do encargo*", feita a prova em juízo pelo doador. Na última hipótese, é necessário que o donatário tenha incorrido "*em mora*" (CC, art. 562).

Se o doador fixa prazo para o cumprimento do encargo, a mora se dá, automaticamente, pelo seu vencimento. Não havendo termo, começa ela desde a "*interpelação judicial ou extrajudicial*" (art. 397 e parágrafo único), devendo ser fixado prazo razoável para a sua execução. Só depois de esgotado este, ou o fixado pelo doador, começa a fluir o lapso prescricional para a propositura da ação revocatória da doação[68].

A *força maior* afasta a mora, porque exclui a culpa, que lhe é elementar. A revogação será de toda a doação, visto que a lei não distingue entre a parte que é liberalidade e a que é negócio oneroso. Apenas define como liberalidade a que exceder aquilo que corresponde ao encargo (art. 540). O fato de ser total a revogação pode influir no ânimo do donatário, para que o cumpra.

O encargo pode ser imposto "*a benefício do doador, de terceiro, ou do interesse geral*" (art. 553). Têm legítimo interesse para exigir o seu *cumprimento* o doador e o terceiro (em geral, alguma entidade), bem como o Ministério Público; este, somente se o encargo foi imposto no interesse geral e o doador já faleceu sem tê-lo feito (parágrafo único). Estando vivo o último, nem o Ministério Público, nem o beneficiário poderão agir, mesmo a doação sendo feita no interesse geral. A *revogação* da doação, entretanto, só pode ser pleiteada pelo doador e em juízo, sendo personalíssima a ação.

Se vários forem os donatários, e *indivisível* o encargo, o inadimplemento será considerado total, e assim também a revogação, mesmo que somente um deles não o tenha cumprido. Se o ônus é *divisível*, como, por exemplo, dar certa mensalidade a alguém ou plantar determinado número de árvores, não é justo que a revogação alcance a todos, devendo ser excluídos os que o cumpriram, bem como aqueles a quem o doador quiser perdoar a falta. Se a pluralidade for de doadores e houver um só donatário, pode ocorrer que, não cumprido o encargo, uns queiram revogar a doação e outros não. Tal direito é divisível. Mas os que quiserem revogar só poderão pretender as suas respectivas quotas, e não a coisa[69].

6.3. Revogação por ingratidão do donatário

O art. 557 do Código Civil admite a revogação da doação também por *ingratidão do donatário*, mas somente se for pura e simples, como se infere, por exclusão, da leitura do art. 564. Ao aceitar o benefício, o donatário assume, tacitamente, obrigação moral de ser grato ao benfeitor e de se abster da prática de atos que demonstrem ingratidão e desapreço. A revogação tem, pois, caráter de pena pela insensibilidade moral demonstrada e somente cabe nos expressos termos da previsão legal.

---

68 "Doação. Encargo. Inexecução. Pretendida anulação por simples ação declaratória. Meio inadequado. Ato jurídico perfeito. Necessidade de ação de revogação" (*RT*, 598/73). "Doação com encargo. Revogação. Prescrição. Estabelecido que o prazo para execução do encargo estava a depender de prévia interpelação, não haveria cogitar de prescrição antes que aquela fosse feita. Não flui prazo prescricional se ainda não pode ser exigido o cumprimento do direito" (STJ, REsp 9.898-GO, 3ª T., rel. Min. Eduardo Ribeiro, *DJU* 12-8-1991).

69 Agostinho Alvim, *Da doação*, p. 253-255.

Com efeito, o legislador não deixou a critério do juiz a definição e discriminação dos atos ensejadores de revogação da doação por ingratidão do donatário, preferindo especificá-los. O rol das causas, supervenientes à liberalidade, que autorizam tal espécie de revogação encontra-se nos arts. 557 e 558 do Código Civil e é taxativo (*numerus clausus*)[70]. Assim, ainda que determinado comportamento do donatário possa parecer, aos olhos de muitas pessoas, um gesto de ingratidão, não poderá ser invocado como causa para o ajuizamento da revocatória se não estiver descrito, como tal, nos aludidos dispositivos legais. Desse modo, dispondo o inciso I que uma das hipóteses é "*se o donatário atentou contra a vida do doador*", não ensejará a revogação o atentado praticado pelo filho ou cônjuge do donatário, por não previsto.

Noutro giro, o *Enunciado n. 33 da I Jornada de Direito Civil* interpretou que: "O novo Código Civil estabeleceu um novo sistema para a revogação da doação por ingratidão, pois o rol legal previsto no art. 557 deixou de ser taxativo, admitindo, excepcionalmente, outras hipóteses". No mesmo sentido, a jurisprudência do Superior Tribunal de Justiça destaca que "o conceito jurídico de ingratidão constante do artigo 557 do Código Civil de 2002 é aberto, não se encerrando em molduras tipificadas previamente em lei"[71].

O direito de revogar a doação por ingratidão do donatário é de ordem pública e, portanto, irrenunciável *antecipadamente*, como o proclama o art. 556, sendo nula cláusula pela qual o doador se obrigue a não o exercer. Nada impede, porém, que este deixe escoar o prazo decadencial sem ajuizar a revocatória.

Os "*direitos adquiridos por terceiros*" não são prejudicados pela revogação (art. 563). Como o domínio resolve-se por "*causa superveniente*", subsistem os direitos por eles adquiridos (CC, art. 1.360). O donatário é tratado como possuidor de boa-fé, "*antes da citação válida*", sendo dele, por esse motivo, os "*frutos percebidos*". Mas, após esse momento, presume-se a sua má-fé, ficando "*sujeito a pagar os posteriores*", respondendo ainda pelos que, culposamente, deixou de perceber. Se não puder restituir em espécie as coisas doadas, transferidas a terceiro, indenizará o doador "*pelo meio termo do seu valor*" (art. 563). Este não é, como pode à primeira vista parecer, a média entre o valor ao tempo da doação e valor ao tempo da restituição, mas sim "a média entre o maior valor a que a coisa atingiu e o menor valor a que ela desceu, durante esse prazo, o que é diferente"[72].

Atentado "*contra a vida do doador*" ou cometimento de "*crime de homicídio doloso*" é a primeira causa de revogação da doação por ingratidão do donatário (art. 557, I). Abrange a tentativa e o homicídio consumado, praticados *dolosamente*. O homicídio culposo fica excluído, como também não será possível a revogação se a absolvição criminal se der por ausência de imputabilidade, ou por uma das excludentes previstas no art. 23 do Código Penal (legítima defesa, estado de necessidade etc.). Não se exige prévia condenação criminal. Mas, se existir, fará coisa julgada no cível, porque não se poderá mais questionar sobre a existência do fato, ou quem seja o seu autor (CC, art. 935).

Também constitui causa para a revogação "*ofensa física*" cometida pelo donatário *contra o doador* (art. 557, II). É necessário que a agressão tenha se consumado e havido dolo. Como

---

[70] "Revogação de doação com usufruto de bem imóvel. Aplicação do constante nos artigos 557 e 558 do Código Civil. Não comprovação de qualquer das hipóteses de ingratidão. Rol taxativo. Improcedência do pedido que se mantém. Conhecimento e desprovimento do apelo autoral" (TJRJ, Ap. 0007248-47.2007.8.19.0202, 17ª C. Cív., Des. Raul Celso Lins e Silva, j. 15-7-2009).

[71] REsp 1.593.857-MG, 3ª T., rel. Min. Ricardo Villas Bôas Cueva, *DJe* 28-6-2016.

[72] Agostinho Alvim, *Da doação*, p. 304, n. 16.

na hipótese anterior, não se exige prévia condenação pelo crime de lesões corporais. A ausência de imputabilidade e as excludentes já citadas impedem a revogação[73].

Injúria grave e *calúnia* figuram em terceiro lugar, no rol das causas de revogação da doação (art. 557, III)[74]. As figuras típicas estão previstas nos arts. 138 e 140 do Código Penal, como crimes contra a honra. A difamação, não tendo sido incluída no rol taxativo do art. 557, não pode ser alegada. Faz-se mister a intenção de ofender. A injúria deve revestir-se de certa gravidade, exigindo-se a perfeita caracterização do *animus injuriandi*. Em caso de calúnia, deve-se admitir a exceção da verdade[75].

Pode, por último, ser revogada a doação se o donatário, "*podendo ministrá-los, recusou ao doador os alimentos de que este necessitava*" (art. 557, IV). Não se exige que o doador seja parente do donatário, para lhe pedir alimentos, mas é necessário que não possa prover à própria mantença (CC, art. 1.695) e não tenha parentes obrigados à prestação de alimentos (arts. 1.696 e 1.697). A indicação desses parentes pode ser feita pelo donatário, em defesa, para elidir a revogação. Este, também, deve ter condições de prestar auxílio. A ação que cabe ao doador não é a de alimentos, que podem ser pleiteados pessoalmente por qualquer meio (verbalmente, por escrito, admitindo-se a prova da negativa por testemunhas), mas a *revocatória*, comprovada a recusa injustificada[76].

O art. 558 possibilita a revogação também quando o "*ofendido*" for o "*cônjuge, ascendente, descendente, ainda que adotivo, ou irmão do doador*". O Código Civil de 1916 restringia essa possibilidade unicamente aos casos de ofensas ao doador.

A revogação, por qualquer desses motivos, deve ser postulada "*dentro de um ano, a contar de quando chegue ao conhecimento do doador o fato que a autorizar, e de ter sido o donatário o seu autor*" (CC, art. 559). Os dois requisitos para o início da contagem do prazo são cumulativos. Trata-se de ação *personalíssima*, pois o direito de pleitear a revogação "*não se transmite aos herdeiros do doador, nem prejudica os do donatário. Mas aqueles podem prosseguir na ação iniciada pelo doador, continuando-a contra os herdeiros do donatário, se este falecer depois de ajuizada a lide*" (art. 560). Se o que pretende o doador, porém, não é a revogação da liberalidade, mas a anulação do ato por alguma causa prevista nos arts. 166 e 167 do Código Civil, ou mesmo por falsidade de sua assinatura, já não será aplicável o mencionado lapso prescricional[77].

---

73 "A ofensa física ao doador fica desclassificada dentre as modalidades de ingratidão autorizadoras da revogação da doação se resultante de repulsa de agressão ou se não for intencional, sendo do autor da ação de revogação o ônus probatório" (*RT*, 665/70).

74 "Caracteriza injúria, a autorizar a revogação da doação por ingratidão, desferir a donatária, sem motivo, chute no rosto do doador, seu pai que, velho e doente, o mínimo que deveria receber da filha – a quem devotou carinho, a ponto de lhe doar o único imóvel de seu patrimônio – era respeito" (TJDF, Ap. Cív. 5.209.399, 5ª T. Cív., rel. Des. Jair Soares, *DJU* 2-2-2000, p. 36).

75 Menciona Washington de Barros Monteiro que se reconheceu, perante os tribunais, a gravidade da injúria "no emprego de impropérios, de insultos ofensivos e humilhantes, de referências desairosas, de votos para que o doador morresse brevemente", bem como também constituir injúria grave capaz de legitimar a revogação da liberalidade "exigir o donatário do doador vantagens superiores à doação feita". Mas, aduz o saudoso mestre, "não incorre na penalidade do art. 557 do Código de 2002 donatário que não teve em mente injuriar ou caluniar o doador e sim apenas lançar mãos de fatos em defesa de seus direitos, a final reconhecidos judicialmente; assim, já se julgou que não configurava injúria ter o gratificado chamado o doador a uma ação de prestação de contas" (*Curso de direito civil*, v. 5, p. 149-150).

76 "A obrigação alimentar cujo inadimplemento enseja o reconhecimento da ocorrência de ingratidão, a autorizar a revogação da doação, não é a decorrente dos vínculos parentais ou de consanguinidade. Tendo, no entanto, a doadora se reservado o direito ao usufruto sobre o bem doado, descabe a revogação do ato de liberalidade por recusa da prestação de alimentos" (TJRS, Ap. Cív. 598.320.331-RS, 7ª Câm. Cív., rel. Des. Maria Berenice Dias, j. 16-12-1998).

77 Washington de Barros Monteiro, *Curso de direito civil*, v. 5, p. 151.

A *iniciativa da ação* pertence exclusivamente ao *doador* injuriado, e só pode ser dirigida contra o ingrato *donatário*. Mas, se o primeiro falecer depois de tê-la ajuizado, podem os *herdeiros* nela prosseguir, assim como pode ser continuada "*contra os herdeiros do donatário, se este falecer depois de ajuizada a lide*" (CC, art. 560). Se morrer antes, a lide não poderá ser instaurada, pois só o donatário tem elementos para justificar a sua atitude. Contra seus herdeiros a ação só pode ser *continuada*. Nesse sentido, pronunciou-se o Tribunal de Justiça do Paraná ao negar provimento a recurso de apelação interposto pelos descendentes dos doadores sob o argumento de que "a revogação de doação por ingratidão é direito personalíssimo, o que impossibilita os apelantes de ajuizarem a demanda e buscar a revogação"[78].

Malgrado o caráter personalíssimo, a ação de revogação poderá ser intentada pelos herdeiros "*no caso de homicídio doloso do doador*", "*exceto se ele houver perdoado*" o ingrato donatário (CC, art. 561). Não seria justo, efetivamente, que a revogação pudesse ser pleiteada em caso de simples ofensas físicas ou injúria grave, e não quando ocorresse fato mais grave, que é o assassinato do doador.

O citado art. 561 veio suprir omissão existente no diploma de 1916 sobre essa questão, ao determinar a aplicação do critério adotado em países como a França, a Espanha, a Itália etc., cujos códigos permitem aos herdeiros propor a revogação da doação em caso de morte do doador, provocada pelo donatário, salvo se aquele, não tendo morrido instantaneamente, teve oportunidade de promovê-la e não o fez, perdoando tacitamente o ingrato. Como a lei não exige forma especial, o perdão não precisa ser reduzido a escrito, podendo ser provado por qualquer meio admitido em lei.

Só se admite a revogação por ingratidão do donatário, por exclusão, nas *doações puras*. Com efeito, proclama o art. 564 do Código Civil que "*não se revogam por ingratidão: I – as doações puramente remuneratórias; II – as oneradas com encargo já cumprido; III – as que se fizerem em cumprimento de obrigação natural; IV – as feitas para determinado casamento*"[79]. No caso da *obrigação natural*, a ingratidão do donatário não autoriza a revogação porque haveria um como que pagamento. A doação é uma espécie de devolução, recompensa ou retribuição. Identicamente não é revogável por ingratidão a doação feita para *determinado casamento* por vir revestida da finalidade de auxiliar o donatário no encargo de constituição da sociedade conjugal. A revogação acabaria por atingir indiretamente o cônjuge inocente e os eventuais filhos do casal[80].

---

[78] TJPR, Ap. 0002476-13.2021.8.16.0112, 4ª C. Cív., rel. Des. Astrid Maranhão de Carvalho Ruthes, j. 17-10-2022.

[79] "Inexiste obrigação natural de doar bem a sobrinho, criado pelo tio com todo conforto, em detrimento de filhos legítimos. O máximo que poderá existir é o dever de consciência. Assim, tal liberalidade pode ser revogada por ingratidão" (*RT*, 674/101).

[80] Washington de Barros Monteiro, *Curso de direito civil*, v. 5, p. 152-153; Caio Mário da Silva Pereira, *Instituições de direito civil*, v. III, p. 268.

Capítulo V

DA LOCAÇÃO DE COISAS

1. CONCEITO E NATUREZA JURÍDICA

Num só conceito, o de *locatio conductio*, os romanos disciplinaram três espécies de contrato: *locatio conductio rerum* (locação de coisas), *locatio conductio operarum* (locação de serviços) e *locatio conductio operis* (empreitada). Sob sua influência, muitos códigos do século passado, inclusive o Código Civil brasileiro de 1916, mantiveram essa unidade conceitual.

Com efeito, este último diploma, sob o título de *Locação*, tratava, em três seções autônomas, da locação de coisas, da locação de serviços e da empreitada. A seção concernente à locação de coisas continha rubrica específica sobre a *Locação de prédios*, que se subdividia em *Disposição especial aos prédios urbanos* e *Disposições especiais aos prédios rústicos*.

Essa sistematização é, todavia, repelida pela doutrina e pelos códigos contemporâneos, que disciplinam de forma autônoma os contratos de prestação de serviços, de trabalho, de empreitada, de agência e de aprendizagem, reservando a palavra *locação* para designar unicamente o contrato que se destina a proporcionar a alguém o uso e gozo temporários de uma coisa infungível, mediante contraprestação pecuniária. Segundo preleciona Orlando Gomes, atualmente "*locação* é só a *de coisas*. Não é questão apenas de rigor terminológico, pois as outras espécies tradicionais de *locação* não se ajustavam perfeitamente ao conceito único a que se pretendeu reduzi-las"[1].

Em consequência dos novos rumos, a chamada *locação de serviços* desdobrou-se em duas figuras independentes: *contrato de trabalho*, sujeito às leis de ordem pública, e contrato de *prestação de serviços*, como consta do Código Civil de 2002. No aludido diploma, a *empreitada* também só se refere à construção e, por esse motivo, tal modalidade contratual não se enquadra mais no conceito de locação. Nela uma das partes se obriga a realizar determinada obra com seu trabalho, e às vezes também com o fornecimento dos materiais. A encomenda de outros tipos de trabalho, como o parecer solicitado a um jurista, por exemplo, é tratada como *prestação de serviço*. Na realidade, não há como confundir esta última figura contratual com a locação, pois o traço característico desta é o retorno da coisa locada ao locador ou proprietário, enquanto o serviço prestado fica pertencendo a quem o pagou[2].

---

[1] *Contratos*, p. 302-303.

[2] Orlando Gomes, *Contratos*, p. 303; Teresa Ancona Lopez, *Comentários ao Código Civil*, v. 7, p. 2.

Locação de coisas é o contrato pelo qual uma das partes se obriga a conceder à outra o uso e gozo de uma coisa não fungível, temporariamente e mediante remuneração. Segundo o art. 565 do Código Civil, é contrato pelo qual "*uma das partes se obriga a ceder à outra, por tempo determinado ou não, o uso e gozo de coisa não fungível, mediante certa retribuição*"[3]. Trata-se de contrato que sempre desfrutou de enorme prestígio no direito privado, figurando hoje logo em seguida à compra e venda, no grau de utilização e importância no mundo negocial.

As partes denominam-se *locador*, *senhorio* ou *arrendador*; e *locatário*, *inquilino* ou *arrendatário*. O vocábulo *arrendamento* é sinônimo de locação, podendo ambos ser usados indistintamente. Entre nós, todavia, o primeiro é utilizado, preferentemente, para designar as locações imobiliárias rurais. A coisa não precisa ser necessariamente de propriedade do locador, uma vez que a locação não acarreta transferência do domínio, malgrado em geral as duas posições, de proprietário e senhorio, coincidam. A retribuição pelo uso e gozo da coisa chama-se *aluguel* ou *renda*.

Tendo em vista a natureza pessoal da relação de locação, o sujeito ativo da ação de despejo identifica-se com o locador, assim definido no respectivo contrato de locação, podendo ou não coincidir com a figura do proprietário. A Lei n. 8.245/91 (Lei das Locações) especifica as hipóteses nas quais é exigida a prova da propriedade para a propositura da ação de despejo, não incluindo no aludido rol a prática de infração legal ou contratual e o inadimplemento de aluguéis[4].

Multifária a sua *natureza jurídica*. É contrato *bilateral* ou *sinalagmático* porque envolve prestações recíprocas. Gera obrigações para ambas as partes e, em consequência, admite a aplicação da *exceptio non adimpleti contractus* prevista no art. 476 do Código Civil.

É *oneroso*, uma vez que a obrigação de uma das partes tem como equivalente a prestação que a outra lhe faz. Assim, ambas obtêm proveito, sendo patente o propósito especulativo. Com efeito, a onerosidade é da essência do contrato de locação. Se o uso e gozo da coisa for concedido gratuitamente, o contrato se desfigura, transformando-se em comodato. Por essa razão, deve ser sempre convencionada uma contraprestação.

É *consensual*, tendo em vista que se aperfeiçoa com o acordo de vontades, gerando um direito de crédito ou pessoal. Considera-se perfeito e acabado quando as partes acordam, constituindo-se, destarte, *solo consensu*. Não se trata de contrato real, pois o locador se obriga a entregar a coisa, não se exigindo a tradição para o seu aperfeiçoamento. Esta se torna necessária somente na fase de sua execução ou cumprimento. Todavia, não tem caráter personalíssimo (*intuitu personae*) nem para o locador nem para o locatário, uma vez que admite *cessão* e *sublocação*, não se extinguindo pela morte de qualquer deles. Nada impede, porém, que se convencione a impossibilidade de ser cedido ou sublocado e se lhe empreste caráter personalíssimo[5].

---

3 Dispõe o art. 1.022º do Código Civil português: "Locação é o contrato pelo qual uma das partes se obriga a proporcionar à outra o gozo temporário de uma coisa, mediante retribuição". Segundo Caio Mário da Silva Pereira, "locação é o contrato pelo qual uma pessoa se obriga a ceder temporariamente o uso e o gozo de uma coisa não fungível, mediante certa remuneração" (*Instituições de direito civil*, v. III, p. 272). Orlando Gomes, por sua vez, a define como "o contrato pelo qual uma das partes se obriga, mediante contraprestação em dinheiro, a conceder à outra, temporariamente, uso e gozo de coisa não fungível" (*Contratos*, p. 305).

4 STJ, REsp 1.196.824-A1, 3ª T., rel. Min. Ricardo Villas Bôas Cueva, j. 19-2-2013.

5 Anota Teresa Ancona Lopez que "há uma modalidade de contrato de locação, o chamado *built-to-suit*, cuja essência é ser *intuitu personae*, pois contrata-se a construção de um imóvel (escritórios, galpões, fábricas) com objetivo de locá-lo. A construção é feita sob encomenda e segundo as necessidades do

É, também, *comutativo*, visto que não envolve risco: as prestações recíprocas são certas e não aleatórias. Desde o início as mútuas vantagens são conhecidas e não permanecem na dependência de uma álea.

É, ainda, *não solene* porque a forma é livre, ou seja, não lhe é essencial, somente sendo exigida em casos especiais. Pode, assim, ser celebrado por escrito ou verbalmente. No entanto, para se convencionar uma garantia, como a fiança, por exemplo, o contrato deve obrigatoriamente ser escrito. Em caso de alienação, o locatário só estará protegido se o contrato, celebrado por escrito, contiver cláusula de sua vigência no caso de alienação e tiver sido registrado no Registro de Títulos e Documentos, para os bens móveis, e no Registro de Imóveis, para os imóveis (CC, art. 576, § 1º).

É, por fim, *de trato sucessivo* ou *de execução continuada* porque se prolonga no tempo. As prestações são periódicas e, assim, não se extingue com o pagamento. Este tem apenas o efeito de solver o débito relativo a cada período.

2. ELEMENTOS DO CONTRATO DE LOCAÇÃO

Do conceito de locação de coisas retromencionado transparecem os seus três *elementos fundamentais*: o objeto, o preço e o consentimento.

O *objeto* pode ser coisa móvel ou imóvel. O bem móvel deve ser infungível; se fungível, será contrato de mútuo. Admite-se, no entanto, a locação de coisa móvel fungível quando o seu uso tenha sido cedido, por certo prazo e aluguel, *ad pompam et ostentationem*, ou seja, para fins de ornamentação, como uma cesta de frutas com adornos raros, por exemplo[6].

Igualmente não podem ser alugadas coisas móveis consumíveis, cujo uso importa destruição imediata da própria substância (CC, art. 86), como a energia elétrica, por exemplo, pois o traço característico da locação, como foi dito, é o retorno da coisa locada ao seu dono. Por essa mesma razão, sublinha Orlando Gomes, não pode haver locação de coisas que se exaurem progressivamente, como as pedreiras, "pois, na verdade, dá-se no caso a alienação parcial de propriedade"[7].

Não constitui óbice à locação a inalienabilidade da coisa, pois os bens públicos e também aqueles gravados com a referida cláusula especial, que os coloca fora do comércio, podem ser dados em aluguel. Igualmente podem ser alugados os bens incorpóreos ou direitos, como uma patente de invenção, uma marca, o usufruto e as servidões prediais juntamente com o prédio dominante etc.[8].

Embora a locação de imóveis tenha merecido maior atenção do legislador, que a tem disciplinado em leis especiais, a locação de bens móveis vem ganhando, hodiernamente, bastante espaço e importância, sendo comum a locação de filmes cinematográficos, bicicletas, livros, roupas (especialmente para festas de casamentos), regendo-se por lei especial o arrendamento mercantil de bens móveis ou *leasing*.

Uma coisa pode ser alugada por inteiro ou em frações. Num prédio urbano, por exemplo, pode-se alugar um andar, uma loja, um pedaço de parede para a fixação de cartazes de propaganda, uma garagem etc.[9]. Se o contrato nada estipular em contrário, a locação abrange os acessórios da coisa (CC, arts. 92 a 97 e 566, I). Assim, se se refere a uma fazenda, *verbi*

---

locatário. Este contrato, típico do direito americano, está sendo muito usado no Brasil" (*Comentários ao Código Civil*, v. 7, p. 5-6).

6 Washington de Barros Monteiro, *Curso de direito civil*, v. 5, p. 155.

7 *Contratos*, p. 308.

8 Caio Mário da Silva Pereira, *Instituições de direito civil*, v. III, p. 277-278.

9 Cunha Gonçalves, *Dos contratos em especial*, p. 300.

gratia, estende-se às casas, pertenças e benfeitorias nela existentes. Também podem ser dadas em locação coisas comuns a diversas pessoas, desde que os condôminos resolvam alugá-las por deliberação da maioria (CC, art. 1.323).

Embora controvertida a possibilidade de se locar coisa alheia, Carvalho de Mendonça[10] afirma não ser o fato estranho ao direito positivo, podendo o credor pignoratício alugar a coisa do devedor. Cunha Gonçalves, por sua vez, depois de lembrar que a doutrina mais autorizada é no sentido de que o contrato de locação não é translativo de propriedade, mas sim produtor de obrigações, conclui que "a locação de coisa alheia será válida enquanto durar a posse do locador; e somente ficará sem efeito quando a coisa locada for reivindicada pelo seu verdadeiro proprietário, pois ficando evicto o locador, evicto ficará também o locatário. Todavia, o proprietário evictor tem a faculdade de manter o locatário mediante novo arrendamento"[11]. Pode ainda o proprietário ratificar o contrato e com esse ato provocar o convalescimento da locação.

A locação dos bens imóveis urbanos residenciais ou comerciais continua regida pela Lei do Inquilinato (Lei n. 8.245, de 18-10-1991), visto que o Código Civil de 2002 não dispõe a respeito da locação de prédios. Os imóveis rurais regem-se pelo Estatuto da Terra (Lei n. 4.504, de 30-11-1964), que regula o arrendamento rural, aplicando-se supletivamente o Código Civil, segundo dispõe o § 9º do art. 92 do aludido Estatuto.

O *preço*, denominado aluguel ou remuneração, é essencial para a sua configuração, pois haverá comodato, e não locação, se o uso e gozo da coisa forem cedidos a título gratuito, como retromencionado. Será fixado pelas partes ou mediante arbitramento administrativo ou judicial, ou ainda imposto por ato governamental, como no caso dos táxis e dos prédios urbanos. Pode ainda depender de concorrência pública, nas locações de bens da União (Dec.-Lei n. 9.760, de 5-9-1946, art. 95, parágrafo único)[12]. Não pode, todavia, a sua estipulação ser deixada, potestativamente, ao arbítrio exclusivo de um dos contratantes.

Como também ocorre na compra e venda, o preço deve ser sério, isto é, real, pois se estipulado em valor ínfimo ou irrisório será, na realidade, fictício e descaracterizará o contrato. Deve ser, ainda, determinado ou ao menos determinável, nada impedindo, todavia, que seja variável de acordo com índices estabelecidos pela lei, ou contratados pelas partes de modo a não a contrariar. A lei impõe, em regra, tetos aos reajustes. Embora o pagamento deva ser feito, via de regra, em dinheiro, nada obsta que se convencione outro modo, podendo ser misto, ou seja, parte em dinheiro e parte em frutos e produtos ou em obras e benfeitorias feitas pelo locatário. Se, todavia, for efetuado exclusivamente com os frutos e produtos do imóvel, deixará de ser locação propriamente dita, convertendo-se em contrato inominado[13].

Em geral, o pagamento é fixado em dinheiro, a ser pago periodicamente (por semana, quinzena ou mês), como contrato de execução prolongada ou sucessiva (*tempus successivum habet*), nada impedindo seja pago de uma só vez por todo o período da locação, como sucede com os aluguéis de temporada, que podem ser exigidos antecipadamente e de uma só vez (art. 20 da Lei n. 8.245/91). A referida lei veda a estipulação do aluguel em moeda estrangeira e a sua vinculação à variação cambial ou ao salário mínimo (art. 17)[14], não admitindo a

---

[10] *Contratos no direito civil brasileiro*, t. II, p. 17.

[11] *Dos contratos em especial*, p. 304.

[12] Washington de Barros Monteiro, *Curso de direito civil*, v. 5, p. 156.

[13] Washington de Barros Monteiro, *Curso de direito civil*, v. 5, p. 156.

[14] "Locação. Cláusula. Nulidade. Vinculação à moeda estrangeira. Reconhecimento. Art. 17 da Lei 8.245/91. É nula a cláusula contratual que vincula o aluguel à moeda estrangeira, permanecendo válido o contrato de locação" (2º TACSP, Ap. 423.708-00/4, 9ª Câm., rel. Eros Picelli, j. 1º-2-1995). "Admissível a correção monetária em débito de aluguel, pois esta não constitui parcela que se agrega ao principal,

exigência de pagamento antecipado, salvo a exceção apontada no citado dispositivo. A falta de pagamento do aluguel enseja ao locador o direito de cobrá-lo sob a forma de execução (CPC, art. 784, III) ou de pleitear a resolução do contrato, tanto no direito comum quanto no regime especial do inquilinato, mediante ação de despejo.

No silêncio do contrato, a obrigação locatícia é *quesível*, efetuando-se o pagamento do aluguel e dos encargos da locação no domicílio do locatário (CC, art. 327). Na locação de imóveis urbanos, o pagamento se faz "*no imóvel locado quando outro local não tiver sido indicado no contrato*" (Lei n. 8.245/91, art. 23, I). É comum, no entanto, ser convencionado outro local para o pagamento, transformando-se a obrigação em *portável*. O preço será devido ao locador durante todo o período em que a coisa estiver à disposição do locatário, ainda que não utilizada efetivamente.

O *consentimento* pode ser expresso ou tácito. É capaz de locar quem tem poderes de administração. Não se exige, necessariamente, que seja proprietário, como ocorre com o inventariante em relação aos bens do espólio, com o usufrutuário, com os pais e outros representantes legais no tocante aos bens dos representados etc. O proprietário aparente, como é o possuidor de boa-fé, estando usufruindo a coisa, pode arrendá-la ou locá-la. A simples posse jurídica habilita o possuidor a alugar. O art. 1.507, § 2º, do Código Civil autoriza expressamente o credor anticrético, salvo pacto em sentido contrário, a alugar a coisa recebida em garantia. O próprio locatário poderá sublocar, com o consentimento prévio e escrito do locador (Lei n. 8.245/91, art. 13)[15].

O locatário tem de ser pessoa estranha à coisa locada. Desse modo, o locador não pode ser locatário ou sublocatário de si próprio ou de sua própria coisa, ou seja, não pode receber coisa sua em locação, salvo se *o uso da coisa*, por força do contrato ou em virtude de lei, pertencer validamente a outrem. Pode haver, no entanto, rescisão parcial do contrato de locação, como no caso de o senhorio ter de habitar uma parte do prédio que já havia alugado[16].

O condômino não pode, sozinho, dar em locação a coisa comum, porque nela tem somente parte ideal. Também lhe é vedado dar em locação apenas uma parte, sem o consentimento dos outros consortes (CC, art. 1.314, parágrafo único). Na realidade, a locação de coisa indivisa é deliberada por mútuo acordo entre os condôminos, ou pela maioria em caso de divergência, tendo o condômino preferência ao estranho (art. 1.323).

O Código Civil de 2002, a exemplo do diploma de 1916, não estabelece limite temporal para os contratos de locação, que podem assim ser celebrados por qualquer prazo. A Lei n. 8.245, de 18 de outubro de 1991, exige, todavia, vênia conjugal, se for estipulado prazo igual ou superior a dez anos (art. 3º). Raramente, no entanto, se terá uma locação com prazo determinado por mais de dez anos. As partes têm a liberdade de ajustá-la por tempo certo ou indeterminado.

Dispõe o art. 571 do Código Civil que, havendo prazo estipulado à duração do contrato, "*antes do vencimento não poderá o locador reaver a coisa alugada, senão ressarcindo ao locatário as perdas e danos resultantes, nem o locatário devolvê-la ao locador, senão pagando, proporcionalmente, a multa prevista no contrato*". Cabe ao locatário "*direito de retenção, en-*

---

mas simplesmente recomposição do valor e poder aquisitivo do mesmo, caracterizando locupletamento ilícito, em época de escalada inflacionária, o pagamento sem ela. Quem recebe correção monetária não recebe um *plus*, mas apenas o principal da dívida em forma atualizada" (*JTACSP*, 109/372).

15 "Contrato verbal. Habitação precária levantada em favela. Locador que não prova ser proprietário, cessionário, comodatário ou de que teve a posse do bem. Inexistência de condições suficientes para dispor da coisa a título de locação" (*RT*, 788/303).

16 Cunha Gonçalves, *Dos contratos em especial*, p. 304; Caio Mário da Silva Pereira, *Instituições de direito civil*, v. III, p. 278.

quanto não for ressarcido" (parágrafo único). Todavia, nas locações regidas pela legislação especial, não poderá o locador reaver o imóvel alugado durante o prazo estipulado para a duração do contrato, salvo nos casos previstos, de rescisão ou retomada (Lei n. 8.245/91, art. 4º). Mas ao locatário é facultado devolvê-lo, pagando a multa pactuada, ficando, porém, dela dispensado se a devolução decorrer de transferência do seu local de prestação de serviços.

3. OBRIGAÇÕES DO LOCADOR

As obrigações do locador, especificadas no art. 566 do Código Civil, são de três espécies e consistem em:

a) *Entregar ao locatário a coisa alugada* (inciso I) – A entrega deve ser feita com os acessórios, inclusive servidões ativas, salvo os expressamente excluídos, "*em estado de servir ao uso a que se destina*", pois se destina a possibilitar o uso e fruição da coisa. Se a entrega for feita sem qualquer reclamação, presume-se que a coisa foi recebida em ordem pelo locatário. Mas a presunção não é absoluta, admitindo prova em contrário. A não entrega caracteriza inadimplência do locador e autoriza o locatário a pedir a resolução do contrato, bem como eventuais perdas e danos. Impossibilitando-se a entrega por culpa do locador, responderá ele por perdas e danos[17]. A entrega deve ser realizada na data ajustada ou, na falta de ajuste, em tempo útil, conforme as circunstâncias que envolvem a espécie.

A entrega da coisa alugada deve ser feita "*com suas pertenças*", proclama o inciso I do aludido art. 566 do Código Civil. Estas constituem bens móveis que, não sendo partes integrantes (como o são os frutos, produtos e benfeitorias), estão afetados por forma duradoura ao serviço ou ornamentação de outro, como os tratores destinados a uma melhor exploração de propriedade agrícola e os objetos de decoração de uma residência, por exemplo (CC, art. 93)[18]. O princípio de que "o acessório segue o principal" aplica-se somente às partes integrantes, já que não é aplicável às pertenças (CC, art. 94, *a contrario sensu*), "*salvo se o contrário resultar da lei, da manifestação de vontade, ou das circunstâncias do caso*". Na hipótese vertente, o contrário resulta do inciso I do dispositivo legal suprarreferido.

Destarte, a locação de um apartamento "abrange também o elevador; a de uma casa, a instalação elétrica e o serviço de água; a de terras, os ranchos, poços e outras benfeitorias". Por essa razão, "a ausência total ou a deficiência notável de água dá causa à rescisão do contrato; da mesma forma, defeitos sérios do serviço de eletricidade, inclusive do elevador; mas a locação de um cinema não pode compreender bar que lhe fica anexo, porém autônomo"[19].

Enfatizou o *Superior Tribunal de Justiça* que, em se tratando de locação para fins empresariais, "salvo disposição contratual em sentido contrário, a obrigação do locador restringe-se tão somente à higidez e à compatibilidade do imóvel ao uso comercial e não abrange a adaptação do bem às peculiaridades da atividade a ser explorada pelo locatário ou mesmo o dever de diligenciar perante os órgãos públicos para obter alvará de funcionamento ou qualquer outra licença necessária ao desenvolvimento do negócio. A extensão do dever do locador em entregar imóvel compatível com a destinação é aferida considerando-se o objetivo do uso, ou seja, a depender da modalidade de locação, se residencial, para temporada ou comercial"[20].

---

17 "Locação. Rescisão contratual cumulada com perdas e danos. Comprovados os danos com a contratação de pessoal e desperdício de insumos por deficiência do equipamento, impõe-se o ressarcimento" (2º TACSP, Ap. 609.358-00/5, 2ª Câm., rel. Juiz Norival Oliva, j. 17-9-2001).

18 Carlos Roberto Gonçalves, *Direito civil brasileiro*, v. 1, p. 332.

19 Washington de Barros Monteiro, *Curso de direito civil*, v. 5, p. 160.

20 STJ, REsp 1.317.731-SP, 3ª T., Villas Bôas Cueva, *DJe* 11-5-2016.

b) *Manter a coisa no mesmo estado, pelo tempo do contrato* (inciso I, segunda parte) – Compete ao locador realizar os reparos necessários para que a coisa seja mantida em condições de uso, salvo convenção em contrário. Se, por exemplo, em virtude de fortes chuvas, a casa alugada é destelhada ou o telhado começa a apresentar inúmeros vazamentos, cabe ao locador promover as devidas reparações ou obras, para possibilitar ao inquilino a regular utilização do imóvel. Mas correm por conta do locatário as reparações de pequenos estragos, que não provenham do tempo ou do uso, nas locações de imóveis.

Aduz o art. 567 do Código Civil que, se a coisa alugada se deteriorar sem culpa do locatário, poderá este "*pedir redução proporcional do aluguel, ou resolver o contrato*", caso já não sirva mais para o fim a que se destinava, ou seja, caso a deterioração seja substancial e impossibilite o uso da coisa. Se ocorrer a destruição total, o contrato se resolverá, cabendo ao locatário pleitear perdas e danos em caso de culpa do locador.

c) *Garantir o uso pacífico da coisa* (inciso II) – Deve o locador abster-se da prática de qualquer ato que possa perturbar o uso e gozo da coisa, como também resguardar o locatário contra embaraços e turbações de terceiros (CC, art. 568)[21]. O inquilino é possuidor direto e sua posse é garantida mesmo contra o proprietário, por meio dos interditos possessórios (CC, art. 1.197). Todavia, cumpre ao locatário afastar, por seus próprios meios, as perturbações de fato decorrentes de atos de vizinhos, colocatários ou terceiros, salvo, quanto a estes, se a pretensão estiver fundada em direito sobre a coisa alugada. As turbações de direito não são as baseadas em todo e qualquer direito, mas sim em direito oposto ao do senhorio ou em direito transmitido pelo senhorio e prejudicial ao locatário[22].

Já se decidiu que o locador não pode ser responsabilizado por localizar-se o imóvel em lugar perigoso e sujeito a roubos, pois se trata de fatos sociais que não pode controlar e que não se amoldam ao disposto no art. 22, II e IV, da Lei n. 8.245/91[23].

Responde, ainda, o locador pelos vícios e defeitos ocultos da coisa locada, anteriores à locação (CC, art. 568). Aplica-se à hipótese, portanto, a teoria dos vícios redibitórios. Se o locador conhecia os vícios ou defeitos, restituirá o valor da locação mais perdas e danos. Se não os conhecia, somente restituirá o valor recebido, mais as despesas do contrato (CC, art. 443).

4. OBRIGAÇÕES DO LOCATÁRIO

Dispõe o art. 569 do Código Civil que "*o locatário é obrigado: I – a servir-se da coisa alugada para os usos convencionados ou presumidos, conforme a natureza dela e as circunstâncias, bem como tratá-la com o mesmo cuidado como se sua fosse; II – a pagar pontualmente o aluguel nos prazos ajustados, e, em falta de ajuste, segundo o costume do lugar; III – a levar ao conhecimento do locador as turbações de terceiros, que se pretendam fundadas em direito; IV – a restituir a coisa, finda a locação, no estado em que a recebeu, salvas as deteriorações naturais ao uso regular*".

---

21 "O locatário que tiver violado, por ato do locador, seu direito de livre acesso ao bem locado, deve-se valer das ações possessórias adequadas, caso ocorra turbação ou esbulho" (2º TACSP, Ap. 473.532, 5ª Câm., rel. Juiz Artur Marques, j. 24-2-1997). "Dever do locador de garantir o uso pacífico do imóvel, assim como a continuidade da sua forma e destino até o provimento jurisdicional. Cerceamento ao exercício de posse que a locatária vem sofrendo. Possibilidade de o juiz, fundado em seu poder geral de cautela, determinar medidas cautelares com a fixação de pena cominatória. Desnecessidade de ação própria para a defesa desses direitos" (*RT*, 802/291).

22 Cunha Gonçalves, *Dos contratos em especial*, p. 323.

23 *RT*, 788/316.

Em primeiro lugar, destarte, o locatário é obrigado a *servir-se da coisa alugada para os usos convencionados* e a *tratá-la como se sua fosse* (inciso I). Assim, se o imóvel locado é residencial, por exemplo, deve ele ser utilizado exclusivamente para moradia, não podendo o locatário nele instalar o seu comércio. Se o veículo foi alugado para passeio, não pode ser usado para o transporte de cargas. O emprego da coisa em uso diverso do ajustado ou daquele a que se destina, ou de forma abusiva a ponto de danificá-la, autoriza o locador a "*rescindir o contrato*", bem como a "*exigir perdas e danos*" (CC, art. 570).

O desvio de finalidade deve ser aferido em cada caso. A infração mais comumente praticada por locatários é a transformação de prédio residencial em casa de comércio, ou em depósito de materiais, em escola, em sede de partido ou centro espírita. Todavia, não se tem considerado mudança de destinação manter um médico, ou advogado, em sua residência, consultório ou escritório, ou a instalação de consultório dentário em cômodos da residência[24].

O inquilino deve ainda tratar a coisa "*com o mesmo cuidado como se sua fosse*", pois se entende que o dono zela pelas suas coisas. Há de proceder com a diligência do bom pai de família. A doutrina toma como base o critério abstrato do homem médio na conservação de seus próprios bens, que não deixaria imóvel de sua propriedade se deteriorar sem tomar nenhuma providência. Não servirá de escusa ao locatário a alegação de desleixo com que trata as suas próprias coisas. Já se decidiu que caracteriza infração do contrato de locação "o descumprimento de cláusula atinente à conservação do imóvel, pois a obrigação nela contida é contínua, de trato sucessivo" e que a responsabilidade do locatário "abrange os atos praticados por seus prepostos, pessoas de sua família e sublocatários"[25].

Em segundo lugar, o inquilino é ainda obrigado a *pagar o aluguel nos prazos ajustados* (inciso II). Na falta de ajuste de prazo, o pagamento deve ser feito "*segundo o costume do lugar*"; na locação de imóveis urbanos, até o sexto dia útil do mês seguinte ao vencido (Lei n. 8.245/91, art. 23, I). O contrato de locação, como foi dito, é oneroso e, por conseguinte, tem como elemento principal o recebimento do aluguel. O interesse do locador, ao alugar, é receber o montante a ele correspondente, que deve ser pago pontualmente, sob pena de acarretar a mora do locatário. Pode-se dizer que o aluguel está para a locação assim como o preço está para a venda[26].

À falta de convenção em contrário, a dívida é *quérable* (quesível) e deve ser paga, pontualmente, no domicílio do devedor (CC, art. 327). Pode ser estipulado que o locatário, além de pagar o aluguel, responda também por *impostos* e *taxas* que incidam sobre o imóvel locado. Como garantia do recebimento dos aluguéis, tem o locador ou senhorio *penhor legal* sobre os bens móveis que o inquilino tiver guarnecendo o prédio (CC, art. 1.467, II). Segundo ainda dispõe o art. 964, VI, do diploma civil, o credor de aluguéis tem privilégio especial "*sobre as alfaias e utensílios de uso doméstico, nos prédios rústicos ou urbanos, quanto às prestações do ano corrente e do ano anterior*".

É obrigatório o fornecimento de *recibo de quitação*, com especificação das parcelas do aluguel e demais encargos (Lei n. 8.245/91, art. 22, VI). O Código de Processo Civil, por sua vez, inclui, no rol dos títulos executivos extrajudiciais que autorizam o processo de execução,

---

24 Washington de Barros Monteiro, *Curso de direito civil*, v. 5, p. 163.

25 *RT*, 672/145. *V.* ainda: "Locação. Indenização pela cessão do veículo locado a terceiro, que com ele desapareceu, sendo encontrado meses depois, completamente destruído. Ré que não se serviu da coisa locada com o mesmo cuidado como se sua fosse. Permissão de uso por estranho. Procedência da ação" (TJSP, Ap. 11.483-4/3-S. Caetano do Sul, rel. Des. Sousa Lima, j. 4-12-1996). "Danos. Inquilinos conhecedores do estado dos imóveis. Obrigação de comunicar ao locador. Inobservância do previsto no art. 23, IV, da Lei 8.245/91" (*RT*, 805/291).

26 Teresa Ancona Lopez, *Comentários ao Código Civil*, v. 7, p. 23.

o crédito decorrente de foro, laudêmio, aluguel ou renda de imóvel, bem como encargo de condomínio, comprovado por contrato escrito.

Compete ainda ao locatário *levar ao conhecimento do locador as turbações de terceiros, fundadas em direito* (inciso III). Como já mencionado, o art. 568 do Código Civil impõe ao locador a obrigação de resguardar o locatário dos embaraços e turbações de terceiros que tenham ou pretendam ter direitos sobre a coisa alugada. Para que possa agir, porém, faz-se necessário que o inquilino lhe dê ciência do fato. Se se tratar de questão de fato, como uso nocivo da propriedade vizinha, por exemplo, cabe ao próprio inquilino a defesa de seus direitos[27].

Cabe, por fim, ao locatário *restituir a coisa, finda a locação, no estado em que a recebeu, salvas as deteriorações naturais* (inciso IV)[28]. Tem ele o direito de exigir, quando o imóvel lhe é entregue, relação escrita de seu estado, para se resguardar de posterior imputação infundada. Qualquer dúvida porventura existente deve ser dirimida mediante a realização de vistoria *ad perpetuam rei memoriam*[29]. Caso se comprove ter havido dano à coisa, o locatário indenizará o proprietário, visto que a sua obrigação é restituí-la no mesmo estado em que a recebeu, transigindo-se apenas com as naturais depreciações resultantes de seu uso regular, que serão averiguadas em cada caso, de acordo com a natureza da coisa locada. Em aluguel de veículo, por exemplo, é normal o desgaste, pelo uso, dos pneus, pastilhas dos freios etc.[30].

Asseverou o *Superior Tribunal de Justiça*: "A inércia do locador em exigir o reajuste dos aluguéis por longo período de tempo suprime o direito à cobrança de valores pretéritos, mas não impede a atualização dos aluguéis a partir da notificação extrajudicial encaminhada ao locatário"[31].

5. DISPOSIÇÕES COMPLEMENTARES

Segundo se infere do art. 571 do Código Civil, é permitido ao "*locador reaver a coisa alugada antes do vencimento do prazo*", desde que seja ressarcido o locatário das "*perdas e danos resultantes*". Admite-se, também, que a coisa seja *devolvida* ao locador, desde que o locatário pague, "*proporcionalmente, a multa prevista no contrato*".

Tal norma é supletiva, podendo ser alterada pela vontade das partes, e *não se aplica à locação de prédios urbanos*, que tem regulamentação própria. Se a obrigação de pagar o aluguel pelo tempo que faltar "*constituir indenização excessiva, será facultado ao juiz fixá-la em bases razoáveis*" (CC, art. 572).

---

[27] Washington de Barros Monteiro, *Curso de direito civil*, v. 5, p. 165.

[28] "Entrega do imóvel. Ônus da prova que pertence ao locatário que, não desincumbido, faz prevalecer a data alegada pelo locador" (*RT*, 788/358). "Locador que condiciona o recibo das chaves à declaração do locatário de ser responsável por reparos no imóvel, durante a realização deles, pelo pagamento dos aluguéis e encargos. Inadmissibilidade" (*RT*, 805/290).

[29] "Danos causados ao imóvel. Prova a cargo do locador de que a deterioração do bem ocorreu com culpa do inquilino. Imprescindibilidade da realização de vistoria, através de produção antecipada de provas, via ação cautelar, para que surja o direito à reparação" (*RT*, 786/414). "Danos causados ao imóvel. Apuração dos prejuízos em medida cautelar de produção antecipada de prova. Necessidade da distinção dos reparos que devem ser feitos pela locatária, ante o ajustado no contrato, daqueles produzidos pela ação do tempo. Impossibilidade, ademais, de se responsabilizar o locatário por obras que dizem respeito à própria estrutura do prédio, que são de responsabilidade do senhorio" (*RT*, 795/345).

[30] Washington de Barros Monteiro, *Curso de direito civil*, v. 5, p. 165; Sílvio Venosa, *Direito civil*, v. III, p. 141. "Indenização. Danos não provenientes da ação do tempo ou do uso normal do imóvel locado. Negligência caracterizada. Verba devida" (*RT*, 803/404).

[31] STJ, REsp 1.803.278-PR, 3ª T., rel. Min. Ricardo Villas Bôas Cueva, j. 22-10-2019.

Preceitua o parágrafo único do art. 571 do Código Civil que o locatário "*gozará do direito de retenção, enquanto não for ressarcido*". Trata-se de inovação introduzida pelo Código de 2002, uma vez que tal benefício só era antes previsto, nas locações, para assegurar a indenização das benfeitorias necessárias e úteis feitas com o consentimento expresso do locador. A inovação protege o locatário, facilitando-lhe o recebimento da indenização a ser paga pelo locador quando pretende reaver a coisa alugada antes do vencimento do prazo estipulado no contrato.

Em se tratando de *locação predial*, findo o prazo, pode o locador reaver o imóvel locado se o ajuste for por escrito e por prazo igual ou superior a trinta meses (Lei n. 8.245/91, art. 46).

A locação "*por tempo determinado cessa de pleno direito findo o prazo estipulado*" (CC, art. 573, mora *ex re*). O locatário que não devolve a coisa no término do contrato passa a ter posse injusta e de má-fé, com todos os consectários legais (CC, arts. 1.216 a 1.220)[32]. Se o locatário continuar na posse do bem, sem oposição do locador, presumir-se-á prorrogada, sem prazo, pelo mesmo aluguel (art. 574).

A locação *sem prazo determinado* exige prévia notificação do locatário. Se este, notificado, "*não restituir a coisa, pagará, enquanto a tiver em seu poder, o aluguel que o locador arbitrar, e responderá pelo dano que ela venha a sofrer, embora proveniente de caso fortuito*" (art. 575). Trata-se de meio coercitivo de que dispõe o locador para forçar o locatário a cumprir sua obrigação. Aduz o parágrafo único do aludido dispositivo que, "*se o aluguel arbitrado for manifestamente excessivo, poderá o juiz reduzi-lo, mas tendo sempre em conta o seu caráter de penalidade*".

Tais regras *não se aplicam à locação de prédios urbanos*, valendo apenas para as locações de prédios rústicos e às demais locações em geral. Salvo convenção em contrário, o locatário pode reter a coisa alugada, "*no caso de benfeitoria necessária*", mesmo feita sem prévia licença do proprietário. Quanto às *úteis*, só pelas realizadas "*com expresso consentimento do locador*" (CC, art. 578; LI, art. 35)[33].

6. LOCAÇÃO DE PRÉDIOS

O Código Civil de 2002 não dispõe a respeito da locação de prédios. A locação urbana rege-se, hoje, pela Lei n. 8.245/91 (LI – Lei do Inquilinato, com as alterações introduzidas pela Lei n. 12.112, de 9-12-2009), cujo art. 1º, parágrafo único, proclama continuarem regidas pelo Código Civil as locações de imóveis de propriedade da União, dos Estados, dos Municípios; de vagas autônomas de garagem ou de espaços para estacionamento de veículos; de espaços destinados à publicidade; de apart-hotéis, hotéis-residência ou equiparados; e o arrendamento mercantil. As normas do Código Civil estudadas nos itens anteriores deste capítulo têm, pois, aplicação restrita aos referidos imóveis.

O contrato de locação predial pode ser estipulado por qualquer prazo, embora não deva ser perpétuo (por definição, é temporário). Se superior a dez anos, depende de *vênia conjugal*; ausente esta, o cônjuge não estará obrigado a observar o prazo excedente (LI, art. 3º). Visa a

---

32 Teresa Ancona Lopez, *Comentários ao Código Civil*, v. 7, p. 41.

33 "Indenização. Benfeitorias necessárias. Verba devida ao locatário somente se provadas de maneira inconteste as reformas introduzidas no imóvel" (*RT*, 795/260). "Indenização. Obras realizadas que se destinaram única e exclusivamente a atender aos interesses comerciais da locatária, sem autorização expressa dos locadores. Verba indevida, mesmo que aquelas sejam entendidas como acessões, pois tal conceito insere-se na expressão genérica de benfeitorias e o direito de retenção só está disponível ao locatário que realiza aquelas consideradas necessárias" (*RT*, 787/292).

regra evitar que um cônjuge onere indevidamente o patrimônio comum, pois uma locação por prazo extremamente longo representa uma restrição ao direito de propriedade. Por essa razão, levando-se em conta a igualdade de direitos dos cônjuges no casamento, exige-se a anuência do cônjuge, como sucede nas disposições de direito real[34].

Como a lei não distingue, deve-se entender necessária a anuência tanto do cônjuge do locador como do cônjuge do locatário, qualquer que seja o regime de bens e a natureza da locação. A sua falta não invalida o contrato, mas acarreta a ineficácia do prazo excedente, somente para o cônjuge. Para o locador, ou o locatário, o prazo superior a dez anos é perfeitamente válido e eficaz.

Durante o prazo estipulado para a duração do contrato, "não poderá o locador reaver o imóvel alugado. Com exceção ao que estipula o § 2º do art. 54-A, o locatário, todavia, poderá devolvê-lo, pagando a multa pactuada, proporcional ao período de cumprimento do contrato, ou, na sua falta, a que for judicialmente estipulada" (LI, art. 4º, com a redação dada pela Lei n. 12.774, de 2012). Haverá dispensa da multa se a devolução decorrer de transferência para a prestação de serviços em outra localidade.

A primeira parte do dispositivo, que obriga o locador a respeitar o contrato celebrado por *prazo determinado*, não autorizando a retomada antes de findo o termo estipulado, constitui aplicação do secular princípio do direito contratual *pacta sunt servanda*. O locatário, no entanto, pode devolver o imóvel, pagando a multa pactuada, proporcionalmente ao tempo, já decorrido, de cumprimento do contrato. Há, na hipótese, harmonia com o art. 413 do atual diploma, segundo o qual o juiz deve reduzir equitativamente a multa ou cláusula penal "*se a obrigação principal tiver sido cumprida em parte, ou se o montante da penalidade for manifestamente excessivo, tendo-se em vista a natureza e a finalidade do negócio*".

Na hipótese em apreço, o art. 4º da Lei do Inquilinato cogita de indenização pela devolução antecipada do imóvel, tendo a multa, portanto, natureza compensatória[35], dispondo ainda que, não havendo multa pactuada, será ela fixada pela sentença. Este *quantum* constitui uma "compensação" pela resolução antecipada do contrato. Malgrado receba do legislador a denominação de *multa*, não deixa de ser uma indenização por perdas e danos, estimada pelo juiz de acordo com a natureza e o vulto do contrato[36].

Decidiu o *Superior Tribunal de Justiça* que, "diferentemente da proporcionalidade matemática adotada pela Corte Estadual – que reduziu a multa para 2,34 aluguéis, por terem sido cumpridos 14 (catorze) meses da relação jurídica obrigacional, faltando 22 (vinte e dois) meses para o encerramento regular do ajuste –, o caso reclama a observância do critério da equidade, revelando-se mais condizente a redução para 4 (quatro) aluguéis, dadas as peculiaridades do caso concreto"[37].

---

[34] "Locação. Vênia conjugal prevista no art. 3º da Lei 8.245/91. Ausência. Nulidade. Alegação somente pelo cônjuge prejudicado. A ausência de vênia conjugal, prevista no art. 3º da Lei 8.245/91, não pode ser alegada pelo cônjuge signatário" (2º TACSP, Ap. 430.777, 9ª Câm., rel. Juiz Ferraz de Arruda, j. 10-5-1995).

[35] "Locação. Prazo determinado. Multa compensatória. Devolução antecipada do imóvel. Aplicação do art. 4º da Lei 8.245/91. O locatário poderá pagar parte da multa, reduzindo-a proporcionalmente ao tempo em que cumpriu o contrato" (2º TACSP, Ap. 625.6800-005/5, 12ª Câm., rel. Juiz Romeu Ricupero, j. 6-12-2001); "Ação de cobrança. Prazo de vigência ajustado em dez (10) anos. Denúncia imotivada do contrato locatício pela inquilina. Multa pela rescisão antecipada que se mostra devida por força contratual e legal, porém, de forma proporcional ao período em que não vigorou o negócio jurídico. Aplicação do artigo 4º, *caput*, da Lei n. 8.245/91 e do artigo 413 do Código Civil. Recurso desprovido" (TJSP. Apel. 1075179-89.2015.8.26.0100, 28ª Câm. Dir. Priv., rel. Des. Dimas Rubens Fonseca, *DJe* 6-2-2017).

[36] Sílvio Venosa, *Lei do Inquilinato comentada*, p. 59.

[37] STJ, REsp 1.353.927-SP, 4ª T., rel. Min. Luis Felipe Salomão, *DJe* 11-6-2018.

Não se confunde a cobrança da aludida multa com pedido de indenização de perdas e danos. Estas são apuradas na ação e devem corresponder ao exato prejuízo demonstrado pelo lesado. A cláusula penal é prefixada de comum acordo pelas partes, podendo ser cobrada mesmo sem alegação de prejuízo (CC, art. 416). Tendo, no caso, natureza compensatória, equivale a uma prefixação das perdas e danos. Se, no entanto, o seu valor for considerado insuficiente, poderá o locador abandoná-la e pleitear perdas e danos em termos amplos, arcando com o ônus de provar o prejuízo alegado. Não poderá, todavia, cumular a cobrança da multa com as perdas e danos.

Com efeito, dispõe o parágrafo único do art. 416 do atual diploma civil: "*Ainda que o prejuízo exceda ao previsto na cláusula penal, não pode o credor exigir indenização suplementar se assim não foi convencionado. Se o tiver sido, a pena vale como mínimo da indenização, competindo ao credor provar o prejuízo excedente*". A mencionada indenização suplementar somente será devida se o contrato o permitir e houver provas de efetivo prejuízo.

O parágrafo único do retromencionado art. 4º da Lei do Inquilinato exonera, todavia, o locatário da obrigação de pagar a multa pela resilição antecipada da locação, em caso de *transferência, determinada pelo empregador, de local de trabalho*. É a única hipótese prevista. Ao mencionar transferência "de local de trabalho", e não de município, o aludido dispositivo legal admite a exoneração do locatário quando ocorre mudança do local de trabalho de um bairro para outro, nos grandes centros, quando dificulta a locomoção. Exige a lei que o locatário dispensado da multa notifique previamente o locador, por escrito, com o prazo mínimo de trinta dias de antecedência. Se não o fizer e mudar-se abruptamente, incorrerá na indigitada multa.

É de se frisar que a lei se refere a mudança de local de prestação de serviços determinada pelo empregador. Não se aplica, pois, a benesse se o pedido de transferência é de iniciativa do próprio locatário.

Nos contratos com *prazo determinado*, não pode, portanto, como visto, o locatário devolver o imóvel, senão pagando a multa referida no art. 4º da Lei n. 8.245/91. Todavia, nas locações por *prazo indeterminado*, ou nas que assim passaram a vigorar pela expiração do prazo original da avença, poderá ele denunciar a locação *mediante aviso por escrito ao locador, com antecedência mínima de trinta dias* (LI, art. 6º). Trata-se de uma consequência do fato de se tratar de obrigação de trato sucessivo, com prazo indeterminado[38].

Em se tratando de *locação urbana*, a Lei n. 8.245/91 declara, no art. 13, que tanto a sublocação como o empréstimo e a cessão dependem do consentimento prévio e escrito do locador. A cessão não se confunde com a sublocação. Nesta o locatário continua obrigado pelo contrato celebrado com o locador. Na cessão da locação, desaparece a responsabilidade do cedente, que se transmite ao cessionário, com o qual, daí por diante, se entenderá o locador[39]. A cessão é mais ampla que a sublocação, como se verifica pela *Súmula 411 do Supremo Tribunal Federal, verbis: "O locatário autorizado a ceder a locação pode sublocar o imóvel"*.

A lei é expressa em não admitir consentimento tácito do locador, na sublocação. Considera-se, no entanto, válido o consentimento escrito posterior aos negócios, como ratificação

---

[38] Sílvio Venosa, *Lei do Inquilinato comentada*, p. 65. "Locação. Prazo indeterminado. Rescisão unilateral pelo locatário. Inobservância do prazo previsto em lei. Pagamento do aluguel correspondente a estes 30 dias. Obrigatoriedade. Aplicação do art. 6º da Lei 8.245/91" (2º TACSP, EDcl. 568.691-01/5, 10ª Câm., rel. Juiz Gomes Varjão, j. 24-5-2000).

[39] Washington de Barros Monteiro, *Curso de direito civil*, v. 5, p. 170. "A sublocação com a qual não anuiu o locador expressamente e da qual não foi validamente notificado, contra este não gera efeitos jurídicos, persistindo a responsabilidade do locatário" (2º TACSP, Ap. 542.990, 2ª Câm., rel. Juiz Felipe Ferreira, j. 3-5-1999).

ou confirmação do ocorrido. A sublocação autoriza o manejo, pelo locador, de ação de despejo, e não de ação de reintegração de posse, uma vez que a posse mediata do bem encontra-se com o locatário, com relação a quem cabe resilir o contrato. Os terceiros serão, então, necessariamente atingidos pela ordem de despejo transitada em julgado[40]. Quando a sublocação é avençada com autorização expressa do locador, dá-se a *cessão da posição contratual* do locatário.

O sublocatário responde, subsidiariamente, ao senhorio pela importância que dever ao sublocador, quando este for demandado, e ainda pelos aluguéis que se vencerem durante a lide (LI, art. 16). A responsabilidade subsidiária do sublocatário começa com a sua notificação, na ação de cobrança movida pelo senhorio ao inquilino. Rescindida, ou finda a locação, resolvem-se as sublocações, salvo o direito de indenização que possa competir ao sublocatário contra o sublocador. Ao sublocatário fica assegurado o direito de retenção pelas benfeitorias necessárias, porque é possuidor de boa-fé. Quanto às úteis, só se houverem sido autorizadas pelo locador (LI, art. 15).

Durante a locação, o *senhorio* não pode mudar a destinação do prédio alugado. Malgrado tenha a obrigação de não perturbar o gozo do imóvel entregue ao locatário, se o prédio necessitar de reparos urgentes terá de fazê-los, sendo o locatário obrigado a consenti-los. Se durarem mais de dez dias (LI, art. 26, parágrafo único), poderá este pedir abatimento proporcional no aluguel. Se durarem mais de um mês, e tolherem o uso regular do prédio, poderá rescindir o contrato.

O locador tem de assegurar ao locatário o uso e gozo do prédio locado, por todo o tempo do contrato, nas mesmas condições do início de vigência da avença. Incumbe-lhe, salvo cláusula expressa em contrário, todas as reparações de que o prédio necessitar. Ao locatário incumbem exclusivamente as pequenas reparações de estragos que não provenham naturalmente do tempo ou do uso, como, por exemplo, a substituição de vidros quebrados, a desobstrução de canos e ralos, o conserto de pequenas goteiras, a troca de torneira etc. (LI, art. 23, I).

Responderá o locatário pelo *incêndio do prédio* se não provar caso fortuito ou força maior, vício de construção ou propagação de fogo originado em outro prédio. Sendo de natureza contratual a responsabilidade do inquilino, é estranha, no caso de incêndio, qualquer indagação relativa à culpa, que se presume[41].

7. LOCAÇÃO DE PRÉDIO URBANO

A locação de prédio urbano rege-se pela Lei n. 8.245, de 18 de outubro de 1991, que especifica as hipóteses de *retomada*. Malgrado não possa o locador reaver o imóvel locado, na vigência do prazo de duração do contrato, admite-se, contudo, a retomada ao final deste, nas locações ajustadas por escrito e por *prazo igual ou superior a trinta meses*. A resolução opera-se com o fim do prazo, independentemente de notificação ou aviso (art. 46)[42]. Dá-se, na hipótese, a resolução do contrato sem motivação (a chamada *denúncia vazia)*. Mas se o

---

40 *RT*, 644/135.

41 Washington de Barros Monteiro, *Curso de direito civil*, v. 5, p. 172-173. "Incêndio no imóvel locado. Presunção relativa da culpa do locatário, ficando a seu encargo a comprovação da ocorrência de força maior ou caso fortuito suscetível de elidi-la e impedir o ressarcimento do dano causado pelo sinistro" (STJ, *RT*, 785/191).

42 "É dispensável a notificação premonitória, quando o pedido de retomada de prédio não residencial se dá logo após o término do contrato, notadamente se a ação é ajuizada dentro em 30 (trinta) dias" (2º TACSP, Súmula 14).

locatário continuar na posse do imóvel por mais de trinta dias, sem oposição do locador, presumir-se-á *prorrogada* a locação por *prazo indeterminado*, mantidas as demais cláusulas e condições do contrato (§ 1º). Ocorrendo a prorrogação, o locador só poderá denunciar o contrato se conceder prazo de trinta dias para desocupação (§ 2º).

Assim, findo o contrato por prazo determinado, o locador tem o prazo de trinta dias para ingressar com ação de despejo. O término do prazo contratual constitui o locatário em mora, não sendo este surpreendido com a ação de despejo. Decorrido o referido prazo de trinta dias, fica o senhorio obrigado a promover a notificação do locatário. A ação de despejo deve ser proposta em seguida ao escoamento do prazo concedido na notificação, ou seja, nos trinta dias seguintes, sob pena de perder a eficácia[43]. Entretanto, a locação ajustada por *prazo inferior a trinta meses* prorroga-se automaticamente e sem termo, admitindo-se a *retomada* somente nas hipóteses do art. 47, I a V (*denúncia cheia* ou motivada).

É permitido ao locador ajuizar diretamente ação de despejo, sem notificação prévia, desde que o ajuizamento ocorra nos 30 dias seguintes ao termo final do contrato. Fora dessa hipótese, "é preciso observar o prazo de 30 dias para desocupação do imóvel, conforme interpretação do parágrafo 2º do art. 46 da Lei n. 8.245/91, a partir de notificação prévia – o parágrafo 1º do mesmo artigo determina que, após o fim do contrato, a locação é presumida prorrogada caso o inquilino permaneça no imóvel por mais de trinta dias sem oposição do locador"[44].

A *morte* do *locador* acarreta a transferência do contrato aos herdeiros (LI, art. 10). Estes continuam na posição contratual por prazo determinado ou indeterminado, podendo ingressar com pedido de retomada nas mesmas hipóteses em que poderia fazê-lo o *de cujus*, pois lhes são transmitidos os mesmos direitos e deveres anteriormente existentes. Sendo vários os herdeiros, são todos considerados locadores solidários, a teor do estatuído no art. 2º da lei em apreço. Por conseguinte, o pagamento feito a um deles extingue a obrigação, se não houver disposição contratual em contrário[45]. Tem-se decidido que o espólio possui legitimidade para propor ações relativas à locação, bem como para pedir o imóvel para uso de um dos herdeiros[46]. A posição do espólio é temporária e cessa com a partilha.

Se o contrato locatício for por tempo determinado, deverão os herdeiros, certamente, respeitar o prazo convencional. Todavia, se o locador falecido era usufrutuário ou fiduciário, não se operará, segundo os termos do art. 7º da Lei n. 8.245/91, qualquer transferência patrimonial a seus herdeiros, uma vez que o nu-proprietário ou o fideicomissário, sendo pessoas estranhas à avença, não têm nenhuma obrigação de manter a locação, mesmo com prazo determinado, a não ser que expressamente tivessem consentido na contratação. Trata-se de retomada imotivada decorrente do fato da extinção do aludido direito real e do mencionado benefício testamentário[47].

O *Superior Tribunal de Justiça* reconheceu a cessão de locação de imóvel ante silêncio de locador notificado, confirmando o fim do acordo de locação com base nos princípios da boa-fé objetiva e da função social do contrato. Para a relatora, Min. Nancy Andrighi, "ainda que o contrato exista e seja válido, a partir da notificação extrajudicial que afirmava ao locador a relação do ex-sócio dentro do acordo, ele passa a ser ineficaz em relação ao recorrente, passando a responsabilidade para a pessoa jurídica". A ministra frisou também que "o dono

---

43 *JTACSP*, 115/214.
44 STJ, REsp 1.812.465, 3ª T., rel. Min. Nancy Andrighi, *Revista Consultor Jurídico*, de 18-5-2020.
45 Sílvio Venosa, *Lei do Inquilinato comentada*, p. 86; *RT*, 598/164.
46 *RT*, 613/153; *JTACSP*, 111/351.
47 *JTACSP*, 480/170.

do imóvel tinha o prazo de 30 dias para se manifestar sobre a mudança do contrato, mas não o fez"[48].

A morte do *locatário* determina a *sub-rogação* nos seus direitos, podendo continuar a locação: a) nas locações com finalidade residencial, o cônjuge sobrevivente ou o companheiro e, sucessivamente, os herdeiros necessários e as pessoas que viviam na dependência econômica do falecido, desde que residentes no imóvel; b) nas locações com finalidade não residencial, o espólio e, se for o caso, seu sucessor no negócio (art. 11, I e II). Tal disciplina denota o caráter *intuitu personae* da locação residencial. Servindo o imóvel de moradia da família, defere-se aos seus membros o direito de continuar no imóvel, sob as mesmas condições do locatário falecido. Trata-se de hipótese de sub-rogação legal. Para que ela se opere é necessário, todavia, que os beneficiados estejam residindo no imóvel por ocasião da morte do inquilino.

Terceiros que não se enquadram nas aludidas hipóteses legais são considerados estranhos à locação, não podendo ser tratados como locatários. Se não tiverem, em face do imóvel, nenhuma relação de caráter locatício, poderão ser desalojados pelos meios possessórios.

Em caso de *separação de fato, separação judicial, divórcio* ou *dissolução da união estável*, a locação prosseguirá automaticamente com o cônjuge ou companheiro que permanecer no imóvel. A regra abrange todos os casos em que um dos cônjuges ou companheiros deixa o imóvel, independentemente do vínculo que os une. A solução aplica-se a qualquer dos cônjuges, embora, na maioria das vezes, seja a mulher quem permanece no imóvel. Nessas hipóteses e na prevista no art. 11 (morte do locatário) da Lei do Inquilinato, a sub-rogação será comunicada por escrito ao locador e ao fiador, se esta for a modalidade de garantia locatícia. O fiador poderá exonerar-se das suas responsabilidades no prazo de trinta dias contado do recebimento da comunicação oferecida pelo sub-rogado, ficando responsável pelos efeitos da fiança durante cento e vinte dias após a notificação ao locador (LI, art. 12 e §§ 1º e 2º, com a redação dada pela Lei n. 12.112, de 9-12-2009).

Assentou, porém, o *Superior Tribunal de Justiça* que, no caso de separação de casal que resida em imóvel alugado, o locador deve ser comunicado se um deles permanecer no imóvel, para que direitos e responsabilidades sejam transferidos. Se isso não for feito, quem deixou o imóvel continuará obrigado a pagar o aluguel[49].

Se o prédio for *alienado*, poderá o adquirente denunciar a locação, salvo se for por tempo determinado e o respectivo contrato contiver cláusula de vigência em caso de alienação e constar do Registro de Imóveis (LI, art. 8º). A regra permite a denúncia vazia, imotivada. O adquirente permanecerá na posição de locador somente se o desejar, exceto na situação expressamente ressalvada no dispositivo. Do mesmo modo como o nu-proprietário e o fideicomissário, sendo estranhos ao contrato de locação, não são obrigados a respeitá-lo no caso de extinção do usufruto e do fideicomisso, também não o é o novo proprietário. Não existindo o registro imobiliário do contrato, o adquirente tem direito à denúncia vazia, ainda que pendente ação renovatória, pois não se sujeita este à renovatória em curso, salvo se assim desejar. Malgrado as locações de imóveis urbanos seja regida, em regra, pela legislação especial, o atual Código Civil adotou, no art. 576, a mesma disciplina, inclusive no tocante ao registro do contrato.

Quanto à ação cabível, o *Superior Tribunal de Justiça* proclamou que "o adquirente de imóvel locado tem direito de denunciar o contrato de locação na forma do art. 8º da Lei n. 8.245, mas só poderá reaver a posse direta do imóvel mediante o ajuizamento da ação de despejo, nos

---

48 STJ, REsp 1.443.135, 3ª T., rel. Min. Nancy Andrighi, *Revista Consultor Jurídico*, de 26-6-2018.

49 STJ, 5ª T., REsp 540.669-RJ.

termos do art. 5º da mesma lei, sob pena de malferir o direito de terceiro que regularmente ocupa o bem. A ação adequada para reaver o imóvel em casos de aquisição de imóvel locado é a ação de despejo, não servindo para esse propósito a ação de imissão de posse"[50].

O inquilino tem *preferência* (preempção ou prelação legal) para a aquisição do imóvel, em caso de alienação (LI, art. 27). Se for preterido no seu direito, poderá reclamar do alienante as *perdas e danos* ou, depositando o preço e demais despesas do ato de transferência, *haver para si o imóvel locado*, se o requerer no prazo de seis meses, a contar do registro do ato no Cartório de Imóveis, *desde que o contrato de locação esteja averbado* pelo menos trinta dias antes da alienação junto à matrícula (art. 33). Existirá para o inquilino, assim, direito real de haver a coisa para si somente se tiver providenciado o registro do contrato, no aludido prazo. Não o tendo feito, o direito de preferência ou prelação legal será pessoal, resolvendo-se em perdas e danos.

Assim, "o direito real à adjudicação do bem somente será exercitável se o locatário: a) efetuar o depósito do preço do bem e das demais despesas de transferência de propriedade do imóvel; b) formular referido pleito no prazo de 6 (seis) meses do registro do contrato de compra e venda do imóvel locado adquirido por terceiros; c) promover a averbação do contrato de locação assinado por duas testemunhas na matrícula do bem no cartório de registro de imóveis, pelo menos 30 (trinta) dias antes de referida alienação"[51].

Constitui requisito para o exercício do direito de preempção o oferecimento da coisa nas mesmas condições propostas pelo terceiro, seja no tocante ao preço da venda, seja no atinente ao prazo ou a qualquer outra vantagem incluída no negócio. A eficácia da afronta ao inquilino, para exercer o seu direito de preferência na aquisição do imóvel locado, está limitada às condições indicadas na notificação, de sorte que, modificadas essas condições, com redução do preço, nova oportunidade lhe deve ser dada para exercitar o seu direito[52].

É livre a convenção do aluguel (LI, art. 17), sendo lícito às partes fixar cláusula de reajuste (art. 18). A disposição mostra-se fiel ao princípio da autonomia da vontade, que impera no direito contratual brasileiro. Após três anos de vigência do contrato ou do ajuste anteriormente realizado, não havendo acordo, ao locador ou locatário caberá o ajuizamento de pedido de *revisão judicial*, a fim de ajustá-lo ao preço de mercado (art. 19).

O art. 85 das Disposições Finais e Transitórias da Lei n. 8.245/91 dispõe que é livre, nas locações residenciais, "*a convenção do aluguel quanto a preço, periodicidade e indexador de reajustamento, vedada a vinculação à variação do salário mínimo, variação cambial e moeda estrangeira*". Por sua vez, a Lei n. 8.178, de 1º de março de 1991, proclamava que os contratos de locação residencial firmados a partir de 1º de fevereiro serão livremente pactuados, vedada a vinculação à taxa de câmbio e ao salário mínimo, e poderão conter cláusulas de reajuste, desde que a periodicidade de reajuste não seja inferior a seis meses e o índice de reajuste não seja superior à variação dos salários mínimos médios no período (art. 16). Este artigo foi revogado pela Lei n. 9.069/95.

A Medida Provisória n. 542/94, que se transformou na Lei n. 9.069, de 29 de junho de 1995, estabeleceu, no § 4º do art. 21, a possibilidade de revisão dos contratos de locação a partir de 1º de janeiro de 1995. Deve-se frisar que a referida lei, que estabelece o real como unidade monetária, fixou em um ano a periodicidade de correção monetária, com base no IPC, sendo nula qualquer estipulação de correção, em prazo inferior[53].

---

50 REsp 1.864.878-AM, 3ª T., rel. Min. Ricardo Villas Bôas Cueva, j. 30-8-2022.

51 STJ, REsp 1.554.437-SP, 3ª T., rel. Min. João Otávio de Noronha, j. 2-6-2016.

52 STJ, REsp 8.008-SP, 3ª T., rel. Min. Dias Trindade, j. 25-3-1991.

53 "Admissível a correção monetária em débito de aluguel, pois esta não constitui parcela que se agrega ao principal, mas simples recomposição do valor e poder aquisitivo do mesmo, caracterizando locu-

As obrigações do locador e do locatário estão relacionadas nos arts. 22 e 23 da lei em epígrafe. Dispõe o art. 83 da Lei do Inquilinato, que acrescentou o § 4º ao art. 24 da Lei n. 4.591/64, que o locatário poderá *votar* em assembleia geral que envolva *despesas ordinárias de condomínio*, se o condômino-locador a ela não comparecer. O advento do Código Civil de 2002, que regulou a instituição e as normas de uso do condomínio edilício, importou, todavia, na revogação do aludido art. 24, não mais existindo, por essa razão, a mencionada prerrogativa, que a lei das locações concedia ao locatário.

O locador só pode exigir do inquilino as seguintes *modalidades de garantia*: a) *caução*, que pode ser em bens móveis ou imóveis, em títulos e ações e em dinheiro, não podendo, neste último caso, exceder o equivalente a três meses de aluguel; b) *fiança*; c) *seguro de fiança locatícia*; e d) *cessão fiduciária de quotas de fundos de investimento* (introduzida pela Lei n. 11.196, de 21-11-2005).

É vedada, sob pena de nulidade, mais de uma dessas modalidades num mesmo contrato de locação (arts. 37, parágrafo único, e 38). Assim, "é nula de pleno direito a fiança, ainda que lavrada em documento separado, se no contrato de locação houve previsão de caução em dinheiro"[54].

Dispõe o art. 39 da Lei n. 8.245/91, com a redação dada pela Lei n. 12.112, de 9-12-2009, que, "*salvo disposição contratual em contrário, qualquer das garantias da locação se estende até a efetiva devolução do imóvel, ainda que prorrogada a locação por prazo indeterminado, por força desta Lei*". Por outro lado, a Lei n. 12.112/2009 introduziu, no art. 40 da mencionada Lei do Inquilinato, o inciso X, assegurando ao fiador, depois de prorrogada a locação por prazo indeterminado, o direito de notificar ao locador sua intenção de desonerar-se da obrigação, ficando, neste caso, obrigado ainda por cento e vinte dias após a notificação. O inciso II do referido art. 40 também sofreu alteração para permitir que o proprietário do imóvel exija novo fiador, caso o anterior ingresse no regime de *recuperação judicial*. Pretende-se, com isso, aumentar as garantias do locador e exonerar da obrigação a empresa fiadora que esteja passando por crise econômico-financeira.

Foi acrescentado, ainda, pela Lei n. 12.112/2009, parágrafo único ao art. 40 da Lei n. 8.245/91 para possibilitar ao locador notificar o locatário a apresentar "*nova garantia locatícia no prazo de 30 (trinta) dias*", nos casos especificados nos incisos do aludido dispositivo legal, "*sob pena de desfazimento da locação*".

Constitui contravenção penal a exigência de *pagamento antecipado* do aluguel, salvo a hipótese de *locação para temporada*, ou se a locação não estiver assegurada por qualquer das referidas espécies de garantia, caso em que poderá o locador exigir do locatário o pagamento antecipado, até o sexto dia útil ao mês vincendo (LI, arts. 20, 42 e 43). Não precisa, pois, aguardar o decurso do mês. Em se tratando de locação de temporada, o art. 49 da Lei do Inquilinato estipula que o preço da locação pode ser pago não apenas antecipadamente, como de uma só vez. Já se decidiu que, pela índole da locação, também é possível o aumento mensal do preço[55].

---

pletamento ilícito, em época de escalada inflacionária, o pagamento sem ela. Quem recebe correção monetária não recebe um *plus*, mas apenas o principal da dívida em forma atualizada" (*JTACSP*, 109/372).

54 *JTACSP*, 101/300. "Confirmada a existência de mais de uma modalidade de garantia num mesmo contrato de locação e tendo o locador já recebido o valor caucionado, torna-se irretorquível a conclusão de que o depósito em caução deve prevalecer" (2º TACSP, Ap. 267.949, 3ª Câm., rel. Juiz Melo Júnior).

55 *JTACSP*, 97/321. "Elemento essencial da locação por temporada é o prazo não superior a noventa dias (art. 48, da Lei n. 8.245/91). A celebração sucessiva de contratos de locação 'por temporada', relativa ao mesmo imóvel, sem qualquer intervalo, evidencia tentativa de fraude aos preceitos legais, de ordem

Nas ações de *despejo por falta de pagamento*, o pedido de rescisão da locação poderá ser cumulado com o de *cobrança dos aluguéis* e seus acessórios. Nesta hipótese, citar-se-á o locatário para responder ao pedido de rescisão e o locatário e os fiadores para responderem ao pedido de cobrança, devendo ser apresentado com a inicial cálculo discriminado do valor do débito. O locatário e o fiador poderão evitar a rescisão da locação efetuando, no prazo de quinze dias, contado da citação, o pagamento do débito atualizado, independentemente de cálculo e mediante depósito judicial, incluídos os aluguéis que se vencerem até a data do pagamento, multas, juros, custas e honorários de advogado (LI, art. 62, I e II, com a redação dada pela Lei n. 12.112, de 9-12-2009).

Observa-se que o locatário e o fiador têm o mesmo prazo de quinze dias para evitar a rescisão do contrato. Não mais se pede autorização para pagar, como previa a redação original do inciso II do art. 62 da Lei do Inquilinato, mas, sim, efetua-se o pagamento, no aludido prazo, do débito atualizado, mediante depósito judicial.

Não se admitirá *emenda da mora* se o locatário já houver utilizado essa faculdade nos vinte e quatro meses imediatamente anteriores à propositura da ação. Essa é a redação do parágrafo único do art. 62 da Lei do Inquilinato, introduzido pela referida Lei n. 12.112, de 9-12-2009, e que restringe a possibilidade de purgação da mora. Antes dessa alteração, o locatário somente ficaria inibido de purgá-la se já o tivesse feito por duas vezes, nos doze meses anteriores à propositura da ação de despejo.

A Lei n. 12.112/2009 ampliou a possibilidade de despejo por medida liminar, independentemente de oitiva do locatário. Com efeito, foram acrescidos quatro incisos ao § 1º do art. 59, ou seja, nas ações que tiverem por fundamento exclusivo: "*VI – o disposto no inciso IV do art. 9º, havendo a necessidade de se produzir reparações urgentes no imóvel, determinadas pelo poder público, que não possam ser normalmente executadas com a permanência do locatário, ou, podendo, ele se recuse a consenti-las; VII – o término do prazo notificatório previsto no parágrafo único do art. 40, sem apresentação de nova garantia apta a manter a segurança inaugural do contrato; VIII – o término do prazo da locação não residencial, tendo sido proposta a ação em até 30 (trinta) dias do termo ou do cumprimento de notificação comunicando o intento de retomada; IX – a falta de pagamento de aluguel e acessórios da locação no vencimento, estando o contrato desprovido de qualquer das garantias previstas no art. 37, por não ter sido contratada ou em caso de extinção ou pedido de exoneração dela, independentemente de motivo*".

Para amenizar o rigor do disposto no inciso IX do § 1º do art. 59, supratranscrito, a citada Lei n. 12.112/2009 acrescentou a este dispositivo o § 3º, dispondo que, "*no caso do inciso IX do § 1º deste artigo, poderá o locatário evitar a rescisão da locação e elidir a liminar de desocupação se, dentro dos 15 (quinze) dias concedidos para a desocupação do imóvel e independentemente de cálculo, efetuar depósito judicial que contemple a totalidade dos valores devidos, na forma prevista no inciso II do art. 62*".

Os aluguéis devidos pelo locatário são aqueles vencidos e não pagos até a imissão do locador na posse do imóvel, ainda que este tenha sido anteriormente abandonado. O contrato de locação "somente é rescindido com a efetiva entrega das chaves do imóvel ao locador, ou sua imissão na posse por ato judicial, sendo irrelevante para esse fim a simples desocupa-

---

pública, com o indisfarçável objetivo de o locador, fugindo da locação residencial ordinária, obter o pagamento antecipado do aluguel de três meses e reajustar, trimestralmente, o valor locativo, ao seu exclusivo talante. Prorrogação do contrato por prazo indeterminado e improcedência do pedido de despejo fundado no término do prazo" (TJDF, Ap. 3411694/DF, 2ª T., rel. Des. Edson Smaniotto, j. 8-5-1995).

ção do imóvel, fato que não exonera o locatário da responsabilidade pelo pagamento dos aluguéis e demais encargos contratuais"[56].

Julgada procedente a ação de despejo, o juiz determinará a expedição de *mandado de despejo*, que conterá o prazo de trinta dias para a desocupação voluntária (LI, art. 63, com a redação dada pela Lei n. 12.112/2009). Esse prazo, todavia, poucas vezes será observado, em razão da nova redação conferida à alínea *b* do § 1º do art. 63 pela Lei n. 11.112/2009, pois tanto para os despejos decretados com fundamento no art. 9º como para os decretados no § 2º do art. 46 o prazo para a desocupação voluntária será de apenas quinze dias.

Os prazos e as formalidades para a efetivação do despejo regular-se-ão pelos arts. 63 a 66 da Lei do Inquilinato, inclusive de *hospitais, estabelecimentos de ensino, asilos* etc., cujos prazos variam, conforme a hipótese, de seis meses a um ano. Será recebida somente no *efeito devolutivo* a apelação interposta contra sentença que decretar o despejo (art. 58, V).

A *ação renovatória* dos contratos de locação de imóveis destinados ao uso comercial ou industrial encontra-se regulada nos arts. 71 a 74 da Lei n. 8.245/91, podendo ser ajuizada desde que: a) o contrato a renovar tenha sido celebrado por escrito e com prazo determinado; b) o prazo mínimo do contrato a renovar ou a soma dos prazos ininterruptos dos contratos escritos seja de cinco anos; c) o locatário esteja explorando seu comércio, no mesmo ramo, pelo prazo mínimo e ininterrupto de três anos (art. 51). Somam-se os prazos contratuais. Desse modo, o contrato posterior realizado entre locador e locatário, por prazo inferior a cinco anos, não importa em renúncia ao direito de renovação da locação. Para verificação do prazo de carência, basta somar os prazos dos contratos ininterruptos[57].

A Lei n. 8.245/91 manteve o prazo decadencial para o ajuizamento da ação renovatória. Deve esta ser proposta no interregno de um ano até seis meses anteriores ao final do contrato. Será intempestiva se ajuizada antes ou depois desse prazo que, por ser decadencial, não se suspende nem se interrompe. Por essa razão, tem-se decidido que, se o último dia para ajuizamento da renovatória cair em data em que não há expediente judiciário, deve ela ser proposta até o dia útil imediatamente anterior[58]. Não pode todavia o autor, que ingressou em juízo no prazo, ser prejudicado pelo mau funcionamento da máquina judiciária[59].

O locatário deve apresentar a prova da exploração trienal do mesmo ramo de atividade com a inicial da ação. Esse triênio deve remontar à propositura da ação. Adverte Sílvio Venosa que não se trata da exploração do mesmo ramo de comércio como à primeira vista pode parecer da leitura do inciso III do art. 51 da indigitada lei. Melhor seria, aduz, que a lei mencionasse o mesmo ramo de atividade. Entende a lei que o prazo de três anos é o prazo mínimo para a criação do ponto e da clientela. Exploração por prazo inferior não confere direito à renovação. O próprio locatário, pessoa natural ou jurídica, é quem deve estar na exploração do ramo (escritório de contabilidade, salão de barbeiro, escola profissional etc.), por si ou por seus prepostos, não se admitindo que terceiros, estranhos à relação locatícia, sejam os exploradores do ponto[60].

56 TJMG, Ap. 1.0069.04.012876-6/001-Belo Horizonte, 17ª Câm. Cív., *DJe* 18-5-2006.

57 STJ, REsp 43.669-SP, 5ª T., rel. Min. Edson Vidigal, j. 13-10-1997. "Locação comercial. Renovatória. Prazo de cinco anos. Contratos escritos separados por período de locação verbal. *Accessio temporis*. Inadmissibilidade. A '*accessio temporis*' admitida, expressamente, pelo artigo 51, inciso II, da Lei 8.245/91, não admite interrupção entre um contrato e outro, porque emprega a expressão 'ininterrupto', ou seja, continuidade dos contratos escritos que se somam" (2º TACSP, Ap. 647.218-00/8, 11ª Câm., rel. Juiz Artur Marques, j. 29-7-2002).

58 *JTACSP*, 60/219, 75/195.

59 *RT*, 567/147.

60 *Lei do Inquilinato comentada*, p. 243-244. "Locação comercial. Renovatória. Exploração do mesmo ramo de comércio por três anos (art. 51, III, da Lei 8.245/91). Ampliação do ramo comercial. Não descarac-

Com a nova redação dada ao art. 74 da Lei do Inquilinato pela Lei n. 12.112, de 9-12-2009, não sendo renovada a locação, ou seja, julgada improcedente a demanda renovatória, o juiz determinará a expedição de mandado de despejo, que conterá o prazo de trinta dias para a desocupação voluntária, se houver pedido na contestação. Recorde-se que, na redação original do aludido dispositivo legal, o locatário, em caso de improcedência da ação renovatória, dispunha de mais seis meses para permanecer no imóvel.

Cabe destacar que "a ação renovatória apresenta procedimento especial, com natureza dúplice, permitindo que não só o locatário demandante formule pretensão contra o réu, mas que este formule também pretensão contra o autor"[61].

Em caso de locação de imóvel aparelhado exclusivamente para a hospedagem de cães e casa de apoio foi ajuizada ação de despejo por falta de pagamento, sendo deferido o pedido liminar. Decidiu o *Tribunal de Justiça de São Paulo*: "Diante do disposto na Lei n. 14.010/2020, que dispõe sobre o Regime Jurídico Emergencial e Transitório das relações jurídicas de Direito Privado (*RJET*) no período da pandemia do coronavírus (Covid-19), tratando-se de despejo fundado no inc. IX, do § 1º, do art. 59 da Lei de Locações e da alegação do locatário, de que introduzido benfeitorias necessárias no imóvel, fato que, em tese e nos termos do art. 35 da Lei de Locações, permitiria o exercício do direito de retenção, é prudente a reforma da r. decisão agravada, que deferiu o pedido de despejo liminar. Recurso provido"[62].

8. REAJUSTE DE ALUGUEL NO PERÍODO DA COVID-19

Bem comentaram os juristas Nelson Pietniczka, Beatriz Marina Belon e Yara Letícia Cruz de Oliveira que a pandemia da Covid-19 "tomou gigantescas proporções no setor locatício, na medida em que diversas pessoas tiveram suas rendas afetadas pela crise econômica que o país enfrenta". De um lado – afirmaram – "temos o locatário, que em decorrência do decreto de quarentena pode ter sido diretamente afetado, tendo sua renda drasticamente diminuída ou até mesmo zerada. Lado outro, temos o locador, que pode vir a ter como principal fonte de renda os valores advindos dos contratos de aluguel. Visando a essa situação, se busca equilibrar ambas as partes na resolução do conflito".

Afirmam de início os mencionados doutrinadores que, no diálogo que deve ser estabelecido entre as partes, "deve-se impor o uso da boa-fé, acompanhada de profissionais especializados em negociações para buscar restabelecer um equilíbrio entre as partes que venha a suportar as dificuldades da crise vivida, daí a importância de legislador ter inserido em nosso ordenamento jurídico a previsão da utilização de mediação, *vide* artigos 165 a 175 do Código de Processo Civil". E aduzem que "O amparo jurídico para determinado auxílio se encontra na Lei do Inquilinato em seu artigo 18, o qual afirma que as partes podem definir um novo valor do aluguel, bem como inserir ou modificar cláusulas de reajuste. Tal princípio decorre diretamente da ideia de que o contrato faz lei entre as partes, mas podem estas modificá-las a bom senso, desde que não haja restrições legais e abusividades para tanto. Além disso, o Código Civil, nos artigos 317, 478 e 393, aborda formas de correção e alterações contratuais em situações imprevisíveis e de caso fortuito ou força maior".

---

terização. Admissibilidade. A ampliação da atividade comercial não descaracteriza o requisito da exploração trienal do mesmo ramo de comércio, quando dela resulta apenas um acréscimo à anterior, que persiste com caráter principal e predominante" (2º TACSP, Ap. 517.945, 9ª Câm., rel. Juiz Marcial Hollanda, j. 27-5-1998).

[61] STJ, REsp 1.815.632-MG, 3ª T., rel. Min. Paulo de Tarso Sanseverino, j. 3-5-2022.

[62] TJSP, AgI 2219449-28.2020.8.26.0000, 34ª Câm. Dir. Privado, rel. Des. Gomes Varjão, *DJRSP*, 5-10-2020, p. 2.435.

Na sequência, observam que o "*Tribunal de Justiça de São Paulo*, em um julgado de agravo de instrumento que abordava o tema, definiu que a situação deve ser considerada como um caso fortuito ou de força maior, o que impede que o contrato continue vigorando em seus termos firmados, fazendo com que haja a necessidade de readequação do aluguel, no caso avaliada em 30%" (AI 2099506-17.2020.8.26.000, 36ª Câm. Dir. Priv., rel. Des. Jayme Queiroz Lopes, j. 11-9-2020).

E acrescentam: "De tal maneira, aplicando os princípios contratuais utilizados pela doutrina, é necessário olhar de forma mais cautelosa a revisão contratual, baseada na teoria da imprevisão. Denota-se que, sobre a cláusula *rebus sic stantibus*, sua aplicação independente da previsão expressa no contrato discutido, ao momento em que for demonstrada a excessividade pendendo a uma das partes, afetando o equilíbrio contratual, se tornando exageradamente onerosa. Um dos principais argumentos dos locatários em seus pleitos para a redução do aluguel devido à pandemia foi a aplicação da teoria supracitada. Entretanto, é discutível sua aplicação (...)". "Considerando a possibilidade da revisão dos valores e que estes sejam devidamente diminuídos, o locador teria um desfalque considerável em suas economias, causando um ciclo vicioso de desigualdade contratual entre as partes".

"Em suma" – mencionam –, "é necessário manter-se atento ao disposto na cláusula *rebus sic stantibus* quando ela prevê que apenas uma das partes está catastroficamente afetada, não sendo o caso dos contratos locatícios, pois todos os sujeitos da relação contratual devem arcar com o prejuízo decorrente da pandemia. De um lado, temos o locador, que, não podendo retomar seu imóvel para utilizá-lo, ou mesmo cedê-lo a novos terceiros, tem sua renda diminuída drasticamente. Ao contrário, temos o locatário, que em suposta afetação dos decretos municipais/estaduais/federais, tem sua renda comprometida, resultando na impossibilidade de pagamento do locatício pactuado. Nesse norte, é imprescindível que, antes de qualquer demanda judicial, sejam as partes postas em mediação ou conciliação para, em havendo insucesso, só então levar a questão à esfera judicial. Ao nosso ver, cabe ao magistrado oportunizar as partes e deliberar sobre a questão para, então, não havendo concordância, decidir de acordo com a prova dos autos, nos termos do artigo 371 do Código de Processo Civil".

Por fim, acrescentam que vale lembrar que, "para que seja concedida uma tutela de urgência ou cautelar, nos termos dos artigos 300 e seguintes do Código de Processo Civil, *imprescindível a parte demonstrar o perigo na demora e a probabilidade de seu direito*, sendo essa última obstada, vez que, conforme entendimento expressado acima, possui óbice de sua convalidação, posto que o direito não se deve ater a apenas uma das partes, mas, sim, ao locador e ao locatário, pois com as ações de reajuste, deve-se, repita-se, readequar o equilíbrio contratual em fundamento às provas das partes envolvidas".

Encerrando, afirmam que, portanto, "resta clara a imprudência de uma regra geral ou um entendimento pacificado da aplicação do artigo 478 do Código Civil, forma em que está prevista a teoria no ordenamento jurídico, nos casos de revisão contratual decorrentes da pandemia, visto as peculiaridades dos casos e o perigo iminente de causar algum mal ao outro sujeito do negócio jurídico, podendo acarretar a rescisão contratual e um prejuízo maior à sociedade ou, em outras palavras, um desequilíbrio contratual que torne a manutenção do contrato insustentável tanto para o locatário quanto para o locador"[63].

Em caso em que se alegou a pandemia e se pleiteou liminar de depósito judicial de metade da diferença entre o valor de mercado e o atual, o *Tribunal de Justiça de São Paulo* asseverou que "o desequilíbrio contratual não foi comprovado *a priori* e a situação não apre-

---

63 Nelson Pietniczka Júnior, Beatriz Marina Belon e Yara Letícia Cruz de Oliveira, Reajuste de aluguel em tempos de Covid-19, *Revista Consultor Jurídico*, de 16-1-2021.

sentava perigo de dano imediato. Por ora não há preponderância das alegações e o perigo de dano"[64].

A respeito das benfeitorias, o locatário tem direito de retenção quanto às necessárias, em todos os casos. Com relação às úteis, o locatário só terá direito de retenção se forem autorizadas (art. 570 do CC). É importante verificar o teor da *Súmula 158 do Supremo Tribunal Federal*, segundo a qual: "Salvo estipulação contratual averbada no registro imobiliário, não responde o adquirente pelas benfeitorias do locatário".

Em consonância com a norma jurídica em vigor, o *Superior Tribunal de Justiça editou a Súmula de Jurisprudência 335*, a qual prevê que "nos contratos de locação, é válida a cláusula de renúncia à indenização das benfeitorias e ao direito de retenção". Entretanto, cabe assinalar que, nos termos do *Enunciado n. 433 da V Jornada de Direito Civil*, "a cláusula de renúncia antecipada ao direito de indenização e retenção por benfeitorias necessárias é nula em contrato de locação de imóvel urbano feito nos moldes do contrato de adesão".

Por outro lado, o *Superior Tribunal de Justiça* obtemperou que a cláusula de contrato de locação imobiliária que prevê renúncia à indenização por benfeitorias não pode ser estendida à hipótese de acessão, pois os negócios jurídicos benéficos e a renúncia interpretam-se estritamente nos termos do art. 114 do CC[65].

---

[64] TJSP, AgI 2188284-60.2020.8.26.0000, 32ª Câm. Dir. Privado, rel. Des. Kioitsi Cjicuta, j. 18-9-2020.

[65] STJ, REsp 1.931.087-SP, 3ª T., rel. Min. Marco Aurélio Bellizze, j. 24-10-2023.

Capítulo VI
DO EMPRÉSTIMO

Sumário: 1. Conceito. 2. Espécies.

1. CONCEITO

Empréstimo é o contrato pelo qual uma das partes entrega à outra coisa fungível ou infungível, com a obrigação de restituí-la. Como as necessidades da vida se multiplicam e nem todas as pessoas têm posse que lhes permitam satisfazê-las, é comum se emprestar de amigos, de parentes ou, modernamente, de instituições financeiras, os bens e valores que estes possuem em excesso, com a promessa de restituição.

Em muitos casos, ele representa manifestação de solidariedade humana, especialmente quando gratuito[1]. No mundo dos negócios, despontam os empréstimos onerosos, fornecidos pelos bancos e que fomentam o desenvolvimento e o progresso.

O empréstimo, em qualquer de suas modalidades, pertence à categoria dos contratos que têm por objeto a entrega de uma coisa. Quem a recebe fica obrigado a restituí-la, tal como acontece na locação. Como somente se perfaz com a tradição, é contrato de *natureza real*. Antes dela só haverá uma *promessa de empréstimo*.

2. ESPÉCIES

O Código Civil designa, com o vocábulo *empréstimo*, dois contratos de reconhecida importância: *o comodato e o mútuo*. Têm eles em comum a entrega de uma coisa. Diferenciam-se, todavia, profundamente. O primeiro é empréstimo para uso apenas, e o segundo, para consumo.

No comodato, a restituição será a da própria coisa emprestada, ao passo que no mútuo será de uma coisa equivalente. O primeiro é essencialmente gratuito, enquanto o mútuo tem, na compreensão moderna, em regra, caráter oneroso. Embora possa ser gratuito, raramente se vê, na prática, as pessoas emprestarem coisas fungíveis, máxime dinheiro, sem o correspondente pagamento de juros.

Segundo Silvio Rodrigues, *o comodato é o empréstimo de coisa não fungível, eminentemente gratuito, no qual o comodatário recebe a coisa emprestada para uso, devendo devolver a mesma coisa, ao termo do negócio*. E *o mútuo é o empréstimo de coisa fungível, destinada ao consumo*. Desse modo, "o mutuário, ao receber a coisa, torna-se seu proprietário, podendo destruir-lhe a substância, visto que não precisa devolver o mesmo objeto, mas apenas coisa da mesma espécie, qualidade e quantidade". A circunstância de, no mútuo, "o mutuário tornar-

[1] Serpa Lopes, *Curso de direito civil*, v. IV, p. 312; Cunha Gonçalves, *Dos contratos em especial*, p. 239.

-se proprietário da coisa emprestada transfere-lhe os riscos por sua perda - pois *res perit domino* - fato que não ocorre no campo do comodato"[2]. Neste último, com efeito, não se transferindo o domínio da coisa emprestada ao comodatário, sua perda em decorrência do fortuito e da força maior é suportada pelo comodante.

DO COMODATO

Sumário: 3. Conceito e características. 4. Direitos e obrigações do comodatário. 5. Direitos e obrigações do comodante. 6. Extinção do comodato.

3. CONCEITO E CARACTERÍSTICAS

Segundo dispõe o art. 579 do Código Civil, "*comodato é o empréstimo gratuito de coisas não fungíveis. Perfaz-se com a tradição do objeto*". É, portanto, contrato benéfico, pelo qual uma pessoa entrega a outrem alguma coisa infungível, para que a use graciosamente e, posteriormente, a restitua.

O vocábulo *comodato* tem sua origem na locução latina *commodum datum*, sendo o contrato assim denominado porque a coisa era dada para cômodo e proveito daquele que a recebia. Desde o direito romano o comodato é conhecido como *empréstimo de uso*, distinguindo-se do *mútuo*, que é *empréstimo de consumo*[3].

Como se infere do conceito supramencionado, são três as características essenciais do contrato de comodato: *gratuidade, infungibilidade do objeto e aperfeiçoamento com a tradição deste.*

A *gratuidade* decorre da própria natureza do comodato, pois confundir-se-ia com a locação, se fosse oneroso. Não o desnatura, porém, o fato de o comodatário de um apartamento responsabilizar-se pelo pagamento das despesas condominiais e dos impostos. Se, no entanto, o empréstimo é feito mediante alguma compensação, não existe comodato, mas contrato inominado.

Decidiu o *Tribunal de Justiça de São Paulo*, a propósito, que, embora no caso *sub judice* o contrato de cessão de uso de imóvel rural para plantio de cereais fosse nominado de "comodato", atribuía aos comodatários encargos muito além das simples despesas com a conservação da coisa, como: a) o pagamento de mão de obra e materiais, exceto madeiras, para a construção de benfeitorias; b) formar pasto com capim "colonião ou brachiarão" e fazer açudes; c) ceder gratuitamente maquinários para o comodante usar em suas outras propriedades; d) caminhão para o transporte desses equipamentos; e e) tratoristas para operar os maquinários. Concluiu o aresto ter ficado descaracterizada a gratuidade do comodato, sendo realizado um negócio jurídico atípico[4].

Tem-se admitido hodiernamente, todavia, a coexistência do empréstimo de uso e de encargo imposto ao comodatário, configurando-se, no caso, o *comodato modal*, desde que, naturalmente, o ônus não se transforme em contraprestação. Não desnatura o comodato, por exemplo, o empréstimo de uma casa de campo, impondo-se ao comodatário o encargo de regar as flores do jardim ou cuidar dos pássaros, bem como o empréstimo de bens, com a

---

2 *Direito civil*, v. 3, p. 255-256.

3 Washington de Barros Monteiro, *Curso de direito civil*, v. 5, p. 197; Caio Mário da Silva Pereira, *Instituições de direito civil*, v. III, p. 341.

4 *RT*, 719/176. *V.* ainda: "Comodato. Estipulação de retribuição. Desfiguração. Locação caracterizada" (*JTACSP*, Lex, 157/501).

obrigação de o comodatário revender bens de fabricação do comodante, como sucede com as distribuidoras de derivados de petróleo quando fornecem equipamentos, tais como instalações, bombas, elevadores de veículos etc., desde que o posto de serviços de veículos comercialize unicamente produtos de sua bandeira. A obrigação de revenda exclusiva não representa remuneração ao comodato[5].

Em geral o contrato de comodato tem natureza *intuitu personae*, traduzindo um favorecimento pessoal do comodatário, embora essa circunstância não seja essencial. Trata-se, como ressalta Serpa Lopes, "de um ato jurídico feito em contemplação aos méritos ou à amizade existente entre comodante e comodatário. Por isso é um contrato incedível a terceiros, a menos que o comodante nisto consinta"[6]. A pessoa do comodatário costuma, pois, ter influência na concessão da benesse. Por essa razão, em princípio deve extinguir-se pela morte deste, não se estendendo aos seus sucessores, salvo ratificação do comodante ou se o uso ou serviço para o qual foi outorgado não houver terminado.

O Código Civil português prevê, no art. 1.141º, que o "contrato caduca pela morte do comodatário". O Código Civil argentino nesse ponto é mais completo e preciso, pois estabelece que o comodante deve deixar o comodatário ou seus herdeiros no uso da coisa durante o tempo convencionado ou até que o serviço para o qual se emprestou esteja terminado, aduzindo que essa obrigação cessa a respeito dos herdeiros quando resulta de empréstimo que foi efetuado só em consideração a este ou em que só o comodatário, pela sua profissão, podia usar da coisa emprestada (art. 2.283).

Embora o Código de 2002 não contenha regra idêntica, é de se presumir, pela própria natureza do comodato, a intenção do comodante de beneficiar o comodatário e não seus herdeiros. Estes, no entanto, terão direito de continuar a utilizar a coisa, quando o prazo se determinar pelo uso outorgado, ou seja, até que termine o serviço para o qual se emprestou, como prevê a parte final do art. 581 do aludido diploma. Já se decidiu que "o contrato de comodato é *intuitu personae*, porque o objeto não poderá ser cedido pelo comodatário, sob o mesmo título, a terceiro, por traduzir um favorecimento pessoal"[7] e, ainda, que a "circunstância de o contrato de comodato, por sua própria natureza, revestir-se de caráter *intuitu personae* não induz seja ele vitalício ou perpétuo"[8].

A *infungibilidade* do objeto implica a restituição da mesma coisa recebida em empréstimo. Se fungível ou consumível, haverá mútuo. Mas pode ela ser móvel ou imóvel. A avença pode consistir, também, na fruição de determinado lugar (*commodatum loci*). O comodato de bens fungíveis ou consumíveis só é admitido quando, excepcionalmente, as partes convencionam a infungibilidade de coisas naturalmente fungíveis e consumíveis, como, por exemplo, quando são emprestadas para serem exibidas em uma exposição, devendo ser restituídas as mesmas, ou quando destinadas a ornamentação, como uma cesta de frutas, por exemplo (*comodatum ad pompam vel ostentationem*).

Os bens incorpóreos, suscetíveis de uso e posse, como o direito autoral, a patente de invenção, o nome ou marca comercial, a linha telefônica e outros, também podem ser dados em comodato.

A necessidade da *tradição* para o aperfeiçoamento do comodato torna-o um contrato *real*. Somente com a entrega, e não antes, fica perfeito o contrato. O legislador optou por

---

5 Caio Mário da Silva Pereira, *Instituições de direito civil*, v. III, p. 342; Sílvio Venosa, *Direito civil*, v. III, p. 232; Arnaldo Marmitt, *Comodato*, p. 102.

6 *Curso de direito civil*, v. IV, p. 321.

7 *RT*, 488/116.

8 *JTACSP*, RT, 115/365.

tratá-lo, expressamente, como contrato dessa espécie (CC, art. 579, segunda parte). Portanto, *de iure condito* é contrato real, sendo também assim considerado pela doutrina tradicional. *Desdobra-se a posse em direta e indireta.* Recebendo a coisa, o comodatário passa a exercer a posse direta, permanecendo a indireta com o comodante *(CC, art. 1.197).* Ambos, sendo possuidores, podem invocar a proteção possessória contra terceiro. A jurisprudência já vinha admitindo que cada qual recorresse aos interditos possessórios contra o outro, para defender a sua posse quando se encontrasse por ele ameaçado[9]. Tal possibilidade encontra-se, agora, expressamente prevista no mencionado art. 1.197 do Código Civil.

Na ausência de efetiva entrega, ou seja, quando há apenas *promessa de dar em comodato*, a relação entre as partes rege-se pela disciplina dos contratos preliminares em geral (*pactum de commodando*), não se podendo falar propriamente em comodato. Embora se trate de convenção lícita, é atípica. Todavia, o caráter de gratuidade inviabiliza a execução coativa da promessa de emprestar, porque implicaria a condenação do promitente ao pagamento de multa ou perdas e danos. Por essa razão, o Código Civil argentino, no art. 2.256, nega eficácia à promessa de dar em comodato, excluindo a possibilidade de ação para exigir o seu cumprimento.

O comodato é, também, contrato unilateral, temporário e não solene. É *unilateral* porque, aperfeiçoando-se com a tradição, gera obrigações apenas para o comodatário. A entrega da coisa pelo comodante é condição para a sua formação. Uma vez constituído pela tradição, apenas o comodatário passa a ter obrigações definidas e constantes. Só por exceção o comodante pode assumir obrigações, posteriormente. Alguns autores, em razão dessa possibilidade eventual, enquadram o aludido contrato na subcategoria dos contratos *bilaterais imperfeitos*, que se caracterizam por gerarem normalmente obrigações para um só dos contraentes, mas que, à vista de circunstâncias excepcionais, podem criar obrigações para aquele que originariamente não as tinha[10].

O Código Civil francês menciona algumas obrigações que incumbem ao comodante: a) não pode reclamar a coisa antes do prazo convencionado ou do necessário para o uso que se teve em vista; b) deve reembolsar ao comodatário as despesas extraordinárias e urgentes que este teve de fazer, ainda que por falta de tempo não lhe houvesse prevenido; c) deve ainda indenizar os prejuízos experimentados pelo comodatário, oriundos de defeitos da coisa, se, os conhecendo, deixou de advertir o interessado. Observa-se que essas obrigações surgem de fatos posteriores e acidentais.

Silvio Rodrigues considera, com razão, descabida a afirmação de que o comodato é contrato bilateral imperfeito, porque as mencionadas obrigações "não são peculiares ao comodato, mas a qualquer contrato"[11]. Na mesma linha enfatiza Teresa Ancona Lopez que, "na sistemática do atual Código Civil, é possível afirmar que estas obrigações são decorrentes de qualquer contrato, eis que estão intimamente relacionadas ao princípio da boa-fé que, como se sabe, é um dos princípios informadores deste novo diploma legal (conforme art. 422)"[12].

Ambos aplaudem Carvalho de Mendonça quando este afirma ser "inteiramente infundada a classificação que fazem alguns autores deste contrato entre os *mal denominados sinalagmáticos imperfeitos. Ele é, ao contrário, puramente unilateral. Ao formar-se o vínculo, nenhuma obrigação fica a pesar sobre o comodante. A única que parece resultar do contrato – a de não retirar o objeto antes do tempo convencionado – não é mais do que a obrigação própria*

---

9 *RT*, 654/145, 668/125.

10 Caio Mário da Silva Pereira, *Instituições de direito civil*, v. III, p. 67 e 341; Orlando Gomes, *Contratos*, p. 351.

11 *Direito civil*, v. 3, p. 257.

12 *Comentários ao Código Civil*, v. 7, p. 89.

a todos os contratos de respeitar seu fim precípuo e não obrar com dolo. Querer partir dessa obrigação para negar a unilateralidade do comodato importa em inutilizar a classe inteira dos contratos unilaterais"[13].

O empréstimo é para uso *temporário*. Se for perpétuo, transforma-se em doação. O ajuste pode ser por prazo determinado ou indeterminado. Neste caso, presume-se ser o necessário para o comodatário servir-se da coisa para o fim a que se destinava (CC, art. 581). Assim, por exemplo, o empréstimo de máquinas agrícolas entende-se efetivado para determinada safra, finda a qual devem ser restituídas. Se o comodatário falecer antes disso, não se permite ao comodante reclamar dos herdeiros dele a devolução do objeto emprestado. Por outro lado, se é emprestada uma cadeira de rodas, *verbi gratia*, a um doente em recuperação, e este vem a falecer durante o tratamento, pode o comodante, por haver cessado o motivo determinante do uso concedido, reclamar dos herdeiros a restituição do objeto emprestado.

Celebrado o contrato por prazo determinado, exige-se que seja respeitado. Deve o comodante, com efeito, abster-se de pedir a restituição da coisa emprestada, antes de expirado o prazo convencional ou presumido pelo uso, salvo se demonstrar em juízo a sua necessidade, *urgente e imprevista*, sendo esta reconhecida pelo juiz. Nesta hipótese, poderá ser autorizado a antecipar a sua recuperação, como previsto no art. 581 do Código Civil. Esta regra decorre do caráter benéfico do contrato.

A necessidade imprevista é a que surge depois da celebração da avença e não podia ser vislumbrada antes. Compete ao juiz examinar, em cada caso, a necessidade e a urgência alegadas, negando o pedido quando verificar que foi formulado por mero capricho, havendo abuso de direito por parte do comodante. Será plausível a pretensão deste quando, por exemplo, houver emprestado imóvel residencial a um amigo e vier a ser despejado daquele em que residia, ou tiver o seu veículo furtado, necessitando por isso recuperar o que emprestou a um parente.

No direito romano o proprietário entregava a coisa ao comodatário, mas tinha o direito de exigi-la de volta quando bem lhe aprouvesse, sem a obrigação de respeitar o prazo concedido. Essa modalidade de empréstimo era denominada *precário*. O Código Civil brasileiro não prevê essa figura, nem com ela se confunde o comodato. Neste, o comodante deve aguardar o transcurso do prazo contratual ou do necessário para o uso concedido, para requerer a devolução da coisa.

Como a lei não exige forma especial para validade do contrato de comodato, podendo ser utilizada até a verbal, é contrato *não solene*. A sua existência pode ser comprovada até mesmo por testemunhas, pois são admitidos todos os gêneros de prova. Muitas vezes, no entanto, sua prova só por escrito se poderá fazer eficientemente, especialmente porque há necessidade de distingui-lo da locação, que exige uma retribuição, ou da doação, que dispensa a restituição da coisa. Por isso se costuma dizer que *o comodato não se presume, devendo ser cumpridamente provado por quem o alega, especialmente porque, sendo gratuito, dispensa qualquer contraprestação*[14].

---

[13] *Contratos no direito civil brasileiro*, t. I, p. 147.

Também Roberto de Ruggiero salienta: "É verdade que, ao conceder a coisa para um uso ou por um tempo determinado, o comodante é obrigado a deixar nas mãos da outra parte essa coisa pelo tempo convencionado ou pelo que for necessário para dela se servir para o uso estabelecido, mas isto, mais do que uma obrigação, é uma consequência necessária da própria concessão, que não teria fim sem um razoável intervalo de tempo entre a entrega e a restituição; é o débito do comodatário que não se vence ou não se verifica antes daquele prazo" (*Instituições de direito civil*, v. 3, p. 316).

[14] "Comodato. Contrato. Prova escrita. Inexigibilidade. Prova testemunhal. Admissibilidade" (*JTACSP*, Lex, 144/349).

Os tutores, curadores, e em geral todos os administradores de bens alheios "*não poderão dar em comodato, sem autorização especial, os bens confiados à sua guarda*" (CC, art. 580). Não só o proprietário, mas também os administradores em geral, como inventariantes, testamenteiros e depositários, podem ceder em comodato os bens confiados à sua guarda, desde que autorizados pelo juiz a que estejam sujeitos os bens do incapaz. Denota-se a intenção do legislador em proteger o incapaz, e todos aqueles que não têm a livre administração de seus bens, contra atos lesivos que possam ser eventualmente praticados pelos responsáveis por essa administração[15].

Para figurar em contrato de comodato as partes devem ter *capacidade geral* para contratar. Consistindo apenas em cessão de uso, não se exige que o comodante seja proprietário, como dito anteriormente. Basta que tenha a posse ou por direito lhe pertença o mesmo uso, como sucede com o enfiteuta, o usufrutuário e o usuário, por exemplo, salvo as hipóteses de vedação contratual ou legal, como no caso dos tutores e curadores, há pouco mencionado. Na locação de imóveis, por exemplo, o empréstimo da coisa locada pelo locatário depende de autorização expressa do locador (Lei n. 8.245/91, art. 13).

Sendo o comodato baseado na confiança, é vedada a cessão de uso mediante *subcomodato*, à falta de expressa autorização. *Sem ela, a subcontratação constitui abuso, com desvio de finalidade*[16].

4. DIREITOS E OBRIGAÇÕES DO COMODATÁRIO

Os *direitos* do comodatário concernem ao uso e gozo da coisa emprestada, que não são ilimitados, mas sujeitos a regras disciplinadoras, que formam um feixe de deveres e *obrigações*. Estas consistem, basicamente, em:

a) *Conservar a coisa* – O art. 582 do Código Civil preceitua que o comodatário deve "*conservar, 'como se sua própria fora', a coisa emprestada*", evitando desgastá-la. Não pode alugá-la, nem emprestá-la sem autorização. Da obrigação de conservar a coisa emerge a de responder pelas despesas de conservação ou necessárias, não podendo recobrar do comodante as comuns, "*feitas com o uso e gozo da coisa*", como a alimentação do animal emprestado, por exemplo (art. 584). As despesas extraordinárias devem ser comunicadas ao comodante, para que as faça ou o autorize a fazê-las.

Como possuidor de boa-fé, em princípio deveria o comodatário ter direito à "*indenização das benfeitorias necessárias e úteis*" e à "*retenção*" da coisa, nos termos do art. 1.219 do mesmo diploma, salvo convenção em contrário. Todavia, a esse respeito decidiu o *Superior Tribunal de Justiça*: "Comodato. Benfeitorias. Despesas feitas pelo comodatário que implicaram a mais-valia do bem, sem o consentimento do comodante. Gastos que somente serão indenizáveis se urgentes e necessários, classificando-se como extraordinários. Inteligência do art. 1.245 do CC (*de 1916, correspondente ao art. 584 do CC/2002*)"[17]. Mesmo quando as benfeitorias são realizadas com o consentimento expresso ou tácito do comodante, entende a jurisprudência inexistir o direito à indenização, visto serem elas feitas "para uso e gozo do comodatário, que se utiliza do imóvel a título gratuito"[18].

---

15 "Comodato. Celebração por inventariante. Autorização especial prevista no art. 1.249 do Código Civil (*de 1916, correspondente ao art. 580 do CC/2002*). Ausência. Ato anulável" (*JTACSP*, Lex, 157/501).

16 Orlando Gomes, *Contratos*, p. 352; Sílvio Venosa, *Direito civil*, v. III, p. 226.

17 *RT*, 790/227.

18 *JTACSP*, Lex, 159/483.

V. ainda: "Comodato. Retenção do imóvel por benfeitorias. Inadmissibilidade. Tratando-se de comodato, não cabe a retenção do imóvel por benfeitorias se estas foram feitas para possibilitar o uso e

Essa orientação se aproxima da adotada no Código Civil português, segundo a qual o "comodatário é equiparado, quanto a benfeitorias, ao possuidor de má-fé" (art. 1.138º), não se lhe aplicando, pois, as disposições gerais sobre posse de boa-fé ou má-fé, visto não ser um possuidor em nome próprio, mas sabedor de que não é o proprietário da coisa[19].

Preceitua, ainda, o art. 583 do Código Civil que, em caso de perigo, *preferindo* o comodatário salvar os seus bens, "*abandonando o do comodante, responderá pelo dano ocorrido, ainda que se possa atribuir*" o evento "*a caso fortuito, ou força maior*". Adverte Washington de Barros Monteiro que, se a casa cedida em comodato vem a ser destruída por incêndio, por exemplo, não está o comodatário obrigado a arriscar a própria vida para salvar a coisa emprestada. Em tal conjuntura, aduz, "ocorre caso fortuito ou força maior, que libera o comodatário da obrigação de restituir. Todavia, se o comodatário tem a alternativa de salvar objetos de sua propriedade e a coisa dada em comodato, manda a lei que primeiramente proceda ao salvamento desta. Se ele antepuser, porém, o dos próprios bens, ficará obrigado a ressarcir os prejuízos do comodante", ainda que os seus bens sejam mais valiosos[20].

A obrigação de conservar e manter a coisa traz como consequência a responsabilidade do comodatário pelo dano que lhe advenha. Como não basta um cuidado elementar, devendo dela cuidar com tanta ou maior solicitude do que dos seus próprios bens, responde não apenas por dolo, mas por toda espécie de culpa, mesmo a levíssima; não, porém, pelo que a ela ocorrer em razão do uso normal ou pela ação do tempo, nem pelo fortuito, salvo na hipótese mencionada de preteri-la no salvamento e ainda nas de utilizá-la fora de sua destinação e de estar em mora de restituir[21].

O comodatário é, assim, enquanto a coisa estiver em seu poder, obrigado a vigiar a sua guarda e conservação com a diligência de um bom pater familias[22]. Todas as obrigações mencionadas vinculam "*solidariamente*" os vários comodatários, se tomarem de empréstimo, conjuntamente, a mesma coisa (CC, art. 585).

---

gozo da coisa emprestada" (*RT*, 680/135). "Consoante o art. 1.254 do CC (*de 1916, correspondente ao art. 584 do CC/2002*), o comodatário não poderá jamais recobrar do comodante as despesas feitas com uso e gozo da coisa emprestada. Entretanto, admite-se o recobro, excepcionalmente, quando se tratar de despesas extraordinárias, necessárias e urgentes, sem tempo para que o comodatário faça a devida comunicação ao comodante" (*Adcoas*, 79.736, 1981).

19 Teresa Ancona Lopez, *Comentários ao Código Civil*, v. 7, p. 127, com citação do *Código Civil anotado* dos autores portugueses Fernando Andrade Pires de Lima e João de Matos Antunes Varela.

20 *Curso de direito civil*, v. 5, p. 205-206.

21 Carvalho de Mendonça, *Contratos no direito civil brasileiro*, t. I, p. 151; Caio Mário da Silva Pereira, *Instituições de direito civil*, v. III, p. 345.

"O furto de bem objeto de comodato não caracteriza caso fortuito ou força maior impeditivo da responsabilização do comodatário pelos danos causados ao comodante se há culpa *in vigilando* daquele" (*RT*, 664/120). "Sendo o furto de veículo dado em comodato fato previsível, impõe-se a responsabilidade ao comodatário por perdas e danos, pelo uso, guarda e conservação do bem. O furto de automóvel em ruas da Capital nos dias atuais é fato previsível, o que impunha ao comodatário especial cuidado na sua guarda" (*JTACSP*, Lex, 159/396). "O estacionamento de veículo em via pública, sem vigilância, constitui comportamento culposo. Assim, sendo o furto de veículo emprestado fato previsível e não caso fortuito, impõe-se a responsabilidade indenizatória ao comodatário" (*JTACSP*, Lex, 155/279). "Furto da coisa. Responsabilidade civil descaracterizada. Culpa não imputada ao comodatário. Indenização não devida. Voto vencido" (*RT*, 660/178).

22 Alguns Códigos recorrem à figura do bom e diligente pai de família, na manutenção do que lhe pertence, sendo que o direito romano ia mais longe, pois reclamava as atenções de um que fosse diligentíssimo: "*In rebus commodatis talis diligentia praestanda est qualem quisque diligentissimus pater familias suis rebus adhibet*". O Código de 2002 não faz essa exigência, mas, ao dizer que o comodatário deve dar à coisa o tratamento que dispensa às coisas suas, deixa claro que não basta um cuidado elementar.

Em princípio não se permite ao comodatário fazer seus os frutos da coisa. Todavia, não existe incompatibilidade entre o dever de conservação e a percepção dos frutos, podendo esta ser autorizada, expressa ou tacitamente[23].

b) *Usar a coisa de forma adequada* – O comodatário não pode "*usá-la senão de acordo com o contrato, ou a natureza dela, sob pena de responder por perdas e danos*" (CC, art. 582). Se o contrato não traçar as regras e os limites de sua utilização, serão eles dados pela natureza da coisa[24]. O uso inadequado constitui, também, causa de resolução do contrato. A propósito, preleciona Washington de Barros Monteiro, com suporte na jurisprudência: "Se o contrato diz respeito, por exemplo, a um automóvel emprestado para curtos passeios na cidade, não pode o comodatário empregá-lo em longas viagens pelo interior; se o empréstimo é relativo a um furgão, não pode ser utilizado em transporte de cargas mui pesadas; finalmente, se é para uso próprio, não pode ser cedido ou estendido a terceiros. Se, porventura, durante a utilização indevida, a coisa emprestada se danifica, ou se perde, responde o comodatário pelos prejuízos"[25].

A conduta do comodatário deve obedecer, pois, os ditames do art. 422 do Código Civil, que obriga os contratantes a guardar, não só na conclusão do contrato, como em sua execução, "*os princípios da probidade e boa-fé*", bem como não ofender o art. 187 do aludido diploma, segundo o qual "*também comete ato ilícito o titular de um direito que, ao exercê-lo, excede manifestamente os limites impostos pelo seu fim econômico ou social, pela boa-fé ou pelos bons costumes*". Só poderá, por exemplo, emprestar ou alugar a coisa cedida em comodato mediante prévia autorização do comodante, como já foi dito.

c) *Restituir a coisa* – Deve esta ser restituída no prazo convencionado, ou, não sendo este determinado, findo o necessário ao uso concedido. Assim, se alguém empresta um trator para ser utilizado na colheita, presume-se que o prazo do comodato se estende até o final desta. O comodatário que se negar a restituir a coisa praticará esbulho e estará sujeito à *ação de reintegração de posse*, além de incidir em dupla sanção: responderá pelos riscos da *mora* e terá de pagar *aluguel* arbitrado pelo comodante durante o tempo do atraso (CC, art. 582, segunda parte)[26]. Não cabe, no caso, ação de despejo, por inexistir relação *ex locato* entre as partes. Em regra, o comodatário não responde pelos riscos da coisa. *Mas, se estiver em mora, responde por sua perda ou deterioração, ainda que decorrentes de caso fortuito (art. 399).*

Em decorrência do dever de restituição da coisa, o *Superior Tribunal de Justiça* considerou que, "constituído em mora, sujeita-se o comodatário ao pagamento de aluguel arbitra-

---

[23] Orlando Gomes, *Contratos*, p. 352; Caio Mário da Silva Pereira, *Instituições de direito civil*, v. III, p. 345; Sílvio Venosa, *Direito civil*, v. III, p. 228.

[24] Orlando Gomes, *Contratos*, p. 352.

[25] *Curso de direito civil*, v. 5, p. 204.

[26] "No comodato a termo, a recusa em devolver a coisa emprestada importa em esbulho" (STJ, REsp 11.631-PR, 3ª T., rel. Min. Dias Trindade, *DJU* 16-9-1991). "Comodato. Prazo findo. Recusa em devolver o bem. Esbulho caracterizado. Sujeição ao remédio possessório cabível como ainda ao pagamento de aluguel durante o tempo do atraso da restituição da coisa" (*RT*, 717/193). "Uma vez denunciado o comodato por notificação judicial, com a constituição em mora do comodatário, ao deixar de entregar o bem no prazo assinalado na notificação, deve ressarcir à base do aluguel do imóvel, durante o tempo do atraso na restituição por regular arbitramento" (*RT*, 727/233 e 680/135). "O esbulho se caracteriza a partir do momento em que o ocupante do imóvel se nega a atender ao chamado da denúncia do contrato de comodato, permanecendo no imóvel após notificado. Ao ocupante do imóvel, que se nega a desocupá-lo após a denúncia do comodato, pode ser exigido, a título de indenização, o pagamento de aluguéis relativos ao período, bem como de encargos que recaiam sobre o mesmo, sem prejuízo de outras verbas a que fizer jus" (STJ, REsp 1.437-7-RJ, 4ª T., rel. Min. Sálvio de Figueiredo, *DJU* 2-3-1998).

do unilateralmente pelo comodante, nos termos do art. 582 do CC/02, ainda que a obrigação principal de restituição da coisa seja posteriormente convertida em perdas e danos, devido ao extravio dos bens objeto do contrato. Nessa hipótese, o aluguel é exigível pelo período compreendido entre a constituição do comodatário em mora e o efetivo adimplemento da indenização"[27].

O comodatário incorrerá em mora quando se negar a restituir a coisa emprestada, estando vencido o prazo estabelecido no contrato. Trata-se da mora *ex re*, que se opera de pleno direito, segundo a regra *dies interpellat pro homine* (CC, art. 397)[28]. Se o contrato foi celebrado por prazo indeterminado, ou o foi para uso da coisa durante o tempo necessário, a mora se configurará quando, depois de tê-la usado, for interpelado, judicial ou extrajudicialmente, pelo comodante e se negar a restituí-la (art. 397, parágrafo único). Mesmo não tendo havido notificação prévia, a citação para a ação, segundo a jurisprudência, constituirá em mora o comodatário[29].

Acerca da prévia notificação do comodatário que não restitui o bem findo o prazo estipulado, o *Superior Tribunal de Justiça* manifestou que, "nos contratos de comodato firmados por prazo determinado, mostra-se desnecessária a promoção de notificação prévia – seja extrajudicial ou judicial – do comodatário, pois, logicamente, a mora constituir-se-á de pleno direito na data em que não devolvida a coisa emprestada, conforme estipulado contratualmente. Ao revés, tem-se como essencial a prévia notificação para rescindir o contrato verbal de comodato, quando firmado por prazo indeterminado, pois, somente após o término do prazo previsto na notificação premonitória, a posse exercida pelo comodatário, anteriormente tida como justa, tornar-se-á injusta, de modo a configurar o esbulho possessório"[30].

A expressão *aluguel* vem sendo interpretada como *perdas e danos*, arbitradas pelo comodante, não transformando o contrato em locação. Pode este arbitrar o valor desse aluguel na petição inicial ou no curso da ação possessória. Se for manifestamente excessivo e puder propiciar o enriquecimento ilícito do comodante (CC, art. 884), ou caracterizar abuso de direito (CC, art. 187), deve o juiz reduzi-lo, tendo em vista especialmente o disposto nos arts. 421 e 422 do Código Civil, *que tratam, respectivamente, da função social do contrato e do princípio da boa-fé objetiva*. Como o arbitramento de aluguel tem caráter de penalidade, pode ser-lhe aplicado, analogicamente, o disposto no art. 413 do Código Civil, que impõe ao juiz o dever de reduzir equitativamente a multa se o montante da penalidade for manifestamente excessivo.

Somente por *exceção* pode o comodante exigir a restituição da coisa antes de findo o prazo convencionado ou o necessário à sua utilização: em caso de *necessidade imprevista* e *urgente, reconhecida pelo juiz* (art. 581), como visto no item anterior.

Dada a natureza do contrato de comodato, não há que se falar em aquisição da propriedade por usucapião, ainda que a posse do comodatário decorra de renovação sucessiva do contrato[31].

---

[27] REsp 1.662.045-RS, 3ª T., rel. Min. Nancy Andrighi, *DJe* 14-9-2017.

[28] "O comodato com prazo certo de vigência constitui obrigação a termo, que dispensa qualquer ato do credor para constituir o devedor em mora (mora *ex re)*, nos termos do que dispõe o art. 960 do Código Civil (*de 1916, correspondente ao art. 397 do CC/2002*)" (STJ, REsp 71.172-SP, 4ª T., rel. Min. Sálvio de Figueiredo, *DJU* 21-9-1998).

[29] "É dispensável a prévia interpelação do comodatário, para fins de extinção do comodato por prazo indeterminado, cuja entrega é requerida pelo adquirente do bem. Caso em que o comodatário é constituído em mora pela citação" (STJ, REsp 25.298-SP, 3ª T., rel. Min. Cláudio Santos, *DJU* 16-11-1992).

[30] REsp 1.947.697-SC, 3ª T., rel. Min. Nancy Andrighi, *DJe* 1º-10-2021.

[31] STJ, REsp 1.448.756-DF, 4ª T., rel. Min. Maria Isabel Gallotti, j. 1º-12-2020.

5. DIREITOS E OBRIGAÇÕES DO COMODANTE

A rigor o comodante não tem *obrigações*, pois o comodato, segundo a dicção legal, se perfaz com a tradição do objeto (CC, art. 579). Efetuada esta, restam obrigações somente para o comodatário. Todavia, é possível que obrigações possam surgir, eventualmente.

Tem a doutrina, com efeito, mencionado que o comodante tem a obrigação de reembolsar o comodatário pelas despesas *extraordinárias* e *urgentes* que este fizer na coisa, que importem em gastos que excedam da sua conservação normal e não possam esperar que, avisado, o primeiro as efetue tempestivamente.

Compete também ao comodante indenizar o comodatário dos prejuízos causados por vício oculto da coisa, dos quais tinha conhecimento, e dolosamente não preveniu em tempo o comodatário[32].

Tem o comodante, ainda, a obrigação de receber a coisa em restituição, findo o prazo do comodato. Recusando-se a isso, pode ser constituído em mora, sujeitando-se à ação de consignação em pagamento e arcando com todas as consequências da mora.

Frise-se que as obrigações mencionadas são peculiares a todos os contratos e não permitem, por isso, que se denomine o comodato de contrato bilateral imperfeito, como esclarecido no item n. 3, *retro*.

Os *direitos do comodante* correspondem às obrigações do comodatário. Os principais são: a) exigir do comodatário que conserve a coisa como se fora sua, usando-a apenas de acordo com sua destinação, finalidade e natureza; b) exigir que o comodatário efetue os gastos ordinários para conservação, uso e gozo da coisa emprestada, restituindo-a findo o prazo convencionado ou presumido; c) arbitrar e cobrar aluguel, como penalidade e para satisfação de perdas e danos, em caso de atraso na restituição[33].

No tocante ao aluguel fixado pelo comodante, geralmente quando da notificação, este tem caráter de penalidade, não sendo o caso de se falar em conversão do comodato em locação. Referente à fixação desse *aluguel-pena*, prevê o *Enunciado n. 180 CJF/STJ, aprovado na III Jornada de Direito Civil* que "a regra do parágrafo único do art. 575 do novo CC, que autoriza a limitação pelo juiz do aluguel arbitrado pelo locador, aplica-se também ao aluguel arbitrado pelo comodante, autorizado pelo art. 585, 2ª parte, do novo CC".

6. EXTINÇÃO DO COMODATO

Extingue-se o comodato por diversas formas:

a) Pelo *advento do termo convencionado* ou, não havendo estipulação nesse sentido, pela *utilização da coisa de acordo com a finalidade* para que foi emprestada. Efetivamente, decorrido o prazo do contrato, este se extingue, devendo a coisa ser restituída.

b) Pela *resolução*, por iniciativa do comodante, em caso de descumprimento, pelo comodatário, de suas obrigações, especialmente por usá-la de forma diversa da convencionada ou determinada por sua natureza.

Em caso em que o comodatário abusou da confiança do comodante, passando a usar o imóvel em flagrante dissonância com o propósito da celebração da avença, decidiu o *Superior Tribunal de Justiça* que ocorreu evidente quebra de confiança, *o que atinge a boa-fé do negócio jurídico*, configurando causa apta a fundamentar a resilição unilateral (denúncia) promovida pelo comodante. Frisou a mencionada Corte que "infere-se a regularidade da resilição uni-

---

32 Caio Mário da Silva Pereira, *Instituições de direito civil*, v. III, p. 347.

33 Orlando Gomes, *Contratos*, p. 352; Sílvio Venosa, *Direito civil*, v. III, p. 230.

lateral do comodato operada mediante denúncia notificada extrajudicialmente ao comodatário (art. 473 do Código Civil), pois o desvio da finalidade encartada no ato de liberalidade constitui motivo suficiente para deflagrar seu vencimento antecipado e autorizar a incidência da norma disposta na primeira parte do art. 581 do retrocitado Codex, sobressaindo, assim, a configuração do esbulho em razão da recusa na restituição da posse do bem a ensejar a procedência da ação de reintegração"[34].

c) Por *sentença*, a pedido do comodante, provada a necessidade imprevista e urgente. A benesse só será deferida ao comodante se ele provar o surgimento de *urgente* necessidade, que não podia ser prevista por ocasião do empréstimo (CC, art. 581)[35].

d) Pela *morte do comodatário*, se o contrato foi celebrado *intuitu personae*, pois nesse caso as vantagens dele decorrentes não se transmitem ao herdeiro (p. ex., quando morre o paralítico a quem foi emprestada a cadeira de rodas). Se, no entanto, o empréstimo do trator ao vizinho, por exemplo, foi feito para uso na colheita, a sua morte prematura não obriga os herdeiros a efetuarem a devolução antes do término da aludida tarefa.

e) Pela *resilição unilateral*, nos contratos de duração indeterminada sem destinação ou finalidade específica. Deve o comodante notificar o comodatário, para que efetue a devolução no prazo que lhe for assinado[36]. Se a iniciativa for do comodatário, deverá efetuar a restituição da coisa ou consigná-la judicialmente, se houver recusa do comodante, sem justa causa, em recebê-la (CC, art. 335, II).

f) Pelo *perecimento do objeto* do contrato. Neste caso, o comodatário responderá por perdas e danos se a perda ocorreu por sua culpa. Também será ele responsabilizado, ainda que a perda tenha decorrido do fortuito e da força maior, se, correndo risco o objeto do comodato, antepuser a salvação dos seus, abandonando o do comodante (CC, art. 583), ou se se encontrava em mora de devolver (CC, art. 399), como retromencionado (item n. 4).

DO MÚTUO

Sumário: 7. Conceito. 8. Características. 9. Requisitos subjetivos. 10. Objeto do mútuo. 11. Direitos e obrigações das partes.

7. CONCEITO

O mútuo é o "*empréstimo de coisas fungíveis*", pelo qual o mutuário obriga-se "*a restituir ao mutuante o que dele recebeu em coisa do mesmo gênero, qualidade e quantidade*" (CC, art. 586). Por ele, o mutuante "*transfere o domínio da coisa emprestada ao mutuário*". Por conta deste, que se torna proprietário, "*correm todos os riscos dela desde a tradição*" (art. 587).

A característica fundamental do mútuo é, com efeito, a transferência da propriedade da coisa emprestada, como decorrência natural da impossibilidade de ser restituída na sua individualidade. É, por isso, modalidade de *contrato translativo*[37].

Constitui empréstimo para *consumo*, pois o mutuário não é obrigado a devolver o mesmo bem, do qual se torna dono (pode consumi-lo, aliená-lo, abandoná-lo, p. ex.), mas sim

---

34 STJ, REsp 1.327.627-RS, 4ª T., rel. Min. Luis Felipe Salomão, *DJe* 1º-12-2016.

35 Silvio Rodrigues, *Direito civil*, v. 3, p. 260.

36 "No contrato de comodato por prazo indeterminado, após o transcurso do intervalo suficiente à utilização do bem, é devida a sua restituição, pelo comodatário, bastando para tanto a sua notificação" (STJ, AgInt no REsp 1.641.241-SP, 4ª T., rel. Min. Antonio Carlos Ferreira, *DJe* 3-7-2023).

37 Orlando Gomes, *Contratos*, p. 354.

coisa da mesma espécie. É realmente o empréstimo de coisas que podem ser consumidas por aquele que as recebe. Se o mutuário puder restituir coisa de natureza diversa, ou soma em dinheiro, haverá respectivamente troca ou compra e venda, e não mútuo, salvo, no último caso, se o empréstimo for de dinheiro, que é bem fungível.

A fungibilidade da coisa emprestada é o primeiro requisito do contrato de mútuo. São fungíveis, segundo o art. 85 do Código Civil, "*os móveis que podem substituir-se por outros da mesma espécie, qualidade e quantidade*". "*São consumíveis os bens móveis cujo uso importa destruição imediata da própria substância, sendo também considerados tais os destinados à alienação*" (art. 86). Em geral, as coisas fungíveis se consomem pelo uso. Pode, todavia, uma coisa não consumível pelo uso tornar-se fungível pela sua destinação, ou pela vontade das partes, como o empréstimo que um livreiro faça a outro de alguns exemplares de certa obra, com obrigação de restituir oportunamente igual número. O livro, embora infungível, torna-se, nesse exemplo, um bem fungível, suscetível de mútuo[38].

O mútuo difere do *comodato* porque: a) é empréstimo de consumo (*prêt à consommation*), enquanto o segundo é de uso (*prêt à usage*); b) tem por objeto coisas fungíveis, e este, bens infungíveis; c) o mutuário desobriga-se restituindo coisa da mesma espécie, qualidade e quantidade, mas o comodatário só se exonera restituindo a própria coisa emprestada; d) acarreta a transferência do domínio – o que não ocorre no comodato; e e) permite a alienação da coisa emprestada, ao passo que o comodatário é proibido de transferir a coisa a terceiro.

8. CARACTERÍSTICAS

O mútuo é contrato *real*, porque aperfeiçoa-se com a entrega da coisa emprestada, não bastando o acordo de vontades ou promessa de emprestar. Essa entrega, que no comodato é realizada para simples uso da coisa, excluindo-se qualquer disponibilidade, e que por isso transfere apenas a sua posse natural, tem no mútuo a finalidade de conceder à outra parte a plena disposição, implicando, desta forma, transferência do domínio[39]. A *traditio* é, pois, requisito de constituição da relação contratual, sem a qual há apenas promessa de mutuar (*pactum de mutuo dando*), contrato preliminar que se não confunde com o próprio mútuo.

O mútuo é considerado, tradicionalmente, contrato *gratuito*, embora o empréstimo de dinheiro seja, em regra, oneroso, com estipulação de juros, sendo por isso denominado *mútuo feneratício*. Orlando Gomes afirma que a gratuidade não é da essência do mútuo, mas, sim, de sua natureza[40]. No sistema do Código de 1916, a onerosidade devia ser expressa, ainda que se tratasse de empréstimo de dinheiro. Como, no entanto, o aludido contrato tem por objeto, comumente, dinheiro, que hoje não se costuma emprestar gratuitamente, mas sim mediante a cobrança de juros[41], o Código de 2002, atento a essa evolução, proclamava no art. 591 que, "*destinando-se o mútuo a fins econômicos, presumem-se devidos juros, os quais, sob*

[38] Lomonaco, *Istituzioni di diritto civile*, v. 6, p. 509, apud Washington de Barros Monteiro, *Curso de direito civil*, v. 5, p. 207.

[39] Roberto de Ruggiero, *Instituições de direito civil*, v. 3, p. 318.

[40] *Contratos*, p. 354.

[41] Comenta Silvio Rodrigues que o Código de 1916, tendo em vista concepção tradicional, baseada na ideia de que dinheiro não gera dinheiro – *numus numum non gerat* –, presumiu gratuito o mútuo, aduzindo que tal entendimento, porém, "pertence ao passado e sua superação se explica pela distinção entre *crédito ao consumo* e *crédito à produção*. Enquanto no primeiro talvez se justificasse a restrição, pois quem socorre um necessitado faz ato de caridade, no crédito à produção a ideia de gratuidade é inconcebível. Com efeito, o empresário que toma dinheiro emprestado e o reaplica, obtém ou visa obter um ganho. De modo que se pode dizer, na hipótese, que *numus numum gerat*. Daí a legitimidade da cobrança de interesses" (*Direito civil*, v. 3, p. 266).

pena de redução, não poderão exceder a taxa a que se refere o art. 406, permitida a capitalização anual".

A Lei n. 14.905/2024 conferiu nova redação ao dispositivo transcrito anteriormente, passando a vigorar que "*destinando-se o mútuo a fins econômicos, presumem-se devidos juros*", bem como incluiu o parágrafo único, dispondo que "*se a taxa de juros não for pactuada, aplica-se a taxa legal prevista no art. 406 deste Código*".

A presunção, portanto, nesse caso, é da onerosidade do empréstimo. A finalidade econômica define, portanto, a onerosidade do mútuo. Tem fins econômicos o mútuo que não é feito por simples amizade ou cortesia, mas visando uma contraprestação. Os juros constituem a renda do dinheiro, o proveito auferido do capital emprestado, como o aluguel é a retribuição pelo uso da coisa locada. Têm eles como limite legal a taxa que "*corresponderá à taxa referencial do Sistema Especial de Liquidação e de Custódia (Selic), deduzido o índice de atualização monetária de que trata o parágrafo único do art. 389 deste Código*" (CC, art. 406, § 1º)[42].

A propósito do mútuo oneroso sublinha Washington de Barros Monteiro que, de início, "o mútuo era desinteressado e, pois, inteiramente gratuito; o *foenus* era reprovado e aos juros atribuiu Santo Agostinho, com veemência, a denominação *mammona iniquitatis*. Mas, hoje, reconhecem as leis a validade de sua estipulação, dando origem assim ao chamado *mútuo oneroso*. Ordinariamente, nos dias atuais, os empréstimos só se efetuam mediante pagamento de juros; a prática frequente do empréstimo de dinheiro, a profissão habitual desse negócio em troca dos juros constitui um dos mais importantes aspectos do comércio bancário"[43].

Acerca de as sociedades empresárias de *factoring* poderem pactuar contrato de mútuo feneratício, o *Superior Tribunal de Justiça* compreende que, "embora não constitua instituição financeira, não é vedado à sociedade empresária de *factoring* celebrar contrato de mútuo feneratício, devendo apenas serem respeitadas as regras dessa espécie contratual aplicáveis aos particulares. Nessa hipótese, entretanto, devem ser observados os arts. 586 a 592 do CC/2002, além das disposições gerais, e eventuais juros devidos não podem ultrapassar a taxa de 12% ao ano, permitida apenas a capitalização anual (arts. 591 e 406 do CC/2002; 1º do Decreto nº 22.626/1933; e 161, § 1º, do CTN), sob pena de redução ao limite legal, conservando-se o negócio"[44].

Caracteriza-se o mútuo, ainda, como contrato *unilateral*, porque entregue a coisa emprestada – instante em que se aperfeiçoa – nada mais cabe ao mutuante, recaindo as obrigações somente sobre o mutuário. Assinala Orlando Gomes que a estipulação de juros, hipótese em que o contrato passa a ser oneroso, "não altera a *unilateralidade* do contrato, pois quem se obriga a pagá-los é a mesma parte que nele figura na qualidade de devedor. O mútuo é o único contrato unilateral oneroso, quando feneratício"[45]. Destarte, não se lhe aplicam as regras sobre os contratos sinalagmáticos, como, por exemplo, a *exceptio non adimpleti contractus*.

O mútuo é também contrato *não solene*, por não ser exigida nenhuma formalidade especial para a sua celebração. Todavia, para possibilitar e facilitar a prova de sua existência, deve obedecer a forma escrita, malgrado o art. 442 do Código de Processo Civil proclame que "*a prova testemunhal é sempre admissível, não dispondo a lei de modo diverso*".

---

42 Caio Mário da Silva Pereira, *Instituições de direito civil*, v. III, p. 354.
43 *Curso de direito civil*, v. 5, p. 212.
44 REsp 1.987.016-RS, 3ª T., rel. Min. Nancy Andrighi, *DJe* 13-9-2022.
45 *Contratos*, p. 355.

O mútuo é, por fim, *temporário*, pois será doação se não houver prazo determinado ou determinável e for, assim, perpétuo. A propósito, prescreve o art. 592 do Código Civil que, "*não se tendo convencionado expressamente, o prazo do mútuo será: I – até à próxima colheita, se o mútuo for de produtos agrícolas, assim para o consumo, como para semeaduras; II – de trinta dias, pelo menos, se for de dinheiro; III – do espaço de tempo que declarar o mutuante, se for de qualquer outra coisa fungível*".

9. REQUISITOS SUBJETIVOS

Como o mútuo transfere o domínio, o mutuante deve ser *proprietário* daquilo que empresta e ter *capacidade* para dispor da coisa. O mutuário também há de ser habilitado a obrigar-se.

Dispõe o art. 588 do Código Civil que "*o mútuo feito a pessoa menor, sem prévia autorização daquele sob cuja guarda estiver, não pode ser reavido nem do mutuário, nem de seus fiadores*". A origem da restrição encontra-se nas leis romanas, mais propriamente no *senatusconsulto macedoniano*, como explica WASHINGTON DE BARROS MONTEIRO: "Certo menor, filho do Senador Macedo, premido pelos credores, assassinou o próprio pai a fim de obter recursos para solução de suas dívidas; desse parricídio surgiu mencionado *senatusconsulto*, a que se atribuiu o nome da vítima e cujo princípio logrou sobreviver no direito contemporâneo, figurando em nosso Código Civil de 2002 no citado art. 588"[46].

CARVALHO DE MENDONÇA, por sua vez, depois de se referir à mesma origem histórica da proibição de contratação de mútuo com menores, menciona outra versão, que considera menos aceita pelos intérpretes: a de que a denominação *senatusconsulto macedoniano* se originou no nome do usurário que negociava com a corrupção dos menores[47].

Na realidade, não é somente o empréstimo feito a pessoa menor que não tem validade quando não autorizado pelo seu representante legal, visto que qualquer negócio celebrado por pessoa incapaz exige representação ou assistência, sob pena, respectivamente, de nulidade ou anulabilidade (CC, arts. 166, I, e 171, I).

O art. 589 do atual diploma estabelece, todavia, exceções à regra estabelecida no dispositivo anterior, exceções estas que permitem, nas hipóteses mencionadas, que o mutuante cobre do mutuário ou de seus fiadores o mútuo feito a menor. Dispõe, com efeito, o mencionado art. 589 que "*cessa*" a disposição do artigo antecedente: a) se o representante do menor "*ratificar*" o empréstimo; b) se o menor, estando ausente essa pessoa, se viu obrigado a contrair empréstimo "*para os seus alimentos habituais*"; c) "*se o menor tiver bens ganhos com o seu trabalho*", caso em que a execução do credor "*não lhes poderá ultrapassar as forças*"; d) se o empréstimo "*reverteu em benefício do menor*"; e e) se este "*obteve o empréstimo maliciosamente*".

Na primeira hipótese, se houver posterior *ratificação* da pessoa cuja autorização era necessária, ou do próprio mutuário após a maioridade ou a emancipação, fica suprida a omissão, visto que a ratificação retroage à data do ato. Trata-se de aplicação da regra geral estatuída no art. 176 do Código Civil, segundo a qual o ato será validado, quando a anulabilidade resultar da falta de autorização de terceiro, "*se este a der posteriormente*".

Na segunda hipótese, considera-se haver justa causa para o empréstimo, tendo em vista que os *alimentos* são necessários para a subsistência do menor, uma vez ausente o seu representante legal. Admitindo o reembolso do empréstimo realizado com essa finalidade,

---

46 *Curso de direito civil*, v. 5, p. 210-211.

47 *Contratos no direito civil brasileiro*, t. I, p. 138.

procura a lei evitar que o incapaz se socorra da caridade pública ou fique privado do necessário ao seu sustento. A palavra *alimentos* é empregada em sentido amplo, abrangendo não somente os *naturais* ou *necessários*, destinados à satisfação das necessidades primárias da vida, como também os *civis* ou *côngruos*, que se prestam a manter a condição social do menor e abrangem os gastos com vestuário, educação, assistência médica etc. A expressão *alimentos habituais* afasta a possibilidade de se validar empréstimos supérfluos efetuados pelo menor, que constituam esbanjamento de dinheiro e não satisfação das necessidades retromencionadas.

Também vale o empréstimo, em terceiro lugar, se o menor tiver *bens ganhos com o seu trabalho*, ou seja, se tiver patrimônio próprio, constituído às custas de seu esforço e talento. Presume-se que, por essa circunstância, tem discernimento suficiente para defendê-los. Observa a doutrina que a hipótese lembra o pecúlio *castrense* e *quase castrense* do direito romano, que permitiu, numa fase evoluída, que o menor que tivesse bens adquiridos no serviço militar (pecúlio castrense) e em função pública (pecúlio quase castrense) pudesse efetuar empréstimos validamente, pois os referidos bens responderiam por essas dívidas.

O Código de 2002 aperfeiçoou a redação do art. 1.260 do diploma de 1916, que se referia a bens adquiridos pelo filho em serviço militar, no magistério ou em qualquer outra função pública. Ocorre que essas atividades emancipavam o menor, transformando-o em pessoa capaz. Desse modo, a disposição era considerada ociosa. O atual Código fala apenas em "*bens ganhos com o seu trabalho*", podendo este ser, portanto, de qualquer natureza. Todavia, a regra só se aplica aos casos em que esse trabalho não tenha emancipado o menor, nos termos do art. 5º, V, do aludido diploma, ou seja, desde que, em função da atividade exercida, não tenha economia própria, ou tendo, não haja ainda completado dezesseis anos de idade.

A quarta e a quinta exceções constituem inovações, pois não eram previstas no Código de 1916. O inciso IV do retromencionado art. 589 do Código Civil considera válido o empréstimo "*se reverteu em benefício do menor*". O objetivo é evitar o enriquecimento indevido. A regra constitui especificação do art. 181, previsto na Parte Geral, do seguinte teor: "*Ninguém pode reclamar o que, por uma obrigação anulada, pagou a um incapaz, se não provar que reverteu em proveito dele a importância paga*". Desse modo, como enfatiza Teresa Ancona Lopez, se o empréstimo "reverteu em benefício do menor, deve ele, ou seu fiador, responder por esse empréstimo, saldar o débito em aberto. Esta regra funda-se especificadamente no enriquecimento ilícito por parte do menor e de seu representante, o que é terminantemente vedado por lei (arts. 884 a 886 do CC de 2002)[48].

Finalmente, em quinto lugar, cessa a restrição ao mútuo "*se o menor obteve o empréstimo maliciosamente*". Também aqui se tem uma aplicação prática de norma de caráter genérico, constante do art. 180 do Código Civil, que, prestigiando a boa-fé nos negócios, impede que o menor se beneficie da própria torpeza, dispondo: "*O menor, entre dezesseis e dezoito anos, não pode, para eximir-se de uma obrigação, invocar a sua idade se dolosamente a ocultou quando inquirido pela outra parte, ou se, no ato de obrigar-se, declarou-se maior*". Não se pode favorecer aquele cuja malícia tenha revelado um grau de desenvolvimento que dispensa proteção: *malitia supplet aetatem*.

Pondera Caio Mário que pode ainda acontecer que do empréstimo contraído pelo menor se beneficie diretamente a pessoa que deveria autorizá-lo. Não tolerando o direito "que alguém se locuplete à custa alheia, ao mutuante é lícito reaver o que emprestou, acionando aquele que se aproveitou, e não o menor, cujos bens se põem forros da garantia"[49].

---

[48] *Comentários ao Código Civil*, v. 7, p. 164.

[49] *Instituições de direito civil*, v. III, p. 350.

O art. 1.691 do Código Civil proíbe os pais de contrair, em nome dos filhos menores, "*obrigações que ultrapassem os limites da simples administração, salvo por necessidade ou evidente interesse da prole, mediante prévia autorização do juiz*". A restrição estende-se aos tutores e curadores. Como o mútuo é contrato translativo, uma vez que por ele se transfere o domínio da coisa emprestada (CC, art. 586), aplica-se-lhe o disposto no mencionado art. 1.691.

10. OBJETO DO MÚTUO

O mútuo, como já foi dito, é *empréstimo de consumo* e tem por objeto coisas fungíveis. Mercadorias e títulos podem ser objeto de mútuo, embora tal modalidade de empréstimo não se mostre muito frequente. Na maioria das vezes, o mútuo tem por objeto o dinheiro (*una pro alia moneta solvi potest*).

O Código Civil, na seção concernente ao objeto do pagamento e sua prova, adotou o princípio do *nominalismo* (art. 315), pelo qual se considera como valor da moeda o nominal, atribuído pelo Estado. O devedor de uma quantia em dinheiro libera-se entregando a quantidade de moeda mencionada no contrato ou título da dívida, e em curso no lugar do pagamento, ainda que desvalorizada pela inflação, ou seja, mesmo que tal quantidade não seja suficiente para a compra dos mesmos bens que podiam ser adquiridos quando contraída a obrigação.

Historicamente, permitiu-se o pagamento em moeda estrangeira, mais forte que a nacional, para contornar os efeitos maléficos da desvalorização monetária (CC/1916, art. 947, § 1º) e em ouro e prata. Dispunha, com efeito, o art. 1.258 do Código Civil de 1916 que, no "mútuo em moedas de ouro e prata pode convencionar-se que o pagamento se efetue nas mesmas espécies e quantidades, qualquer que seja ulteriormente a oscilação dos seus valores". Essa situação perdurou somente até 27 de novembro de 1933, quando passou a ser vedado pelo Decreto-Lei n. 23.501, substituído pelo Decreto-Lei n. 857, de 11 de setembro de 1969.

Com o passar do tempo, buscaram os credores outros meios para fugir aos efeitos ruinosos da inflação, dentre eles a adoção da *cláusula de escala móvel*, pela qual o valor da prestação deve variar segundo os índices de custo de vida. Surgiram, assim, os diversos índices de correção monetária, que podiam ser aplicados sem limite temporal, até a edição da Medida Provisória n. 1.106, de 29 de agosto de 1995, que se transformou na Lei n. 10.192/2001, que, pretendendo *desindexar* a economia, declarou "nula de pleno direito qualquer estipulação de reajuste ou correção monetária de periodicidade inferior a um ano" (art. 2º, § 1º).

Estatui o art. 317 do Código Civil: "*Quando, por motivos imprevisíveis, sobrevier desproporção manifesta entre o valor da prestação devida e o do momento de sua execução, poderá o juiz corrigi-lo, a pedido da parte, de modo que assegure, quanto possível, o valor real da prestação*". Acrescenta o art. 318: "*São nulas as convenções de pagamento em ouro ou em moeda estrangeira, bem como para compensar a diferença entre o valor desta e o da moeda nacional, excetuados os casos previstos na legislação especial*".

A Lei n. 9.069, de 29 de junho de 1995, que dispõe sobre o Plano Real, recepcionou o aludido Decreto-Lei n. 857/69, que veda o pagamento em moeda estrangeira, mas estabelece algumas exceções, tais como a permissão de tal estipulação nos contratos referentes a importação e exportação de mercadorias e naqueles em que o credor ou devedor seja pessoa domiciliada no exterior. Mesmo antes da referida lei a jurisprudência permitia estipulações contratuais em moeda estrangeira, efetuando-se, porém, a conversão de seu valor para a moeda nacional, por ocasião do pagamento ou de sua cobrança.

O mútuo oneroso, mediante o pagamento de juros, é responsável pelo desenvolvimento do comércio bancário. Várias modalidades de empréstimo foram incrementadas, como o empréstimo por desconto de títulos à ordem, o contrato de financiamento, a abertura de crédito e a conta-corrente. No contrato de financiamento, a instituição financeira obriga-se a fornecer numerário na medida das necessidades do empreendimento, como construção de edifícios, empreitadas, investimentos industriais e agrícolas etc. Na abertura de crédito o banco compromete-se a efetuar a cobertura de saques do devedor, até um determinado limite preestabelecido[50].

O referido mútuo oneroso de dinheiro, também denominado *mútuo feneratício*, envolve a cobrança de juros e é tratado no art. 591 do atual Código Civil. Dispõe o *Enunciado n. 34 do CJF/STJ, aprovado na I Jornada de Direito Civil*, que, "no novo Código Civil quaisquer contratos de mútuos destinados a fins econômicos presumem-se onerosos (art. 591), ficando a taxa de juros compensatórios limitada ao disposto no art. 406, com capitalização anual".

O Código de Defesa do Consumidor incluiu expressamente as atividades bancárias, financeiras, de crédito e securitárias no conceito de serviço (art. 3º, § 2º). Malgrado a resistência das referidas instituições em se sujeitarem às suas normas, sustentando que nem toda atividade que exercem (empréstimos, financiamentos, poupança etc.) encontra-se sob sua égide, o *Superior Tribunal de Justiça* não vem admitindo qualquer interpretação restritiva ao aludido § 2º do art. 3º, afirmando que a expressão "natureza bancária e financeira e de crédito" nele contida não comporta que se afirme referir-se apenas a determinadas operações de crédito ao consumidor. Os bancos, "como prestadores de serviços especialmente contemplados no mencionado dispositivo, estão submetidos às disposições do Código do Consumidor. A circunstância de o usuário dispor do bem recebido através da operação bancária, transferindo-o a terceiros, em pagamento de outros bens ou serviços, não o descaracteriza como consumidor dos serviços prestados pelo banco"[51].

O Min. José Augusto Delgado, do referido Tribunal, também teve a oportunidade de comentar que a expressão *natureza bancária, financeira e de crédito*, contida no § 2º do art. 3º, não comporta que se afirme referir-se, apenas, a determinadas operações de crédito ao consumidor. Se a vontade do legislador fosse esta – afirmou –, "ele teria explicitamente feito a restrição, que, se existisse, daria ensejo a se analisar da sua ruptura com os ditames da Carta Magna sobre o tema"[52].

Tal orientação veio a se consolidar com a edição da *Súmula 297 do aludido Superior Tribunal de Justiça*, com o seguinte teor: O Código de Defesa do Consumidor é aplicável às instituições financeiras". Idêntica posição assumiu o Supremo Tribunal Federal no julgamento da ADIn 2.591, realizado aos 4 de maio de 2006, proclamando que as instituições financeiras se submetem às regras do Código de Defesa do Consumidor.

Verifica-se, em face do exposto, que o mútuo bancário se rege pelas normas do Código de Defesa do Consumidor. Contudo, a *Súmula 382 do Superior Tribunal de Justiça* informa que "A estipulação de juros remuneratórios superiores a 12% ao ano, por si só, não indica abusividade".

No mesmo sentido caminha a jurisprudência do *Superior Tribunal de Justiça* ao consignar que "em contratos de mútuo bancário, o fato de a taxa de juros remuneratórios ser superior a determinado patamar prefixado – como uma vez e meia, o dobro ou o triplo da taxa média de mercado –, por si só, não configura abusividade"[53].

---

50 Caio Mário da Silva Pereira, *Instituições de direito civil*, v. III, p. 354.

51 REsp 57.974-0-RS, 4ª T., rel. Min. Ruy Rosado de Aguiar Júnior.

52 Interpretação dos contratos regulados pelo Código de Proteção ao Consumidor, *Informativo Jurídico*, Biblioteca Ministro Oscar Saraiva, v. 8, n. 2, p. 109.

53 STJ, REsp 2.015.514-PR, 3ª T., rel. Min. Nancy Andrighi, *DJe* 9-2-2023.

Segundo o *Superior Tribunal de Justiça*, é permitida a cobrança da capitalização dos juros quando houver expressa pactuação entre as partes: "É inegável que a capitalização, seja em periodicidade anual ou ainda com incidência inferior à ânua – cuja necessidade de pactuação, aliás, é firme na jurisprudência desta Casa –, não pode ser cobrada sem que tenham as partes contratantes, de forma prévia e tomando por base os princípios basilares dos contratos em geral, assim acordado, pois a ninguém será dado negar o caráter essencial da vontade como elemento do negócio jurídico, ainda que nos contratos de adesão, uma vez que a ciência prévia dos encargos estipulados decorre da aplicação dos princípios afetos ao dirigismo contratual"[54].

Ao entendimento de que a redação da *Súmula 603*, que vedava ao banco mutuante reter, em qualquer extensão, os salários, vencimentos e/ou proventos de correntista para adimplir o mútuo (comum) contraído, não era adequada e gerava interpretações equivocadas por tribunais inferiores, a 2ª Seção da aludida Corte a cancelou, declarando que "É lícito o desconto em conta-corrente bancária comum, ainda que usada para recebimento de salário, das prestações de contrato de empréstimo bancário livremente pactuado, sem que o correntista, posteriormente, tenha revogado a ordem"[55].

Em se tratando de *mútuo verbal*, por ausência de previsão legal, "aplica-se o prazo geral de prescrição de 10 anos, previsto no art. 205 da mesma codificação material. A pretensão de exigir o adimplemento do contrato verbal de mútuo não se equipara à de ressarcimento por dano contratual, circunstância que impede a aplicação do prazo prescricional de 3 (três) anos dedicado às reparações civis (art. 206, § 3º, inc. V, do Código Civil)"[56].

11. DIREITOS E OBRIGAÇÕES DAS PARTES

Sendo o mútuo contrato *real e unilateral*, que se perfaz com a entrega da coisa emprestada, uma vez efetuada a tradição nada mais cabe ao mutuante, recaindo as obrigações somente sobre o mutuário.

Em princípio, pois, inexistem obrigações para o *mutuante*. Todavia, admite a doutrina a sua responsabilidade pelos prejuízos decorrentes de vícios ou defeitos da coisa, de que tinha conhecimento, e a respeito dos quais não informou o mutuário, malgrado se trate de hipótese rara[57]. Segundo o Código Civil português, o mutuário, *no mútuo gratuito*, não responde pelos vícios ou limitações do direito nem pelos vícios da coisa, "exceto quando se tiver expressamente responsabilizado ou tiver procedido com dolo" (arts. 1.134º e 1.151º). Presume-se, pois, a sua responsabilidade, no mútuo oneroso.

As obrigações do mutuário, pode-se dizer, resumem-se numa só: *restituir*, no prazo convencionado, a mesma quantidade e qualidade de coisas recebidas e, na sua falta, pagar o seu *valor*, tendo em vista o tempo e o lugar em que, segundo a estipulação, se devia fazer a restituição, quando o contrato não tiver dinheiro por objeto. Se a coisa, ao tempo do pagamento, estiver desvalorizada, deve ser restituído o valor que tinha na data do empréstimo, pelo qual ingressou no patrimônio do mutuário[58].

O mutuante tem o direito de exigir "*garantia da restituição, se antes do vencimento o mutuário sofrer notória mudança em sua situação econômica*" (CC, art. 590). A regra constitui

54 STJ, REsp 1.388.972-SC, 2ª S., j. 8-2-2017.

55 STJ, REsp 1.555.722-SP, 2ª S., rel. Min. Lázaro Guimarães (Des. convocado), *DJe* 25-9-2018.

56 STJ, REsp 1.510.619-SP, 3ª T., rel. Min. Villas Bôas Cueva, *DJe* 19-6-2017.

57 Cunha Gonçalves, *Dos contratos em especial*, p. 252, n. 146; Caio Mário da Silva Pereira, *Instituições de direito civil*, v. III, p. 351.

58 Roberto de Ruggiero, *Instituições de direito civil*, v. 3, p. 319; Cunha Gonçalves, *Dos contratos em especial*, p. 252.

aplicação, ao contrato de empréstimo, do princípio destinado aos contratos bilaterais, pelo qual pode uma das partes exigir que a outra dê garantia bastante de satisfazer a prestação que lhe compete, se ocorrer diminuição em seu patrimônio capaz de tornar duvidoso o cumprimento da obrigação (CC, art. 477). Abstendo-se o mutuário de prestar a garantia exigida, pode o mutuante considerar antecipadamente vencida a obrigação, descontando da importância os juros legalmente cabíveis (CC, art. 333, III).

Pode-se dizer que há *notória* mudança na situação econômica do mutuário, como o exige o dispositivo supratranscrito, quando o fato se torna conhecido de todos e, por essa razão, não depende de prova (CPC, art. 374, I), como sucede na hipótese em que vários títulos de sua emissão são protestados, ao mesmo tempo em que várias execuções lhe são movidas.

Capítulo VII
DA PRESTAÇÃO DE SERVIÇOS

1. CONCEITO

Como observado no item n. 1 do capítulo concernente à locação de coisas, os romanos disciplinaram, sob a epígrafe de *locatio conductio*, três espécies de contrato: *locatio conductio rerum* (locação de coisas), *locatio conductio operarum* (locação de serviços) e *locatio conductio operis* (empreitada). O Código Civil brasileiro de 1916 manteve essa unidade conceitual. Sob o título de *Locação*, tratava, em três seções autônomas, da locação de coisas, da locação de serviços e da empreitada.

Essa sistematização é, todavia, como foi dito, repelida pela doutrina e pelos códigos contemporâneos, que disciplinam de forma autônoma os contratos de prestação de serviços, de trabalho, de empreitada, de agência e de aprendizagem, reservando a palavra *locação* para designar unicamente o contrato que se destina a proporcionar a alguém o uso e gozo temporários de uma coisa infungível, mediante contraprestação pecuniária.

Em consequência dos novos rumos, a chamada *locação de serviços* desdobrou-se em duas figuras independentes: *contrato de trabalho*, sujeito às leis de ordem pública, e contrato de *prestação de serviços*, como consta do Código Civil de 2002. No aludido diploma, a *empreitada* também só se refere à construção e, por esse motivo, tal modalidade contratual não se enquadra mais no conceito de locação.

Como assinala Teresa Ancona Lopez, andou bem o legislador ao adotar no atual Código Civil a denominação "prestação de serviço" e não mais "locação de serviços", como era usado para esse tipo de relação jurídica, pois locação, "no mundo contemporâneo, é somente de coisas e, dentro do respeito à dignidade do ser humano, não cabe mais, como na época do período antigo da humanidade, na qual a escravidão era um fato e as pessoas eram coisas, a denominação locação de serviços"[1].

Constitui prestação de serviço "*toda espécie de serviço ou trabalho lícito, material ou imaterial, ... contratada mediante retribuição*" (CC, art. 594)[2]. Hoje, porém, as regras do Código Civil têm caráter residual, aplicando-se somente às relações não regidas pela Conso-

---

1 *Comentários ao Código Civil*, v. 7, p. 189.

2 Segundo Sílvio Venosa, prestação de serviço pode ser conceituada como "o contrato sinalagmático pelo qual uma das partes, denominada prestador, obriga-se a prestar serviços a outra, denominada dono do serviço, mediante remuneração" (*Direito civil*, v. III, p. 187).

lidação das Leis do Trabalho e pelo Código do Consumidor, sem distinguir a espécie de atividade prestada pelo locador ou prestador de serviços, que pode ser profissional liberal ou trabalhador braçal (CC, art. 593).

Embora cresça cada vez mais a importância dos serviços no mundo moderno, o grande universo da prestação de serviço passou para a legislação trabalhista, até mesmo o serviço doméstico e o rural. Os serviços prestados por grandes empresas ao público em geral, como as concessionárias e permissionárias de serviço público, as empresas de telecomunicações em geral, as instituições financeiras e outras, são regidos ou pelo direito público ou por legislação especial. O próprio Código Civil passou a disciplinar, como figuras típicas e nominadas, os contratos de transporte (arts. 730 a 756), de corretagem (arts. 722 a 729), de agência e distribuição (arts. 710 a 721), de comissão (arts. 693 a 709), havendo ainda inúmeros contratos atípicos que têm por objeto a prestação de serviços, como os de hotelaria e de estacionamento de veículos.

Por outro lado, a disciplina das relações de consumo no Código de Defesa do Consumidor veio abarcar as relações sociais e o universo do consumo em massa e dos conglomerados econômicos, tratando da qualidade do produto e *serviços*, bem como da prevenção e reparação de danos causados pelos produtos e *serviços*, partindo da premissa de que o consumidor é a parte vulnerável das relações de consumo. De tal sorte que o capítulo concernente à prestação de serviço, no Código Civil, teve sua importância diminuída, interessando mais ao prestador de menor porte, seja pessoa física ou jurídica, e ao trabalhador autônomo, como os profissionais liberais[3]. O aludido diploma cogita do contrato de prestação de serviço apenas enquanto civil no seu objeto e na disciplina, executado sem habitualidade, com autonomia técnica e sem subordinação.

Na VI *Jornada de Direito Civil. realizada em 2013, aprovou-se o Enunciado n. 541 do CJF/STJ*, do seguinte teor: "O contrato de prestação de serviço pode ser gratuito".

O contrato de prestação de serviços não pode gerar injustiça social ou onerosidade excessiva (eficácia interna da função social, conforme o *Enunciado n. 360 CJF/STJ da IV Jornada de Direito Civil*).

2. NATUREZA JURÍDICA

Dispõe o art. 594 do Código Civil que "*toda a espécie de serviço ou trabalho lícito, material ou imaterial, pode ser contratada mediante retribuição*". Desse modo, seja qual for a sua natureza, qualquer serviço, desde que lícito, pode ser objeto do aludido contrato, não se fazendo distinção entre trabalho braçal ou intelectual.

Trata-se de contrato *bilateral* ou *sinalagmático*, porque gera obrigações para ambos os contratantes. O prestador assume uma obrigação de fazer perante o dono do serviço, que, por sua vez, compromete-se a remunerá-lo pela atividade desenvolvida.

---

3 Teresa Ancona Lopez, *Comentários ao Código Civil*, v. 7, p. 191-192.

"Para os modos de prestação de serviços que não se ajustam ao conceito legal de contrato de trabalho, seja pela inexistência de subordinação, ou falta de continuidade, ou pelo fim da atividade do trabalhador, como no caso de procuração 'ad judicia', aplicam-se as regras da 'locação de serviços'. Tais contratos, em consequência, permanecem civis, por isso que se regulam pelo Direito Comum, embora alguns sejam essencialmente trabalhistas. Quem se obriga a prestar serviços sob esse regime jurídico faz jus a remuneração conhecida pelo nome de honorários. Assim, no caso de revogação sem justa causa do mandato, caracterizadora de ilícito contratual, não prevista a hipótese no contrato, que deve ser o guia para a solução da espécie, o mandante pagará por inteiro os honorários estipulados até o dia da despedida, e por metade de então ao termo previsto no ajuste, conforme determina o art. 1.228 do CC (*de 1916, correspondente ao art. 603 do CC/2002)*" (*RT*, 635/294).

Embora na empreitada também haja prestação de serviços, o Código Civil a disciplina em capítulo próprio. Nela, uma das partes se obriga a realizar determinada obra com seu trabalho, e às vezes também com o fornecimento dos materiais. O empreiteiro trabalha por conta própria, com absoluta independência, assumindo os riscos inerentes à sua atividade, enquanto o prestador de serviços exerce uma atividade para o empregador, mediante remuneração, por conta e risco deste e sob suas ordens. A encomenda de outros tipos de trabalho, como o parecer solicitado a um jurista, por exemplo, é tratada como *prestação de serviço*.

Por trazer benefícios ou vantagens para um e outro contratante, a prestação de serviço é também contrato *oneroso*. A remuneração é paga por aquele que contrata o prestador. Trata-se de um direito do trabalhador, como contraprestação à sua atividade laboral, sendo ajustada normalmente sob a forma de retribuição pecuniária. Nada obsta seja convencionada em outras espécies, sendo comum consistir em fornecimento de morada, alimentos, vestuário, condução etc. Se, todavia, constituir outra prestação de serviços, o contrato será atípico[4]. No direito do trabalho deve ser respeitado o salário mínimo estabelecido pela lei. A prestação de serviços, no Código Civil, embora não adstrita a esse limite, sendo regida pelo princípio da autonomia da vontade, *não pode afastar-se todavia das cláusulas gerais que consagram a função social do contrato e o princípio da boa-fé objetiva* (CC, arts. 421 e 422).

Não se presume a gratuidade na prestação de serviços, malgrado não seja ela incompatível com essa espécie de contrato. No entanto, só valerá se ajustada expressamente e não configurar abuso ou má-fé do outro contratante. Na ausência de estipulação, nem chegando a acordo as partes, "*fixar-se-á por arbitramento a retribuição, segundo o costume do lugar, o tempo de serviço e sua qualidade*" (CC, art. 596). Acrescenta o art. 597 do mesmo diploma que "*a retribuição pagar-se-á depois de prestado o serviço, se, por convenção, ou costume, não houver de ser adiantada, ou paga em prestações*".

A prestação de serviço é também contrato *consensual*, uma vez que se aperfeiçoa mediante o simples acordo de vontades. É, ainda, contrato *não solene*, porque pode ser celebrado verbalmente ou por escrito. Estatui o art. 595 do Código Civil que, "*quando qualquer das partes não souber ler, nem escrever, o instrumento poderá ser assinado a rogo e subscrito por duas testemunhas*". A falta de contrato não é fundamento suficiente para que uma pessoa que realmente se utilizou dos serviços de outrem se negue a efetuar a retribuição pecuniária. Entende-se que o consentimento pode ser implícito, inferido do próprio fato da prestação do serviço[5].

3. DURAÇÃO DO CONTRATO

Para evitar prestações de serviço por tempo demasiado longo, caracterizando verdadeira escravidão, o tempo de duração do contrato é limitado a *quatro anos*, no máximo (*nemo potest locare opus in perpetuum*). Dispõe, com efeito, o art. 598 do Código Civil:

"*A prestação de serviço não se poderá convencionar por mais de quatro anos, embora o contrato tenha por causa o pagamento de dívida de quem o presta, ou se destine à execução de certa e determinada obra. Neste caso, decorridos quatro anos, dar-se-á por findo o contrato, ainda que não concluída a obra*".

Nada obsta a que, findo o quatriênio, novo contrato seja ajustado entre as partes pelo mesmo prazo, pois o que "a lei tem em mira, ao fixar tal limite, foi permitir que, de quatro em quatro anos, no máximo, readquira o prestador plena liberdade de movimentos, podendo

---

[4] Caio Mário da Silva Pereira, *Instituições de direito civil*, v. III, p. 379-380.

[5] Caio Mário da Silva Pereira, *Instituições de direito civil*, v. III, p. 380.

livremente permanecer ou sair"[6]. Não será nula a avença celebrada por prazo superior a quatro anos, podendo o juiz, neste caso, reduzir o excesso ao tempo máximo permitido na lei.

Quando o contrato for celebrado *sem prazo determinado*, e não puder este ser inferido de sua natureza, ou do costume do lugar, admitir-se-á a *resilição unilateral*, por arbítrio de qualquer das partes, mediante aviso prévio (CC, art. 599), que será dado: "*I - com antecedência de oito dias, se o salário se houver fixado por tempo de um mês, ou mais; II - com antecipação de quatro dias, se o salário se tiver ajustado por semana, ou quinzena; III - e de véspera, quando se tenha contratado por menos de sete dias*" (parágrafo único). A inobservância do aviso prévio pode acarretar prejuízo à outra parte, que terá o direito, em consequência, de reclamar perdas e danos. Havendo justa causa, porém, para a resolução do contrato, desnecessário se torna o aviso prévio.

Tem sido criticada pela doutrina a utilização de expressões como "aviso prévio", "salário" e "despedida sem justa causa", próprias da legislação obreira, sendo mais adequadas ao direito civil, respectivamente, "denúncia ou resilição unilateral", "retribuição" e "denúncia imotivada"[7].

Aduz o art. 600 do Código Civil que "*não se conta no prazo do contrato o tempo em que o prestador de serviço, por culpa sua, deixou de servir*". O dispositivo em apreço tem aplicação somente aos casos em que o prestador de serviço se ausenta, por deliberação própria e alheia aos interesses do dono do serviço, mas não àqueles em que não trabalha por motivo de doença, prestação de serviço público obrigatório ou outro motivo relevante. Cumpre ao que contratou o obreiro também remunerá-lo pelo tempo em que não trabalhou por culpa do primeiro.

O art. 602 do atual estatuto civil proíbe, no contrato "*por tempo certo ou por obra determinada*", que o prestador de serviço o denuncie imotivadamente, ausentando-se ou despedindo-se "*antes de preenchido o tempo, ou concluída a obra*". Complementa o parágrafo único que, se o fizer, embora tenha direito à retribuição vencida, "*responderá por perdas e danos*". Dar-se-á o mesmo, "*se despedido por justa causa*". As perdas e danos, no sistema do Código Civil, constituem consectário da infração contratual.

"*Se o prestador de serviço for despedido sem justa causa, a outra parte será obrigada a pagar-lhe por inteiro a retribuição vencida, e por metade a que lhe tocaria de então ao termo legal do contrato*" (CC, art. 603).

4. EXTINÇÃO DO CONTRATO

Segundo dispõe o art. 607 do Código Civil, ocorre o término do contrato de prestação de serviço "*com a morte de qualquer das partes*", bem como "*pelo escoamento do prazo, pela conclusão da obra, pela rescisão do contrato mediante aviso prévio, por inadimplemento de qualquer das partes ou pela impossibilidade de sua continuação, motivada por força maior*".

A inserção da morte de qualquer das partes como causa de extinção da prestação de serviço demonstra o caráter personalíssimo ou *intuitu personae* da avença, insuscetível de transmissão *causa mortis*. Ao contrário do Código de 1916, que considerava terminado o contrato com a morte do prestador de serviço, o novo diploma prevê como causa de extinção a morte de qualquer das partes.

---

6 Washington de Barros Monteiro, *Curso de direito civil*, v. 5, p. 218.

7 Teresa Ancona Lopez, *Comentários ao Código Civil*, v. 7, p. 216-217; Arnoldo Wald, *Obrigações e contratos*, p. 427; Sílvio Venosa, *Direito civil*, v. III, p. 194; Jones Figueirêdo Alves, *Novo Código Civil comentado*, p. 537.

Prescreve o art. 604 do atual diploma que, "*findo o contrato, o prestador de serviço tem direito a exigir da outra parte a declaração de que o contrato está findo*", cabendo-lhe igual direito "*se for despedido sem justa causa, ou se tiver havido motivo justo para deixar o serviço*".

5. DISPOSIÇÕES COMPLEMENTARES

A obrigação de fazer assumida pelo prestador de serviço não pode ser transferida a terceiro, sem a anuência da outra parte, assim como não pode esta, em respeito ao trabalho humano, ceder a outrem os serviços que lhe seriam prestados, pois pode ocorrer de serem piores as exigências do novo contratante[8]. Dispõe, com efeito, o art. 605 do Código Civil:

"*Nem aquele a quem os serviços são prestados, poderá transferir a outrem o direito aos serviços ajustados, nem o prestador de serviços, sem aprazimento da outra parte, dar substituto que os preste*".

Desse modo, o subcontrato ou "terceirização" dos serviços tem de ser autorizado, aplicando-se às diversas hipóteses as regras concernentes às obrigações de fazer previstas no Código Civil (arts. 247 a 249) e no Código de Processo Civil (arts. 497, 499, 500 e 815 a 821).

Estatui o art. 606 do Código Civil:

"*Se o serviço for prestado por quem não possua título de habilitação, ou não satisfaça requisitos outros estabelecidos em lei, não poderá quem os prestou cobrar a retribuição normalmente correspondente ao trabalho executado. Mas se deste resultar benefício para a outra parte, o juiz atribuirá a quem o prestou uma compensação razoável, desde que tenha agido com boa-fé.*

Parágrafo único. Não se aplica a segunda parte deste artigo, quando a proibição da prestação de serviço resultar de lei de ordem pública".

Prevê o dispositivo em apreço a possibilidade de a pessoa não habilitada legalmente a prestar determinado serviço poder cobrar a retribuição, se tiver agido de boa-fé e o trabalho houver beneficiado o outro contratante. Visou o legislador impedir o enriquecimento sem causa por parte de quem se aproveitou do serviço, *procurando prestigiar, como de regra, a boa-fé e a probidade nos negócios em geral.*

A compensação razoável a ser arbitrada pelo juiz poderá beneficiar os que trabalham na economia informal, especialmente corretores de imóveis não credenciados, técnicos não diplomados etc. Deverá representar o justo preço pelo serviço, em atenção à finalidade social do negócio e aos bons costumes. Mas não poderá ser fixada se a proibição do serviço prestado resultar de lei de ordem pública, como sucede no caso dos médicos, advogados e dentistas, por exemplo, dos quais se exige habilitação em curso superior reconhecida pelos órgãos competentes[9].

Observa-se que não poderá o juiz arbitrar retribuição ao prestador de serviço que agiu de má-fé, se esta tiver sido provada pelo outro contraente, nem quando a proibição da prestação de serviço resultar de lei de ordem pública. Na última hipótese, a lei objetiva impedir o exercício ilegal de atividade profissional para a qual a lei obriga o atendimento a determinados requisitos, como um conhecimento técnico e específico, necessário para que não haja risco de vida para as pessoas e de lesão ao seu patrimônio[10].

Prescreve o art. 608 do Código Civil:

---

[8] A transferência e a cessão de jogadores de futebol para outras agremiações são regidas por legislação especial (Lei n. 9.615, de 1998, conhecida como "Lei Pelé"), estando fora do âmbito do direito civil.

[9] Sílvio Venosa, *Direito civil*, v. III, p. 193; Teresa Ancona Lopez, *Comentários ao Código Civil*, v. 7, p. 230-232.

[10] Jones Figueirêdo Alves, *Novo Código Civil comentado*, p. 543.

"Aquele que aliciar pessoas obrigadas em contrato escrito a prestar serviço a outrem pagará a este a importância que ao prestador de serviço, pelo ajuste desfeito, houvesse de caber durante dois anos".

Ocorre o aliciamento de mão de obra quando uma pessoa convence o prestador de serviço a romper o contrato existente, para trabalhar em outro estabelecimento. Exige a lei que o contrato anterior seja *escrito*. Caracteriza-se pela captação de mão de obra alheia, que pode ser intelectual, técnica, científica ou simplesmente braçal[11]. Restringe-se a incidência da norma aos casos em que a prestação de serviço anterior é contratada com caráter de exclusividade, como ocorre frequentemente com técnicos de alta especialização, não se aplicando àqueles em que a atividade do trabalhador consiste precipuamente em atender vários clientes. Aplica-se ela a todo tipo de prestação de serviços, e não apenas aos de natureza agrícola, como constava do art. 1.235 do Código de 1916.

A penalidade prevista no dispositivo transcrito consiste no pagamento de indenização ao contratante anterior, que foi lesado. O *quantum* é prefixado: o pagamento da importância que ao prestador de serviço, pelo ajuste desfeito, caberia durante dois anos. No âmbito penal, o aliciamento é crime tipificado no art. 207 do Código Penal, punido com pena de detenção de 1 (um) a 3 (três) anos, e multa. Pode o fato caracterizar, também, quando a intenção do agente aliciador é prejudicar empresas concorrentes, o crime de concorrência desleal, previsto no art. 195 da Lei de Propriedade Industrial (Lei n. 9.279/96).

Proclama, por fim, o art. 609 do Código Civil:

"A alienação do prédio agrícola, onde a prestação dos serviços se opera, não importa a rescisão do contrato, salvo ao prestador opção entre continuá-lo com o adquirente da propriedade ou com o primitivo contratante".

O dispositivo em apreço tem aplicação somente aos trabalhadores avulsos, que prestam serviços sem vínculo trabalhista. Harmoniza-se com o retrotranscrito art. 605 do mesmo diploma, que não permite a nenhuma das partes transferir seus direitos no contrato sem a anuência do outro contraente. O caráter protetivo da norma é evidente, concedendo ao prestador de serviço o direito potestativo de optar por permanecer trabalhando no imóvel alienado ou acompanhar o antigo proprietário.

Estabelece a *Súmula 363 do Superior Tribunal de Justiça* que "Compete à Justiça estadual processar e julgar a ação de cobrança ajuizada por profissional liberal contra cliente".

---

[11] Teresa Ancona Lopez, *Comentários ao Código Civil*, v. 7, p. 238.

Capítulo VIII
DA EMPREITADA

Sumário: 1. Conceito. 2. Características. 3. Espécies de empreitada. 4. Verificação e recebimento da obra. 5. Responsabilidade do empreiteiro. 6. Responsabilidade do proprietário. 7. Extinção da empreitada.

1. CONCEITO

Empreitada (*locatio operis*) é contrato em que uma das partes (*o empreiteiro*), mediante remuneração a ser paga pelo outro contraente (*o dono da obra*), obriga-se a realizar determinada obra, pessoalmente ou por meio de terceiros, de acordo com as instruções deste e sem relação de subordinação. Constitui, também, uma prestação de serviço (*locatio operarum*), mas de natureza especial. No Código Civil de 2002, o contrato em apreço só se refere à construção e, por esse motivo, não se enquadra mais no conceito de locação de que desfrutava no Código de 1916.

A empreitada distingue-se da *prestação de serviço* pelos seguintes traços: a) o objeto do contrato de prestação de serviço é apenas a atividade do prestador, sendo a remuneração proporcional ao tempo dedicado ao trabalho, enquanto na empreitada o objeto da prestação não é essa atividade, mas a obra em si, permanecendo inalterada a remuneração, qualquer que seja o tempo de trabalho despendido; b) na primeira, a execução do serviço é dirigida e fiscalizada por quem contratou o prestador, a quem este fica diretamente subordinado, ao passo que, na empreitada, a direção compete ao próprio empreiteiro; c) na prestação de serviço o patrão assume os riscos do negócio, mas na empreitada é o empreiteiro que assume os riscos do empreendimento, sem estar subordinado ao dono da obra.

Verifica-se assim que a empreitada, por gerar uma obrigação de resultado, tem por escopo apenas o resultado final, que pode ser a construção de uma obra material ou criação intelectual ou artística, não levando em consideração a atividade do empreiteiro em si, como objeto da relação contratual. Remunera-se o resultado do serviço, pois o empreiteiro se obriga a entregar a obra pronta, por preço previamente estipulado, sem consideração ao tempo nela empregado. Mesmo que haja dispêndio de tempo maior do que o previsto, não terá ele direito a qualquer acréscimo. Da mesma forma, fará jus à remuneração integral, se porventura consumir tempo menor. A direção e fiscalização da obra é feita pelo próprio empreiteiro, que contrata os empregados com total independência e sem vínculo de subordinação[1].

---

[1] Maria Helena Diniz, *Tratado teórico e prático dos contratos*, v. 2, p. 180; Washington de Barros Monteiro, *Curso de direito civil*, v. 5, p. 223.

Ao celebrar o contrato, *o construtor assume uma obrigação de resultado, que só se exaure com a entrega da obra pronta e acabada a contento de quem a encomendou. O seu trabalho deve pautar-se pelas normas técnicas e imposições legais que regem os trabalhos de engenharia e arquitetura. Sendo um técnico, presume-se conhecedor da ciência e arte de construir.*

Embora a empreitada com fornecimento de materiais por parte do empreiteiro se aproxime da *compra e venda*, difere desta porque não visa a uma obrigação de dar, mas à produção de uma obra, que constitui *obligatio faciendi*, sendo fundamental a produção do resultado[2]. Também não se confunde a empreitada com o contrato de *mandato*. Neste, o mandatário se obriga a praticar atos em nome do mandante, por conta deste, enquanto na empreitada o empreiteiro não se vincula à vontade do dono da obra no que tange à execução do serviço.

Em regra, *a construção civil* se insere no âmbito das relações de consumo, sendo então regida pelo Código de Defesa do Consumidor. Com efeito, o art. 3º deste diploma define fornecedor como pessoa física ou jurídica que desenvolva determinados tipos de atividade. Entre as atividades enumeradas, encontra-se expressamente consignada a construção. Da mesma forma, o art. 12, que já trata especificamente da "responsabilidade pelo fato do produto e do serviço", *menciona expressamente o construtor como responsável, nas condições fixadas*. Com isso, percebe-se desde logo que os contratos de construção, em que o fornecedor desenvolva tal atividade, em benefício de pessoa física ou jurídica que utilize seus produtos ou serviços como destinatária final, tipificam-se perfeitamente como relações de consumo. E, certamente, a grande maioria dos contratos de construção integram a categoria dos contratos de consumo.

O atual Código Civil, que é posterior à legislação consumerista, aplica-se aos contratos celebrados entre particulares que não configuram relação de consumo. Tendo sido ressalvada a legislação especial, continua aplicável o Código do Consumidor aos contratos celebrados por construtor que exerce a atividade de venda dos imóveis que constrói, habitual e profissionalmente.

A relação de subsidiariedade permite dizer que a estrutura do contrato, no que concerne, por exemplo, à mora do devedor ou do credor, aos requisitos de validade, aos elementos acidentais (condição, termo e encargo), às regras sobre pagamento, reger-se-á pelo Código Civil. O estatuto consumerista fornecerá, por sua vez, os *elementos especiais* aplicáveis a esse tipo de relação, como, por exemplo, os *atinentes* à responsabilidade objetiva, respondendo o empreiteiro pelo fato do serviço, com excludentes limitadas (CDC, art. 14, § 3º); aos vícios da obra, segundo os arts. 18 a 25 do aludido diploma; às cláusulas abusivas (art. 51); à interpretação das cláusulas contratuais da maneira mais favorável ao consumidor etc.

Quanto à competência para processar e julgar ação ajuizada por empreiteiro contra o contratante de seus serviços, ao julgar conflito de competência, a *Segunda Seção do Superior Tribunal de Justiça* reafirmou a tese de que cabe à Justiça Estadual decidir conflitos oriundos do contrato de empreitada[3], e não à Justiça do Trabalho.

2. CARACTERÍSTICAS

A empreitada é contrato *bilateral* ou *sinalagmático*, pois gera obrigações recíprocas para as partes: a realização e entrega da obra, para o empreiteiro, e o pagamento do preço, para o proprietário.

É *consensual* porque se aperfeiçoa com o acordo de vontades, independentemente de tradição, não exigindo ainda forma especial para a sua validade. A *forma* é livre, em regra.

---

2 Caio Mário da Silva Pereira, *Instituições de direito civil*, v. III, p. 315.

3 STJ, CC 197.329-SP, 2ª Seção, rel. Min. Marco Buzzi, j. 27-9-2023.

É, também, *comutativo*, uma vez que cada parte pode antever os ônus e vantagens dela advindos. Cada parte recebe da outra prestação equivalente à sua, podendo vislumbrar, desde logo, essa equivalência.

É, ainda, *oneroso*, pois ambas as partes obtêm um proveito, ao qual corresponde um sacrifício. A onerosidade é da essência da empreitada, seja em dinheiro, seja em outra espécie, e característica que a distingue da doação.

O contrato de empreitada é cumprido mediante uma série de atos concatenados, necessitando de certo espaço de tempo para a sua conclusão. Sob esse aspecto, pode ser considerado de *trato sucessivo*. Todavia, como tem por objeto a realização de determinada obra, é normalmente contrato de *execução única*, embora não se desnature, como assinala Orlando Gomes, se tem como objeto prestações periódicas, como sucede quando o empreiteiro se obriga a executar a obra por unidades autônomas[4].

3. ESPÉCIES DE EMPREITADA

O empreiteiro de uma obra pode contribuir para ela "*só com seu trabalho*" (empreitada de *mão de obra* ou de *lavor*), ou "*com ele e os materiais*" (empreitada *mista*), consoante dispõe o art. 610 do Código Civil. No primeiro caso, assume ele apenas obrigação de fazer, consistente em executar o serviço, cabendo ao proprietário fornecer materiais; no segundo, obriga-se não só a realizar um trabalho de qualidade (*obligatio in faciendo*), mas também a *dar*, consistente em fornecer os materiais.

Diferentes são os efeitos das aludidas modalidades, especialmente no tocante aos riscos. Em ambas, o critério adotado é o da perda da coisa pelo dono (*res perit domino*). Na primeira, se a coisa perece, antes da entrega e sem culpa do empreiteiro, quem sofre a perda é o dono da obra, por conta de quem correm os riscos. Dispõe, com efeito, o art. 612 do Código Civil que, "*se o empreiteiro só forneceu mão de obra, todos os riscos em que não tiver culpa correrão por conta do dono*". E não havendo, também, "*mora do dono*", o empreiteiro perde a retribuição (repartem-se, assim, os prejuízos, não havendo culpa de qualquer dos contratantes). Entretanto, o empreiteiro fará jus à remuneração, se provar "*que a perda resultou de defeito dos materiais e que em tempo reclamara contra a sua quantidade ou qualidade*" (art. 613).

Na empreitada também de materiais, denominada *mista*, os riscos correm por conta do empreiteiro, "*até o momento da entrega da obra*", salvo se o dono "*estiver em mora de receber*" (CC, art. 611). Neste último caso, os riscos dividem-se entre as duas partes.

Distinguem-se ainda, no diversificado mundo das construções, duas outras espécies: contrato de empreitada propriamente dito e contrato de empreitada sob administração. Denomina-se *construção sob administração*, segundo Hely Lopes Meirelles, o contrato "em que o construtor se encarrega da execução de um projeto, mediante remuneração fixa ou percentual sobre o custo da obra, correndo por conta do proprietário os encargos econômicos do empreendimento"[5]. A obra é impulsionada à medida que o dono oferece os recursos necessários.

Na *empreitada propriamente dita*, diferentemente, o construtor-empreiteiro assume os encargos técnicos da obra e também os riscos econômicos, e ainda custeia a construção por preço fixado de início, que não pode ser reajustado ainda que o material encareça e aumente o salário dos empregados.

Embora o Código Civil não regulamente o contrato de construção por administração, aplicam-se-lhe, subsidiariamente, as regras sobre a empreitada. Os riscos correm por conta

---

4 *Contratos*, p. 334.

5 *Direito de construir*, p. 240.

do dono da obra, a menos que seja provada a culpa do construtor. A Lei n. 4.591/64, que trata dos condomínios em edificação e incorporação imobiliária, prevê a construção pelo regime de administração, também chamado "a preço de custo", no qual será de responsabilidade do proprietário ou adquirente o custo integral da obra, observados os requisitos estabelecidos no art. 58. Malgrado a parte da referida lei concernente ao condomínio em edificação tenha sido absorvida pelo atual Código Civil, que a disciplinou nos arts. 1.331 a 1.358 sob o título "Do Condomínio Edilício", permanece em vigor a atinente às incorporações.

Ainda em atenção ao preço, a empreitada pode ser convencionada a preço fixo ou global e a preço por medida ou por etapas. Na primeira, *a preço fixo* ou *global*, a obra é ajustada por preço invariável, fixado antecipadamente pelas partes e insuscetível de alteração, para mais ou para menos. O preço engloba toda a obra e, por essa razão, é de extrema relevância, para garantia, tanto do proprietário como do empreiteiro, a confecção de um memorial descritivo, especificando detalhadamente os serviços a serem realizados e a qualidade do material a ser utilizado.

Nessa modalidade, que os franceses chamam de *marché a prix* ou *à forfait*, o dono da obra fica protegido de eventuais aumentos no preço dos materiais e da mão de obra, pois o empreiteiro nada mais poderá exigir, se tal fato vier a ocorrer. Do mesmo modo, o dono da obra não poderá reclamar redução do preço ajustado se baixarem os preços dos materiais ou da mão de obra. Não deixa de ser *global* ou *forfaitário* o preço pelo fato de ficar convencionado seu pagamento parceladamente, desde que estipulado em função da totalidade da obra[6].

Na empreitada *a preço por medida* ou *por etapas* a sua fixação é feita de acordo com as fases da construção ou a medida (*marché sur devis*). Tal modalidade atende ao fracionamento da obra, considerando as partes em que ela se divide. O pagamento pode ser convencionado por parte concluída ou por unidade. Não há fixação do preço para a obra como um todo. Pode-se estabelecer o preço de certa medida, como o do metro quadrado de área construída, por exemplo. Desse modo, somente ao final, depois de feita a medição completa, o empreiteiro conhecerá o exato valor de sua remuneração. Esta modalidade proporciona ao proprietário a liberdade de efetuar mudanças no projeto originário, aumentando ou diminuindo os trabalhos inicialmente convencionados[7].

A *subempreitada* pode ser efetivada, se não houver cláusula proibitiva expressa no contrato, ou se, pelas circunstâncias, se verificar não ter a empreitada sido avençada *intuitu personae*. Subempreitada é contrato por meio do qual o empreiteiro transfere a outrem, total ou parcialmente, sua obrigação de realizar uma obra. A interpretação *a contrario sensu* do art. 626 do Código Civil conduz à ilação de que o contrato de empreitada não é, em regra, *intuitu personae*. Pode-se afirmar, assim, que a subempreitada é permitida sempre que o ajuste não tiver sido concretizado em consideração às qualidades pessoais do empreiteiro.

4. VERIFICAÇÃO E RECEBIMENTO DA OBRA

Dispõe o art. 614 do Código Civil que, "*se a obra constar de partes distintas, ou for de natureza das que se determinam por medida, o empreiteiro terá direito a que também se verifique por medida, ou segundo as partes em que se dividir, podendo exigir o pagamento na proporção da obra executada*".

---

6 Cunha Gonçalves, *Dos contratos em especial*, p. 154; Caio Mário da Silva Pereira, *Instituições de direito civil*, v. III, p. 316-317; Teresa Ancona Lopez, *Comentários ao Código Civil*, v. 7, p. 254.

7 Caio Mário da Silva Pereira, *Instituições de direito civil*, v. III, p. 317; Teresa Ancona Lopez, *Comentários ao Código Civil*, v. 7, p. 254-255; Sílvio Venosa, *Direito civil*, v. III, p. 204.

Pode ser convencionada a entrega da obra *por partes* ou só *depois de concluída*. Se o dono a recebe e paga o que lhe foi entregue, presume-se verificado e em ordem, pois segundo o § 1º do supratranscrito art. 614, "*tudo o que se pagou presume-se verificado*". Mas poderá *enjeitá-la*, se o empreiteiro se afastou das instruções recebidas ou das regras técnicas em trabalhos de tal natureza, ou recebê-la com *abatimento no preço*. O empreiteiro responde, assim, pela *perfeição da obra*.

Daí a importância do ato verificatório, pois "recebida a obra como boa e perfeita, nenhuma reclamação poderá ser posteriormente formulada por quem a encomendou, a menos que se trate de vícios ocultos ou redibitórios, que evidentemente não ficarão cobertos pelo simples ato de recebimento"[8].

Proclama, com efeito, o art. 615 do mesmo diploma que, "*concluída a obra de acordo com o ajuste, ou o costume do lugar, o dono é obrigado a recebê-la. Poderá, porém, rejeitá-la, se o empreiteiro se afastou das instruções recebidas e dos planos dados, ou das regras técnicas em trabalhos de tal natureza*". Acrescenta o art. 616 que, "*no caso da segunda parte do artigo antecedente, pode quem encomendou a obra, em vez de enjeitá-la, recebê-la com abatimento no preço*".

Se, concluída a obra, se constata que o empreiteiro a realizou de acordo com a encomenda e, portanto, que o resultado prometido foi alcançado, não pode o dono negar-se a recebê-la e a pagar o preço ajustado. A recusa sem justo motivo dá ensejo à constituição em mora do *accipiens*, com a consignação judicial da coisa e a cobrança da contraprestação ajustada. Pode o dono, todavia, como adverte Washington de Barros Monteiro, com apoio na lição de Clóvis Beviláqua, ter justo motivo para a recusa: "*a*) se o empreiteiro se afastou do plano ou das instruções ministradas; *b*) se, na falta de plano ou de instruções específicas, arredou-se das regras da arte ou do costume do lugar, apresentando obra defeituosa e impeditiva de uso regular; *c*) se empregou materiais de segunda ou de má qualidade; *d*) se não entregou a obra no tempo contratado"[9]. De nada adiantará o empreiteiro alegar que a sua intenção foi obter coisa melhor, pois o credor de coisa certa não pode ser obrigado a receber outra, ainda que mais valiosa (CC, art. 313).

Estatui ainda o § 2º do mencionado art. 614 do Código Civil: "*O que se mediu presume-se verificado se, em trinta dias, a contar da medição, não forem denunciados os vícios ou defeitos pelo dono da obra ou por quem estiver incumbido da sua fiscalização*".

Utiliza-se o Código Civil, como se verifica, da teoria tradicional dos vícios redibitórios. O prazo de um ano para reclamar dos defeitos ocultos só abrange os que não afetem a *segurança e solidez* da obra, pois para estes há o prazo de *cinco anos* do art. 618. Este prazo é de *garantia*. Só se o defeito aparecer dentro nele é que poderá ser ajuizada ação de indenização, de caráter pessoal[10]. "*Decairá do direito*" de ajuizá-la "*o dono da obra que não propuser a ação contra o empreiteiro, nos cento e oitenta dias seguintes ao aparecimento do vício ou defeito*" (art. 618, parágrafo único).

Cita-se que, nos termos do *Enunciado n. 181 da III Jornada de Direito Civil*, "o prazo referido no art. 618, parágrafo único, do Código Civil refere-se unicamente à garantia prevista no *caput*, sem prejuízo de poder o dono da obra, com base no mau cumprimento do contrato de empreitada, demandar perdas e danos".

Reproduz o atual Código, nesse aspecto, disposição constante do Projeto de Código de Obrigações elaborado em 1965 por Caio Mário da Silva Pereira, fixando o prazo de ga-

---

8 Alfredo de Almeida Paiva, *Aspectos do contrato de empreitada*, p. 39.

9 *Curso de direito civil*, v. 5, p. 226.

10 *RT*, 612/73 e 787/218; STJ, REsp 37.556-SP, 3ª T., rel. Min. Eduardo Ribeiro, *DJU* 13-3-1985, e REsp 161.351-SC, 3ª T., rel. Min. Waldemar Zveiter, *DJU* 3-12-1998.

rantia de cinco anos e estabelecendo que a ação deveria ajuizar-se nos cento e oitenta dias (prazo decadencial) que se seguirem ao aparecimento do vício ou defeito.

Ressalte-se que o Código de Defesa do Consumidor considera vícios redibitórios os defeitos ocultos e também os *aparentes*, diferindo apenas no que concerne ao marco inicial do prazo decadencial[11].

5. RESPONSABILIDADE DO EMPREITEIRO

A responsabilidade do empreiteiro pode ser analisada sob os seguintes aspectos: *a*) quanto aos riscos da obra; *b*) quanto à solidez e segurança dos edifícios e outras construções consideráveis; *c*) quanto à perfeição da obra; *d*) quanto à responsabilidade pelo custo dos materiais; e *e*) quanto aos danos causados a terceiros.

No tocante aos *riscos da obra*, se a empreitada é apenas de lavor, todos aqueles em que o empreiteiro não tiver culpa correm "*por conta do dono*" (CC, art. 612). Desse modo, se a coisa perece antes da entrega, sem culpa daquele, quem sofre o prejuízo é o dono da obra. Todavia, o empreiteiro perderá a retribuição, "*se não provar que a perda resultou de defeito dos materiais e que em tempo reclamara contra a sua quantidade ou qualidade*" (art. 613). Se não lograr se desincumbir desse pesado ônus, haverá repartição dos prejuízos, não havendo culpa de qualquer dos contraentes.

No entanto, quando o empreiteiro fornece também os materiais, "*correm por sua conta os riscos até o momento da entrega da obra*" (CC, art. 611), visto que, neste caso, é ele o proprietário da coisa perecida.

Como se observa, nada mais fez a lei do que adotar, nas duas espécies de empreitada, a regra geral segundo a qual a coisa perece para o dono (*res perit domino*). Silvio Rodrigues resume didaticamente as aludidas hipóteses: "a) se a empreitada for unicamente de lavor, o dono da obra sofre o prejuízo pelo seu perecimento e o empreiteiro perde a retribuição; b) se a empreitada for de lavor e materiais, os prejuízos são sofridos pelo empreiteiro, exceto em caso de mora do dono da obra, caso em que este responde pelo prejuízo (art. 611)"[12].

---

11 "Direito civil e do consumidor. Ação de indenização por danos materiais. Promessa de compra e venda de imóvel. Defeitos aparentes da obra. Metragem a menor. Prazo decadencial. Inaplicabilidade. Pretensão indenizatória. Sujeição à prescrição. Prazo decenal. Art. 205 do Código Civil. (...) É de noventa dias o prazo para o consumidor reclamar por vícios aparentes ou de fácil constatação no imóvel por si adquirido, contado a partir da efetiva entrega do bem (art. 26, II e § 1º, do CDC). No referido prazo decadencial, pode o consumidor exigir qualquer das alternativas previstas no art. 20 do CDC, a saber: a re-execução dos serviços, a restituição imediata da quantia paga ou o abatimento proporcional do preço. Cuida-se de verdadeiro direito potestativo do consumidor, cuja tutela se dá mediante as denominadas ações constitutivas, positivas ou negativas. Quando, porém, a pretensão do consumidor é de natureza indenizatória (isto é, de ser ressarcido pelo prejuízo decorrente dos vícios do imóvel) não há incidência do prazo prescricional. A ação, tipicamente indenizatória, sujeita-se a prazo de prescrição. À falta de prazo específico no CDC que regule a pretensão de indenização por inadimplemento contratual, deve incidir o prazo geral decenal previsto no art. 205 do CC/2002, o qual corresponde ao prazo vintenário de que trata a Súmula 194/STJ, aprovada ainda na vigência do Código Civil de 1916 ('Prescreve em vinte anos a ação para obter, do construtor, indenização por defeitos na obra')" (STJ, REsp 1.534.831-DF, 3ª T., rel. p/ acórdão Min. Nancy Andrighi, *DJe* 2-3-2018).

12 *Direito civil*, v. 3, p. 249.

Em caso de desabamento de prédio em construção e em que se discutia a responsabilidade do engenheiro, em empreitada de lavor, assim se pronunciou o Superior Tribunal de Justiça: "Embora somente concorrendo com o serviço, e recebendo do dono da obra os materiais a serem empregados, o engenheiro contratado para elaborar o projeto e fiscalizar a construção é civilmente responsável pelo evento danoso, pois era de seu dever examinar os materiais empregados, tais como os tijolos, e recusá-los se frágeis ou defeituosos. A ocorrência de chuvas excessivas, máxime na região da Serra

No concernente à *responsabilidade do empreiteiro pela solidez e segurança* das construções de grande envergadura, preceitua o art. 618 do Código Civil: "*Nos contratos de empreitada de edifícios ou outras construções consideráveis, o empreiteiro de materiais e execução responderá, durante o prazo irredutível de cinco anos, pela solidez e segurança do trabalho, assim em razão dos materiais, como do solo*". Complementa o parágrafo único: "*Decairá do direito assegurado neste artigo o dono da obra que não propuser a ação contra o empreiteiro, nos cento e oitenta dias seguintes ao aparecimento do vício ou defeito*".

Concluída e entregue a obra, subsiste, pois, a responsabilidade do empreiteiro, *durante cinco anos, pela solidez e segurança da construção*. Esse prazo é de *garantia da obra*, como já foi dito no item anterior. Não é, todavia, a qualquer obra que tal responsabilidade se aplica, mas somente às construções de vulto, ou seja, aos "*edifícios*" e "*construções consideráveis*", conforme as expressões empregadas no mencionado art. 618. Enquanto a palavra "*edifícios*" refere-se às construções destinadas à habitação ou fins semelhantes, a expressão "*construções consideráveis*" é de cunho mais genérico, pois construção abrange a totalidade das obras relacionadas com o progresso, tais como: pontes, metrô, viadutos etc.[13].

Embora cesse a responsabilidade do construtor, no tocante aos vícios referentes à perfeição da obra, com a sua entrega ao proprietário, ela remanesce com relação aos defeitos ligados à garantia e solidez da construção. Recebida a obra, "permanece ela como que em observação por cinco anos, sem admitir interrupção ou suspensão desse prazo, visto que não se trata de lapso prescricional, como já advertimos de início. Trata-se de prazo extintivo da garantia. Se durante este tempo a construção não apresentar vício ou defeito que afete a sua estabilidade ou comprometa a sua estrutura, ficará o construtor exonerado de responsabilidade perante o proprietário e seus sucessores"[14]. Se, no entanto, no curso do aludido prazo quinquenal, surgir algum vício ou defeito, o dono da obra deverá, nos "*cento e oitenta dias*" seguintes ao seu aparecimento, deduzir em juízo a sua pretensão à reparação civil, sob pena de decaimento (CC, art. 618, parágrafo único).

Em se tratando, porém, de empreitada que configure relação de consumo, sendo regida, por essa razão, pela legislação consumerista, *não incidirá a regra do citado parágrafo único do art. 618*. Aplicar-se-á o disposto no art. 27 do Código de Defesa do Consumidor (Lei n. 8.078/90), que prevê prazo prescricional de cinco anos para o exercício da pretensão à reparação de danos, iniciando-se a contagem a partir do conhecimento do dano e de sua autoria, por se tratar de legislação especial de proteção do consumidor[15].

A jurisprudência tem alargado o conceito de solidez e segurança, para considerar uma e outra ameaçadas com o aparecimento de defeitos que, por sua natureza e numa interpretação estrita do citado art. 618, não teriam tal alcance, tais como infiltrações, obstruções na rede de esgotos e outros, o que se justifica perfeitamente pelo progresso e desenvolvimento da indústria da construção civil e pela necessidade de se preservar a incolumidade física e patrimonial das pessoas que possam ser afetadas pelos mencionados vícios e defeitos[16].

---

do Mar, não constitui fato da natureza imprevisível aos construtores de edifícios" (REsp 8.410-SP, 4ª T., rel. Min. Athos Carneiro, *DJU* 9-12-1991, p. 18.036, n. 238).

13 Iolanda Moreira Leite, Responsabilidade civil do construtor, in *Responsabilidade civil*: doutrina e jurisprudência, p. 142.

14 Hely Lopes Meirelles, *Direito de construir*, p. 282.

"Empreiteira contratada para edificação do empreendimento. Incorporador que responde, solidariamente com esta, não só pela conclusão da obra, mas também por sua solidez e segurança perante os condôminos. Inteligência do art. 29 da Lei 4.591/64" (*RT*, 787/218).

15 Caio Mário da Silva Pereira, *Instituições de direito civil*, v. III, p. 323.

16 Carlos Roberto Gonçalves, *Responsabilidade civil*, p. 429.

Os *pequenos defeitos, que não afetam a segurança e a solidez da obra, são considerados vícios redibitórios, que devem ser alegados no prazo decadencial de um ano, contado da entrega efetiva. Se o lesado já estava na posse do imóvel, o prazo é reduzido à metade. Quando o vício, por sua natureza, só puder ser conhecido mais tarde, o prazo contar-se-á do momento em que dele se tiver ciência, até o prazo máximo de um ano (CC, art. 445,* caput *e § 1º).*

A responsabilidade do construtor permanece não só perante o dono da obra como também perante quem o suceda na propriedade, ou adquire direitos reais, de promissário-comprador do imóvel, pois a alienação não pode ser causa de isenção de responsabilidade do construtor, que é de natureza legal. O comprador, assim, pode opor defeitos relativos à solidez e segurança da obra. Se assim não for, o art. 618 do Código Civil se torna letra morta, na hipótese de alienação logo após a entrega[17].

Foi aprovado, na *III Jornada de Direito Civil do Conselho da Justiça Federal, o Enunciado n. 181, com a seguinte redação*: "O prazo referido no art. 618, parágrafo único, do CC refere-se unicamente à garantia prevista no *caput*, sem prejuízo de poder o dono da obra, com base no mau cumprimento do contrato de empreitada, demandar perdas e danos".

A *responsabilidade pela perfeição da obra*, embora não consignada no contrato, é de presumir-se em todo ajuste de construção como encargo ético-profissional do construtor. Isto porque a construção civil é, modernamente, mais que um empreendimento leigo, um processo técnico-artístico de composição e coordenação de materiais e de ordenação de espaços para atender às múltiplas necessidades do homem. Dentro dessa conceituação, o construtor contemporâneo está no dever ético-profissional de empregar em todo trabalho de sua especialidade, além da *peritia artis* dos práticos do passado, a *peritia technica* dos profissionais da atualidade[18].

Fundado nessa responsabilidade é que o Código Civil autoriza o cliente a rejeitar a obra imperfeita ou defeituosa (art. 615) ou a recebê-la com abatimento no preço, se assim lhe convier (art. 616). O Código de Defesa do Consumidor, no entanto, fornece um leque maior de opções ao consumidor, em caso de vícios na obra. Na hipótese de empreitada de lavor, caberá ao consumidor optar entre as possibilidades oferecidas pelos incisos do art. 20 do mesmo Código. Em caso de empreitada mista, far-se-á necessário verificar se o vício vem da qualidade do material, caso em que se terá a aplicação do art. 18, ou se decorre de vícios na prestação de serviços, com a aplicação do mencionado artigo.

O art. 622 do Código de 2002, inovando, regula a responsabilidade do projetista da obra, quando também assume a direção ou fiscalização desta, estatuindo: "*Se a execução da obra for confiada a terceiros, a responsabilidade do autor do projeto respectivo, desde que não assuma a direção ou fiscalização daquela, ficará limitada aos danos resultantes de defeitos previstos no art. 618 e seu parágrafo único*".

Pode a obra, com efeito, ser projetada por uma pessoa e executada por outra. É bastante comum, no entanto, ser projetada e executada pela mesma pessoa. Neste caso, responde o projetista pelos danos que causar ao dono da obra, tanto por defeitos do projeto quanto por omissões na fiscalização da execução do serviço. Quando, no entanto, o projetista limita-se a elaborar o projeto, a sua responsabilidade cinge-se, nos termos do supratranscrito art. 618, à solidez e segurança da obra, no que diga respeito às características do trabalho apresentado[19]. Naturalmente os defeitos devem verificar-se no projeto em si e não na execução da obra. Se

---

[17] *RT*, 621/78, 627/123, 621/76, 567/242.

[18] Hely Lopes Meirelles, *Direito de construir*, p. 290; Carlos Roberto Gonçalves, *Responsabilidade civil*, p. 423.

[19] Caio Mário da Silva Pereira, *Instituições de direito civil*, v. III, p. 326.

o vício de solidez e segurança resulta de falha ou imprecisão do projeto, a responsabilidade é imputada a quem o elaborou. Todavia, se decorre da execução, responsabiliza-se o empreiteiro que a promoveu[20].

No pertinente à *responsabilidade pelo custo dos materiais*, é preciso distinguir: em se tratando de empreitada apenas de mão de obra, compete ela exclusivamente ao dono da obra. Dispõe, todavia, o art. 617 do Código Civil que "*o empreiteiro é obrigado a pagar os materiais que recebeu, se por imperícia ou negligência os inutilizar*". Cuidando-se de empreitada mista, é o empreiteiro de execução e materiais que responde pelo custo destes, não podendo os fornecedores cobrar o seu valor do proprietário, com quem não mantêm vínculo obrigacional.

Por fim, cabe comentar a *responsabilidade do empreiteiro pelos danos causados a terceiros*.

Os danos causados às propriedades vizinhas pela edificação de uma obra, como trincas, rachaduras, recalques e desabamentos, por exemplo, hão de ser ressarcidos por quem lhes deu causa e por quem aufere os proveitos da construção. Conforme assinala Hely Lopes Meirelles, "é necessário que se levem em conta não só as normas civis que a disciplinam, como também as disposições administrativas regulamentadoras do exercício da Engenharia e da Arquitetura (Dec. fed. n. 23.569, de 11-12-1933, e Dec.-Lei fed. n. 8.620, de 10-1-1946), que tacitamente derrogaram algumas disposições do Código Civil" (*de 1916*)[21].

A jurisprudência pátria tem acolhido a responsabilidade solidária do construtor e do proprietário, admitindo, porém, a redução da indenização quando a obra prejudicada concorreu efetivamente para o dano, por insegurança ou ancianidade[22].

Quando se trata de danos causados aos prédios vizinhos, a responsabilidade solidária do proprietário e do construtor decorre da simples nocividade da obra, independentemente da culpa de qualquer deles. Sendo solidária, o que pagar sozinho a indenização terá direito de exigir do outro a sua quota, nos termos dos arts. 283 do Código Civil e 130, III, e 132 do Código de Processo Civil. No entanto, se o dano resultou de culpa do construtor e o proprietário pagou a indenização, assistir-lhe-á direito à ação regressiva contra o construtor culpado, para haver dele o que pagou[23].

A doutrina, em relação aos danos a terceiros, segue, de modo geral, a distinção que faz Hely Lopes Meirelles: se se trata de vizinhos (trincas, rachaduras etc.), haveria solidariedade entre o proprietário e o construtor, e seria independente da culpa de um e de outro. Em relação ao terceiro "não vizinho" (queda de material, desabamento etc.), a responsabilidade é do construtor; o proprietário somente com ele se solidariza se houver confiado a obra a pessoa inabilitada para os trabalhos de engenharia e arquitetura[24].

Assim, "*o dano sofrido por um transeunte durante o período de construção é da responsabilidade do construtor, pois este é quem tem a guarda da coisa e direção dos trabalhos.*

---

[20] Teresa Ancona Lopez, *Comentários ao Código Civil*, v. 7, p. 318.

[21] *Direito de construir*, p. 272.

[22] "Direito de vizinhança. Construção. Danos causados a prédio vizinho. É solidária a obrigação do dono da obra e do engenheiro que a executa pelo ressarcimento dos danos causados pela construção" (STF, *RT*, 376/209, 406/162; *RJTJSP*, 48/61). "Danos aos prédios vizinhos. Desabamento. Responsabilidade solidária dos donos da obra, dos autores do projeto e dos responsáveis pela execução do edifício em construção que desmoronou, causando danos aos prédios vizinhos" (*RT*, 751/305). "Danos ao prédio urbano vizinho. Responsabilidade solidária do proprietário e do construtor que decorre da simples ofensa ao direito de vizinhança, independendo de culpa, certo de que, havendo defeitos preexistentes, a indenização há de se limitar aos danos agravados" (2º TACSP, Ap. 480.278, rel. Vianna Cotrim, j. 26-5-1997).

[23] Mário Moacyr Porto, Responsabilidade civil do construtor, *RT*, 623/11.

[24] *Direito de construir*, p. 295-300.

Idêntica conclusão, se os danos resultam de ruído, poeira, fumaça etc., decorrentes da execução da obra"[25].

6. RESPONSABILIDADE DO PROPRIETÁRIO

A principal obrigação do dono da obra é efetuar o *pagamento do preço*, visto que a empreitada, sendo contrato sinalagmático, gera obrigações para ambos os contratantes. Trata-se de obrigação fundamental, cuja falta pode importar na resolução do contrato, com perdas e danos; na suspensão da execução, mediante a arguição da *exceptio non adimpleti contractus*; na sua cobrança executiva, se o contrato preencher os requisitos de título executivo extrajudicial; ou no direito de retenção[26].

A empreitada, como dito anteriormente (item n. 3, *retro*), pode ser ajustada a *preço fixo* ou *global* (*marché à forfait*) ou por medida ou etapas (*marché sur devis*). O dono da obra é obrigado ao preço ajustado, sem majoração, salvo estipulação em contrário. Nas épocas de inflação elevada costuma-se convencionar a atualização monetária da contraprestação, como forma de proteger o empreiteiro da desvalorização da moeda e instabilidade do preço dos materiais. Sem cláusula de reajustamento, o preço torna-se insuscetível de variação, ainda que o dos salários ou dos materiais aumente. Dispõe, com efeito, o art. 619 do Código Civil:

"*Salvo estipulação em contrário, o empreiteiro que se incumbir de executar uma obra, segundo plano aceito por quem a encomendou, não terá direito a exigir acréscimo no preço, ainda que sejam introduzidas modificações no projeto, a não ser que estas resultem de instruções escritas do dono da obra.*

Parágrafo único. Ainda que não tenha havido autorização escrita, o dono da obra é obrigado a pagar ao empreiteiro os aumentos e acréscimos, segundo o que for arbitrado, se, sempre presente à obra, por continuadas visitas, não podia ignorar o que se estava passando e nunca protestou".

Se as partes não tiverem ajustado o preço e inexistir tarifa preestabelecida, caberá estimá-lo por arbitramento judicial ou extrajudicial, "levados em conta os usos e costumes, bem como outros fatores, de tal forma que a obra seja avaliada como um complexo, e não em razão da unidade de trabalho utilizado"[27].

Apesar de o supratranscrito art. 619 só permitir *reajuste do preço* se convencionado *por escrito*, a jurisprudência[28] o tem admitido, para evitar o enriquecimento ilícito do proprietário, se o trabalho foi executado a pedido verbal seu, ou com seu conhecimento e sem qualquer impugnação. Entende TERESA ANCONA LOPEZ que não deve prosperar a ideia de que o empreiteiro deveria cumprir a avença a qualquer custo, ainda que isso significasse a sua ruína e mesmo que isso inviabilizasse a sua atividade profissional. A lei, aduz, "não pode dar guarida à ruína do empreiteiro, pois o ato de construir gera empregos e tributos, garante o sustento de famílias e é extremamente útil e necessário como atividade empresarial"[29].

Por outro, se "*ocorrer diminuição no preço do material ou da mão de obra superior a um décimo do preço global convencionado, poderá este ser revisto, a pedido do dono da obra, para que se lhe assegure a diferença apurada*" (CC, art. 620). Denota-se *in casu* uma atenuação do

---

25 Mário Moacyr Porto, Responsabilidade civil do construtor, p. 11, n. 5.

26 Caio Mário da Silva Pereira, *Instituições de direito civil*, v. III, p. 320.

27 Trabucchi, *Istituzione*, n. 339, apud Caio Mário da Silva Pereira, *Instituições de direito civil*, v. III, p. 321.

28 "Cláusula *rebus sic stantibus*. Aplicabilidade aos contratos de empreitada. A cláusula só ampara o contratante contra alterações fundamentais, extraordinárias das condições objetivas, em que o contrato se realizou" (STF, RE 56.960-SP, 2ª T., rel. Min. Hermes Lima, *DJU* 8-12-1964).

29 *Comentários ao Código Civil*, v. 7, p. 308.

princípio da obrigatoriedade dos contratos, com aplicação do princípio da onerosidade excessiva à empreitada por preço fixo ou global. É nítida a intenção do legislador de evitar o enriquecimento sem causa do empreiteiro. Na empreitada mista o percentual de 10% pode ser representado pela soma do concernente aos materiais e o atinente à mão de obra.

Compete ao proprietário, ainda, indenizar o empreiteiro pelos serviços e despesas que houver realizado, se, após iniciada a construção, rescindir o contrato sem justa causa, ou der razão a que se resolva, calculando-se a indenização "*em função do que ele teria ganho, se concluída a obra*" (CC, art. 623).

Na empreitada exclusivamente de lavor, deve o dono da obra colocar os materiais no local em que se erige a construção, em condições de serem utilizados.

O empreiteiro pode invocar *direito de retenção* para assegurar o recebimento do preço, se cumpriu todas as obrigações contratuais, como o reconhece a nossa doutrina, malgrado o Código de 2002 tenha silenciado a esse respeito. Reconhecido o direito, pode ele permanecer de posse da coisa, até que seja pago, sem que cometa turbação ou esbulho[30].

Outra obrigação importante do proprietário é a de receber a obra, se estiver "*de acordo com o ajuste ou o costume do lugar*" (CC, art. 615). A entrega pode ser parcial se a obra constar de partes distintas, se assim se ajustou ou se for daquelas que se determinam por medida, como prevê o art. 614 do Código Civil e foi examinado no item 4 *retro* (*Verificação e recebimento da obra*), ao qual nos reportamos.

Como foi dito, o proprietário poderá, porém, rejeitar a obra, "*se o empreiteiro se afastou das instruções recebidas e dos planos dados, ou das regras técnicas em trabalhos de tal natureza*", ou, "*em vez de enjeitá-la, recebê-la com abatimento no preço*" (CC, arts. 615 e 616).

A recusa injustificada do dono da obra em recebê-la configura sua mora, passando a responder por todos os seus efeitos, inclusive pelos decorrentes do seu perecimento fortuito. Ao empreiteiro é assegurado, neste caso, o direito de consignar judicialmente a coisa.

A Segunda Seção do *Superior Tribunal de Justiça* considerou válida a cobrança, pela incorporadora do edifício, dos chamados "juros no pé". São juros de caráter compensatório cobrados antes da entrega das chaves do prédio em construção. Segundo o relator, Ministro Antonio Carlos Ferreira, a exclusão dos juros compensatórios convencionados entre as partes altera o equilíbrio financeiro da operação e a reciprocidade do contrato[31].

Também decidiu a aludida Corte que é abusiva a cláusula de contrato que determina, em caso de atraso da construtora na entrega de imóvel, a restituição das parcelas pagas somente ao término da obra, pois o vendedor pode revender o imóvel a terceiros e auferir vantagem, também, com os valores retidos[32].

Frise-se que o atraso na entrega de imóvel não dá, em regra, direito a dano moral. "O simples inadimplemento contratual não é capaz, por si só, de gerar dano moral indenizável, devendo haver consequências fáticas que repercutam na esfera de dignidade da vítima"[33].

O *Tema 970 do Superior Tribunal de Justiça* fixou a seguinte tese: "A cláusula penal moratória tem a finalidade de indenizar pelo adimplemento tardio da obrigação, e, em regra,

---

30 Washington de Barros Monteiro, *Curso de direito civil*, v. 5, p. 232; Caio Mário da Silva Pereira, *Instituições de direito civil*, v. III, p. 320; Silvio Rodrigues, *Direito civil*, v. 3, p. 253; Eduardo Espínola, *Dos contratos nominados no direito civil brasileiro*, p. 288.

31 STJ, EREsp 670.117, 2ª S., rel. Min. Antonio Carlos Ferreira, disponível em <www.editoramagister.com>, de 18-6-2012.

32 STJ, REsp 877.980-SC, 4ª T., rel. Min. Luis Felipe Salomão, disponível em <www.editoramagister.com>, de 13-8-2010.

33 STJ, REsp 1.536.354, 3ª T., rel. Min. Villas Bôas Cueva, *Revista Consultor Jurídico*, de 16-6-2016.

estabelecida em valor equivalente ao locativo, afasta-se sua cumulação com lucros cessantes". A partir disso, a *Terceira Turma do STJ* entendeu que, "nos termos da jurisprudência desta Corte Superior, é possível a cumulação de cláusula penal moratória com os lucros cessantes, quando a multa contratual não apresenta equivalência com os locativos, como na presente hipótese, sem que tal proceder caracterize afronta ao Tema Repetitivo 970/STJ". Portanto, entendeu-se que, havendo atraso na entrega de imóvel adquirido na planta, e se a cláusula penal moratória do contrato tiver valor inferior ao do aluguel do bem, o consumidor pode cobrar lucros cessantes, sem que precise exigir também a multa contratual[34].

7. EXTINÇÃO DA EMPREITADA

O contrato de empreitada extingue-se por vários modos, quais sejam:

a) Pelo *cumprimento* ou *execução*. É o modo normal de extinção da empreitada, pois toda obrigação se extingue depois de cumprida. Recebida e aceita a obra e efetuado o pagamento do preço, consideram-se cumpridas as obrigações emergentes do aludido contrato.

b) Pela *morte do empreiteiro*, se o contrato foi celebrado *intuitu personae*. Não o tendo sido, as obrigações por ele assumidas transmitem-se aos sucessores. Certas empreitadas, por sua natureza, geram obrigações personalíssimas, como a confecção de uma obra artística ou um projeto e execução de uma grande e moderna incorporação imobiliária, por exemplo. Estas se extinguem com a morte do empreiteiro, uma vez que a sua contratação se deu em razão das qualidades artísticas e técnicas do seu trabalho.

c) Pela *resilição bilateral*, mediante o exercício da autonomia da vontade.

d) Pela *resolução*, se um dos contraentes deixar de cumprir qualquer das obrigações contraídas. Não pode o dono da obra, por exemplo, efetuar alterações de vulto, que possam acarretar dificuldades para o empreiteiro. Se tal ocorrer, poderá este pleitear a resolução da avença, ainda que aquele se disponha a arcar com o aumento do preço. Todo inadimplemento se presume culposo, acarretando a responsabilidade pelo ressarcimento das perdas e danos (CC, art. 389).

e) Pela *resilição unilateral* por parte do dono da obra, no curso de sua execução, pagando ao empreiteiro as despesas com materiais e mão de obra já efetuadas, "*mais indenização razoável, calculada em função do que ele teria ganho, se concluída a obra*" (CC, art. 623).

f) Pela *excessiva onerosidade* superveniente da obra, em virtude da ocorrência de fatos extraordinários e imprevisíveis, ensejadores de "alterações fundamentais, extraordinárias das condições objetivas, em que o contrato se realizou"[35].

g) Pelo *perecimento da coisa*, por força maior ou caso fortuito, aplicando-se nessa hipótese as regras concernentes ao risco.

h) Pela *falência do empreiteiro* ou *insolvência do proprietário*. Prevê o art. 117 da nova lei falimentar a notificação do síndico, para que declare se cumprirá ou não o contrato[36].

É possível, ainda, verificar a extinção do contrato de empreitada fundada na culpa concorrente do empreiteiro e do dono da obra, situação na qual ambos deverão arcar com as perdas e danos a que derem causa[37].

---

34 REsp 2.025.166-RS, 3ª T., rel. Min. Ricardo Villas Bôas Cueva, j. 13-12-2022.

35 STF, RE 56.960-SP, 2ª T., rel. Min. Hermes Lima, *DJU* 8-12-1964.

36 Caio Mário da Silva Pereira, *Instituições de direito civil*, v. III, p. 325-326; Orlando Gomes, *Contratos*, p. 337-338; Eduardo Espínola, *Dos contratos nominados no direito civil brasileiro*, p. 288-289.

37 TJMG, Ap. 1.0000.22.294589-1/001, 20ª C. Cív., rel. Des. Fernando Caldeira Brant, j. 28-6-2023.

Capítulo IX

DO DEPÓSITO

1. CONCEITO

A guarda ou custódia de coisas, que igualmente constitui, em outros contratos destinados à restituição, uma das obrigações daquele que as recebe, assume finalidade primordial, exclusiva, no contrato de depósito, que assenta precipuamente na confiança, uma vez que não se entregam as próprias coisas a outrem, sem que nele se confie plenamente[1].

Depósito é o contrato em que uma das partes, nomeada depositário, recebe da outra, denominada depositante, uma coisa móvel, para guardá-la, com a obrigação de restituí-la na ocasião ajustada ou quando lhe for reclamada (*Depositum est, quod custodiendum alicui datum est*)[2].

Dispõe o art. 627 do Código Civil que "*pelo contrato de depósito recebe o depositário um objeto móvel, para guardar, até que o depositante o reclame*". A sua principal finalidade é, portanto, a *guarda de coisa alheia*. Todavia, o termo *depósito* é empregado em duplo sentido: ora refere-se à relação contratual ou contrato propriamente dito, ora ao seu objeto ou coisa depositada. O art. 644 do aludido diploma, por exemplo, declara que "*o depositário poderá reter o depósito até que se lhe pague a retribuição devida...*".

2. CARACTERÍSTICAS

A principal característica do depósito reside na sua finalidade, que é, como foi dito, a *guarda de coisa alheia*. É o traço que o distingue do comodato, pois o comodatário recebe a coisa para seu uso. No depósito, todavia, não pode o depositário dela se servir "*sem licença expressa do depositante*" (CC, art. 640). Se "*o depositário, devidamente autorizado, confiar a coisa em depósito a terceiro, será responsável se agiu com culpa na escolha deste*" (parágrafo único).

Em vários outros contratos um dos contraentes assume também a obrigação de guardar a coisa recebida, como ocorre na locação (CC, art. 569, I), no comodato já citado (art. 582),

---

1 Roberto de Ruggiero, *Instituições de direito civil*, v. 3, p. 321.

2 Carvalho de Mendonça, *Contratos no direito civil brasileiro*, t. I, p. 171; Eduardo Espínola, *Dos contratos nominados no direito civil brasileiro*, p. 299; Roberto de Ruggiero, *Instituições de direito civil*, v. 3, p. 322; Washington de Barros Monteiro, *Curso de direito civil*, v. 5, p. 238.

no mandato outorgado para recebimento e guarda do bem. Nesses contratos tal obrigação se mostra, porém, secundária, mera consequência de um contrato que se aperfeiçoa por força de outros elementos que lhe são essenciais. No depósito, no entanto, a obrigação de guardar a coisa constitui o elemento fundamental e exclusivo.

O contrato não fica, todavia, desnaturado, se o depositário realizar algum serviço na coisa depositada, como ocorre frequentemente em garages e estacionamentos, onde se procede à lavagem e lubrificação do veículo entregue para ser guardado. Do mesmo modo se vier a usá-la, desde que tal uso não se constitua no fim precípuo do contrato. Se tal ocorrer, transformar-se-á em comodato ou em locação, conforme seja gratuito ou oneroso, ou mesmo em alguma outra modalidade atípica[3].

É mister, portanto, que a guarda da coisa constitua a função primordial, e não subsidiária, do contrato, como simples consequência de outra convenção. Nessa consonância, não há depósito, mas contrato de transporte, se a coisa é entregue para ser transportada, como sucede com as mercadorias que são encaminhadas a empresas de transporte e permanecem sob sua responsabilidade e guarda por algum período.

Se a coisa é entregue não para ser guardada, mas para ser administrada, haverá contrato de *mandato*. Mas o depositário pode ser, simultaneamente, mandatário. É o que acontece, por exemplo, com os bancos que se encarregam da custódia de ações, com a obrigação de receberem, também, as bonificações e dividendos. Tratando-se de coisa entregue para vender em exposição pública e confiada à pessoa que a recebe, o contrato é de depósito. Mas, se emprestada aos expositores, para exibição, será comodato[4].

O *segundo traço característico do contrato de depósito é a exigência, para a sua configuração*, da *entrega da coisa* pelo depositante ao depositário. Tal requisito demonstra a natureza *real* do aludido contrato, que só se aperfeiçoa com a *entrega* da coisa, não bastando o acordo de vontades. Por conseguinte, mesmo que tenha havido, por exemplo, acordo entre o proprietário de veículo e o dono do estacionamento sobre o preço e o período de guarda, enquanto não houver a entrega, não haverá depósito.

A entrega, segundo anota WASHINGTON DE BARROS MONTEIRO, "não precisa ser efetiva; ela é dispensada quando a coisa, por qualquer motivo, esteja em poder do depositário; nesse caso, em verdade, não falta a tradição; esta já se verificou anteriormente (*traditio brevi manu*)"[5]. Trata-se de tradição ficta, que configura o constituto possessório. Ocorre este, por exemplo, quando o proprietário vende o bem ao depositante, mas conserva a posse, a título de depositário e não mais de dono.

A *natureza móvel* da coisa depositada desponta em terceiro lugar, dentre as importantes características do depósito. O art. 627 do Código Civil diz expressamente que, pelo contrato de depósito, recebe o depositário "*um objeto móvel*", para guardar, até que o depositante o reclame.

O direito romano e a maioria dos códigos (francês, holandês, suíço das obrigações, italiano etc.) restringem o objeto do contrato às coisas móveis. Assinala CUNHA GONÇALVES que a expressão "objeto móvel" deve ser entendida "no seu sentido amplo de *mobiliários* ou *corpóreos* e abrange, não só as peças de mobiliário, mas também títulos de crédito, documentos, joias, pratas, dinheiro, roupas, animais, etc. Não pode depositar-se um crédito, nem qualquer direito *subjetivo*"[6].

---

3 Washington de Barros Monteiro, *Curso de direito civil*, v. 5, p. 241; Caio Mário da Silva Pereira, *Instituições de direito civil*, v. III, p. 365.

4 Washington de Barros Monteiro, *Curso de direito civil*, v. 5, p. 242.

5 *Curso de direito civil*, v. 5, p. 239.

6 *Dos contratos em especial*, p. 192.

A exclusão dos imóveis não é, todavia, universal, pois alguns códigos os incluem no elenco dos bens suscetíveis de depósito. Podem ser mencionados, exemplificativamente, os Códigos argentino, uruguaio, mexicano e português. Este último proclama, no art. 1.185º, que depósito "é o contrato pelo qual uma das partes entrega à outra uma coisa móvel ou imóvel, para que a guarde, e a restitua quando for exigida".

Lembra Cunha Gonçalves que "pode também depositar-se um imóvel, pelo menos no depósito forense, quer civil, quer processual"[7]. Efetivamente, nas execuções, os imóveis penhorados ou arrestados são entregues a um depositário. Em muitos litígios, determina-se que a coisa litigiosa seja colocada em depósito, até a solução final da lide. No nosso direito, como observa Caio Mário, "penetrou o depósito imobiliário expressamente (Decreto-lei n. 58, de 10 de dezembro de 1937, artigo 17; Código de Processo Civil [de 1973], artigo 666, II). Aceita-se a incidência sobre imóvel no depósito judicial e no sequestro, de onde já desborda para depósito voluntário, sem afronta aos princípios. Aquele preconceito que predominava na obra de Pothier, e que tanto influiu nas codificações por via do Código Napoleão, vai perdendo consistência, e hoje a doutrina abre-se à aceitação do depósito de bens imóveis"[8].

Portanto, apesar de o retromencionado art. 627 do Código Civil aludir apenas a "*objeto móvel*", a doutrina moderna e a jurisprudência não excluem a possibilidade de se pôr em depósito um bem imóvel.

A obrigação de *restituir* é, também, da essência do contrato de depósito, acarretando a sua *temporariedade*, pois o depositário recebe o objeto móvel, para guardar, "*até que o depositante o reclame*" (CC, art. 627). Ainda que as partes tenham fixado prazo à restituição, o depositante pode pedir a coisa mesmo antes de seu término, devendo o depositário entregá-la "*logo que se lhe exija*", salvo em algumas hipóteses específicas mencionadas no art. 633 do Código Civil, pois se presume que o depósito regular é feito em benefício do depositante.

A obrigação imposta ao depositário, de restituir a coisa no momento em lhe for exigida, é pressuposto de tamanha significação que, se for relevada, já não haverá depósito.

O fundamento do dever de restituir a coisa depositada é a não transferência da titularidade para o depositário. Em sendo assim, não se pode perder de vista que a propriedade ou posse da coisa depositada se mantém com o depositante. Por isso, sobrevindo eventual dissolução de casamento ou união estável do depositante, durante o período de vigência do negócio, o bem deve ser partilhado, se pertencia ao patrimônio comum do casal[9].

É, ainda, peculiar ao depósito, em quinto lugar, a *gratuidade*, exceto se houver "*convenção em contrário, se resultante de atividade negocial ou se o depositário o praticar por profissão*" (CC, art. 628). Nestas hipóteses, se a retribuição do depositário "*não constar de lei, nem resultar de ajuste, será determinada pelos usos do lugar, e, na falta destes, por arbitramento*" (parágrafo único).

Quando remunerado, o depósito é contrato *bilateral*; sendo gratuito, é *unilateral*, pois aperfeiçoa-se com a entrega da coisa, após a qual restarão obrigações só para o depositário. Como podem surgir obrigações para o depositante, como a de pagar ao depositário as despesas feitas com a coisa (CC, art. 643), alguns o consideram *contrato bilateral imperfeito*, porém incorretamente, porque tal obrigação resulta de fatos posteriores, externos e independentes do contrato[10].

---

7 *Dos contratos em especial*, p. 192.

8 *Instituições de direito civil*, v. III, p. 360.

9 Cristiano Chaves de Farias e Nelson Rosenvald, *Curso de direito civil*, p. 1.000-1.001.

10 Planiol, *Traité élémentaire de droit civil*, v. II, n. 2.205.

O que se observa é que a presunção de gratuidade do contrato de depósito, que preponderava no direito romano e é estabelecida no aludido art. 628 do atual Código Civil, não encontra ressonância nos fatos diários da vida moderna, em que há inúmeras modalidades de depósitos remunerados (guarda de automóveis em garages, de vestuários em teatros, de joias e valores em cofres de aluguel, de móveis em guarda-móveis etc.), demonstrando a prevalência das exceções nele mencionadas. Assevera, a propósito, Silvio Rodrigues que "a prática vem distorcendo mais e cada vez mais esse aspecto do depósito, de tal maneira que hoje a presunção de gratuidade, se bem que constante da lei, não mais corresponde ao *quod plerumque fit*"[11].

Não se pode deixar de mencionar, ao falar sobre as características do contrato de depósito, que a convenção, quando onerosa, pode configurar relação de consumo e, por conseguinte, colocar-se sob a égide do Código de Defesa do Consumidor. Com efeito, o aludido contrato, como sucede com os de empreitada, transporte e outros, envolve uma prestação de serviços. Segundo a regra estabelecida no art. 593 do Código Civil, este diploma incidirá de forma apenas subsidiária, ou seja, somente quando a prestação de serviço não estiver sujeita à lei especial. O depositário passa à condição de prestador de serviços e o depositante à de consumidor, com direito à proteção especial da legislação consumerista.

Nessa linha, assinala Teresa Ancona Lopez que "a relação de consumo vai se superpor à relação civil e o direito civil, a partir de então, vai ser fonte secundária, mas importante, porquanto os conceitos técnico-jurídicos são os do direito comum"[12].

3. ESPÉCIES DE DEPÓSITO

O Código Civil distingue e regula, em seções autônomas, as principais modalidades de depósito: o *voluntário* e o *necessário*. Mas no art. 648 estabelece que o último, quando realizado em desempenho de obrigação legal, reger-se-á pela disposição da respectiva lei e, no silêncio dela, pelas concernentes ao primeiro. O depósito *necessário* subdivide-se em *legal* e *miserável*.

O depósito pode ser, ainda, regular e irregular, simples e empresarial, contratual e judicial. Serão estudados, a seguir, o depósito voluntário e o necessário, bem como o regular e o irregular. Não se faz mais a distinção entre depósito civil e mercantil. Em virtude da unificação do direito das obrigações promovida pelo atual Código Civil, essa diferenciação deixou de existir, pois todos agora são depósitos civis. Podem, no entanto, ser denominados *simples* e *empresarial*. Será da última espécie somente o que for feito por causa econômica, em poder de empresário, ou por conta de empresário. Os demais serão simples.

O depósito *contratual* se confunde com o voluntário e é o mais comum. Resulta de acordo de vontades, com livre escolha do depositário pelo depositante. O *judicial* é determinado por mandado do juiz, entregando a alguém coisa móvel ou imóvel, que é objeto de um processo, com finalidade de preservá-la até que se decida o seu destino. É, portanto, disciplinado no direito processual civil. O depositário contratual é possuidor direto da coisa, ficando o depositante com a posse indireta. O depositário judicial não tem posse, mas a mera detenção da coisa, que mantém consigo em nome do Estado e no exercício de um *munus*.

---

11 *Direito civil*, v. 3, p. 273.

12 *Comentários ao Código Civil*, v. 7, p. 341.

4. DEPÓSITO VOLUNTÁRIO

4.1. Conceito e requisitos

O depósito *voluntário* resulta de acordo de vontades (CC, arts. 627 a 646). É livremente ajustado pelas partes, segundo o princípio da autonomia da vontade. Caracteriza-se, portanto, pelo consenso espontâneo. Segundo Cunha Gonçalves, diz-se voluntário o depósito "quando o depositante procedeu por sua livre vontade e conveniência, sem nenhuma pressão exterior ou dos fatos, e nas mesmas condições pôde fazer a escolha do depositário"[13].

O depósito pode ser feito pelo proprietário da coisa ou com o seu consentimento expresso ou tácito. Não há mister ser dono, todavia, para depositar: basta a capacidade de administrar, "pois quem deposita conserva e não aliena"[14]. Os menores relativamente incapazes podem efetuar depósitos e movimentar contas em caixas econômicas e agências bancárias, desde que autorizados pelos seus representantes legais.

Para alguém ser *depositário*, no entanto, é necessário ter a *capacidade de se obrigar*. Por essa razão, o menor e o interdito não podem receber depósitos. Dispõe o art. 641 do Código Civil que, se, na pendência do contrato, "*o depositário se tornar incapaz, a pessoa que lhe assumir a administração dos bens diligenciará imediatamente restituir a coisa depositada e, não querendo ou não podendo o depositante recebê-la, recolhê-la-á ao Depositário Público ou promoverá nomeação de outro depositário*".

Quanto aos *requisitos formais*, a lei exige a forma escrita para a prova do depósito. Dispõe expressamente o art. 646 do Código Civil que "*o depósito voluntário provar-se-á por escrito*". Segundo Silvio Rodrigues "a ideia do legislador, ao reclamar prova por escrito do depósito voluntário, foi apenas impedir a prova exclusivamente testemunhal, capaz de conduzir às maiores iniquidades. Assim, embora o depósito se aperfeiçoe independentemente de qualquer documento, mister se faz, para provar-se, um começo de prova escrita"[15]. Esta pode consistir em recibos ou tíquetes de entrega da coisa, ou ainda documentos equivalentes.

Em suma, o depósito voluntário não exige, para a sua celebração, forma especial. Somente para a prova de sua existência faz-se mister o instrumento escrito, que assume, assim, a característica de formalidade *ad probationem tantum*. O depósito necessário pode ser demonstrado por qualquer meio de prova, não se exigindo que seja escrita.

4.2. Natureza jurídica

O contrato de depósito, como mencionado no item anterior, é *não solene*, porque a lei não exige nenhuma formalidade para que se aperfeiçoe. A forma escrita é apenas *ad probationem tantum*.

O aludido contrato é também *real*, uma vez que se perfaz com a efetiva entrega da coisa. Em alguns Códigos, observa Caio Mário, como o suíço (art. 472), "é tratado como *consensual*. Pode ser precedido de *promessa de depósito*, que se regula pelos princípios relativos ao contrato preliminar"[16]. A *traditio* pode ser ficta e verificar-se, como dito no item 2, *retro*, pelo constituto possessório.

---

[13] *Dos contratos em especial*, p. 190.

[14] Cunha Gonçalves, *Dos contratos em especial*, p. 191.

[15] *Direito civil*, v. 3, p. 272.

"Depósito. Contrato voluntário. Busca e apreensão. Comprovação da avença através de prova exclusivamente testemunhal. Inadmissibilidade. Imprescindibilidade de prova escrita do contrato, sob pena de impossibilidade jurídica do pedido" (*RT*, 798/396).

[16] *Instituições de direito civil*, v. III, p. 359.

O contrato de depósito pode ser *gratuito* ou *oneroso*. Embora a lei insista em presumi-lo gratuito, a realidade do mundo moderno é outra. Em virtude da evolução das relações humanas, quase sempre é remunerado. Quando pago, o contrato é *bilateral* ou *sinalagmático*, uma vez que ao dever de guarda se contrapõe a remuneração; sendo gratuito, é *unilateral*, pois se aperfeiçoa com a entrega da coisa, após a qual restarão obrigações só para o depositário. Como podem surgir obrigações para o depositante, como a de pagar ao depositário as despesas feitas com a coisa (CC, art. 643), alguns autores o consideram contrato *bilateral imperfeito*, situando-o numa categoria intermediária (*v.* n. 2, *retro*). Todavia, o depósito subordina-se ao regime dos contratos unilaterais, quando gratuito, porque aquelas contraprestações não nascem com a avença, mas de fato eventual, posterior à sua formação, não sendo, assim, consequência necessária de sua celebração.

O art. 282 do Código Comercial presumia oneroso o contrato de depósito, diversamente do que dispunha o estatuto civil de 1916. Com a absorção da maior parte daquele pelo Código Civil de 2002 em razão da expressa revogação de sua Primeira Parte (CC, art. 2.045), todas as espécies de depósito passaram a ser regidas pelas disposições do atual diploma.

Originariamente, o contrato de depósito era *intuitu personae*, baseado na confiança do depositante no depositário, da mesma forma como era em regra gratuito. Celebrava-se o contrato considerando-se a pessoa do depositário. Essa característica, com o crescimento e evolução dos negócios e a diversidade das relações jurídicas, encontra-se hoje bastante atenuada, sendo comum os proprietários confiarem os seus bens a pessoas ou empresas que pouco conhecem.

5. OBRIGAÇÕES DO DEPOSITANTE

Quando o depósito é oneroso e, portanto, bilateral, constitui obrigação do depositante pagar ao depositário a remuneração convencionada.

Quando, no entanto, o aludido contrato é gratuito, aperfeiçoa-se com a entrega da coisa, após a qual só o depositário terá obrigações. Neste caso, é unilateral. Por conseguinte, as eventuais obrigações do depositante decorrerão de fatos posteriores à sua formação.

Essas obrigações decorrentes de fato eventual resumem-se a duas:

a) A de *reembolsar as despesas* feitas pelo depositário com o depósito, respondendo *ex lege* pelas necessárias (os gastos com a alimentação do animal depositado, p. ex.) e contratualmente, pelas úteis ou necessárias que houver autorizado. É natural que o depositário seja reembolsado dos gastos relativos à conservação da coisa, efetuados que são no interesse do depositante, sob pena de haver, por parte deste, um enriquecimento sem causa.

b) A de *indenizar o depositário pelos prejuízos* que lhe advierem do depósito, como, por exemplo, os decorrentes de vício ou defeito da coisa que se tenham estendido a bens do depositário. Pode ser mencionada, ilustrativamente, a hipótese de o animal deixado em depósito ser portador de doença contagiosa e ter contaminado os pertencentes ao depositário[17]. Anota Caio Mário que o depositante não deverá responder por essas despesas, porém, "se for ostensivo o defeito, e perceptível ao primeiro exame visual, ou se o depositário tiver sido prevenido no momento da tradição, caso em que se deverá entender que assumiu todos os riscos", como dispõe o Código Civil alemão (BGB, art. 694)[18].

---

[17] Washington de Barros Monteiro, *Curso de direito civil*, v. 5, p. 253; Silvio Rodrigues, *Direito civil*, v. 3, p. 277.

[18] *Instituições de direito civil*, v. III, p. 364.

O art. 644 do Código Civil assegura ao depositário o *direito de retenção*, como meio direto de defesa para forçar o devedor a efetuar o pagamento da retribuição devida e das despesas e indenizações mencionadas, concedendo-lhe ainda a faculdade de exigir "*caução idônea*", ou, na sua falta, "*a remoção da coisa para o Depósito Público, até que se liquidem*" (parágrafo único).

6. OBRIGAÇÕES DO DEPOSITÁRIO

As obrigações fundamentais do depositário consistem em guardar a coisa, em conservá-la e em restituí-la. As duas primeiras encontram-se discriminadas no art. 629 do Código Civil, segundo o qual o depositário "*é obrigado a ter na guarda e conservação da coisa depositada o cuidado e diligência que costuma com o que lhe pertence...*". Assim, vejamos:

a) A *guarda de coisa alheia* é a principal finalidade do contrato de depósito. O depositário deve cuidar dela como se fosse sua (*diligentiam suam quam suis*), não o exonerando a falta de diligência habitual. Pode confiá-la, para maior segurança, a um banco, a cofres de aluguel ou a terceiro, por não se tratar de dever personalíssimo e intransferível. Neste caso, deve obter autorização prévia do depositante, uma vez que o art. 640 do Código Civil prescreve que, "*sob pena de responder por perdas e danos, não poderá o depositário, sem licença expressa do depositante, servir-se da coisa depositada, nem a dar em depósito a outrem*". Acrescenta o parágrafo único que, se o depositário, "*devidamente autorizado, confiar a coisa em depósito a terceiro, será responsável se agiu com culpa na escolha deste*". Não haverá, no entanto, necessidade dessa anuência para invocar a ajuda de auxiliares ou prepostos sob sua responsabilidade.

O dever de guarda é inerente ao depósito, constituindo obrigação típica desse contrato, que a distingue de outros em que também se transfere a coisa a outrem, como a locação e o comodato. Nestes, todavia, a *traditio* é feita para uso do locatário e do comodatário. No depósito não pode o depositário *servir-se* da coisa depositada (*depositum consistit ex custodia, non ex usu*), salvo se o depositante o autorizar expressamente, como consta do art. 640 supratranscrito.

Confira-se, a propósito:

"Bem móvel. Ação de depósito. Procedência. Alegação de que alguns dos objetos depositados estavam deteriorados. Assertiva que não autoriza o depositário dispor dos bens. Vedação de fazer uso dos móveis sem anuência do depositante. Incidência do art. 640 do Código Civil. Perdas e danos. Verba devida. Móveis em mau estado de conservação e sujeitos ao desgaste natural pelo decurso do tempo. Nos termos do art. 640 do Código Civil, não pode o depositário servir-se dos bens depositados sem anuência do depositante, sob pena de responder por perdas e danos. Bem por isso, a indenização é devida e deve abranger aquilo que o credor efetivamente perdeu na hipótese (art. 402 do Código Civil)"[19].

A obrigação de guardar a coisa pode, porém, cessar antes do término do contrato, havendo motivo justificável. O art. 635 do Código Civil concede ao depositário a faculdade de resilir o contrato unilateralmente havendo "*motivo plausível*" que o impeça de cumpri-lo integralmente, podendo, neste caso, requerer o depósito judicial da coisa se o depositante não quiser recebê-la. Somente se justifica a exoneração, no entanto, nos depósitos onerosos, se o fato novo tornar impossível ou penosa a guarda da coisa. Nos gratuitos deve haver mais tolerância, pois "não se pode exigir que o favor prestado ao amigo vá a ponto de causar prejuízo maior a quem o preste"[20].

---

[19] TJSP, Apel. 0013158-2010.8.26.0007, 32ª Câm. Dir. Priv., rel. Des. Kioitsi Chicuta, *DJe* 6-12-2012.

[20] Silvio Rodrigues, *Direito civil*, v. 3, p. 273.

b) A segunda obrigação, a de *conservar a coisa alheia* deixada em depósito, é conexa às de guardar e de restituir. Com efeito, a lei impõe ao depositário o dever de zelar pela coisa depositada, para poder restituí-la no estado em que a recebeu.

O depositário responde por culpa ou dolo, se a coisa perecer ou deteriorar-se, seja o depósito gratuito ou remunerado. O Código não distingue entre os graus de culpa, nem se o depósito foi feito no interesse do depositante ou do próprio depositário, para agravar ou atenuar a responsabilidade. Este só se exonera nos casos de "*força maior*". Mas, segundo o art. 642 do Código Civil, "*para que lhe valha a escusa, terá de prová-los*". Há, portanto, em princípio, uma presunção de culpa do depositário, pois para ilidir sua responsabilidade deve provar a ocorrência da *vis major*.

Malgrado o aludido dispositivo legal não mencione o caso fortuito, que se liga à atividade da empresa ou à pessoa do devedor, deve tal excludente da responsabilidade ser admitida, pois não estamos diante de hipótese de responsabilidade objetiva, somente ilidível por fatos inevitáveis da natureza, que rompem o nexo de causalidade e configuram o "fortuito externo" ou força maior. Trata-se de responsabilidade contratual fundada na culpa, à qual se aplica o art. 393 do Código Civil, *verbis*: "*O devedor não responde pelos prejuízos decorrentes de caso fortuito ou força maior, se expressamente não se houver por eles responsabilizado*".

No dever de conservar a coisa insere-se o de não a devassar, se estiver fechada e não houver expresso consentimento do depositante. Proclama, com efeito, o art. 630 do Código Civil: "*Se o depósito se entregou fechado, colado, selado, ou lacrado, nesse mesmo estado se manterá*". O devassamento do objeto configura inadimplemento contratual, gerando a responsabilidade do depositário pelos danos que tenha acarretado. Incorre este na presunção *juris tantum* de culpa, que só poderá ser afastada mediante prova de caso fortuito ou força maior.

c) Em terceiro lugar figura a obrigação do depositário de *restituir a coisa*, "*com os seus frutos e acrescidos, quando o exija o depositante*" (CC, art. 629, segunda parte). Sendo o depósito regular realizado, presumidamente, em benefício do depositante, mostra-se irrelevante a fixação de um prazo para a restituição. Ainda que o contrato o estipule, pode este reclamá-la mesmo antes de seu vencimento. O depósito, sendo feito para guarda e não para uso ou proveito do depositário, deve ser restituído com os frutos produzidos, os quais, como bens acessórios, pertencem ao dono do principal. Nessa linha, decidiu o *Superior Tribunal de Justiça* que os lucros cessantes dos bens administrados por pessoas designadas pela Justiça, no curso de um processo, também devem ser devolvidos com o julgamento final. Com esse entendimento, determinou ao depositário judicial que devolvesse os valores não apenas da venda das 1.040 cabeças de gado sob sua guarda, mas também das crias desses animais durante o período em que cuidou deles[21].

Em caso de depósito judicial, está sedimentado na jurisprudência que o estabelecimento bancário depositário deve proceder à atualização monetária da importância depositada, independentemente de ação judicial específica (*Súmulas 179 e 271 do STJ*).

Aduz a primeira parte do art. 633 do Código Civil que o depositário entregará o depósito "*logo que se lhe exija*", ainda que o contrato "*fixe prazo à restituição*". Não estará, todavia, obrigado a fazê-lo, segundo ressalva o aludido dispositivo: a) se tiver o "*direito de retenção*" pelo valor da retribuição, das despesas e dos prejuízos que do depósito provierem; b) "*se o objeto for judicialmente embargado*"; c) "*se sobre ele pender execução, notificada ao depositário*"; d) "*se houver motivo razoável de suspeitar que a coisa foi dolosamente obtida*" (por furto ou

---

21 STJ, REsp 1.117.644-MS, 4ª T., rel. Min. Luis Felipe Salomão, j. 7-10-2014.

roubo, *v.g.*), caso em que, "*expondo o fundamento da suspeita, requererá que se recolha o objeto ao Depósito Público*" (CC, art. 634).

Anota SILVIO RODRIGUES que, "embora a lei não exija prova indubitável de que a coisa foi criminosamente subtraída a seu dono, ela requer, pelo menos, que a suspeita seja razoável; portanto, a recusa do depositário em devolver o depósito, com base neste inciso, não se pode fundar em suspeita leviana, pois, caso isso ocorra, o procedimento do depositário é culposo, sujeitando-o às penas aplicáveis ao depositário infiel"[22].

Salvo as hipóteses mencionadas, não poderá o depositário furtar-se à restituição, "*alegando não pertencer a coisa ao depositante, ou opondo compensação, exceto se noutro depósito se fundar*" (CC, art. 638). O depositário que conservar consigo a coisa ou depositá-la judicialmente, sob pretexto de que pertence a outrem que não o depositante, estará procedendo de modo ilícito, sujeitando-se a pagar perdas e danos. Se descobrir que a coisa lhe pertence, deve, mesmo assim, segundo sustenta WASHINGTON DE BARROS MONTEIRO[23], devolvê-la e depois reivindicá-la judicialmente, sob pena de estar, ilicitamente, fazendo justiça pelas próprias mãos, uma vez que o *jus retentionis* só existe nos casos expressos.

O direito francês, todavia, reconhece expressamente (art. 1.946) o direito do depositário de reter a coisa em seu poder, se descobrir que ela lhe pertence. Esta parece ser a melhor solução, visto não estar em causa nenhum *jus retentionis.* Como bem argumenta SERPA LOPES, o "direito de retenção caracteriza-se pelo pressuposto do *debitum cum re junctum*, e no caso não se retém a coisa depositada por força de um débito, mas apenas se nega a restituição por se ter fundado direito sobre ela excluindo o pretendido pelo depositante". O mencionado civilista aplaude o entendimento de JOÃO LUIZ ALVES no sentido de que deve o depositário, nesse caso, pedir o recolhimento da coisa ao depósito público[24]. Na mesma linha, complementa CAIO MÁRIO: "se é certo que não pode o depositário fazer justiça por suas próprias mãos, certo é também que o rigor dos princípios não pode ser levado ao ponto de se sustentar que por si próprio se veja despojado dele em favor de quem não é dono"[25].

O *direito de retenção* é assegurado ao depositário até que se lhe pague a retribuição devida, o valor líquido das despesas necessárias à conservação da coisa, ou dos prejuízos que do depósito provierem (art. 644), que o depositante é obrigado a lhe pagar (art. 643). Sendo dois ou mais depositantes, "*e divisível a coisa, a cada um só entregará o depositário a respectiva parte, salvo se houver entre eles solidariedade*" (art. 639).

Obrigado à restituição é o depositário[26]; se morrer, será sucedido pelos herdeiros. Se estes, de boa-fé, venderem a coisa depositada, serão obrigados "*a assistir o depositante*" na ação reivindicatória contra o terceiro-adquirente "*e a restituir ao comprador o preço recebido*" (CC, art. 637). Não sendo donos, não se justifica, realmente, que retenham o preço pago pelo terceiro.

Se os herdeiros agirem de má-fé, responderão pelos prejuízos causados, incluindo-se no *quantum* a valorização que a coisa eventualmente tenha sofrido, além de também serem obrigados a assistir o depositante na ação reivindicatória. Se o depositário se tornar *incapaz*, "*a pessoa que lhe assumir a administração dos bens diligenciará imediatamente restituir a coisa depositada e, não querendo ou não podendo o depositante recebê-la, recolhê-la-á ao Depósito Público ou promoverá nomeação de outro depositário*" (CC, art. 641).

---

22 *Direito civil*, v. 3, p. 276-277.

23 *Curso de direito civil*, v. 5, p. 250.

24 *Curso de direito civil*, v. IV, p. 226.

25 *Instituições de direito civil*, v. III, p. 367.

26 "É admissível ação de depósito contra pessoa jurídica" (*RT*, 509/180; *RF*, 290/308).

A incapacidade superveniente do depositário (interdição, falência) resolve o contrato de depósito. Os seus representantes não podem responder por ele. Não cabe ação de depósito contra o falido, por ter perdido a disponibilidade dos bens em decorrência da arrecadação procedida na ação falimentar[27].

O local da restituição pode ser ajustado pelas partes. No silêncio do contrato, far-se-á no local do depósito, ou seja, "*no lugar em que tiver de ser guardada*" (CC, art. 631). Acrescenta o aludido dispositivo que "*as despesas de restituição correm por conta do depositante*". A prescrição se mostra correta, pois o negócio é feito no interesse exclusivo deste, sendo razoável, pois, que arque com as despesas provenientes da restituição da coisa, e não o depositário. Mesmo porque cabe a ele a obrigação de ir retirá-la no local do depósito. Nada obsta, no entanto, que as partes convencionem de forma diversa, especialmente quando o depósito é remunerado. É comum, nas práticas comerciais, combinar o contrato de depósito com o de transporte, obrigando-se o depositário a levar a coisa ao depositante.

O art. 632 do Código Civil prevê a devolução condicionada, nos casos em que o depósito é feito no interesse de terceiros. Neste caso, se "*o depositário tiver sido cientificado deste fato pelo depositante, não poderá ele exonerar-se restituindo a coisa a este, sem consentimento daquele*".

Se, por força maior, o depositário perder a coisa e receber outra em seu lugar, é obrigado a entregar a segunda ao depositante. Se, no lugar desta, recebeu indenização correspondente ao seu valor (se a coisa, p. ex., estava no seguro), é obrigado a entregar ao depositante o montante recebido. Se, porém, nada recebeu, ou se a indenização recebida está incompleta, cederá a este as ações que no caso tiver contra o terceiro, a fim de que se satisfaça integralmente o dano (CC, art. 636).

7. DEPÓSITO NECESSÁRIO

Depósito necessário é aquele que o depositante, por imposição legal ou premido por circunstâncias imperiosas, realiza com pessoa não escolhida livremente. Essas circunstâncias impõem não só a realização do depósito, como também a designação do depositário. Não se trata, pois, de negócio *intuitu personae*, fundado na confiança, sendo também denominado *depósito obrigatório*.

Dispõe o art. 647 do Código Civil:

"*É depósito necessário:*

I – o que se faz em desempenho de obrigação legal;

II – o que se efetua por ocasião de alguma calamidade, como o incêndio, a inundação, o naufrágio ou o saque".

O art. 649 do mesmo diploma, por sua vez, proclama que ao depósito necessário "*é equiparado o das bagagens dos viajantes ou hóspedes nas hospedarias onde estiverem*".

Pode-se dizer, pois, que três são as espécies de depósito necessário: o depósito legal, o depósito miserável e o depósito do hospedeiro ou hoteleiro.

Esclarece SERPA LOPES que, embora premido por circunstâncias irremovíveis, o depositante pratica um ato voluntário. Não se trata de ato praticado sob coação, pois a vontade é externada livremente, havendo consentimento de ambas as partes. O que há de peculiar é a relativa falta de liberdade do depositante, que efetua o depósito compelido pelas circunstâncias, não tendo condições de *escolher o depositário*, em face da urgência imposta pelos acon-

---

27 "O falido perde a disponibilidade de seus bens, ainda que não tenham sido arrecadados na falência, e, portanto, já não pode entregar a coisa de que era depositário" (*RTJ*, 115/1.397; STJ, *RT*, 654/191).

tecimentos. No depósito necessário, conclui, "o consentimento é um produto de um acontecimento imprevisto: *voluntas coacta est semper voluntas*"[28].

7.1. Depósito legal

Depósito legal é o que decorre do desempenho de obrigação imposta pela lei. Washington de Barros Monteiro elenca as seguintes hipóteses dessa modalidade de depósito: "a) aquele que é obrigado a fazer o inventor da coisa perdida (CC/2002, art. 1.233, parágrafo único); b) o de dívida vencida, pendente a lide, quando vários credores lhe disputarem o montante, uns excluindo outros (art. 345); c) o que deve ser feito pelo administrador dos bens do depositário que se tenha tornado incapaz (art. 641); d) o do lote compromissado, no caso de recusa de recebimento da escritura definitiva (Dec.-lei n. 58, de 10-12-1937, art. 17, parágrafo único, e Dec. n. 3.079, de 15-9-1938, art. 17, parágrafo único)"[29].

Silvio Rodrigues observa que, exceção feita à legislação espanhola, os códigos contemporâneos não incluem entre os casos de depósito necessário o chamado depósito legal[30]. O Código Civil francês, por exemplo, define depósito necessário como aquele que foi forçado por algum acidente, tal como ruína, incêndio, pilhagem ou naufrágio, não incluindo as hipóteses previstas em lei, nem o depósito de bagagens em hotel. Por essa razão, Cunha Gonçalves, reportando-se à legislação portuguesa, conceitua: "O depósito diz-se *necessário* quando circunstâncias involuntárias, casos de força maior impuseram, não só a necessidade e urgência do depósito, mas também a escolha do depositário, como nos casos de incêndio, inundação, terremoto, ruína, guerra, naufrágio, saque, etc. É este o *depositum miserabile* dos Romanos"[31].

7.2. Depósito miserável

A segunda espécie de depósito necessário (CC, art. 647, II) é denominada *depósito miserável*, por se realizar em ocasião de calamidades. O Código Civil enumera exemplificativamente as calamidades, podendo ser acrescentadas outras análogas, como terremoto, guerra, furacão etc. A premente necessidade que tem o depositante de evitar o perecimento de seus bens, nessa situação de emergência, o impele a deixá-los com a primeira pessoa que aceite guardá-los. O depositário se dispõe a prestar um serviço ao depositante necessitado e, por essa razão, "*o depósito necessário não se presume gratuito. Na hipótese do art. 649, a remuneração pelo depósito está incluída no preço da hospedagem*" (CC, art. 651).

No primeiro caso, de desempenho de obrigação legal, o depósito se rege pelas disposições que o houverem criado, e, no "*silêncio ou deficiência*" da lei, pelas próprias disposições concernentes ao "*depósito voluntário*", as quais também se aplicam aos depósitos necessários, "*podendo estes certificarem-se por qualquer meio de prova*" (CC, art. 648 e parágrafo único).

Verifica-se, assim, que as disposições relativas ao depósito voluntário se aplicam subsidiariamente ao necessário, sendo omissa ou deficiente a respectiva lei. E o depósito miserável pode ser provado por qualquer meio de prova, inclusive a testemunhal, ainda que seu valor seja superior à taxa legal, visto que a necessidade e a urgência de sua realização impedem, muitas vezes, a observância das formalidades legais. Inclui-se a hipótese na ressalva constante do art. 227 do Código Civil.

---

28 *Curso de direito civil*, v. IV, p. 228.

29 *Curso de direito civil*, v. 5, p. 254.

30 *Direito civil*, v. 3, p. 279.

31 *Dos contratos em especial*, p. 190.

7.3. Depósito do hospedeiro

A terceira hipótese de depósito necessário é o realizado por *hoteleiros* ou *hospedeiros*, também denominado *necessário por assimilação*, que se equipara ao depósito legal, como enuncia o art. 649 do Código Civil, e tem por objeto "*as bagagens dos viajantes ou hóspedes*". O dispositivo se aplica ao contrato de *hospedagem*, estendendo-se aos internatos, colégios, hospitais e outros locais que forneçam leito e não apenas comida e bebida.

Os hospedeiros respondem pelas bagagens como depositários. Proclama, com efeito, o parágrafo único do mencionado art. 649 do Código Civil: "*Os hospedeiros responderão como depositários, assim como pelos furtos e roubos que perpetrarem as pessoas empregadas ou admitidas nos seus estabelecimentos*".

A responsabilidade decorre tanto de atos de terceiros, como de empregados ou pessoas admitidas nas hospedarias. Cessa, porém, provado "*que os fatos prejudiciais aos viajantes ou hóspedes não podiam ter sido evitados*" (CC, art. 650), como nas hipóteses de culpa destes, por deixarem aberta a porta do quarto, por exemplo, e de caso fortuito ou força maior (art. 642), como nas ocorrências de roubo à mão armada ou violências semelhantes. Mas permanece, se se tratar de furto simples, com emprego de chaves falsas, ou sem violência.

O roubo à mão armada costuma ser considerado caso de força maior, excludente da responsabilidade dos depositários em geral[32], desde que tenha sido executado em circunstâncias que excluam toda a culpa daquele que o invoca. Diante da manifesta negligência do depositário, não se configura a força maior[33]. Assim, no caso de depósito voluntário (joias guardadas no cofre do hotel), pode o hoteleiro invocar a excludente da força maior, em caso de roubo à mão armada, provada a inexistência de negligência de sua parte e que o fato não pôde ser afastado ou evitado.

A obrigação de ressarcir o prejuízo não pode ser excluída nem mediante *cláusula de não indenizar* pactuada com o hóspede, pois o hoteleiro é um prestador de serviços, sujeitando-se ao Código de Defesa do Consumidor, no que este não contrariar o Código Civil (CC, art. 593). E o art. 51, I e IV, do diploma consumerista considera nulas de pleno direito as cláusulas contratuais que atenuem, por qualquer forma, a responsabilidade do fornecedor de produtos e prestador de serviços. Na relação entre hóspede e hospedeiro, que não envolva a responsabilidade indireta deste, mas constitua relação de consumo, continua aplicável o Código de Defesa do Consumidor.

O Tribunal de Justiça do Rio de Janeiro decidiu ser ineficaz aviso afixado nos quartos dos hotéis, no sentido de que o estabelecimento não se responsabiliza pelo furto de objetos deixados nos apartamentos. Simples aviso não tem o condão de postergar a regra legal[34]. Também o Tribunal de Justiça de São Paulo determinou o pagamento de indenização pelo furto em quarto de hotel de aparelhos de videocassete pertencentes a hóspede, considerando-os como integrantes da bagagem e interpretando aviso de que "a gerência não se responsabiliza por objetos ou dinheiro deixados nos apartamentos porque existem cofres à disposição dos hóspedes, com os Caixas de recepção", como previsão relacionada a joias e valores, não a aparelhos como os desaparecidos[35].

A responsabilidade do hospedeiro é de natureza contratual. O depósito por ele realizado equipara-se ao depósito necessário, por força do disposto no art. 649 do Código Civil.

---

32 *RT*, 604/84.

33 *RJTJSP*, 101/141.

34 *RT*, 572/177.

35 *RJTJSP*, 114/150.

Cumpre-lhe, em consequência, "assegurar a incolumidade pessoal do hóspede no local, bem como a de seus bens que se achem em poder dele, sendo irrelevante o fato de os bens desaparecidos não serem de uso próprio, eis que caracterizados como bagagem"[36].

A obrigação legal dos hoteleiros restringe-se aos bens que, habitualmente, costumam levar consigo os que viajam, como roupas e coisas de uso pessoal, não alcançando quantias vultosas ou joias, exceto se proceder culposamente ou se o hóspede fizer depósito voluntário com a administração da hospedaria. O fundamento da indigitada responsabilidade encontra-se no fato de os hospedeiros se oferecerem à confiança da população, bem como na circunstância de não terem as pessoas, em regra, a possibilidade de se certificar da idoneidade dos estabelecimentos em oferta pública. A ideia que norteia a regra é assegurar à pessoa e à bagagem do cliente a mesma garantia que o transportador deve ao passageiro. O hospedeiro tem o dever de manter a bagagem no estado em que a recebeu em seu estabelecimento; se esta se perder ou se deteriorar, há presunção *juris tantum* de sua culpabilidade[37].

No *Superior Tribunal de Justiça*, houve uma evolução gradual, no sentido de se restringir as possibilidades de prisão do depositário infiel. A *Súmula 304* afirma que "é ilegal a decretação da prisão civil daquele que não assume expressamente o encargo de depositário judicial". A Súmula 305, por sua vez, estabelece que "é descabida a prisão civil do depositário quando, decretada a falência da empresa, sobrevém a arrecadação do bem pelo síndico". Por fim, a Súmula 419 estabeleceu que "descabe a prisão civil do depositário judicial infiel. A questão foi definitivamente superada com a edição da *Súmula Vinculante 25 do STF*: "É ilícita a prisão civil de depositário infiel, qualquer que seja a modalidade do depósito".

8. DEPÓSITO IRREGULAR

O depósito diz-se *irregular*, segundo Cunha Gonçalves, "quando o depositário pode utilizar e dispor da coisa depositada e restituir outra da mesma qualidade e quantidade"[38]. Em outras palavras, é o depósito de *coisas fungíveis* espécie de depósito voluntário. O depositário pode devolver ao depositante coisas da mesma espécie, quantidade e qualidade (*tantundem eiusdem generis et qualitatis*) e não exatamente a que lhe foi confiada.

O depósito de dinheiro nos bancos é irregular. Como assinala Silvio Rodrigues, "esse negócio tem seu *habitat* predileto no comércio bancário, pois para os bancos converge, em forma de depósito irregular, a maior parte do dinheiro em circulação no mundo inteiro"[39].

Segundo o *Superior Tribunal de Justiça*, o contrato bancário de cofre particular "é espécie contratual mista que conjuga características tanto de um contrato de depósito quanto de um contrato de locação, qualificando-se, ainda, pela verdadeira prestação dos serviços de segurança e guarda oferecidos pela instituição financeira locadora, ficando o banco locador responsável pela guarda e vigilância do recipiente locado, respondendo por sua integridade e inviolabilidade. A prática de crimes por terceiros que importem no arrombamento do cofre locado (roubo/furto) constitui hipótese de fortuito interno, revelando grave defeito na prestação do serviço bancário contratado, provocando para a instituição financeira o dever de indenizar seus consumidores pelos prejuízos eventualmente suportados. Não se revela abusiva a cláusula meramente limitativa do uso do cofre locado, ou seja, aquela que apenas delimita quais são os objetos passíveis de serem depositados em seu interior pelo locatário e que,

---

36 *RT*, 632/96.

37 Washington de Barros Monteiro, *Curso de direito civil*, v. 5, p. 255; Carlos Roberto Gonçalves, *Responsabilidade civil*, p. 184; *RF*, 128/117.

38 *Dos contratos em especial*, p. 191.

39 *Direito civil*, v. 3, p. 278.

consequentemente, estariam resguardados pelas obrigações (indiretas) de guarda e proteção atribuídas ao banco locador. A não observância, pelo consumidor, de regra contratual limitativa que o impedia de, sem prévia comunicação e contratação de seguro específico, depositar no interior do cofre bens de valor superior ao expressamente fixado no contrato exime o banco locador do dever de reparação por prejuízos materiais diretos relativos à perda dos bens excedentes ali indevidamente armazenados. Precedentes"[40].

A lei equipara o depósito de coisas fungíveis, cujo objeto na prática é o dinheiro, ao *mútuo*, por cujas regras é regido. Em consequência, uma vez realizado, o depositário se torna proprietário da coisa depositada, assumindo os riscos por sua deterioração e perda. Se a coisa fungível é dinheiro, é praticamente certo tratar-se de mútuo e não de depósito, ainda que no contrato conste esta designação. Não há, entretanto, a rigor, perfeita identificação entre depósito irregular e o mútuo, pois diverso o fim econômico. O depósito é realizado no interesse do depositante e, no mútuo, o é no interesse do mutuário. No depósito bancário, por exemplo, diz Orlando Gomes, desvirtua-se a natureza do instituto, razão pela qual deve ser regulado pelas regras do mútuo[41].

Em contrapartida, o depósito *regular* ou *ordinário* é caracterizado pela *infungibilidade* da coisa depositada. É esta que se identifica pelos seus caracteres individuais, e não outra igual que deve guardar, conservar e restituir. Se o depósito bancário de dinheiro, à ordem ou a prazo, é irregular, o do cofre de aluguel com joias e valores ou títulos de crédito é depósito regular.

Nem sempre, todavia, a fungibilidade do objeto gera depósito irregular. Se estiver caracterizada a obrigação de devolver a mesma coisa, embora fungível, o depósito é regular. Para que se tenha como irregular, adverte Caio Mário, com esteio em lição dos irmãos Mazeaud, "é mister ocorram dois fatores, que se apuram em razão da destinação econômica do contrato: o primeiro, *material*, é a faculdade concedida ao depositário de consumir a coisa; o segundo, anímico, é o propósito de beneficiar o depositário. Sem perder de vista que o depósito se presume *regular*, deve o interessado dar prova que o ilida, podendo demonstrar seu caráter irregular por vários meios, como sejam a profissão do depositário, o modo de sua realização etc.[42].

9. AÇÃO DE DEPÓSITO

Só há interesse para a propositura da ação de depósito quando se tratar de depósito contratual e o depositário não restituir a coisa que recebeu para guardar. Quando a hipótese é de depósito judicial, a ação não se faz necessária, uma vez que o depositário é mero detentor, podendo o juiz, nos próprios autos em que se constituiu o encargo, determinar, por simples mandado, a busca e apreensão da coisa, restituindo-a a quem de direito. Desse modo, se o depositário judicial recusa-se, no processo de execução, a entregar a coisa ao arrematante, não há necessidade de que este proponha ação de depósito, ou de imissão de posse, bastando requerer ao juiz que mande apreender o bem para lhe ser entregue.

É, destarte, no campo do depósito contratual que haverá interesse para o ajuizamento da ação de depósito. Além das situações típicas previstas no Código Civil, há outras que o legislador equipara ao depósito, com todas as consequências daí decorrentes. É o que sucede nos contratos de alienação fiduciária em garantia, quando o bem alienado fiduciariamente

---

40 STJ, AgInt nos EDcl no AREsp 1.206.017-SP, 3ª T., rel. Min. Villas Bôas Cueva, j. 25-11-2019.

41 *Contratos*, p. 380.

42 *Instituições de direito civil*, v. III, p. 361-362.

não é encontrado ou não se encontra na posse do devedor, caso em que o credor poderá requerer a conversão do pedido de busca e apreensão em ação de depósito, nos mesmos autos (Dec.-Lei n. 911/69, art. 4º). Também é considerada depositária, nos termos da Lei n. 8.866/94, a pessoa a quem a legislação tributária ou previdenciária imponha obrigação de reter ou receber de terceiro, e recolher aos cofres públicos impostos, taxas e contribuições, inclusive à Seguridade Social.

O contrato de depósito pode ser celebrado por pessoa física ou jurídica, que podem figurar como depositantes ou depositárias. Desse modo, é possível ajuizar a ação de depósito contra pessoa jurídica, hipótese em que os seus representantes legais responderão em caso de infidelidade. Todas as modalidades de depósito contratual (convencional ou obrigatório, legal ou miserável) permitem o ajuizamento da ação de depósito, sempre com a finalidade de compelir o depositário a restituir a coisa[43].

Estão legitimados a ingressar com a ação de depósito o próprio depositante, bem como seu sucessor, ainda que não sejam os proprietários da coisa, visto que não é necessário, para a celebração do contrato, que a pessoa que a entregue seja o seu dono. O legitimado passivo é o depositário que se recusa a devolver a coisa, sendo substituído, em caso de falecimento, por seus herdeiros e sucessores.

A petição inicial deve preencher os requisitos do art. 319 do Código de Processo Civil. Tem-se decidido que, "ainda que o Código de Processo Civil fale em 'prova literal do depósito', entende-se que o escrito não é da substância do ato. Consequentemente, à vista do que dispõe o art. 135, parágrafo único, do Código Civil (*de 1916, correspondente ao art. 221, parágrafo único, do CC/2002*), o instrumento do depósito poderá ser suprido por outras provas"[44]. Todavia, dispõe o art. 311, III, do novo Código de Processo Civil que, quando se tratar de pedido reipersecutório fundado em prova documental adequada do contrato de depósito, poderá o autor obter a tutela de evidência, "caso em que será decretada a ordem de entrega do objeto custodiado, sob cominação de multa".

Contestada a ação, observar-se-á o procedimento comum (arts. 319 e s.).

O equivalente em dinheiro deve ser corrigido monetariamente. Proclama a *Súmula 20 do extinto 1º Tribunal de Alçada Civil de São Paulo*: "Nas ações de depósito derivadas de alienação fiduciária, o valor da coisa, para efeito da mais adequada estimação do equivalente em dinheiro (arts. 902, I, e 904 do CPC), é o correspondente ao do débito contratual, isto é, ao do saldo devedor em aberto".

A ação não é cabível em se tratando de depósito tipicamente irregular. Desse modo, em se tratando de depósito em *dinheiro*, ou qualquer outro bem *fungível* e *consumível*, a ação adequada será a de cobrança e não a de depósito. A propósito, decidiu o *Superior Tribunal de Justiça* no tocante a depósito de coisas fungíveis: "O depósito irregular não se confunde com o mútuo, tendo cada um finalidades específicas. Aplicam-se-lhe, entretanto, as regras deste, não sendo possível o uso da ação de depósito para obter o cumprimento da obrigação de devolver as coisas depositadas, cuja propriedade transferiu-se ao depositário. O adimplemento da obrigação de devolver o equivalente há de buscar-se em ação ordinária, não se podendo pretender a prisão do depositário"[45].

---

43 Marcus Vinicius Rios Gonçalves, *Procedimentos especiais*, p. 27; STF, *RT*, 762/181.

44 *RT*, 591/129. *V.* ainda: "A lei não exige que a inicial da ação de depósito esteja instruída com a prova do contrato escrito. Para a sua prova é que se exige o escrito" (STJ, REsp 2.579-RS, 4ª T., rel. Min. Sálvio de Figueiredo, *DJU* 11-6-1990, p. 5362). "É dispensável, para o aforamento da ação de depósito, que a inicial já venha acompanhada com a prova do contrato escrito" (*RSTJ*, 106/313).

45 *RSTJ*, 24/322 e 53/130.

Decidiu ainda o mesmo Tribunal: "Tratando-se de coisas não apenas fungíveis como consumíveis, porque destinadas diretamente à alienação pela compradora depositária no exercício de seu ramo normal de mercancia, aplicam-se ao depósito as regras do mútuo, sendo incabível a ação de depósito"[46].

10. PRISÃO DO DEPOSITÁRIO INFIEL

A Constituição Federal proíbe a prisão por dívida civil, mas ressalva a do devedor de pensão alimentícia e a do *depositário infiel*. Dispõe, com efeito, o art. 5º, LXVII, da Carta Magna que "não haverá prisão civil por dívida, salvo a do responsável pelo inadimplemento voluntário e inescusável de obrigação alimentícia e a do depositário infiel".

Por sua vez, o art. 652 do atual Código Civil, reproduzindo o art. 1.287 do diploma de 1916, preceitua que, "*seja o depósito voluntário ou necessário, o depositário que não o restituir quando exigido será compelido a fazê-lo mediante prisão não excedente a um ano, e ressarcir os prejuízos*".

A sanção atuava como meio de *coerção* e não propriamente como pena, pois a lei não estabeleceu um prazo mínimo para sua duração, estando ele na própria vontade do depositário, que pode dela liberar-se desde o momento em que cumpra a obrigação de restituir. Resultando esta de contrato, a prisão só seria decretada em *ação de depósito* (CPC/1973, art. 901). E só seria determinada se houvesse pedido do autor, após o decreto de procedência do pedido e o não atendimento do mandado para entrega do bem dado em depósito. Mas a do depositário *judicial*, como visto no item anterior, podia ser decretada no próprio processo em que se constituiu o encargo, como proclamava a *Súmula 619 do Supremo Tribunal Federal*, *verbis*: "A prisão do depositário judicial pode ser decretada no próprio processo em que se constituiu o encargo, independentemente da propositura de ação de depósito".

Decidiu o *Supremo Tribunal Federal*, numa primeira fase, que a Convenção Americana sobre Direitos Humanos, de 22 de novembro de 1969 e ratificada pelo Brasil em 25 de setembro de 1992, conhecida como Pacto de São José da Costa Rica e que declara que "ninguém deve ser detido por dívidas" (art. 7º, n. 7), constitui tratado internacional que, "por subordinar-se hierarquicamente à autoridade da Constituição Federal, e por tratar-se de norma infraconstitucional de caráter geral, não derrogou a legislação doméstica de natureza especial que disciplina a possibilidade de custódia na infidelidade depositária"[47].

Decidiu, também, o mesmo Tribunal: "Tratando-se de alienação fiduciária, é constitucional a possibilidade de decretar-se a prisão civil do depositário infiel, uma vez que as disposições contidas no Pacto de São José da Costa Rica, além de não poderem contrapor-se à permissão do artigo 5º, LXVII, da CF, não derrogaram, por serem normas infraconstitucionais gerais, as normas infraconstitucionais especiais que regem a matéria"[48].

Todavia, no dia 3 de dezembro de 2008, a referida Corte, em decisão histórica, por maioria do Plenário, negou provimento ao RE 466.343-SP, oriundo de uma ação concernente a um contrato de alienação fiduciária. A referida decisão pôs fim à prisão civil do depositário infiel, tanto nas hipóteses de contratos, como os de depósito, de alienação fiduciária, de arrendamento mercantil ou *leasing*, por exemplo, como no caso do depositário judicial. Em consequência, *o mesmo Tribunal revogou a Súmula 619, retrotranscrita.*

---

[46] REsp 11.799-SP, 4ª T., rel. Min. Athos Carneiro, *DJU* 30-11-1992.

[47] *RT*, 795/149.

[48] *RT*, 762/181.

A tese majoritária atribuiu *status* supralegal, acima da legislação ordinária, aos tratados sobre *Direitos Humanos*, embora situados em nível abaixo da Constituição. Por força da Emenda Constitucional n. 45/2004, foi acrescentado ao art. 5º da Constituição Federal um novo parágrafo (§ 3º), que confere valor de emenda constitucional ao tratado que for aprovado com *quorum* qualificado de três quintos dos votos de cada Casa Legislativa, em duas votações – o que ainda não veio a ocorrer com nenhum tratado internacional.

Prevaleceu, no aludido julgamento da *nossa Suprema Corte*, o entendimento de que o direito à liberdade é um dos direitos humanos fundamentais priorizados pela Constituição Federal, somente podendo ocorrer a sua privação em casos excepcionalíssimos, como no da prisão por dívida alimentar. O Pacto de São José da Costa Rica, retromencionado, proíbe, em seu art. 7º, n. 7, a prisão civil por dívida, excetuando apenas o devedor voluntário de pensão alimentícia. O mesmo ocorre com outros tratados sobre direitos humanos aos quais o Brasil aderiu, como, *verbi gratia*, o Pacto Internacional sobre Direitos Civis e Políticos, de 1966, patrocinado pela ONU, e a Declaração Americana dos Direitos da Pessoa Humana, firmada em Bogotá em 1948. Em consequência, a *aludida Corte editou a Súmula Vinculante 25, do seguinte teor: "É ilícita a prisão civil do depositário infiel, qualquer que seja a modalidade do depósito"*.

O Superior Tribunal de Justiça, por sua vez, adequou o seu posicionamento à referida decisão do *Supremo Tribunal Federal*, tendo a Ministra Nancy Andrighi, da 3ª Turma, no julgamento do *Habeas Corpus* 12.2251, ponderado que, em face do pronunciamento do Pretório Excelso de 3 de dezembro de 2008, os tratados e convenções internacionais sobre direitos humanos aos quais o Brasil aderiu têm *status* de norma supralegal. Assim, "por ter havido adesão ao Pacto de São José da Costa Rica, que permite a prisão civil por dívida apenas na hipótese de descumprimento inescusável de prestação alimentícia, não é cabível a prisão civil do depositário, qualquer que seja a natureza do depósito". Proclama, por seu turno, a Súmula 419 da aludida Corte: "Descabe a prisão civil do depositário judicial infiel".

A questão foi solucionada com a edição da *Súmula Vinculante 25 pelo Supremo Tribunal Federal, verbis*:

"É ilícita a prisão civil de depositário infiel, qualquer que seja a modalidade do depósito".

Se a coisa depositada foi furtada, por falta de cuidado do depositário, este não se exime de ter de pagar o equivalente a ela em dinheiro, pois sua situação se equipara à do depositário infiel[49].

---

49 *JTACSP*, 121/112.

Capítulo X
DO MANDATO

Sumário: 1. Conceito. 2. Características. 3. Mandato e representação. 4. Pessoas que podem outorgar procuração. 5. Pessoas que podem receber mandato. 6. A procuração como instrumento do mandato. Requisitos e substabelecimento. 7. Espécies de mandato. 8. Mandato especial e geral, e mandato em termos gerais e com poderes especiais. 9. Mandato outorgado a duas ou mais pessoas. 10. Aceitação do mandato. 11. Ratificação do mandato. 12. Obrigações do mandatário. 13. Obrigações do mandante. 14. Extinção do mandato. 15. Irrevogabilidade do mandato. 16. Mandato judicial.

1. CONCEITO

Opera-se o mandato, diz o art. 653 do Código Civil, "*quando alguém recebe de outrem poderes para, em seu nome, praticar atos ou administrar interesses*". Como explica com clareza Roberto de Ruggiero, "encarregar outrem de praticar um ou mais atos por nossa conta e no nosso nome, de modo que todos os efeitos dos atos praticados se liguem diretamente à nossa pessoa como se nós próprios os tivéssemos praticado, é o que tecnicamente se chama conferir ou dar mandato"[1].

A denominação deriva de *manu datum*, porque as partes se davam as mãos, simbolizando a aceitação do encargo e a promessa de fidelidade no cumprimento da incumbência. O vocábulo *mandato* designa ora o poder conferido pelo mandante, ora o contrato celebrado, ora o título deste contrato, de que é sinônimo a *procuração*. A pessoa que confere os poderes chama-se *mandante* e é o *representado*; a que os aceita diz-se *mandatário* e é *representante* daquela[2]. Mandato não se confunde com *mandado*, que é uma ordem judicial.

A principal característica do mandato, que ressalta da expressão "*em seu nome*", constante do retrotranscrito art. 653 do Código Civil, é a ideia de *representação*, que o distingue da locação de serviços e da comissão mercantil. Por essa razão, os atos do *mandatário* vinculam o *mandante*, se dentro dos poderes outorgados (art. 679). Os praticados além dos poderes conferidos no mandato só o vinculam se forem por ele ratificados (art. 665).

O *mandato* e a *prestação de serviços* têm pontos comuns. Enquanto os profissionais liberais são, em geral, apenas prestadores de serviços, o advogado é, ao mesmo tempo, mandatário e prestador de serviço. Para distinguir convenientemente as duas espécies de contrato, recomenda Washington de Barros Monteiro que se atente para o seguinte: "*a*) a *ideia de representação*, fundamental no primeiro e que não existe no segundo. O mandatário re-

[1] *Instituições de direito civil*, v. 3, p. 329-330.

[2] Cunha Gonçalves, *Dos contratos em especial*, p. 49-50.

presenta o mandante, enquanto o prestador de serviços não tem essa representação; *b*) o *objeto do contrato*, que, no mandato, é a autorização para realizar qualquer ato ou negócio jurídico e na prestação é a realização de um fato ou determinado trabalho, material ou imaterial; *c*) finalmente, a faculdade que tem o mandatário de deliberar e de querer, enquanto o prestador se limita a executar o ato exigido de suas aptidões ou habilidade"[3].

É também a *representação* que distingue o mandato da *preposição* exercida nas relações diárias e quotidianas pelos criados, operários, porteiros, motoristas particulares etc.

Igualmente o contrato de mandato não se confunde com o de *comissão mercantil*, que é contrato em que o comissário trata de negócios por conta do comitente. Basta mencionar que o comissário contrata em seu próprio nome, ficando diretamente obrigado com as pessoas com quem contrata, enquanto o mandatário age em nome do mandante, não se vinculando às pessoas com quem negocia.

A doutrina em geral entende que o que caracteriza o mandato é a ideia de representação. Não resta dúvida de que esta se encontra presente na grande maioria dos casos, mas não é essencial à configuração do mandato, havendo hipóteses em que este subsiste sem aquela; e outras ainda em que a mesma ideia existe, porém em contratos de natureza diversa, como se verá adiante, no item n. 3.

Os representantes podem ser *legais* (quando a lei lhes confere mandato para administrar bens e interesses alheios, como os pais, tutores, curadores etc.), *judiciais* (quando nomeados pelo juiz, como o inventariante e o síndico da falência, p. ex.) e *convencionais* (quando recebem procuração para agir em nome do mandante).

Em regra, todos os atos podem ser realizados por meio de procurador. Constitui requisito inafastável que o ato ou negócio colimado seja lícito e conforme aos bons costumes e à moral. O objeto do mandato não se limita, porém, aos atos patrimoniais. A adoção e o reconhecimento do filho natural, por exemplo, podem ser efetuados por meio de mandato. Até mesmo o casamento, que é um dos atos mais solenes do Código Civil e de reconhecida importância para a vida das pessoas, pode ser celebrado "*mediante procuração, por instrumento público, com poderes especiais*" (CC, art. 1.542). Alguns poucos, todavia, como o testamento, a prestação de concurso público, o serviço militar, o mandato eletivo, o exercício do poder familiar e outros, por serem personalíssimos, não podem ser praticados por representante.

Segundo o *Superior Tribunal de Justiça*, "A procuração outorgada pelo mandante sem que tenha sido reconhecida a firma de sua assinatura não invalida, por si só, o mandato, especialmente se a dúvida eventualmente existente acerca da autenticidade do documento vier a ser dirimida por prova suficiente, como a perícia grafotécnica"[4].

2. CARACTERÍSTICAS

O mandato é *contrato personalíssimo, consensual, não solene, em regra gratuito e unilateral. É contrato porque resulta de um acordo de vontades: a do mandante, que outorga a procuração, e a do mandatário, que a aceita*. A *aceitação* pode ser expressa ou tácita. Esta se configura pelo começo de execução (CC, art. 659). Vejamos as características supramencionadas:

a) É contrato *personalíssimo* ou *intuitu personae* porque se baseia na *confiança*, na presunção de lealdade e probidade do mandatário, podendo ser revogado ou renunciado quando aquela cessar e extinguindo-se pela morte de qualquer das partes. Celebra-se o contrato

---

3 *Curso de direito civil*, v. 5, p. 264.

4 STJ, REsp 1.787.027-RS, 3ª T., rel. Min. Nancy Andrighi, *DJe* 24-4-2020.

em consideração à pessoa do mandatário, sendo, destarte, a fidúcia o seu pressuposto fundamental. Como consequência, é essencialmente revogável, salvo as hipóteses previstas nos arts. 683 a 686, parágrafo único, do Código Civil. Cessada a confiança, qualquer das partes pode promover a resilição unilateral (*ad nutum*), pondo termo ao contrato.

b) É *consensual* porque se aperfeiçoa com o consenso das partes, em oposição aos contratos reais, que se aperfeiçoam somente com a entrega do objeto.

c) É igualmente *não solene*, por ser admitido o mandato tácito e o verbal (CC, art. 656), malgrado a afirmação constante do art. 653, segunda parte, de que "*a procuração é o instrumento do mandato*".

d) É também, em regra, contrato *gratuito*, porque o art. 658 do Código Civil diz presumir-se a gratuidade "*quando não houver sido estipulada retribuição, exceto se o seu objeto corresponder ao daqueles que o mandatário trata por ofício ou profissão lucrativa*". O mandato confiado a advogado, corretor ou despachante, por exemplo, presume-se oneroso.

Nesses casos, inexistindo acordo sobre a remuneração a ser paga, "*será ela determinada pelos usos do lugar, ou, na falta destes, por arbitramento*" pelo juiz, que naturalmente levará em conta a natureza, a complexidade e a duração do serviço (CC, art. 658, parágrafo único, segunda parte). O fato de ser gratuito ou remunerado não altera a sua essência. A ideia da gratuidade, que provém do direito romano (*Mandatum nisi gratuitum nullun est*), não se amolda perfeitamente à realidade atual, em que, no mais das vezes, o mandato é remunerado.

e) O mandato é ainda, em regra, *unilateral*, porque gera obrigações somente para o mandatário, podendo classificar-se como *bilateral imperfeito* devido à possibilidade de acarretar para o mandante, posteriormente, a obrigação de reparar as perdas e danos sofridos pelo mandatário e de reembolsar as despesas por ele feitas. Toda vez que se convenciona a remuneração, o mandato passa a ser *bilateral* e *oneroso*.

Outras características podem ser apontadas. Acentua CUNHA GONÇALVES que o mandato "é um dos raros contratos em que a aceitação da outra parte, neste caso, a do mandatário, não tem de figurar no título em que pelo mandante foram conferidos os poderes, nem tem de ser expressa, pois basta a aceitação tácita". Observa o mesmo autor que "é contrato que só pode ter por objeto *atos jurídicos* e não simples atos materiais, *fatos* ou serviços; pois ninguém confere mandato para cozinhar, fazer um vestuário ou calçado, chamar um automóvel, ou para qualquer compra insignificante: maço de cigarros, caixa de fósforos, caixa de papel"[5].

Por sua vez, preleciona CAIO MÁRIO[6] que o contrato de mandato é *preparatório*, pois habilita o mandatário para a prática de atos subsequentes que nele não estão compreendidos. Realmente, o contrato não se esgota em si mesmo. O seu objeto é a prática de atos que poderão ser característicos de outro contrato típico (a procuração outorgada para a compra e venda de um imóvel, p. ex.) ou atípico. No mandato para representar o herdeiro ou para pleitear em juízo, por exemplo, os atos do inventário ou da demanda não estão contidos no mandato, sendo-lhe externos.

3. MANDATO E REPRESENTAÇÃO

Como dissemos no volume 1 desta coleção (*v.* Livro III, Capítulo 2, n. 5), a doutrina em geral entende que o que caracteriza o mandato é a ideia de representação. Esta seria elemento essencial à sua configuração. Nesse sentido os pronunciamentos de CLÓVIS BEVILÁQUA, WASHINGTON DE BARROS MONTEIRO, CAIO MÁRIO, SILVIO RODRIGUES e outros.

---

5 *Dos contratos em especial*, p. 50-51.

6 *Instituições de direito civil*, v. III, p. 399.

ORLANDO GOMES, diversamente, entende que o legislador labora em equívoco quando dispõe que somente se opera o mandato quando alguém recebe de outrem poderes para, em seu nome, praticar atos ou administrar interesses alheios.

Aduz que se impõe a distinção, pois mostra-se evidente a confusão entre procuração e representação, que não se superpõem necessariamente. "Não somente foi excluída a possibilidade da existência de mandato sem representação, visto que o mandatário há de praticar atos ou administrar interesses sempre em nome do mandante, mas também não distinguiu, no próprio mandato com representação, as duas faces da relação jurídica. Contraditoriamente o Código edita regra que admite a atuação do mandatário sem representação. Preceitua, de fato, que, se o mandatário obrar em seu próprio nome, não terá o mandante ação contra os que com ele contrataram, nem estes contra o mandante. Nesta hipótese, não age em nome do mandante, deixando de configurar-se logicamente, em face da definição legal, a relação de mandato, que, entretanto, é admitida"[7].

Na mesma esteira sublinha FÁBIO MARIA DE MATTIA: "Pode faltar o direito de representação no mandato, sem que por isso o contrato degenere em outro diferente ou não produza nenhum efeito. Ordinariamente ocorre que o mandatário é o procurador do mandante, porém pode não sê-lo, quando, por estipulação ou por sua única vontade, o mandatário atua em nome próprio. (...) Em consequência, a representação é simplesmente um elemento da natureza do mandato, quer dizer, algo que não lhe sendo essencial, se compreende pertencer-lhe, sem necessidade de uma declaração especial, que, porém, pela mesma razão, pode-se suprimir mediante uma estipulação em contrário. Ainda quando, por geral, se entenda que o mandatário tem naturalmente a faculdade de representar o mandante, mesmo assim pode não ser o mandato representativo"[8].

Comungam desse entendimento, dentre outros, PONTES DE MIRANDA, JOSÉ PAULO CAVALCANTI, MAIRAN GONÇALVES MAIA JÚNIOR[9] e RENAN LOTUFO. Salienta o último, depois de mencionar também a doutrina estrangeira em abono de seu entendimento, que "pode ainda haver mandato sem representação, como nos casos em que o mandatário tem poderes para agir por conta do mandante mas em nome próprio. E há representação sem mandato, quando nasce de um negócio unilateral, a procuração, que pode ser autônoma como pode coexistir com um contrato de mandato"[10].

Em verdade, a representação é distinta do mandato, uma vez que pode haver representação sem mandato (na tutela, v. g.) e mandato sem representação, como na comissão mercantil.

---

7 *Introdução ao direito civil*, p. 383 e 393.

8 *Aparência de representação*, p. 13-14.

9 Frisa Mairan Gonçalves Maia Júnior que à "formação do contrato de mandato concorrem, necessariamente, as vontades do mandante e do mandatário, sendo indispensável o mútuo consenso, como aos contratos em geral. Neste passo, o contrato de mandato caracteriza-se como negócio jurídico bilateral, por ser sinalagmático, estabelecendo direitos e obrigações a ambas as partes contratantes. Por seu turno, a outorga do poder na representação voluntária é negócio jurídico unilateral, abstrato e receptivo, como já dito antes, sendo despicienda à sua formação a vontade do representante. Existe independentemente de seu exercício pelo representante, ou da realização do negócio jurídico representativo. Porém, há casos de contrato de mandato, em que o mandatário atua em nome do mandante (mandato representativo). Nada obsta, inclusive, que as disposições contratuais e a outorga de poder constem do mesmo documento. Contudo, a representação não é da essência do contrato de mandato, existindo mandato sem representação, quando, por exemplo, o mandatário atua em nome próprio, hipótese prevista expressamente pelo art. 1.307 do CC (*de 1916*). O representante, no entanto, sempre age em nome do *dominus negotii*, não podendo omitir esta qualidade, pena de não se configurar a representação" (*A representação no negócio jurídico*, p. 155).

10 *Código Civil comentado*, v. 1, p. 322.

O atual Código Civil não adotou a *teoria da separação*, adotada no Código Civil português (arts. 258º e s.), no Código Civil alemão (BGB, §§ 164 e s.), entre outros, tendo disciplinado unitariamente, na Parte Especial, o contrato de mandato e a representação voluntária. No entanto, age contraditoriamente ou de forma dúbia, como o fez o Código de 1916, quando no art. 663 trata de hipótese em que o mandatário age em seu próprio nome, mas no interesse do mandante.

A teoria da separação consagra o entendimento de que o poder de representação nasce não do mandato, mas de um negócio jurídico unilateral, autônomo e abstrato, a que a doutrina tem dado o nome de "procuração"[11]. Esclarece ORLANDO GOMES: "Quando o mandatário é procurador, o vínculo entre ele e o mandante é o lado interno da relação mais extensa em que participam, enquanto o lado externo se ostenta na qualidade de procurador, em razão da qual trata com terceiros. Nesta hipótese, o mandato é a relação subjacente à procuração"[12].

4. PESSOAS QUE PODEM OUTORGAR PROCURAÇÃO

Dispõe o art. 654 do Código Civil que "*todas as pessoas capazes são aptas para dar procuração mediante instrumento particular, que valerá desde que tenha a assinatura do outorgante*". Não podem fazê-lo, destarte, os absoluta e relativamente incapazes. Como os primeiros não assinam a procuração, que é outorgada pelo seu representante legal, pode ser dada por instrumento particular[13]. Os menores púberes são assistidos pelos seus representantes legais e firmam a procuração junto com estes, devendo outorgá-la por instrumento público, se for *ad negotia*, por força do supratranscrito art. 654.

A procuração *judicial*, todavia, não é regulada por esse dispositivo e sim pela lei processual (CC, art. 692; CPC, art. 105). Como esta não faz distinção entre parte capaz ou relativamente incapaz, o menor púbere pode outorgar procuração *ad judicia* por instrumento particular, assistido por seu representante legal, não sendo exigido o instrumento público[14]. Os arts. 34 e 50, parágrafo único, do Código de Processo Penal, que permitiam ao ofendido menor de 21 e maior de 18 anos, ou ao seu representante legal, oferecer queixa-crime, foram ab-rogados pelo art. 5º do atual Código Civil, visto que hoje, se o ofendido tiver 18 anos de idade, o direito de queixa somente poderá ser exercido por ele, que não tem mais representante legal. O mesmo fim teve o art. 792 da Consolidação das Leis do Trabalho, que autorizava os maiores de 18 e menores de 21 anos pleitear perante a Justiça do Trabalho sem a assistência de seus pais ou tutores.

Em virtude da isonomia conjugal (CF, art. 226, § 5º), a *mulher casada* não sofre mais restrições para outorgar mandato. O conferido por um dos cônjuges ao outro, para "*alienar ou gravar de ônus real os bens imóveis*" (CC, art. 1.647, I), deve observar a forma pública (CC, arts. 220 e 657). O analfabeto, por não possuir firma, deve também valer-se da forma pública para outorgar mandato.

---

[11] Leonardo Mattietto, A representação voluntária e o negócio jurídico da procuração, *Revista Trimestral de Direito Civil*, 2000, v. 4, p. 55-71.

[12] *Introdução ao direito civil*, p. 383-384.

[13] *RJTJSP*, 56/132.

[14] STJ, *RT*, 698/225. *V.* ainda: "O art. 38, do CPC [de 1973], com a nova redação dada pela Lei 8.952/1994 [atual CPC, art.105], a teor do que ensina a melhor doutrina, veio desburocratizar os trâmites processuais, razão pela qual não mais se exige seja reconhecida a firma de procuração outorgada a advogado, com o fim de postular em juízo, mesmo aquela que contenha poderes especiais" (STJ, REsp 154.245-RS, 6ª T., rel. Min. Fernando Gonçalves, *DJU* 16-2-1998).

O mandante pode constituir mandatário só para os atos que pessoalmente pode praticar. Assim, menor púbere, autorizado para casar, tem aptidão para constituir mandatário que o represente na cerimônia nupcial. Segundo esclarece Eduardo Espínola, o menor púbere autorizado a casar entende-se também autorizado a constituir mandatário para representá-lo no ato da celebração do matrimônio[15].

A capacidade é aferida na data da celebração do contrato. Se faltar no momento da formação do contrato, não terão validade os atos dele decorrentes, não se convalidando o vício com a superveniente aquisição da capacidade por parte do mandante. A boa-fé do mandatário ou a do terceiro com quem o mandante contratou não suprem a ausência ou a limitação da capacidade. Por outro lado, a perda ou diminuição superveniente da capacidade não invalida o mandato nem o ato decorrente de seu exercício[16].

5. PESSOAS QUE PODEM RECEBER MANDATO

Proclama o art. 666 do Código Civil que "*o maior de dezesseis e menor de dezoito anos não emancipado pode ser mandatário, mas o mandante não tem ação contra ele senão de conformidade com as regras gerais, aplicáveis às obrigações contraídas por menores*".

As relações entre o mandante e o terceiro não são afetadas. Os bens do incapaz, por outro lado, não são atingidos. O risco é do mandante, ao admitir mandatário relativamente incapaz, não podendo arguir a incapacidade deste para anular o ato. O mandatário, por sua vez, não responderá por perdas e danos em razão de má execução do mandato.

Preleciona, a propósito, Washington de Barros Monteiro: "O mandante pode designar, como mandatário, pessoa que não seja maior e capaz, desde que nele deposite confiança; se posteriormente se convence de que mal escolheu o mandatário, que se queixe de própria incúria; mas o terceiro que tratou com o representante nada terá que ver com as consequências da má escolha"[17].

Para o terceiro é, efetivamente, irrelevante que o mandatário seja ou não capaz de contratar, uma vez que o mandante é que responderá, a final. Importa-lhe tão só verificar se o mandante tem capacidade para outorgar mandato e se o ato a ser praticado pelo relativamente incapaz não excedeu os limites do mandato que lhe foi conferido.

Adverte, porém, Serpa Lopes que a proteção legal ao menor tem limites. O menor relativamente incapaz que for designado mandatário "não responderá por perdas e danos em consequência da má execução que venha a dar ao mandato recebido, nem dele se pode reaver qualquer elemento patrimonial em composição ao dano produzido. Todavia, isto não importa em converter uma medida de proteção em acobertamento de um enriquecimento ilícito. Tudo quanto se encontrar em poder do mandatário-menor em consequência do mandato, cabe ao mandante a respectiva ação *in rem verso*"[18].

O pródigo e o falido não são impedidos de exercer mandato, uma vez que a restrição que os atinge se limita à disposição de bens de seu patrimônio, e não os inibe de exercer outras atividades. Ademais, não comprometem eles os seus bens, pois é o mandante e não o mandatário quem se obriga[19].

---

15 *Dos contratos nominados no direito civil brasileiro*, p. 326, nota 21.

16 Jones Figueirêdo Alves, *Novo Código Civil comentado*, coord. de Ricardo Fiuza, p. 592.

17 *Curso de direito civil*, v. 5, p. 274.

18 *Curso de direito civil*, v. IV, p. 259.

19 Eduardo Espínola, *Dos contratos nominados no direito civil brasileiro*, p. 327; Cunha Gonçalves, *Dos contratos em especial*, p. 65.

Podem ser mencionados os seguintes casos de incapacidade para o exercício do mandato: a) os acionistas brasileiros não podem fazer-se representar nas reuniões de assembleia geral por mandatários estrangeiros (Dec.-Lei n. 2.063, de 7-3-1940, art. 199); b) o funcionário público, mesmo aposentado, não pode ser procurador perante qualquer repartição (Dec. n. 99.999/91, que revogou o Dec. n. 24.112/34, e art. 117, XI, da Lei n. 8.112/90), mas pode ser mandatário nos demais casos.

6. A PROCURAÇÃO COMO INSTRUMENTO DO MANDATO. REQUISITOS E SUBSTABELECIMENTO

Sendo de natureza consensual, o mandato não exige requisito formal para a sua validade, nem para a sua prova. Pode, assim, ser tácito ou expresso, e este verbal ou escrito (CC, art. 656). O mais comum é o mandato escrito, tendo como instrumento a *procuração*.

Preceitua, com efeito, o art. 653, segunda parte, do Código Civil que "*a procuração é o instrumento do mandato*". Mas devia acrescentar "*que não seja verbal ou tácito*"[20]. Tal afirmação, ao vincular a procuração ao mandato, repete o equívoco do art. 1.288 do diploma de 1916, pois o mandatário, em determinados casos, pode não ser procurador do mandante, como mencionado no item n. 3, *retro*. Tal ocorre, por exemplo, quando, por estipulação ou por sua única vontade, o mandatário atua em nome próprio. Procuração é ato unilateral de oferta; o mandato é bilateral e somente se perfaz com a aceitação dessa oferta.

Os requisitos da procuração encontram-se no § 1º do art. 654, que assim dispõe: "*O instrumento particular deve conter a indicação do lugar onde foi passado, a qualificação do outorgante e do outorgado, a data e o objetivo da outorga com a designação e a extensão dos poderes conferidos*". Pode ser manuscrito ou datilografado, xerocopiado[21] ou impresso. Não se deve, modernamente, proibir procuração transmitida por meios informatizados ou *fax*, ou ainda por carta, cuja aceitação resulta da execução do contrato proposto[22].

Se o ato objetivado exigir instrumento público, como a compra e venda de imóvel de valor superior à taxa legal, por exemplo, a procuração outorgada para a sua prática deve observar, necessariamente, a forma pública, pois o art. 657, primeira parte, do Código Civil preceitua que "*a outorga do mandato está sujeita à forma exigida por lei para o ato a ser praticado*".

A procuração por instrumento público é exigida em poucos casos, como nos de interesse de menores relativamente incapazes, assistidos por seu representante legal; nos de pessoas que não possam ou não saibam ler, sendo realizada a rogo; nos de compra e venda de imóveis de valor superior à taxa legal; nos de interesse de cegos etc.

---

20 Cunha Gonçalves, *Dos contratos em especial*, p. 51.

21 "Mandato. Juntada através de cópia xerográfica. As reproduções fotográficas ou obtidas por outros processos valem como certidões, sempre que o escrivão portar por fé a sua conformidade com o original" (*RT*, 681/140). "Procuração. Cópia do instrumento não autenticada. Insuficiência da mera alegação de inautenticidade ou falta de autenticidade do documento para demonstrar sua falsidade ou não correspondência com a realidade. Necessidade de impugnação do conteúdo. Ônus que compete àquele contra quem foi utilizada a fotocópia, sob pena de, implicitamente, reconhecer a conformidade" (*RT*, 676/171). "Procuração. Fotocópia autenticada por escrivão. Admissibilidade. Precedentes do STJ" (STJ, REsp 145.008-SP, rel. Min. Adhemar Maciel, *DJU* 17-11-1997).

Dispõe o art. 225 do novo Código Civil que quaisquer "*reproduções mecânicas ou eletrônicas*" de fatos ou de coisas "*fazem prova plena destes, se a parte, contra quem forem exibidos, não lhes impugnar a exatidão*". Decidiu o STJ: "Não é permitido ao juiz indeferir liminarmente o pedido, ao fundamento de que as cópias que o instruem carecem de autenticação. O documento ofertado pelo autor presume-se verdadeiro, se o demandado, na resposta, silencia quanto à autenticidade" (*RSTJ*, 141/17).

22 Sílvio Venosa, *Direito civil*, v. III, p. 278.

O *reconhecimento da firma* no instrumento particular *ad negotia* poderá ser exigido pelo terceiro com quem o mandatário tratar (CC, art. 654, § 2º). Mas a procuração *ad judicia* não o exige (CPC, art. 105)[23]. Pode esta ser assinada digitalmente com base em certificado emitido por Autoridade Certificadora credenciada, na forma da lei específica (parágrafo único, acrescentado pela Lei n. 11.419, de 19-12-2006), bem como do § 1º do mencionado art. 105 do Código de Processo Civil. O analfabeto que não tenha firma não pode passar procuração *ad negotia* por instrumento particular, como foi dito no item 4, *retro*. Denomina-se *apud acta* a procuração outorgada verbalmente, no momento da realização do ato (em geral, na audiência), perante o juiz e constante de termo lavrado pelo escrivão.

Segundo o *Superior Tribunal de Justiça*, "A procuração outorgada pelo mandante sem que tenha sido reconhecida a firma de sua assinatura não invalida, por si só, o mandato especialmente se a dúvida eventualmente existente acerca da autenticidade do documento vier a ser dirimida por prova suficiente, como a perícia grafotécnica"[24].

Embora o mandato tenha natureza personalíssima, inexiste empeço a que o mandatário se valha da ajuda de auxiliares, na realização dos atos convencionados. Pode ele, ainda, transferir a outrem os poderes recebidos do mandante. A este ato de transferência dá-se o nome de *substabelecimento*, considerado subcontrato ou contrato derivado.

O *substabelecimento*, diz o art. 655 do Código Civil, pode ser feito "*mediante instrumento particular*", ainda que a procuração originária tenha sido outorgada "*por instrumento público*", *com reserva* ou *sem reserva* de poderes. Na primeira hipótese, o substabelecente pode continuar a usar dos poderes substabelecidos; na segunda, ocorre verdadeira renúncia do mandato. O substabelecimento pode ser, também, *total* ou *parcial*. No primeiro caso, o substabelecido outorga a outrem todos os poderes recebidos; no segundo, o substabelecido fica inibido de praticar certos atos.

Interpretando o dispositivo em apreço, estabelece o *Enunciado n. 182 do Conselho da Justiça Federal, aprovado na III Jornada de Direito Civil* (2002), que "o mandato outorgado por instrumento público previsto no art. 655 do CC somente admite substabelecimento por instrumento particular quando a forma pública for facultativa e não integrar a substância do ato".

A defeituosa redação do art. 1.289, § 2º, do Código de 1916 deu margem a muita controvérsia. Discutia-se, embora o aludido dispositivo dispusesse sobre substabelecimento, se era necessária procuração por instrumento público para que o mandante se fizesse representar em ato para o qual fosse substancial a escritura pública, ou se, porque o mandato gera obrigações exclusivamente entre mandante e mandatário, nada tendo que ver com as relações jurídicas oriundas do ato definitivo visadas pelo primeiro, poderia aquela ser outorgada por instrumento particular.

O Código Civil de 2002 pôs termo à polêmica ao tratar separadamente da forma da procuração originária e da exigida para o substabelecimento. Este não está sujeito a forma especial, pois dispõe o art. 655 que, "*ainda quando se outorgue mandato por instrumento público, pode substabelecer-se mediante instrumento particular*". A forma da procuração originária é estabelecida no art. 657, primeira parte, retrotranscrito, segundo o qual "*a outorga do mandato está sujeita à forma exigida por lei para o ato a ser praticado*". Optou-se, neste caso, como observa Caio Mário, pela atração de forma[25].

---

23 "A exigência de reconhecimento de firma na procuração ou no substabelecimento 'ad judicia', constante da redação primitiva do CPC, foi cancelada pela Lei 8.952, de 13-12-1994" (*RT*, 724/368).

24 STJ, REsp 1.787.027-RS, 3ª T., rel. Min. Nancy Andrighi, *DJe* 24-4-2020.

25 *Instituições de direito civil*, v. III, p. 403.

Quando o substabelecimento é feito *com reserva* de poderes, o substabelecente conserva os poderes recebidos, para poder usá-los juntamente com o substabelecido, total ou parcialmente; sendo *sem reserva*, a cessão dos poderes é integral e o mandatário desvincula-se do contrato, que passa à responsabilidade exclusiva do substabelecido. Por ser definitiva, equivale à renúncia ao poder de representação. No substabelecimento com reserva de poderes, ao procurador é dado reassumi-los em qualquer momento, por se tratar de transferência provisória[26].

7. ESPÉCIES DE MANDATO

O mandato, quanto ao modo de declaração da vontade, pode ser "*expresso ou tácito, verbal ou escrito*" (CC, art. 656). Pode ser, ainda, gratuito ou remunerado (art. 658), judicial ou extrajudicial (art. 692), simples ou empresário (arts. 966 e 1.018), geral ou especial (art. 660) e em termos gerais e com poderes especiais (art. 661). Quando outorgado a mais de uma pessoa, pode ser conjunto, solidário, sucessivo ou fracionário (art. 672).

De acordo com o *Enunciado n. 183 do Conselho da Justiça Federal, aprovado na III Jornada de Direito Civil* em 2004, "Para os casos em que o parágrafo primeiro do art. 661 exige poderes especiais, a procuração deve conter a identificação do objeto". Tal exigência decorre da previsão da pena de nulidade do ato, por desrespeito à forma e à solenidade (CC, art. 166, IV e V).

O mandato *tácito* só é admissível nos casos em que a lei não exija mandato expresso. A aceitação do encargo, neste caso, dá-se por atos que a presumem, como sucede quando há começo de execução[27]. Tal modalidade, embora aceita no direito romano, não era acolhida por parte da doutrina e foi contestada no direito francês, em que alguns só admitiam que a aceitação fosse tácita. O próprio Clóvis Beviláqua[28] dizia que o mandato deverá ser sempre expresso e que mandato tácito configura a gestão de negócios. Somente com o advento do Código Civil passou o renomado jurista a admiti-lo.

O Código Civil de 2002 presume, em alguns casos, a existência de mandato para a prática de determinados atos, hipóteses estas que são mencionadas pela doutrina como de mandato tácito. Assim, por exemplo, o art. 1.643 e incisos I e II do mencionado diploma autorizam os cônjuges, independentemente de autorização um do outro, a "*comprar, ainda a crédito, as coisas necessárias à economia doméstica*" e a "*obter, por empréstimo, as quantias que a aquisição dessas coisas possa exigir*"; o art. 1.324 presume representante comum "*o condômino que administrar sem oposição dos outros*"; o art. 1.652, II, responsabiliza o cônjuge que estiver na posse dos bens particulares do outro "*como procurador, se tiver mandato expresso ou tácito para os administrar*". Além disso, a legislação cambial e o art. 891 do atual Código Civil presumem ter o portador de título de crédito mandato para inserir a data e o lugar da emissão.

A jurisprudência tem admitido a existência de mandato tácito pelo início da execução, em alguns casos, especialmente nos de mandato judicial, sem o efetivo poder de representação[29]. Assinala Renan Lotufo, em monografia sobre o tema, que "o mandato tácito não envolve poder de representação, porque este depende de manifestação unilateral expressa"[30].

---

26 Orlando Gomes, *Contratos*, p. 398.

27 Orlando Gomes, *Contratos*, p. 391.

28 *Código Civil dos Estados Unidos do Brasil comentado*, v. V, p. 331-332.

29 "O mandato tácito somente se configura quando o advogado, acompanhado da parte, tenha participado de pelo menos um ato de audiência. A simples assinatura na contestação, ou na peça recursal, não se traduz em ato suficiente, para demonstrar a ocorrência de mandato tácito" (*Bol. AASP*, 1.825/535). "O reconhecimento de mandato tácito não confere ao mandatário o poder de substabelecer" (*Bol. AASP*, 1.776/10).

30 *Questões relativas a mandato, representação e procuração*, p. 95.

O mandato, sob o ponto de vista da forma, pode ser ainda verbal ou escrito. O *verbal* só vale nos casos em que não se exija o escrito e pode ser comprovado por testemunhas e outros meios de prova admitidos em direito[31], "não dispondo a lei de modo diverso" (CPC, art. 442). O mandato escrito é o mais comum e pode ser outorgado por instrumento particular (CC, art. 654) ou por instrumento público, nos casos expressos em lei. Proclama o art. 657 do Código Civil que "*a outorga do mandato está sujeita à forma exigida por lei para o ato a ser praticado*", e que "*não se admite mandato verbal quando o ato deva ser celebrado por escrito*", adotando-se, assim, o princípio da atração da forma.

Destaca-se que a *Súmula 644 do Superior Tribunal de Justiça* estipula que: "O núcleo de prática jurídica deve apresentar o instrumento de mandato quando constituído pelo réu hipossuficiente, salvo nas hipóteses em que é nomeado pelo juízo". Pondera Orlando Gomes que não se deve confundir mandato com *procuração*. Também esta, afirma, "pode ser escrita ou verbal, devendo ter, indeclinavelmente, a primeira dessas formas, se os atos que ao procurador cumpre praticar exigem instrumento público ou particular. Mas o contrato de mandato pode ser verbal, e a procuração, escrita"[32].

Levando em consideração as relações entre o mandante e o mandatário, o mandato pode ser *gratuito* ou *remunerado*, conforme seja estipulada ou não retribuição ao mandatário, conforme comentado no item 2, "d", *retro*, ao qual nos reportamos.

Encarado sob o aspecto da finalidade para a qual o mandatário assume o encargo, o mandato pode ser classificado em *judicial* e *extrajudicial*. O primeiro habilita o advogado a agir em juízo e é regido por normas especiais. O art. 692 do Código Civil declara que "*o mandato judicial fica subordinado às normas que lhe dizem respeito, constantes da legislação processual*". O Código Civil aplica-se-lhe apenas subsidiariamente. Não se destinando à atividade postulatória, o mandato é *extrajudicial*. Neste caso, o seu instrumento, a procuração outorgada pelo mandante ao mandatário, será *ad negotia*.

Procuração *ad negotia* é a conferida para a prática e administração de negócios em geral; *ad judicia*, a outorgada para o foro, autorizando o procurador a propor ações e a praticar atos judiciais em geral. Tem-se decidido que, se a procuração *ad judicia* é outorgada a pessoa desprovida de capacidade postulatória para peticionar em juízo, pode o mandatário substabelecer os poderes que recebeu para alguém munido dessa capacidade, pois se trata de contrato de direito material[33].

O mandato classificava-se, ainda, pelo conteúdo, em *civil* e *mercantil*, conforme as obrigações do mandatário consistissem, ou não, na prática de atos ou na administração de interesses comerciais. Enquanto o primeiro se presumia gratuito, se não fosse estipulada remuneração ou não tivesse por objeto atividade que o mandatário exercia por ofício ou profissão lucrativa, o mandato mercantil era normalmente oneroso.

Com a entrada em vigor do Código Civil de 2002, unificando o direito das obrigações e criando novo livro denominado "Direito de Empresa", bem como revogando a Parte Primeira do Código Comercial, todos os mandatos passaram a ser civis. Podem eles, no entanto, ser classificados em *simples* e *empresários*. Estes são restritos aos negócios mercantis, entre empresários (CC, art. 966).

Os arts. 686 e 689 são apontados pela doutrina como exemplos de *mandato aparente*. Trata-se de questão pouco estudada no direito brasileiro, estando a merecer, na opinião de

---

31 "Confere mandato verbal ao advogado a parte que comparece acompanhada dele em audiência" (*RJTJSP*, Lex, 82/205). No Juizado Especial, admite-se expressamente o mandato verbal para o foro em geral (LJE, art. 9º, § 3º).

32 *Contratos*, p. 391.

33 *RT*, 786/306.

Fábio Maria de Mattia, estudo mais acurado. Salienta o ilustre professor paulista que "a matéria necessita ainda de uma maior elaboração doutrinária e jurisprudencial, para que o uso contínuo e indiscriminado da teoria da aparência não leve a um exagero de sua aplicação a pretexto de salvaguardar interesses de terceiros, contra os legítimos interesses do representado ou do suposto representado[34].

Caracteriza-se o mandato aparente quando terceiro de boa-fé contrata com alguém que tem toda a *aparência* de ser representante de outrem, mas na verdade não o é. Segundo Caio Mário, pelo princípio da boa-fé reputar-se-á válido o ato e vinculado ao terceiro o pretenso mandante. O fundamento da eficácia reside na *aparência do mandato*, sem necessidade de apurar a causa do erro. Relembra o mencionado civilista, como exemplos, "o ter assinado em branco o instrumento, ou havê-lo redigido obscuramente, ou ainda ter revogado o mandato sem comunicá-lo a terceiro etc."[35].

8. MANDATO ESPECIAL E GERAL, E MANDATO EM TERMOS GERAIS E COM PODERES ESPECIAIS

O mandato, tendo em vista a extensão dos poderes conferidos, pode ser *especial* a um ou mais negócios determinadamente, ou *geral* a todos os do mandante (CC, art. 660). O especial é restrito ao negócio especificado no mandato (como para a venda de determinado imóvel ou requerer a falência do comerciante impontual, p. ex.), não podendo ser estendido a outros. Tais modalidades não se confundem com os mandatos *em termos gerais* e com *poderes especiais*.

O mandato *em termos gerais* (dizendo, p. ex., que o mandatário pode praticar todos os atos necessários à defesa dos interesses do mandante) sofre uma restrição determinada pelo legislador: "*só confere poderes de administração*" (CC, art. 661). Para atribuir os que ultrapassem a administração ordinária ("*alienar, hipotecar, transigir*" etc.), "*depende a procuração de poderes especiais e expressos*" (art. 661, § 1º). Embora o objeto do mandato seja de interpretação estrita, a outorga de alguns poderes implica a de outros, que lhe são conexos: o de receber envolve o de dar quitação; o de vender imóvel, o de assinar escritura, por exemplo.

Conforme o *Enunciado n. 183 do Conselho da Justiça Federal, aprovado na III Jornada de Direito Civil em 2004*, "para os casos em que o § 1º do art. 661 exige poderes especiais, a procuração deve conter a identificação do objeto".

O mandato *com poderes especiais* só autoriza a prática de um ou mais negócios jurídicos especificados no instrumento. Limita-se aos referidos atos, sem possibilidade de estendê-lo por analogia. Portanto, o mandatário só pode exercer tais poderes no limite da outorga recebida[36]. A propósito, assinalou o *Superior Tribunal de Justiça* que o "*animus donandi* materializa-se pela indicação expressa do bem e do beneficiário da liberalidade, razão por que é insuficiente a cláusula que confere poderes genéricos para a doação (REsp 503.675-SP, 3ª T., *DJe* 27-6-2005)"[37].

A referida Corte tem entendido que no caso de mandato para a venda de imóvel os poderes especiais atribuídos precisam indicar precisamente qual o bem que será alienado, não bastando meras expressões genéricas. Assim, "o propósito recursal é definir se a procuração que estabeleceu ao causídico poderes para alienar 'quaisquer imóveis localizados em todo o território nacional' atende aos requisitos do art. 661, § 1º, do CC/2002, que exige

---

34 *Aparência de representação*, p. 229.

35 *Instituições de direito civil*, v. III, p. 411.

36 *RT*, 624/142.

37 STJ, REsp 1.575.048-SP, rel. Min. Marco Buzzi, *DJe* 26-2-2016.

poderes especiais e expressos para tal desiderato. Nos termos do art. 661, § 1º, do CC/2002, para alienar, hipotecar, transigir ou praticar quaisquer atos que exorbitem da administração ordinária, depende a procuração de poderes especiais e expressos. Os poderes expressos identificam, de forma explícita (não implícita ou tácita), exatamente qual o poder conferido (por exemplo, o poder de vender). Já os poderes serão especiais quando determinados, particularizados, individualizados os negócios para os quais se faz a outorga (por exemplo, o poder de vender tal ou qual imóvel). No particular, de acordo com o delineamento fático feito pela instância de origem, embora expresso o mandato – quanto aos poderes de alienar 'quaisquer imóveis localizados em todo território nacional'– não se conferiu ao mandatário poderes especiais para alienar aquele determinado imóvel. A outorga de poderes de alienação de 'quaisquer imóveis em todo o território nacional' não supre o requisito de especialidade exigido por lei que, como anteriormente referido, exige referência e determinação dos bens concretamente mencionados na procuração"[38].

A "*administração ordinária*" a que se refere o mencionado § 1º do art. 661 do Código Civil compreende atos de simples gerência, como, *verbi gratia*, pagamento de impostos, contratação e despedida de empregados e realização de pequenos consertos, não autorizando a alienação de bens não destinados a essa finalidade, nem a sua oneração mediante hipoteca, salvo a disposição de bens de fácil deterioração. Não pode hipotecar o mandatário que apenas dispõe de poderes para alienar, pois os poderes conferidos sempre se interpretam restritivamente[39]. Se o mandatário tem poderes para transigir, receber e dar quitação, pode também desistir. Aduz o § 2º do aludido dispositivo legal que "*o poder de transigir não importa o de firmar compromisso*".

Washington de Barros Monteiro[40] elenca diversos outros atos que exorbitam da administração ordinária, destacando-se os seguintes: para a celebração do casamento e para que o mandatário possa receber, em nome do outorgante, o outro contraente (CC, art. 1.543); para a representação do testamenteiro em juízo e fora dele (CC, art. 1.985); para oferecer queixa-crime (CPP, art. 44); para dar fiança; para o aceite de cambial; para o levantamento de dinheiro etc.

9. MANDATO OUTORGADO A DUAS OU MAIS PESSOAS

Dispõe o art. 672 do Código Civil que, "*sendo dois ou mais os mandatários nomeados no mesmo instrumento, qualquer deles poderá exercer os poderes outorgados, se não forem expressamente declarados conjuntos, nem especificadamente designados para atos diferentes, ou subordinados a atos sucessivos. Se os mandatários forem declarados conjuntos, não terá eficácia o ato praticado sem interferência de todos, salvo havendo ratificação, que retroagirá à data do ato*".

A presunção é a de que o mandato outorgado a mais de uma pessoa é *solidário*, podendo qualquer delas atuar e substabelecer separadamente. Para que os mandatários sejam considerados conjuntos, ou especificamente designados para atos diferentes, ou sucessivos, é indispensável que assim conste do instrumento. A cláusula *in solidum* significa que os procuradores são declarados *solidários* e autoriza a atuação conjunta ou separadamente, consoante as regras da solidariedade passiva.

Se os nomeados forem declarados *conjuntos*, ficarão impedidos de validamente atuar em separado, podendo, no entanto, os que não participaram do ato, ratificá-lo posteriormen-

---

38 STJ, REsp 1.814.643-SP, 3ª T., rel. Min. Nancy Andrighi, j. 22-10-2019.

39 *RT*, 674/128.

40 *Curso de direito civil*, v. 5, p. 272.

te. Se forem considerados *sucessivos*, devem proceder na ordem de sua nomeação, e cada um no impedimento do anteriormente referido. No silêncio do contrato, serão simultâneos e solidários, podendo qualquer deles exercer os poderes outorgados. O Código Civil de 2002 introduziu orientação diversa da constante do Código de 1916, que determinava a sucessividade, nesta última hipótese.

O mandato diz-se *fracionário* quando se concede a um mandatário poder distinto do que foi outorgado ao outro.

10. ACEITAÇÃO DO MANDATO

Sendo o mandato um contrato, exige aceitação para se aperfeiçoar, ainda que não seja expressa. Vigora nessa matéria a liberdade de forma. A aceitação do mandatário nunca figura na procuração. Esta é, via de regra, a conclusão de um acordo verbal ou por simples proposta do mandante, às vezes até residente em local distante. O mandante entrega ou remete a procuração ao mandatário e este, recebendo-a, dá início à sua execução[41].

Prescreve, com efeito, o art. 659 do Código Civil: "*A aceitação do mandato pode ser tácita, e resulta do começo de execução*". Quase sempre ela é tácita. O silêncio do mandatário e a não devolução imediata da procuração são sinais de aceitação, especialmente da parte de profissionais, como advogados, despachantes, comissários, agentes etc. Assevera Caio Mário que o mandato, sendo um contrato, "exige aceitação, ainda que singela: a) a mais franca, se bem que não seja a mais comum, é a aceitação *expressa*, sob qualquer modalidade de declaração volitiva; b) pode, porém, ser *tácita*, quando o mandatário inequivocamente a patenteia por sua conduta ou atitude, como é, para este efeito, o começo de execução (Código Civil, art. 659)"[42].

11. RATIFICAÇÃO DO MANDATO

A regra é a de que o mandatário só pode, validamente, agir nos estritos limites dos poderes que lhe foram conferidos. Se houver excesso de mandato quanto a esses limites e ao tempo em que poderiam ser exercidos, o ato será ineficaz em relação àquele em cujo nome foram praticados. Dispõe, com efeito, o art. 662 do Código Civil: "*Os atos praticados por quem não tenha mandato, ou o tenha sem poderes suficientes, são ineficazes em relação àquele em cujo nome foram praticados, salvo se este os ratificar*". Acrescenta o parágrafo único que "*a ratificação há de ser expressa, ou resultar de ato inequívoco, e retroagirá à data do ato*".

Pode o mandante, portanto, impugnar o ato fundamentadamente ou optar por ratificá-lo. A ratificação, como visto, pode ser expressa ou tácita, resultando esta de ato inequívoco que demonstre a vontade do mandante em cumprir o negócio realizado em seu nome pelo mandatário. Se o locador, por exemplo, receber os aluguéis de imóvel locado por mandatário com excesso de poderes, ter-se-á por ratificado o contrato de locação, aplicando-se à hipótese os arts. 172 a 174 do novo diploma.

Proclama, por fim, o art. 665 do Código Civil: "*O mandatário que exceder os poderes do mandato, ou proceder contra eles, será considerado mero gestor de negócios, enquanto o mandante lhe não ratificar os atos*"[43].

---

[41] Cunha Gonçalves, *Dos contratos em especial*, p. 56-57.

[42] *Instituições de direito civil*, v. III, p. 403.

[43] "Evicção. Indenização. Imóvel objeto de compromisso de compra e venda. Responsabilidade assumida por mandatário, copromitente-vendedor, por si e por seu mandante, em desacordo com a procuração. Ato não ratificado, transformando-o em mero gestor de negócios" (*RJTJSP*, Lex, 135/99).

12. OBRIGAÇÕES DO MANDATÁRIO

Ao aceitar o mandato o mandatário assume a obrigação de praticar determinado ato ou realizar um negócio jurídico em nome do mandante. O conteúdo do mandato consiste, destarte, numa obrigação de fazer. Conseguintemente, as obrigações do mandatário resumem-se, em apertada síntese, em executar o mandato[44], agindo em nome do mandante com o necessário zelo e diligência, e transferir-lhe as vantagens que auferir, prestando-lhe, a final, contas de sua gestão[45]. Desdobrando-se os vários deveres que daí decorrem, pode-se dizer que as obrigações do mandatário consistem em:

a) *Agir em nome do mandante, dentro dos poderes conferidos na procuração.* Se excedê-los, ou proceder contra eles, reputar-se-á "*mero gestor de negócios, enquanto o mandante lhe não ratificar os atos*" (CC, art. 665). Desse modo, se exorbita, não vincula o mandante, pois, em vez de agir como mandatário, atua como mero gestor de negócios. Mas o mandante pode impugná-los, pois o excesso será anulável. A ratificação valida o ato, fazendo com que os seus efeitos retroajam à data em que foi praticado (art. 662, parágrafo único).

É verdade, assinala Silvio Rodrigues, que, "se o ato for útil, o representado deve cumprir as obrigações assumidas pelo gestor, como também, se o representado ratificar o ato praticado com exorbitância de poderes, o mesmo ganha validade, pois a ratificação, transformando a gestão de negócios em mandato, faz com que os efeitos do ato retroajam à data em que foi praticado, e produzam todos os efeitos do mandato (CC, art. 873)"[46].

b) Aplicar toda a sua "*diligência habitual na execução do mandato*" e em "*indenizar qualquer prejuízo causado por culpa sua ou daquele a quem substabelecer*" (CC, art. 667).

Haverá culpa do mandatário, portanto, se não tiver aplicado sua diligência habitual (*diligentia quam in rebus suis*). O dispositivo em apreço pressupõe a diligência ordinária, a ser aferida *in concreto*. Todavia, se o mandatário é habitualmente negligente ou moroso, mesmo nas suas coisas, como muitas pessoas o são, não basta que ele empregue a sua *diligência habitual*. Alguns códigos são por isso mais exigentes. O antigo Código Civil português (art. 1.336), por exemplo, exigia do mandatário "toda a diligência de que é capaz". O diploma venezuelano emprega a expressão "conscienciosamente e com os cuidados que exige a natureza do ato"[47].

Tratando-se de responsabilidade contratual, o mandante não tem de provar a culpa do mandatário, culpa que se presume sempre que não houve *bom desempenho do mandato*. Ao mandante que comparece em juízo basta demonstrar esse fato. O mandatário é que deve alegar e provar quais as razões por que não cumpriu ou executou mal o seu mandato e a ausência de qualquer comportamento culposo de sua parte, para subtrair-se ao dever de indenizar[48].

O Código Civil trata também da responsabilidade do mandatário por atos praticados pelo substabelecido, figurando quatro diferentes hipóteses. "*Havendo poderes de substabelecer*",

---

44 O mandatário só ficará liberado da responsabilidade pela inexecução do mandato quando o cumprimento for impossibilitado por caso fortuito ou de força maior, considerando-se, além dos geralmente como tais havidos (incêndio, inundação, guerra, epidemia etc.), também a insolvência do devedor anterior ao mandato; o perecimento, sem culpa do mandatário, da coisa confiada pelo mandante ou que este devia receber; a recusa de terceiro com quem aquele devia contratar; e também a culpa do mandante, como quando não forneceu o numerário necessário ou deu instruções insuficientes, errôneas e imprecisas (Cunha Gonçalves, *Dos contratos em especial*, p. 67).

45 Serpa Lopes, *Curso de direito civil*, v. IV, p. 267; Silvio Rodrigues, *Direito civil*, v. 3, p. 291.

46 *Direito civil*, v. 3, p. 292.

47 Cunha Gonçalves, *Dos contratos em especial*, p. 65; Eduardo Espínola, *Dos contratos nominados no direito civil brasileiro*, p. 331, n. 43.

48 Cunha Gonçalves, *Dos contratos em especial*, p. 67; Silvio Rodrigues, *Direito civil*, v. 3, p. 293.

diz o art. 667, § 2º, "*só serão imputáveis ao mandatário os danos causados pelo substabelecido, se tiver agido com culpa na escolha deste ou nas instruções dadas a ele*". Em regra, pois, não responde o procurador, nessa hipótese, pelos danos causados pelo substabelecido, pois este se torna representante do mandante, passando a existir entre ambos o contrato de mandato, a não ser que o último demonstre a culpa *in eligendo* do primeiro, caracterizada pela má escolha do substituto, fazendo-a recair em pessoa que careça das qualidades necessárias, notoriamente incapaz, desonesta ou insolvente.

Se o procurador, na segunda hipótese, vier a substabelecer a procuração *sem ter sido autorizado a fazê-lo*, responderá pelos prejuízos que o mandante sofrer "*por culpa sua ou daquele a quem substabelecer*" (CC, art. 667, *caput*). A sua responsabilidade nesse caso é maior, pois só a ele foi cometido o encargo (obrigação *intuitu personae*). É, portanto, o único responsável pelos prejuízos causados ao mandante em virtude do comportamento negligente do substabelecido. Este não passa de mero preposto do substabelecente. Responde o mandatário, neste caso, por culpa sua ou do substabelecido, como proclama o aludido dispositivo legal.

Em terceiro lugar, se havia *proibição do mandante*, responderá o mandatário perante este "*pelos prejuízos ocorridos sob a gerência do substituto*", derivados de culpa deste e até mesmo pelos decorrentes do "*fortuito, salvo provando que o caso teria sobrevindo, ainda que não tivesse havido substabelecimento*" (CC, art. 667, § 1º). A referida hipótese, de o procurador substabelecer a procuração a despeito de proibição mandante, é bastante rara. Havendo cláusula proibitiva, o substabelecimento já configura, por si, uma infração contratual. Neste caso, os atos praticados pelo substabelecido não obrigam o mandante, salvo ratificação expressa, que retroagirá à data do ato.

Havendo proibição de substabelecer, nem por isso o mandatário está impedido de transferir a outrem os seus poderes. Ocorrerá apenas um agravamento de sua responsabilidade, pois passará a responder pelos prejuízos causados pelo substituto, embora provenientes de caso fortuito. Na realidade, é sempre possível substabelecer, até mesmo quando proibida a substituição, variando apenas as consequências do ato. Há uma espécie de gradação da responsabilidade do mandatário, conforme haja ou não proibição expressa de substabelecer[49].

A propósito, preleciona Orlando Gomes, referindo-se ao mandatário: "Havendo proibição, ainda assim não estará tolhido de substabelecer, mas sua responsabilidade se agrava. Nesse caso, responde até pelos prejuízos resultantes do caso fortuito, a menos que prove sobreviriam ainda não houvesse substabelecimento"[50].

Anote-se que não há qualquer formalidade para o substabelecimento, sendo realizado, comumente, no próprio instrumento do mandato, embora possa ser efetivado também em papel separado. Como já foi dito, "*ainda quando se outorgue mandato por instrumento público, pode substabelecer-se mediante instrumento particular*" (CC, art. 655).

Washington de Barros Monteiro, com base em jurisprudência que colaciona, diz que o substabelecido poderá cobrar diretamente do mandante a remuneração, desde que ocorram em seu favor os pressupostos seguintes: "*a*) se o mandato originário continha poderes para substabelecer; *b*) se mandato teve ciência do substabelecimento ou a ele aquiesceu; *c*) se os serviços prestados pelo substabelecido lhe foram proveitosos"[51].

---

49 Serpa Lopes, *Curso de direito civil*, v. IV, p. 270; Jones Figueirêdo Alves, *Novo Código Civil comentado*, p. 608. *V.* a jurisprudência: "Substabelecimento. Vedação para substabelecer. Circunstância que não invalida o ato, mas apenas acarreta a responsabilidade pessoal do substabelecente pelos atos praticados pelo substabelecido" (STJ, *RT*, 784/209).

50 *Contratos*, p. 398.

51 *Curso de direito civil*, v. 5, p. 277.

E, em quarto lugar, *sendo omissa a procuração* quanto ao substabelecimento, o procurador será responsável "*se o substabelecido proceder culposamente*" (CC, art. 667, § 4º). O mandatário somente responderá se o substituto incorrer em culpa. No silêncio da procuração, pois, o mandatário que substabelece responde pelos danos sofridos pelo comitente, por culpa do substituto, como se tivesse ele mesmo praticado os atos ou incorrido na falta. A sua responsabilidade neste caso, todavia, é menor do que quando há proibição.

A omissão do poder de substabelecer não importa a proibição de tal ato. O substabelecimento sempre é possível, mas o mandatário assume a inteira responsabilidade por sua deliberação.

c) *Prestar contas* de sua gerência ao mandante, "*transferindo-lhe as vantagens provenientes do mandato, por qualquer título que seja*" (CC, art. 668). Só estará dispensado de prestá-las o procurador em causa própria (*v.* n. 15, *infra*). Todas as pessoas que recebem ou administram bens e interesses de outrem, como o inventariante, o tutor, o curador, o testamenteiro e outros, inclusive o mandatário, são obrigadas a prestar contas de sua gestão[52].

A prestação de contas, sendo obrigação do mandatário, que pode apresentá-las espontaneamente, sem que o mandante lhas peça, é também direito. Tal obrigação transmite-se aos herdeiros do mandatário, embora seja intransmissível o exercício do mandato. Além de prestar contas, o mandatário é obrigado a transferir ao mandante todas as vantagens provenientes do mandato, por qualquer título que seja, como dispõe o mencionado art. 668 do Código Civil. Assim, se o mandatário vende a coisa por preço superior ao fixado pelo mandante, deve entregar-lhe o excesso; se, por erro, o devedor do mandante paga mais do que devia, o mandatário tem de entregar-lhe tudo quanto recebe, inclusive o excesso, pois só contra o mandante pode o devedor formular eventual reclamação[53].

Confira-se a jurisprudência: "*A celebração de contrato de mandato impõe ao mandatário a obrigação de prestar contas de sua gerência, devendo ser transferidas a este as vantagens obtidas a qualquer título. Inteligência do art. 688 do Código Civil de 2002*"[54].

O mandatário "*não pode compensar os prejuízos a que deu causa com os proveitos que, por outro lado, tenha granjeado ao seu constituinte*" (art. 669). Pelas somas que devia entregar ao mandante, mas "*empregou em proveito seu, pagará o mandatário juros, desde o momento em que abusou*" (art. 670). Se, todavia, não houver abuso do mandatário, mas aplicação das referidas somas em proveito próprio com expressa autorização do mandante, haverá contrato de mútuo.

Dispõe, ainda, o art. 671 do Código Civil que, "*se o mandatário, tendo fundos ou crédito do mandante, comprar, em nome próprio, algo que devera comprar para o mandante, por ter sido expressamente designado no mandato, terá este ação para obrigá-lo à entrega da*

---

52 "Advogado. Prestação de contas. Quitação dada pelo mandante ao mandatário que não obsta a que se exija do último as contas" (*RT*, 803/272). "Advogado. Prestação de contas. Todo aquele que administra patrimônio ou interesses alheios, é obrigado a prestar contas. O recibo juntado aos autos não as substitui, porque a prestação deve ser feita em forma contábil" (TJSP, Ap. 13.458-4/4-SP, rel. Des. Egas Galbiatti, j. 9-10-1996). "Se o advogado firma acordo em nome de seu constituinte e recebe valores, deve de tudo prestar-lhe contas, principalmente se entre o profissional e o cliente lavra conflito sobre o quanto devido" (*Bol. AASP*, 1.480/104, em. 17).

Não pode, todavia, o outorgante da procuração exigir contas do substabelecido, que é estranho ao contrato firmado entre mandante e mandatário e "somente está obrigado perante aquele que o substabeleceu" (*RT*, 660/119).

53 Cunha Gonçalves, *Dos contratos em especial*, p. 69; Washington de Barros Monteiro, *Curso de direito civil*, v. 5, p. 278.

54 STJ, REsp 1.729.503-SP, 3ª T., rel. Min. Nancy Andrighi, *DJe* 12-11-2018.

coisa comprada". A regra constitui inovação introduzida pelo Código de 2002. Pode-se dizer, como fez Jones Figueirêdo Alves, que se afigura "perfeitamente válida a pretensão do mandante em receber do mandatário algo que teria expressamente designado para que este comprasse no exercício de sua função e, mais ainda, valendo-se de fundos ou créditos do próprio outorgante"[55].

d) *Apresentar o instrumento do mandato* às pessoas, com quem tratar em nome do mandante. Se o terceiro exige a procuração e verifica que o mandatário não tem poderes para praticar o ato e, assim mesmo, negocia com ele, está assumindo um risco, pois não poderá agir contra o mandatário, que não obrou no próprio nome, "*salvo se este lhe prometeu ratificação do mandante ou se responsabilizou pessoalmente*", nem contra o mandante, cuja responsabilidade é definida pelos poderes que conferiu (CC, art. 673).

O terceiro que realiza o negócio ciente de que o suposto mandatário não tem poderes bastantes para celebrá-lo só pode queixar-se, se sofrer prejuízo, da própria negligência. Poderá proceder contra o mandatário, no entanto, se este prometeu obter ratificação do mandante ou se pessoalmente se responsabilizou pelo contrato, uma vez que, assim procedendo, está garantindo a prestação de um fato de outrem ou assumindo as consequências da recusa deste. Poderá o terceiro voltar-se ainda contra o mandante, se este ratificou o excesso do mandatário.

Prescreve o art. 663 do Código Civil que, "*sempre que o mandatário estipular negócios expressamente em nome do mandante, será este o único responsável; ficará, porém, o mandatário pessoalmente obrigado, se agir no seu próprio nome, ainda que o negócio seja de conta do mandante*". A obrigação do mandatário é agir em nome do mandante. Se, todavia, obrar em seu próprio nome, como se fora seu o negócio, não ficará o mandante vinculado às obrigações advindas da aludida atuação, ficando aquele obrigado direta e pessoalmente, ainda que o negócio seja de interesse do mandante.

Nessa hipótese, sublinha Washington de Barros Monteiro: "*a*) o mandante não pode proceder contra as pessoas com que tratou o pseudomandatário, pois são estranhos entre si; *b*) os terceiros não podem proceder igualmente contra o suposto mandante, por ausência de qualquer relação obrigacional entre eles"[56].

e) *Concluir o negócio já começado*, "*embora ciente da morte, interdição ou mudança de estado do mandante*", *se houver perigo na demora* (CC, art. 674). Embora tais fatos constituam causas de extinção do mandato, deve o mandatário concluir o negócio, se já estiver iniciado e houver perigo na demora, para o mandante ou seus herdeiros ou ainda para as pessoas com as quais estiver contratando.

Na mesma linha, dispõe o art. 112, § 1º, do Código de Processo Civil que o procurador que renunciar ao mandato judicial continuará, durante os dez dias seguintes à notificação da renúncia, a representar o mandante desde que necessário para evitar-lhe prejuízo. A intenção, nos dois casos, é preservar os interesses em jogo, ultimando-se o negócio já começado, desde que haja perigo na demora da substituição pelos herdeiros ou do advogado renunciante.

13. OBRIGAÇÕES DO MANDANTE

As obrigações do mandante são de natureza diversa e, para serem bem estudadas, podem ser divididas em dois grupos. O primeiro diz respeito ao dever de *satisfazer as obrigações assumidas pelo mandatário* dentro dos poderes conferidos no mandato (CC, art. 675). Ainda que este desatenda alguma instrução, tem o mandante de cumprir o contrato, se não foram

---

55 *Novo Código Civil comentado*, p. 611.

56 *Curso de direito civil*, v. 5, p. 281.

excedidos os limites do mandato, só lhe restando ação regressiva contra o procurador desobediente (art. 679).

Como o mandatário atua em nome do mandante, é este que se vincula. Por essa razão, o seu principal dever é responder perante o terceiro, com seu patrimônio, pelos efeitos da declaração de vontade emitida pelo representante, cumprindo as obrigações assumidas dentro nos poderes outorgados. Não se prende, todavia, se o mandatário exorbitou dos poderes conferidos. O terceiro tem o direito de exigir a exibição do mandato, para conhecer os seus limites. Não sendo estes ultrapassados, a responsabilidade do mandante é inafastável, não a ilidindo a alegação de que o mandatário desatendeu às suas instruções. Resta-lhe o direito de mover contra o procurador ação de perdas e danos resultantes da inobservância das instruções, como estatui o art. 679 retromencionado.

Inspira-se a regra numa preocupação de segurança dos negócios, como oportunamente salienta Silvio Rodrigues, "pois terceiros que negociam com o mandatário só têm elementos para conhecer os termos do mandato, não podendo, portanto, ficar adstritos às instruções dadas pelo mandante ao mandatário, cuja extensão e autenticidade desconhecem, pois não figuram no instrumento"[57].

O segundo grupo trata das obrigações de caráter pecuniário. O mandante é obrigado a *adiantar a importância das despesas* necessárias à execução do mandato, quando o mandatário lho pedir, ou *reembolsá-lo*, com os juros eventualmente devidos pelo atraso, *do valor das despesas* por ele despendido, uma vez que o mandatário pode, ao seu alvitre, efetuar as despesas e em seguida solicitar seu reembolso, ou pedir ao mandante que adiante as importâncias necessárias ao desempenho do mandato; a *pagar-lhe a remuneração* ajustada; e a *indenizá-lo dos prejuízos* experimentados na execução do mandato (CC, arts. 675 a 677).

O procurador pode deixar de praticar o ato que dependa de qualquer dispêndio de numerário, se o mandante não lhe fornecer os meios necessários. A obrigação de reembolsar as despesas efetuadas pelo mandatário subsiste, ainda que o negócio não surta o resultado esperado, "*salvo tendo o mandatário culpa*" (CC, art. 676), ou seja, salvo se o negócio malograr por culpa sua.

Se o mandato não for gratuito, bem como na hipótese em que o objeto do contrato for daqueles que o mandatário trata por ofício ou profissão, incumbe ao mandante pagar a *remuneração* ajustada, ou a que for arbitrada judicialmente com base nos usos do lugar, quando não foi convencionada (CC, arts. 658, parágrafo único, e 676). Tal remuneração, segundo Orlando Gomes, é "*à forfait*, pouco importando, assim, que o negócio tenha surtido o efeito esperado, eis que o mandatário não contrai *obrigação de resultado*, senão de *meios*"[58]. Se não houve fixação de limites, responde o mandante por todos os gastos que o mandatário realizou comprovadamente no desempenho do encargo, não podendo o mandante escusar-se ao pagamento sob alegação de que foram exagerados ou poderiam ter sido menores[59].

Estatui ainda o art. 678 do Código Civil que "*é igualmente obrigado o mandante a ressarcir ao mandatário as perdas que este sofrer com a execução do mandato, sempre que não resultem de culpa sua ou de excesso de poderes*". O mandatário, assim como não tem o direito de manter consigo as vantagens provenientes do mandato, do mesmo modo não é obrigado a arcar com eventuais prejuízos que venha a sofrer com a execução do encargo, ainda que acidentais ou devidos ao fortuito, desde que para o evento não tenha concorrido com culpa ou excesso de poderes.

---

57 *Direito civil*, v. 3, p. 295.

58 *Contratos*, p. 393.

59 Washington de Barros Monteiro, *Curso de direito civil*, v. 5, p. 282-283.

O princípio que norteia as obrigações do mandante centraliza-se na ideia de que o mandatário age no interesse de quem lhe confiou o encargo. Em consequência, salvo o caso de culpa, qualquer desfalque patrimonial por ele sofrido, direta ou indiretamente, no desempenho do mandato deve ser reparado pelo mandante[60].

O mandatário tem, para assegurar o recebimento dessas importâncias, "*direito de retenção*" sobre o objeto do mandato, "*até se reembolsar do que no desempenho do encargo despendeu*" (CC, art. 681). A retenção não é permitida para cobrança de honorários e perdas e danos. Mais correto é dizer, como adverte Cunha Gonçalves[61], que é reconhecido ao mandatário o direito de retenção de objetos pertencentes ao mandante e relativos à execução do mandato, como o dinheiro cobrado e mercadorias recebidas, por exemplo, e não do *objeto do mandato*, como consta do texto legal, pois o mandato tem por objeto atos jurídicos que não são suscetíveis de retenção.

Se forem vários os outorgantes e se tratar de negócio comum, todos são solidariamente responsáveis pelas verbas a este devidas, segundo dispõe o art. 680 do Código Civil. Desse modo, pode o mandatário cobrar de um só, de alguns ou de todos o *quantum* a que tenha direito (CC, art. 275).

Havendo necessidade de propositura de ação condenatória do mandante contra o mandatário em virtude de alegado prejuízo sofrido, o prazo prescricional é de dez anos. Nesse sentido decidiu o Superior Tribunal de Justiça: "No caso, cuida-se de ação de indenização do mandante em face do mandatário, em razão de suposto mau cumprimento do contrato de mandato, hipótese sem previsão legal específica, circunstância que faz incidir a prescrição geral de 10 (dez) anos do art. 205 do Código Civil de 2002"[62].

Todavia, o prazo prescricional para o exercício da pretensão de cobrança pelo mandatário contra o contratante é de cinco anos, contados a partir da conclusão dos serviços ou da cessação do mandato, como expresso nos artigos 206, § 5º, II, do Código Civil e 25 da Lei n. 8.906, de 1994.

14. EXTINÇÃO DO MANDATO

O art. 682 do Código Civil elenca quatro modos de cessação ou de extinção do mandato: "*I – pela revogação ou pela renúncia; II – pela morte ou interdição de uma das partes; III – pela mudança de estado que inabilite o mandante a conferir os poderes, ou o mandatário para os exercer; IV – pelo término do prazo ou pela conclusão do negócio*".

A extinção do mandato se origina, destarte, como assinala Caio Mário[63], de três ordens de causas: a vontade das partes (por manifestação unilateral ou bilateral), o acontecimento natural e o fato jurídico.

A doutrina costuma ainda lembrar outras causas extintivas, de caráter geral[64]. Pondera a propósito Henri de Page[65] que o mandato se extingue não somente pelas causas especiais destacadas em dispositivo próprio no Código Civil, mas ainda pelas aplicáveis ao direito comum das obrigações, como o termo certo ou incerto, a impossibilidade de execução por efeito de uma causa estranha, a nulidade do contrato, a resolução por inadimplemento culposo se o mandato é remunerado e a superveniência de uma condição resolutiva expressa.

---

60 Serpa Lopes, *Curso de direito civil*, v. IV, p. 279.

61 *Dos contratos em especial*, p. 74.

62 STJ, REsp 1.654.373-RS, 3ª T., rel. Min. Nancy Andrighi, *DJe* 31-8-2018.

63 *Instituições de direito civil*, v. III, p. 412.

64 Eduardo Espínola, *Dos contratos nominados no direito civil brasileiro*, p. 338, n. 68; Serpa Lopes, *Curso de direito civil*, v. IV, p. 289.

65 *Traité élémentaire de droit belge*, v. 5, p. 444, n. 453.

Registre-se que a ancianidade da procuração não configura motivo bastante para a cessação do mandato[66]. Vejamos as causas supramencionadas, separadamente.

I – Pela *revogação* e a *renúncia* – O mandato, por se basear na confiança, que pode deixar de existir, admite resilição unilateral. Se esta partir do mandante, há revogação; se do mandatário, há renúncia. A primeira pode ser *expressa*, quando o mandante faz declaração nesse sentido, ou *tácita*, quando resulta de atos do mandante que revelam tal propósito, como quando assume pessoalmente a direção do negócio ou nomeia novo procurador, sem ressalva da procuração anterior (CC, art. 687).

O mandato é essencialmente revogável. Cessada ou diminuída a confiança depositada no mandatário, pode o mandante, a qualquer tempo e sem necessidade de justificar a sua atitude, revogar *ad nutum* os poderes conferidos. Os efeitos da resilição são *ex nunc*. Os atos praticados não são atingidos. A revogação deve ser comunicada ao mandatário, para ter eficácia. E para produzir efeitos em relação aos terceiros de boa-fé, há de ser comunicada também a estes, diretamente por todas as formas possíveis ou por meio de editais, sob pena de serem válidos os contratos com estes ajustados pelo procurador em nome do constituinte (CC, art. 686).

Pode haver revogação total ou parcial (quando se revogam, por exemplo, apenas os poderes conferidos para alienação de bens, mantendo-se os outorgados para fins de administração). Pode ainda ocorrer antes ou durante a execução do mandato.

O mandante não é obrigado, como foi dito, a apresentar as razões que o levam a revogar o mandato, nem o mandatário a explicar o motivo da *renúncia*, que é a declaração de vontade pela qual o mandatário põe termo ao mandato. Igualmente pode esta ser manifestada a qualquer tempo, seja o contrato gratuito ou remunerado. Dada a sua natureza de *declaração receptícia*, a renúncia, assim com a revogação, deve, porém, ser comunicada ao mandante que, se for prejudicado pela sua inoportunidade ou pela falta de tempo para providenciar a substituição do procurador, será indenizado pelo renunciante, "*salvo se este provar que não podia continuar no mandato sem prejuízo considerável, e que não lhe era dado substabelecer*" (CC, art. 688).

O Código de Processo Civil, como mencionado no item 12, último parágrafo, *retro*, também dispõe, no art. 112, que "*o advogado poderá renunciar ao mandato a qualquer tempo, provando, na forma prevista neste Código, que comunicou a renúncia ao mandante, a fim de que este nomeie sucessor*", devendo continuar a representar o mandante durante os dez dias seguintes, desde que necessário para lhe evitar prejuízo.

É lícita a cláusula pela qual o mandatário assume a obrigação de não *renunciar* ao mandato, uma vez que não encontra obstáculo em nenhuma disposição legal. Se, todavia, vier a ser descumprida, não se poderá compelir o renunciante, contra sua vontade, a desempenhar o encargo. Nesse caso, aplicar-se-á, por analogia, o disposto no art. 683 do Código Civil, que prevê o pagamento de perdas e danos em caso de infração à cláusula contratual de irrevogabilidade do mandato.

O Superior Tribunal de Justiça manifestou-se no sentido de que o contrato de serviços advocatícios não pode estipular penalidade para rompimento unilateral, pois, "considerando

---

[66] "Não tendo o mandato prazo fixado para sua vigência, não há como se exigir sua atualização pelo simples fato de haver decorrido longo tempo entre a outorga e o exercício dos poderes conferidos" (*Adcoas*, 1982, n. 84.000). "Advogado. Extinção do processo, sem julgamento do mérito, por defeito de representação, em razão de a procuração outorgada não conter data recente. Inadmissibilidade. Circunstância que não configura motivo bastante para a cessação do mandato (*RT*, 794/433). "Não se admite a renovação periódica de procuração, quando tal exigência constitui imposição limitativa aos termos do art. 38 da lei processual civil" (*RSTJ*, 99/331).

que a advocacia não é atividade mercantil e não vislumbra exclusivamente o lucro, bem como que a relação entre advogado e cliente é pautada na confiança de cunho recíproco, não é razoável – caso ocorra a ruptura do negócio jurídico por meio renúncia ou revogação unilateral mandato – que as partes fiquem vinculadas ao que fora pactuado sob a ameaça de cominação de penalidade". Por conta disso, entendeu-se que "não é possível a estipulação de multa no contrato de honorários para as hipóteses de renúncia ou revogação unilateral do mandato do advogado, independentemente de motivação, respeitado o direito de recebimento dos honorários proporcionais ao serviço prestado"[67].

II – Pela *morte* ou *interdição* de uma das partes – Sendo o mandato contrato *intuitu personae*, extingue-se pela morte do mandante ou do mandatário. Não se admite mandato para ter execução depois da morte do *mandante* (*mandatum solvitur morte*), a não ser por meio de testamento. Mas, como esclarece WASHINGTON DE BARROS MONTEIRO[68], o testamenteiro não é mandatário do testador, nem mesmo *sui generis*, para efeito de realizar as últimas vontades deste.

Algumas legislações, ao contrário da nossa, admitem o mandato para depois da morte, como na hipótese, por exemplo, de uma pessoa conferir a outra o encargo de homenagear a sua memória, construindo-lhe um mausoléu ou um monumento.

Para atenuar o rigor do princípio insculpido no inciso II, primeira parte, do retrotranscrito art. 682 do Código Civil, dispõe o art. 689 do mesmo diploma que "*são válidos, a respeito dos contratantes de boa-fé, os atos com estes ajustados em nome do mandante pelo mandatário, enquanto este ignorar a morte daquele ou a extinção do mandato, por qualquer outra causa*".

Destarte, "se o procurador desconhecia a morte do mandante, são eficazes os atos por ele praticados no âmbito e no exercício do mandato"[69].

Tem a jurisprudência proclamado que, não obstante a morte do mandante, prevalece o mandato outorgado para dar escritura de venda de imóvel, cujo preço já tenha sido recebido[70]; que a morte do representante do incapaz não extingue o mandato, porque o mandante não é o representante, mas o próprio incapaz[71]; que, da mesma forma, a morte do administrador da pessoa jurídica não faz desaparecer o mandato por ele conferido[72]; que, no entanto, falecendo o sócio contratualmente investido dos poderes de representação da sociedade, aos sobreviventes cabe o direito de constituir mandatário judicial para propor as ações inerentes aos interesses da sociedade[73]; que o falecimento do advogado substabelecente não acarreta a cessação dos efeitos do substabelecimento[74].

Se falecer o *mandatário* pendente o negócio a ele cometido, seus herdeiros "*avisarão o mandante, e providenciarão a bem dele, como as circunstâncias exigirem*" (CC, art. 690). Sua atividade, porém, deve limitar-se às *medidas conservatórias*, ou à *continuação dos negócios pendentes* que se "*não possam demorar sem perigo, regulando-se os seus serviços dentro desse limite, pelas mesmas normas a que os do mandatário estão sujeitos*" (art. 691).

Também a *interdição* de qualquer das partes, por modificar o estado de capacidade, extingue o mandato. Tal circunstância torna o mandante incapaz de manter o contrato e o mandatário incapaz de cumpri-lo.

---

67 REsp 1.882.117-MS, 3ª T., rel. Min. Nancy Andrighi, *DJe* 12-11-2020.
68 *Curso de direito civil*, v. 5, p. 289.
69 STJ, AgRg no Ag 712.335-MG, 3ª T., rel. Min. Humberto Gomes de Barros, j. 13-12-2005.
70 *RF*, 134/442.
71 *RF*, 94/81.
72 *RF*, 142/187.
73 *Arquivo Judiciário*, 90/72.
74 *RF*, 77/509, apud Washington de Barros Monteiro, *Curso de direito civil*, v. 5, p. 290.

Decidiu a 3ª Turma do *Superior Tribunal de Justiça* que é necessária a interpretação "lógico-sistemática" da legislação para permitir o afastamento da incidência do art. 682, II, ao caso específico do mandato outorgado pelo interditando para a sua defesa na própria ação de interdição, não impedindo, assim, o advogado de apelar[75].

III – Pela *mudança de estado* – Toda mudança de estado de qualquer das partes, inclusive pela interdição, acarreta automaticamente a extinção do mandato, desde que afete a capacidade para dar ou receber procuração. Todavia, valerão, em relação aos contraentes de boa-fé, os negócios realizados pelo mandatário, que ignorar a causa extintiva[76].

A extinção processa-se *ipso jure*, como se depreende da redação do art. 682, III, do Código Civil. Independe de notificação, mas só ocorre quando tal mudança "*inabilite o mandante a conferir os poderes, ou o mandatário para os exercer*"[77]. Por exemplo: extingue-se o mandato conferido pelo pai, representando filho absolutamente incapaz, quando este se torne relativamente incapaz, devendo a outorga, agora, ser feita pelo filho, assistido por aquele. A maioridade não extingue, porém, o mandato outorgado por relativamente incapaz, porque não o inabilita para a concessão.

Vale lembrar que a hipótese é de modificação de estado civil da pessoa e não de perda de capacidade propriamente dita. Assim, o mandato para alienar imóvel cessa pelo casamento, em razão da necessidade de outorga do outro cônjuge, se o regime não for o da separação absoluta de bens, sem acarretar, porém, a incapacidade do nubente. Aduza-se que a abertura da falência, que não constitui mudança no estado da pessoa, somente a atinge no tocante àqueles atos relacionados com o comércio, ou incluídos nos efeitos daquela. O § 2º do art. 120 da Lei de Falências (Lei n. 11.101, de 9-2-2005) declara que, "*para o falido, cessa o mandato ou comissão que houver recebido antes da falência, salvo os que versem sobre matéria estranha à atividade comercial*".

IV – Pelo *término do prazo* ou pela *conclusão do negócio* – Quando a procuração é dada com data certa de vigência, cessa a sua eficácia com o advento do termo final. A vantagem de se outorgar procuração com termo certo está no fato de ambas as partes conhecerem o momento de sua cessação, dispensando-se ainda as formalidades exigidas para que a revogação tenha validade em face de terceiro de boa-fé.

Se a procuração é outorgada para um negócio determinado (levantamento de uma quantia ou a outorga de escritura, p. ex.), extingue-se com a sua realização, por falta de objeto.

15. IRREVOGABILIDADE DO MANDATO

Embora o mandato seja negócio jurídico essencialmente revogável, como foi dito, pode tornar-se irrevogável em determinados casos definidos na lei (CC, arts. 683 a 686, parágrafo único). Pode-se afirmar que o mandato é irrevogável quando: a) *contiver cláusula de irrevogabilidade*; b) for conferido com a cláusula "*em causa própria*" (art. 685); c) a cláusula de irrevogabilidade for *condição de um negócio bilateral* (mandato acessório de outro contrato), ou tiver sido estipulada no *exclusivo interesse do mandatário*; d) contenha poderes de *cumprimento ou confirmação* de negócios encetados, aos quais se ache vinculado (art. 686, parágrafo único). Vejamos cada uma das hipóteses, separadamente.

---

75 STJ, REsp 1.251.728-PE, 3ª T., rel. Min. Paulo de Tarso Sanseverino, j. 14-5-2013.

76 Caio Mário da Silva Pereira, *Instituições de direito civil*, v. III, p. 414.

77 "Procuração. Mudança do estado civil da representada. Fato que, porém, não a inabilita a conferir os poderes. Tratando-se de ação locatícia, de natureza pessoal, desnecessário o consentimento de um dos cônjuges ao outro" (*RT*, 631/162, 506/187).

a) Em regra o mandato é celebrado no interesse do mandante que, por esse motivo, pode revogá-lo a qualquer tempo. Nada impede, todavia, que as partes, no exercício da autonomia da vontade, embora desnaturando o contrato de mandato, estipulem a irrevogabilidade, para guarnecer outro interesse, que não o mencionado. Neste caso o mandatário adquire o direito de exercer o mandato sem ser molestado.

O exemplo mais comum na prática é o do mandato irrevogável conferido pelo promitente vendedor a terceiro indicado pelo compromissário comprador, estando quitado o compromisso. Resguarda-se, assim, o interesse do último, que já pagou o preço e não depende mais do alienante para receber a escritura definitiva, pois esta lhe será outorgada quando e a quem indicar, pelo representante do mandatário, que é pessoa de confiança do adquirente.

No entanto, como a revogação é da própria essência do mandato, o atual Código Civil, suprindo omissão do anterior, admite a revogação de mandato que contenha cláusula de irrevogabilidade, sujeitando o mandante apenas ao pagamento das perdas e danos sofridos pelo mandatário[78]. Dispõe, com efeito, o art. 683 do Código de 2002: "*Quando o mandato contiver a cláusula de irrevogabilidade e o mandante o revogar, pagará perdas e danos*".

b) A procuração *em causa própria* ou mandato *in rem suam* é outorgada no interesse exclusivo do mandatário e utilizada como forma de alienação de bens. Recebe este poderes para transferi-los para o seu nome ou para o de terceiro (finalidade mista), dispensando nova intervenção dos outorgantes e prestação de contas. Segundo dispõe o art. 685 do Código Civil, conferido o mandato com essa espécie de cláusula, "*a sua revogação não terá eficácia, nem se extinguirá pela morte de qualquer das partes, ficando o mandatário dispensado de prestar contas, e podendo transferir para si os bens móveis ou imóveis objeto do mandato, obedecidas as formalidades legais*".

O mandato *in rem suam* equivale à compra e venda, se contém os requisitos desta, quais sejam[79]: *res, pretium et consensus*. Sendo pago o imposto de transmissão *inter vivos*, pode ser levado a registro como se fosse o ato definitivo, desde que também satisfaça os requisitos exigidos para o contrato a que ela se destina: outorga por instrumento público, descrição do imóvel e a quitação do preço ou a forma de pagamento[80]. Tem a jurisprudência proclamado que "a procuração em causa própria, pela sua própria natureza, dispensa o procurador de prestar contas, pois encerra uma cessão de direitos em proveito dele. É, por isto mesmo, irrevogável e presta-se à transmissão do domínio mediante transcrição no Registro Imobiliário, desde que reúna os requisitos fundamentais e sejam satisfeitas as formalidades exigidas para a compra e venda"[81].

---

78 "Irrevogabilidade convencionada. Hipótese em que o mandante procede à revogação. Possibilidade, desde que aquele se sujeite ao pagamento das perdas e danos acarretados ao mandatário" (*RT*, 805/301).

79 "A procuração ou mandato em causa própria não representa, por si só, ato que importe alienação do domínio: o instrumento confere apenas poderes ao mandatário para a transferência do domínio, possuindo caráter irrevogável, dispensando a prestação de contas, não se extinguindo com a morte do mandante (art.685 CC/02) II – Não se pode considerar como 'procuração em causa própria', capaz de surtir efeitos jurídicos decorrentes desse tipo de mandato, o instrumento que não atende a todas as exigências legais acerca do negócio e não foi levada a registro. III – Com a morte do proprietário dos imóveis, a posse e propriedade dos bens por ele deixados passaram automaticamente para as mãos de seus herdeiros, competindo ao Juízo das Sucessões, em que tramita o inventário, decidir sobre a questão relativa à transferência da titularidade dos bens" (TJMG, Apelação Cível 1.0313.08.267496-8/001, 18ª C. Cív., rel. Des. João Cancio, j. 17-10-2017).

80 STF, *Arquivo Judiciário*, 97/282.

81 *RT*, 577/214.

A procuração em causa própria já foi muito utilizada para evitar o pagamento de imposto de transmissão *inter vivos*, quando uma pessoa adquiria um imóvel com o propósito de revendê-lo e recebia do vendedor, a quem já pagava a totalidade do preço, apenas uma procuração em causa própria, irrevogável por lei, que era utilizada na ocasião da revenda. Com isso, recolhia-se o aludido imposto somente quando da segunda venda. Todavia, com o incremento do compromisso de compra e venda, nos dias atuais, com o qual se pode alcançar o mesmo resultado de forma mais simples e igualmente segura, aquele expediente foi abandonado.

Hoje, a procuração em causa própria ganhou outra utilidade: é conferida nos chamados "contratos de gaveta", quando o mutuário do Sistema Financeiro da Habitação cede os seus direitos de compromissário comprador a outrem, sem a anuência do agente financeiro. O pagamento das prestações continua sendo feito em nome do cedente, que outorga, por sua vez, a aludida procuração ao cessionário, como garantia da transferência dos direitos, ao final do contrato de mútuo hipotecário.

Muitas vezes a procuração em causa própria é confundida com o *contrato consigo mesmo* ou *autocontratação*. Tal ocorre quando o representante é a outra parte no negócio jurídico celebrado, exercendo neste caso dois papéis distintos: participando de sua formação como representante, atuando em nome do dono do negócio, e como contratante, por si mesmo, intervindo com dupla qualidade, como ocorre no cumprimento do mandato em causa própria, em que o mandatário recebe poderes para alienar determinado bem, por determinado preço, a terceiros ou a si próprio.

O que há, na realidade, são situações que se assemelham a um contrato consigo mesmo. No caso de dupla representação somente os representados adquirem direitos e obrigações. E, mesmo quando o representante é uma das partes, a outra também participa do ato, embora representada pelo primeiro.

O Código Civil prevê expressamente a possibilidade da celebração do contrato consigo mesmo, desde que a lei ou o representado autorizem sua realização. Sem a observância dessa condição, o negócio é anulável (CC, art. 117). Os tribunais pátrios não têm admitido a celebração do contrato consigo mesmo quando patente o conflito de interesses estabelecido entre o *dominus negotii* e o representante. Este entendimento é consagrado na *Súmula 60 do Superior Tribunal de Justiça*, do seguinte teor: "*É nula a obrigação cambial assumida por procurador do mutuário vinculado ao mutuante, no exclusivo interesse deste*"[82].

A jurisprudência do *Superior Tribunal de Justiça* considera que, "conforme o teor da Súmula 60/STJ, salvo nos contratos relacionados a cartão de crédito, é nula a cláusula contratual que prevê a outorga de mandato para criação de título cambial"[83].

c) Prescreve o art. 684 do Código Civil que, "*quando a cláusula de irrevogabilidade for condição de um negócio bilateral, ou tiver sido estipulada no exclusivo interesse do mandatário, a revogação do mandato será ineficaz*". Trata-se de hipótese em que o mandato é acessório de outro contrato, como, nas letras à ordem, o mandato de pagá-las, ou, nos contratos preliminares, a outorga de poderes para que fique o promissário com liberdade de ação na execução

---

82 Carlos Roberto Gonçalves, *Direito civil brasileiro*, v. 1, p. 404.

A jurisprudência do STJ consolidou entendimento no sentido de que "a outorga de mandato pelo mutuário à pessoa integrante do grupo mutuante ou a ele próprio, em regra, não tem validade, face ao manifesto conflito de interesses, à sujeição do ato ao arbítrio de uma das partes e à afetação da vontade. O princípio, assim consubstanciado no verbete 60-STJ é revigorado pelo legislador que, com a vigência do Código do Consumidor, passou a coibir cláusulas, cuja pactuação importe no cerceio da livre manifestação da vontade do consumidor" (REsp 45.940-RS, 3ª T., rel. Min. Waldemar Zveiter, *DJU* 5-9-1994).

83 AgRg no REsp 691.288-RS, 3ª T., *DJe* 6-10-2010.

do ajuste, como assevera Caio Mário, que acrescenta: "Em razão de sua vinculação a outro contrato, não suscetível de resilição unilateral, não pode cessar pela revogação, ao contrário da cláusula de irrevogabilidade, acima estudada. Nestes casos, qualquer tentativa de revogação por parte do mandante também será considerada ineficaz"[84].

Na hipótese versada, o mandato constitui, em realidade, fato gerador de ato jurídico diverso, como, *verbi gratia*, a ordem de pagar um cheque a determinado indivíduo[85].

d) Segundo dispõe o art. 686, parágrafo único, do Código Civil, "*é irrevogável o mandato que contenha poderes de cumprimento ou confirmação de negócios encetados, aos quais se ache vinculado*". A vinculação do mandato a negócios já entabulados e que devem ser cumpridos ou confirmados impede a sua revogação.

16. MANDATO JUDICIAL

Mandato judicial é o outorgado a pessoa legalmente habilitada, para a defesa de direitos e interesses em juízo. Constitui, ao mesmo tempo, mandato e prestação de serviços. Preceitua o art. 692 do Código Civil que "*o mandato judicial fica subordinado às normas que lhe dizem respeito, constantes da legislação processual, e, supletivamente, às estabelecidas neste Código*".

O exercício do mandato judicial constitui uma garantia constitucionalmente assegurada (CF, art. 5º, XIII), "observadas as condições de capacidade que a lei estabelecer". A palavra *capacidade* é empregada na acepção de habilitação legal. A Constituição Federal considera o advogado "indispensável à administração da justiça, sendo inviolável por seus atos e manifestações no exercício da profissão, nos limites da lei" (art. 133).

São nulos os atos privativos de advogado praticados por pessoa não inscrita na OAB (Lei n. 8.906, de 4-7-1994, art. 4º), pois o ingresso das partes em juízo requer, além da capacidade legal, a outorga de mandato escrito a advogado habilitado (CPC, arts. 103 e 104), salvo algumas exceções, como os que advogam em causa própria e os procuradores de órgãos públicos, por exemplo. *Proclama a Súmula 115 do Superior Tribunal de Justiça*: "Na instância especial é inexistente recurso interposto por advogado sem procuração nos autos".

A procuração pode ser conferida por instrumento público ou particular e valerá desde que assinada pelo outorgante. O menor púbere também pode, assistido por seu representante, outorgá-la por instrumento particular[86], segundo a exegese do art. 105 do estatuto processual, que ademais não exige reconhecimento de firma. Prescreve o § 1º que "a procuração pode ser assinada digitalmente, na forma da lei".

Havendo urgência, pode o advogado atuar sem procuração, obrigando-se a apresentá-la no prazo de quinze dias, prorrogável até outros quinze, "por despacho do juiz" (CPC, art. 104; Estatuto da OAB, art. 5º, § 1º). Esse prazo é automático, dispensando qualquer ato da autoridade judicial, previsto apenas para a hipótese de prorrogação[87].

Não se anula o processo por ter sido o advogado constituído por via de substabelecimento de mandato conferido a *pessoa não habilitada*. Tem-se decidido, com efeito, que, ha-

---

84 *Instituições de direito civil*, v. III, p. 416.

85 Washington de Barros Monteiro, *Curso de direito civil*, v. 5, p. 294; Maria Helena Diniz, *Tratado teórico e prático dos contratos*, v. 3, p. 297-298.

86 "Não é nula procuração *ad judicia* outorgada por instrumento particular pela mãe de menor impúbere" (TJMG, AI 1.0000.22.241384-1/001, 8ª C. Cív., rel. Des. Teresa Cristina da Cunha Peixoto, j. 16-2-2023). "É válida a procuração *ad judicia*, outorgada por instrumento particular pelo representante de menor impúbere, em nome deste" (STF, RE 86.168-8-SP, 1ª T., *DJU* 13-6-1980). Idem, quanto ao menor púbere, assistido por seu representante legal (STJ, *RT*, 698/225; *JTJ*, Lex, 157/175).

87 *RTJ*, 116/700; *RT*, 709/87.

vendo outorga de procuração *ad judicia* a pessoa desprovida de capacidade postulatória para peticionar em juízo, pode o mandatário substabelecer os poderes que recebeu para alguém munido dessa capacidade, pois trata-se de contrato de direito material[88].

A procuração geral para o foro habilita o advogado a praticar todos os atos do processo, salvo os especiais, como receber citação inicial, transigir, receber e dar quitação etc. (CPC, art. 105). Segundo o *Supremo Tribunal Federal*, a procuração com poderes gerais habilita o advogado a praticar todos os atos de outra ação, salvo os excetuados pelo art. 38 (do CPC/1973, atual art. 105) do Código de Processo Civil, que exigem poderes especiais. Não é necessário que da procuração conste o nome daquele contra quem deve ser proposta a ação[89]. Se renunciar ao mandato, continuará o advogado, durante os dez dias seguintes à notificação da renúncia, a representar o mandante, desde que necessário para lhe evitar prejuízo (CPC, art. 112, § 1º).

O mandato judicial é oneroso (CC, art. 658). O advogado tem direito à remuneração ajustada e, na falta de estipulação, à que for arbitrada nos termos da lei e observância do disposto no capítulo VI do Estatuto da Advocacia e a Ordem dos Advogados do Brasil (OAB). Havendo pluralidade de vencedores na ação, os honorários da sucumbência serão partilhados entre eles na proporção das respectivas pretensões, "não sendo admissível atribuir-se 20% para cada um deles"[90]. O máximo permitido é 20%, no total. Os honorários devem ser repartidos "na proporção do interesse de cada um na causa e da gravidade da lesão ocasionada ao vencedor, podendo, portanto, ser desigual a cota de cada vencido"[91].

No caso de revogação do mandato para fins advocatícios, a fluência do prazo prescricional para o exercício da pretensão de cobrança só ocorrerá a partir do julgamento da demanda, mesmo que a revogação tenha ocorrido em momento antecedente[92]. Nessa linha, o posicionamento da jurisprudência:

"A jurisprudência desta Casa assenta que, sendo os honorários contratuais pactuados com cláusula de êxito, a sua cobrança só é possível, mesmo no caso de revogação do mandato no curso da demanda, após a implementação da condição suspensiva. Desse modo, é a partir do instante em que obtido o sucesso na ação que se preludia o cômputo do prazo prescricional, em observância à teoria da *actio nata*"[93].

Dispõe a *Súmula 616 do Supremo Tribunal Federal* que "é permitida a cumulação da multa contratual com os honorários de advogado, após o advento do Código de Processo Civil vigente [de 1973]". Mas a soma das duas parcelas não pode ultrapassar o valor correspondente a 20% da condenação[94]. Salvo o disposto no art. 81, § 1º, do estatuto processual, não há condenação solidária dos vencidos no pagamento das despesas judiciais, devendo, portanto, ser dividida entre todos, a menos que os vencidos hajam sido condenados *in solidum* expressamente[95].

---

88 *RT*, 303/500, 786/306.

89 *RTJ*, 119/506; *RT*, 720/139.

90 *JTJ*, Lex, 140/91; STJ, REsp 58.740-MG, 4ª T., rel. Min. Barros Monteiro, *DJU* 5-6-1995, p. 16670.

91 *RSTJ*, 48/395.

92 Cristiano Chaves de Farias e Nelson Rosenvald, *Curso de direito civil*, p. 1.057.

93 STJ, AgInt nos EDcl no AREsp 1.284.953-SP, 3ª T., rel. Min. Marco Aurélio Bellizze, *DJe* 19-10-2018.

94 *RSTJ*, 82/193.

95 STJ, REsp 129.045-MG, 4ª T., rel. Min. Sálvio de Figueiredo, *DJU* 6-4-1998, p. 126; *JTA*, Lex, 105/74.

"O preclaro Pontes de Miranda entende que o CPC, no art. 23, a exemplo do Código anterior, 'formulou o princípio da proporcionalidade das despesas' e não 'estabeleceu a solidariedade processual', porque 'a pretensão às despesas e a obrigação de pagar ou restituir despesas nada tem com a obrigação que foi objeto da demanda'. Assim, 'para que a solidariedade existisse, seria preciso regra jurí-

A exigência de reconhecimento de firma na procuração ou no substabelecimento *ad judicia*, constante da redação primitiva do Código de Processo Civil de 1973, foi cancelada pela Lei n. 8.952, de 13-12-1994. Por essa razão, o *Superior Tribunal de Justiça* vem proclamando ser dispensável o reconhecimento de firma do outorgante quando ocorre a utilização de procuração *ad judicia* ou *ad judicia et extra* em processo judicial, havendo presunção relativa de veracidade e boa-fé do procurador[96].

O Código de Processo Civil em vigor, no art. 105, também dispensa o reconhecimento de firma do outorgante da procuração ou do substabelecimento *ad judicia*.

dica expressa, como acontece noutros sistemas jurídicos, ou que resultasse de situação processual específica' (*Comentários ao Código de Processo Civil*, t. I/424, Forense, 1974)" (*RJTJSP*, 106/308).

96 *RT*, 724/368; STF, *RT*, 790/193, 791/185.

Capítulo XI
DA COMISSÃO

Sumário: 1. Origem histórica. 2. Conceito e natureza jurídica. 3. Remuneração do comissário. 4. Características do contrato de comissão. 5. Direitos e obrigações do comissário. 6. Direitos e obrigações do comitente. 7. Comissão *del credere*.

1. ORIGEM HISTÓRICA

Embora os estudos realizados indiquem que a *comissão* teria sido impulsionada na metade do século XVI, para atender às necessidades do comércio com países longínquos, na Idade Média já era ela utilizada sob a denominação de "contrato de *commenda*", para contornar certos inconvenientes do mandato, no comércio entre pessoas de praças diferentes.

A comissão permitia ao comerciante encarregar terceiro da incumbência de praticar atos de comércio e celebrar negócios, em seu benefício, porém em nome do próprio comissário, sem se valer do mandato. Em suma, possibilitava ela ao comitente as vantagens do mandato, sem os inconvenientes da representação. Além de a contratação de um comissário representar redução de custos e despesas para o comitente, permitia-lhe desfrutar do crédito do comerciante local, ou seja, do comissário, afastar as dificuldades para a obtenção de informações sobre idoneidade de pessoas e sobre hábitos locais e, ainda, contornar, em alguns casos, as regras proibitivas da mercancia por estrangeiros[1].

O Código Comercial brasileiro disciplinava a comissão nos arts. 165 a 190, conceituando-a como "contrato de mandato relativo a negócios mercantis", exigindo que pelo menos o comissário fosse comerciante, sem necessidade de este "declarar ou mencionar o nome do comitente" (art. 165).

O art. 2.045 do atual Código Civil revogou, expressamente, a Parte Primeira do Código Comercial e, inspirando-se no Código Civil italiano, dispôs sobre o contrato de comissão de forma clara e precisa, corrigindo a imperfeição do diploma revogado, que a definia como contrato de mandato.

Observa Humberto Theodoro Júnior que a comissão desempenhou, no Brasil, papel relevante no comércio cafeeiro[2], bem como nos negócios de vendas de automóveis de passeio ou de transporte de cargas, de máquinas agrícolas, de aparelhos de uso doméstico, quando os recursos financeiros dos comerciantes não eram ainda suficientes ao pleno desenvolvi-

---

[1] Waldemar Ferreira, *Tratado de direito comercial*, v. XI, n. 2.382, p. 58; Waldirio Bulgarelli, *Contratos mercantis*, p. 450; Humberto Theodoro Júnior, Do contrato de comissão no novo Código Civil, *RT*, 814/26-27.

[2] Do contrato de comissão no novo Código Civil, p. 27-28.

mento dos negócios mercantis. A intensificação e agilização do comércio verificado no século XX e o fenômeno da globalização fizeram com que outros sistemas de comercialização ocupassem o terreno antes de utilização da comissão.

Registra ainda o emérito jurista mineiro que, apesar disso, a comissão não caiu em completo desuso, sendo utilizada hodiernamente no comércio de bancas de revistas e jornais e de vendas ambulantes de cosméticos e de utilidades do lar, no comércio de veículos usados e de produtos agrícolas, entre outros, sem se olvidar que algumas indústrias do setor da moda estão experimentando o sistema de comissão para otimizar a produção em larga escala, difundir a marca e incrementar as vendas. Não seria de se estranhar, aduz o aludido mestre, que da comissão passassem a se servir vantajosamente os exploradores do comércio eletrônico, lembrando, ainda, que a comissão ganhou especificidade em determinadas atividades, dando origem a tipos contratuais amplamente difundidos, tais como a comissão bursátil e a comissão bancária na compra e venda de títulos e ações[3].

2. CONCEITO E NATUREZA JURÍDICA

Pelo contrato de comissão um dos contraentes, denominado comissário, obriga-se a realizar negócios em favor do outro, intitulado comitente, segundo instruções deste, porém em nome daquele. O comissário obriga-se, portanto, perante terceiros em seu próprio nome, figurando no contrato como parte. Neste, em geral, não consta o nome do comitente, porque o comissário age em nome próprio. Nada impede, contudo, que venha a constar, por conveniência de melhor divulgação do produto e incrementação dos negócios.

O Código Comercial disciplinava o contrato de comissão mercantil, como foi dito, nos arts. 165 a 190. Como esse contrato pode ter conteúdo civil, o atual Código Civil, que revogou os citados dispositivos do Código Comercial, dedicou-lhe um capítulo próprio, dos arts. 693 a 709, restrito à compra e venda de bens. Segundo o art. 693 do diploma em vigor, na redação dada pela Lei n. 14.690, de 3 de outubro de 2023 (que instituiu o Programa Emergencial de Renegociação de Dívidas de Pessoas Físicas Inadimplentes – Desenrola Brasil), é contrato de comissão o que "*tem por objeto a compra ou venda de bens ou a realização de mútuo ou outro negócio jurídico de crédito pelo comissário, em seu próprio nome, à conta do comitente*". A hipótese em que o mandatário age em seu próprio nome aproxima-se da comissão. Todavia, como regra geral, o mandatário age em nome do mandante, representando-o, o que não ocorre no contrato de comissão. Neste, há outorga de poderes sem representação.

Para muitos autores a comissão é modalidade de mandato. A relação interna entre comitente e comissário é de mandato. A razão, todavia, está com Pontes de Miranda, quando acentua: "A comissão não é espécie de mandato, posto que se tenha desenvolvido, historicamente, do mandato (...). Definir-se a comissão como mandato deturpa-lhe a natureza. O comissário opera por conta do comitente, mas em nome próprio. Recebeu outorga de poder, porém nem toda outorga de poder é mandato". Mais adiante, enfatiza o erudito jurista citado: "Se a comissão fosse mandato sem representação, confundir-se-ia com o mandato que o mandatário exerceu no próprio nome (CC, art. 1.307: *de 1916*), com ou sem permissão"[4].

---

[3] O contrato de comissão foi muito utilizado em nosso país, no passado, no mercado de café, na praça de Santos, como rememora Sílvio Venosa: "Os comissários atuavam nas operações de exportação, armazenagem e venda interna de café, acumulando as funções de banqueiros e concluindo contratos de diversas naturezas. Sua atividade foi sendo reduzida com o surgimento das cooperativas agrícolas e o sistema de crédito rural implantado pelo Banco do Brasil, ficando restrita praticamente à atividade de exportação, ligada a empresas multinacionais" (*Direito civil*, v. III, p. 552-553).

[4] *Tratado de direito privado*, v. 43, p. 283, 285 e 297.

No Código Civil de 2002 o contrato de comissão é tipo contratual autônomo, que se rege por normas próprias, peculiares e distintas do mandato.

O *objeto* do contrato de comissão é "a compra ou venda de bens ou a realização de mútuo ou outro negócio jurídico de crédito pelo comissário, em seu próprio nome, à conta do comitente, muito embora as pessoas com quem trata o comissário não conheçam o comitente[5]. Malgrado o art. 693 apenas mencione que o aludido contrato tem por objeto *a compra e venda de bens pelo comissário*, sem distinguir entre bens móveis e imóveis, o sistema jurídico de transmissão da propriedade vigente no Brasil permite afirmar que "só se tornam passíveis de alienação por atuação do comissário os bens *móveis*, jamais os imóveis", pois em relação a estes não haveria utilidade econômica ou jurídica, uma vez que "não se poderia manter sigilo sobre o comitente proprietário do imóvel, nem se prescindir de sua intervenção direta ou mediante procurador no ato da outorga da escritura definitiva". Haveria, necessariamente, "atuação em nome do comitente e não em nome próprio ou transmissão prévia da propriedade ao comissário. Em ambas as hipóteses, restaria desconfigurado o contrato de comissão"[6].

Contrato de comissão, portanto, é aquele pelo qual uma pessoa, denominada comitente, encarrega a outra, intitulada comissário, de adquirir ou vender bens móveis, ou realizar mútuo ou outro negócio jurídico de crédito, mediante remuneração, agindo esta em nome próprio e obrigando-se para com terceiros com quem contrata, mas por conta daquela.

No concernente à natureza jurídica, o contrato de comissão é:

a) *Bilateral* ou *sinalagmático*, uma vez que gera obrigações para o comitente e o comissário: este tem de realizar a alienação ou aquisição a que se obrigou, e aquele tem de prestar-lhe a remuneração ajustada.

b) *Consensual*, porque se aperfeiçoa com o acordo de vontades, independentemente da entrega do objeto e de qualquer solenidade especial.

c) *Oneroso*, pois ambos os contratantes obtêm proveito, tendo o comissário direito à contraprestação ou comissão pelos serviços prestados. Por sua natureza, opõe-se a qualquer ideia de liberalidade ou doação.

d) *Comutativo*, tendo em vista que as obrigações recíprocas são certas e conhecidas das partes. Se uma delas não cumpre a que assumiu, a outra pode deixar de executar a sua invocando a *exceptio non adimpleti contractus*.

e) *Não solene*, visto que não está adstrito a forma prescrita em lei, podendo ser celebrado verbalmente e provado por todos os meios de prova permitidos em direito, inclusive por verificação dos livros mercantis do comissário.

f) *Intuitu personae*, por ser celebrado em consideração à pessoa do comissário, levando-se em conta as suas qualidades específicas e profissionais, como competência e honestidade, que a credenciam à realização do negócio.

3. REMUNERAÇÃO DO COMISSÁRIO

A comissão costuma ser convencionada pelas partes em porcentagem sobre os valores das vendas ou de outros negócios. Não estipulada, "*será ela arbitrada segundo os usos correntes no lugar*" (CC, art. 701). É devida a retribuição desde o momento da conclusão do negócio. Se o cumprimento do encargo foi apenas parcial, o comissário fará jus à remuneração proporcional aos atos praticados, bem como ao reembolso das importâncias despendidas em razão do trabalho realizado.

---

5 Arnoldo Wald, *Obrigações e contratos*, p. 472, n. 170.

6 Humberto Theodoro Júnior, Do contrato de comissão no novo Código Civil, p. 33-34.

Em caso de *morte do comissário*, ou quando, por motivo de *força maior*, não puder concluir o negócio, "*será devida pelo comitente uma remuneração proporcional aos trabalhos realizados*" (CC, art. 702). A morte do *comissário*, por se tratar de contrato personalíssimo, sempre extingue o contrato, se a atividade é exercida de forma individual. A do *comitente* produz o mesmo efeito: extingue-se o contrato e serão prestadas as contas.

Ainda que tenha dado motivo à dispensa, terá o comissário direito a ser "*remunerado pelos serviços úteis prestados ao comitente, ressalvado a este o direito de exigir daquele os prejuízos sofridos*" (CC, art. 703). A existência ou não de motivo para a dispensa nada tem a ver com a remuneração dos serviços prestados pelo comissário, cujo direito à remuneração é indiscutível, ainda que parcial se o negócio não foi concluído, sob pena de enriquecimento ilícito do comitente. Malgrado o dispositivo supratranscrito não esclareça o que pode ser entendido como "serviço útil", deve-se interpretá-lo em sentido amplo, levando em conta não apenas o aspecto patrimonial, mas qualquer outra vantagem ou benefício demonstrados.

Se o comissário for despedido *sem justa causa*, terá direito a ser "*remunerado pelos trabalhos prestados, bem como a ser ressarcido pelas perdas e danos resultantes de sua dispensa*" (CC, art. 705). A despedida imotivada gera o direito às perdas e danos decorrentes da dispensa. No tocante a esse aspecto, destaca José Maria Trepat Cases o tratamento isonômico do legislador: "... se, de um lado, considera delas beneficiário o *comitente*, consoante o estampado no art. 703, quando o comissário houver dado motivo para sua demissão, de outro legitima o *comissário* a exigi-las, se despedido sem justa causa"[7].

Como sucede no caso do mandato, o comissário também faz jus à retenção dos bens adquiridos para o comitente, a fim de assegurar o reembolso das despesas efetuadas para realizar o negócio convencionado, bem como o recebimento da remuneração ajustada e eventuais juros. Dispõe, com efeito, o art. 708 do Código Civil: "*Para reembolso das despesas feitas, bem como para recebimento das comissões devidas, tem o comissário direito de retenção sobre os bens e valores em seu poder em virtude da comissão*".

4. CARACTERÍSTICAS DO CONTRATO DE COMISSÃO

O contrato de comissão é regulado no atual Código Civil como um contrato típico e não como subespécie de mandato. É, como foi dito, figura contratual autônoma, que se rege por normas específicas, distintas das concernentes a este (arts. 693 a 700).

Denomina-se *comitente* a parte que encarrega outra pessoa de comprar ou vender bens móveis, realizar mútuo ou outro negócio jurídico de crédito, segundo as suas instruções e no seu interesse. *Comissário* é a outra parte, a que realiza os negócios por conta ou em favor do comitente, nos limites das instruções recebidas, mediante retribuição denominada *comissão*.

No Código Comercial, o comissário era obrigatoriamente um comerciante. Tendo o atual Código Civil promovido a unificação das obrigações civis e comerciais, não se exige mais que a comissão seja contrato celebrado apenas por um comerciante, hoje intitulado empresário. Em geral, é ele um profissional do comércio, mas não necessariamente, pois a comissão, em tese, tanto pode se desenvolver como atividade comercial como civil. Comitente e comissário podem ser tanto pessoa física como jurídica[8].

O contrato de comissão, além da semelhança com o contrato de mandato, aproxima-se de outros negócios afins, que igualmente possibilitam e promovem a distribuição de bens e

---

7 *Código Civil comentado*, v. VIII, p. 46.

8 Humberto Theodoro Júnior, Do contrato de comissão no novo Código Civil, p. 32.

serviços no mercado consumidor, como os de agência ou representação comercial, de corretagem e o estimatório, dentre outros.

Embora nos Códigos italiano (art. 1.731) e espanhol (art. 1.717) a comissão seja definida como "figura particular de mandato" ou "mandato sem representação", o atual Código Civil separa as duas espécies contratuais por suas características próprias, tipificando-as como modalidades autônomas, malgrado as reconhecidas afinidades existentes entre ambas. O *mandato* é disciplinado como contrato pelo qual alguém, denominado mandatário, recebe poderes de outrem, intitulado mandante, para "*em seu nome*" praticar atos ou administrar interesses (CC, art. 653). A comissão, todavia, é contrato que impõe a uma pessoa, denominada comissário, o encargo de adquirir ou vender "*bens em nome próprio*", mas à conta do comitente (art. 693).

Embora ambos cuidem de administração de negócios em benefício de outrem, os mencionados contratos diferem basicamente pela circunstância de que o mandatário contrata sempre em nome do mandante, enquanto o comissário sempre negocia em nome próprio. Assim, o mandante "é *a parte* do contrato que o mandatário firma em seu nome. O comissário, e não o comitente, é *a parte* do negócio ajustado no interesse do comitente"[9].

Em resumo: a) no mandato, o mandatário age sempre em nome do mandante, e, portanto, este é conhecido, ao passo que na comissão o comissário age sempre em seu próprio nome, sendo o comitente desconhecido; b) a comissão tem sempre por objeto negócios determinados, ao passo que o mandato pode versar sobre atos que, apesar de concernentes a um certo fim, ficam sujeitos à deliberação e arbítrio do mandatário[10]; c) o mandatário não integra o contrato, limitando-se a atuar segundo as ordens do mandante, enquanto o comissário age em seu próprio nome e integra o contrato como parte contratante; d) o comissário não é obrigado a declarar o nome do comitente e, ainda que o faça, não poderá inseri-lo como parte do contrato, ao passo que o mandatário não age em nome próprio e, por isso, o terceiro que com ele contrata sabe que ele está a agir em nome de determinado mandante, seu representado, que se responsabilizará pelos atos praticados em seu nome, não sendo possível ocultá-lo[11].

O contrato de comissão distingue-se também do *contrato de agência* ou *representação comercial*, embora ambos tenham igual objetivo mercadológico. O agente não realiza o negócio, mas limita-se aos atos preparatórios que lhe foram incumbidos. Promove ele a negociação, que no entanto será concluída e consumada diretamente entre o preponente e o cliente angariado pelo agente. Sua função é exercida no terreno da captação e manutenção da clientela para o fornecedor. O agente não é, em regra, nem mandatário nem comissário[12]. Como exemplos de pessoas que exercem essas atividades podem ser citados os agentes de seguros e de atividades artísticas.

Mesmo não tendo representação, o comissário se encarrega de realizar negócio jurídico de interesse do comitente. Concluindo o negócio em seu nome, e não do comitente, será o único responsável pelo contrato firmado com o terceiro, sem embargo de tê-lo realizado no interesse do comitente[13].

A comissão difere também da *corretagem* ou *mediação*, pois o corretor não passa de um intermediário, que aproxima as pessoas. A sua missão é obter resultado útil de determinado

---

9 Waldemar Ferreira, *Tratado de direito comercial*, v. XI, p. 63; Humberto Theodoro Júnior, Do contrato de comissão no novo Código Civil, p. 40.

10 Washington de Barros Monteiro, *Curso de direito civil*, v. 5, p. 301-302.

11 José Maria Trepat Cases, *Código Civil comentado*, v. VIII, p. 25.

12 Humberto Theodoro Júnior, Do contrato de comissão no novo Código Civil, p. 38.

13 Rubens Requião, *Do representante comercial*, p. 45.

negócio. A mediação é exaurida com a conclusão do negócio entre um terceiro e o comitente, graças à atividade do corretor. A obrigação por este assumida é de resultado. Somente fará jus à comissão se a aproximação entre o comitente e o terceiro resultar na efetivação do negócio. O corretor não celebra contrato e, por conseguinte, não figura na negociação como parte e não assume o risco do negócio, que não é seu, ao passo que o comissário age como se fosse o dono do negócio, constituindo uma das partes da operação negocial[14].

É grande a semelhança entre o contrato de comissão e o contrato *estimatório*, pois ambos se destinam à venda de bens por negociação de outrem, em nome próprio. O consignatário recebe o bem com a finalidade de vendê-lo a terceiro, segundo estimação feita pelo consignante, podendo optar por ficar com o objeto para si, pagando o preço fixado. Se preferir vendê-lo, auferirá lucro no sobrepreço que obtiver. Sua vantagem econômica será alcançada pelo lucro eventualmente obtido na venda das mercadorias a terceiro, pois o consignante não o remunera. No contrato de comissão não há a aludida opção, nem o comissário se propõe a comprar as mercadorias, que ficam apenas em seu poder para procurar um terceiro que possa adquiri-las, sendo remunerado por essa atividade, calculada a retribuição sobre o preço que o produto da venda vier alcançar[15].

5. DIREITOS E OBRIGAÇÕES DO COMISSÁRIO

O comissário tem a obrigação de concluir o negócio, agindo de conformidade com as ordens e instruções recebidas do comitente. Prescreve o art. 695 do Código Civil que "*o comissário é obrigado a agir de conformidade com as ordens e instruções do comitente, devendo, na falta destas, não podendo pedi-las a tempo, proceder segundo os usos em casos semelhantes*". Embora deva realizar o negócio em seu próprio nome, não tem, como se depreende da leitura do mencionado dispositivo legal, plena liberdade, pois lhe cumpre observar as instruções ou ordens recebidas.

Se o comissário se afastar das instruções recebidas, principalmente se forem de caráter imperativo, que não dão liberdade de apreciação, e não meramente indicativas, responderá pelos danos causados perante o comitente e também perante terceiros, na hipótese de se recusar aquele a executar o contrato ou a executá-lo de acordo com as instruções que dera. Esse princípio é ínsito à natureza do contrato e ressalta do disposto no parágrafo único do art. 696: "*Responderá o comissário, salvo motivo de força maior, por qualquer prejuízo que, por ação ou omissão, ocasionar ao comitente*".

Todavia, "*ter-se-ão por justificados os atos do comissário, se deles houver resultado vantagem para o comitente, e ainda no caso em que, não admitindo demora a realização do negócio, o comissário agiu de acordo com os usos*" (art. 695, parágrafo único). O atual Código Civil, mais uma vez, dá relevância aos usos e costumes, que devem nortear a conduta do comissário nos casos de urgência e de ausência de instruções específicas em tempo hábil. Cabe ao juiz averiguar se dos atos do comissário resultou vantagem para o comitente e, em caso negativo, se a solução não admitia demora e se se comportou ele de acordo com os usos locais.

Dispõe ainda o art. 696 do Código Civil que, "*no desempenho das suas incumbências o comissário é obrigado a agir com cuidado e diligência, não só para evitar qualquer prejuízo ao comitente, mas ainda para lhe proporcionar o lucro que razoavelmente se podia esperar do negócio*".

É, pois, obrigação do comissário realizar o negócio do qual foi incumbido com o desvelo com que cuida das suas próprias coisas, buscando obter as vantagens que dele razoavel-

---

[14] Sílvio Venosa, *Direito civil*, v. III, p. 564; José Maria Trepat Cases, *Código Civil comentado*, v. VIII, p. 26.

[15] Humberto Theodoro Júnior, Do contrato de comissão no novo Código Civil, p. 42.

mente se espera, consubstanciadas no lucro. O dever de impedir prejuízo ao comitente e de assegurar-lhe os lucros que se pode esperar do negócio, imposto ao comissário, revela a preocupação do legislador com o aspecto do resultado útil que deve orientar a conduta deste. Somente a força maior poderá afastar a sua responsabilidade, como estabelece o parágrafo único do mencionado art. 696 do Código Civil.

A venda de mercadoria por preço inferior ao estipulado nas instruções do comitente, ou ao da praça ou mercado onde o negócio se realiza, por exemplo, impõe ao comissário a obrigação de repor a diferença.

Mas, por outro lado, "*o comissário não responde pela insolvência das pessoas com quem tratar, exceto em caso de culpa*" e "*se do contrato constar a cláusula* del credere" (CC, arts. 697 e 698). Responde o comissário se, ao tempo da conclusão do negócio, a insolvência do terceiro era notória, ou se, vencida a dívida, não se empenhou para haver o pagamento, sobrevindo a insolvência do devedor.

Se não houver instrução diversa do comitente, "*presume-se o comissário autorizado a conceder dilação do prazo para pagamento, na conformidade dos usos do lugar onde se realizar o negócio*" (CC, art. 699). Compete ao comissário, agindo em nome próprio, decidir o que é mais conveniente, toda vez que o contrato se mostrar incompleto ou omisso, tomando as providências necessárias para o bom desempenho do encargo, se as instruções tardarem a chegar, forem insuficientes ou inexistentes, e, inclusive, se razões de mercado recomendarem, conceder dilação do prazo para o pagamento, salvo se houver instrução contrária do comitente.

A concessão de prazo é, muitas vezes, necessária para o sucesso das vendas. Se as regras ditadas pelo mercado indicarem esse caminho como condição para a consecução de um bom negócio, e inexistir instrução prévia proibitiva do comitente, militará em favor do comissário a presunção legal de autorização, na conformidade dos usos locais. Deve, no entanto, se tal acontecer, comunicar o fato imediatamente ao comitente, para que este possa se posicionar, até mesmo quanto à hipótese de haver necessidade de concessão de nova dilação temporal do pagamento.

As consequências do descumprimento das instruções imperativas do comitente vêm especificadas no art. 700 do Código Civil: "*Se houver instruções do comitente proibindo prorrogação de prazos para pagamento, ou se esta não for conforme os usos locais, poderá o comitente exigir que o comissário pague incontinenti ou responda pelas consequências da dilação concedida, procedendo-se de igual modo se o comissário não der ciência ao comitente dos prazos concedidos e de quem é seu beneficiário*". O comissário ficará, portanto, sujeito às consequências da autorização concedida para o retardamento do pagamento, podendo ser obrigado a pagar o preço de imediato ou responder pelas consequências da dilação deferida.

Estatui o art. 704 do Código Civil que, se não houver estipulação em contrário, "*pode o comitente, a qualquer tempo, alterar as instruções dadas ao comissário, entendendo-se por elas regidos também os negócios pendentes*". O legislador leva em conta a possibilidade de haver modificação da tendência e da dinâmica do mercado, que recomendam a mudança de rumos, ao alvedrio do comitente. Não pode o comissário opor-se às novas diretrizes, uma vez que age no interesse do comitente, embora o faça em seu nome. As instruções podem ser passadas por escrito ou verbalmente[16], quando houver urgência, salvo estipulação em contrário.

---

[16] "Mandato e comissão mercantil. É de estilo e uso do comércio a autorização verbal para a realização de negócios por intermédio da empresa corretora de valores, entendendo-se como ratificados os atos negociais, pela continuidade da prática se semelhantes, ao longo do tempo de duração do mandato" (STJ, AgRg no AI 6.418-SP, 3ª T., rel. Min. Dias Trindade, *DJU* 25-2-1991, apud *Novo Código Civil comentado*, coord. de Ricardo Fiuza, p. 639).

Preleciona Pontes de Miranda que "as instruções podem ser alteradas, substituídas ou retiradas pelo comitente, enquanto não haja princípio de execução que fosse prejudicado pela alteração, substituição ou retirada. (...) Se para atender a mudança quanto às instruções, o comissário sofre prejuízos, tem de indenizar-lho o comitente"[17].

Dentre os *direitos* do comissário figura o de ser reembolsado das despesas que efetuou, salvo estipulação em contrário, como já foi dito, uma vez que, sendo o contrato concluído no interesse do comitente, deve ele suportar as despesas da operação. A quantia por ele desembolsada vence juros a partir do desembolso. Proclama o art. 706 do Código Civil, com efeito, que "*o comitente e o comissário são obrigados a pagar juros um ao outro; o primeiro pelo que o comissário houver adiantado para cumprimento de suas ordens; e o segundo pela mora na entrega dos fundos que pertencerem ao comitente*".

Pelo serviço que presta, tem direito o comissário a uma remuneração denominada comissão, fixada de acordo com os usos da praça, caso não tenha sido ajustada, como explanado no item *Remuneração do comissário* (n. 3, *retro*), ao qual nos reportamos. Pelas comissões ou reembolsos, o comissário é credor privilegiado na "*falência ou insolvência do comitente*" (CC, art. 707).

Não havendo previsão no contrato, aplica-se a taxa legal prevista no § 1º do art. 406 do Código Civil em vigor, com a nova redação conferida pela Lei n. 14.905/2024: "*a taxa legal corresponderá à taxa referencial do Sistema Especial de Liquidação e de Custódia (Selic), deduzido o índice de atualização monetária de que trata o parágrafo único do art. 389 deste Código*". A pretensão para a cobrança desses juros prescreverá em três anos, conforme o art. 206, § 3º, III, do Código Civil em vigor.

Tem sido admitida a celebração de *contrato consigo mesmo* pelo comissário. Em vez de vender o bem a terceiro, ele próprio o adquire. Intervém no contrato uma só pessoa, que declara, entretanto, duas vontades, a própria, como adquirente, e a que produz efeitos na esfera jurídica da pessoa por conta de quem realiza o contrato. Sendo ele representante do comitente, que age, porém, em nome próprio, não há empeço, do ponto de vista jurídico, a que realize a operação como contraparte, salvo se aquele a proibir ou o fato caracterizar conflito de interesses.

O art. 117 do Código Civil de 2002 considera válido o autocontrato, "*se o permitir a lei ou o representado*". O Código Civil português exige que o consentimento do representado seja expresso e que o negócio, por sua natureza, exclua a possibilidade de um conflito de interesses (art. 261º). Embora o mencionado art. 117 do novo diploma não faça tais exigências, os tribunais pátrios não têm admitido a celebração do contrato consigo mesmo quando patente o conflito de interesses estabelecido entre o *dominus negotii* e o representante (cf. *Súmula 60 do STJ*). Mas a anuência do representado pode ser presumida, na ausência de expressa proibição de celebração de autocontrato e de eventual conflito de interesses[18].

Prescreve a final o art. 709 do Código Civil: "*São aplicáveis à comissão, no que couber, as regras sobre mandato*". O atual diploma, diferentemente do Código Civil italiano, distingue o contrato de comissão do mandato, não o considerando uma subespécie deste ou "mandato sem representação", como foi dito. Disciplina-o como contrato típico, com regras próprias e peculiares. Todavia, no dispositivo supratranscrito, reconhecendo a similitude e afinidade existentes entre ambos, prevê a aplicação subsidiária das regras sobre mandato, assim como fez também em relação ao contrato de agência e distribuição (CC, art. 721). Longe de igualá-

[17] *Tratado de direito privado*, v. 43, p. 308.

[18] Carlos Roberto Gonçalves, *Direito civil brasileiro*, v. 1, p. 393; Orlando Gomes, *Contratos*, p. 405-406; Sílvio Venosa, *Direito civil*, v. III, p. 559.

-los ou confundi-los, a disposição em apreço reconhece tratar-se de institutos diversos, malgrado os pontos de contato existentes, admitindo a subsidiariedade somente "*no que couber*".

6. DIREITOS E OBRIGAÇÕES DO COMITENTE

O comitente é obrigado a executar o contrato concluído pelo comissário na conformidade de suas instruções. Cumpre-lhe colocar as mercadorias, nos casos de venda, à disposição do comissário, antecipadamente ou no prazo fixado para sua entrega. É comum a entrega ao comissário antes da venda, tornando-se este depositário de tais bens. Como o comitente conserva a propriedade das mercadorias depositadas, pode reivindicá-las na falência do comissário[19].

Obriga-se também o comitente a pagar a remuneração devida sob a forma de comissão, bem como a adiantar o numerário necessário às despesas do comissário. Deve ainda fornecer as instruções que possibilitem a este o bom desempenho do encargo, sob pena de sujeitar-se às deliberações por ele tomadas, na conformidade dos usos e costumes locais.

As pessoas com quem o comissário contratar, agindo em seu próprio nome, não têm ação contra o comitente, nem este contra elas, salvo se aquele ceder seus direitos a qualquer das partes – o que lhe é permitido expressamente pelo art. 694 do Código Civil. O dispositivo em apreço soluciona antiga divergência doutrinária desenvolvida a respeito do tema, afastando a possibilidade, defendida por parte da doutrina, de o comitente dirigir-se diretamente ao terceiro para exigir o pagamento do que comprou, exercendo, neste caso, direito próprio. Ao comitente, segundo essa corrente, pertence o crédito, porque é por sua conta que o comissário age. A única possibilidade de isso acontecer, todavia, segundo os ditames do dispositivo legal supramencionado, será se o comissário ceder seus direitos ao comitente.

É direito do comitente alterar, a qualquer tempo, como mencionado no item anterior, as instruções dadas ao comissário, que valerão também para os negócios pendentes, sem que este possa oferecer qualquer reclamação. No entanto, se as novas instruções lhe trouxerem despesas, poderá exigir que lhe sejam adiantadas ou ressarcidas. Se lhe causarem prejuízo, terá direito de ser indenizado.

O comitente não pode despedir o comissário sem justa causa. Se o fizer, retirando os poderes que lhe atribuíra, sem comprovação de culpa, como se se tratasse de uma denúncia vazia, terá o dispensado não só direito a ser remunerado pelos trabalhos prestados, como também "*a ser ressarcido pelas perdas e danos resultantes de sua dispensa*" (CC, art. 705).

7. COMISSÃO *DEL CREDERE*

O comissário não responde, em geral, pela insolvência das pessoas com quem tratar, exceto em caso de culpa e de constar do contrato a cláusula *del credere* (CC, art. 697). Neste último caso, "*responderá o comissário solidariamente com as pessoas com que houver tratado em nome do comitente, caso em que, salvo estipulação em contrário, o comissário tem direito a remuneração mais elevada, para compensar o ônus assumido*" (art. 698).

A Lei n. 14.690, de 3 de outubro de 2023, incluiu o parágrafo único no art. 698, prevendo que "*a cláusula* del credere *de que trata o* caput *deste artigo poderá ser parcial*".

A referida cláusula visa estimular o comissário a ser cuidadoso na escolha das pessoas com quem realiza negócios, pois, em consequência dela, assume o risco dos negócios, soli-

---

19 Orlando Gomes, *Contratos*, p. 406.

dariamente com estas. Não se trata de aval ou fiança, mas de garantia solidária resultante de acordo de vontades e autorizada por lei.

Pela cláusula de garante, "o comissário compromete-se à liquidez do débito contraído, pelo que se tem entendido apenas cabível nos casos de vendas a prazo, porquanto a remuneração exacerbada tem seu escopo e razão de ser nos maiores riscos assumidos pelo comissário"[20].

[20] Jones Figueirêdo Alves, *Novo Código Civil comentado*, p. 635.

Capítulo XII
DA AGÊNCIA E DISTRIBUIÇÃO

1. CONCEITO E NATUREZA JURÍDICA

Configura-se o contrato de *agência* quando uma pessoa assume, com autonomia, a obrigação de promover habitualmente, por conta de outra, mediante remuneração, a realização de certos negócios, em zona determinada; e o de *distribuição*, quando a coisa a ser negociada estiver à disposição do agente. Dispõe, com efeito, o art. 710 do Código Civil:

"*Pelo contrato de agência, uma pessoa assume, em caráter não eventual e sem vínculos de dependência, a obrigação de promover, à conta de outra, mediante retribuição, a realização de certos negócios, em zona determinada, caracterizando-se a distribuição quando o agente tiver à sua disposição a coisa a ser negociada.*

Parágrafo único. O proponente pode conferir poderes ao agente para que este o represente na conclusão dos contratos".

Quando ocorre a situação prevista no parágrafo único supratranscrito, em que o proponente confere poderes ao agente para que este o represente na conclusão dos contratos, *configura-se* o contrato de *representação comercial autônoma*, regido pela Lei n. 4.886, de 9 de dezembro de 1965, com as alterações feitas pela Lei n. 8.420, de 8 de maio de 1992. Neste as partes necessariamente serão empresárias. No contrato de agência, regulamentado pelo atual Código Civil, não é necessário que o agente ou o proponente sejam empresários, como sucede, por exemplo, com o agente de um atleta profissional ou de renomado ator ou cantor.

Preceitua o art. 721 do Código Civil que "*aplicam-se ao contrato de agência e distribuição, no que couber, as regras concernentes ao mandato e à comissão e as constantes de lei especial*". A expressão "*no que couber*" indica que se trata de aplicação subsidiária, preponderando as normas específicas traçadas no novo diploma para os contratos de agência e distribuição. Pode-se afirmar que as regras especiais pelas quais a Lei n. 4.886/65 disciplinou a profissão e os direitos e deveres do representante comercial continuam em vigor, uma vez que o Código Civil traçou apenas normas gerais concernentes ao contrato de agência. Apenas quando alguma norma do novo diploma estiver conflitando com preceito da mencionada lei especial é que terá havido revogação parcial desta.

O agente atua como promotor de negócios em favor de uma ou mais empresas, em determinadas praças. Não é corretor, porque não efetua a conclusão dos negócios jurídicos. Não é mandatário, nem procurador, nem tampouco empregado ou prestador de serviço no sentido técnico. Fomenta o negócio do agenciado, mas não o representa, nem com ele possui vínculo trabalhista. Efetua a coleta de propostas ou pedidos para transmiti-los ao representado. Promove o negócio, mas nada obriga que o conclua. Pode até intermediar e fazer jus a comissões, mas tal circunstância não o transforma em corretor nem em mandatário.

Como exemplos de pessoas que exercem essa atividade podem ser citados os agentes de seguros, de aplicações financeiras, de atividades artísticas, podendo ser lembrada, ainda, a atividade do agente que se encarrega de indicar novos atletas de futebol ou de outro esporte para determinada agremiação esportiva. A atividade do agente limitar-se-á aos atos preparatórios que lhe foram incumbidos: prepara o negócio em favor do agenciado, mas não o conclui necessariamente. A obrigação do representante comercial autônomo, ao contrário, é de concluí-lo.

O contrato de agência tem a mesma *natureza jurídica* do contrato de comissão. É, assim, *bilateral* ou *sinalagmático, consensual, oneroso, comutativo, não solene* e *intuitu personae* (*v.* Capítulo XI, n. 2, *retro*).

2. CARACTERÍSTICAS DO CONTRATO DE AGÊNCIA

Da conceituação legal (CC, art. 710), deduz-se que entram na composição do contrato de agência os seguintes elementos: a) a obrigação do agente de promover e fomentar negócios do agenciado; b) habitualidade do serviço; c) delimitação da zona onde deve ser prestado; d) direito do agente à retribuição do serviço que presta; e) exclusividade e independência de ação. O traço marcante é a autonomia na prestação de serviço[1].

O contrato de agência envolve, pois:

a) *Relação entre empresários*, dentro da circulação mercadológica de bens e serviços. Se o agente exercer a atividade da representação comercial, e forem adotados no contrato de agência os regramentos do contrato de representação comercial autônoma, as partes necessariamente serão empresárias. Pelo sistema do atual Código Civil, todavia, como foi dito, não é necessário que agente e agenciado sejam empresários, servindo de exemplo o agente de um desportista profissional, de um escritor ou cantor.

b) *Relação de independência hierárquica* entre representante e representado, pois aquele age com autonomia na organização de seu negócio e na promoção dos negócios do último, embora deva cumprir programas e instruções do preponente.

c) *Prática não eventual da atividade* em prol do representado. A atividade do agente não se limita a determinado negócio, mas a uma atuação *habitual*, de modo que se estabeleça um vínculo duradouro entre as partes.

d) *Intermediação e promoção de negócios* de interesse do representado, que são realizados à conta deste.

e) *Pagamento de uma remuneração ou retribuição* dos serviços agenciados, conferindo ao contrato o caráter de bilateral, comutativo e oneroso.

f) *Delimitação da zona* onde os serviços são prestados. Compete ao agente praticar o agenciamento dentro de um território estipulado pelo contrato, ou algo que a isso corresponda, como determinado setor ou determinada categoria de pessoas[2].

A lei não exige a forma escrita. Por essa razão, prova-se o contrato por todos os meios em direito admitidos, especialmente troca de correspondência, notas fiscais, formulários de pedidos, publicidade, conduta e comportamento das partes.

---

1 Orlando Gomes, *Contratos*, p. 409.

2 José Maria Trepat Cases, *Código Civil comentado*, v. VIII, p. 54; Humberto Theodoro Júnior, Do contrato de agência e distribuição no novo Código Civil, *RT*, 812/22.

Destaca Humberto Theodoro Júnior o sentido restrito com que a lei qualifica o contrato de agência, afirmando que o agente "é sempre um prestador de serviços, cuja função econômica e jurídica se localiza no terreno da captação de clientela. A distribuição que eventualmente lhe pode ser delegada ainda faz parte da prestação de serviços"[3].

3. CARACTERÍSTICAS DO CONTRATO DE DISTRIBUIÇÃO

O Código Civil de 2002 trata conjuntamente dos contratos de agência e distribuição, uma vez que não são, a rigor, dois contratos distintos, mas o mesmo contrato de agência, no qual se pode atribuir maior ou menor soma de funções ao preposto. O aludido diploma os distingue pelo fato de, no primeiro, não ter o agente a disposição da coisa a ser negociada. Caracteriza-se a distribuição, diz o art. 710, "*quando o agente tiver à sua disposição a coisa a ser negociada*".

Assinala Humberto Theodoro Júnior que, a teor do mencionado dispositivo legal, a distribuição não é a revenda feita pelo agente. Este nunca compra a mercadoria do preponente. Ele age como depositário apenas da mercadoria a este pertencente, de maneira que, ao concluir a compra e venda e promover a entrega de produtos ao comprador, não age em nome próprio, mas o faz em nome e por conta da empresa que representa. Em vez de atuar como vendedor, atua como mandatário do vendedor. Tal contrato difere do *contrato de concessão comercial*, este, sim, baseado na revenda de mercadorias e sujeito a princípios que nem sequer foram reduzidos a contrato típico pelo Código Civil[4].

Tem a jurisprudência respeitado a liberdade de contratar e também a de extinguir o contrato, seja ao seu termo final, seja pela denúncia unilateral do contrato de termo indeterminado, seja, finalmente, pela negativa de renovação do contrato[5]. Assim, por exemplo, em caso no qual empresa distribuidora de bebidas pleiteava, contra a fabricante, uma medida de antecipação de tutela que lhe garantisse, após o termo final do contrato, a prorrogação do vínculo por prazo indeterminado, decidiu-se: "É descabida a decisão liminar, proferida em medida cautelar inominada, que obriga uma das partes a continuar cumprindo contrato já expirado e contra a sua vontade. A Constituição Federal expressamente consagra o princípio da legalidade, ao prescrever que 'ninguém será obrigado a fazer ou deixar de fazer alguma coisa senão em virtude de lei' (art. 5º, inciso II)"[6].

O simples exercício do direito de resilir o contrato unilateralmente no seu vencimento, desde que cumprida a exigência de notificação prévia do distribuidor com a antecedência estipulada no contrato, não constitui conduta ilícita e, em decorrência, não acarreta a obrigação de indenizar perdas e danos. Tem-se decidido, a propósito, que "o contratante que exercita os atos inerentes à sua liberdade de desvinculação contratual, com notificação prévia de sua intenção, não pratica ilícito capaz de ensejar reparação, com fulcro na responsabilidade civil"[7].

Em caso de contrato por prazo indeterminado, "*qualquer das partes poderá resolvê-lo, mediante aviso prévio de noventa dias, desde que transcorrido prazo compatível com a natureza e o vulto do investimento exigido do agente*" (CC, art. 720). No caso de divergência entre as partes, "*o juiz decidirá da razoabilidade do prazo e do valor devido*" (parágrafo único). A regra

---

3 Do contrato de agência e distribuição no novo Código Civil, p. 23.
4 Do contrato de agência e distribuição no novo Código Civil, p. 23.
5 Adriana Mandim Theodoro de Mello e Humberto Theodoro Júnior, *Apontamentos sobre a responsabilidade civil na denúncia dos contratos de distribuição, franquia e concessão comercial*, p. 36.
6 TJPR, AgI 47.522-1, 4ª Câm., rel. Des. Antônio Lopes Noronha, j. 29-5-1996.
7 TAMG, Ap. 225.851-7, 3ª Câm., rel. Juiz Duarte de Paula, j. 11-12-1996.

é salutar, porque inibe a ocorrência de danos mais graves que possam advir a qualquer das partes em virtude da cessação do negócio. O juiz, chamado a solucionar a divergência, decidirá se transcorreu um prazo razoável, compatível com a natureza e o vulto do investimento feito pelo agente.

4. REMUNERAÇÃO DO AGENTE

Segundo dispõe o art. 714 do Código Civil, salvo estipulação em contrário "*o agente ou distribuidor terá direito à remuneração correspondente aos negócios concluídos dentro de sua zona, ainda que sem a sua interferência*". O proponente não pode constituir, ao mesmo tempo, "*mais de um agente, na mesma zona, com idêntica incumbência*", salvo estipulação diversa; "*nem pode o agente assumir o encargo de nela tratar de negócios do mesmo gênero, à conta de outros proponentes*" (CC, art. 711).

Por conseguinte, se o proponente realiza, ainda que indiretamente, negócios que competiam ao agente, deve pagar a este a remuneração. Em geral esta é estipulada em porcentagem sobre os negócios bem-sucedidos, podendo também ser fixa. Se não adotado nenhum critério para a remuneração devida ao agente, "*será ela arbitrada segundo os usos correntes no lugar*", como preceitua o art. 701 do Código Civil, aplicável à agência e à distribuição.

É permitido às partes dispor de forma diferente, admitindo-se mais de um distribuidor para a mesma área. Se o contrato não contiver, neste caso, cláusula sobre a divisão da remuneração devida em caso de negociação concluída sem a interferência dos agentes ou distribuidores, o *quantum* será partilhado por igual entre eles.

O agente encaminha as propostas e terá direito à indenização se o proponente, sem justa causa, "*cessar o atendimento*" destas "*ou reduzi-lo tanto que se torna antieconômica a continuação do contrato*" (CC, art. 715). A remuneração será devida ao agente "*também quando o negócio deixar de ser realizado por fato imputável ao proponente*" (art. 716). Se o agente cumpre a sua parte, promovendo a aproximação útil das partes, e o negócio não se conclui por desinteresse ou negligência do proponente, terá aquele direito à remuneração pelos serviços prestados de forma diligente. O fortuito e a força maior, como uma greve ou um fenômeno inevitável e imprevisível da natureza, que impedem, por exemplo, a realização do espetáculo teatral ou do *show* musical agenciados, excluem, todavia, a responsabilidade do proponente.

Na mesma linha, dispõe o art. 717 do aludido diploma: "*Ainda que dispensado por justa causa, terá o agente direito a ser remunerado pelos serviços úteis prestados ao proponente, sem embargo de haver este perdas e danos pelos prejuízos sofridos*". A importância da aproximação útil é destacada no aludido dispositivo. Nem mesmo a justa causa, motivada pelo agente ou distribuidor, acarreta a perda do direito à retribuição pelos serviços úteis por estes prestados. Não fosse assim, o agenciado experimentaria uma vantagem indevida, *incompatível com o princípio da boa-fé contratual consagrado no art. 422 do atual Código.*

Por outro lado, a parte final do mencionado art. 717 estabelece que o proponente, por sua vez, prejudicado pelo ato do agente configurador da justa causa que motivou a resilição do contrato, tem o direito de haver deste "*perdas e danos*". Neste caso, poderá haver a compensação dos valores devidos por ambas as partes, desde que líquidos[8]. Mesmo quando o agente "*não puder continuar o trabalho por motivo de força maior, terá direito à remuneração correspondente aos serviços realizados, cabendo esse direito aos herdeiros no caso de morte*"

---

[8] José Maria Trepat Cases, *Código Civil comentado*, v. III, p. 82; Jones Figueirêdo Alves, *Novo Código Civil comentado*, p. 649; Sílvio Venosa, *Direito civil*, v. III, p. 631.

(CC, art. 719). O dispositivo reitera o princípio de que serviço efetivamente prestado pelo agente ou distribuidor deve ser retribuído. Mais uma vez objetiva a lei evitar o enriquecimento sem causa da parte favorecida pelo resultado útil do serviço.

O art. 718 do Código Civil, por sua vez, trata da resilição unilateral do contrato de agência ou distribuição sem culpa do agente ou distribuidor. Neste caso, este fará jus não só às comissões dos negócios por ele promovidos e não pagas, como também às devidas pelos agenciados utilmente e ainda pendentes de conclusão por parte do agenciado. A esses valores devem ser acrescidas as indenizações previstas em lei especial, ou seja, na referida Lei n. 4.886/65, com as alterações da Lei n. 8.420/92.

5. DIREITOS E OBRIGAÇÕES DAS PARTES

Prescreve o art. 712 do Código Civil que o "*agente, no desempenho que lhe foi cometido, deve agir com toda diligência, atendo-se às instruções recebidas do proponente*".

Malgrado, portanto, a relativa autonomia na execução dos serviços que presta, o agente ou distribuidor deve exercer sua atividade na conformidade das instruções recebidas, com zelo e dedicação, para o bom e útil desempenho de sua obrigação.

Observa Orlando Gomes que é inerente à sua função "transmitir à outra parte informações das condições do mercado e perspectivas de vendas. Cumpre-lhe ainda prestar esclarecimentos a respeito da solvabilidade da clientela e atuação dos concorrentes, bem como sobre a marcha dos negócios a seu cargo"[9].

Por outro lado, é direito do agente ou distribuidor ver atendidos seus pedidos, bem como exigir lhe sejam proporcionadas as condições de exercer plenamente sua atividade. Se não houver previsão no contrato sobre o volume de negócios que lhe incumbe promover, terá ele liberdade de ação. Não deve, todavia, realizar negócios em quantidade que exceda a capacidade de produção do proponente.

Em princípio, são de responsabilidade do agente as despesas decorrentes do exercício de sua atividade profissional, inclusive as efetuadas com propaganda, salvo estipulação em contrário.

Dentre os principais *direitos do agente* destacam-se os de exclusividade territorial, de receber remuneração e de indenização se o proponente, sem justa causa, cessar os fornecimentos ou reduzi-los de tal forma que se torne antieconômica a manutenção do contrato. Por outro lado, incumbem-lhe as seguintes *obrigações*: exercer sua atividade com diligência; seguir as instruções do agenciado; não assumir, na mesma zona, negócios de outros proponentes; manter o agenciado informado quanto às condições mercadológicas e solvabilidade dos clientes; prestar contas ao proponente dos serviços realizados à sua conta etc.

O *agenciado*, por sua vez, tem *direito* à retenção do pagamento por resilição contratual do agente para garantia do ressarcimento que for devido, de exigir que o agente lhe preste contas dos negócios realizados no seu interesse, de outorgar poderes a este para a conclusão de contratos etc. Em contrapartida, tem a *obrigação* de remunerar os serviços promovidos pelo agente; de não constituir mais de um agente na mesma zona; de indenizar o agente na hipótese de, sem justa causa, cessar o atendimento das propostas ou reduzi-las a níveis que tornem antieconômica a continuação da agência etc.[10].

---

[9] *Contratos*, p. 415-416.

[10] José Maria Trepat Cases, *Código Civil comentado*, v. III, p. 55-56.

Capítulo XIII
DA CORRETAGEM

Sumário: 1. Conceito. 2. Natureza jurídica. 3. Direitos e deveres do corretor. 4. A remuneração do corretor.

1. CONCEITO

Contrato de corretagem é aquele pelo qual uma pessoa, não vinculada a outra em virtude de mandato, de prestação de serviços ou por qualquer relação de dependência, obriga-se, mediante remuneração, a intermediar negócios para a segunda, conforme as instruções recebidas, fornecendo a esta todas as informações necessárias para que possam ser celebrados exitosamente. É o que se depreende do art. 722 do Código Civil.

O corretor aproxima pessoas interessadas na realização de um determinado negócio, fazendo jus a uma retribuição se este se concretizar. A retribuição será devida quando a conclusão do negócio tenha decorrido exclusivamente dessa aproximação. Denomina-se *comitente* o que contrata a intermediação do corretor. A obrigação por este assumida é de *resultado*. Somente fará jus à comissão se houver resultado útil, ou seja, se a aproximação entre o comitente e o terceiro resultar na efetivação do negócio. A propósito, preceitua o art. 725 do Código Civil: "*A remuneração é devida ao corretor uma vez que tenha conseguido o resultado previsto no contrato de mediação, ou ainda que este não se efetive em virtude de arrependimento das partes*".

O contrato de corretagem é tratado no Código Civil de 2002 como *típico* e *nominado*, em capítulo próprio, pois não se confunde, dadas as suas características, com o mandato, a prestação de serviços, a comissão ou qualquer outro contrato que estabeleça vínculo de subordinação. É também chamado de *mediação*, embora esta seja mais ampla, podendo verificar-se em outras modalidades de contrato. O mediador é pessoa neutra, sem vinculação com qualquer das partes, devendo ser imparcial. Procura aproximá-las, para que se conciliem. O corretor, no entanto, embora busque aproximar as partes, visa satisfazer os anseios daquela que lhe transmitiu as instruções e lhe pagará a remuneração.

O art. 729 do atual diploma ressalva expressamente as normas da legislação especial, *verbis*: "*Os preceitos sobre corretagem constantes deste Código não excluem a aplicação de outras normas da legislação especial*". A legislação especial é incumbida de tecer normas mais minudentes a respeito da matéria, ficando reservado ao Código Civil o estabelecimento de preceitos genéricos. Em face do regramento do mencionado contrato no atual Código como contrato típico, a legislação especial tem aplicação subsidiária ou complementar.

Os corretores podem ser *livres* e *oficiais*. Os primeiros são pessoas que, sem nomeação oficial, exercem, com ou sem exclusividade, a atividade de intermediação de negócios, em caráter contínuo ou intermitente. Os corretores oficiais são os de valores públicos, de mercadorias, de navios, de seguros e de operações de câmbio, que têm a sua profissão legalmente disciplinada e são investidos em cargo público, cujos atos por esta razão gozam de fé pública, estando sujeitos a requisitos especiais para exercê-la, tais como idade, idoneidade e cidadania (Lei n. 6.530/78, regulamentada pelo Dec. n. 81.871/78).

Os corretores públicos, investidos em seu cargo mediante nomeação governamental, devem ter matrícula na Junta Comercial ou em outro órgão público competente e possuir os livros necessários ao exercício da função, denominados *cadernos manuais*, para registro das operações em que atuaram como intermediários. São ainda obrigados a prestar fiança, como garantia de seu bom desempenho.

Para a validade do contrato de corretagem exigem-se os mesmos requisitos gerais, aplicáveis a todos os contratos: capacidade do agente e objeto lícito, possível, determinado ou determinável. Não há forma prescrita em lei para a sua celebração, como se verá a seguir. Quanto ao requisito de ordem subjetiva, pode haver restrições especiais, a par das incapacidades genéricas. Assim, por exemplo, os servidores públicos e autárquicos não podem agenciar negócios com a pessoa jurídica a que servem. Os corretores públicos, por sua vez, estão sujeitos a limitações previstas na legislação própria.

2. NATUREZA JURÍDICA

A corretagem é contrato *bilateral* ou *sinalagmático*, porque gera obrigações para ambos os contratantes. Dessa forma foi regulado no atual Código Civil, uma vez que o corretor se obriga a obter um ou mais negócios para o comitente e este, por sua vez, obriga-se a pagar a remuneração ajustada ou arbitrada (CC, arts. 722 e 725).

É também contrato *consensual*, visto que se aperfeiçoa com o acordo de vontades, não exigindo nenhum outro procedimento. Tem natureza *acessória* porque prepara a conclusão de outro negócio, que é realizado pelas partes, considerado principal. É contrato *oneroso*, uma vez que ambos os contratantes obtêm proveito, ao qual corresponde um sacrifício: para o comitente, pagamento da comissão e realização do negócio sem o desgaste de procurar interessados; para o corretor, eventual remuneração como contraprestação de seu trabalho e empenho.

A corretagem é ainda considerada contrato *aleatório*, porque o corretor assume o risco do insucesso da aproximação. Pode, no entanto, haver comutatividade ou equivalência das prestações em determinadas corretagens, feitas à base de negócios rotineiros, com efeitos mercantis, e nas praticadas por servidores públicos, como, por exemplo, por corretores de navios[1].

O contrato de corretagem é, finalmente, *não solene*, pois não exige forma especial. Basta o acordo de vontades, que se prova por qualquer meio. Destarte, pode concretizar-se "por meios diversos, como, por exemplo, entendimento verbal direto entre o comitente e corretor, telefone, correspondência escrita, computador, fax e outras formas de comunicação"[2]. Em princípio, todas as modalidades contratuais lícitas admitem a corretagem, inclusive a matrimonial.

---

1 Maria Helena Diniz, *Tratado teórico e prático dos contratos*, v. 3, p. 380.

2 Antonio Carlos Mathias Coltro, *Contrato de corretagem imobiliária*, p. 131.

V. a jurisprudência: "Corretagem de imóvel. Comissão ajustada verbalmente. Prova exclusivamente testemunhal. Possibilidade. Valor superior a dez salários mínimos. Irrelevância" (STJ, *RT*, 803/170). "O contrato de corretagem não exige a observância de requisito formal. Basta o acordo de vontades, que se prova por qualquer meio" (*RT*, 426/192). "Acerto de corretagem que se funda em prova testemunhal. Comissão devida em face do caráter informal que permeia esse acordo e da não oponibilidade da regra do art. 401 do CPC [de 1973, atual art. 442] pela sua imperfeição" (STJ, *RT*, 802/184).

3. DIREITOS E DEVERES DO CORRETOR

A profissão de corretor de imóveis é disciplinada pela Lei n. 6.530/78, que é a Lei Orgânica da Profissão de Corretor de Imóveis, regulamentada pelo Decreto n. 81.871/78, que limita o seu exercício, no território nacional, ao possuidor de título técnico em transações imobiliárias, inscrito no Conselho Regional de Corretores de Imóveis (CRECI) da circunscrição. O fato de não ser corretor habilitado pode sujeitá-lo a sanções administrativas, mas não o inibe de receber a remuneração, sob pena de o comitente locupletar-se indevidamente à custa de seu trabalho se não a pagar[3].

O principal direito do corretor é justamente o de perceber a comissão. Se "*não estiver fixada em lei, nem ajustada entre as partes, será arbitrada segundo a natureza do negócio e os usos locais*" (CC, art. 724).

Quanto aos deveres, destacam-se: a) o de executar a mediação "*com a diligência e prudência que o negócio requer*", prestando ao cliente, espontaneamente, "*todas as informações sobre o andamento dos negócios*"; b) o de prestar ao cliente, "*sob pena de responder por perdas e danos*", todos os "*esclarecimentos que estiverem ao seu alcance, acerca de segurança ou risco do negócio, das alterações de valores e de outros fatores que possam influir nos resultados da incumbência*" (CC, art. 723, com a redação dada pela Lei n. 12.236, de 19-5-2010).

O corretor tem, efetivamente, o dever de diligência e prudência no exercício de sua atividade. Cabe-lhe esforçar-se para obter o resultado esperado, aproximando as partes e acompanhando-as quando se tratar de venda de imóvel e desejarem conhecê-lo e vistoriá-lo, dando-lhes toda a assistência até que o negócio se considere ultimado. É importante, também, que informe o comitente sobre todos os aspectos que dizem respeito às negociações e que podem ter influência na decisão de celebração ou não do contrato em estudo, sob pena de responder por perdas e danos.

Em determinado caso, foi afastado o dever de remunerar os corretores, pois verificou-se que "não atuaram com prudência e diligência na mediação do negócio, porque lhes cabia conferir previamente sobre a existência de eventuais ações judiciais que pendiam em desfavor dos promitentes vendedores – ou das pessoas jurídicas de que são sócios –, a fim de proporcionar aos promissários compradores todas as informações necessárias à segura conclusão da avença. Assim, ainda que tenha havido a concreta aproximação das partes, com a assinatura da promessa de compra e venda e, inclusive, pagamento do sinal, o posterior arrependimento por parte dos promissários compradores deu-se por fato atribuível aos próprios corretores, sendo indevida, por este motivo, a comissão de corretagem"[4].

4. A REMUNERAÇÃO DO CORRETOR

A principal obrigação do comitente é pagar a comissão, na forma convencionada pelas partes, ou segundo o que determina a lei ou os costumes locais (CC, art. 724). Em princípio, quem usualmente paga a comissão é quem procura os serviços do corretor, encarregando-o de procurar determinado negócio. Não determinando a lei quem deve pagar a corretagem, prevalecem os usos locais. Nos contratos de venda, a praxe é a comissão ficar a cargo do vendedor.

Decidiu a *2ª Seção do Superior Tribunal de Justiça, a propósito, em sede de recurso repetitivo*: "Validade da cláusula contratual que transfere ao promitente-comprador a obrigação

---

[3] "Mediação de compra e venda de lotes. Negócio consumado. Comissão respectiva devida. Irrelevância de que o mediador não esteja inscrito no Creci, pois trata-se de falta de caráter administrativo, que apenas interessa ao órgão fiscalizador da profissão, não ensejando a nulidade do contrato" (*RT*, 783/329).

[4] STJ, REsp 1.810.652-SP, 3ª T., rel. Min. Nancy Andrighi, j. 4-6-2019.

de pagar a comissão de corretagem nos contratos de promessa de compra e venda de unidade autônoma em regime de incorporação imobiliária, desde que previamente informado o preço total da aquisição da unidade autônoma, com o destaque do valor da comissão de corretagem. Abusividade da cobrança pelo promitente-vendedor do serviço de assessoria técnico-imobiliária (SATI), ou atividade congênere, vinculado à celebração de promessa de compra e venda de imóvel"[5].

A remuneração é denominada *comissão* ou *corretagem* e representa o pagamento do preço do serviço pelo resultado útil que o trabalho proporcionou, aproximando as partes e tornando possível a conclusão do negócio. Não depende ela do recebimento integral do preço ou da execução do contrato. É devida desde que se considere concluído o negócio, representado o ajuste final pela assinatura de instrumento particular ou pela entrega do sinal ou arras. Embora o pagamento, em regra, se faça em dinheiro, não há empeço a que as partes o convencionem de modo diverso[6].

A partir, portanto, do momento em que o contrato é aperfeiçoado mediante o acordo de vontades, o corretor faz jus à comissão, ainda que posteriormente venham as partes a desistir do negócio. Dispõe, com efeito, o art. 725 do atual Código Civil que "*a remuneração é devida ao corretor uma vez que tenha conseguido o resultado previsto no contrato de mediação, ou ainda que este não se efetive em virtude de arrependimento das partes*".

A jurisprudência do *Superior Tribunal de Justiça* mostrava-se vacilante antes da entrada em vigor do Código Civil de 2002, ora considerando indevida a comissão se, após a aceitação da proposta, o vendedor, que concordara com a intermediação, se arrependesse e desistisse da venda, uma vez que o contrato de corretagem não impõe simples obrigação de meio, mas sim uma obrigação de resultado[7]; ora, ao contrário, considerando devida a comissão se, após a aproximação, já com a venda acertada, o negócio não se perfizesse por desistência de uma das partes[8].

A referida Corte tem-se posicionado da seguinte forma: "É devida a comissão de corretagem por intermediação imobiliária se o trabalho de aproximação realizado pelo corretor resultar, efetivamente, no consenso das partes quanto aos elementos essenciais do negócio"[9].

"Proposta aceita pelo comprador. Desistência posterior. Resultado útil não configurado. Comissão indevida. Nos termos do entendimento do STJ, a comissão de corretagem só é devida se ocorre a conclusão efetiva do negócio e não há desistência por parte dos contratantes. É indevida a comissão de corretagem se, mesmo após a aceitação da proposta, o comprador se arrepende e desiste da compra"[10].

---

5 STJ, REsp 1.599.511-SP, 2ª S., rel. Min. Paulo de Tarso Sanseverino, j. 24-8-2016.

6 Caio Mário da Silva Pereira, *Instituições de direito civil*, v. III, p. 386; Washington de Barros Monteiro, *Curso de direito civil*, v. 5, p. 318. "Mediação de compra e venda de imóvel. Corretor que realiza a aproximação da vontade das partes, com a efetiva assinatura de instrumento particular de venda e compra do imóvel. Remuneração devida" (*RT*, 804/270).

7 REsp 317.503-SP, 4ª T., rel. Min. Aldir Passarinho Júnior, j. 7-6-2001; EDREsp 126.587-SP, 4ª T., rel. Min. Asfor Rocha, j. 8-5-2001.

8 STJ, REsp 19.840, 4ª T., rel. Min. Sálvio de Figueiredo Teixeira, *DJU* 6-9-1993; REsp 147.317, 3ª T., rel. Min. Eduardo Ribeiro, *DJU* 12-4-1999.

9 STJ, REsp 1.765.004-SP, 3ª T., rel. Min. Paulo de Tarso Sanseverino, *DJe* 5-12-2018.

10 STJ, REsp 753.566-RJ, 3ª T., rel. Min. Nancy Andrighi, j. 17-10-2006.

V. ainda: "Contrato de corretagem. Compra e venda de imóvel. Não realização do negócio. Desistência. Comissão de corretagem indevida. Tribunal de origem alinhado à jurisprudência do STJ. Agravo regimental não provido. Segundo o entendimento firmado no STJ, a comissão de corretagem apenas é devida quando se tem como aperfeiçoado o negócio imobiliário – o que se dá com a efetiva venda do imóvel" (AgRg no AI 719.434-RS, 4ª T., rel. Min. Luis Felipe Salomão, *DJU* 2-4-2009); "Corretagem.

"Não cabe pagamento de comissão de corretagem quando o negócio não é concluído por desistência de uma das partes em virtude da falta de apresentação das certidões do imóvel objeto da transação. A jurisprudência entende que, no contrato de corretagem, a obrigação é de resultado, somente cabendo cobrança da comissão quando o corretor efetua a aproximação entre comprador e vendedor, resultando na efetiva venda do imóvel. Se o negócio não é concluído por arrependimento motivado, o corretor não faz jus ao recebimento da remuneração"[11].

"Não é devido o pagamento de comissão de corretagem no contrato de compra e venda de imóveis quando o corretor apenas realiza a aproximação das partes"[12].

Quanto à possibilidade de o pagamento da corretagem estar condicionado ao elemento acidental condição, o *Superior Tribunal de Justiça* destacou que por se tratar de direito disponível, "as partes podem optar por condicionar o pagamento da comissão a evento futuro e incerto – como à aprovação de determinado órgão, ou à efetivação de registro imobiliário –, respeitados os limites legais, notadamente, os arts. 121 a 130 do CC/2002"[13].

Ao julgar demanda que pleiteava a repetição do indébito de comissão de corretagem retida após rescisão do contrato de compra de imóvel por iniciativa do consumidor, a *Quarta Turma do Superior Tribunal de Justiça* considerou "descabida a devolução em dobro, pois a vedação à cobrança decorre da má redação dos instrumentos contratuais de adesão apontados na exordial, não ficando caracterizada a má-fé da incorporadora, pois cuida-se de abatimento justificável da comissão de corretagem, na vigência da Lei n. 13.786/2018, com expressa previsão legal, desde que estabelecida claramente no contrato, inclusive no quadro-resumo". Logo, a corte considerou que "a cobrança de 'taxa administrativa' no razoável valor total de R$ 480,00 (quatrocentos e oitenta reais) para remunerar 'serviços de pré-análise cadastral e de capacidade financeira do pagador', 'obtenção de documentos, certidões e outros com esse fim, para montagem e encaminhamento do dossiê do financiamento para a Caixa Econômica Federal, independentemente da aprovação do financiamento', por se tratar de serviço necessário e efetivamente prestado, não caracteriza cobrança arbitrária"[14].

Correta a observação de Pablo Stolze Gagliano e Rodolfo Pamplona Filho no sentido de que "não se pode confundir arrependimento com desistência. *Arrependimento* pressupõe a celebração do negócio, com a retratação posterior, o que é uma situação excepcional. Desistência, por sua vez, se situa ainda na fase pré-contratual, motivo pelo qual, não havendo ainda o negócio jurídico principal, não há que se falar em direito à comissão"[15].

Nessa linha, decidiu o *Superior Tribunal de Justiça* que, nas hipóteses de arrependimento das partes, a comissão por corretagem permanece devida, e que a assinatura da promessa de compra e venda e o pagamento do sinal demonstram que o resultado útil foi alcançado[16].

O corretor perde, no entanto, a comissão se nulo o negócio que ensejou o seu pagamento. A simples anulabilidade somente se lhe torna oponível, todavia, se conhecia a causa[17].

Proposta aceita pelo comprador. Negócio não concretizado. Comissão indevida. A comissão de corretagem só é devida se o negócio é efetivamente concluído e não há desistência por parte dos contratantes" (AgRg no AI 867.805-SP, 3ª T., rel. Min. Humberto Gomes de Barros, *DJU* 31-10-2007).

11 STJ, REsp 136.457, 4ª T., rel. Min. Luis Felipe Salomão, *Revista Consultor Jurídico*, de 31-10-2017.

12 STJ, AgInt no AREsp 2.239.381-MG, 3ª T., rel. Min. Ricardo Villas Bôas Cueva, j. 18-9-2023.

13 REsp 2.000.978-SP, 3ª T., rel. Min. Nancy Andrighi, *DJe* 23-3-2023.

14 REsp 1.947.698-MS, 4ª T., rel. Min. Luis Felipe Salomão, *DJe* 7-4-2022.

15 *Novo curso de direito civil* – Contratos, v. 4, p. 617.

16 STJ, REsp 1.339.642-RJ, 3ª T., rel. Min. Nancy Andrighi, j. 12-3-2013.

17 Orlando Gomes, *Contratos*, p. 429.

Na sequência, estatui a primeira parte do art. 726 do Código Civil que, se o negócio, todavia, é efetuado diretamente entre as partes, "*nenhuma remuneração será devida ao corretor*". Desse modo, se o dono do negócio anuncia diretamente a aceitação de oferta, por exemplo, não está obrigado a pagar comissão a quem quer que seja, porque esta só é devida a quem intermedeia o negócio de modo que a sua atividade tenha relação direta com a concretização deste. Se não houve nenhuma intervenção do corretor, não tendo este contribuído para a aproximação das partes e a obtenção do resultado por elas desejado, nenhuma remuneração é devida.

Acrescenta a segunda parte do aludido art. 726 que, se, todavia, "*por escrito, for ajustada a corretagem com exclusividade, terá o corretor direito à remuneração integral, ainda que realizado o negócio sem a sua mediação, salvo se comprovada sua inércia ou ociosidade*". Portanto, ajustada a corretagem exclusiva, a solução é outra: a comissão se torna devida, ainda que o negócio seja concluído diretamente pelo comitente. Em geral a chamada *opção de venda*, que configura a exclusividade, é concedida por prazo determinado. No período estipulado, a atuação do corretor deve ser plena e produtiva, sob pena de descaracterizar-se, pela comprovada inércia ou ociosidade, o direito à remuneração, quando efetivada a venda pelo próprio comitente[18].

Observe-se que o mencionado art. 726 exige que a exclusividade seja ajustada *por escrito*. Essa avença é denominada, como foi dito, *opção de venda* e se constitui no documento que traça as regras básicas do negócio, delimitando a atuação do corretor e o prazo de que dispõe para obter o resultado almejado.

Já decidiu o *Superior Tribunal de Justiça* que o corretor fará jus à sua remuneração se o negócio agenciado for concluído mesmo após o vencimento do lapso temporal previsto na autorização, "desde que com pessoa por ele indicada ainda quando em curso o prazo do credenciamento e nas mesmas bases e condições propostas"[19]. Essa solução é prevista na segunda parte do art. 727 do atual Código Civil, que considera devida a corretagem "*se o negócio se realizar após a decorrência do prazo contratual, mas por efeito dos trabalhos do corretor*". Igual solução se adotará se, *não havendo prazo determinado*, o dono do negócio "*dispensar o corretor, e o negócio se realizar posteriormente, como fruto da sua mediação*" (art. 727, primeira parte). Justifica-se o pagamento da corretagem nesses casos em função do resultado útil obtido e para o qual contribuiu o trabalho do corretor.

Estabelece por fim o art. 728 do Código Civil que, "*se o negócio se concluir com a intermediação de mais de um corretor, a remuneração será paga a todos em partes iguais, salvo ajuste em contrário*". O dispositivo não distingue a atuação de cada um, afastando a possibilidade de se proporcionalizar a remuneração com base na maior ou menor participação de cada um na conclusão exitosa do negócio, salvo naturalmente ajuste em contrário. O critério não se afigura o mais justo, especialmente naqueles casos em que um corretor dedica todo o seu tempo na busca da efetivação do negócio, e outro tem uma discreta atuação, de poucos minutos. ORLANDO GOMES sustentava, em obra escrita quando ainda se encontrava em vigor o Código de 1916, que não tratava dessa matéria, que, na mediação conjunta, "todos os corretores que intervierem fazem jus à remuneração, tendo direito cada qual a quota proporcional ao valor do serviço prestado se entrarem diretamente em contato com os interessados"[20].

---

18 Jones Figueirêdo Alves, *Novo Código Civil comentado*, p. 657.

19 REsp 29.286-RJ, 4ª T. Também decidiu o 2º TACSP: "Corretor de imóveis. Venda ocorrida posteriormente e diretamente pelas mesmas partes aproximadas pelo corretor. Comissão devida sobre o valor real do negócio" (*RT*, 785/285).

20 *Contratos*, p. 429.

Nesse sentido era a jurisprudência, antes da vigência do atual Código Civil[21]. Parece-nos esta a melhor solução, devendo-se destarte interpretar a determinação do art. 728, de que a remuneração seja paga a todos os corretores em partes iguais, como endereçada às hipóteses em que todos eles tenham tido participação equivalente, efetiva e decisiva, como intermediários, na conclusão do negócio, não devendo ser aplicada quando for evidente a desproporção da atuação de cada um, sob pena de se configurar uma inominável injustiça. Pressupõe a regra, portanto, a participação razoavelmente igualitária. Se os intermediários divergirem sobre a divisão da comissão, restará ao comitente consigná-la em juízo.

A *Terceira Turma do Superior Tribunal de Justiça* decidiu que, se um corretor de imóveis faz a aproximação entre o comprador e o dono da propriedade, e o negócio se concretiza, ele faz jus à comissão, ainda que não tenha participado do processo de conclusão da compra e venda. Consta do acórdão que o recebimento da comissão está atrelado à aproximação das partes e à conclusão bem-sucedida do negócio jurídico: "A participação efetiva do corretor na negociação do contrato é circunstância que não desempenha, via de regra, papel essencial no adimplemento de sua prestação. Portanto, esse auxílio, posterior à aproximação e até a celebração do contrato, não pode ser colocado como condição para o pagamento da comissão pelo comitente"[22].

---

21 "Comissão de corretagem. Intervenção de terceiro. Mero colaborador. Verba devida. Proporcionalidade ao serviço prestado. O mediador, que atua como mero colaborador, deverá ser remunerado proporcionalmente ao trabalho desenvolvido, recebendo parte da comissão, calculada sobre o valor incontroverso da venda e compra" (2º TACSP, Ap. 517.300, rel. Juiz Carlos Stroppa, j. 9-6-1998).

22 STJ, REsp 1.072.387-RS, 3ª T., rel. Min. Nancy Andrighi, *DJe* 9-10-2009.

Capítulo XIV
DO TRANSPORTE

1. INTRODUÇÃO

O Código Civil de 2002 teve a virtude de disciplinar o contrato de transporte, de forma inédita no direito brasileiro. O antigo Código Comercial foi o primeiro diploma a regular essa modalidade contratual. Mas se atinha mais ao transporte de coisas e ao transporte marítimo, que eram os mais importantes na época. Posteriormente, surgiu a regulamentação do transporte ferroviário, cuja aplicação foi estendida ao transporte terrestre em geral mediante o emprego da analogia, do transporte fluvial e marítimo e do transporte aéreo. Finalmente, surgiram as normas do Código de Defesa do Consumidor, que lhe são aplicáveis pelo fato de a atividade caracterizar prestação de serviços.

No entanto, não tínhamos uma legislação específica, na qual constassem os princípios básicos e norteadores do contrato de transporte, os direitos e deveres que dele emanam e, principalmente, a responsabilidade das pessoas envolvidas. O atual Código veio, então, suprir essa deficiência, regulando-o em capítulo próprio, dividindo-o em três seções intituladas: "Disposições gerais", "Do transporte de pessoas" e "Do transporte de coisas". Teve o mérito de traçar as coordenadas gerais desse contrato, incluindo-o no rol dos contratos típicos e estabelecendo regras gerais que deverão ser obedecidas prioritariamente, podendo ser complementadas pela legislação especial.

2. CONCEITO DE CONTRATO DE TRANSPORTE

Preceitua o art. 730 do Código Civil: "*Pelo contrato de transporte alguém se obriga, mediante retribuição, a transportar, de um lugar para outro, pessoas ou coisas*". A redação espelha-se na definição de Pontes de Miranda, *verbis*: "Contrato de transporte é o contrato pelo qual alguém se vincula, mediante retribuição, a transferir de um lugar para outro pessoa ou bens"[1].

Observa-se que o contrato de transporte se compõe de três elementos: o transportador, o passageiro e a transladação. O passageiro pode ser o que adquiriu a passagem ou o que a

---

[1] *Tratado de direito privado*, v. 45, § 4.852, n. 2, p. 8.

recebeu deste. No tocante à transladação é necessário que haja transferência ou remoção de um lugar para outro, ainda que não se percorra uma distância geográfica. É possível efetuar-se o transporte dentro da própria casa, do próprio prédio, de um andar para outro, do térreo para a cobertura. Em todos esses casos há transladação.

Segundo Humberto Theodoro Júnior, o transporte, como atividade, "é antiquíssimo e, nas origens, se confundia com uma locação de serviços ou, mais especificamente, com uma empreitada, porquanto se considerava o transportador como alguém que se encarregava de realizar uma obra para outrem. A intensificação dos deslocamentos de pessoas e mercadorias, com a evolução do comércio e com o aprimoramento dos meios de transporte, conduziu a uma especialização da atividade, sob o ponto de vista econômico e jurídico, exigindo o estabelecimento de normas próprias para o contrato de transporte, que, assim, se desligou dos princípios da empreitada e da locação de serviços"[2].

O *contrato de transporte apresenta-se hodiernamente como típico*, distinto das figuras clássicas do direito contratual. O que o caracteriza precipuamente é a atividade desenvolvida pelo transportador, de deslocamento físico de pessoas e coisas de um local para outro, sob sua total responsabilidade. Constitui tal atividade o objeto específico dessa aludida modalidade contratual.

Não basta, todavia, efetuar o deslocamento de pessoas e coisas de um lugar para outro. É mister que o objeto da avença seja especificamente o deslocamento, pois a relação de transporte pode apresentar-se como acessória de outro negócio jurídico, como na hipótese em que o fabricante vende uma mercadoria que deverá ser entregue em outra praça. Se o transporte é secundário ou acessório de outra prestação, o contratante, seja vendedor ou de outra espécie, não pode ser considerado um transportador, cuja obrigação é exclusivamente a de efetuar o traslado de uma coisa ou pessoa, regendo-se a sua responsabilidade pelas normas que disciplinam o contrato principal. Não se lhe aplicam as normas próprias do contrato de transporte.

O contrato de transporte gera, para o transportador, *obrigação de resultado*, qual seja, a de transportar o passageiro são e salvo, e a mercadoria, sem avarias, ao seu destino. A não obtenção desse resultado importa o inadimplemento das obrigações assumidas e a responsabilidade pelo dano ocasionado. Não se eximirá da responsabilidade provando apenas ausência de culpa. Incumbe-lhe o ônus de demonstrar que o evento danoso se verificou por culpa exclusiva da vítima, força maior ou ainda por fato exclusivo de terceiro. Denomina-se *cláusula de incolumidade* a obrigação tacitamente assumida pelo transportador de conduzir o passageiro incólume ao local do destino.

Embora tenha características próprias, o contrato de transporte "*rege-se, no que couber, pelas disposições relativas a depósito*", quando a coisa trasladada é "*depositada ou guardada nos armazéns do transportador*" (CC, art. 751).

Não se confunde com o *fretamento* ou contrato de *charter*, em que é cedido o uso do meio de transporte – navio, avião, ônibus – ao outorgado, que lhe dará o destino que lhe aprouver. No contrato de transporte quem dirige e se responsabiliza pelo deslocamento das pessoas ou coisas é o transportador. Segundo explica Pontes de Miranda, no fretamento há *transferência da posse* da nave, o que afasta qualquer teoria que pretende ver no fretamento da nave nua ou da nave armada e equipada locação de serviços e não locação de coisa. Na verdade, aduz, "o *fretador* (dono do veículo) não é responsável pelo adimplemento de transportes, porque não é, *ex hypothesi*, transportador: transportador é o *afretador* (o que recebeu

---

2 Do transporte de pessoas no novo Código Civil, *RT*, 807/12.

a posse da nave). Esse transporta a suas expensas e a próprio risco. O fretador nada tem com a custódia dos bens transportados"[3].

3. NATUREZA JURÍDICA

O contrato de transporte constitui típico *contrato de adesão*, que é uma categoria de contrato em que as partes não discutem amplamente as suas cláusulas, como acontece no tipo tradicional. No contrato de adesão as cláusulas são previamente estipuladas por uma das partes, às quais a outra simplesmente adere. Há uma espécie de preponderância da vontade de um dos contratantes. Há neles um regulamento, previamente redigido por um deles, e que o outro aceita ou não.

No contrato de transporte há também um regulamento previamente estabelecido pelo transportador, com base em normas legais, ao qual o passageiro adere ou não. Quem toma um ônibus, ou qualquer outro meio de transporte, tacitamente celebra um contrato de adesão com a empresa transportadora. Com o pagamento da passagem, o transportado adere ao regulamento da empresa. Esta, implicitamente, assume a obrigação de conduzi-lo ao seu destino, são e salvo. Se, no trajeto, ocorre um acidente e o passageiro fica ferido, configura-se o inadimplemento contratual, que acarreta a responsabilidade de indenizar, nos termos dos arts. 389 e 734 do Código Civil.

Além de ser *contrato de adesão*, como já mencionado, *o contrato de transporte é também bilateral* ou *sinalagmático*, porque gera obrigações recíprocas. Os contratos bilaterais em geral exigem equivalência das prestações. Essa equivalência, entretanto, tem características próprias no contrato de transporte coletivo, pois o preço da passagem pago pelo passageiro é inferior ao benefício que recebe. A equivalência, na hipótese, não se dá em relação a cada uma das pessoas transportadas, mas em relação ao conjunto de pessoas, fazendo-se o cálculo atuarial da renda que determinada linha pode proporcionar. Em função desse cálculo é estipulado, então, o preço da passagem.

Além de bilateral e de adesão, o contrato de transporte é ainda *consensual*, *oneroso*, *comutativo* e *não solene*. É *consensual* porque se aperfeiçoa com o acordo de vontades, muitas vezes tácito, como no atendimento do taxista ou do motorista do ônibus ao aceno do passageiro; *oneroso*, uma vez que a obrigação do transportador é assumida mediante remuneração a ser prestada pelo alienante (CC, art. 730); *comutativo*, porque as prestações são certas e determinadas, antevendo as partes as vantagens e os sacrifícios que dele podem advir; e *não solene*, pois não depende de forma prescrita na lei, sendo válida a celebração verbal.

4. ESPÉCIES DE TRANSPORTE

O atual Código Civil disciplinou o contrato de transporte em capítulo próprio, dividindo-o em três seções intituladas: "Disposições gerais", "Do transporte de pessoas" e "Do transporte de coisas" (arts. 730 a 756).

O transporte é, portanto, de *pessoas* e *coisas*, e pode ser *terrestre*, *aéreo* e *marítimo* ou *fluvial*. A diferença localiza-se no meio de deslocamento de um local para outro. O terrestre, por sua vez, subdivide-se em *ferroviário* e *rodoviário*. Em função da extensão coberta, o transporte pode ser, também, *urbano*, *intermunicipal*, *interestadual* e *internacional*.

O contrato de transporte pode ser ainda *coletivo* e *individual*. Há contrato coletivo de transporte quando várias pessoas utilizam o mesmo veículo, cada qual pagando a sua passa-

---

3 *Tratado de direito privado*, v. 45, § 4.853, p. 15.

gem e estabelecendo contratos individuais com a transportadora. Se o contrato for um só, beneficiando várias pessoas, não será coletivo.

O *transporte de bagagem* é acessório do contrato de transporte de pessoas. O viajante, ao comprar a passagem, assegura o direito de transportar consigo a sua bagagem. Ao mesmo tempo, o transportador assume, tacitamente, a obrigação de efetuar esse transporte. Essa obrigação é de *resultado*, como já dito, e só se considera cumprida quando a pessoa transportada *e sua bagagem*, ou a *mercadoria*, chegarem incólumes ao seu destino[4]. O passageiro só pagará o transporte de sua bagagem se houver excesso de peso, de tamanho ou de volume.

O contrato de transporte abrangerá a obrigação de transportar a bagagem do passageiro ou viajante no próprio compartimento em que ele viajar ou em depósitos apropriados dos veículos, mediante despacho, hipótese em que o transportador fornecerá uma "nota de bagagem", que servirá de documento para a sua retirada no local de destino.

O parágrafo único do art. 734 do Código de 2002 inova ao prever que "*é lícito ao transportador exigir a declaração do valor da bagagem a fim de fixar o limite da indenização*". Nesse caso, o valor declarado determina o montante da indenização. Pelo sistema anterior, transferia-se para o transportado a obrigação de produzir a prova do valor da bagagem. O atual diploma altera o critério, para afirmar que, em princípio, há de se aceitar o valor atribuído à bagagem pelo passageiro. Se a empresa quiser se resguardar quanto a esse *quantum*, deverá tomar a iniciativa de obter a declaração de valor da bagagem por parte do transportado. Desse modo, transferiu-se para a empresa a obrigação de definir previamente o valor da bagagem para, com isso, limitar a indenização. Não o fazendo, não haverá limitação.

Poderá o transportador exigir o pagamento de prêmio extra de seguro, para a necessária cobertura de valores elevados.

5. DISPOSIÇÕES GERAIS APLICÁVEIS ÀS VÁRIAS ESPÉCIES DE CONTRATO DE TRANSPORTE

Na seção intitulada "Disposições gerais" o atual Código traçou regras comuns a todos os contratos de transporte, fazendo, porém, duas ressalvas. A primeira consta do art. 731, que assim dispõe: "*O transporte exercido em virtude de autorização, permissão ou concessão, rege-se pelas normas regulamentares e pelo que for estabelecido naqueles atos, sem prejuízo do disposto neste Código*".

Sempre que o transporte for privativo do Poder Público, pode este conferir a sua exploração a particulares por meio dos institutos do direito público, como a autorização, a permissão e a concessão. Neste caso, como assinala ZENO VELOSO, o Estado fixa as regras, as condições, enfim, as normas que regerão a prestação dos serviços. O transporte "obedecerá, prioritariamente, ao que for estabelecido nos atos de autorização, permissão ou concessão – especialmente quanto às obrigações, itinerários, tarifas, prazos – e normas regulamentares", sem prejuízo do que dispõe o Código Civil[5].

---

4 "Transporte coletivo de passageiros. Via rodoviária. Extravio de bagagem. Indenização. Responsabilidade da empresa, vez que se obriga necessariamente a garantir a segurança do bem. Nulidade, portanto, da cláusula que coloca o consumidor em desvantagem exagerada. Verba devida" (*RT*, 697/140).

5 *Novo Código Civil comentado*, coord. de Ricardo Fiuza, p. 661.

5.1. O caráter subsidiário da legislação especial, dos tratados e convenções internacionais

A segunda ressalva encontra-se no art. 732 do Código Civil, que manda aplicar aos transportes "*os preceitos constantes da legislação especial e de tratados e convenções internacionais*", quando couber, e desde que não contrariem as disposições do novo diploma.

O dispositivo em apreço procura compatibilizar as normas deste capítulo com a legislação especial referente a transportes, vindo a repercutir principalmente no transporte aéreo, que é objeto de tratados internacionais ratificados pelo Brasil. Continuam sendo aplicáveis a essa modalidade de transporte, no que não contrariam o Código Civil, o Código Brasileiro de Aeronáutica, a Convenção de Varsóvia e o Código de Defesa do Consumidor.

A propósito, transcreve Alexandre de Moraes a lição de Canotilho e Moreira, nestes termos: "As normas de direito internacional público vigoram na ordem interna com a mesma relevância das normas de direito interno, desde logo quanto à subordinação à Constituição – sendo, pois, inconstitucionais se infringirem as normas da Constituição ou seus princípios"[6].

Na mesma linha, assevera Humberto Theodoro Júnior que, entre nós, "não há prevalência hierárquica do tratado sobre o direito interno, nem deste sobre o tratado internacional. Em consequência, estão no mesmo nível o tratado e a Lei Federal. De tal sorte, um tratado internacional que, em matéria de transportes, contiver, futuramente, disposições conflitantes com as do Código Civil haverá de revogar os preceitos deste, como o Código terá revogado regras de tratado anterior nas mesmas condições. Observa-se, *in casu*, o princípio *lex posterior derogat priori* (Lei de Introdução, art. 2º, § 1º)"[7].

Por essa razão, a jurisprudência passou a proclamar que as normas da Convenção de Varsóvia e do Código Brasileiro de Aeronáutica, que limitam a responsabilidade das empresas aéreas, tarifando a indenização, perderam eficácia a partir da entrada em vigor da Constituição Federal de 1988. Assim como não há limite para a responsabilidade civil do Estado, igualmente não o há para a das concessionárias e permissionárias de serviços públicos, que emana da mesma fonte[8].

A perda da eficácia das aludidas normas limitativas foi reafirmada com a promulgação do Código de Defesa do Consumidor. Igualmente, o atual Código Civil, lei posterior aos diplomas legais mencionados, dispõe que o "*transportador responde pelos danos causados às pessoas transportadas e suas bagagens, salvo motivo de força maior, sendo nula qualquer cláusula excludente da responsabilidade*" (art. 734). Não estabeleceu nenhum limite para a indenização, salvo o correspondente ao valor da bagagem, quando declarado[9].

---

6 *Direito constitucional*, p. 528.

7 Do transporte de pessoas no novo Código Civil, p. 17.

8 Carlos Roberto Gonçalves, *Responsabilidade civil*, p. 310.

"O atraso de voo internacional, bem como o extravio momentâneo de bagagem, impõe à companhia transportadora o dever de indenizar o passageiro pelos danos morais e materiais experimentados, em observância ao preceito constitucional inserido no art. 5º, V e X, pouco importando que a Convenção de Varsóvia limite a verba indenizatória somente ao dano material, pois a Carta Política da República se sobrepõe a tratados e convenções ratificados pelo Brasil" (STF, *RT*, 755/177). "Transporte aéreo. Extravio de bagagem. O CDC, ao consagrar o princípio da indenização integral para todos os acidentes de consumo, derrogou os dispositivos legais anteriores que estabeleciam responsabilidade limitada para o transportador. Prevalecem as disposições desse Código sobre a Convenção de Varsóvia porque a Convenção, embora tenha aplicabilidade no Direito Interno brasileiro, não se sobrepõe às leis do País, consoante entendimento firmado pela Suprema Corte" (TJRJ, Ap. 6.995/97, rel. Des. Sérgio Cavalieri Filho, j. 17-2-1998).

9 Carlos Roberto Gonçalves, *Responsabilidade civil*, p. 323.

Por tais razões, o *Colendo Superior Tribunal de Justiça* vinha proclamando: "Transporte aéreo. Indenização tarifada. Convenção de Varsóvia. Código de Defesa do Consumidor. Tratando-se de relação de consumo, prevalecem as disposições do Código de Defesa do Consumidor em relação à Convenção de Varsóvia. Derrogação dos preceitos desta que estabelecem a limitação da responsabilidade das empresas de transporte aéreo"[10].

Todavia, em 25 de maio de 2017, *o Supremo Tribunal Federal, apreciando o Tema 210 de repercussão geral, fixou a seguinte tese*: "Nos termos do art. 178 da Constituição da República, as normas e os tratados internacionais limitadores da responsabilidade das transportadoras de passageiros, especialmente as Convenções de Varsóvia e Montreal, têm prevalência em relação ao Código de Defesa do Consumidor". Proclamou-se, assim, que deve ser dada prevalência à concretização dos comandos das mencionadas convenções, ratificadas pelo Brasil e compatíveis com a Constituição de 1988.

Posteriormente, em 2020, o *Superior Tribunal de Justiça* limitou a conclusão a respeito da tarifação apenas aos danos materiais, não incidindo para os danos morais, *verbis*: "*O STF, no julgamento do RE n. 636.331-RJ, com repercussão geral reconhecida, fixou a seguinte tese jurídica: 'Nos termos do artigo 178 da Constituição da República, as normas e os tratados internacionais limitadores da responsabilidade das transportadoras aéreas de passageiros, especialmente as Convenções de Varsóvia e Montreal, têm prevalência em relação ao Código de Defesa do Consumidor'. Referido entendimento tem aplicação apenas aos pedidos de reparação por danos materiais. As indenizações por danos morais decorrentes de extravio de bagagem e de atraso de voo não estão submetidas à tarifação prevista na Convenção de Montreal, devendo-se observar, nesses casos, a efetiva reparação do consumidor preceituada pelo CDC*"[11].

Nesse sentido, o Tema 1.240 do *Supremo Tribunal Federal* firmou a seguinte tese: "Não se aplicam as Convenções de Varsóvia e Montreal às hipóteses de danos extrapatrimoniais decorrentes de contrato de transporte aéreo internacional".

Do mesmo modo, a jurisprudência se manifesta quanto à indenização por extravio de carga em voo internacional nas relações em que não há aplicação do Código de Defesa do Consumidor, como aquelas entre pessoas jurídicas[12]. Anote-se que a Lei n. 13.146, de 6 de julho de 2015 (Estatuto da Pessoa com Deficiência) reconhece, no art. 3º, inciso I, o direito das pessoas com deficiência à acessibilidade, conceituada como a possibilidade e condição de alcance para utilização, com segurança e autonomia, de diversos espaços e situações, dentre elas a do transporte.

A referida lei foi aplicada pelo *Superior Tribunal de Justiça* para responsabilizar empresa de transporte público por atos de seus motoristas, que não atendiam aos pedidos de parada de ônibus nos pontos, para acesso de deficiente. Frisou a mencionada Corte que a acessibilidade no transporte coletivo "é de nodal importância para a efetiva inclusão das pessoas com deficiência, pois lhes propicia o exercício da cidadania e dos direitos e liberdades individuais, interligando-as a locais de trabalho, lazer, saúde, dentre outros. Sem o serviço ade-

---

10 REsp 258.132-0-SP, rel. Min. Barros Monteiro, *DJU* 28-11-2000, v. u.; REsp 209.527-0-RJ, 3ª T., rel. Min. Menezes Direito, *DJU* 15-12-2000, v. u.; REsp 154.943-DF, rel. Min. Nilson Naves, *DJU* 28-8-2000, *RSTJ*, 143/274.

11 STJ, REsp 1.842.066-RS, 3ª T., rel. Min. Moura Ribeiro, j. 9-6-2020.

12 "A controvérsia em exame, atinente à responsabilidade civil decorrente de extravio de mercadoria importada objeto de contrato de transporte celebrado entre a importadora e a companhia aérea, encontra-se disciplinada pela Convenção de Montreal, por força da regra de sobredireito inserta no artigo 178 da Constituição, que preconiza a prevalência dos acordos internacionais subscritos pelo Brasil sobre transporte internacional. Precedentes do STJ" (EREsp 1.289.629-SP, 2ª Seção, rel. Min. Luis Felipe Salomão, *DJe* 20-6-2022).

quado e em igualdade de oportunidades com os demais indivíduos, as pessoas com deficiência ficam de fora dos espaços urbanos e interações sociais, o que agrava ainda mais a segregação que historicamente lhes é imposta. Houve sucessivas falhas na prestação do serviço, a exemplo do não funcionamento do elevador de acesso aos ônibus e do tratamento discriminatório dispensado ao usuário pelos prepostos da concessionária..." "...Nesse cenário, o dano moral, entendido como lesão à esfera dos direitos da personalidade do indivíduo, sobressai de forma patente. As barreiras físicas e atitudinais impostas pela recorrente e seus prepostos repercutiram na esfera da subjetividade do autor-recorrido, restringindo, ainda, seu direito à mobilidade"[13].

5.2. Transporte cumulativo e transporte sucessivo

No transporte denominado *cumulativo*, de responsabilidade de mais de uma empresa, "*cada transportador se obriga a cumprir o contrato relativamente ao percurso, respondendo pelos danos nele causados a pessoas e coisas*" (CC, art. 733). "*O dano, resultante do atraso ou da interrupção da viagem, será determinado em razão da totalidade do percurso*" (§ 1º). "*Se houver substituição de algum dos transportadores no decorrer do percurso, a responsabilidade solidária estender-se-á ao substituto*" (§ 2º).

Ocorre o *transporte cumulativo*, pois, quando "vários transportadores – por terra, água ou ar – efetuam, sucessivamente, o deslocamento contratado. Segundo o teor do *caput* do dispositivo comentado, "cada transportador se obriga a cumprir o contrato relativamente ao respectivo percurso, respondendo pelos danos nele causados a pessoas e coisas". Mas para considerar-se cumulativo o transporte é preciso que haja *unidade* da relação contratual a que se vinculam os diversos transportadores[14].

Durante a tramitação no Congresso Nacional do Projeto que se transformou no atual Código Civil, foi rejeitada emenda em que se atribuía, expressamente, no transporte cumulativo, responsabilidade *solidária* pela execução do transporte ou pelos danos, mesmo na parte executada pelos outros transportadores. Tal rejeição poderia ensejar, à primeira vista, a interpretação de que a intenção do legislador teria sido dividir a responsabilidade segundo os trechos de que se encarregou cada um dos transportadores.

Todavia, a redação do § 2º do dispositivo em epígrafe não deixa dúvida de que foi estabelecida a *solidariedade passiva* entre todos eles. Prevalece, assim, em face do inadimplemento dos transportadores colegiados, o direito do usuário de reclamar a reparação de qualquer dos coobrigados. Tendo em vista a obrigação de resultado que encarta o contrato de transporte, sublinha Sílvio Venosa, "essa modalidade exige que todas as empresas que participam do percurso contratado respondam solidariamente"[15].

Não bastasse, o art. 756 do diploma civil declara, peremptoriamente, que, "*no caso de transporte cumulativo, todos os transportadores respondem solidariamente pelo dano causado perante o remetente, ressalvada a apuração final da responsabilidade entre eles, de modo que o ressarcimento recaia, por inteiro, ou proporcionalmente, naquele ou naqueles em cujo percurso houver ocorrido o dano*".

No transporte *cumulativo* ou *combinado* vários transportadores realizam o transporte, por trechos, mediante um único bilhete que estabelece a unidade, como se a obrigação estivesse sendo cumprida por uma única empresa. Sem essa unidade de contrato com

13 STJ, REsp 1.733.468-MG, 3ª T., rel. Min. Nancy Andrighi, *DJe* 25-6-2018.
14 Humberto Theodoro Júnior, Do transporte de pessoas no novo Código Civil, p. 18.
15 *Direito civil*, v. III, p. 483.

vinculação de pluralidade de transportadores inexiste transporte cumulativo, mas sim *transporte sucessivo*, que se caracteriza por uma cadeia de contratos, cada um com empresa independente das demais. Ocorre esta modalidade quando uma agência de viagem, por exemplo, vende duas passagens para duas transportadoras distintas, prevendo apenas a possível conexão dos trechos[16].

6. O TRANSPORTE DE PESSOAS

A partir do momento em que um indivíduo acena para um veículo de transporte público, já o contrato teve início, diante da oferta permanente em que se encontra o veículo em trânsito. A responsabilidade pela integridade da pessoa do passageiro só se inicia, porém, a partir do momento em que esse mesmo passageiro incide na esfera da direção do transportador. Segue-se que o próprio ato de o passageiro galgar o veículo já o faz entrar na esfera da obrigação de garantia.

Observa-se que a responsabilidade contratual do transportador pressupõe a formação de um contrato de transporte, de modo que afasta essa responsabilidade quando se trata de um *passageiro clandestino*. No caso das estradas de ferro, a responsabilidade do transportador tem início quando o passageiro passa pela roleta e ingressa na estação de embarque. Daí por diante, estará sob a proteção da cláusula de incolumidade, hoje substituída pela responsabilidade decorrente do vício ou defeito do serviço, respondendo a ferrovia pelos acidentes ocorridos com o passageiro ao subir ou descer do trem, por escorregar ou ser empurrado. Só não será responsabilizada se o dano decorrer de fato exclusivo de terceiro, estranho ao transporte[17].

Em certos meios de transporte distinguem-se perfeitamente o momento da celebração do contrato e o de sua execução. Nas viagens aéreas, por exemplo, é comum a passagem ser comprada com antecedência. Nestes casos, a responsabilidade do transportador só terá início com a execução da avença. No transporte rodoviário, tendo em vista que a estação não pertence à transportadora, a execução se inicia somente com o embarque do passageiro, e só termina com o desembarque. Se o passageiro vem a se ferir em razão de queda ocorrida durante o embarque, porque o ônibus movimentou-se abruptamente, por exemplo, configura-se a responsabilidade do transportador, porque já se iniciara a execução do contrato. Do mesmo modo se a queda ocorrer por ocasião do desembarque.

O art. 734 do atual diploma manteve a *responsabilidade objetiva* do transportador "*pelos danos causados às pessoas transportadas e suas bagagens, salvo motivo de força maior*", proibindo qualquer cláusula de não indenizar. Considerando que, em outros dispositivos, o Código refere-se conjuntamente ao caso fortuito e à força maior, pode-se inferir, da leitura do aludido dispositivo, que o fato de ter sido mencionada somente a força maior revela a intenção do legislador de considerar excludentes da responsabilidade do transportador somente os acontecimentos naturais, como raio, inundação, terremoto etc., e não os fatos decorrentes da conduta humana, alheios à vontade das partes, como greve, motim, guerra etc.

Mesmo porque a jurisprudência, de há muito, tem feito, com base na lição de Agostinho Alvim[18], a distinção entre "fortuito interno" (ligado à pessoa, ou à coisa, ou à empresa do

---

16 Humberto Theodoro Júnior, Do transporte de pessoas no novo Código Civil, p. 20.

17 "Transporte ferroviário. Passageiro atingido por uma bala de revólver enquanto aguardava o trem na plataforma de embarque. Ferrovia que se responsabiliza pela incolumidade física do usuário a partir do momento em que este adquire o bilhete de acesso, até o instante em que ele chegue a seu destino. Inocorrência de caso fortuito ou força maior. Indenização devida aos familiares da vítima. Voto vencido" (*RT*, 795/228).

18 *Da inexecução das obrigações e suas consequências*, p. 315, n. 208.

agente) e "fortuito externo" (força maior, ou *Act of God* dos ingleses). Somente o fortuito externo, isto é, a causa ligada à natureza, estranha à pessoa do agente e à máquina, excluirá a responsabilidade deste em acidente de veículos. O fortuito interno, não. Assim, tem-se decidido que o estouro dos pneus, a quebra da barra de direção, o rompimento do "burrinho" dos freios e outros defeitos mecânicos em veículos não afastam a responsabilidade do condutor, porque previsíveis e ligados à máquina[19].

Prescreve o art. 735 do atual Código: "*A responsabilidade contratual do transportador por acidente com o passageiro não é elidida por culpa de terceiro, contra o qual tem ação regressiva*". Em matéria de responsabilidade civil do transportador, a jurisprudência já não vinha, com efeito, admitindo a excludente do fato de terceiro. Justifica-se o rigor, tendo em vista a maior atenção que deve ter o motorista obrigado a zelar pela integridade de outras pessoas. Absorvendo essa orientação, o atual Código Civil reproduz, no aludido art. 735, o texto da *Súmula 187 do Supremo Tribunal Federal*, com a mesma redação.

Mais uma vez a jurisprudência antecipa-se à lei. Ocorrendo um acidente de transporte, não pode o transportador, assim, pretender eximir-se da obrigação de indenizar o passageiro, após haver descumprido a obrigação de resultado tacitamente assumida, atribuindo culpa ao terceiro (p. ex., ao motorista do caminhão que colidiu com o ônibus). Deve, primeiramente, indenizar o passageiro para depois discutir a culpa pelo acidente, na ação regressiva movida contra o terceiro.

Assim, qualquer acidente que cause danos ao passageiro obriga o transportador a indenizá-lo, porque se trata de obrigação de resultado. Não importa que o evento tenha ocorrido porque o veículo foi "fechado" ou mesmo abalroado por outro. O transportador indeniza o passageiro e move, depois, ação regressiva contra o terceiro. O fato de terceiro só exonera o transportador quando efetivamente constitui causa estranha ao transporte, isto é, quando elimina, totalmente, a relação de causalidade entre o dano e o desempenho do contrato, como na hipótese de o passageiro ser ferido por uma bala perdida, por exemplo.

Em relação à responsabilidade extracontratual, ou seja, a danos a terceiros, o que prevalece é o art. 37, § 6º, da Constituição Federal, que responsabiliza, de forma objetiva, na modalidade do risco administrativo, as permissionárias de serviço público pelos danos que seus agentes causarem a terceiros. Não se eximirão da responsabilidade provando apenas ausência de culpa. Incumbe-lhes o ônus de demonstrar que o evento danoso se verificou por força maior ou por culpa exclusiva da vítima ou ainda por fato exclusivo de terceiro.

A jurisprudência, inclusive a do *Superior Tribunal de Justiça*, tem considerado causa estranha ao transporte, equiparável ao fortuito, disparos efetuados por terceiros contra trens ou ônibus, ou, ainda, disparos efetuados no interior de ônibus, inclusive durante assaltos aos viajantes. A matéria, porém, continua controvertida na mencionada Corte, havendo os que responsabilizam o transportador, nesses casos.

Pode-se afirmar, malgrado a existência da mencionada divergência, que o assalto à mão armada em interior de ônibus, embora se pudesse ter meios de evitá-lo, constitui causa estranha ao transporte, que isenta de responsabilidade o transportador, ao fundamento, especialmente, de que o dever de prestar segurança pública, inclusive aos passageiros, é do Estado, mercê do art. 144 da Constituição Federal, não se podendo transferi-lo ao transportador. E também em razão das dificuldades naturais para a empresa permissionária de transporte público dar segurança aos passageiros, não podendo manter prepostos armados dentro dos coletivos, nem transformá-los em carros blindados[20].

---

19 *RJTJSP*, 15/118; *RF*, 161/249; *RT*, 431/74.

20 "A jurisprudência consolidada neste Tribunal Superior, há tempos, é no sentido de que o assalto à mão armada dentro de coletivo constitui fortuito a afastar a responsabilidade da empresa transportadora

As providências possíveis de serem tomadas envolvem, indubitavelmente, a adoção de medidas sofisticadas, que encarecem o preço da passagem. Este, contudo, não pode ser aumentado pela empresa, porque é fixado pelo Poder Público que outorga a permissão.

Por outro lado, prescreve o art. 738 do atual Código: "*A pessoa transportada deve sujeitar-se às normas estabelecidas pelo transportador, constantes no bilhete ou afixadas à vista dos usuários, abstendo-se de quaisquer atos que causem incômodo ou prejuízo aos passageiros, danifiquem o veículo, ou dificultem ou impeçam a execução normal do serviço*".

Não se pode, assim, considerar que o usuário é dispensado de velar pela própria segurança. A responsabilidade do transportador é ilidida se o acidente proveio de culpa do usuário. Por essa razão, por exemplo, o *Superior Tribunal de Justiça* vem decidindo, em caso de queda de trem por praticante de "surfismo ferroviário", que "descaracteriza o contrato de transporte a atitude da vítima, que, podendo viajar no interior do trem, se expõe voluntariamente a grave risco, optando injustificadamente por viajar no teto"[21].

Aduz o parágrafo único do aludido art. 738: "*Se o prejuízo sofrido pela pessoa transportada for atribuível à transgressão de normas e instruções regulamentares, o juiz reduzirá equitativamente a indenização, na medida em que a vítima houver concorrido para a ocorrência do dano*".

Verifica-se, assim, que a *culpa concorrente* da vítima constitui causa de redução do montante da indenização pleiteada, em proporção ao grau de culpa comprovado nos autos. No capítulo específico da "Responsabilidade civil", esse princípio já havia sido adotado, no art. 945, com a seguinte redação: "*Se a vítima tiver concorrido culposamente para o evento danoso, a sua indenização será fixada tendo-se em conta a gravidade de sua culpa em confronto com a do autor do dano*".

De acordo com o Decreto n. 2.681, de 1912, a culpa concorrente da vítima não exonera o transportador da obrigação de compor os danos. Somente a culpa exclusiva da vítima pode exonerá-lo. O Código de Defesa do Consumidor manteve o princípio da responsabilidade objetiva do prestador de serviços, admitindo como excludentes somente a comprovada inexistência do defeito e a culpa exclusiva da vítima ou de terceiro (art. 14, § 3º), que rompem o nexo causal (sendo admissível, pelo mesmo motivo, a força maior). A culpa concorrente do consumidor não foi considerada excludente nem causa de redução da indenização, sendo indiferente, pois, no sistema da legislação consumerista, que o passageiro tenha contribuído também com culpa, como no caso dos "pingentes".

Contudo, o atual Código Civil, como visto, modificou essa situação. Havendo incompatibilidade entre o Código de Defesa do Consumidor e o Código Civil, nesse particular, prevalecem as normas deste. Sendo assim, não poderão mais os tribunais condenar as empresas de transporte a pagar indenização integral às vítimas de acidentes, em casos de culpa concorrente desta, como vem ocorrendo nas hipóteses de passageiros que viajam dependurados nas portas dos veículos, que permanecem abertas, caracterizando a culpa do passageiro e também do transportador, por não prestar o serviço com a segurança que dele legitimamente se espera, obrigando as pessoas que têm necessidade de usá-lo a viajar em condições perigosas, e por não vigiar para que tal não se verifique.

---

pelo evento danoso daí decorrente para o passageiro" (STJ, Rcl 4518-RJ, 2ª S., rel. Min. Villas Bôas Cueva, *DJe* 7-3-2012); "A jurisprudência do STJ reconhece que o roubo dentro de ônibus configura hipótese de fortuito externo, por se tratar de fato de terceiro inteiramente independente do transporte em si, afastando-se, com isso, a responsabilidade da empresa transportadora por danos causados aos passageiros" (STJ, REsp 1.728.068-SP, 3ª T., rel. Min. Marco Aurélio Bellizze, *DJe* 8-6-2018).

21 AgI 34.427-1-RJ, rel. Min. Fontes de Alencar, j. 24-3-1993, *DJU* 6-4-1993, p. 5954, n. 65.

Ambas as *Turmas da Segunda Seção do Superior Tribunal de Justiça* têm entendido, com efeito, que a circunstância de a vítima viajar como "pingente" não afasta a responsabilidade da transportadora, havendo um componente de negligência desta. Por isso, o montante da indenização deve ser reduzido pela metade, compartilhando-se tal responsabilidade entre a ferrovia e o passageiro[22].

A maior inovação trazida pelo Código Civil de 2002 em matéria de responsabilidade civil encontra-se no parágrafo único do art. 927. Quando a atividade normalmente desenvolvida pelo autor do dano implicar, por sua natureza, risco para os direitos de outrem, responderá ele independentemente de culpa. Poderão os juízes considerar determinada atividade como perigosa, mesmo que não exista lei especial que assim a considere e responsabilize objetivamente o agente. Segundo o entendimento de Carlos Alberto Bittar, as atividades relacionadas a transportes estão inseridas na teoria do exercício de atividade perigosa[23].

Considero, contudo, que o referido parágrafo único não se aplica aos transportes em geral. Para estes existe regra específica, o art. 734, que já responsabiliza o transportador de forma objetiva, salvo unicamente motivo de força maior. O referido art. 927 destina-se a regular outras atividades já existentes ou que venham a existir e que serão consideradas perigosas pela jurisprudência.

Em atenção à massificação da prestação do serviço de transporte por aplicativos digitais e à jurisprudência[24], o *Enunciado n. 686 da IX Jornada de Direito Civil* destacou que: "Aplica-se o sistema de proteção e defesa do consumidor, conforme disciplinado pela Lei n. 8.078, de 11 de setembro de 1990, às relações contratuais formadas entre os aplicativos de transporte de passageiros e os usuários dos serviços correlatos".

7. O TRANSPORTE DE COISAS

O transporte de coisas está disciplinado nos arts. 743 a 756 do Código Civil, aplicando-se, no que couber e não conflitar com este, o Código de Defesa do Consumidor. Em sua execução participam em regra três personagens: a) o *expedidor* ou *remetente*; b) o *transportador*, sendo este o que recebe a coisa com a obrigação de transportá-la; e c) o *destinatário* ou *consignatário*, pessoa a quem a coisa é destinada. Quando o expedidor despacha ou remete coisas para o seu próprio endereço, atua ele, ao mesmo tempo, como expedidor e destinatário.

É importante que a coisa transportada seja descrita ou especificada de modo a não se confundir com outra. Por essa razão, ao ser entregue ao transportador, "*deve estar caracterizada pela sua natureza, valor, peso e quantidade*", devendo ele, ao recebê-la, emitir conhecimento, "*com a menção dos dados que a identifiquem, obedecido o disposto em lei especial*" (CC, arts. 743 e 744). Se vier a sofrer prejuízo em virtude de "*informação inexata ou falsa descrição*" da coisa transportada, "*será o transportador indenizado*", devendo a ação ser ajuizada no prazo decadencial de cento e vinte dias (art. 745).

O transportador não pode, com efeito, transportar coisa cuja natureza, espécie ou qualidade desconhece. Deve ser corretamente informado do conteúdo da embalagem não só para que possa tomar as providências necessárias, e especiais em alguns casos, como também para que possa exercer o direito de recusar a transportá-la, seja por se tratar de coisa cujo trans-

---

22 REsp 729.397-SP, 4ª T., rel. Min. Aldir Passarinho Júnior, *DJU* 16-8-2006; CBTU/Álvaro J. da Silva-SP, 3ª T., rel. Min. Castro Filho, *DJU* 22-9-2006.

23 Responsabilidade civil nas atividades perigosas, in: *Responsabilidade civil*: doutrina e jurisprudência, p. 95.

24 TJDFT, 0709804-44.2021.8.07.0001, 5ª T. Cív., Des. Maria Ivatônia, j. 17-11-2021; TJPR, 0004915-43.2019.8.16.0184, Des. Camila Henning Salmoria, j. 21-6-2021.

porte ou comercialização não sejam permitidos, seja por vir desacompanhada dos documentos exigidos por lei ou regulamento, seja mesmo por inadequação da própria embalagem, suscetível de ensejar risco à saúde das pessoas e a danificar o veículo e outros bens (CC, arts. 746 e 747)[25].

O recibo de entrega ou *conhecimento de transporte* é também denominado *conhecimento de frete* ou *de carga*. Consiste em documento emitido pelo transportador para comprovação da conclusão do contrato, do recebimento da mercadoria e das condições do transporte. Constitui título de crédito, embora impróprio, gozando dos princípios cambiários de literalidade, cartularidade e autonomia. Pode ser transferido por simples endosso. A responsabilidade do transportador é "*limitada ao valor constante do conhecimento*" (CC, art. 750). Como foi dito no item n. 2, *retro*, o contrato de transporte, embora tenha características próprias, "*rege-se, no que couber, pelas disposições relativas a depósito*", quando a coisa trasladada é "*depositada ou guardada nos armazéns do transportador*" (art. 751), uma vez que guarda afinidade com este[26].

É dever do transportador conduzir a coisa ao seu destino, tomando todas as cautelas necessárias para "*mantê-la em bom estado e entregá-la no prazo ajustado ou previsto*" (CC, art. 749). A sua responsabilidade, que é limitada ao valor constante do conhecimento, como visto, começa no momento em que, diretamente ou por seus prepostos, recebe a coisa[27]; e "*termina quando é entregue ao destinatário, ou depositada em juízo, se aquele não for encontrado*" (art. 750) ou se houver dúvida sobre "*quem seja o destinatário*" (art. 755). Até a entrega da coisa, "*pode o remetente desistir do transporte*", pedindo-a de volta ou ordenando seja entregue a outro destinatário, "*pagando, em ambos os casos, os acréscimos de despesa decorrentes da contra ordem, mais as perdas e danos que houver*" (art. 748).

No caso de "*perda parcial ou de avaria não perceptível à primeira vista*", o destinatário conserva a sua "*ação contra o transportador, desde que denuncie o dano em dez dias a contar da entrega*" (art. 754, parágrafo único). Em regra, quem recebe as mercadorias deve conferi-las e vistoriá-las, apresentando prontamente as reclamações que tiver, sob pena de decadência do direito. Todavia, o dispositivo em apreço ressalva as hipóteses em que não se torna possível perceber o dano ou avaria à primeira vista. Observe-se que o decêndio é estabelecido para que a denúncia da avaria e a reclamação sejam feitas não para a propositura da ação. Como anota Sílvio Venosa, "esse dispositivo é específico para o contrato de transporte e ao meio a que se destina e afasta, em princípio, a aplicação do Código de Defesa do Consumidor, em matéria de prazos decadenciais"[28].

---

25 "Contrato de transporte. Aceitação, para transporte, de caixa que não estava convenientemente lacrada. Entrega desta aberta, com danos na mercadoria nela contida. Presunção de culpa do transportador não elidida. Regressiva de indenização procedente" (*JTACSP*, 159/208). "Transporte de mercadorias. Indenização. Danos na mercadoria transportada. Alegação de deficiente acondicionamento da carga. Recebimento, pela transportadora, porém, sem qualquer oposição. Culpa desta caracterizada. Verba devida" (*RT*, 715/167).

26 Zeno Veloso, *Novo Código Civil comentado*, p. 671; Sílvio Venosa, *Direito civil*, v. III, p. 495.

27 "*Furto* de carga durante transporte noturno. Caso fortuito ou força maior. Inocorrência. Fato corriqueiro e previsível. Responsabilidade da transportadora pelo evento, mormente se não tomou os cuidados necessários à preservação do patrimônio transportado" (*RT*, 793/255). "O *roubo* da mercadoria em trânsito, uma vez comprovado que o transportador não se desviou das cautelas e precauções a que está obrigado, configura força maior, suscetível, portanto, de excluir a sua responsabilidade" (STJ, REsp 43.756-3-SP, 4ª T., rel. Min. Torreão Braz, *DJU*, 1º-8-1994, p. 18658, n. 145).

28 *Direito civil*, v. III, p. 497.

"Responsabilidade civil. Parte da carga transportada que, em razão de mau acondicionamento, molhou durante o percurso. Reparação devida pelo transportador" (*RT*, 796/276). "Roubo de mercadorias

Se, depois de entregue a mercadoria ao transportador, o transporte "*não puder ser feito ou sofrer longa interrupção*" em razão de fato superveniente, como, por exemplo, obstrução de rodovia, suspensão do tráfego ferroviário, revolução, guerra ou algum fenômeno inevitável da natureza, o transportador deverá solicitar, "*incontinenti, instruções ao remetente, e zelará pela coisa, por cujo perecimento ou deterioração responderá, salvo força maior*" (CC, art. 753). Se o impedimento perdurar, sem culpa do transportador, e não houver manifestação do remetente, será facultado àquele "*depositar a coisa em juízo, ou vendê-la, obedecidos os preceitos legais e regulamentares, ou os usos locais, depositando o valor*" (§ 1º).

Quando, no entanto, o impedimento decorre de fato imputável ao transportador, como defeito mecânico no veículo provocado pela falta de adequada manutenção, por exemplo, poderá ele "*depositar a coisa, por sua conta e risco, mas só poderá vendê-la se perecível*" (§ 2º). Nos casos dos dois parágrafos mencionados, "*o transportador deve informar o remetente da efetivação do depósito ou da venda*" (§ 3º).

Se a coisa estiver depositada nos armazéns do próprio transportador, permanecerá ele, como depositário (CC, art. 751), responsável por sua guarda e conservação, "*sendo-lhe devida, porém, uma remuneração pela custódia, a qual poderá ser contratualmente ajustada ou se conformará aos usos adotados em cada sistema de transporte*" (art. 753, § 4º).

A Lei n. 11.442, de 5 de janeiro de 2005, revogou a Lei n. 6.813, de 10 de julho de 1980, e regulamentou o transporte rodoviário de cargas por conta de terceiros e mediante remuneração.

A referida lei define o *Transportador Autônomo de Cargas* (TAC) como a pessoa física que tenha no transporte rodoviário de cargas a sua atividade profissional e que deverá comprovar ser proprietário, coproprietário ou arrendatário de, pelo menos, um veículo automotor de carga, registrado em seu nome no órgão de trânsito, como veículo de aluguel, estando obrigado, ainda, a comprovar experiência de, pelo menos, três anos na atividade, a não ser que comprove a aprovação em curso específico, independentemente de prazo de experiência.

Dois dispositivos do aludido diploma mostram-se extremamente polêmicos: o art. 5º ("As relações decorrentes do contrato de transporte de cargas de que trata o art. 4º desta Lei são sempre de natureza comercial, não ensejando, em nenhuma hipótese, a caracterização do vínculo de emprego") e o parágrafo único do art. 5º, que dispõe competir "à Justiça Comum o julgamento de ações oriundas dos contratos de transporte de cargas", em desacordo com o art. 114 da Constituição Federal, que atribui à Justiça Especializada a competência para as relações de trabalho.

8. DIREITOS E DEVERES DO TRANSPORTADOR

Tem o transportador *o direito* de:

a) Exigir o *pagamento do preço* ajustado, tendo em vista que o contrato de transporte é oneroso (CC, art. 730), não se subordinando a ele o feito gratuitamente, por amizade ou cortesia (art. 736). A obrigação de realizar o transporte corresponde à de pagar a retribuição sob a forma de passagem ou frete.

b) Uma vez executado o transporte, *reter a bagagem e outros objetos pessoais* do passageiro, para o caso de não ter recebido o pagamento da passagem no início ou durante o

---

pertencentes a terceiro. Necessidade de prévio ressarcimento a dono da carga, por parte da transportadora segurada para poder pleitear o pagamento da indenização avençada no contrato de seguro" (STJ, *RT*, 801/158). "Avaria da carga. Culpa do transportador que é presumida, somente admitindo-se prova consistente em casos fortuitos, força maior, ou que a perda ou avaria se deu por vício intrínseco da coisa. Presunção não elidida. Responsabilidade do transportador. Indenização devida" (*RT*, 718/148).

percurso (CC, art. 742). Se a passagem não foi paga no início nem durante o percurso, quando se tenha ajustado o pagamento em um desses dois momentos, pode o transportador exercer o direito de retenção no final da viagem, como meio de forçar o passageiro a pagá-la. Não se aplica, obviamente, a regra em apreço quando se convenciona pagamento a prazo.

c) Igualmente *reter 5% da importância a ser restituída* ao passageiro, quando este desiste da viagem (CC, art. 740, § 3º). A retenção é autorizada a título de multa compensatória.

d) Estabelecer *normas disciplinadoras* da viagem, especificando-as no bilhete ou afixando-as à vista dos usuários (CC, art. 738). O transporte de pessoas deve ser disciplinado em regulamentos de viagem, cujas regras são discriminadas no próprio bilhete, para que esta transcorra normalmente, sem incidentes. O fato de o passageiro pagar a passagem não lhe dá o direito de molestar os outros passageiros ou lhes causar prejuízos, nem o de danificar o veículo ou impedir a execução normal do serviço. A transgressão por parte do passageiro das normas estabelecidas para o transporte pode ser motivo para a aplicação de sanções, inclusive a de retirada compulsória do meio de transporte[29].

A necessidade de estabelecer normas de conduta dos passageiros e de exigir o seu cumprimento se justifica, uma vez que a responsabilidade do transportador é objetiva (CC, art. 734) pelos danos sofridos pelos passageiros, ainda que causados por outro passageiro (art. 735). Se houver culpa concorrente da vítima, ou seja, "*se o prejuízo sofrido pela pessoa transportada for atribuível à transgressão de normas e instruções regulamentares, o juiz reduzirá equitativamente a indenização, na medida em que a vítima houver concorrido para a ocorrência do dano*" (art. 738, parágrafo único). Em caso de culpa exclusiva do passageiro e de força maior, o transportador fica exonerado de qualquer responsabilidade, pois nestas hipóteses rompe-se o nexo de causalidade. Do mesmo modo quando o dano decorre de causa estranha ao transporte, como pedras atiradas do lado de fora ou uma bala perdida, por exemplo, como mencionado anteriormente, sem a ocorrência de qualquer acidente de viagem[30].

e) *Recusar os passageiros*, nos casos permitidos nos regulamentos ou em que as condições de higiene ou de saúde do interessado o justificarem (CC, art. 739).

f) Alegar *força maior* em duas situações: para excluir a sua responsabilidade por *dano às pessoas* transportadas e suas bagagens (CC, art. 734) e para excluir a sua responsabilidade pelo *descumprimento do horário ou itinerário*. O transportador está, efetivamente, "*sujeito aos horários e itinerários previstos, sob pena de responder por perdas e danos, salvo motivo de força maior*" (CC, art. 737)[31].

Por outro lado, tem o transportador a *obrigação* de:

a) *Transportar o passageiro, no tempo e no modo convencionados*. Como visto, o art. 737 do Código Civil sujeita o transportador "*aos horários e itinerários previstos*" nos contratos e regulamentos, sob pena de responder por perdas e danos, salvo motivo de força maior.

b) *Responder objetivamente pelos danos causados às pessoas* transportadas e suas bagagens, salvo motivo de força maior (CC, art. 734). A obrigação fundamental do transportador é a de transportar o passageiro a coberto de riscos. Trata-se de obrigação contratual e de resultado, estando implícita a cláusula de incolumidade. A responsabilidade pelos danos é objeti-

---

29 Caio Mário da Silva Pereira, *Instituições de direito civil*, v. III, p. 332.

30 *RT*, 642/150, 643/219, 781/176.

31 "O atraso de voos internacionais impõe à companhia transportadora o dever de indenizar o passageiro pelos danos morais e materiais experimentados" (*RT*, 755/177). "Transporte aéreo. Atraso de voo. Responsabilidade objetiva do transportador, sendo o contrato de transporte um contrato de resultado. Ausência de excludente de responsabilidade" (*RSTJ*, 128/271). "Transporte aéreo internacional. Atraso de quarenta e oito horas. Indenização devida" (*RT*, 729/224).

va, somente admitindo-se as excludentes que rompem o nexo causal, como força maior, culpa exclusiva da vítima e causa estranha ao transporte.

Ademais, a *Súmula n. 161 do STF* prescreve: "Em contrato de transporte, é inoperante a cláusula de não indenizar".

c) *Concluir a viagem contratada*, sempre que ela se interromper por qualquer motivo alheio à sua vontade e imprevisível, em outro veículo da mesma categoria, ou por modalidade diferente se a ela anuir o passageiro, sempre à sua custa, correndo por sua conta eventuais despesas de estada e alimentação deste, durante a espera de novo transporte (CC, art. 741).

d) *Não recusar passageiros*, salvo nos casos previstos nos regulamentos, ou se as condições de higiene ou de saúde do interessado o justificarem. Embora não mencionado expressamente, é evidente que também pode o transportador recusar passageiros por motivo de segurança. Hoje é notória a preocupação com a segurança nos voos internacionais, exigindo-se a submissão do passageiro a detectores de metais, revistas pessoais e de bagagens etc.

Zeno Veloso[32], a propósito, demonstra que o rol de ressalvas previsto no aludido art. 739 do Código Civil é meramente exemplificativo, mencionando outras hipóteses não expressamente previstas, mas igualmente possíveis de serem aplicadas, como a de pessoa que forçou a entrada em ônibus trazendo uma serpente venenosa enrolada no braço; a do viajante que exala mau cheiro extremo a ponto de incomodar os demais passageiros; a daquela pessoa que se encontra em trajes indecentes; a do passageiro que se apresenta completamente embriagado; e, ainda, da pessoa que porta na cintura, ostensivamente, arma branca ou de fogo.

9. DIREITOS E DEVERES DO PASSAGEIRO

O transportado tem o *direito* de:

a) *Exigir o cumprimento do contrato de transporte*, mediante a apresentação do bilhete. Em se tratando de contrato bilateral ou sinalagmático, as obrigações são recíprocas. Assim, o pagamento da passagem ou frete corresponde à obrigação do transportador de realizar o transporte. Não pode este, como visto, recusar o passageiro, salvo nos casos já mencionados (CC, arts. 730 e 739).

b) *Rescindir o contrato* quando lhe aprouver. Se adquiriu o bilhete com antecedência, poderá desistir da viagem, desde que dê aviso ao transportador "*em tempo de ser renegociada*" a passagem com terceiro. O art. 740 do Código Civil, que prevê essa possibilidade, não menciona qual o prazo para ser dado o aviso. No entanto, o Decreto n. 2.521, de 20 de março de 1998, que dispõe sobre serviços de transporte rodoviário interestadual e internacional de passageiros, mas vem sendo aplicado também ao transporte intermunicipal, estabelece o prazo de três horas antes da partida (art. 69).

Quando o passageiro simplesmente não comparece ao embarque nem avisa previamente a empresa, pode ainda assim obter a restituição do valor pago, "*se provado que outra pessoa foi transportada em seu lugar*" (CC, art. 740, § 2º). Se desistir depois de iniciada a viagem, terá direito à restituição do valor correspondente ao trecho não utilizado, "*desde que provado que outra pessoa haja sido transportada em seu lugar*" (§ 1º).

Denota-se que, nos casos mencionados, a restituição do preço da passagem é condicionada à recuperação da perda, pelo transportador. Ainda terá ele "*direito de reter até cinco por cento da importância a ser restituída ao passageiro, a título de multa compensatória*" (§ 3º).

c) *Ser conduzido são e salvo ao destino convencionado* (CC, art. 734). Com a venda da passagem o transportador assume, implicitamente, a obrigação de conduzir o passageiro ao seu

---

32 *Novo Código Civil comentado*, p. 668.

destino, são e salvo, como já foi dito. Denomina-se *cláusula de incolumidade* a obrigação tacitamente assumida pelo transportador de conduzir o passageiro incólume ao local do destino. Se, durante o trajeto, ocorre um acidente e o passageiro fica ferido, configura-se o inadimplemento contratual, que acarreta a responsabilidade de indenizar os danos materiais e morais sofridos pelo transportado, independentemente da demonstração de culpa do condutor.

d) *Exigir que o transportador conclua a viagem interrompida* por motivo alheio à sua vontade, em outro veículo da mesma categoria, ou de modalidade diferente se houver concordância do usuário, e responda por todas as despesas provenientes desse fato (CC, art. 741).

Em contrapartida, constituem *deveres do passageiro*:

a) *Pagar o preço ajustado*, no início ou durante a viagem se assim foi ajustado, ou no seu final, ou ainda no prazo eventualmente convencionado. Se não o fizer no início ou durante a viagem, quando desta forma avençado, poderá ter a sua bagagem e outros objetos retidos pelo transportador, para garantir-se este do pagamento do valor da passagem (CC, arts. 730 e 742).

b) *Sujeitar-se às normas estabelecidas pelo regulamento do transportador*, constantes no bilhete ou afixadas à vista dos usuários, "*abstendo-se de quaisquer atos que causem incômodo ou prejuízo aos passageiros, danifiquem o veículo, ou dificultem ou impeçam a execução normal do serviço*" (CC, art. 738, parágrafo único). Assim como o transportador está sujeito aos horários e itinerários previstos, sob pena de responder por perdas e danos, a pessoa transportada deve sujeitar-se às normas por aquele estabelecidas, abstendo-se de qualquer ato danoso ou que dificulte ou impeça a execução normal do serviço. Se transgredir normas e instruções regulamentares e, em consequência, sofrer algum dano, "*o juiz reduzirá equitativamente a indenização*", na medida em que houver concorrido para a ocorrência do dano".

c) *Não causar perturbação ou incômodo* aos outros passageiros. Não pode, assim, conduzir armas ou comprometer a segurança dos demais viajantes, ou prejudicá-los, de qualquer outro modo (CC, art. 738, *caput*).

d) *Comparecer ao local de partida no horário estabelecido* ou avisar da desistência ou impossibilidade de realizar a viagem, com a antecedência necessária para que outra pessoa possa viajar em seu lugar (CC, art. 740 e parágrafos).

10. O TRANSPORTE GRATUITO

O atual Código Civil define o contrato de transporte como aquele pelo qual "*alguém se obriga, mediante retribuição, a transportar, de um lugar para outro, pessoas ou coisas*" (CC, art. 730). Logo adiante, preceitua: "*Não se subordina às normas do contrato de transporte o feito gratuitamente, por amizade ou cortesia.* E o parágrafo único complementa: "*Não se considera gratuito o transporte quando, embora feito sem remuneração, o transportador auferir vantagens indiretas*" (art. 736).

Muito se tem discutido sobre se a responsabilidade do transportador, na hipótese de vítima transportada gratuitamente, é contratual ou extracontratual. Segundo proclama a *Súmula 145 do Superior Tribunal de Justiça*, "no transporte desinteressado, de simples cortesia, o transportador só será civilmente responsável por danos causados ao transportado quando incorrer em dolo ou culpa grave".

Não se adotou a tese contratualista pura, pela qual o transportador assumiria obrigação de resultado e responderia pelo dano ao passageiro em qualquer circunstância, em razão da cláusula tácita de incolumidade, mas a tese contratualista moderada, com base no art. 1.057 do Código de 1916 (*correspondente ao art. 392 do diploma de 2002*), pela qual o dono do veículo, por ser a parte a quem o contrato não favorece, só responde pelos danos causados ao carona em caso de culpa grave e dolo, e não na hipótese de culpa leve ou levíssima.

Entendemos, todavia, que a tese da responsabilidade aquiliana é a que melhor se ajusta ao chamado transporte benévolo ou de cortesia. Como já afirmou CUNHA GONÇALVES[33], a relação de cortesia é voluntária. O homem cortês não está isento de causar danos, até no exercício de sua amabilidade, porque a cortesia não é incompatível com a negligência e a imprudência.

PONTES DE MIRANDA[34] preleciona que não há razão para serem necessariamente tratadas diferentemente a responsabilidade do transportador que recebe retribuição e a do transportador que ofereceu ou aceitou o contrato de transporte benévolo. MÁRIO MOACYR PORTO[35], por sua vez, entende artificioso e forçado pretender-se que os gestos de pura cortesia possam ser considerados autênticos contratos. Como exemplificam os doutrinadores franceses, afirma, se, por exemplo, alguém convida um amigo para jantar e o convite é aceito, sem dúvida que houve um acordo de vontades para um fim determinado, mas nunca um contrato para jantar.

A tese contratualista com responsabilidade atenuada é prejudicial à vítima, pois a obriga a provar culpa grave ou dolo do transportador e não lhe confere direito à indenização em caso de culpa leve ou levíssima.

O art. 736 do atual Código, ao dizer que "*não se subordina às normas do contrato de transporte o feito gratuitamente, por amizade ou cortesia*", adota claramente a responsabilidade extracontratual ou aquiliana, que defendemos, no transporte puramente gratuito ou benévolo, e a contratual, com a cláusula de garantia, no transporte oneroso e no aparentemente gratuito. Quem transporta em seu veículo alguém, fazendo-lhe um favor, tem o dever de executar essa gentileza sem colocar em risco, voluntariamente, a segurança e a vida do passageiro.

No transporte não oneroso há, realmente, o transporte inteiramente gratuito (transporte gratuito típico) e o transporte aparente e pseudamente gratuito. Naquele, o transportador atua por pura complacência, sem interesse no transporte. Neste, há uma utilidade das partes, porque o transportador pode ter algum interesse em conduzir o convidado, como por exemplo, na hipótese do vendedor de automóveis, que conduz o comprador para lhe mostrar as qualidades do veículo, ou do corretor de imóveis, que leva o interessado a visitar diversas casas e terrenos à venda. Tais casos não constituem hipóteses de contratos verdadeiramente gratuitos, devendo ser regidos, pois, pelas disposições do atual Código que estabelecem a culpa presumida do transportador, só elidível em caso de culpa exclusiva da vítima, força maior ou fato exclusivo de terceiro[36].

Nas hipóteses mencionadas, embora aparentemente o transporte seja gratuito, na verdade há uma compensação para o transportador, que, agindo na defesa de seu interesse, tira do ato o caráter de pura liberalidade. A relação jurídica determinada pelo transporte é, então, contratual, equiparada ao contrato oneroso de transporte.

---

33 *Tratado de direito civil*, v. 13, p. 253.

34 *Tratado de direito privado*, v. 45, § 4.865, ns. 1, 2 e 3, p. 51-54.

35 *Temas de responsabilidade civil*, p. 128-129, e *RT*, 582/15.

36 "Responsabilidade civil. Acidente de trânsito. Morte durante transporte não de pura e estrita cortesia (transporte por advogado de cliente e escolta policial). Configuração da cláusula de garantia" (*JTACSP*, RT, 94/93).

Capítulo XV
DO SEGURO

1. CONCEITO E CARACTERÍSTICAS

A nova Lei de Seguros, Lei n. 15.040, de 9 de dezembro de 2024, revogou todos os dispositivos que regiam os contratos de seguros no Código Civil (arts. 757 a 802), bem como o prazo prescricional elencado no inciso II do § 1º do art. 206. Contudo, a referida legislação apenas entrará em vigor a partir de 11-12-2025, 1 ano após sua publicação, conforme previsão do art. 134 da citada lei especial.

Pelo Código Civil, considera-se contrato de seguro aquele pelo qual uma das partes, denominada segurador, se obriga, mediante o recebimento de um "*prêmio*", a "*garantir interesse legítimo*" da outra, intitulada segurado, "*relativo a pessoa ou a coisa, contra riscos predeterminados*" (CC, art. 757).

Já o art. 1º da Lei n. 15.040/2024 considera que "*pelo contrato de seguro, a seguradora obriga-se, mediante o pagamento do prêmio equivalente, a garantir interesse legítimo do segurado ou do beneficiário contra riscos predeterminados*".

Para Pedro Alvim, "seguro é o contrato pelo qual o segurador, mediante o recebimento de um prêmio, assume perante o segurado a obrigação de pagamento de uma prestação, se ocorrer o risco a que está exposto". No seu entender, a definição proposta "convém aos seguros de dano e de pessoa. Delimita os contratos de seguro e de jogo, pois não se aplica a este, dada a exigência de ser o risco do próprio segurado. Seu maior mérito é pôr a salvo a unidade de conceito do contrato de seguro"[1].

O seu principal elemento é o risco, que se transfere para outra pessoa. Nele intervêm o segurado e o segurador, sendo este, necessariamente, uma entidade autorizada na forma da Lei (art. 2º da Lei n. 15.040/2024), que assume o *risco*, mediante recebimento do *prêmio*, que é pago geralmente em prestações, obrigando-se a pagar ao primeiro a quantia estipulada como *indenização* para a hipótese de se concretizar o fato aleatório, denominado *sinistro*. O *risco* é o objeto do contrato e está sempre presente, mas o sinistro é eventual: pode, ou não, ocorrer. Se inocorrer, o segurador recebe o prêmio sem efetuar nenhum reembolso e sem pagar indenização.

[1] *O contrato de seguro*, p. 113 e 115.

O *seguro social* de acidentes do trabalho tem como segurador o Instituto Nacional de Seguridade Social (INSS). É realizado pelo Estado diretamente ou por via de entidades autárquicas e não cabe no presente estudo. Firmas individuais não podem exercer habitualmente a exploração da atividade securitária. No seguro de vida e no obrigatório em que ocorrer morte por acidente, pode surgir a figura do beneficiário, o terceiro a quem é pago o valor do seguro. O *resseguro* consiste na transferência de parte ou de toda responsabilidade do segurador para o ressegurador. A finalidade é distribuir entre mais de um segurador a responsabilidade pela contraprestação.

O Código Civil de 2002 distribui a matéria por três Seções: I – Disposições gerais (arts. 757 a 777); II – Do seguro de dano (arts. 778 a 788); III – Do seguro de pessoa (arts. 789 a 802). O seguro marítimo continua regido pelo Código Comercial de 1850, nos arts. 666 a 730.

A nova Lei de Seguros (Lei n. 15.040/2024) distribui a matéria em: Capítulo I – Disposições gerais (arts. 1º a 88); Capítulo II – Dos seguros de danos (arts. 89 a 111); Capítulo III – Dos seguros sobre a vida e a integridade física (arts. 112 a 124); Capítulo IV – Dos seguros obrigatórios (art. 125); Capítulo V – Da prescrição (arts. 126 e 127) e Capítulo VI – Disposições finais e transitórias (arts. 128 a 134).

O contrato de seguro ganhou imenso desenvolvimento nos tempos modernos, alcançando enorme relevo e desbordando inteiramente da sua disciplina tradicional, sendo tratado também em numerosas leis avulsas. Como informa Caio Mário da Silva Pereira[2], apoiado nas lições de Ripert e Trabucchi, tal modalidade contratual teve como ponto de partida o seguro marítimo, ainda no período medieval, quando se limitava a cobrir navios e cargas. Aos poucos foi penetrando nas práticas civis e, no século XVIII, era admitido contra incêndio e mesmo sobre a vida. O seu maior incremento deu-se no século XIX, embora não haja conquistado foros de tipicidade em Códigos prestigiosos, como o francês e o BGB. Foi no século XX que se desenvolveu francamente, devido um pouco ao espírito de solidariedade de nosso tempo, e um pouco à conveniência de afrontar e repartir os riscos da existência.

A estrutura fundamental do contrato de seguro em nosso país residia no Código Civil de 2002, ficando reservado à legislação extravagante o trato das minúcias e detalhes incidentes sobre a matéria. Contudo, conforme dito anteriormente, a Lei n. 15.040/2024 revogou as disposições do seguro na legislação civil, passando a regular a matéria após sua entrada em vigor, um ano após sua publicação. Compete privativamente à União legislar sobre seguros (CF, art. 22, VII), considerando um direito do trabalhador o seguro contra acidentes de trabalho, sem excluir a indenização a que o empregador é obrigado, quando incorrer em dolo ou culpa (art. 7º, XXVIII).

2. NATUREZA JURÍDICA

O contrato de seguro é *bilateral* ou *sinalagmático* porque gera obrigações para ambas as partes: para o segurado, as de pagar o prêmio, não agravar o risco do contrato e cumprir as demais obrigações convencionadas; para o segurador, a de efetuar o pagamento da indenização prevista no contrato. Sendo recíprocas as obrigações, o inadimplemento por um dos contraentes rompe o equilíbrio do contrato. Assim, aquele que não satisfez a própria não pode exigir o implemento da do outro[3].

---

2 *Instituições de direito civil*, v. III, p. 451.

3 Nos seguros de vida, a obrigação do segurador se verifica sempre. Com relação aos seguros de dano, porém, a obrigação é condicional, pois depende da ocorrência do risco. Tal fato não afeta a bilateralidade, pois a condição atinge a prestação do segurador e não o contrato. A reciprocidade aparece na compensação das obrigações das partes. "Ao prêmio pago pelo segurado corresponde a promessa

Trata-se também de contrato *oneroso* porque ambos os contraentes obtêm proveito, ao qual corresponde um sacrifício. A vantagem para o segurado está na garantia contra os efeitos dos riscos previstos no contrato, à qual corresponde a obrigação de pagar o prêmio; para o segurador, no recebimento do prêmio logo de início, assumindo, em contrapartida, a obrigação de pagar a indenização em caso de ocorrência do sinistro.

O contrato de seguro é tipicamente *aleatório*. Embora o segurado assuma obrigação certa, que é a de pagar o prêmio estipulado na apólice, a avença é sempre *aleatória* para o segurador, porque a sua prestação depende de fato eventual: a ocorrência ou não do sinistro. O *risco* é um elemento essencial nessa modalidade contratual, como acontecimento incerto, independente da vontade das partes. Falta-lhe objeto se o interesse segurado não estiver exposto a risco. Não há equivalência nas obrigações em razão da natureza aleatória da avença.

O seguro é, ainda, típico *contrato de adesão*, uma vez que se aperfeiçoa com a aceitação, pelo segurado, das cláusulas previamente elaboradas pelo segurador e impressas na apólice, impostas sem discussão entre as partes. O segurado adere em bloco ao modelo contratual, não podendo modificar qualquer de suas cláusulas: aceita-as ou rejeita-as, de forma pura e simples, afastada qualquer alternativa de discussão. O Código Civil resguarda a posição do aderente não só em vista de "*cláusulas ambíguas ou contraditórias que gerem dúvida quanto à sua interpretação*" como ao proibir "*a renúncia antecipada do aderente a direito resultante da natureza do negócio*" (arts. 423 e 424).

O art. 47 do Código de Defesa do Consumidor estatui que as cláusulas contratuais serão interpretadas de maneira mais favorável ao consumidor. Já de há muito a jurisprudência vem proclamando que, nos contratos de adesão em geral, na dúvida, a interpretação deve favorecer o aderente, porque quem estabelece as condições é o outro contratante, que tem a obrigação de ser claro e de evitar dúvidas[4].

Há divergências sobre o caráter *consensual* do contrato. Afirmavam alguns, com base no art. 758 do Código Civil, que ele não se aperfeiçoava com a convenção, mas somente depois de emitida a apólice. Seria, então, um contrato solene. Dispunha o mencionado dispositivo legal que "*o contrato de seguro prova-se com a exibição da apólice ou do bilhete do seguro, e, na falta deles, por documento comprobatório do pagamento do respectivo prêmio*".

Tem-se entendido, no entanto, que a forma escrita é exigida apenas *ad probationem*, ou seja, como prova pré-constituída, não sendo, porém, essencial, visto que a parte final do art. 758 também considerava perfeito o contrato desde que o segurado tenha efetuado o pagamento do prêmio. A falta de apólice é, portanto, suprível por outras provas, especialmente a perícia nos livros do segurador.

Com a edição da Lei n. 15.040/2024, o tema passou a ser tratado no art. 54, sendo que "*o contrato de seguro prova-se por todos os meios admitidos em direito, vedada a prova exclusivamente testemunhal*".

3. A APÓLICE E O BILHETE DE SEGURO

Nos termos do que dispõe o Código Civil sobre seguro, ainda em vigor, a *apólice* constitui, em regra, o instrumento do contrato de seguro e pode ser *nominativa*, *à ordem* e *ao*

---

de garantia do segurador e a certeza de sua prestação em caso de sinistro. Esta prestação é muitas vezes superior ao prêmio, justamente porque é incerta, nos seguros de dano. Já nos seguros de vida, como é certa, o prêmio sofre uma majoração de tal forma que possa equilibrar as duas obrigações" (Pedro Alvim, *O contrato de seguro*, p. 121).

4 "O contrato de seguro, típico de adesão, deve ser interpretado, em caso de dúvida, no interesse do segurado e dos beneficiários" (*RT*, 603/94).

portador (CC, art. 760, primeira parte). As de seguro de vida não podem ser ao portador (parágrafo único).

As apólices nominativas podem ser transferidas mediante cessão civil, e as à ordem, por endosso. Naquelas, alienada a coisa que se ache no seguro, transfere-se ao adquirente o contrato, pelo prazo que ainda faltar. O "segurador tem ação regressiva contra o causador do dano, pelo que efetivamente pagou, até ao limite previsto no contrato de seguro" (STF, Súmula 188). Todavia, "*nos seguros de pessoas, o segurador não pode sub-rogar-se nos direitos e ações do segurado, ou do beneficiário, contra o causador do sinistro*" (CC, art. 800). E no seguro de coisas, "*salvo dolo, a sub-rogação não tem lugar se o dano foi causado pelo cônjuge do segurado, seus descendentes ou ascendentes, consanguíneos ou afins*" (art. 786, § 1º).

Determinados seguros, quando houver autorização legal, podem ser efetivados de plano por meio de *bilhetes*, como sucede com o obrigatório de veículos automotores, conforme permissão constante do art. 10 do Decreto-Lei n. 73/66, que dispensa expressamente a remessa de apólice ao segurado.

A apólice ou o bilhete de seguro "*mencionarão os riscos assumidos, o início e o fim de sua validade, o limite da garantia e o prêmio devido, e, quando for o caso, o nome do segurado e o do beneficiário*" (CC, art. 760).

Já o art. 55 da Lei n. 15.040/2024 estipula que a seguradora entregue ao contratante, em até 30 dias contados do aceite, documentação probatória do contrato, contendo os seguintes elementos: "*I – a denominação, a qualificação completa e o número de registro da seguradora no órgão fiscalizador de seguros; II – o nome do segurado e, caso distinto, o do beneficiário, se nomeado; III – o nome do estipulante; IV – o dia e o horário do início e fim de vigência do contrato, bem como o modo de sua determinação; V – o valor do seguro e a demonstração da regra de atualização monetária; VI – os interesses e os riscos garantidos; VII – os locais de risco compreendidos pela garantia; VIII – os interesses, os prejuízos e os riscos excluídos; IX – o nome, a qualificação e o domicílio do corretor de seguro que intermediou a contratação do seguro; X – em caso de cosseguro organizado em apólice única, a denominação, a qualificação completa, o número de registro no órgão fiscalizador de seguros e a cota de garantia de cada cosseguradora, bem como a identificação da cosseguradora líder, de forma destacada; XI – se existir, o número de registro do produto no órgão fiscalizador competente; XII – o valor, o parcelamento e a composição do prêmio*".

Dispõe a *Súmula 402 do Superior Tribunal de Justiça: "O contrato de seguro por danos pessoais compreende os danos morais, salvo cláusula expressa de exclusão"*.

A Edição n. 116 do *Jurisprudência em Teses do Superior Tribunal de Justiça*[5], atualizada até 24-5-2024, destaca algumas teses relevantes aos contratos de seguro:

"1) Em caso de perda total decorrente de incêndio, sem que se possa precisar o valor dos prejuízos no imóvel segurado, será devido o valor integral da apólice.

2) O simples atraso no pagamento de prestação do prêmio do seguro não importa em desfazimento automático do contrato, sendo necessária, ao menos, a prévia constituição em mora do contratante pela seguradora, mediante interpelação.

3) A seguradora tem direito de demandar o ressarcimento dos danos sofridos pelo segurado depois de realizada a cobertura do sinistro, pois sub-roga-se nos direitos anteriormente titularizados pelo segurado, nos termos do art. 786 do Código Civil e da Súmula n. 188/STF.

---

5 Conforme disponibilizado no sítio eletrônico do STJ, o Jurisprudência em Teses apresenta, periodicamente, um conjunto de teses com os julgados mais recentes do STJ sobre determinada matéria, selecionados até a data especificada. Disponível em: <https://scon.stj.jus.br/SCON/jt/doc.jsp?livre=%27116%27.tit>. Acesso em: 25 jul. 2024.

4) A seguradora sub-roga-se nos direitos e nas ações do segurado, após o pagamento da indenização securitária decorrente de extravio ou dano de bagagem ou carga em transporte aéreo, observados o prazo prescricional e os limites estabelecidos na relação originária.

5) Nas ações regressivas, propostas pela seguradora contra o causador do dano, os juros de mora e a correção monetária devem fluir a partir do efetivo desembolso da indenização securitária paga e não da citação.

6) Nos contratos de seguro de veículo, a correção monetária dos valores acobertados pela proteção securitária incide desde a data da celebração do pacto até o dia do efetivo pagamento do seguro.

7) Não é abusiva a cláusula dos contratos de seguro que preveja que a seguradora de veículos, nos casos de perda total ou de furto do bem, indenize o segurado pelo valor de mercado na data do sinistro.

8) O pedido do pagamento de indenização à seguradora suspende o prazo de prescrição até que o segurado tenha ciência da decisão (Súmula n. 229/STJ).

9) No seguro de automóvel, é lícita a cláusula contratual que prevê a exclusão da cobertura securitária quando comprovado pela seguradora que o veículo sinistrado foi conduzido por pessoa embriagada ou drogada.

10) No contrato de seguro que prevê cobertura para as hipóteses de furto e roubo, é possível a exclusão de cobertura nos casos em que o dano ao bem segurado é decorrente de apropriação indébita ou estelionato, pois as cláusulas contratuais de cobertura devem ter interpretação restritiva".

4. O RISCO

Como já foi dito, o risco é um elemento essencial no contrato de seguro, a ponto de se afirmar que falta objeto a este se a coisa ou interesse não estiver sujeito a nenhuma álea. Na realidade a estrutura técnico-jurídica do seguro dele depende como seu elemento fundamental.

A noção de risco é a mesma de um acontecimento ou evento, algo que ocorre por fato da natureza ou do próprio homem. Observa Pedro Alvim que, para a maioria dos autores, ainda o risco se confunde com a noção de perigo que provoca um dano. Tal concepção somente se justificava, aduz o mencionado jurista, enquanto o contrato de seguro abrangia apenas os seguros de dano. Atualmente, o evento segurável não precisa ser necessariamente danoso. Pode mesmo ser um acontecimento feliz, como a sobrevivência, no seguro de vida, a educação futura de um filho, o casamento do segurado etc. Por isso, pode-se conceituar, então, o risco segurável como "o acontecimento possível, futuro e incerto, ou de data incerta, que não depende somente da vontade das partes"[6].

A afirmação constante do art. 757 do atual Código Civil e do art. 1º da Lei n. 15.040/2024 de que, pelo contrato de seguro o segurador se obriga a garantir "*interesse legítimo do segurado*", representa, pois, um avanço, dando a necessária amplitude aos bens que podem ser objeto da proteção para abranger todo *interesse segurável* relativo a pessoa ou coisa, sem discriminação. Nesse sentido, o *Enunciado n. 370 da IV Jornada de Direito Civil* prenuncia que: "Nos contratos de seguro por adesão, os riscos predeterminados indicados no art. 757, parte final, devem ser interpretados de acordo com os arts. 421, 422, 424, 759 e 799 do Código Civil e 1º, inc. III, da Constituição Federal".

Já a Lei n.15.040/2024, no art. 9º, dispõe que "*o contrato cobre os riscos relativos à espécie de seguro contratada*" (*caput*) e que "*os riscos e os interesses excluídos devem ser descritos de*

---

6 *O contrato de seguro*, p. 214-215.

forma clara e inequívoca" (§ 1º). Quanto ao seguro de transporte de bens e de responsabilidade civil pelos danos relativos a essa modalidade, "*a garantia começa quando as mercadorias são de fato recebidas pelo transportador e cessa com a efetiva entrega ao destinatário*" (§ 4º).

O objeto do contrato de seguro é o risco, que pode, em princípio, incidir em todo bem jurídico. A maioria das legislações, todavia, inclusive a nossa, veda certas modalidades de seguro. Como regra, todo contrato há de ter objeto lícito. Em matéria securitária, todavia, há ilícitos especiais que estavam previstos no Código Civil, como o seguro por mais do que valha a coisa segurada, ou a pluralidade de seguros sobre o mesmo bem (seguro cumulativo), com exceção do de vida (CC, arts. 778, 781, 782 e 789 [arts. 89, 90, 97, 36 e 112 da Lei n. 15.040/2024])[7].

A Lei n. 15.040/2024 prevê, no art. 10, que o contrato de seguro pode ser "*celebrado para toda classe de risco, salvo vedação legal*". Para tanto, elencou em seu parágrafo único duas vedações que não excluem outras proibidas por lei: "*I – de interesses patrimoniais relativos aos valores das multas e outras penalidades aplicadas em virtude de atos cometidos pessoalmente pelo segurado que caracterizem ilícito criminal; e II – contra risco de ato doloso do segurado, do beneficiário ou de representante de um ou de outro, salvo o dolo do representante do segurado ou do beneficiário em prejuízo desses*".

Diferentemente do Código Civil, que, no art. 782, exigia que o segurado comunicasse previamente sua intenção por escrito ao primeiro segurador, quando houvesse intenção de obter novo seguro sobre o mesmo interesse, e contra o mesmo risco junto a outro segurador, a Lei n. 15.040/2024 prevê que o segurado deve comunicar a todas as seguradoras no caso de seguro cumulativo, conforme previsão contida no art. 36, *in verbis*:

"*Ocorre seguro cumulativo quando a distribuição entre várias seguradoras for feita pelo segurado ou pelo estipulante por força de contratações independentes, sem limitação a uma cota de garantia.*

§ 1º Nos seguros cumulativos de dano, o segurado deverá comunicar a cada uma das seguradoras a existência dos contratos com as demais.

§ 2º Será reduzida proporcionalmente a importância segurada de cada contrato celebrado, quando a soma das importâncias seguradas, nos seguros cumulativos de dano, superar o valor do interesse, desde que haja coincidência de garantia entre os seguros cumulados.

§ 3º Na redução proporcional prevista no § 2º deste artigo não se levarão em conta os contratos celebrados com seguradoras que se encontrarem insolventes".

Embora vigore o princípio da liberdade contratual, não podem as cláusulas contrariar normas de ordem pública. Assim, não pode ser segurado o risco que se filia a atos ilícitos, como o do contrabando, do jogo proibido etc. O atual Código, dirimindo controvérsia que vicejava à época do Código de 1916, deixa evidenciado que somente o *ato doloso*, uma vez reconhecido, será causa de nulidade do contrato. Desse modo, não se exclui a possibilidade, bastante frequente, de se convencionar o pagamento de indenizações resultantes de culpa leve do segurado, como sucede nos casos de seguro de acidente de veículos.

Outro preceito *proibitivo* é que "*o contrato é nulo quando qualquer das partes souber, no momento de sua conclusão, que o risco é impossível ou já se realizou*" (art. 11 da Lei n. 15.040/2024). Caso seja celebrado o contrato conquanto se tenha ciência da impossibilidade ou da prévia realização do risco, o parágrafo único do artigo estipula que a parte que sabia dessa condição "*pagará à outra o dobro do valor do prêmio*".

---

[7] Caio Mário da Silva Pereira, *Instituições de direito civil*, v. III, p. 455-456.

A *boa-fé*, reclamada nos contratos em geral, é mais energicamente exigida nos contratos de seguro. Dispõe, com efeito, o art. 56 da Lei n. 15.040/2024, que "*o contrato de seguro deve ser interpretado e executado segundo a boa-fé*". Havendo dúvidas, contradições, obscuridades ou equivocidades na interpretação de quaisquer documentos emitidos pela seguradora, as cláusulas "*serão resolvidas no sentido mais favorável ao segurado, ao beneficiário ou ao terceiro prejudicado*" (art. 57).

Ainda acerca da interpretação do contrato, "*as cláusulas referentes a exclusão de riscos e prejuízos ou que impliquem limitação ou perda de direitos e garantias são de interpretação restritiva*" (art. 59).

Segurado que mente para a seguradora perde o direito de ser indenizado por perda total do veículo. Assim decidiu o *Superior Tribunal de Justiça*, *verbis*: "*O contrato de seguro é baseado no risco, na mutualidade e na boa-fé, que constituem seus elementos essenciais. Além disso, nesta espécie de contrato, a boa-fé assume maior relevo, pois tanto o risco quanto o mutualismo são dependentes de afirmações das próprias partes contratantes (...) A penalidade para o segurado que agir de má-fé, ao fazer declarações inexatas ou omitir circunstâncias que possam influir na aceitação da proposta pela seguradora ou na taxa do prêmio, é a perda do direito à garantia na ocorrência do sinistro (art. 765 do CC). Apenas se o segurado agir de boa-fé, ao prestar declarações inexatas ou omitir informações relevantes, é que o segurador poderá resolver o contrato ou, ainda, cobrar, mesmo após o sinistro, a diferença do prêmio, sem prejuízo da indenização securitária*"[8].

Aplicam-se os aludidos dispositivos ao segurado que, ciente de estar acometido de doença grave, responde negativamente ao quesito correspondente, ao subscrever a proposta[9].

Conforme entendimento pacificado no *Superior Tribunal de Justiça*, "a seguradora, ao receber o pagamento do prêmio e concretizar o seguro, sem exigir exames prévios, responde pelo risco assumido, não podendo esquivar-se do pagamento da indenização, sob a alegação de doença preexistente, salvo se comprove a deliberada má-fé do segurado"[10].

Quanto às consequências da omissão de má-fé do segurado nas informações necessárias à aceitação da proposta ou na estipulação da taxa do prêmio, enquanto o art. 766 do Código Civil dispunha que haveria a perda do "*direito à garantia, além de ficar obrigado ao prêmio vencido*", o § 1º do art. 44 da Lei n. 15.040/2024 estabelece que ao segurado importará a "*perda da garantia, sem prejuízo da dívida de prêmio e da obrigação de ressarcir as despesas efetuadas pela seguradora*". Por outro turno, havendo omissão culposa no dever de informar por parte do segurado, haverá "*a redução da garantia proporcionalmente à diferença entre o prêmio pago e o que seria devido caso prestadas as informações posteriormente reveladas*" (art. 44, § 2º, da Lei n. 15.040/2024).

E, ainda, prossegue o § 3º do art. 44 da supramencionada Lei que: "*se, diante dos fatos não revelados, a garantia for tecnicamente impossível, ou se tais fatos corresponderem a um tipo*

---

8 STJ, REsp 1.340.100-GO, 3ª T., rel. Min. Villas Bôas Cueva, j. 21-8-2014.

9 *RT*, 642/144. *V.* ainda: "Omissão no contrato, pelo segurado, da implantação de três pontes de safena. *Causa mortis* relacionada diretamente com a intervenção cirúrgica e com o estado de saúde do segurado. Indenização indevida" (*RT*, 788/304). "Seguradora que dispensa o exame médico antes de celebrar o contrato. Inexistência de prova de que as declarações do segurado foram falsas e de que tenha agido de má-fé. Indenização devida" (*RT*, 793/345). "Seguradora que se nega a pagar a indenização sob a alegação de má-fé do segurado ao contratar. Inadmissibilidade se o segurador ou seu agente não exigiram a realização de exames médicos de saúde do proponente. Verba devida" (*RT*, 786/419).

10 REsp 777.974-MG, 3ª T., rel. Min. Castro Filho, *DJE* 12-3-2007. No mesmo sentido: REsp 1.289.628-SP, 3ª T., rel. Min. Villas Bôas Cueva, j. 25-9-2012.

de interesse ou risco que não seja normalmente subscrito pela seguradora, o contrato será extinto, sem prejuízo da obrigação de ressarcir as despesas efetuadas pela seguradora".

Ademais, o art. 45 da Lei de Seguros determina que "*as partes e os terceiros intervenientes no contrato*" também devem informar tudo que for relevante "*ou que deveriam saber a respeito do interesse e do risco a serem garantidos, de acordo com as regras ordinárias de conhecimento*". Do mesmo modo, o art. 46 incumbe à seguradora de "*alertar o potencial segurado ou estipulante sobre quais são as informações relevantes a serem prestadas na formação do contrato de seguro e esclarecer, em suas comunicações e questionários, as consequências do descumprimento do dever de informar*".

O art. 7º da Lei n. 15.040/2024 estipula que "*quando o contrato de seguro for nulo ou ineficaz, o segurado ou o tomador terá direito à devolução do prêmio, deduzidas as despesas realizadas, salvo se provado que o vício decorreu de sua má-fé*".

Caracteriza-se o contrato de seguro pela transferência de riscos. O proprietário de um prédio que o assegura contra incêndio, por exemplo, transfere esse risco para o segurador, mediante o pagamento do prêmio, em troca da tranquilidade de que o sinistro não o conduzirá à ruína. O risco distingue-se do sinistro porque existe sempre, enquanto este pode ou não ocorrer. SILVIO RODRIGUES lembra, a propósito, a feliz expressão de MESSINEO: "O risco é imanente, enquanto o sinistro é eventual"[11].

O mecanismo do contrato de seguro assenta-se no princípio da *mutualidade dos segurados*. A empresa seguradora privada nada mais é do que uma intermediária que recolhe os prêmios pagos pelos segurados e os utiliza para pagar as indenizações pelos sinistros ocorridos. Dessa forma, são os próprios milhares de segurados que pagam as indenizações devidas. O prêmio é fixado de antemão com base em *cálculos atuariais*, que se apoiam na análise das *probabilidades*. Os dados estatísticos mostram a incidência dos sinistros num determinado risco e possibilitam ao analista estabelecer, com precisão, qual será a referida incidência em futuro próximo. Com base nesses dados fixa o segurador a taxa de seguro, suficiente para pagar todas as indenizações e ainda proporcionar-lhe um lucro razoável.

5. ESPÉCIES DE SEGURO

O contrato de seguro é *unitário*, embora integrado por espécies diferentes. Caracteriza-se, quaisquer que sejam os riscos segurados, pela ideia de ressarcimento dos danos, de cunho material ou moral. Hoje, praticamente todos os riscos são passíveis de cobertura, exceto os excluídos pela lei, como os dolosos ou ilícitos e os de valor superior ao da coisa, já mencionados.

A estipulação do prêmio exige *cálculos atuariais*, comentados no item anterior, e o seu valor consta de tabelas elaboradas pelas seguradoras. O prêmio, pago de uma só vez ou em prestações, é considerado indivisível. Por essa razão o segurado faz jus à percepção do valor do seguro, mesmo que ocorra o sinistro no início do período, fazendo-se a sua complementação, quando for o caso. No plano do *seguro obrigatório* impera o tarifamento do valor, sendo objetiva a responsabilidade. Desse modo, a simples prova do dano basta para justificar o pagamento da indenização.

Podem-se distinguir, de início, os seguros *sociais* dos seguros *privados*. Estes são, em regra, facultativos e dizem respeito a coisas e pessoas. Aqueles, de cunho obrigatório, tutelam determinadas classes de pessoas, como os idosos, os inválidos, os acidentados no trabalho etc.

Os seguros privados podem ser divididos em *terrestres*, *marítimos* e *aéreos*. Os primeiros subdividem-se em seguro de *coisas* e seguro de *pessoas*, e podem especializar-se em operações

---

[11] *Direito civil*, v. 3, p. 330.

de seguros de vida, de seguros mútuos, de seguro agrário, dos ramos elementares e de capitalização. Podem-se classificar, ainda, em seguros *individuais* e *coletivos* ou *em grupo*. O seguro de *ramos elementares* cobre os riscos de fogo, transporte, acidentes e outros eventos danosos a coisas ou pessoas.

No *seguro mútuo*, várias pessoas unem-se para assumir os riscos inerentes às suas vidas ou aos seus bens, partilhando entre si os eventuais prejuízos. Em tal caso, o conjunto dos segurados constitui a pessoa jurídica, a que pertencem as funções de segurador. Ela não tem fim lucrativo. Os segurados são exclusivamente os próprios associados. As sociedades de seguros mútuos devem ser pessoas jurídicas, estando disciplinadas pelo Decreto-Lei n. 73, de 21 de novembro de 1966, que proibiu a constituição de novas entidades, por não terem alcançado o sucesso esperado em nosso país, ressalvando, no entanto, a possibilidade de cooperativas se dedicarem aos seguros agrícolas, de saúde e de acidentes do trabalho. O seguro acidentário, posteriormente, foi absorvido pelo Estado. Em lugar do prêmio, os segurados contribuem com quotas necessárias para ocorrer às despesas da administração e aos prejuízos verificados. As quotas dos sócios serão fixadas conforme o valor dos respectivos seguros, podendo-se também levar em conta riscos diferentes.

O Código Civil de 2002 tratava dos seguros terrestres, de coisas e pessoas, respectivamente nas seções "Do seguro de dano" e "Do seguro de pessoa". O primeiro subdivide-se em: a) *seguro de coisas*, cuidando da cobertura por danos a bens imóveis, móveis propriamente ditos e semoventes; e b) *seguro de responsabilidade civil*, concernente à cobertura por danos a terceiros. O seguro de pessoa, por sua vez, desdobra-se em: a) *seguro de vida*; e b) *seguro de acidentes pessoais*.

Já a Lei n. 15.040/2024, em seu Capítulo II, dispõe acerca do seguro de dano; no Capítulo III, sobre o seguro sobre a vida e a integridade física; e, no Capítulo IV, sobre os seguros obrigatórios.

5.1. Seguro de dano

Na seção concernente ao seguro de dano o Código Civil preceitua, inicialmente, que, nessa modalidade, "*a garantia prometida não pode ultrapassar o valor do interesse segurado no momento da conclusão do contrato, sob pena do disposto no art. 766, e sem prejuízo da ação penal que no caso couber*" (CC, art. 778). O vocábulo *garantia* é empregado como sinônimo de *cobertura* dos riscos assumidos por um segurador.

A Lei n. 15.040/2024 estipula que "*os valores da garantia e da indenização não poderão superar o valor do interesse, ressalvadas as exceções previstas nesta Lei*" (art. 89).

O contrato de seguro não se destina à obtenção de um lucro. Ao celebrá-lo *o segurado* procura cobrir-se de eventuais prejuízos decorrentes de um sinistro, não podendo visar nenhum proveito. Por essa razão, já dizia o art. 1.437 do Código de 1916 que "não se pode segurar uma coisa por mais do que valha, nem pelo seu todo mais de uma vez". O atual diploma, no dispositivo supratranscrito, considera locupletamento ilícito o segurado receber pelo sinistro valor indenizatório superior ao do interesse segurado ou da coisa sinistrada. A infração à proibição acarreta como consequência a perda do direito de garantia e a obrigação ao pagamento do prêmio vencido, além de responder o segurado pela ação penal que no caso couber por ter feito declaração falsa com o fim de obter vantagem patrimonial.

Compete ao segurador o ônus de provar que o valor da garantia ultrapassa o da coisa segurada e que o segurado agiu dolosamente ao apresentar a sua proposta. Antes de efetuar o pagamento é conveniente que o segurador tome os cuidados de fazê-lo de acordo com as obrigações assumidas.

Preleciona a propósito Ricardo Bechara Santos que a "ação *de in rem verso* deve ser admitida de uma maneira geral, como sanção da regra de equidade, segundo a qual não é permitido a ninguém enriquecer injustamente à custa alheia, à custa e por dano do devedor putativo: '*jure natural alquum est, nemnem cum alterius detrimento et injuria locupletatiorem fieri*'"[12].

Dispõe o art. 89 da Lei n. 15.040/2024 que "*os valores da garantia e da indenização não poderão superar o valor do interesse, ressalvadas as exceções previstas nesta Lei*". Quanto à indenização, esta "*não poderá exceder o valor da garantia, ainda que o valor do interesse lhe seja superior*" (art. 90). Reitera o legislador a ideia de que a indenização a ser paga ao segurado em caso de consumação do risco provocador do sinistro deve corresponder ao real prejuízo do interesse segurado. Como esclarece José Augusto Delgado, "há de ser apurado por perícia técnica o alcance do dano. O limite máximo é o da garantia fixada na apólice. Se os prejuízos forem menores do que o limite máximo fixado na apólice, o segurador só está obrigado a pagar o que realmente aconteceu"[13].

O seguro de veículos era feito, antes da entrada em vigor do Código Civil de 2002, com valor fixo e a indenização podia ser paga com valores superiores ao de mercado. Proclamava, efetivamente, a jurisprudência: "Roubo do automóvel segurado. Pretendida reparação pelo valor de cotação do bem no mercado. Inadmissibilidade. Verba devida pela seguradora que deve corresponder ao valor atribuído na apólice, em relação ao qual o prêmio foi pago, sob pena de caracterização de enriquecimento sem causa"[14].

José Augusto Delgado afirma categoricamente que "não deve, em nenhuma hipótese, o valor da indenização se afastar do princípio de que ele deve ser igual ao do interesse segurado no momento do sinistro, sob pena de se provocar enriquecimento indevido do segurado e desnaturar-se a finalidade do contrato de seguro"[15].

Pode ocorrer variação do valor do interesse segurado. Tal circunstância deve ser considerada, para que o sinistro não resulte em fonte de lucro para o segurado, ou, ao contrário, em fonte de prejuízo, quando, por exemplo, o pagamento do prêmio foi feito com base no valor fixado inicialmente na apólice. A rigor o montante do prêmio é fixado com base na indenização estimada em função do valor do interesse segurado. Se a coisa se desvaloriza, a indenização não pode ultrapassar o valor que possuía no momento do sinistro. Neste caso, porém, o excesso de prêmio recebido com base em valor superior fixado na apólice deve ser restituído, para manter o equilíbrio do contrato[16].

Preleciona a propósito Jones Figueirêdo Alves: "Mas é preciso ainda admitir e ponderar que, vindo o valor da indenização a ser menor do que aquele mensurado ao tempo do ajuste e fixado na apólice, o prêmio pago será superior ao aqui estabelecido pelo valor do interesse assegurado no momento do sinistro, caso em que terá de ser reduzido, com a diferença acrescida ao pagamento indenizatório. Essa conciliação de interesses afigura-se corolário do princípio da eticidade que timbra o NCC, pois nenhuma das partes deve obter vantagem indevida em detrimento do patrimônio da outra"[17].

---

12 *Direito de seguro no cotidiano*, p. 458.

13 *Comentários ao novo Código Civil*, v. XI, t. I, p. 456.

14 *RT*, 784/272. Confira-se, nessa mesma linha: "Se a seguradora aceitou segurar o bem por valor superior ao de mercado, e recebeu o prêmio sobre esse mesmo montante, não pode reduzir o pagamento do bem sinistrado" (*RT*, 730/222).

15 *Comentários ao novo Código Civil*, v. XI, t. I, p. 473.

16 "Contrato que coloca o segurado em desvantagem exagerada em relação ao segurador. Cláusula abusiva. Desequilíbrio contratual. Aplicação do Código de Defesa do Consumidor" (*RT*, 804/392).

17 *Novo Código Civil comentado*, p. 706.

Tal critério se nos afigura, realmente, correto e justo naqueles casos em que o prêmio é cobrado integralmente no início do contrato ou em poucas prestações mensais. Algumas seguradoras, que celebram contratos anuais para pagamento do prêmio em doze prestações mensais, calculam o seu valor mensalmente, de acordo com a oscilação do preço de comércio do veículo, evitando com isso qualquer prejuízo para o segurado.

Embora o legislador não proíba que o segurado faça mais de um seguro para proteger o bem contra o mesmo risco, com o mesmo segurador ou com outro, o art. 33 da Lei n. 15.040/2024 exige que para a formalização do cosseguro haja "*acordo expresso entre si e o segurado ou o estipulante*".

O art. 779 do Código Civil dispunha que "*o risco do seguro compreenderá todos os prejuízos resultantes ou consequentes, como sejam os estragos ocasionados para evitar o sinistro, minorar o dano, ou salvar a coisa*". Subtraiu-se a expressão "salvo expressa restrição na apólice", que constava do art. 1.461 do Código de 1916, tornando cogente a abrangente responsabilidade do segurador. Esta não pode ser afastada no tocante aos danos ocasionados na tentativa de preservação do bem assegurado, como os causados, por exemplo, pelas demolições que se fizerem necessárias para evitar a propagação do fogo, ou pela água usada para debelar o incêndio.

Como o dispositivo em apreço não define a extensão da responsabilidade do segurador, caberá à jurisprudência definir e especificar, no exame de cada caso concreto, a extensão da aplicação da regra nele contida. A tarefa de dizer quando os danos são consequências do risco assumido nem sempre é fácil. Tendo em vista, porém, que é feita alusão a prejuízos "*resultantes ou consequentes*" do sinistro, somente as consequências *imediatas e necessárias* devem ser abrangidas pela obrigação de indenizar atribuída ao segurador, como as supramencionadas, e não as que se apresentam como *mediatas e indiretas*, como, por exemplo, as perdas resultantes da paralisação da atividade profissional ou comercial do segurado.

O art. 66 da Lei n. 15.040/2024 estipula que ao tomar ciência do sinistro ou da iminência de sua ocorrência, a fim de evitar prejuízos à seguradora, o segurado é obrigado a: "*I – tomar as providências necessárias e úteis para evitar ou minorar seus efeitos; (...) § 5º As providências previstas no inciso I do* caput *deste artigo não serão exigíveis se colocarem em perigo interesses relevantes do segurado, do beneficiário ou de terceiros, ou se implicarem sacrifício acima do razoável*".

Quanto às "*despesas com as medidas de contenção ou salvamento para evitar o sinistro iminente ou atenuar seus efeitos, mesmo que realizadas por terceiros, correm por conta da seguradora, até o limite pactuado pelas partes, sem reduzir a garantia do seguro*" (art. 67).

Por sua vez, prescreve o art. 780 do Código Civil que "*a vigência da garantia, no seguro de coisas transportadas, começa no momento em que são pelo transportador recebidas, e cessa com a sua entrega ao destinatário*". De forma similar, o § 4º do art. 9º da Lei n. 15.040/2024 dispõe que: "*nos seguros de transporte de bens e de responsabilidade civil pelos danos relacionados a essa atividade, a garantia começa quando as mercadorias são de fato recebidas pelo transportador e cessa com a efetiva entrega ao destinatário*". Vigência da garantia é o período de tempo durante o qual perdura a validade da cobertura securitária. A responsabilidade do transportador de mercadorias é objetiva, devendo ele, desde o recebimento destas, tomar todas as cautelas necessárias para mantê-las em bom estado e entregá-las no prazo ajustado ou previsto, só terminando com a entrega ao destinatário (CC, arts. 749/750). Em caso de avaria e de pagamento de indenização pela seguradora, sub-rogar-se-á esta nos direitos do proprietário segurado, para o exercício de ação regressiva contra o transportador responsável pelos prejuízos[18].

---

18 "Transporte de mercadorias. Seguradora que repara o dano nos limites da apólice. Circunstância que lhe confere o direito como sub-rogada ao exercício de ação regressiva contra o transportador, em razão da má execução do serviço, limitado à quantia paga ao segurado" (*RT*, 796/276).

O seguro de um interesse por menos do que efetivamente valha acarretará a redução proporcional da indenização, na hipótese de sinistro parcial, em não havendo disposição expressa em contrário (CC, art. 783). Inovou o art. 91 da Lei n. 15.040/2024 ao dispor que "*na hipótese de sinistro parcial, o valor da indenização devida não será objeto de rateio em razão de seguro contratado por valor inferior ao do interesse, salvo disposição em contrário*". Os §§ 1º e 2º do art. 91 da Lei n. 15.040/2024 tratam especificamente da hipótese de rateio, estipulando que "*quando expressamente pactuado o rateio, a seguradora exemplificará na apólice a fórmula para cálculo da indenização*" (§ 1º) e ainda, "*a aplicação do rateio em razão de infrasseguro superveniente será limitada aos casos em que for expressamente afastado na apólice o regime de ajustamento final de prêmio, e o aumento do valor do interesse lesado decorrer de ato voluntário do segurado*" (§ 2º).

O dispositivo em tela trata da *cláusula de rateio*, que não costuma ser bem recebida pelos segurados por ocasião do sinistro. Aplicava-se a referida cláusula quando a cobertura contratada for inferior ao valor da coisa e dos danos na vigência do Código Civil. A diferença era suportada pelo segurado, que assumiu esse risco. O pagamento da contraprestação era rateado proporcionalmente ao prêmio. Malgrado o diploma civil tenha admitido expressamente o rateio "*no caso de sinistro parcial*", ele também era aplicado em caso de perda total da coisa.

José Augusto Delgado adverte que, como essa regra de proporcionalidade acarreta redução de indenização, ela deve "ficar bem clara no contrato e, se possível, devem as partes fixar, desde logo, limites máximos e mínimos para ser encontrado o capital a ser pago ao segurado". Aduz o preclaro jurista citado que, malgrado o dispositivo em apreço não proíba que essa proporcionalidade seja afastada, o pacto "só será válido se não provocar enriquecimento do segurado. Ele haverá de obedecer os limites da razoabilidade para que não desconfigure a natureza do contrato de seguro"[19].

Na sequência, reza o art. 784 do Código Civil que "*não se inclui na garantia o sinistro provocado por vício intrínseco da coisa segurada, não declarado pelo segurado*". Já a nova legislação sobre seguros, em seu art. 93, dispõe que "*não se presume na garantia do seguro a obrigação de indenizar o vício não aparente e não declarado no momento da contratação do seguro, nem seus efeitos exclusivos*". Trata o dispositivo de causa excludente da garantia. Esta assegura o beneficiário contra risco eventual que advém de causa externa, estranha à coisa segurada. É afastada, pois, a indenização de sinistro ocorrido em razão de defeito dela intrínseco e não conhecido do segurador. Este ficará isento de qualquer responsabilidade se o risco não for o normalmente previsto e declarado[20]. Pode, portanto, o seguro ser contratado para proteger coisa portadora de vício intrínseco, desde que este seja declarado ao segurador. Neste caso a avença é celebrada com conhecimento do grau de risco que incide sobre o interesse protegido.

O parágrafo único do art. 784 do Código Civil definia o *vício intrínseco* como "*o defeito próprio da coisa, que se não encontra normalmente em outras da mesma espécie*". Já a Lei de Seguros não trouxe o conceito, abarcando, todavia, especificidades que não foram tratadas pela legislação civil, a saber: "*salvo disposição em contrário, se houver cobertura para o vício, a garantia compreende tanto os danos ao bem no qual se manifestou o vício quanto aqueles decorrentes do vício*" (§ 1º do art. 93); "*a simples inspeção prévia pela seguradora de riscos relacionados com atividades empresariais não autoriza a presunção de conhecimento do vício*" (§ 2º do art. 93).

---

19 *Comentários ao novo Código Civil*, v. XI, t. I, p. 490.

20 Washington de Barros Monteiro, *Curso de direito civil*, v. 5, p. 349.

O art. 785 do Código Civil admite a validade da *transferência do contrato* de seguro a terceiro, por alienação ou cessão do interesse segurado, especificando, de forma singela, os modos como pode ser feita, "*salvo disposição em contrário*"[21]. Podem as partes, portanto, no exercício da autonomia da vontade, de comum acordo estipular a vedação do ato de transferência. "*Se o instrumento contratual é nominativo, a transferência só produz efeitos em relação ao segurador mediante aviso escrito assinado pelo cedente e pelo cessionário*" (§ 1º). "*A apólice ou o bilhete à ordem só se transfere por endosso em preto, datado e assinado pelo endossante e pelo endossatário*" (§ 2º). De qualquer forma, a aludida transferência, com a transmissão do direito à indenização, não pode agravar por qualquer modo a situação do segurador.

Já a Lei n. 15.040/2024 especificou as regras quanto à cessão do seguro nos arts. 108 a 111, estipulando:

"*Art. 108. A transferência do interesse garantido implica a cessão do seguro correspondente, obrigando-se o cessionário no lugar do cedente.*

§ 1º A cessão do seguro não ocorrerá sem anuência prévia da seguradora quando o cessionário exercer atividade capaz de aumentar de forma relevante o risco ou não preencher os requisitos exigidos pela técnica de seguro, hipóteses em que o contrato será resolvido com a devolução proporcional do prêmio, ressalvado, na mesma proporção, o direito da seguradora às despesas incorridas.

§ 2º Caso a cessão do seguro implique alteração da taxa de prêmio, será feito o ajuste e creditada a diferença à parte favorecida.

§ 3º As bonificações, taxações especiais e outras vantagens personalíssimas do cedente não se comunicam com o novo titular do interesse.

Art. 109. A cessão do seguro correspondente deixará de ser eficaz se não for comunicada à seguradora nos 30 (trinta) dias posteriores à transferência do interesse garantido.

§ 1º A seguradora poderá, no prazo de 15 (quinze) dias, contado da comunicação, resolver o contrato.

§ 2º A recusa deverá ser notificada ao cedente e ao cessionário e produzirá efeitos após 15 (quinze) dias, contados do recebimento da notificação.

§ 3º Se a seguradora resolver o contrato nos termos do § 1º, o segurado fará jus à devolução proporcional do prêmio, ressalvado, na mesma proporção, o direito da seguradora às despesas incorridas.

Art. 110. Nos seguros obrigatórios, a transferência do interesse garantido implica a cessão do seguro correspondente, independentemente da comunicação à seguradora.

Art. 111. A cessão do direito à indenização somente deverá ser comunicada para evitar que a seguradora efetue pagamento válido ao credor putativo".

Por seu turno, o art. 786 do Código Civil previa a sub-rogação do segurador nos direitos do segurado, nestes termos: "*Paga a indenização, o segurador sub-roga-se, nos limites do valor*

[21] "Além disso, apesar de a seguradora alegar ser personalíssimo o contrato de seguro, não há proibição contratual quanto à alienação do veículo e à transferência do seguro ao adquirente. Portanto, o direito à indenização pode ser transmitido a terceiro como acessório da propriedade, ou de direito real sobre coisa segura, de sorte que a ausência de comunicação à empresa seguradora de que o veículo fora alienado a terceiro não constitui vedação ao pagamento da indenização em caso de acidente, porquanto o contrato de seguro do veículo transfere-se ao novo proprietário, por vontade do segurado, independentemente do endosso e prévia comunicação à seguradora, sendo o novo proprietário parte legítima ativa para pedir o ressarcimento dos danos causados pelo veículo objeto do contrato de seguro" (TJRJ, Ap. 0315683-45.2013.8.19.0001, 26ª C. Cív., Des. Luiz Roberto Ayoub, j. 5-10-2017).

respectivo, nos direitos e ações que competirem ao segurado contra o autor do dano". A Lei n. 15.040/2024 tratou da sub-rogação nos arts. 94 e 95, *in verbis*:

"*Art. 94. A seguradora sub-roga-se nos direitos do segurado pelas indenizações pagas nos seguros de dano.*

§ 1º É ineficaz qualquer ato do segurado que diminua ou extinga a sub-rogação.

§ 2º O segurado é obrigado a colaborar no exercício dos direitos derivados da sub-rogação, respondendo pelos prejuízos que causar à seguradora.

§ 3º A sub-rogação da seguradora não poderá implicar prejuízo ao direito remanescente do segurado ou do beneficiário contra terceiros.

Art. 95. A seguradora não terá ação própria ou derivada de sub-rogação quando o sinistro decorrer de culpa não grave de:

I – cônjuge ou parentes até o segundo grau, consanguíneos ou por afinidade, do segurado ou do beneficiário;

II – empregados ou pessoas sob a responsabilidade do segurado.

Parágrafo único. Quando o culpado pelo sinistro for garantido por seguro de responsabilidade civil, é admitido o exercício do direito excluído pelo caput *deste artigo contra a seguradora que o garantir*".

O art. 346, III, do Código Civil proclama que a sub-rogação opera-se, de pleno direito, em favor "*do terceiro interessado, que paga a dívida pela qual era ou podia ser obrigado, no todo ou em parte*". Essa regra constava do art. 985, III, do diploma de 1916, que, no entanto, não disciplinava a sub-rogação nos contratos de seguro. A aplicação do último dispositivo citado, porém, aos aludidos contratos deu origem à *Súmula 188 do Supremo Tribunal Federal, assim redigida: "O segurador tem ação regressiva contra o causador do dano pelo que efetivamente pagou, até o limite máximo previsto no contrato de seguro"*.

Por outro lado, tendo em conta a natureza diversa dos seguros pessoais, o Código Civil de 2002 vedou expressamente, nessa modalidade, a sub-rogação "*nos direitos e ações do segurado, ou do beneficiário, contra o causador do sinistro*" (CC, art. 800), uma vez que o segurador não paga dívida do segurado, nem o indeniza por danos patrimoniais sofridos. Ele apenas paga, segundo esclarece José Augusto Delgado, um capital que foi ajustado para o caso de o evento acontecer e para que isso possa acontecer o segurado assumiu a obrigação de pagar, periodicamente, o prêmio ajustado. A proibição da sub-rogação, sendo expressa, é de natureza imperativa e recebe interpretação restritiva[22].

De forma similar ao contido no Código Civil, o art. 122 da Lei n. 15.040/2024 estipula que "*os capitais segurados devidos em razão de morte ou perda da integridade física não implicam sub-rogação, quando pagos, e são impenhoráveis*".

Tratou ainda o Código Civil do *seguro de responsabilidade civil*, no qual, segundo dispõe o art. 787, "*o segurador garante o pagamento de perdas e danos devidos pelo segurado a terceiro*". Já o art. 98 da Lei n. 15.040/2024 prevê que "*o seguro de responsabilidade civil garante o interesse do segurado contra os efeitos da imputação de responsabilidade e do seu reconhecimento, assim como o dos terceiros prejudicados à indenização*". Compreende a cobertura ao segurado pelas indenizações que ele eventualmente seja obrigado a pagar por danos causados a terceiros, resultantes de atos ilícitos, independentemente de ter ou não agido culposamente.

Estatui o § 1º do art. 98 da Lei de Seguros que nos casos de responsabilidade civil, "*o risco pode caracterizar-se pela ocorrência do fato gerador, da manifestação danosa ou da im-*

---

22 *Comentários ao novo Código Civil*, v. XI, t. I, p. 840.

putação de responsabilidade". Quanto à garantia de gastos com a defesa contra a imputação de responsabilidade, a legislação especial estipula que "*deverá ser estabelecido um limite específico e diverso daquele destinado à indenização dos prejudicados*" (§ 2º).

Prevê o art. 100 da Lei n. 15.040/2024 responsabilidade àquele que foi garantido pelo seguro, cabendo a este colaborar com a seguradora e se abster de praticar atos em detrimento desta, sob pena de responder pelos prejuízos a que der causa, cabendo-lhe: "*I - informar prontamente a seguradora das comunicações recebidas que possam gerar reclamação futura; II - fornecer os documentos e outros elementos a que tiver acesso e que lhe forem solicitados pela seguradora; III - comparecer aos atos processuais para os quais for intimado; IV - abster-se de agir em detrimento dos direitos e das pretensões da seguradora*".

Por fim, enquanto o art. 788 do Código Civil estabelecia que, "*nos seguros de responsabilidade legalmente obrigatórios, a indenização por sinistro será paga pelo segurador diretamente ao terceiro prejudicado*", o parágrafo único do art. 102 da Lei n. 15.040/2024 dispõe que "*os prejudicados poderão exercer seu direito de ação contra a seguradora, desde que em litisconsórcio passivo com o segurado*", sendo o litisconsórcio dispensável apenas "*quando o segurado não tiver domicílio no Brasil*".

O seguro obrigatório tem como objetivo garantir qualquer dano, seja em caso de morte, de invalidez permanente e de despesas de assistência médica e suplementar, decorrente da simples prova do acidente, independentemente da existência de culpa. A cobertura de danos pessoais abrange todas as pessoas que se encontrem no veículo sinistrado ou fora dele e que, em decorrência do acidente automobilístico, venham a ser lesionadas. Inclusive, portanto, danos pessoais causados aos proprietários e ou motoristas dos veículos, seus beneficiários ou dependentes. Assim, terceiro é sempre a vítima do acidente, mesmo que seja o condutor ou proprietário do veículo[23].

O art. 125 da Lei n. 15.040/2024 determina que os seguros obrigatórios "*terão conteúdo e valores mínimos, de modo a permitir o cumprimento de sua função social*", declarando que "*é nulo, nos seguros obrigatórios, o negócio jurídico que direta ou indiretamente implique renúncia total ou parcial da indenização ou do capital segurado para os casos de morte ou de invalidez*" (parágrafo único).

Considerando as disposições do Código Civil, o *Superior Tribunal de Justiça* decidiu que é possível a atuação direta de terceiro contra a seguradora, sem a participação do segurado no polo passivo da demanda. Alegava a seguradora a impossibilidade de a indenização ser cobrada diretamente por terceiro, no caso de danos sofridos em razão de acidente de veículo. Segundo entendimento da Terceira Turma, embora o contrato tenha sido celebrado apenas entre o segurado e a seguradora, ele contém uma estipulação em favor de terceiro. A interpretação do contrato de seguro dentro de uma perspectiva social autoriza que a indenização seja diretamente reclamada por terceiro[24].

O *Superior Tribunal de Justiça* divulgou, em 14 de dezembro de 2018, *dez teses consolidadas* na aludida Corte *sobre seguro de dano*:

1. Em caso de perda total decorrente de incêndio, sem que se possa precisar o valor dos prejuízos no imóvel segurado, será devido o valor integral da apólice.

2. O simples atraso no pagamento de prestação do prêmio do seguro não importa em desfazimento automático do contrato, sendo necessária, ao menos, a prévia constituição em mora do contratante pela seguradora, mediante interpelação.

---

[23] *RJTJSP*, 48/141 e 49/127.

[24] STJ, REsp 1.245.618-RS, 3ª T., rel. Min. Nancy Andrighi, disponível em <www.editoramagister.com>, de 11-12-2011.

3. A seguradora tem o direito de demandar o ressarcimento dos danos sofridos pelo segurado depois de realizada a cobertura do sinistro, sub-rogando-se nos direitos anteriormente titularizados pelo segurado, nos termos do artigo 786 do Código Civil e da *Súmula 188 do STF*.

4. Ao efetuar o pagamento da indenização em decorrência de danos causados pela companhia aérea por extravio de bagagem ou de mercadoria, a seguradora sub-roga-se nos direitos do segurado, podendo, dentro do prazo prescricional aplicável à relação jurídica originária, buscar o ressarcimento do que despendeu, nos mesmos termos e limites que assistiam ao segurado.

5. Nas ações regressivas, propostas pela seguradora contra o causador do dano, os juros de mora devem fluir a partir do efetivo desembolso da indenização securitária paga e não da citação.

6. Nos contratos de seguro de veículo, a correção monetária dos valores acobertados pela proteção securitária incide desde a data de celebração do pacto até o dia do efetivo pagamento do seguro.

7. Não é abusiva a cláusula dos contratos de seguro que preveja que a seguradora de veículos, nos casos de perda total ou de furto do bem, indenize o segurado pelo valor de mercado na data do sinistro.

8. O pedido de pagamento de indenização à seguradora suspende o prazo de prescrição até que o segurado tenha ciência da decisão (*Súmula 229 do STJ*).

9. No seguro de automóvel, é lícita a cláusula contratual que prevê a exclusão da cobertura securitária quando comprovado pela seguradora que o veículo sinistrado foi conduzido por pessoa embriagada ou drogada.

10. No contrato de seguro que possui cláusula de cobertura para furto ou roubo, descabe o dever de indenizar em casos de estelionato ou de apropriação indébita, uma vez que tais disposições devem ter interpretação restritiva.

5.2. Seguro sobre vida e integridade física

O seguro de pessoa tem por finalidade beneficiar a vida e as faculdades humanas. Diferentemente do seguro de dano, não tem caráter indenitário. Seu valor não depende de qualquer limitação e varia de acordo com a vontade e as condições financeiras do segurado, que pode fazer tantos seguros quantos desejar[25].

O Código Civil, na Seção III do Capítulo XV, concernente ao contrato de seguro, disciplinou o seguro de pessoa nos arts. 789 a 802. Essa seção, no Código de 1916, era denominada "Do seguro de vida", que é uma das espécies daquele. O seguro de pessoa compreende o de vida, o de acidentes pessoais, o de natalidade, o de pensão, o de aposentadoria e de invalidez e o seguro-saúde. Todavia, o art. 802 do atual diploma excluiu expressamente este último do âmbito do Código Civil, deixando a sua disciplina para a legislação especial. Já a Lei n. 15.040/2024 nomeou a modalidade como "seguro sobre a vida e a integridade física", com previsão no Capítulo III (arts. 112 a 124).

Essa modalidade de seguro é denominada *seguro de valores futuros*, por não prever uma indenização em razão de prejuízos materiais, ou de danos causados à coisa, "porém, uma segurança financeira para o amanhã com a entrega de valores. O seu objetivo fundamental é o de prevenir dificuldades para a própria pessoa. No caso de seguro de vida a intenção é a de resguardar os herdeiros ou protegidos, em razão da morte"[26].

---

[25] José Maria Trepat Cases, *Código Civil comentado*, v. VIII, p. 286; Pedro Alvim, *O contrato de seguro*, p. 80.

[26] José Augusto Delgado, *Comentários ao novo Código Civil*, v. XI, t. I, p. 693.

O seguro de *acidentes pessoais* destina-se a garantir ao segurado, quando vitimado por um acidente coberto, "indenização em dinheiro por invalidez permanente, total ou parcial, diárias de incapacidade temporária, prestação de assistência médica ou reembolso das despesas com essa assistência, bem como indenização pecuniária aos beneficiários do segurado no caso de sua morte, também por acidente"[27].

5.2.1. *Seguro de vida*

O seguro de vida é o mais importante seguro de pessoas. Na sua constituição, a duração da vida humana atua como parâmetro para o cálculo do prêmio devido ao segurador, que se obriga a pagar ao beneficiário um capital ou uma renda, por morte do segurado ou para a hipótese de sobreviver por um prazo determinado.

O *seguro de vida* tem por objeto garantir, mediante o prêmio que se ajustar, o pagamento de certa soma a determinada ou determinadas pessoas, por morte do segurado, sendo considerado, neste caso, *seguro de vida propriamente dito*. Pode estipular-se, igualmente, o pagamento dessa soma ao próprio segurado, ou terceiro, se aquele sobreviver ao prazo do seu contrato. É o denominado *seguro de sobrevivência* ou *dotal*, que também se configura quando o segurado só tiver direito a ele se chegar a certa idade, ou for vivo a certo tempo. Pode-se dizer que o seguro é *dotal* quando os contraentes ajustam o pagamento do capital ao próprio segurado, após determinado prazo estipulado no contrato; e é *ordinário de vida* ou *seguro de vida propriamente dito* quando convencionado que o pagamento será feito aos herdeiros ou a pessoa designada, por morte do segurado.

Preleciona, a propósito, Silvio Rodrigues: "O seguro de vida tradicional, também chamado seguro de vida propriamente dito, é aquele em que, mediante um prêmio anual, se obriga o segurador ao pagamento de certa soma, por morte do segurado, a pessoa ou pessoas por este indicadas no contrato. Trata-se de negócio de previdência, em que o segurado, desejando assegurar a sobrevivência e o bem-estar de sua família ou de outras pessoas que lhe são caras, estipula que por ocasião de sua morte o segurador fornecerá, a seus beneficiários, uma soma em dinheiro desde logo fixada no contrato, pagando ele, segurado, a partir de então, um prêmio periódico, anual ou mensal. Tal prêmio, pago pelo segurado, pode ser devido durante toda a vida deste, ou por prazo determinado"[28].

Expendendo outras considerações, acrescenta o notável civilista paulista citado que o "seguro de vida *em caso de sobrevivência* é aquele em que se estipula que o benefício deve ser pago ao próprio segurado, ao fim de certo tempo. É o caso, por exemplo, do *seguro dotal*. O *seguro misto*, o mais comum, nos dias atuais, é o que concilia os dois primeiros. O segurador se compromete, mediante um prêmio fixo e anual devido pelo segurado, a pagar-lhe ao fim de certo prazo (vinte ou trinta anos), determinada importância. Em caso de morte do segurado antes do vencimento desse prazo, referida importância será paga a pessoas por ele designadas na apólice, sem que sejam devidos os prêmios ainda não pagos"[29].

O seguro de vida tem também *natureza aleatória* e nítido caráter de uma *estipulação em favor de terceiros*, uma vez que, de um lado, se encontra o segurado, como estipulante; de outro, o segurador, como promitente-devedor; e, por fim, o beneficiário, como terceiro em favor de quem se faz a estipulação.

O aludido seguro, bem como o de acidentes pessoais para o caso de morte, que estabelece uma importância devida por terceiro, o segurador, para a hipótese de morte do estipu-

---

[27] José Maria Trepat Cases, *Código Civil comentado*, v. VIII, p. 286.
[28] *Direito civil*, v. 3, p. 343-344.
[29] *Direito civil*, v. 3, p. 345.

lante, não se confunde "com a herança, que pressupõe a existência do bem no patrimônio do *de cujus*, e sua transmissão ao sucessor, por causa da morte. Por isto mesmo, a soma não está sujeita às dívidas do segurado, nem suporta o imposto de transmissão *mortis causa*. Não deve, igualmente, levar-se à colação, se o beneficiado for herdeiro necessário, nem se computa na meação do cônjuge supérstite (CC, art. 794; art. 116 da Lei n. 15.040/2024)"[30].

O seguro de pessoa regula-se, no geral, pelas mesmas disposições concernentes ao seguro de dano previstas na Lei n. 15.040/2024. Também se rege pela apólice respectiva; o segurado deve abster-se de qualquer ato que possa aumentar o risco (art. 13); deve ele agir com a mais estrita boa-fé e veracidade, fazendo declarações exatas e completas (arts. 44 a 46 e 56).

Há, contudo, como sublinha Washington de Barros Monteiro, certas disposições sobre seguros em geral que não se aplicam aos seguros sobre pessoa: "nos seguros comuns de bens materiais, o segurado não pode segurar o objeto por mais do que ele efetivamente vale, nem pelo seu todo por mais de uma vez; já no seguro de pessoa, o segurado pode fazer quantos seguros quiser e pelo valor que entender (art. 789 do Cód. Civil de 2002 e art. 112 da Lei n. 15.040/2024).

Dispõe o art. 789 do Código Civil que "*nos seguros de pessoas, o capital segurado é livremente estipulado pelo proponente, que pode contratar mais de um seguro sobre o mesmo interesse, com o mesmo ou diversos seguradores*". Similar previsão é encontrada no art. 112 da Lei n. 15.040/2024: "*Nos seguros sobre a vida e a integridade física, o capital segurado é livremente estipulado pelo proponente, que pode contratar mais de um seguro sobre o mesmo interesse, com a mesma ou com diversas seguradoras.*

§ 1º O capital segurado, conforme convencionado, será pago sob a forma de renda ou de pagamento único.

§ 2º É lícita a estruturação de seguro sobre a vida e a integridade física com prêmio e capital variáveis".

A vida e as faculdades humanas também se podem estimar como objeto segurável, e assegurar, no valor ajustado, contra os riscos possíveis, como o de morte involuntária, inabilitação para trabalhar, ou outros semelhantes.

Pode uma pessoa fazer o seguro sobre a própria vida ou sobre a de outrem. No último caso, deverá justificar "*o seu interesse sobre a vida e a incolumidade do segurado*" daquela que segura, salvo se for cônjuge, companheiro, ascendente ou descendente do terceiro cuja vida ou integridade física seja objeto do seguro celebrado (art. 8º da Lei n. 15.040/2024).

A interpretação extensiva a favor do companheiro já era aplicada na vigência do Código Civil, ainda que o art. 790 apenas mencionasse cônjuge, conforme é o entendimento do *Enunciado n. 186, aprovado na III Jornada de Direito Civil promovida pelo Conselho da Justiça Federal, verbis*: "O companheiro deve ser considerado implicitamente incluído no rol das pessoas tratadas no art. 790, parágrafo único, por possuir interesse legítimo no seguro da pessoa do outro companheiro".

Várias são, portanto, as modalidades de seguro de vida admitidas. Pode ter por objeto o *seguro da vida inteira*, mediante pagamento de prêmio anual, beneficiando terceiros indicados com a morte do segurado. Pode ser fixado o pagamento para *certo e determinado período*, após o qual o segurado libera-se do pagamento, beneficiando também terceiros no caso de morte. Pode também consistir na *formação de capital* para ser usufruído pelo segurado após certo tempo ou quando atingir determinada idade. Pode o seguro, igualmente, ser *individual* ou *em grupo*. Há, ainda, o seguro *misto*, que constitui uma combinação do seguro de

---

[30] Caio Mário da Silva Pereira, *Instituições de direito civil*, v. III, p. 465.

vida inteira com o de formação de capital, bem como o de *duas vidas*, geralmente marido e mulher, em que a indenização é paga ao sobrevivente. Constantemente, surgem novas modalidades.

Algumas modalidades encontram-se previstas no art. 796 do Código Civil e no art. 22 da Lei n. 15.040/2024: "*nos seguros sobre a vida e a integridade física, o prêmio pode ser convencionado por prazo limitado ou por toda a vida do segurado*".

O Código Civil de 1916 dizia que o prêmio do seguro de vida era pago anualmente ou por toda a vida. No diploma de 2002, as partes convencionam, a seu critério, o prazo para o pagamento do prêmio, podendo fazê-lo mês a mês, semestralmente, anualmente ou obedecendo a qualquer outro critério, nada impedindo seja ajustado por toda a vida do segurado.

Após minuciosa análise do supratranscrito art. 796 e seu parágrafo único do Código Civil, José Augusto Delgado apresenta suas oportunas e corretas conclusões: "a) o Código de 2002, no *caput* do art. 796, permite a comercialização de seguros de vida na modalidade denominada *vida inteira*, pouco importando que sejam individuais ou coletivos; b) há proibição legal do segurador cobrar os prêmios nos seguros de vida individual, pois a consequência, havendo atraso, é o cumprimento do previsto nas cláusulas contratuais, no sentido de que o não pagamento do prêmio acarretará a rescisão do contrato, com a restituição da reserva já formada ou a redução do capital garantido proporcionalmente ao prêmio que tenha sido efetivamente liquidado"[31].

O seguro de vida é de natureza privada e tem cunho alimentar, não se confundindo com o denominado seguro social. A sua importância pode ser constatada pela disposição do art. 117, da Lei de Seguros, que considera "*nulo, no seguro sobre a vida e a integridade física próprias, qualquer negócio jurídico que direta ou indiretamente implique renúncia ou redução do crédito ao capital segurado ou à reserva matemática, ressalvadas as atribuições feitas em favor do segurado ou dos beneficiários a título de empréstimo técnico ou resgate*".

O seguro de pessoa não é considerado típico contrato de indenização. O que pretende o segurado é que, por sua morte, seja pago ao beneficiário, que designou, certa soma em dinheiro, ou então, se tiver atingido certa idade, que essa soma lhe seja paga. A finalidade do supratranscrito art. 117 é assegurar que o capital ajustado não sofra nenhuma redução por transações estranhas à finalidade do seguro. Aplica-se-lhe, pois, quando da execução do capital, o princípio de que não pode ser utilizado para solucionar qualquer outra obrigação do segurado ou do beneficiário que acarrete diminuição do valor a receber, mesmo que seja pelo instituto da transação.

No caso de morte do segurado mais se justifica a limitação imposta pela lei, pois seria juridicamente inaceitável a substituição de sua vontade, a essa altura já falecido, conferindo ao seguro destinação diversa daquela que resulta de suas cláusulas e que representa a vontade do segurado. A vedação de qualquer tipo de transação para diminuir o pagamento do capital segurado demonstra tratar-se, este, de verdadeiro direito indisponível do segurado[32].

É lícita a estipulação de um prazo de carência, no seguro de vida para o caso de morte, conforme estabelece a Lei n. 15.040/2024: "*Art. 118. Nos seguros sobre a vida própria*

---

[31] *Comentários ao novo Código Civil*, v. XI, t. I, p. 777-778.

[32] José Augusto Delgado, *Comentários ao novo Código Civil*, v. XI, t. I, p. 756-757. Jones Figueirêdo Alves, *Novo Código Civil comentado*, p. 720, com a seguinte jurisprudência que cita: "O recibo de quitação passado de forma geral, mas relativo à obtenção de parte do direito legalmente assegurado, não traduz renúncia a este direito e, muito menos, extinção da obrigação" (STJ, REsp 129.182-SP, 3ª T., rel. Min. Waldemar Zveiter, *DJU*, 30-3-1998). "A correção monetária, no caso específico do seguro, quando não efetuada a indenização no prazo legal, é devida e o recibo de quitação, passado de forma geral, por si só, não a exclui" (STJ, REsp 43.768-PE, 3ª T., rel. Min. Waldemar Zveiter, *DJU*, 15-8-1994).

para o caso de morte e sobre a integridade física própria para o caso de invalidez por doença, é lícito estipular-se prazo de carência, durante o qual a seguradora não responde pela ocorrência do sinistro.

§ 1º O prazo de carência não pode ser convencionado quando se tratar de renovação ou de substituição de contrato existente, ainda que seja outra a seguradora.

§ 2º O prazo de carência não pode ser pactuado de forma a tornar inócua a garantia e em nenhum caso pode exceder a metade da vigência do contrato.

§ 3º Ocorrendo o sinistro no prazo de carência, legal ou contratual, a seguradora é obrigada a entregar ao segurado ou ao beneficiário o valor do prêmio pago, ou a reserva matemática, se houver.

§ 4º Convencionada a carência, a seguradora não poderá negar o pagamento do capital sob a alegação de preexistência de estado patológico".

A Lei n. 15.040/2024 disciplina de forma mais técnica e cuidadosa o seguro de vida, partindo do princípio de que a vida ou as faculdades humanas não têm preço e não se podem avaliar economicamente. O segurador se reserva o direito de aceitar, recusar ou limitar sua responsabilidade, mas o segurado fica livre para procurar outro segurador. O interessado pode celebrar mais de um seguro sobre o mesmo interesse[33].

É também lícita "*a substituição*" da pessoa originalmente designada como beneficiária, no curso do contrato, por ato *inter vivos* ou testamento, se o segurado, expressamente, "*salvo renúncia do segurado*" (art. 114 da Lei n. 15.040/2024). Quando não cientificado oportunamente da substituição, a seguradora poderá desobrigar-se "*pagando ao antigo beneficiário*" (parágrafo único).

No seguro de vida o estipulante pode escolher livremente os beneficiários, preterindo, se assim o desejar, os próprios parentes em favor de estranhos, como pode também não indicar, desde logo, o nome do beneficiário. Se omitir a indicação, ou se por qualquer motivo não prevalecer a que for feita, a sua vontade será suprida pela lei, que determina seja o montante segurado, "*ou, se for o caso, será devolvida a reserva matemática por metade ao cônjuge, se houver, e o restante aos demais herdeiros do segurado*" (art. 115 da Lei n. 15.040/2024).

De acordo com a *3ª Turma do Superior Tribunal de Justiça*, se a apólice do seguro de vida não indica beneficiários para a indenização, é perfeitamente cabível que os herdeiros do segurado recebam metade do valor pago, mesmo que não exista previsão contratual para tanto. Nessa trilha, deu provimento ao recurso especial ajuizado por um filho de pai falecido que pleiteava receber parte dos valores do seguro de vida.

No caso, o contrato não indicava beneficiários e continha cláusula indicando que, na ausência dessa indicação, o prêmio será pago ao cônjuge do segurado. O relator, o Ministro Paulo de Tarso Sanseverino, aplicou ao caso o art. 792 do Código Civil, que assim dispõe:

"*Art. 792. Na falta de indicação da pessoa ou beneficiário, ou se por qualquer motivo não prevalecer a que for feita, o capital segurado será pago por metade ao cônjuge não separado judicialmente, e o restante aos herdeiros do segurado, obedecida a ordem da vocação hereditária.*

Parágrafo único. Na falta das pessoas indicadas neste artigo, serão beneficiários os que provarem que a morte do segurado os privou dos meios necessários à subsistência".

Concluiu o referido Ministro: "Na ausência de indicação na apólice, transportando o entendimento firmado no referido julgado para os autos, verifica-se que é perfeitamente cabível o deferimento ao herdeiro do segurado ainda que não exista previsão contratual"[34].

---

[33] Pedro Alvim, *O contrato de seguro*, p. 80.

[34] STJ, REsp 1.767.972, 3ª T., rel. Min. Paulo de Tarso Sanseverino, *Revista Consultor Jurídico*, de 4-1-2021.

O dispositivo inovador privilegia o chamado "*benefício subsidiário*", como observa Jones Figueirêdo Alves, "quando, na ausência de individuação do beneficiário, coloca o cônjuge, desde que não separado judicialmente, em posição favorável quanto aos demais herdeiros do segurado, à medida que lhe garante, separadamente, o seu respectivo quinhão (1/2 do capital segurado), deixando os demais herdeiros, considerados num todo, com a outra metade do montante. Estando o cônjuge falecido, ou separado judicialmente do segurado, aliado à ausência de qualquer herdeiro deste último, beneficiar-se-ão aqueles que necessitassem do segurado para sua própria subsistência, desde que provem, efetivamente, tal dependência econômica, como condição *sine qua non* para receber o seguro"[35], como estatui o parágrafo único do mencionado art. 792 [§ 3º, do art. 115 da Lei n. 15.040/2024].

A intenção do legislador, na última hipótese, é não deixar ao desamparo quem mantinha vínculo de relacionamento de qualquer tipo com o segurado e, por necessidade, recebia dele os meios necessários à subsistência. Incluem-se nesse rol os menores não parentes, os incapacitados, os serviçais de idade avançada, os doentes mentais, enfermeiros etc.[36].

A única condição para que o cônjuge receba a sua quota é *não se encontrar separado judicialmente do segurado*. Não se há falar em regime de bens do casamento, nem na eventual concorrência do cônjuge do *de cujus* com os descendentes e ascendentes. Parece-nos que, se inexistir cônjuge, mas houver companheira, malgrado a omissão do Código, esta deverá receber a metade do valor pago, tendo em vista o reconhecimento em nível constitucional da união estável como entidade familiar. Não é justo afastá-la, tendo o seguro sido contratado, por exemplo, durante a vigência da vida em comum. Por sinal, o mesmo Código, reconhecendo essa realidade, proclamou, no art. 793, que "*é válida a instituição do companheiro como beneficiário, se ao tempo do contrato o segurado era separado judicialmente, ou já se encontrava separado de fato*". Já o § 2º do art. 115 da Lei n. 15.040/2024 estabelece que "*se o segurado for separado, ainda que de fato, caberá ao companheiro a metade que caberia ao cônjuge*".

A referência à observância da ordem da vocação hereditária deve ser interpretada como necessária somente para a determinação da ordem preferencial dos herdeiros, que são chamados por classes e a classe mais próxima exclui a mais remota, uma vez que o art. 116 da Lei n. 15.040/2024 proclama expressamente que o capital estipulado não se considera "*herança para nenhum efeito*".

O Código Civil de 1916 dispunha que somente podia ser exigida a indenização quando a morte do segurado fosse *involuntária*. No art. 1.440, parágrafo único, dizia o aludido diploma que se considerava morte voluntária a ocorrida em duelo, bem como o *suicídio premeditado* por pessoa no gozo de suas faculdades de discernimento. A doutrina e a jurisprudência não consideravam incluídos na restrição o suicídio inconsciente, a recusa de se submeter a tratamento cirúrgico, a prática de esportes arriscados como alpinismo, as corridas automobilísticas e semelhantes, o alistamento militar, porque falta em todas essas hipóteses, como em outras análogas, o propósito deliberado de autoextermínio[37].

Nessa linha, proclama a *Súmula 61 do Superior Tribunal de Justiça*: "O seguro de vida cobre morte por suicídio não premeditado". E a de *n. 105 do Supremo Tribunal Federal* estabelece: "Salvo se tiver havido premeditação, o suicídio do segurado no período contratual de carência não exime o segurador do pagamento do seguro".

O Código Civil de 2002 inovou nessa matéria, dispondo, no art. 798: "*O beneficiário não tem direito ao capital estipulado quando o segurado se suicida nos primeiros dois anos de vigên-*

---

35 *Novo Código Civil comentado*, p. 717-718.

36 José Augusto Delgado, *Comentários ao novo Código Civil*, v. XI, t. I, p. 741.

37 Caio Mário da Silva Pereira, *Instituições de direito civil*, v. III, p. 466.

cia inicial do contrato, ou da sua recondução depois de suspenso, observado o disposto no parágrafo único do artigo antecedente". Aduz o parágrafo único: "*Ressalvada a hipótese prevista neste artigo, é nula a cláusula contratual que exclui o pagamento do capital por suicídio do segurado*".

A Lei n. 15.040/2024 tratou do suicídio do segurado de forma mais abrangente, conforme previsão do art. 120, *in verbis*: "*O beneficiário não terá direito ao recebimento do capital segurado quando o suicídio voluntário do segurado ocorrer antes de completados 2 (dois) anos de vigência do seguro de vida. § 1º Quando o segurado aumentar o capital, o beneficiário não terá direito à quantia acrescida se ocorrer o suicídio no prazo previsto no* caput. *§ 2º É vedada a fixação de novo prazo de carência, nas hipóteses de renovação e de substituição do contrato, ainda que seja outra a seguradora. § 3º O suicídio em razão de grave ameaça ou de legítima defesa de terceiro não está compreendido no prazo de carência. § 4º É nula a cláusula de exclusão de cobertura de suicídio de qualquer espécie. § 5º Ocorrendo o suicídio no prazo de carência, é assegurado o direito à devolução do montante da reserva matemática formada*".

A Lei, como se observa, estabelece um limite temporal, como condição para pagamento do capital segurado. A rigor é irrelevante que tenha sido, ou não, premeditado o suicídio, pois a única restrição trazida pelo novo diploma é ter o suicídio ocorrido nos "*primeiros dois anos de vigência inicial do contrato, ou de sua recondução depois de suspenso*".

O dispositivo em apreço, ao introduzir lapso temporal no efeito da cobertura securitária em caso de suicídio do segurado, recepciona, como preleciona Jones Figueirêdo Alves, "a doutrina italiana, onde o prazo de carência especial é referido como *spatio deliberandi*. Esse prazo de inseguração protege o caráter aleatório do contrato, diante de eventual propósito de o segurado suicidar-se. Assim, depois de passados dois anos da celebração do contrato, se vier o segurado a suicidar-se, poderá o beneficiário, independentemente de qualquer comprovação quanto à voluntariedade, ou não, do ato suicida praticado, reclamar a obrigação".

Observa o ilustre autor pernambucano citado que "o preceito veio em abono à pessoa do beneficiário, em detrimento das companhias seguradoras, que, amiúde, se valiam de eventuais suicídios para se desonerarem da obrigação, ao argumento de que teria sido premeditado o evento"[38].

A nova regra deve ser interpretada, portanto, no sentido de que, após dois anos da contratação do seguro, presume-se que o suicídio não foi premeditado. Se este ocorrer antes da consumação do referido prazo caberá à seguradora demonstrar que o segurado assim agiu exclusivamente para obter em favor de terceiro o pagamento da indenização. Essa prova da premeditação é imprescindível, como assevera Caio Mário, sob pena de o segurador obter enriquecimento sem causa, "diante das pesquisas da ciência no campo da medicina envolvendo a patologia da depressão"[39].

Nessa linha o entendimento da *2ª Seção do Superior Tribunal de Justiça*, assentando que, no caso de suicídio cometido durante os dois primeiros anos de vigência do contrato de seguro de vida, período de carência, a seguradora só estará exonerada da obrigação de efetuar o pagamento da indenização securitária se comprovar que o ato do segurado foi premeditado[40].

Posteriormente, a 3ª Turma da mencionada Corte, valendo-se inclusive de precedente citado no REsp 1.077.342-MG, reiterou os entendimentos de que as regras concernentes aos contratos de seguro devem ser interpretadas sempre com base nos princípios da boa-fé e da lealdade contratual. Afirmou a relatora que "a presunção de boa-fé deverá, segundo a ementa deste recurso especial, prevalecer sobre a exegese literal do art. 798 do Código Civil. Ou

---

38 *Novo Código Civil comentado*, p. 723.

39 *Instituições de direito civil*, v. III, p. 467.

40 STJ, 2ª S., AgI 1.244.022-RS, rel. Min. Luis Felipe Salomão, *DJe* 18-10-2010.

seja, em síntese apertada, ultrapassados os dois anos, presumir-se-á que o suicídio não foi premeditado, mas o contrário não ocorre: se o ato foi cometido antes desse período, haverá necessidade da seguradora provar a premeditação. Pois o planejamento do ato suicida, para efeito de fraude contra o seguro, nunca poderá ser presumido, aplicando-se o princípio segundo o qual a boa-fé é sempre presumida, enquanto a má-fé deve ser comprovada, a teor das *Súmulas 105 do STF* e *61 do STJ*"[41].

A questão, todavia, mostra-se polêmica. A Segunda Seção da aludida Corte voltou a discuti-la, alterando o entendimento anterior. Frisou-se que "durante os dois primeiros anos de vigência do contrato de seguro de vida, o suicídio é risco não coberto. Deve ser observado, porém, o direito do beneficiário ao ressarcimento do montante da reserva técnica já formada (CC, art. 798, c/c o art. 797, parágrafo único). O art. 798 adotou critério objetivo temporal para determinar a cobertura relativa ao suicídio do segurado, afastando o critério subjetivo da premeditação. Após o período de carência de dois anos, portanto, a seguradora será obrigada a indenizar, mesmo diante da prova mais cabal da premeditação"[42].

O suicídio, reconhecido pela seguradora como não premeditado, é coberto como morte acidental e não natural. O valor da indenização por morte natural corresponde à metade do *quantum* a ser pago em caso de morte acidental[43].

Em 25 de abril de 2018, a citada *Segunda Seção do Superior Tribunal de Justiça* aprovou nova súmula relacionada à cobertura de seguro de vida quando o titular se suicida, cancelando a retromencionada *Súmula 61*, que não mencionava limite temporal ("O seguro de vida cobre o suicídio não premeditado"). A *novel Súmula recebeu o número 610 e tem a seguinte redação:*

"O suicídio não é coberto nos dois primeiros anos de vigência do contrato de seguro, ressalvado o direito do beneficiário à devolução do montante da reserva técnica formada".

De acordo com os precedentes que serviram de base à decisão tomada pelos Ministros da referida Corte Superior, a seguradora será obrigada a indenizar depois do período de carência de dois anos, "mesmo diante da prova mais cabal de premeditação" (EREsp 1.334.005), porque é "irrelevante a discussão a respeito da premeditação da morte, de modo a conferir maior segurança jurídica à relação havida entre os contratantes" (AgRg nos EDcl nos EREsp 1.076.942).

O segurador não pode eximir-se ao pagamento do seguro, ainda que da apólice conste a restrição, quando "*a morte ou incapacidade decorrer do trabalho, da prestação de serviços militares, de atos humanitários, da utilização de meio de transporte arriscado ou da prática desportiva*", conforme dispõe o art. 121 da Lei n. 15.040/2024.

O Código Civil estipula que "*se a morte ou a incapacidade do segurado provier da utilização de meio de transporte mais arriscado, da prestação de serviço militar, da prática de esporte, ou de atos de humanidade em auxílio de outrem*", como expressamente dispõe o art. 799 do Código Civil. Anote-se que a regra não se aplica somente aos casos de sinistro com morte, mas também àqueles em que o dano resulta em incapacidade. A expressão "*atos de humanidade em auxílio de outrem*" compreende os praticados em estado de necessidade, quando alguém arrisca a própria vida para salvar a de outra pessoa; em legítima defesa de terceiro; para salvar alguém de incêndio, naufrágio ou outro meio violento, bem como o ato de doação de órgãos para salvar a vida do seu semelhante[44].

---

41 REsp 1.188.091-MG, 3ª T., rel. Min. Nancy Andrighi, j. 26-4-2011, *DJe* 6-5-2011.

42 STJ, REsp 1.334.005-GO, disponível em <www.conjur.com.br>, de 17-4-2015.

43 STJ, REsp 968.307-SP, 4ª T., rel. Min. Luis Felipe Salomão, j. 17-5-2012.

44 José Augusto Delgado, *Comentários ao novo Código Civil*, v. XI, t. I, p. 827.

O Código Civil de 1916 não continha artigo correspondente a este. Tal omissão propiciava oportunidade para as companhias de seguro discutirem as diversas situações mencionadas, objetivando a postergação do pagamento devido. O atual dispositivo protege o beneficiário nas hipóteses previstas expressamente, porque, embora constituam atividades arriscadas, são de resultado imprevisível e praticadas sob o império do altruísmo[45].

Com respaldo nas lições de Clóvis Beviláqua e Serpa Lopes, obtempera Caio Mário que o *beneficiário* que seja autor do homicídio do segurado "não tem direito ao seguro, não só por falta de causa moral para a obrigação (*nemo de improbitate sua consequitur actionem*), como também porque a morte é condição do seu vencimento, e reputa-se não verificada (Código Civil, art. 129) a condição maliciosamente provocada por aquele a quem aproveita"[46].

5.2.2. Seguro de vida em grupo

O seguro *em grupo* ou *coletivo* é subespécie do seguro de vida. O Código Civil de 2002 autoriza a sua celebração no art. 801, *verbis*: "*O seguro de pessoas pode ser estipulado por pessoa natural ou jurídica em proveito de grupo que a ela, de qualquer modo, se vincule*". O art. 31 da Lei n. 15.040/2024, de maneira análoga, estabelece: "*Admite-se como estipulante de seguro coletivo apenas aquele que tiver vínculo anterior e não securitário com o grupo de pessoas em proveito do qual contratar o seguro, sem o que o seguro será considerado individual*". Nessa hipótese, subsiste relação jurídica entre o estipulante, o segurador e os segurados.

No seguro de vida em grupo há a figura do *estipulante*, que pode ser pessoa natural ou jurídica e, segundo dispõe o § 2º do art. 31 da Lei n. 15.040/2024: "*Salvo disposição em contrário, o estipulante de seguro coletivo sobre a vida e a integridade física do segurado é o único responsável perante a seguradora pelo cumprimento de todas as obrigações contratuais, inclusive a de pagar o prêmio*". As pretensões que os segurados tenham em relação à indenização devem ser deduzidas diretamente contra a seguradora, não contra a estipulante. Esta não responde pelas obrigações da seguradora perante o grupo. Assim, a pretensão dos segurados deve ser deduzida contra a seguradora, observando-se que o art. 28 da Lei n. 15.040/2024 permite que o estipulante possa substituir processualmente o segurado ou o beneficiário para exigir, em favor exclusivo destes, o cumprimento das obrigações derivadas do contrato[47].

Essa modalidade de seguro é celebrada entre uma seguradora e uma grande empresa ou associação, em benefício de seus empregados ou associados, que desfrutarão das vantagens da estipulação, mediante uma contribuição determinada e global, paga pela estipulante.

Silvio Rodrigues conceitua o seguro de vida em grupo como "o negócio que se estabelece entre um estipulante e a seguradora através do qual aquele se obriga ao pagamento de um prêmio global e aquela se obriga a indenizar pessoas pertencentes a um grupo determinado, denominado *grupo segurável*, pessoas essas ligadas por um interesse comum e cuja relação, variável de momento a momento, é confiada à seguradora"[48].

---

45 Jones Figueirêdo Alves, *Novo Código Civil comentado*, p. 724-725.

46 *Instituições de direito civil*, v. III, p. 467.

47 "O segurado não tem ação contra a estipulante de seguro em grupo para haver o pagamento da indenização, mas tem legitimidade para promover ação contra a seguradora a fim de obter o cumprimento do contrato de seguro feito em favor de terceiro, indicado como primeiro beneficiário, pois, no caso de haver saldo, este reverterá em favor do segurado" (STJ, REsp 240.945-SP, 4ª T., rel. Min. Ruy Rosado de Aguiar Júnior, *DJU* 19-6-2000). "Ação movida por segurado. Interposição contra entidade estipulante de seguro facultativo em grupo. Ilegitimidade passiva *ad causam*. Legitimidade somente quando incorrer em falta que impeça a cobertura do sinistro pela seguradora" (*RT*, 790/347).

48 *Direito civil*, v. 3, p. 346.

Proclama o art. 123 da Lei n. 15.040/2024 que "*a modificação dos termos do contrato em vigor que possa gerar efeitos contrários aos interesses dos segurados e beneficiários dependerá da anuência expressa de segurados que representem pelo menos 3/4 (três quartos) do grupo*". O mesmo *quorum* se aplica às renovações dos contratos, quando silente o contrato anterior (parágrafo único do art. 123). A exigência do referido *quorum* tem a finalidade de proteger a estabilidade nas relações contratuais, como uma forma de acautelar os interesses da maioria. Assim, qualquer alteração posterior do contrato só poderá ser feita com a expressa anuência de no mínimo três quartos dos componentes do grupo, para evitar ameaça ao equilíbrio contratual pretendido por ocasião da celebração do contrato e privilegiar a manutenção do *statu quo ante*[49].

Uma importante característica do seguro de vida em grupo é que, embora o estipulante e o segurador sejam fixos, ficando jungidos ao contrato até o final de sua execução, o grupo segurado está em permanente mutação, havendo constante fluxo de ingressos e saídas de segurados. Em razão dessa circunstância, o estipulante tem a obrigação de remeter ao segurador relação mensal dos atuais segurados e das mutações ocorridas, uma vez que o prêmio varia conforme o maior ou menor número de beneficiários.

Nessa modalidade de seguro, considerando-se a grande quantidade de segurados, o prévio exame médico é normalmente substituído por uma declaração de estado de saúde do beneficiário. Tal declaração, segundo anota Silvio Rodrigues, é de considerável importância, porque, "tratando-se de negócio que se inspira no princípio da boa-fé, poderá gerar consequências sérias para o interessado, se se apurar, ao depois, a deliberada mentira daquele"[50].

Se a seguradora dispensa o exame médico para admissão do segurado e não exige a aludida declaração sobre seu estado de saúde, não se pode negar ao pagamento da indenização alegando preexistência da doença que o vitimou[51]. O risco assumido pelo segurador, ao dispensar o mencionado exame, baseia-se no *quod plerumgue accidit*, ou seja, na presunção de que, na média, os segurados são pessoas normais.

Nessa linha o teor da *Súmula 609 do Superior Tribunal de Justiça*: "A recusa de cobertura securitária, sob a alegação de doença preexistente, é ilícita se não houve a exigência de exames médicos prévios à contratação ou a demonstração de má-fé do segurado". Em caso em que a seguradora se recusou a pagar a indenização alegando má-fé do segurado, que teria omitido uma doença preexistente, asseverou o *Tribunal de Justiça de São Paulo* que *"cabia àquela exigir a realização de exames médicos antes da assinatura do contrato. Como não o fez, não pode negar a cobertura"*[52].

6. OBRIGAÇÕES DO SEGURADO

A principal obrigação do segurado é *pagar o prêmio* estipulado no contrato. Nos termos do Código Civil, a seguradora não pode exonerar-se, alegando que o risco não se verificou

---

49 Jones Figueirêdo Alves, *Novo Código Civil comentado*, p. 727.

50 *Direito civil*, v. 3, p. 347.

51 "Seguro de vida em grupo. Doença grave preexistente. Exame médico prévio não realizado. Seguradora que ao menos tem o dever de exigir o preenchimento de cartão-proposta, propiciando ao segurado oportunidade para fazer declaração sobre o seu estado de saúde" (*RT*, 801/249). "Morte do segurado portador de doença preexistente. Irrelevância. Omissão da seguradora no que tange à sua obrigação de efetuar o prévio exame de admissão do segurado, assumindo os riscos do negócio. Verba devida" (STJ, *RT*, 804/199). "Segurado portador de moléstia grave. Seguradora que dispensa avaliação médica prévia por ocasião da assinatura do ajuste. Circunstância que impede o reconhecimento de má-fé" (*RT*, 787/332).

52 TJSP, Apel. 1001363-84.2016.8.26.0538, 22ª Câm. Dir. Priv., rel. Des. Roberto Mac Cracken, *Revista Consultor Jurídico*, de 6-10-2019.

(CC, art. 764), pois se trata de contrato aleatório. A "*diminuição do risco no curso do contrato*", estatui o art. 770 do atual diploma, salvo disposição em contrário, "*não acarreta a redução do prêmio estipulado; mas, se a redução do risco for considerável, o segurado poderá exigir a revisão do prêmio, ou a resolução do contrato*".

Já nos termos da Lei n. 15.040/2024, "*desaparecido o risco, resolve-se o contrato com a redução do prêmio pelo valor equivalente ao risco a decorrer, ressalvado, na mesma proporção, o direito da seguradora às despesas incorridas com a contratação*" (art. 12). Portanto, de modo diverso da previsão no Código Civil, a Lei de Seguros permite a redução do prêmio se desaparecer o risco. E ainda, "*se houver relevante redução do risco, o valor do prêmio será proporcionalmente reduzido, ressalvado, na mesma proporção, o direito da seguradora ao ressarcimento das despesas realizadas com a contratação*" (art. 13).

Assim, se o piloto de provas abandona definitivamente a profissão, o risco de vida diminui consideravelmente, ensejando-lhe a possibilidade de exigir a redução do prêmio ou a resolução do seguro de vida.

O segurado deve comunicar ao segurador, logo que saiba, "*todo incidente suscetível de agravar consideravelmente o risco coberto, sob pena de perder o direito à garantia, se provar que silenciou de má-fé*" (art. 769). Previsão correspondente na Lei n. 15.040/2024 é encontrada no art. 14: "*o segurado deve comunicar à seguradora relevante agravamento do risco, tão logo dele tome conhecimento*". A nova Lei, prevê, ainda, hipóteses do descumprimento do dever de comunicação dolosa e culposa. No primeiro caso, o segurado que "*perde a garantia, sem prejuízo da dívida de prêmio e da obrigação de ressarcir as despesas incorridas pela seguradora*" (§ 3º do art. 14). Já no caso da omissão culposa, o segurado "*fica obrigado a pagar a diferença de prêmio apurada, ou, se a garantia for tecnicamente impossível ou o fato corresponder a tipo de risco que não é normalmente subscrito pela seguradora, não fará jus à garantia*" (§ 4º do art. 14). Só caberá a sanção se a mudança tiver sido de tal modo significativa, que o segurador não teria aceito a oferta, ou teria exigido prêmio maior, se o risco agravado já existisse ao tempo da aceitação da proposta.

Cabe ao segurado comunicar prontamente à seguradora a ocorrência do sinistro, uma vez que tal conduta possibilita a adoção de medidas capazes de amenizar eventuais prejuízos, bem como a sua propagação. Entretanto, não é em qualquer situação que a falta de notificação imediata acarreta a perda do direito à indenização. Consoante decidiu a *3ª Turma do Superior Tribunal de Justiça*, "deve ser imputada ao segurado uma omissão dolosa, que beire à má-fé, ou culpa grave que prejudique de forma desproporcional a atuação da seguradora, que não poderá se beneficiar, concretamente, da redução dos prejuízos indenizáveis com possíveis medidas de salvamento, de preservação e de minimização das consequências"[53].

Se houver agravamento dos riscos, sem culpa do segurado, poderá o segurador, desde que o faça nos quinze dias seguintes ao recebimento do aviso, "*dar-lhe ciência, por escrito, de sua decisão de resolver o contrato*". "*A resolução só será eficaz trinta dias após a notificação, devendo ser restituída pelo segurador a diferença de prêmio*" (CC, art. 769, §§ 1º e 2º). Já nos termos da Lei n. 15.040/2024, uma vez ciente do agravamento, "*a seguradora poderá, no prazo de 20 (vinte) dias, cobrar a diferença de prêmio ou, não sendo tecnicamente possível garantir o novo risco, resolver o contrato, hipótese em que este perderá efeito em 30 (trinta dias) contados do recebimento da notificação de resolução*" (§ 1º do art. 14). O § 2º do citado artigo disciplina que a resolução se opera por qualquer meio idôneo que comprove seu recebimento, além de determinar que "*a seguradora deverá restituir a eventual diferença de prêmio, ressalvado, na mesma proporção, seu direito ao ressarcimento das despesas incorridas com a contratação*".

53 STJ, REsp 1.546.178, 3ª T., rel. Min. Villas Bôas Cueva, *Revista Consultor Jurídico*, de 21-9-2016.

O segurado deve abster-se, por outro lado, em segundo lugar, de tudo quanto possa aumentar os riscos, porque se é *ele próprio que o agrava*, por sua conta, inscrevendo o veículo segurado em perigosa prova de velocidade, por exemplo, *perde o direito ao seguro* (CC, art. 768 e art. 13 da Lei n. 15.040/2024). A perda só ocorrerá, no entanto, se o segurado "*agravar intencionalmente*"[54], dolosamente, o risco objeto do contrato. A vedação decorre da sua obrigação de agir com boa-fé a partir das declarações lançadas na proposta e durante todo o curso do contrato.

Assinala Caio Mário, roborando as afirmativas de Serpa Lopes, que "não terá consequência o gravame oriundo do fortuito, salvo se de má-fé não o comunicou ao segurador (art. 769), pois que, em princípio, é contra a ação deste que se estipula o seguro, e o segurado viveria em clima de instabilidade permanente, se o seu direito fosse suscetível de sofrer as consequências de alteração pelas circunstâncias involuntárias"[55].

Enfatizou a Quarta Câmara do *Superior Tribunal de Justiça* que a jurisprudência da referida Corte "sedimentou-se no sentido de que a simples ausência de comunicação de venda do veículo à seguradora não exclui o dever da seguradora, que recebeu o pagamento do prêmio, perante o novo proprietário, desde que não haja agravamento do risco"[56]. Tal entendimento restou consolidado com a edição da *Súmula 465 do STJ*, do seguinte teor: "*Ressalvada a hipótese de efetivo agravamento do risco, a seguradora não se exime do dever de indenizar em razão da transferência do veículo sem a sua prévia comunicação*".

Tem a jurisprudência decidido que configuram agravamento do risco e excluem a responsabilidade da seguradora pela indenização: o consumo de álcool, quando constitui a causa do sinistro[57]; a autorização do segurado para que o veículo seja dirigido por pessoa não habilitada, cuja ação imprudente foi a causa do sinistro[58]; a prática de assalto à mão armada pelo segurado, que venha a morrer[59]; a arrumação da carga transportada, em altura excessiva,

---

[54] A jurisprudência tem-se posicionado, efetivamente, no sentido de que o fenômeno do agravamento do risco deve merecer interpretação restritiva, só se podendo considerá-lo presente quando houver prova efetiva de que o segurado agiu intencionalmente para a sua consumação. Nessa linha, decidiu o TJSP, em caso de furto de veículo, que não se podia considerar configurado o agravamento do risco, conforme pretendido pelo segurador, o fato de o segurado estacioná-lo à margem da rodovia, em lugar ermo com a chave no contato, para fazer necessidades fisiológicas. Entendeu a Corte que não ficou comprovada intenção do agente ao agravar o risco, inexistindo ação com culpa grave ou dolosa (*RT*, 691/91).

[55] *Instituições de direito civil*, v. III, p. 458-459.

[56] STJ, REsp 771.375-SP, 4ª T., rel. Min. Aldir Passarinho Jr., *DJE* 22-6-2010. Precedentes: AgRg no REsp 302.662-PR, rel. Min. Nancy Andrighi; REsp 188.694-MG, rel. Min. Asfor Rocha; REsp 600.788-SP, rel. Min. Humberto de Campos.

[57] "Seguro de vida. Morte do segurado por afogamento em decorrência do consumo de álcool. Responsabilidade da seguradora excluída. Segurado que aumenta o risco e infringe o dever de abstenção" (*RT*, 805/306). "Agravamento voluntário de risco. Ocorrência. Segurado que se atira ao rio, após ingerir grande quantidade de álcool, vindo a morrer por afogamento. Transgressão de cláusula contratual expressa. Verba indevida" (*RT*, 790/309). "O fato de constar no boletim de ocorrência que os motivos do sinistro não foram esclarecidos não significa necessariamente que o causador do evento se encontrava em estado de embriaguez ou sob o efeito de drogas, mormente se o laudo elaborado pela perícia técnica não fez qualquer alusão a esse tipo de situação. Indenização devida" (*RT*, 786/327).

[58] *RT*, 557/215. Por outro lado, decidiu o 1º TACSP que não prevalece cláusula contratual que prevê a exclusão da responsabilidade securitária em casos de sinistro em que o automóvel não é conduzido pelo condutor que o utiliza com mais frequência, "se a seguradora não conseguiu demonstrar quais as vantagens auferidas pelo segurado ao optar por tal modalidade de seguro" (*RT*, 797/280).

[59] "Tratando-se de contrato de seguro de vida, se o segurado participa de assalto à mão armada e, em razão do delito, perde a vida, afigura-se indiscutível ter ele descumprido a obrigação que lhe era imposta pelo art. 1.454 do CC (*de 1916; CC/2002: art. 768*), qual seja, a de abster-se de tudo quanto

o que provoca o sinistro[60]; a negligência de deixar o carro pernoitar em via pública, aberto, com a chave de ignição no interior[61]; a prática de ato ilícito, consistente em fazer uso de *crack* em quarto de motel e tentar se apoderar da arma de um policial que atendeu à ocorrência, acabando por entrar em luta corporal, na qual foi baleado, ficando paraplégico[62] etc.

Todavia, o *Superior Tribunal de Justiça* tem reiteradamente proclamado que a culpa ou dolo do *preposto* não é causa da perda do direito ao seguro, porquanto o agravamento "*deve ser imputado à conduta direta do próprio segurado*"[63]. Assim, se é o empregado que provoca o acidente por dirigir embriagado, não se pode acusar o empregador e proprietário do veículo de agravar intencionalmente o risco, se o preposto é legalmente habilitado para dirigir e não tem antecedentes que o recriminem.

Do mesmo modo, decidiu a referida Corte, a seguradora não pode negar indenização ao dono do carro danificado cujo proprietário o emprestou ao filho antes de este ficar embriagado. Destacou o relator do acórdão "inexistir nos autos qualquer menção de que, na oportunidade em que o segurado entregou o veículo ao seu filho, este já se encontraria em estado de embriaguez, caso em que se poderia, com razão, cogitar em agravamento direto do risco por parte do segurado. Teria este que ter o atributo da onipresença para saber que, depois de entregue o veículo ao filho, este ficaria bêbado. Além disso, na contratação de seguro, o valor do prêmio estipulado pela seguradora leva em consideração as características pessoais do segurado, sendo certo que há um aumento do valor da apólice quando este tem filhos com carteira de motorista"[64].

O mencionado *Superior Tribunal de Justiça* passou a fazer uma separação, na apreciação da embriaguez do segurado, entre os casos de seguro do veículo e de seguro de vida. No primeiro, a embriaguez foi considerada fator de agravamento de risco; e, na hipótese de seguro de vida, o entendimento foi diverso[65]. *Tal orientação foi consolidada por decisão da Segunda Seção, nestes termos*:

"...3. A cobertura do contrato de seguro de vida deve abranger os casos de sinistros ou acidentes decorrentes de atos praticados pelo segurado em estado de insanidade mental, de alcoolismo ou sob efeito de substâncias tóxicas, ressalvado o suicídio ocorrido dentro dos dois primeiros anos do contrato. 4. Orientação da Superintendência de Seguros Privados na Carta Circular SUSEP/DETEC/GAB n. 08/2007: '1) Nos Seguros de pessoas e Seguro de Danos é vedada a exclusão de cobertura na hipótese de 'sinistros ou acidentes decorrentes de

---

pudesse aumentar os riscos e, como corolário, a perda do direito à indenização é inevitável" (*RT*, 647/119).

60 *RT*, 655/103.

61 TJSC, Ap. 2011.013549-3, 4ª Câm. Cív., rel. Des. Luiz Fernando Boller, disponível em <www.editoramagister.com>, de 14-5-2012.

62 TJSP, 33ª Câm. Dir. Priv., rel. Des. Mário Antonio Silveira, disponível em <www.conjur.com.br>, de 13-12-2011.

63 REsp 223.119-MG, 4ª T., rel. Min. Sálvio de Figueiredo Teixeira, *DJU* 25-10-1999. "Agravamento do risco. Inocorrência. Acidente de trânsito. Sinistro ocasionado por preposto ao dirigir embriagado. Fato que não pode ser imputado ao segurado" (*RT*, 786/241). "Não se estende ao segurado a culpa ou dolo que se possa atribuir ao preposto. Diferentemente do ilícito civil, o contrato de seguro se atém entre a linha seguradora-segurado, não se podendo transferir para este último um comportamento alheio, conquanto de preposto, se circunstância nenhuma aflora para jungir o preponente ao procedimento fora da lei" (*RT*, 589/118). "Reconhecida a boa-fé da beneficiária do seguro, o ato ilícito cometido pelo segurado – provocação do incêndio – não a atinge, sendo, pois, válido o contrato em relação a ela" (STJ, REsp 464.426-SP, 4ª T., rel. Min. Barros Monteiro, *DJU* 1º-8-2005).

64 STJ, REsp 109.7758-MG, 3ª T., rel. Min. Massami Uyeda, *Rev. Consultor Jurídico* de 14-3-2009.

65 STJ, REsp 1.485.717-SP, 3ª T., rel. Min. Villas Bôas Cueva, *DJe* 14-12-2016.

atos praticados pelo segurado em estado de insanidade mental, de alcoolismo ou sob efeito de substâncias tóxicas'; 2) Excepcionalmente nos Seguros de Danos cujo bem segurado seja um veículo, é admitida a exclusão de cobertura para 'danos ocorridos quando verificado que o veículo segurado foi conduzido por pessoa embriagada, ou drogada, desde que a seguradora comprove que o sinistro ocorreu devido ao estado de embriaguez do condutor'"[66].

A *Súmula 620 do Superior Tribunal de Justiça, publicada em dezembro de 2019, prescreve: "A embriaguez do segurado não exime a seguradora do pagamento da indenização prevista em contrato de seguro de vida"*.

Constitui, ainda, em terceiro lugar, obrigação do segurado "*comunicar o sinistro ao segurador, logo que o saiba, e tomar as providências imediatas para minorar-lhe as consequências*", sob pena de perder o direito à indenização (CC, art. 771). Este se exonera em razão da omissão injustificada, se provar que, oportunamente avisado, lhe teria sido possível evitar, ou atenuar, as consequências do sinistro, como visto no item n. 5.1, *retro* (*v*. nota 22).

Em princípio, estando o segurado inadimplente, não é devida a indenização. Pode haver a reabilitação do segurado, quando convencionada, pela purgação da mora no prazo da notificação, que é obrigatória. Preceitua o art. 763 do Código Civil que "*não terá direito a indenização o segurado que estiver em mora no pagamento do prêmio, se ocorrer o sinistro antes de sua purgação*". Disposição similar está contida no art. 20 da Lei n. 15.040/2024: "*a mora relativa à prestação única ou à primeira parcela do prêmio resolve de pleno direito o contrato, salvo convenção, uso ou costume em contrário*". Os parágrafos do citado artigo da Lei de Seguros disciplinam como deverá se dar a notificação do segurado. Interpretação literal do mencionado dispositivo, entretanto, pode fazer com que, em contrato de seguro cujo prêmio tenha sido pago durante muitos anos, a mora de apenas um dia determine a perda da indenização – o que não é justo. Antes do novo diploma civil, já se decidira que o atraso no pagamento dos prêmios não resolve *ipso jure* o contrato de seguro. Se o sinistro se verifica antes de proferida a sentença de rescisão, fica o segurador obrigado a indenizar o segurado moroso, descontando da importância a pagar o valor dos prêmios em atraso[67].

O *Superior Tribunal de Justiça*, em acórdão paradigma, afirmou que a companhia seguradora "não pode dar por extinto o contrato de seguro, por falta de pagamento da última prestação do prêmio, por três razões: a) sempre recebeu as prestações com atraso, o que estava, aliás, previsto no contrato, sendo inadmissível que apenas rejeite a prestação quando ocorra o sinistro; b) a segurada cumpriu substancialmente com a sua obrigação, não sendo a sua falta suficiente para extinguir o contrato; c) a resolução do contrato deve ser requerida em juízo, quando possível será avaliar a importância do inadimplemento, suficiente para a extinção do negócio"[68].

Para JONES FIGUEIRÊDO ALVES, é de entender, na esteira do mencionado julgado, cabível, mesmo com o advento do art. 763 do atual Código Civil, "a impossibilidade da resolução do contrato, quando reiterado o exercício da seguradora em receber as prestações com atraso e/ou reconhecida a insignificância do inadimplemento em cotejo da parte substancialmente atendida pelo segurado. De tal sorte, o direito de o segurado ser credor da prestação da

---

66 STJ, EREsp 973.725-SP, 2ª S., rel. Min. Lázaro Guimarães (Des. Convocado), *DJe* 2-5-2018.

67 1º TACSP, Ap. 748.965-4-S. José do Rio Preto, j. 28-1-1998. "Nos contratos de seguro, a cláusula contratual prevendo a perda do direito à indenização pelo atraso ou falta de pagamento do prêmio, mormente se inadimplidas apenas as duas últimas prestações, é abusiva e iníqua. Pois coloca o segurado em admissível desvantagem, uma vez que lhe acarreta a perda total da cobertura securitária, embora a seguradora tenha recebido a quase-totalidade do valor do prêmio" (*RT*, 773/254).

68 REsp 76.362-MT, 4ª T., rel. Min. Ruy Rosado de Aguiar, *DJU* 1º-4-1996.

cobertura securitária, preponderando, em seu favor, o princípio do adimplemento substancial e descabendo a resolução"[69].

Por sua vez, José Augusto Delgado manifesta entendimento de que a regra do aludido art. 763 do atual Código Civil deve ser interpretada em consonância com os princípios regedores do Código de Defesa do Consumidor, que considera abusiva a resolução do contrato de seguro em face da mora no pagamento do prêmio. Os questionamentos sobre a mora do segurado, aduz, "apontam para uma leitura do artigo 763, ora comentado, em consonância com princípios que prestigiam a aplicação da boa-fé, da função social e do equilíbrio contratual"[70].

Decidiu o *Superior Tribunal de Justiça*, já na vigência do novo diploma civil, que o simples atraso no cumprimento da prestação "não implica suspensão ou cancelamento automático do contrato de seguro, sendo necessário, ao menos, a interpelação do segurado, comunicando-o da suspensão dos efeitos da avença enquanto durar a mora"[71].

Dispõe o *Enunciado n. 371, aprovado na IV Jornada de Direito Civil realizada em Brasília e promovida pelo Conselho da Justiça Federal*: "A mora do segurado, sendo de escassa importância, não autoriza a resolução do contrato, por atentar ao princípio da boa-fé objetiva".

É importante destacar que, para a *Terceira Turma do Superior Tribunal de Justiça*, "nos contratos de seguro, o valor de indenização a ser recebido na hipótese de ocorrência do evento segurado é estabelecido previamente no contrato e, por isso, não há a 'guarda' dos valores produtos da arrecadação, ou seja, dos prêmios". Dito isso, "falta ao segurado, bem como ao eventual beneficiário, interesse processual para promover a ação de exigir contas decorrente do contrato de seguro porque, nessa hipótese, tratando-se de negócio aleatório, falta à pretensão a premissa fática essencial, qual seja, a existência da administração de bens ou interesses de terceiros"[72].

7. OBRIGAÇÕES DO SEGURADOR

A primordial obrigação do segurador é *pagar em dinheiro*, se outra forma não foi convencionada (a de consertar o veículo danificado, p. ex.), "*o prejuízo resultante do risco assumido*" e, conforme as circunstâncias, o valor total da coisa segura (CC, art. 776). Nos termos do art. 75 da Lei n. 15.040/2024, "*a reclamação de pagamento por sinistro, feita pelo segurado, pelo beneficiário ou pelo terceiro prejudicado, determinará a prestação dos serviços de regulação e liquidação, que têm por objetivo identificar as causas e os efeitos do fato comunicado pelo interessado e quantificar em dinheiro os valores devidos pela seguradora, salvo quando convencionada reposição em espécie*". Em muitos seguros, como no de automóveis ou no de incêndio de casas, armazéns e edifícios, por exemplo, o segurador ressalva o direito de mandar reparar o veículo ou de reconstruir o prédio, como preferir.

Nos seguros *pessoais*, a indenização será paga sempre pela importância constante da apólice, porque os bens por eles cobertos são inestimáveis. Nos seguros de bens *materiais*, contudo, a indenização nem sempre corresponde exatamente à quantia declarada, porque o seguro não tem finalidade lucrativa e exige, por isso, a apuração real do prejuízo (CC, art. 781; arts. 89 e 90 da Lei n. 15.040/2024).

O segurador poderá exonerar-se provando, dentre outras circunstâncias, que houve dolo do segurado; que o valor dado à coisa é superior ao real (art. 778 do CC e art. 89 da Lei n.

---

69 *Novo Código Civil comentado*, p. 688.

70 *Comentários ao novo Código Civil*, v. XI, t. I, p. 177 e 180.

71 REsp 737.061-RS, 3ª T., rel. Min. Castro Filho, *DJU* 1º-7-2005.

72 REsp 1.738.657-DF, 3ª T., rel. Min. Moura Ribeiro, j. 14-6-2022.

15.040/2024); que se trata de segundo seguro da coisa, pelo mesmo risco e no seu valor integral (art. 782 do CC e art. 36 da Lei n. 15.040/2024); caducidade da apólice pelo não pagamento do prêmio; inexistência de cobertura para o sinistro ocorrido; descumprimento de obrigações, especialmente no tocante ao agravamento dos riscos e à falta de comunicação do sinistro etc.

Não se inclui na garantia o sinistro provocado por *vício intrínseco ou não aparente* da coisa segurada, não declarado pelo segurado (CC, art. 784 e parágrafo único, e art. 93, §§ 1º e 2º, da Lei n. 15.040/2024), como visto no item 5.1, *retro*. O segurador só responde pelos *riscos assumidos*, particularizados na apólice. Mas, salvo expressa disposição em contrário, o risco do seguro compreenderá todos os prejuízos resultantes ou consequentes, caso sejam os estragos ocasionados para evitar o sinistro, minorar o dano ou salvar a coisa (art. 779 do CC e art. 66 da Lei n. 15.040/2024), como, por exemplo, a demolição de parede para evitar a propagação do incêndio.

O não pagamento do sinistro no prazo avençado pelo segurador implicará a responsabilidade pelos efeitos da sua mora. Preceitua o art. 772 do Código Civil, na redação dada pela Lei n. 14.905, de 28 de junho de 2024, que "*a mora do segurador em pagar o sinistro obriga à atualização monetária da indenização devida, sem prejuízo dos juros moratórios*".

O art. 88 da Lei n. 15.040/2024 determina a consequência pela mora da seguradora. Nesse caso, incidirá "*multa de 2% (dois por cento) sobre o montante devido, corrigido monetariamente, sem prejuízo dos juros legais e da responsabilidade por perdas e danos desde a data em que a indenização ou o capital segurado deveriam ter sido pagos, conforme disposto nos arts. 86 e 87*".

Entretanto, tratando-se do seguro de vida, o *Superior Tribunal de Justiça* considera que esta modalidade contratual "tem expressiva relevância social, dado seu caráter previdenciário, justificando a aplicação da ideia de sociedade do risco. Portanto, a rescisão do contrato de seguro, fundada na inadimplência do segurado, deverá ser precedida de interpelação do segurado para sua constituição em mora, assim como ser observada a extensão da dívida e se esta é significativa diante das peculiaridades do caso concreto. Inteligência da Súmula 616/STJ"[73].

A supramencionada súmula dispõe: "A indenização securitária é devida quando ausente a comunicação prévia do segurado acerca do atraso no pagamento do prêmio, por constituir requisito essencial para a suspensão ou resolução do contrato de seguro".

O Código Civil impõe não só ao segurado, mas também ao segurador, o dever de "*guardar na conclusão e na execução do contrato a mais estrita boa-fé e veracidade, tanto a respeito do objeto como das circunstâncias e declarações a ele concernentes*" (CC, art. 765). No mesmo sentido, a Lei n. 15.040/2024, no art. 56, dispõe que "*o contrato de seguro deve ser executado e interpretado segundo a boa-fé*". Como corolário, pela disposição do diploma civil, "*o segurador que, ao tempo do contrato, sabe estar passado o risco de que o segurado se pretende cobrir, e, não obstante, expede a apólice, pagará em dobro o prêmio estipulado*" (CC, art. 773). Já o art. 11 da Lei n. 15.040/2024 disciplina que quando qualquer dos contratantes souber, no momento da conclusão, "*que o risco é impossível ou já se realizou*", o contrato será reputado nulo. O parágrafo único do citado artigo impõe, ainda, como consequência a parte que tiver conhecimento da impossibilidade ou da prévia realização do risco a pagar à outra "*o dobro do valor do prêmio*".

Incorre em má-fé o segurador que, sabendo da inexistência ou do afastamento do risco de que o segurado se pretende cobrir, mesmo assim expede a apólice de seguro. O recebimen-

---

[73] REsp 1.838.830-RS, 3ª T., rel. Min. Marco Aurélio Bellizze, *DJe* 26-8-2020.

to do prêmio nessas circunstâncias caracteriza enriquecimento sem causa, locupletando-se o segurador à custa da credulidade do segurado. A conduta é penalizada com o pagamento em dobro do valor estipulado e cobrado como prêmio.

Já foi dito que pode haver mais de um segurador dando cobertura simultânea ao mesmo risco e que, no seguro de dano, exige-se que o segurado comunique previamente sua intenção por escrito ao primeiro segurador (CC, art. 782). A Lei n. 15.040/2024 determina que o segurado, nos casos de seguro cumulativo, deve realizar a comunicação a cada seguradora sobre "*a existência dos contratos com as demais*" (art. 36, § 1º). A finalidade é evitar que o contrato seja fonte de lucro pela expectativa do segurado de receber o valor total dos danos de cada segurador. Respeitada a limitação imposta pela lei, pode haver multiplicidade de seguros ou cosseguro.

O *resseguro* tem a mesma finalidade do cosseguro, qual seja, distribuir, entre mais de um segurador, a responsabilidade pela contraprestação. Perante o segurado a responsabilidade é unicamente do segurador. Mas o resseguro transfere parte ou toda a responsabilidade do segurador para o ressegurador. Sua utilidade reside na maior pulverização dos riscos, mormente nos seguros vultosos[74].

O Instituto de Resseguros do Brasil foi criado pelo Decreto-Lei n. 1.186/39 com a finalidade de nacionalizar o mercado securitário nacional, que era dominado por empresas estrangeiras. O mencionado Instituto integra o Sistema Nacional de Seguros Privados, de acordo com o art. 8º do Decreto-Lei n. 73, de 21 de novembro de 1966, juntamente com o Conselho Nacional de Seguros Privados (CNSP) e a Superintendência de Seguros Privados (Susep). O IRB é sociedade de economia mista, com personalidade de direito privado. As seguradoras são obrigadas a ressegurar no IRB as responsabilidades excedentes de seu limite técnico, em cada ramo de operações.

Previa o art. 68 do aludido Decreto-Lei n. 73/66, "*o IRB será considerado litisconsorte necessário nas ações de seguro, sempre que tiver responsabilidade no pedido*". Este dispositivo foi revogado pela Lei Complementar n. 126/2007. Este artigo não se aplicava ao seguro obrigatório de danos pessoais causados por veículos automotores de via terrestre, disciplinado pela Lei n. 6.194, de 19 de dezembro de 1974, cujo art. 5º, revogado pela Lei Complementar n. 207/2024, preceituava: "O pagamento da indenização será efetuado mediante simples prova do acidente e do dano decorrente, independentemente da existência de culpa, haja ou não resseguro...".

O *Supremo Tribunal Federal* entendeu razoável a interpretação de que, nos termos do citado art. 68, se o IRB não "tiver responsabilidade no pedido", não será litisconsorte passivo necessário[75]. Por sua vez, decidiu o *Superior Tribunal de Justiça* que, "declarando a seguradora ré, na contestação, que houve resseguro, sendo responsável o IRB por parte da indenização, deverá ele ser citado. Não se exige traga-se, desde logo, prova da existência do resseguro, o que se fará caso o litisconsorte negue a qualidade que lhe é atribuída"[76].

É de relembrar que o Código Civil em vigor revogou as normas do Decreto-Lei n. 73/66 e as constantes dos demais diplomas legais especiais que são com ele incompatíveis (art. 777). A Lei n. 15.040/2024 revogou todas as disposições relativas ao seguro no Código Civil (art. 133) e entrará em vigor a partir de 1 ano após sua publicação oficial (art. 134).

O Código de Defesa do Consumidor, no capítulo concernente às ações de responsabilidade do fornecedor de produtos e serviços, estabelece que "*o réu que houver contratado seguro de responsabilidade poderá chamar ao processo o segurador, vedada a integração do*

---

74 Sílvio Venosa, *Direito civil*, v. III.

75 *RTJ*, 122/846.

76 *RSTJ*, 27/421.

contraditório pelo Instituto de Resseguros do Brasil. Nesta hipótese, a sentença que julgar procedente o pedido condenará o réu nos termos do art. 80 [atual art. 132] do [novo] Código de Processo Civil" (art. 101, II), isto é, o réu e o segurador serão condenados solidariamente ao pagamento dos danos.

8. PRAZOS PRESCRITIVOS

Os prazos prescricionais em matéria de seguros estavam regulados no art. 206, § 1º, II, letras *a* e *b*, e § 3º, IX, do Código Civil de 2002.

Segundo o § 1º, II, do aludido dispositivo legal, prescrevia em "*um ano a pretensão do segurado contra o segurador, ou a deste contra aquele, contado o prazo: a) para o segurado, no caso de seguro de responsabilidade civil, da data em que é citado para responder à ação de indenização proposta pelo terceiro prejudicado, ou da data que a este indeniza, com a anuência do segurador; b) quanto aos demais seguros, da ciência do fato gerador da pretensão*".

O § 3º do mencionado dispositivo dispunha que prescreve em "*três anos (...) IX – a pretensão do beneficiário contra o segurador, e a do terceiro prejudicado, no caso de seguro de responsabilidade civil obrigatório*".

Proclama a *Súmula 229 do Superior Tribunal de Justiça*: "*O pedido de pagamento de indenização à seguradora suspende o prazo de prescrição até que o segurado tenha ciência da decisão*".

Tal enunciado foi aprovado no período de vigência do Código Civil de 1916 e não se coadunava com as novas regras sobre prescrição do diploma de 2002 (arts. 189 a 206). Com efeito, o *dies a quo* do prazo prescricional não era a data da negativa de cobertura pela seguradora, mas sim a da cientificação da decisão ao segurado. O art. 206, § 1º, II, *b*, do Código Civil enunciava que se conta o prazo prescricional "*da ciência do fato gerador da pretensão*".

Não se referia o aludido dispositivo legal, portanto, à data da ciência do sinistro, mas à da resposta negativa da seguradora, ou seja, à da ciência ao segurado de que fora violado o seu direito à percepção da indenização.

A jurisprudência dos tribunais estaduais vinha-se adaptando ao sistema instituído pelo atual Código, merecendo destaque o Incidente de Uniformização de Jurisprudência do Tribunal de Justiça do Rio de Janeiro: "Ação indenizatória baseada em contrato de seguro em grupo prescreve em um ano, com termo inicial na data em que o segurado for cientificado da recusa de pagamento da indenização pela seguradora, aplicando-se o disposto no art. 206, § 1º, II, *b*, do Código Civil"[77].

Espera-se, por isso, que o *Superior Tribunal de Justiça* promova a revisão da mencionada Súmula 229, nos termos da jurisprudência assentada nos diversos tribunais do país.

Ressalta-se que o art. 200 do atual Código Civil criou uma nova causa que impede a prescrição ao determinar que, "*quando a ação se originar de fato que deva ser apurado no juízo criminal, não correrá a prescrição antes da respectiva sentença definitiva*". Tal situação pode ocorrer, por exemplo, quando o dano ao bem segurado se origina de um incêndio supostamente criminoso ou de acidente automobilístico.

O art. 205 do *diploma de 2002* reduz a prescrição ordinária de vinte para dez anos. Todavia, não se vislumbra nenhuma hipótese relacionada ao contrato de seguro em que o aludido lapso temporal tenha aplicação.

[77] TJRJ, Incidente de Uniformização 2006.018.00008, rel. Des. Telma Musse Diuana, j. 18-6-2007. No mesmo sentido: TJMG, Emb. Infring. 2.0000.00481886-6/002, 14ª Câm. Cív., rel. Des. Renato Martins Jacob, j. 16-3-2006; TJRS, Ap. 70.009.838.053, 6ª Câm. Cív., rel. Des. Ney Wiedemann Neto, j. 19-10-2006.

O art. 206, por sua vez, em seu § 1º, II, mantinha a prescrição ânua do segurado contra o segurador, prevendo duas hipóteses para o termo inicial do prazo: "*a) para o segurado, no caso de seguro de responsabilidade civil, da data em que é citado para responder à ação de indenização proposta pelo terceiro prejudicado, ou da data que a este indeniza, com a anuência do segurador; b) quanto aos demais seguros, da ciência do fato gerador da pretensão*".

A cobrança judicial do prêmio não pago, que tem como fato gerador o inadimplemento do segurado, também se submete à prescrição ânua.

Não mais se aplica a prescrição ordinária aos beneficiários da apólice de seguro, bem como às seguradoras, para exercer o direito decorrente da sub-rogação.

O atual diploma instituiu, no art. 206, § 3º, IX, a prescrição trienal, inclusive quanto ao terceiro prejudicado, no caso de seguro de responsabilidade civil obrigatório (DPVAT). No mesmo prazo prescreve a pretensão para receber "*prestações vencidas de rendas temporárias ou vitalícias*" (§ 3º, II).

A Medida Provisória n. 904, de 11 de novembro de 2019, extingue, a partir de 1º de janeiro de 2020, o Seguro Obrigatório de Danos Causados por Veículo Automotor de Via Terrestre, ou por sua carga, a pessoas transportadas ou não (DPVAT). A referida Medida, que visa evitar fraudes e amenizar os custos de supervisão e de regulação do seguro, poderá ser convertida em lei ou não, no prazo legal.

O estipulante pode figurar como segurado, beneficiário e mandatário (Decreto-Lei n. 73/66, art. 21). Como segurado, sua pretensão prescreve em um ano; e, como beneficiário, em três anos. Como mandatário, sujeita-se o estipulante à prescrição ânua, conforme jurisprudência firmada pelo *Superior Tribunal de Justiça*[78].

Proclama a Súmula 101 da aludida Corte: "A ação de indenização do segurado em grupo contra a seguradora prescreve em um ano". A propósito, decidiu a Quarta Turma que prescreve em um ano o direito de ingressar em juízo com ação que pede indenização por danos morais e restituição de prêmios pagos pelo segurado participante de apólice de seguro de vida em grupo cujo contrato não foi renovado, por vontade da seguradora, ao término do prazo. Decidiram os Ministros que se aplica, no caso, a referida Súmula 101[79].

Por seu turno, prescreve a *Súmula 632 da mencionada Corte Superior*: "Nos contratos de seguro regidos pelo Código Civil, a correção monetária sobre a indenização securitária incide a partir da contratação até o efetivo pagamento".

De observar-se, porém, que a Lei n. 15.040/2024, que passa a vigorar em dezembro de 2025, alterou as disposições acerca dos prazos prescricionais nos contratos de seguro, dedicando o seu Capítulo V ao tema.

"*Art. 126. Prescrevem:*

I – em 1 (um) ano, contado da ciência do respectivo fato gerador:

a) a pretensão da seguradora para a cobrança do prêmio ou qualquer outra pretensão contra o segurado e o estipulante do seguro;

b) a pretensão dos intervenientes corretores de seguro, agentes ou representantes de seguro e estipulantes para a cobrança de suas remunerações;

c) as pretensões das cosseguradoras entre si;

d) as pretensões entre seguradoras, resseguradoras e retrocessionárias;

---

78 "No seguro de vida em grupo, a pretensão do estipulante mandatário sujeita-se à prescrição ânua" (STJ, REsps 20.109-SP e 39.145-SP, rel. Min. Sálvio de Figueiredo; REsp 10.497-SP, rel. Min. Athos Carneiro; REsp 32.034-SP, rel. Min. Dias Trindade).

79 STJ, REsp 759.221-PB, 4ª T., disponível em <www.editoramagister.com>, de 9-6-2011.

II – em 1 (um) ano, contado da ciência da recepção da recusa expressa e motivada da seguradora, a pretensão do segurado para exigir indenização, capital, reserva matemática, prestações vencidas de rendas temporárias ou vitalícias e restituição de prêmio em seu favor;

III – em 3 (três) anos, contados da ciência do respectivo fato gerador, a pretensão dos beneficiários ou terceiros prejudicados para exigir da seguradora indenização, capital, reserva matemática e prestações vencidas de rendas temporárias ou vitalícias.

Art. 127. Além das causas previstas na Lei n. 10.406, de 10 de janeiro de 2002 (Código Civil), a prescrição da pretensão relativa ao recebimento de indenização ou capital segurado será suspensa uma única vez, quando a seguradora receber pedido de reconsideração da recusa de pagamento.

Parágrafo único. Cessa a suspensão no dia em que o interessado for comunicado pela seguradora de sua decisão final".

A nova legislação deixa claro que, para o segurado, o prazo prescricional é ânuo é só começará a correr a partir da ciência, por ele, da recusa, que deve ser expressa e motivada, ao pagamento da indenização.

Já em relação aos beneficiários e terceiros prejudicados, a prescrição é trienal, contada da ciência do fato gerador.

Capítulo XVI
DA CONSTITUIÇÃO DE RENDA

Sumário: 1. Conceito. 2. Natureza jurídica. 3. Características. 4. Regras aplicáveis. 5. Extinção da constituição de renda.

1. CONCEITO

Segundo Clóvis, *renda*, no sentido empregado pelo Código Civil, "é a série de prestações em dinheiro ou em outros bens, que uma pessoa recebe de outra, a quem foi entregue para esse efeito certo capital". Assim, "a *constituição de renda* consiste na alienação do capital, para obterem-se essas prestações periódicas"[1].

Para Carvalho de Mendonça, contrato de constituição de renda é aquele pelo qual "alguém se obriga para com outrem a prestar uma renda em períodos determinados, durante um tempo certo de vida, ou em período indeterminado, mediante cessão de um capital cuja propriedade é transferida na ocasião em que é criado o encargo, ou, ainda, sobre os próprios bens imóveis e sem remuneração alguma"[2].

Dispõe o art. 803 do Código Civil que "*pode uma pessoa, pelo contrato de constituição de renda, obrigar-se para com outra a uma prestação periódica, a título gratuito*". Acrescenta o art. 804 do mesmo diploma que "*o contrato pode ser também a título oneroso, entregando-se bens móveis ou imóveis à pessoa que se obriga a satisfazer as prestações a favor do credor ou de terceiros*".

Pelo contrato de constituição de renda a título oneroso, pois, uma pessoa (*o instituidor*) entrega a outra (*rendeiro* ou *censuário*) um capital, que pode consistir em bens móveis ou imóveis, obrigando-se esta a pagar àquela ou a terceiro por ela indicado, periodicamente, uma determinada prestação. Quando se convenciona o pagamento de uma renda vitalícia a terceiro, este passa a denominar-se *beneficiário*. O Código Civil de 1916, além de disciplinar a constituição de renda como contrato, também a tratava como *direito real* (arts. 749 e s.), quando à renda era vinculada um imóvel, e a sujeitava, ainda, ao direito sucessório, se instituída por disposição testamentária. O atual diploma não cogita da constituição de renda como direito real, disciplinando-a apenas como contrato (arts. 803 a 813) e como disposição testamentária (arts. 1.927 e 1.928).

Trata-se de modalidade contratual raramente encontrada na atualidade, especialmente em países de moeda instável como o Brasil. Somente um insensato, pondera Silvio Rodri-

[1] *Código Civil dos Estados Unidos do Brasil comentado*, v. V, p. 173, apud Serpa Lopes, *Curso de direito civil*, v. IV, p. 343.

[2] *Contratos no direito civil brasileiro*, t. II, p. 419.

GUES, seria capaz de permutar um imóvel de sua propriedade por uma renda hoje considerada remuneradora. Pois "a inflação, aumentando o preço dos imóveis pela correspondente desvalorização da moeda, tiraria qualquer correspondência entre o valor do prédio e da prestação devida pelo censuário"[3]. Nada obsta, todavia, que a renda seja indexada ou vinculada a um determinado padrão, para que possa ser majorada e atualizada periodicamente[4].

2. NATUREZA JURÍDICA

O contrato de constituição de renda, na sua estrutura, é negócio jurídico *bilateral* e *oneroso*, pelo qual o instituidor transfere um capital ao censuário, em troca de uma renda por este prometida. A sua principal finalidade consiste em proporcionar ao instituidor recursos para a sua subsistência por toda a vida. Embora dono do capital, não se encontra ele seguro de conseguir se manter com sua aplicação e, por essa razão, convenciona transferi-lo ao rendeiro que, por sua vez, obriga-se a lhe fornecer uma renda fixa durante certo prazo ou até que venha a falecer.

Assinala SILVIO RODRIGUES[5] que, quando a renda é estabelecida em favor de um *beneficiário*, constitui em tudo uma estipulação em favor de terceiro. Para o censuário, o negócio continua a ser oneroso e bilateral, porque lhe cumpre fornecer uma renda, em troca de um capital que adquire. Mas, nas relações entre o instituidor e o beneficiário, o negócio pode ser oneroso ou gratuito, conforme este último deva, ou não, àquele qualquer contraprestação. Se a estipulação foi feita sem qualquer retribuição, o negócio é gratuito, equiparando-se a uma doação. Caso contrário, é oneroso.

O contrato pode ser *comutativo* quando o censuário, ao receber o capital, obriga-se a efetuar número certo de prestações, por tempo determinado; e *aleatório*, se a sua execução depender da duração da vida, quer do rendeiro, quer do beneficiário. No entanto, somente pode ser tido como aleatório, quando oneroso, pois o contrato aleatório pressupõe, de um lado, uma prestação, e de outro uma contraprestação cuja exigibilidade depende do acontecimento sujeito a um evento incerto[6].

A maioria dos autores entende que se trata de *contrato real*, porque se aperfeiçoa com a entrega dos bens ao rendeiro, a quem o domínio é transferido desde a tradição. Dispõe, com efeito, o art. 809 do Código Civil que "*os bens dados em compensação da renda caem, desde a tradição, no domínio da pessoa que por aquela se obrigou*"[7].

O art. 807 do Código Civil proclama que a "*constituição de renda requer escritura pública*". Trata-se, portanto, de *contrato solene*.

3. CARACTERÍSTICAS

A renda pode ser constituída por ato *inter vivos* ou *causa mortis*. Mesmo quando constituída por testamento não perde o caráter contratual. O *de cujus* pode, por exemplo, em sua

---

[3] *Direito civil*, v. 3, p. 324.

[4] Caio Mário da Silva Pereira, *Instituições de direito civil*, v. III, p. 475.

[5] *Direito civil*, v. 3, p. 323-324.

[6] Serpa Lopes, *Curso de direito civil*, v. IV, p. 345; Caio Mário da Silva Pereira, *Instituições de direito civil*, v. III, p. 476.

[7] Serpa Lopes entende infundada a qualificação da constituição de renda como um contrato real, devendo ser considerada perfeita a partir do momento em que as vontades se combinarem, dando lugar à tradição da coisa, como um segundo ato, resultante do contrato, seu título causal. O mero consenso das partes obriga ao cumprimento do prometido, ficando desde logo aperfeiçoado o contrato, mesmo antes da transferência do capital (*Curso de direito civil*, v. IV, p. 346).

disposição de última vontade, legar a determinada pessoa certo capital, com o encargo de pagar uma renda ao beneficiário (CC, arts. 1.927 e 1.928). Pode advir, também, de decisão judicial que condene o autor de um ato ilícito a prestar alimentos ao ofendido (CC, art. 950) ou às pessoas de sua família (art. 948, II).

O instituidor, que entrega a outrem um capital ou bens móveis ou imóveis, está interessado na segurança de uma pensão periódica que garanta sua subsistência por toda a vida. Por essa razão permite o art. 806 do Código Civil que a constituição de renda seja feita a prazo certo, ou por vida, "*podendo ultrapassar a vida do devedor mas não a do credor, seja ele o contratante, seja terceiro*". É ela, em regra, vitalícia.

Como se trata de negócio que se liga à maior ou menor duração de vida do beneficiário, a constituição de renda será "*nula*", por falta de objeto, se este for pessoa falecida. Somente pode ser instituída, pois, em favor de *pessoa viva*, ficando sem efeito se o credor "*vier a falecer*", dentro dos trinta dias subsequentes à sua constituição, "*de moléstia que já sofria, quando foi celebrado o contrato*" (CC, art. 808).

A moléstia superveniente, todavia, não anula o contrato, ainda que o óbito ocorra nesse período. Também não o anulam a senilidade e a gravidez, por não serem consideradas estados patológicos, ainda que daí advenha morte dentro dos mencionados trinta dias. Morrendo um credor, no caso de ser a renda constituída em favor de vários, o contrato não caduca em relação aos sobreviventes[8].

Sendo o contrato a título oneroso, "*pode o credor, ao contratar, exigir que o rendeiro lhe preste garantia real, ou fidejussória*" (CC, art. 805). A garantia real vincula determinado bem do rendeiro ao cumprimento da obrigação por ele assumida. A fidejussória é de natureza pessoal, a exemplo da fiança, da caução de títulos de crédito pessoal etc. A finalidade do dispositivo é assegurar ao instituidor a concretização de sua expectativa de receber a renda prometida. No caso da garantia real, poderá ele, caso ocorra a inadimplência do censuário, requerer a constrição do bem dado em garantia da entrega da renda convencionada.

4. REGRAS APLICÁVEIS

A obrigação principal do devedor é efetuar o pagamento das prestações nas épocas convencionadas. Se deixar de pagá-las, "*poderá o credor da renda acioná-lo*", tanto para receber "*as prestações atrasadas como para que lhe dê garantias das futuras, sob pena de rescisão do contrato*" (CC, art. 810). A cláusula penal adapta-se aos contratos em geral e pode ser inserida também no de constituição de renda.

Operada a condição resolutiva tácita em virtude do não pagamento das prestações, rescindindo-se o contrato, as partes retornam ao *status quo ante*, sem restituição, porém, das rendas anteriormente embolsadas pelo credor, bem como dos frutos auferidos pelo devedor[9].

Pode-se ajustar o pagamento adiantado das prestações. Neste caso, a obrigação terá de cumprir-se no começo de cada período. Não sendo feita tal estipulação, "*o credor adquire o direito à renda dia a dia*" (CC, art. 811), embora as prestações se tornem exigíveis nas datas fixadas. Como a renda constitui fruto civil, aplica-se-lhe o disposto no art. 1.215, *in fine*, do Código Civil, segundo o qual os frutos civis "*reputam-se percebidos dia por dia*", ou seja, *de die in diem*. Assim, se as prestações forem mensais e devidas ao término de cada mês, o credor, decorridos dez dias, por exemplo, já terá adquirido o direito ao valor correspondente ao

---

8 Serpa Lopes, *Curso de direito civil*, v. IV, p. 349; Caio Mário da Silva Pereira, *Instituições de direito civil*, v. III, p. 477.

9 Washington de Barros Monteiro, *Curso de direito civil*, v. 5, p. 366.

decêndio. Se no final deste período vier a falecer, seus herdeiros têm direito de exigir o pagamento relativo aos aludidos dez dias, ou seja, relativo ao período iniciado até o dia da morte, quando cessa a obrigação.

Como foi dito, podem as partes estabelecer, porém, que o vencimento das parcelas se dará no início de cada período. Neste caso, o beneficiário tem direito à totalidade da renda do período fixado, sem eventual repetição de qualquer parcela, ainda que venha a falecer antes do seu término[10]. Os diversos períodos começam a correr da data da celebração do contrato ou de outra expressamente convencionada. Se, todavia, a renda foi constituída por testamento, começarão a fluir com a "*morte do testador*" (CC, art. 1.926). "*Se as prestações forem deixadas a título de alimentos, pagar-se-ão no começo de cada período, sempre que outra coisa não tenha disposto o testador*" (art. 1.928, parágrafo único).

Estatui o art. 812 do Código Civil que, "*quando a renda for constituída em benefício de duas ou mais pessoas, sem determinação da parte de cada uma, entende-se que os seus direitos são iguais; e, salvo estipulação diversa, não adquirirão os sobrevivos direito à parte dos que morrerem*". Os beneficiários que vierem a faltar não serão, portanto, substituídos pelos sobreviventes, salvo se ficar estipulado que são *sucessivos*, ou seja, que a parte do que faltar acresce à dos que sobreviverem. Mas o *direito de acrescer* depende de cláusula expressa, como também ocorre com o usufruto, a doação e os legados, conforme dispõem, respectivamente, os arts. 1.411, 551 e 1.942 do Código Civil.

Afasta-se essa exigência, todavia, se os beneficiários são marido e mulher, aplicando-se, por analogia, a regra do parágrafo único do art. 551 do Código Civil, *verbis*: "*subsistirá na totalidade a doação para o cônjuge sobrevivo*".

Dispõe, por fim, o art. 813 do Código Civil que "*a renda constituída por título gratuito pode, por ato do instituidor, ficar isenta de todas as execuções pendentes e futuras*". A isenção prevista neste artigo, aduz o parágrafo único, "*prevalece de pleno direito em favor dos montepios e pensões alimentícias*".

A renda constituída a título gratuito pode, assim, "por ato do instituidor, vir gravada com a cláusula de inalienabilidade e impenhorabilidade, porque, tratando-se de liberalidade, em que o estipulante visa garantir a sobrevivência do beneficiário, a intenção daquele seria frustrada, se se possibilitasse a alienação da renda ou sua penhora pelos credores de seu titular"[11]. Os mencionados gravames não podem, no entanto, ser instituídos na renda onerosa, porque a ninguém é lícito, por ato próprio, subtrair os seus bens à garantia de seus credores.

Para os montepios e pensões alimentícias não há necessidade de instituição do gravame, pois a impenhorabilidade é de natureza legal (CC, art. 813, parágrafo único), tendo em vista o fim assistencial da constituição de renda.

5. EXTINÇÃO DA CONSTITUIÇÃO DE RENDA

Além dos modos comuns a todos os contratos, extingue-se o contrato de constituição de renda: a) pelo vencimento do prazo, se for a termo; b) pelo implemento de condição resolutiva, expressa ou tácita; c) pela morte do rendeiro ou do credor, se for instituída pela vida de um ou de outro; extingue-se sempre, contudo, pela morte do credor; d) por qualquer dos casos de *anulação*, *redução* ou *revogação* da doação ou do legado, se tiver caráter de liberalidade *inter vivos* ou *causa mortis*; e) pela *caducidade*, em razão da morte do beneficiário an-

---

[10] José Maria Trepat Cases, *Código Civil comentado*, v. VIII, p. 351; Washington de Barros Monteiro, *Curso de direito civil*, v. 5, p. 366.

[11] Silvio Rodrigues, *Direito civil*, v. 3, p. 326-327.

teriormente à sua constituição ou nos trinta dias subsequentes, devido a moléstia preexistente do beneficiário; f) pelo *resgate*, que é uma causa extintiva específica: o rendeiro tem a faculdade de extinguir o encargo de pagar a renda por períodos, antecipando ao credor a solução das prestações futuras, mediante um capital que, ao juro legal, assegure igualmente a renda a termo certo ou pela vida do credor[12].

[12] Caio Mário da Silva Pereira, *Instituições de direito civil*, v. III, p. 479-480.

Capítulo XVII

DO JOGO E DA APOSTA

1. CONCEITO E NATUREZA JURÍDICA

O Código Civil inclui o jogo e a aposta no rol dos contratos nominados, regulando-os nos arts. 814 a 817. Embora tenham conteúdos diversos, as duas modalidades aparecem sempre geminadas e assim reguladas pelos códigos, tendo em vista o elemento comum a ambas: a álea ou acaso, que pode tomar a forma de risco, sorte ou azar.

Jogo e aposta são, pois, contratos *aleatórios*. No primeiro, o resultado decorre da *participação* dos contratantes. O êxito ou o insucesso dependem da atuação de cada jogador. O vencedor fará jus a uma certa soma, previamente estipulada. *Jogo* é, pois, a convenção em que duas ou mais pessoas se obrigam a pagar certa importância àquela que se sair vencedora na prática de determinado ato de que todas participam.

Na *aposta*, o resultado não depende das partes, mas de um ato ou fato alheio e incerto. Considera-se vencedora aquela cujo ponto de vista a respeito de fato praticado por outrem se verifique ser o verdadeiro. *Aposta* é, assim, o contrato em que duas ou mais pessoas, cujos pontos de vista a respeito de determinado acontecimento incerto sejam divergentes, obrigam-se a pagar certa soma àquela cuja opinião prevalecer. Enquanto no jogo há propósito de distração ou ganho, com a participação dos contendores, na aposta há o sentido de afirmação da opinião manifestada, ficando nas mãos do acaso a decisão sobre a sua prevalência ou não.

Elucidativos e úteis para a caracterização dos dois institutos os exemplos mencionados por Caio Mário[1], extraídos da doutrina alienígena: quando duas pessoas disputam qual de dois caracóis chegará à borda da mesa que se acha no jardim, podem estar jogando ou apostando; mas se foram colocados pelos contendores para esse fim, é jogo. O mesmo fato pode, então, classificar-se como jogo ou aposta, como na hipótese em que dois lutadores de boxe realizam um jogo, mas os dois espectadores que disputam uma soma ao vencedor efetuam uma aposta. O tratamento legal dado aos dois institutos, todavia, é o mesmo.

A característica marcante do jogo e da aposta reside no fato de constituírem uma *obrigação natural*, inexigível por natureza. Tal modalidade de obrigação é considerada relação de fato *sui generis*, porque, mediante certas condições, como o pagamento espontâneo por parte do devedor, vem a ser atraída para a órbita jurídica, porém, para um único efeito, a *soluti retentio*, ou seja, a retenção pelo credor do que lhe foi pago pelo devedor. Se o devedor, que

---

1 *Instituições de direito civil*, v. III, p. 483-484.

não está obrigado a pagá-la, vier a solvê-la voluntariamente, o seu ato torna-se irretratável, não cabendo a repetição (*soluti retentio*).

O principal efeito da obrigação natural, todavia, consiste na validade de seu pagamento. Ao dizer que não se pode repetir o que se pagou para cumprir obrigação judicialmente inexigível, o art. 882 do Código Civil admite a validade de seu pagamento. Alguns autores têm ainda admitido a existência de efeitos secundários nas obrigações naturais, quando a lei não os vede[2].

Silvio Rodrigues critica a inserção do jogo e da aposta no elenco dos contratos nominados do Código Civil, dizendo que, "se o jogo e a aposta fossem um contrato, seriam espécie do gênero *ato jurídico*, gerando, por conseguinte, os efeitos almejados pelos contratantes. Se isso ocorresse, seria justa sua disciplinação entre os contratos. Todavia, tanto o jogo lícito quanto a aposta não são atos jurídicos, visto que a lei lhes nega efeitos dentro do campo do direito. Assim, não podem ser enfileirados entre os negócios jurídicos e, por conseguinte, entre os contratos"[3].

Serpa Lopes, no entanto, sintetiza a opinião dominante na doutrina: "Sem dúvida, se por contrato se entender o que é portador de todos os efeitos que lhe são próprios, o jogo e a aposta não poderiam ser considerados como uma figura contratual, pois carecem das ações necessárias caracterizadoras da noção de contrato. Mas se por contrato dermos um sentido lato como sendo toda relação a que corresponder um acordo de vontades, então sim teremos incontestavelmente neles um contrato. Por conseguinte, o jogo e a aposta são de natureza contratual..."[4]. E, na realidade, como foi dito, a lei não lhes nega efeitos dentro do campo do direito, pois reconhece a validade do pagamento de obrigação natural, da *solutio retentio* e de outros efeitos secundários.

O jogo e a aposta tornam-se relevantes para o direito quando ocorrem de forma onerosa, por gerarem, neste caso, relações jurídicas. Quando gratuitos, tornam-se juridicamente irrelevantes, merecendo a atenção de outras ciências. Pode-se dizer que são *onerosos* quando ambos os contratantes obtêm um proveito, ao qual corresponde um sacrifício.

Tais contratos são também *aleatórios*, como dito inicialmente, por terem por objeto certo risco ou álea, ou seja, a incerteza do acontecimento, e ainda *bilaterais* ou *sinalagmáticos*, uma vez que geram obrigações para ambos os contratantes.

2. ESPÉCIES DE JOGO

Classificam-se os jogos em *ilícitos* (ou proibidos) e *lícitos*, que podem ser *tolerados* ou *autorizados*. Nos primeiros o resultado depende exclusivamente da *sorte*, como ocorre no jogo do bicho, na roleta, no jogo de dados, na víspora, no bacará etc. Nos últimos o ganho decorre da habilidade, da força ou da inteligência dos contendores, como no futebol, no tênis, no xadrez, no bilhar, bem como nos carteados em geral, como o pôquer, o truco, o *bridge* etc., em que o ganho e a perda dependem também da habilidade dos parceiros.

Os jogos *proibidos* são chamados de *jogos de azar*, tendo em vista que o fator sorte tem caráter predominante. São incriminados pela Lei das Contravenções Penais e por leis especiais. Não geram direitos para o infrator e o sujeitam a punição; e se perde, não pode ser compelido a pagar. Além dos exemplos supramencionados, é proibida a aposta sobre corrida de cavalos fora de hipódromos, bem como a extração de loteria sem autorização.

---

2 Carlos Roberto Gonçalves, *Direito civil brasileiro* – Teoria geral das obrigações, v. 2, p. 191.

3 *Direito civil*, v. 3, p. 349.

4 *Curso de direito civil*, v. IV, p. 414-415.

Os jogos *tolerados*, embora não ingressem no campo da ilicitude, não são bem-vistos pela lei, pois sofrem as mesmas limitações impostas aos ilícitos. O § 2º do art. 814 do Código Civil declara, com efeito, que têm elas aplicação, "*ainda que se trate de jogo não proibido, só se excetuando os jogos e apostas legalmente permitidos*". O contrato de jogo tolerado também não cria, portanto, a obrigação de pagar a dívida resultante da perda. E ao credor não é lícito exigi-la.

O resultado, nessa modalidade, não depende exclusivamente da sorte. Não constituindo contravenções penais, deveriam em princípio gerar direitos e obrigações, inclusive o de cobrar o crédito. Mas, assinala Orlando Gomes, "como a ordem jurídica não considera a atividade dos jogadores digna de tutela ainda quando o ganho ou a perda não dependem exclusivamente da sorte, recusa à obrigação nascida desse contrato a indispensável sanção. Isso significa que o credor não dispõe de meios para compelir o devedor a pagar-lhe a dívida"[5].

Assim, não passando de divertimento sem utilidade, como nos jogos tolerados, ou constituindo vícios que merecem repressão, como nos proibidos, a ordem legal não penetra na sua órbita, e não lhes regula os efeitos. A mesma carência de interesse social, que recusa exigibilidade à obrigação, diz Caio Mário, "nega a *repetitio* ao perdedor que paga"[6].

Os jogos e apostas legalmente permitidos são chamados de *autorizados*. São "aqueles socialmente úteis, pelo benefício que trazem a quem os pratica (competições esportivas, tiro ao pombo, corridas automobilísticas, de bicicletas ou a pé etc.), ou porque estimulam atividades econômicas de interesse geral (turfe, trote), ou pelo proveito que deles aufere o Estado, empregado no sentido de realizar obras sociais relevantes (loterias). Regularmente autorizados, dão nascimento a negócios jurídicos, cujos efeitos são legalmente previstos, e, conseguintemente, quem ganha tem ação para receber o crédito, revestido que fica de todas as características de obrigação exigível (CC, 2ª parte dos §§ 2º e 3º do art. 814)"[7]. Se a loteria ou a rifa não é autorizada, considera-se jogo de azar. Neste caso, o adquirente do bilhete sorteado não tem ação para reclamar o prêmio, nem para pedir a devolução do valor pago.

3. CONSEQUÊNCIAS JURÍDICAS

Dispõe o art. 814 do Código Civil que "*as dívidas de jogo ou de aposta não obrigam a pagamento; mas não se pode recobrar a quantia, que voluntariamente se pagou, salvo se foi ganha por dolo, ou se o perdente é menor ou interdito*".

A inutilidade social do jogo é apontada como a razão pela qual a sua realização não cria obrigações exigíveis. Alguns são *proibidos* e constituem contravenção penal, como atos ilícitos, insuscetíveis de gerar direitos; outros, *tolerados*, não passam de meros passatempos ou diversões, ou chegam a converter-se em vícios economicamente desastrosos, e são inábeis a legitimar a ação em juízo[8].

Desse modo, a dívida resultante da perda no jogo, quer seja lícito (tolerável), quer ilícito (proibido), constitui *obrigação natural*, como foi dito no item 1, *retro*: o ganhador não dispõe, no ordenamento, de ação para exigir seu pagamento. Ensina Pontes de Miranda que "*ninguém deve* por perder em jogo proibido, ou em aposta proibida. Quem perdeu em jogo *não* proibido, ou em aposta *não* proibida, *deve*, porém, contra essa pessoa não há pretensão nem ação"[9].

---

5 *Contratos*, p. 486.
6 *Instituições de direito civil*, v. III, p. 488.
7 Caio Mário da Silva Pereira, *Instituições de direito civil*, v. III, p. 488.
8 Caio Mário da Silva Pereira, *Instituições de direito civil*, v. III, p. 485.
9 *Tratado de direito privado*, v. 45, p. 226.

Mas o que foi pago *voluntariamente* não pode mais ser recobrado (CC, art. 882). O princípio da *soluti retentio*, que acompanha a obrigação natural e permite ao credor reter o que lhe é pago pelo devedor, é tradicional no direito. O débito é inexigível, negando-se, porém, o direito à repetição ao *solvens* pelo pagamento voluntariamente realizado.

A regra, todavia, não é absoluta. O art. 814 retrotranscrito estabelece duas exceções: a) a primeira, fundada no *dolo* do ganhador, quando este utiliza um artifício malicioso para vencer a disputa e afastar a álea existente, ficando o *solvens*, neste caso, autorizado a recobrar o que pagou; b) a segunda, se o perdedor é *menor* ou *interdito*. Mesmo o fato se passando à margem do direito, não descura este da ideia de proteção ao incapaz, devido à sua falta de discernimento. Nas duas hipóteses mencionadas, justificam-se ainda as exceções em razão da inexistência de consentimento do perdente.

O princípio estende-se, também, "*a qualquer contrato que encubra ou envolva reconhecimento, novação ou fiança de dívida de jogo*", porque não se pode reconhecer, novar ou afiançar obrigação que juridicamente não existe (CC, art. 814, § 1º). "*Mas a nulidade resultante não pode ser oposta ao terceiro de boa-fé*" (art. 814, § 1º, segunda parte).

Para o *Superior Tribunal de Justiça*, a "dívida de jogo contraída em casa de bingo é inexigível, ainda que seu funcionamento tenha sido autorizado pelo Poder Judiciário. De acordo com o art. 814, § 2º, do CC, não basta que o jogo seja lícito (não proibido). Para que as obrigações dele decorrentes venham a ser exigíveis, é necessário, também, que seja legalmente permitido. Nesse contexto, é importante enfatizar que existe posicionamento doutrinário no sentido de que os jogos classificam-se em autorizados, proibidos ou tolerados. Os primeiros, como as loterias (Decreto-Lei 204/1967) ou o turfe (Lei n. 7.294/1984), são lícitos e geram efeitos jurídicos normais, erigindo-se em obrigações perfeitas (art. 814, § 2º, do CC). Os jogos ou apostas proibidos são, por exemplo, as loterias não autorizadas, como o jogo do bicho, ou os jogos de azar referidos pelo art. 50 da Lei das Contravenções Penais. Os jogos tolerados, por sua vez, são aqueles de menor reprovabilidade, em que o evento não depende exclusivamente do azar, mas igualmente da habilidade do participante, como alguns jogos de cartas. Inclusive, como uma diversão sem maior proveito, a legislação não os proíbe, mas também não lhes empresta a natureza da obrigação perfeita. No caso, por causa da existência de liminares concedidas pelo Poder Judiciário, sustenta-se a licitude de jogo praticado em caso de bingo. Porém, mais do que uma aparência de licitude, o legislador exige autorização legal para que a dívida de jogo obrigue o pagamento, até porque, como se sabe, decisões liminares têm caráter precário. Assim, não se tratando de jogo expressamente autorizado por lei, as obrigações dele decorrentes carecem de exigibilidade, sendo meras obrigações naturais"[10].

É carecedor de ação o apostador que se tenha tornado credor por cheque ou outro título de crédito, emitido para pagamento de dívida proveniente de jogo ou aposta. Não o será, porém, o terceiro de boa-fé, a quem o título ao portador foi transmitido. Contudo, não se pode arguir a boa-fé se há prova de que o terceiro conhecia perfeitamente a origem da dívida[11].

Igualmente "*não se pode exigir reembolso do que se emprestou para jogo, ou aposta, no ato de apostar ou jogar*" (CC, art. 815). Para que a dívida se torne incobrável é necessário que o empréstimo tenha ocorrido no momento da aposta ou do jogo, como o efetuado pelo dono

---

[10] STJ, REsp 1.406.487-SP, 3ª T., rel. Min. Paulo de Tarso Sanseverino, *DJe* 13-8-2015.

[11] *RT*, 670/94. *V.* ainda: "Cheque. Emissão para pagamento de *dívida de jogo*. Inexigibilidade. O título emitido para pagamento de dívida de jogo não pode ser cobrado, posto que, para efeitos civis, a lei considera ato ilícito. Nulidade que não pode, porém, ser oposta ao terceiro de boa-fé" (*RT*, 693/211, 696/199). "Cheque. Emissão para pagamento de *dívida de jogo*. Inexigibilidade. Irrelevância de a obrigação haver sido contraída em país em que é legítima a jogatina" (*RT*, 794/381).

do cassino para que o mutuário continue a jogar. Podem ser cobrados, no entanto, os empréstimos contraídos posteriormente, para pagar tais dívidas.

4. CONTRATOS DIFERENCIAIS

Segundo Orlando Gomes, contratos diferenciais são "os contratos de venda pelos quais as partes não se propõem realmente a entregar a mercadoria, o título, ou o valor, e a pagar o preço, mas, tão só, à liquidação pela diferença entre o preço estipulado e a cotação do bem vendido no dia do vencimento"[12].

O Código Civil de 1916 equiparava ao jogo os *contratos diferenciais*, assim denominados os que versam sobre títulos de bolsa, mercadorias ou valores, em que se estipulem a liquidação exclusivamente pela diferença entre o preço ajustado e a cotação que eles tiverem no vencimento do ajuste (art. 1.479).

O *mercado a termo* era, assim, equiparado ao jogo, pois as partes não visavam realmente à entrega da mercadoria, mas especulavam com a sua alta ou baixa, ou com a dos títulos; se o preço subisse, o comprador ganhava, porque o vendedor era obrigado ao pagamento da diferença. Se baixasse, quem ganhava era o vendedor, que era titular do direito a ela.

O atual Código Civil, porém, diversamente prescreveu que "*as disposições dos arts. 814 e 815 não se aplicam aos contratos sobre títulos de bolsa, mercadorias ou valores, em que se estipulem a liquidação exclusivamente pela diferença entre o preço ajustado e a cotação que eles tiverem no vencimento do ajuste*" (art. 816).

Não se justificava, efetivamente, a equiparação das bolsas de futuros a jogo ou aposta. O objetivo daquelas é a organização de um mercado livre e aberto para a negociação de produtos derivados de mercadorias e ativos financeiros. Os negócios nelas realizados apresentam um certo risco, estando sempre presente a possibilidade de alguém perder e, de outro lado, alguém lucrar. Todavia, não há razão para considerá-los jogo ou aposta proibidos.

Como enfatiza Jones Figueirêdo Alves, "só o volume negociado na Bolsa de Mercadorias & Futuros demonstra a sua importância, pois permite, entre outras coisas, a formação transparente dos preços futuros de *commodities* da pauta comercial brasileira, tais como o café, o açúcar, a soja e o algodão, facilitando as respectivas vendas a termo no Brasil e no exterior. Apresentou-se imperativa, portanto, a adequação do texto à legislação superveniente, diante do que dispõe o art. 1º da Resolução n. 01/2000 do Congresso Nacional. Este foi o escorço doutrinário que embasou a emenda na fase legislativa aditiva em sede da referida Resolução"[13].

5. A UTILIZAÇÃO DO SORTEIO

Proclama o art. 817 do Código Civil que "*o sorteio para dirimir questões ou dividir coisas comuns considera-se sistema de partilha ou processo de transação, conforme o caso*".

O *sorteio*, utilizado para dirimir questões ou dividir coisas comuns, não é tratado como jogo. A razão é que, em tais hipóteses, não existe lucro ou perda, sendo que os interessados apenas elegem um determinado critério para dirimir as questões sobre as quais divergem. Podem os herdeiros, por exemplo, deixar à sorte a divisão dos quinhões, realizando o sorteio.

Tal sistema é usado pelo próprio direito em várias situações, como no sorteio dos jurados, do relator dos feitos em segunda instância etc., bem como pelas loterias autorizadas.

---

12 *Contratos*, p. 489.
13 *Novo Código Civil comentado*, p. 738.

Assinala, a propósito, Washington de Barros Monteiro: "Haverá transação, e não jogo, se os herdeiros desavindos, pretendendo o mesmo imóvel, ou o mesmo quinhão, confiam à sorte a decisão de suas desinteligências. Não existe nessas operações qualquer ideia de ganho para um, em detrimento dos outros; a sorte não tem por fim lucro ou perda, mas apenas dirimir uma questão. É, como se vê, reminiscência das ordálias, ou juízos de Deus, invocados para solução de determinadas controvérsias[14].

---

[14] *Curso de direito civil*, v. 5, p. 373-374.

Capítulo XVIII
DA FIANÇA

Sumário: 1. Conceito. 2. Natureza jurídica da fiança. 3. Espécies de fiança. 4. Requisitos subjetivos e objetivos. 5. Efeitos da fiança. 5.1. Benefício de ordem. 5.2. Solidariedade dos cofiadores. 6. Extinção da fiança.

1. CONCEITO

O Código Civil de 2002 disciplina a fiança em três seções: a) a primeira concernente às disposições gerais (arts. 818 a 826); b) a segunda, relativa aos efeitos da fiança (arts. 827 a 836); c) a terceira, atinente à extinção da fiança (arts. 837 a 839).

Entre os diversos meios destinados a garantir um estado de fato a que corresponda um direito se enfileiram as *cauções*. Elas visam fundamentalmente suprir a insuficiência patrimonial do devedor. E dentre as cauções ou meios assecuratórios que nossa legislação fornece à garantia e à proteção dos direitos, algumas se efetivam mediante a separação de um determinado bem, móvel ou imóvel, do patrimônio do devedor, que fica afetado à solução de uma obrigação como *garantia real*, como sucede no penhor, na hipoteca e na anticrese, por exemplo. A caução *real* caracteriza-se efetivamente pela vinculação de um determinado bem ao cumprimento da obrigação.

Outras garantias se realizam, por outro lado, mediante compromisso assumido por terceiro, estranho à relação obrigacional, de pagar a dívida do devedor, se este não o fizer. Surge, então, neste caso, a *garantia pessoal* ou *fidejussória*, representada pela *fiança*[1].

Dispõe o art. 818 do Código Civil que, "*pelo contrato de fiança, uma pessoa garante satisfazer ao credor uma obrigação assumida pelo devedor, caso este não a cumpra*". A fiança é, portanto, o contrato pelo qual uma pessoa se obriga a pagar ao credor o que a este deve um terceiro. Alguém estranho à relação obrigacional originária, denominado *fiador*, obriga-se perante o credor, garantindo com o seu patrimônio a satisfação do crédito deste, caso não o solva o devedor.

O *aval* também constitui garantia pessoal, mas não se confunde com a fiança. Esta é uma garantia fidejussória ampla, que acede a qualquer espécie de obrigação, seja convencional, legal ou judicial. O aval, no entanto, é instituto do direito cambiário, restrito aos débitos submetidos aos princípios deste. Trata-se de declaração unilateral e não de contrato. Nos seus efeitos também se observa a diferença: o aval gera "responsabilidade sempre solidária, ao contrário da fiança, que pode sê-lo, ou não"[2].

1 Carvalho de Mendonça, *Contratos no direito civil brasileiro*, t. II, p. 457-458; Caio Mário da Silva Pereira, *Instituições de direito civil*, v. III, p. 493.

2 Caio Mário da Silva Pereira, *Instituições de direito civil*, v. III, p. 495.

O Código Civil prevê ainda outras formas de garantia que têm afinidade com a fiança, mas que com ela não se confundem, como a comissão *del credere* (CC, art. 698), pela qual o comissário garante, solidariamente, de forma total ou parcial, a pontualidade e a solvabilidade daqueles com quem trata, e a *assunção de dívida*, pela qual o assuntor assume a dívida de outrem, com modificação subjetiva na relação jurídica. Trata-se de institutos que se regem por regras e princípios próprios, embora tenham muitos pontos de contato com a fiança. A mencionada comissão *del credere* não constitui aval ou fiança, mas garantia solidária decorrente de acordo de vontade, autorizada por lei. E a assunção de dívida é modo de transmissão de obrigações (CC, art. 299)[3].

2. NATUREZA JURÍDICA DA FIANÇA

Trata-se de modalidade contratual de natureza *acessória*, porque só existe como garantia da obrigação de outrem, sendo muito frequente no mundo dos negócios, particularmente como adjeto à locação e a contratos bancários, juntamente com o aval[4].

Diz-se que a fiança tem caráter *acessório* e *subsidiário* porque depende da existência do contrato principal e tem sua execução subordinada ao não cumprimento deste, pelo devedor. Nula a obrigação principal, a fiança desaparece, "*exceto se a nulidade resultar apenas de incapacidade pessoal do devedor*" (CC, art. 824). A exceção não abrange, contudo, "*o caso de mútuo feito a menor*" (parágrafo único).

O aludido art. 824 do Código Civil de 2002 contém uma impropriedade técnica, por admitir, ainda que como exceção, a possibilidade de uma obrigação nula ser afiançada se a nulidade resultar apenas de incapacidade pessoal do devedor. Se a obrigação principal for nula, não haverá obrigação a garantir. Manteve-se a redação do art. 1.488 do diploma de 1916, que mereceu de Clóvis Beviláqua a seguinte explicação: "São suscetíveis de fiança as obrigações anuláveis por incapacidade pessoal do devedor. A razão, que se costuma dar para justificar esse preceito, é que há, neste caso, uma obrigação natural, portanto, não falta, inteiramente, uma base à fiança. O fiador garante o credor contra os riscos decorrentes da incapacidade do devedor".

Mais adiante, enfatiza o citado mestre: "Abstraindo da obrigação natural, haverá, em todo caso, um dever de pagar, porque a obrigação anulável subsiste enquanto não se anula. E o fiador, assegurando o cumprimento dessa obrigação, torna-se devedor direto e único, se o obrigado se escusa, sob o fundamento de sua incapacidade"[5].

Nessa linha, proclama o Código Civil português que a "fiança não é válida se o não for a obrigação principal. Sendo, porém, anulada a obrigação principal, por incapacidade ou por falta ou vício da vontade do devedor, nem por isso a fiança deixa de ser válida, se o fiador conhecia a causa da anulabilidade ao tempo em que a fiança foi prestada" (art. 632º).

Por ter caráter acessório, a fiança pode ser de "*valor inferior ao da obrigação principal e contraída em condições menos onerosas*", não podendo, entretanto, ser de valor superior ou mais onerosa do que esta (*in duriorem causam*), uma vez que o acessório não pode exceder o principal. Se tal acontecer, não se anula toda a fiança, mas somente o excesso, reduzindo-a ao montante da obrigação afiançada (CC, art. 823). É possível também dar fiança condicional ou a termo a uma obrigação pura e simples.

---

3 Washington de Barros Monteiro, *Curso de direito civil*, v. 5, p. 308 e 376; Sílvio Venosa, *Direito civil*, v. III, p. 420.

4 Eduardo Espínola, *Dos contratos nominados no direito civil brasileiro*, p. 403.

5 *Código Civil dos Estados Unidos do Brasil comentado*, v. V, t. 2, p. 240.

A fiança é contrato *unilateral*, porque gera obrigações, depois de ultimado, unicamente para o fiador. Parte da doutrina, inclusive Clóvis, citado por Eduardo Espínola, o considera, porém, contrato *bilateral imperfeito*, porque, se o fiador vier a pagar o valor da fiança, fica sub-rogado nos direitos do credor primitivo, tendo ação contra o devedor para ser reembolsado daquilo que por causa dele despendeu. Todavia, como rebate o último, "esse direito do fiador *não resulta* de alguma obrigação do credor e sim do dispositivo da lei"[6]. E ainda, como reforça Orlando Gomes, "essa opinião assenta no falso pressuposto de que o contrato se realiza entre o fiador e o devedor. Insustentável, demais disso, porque, cumprida a obrigação do fiador, se extingue o contrato de fiança"[7].

A efetivação da fiança depende de forma escrita *ad solemnitatem*, imposta pela lei (CC, art. 819), por instrumento público ou particular, no próprio corpo do contrato principal ou em separado. Basta que seja dada "*por escrito*", não se exigindo determinada forma especial para a sua comprovação. É, destarte, contrato *formal*, pois fiança jamais se presume. Uma pessoa pode, por algum motivo, honrar o compromisso do devedor e por ele pagar. Mas essa deliberação espontânea nunca presumirá a fiança, se a declaração de vontade não revestir forma escrita, ainda que o instrumento seja particular. Pode constar de simples carta ou outro documento, em que se mencionarão a modalidade e a extensão, sem exigência de termos sacramentais[8]. Já se decidiu, no entanto, que não pode ser admitida como fiança declaração constante de documento que não apresente os requisitos peculiares ao seu teor jurídico[9].

De acordo com a premissa n. 1 da Edição 101 da ferramenta *Jurisprudência em Teses*, do *Superior Tribunal de Justiça*, "O contrato de fiança deve ser interpretado restritivamente, de modo que a responsabilidade dos fiadores se resume aos termos do pactuado no ajuste original, com o qual expressamente consentiram".

A *gratuidade* é uma das características da fiança, porque o fiador, em regra, auxilia o afiançado de favor, nada recebendo em troca. Mas pode a avença assumir caráter *oneroso*, quando o afiançado remunera o fiador pela fiança prestada, como acontece comumente no caso das fianças bancárias e mercantis e até mesmo entre particulares, como se verifica nos anúncios publicados em jornais.

Sendo contrato *benéfico*, a fiança "*não admite interpretação extensiva*" (CC, arts. 114 e 819, segunda parte). Não se pode, assim, por analogia ampliar as obrigações do fiador, quer no tocante à sua extensão, *quer* no concernente à sua duração. Não deve compreender senão o que for expressamente declarado como seu objeto[10]. Proclama, nessa linha, a *Súmula 214 do Superior Tribunal de Justiça: "O fiador não responde por obrigações resultantes de aditamento ao qual não anuiu"*.

---

6 *Dos contratos nominados no direito civil brasileiro*, p. 404, nota 2.

7 *Contratos*, p. 493.

8 Caio Mário da Silva Pereira, *Instituições de direito civil*, v. III, p. 497; Washington de Barros Monteiro, *Curso de direito civil*, v. 5, p. 378.

9 *RF*, 124/483. *V.* ainda: "Fiança. Contrato inexistente. Simples assinatura lançada em documento abaixo da palavra 'fiador'. Hipótese em que não representa o conteúdo de um ajuste. Necessidade de forma escrita, com explicitação da responsabilidade própria do fiador, não se confundindo com o aval. Signatário, portanto, não obrigado" (*RT*, 620/195).

10 "A jurisprudência assentada nesta Corte construiu o pensamento de que, devendo ser o contrato de fiança interpretado restritivamente, não se pode admitir a responsabilização do fiador por encargos locatícios decorrentes de contrato de locação prorrogado sem a sua anuência, ainda que exista cláusula estendendo sua obrigação até a entrega das chaves" (STJ, REsp 299.154-MG, 6ª T., rel. Min. Vicente Leal, *DJU* 15-10-2001). "Fiança. Contrato de natureza gratuita. Convenções benéficas que devem ser interpretadas estritamente, sem se poder ampliar as obrigações do fiador, quer no que respeita à sua abrangência, quer no que concerne à sua duração" (*RT*, 791/402).

É princípio assente em todos os códigos que a fiança não pode ir além dos limites estabelecidos no contrato. Todavia, quando seja determinado o objeto da fiança, sem a declaração de que ela se limita à dívida principal, entende-se que ela compreende os seus acessórios, incluindo as despesas judiciais[11]. Preceitua, com efeito, o art. 822 do Código Civil que, "*não sendo limitada, a fiança compreenderá todos os acessórios da dívida principal, inclusive as despesas judiciais, desde a citação do fiador*". Desse modo, se a fiança é prestada sem que constem do instrumento as restrições, ter-se-á como dada em caráter universal, tornando o fiador corresponsável por todo e *qualquer* prejuízo causado pelo afiançado[12].

Consolidou-se a jurisprudência do *Superior Tribunal de Justiça* no seguinte sentido: "*Existindo cláusula expressa no contrato de aluguel de que a responsabilidade do fiador perdurará até a efetiva entrega das chaves do imóvel objeto da locação, não há falar em desobrigação automática deste, ainda que o contrato tenha se prorrogado por prazo indeterminado*"[13]. *Nesse caso, a exoneração do devedor depende de notificação ao locador, manifestando a sua intenção de extinguir a fiança.*

A fiança é, por fim, contrato *personalíssimo* ou *intuitu personae*, porque celebrado em função da confiança que o fiador merece.

3. ESPÉCIES DE FIANÇA

A fiança pode ser *convencional*, *legal* e *judicial*. A primeira resulta de acordo de vontades, que deve necessariamente ser escrito. A segunda é imposta pela lei (CC, arts. 1.400, 1.745, parágrafo único etc.). E a terceira, determinada pelo juiz, de ofício ou a requerimento das partes (CPC, arts. 520, 559 etc.).

Como exemplos de fiança legal podem ser mencionados ainda, dentre outros, os arts. 260, II, 495 e 1.305, parágrafo único, todos do Código Civil; e o art. 121 do Código de Águas.

A fiança, quando se encontrava em vigor o Código de 1916, classificava-se ainda em *civil* (CC, arts. 1.481 a 1.504) e *mercantil* (CCom, arts. 256 a 264). O Código Civil de 2002 revogou, todavia, toda a parte primeira deste último diploma, inclusive os dispositivos concernentes à fiança. Desse modo, ela é hoje sempre civil, podendo ser chamada de *empresária* quando destinada a garantir o exercício da atividade própria de empresário.

4. REQUISITOS SUBJETIVOS E OBJETIVOS

Quanto aos *requisitos subjetivos*, a *capacidade* para ser fiador é a genérica: podem ser fiadoras todas as pessoas que tenham a livre disposição de seus bens. Ficam afastados, portanto, os incapazes em geral. Concedida por mandato, requer poderes especiais; e, se o outorgante for analfabeto ou cego, a procuração deve ser dada por instrumento público. O pródigo não pode prestar fiança porque o ato coloca em risco o seu patrimônio e está inibido de, sem curador, praticar atos que não sejam de mera administração (CC, art. 1.782).

Um cônjuge não pode, *sem o consentimento do outro*, exceto no regime da separação absoluta, prestar fiança (CC, art. 1.647, III). A falta da aludida autorização torna o ato *anulável* (art. 1.649), estando legitimado a postular a anulação, "*até dois anos depois de terminada a sociedade conjugal*", somente o cônjuge que não deu a outorga, ou seus herdeiros, se já falecido, podendo, ainda, ser confirmado por ele, desde que "*por instrumento público, ou particular, autenticado*" (arts. 172, 1.649, parágrafo único, e 1.650). O Código Civil de 2002

---

11 Eduardo Espínola, *Dos contratos nominados no direito civil brasileiro*, p. 404-405, nota 5.

12 STJ, REsp 49.568-SP, 6ª T., rel. Min. Anselmo Santiago, *DJU* 16-2-1998.

13 STJ, AgRg nos EAg 711.699-SP, 3ª Seção, *DJE* 6-4-2009.

declara expressamente a *anulabilidade* do ato, afastando a tese da *nulidade* e pondo fim a antiga polêmica sobre a questão[14].

Preleciona Sílvio Venosa que o consentimento "não se confunde com fiança conjunta. O cônjuge pode autorizar a fiança. Preenche-se desse modo a exigência legal, mas não há fiança de ambos: um cônjuge afiança e o outro simplesmente autoriza, não se convertendo em fiador. Os cônjuges podem, por outro lado, afiançar conjuntamente. Assim fazendo, ambos colocam-se como fiadores. Quando apenas um dos cônjuges é fiador, unicamente seus bens dentro do regime respectivo podem ser constrangidos"[15].

Tem o *Superior Tribunal de Justiça*, com efeito, decidido:

"Sendo a fiança contrato que não admite interpretação extensiva, por ter caráter benéfico, e constando no contrato de locação o marido como fiador, a que a mulher apenas concedeu anuência para atender à exigência legal, não há cogitar de solidariedade de que trata o art. 829 do Código Civil"[16];

"Por se tratar de contrato benéfico, as disposições relativas à fiança devem ser interpretadas de forma restritiva (CC, art. 819), ou seja, de maneira mais favorável ao fiador, razão pela qual, no caso em que a dívida é oriunda de contrato de locação, tendo o recorrente outorgado fiança limitada até R$ 30.000,00 (trinta mil reais), forçoso reconhecer que a sua responsabilidade não pode ultrapassar esse valor"[17].

"A melhor exegese é aquela que mantém a exigência geral de outorga conjugal para prestar fiança, sendo indiferente o fato de o fiador prestá-la na condição de comerciante ou empresário, considerando a necessidade de proteção da segurança econômica familiar"[18].

Proclama a *Súmula 332 do Superior Tribunal de Justiça: "A anulação de fiança prestada sem outorga uxória (sem autorização de um dos cônjuges) implica a ineficácia total da garantia"*. No entanto, "a nulidade da fiança não pode ser apontada pelo cônjuge subscritor, mas somente por aquele que não anuiu"[19].

Decidiu a 4ª Turma que, todavia, ao editar e aplicar a referida súmula, a mencionada Corte sempre o fez no âmbito do casamento. Assim, concluiu o relator, "É por intermédio do ato jurídico cartorário e solene do casamento que se presume a publicidade do estado civil dos contratantes, de modo que, em sendo eles conviventes em união estável, hão de ser dispensadas as vênias conjugais para a concessão de fiança. Desse modo, não é nula nem anulável a fiança prestada por fiador convivente em união estável sem a outorga uxória do outro companheiro. Não incidência da Súmula 332/STJ à união estável[20].

Em outro julgado, a mencionada colenda Turma, por unanimidade, decidiu que é necessária a autorização do cônjuge para que o outro preste fiança na condição de comerciante

---

14 "Locação. Garantia prestada pelo marido sem outorga uxória. Irrelevância. Mera anulabilidade do ato" (*RT*, 803/266). "Fiança. Nulidade. Inocorrência. Cônjuge que, declarando-se solteiro, deixa de apresentar a devida outorga uxória. Desobrigação do cônjuge que não participou do ato e que, em razão da sua boa-fé, deve ter resguardada sua meação" (*RT*, 799/387). "Garantia prestada sem a outorga uxória. Eficácia restrita à meação do fiador-varão, ainda que havendo comunhão universal de bens" (*RT*, 791/272).

15 *Direito civil*, 8. ed., p. 398.

16 STJ, REsp 1.038.774-RS, 5ª T., rel. Min. Napoleão Nunes Maia Filho, *DJU* 1º-2-2010. No mesmo sentido: REsp 103.331-RS, rel. Min. Vicente Leal, *DJU* 10-9-2001; REsp 163.477-SP, rel. Min. José Arnaldo da Fonseca, *DJU* 15-6-1998.

17 STJ, REsp 1.482.565-SP, 3ª T., rel. Min. Marco Aurélio Bellizze, *DJe* 15-12-2016.

18 STJ, REsp 1.525.638-SP, 4ª T., rel. Min. Antonio Carlos Ferreira, j. 14-6-2022.

19 REsp 1.711.800-RS, 3ª T., rel. Min. Marco Aurélio Bellizze, *DJe* 13-4-2018.

20 STJ, REsp 1.299.894-DF, 4ª T., rel. Min. Luis Felipe Salomão, *DJe* 28-3-2014.

ou empresário em respeito à segurança econômica familiar. Nesse sentido, o relator reafirmou que "o art. 1.647, III, do CC/2002 exige a outorga conjugal para prestar fiança, exceto no regime de separação absoluta de bens. O art. 1.642, I, por seu turno, autoriza o marido ou a mulher, independentemente de autorização do outro cônjuge, a praticar todos os atos de disposição e de administração necessários ao desempenho de sua profissão, exceto alienar ou gravar de ônus reais os imóveis. Contudo, o art. 1.642, IV, do mesmo diploma legal possibilita ao cônjuge, sem anuência nem consentimento do outro, pleitear a nulidade da fiança prestada sem outorga conjugal"[21].

Algumas restrições são impostas, no entanto, pela lei. Assim, não podem prestar fiança certas pessoas, em razão de ofício ou função que exercem, como os agentes fiscais, tesoureiros, leiloeiros (Dec. n. 21.981, de 19-10-1930, art. 30), tutores e curadores pelos pupilos e curatelados etc. Outras vezes a restrição alcança as entidades públicas. O governador, por exemplo, não pode prestar fiança sem autorização da Assembleia Legislativa; as autarquias não podem ser fiadoras, salvo as instituições de previdência social na locação de casa ocupada pelos seus associados (Dec.-Lei n. 1.308, de 31-5-1939); e as unidades militares também não podem ser fiadoras em favor dos oficiais e praças que as compõem. No mútuo feito a menor, a fiança dada a este é inválida, e não é lícito ao credor recobrar o empréstimo do fiador (CC, art. 588)[22].

Pode haver, ainda, restrições de ordem convencional que acarretam a falta de legitimação, como as estabelecidas em contrato social, proibindo expressamente a firma de dar fiança, ou aos seus gerentes e administradores de assumirem esta responsabilidade em negócios estranhos aos interesses sociais.

Diz o art. 820 do Código Civil que "*pode-se estipular a fiança, ainda que sem consentimento do devedor ou contra a sua vontade*". Em geral é o devedor que apresenta ao credor pessoa que se dispõe a obrigar-se como fiador, garantindo a dívida. Todavia, como se trata de um contrato entre fiador e credor, entre os quais se forma a relação jurídico-fidejussória, e tem sempre por finalidade beneficiar o devedor, nada impede que o contrato se forme, sem que este tenha conhecimento[23].

Muitas vezes incumbe ao devedor, por determinação legal, por ordem judicial ou ainda em cumprimento de contrato, apresentar fiador que lhe garanta as obrigações. A lei, nesses casos, busca garantir o credor, permitindo-lhe recusar o indicado "*se não for pessoa idônea, domiciliada no município onde tenha de prestar fiança, e não possua bens suficientes para cumprir a obrigação*" (CC, art. 825).

Em princípio, compete ao credor decidir sobre a idoneidade do fiador apresentado. Esta deve existir não só sob o aspecto financeiro, mas também sob o moral, apurada pela honorabilidade do fiador e seu conceito no meio em que vive. Evidentemente, o falido, o insolvente e o incapaz não servem como fiadores. Não pode o credor, todavia, recusar abusivamente qualquer pessoa indicada pelo devedor. Se o fizer, cabe ao juiz reconhecer a impertinência dessa postura e ordenar a aceitação do fiador, a despeito da recusa do credor[24].

Ainda com o objetivo de proteger o credor, confere-lhe a lei o direito de exigir do devedor a substituição do fiador, quando este, depois de celebrado o contrato, "*se tornar insolvente ou incapaz*" (CC, art. 826). Todavia, não poderá fazer tal exigência se a fiança foi estipula-

---

21 REsp 1.525.638-SP, 4ª T., rel. Min. Antonio Carlos Ferreira, j. 14-6-2022.

22 Caio Mário da Silva Pereira, *Instituições de direito civil*, v. III, p. 495-496.

23 Eduardo Espínola, *Dos contratos nominados no direito civil brasileiro*, p. 405, nota 6.

24 Silvio Rodrigues, *Direito civil*, v. 3, p. 358; Caio Mário da Silva Pereira, *Instituições de direito civil*, v. III, p. 498.

da sem o consentimento do devedor ou contra a sua vontade. Em resumo, antes do contrato pode o credor recusar o fiador indicado, devendo o devedor provar a idoneidade do garante, se pretender que o juiz ordene sua aceitação. *Após a celebração do contrato pode o credor exigir a substituição do fiador, desde que prove ter este se tornado incapaz ou insolvente*[25].

Admite-se a existência de fiador do fiador, que, no direito português, denomina-se *abonador*. Nessa hipótese, o abonador assume as obrigações do fiador, aplicando-se-lhe todas as prescrições legais relativas à fiança. Trata-se de uma subfiança, em que o abonador garante a solvência do fiador. Não se confunde com a cofiança, quando vários fiadores garantem a mesma dívida.

No tocante aos *requisitos objetivos*, a fiança pode ser dada a toda espécie de obrigação. Tendo natureza acessória, sua eficácia depende da validade da obrigação principal. Assim, "se esta for nula, nula será a fiança; se for inexigível, como a dívida de jogo, incobrável será do fiador; se anulável não pode ser eficazmente afiançada, salvo se a anulabilidade provier de incapacidade pessoal do devedor, e ainda assim se o caso não for de contrato de mútuo feito a menor (CC, art. 824), presumindo-se neste caso que foi dada com o objetivo específico de resguardar o credor do risco de não vir a receber do incapaz"[26].

Embora, em regra, a fiança seja concedida a obrigações atuais, as "*dívidas futuras*" podem ser objeto de fiança; "*mas o fiador, neste caso, não será demandado senão depois que se fizer certa e líquida a obrigação do principal devedor*" (CC, art. 821), porque o acessório segue o destino do principal. Tem a jurisprudência reconhecido, efetivamente, que o princípio da acessoriedade é que impõe a eficácia da fiança quando somente resultar assente e afirmada a obrigação que determinou a garantia, ou seja, somente quando se tornar exigível a obrigação afiançada[27].

A garantia, não tendo sido limitada até certo valor ou até certa data, por exemplo, estende-se, como já foi dito, a todos os acessórios da dívida principal, inclusive às despesas judiciais, desde a citação do fiador (CC, art. 822). Mas, para que o fiador responda pelos aluguéis e pelas custas e despesas processuais, deve ser *citado*, juntamente com o devedor. Se o credor não promover a sua citação, só poderá *depois* cobrar dele os aluguéis atrasados, bem como a multa, mas não as despesas judiciais da primeira ação[28].

5. EFEITOS DA FIANÇA

O fiador, ao conceder a fiança, assume a obrigação de pagar a dívida do devedor, se este não o fizer no tempo e na forma devidos. Tal obrigação transmite-se aos seus herdeiros. Como estes, entretanto, "não são obrigados a afiançar dívidas alheias, se assim não quiserem, a responsabilidade que a lei lhes impõe se limita ao tempo decorrido até a morte do fiador. E não pode ultrapassar as forças da herança"[29], segundo dispõe o art. 836 do Código Civil.

O fiador garante, pois, com o seu próprio patrimônio geral, o adimplemento do afiançado. A garantia é pessoal ou fidejussória, defluindo os efeitos principais e imediatos do vínculo

---

25 Silvio Rodrigues, *Direito civil*, v. 3, p. 358.

26 Caio Mário da Silva Pereira, *Instituições de direito civil*, v. III, p. 496.

27 STJ, REsp 216.704-SP, 5ª T., rel. Min. Edson Vidigal, *DJU* 29-11-1999; STJ, REsp 2.069-SP, 4ª T., rel. Min. Sálvio de Figueiredo Teixeira, *DJU* 11-6-1990.

28 "Locação. Despejo. Fiadores que foram apenas cientificados da ação. Cientificação, em tal hipótese, que tem apenas o condão de possibilitar a execução dos encargos da lide" (*RT*, 788/311). "Locação. Despejo. Falta de pagamento de aluguel. Ação proposta sem cumulação com cobrança. Circunstância que não enseja a efetiva participação dos fiadores" (*RT*, 772/398).

29 Silvio Rodrigues, *Direito civil*, v. 3, p. 360. *V.* ainda: "Fiança. Extinção. Ocorrência. Morte do fiador. Eventuais herdeiros do *de cujus* que só respondem pelos débitos garantidos vencidos até a data do óbito do garante" (*RT*, 778/319).

contratual no plano das relações entre *fiador e credor*, e, mediatamente, no das relações entre *fiador e devedor*.

O fiador responde por juros desde o vencimento de aluguéis. "A mora ex re *independe de qualquer ato do credor, como interpelação ou citação, porquanto decorre do próprio inadimplemento de obrigação positiva, líquida e com termo implementado, cuja matriz normativa é o art. 960, primeira parte, do Código Civil de 1916, reproduzido no Código Civil atual no caput do art. 397. Dessarte, como consignado no acórdão recorrido, se o contrato de locação especifica o valor do aluguel e a data de pagamento, os juros de mora fluem a partir do vencimento das prestações, a teor do art. 397 do Código Civil*[30].

5.1. Benefício de ordem

Destaca-se, nas relações entre o *credor* e o *fiador*, o *benefício de ordem* ou *de excussão*. Pode o fiador, quando demandado, indicar bens do devedor, livres e desembaraçados, e *somente até a fase da contestação*, que sejam suficientes para saldar o débito, a fim de evitar a excussão de seus próprios bens (CC, art. 827), visto que a sua obrigação é *acessória* e *subsidiária*. Tal benefício consiste, portanto, no direito de exigir "*que sejam primeiro executados os bens do devedor*".

No entanto, "se o fiador contesta a ação com fundamento na inexistência, invalidade ou ineficácia do contrato principal ou do contrato de fiança, a exceção ainda poderá ser arguida pelo fiador na fase de cumprimento de sentença, quando intimado para pagar o débito (art. 523 do CPC/2015), já que para aduzir o benefício de excussão é necessário admitir a validade ou a existência da fiança"[31].

Tal benefício não pode ser invocado, contudo: a) se o fiador "*o renunciou expressamente*"; b) "*se se obrigou como principal pagador ou devedor solidário*"; c) "*se o devedor for insolvente, ou falido*" (CC, art. 828).

O benefício de ordem consiste, pois, na prerrogativa, conferida ao fiador, de exigir que os bens do devedor principal sejam excutidos antes dos seus. Tal benefício, conforme a lição de Silvio Rodrigues, "se funda na ideia de que a obrigação do fiador é subsidiária, pois que não passa de uma garantia da dívida principal. Assim, cumpre ao devedor pagar a dívida e só quando, mediante a execução de seus bens, verificar-se a insuficiência de seu patrimônio para resgatá-la, é que o fiador será chamado a fazê-lo"[32].

Na prática são raros os casos em que o devedor pode invocar tal benefício, tendo em vista que se difundiu a praxe de o credor exigir que o fiador se obrigue como principal pagador, vindo mesmo expressa nos contratos de locação, por exemplo, cláusula desse teor. Obrigando-se como principal pagador, o fiador torna-se solidário do devedor principal e o credor pode exigir dele, desde logo, o pagamento da dívida[33]. Se, porventura, inexistir tal cláusula, o fiador terá direito ao benefício de ordem se: a) "*nomear bens do devedor, sitos no mesmo município, livres e desembaraçados, quantos bastem para solver o débito*"; b) invocá-lo "*até a contestação da lide*", se demandado em ação de cobrança da dívida principal, ou no prazo da nomeação de bens à penhora, se cobrado em execução, como o prevê expressamente o art. 794, *caput* e § 1º, do Código de Processo Civil[34]. Quer o legislador evitar que o credor

---

[30] STJ, REsp 1.264.820-RS, 4ª T., rel. Min. Luis Felipe Salomão, j. 13-11-2012.

[31] STJ, REsp 2.065.078-PR, 3ª T., rel. Min. Nancy Andrighi, j. 8-8-2023.

[32] *Direito civil*, v. 3, p. 358-359.

[33] "Benefício de ordem. Inaplicabilidade, se o fiador renuncia à ordem, se obrigado como principal pagador ou devedor solidário, ou, ainda, se o locatário é insolvente ou falido" (*RT*, 760/300 e 765/274).

[34] Jones Figueirêdo Alves, *Novo Código Civil comentado*, p. 746.

fique sujeito aos caprichos do fiador, que poderia, maliciosamente, invocar o benefício quando a causa estivesse em fase final.

Segundo o *Enunciado n. 364, aprovado na IV Jornada de Direito Civil* promovida pelo Conselho da Justiça Federal, "no contrato de fiança é nula a cláusula de renúncia antecipada ao benefício de ordem quando inserida em contrato de adesão".

5.2. Solidariedade dos cofiadores

Dispõe o fiador, ainda, do *benefício de divisão*, nestes termos: "*A fiança conjuntamente prestada a um só débito por mais de uma pessoa importa o compromisso de solidariedade entre elas, se declaradamente não se reservarem o benefício de divisão*" (CC, art. 829). Aduz o parágrafo único: "*Estipulado este benefício, cada fiador responde unicamente pela parte que, em proporção, lhe couber no pagamento*".

Presume-se, pois, que os cofiadores são solidários, admitindo-se, porém, que se ilida a presunção pela estipulação contrária. Neste caso, cada um responderá *pro rata*. Se não houver especificação da parte da dívida que cada qual garante, pode o credor, em caso de inadimplência do devedor principal, exigir de um, de alguns, ou de todos os fiadores o total da dívida (CC, art. 275).

Se a mesma dívida é garantida por várias fianças, outorgada cada uma destas em ato separado, o credor pode acionar o fiador que escolher pela totalidade da dívida. Se as fianças foram prestadas conjuntamente, num só instrumento, declara a lei que serão também solidariamente responsáveis os fiadores, se, de modo expresso, não se reservaram estes o benefício da divisão[35].

O art. 130 do Código de Processo Civil diz ser admissível o *chamamento ao processo*, requerido pelo réu: "*I – do afiançado, na ação em que o fiador for réu; II – dos demais fiadores, na ação proposta contra um ou alguns deles; III – dos demais devedores solidários, quando o credor exigir de um ou de alguns o pagamento da dívida comum*".

O aludido benefício afasta a solidariedade, tornando divisível a obrigação. Já se decidiu que a fiança prestada por marido e mulher, se inexiste a reserva do benefício de divisão, cai na regra da solidariedade estipulada para o caso de fiança prestada conjuntamente. Assim, a morte de um fiador não limita a garantia até a data do seu falecimento, já que não se aplica ao garante solidário a norma que limita a responsabilidade dos herdeiros ao tempo decorrido até a morte do fiador[36], salvo se a mulher apenas concedeu anuência[37].

Assim como o fiador único pode limitar a garantia a uma parte da dívida somente (CC, art. 823), admite-se, também, sendo vários os garantes, que cada qual especifique, no contrato, a parte da dívida que toma sob sua responsabilidade, e, neste caso, "*não será por mais obrigado*" (CC, art. 830).

Efeito importante da fiança é *a sub-rogação legal* do garante. O fiador que pagar integralmente a dívida "*fica sub-rogado de pleno direito nos direitos do credor*", com todos os direitos, ações, privilégios e garantias de que este desfrutava (CC, arts. 346, III, e 349). Mas "*só poderá demandar a cada um dos outros fiadores pela respectiva quota*" (art. 831, segunda parte). A parte "*do insolvente distribuir-se-á pelos outros*" (art. 831, parágrafo único), uma vez que, na relação entre os cofiadores entre si, como devedores solidários, a obrigação é divisível *pro parte* (CC, art. 283).

---

35 Washington de Barros Monteiro, *Curso de direito civil*, v. 5, p. 384.

36 *RT*, 635/268.

37 *RSTJ*, 111/327.

Nas relações entre *fiador e afiançado*, observa-se que pode o primeiro, sub-rogando-se nos direitos do credor, exigir do último o que pagou, acrescido dos "*juros do desembolso pela taxa estipulada na obrigação principal*" ou, à sua falta, pela taxa legal, além das "*perdas e danos*" que pagar e "*pelos que sofrer em razão da fiança*" (arts. 832 e 833). Mas, para ter direito à sub-rogação, deverá pagar integralmente a dívida, pois que, sendo garante do afiançado, não pode concorrer com o credor, não totalmente satisfeito, na excussão dos bens do devedor[38].

O prazo prescricional para fiador cobrar afiançado é o mesmo que o locador teria para reclamar o pagamento dos aluguéis, por exemplo. No caso, esse prazo inicia com a data do pagamento do débito[39].

Se o credor, depois de iniciar a execução contra o devedor, mostrar-se desidioso, não dando ao feito o regular andamento, poderá fazê-lo o fiador, que tem interesse em liberar-se da responsabilidade (CC, art. 834). O fiador tem o direito de ver definida a sua situação e de não permanecer indefinidamente sujeito às consequências da obrigação assumida. Por essa razão, permite a lei que promova o andamento da execução iniciada pelo credor contra o devedor, se ficar injustificadamente paralisada.

Quando nem a obrigação nem a fiança têm prazo certo, pode o fiador "*exonerar-se*" quando "*lhe convier*", "*ficando obrigado por todos os efeitos da fiança, durante sessenta dias após a notificação do credor*" (CC, art. 835). O dispositivo traz significativas inovações, permitindo inicialmente a exoneração do fiador por meio de simples *notificação* ao credor, quando a jurisprudência exigia anteriormente a propositura de ação declaratória[40]. E, em segundo lugar, estabelecendo o prazo de sessenta dias após a notificação para que o fiador continue respondendo por todas as obrigações assumidas pelo devedor.

Cabe ao fiador provar que a notificação foi efetivada, uma vez que "não se pode conceber a exoneração do fiador com o simples envio de notificação, pois só com a ciência pessoal do credor é que se inicia o prazo de 60 (sessenta) dias previsto no art. 835 do CC/02, razão pela qual caberá ao fiador, em situação de eventual litígio, o ônus de provar não só o envio, mas o recebimento da notificação pelo credor"[41].

Observe-se que a fiança por prazo determinado extingue-se com o advento do termo, e que a prestada por prazo indeterminado, mas garantindo negócio com prazo determinado, cessa com a extinção do negócio subjacente, tendo em vista que o acessório segue o principal. Todavia, se a fiança não for prestada por prazo certo, garantindo negócio também indeterminado, a todo tempo é lícito ao fiador exigir a sua exoneração com base no aludido art. 835 do Código Civil de 2002[42].

Dispõe o art. 39 da Lei n. 8.245/91, com a redação dada pela Lei n. 12.112, de 9-12-2009, que, "*salvo disposição contratual em contrário, qualquer das garantias da locação se estende até a efetiva devolução do imóvel, ainda que prorrogada a locação por prazo indeterminado, por força desta Lei*". Por outro lado, a Lei n. 12.112/2009 introduziu, no art. 40 da mencionada Lei

---

38 Caio Mário da Silva Pereira, *Instituições de direito civil*, v. III, p. 500-501. Acrescenta Caio Mário, apoiado em lições de De Page, Colin e Capitant, Serpa Lopes e Trabucchi, que "se nega ainda ao fiador o direito regressivo contra o afiançado: *a*) se, por sua omissão, o devedor, não informado da prestação feita, houver novamente pago o mesmo débito; *b*) se tiver prestado a fiança *cum animo donandi*; *c*) se tiver pago o indébito total ou parcial, isto é, se a prestação não for devida ou for maior do que o valor da obrigação; *d*) se tiver pago sem ser demandado (pagamento espontâneo), omitindo a informação ao devedor principal, que teria uma causa extintiva a opor ao pagamento" (p. 501).

39 STJ, REsp 1.769.522, 3ª T., rel. Min. Nancy Andrighi, abril/2019.

40 *RT*, 723/412.

41 STJ, REsp 1.428.271-MG, 3ª T., rel. Min. Nancy Andrighi, *DJe* 30-3-2017.

42 Jones Figueirêdo Alves, *Novo Código Civil comentado*, p. 753.

do Inquilinato, o inciso X, assegurando ao fiador, depois de prorrogada a locação por prazo indeterminado, o direito de notificar ao locador sua intenção de desonerar-se da obrigação, ficando, neste caso, obrigado ainda por cento e vinte dias após a notificação. O inciso II do referido art. 40 também sofreu alteração para permitir que o proprietário do imóvel exija novo fiador, caso o anterior ingresse no regime de *recuperação judicial*. Pretende-se, com isso, aumentar as garantias do locador e exonerar da obrigação a empresa fiadora que esteja passando por crise econômico-financeira.

Não é nula a cláusula de renúncia do direito de exoneração da fiança oferecida por tempo indeterminado[43]. Considera-se, entretanto, renúncia o fato de o fiador ter-se obrigado até a efetiva entrega das chaves[44].

O art. 39 da Lei n. 8.245/91 dispõe que, salvo disposição contratual em contrário, qualquer das garantias da locação se estende até a efetiva devolução do imóvel, ainda que prorrogada a locação por prazo indeterminado. Da redação do mencionado dispositivo legal "depreende-se que não há necessidade de expressa anuência dos fiadores quanto à prorrogação do contrato quando não há qualquer disposição contratual que os desobrigue até a efetiva entrega das chaves. Ademais, a própria lei, ao resguardar a faculdade do fiador de exonerar-se da obrigação mediante a notificação resilitória, reconhece que a atitude de não mais responder pelos débitos locatícios deve partir do próprio fiador, nos termos do art. 835 do CC/02. Na hipótese sob julgamento, em não havendo cláusula contratual em sentido contrário ao disposto no art. 39 da Lei de Inquilinato – isto é, que alije os fiadores da responsabilidade até a entrega das chaves – e, tampouco, a exoneração da fiança por parte dos garantes, deve prevalecer o disposto na lei especial quanto à subsistência da garantia prestada"[45].

6. EXTINÇÃO DA FIANÇA

A *morte* do fiador extingue a fiança, mas a obrigação passa aos seus herdeiros, limitada porém às forças da herança e aos débitos existentes até o momento do falecimento. A do afiançado, contudo, não a extingue; os herdeiros respectivos são meros continuadores do *de cujus*[46].

O art. 836 do Código Civil estatui, com efeito, que "*a obrigação do fiador passa aos herdeiros; mas a responsabilidade da fiança se limita ao tempo decorrido até a morte do fiador, e não pode ultrapassar as forças da herança*". Quaisquer responsabilidades que surjam após o falecimento do fiador, ainda que cobertas pela garantia fidejussória, não podem atingir os sucessores: "por exemplo, os herdeiros do fiador por alugueres respondem, *intra vires hereditatis*, pelos que se vencerem até a data da abertura da sucessão, mas não são obrigados pelos subsequentes"[47].

A fiança extingue-se por causas terminativas próprias às obrigações em geral. Por ser contrato *acessório*, extingue-se em sobrevindo qualquer causa de extinção do débito principal por ela assegurado, salvo a hipótese do art. 824 do Código Civil. Independentemente de seu caráter acessório, a fiança pode extinguir-se pelas mesmas causas gerais de extinção da obrigação, como, por exemplo, a confusão, ao se reunirem na mesma pessoa as qualidades de devedor e de fiador, a compensação, e, em geral, todas aquelas circunstâncias que conferem ao fiador o direito de opor uma exceção pessoal[48].

---

43 *RT*, 703/122.
44 *RT*, 704/140.
45 STJ, REsp 1.607.42-SP, 3ª T., rel. Min. Nancy Andrighi, *DJe* 17-11-2017.
46 Washington de Barros Monteiro, *Curso de direito civil*, v. 5, p. 387.
47 Caio Mário da Silva Pereira, *Instituições de direito civil*, v. III, p. 502.
48 Serpa Lopes, *Curso de direito civil*, v. IV, p. 478.

Além das causas que extinguem os contratos em geral, a fiança extingue-se também por atos praticados pelo *credor*, especificados no art. 838 do Código Civil: a) *concessão de moratória* (dilação do prazo contratual) ao devedor, sem consentimento do fiador, ainda que solidário[49]; b) *frustração da sub-rogação legal* do fiador nos direitos e preferências (por abrir mão de hipoteca, que também garantia a dívida, p. ex.); c) aceitação, em pagamento da dívida, de *dação em pagamento* feita pelo devedor, ainda que depois venha a perder o objeto por evicção, pois neste caso ocorre pagamento indireto, que extingue a própria obrigação principal. A obrigação acessória não se revigora, neste caso, com a eventual evicção da coisa dada em pagamento.

A enumeração legal é taxativa. Assim, a fiança não desaparece com a falência ou a redução do aluguel ou partilha do prédio locado, por exemplo[50].

A concessão de moratória ao devedor pelo credor, prorrogando-lhe o prazo além do vencimento da obrigação, constitui causa de extinção da fiança porque tal favor poderá piorar a situação econômica do devedor, diminuindo-lhe o patrimônio, em prejuízo do fiador, que poderá não encontrar bens suficientes para suportar o eventual exercício do direito regressivo. Todavia, simples tolerância ou inércia do credor no receber o débito vencido não configura moratória, mas sim a expressa outorga de novo prazo por este.

A propósito, decidiu a 4ª Turma do *Superior Tribunal de Justiça* que é possível a exclusão dos fiadores do polo passivo da execução, por conta de *transação* entre credor e devedor feita sem a anuência daqueles. Confira-se:

"A transação e a moratória, conquanto sejam institutos jurídicos diversos, têm um efeito em comum quanto à exoneração do fiador que não anuiu com o acordo firmado entre o credor e o devedor (arts. 1.031, § 1º, e 1.503, I, do CC de 1916). Assim, mesmo existindo cláusula prevendo a permanência da garantia fidejussória, esta é considerada extinta, porquanto o contrato de fiança deve ser interpretado restritivamente, nos termos do art. 1.483 do CC de 1916, ou seja, a responsabilidade dos fiadores restringe-se aos termos do pactuado na avença original, com a qual expressamente consentiram"[51].

A mencionada Corte tem decidido com efeito que, estabelecida a transação entre locador e locatário sobre a dívida em anterior ação de despejo, sem a participação do fiador, é legítima a extinção da fiança nos termos do art. 838, I, do Código Civil. O adquirente de imóvel em condomínio responde pelas cotas condominiais em atraso, ainda que anteriores à aquisição, ressalvado o seu direito de regresso contra o antigo proprietário. A obrigação de pagamento dos débitos condominiais também alcança os novos titulares do imóvel que não participaram da fase de conhecimento da ação de cobrança, em razão da natureza *propter rem* da dívida[52].

O fiador pode opor ao credor "*as exceções que lhe são pessoais*" (as dos arts. 204, § 3º, 366, 371 e 376, p. ex.), bem como as que caibam ao *devedor principal* (como prescrição e nulidade da obrigação, p. ex.), "*se não provierem simplesmente da incapacidade pessoal, salvo o caso do mútuo feito a pessoa menor*" (CC, art. 837).

Ficará exonerado o fiador se nomeou bens à penhora valendo-se do "*benefício da excussão*", ainda que mais tarde, havendo demora na execução por negligência do credor, o

---

49 *RT*, 673/162.

50 Washington de Barros Monteiro, *Curso de direito civil*, v. 5, p. 388; "A decretação de falência do locatário, sem a denúncia da locação, nos termos do art. 119, VII, da Lei 11.101/2005, não altera a responsabilidade dos fiadores junto ao locador" (STJ, REsp 1.634.048-MG, 3ª T., rel. Min. Nancy Andrighi, *DJe* 4-4-2017).

51 STJ, REsp 1.013.436-RS, rel. Min. Luis Felipe Salomão, j. 11-9-2012.

52 Cf. *Revista Consultor Jurídico*, de 14-11-2018.

devedor venha a "*cair em insolvência*" (CC, art. 839). Basta provar que, ao tempo da penhora, os bens nomeados eram "*suficientes para a solução da dívida afiançada*".

O art. 130 do Código de Processo Civil, como já foi dito, permite o chamamento do devedor na própria ação em que o fiador seja réu, e dos outros fiadores, quando para a ação seja citado apenas um deles.

Por *fato do fiador* pode também extinguir-se a fiança. Concedida esta sem limitação de tempo, o fiador tem o direito de exonerar-se quando lhe convier. O Código Civil de 1916 liberava o fiador somente a partir da sentença, se o credor não anuísse em desonerá-lo (art. 1.500). O Código Civil de 2002, todavia, no art. 835, deu melhor solução à hipótese, liberando o fiador após o decurso do prazo de sessenta dias da notificação efetivada ao credor, sem a necessidade do ajuizamento da ação de exoneração, como visto no item 5.2, *retro*.

Decidiu o *Superior Tribunal de Justiça* que o fiador que se retira da sociedade pode solicitar exoneração da obrigação contratual. Consta do processo que os fiadores prestaram fiança em um contrato de aluguel porque integravam o quadro societário. Houve uma transferência das quotas sociais e a empresa passou a ter novos sócios, continuando a ocupar o mesmo imóvel. Por causa disso, os ex-sócios enviaram aos locadores notificação extrajudicial para assegurar que fossem exonerados de continuar prestando a garantia da fiança. Afirmou a relatora, Min. Laurita Vaz, que o contrato acessório de fiança deve ser interpretado restritivamente e no sentido mais favorável ao fiador. Desse modo, "não pode a fiança subsistir à mudança do quadro societário da locatária sem que, expressamente, tenha o fiador concordado"[53].

Por sua vez, proclamou a 2ª Seção da mencionada Corte que, *por ter o contrato bancário como característica a longa duração, com renovação periódica e automática, a fiança deve ser considerada prorrogada, mesmo sem autorização expressa do fiador, desde que previsto em cláusula contratual*.

Desse modo, estendeu aos contratos bancários a tese já adotada para os casos de fiança em contrato de locação[54].

No tocante à impenhorabilidade do bem de família em contratos de locação comercial, proclamou o Supremo Tribunal Federal:

"Não é penhorável o bem de família do fiador, no caso de contratos de locação comercial. A dignidade da pessoa humana e a proteção à família exigem que se ponham ao abrigo da constrição e da alienação forçada determinados bens. É o que ocorre com o bem de família do fiador, destinado à sua moradia, cujo sacrifício não pode ser exigido a pretexto de satisfazer o crédito de locador de imóvel comercial ou de estimular a livre iniciativa. Interpretação do art. 3º, VII, da Lei n. 8.009/1990 não recepcionada pela EC n. 26/2000"[55].

No entanto, o entendimento *supra* foi alterado quando do julgamento do *Leading Case* RE 1.307.334, sendo firmada a seguinte tese: "É constitucional a penhora de bem de família pertencente a fiador de contrato de locação, seja residencial, seja comercial" (Tema 1127)[56]. No mesmo sentido, o Superior Tribunal de Justiça julgou os recursos especiais repetitivos, sendo firmado o *Tema 1.091* com a seguinte tese: "É válida a penhora do bem de família de fiador apontado em contrato de locação de imóvel, seja residencial, seja comercial, nos termos do inciso VII do art. 3º da Lei n. 8.009/1990"[57].

---

53 STJ, AgRg no AI 788.469-SP, 5ª T., rel. Min. Laurita Vaz, j. 28-2-2008, v. u.

54 STJ, REsp 1.253.411, 2ª Seção, rel. Min. Luis Felipe Salomão, disponível em <www.conjur.com.br>, de 28-7-2015.

55 STF, RE 605.709-SP, 1ª T., rel. p/ acórdão Min. Rosa Weber, j. 12-6-2018.

56 STF, RE 1.307.334-SP, rel. Min. Alexandre de Moraes, *DJe* 26-5-2022.

57 REsp 1.822.033-PR, 2ª Seção, rel. Min. Luis Felipe Salomão, *DJe* 1-8-2022; REsp 1.822.040-PR, 2ª Seção, rel. Min. Luis Felipe Salomão, *DJe* 1-8-2022.

Capítulo XIX
DA TRANSAÇÃO

Sumário: 1. Conceito. 2. Elementos constitutivos. 3. Natureza jurídica. 4. Espécies de transação e sua forma. 5. Principais características da transação. 6. Objeto da transação. 7. Efeitos em relação a terceiros.

1. CONCEITO

A palavra *transação* costuma ser empregada, na linguagem comum, para designar todo e qualquer tipo de negócio, especialmente os de compra e venda de bens. É qualquer convenção econômica, sobretudo de natureza comercial. Fala-se, nesse sentido, em transação comercial, transação bancária, transação na Bolsa etc.

No sentido técnico-jurídico do termo, contudo, constitui *negócio jurídico bilateral, pelo qual as partes previnem ou terminam relações jurídicas controvertidas, por meio de concessões mútuas*. Resulta de um acordo de vontades, para evitar os riscos de futura demanda ou para extinguir litígios judiciais já instaurados, em que cada parte abre mão de uma parcela de seus direitos, em troca de tranquilidade. Segundo Cunha Gonçalves, "transação é o contrato pelo qual os transigentes previnem ou terminam um litígio, cedendo, um deles ou ambos, parte das suas pretensões ou prometendo um ao outro alguma coisa em troca do reconhecimento do direito contestado"[1].

Dispõe o art. 840 do Código Civil:

"*É lícito aos interessados prevenirem ou terminarem o litígio mediante concessões mútuas*"[2].

Trata-se, pois, de instituto do direito civil. Não se confunde com *conciliação*, que é um momento processual. Quando, nessa fase, é celebrada a transação, passa ela a constituir o seu conteúdo. A transação, segundo a lição de Eduardo Espínola, "propõe-se a substituir o julgamento; torna-se obrigatória para as partes, da mesma sorte que o seria a decisão judicial"[3].

O vocábulo *transação* designa, pois, na linguagem jurídica, um determinado negócio jurídico, de cunho contratual, que se realiza por via de um acordo de vontades, cujo objeto é prevenir ou terminar litígio, mediante concessões recíprocas das partes[4]. Para Pontes de Miranda, transação é "negócio jurídico bilateral, em que duas ou mais pessoas acordam em

---

1 *Dos contratos em especial*, p. 343.

2 Dispõe o art. 1.248º do Código Civil português: "1. Transação é o contrato pelo qual as partes previnem ou terminam um litígio mediante recíprocas concessões. 2. As concessões podem envolver a constituição, modificação ou extinção de direitos diversos do direito controvertido".

3 *Garantia e extinção das obrigações*, p. 258.

4 Caio Mário Pereira da Silva, *Instituições de direito civil*, v. III, p. 507.

concessões recíprocas, com o propósito de pôr termo à controvérsia sobre determinada ou determinadas relações jurídicas, seu conteúdo, extensão, validade, ou eficácia"[5].

2. ELEMENTOS CONSTITUTIVOS

Do conceito de transação extraem-se os seus *requisitos* ou *elementos constitutivos*: a) a existência de *relações jurídicas controvertidas*; b) a *intenção de extinguir as dúvidas*, para prevenir ou terminar o litígio; c) o *acordo de vontades*; e d) *concessões recíprocas*.

A existência de uma *dúvida* é essencial. É nula a transação, se ela não mais existe porque a controvérsia já foi judicialmente solucionada, "*por sentença passada em julgado*", sem que um ou ambos os transatores tivessem "*ciência*" desse fato, ou se jamais existiu qualquer possibilidade de conflito, por se verificar, por título ulteriormente descoberto, "*que nenhum deles tinha direito sobre o objeto da transação*" (CC, art. 850), pois ninguém pode transigir a respeito de coisa que não lhe pertence.

A primeira hipótese é difícil de suceder, porque a sentença não passa em julgado sem que as partes dela sejam intimadas. Pode ser lembrada, no entanto, a hipótese de a parte vencedora morrer, depois de cientificada da decisão e do trânsito em julgado, e o herdeiro celebrar acordo com o vencido, desconhecendo a existência da sentença favorável.

Em segundo lugar figura a *intenção das partes de extinguir as dúvidas*, para prevenir ou terminar o litígio. Faz-se mister que elas estejam imbuídas de espírito conciliador e realizem o ato com o *animus* de colocar um paradeiro na controvérsia, visando à tranquilidade e o imediatismo da fruição do direito objeto da contenciosidade.

O terceiro elemento constitutivo é o *acordo de vontades*, para o qual exige-se capacidade das partes e legitimação para alienar, bem como a outorga de poderes especiais, quando realizada por mandatário (CC, art. 661, § 1º). Só as pessoas maiores e capazes podem transigir (*qui transigit alienat*). Mas a algumas a lei proíbe a transação, por importar sempre renúncia de direitos. Encontram-se nessa situação, dentre outras, as seguintes pessoas: a) o tutor, em relação aos negócios do tutelado, salvo autorização judicial (CC, art. 1.748, III); b) o curador, referentemente ao curatelado, nas mesmas condições (art. 1.774, c/c o art. 1.748, III); c) os pais, em relação aos bens dos filhos, salvo autorização judicial e a bem deles (art. 1.691); d) o pródigo, salvo com a assistência de seu curador (art. 1.782); e) um dos cônjuges, sem a vênia do outro, exceto se o regime de bens for o da separação; f) o administrador judicial, salvo licença do juiz e oitiva do falido e do Comitê (art. 22, III, § 3º, da Lei de Falências); g) o mandatário sem poderes especiais e expressos (CC, art. 661, § 1º); h) os procuradores fiscais e judiciais das pessoas jurídicas de direito público interno; i) o inventariante, salvo autorização judicial (CPC, art. 992, II – atual art. 619, II)[6].

Exige-se também, em quarto lugar, que as partes façam *concessões recíprocas*, pois, se apenas uma delas cede, não há, juridicamente falando, transação, mas renúncia, desistência ou doação. Se uma parte não concede alguma coisa em troca do que recebe, participa de uma liberalidade e não de transação.

3. NATUREZA JURÍDICA

Divergem os autores sobre a *natureza jurídica* da transação. Entendem uns ter natureza *contratual*; outros, porém, consideram-na *meio de extinção* de obrigações, não podendo ser equiparada a um contrato, que tem por fim *gerar* obrigações. Com essa conotação foi tratada

---

[5] *Tratado de direito civil*, v. 35, n. 3.027, p. 117.

[6] Washington de Barros Monteiro, *Curso de direito civil*, v. 5, p. 393.

no Código Civil de 1916, nos arts. 1.025 a 1.036, ou seja, como um dos meios extintivos de obrigações, com efeitos meramente declarativos. Na realidade, na sua *constituição*, aproxima-se do contrato, por resultar de um acordo de vontades sobre determinado objeto; nos seus *efeitos*, porém, tem a natureza de pagamento indireto.

O Código Civil de 2002 incluiu a transação no título dedicado às "várias espécies de contratos", reconhecendo que sua força obrigatória emana exatamente da convenção, do acordo de vontades, ao prescrever, no art. 849, que "*a transação só se anula por dolo, coação, ou erro essencial quanto à pessoa ou coisa controversa*". Não se admite, pois, retratação unilateral de transação. Daí a afirmação, inicialmente feita, de que constitui *negócio jurídico bilateral*, como os contratos em geral.

A ação cabível para atacar sentença *homologatória* de transação é a *ação anulatória* do art. 966, § 4º, do Código de Processo Civil e não a rescisória, prevista no art. 966, *caput*, do referido diploma[7], exceto quando a sentença aprecia o mérito do negócio jurídico. Quando o juiz se limita a homologar a transação, a parte que se sente prejudicada poderá intentar ação anulatória do art. 966, § 4º, do Código de Processo Civil, com fundamento nos vícios da vontade: erro, dolo, coação, fraude contra credores, estado de perigo e lesão. Esta ação é da competência do juízo de primeiro grau[8].

A rescisória, que se processa em segundo grau (CPC, art. 966, *caput*), somente é cabível quando a sentença enfrenta a validade e eficácia da confissão, desistência ou transação, decidindo o mérito.

Cândido Dinamarco esclarece que, obtida a transação pelas partes, cumpre ao juiz apenas o *exame externo do ato*, que a doutrina chama *delibação*. O juiz permanece na periferia do ato autocompositivo, em busca dos requisitos de sua validade e eficácia. Verifica, assim, se realmente houve uma transação, se a matéria comporta disposição, se os transatores são titulares do direito do qual dispõem parcialmente, se são capazes de transigir e se estão adequadamente representados. Esses pontos dizem respeito à *ordem pública* e constitui dever do juiz a sua verificação. Ao proceder a esse exame o juiz exerce atividade tipicamente estatal, caracterizada como *jurisdição*. É jurisdicional o ato homologatório, em oposição ao caráter negocial do ato a ser homologado. Quando se trata de atacar o ato *homologador*, que é jurisdicional, o caminho é a *ação rescisória*. Impõe-se esta sempre que a parte não esteja a alegar *vícios internos* do ato, mas a sustentar que ele não deveria ter sido homologado porque para tanto faltaria algum requisito.

Todavia, acrescenta o consagrado processualista, "quando se impugna *o próprio ato negocial* em seu conteúdo ou na efetividade da vontade livremente manifestada, são adequadas as chamadas *vias ordinárias* apontadas pelo art. 486 [atual art. 966, § 4º] do Código de Processo Civil - ou seja, ter-se-á um processo de conhecimento da competência do juízo de primeiro grau de jurisdição, tal como se dá sempre para o pleito de anulação ou declaração de nulidade dos atos negociais em geral". Em síntese, aduz: "a) crítica ao ato negocial pelos seus aspectos internos, *vias ordinárias* (CPC, art. 486 [atual art. 966, § 4º], e art. 1.030 do CC - *correspondente ao art. 849 do CC/2002*); b) crítica exterior ao ato, *ação rescisória*"[9].

---

7 STJ, REsp 9.651-SP, 3ª T., rel. Min. Cláudio Santos, *DJU* 23-9-1991, p. 13082, 1ª col.; VI ENTA, tese n. 2.

8 Ênio Zuliani, *Transação*, p. 24. "Transação. Homologação. Vício de consentimento. Pretendido reconhecimento em sede de apelação. Inadmissibilidade. Alegação que demanda dilação instrutória, somente alcançável através de ação própria" (*RT*, 798/277).

9 *Fundamentos do processo civil moderno*, t. II, p. 1.067-1.069.

4. ESPÉCIES DE TRANSAÇÃO E SUA FORMA

A transação pode ser judicial ou extrajudicial. Mediante acordo, as partes podem *prevenir*, isto é, evitar a instauração de um litígio, ou *terminar* demanda já em andamento.

Na primeira hipótese, a transação é *extrajudicial*. Por exemplo: dois vizinhos divergem a respeito da exata divisa entre os seus terrenos, mas acabam celebrando um acordo, mediante instrumento público, afastando as dúvidas até então existentes. Como não havia ainda nenhum litígio instaurado, a transação é definida como extrajudicial. Se, no entanto, o entendimento ocorrer somente após um deles ter ingressado em juízo com alguma ação em defesa de seus interesses, a transação será classificada como *judicial*, mesmo se obtida no escritório de um dos advogados e sacramentada em cartório, por instrumento público, por envolver direitos sobre imóveis.

Quanto à *forma*, dispõe o art. 842 do Código Civil que, não havendo ainda litígio, a transação (*extrajudicial*) realizar-se-á por *escritura pública*, nas obrigações em que a lei o exige (quando versar sobre imóveis, conforme art. 108), ou *instrumento particular*, nas em que ela o admite (quando relativa a móveis). Dispensa-se a homologação, uma vez que sua eficácia, entre as partes, independe desse ato judicial, indispensável apenas para efeitos processuais, isto é, para a extinção do feito[10].

Se a transação recair sobre direitos contestados em juízo (*judicial*), far-se-á: a) "*por escritura pública*", ou b) "*por termo nos autos, assinado pelos transigentes e homologado pelo juiz*" (CC, art. 842). Se as partes realizarem a transação no próprio processo, mediante *termo nos autos* (ato realizado na presença do juiz, como uma espécie de ata), deverá este ser *homologado*, extinguindo-se o processo com julgamento do mérito (CPC, art. 487, III, *b*). Se elegerem o *instrumento público*, valerá a transação desde que assinada pelos transigentes, independentemente da homologação judicial. O traslado deve ser juntado aos autos, para conhecimento do juiz. A homologação torna-se indispensável apenas para efeitos processuais, ou seja, para a extinção do processo, como já dito[11].

Homologar, segundo a lição de Ênio Zuliani, "significa aprovar a forma do ato e não julgar o mérito do negócio realizado. Mesmo sem homologação, transação adquire efeito de coisa julgada (*RT*, 770/265); homologada encurta-se ou facilita-se caminho para a execução de título judicial; não homologada obriga o transigente à execução de obrigação de fazer (obrigar o outro a cumprir a transação, porque em sendo contrato não admite desistência unilateral)"[12].

A transação extrajudicial independe do assessoramento de advogados. Tem a jurisprudência proclamado que mesmo a transação judicial "dispensa a intervenção dos advogados das partes"[13].

A intervenção do Ministério Público é imprescindível, sempre que houver transação envolvendo direitos de incapazes e idosos (CPC, art. 178, II; Lei n. 10.741, de 1º-10-2003, art.

---

10 *RT*, 669/103, 702/120; *RJTJSP*, 113/301.

11 *RT*, 511/139; *RJTJSP*, 99/235; *JTACSP*, 105/408. *V.* ainda: "Transação. Acordo firmado entre as partes, ainda não homologado judicialmente por desídia da justiça. Ajuste que produz efeito de coisa julgada, somente rescindível por dolo, violência ou erro essencial quanto à pessoa ou coisa controversa" (*RT*, 790/356).

12 *Transação*, p. 21-22.

13 *RT*, 724/362; *JTJ*, Lex, 165/204; *JTACSP*, 142/326. *V.* ainda: "Transação. Homologação. Advogado. Dispensabilidade da presença do profissional para o ato, se o acordo não versa sobre direitos indisponíveis e se as partes estão habilitadas para transigir" (*RT*, 798/277).

75). A falta acarreta a nulidade da sentença que homologa a transação[14]. A transação referendada pelo Ministério Público adquire caráter de título executivo extrajudicial (Lei dos Juizados Especiais: n. 9.099/95; e Estatuto do Idoso: Lei n. 10.741/2003, art. 13)[15].

Extingue-se o processo com julgamento de mérito "quando as partes transigirem", diz o art. 487, III, *b*, do Código de Processo Civil, a menos que a transação não tenha abrangido todas as questões suscitadas na causa. Finda esta por transação, não se pode executar a sentença anteriormente prolatada. Tem-se decidido, com efeito, que, "homologada a transação, com a extinção do processo com julgamento do mérito, na forma do art. 269, III [atual art. 487, III, *b*], do CPC, tem-se outro título, não sendo dado prosseguir, no caso de inadimplemento posterior, na execução de título originário, como se de suspensão de execução se tratasse"[16].

Se, no entanto, a transação é feita sob condição suspensiva, a de o acordo ser cumprido integralmente, a sua eficácia fica suspensa até o implemento da condição. Se esta se frustrar, a execução prosseguirá normalmente, pois a condição para que produzisse efeitos não se verificou. Nessa linha, decidiu o *Superior Tribunal de Justiça*: "Havendo as partes concluído transação, cabe ao credor, uma vez descumprido o acordado, pleitear judicialmente o adimplemento, se inexiste ajuste no sentido de que, isso ocorrendo, deva ter-se por desfeita a transação"[17].

5. PRINCIPAIS CARACTERÍSTICAS DA TRANSAÇÃO

A primeira importante característica da transação é a *indivisibilidade*. Deve ela formar um só todo, sem fracionar-se, mesmo abrangendo os vários aspectos do negócio. Preceitua, com efeito, o art. 848 do Código Civil: "*Sendo nula qualquer das cláusulas da transação, nula será esta*".

Uma só cláusula que se ressinta de ineficácia contaminará todo o ato. É que a transação decorre de renúncias ou concessões recíprocas, não sendo justo que, sendo nula uma, prevaleça a outra. Se o marido, por exemplo, na transação celebrada para converter a separação litigiosa em amigável, abre mão de determinado imóvel, porque em contrapartida a mulher renunciou à pensão alimentícia, nula a primeira cláusula não será justo que permaneça válida a segunda.

O parágrafo único do aludido dispositivo admite, no entanto, a validade de determinada cláusula da transação, mesmo sendo nula uma outra, quando autônoma e "*independente*" desta, sem nenhuma relação com a cláusula considerada ineficaz, malgrado os diversos e distintos negócios tenham sido englobados no mesmo instrumento. Confira-se: "*Parágrafo único. Quando a transação versar sobre diversos direitos contestados, independentes entre si, o fato de não prevalecer em relação a um não prejudicará os demais*".

---

14 *JTJ*, Lex, 214/172.

15 "Composição dos danos civis por meio de transação nos Juizados Especiais. Circunstância que acarreta renúncia dos ofendidos ao direito de pleitear demais reparações. Inteligência dos arts. 72 e 74 da Lei 9.099/95 (*RT*, 800/309).

16 *JSTJ*, Lexli, 117/203. *V.* ainda: "Pretendido prosseguimento do feito ante o descumprimento do acordo pactuado nos autos. Inadmissibilidade. Instrumento utilizado pelas partes com o propósito de finalizar um litígio, constituindo um dos motivos para extinção do processo com julgamento de mérito" (*RT*, 780/297). "Transação. Homologação. Acordo celebrado para extinguir os litígios entre as partes. Juízo em que tramita a segunda ação que suspende o processo, a pretexto de assegurar o cumprimento do pacto. Inviabilidade, pois milita a favor do credor o título executivo" (*RT*, 772/312).

17 REsp 8.118-RS, 3ª T., rel. Min. Eduardo Ribeiro, *DJU* 3-2-1992, p. 463. *V.* ainda: "É inoportuno o decreto de extinção do processo, quando a transação acha-se protraída no tempo e somente após o seu regular cumprimento é que se legitima o decreto extintivo da execução" (*JTJ*, Lex, 169/136).

Muitas vezes as partes extinguem, por meio de uma única transação, diversas ações que uma move contra a outra, independentes entre si. Neste caso, a eventual nulidade em relação a uma delas não afetará toda a transação, mas somente a concernente à eivada de vício insanável.

O atual Código Civil, demonstrando maior apuro técnico que o diploma civilista de 1916, incluiu a transação no título das várias espécies de contratos. Assim sendo, são características desse contrato, "a consensualidade, a bilateralidade, a onerosidade, a indivisibilidade e a formalidade. Se apenas um faz concessão poderá haver renúncia ou reconhecimento, não uma transação. A dupla concessão é o elemento essencial da transação; é a sua diferença específica em relação a figuras análogas. O escólio doutrinário é uníssono no sentido de que a indivisibilidade é da própria essência da transação, que deve formar um todo unitário e indivisível. Com efeito, a nulidade de uma das cláusulas provoca a nulidade de toda obrigação para o retorno ao *statu quo ante*. Dessarte, como a migração ocorreu por meio de transação, conforme dispõe o art. 848 do CC, sendo nula qualquer das cláusulas da transação, independentemente da natureza constitucional ou infraconstitucional do fundamento invocado para o reconhecimento do vício, nula será esta – o que implicaria o retorno ao *statu quo ante*, o que nem sequer é cogitado pelos autores, ora recorridos, malgrado afirmem ter sido lesados"[18].

A segunda característica da transação é que ela é de *interpretação restrita*. Declara o art. 843 do diploma civil que "*a transação interpreta-se restritivamente*". A regra, que inviabiliza o emprego da analogia ou qualquer interpretação extensiva, decorre do fato de toda transação implicar renúncia de direito. Presume-se que o renunciante age da forma menos onerosa possível em relação a seus direitos. Na dúvida sobre se determinado bem fez parte do acordo, ou se foram convencionados juros, por exemplo, devem ser eles excluídos, pois só pode ser considerado o que foi expressamente mencionado.

O mesmo art. 843, na segunda parte, apresenta a terceira característica da transação, ao afirmar que "*por ela não se transmitem, apenas se declaram ou reconhecem direitos*". A transação é, pois, negócio jurídico *declaratório*. Por ela são apenas declarados direitos preexistentes. No exemplo retromencionado, sobre transação extrajudicial (*v.* n. 4), em que dois vizinhos divergiam a respeito da exata divisa de seus terrenos, a transação apenas solucionou a dúvida, não constituindo o direito. Este preexistia àquela.

Entretanto, o art. 843, ora em estudo, deve ser combinado com o art. 845 do mesmo diploma, que fala em coisa "*transferida*" de uma à outra parte. Admite-se, portanto, que um dos transigentes transfira coisa de sua propriedade ao outro, pelo instrumento da transação. Se for imóvel, a forma será a escritura pública, ocorrendo a transferência do domínio somente após o registro.

Procedente a crítica feita por Caio Mário à segunda parte do art. 843 do Código Civil de 2002, que mantém praticamente a mesma redação do de 1916 e que foi eliminada no seu Projeto de 1965. É que, afirma o conceituado civilista, embora a transação, na essência, seja um acordo liberatório, "admite-se que possa indiretamente criar ou modificar relações jurídicas, e não apenas extingui-las. Sua finalidade precípua é, sem dúvida, tornar incontroversa a preexistente situação jurídica incerta e contestada. Dela, indiretamente, podem nascer prestações a cargo de um transator a título de compensação. Ou estar envolvido um direito sobre o objeto reconhecido"[19].

A quarta característica é que a transação *admite pena convencional* (CC, art. 847). É bastante comum a sua previsão nos acordos, especialmente nos celebrados perante a Justiça

---

[18] STJ, REsp 1.551.488-MS, 2ª S., rel. Min. Luis Felipe Salomão, *DJe* 1º-8-2017.

[19] *Instituições de direito civil*, v. III, p. 510.

do Trabalho. Como o atual Código Civil considera a transação um contrato, não havia necessidade da inserção do dispositivo legal em epígrafe. Somente nos sistemas que a encaram como simples modo de extinção das obrigações é conveniente declarar que ela admite a cláusula penal, pois esta não costuma andar ligada aos modos de pagamento[20].

6. OBJETO DA TRANSAÇÃO

Nem todos os direitos são suscetíveis de transação. Dispõe, com efeito, o art. 841 do Código Civil que "*só quanto a direitos patrimoniais de caráter privado se permite a transação*".

Desde logo são afastados todos os direitos não patrimoniais, relativos à personalidade. Não se admite transação a respeito do direito à vida, à honra, à liberdade etc. Mesmo no tocante aos *direitos patrimoniais*, só se permite a transação sobre os de *caráter puramente privado*, que não interessam à ordem pública. Excluem-se os bens fora do comércio, insuscetíveis de apropriação e de alienação, e as relações jurídicas de caráter privado que despertam interesse social. Encontram-se nessa situação as questões relativas ao direito de família e ao estado das pessoas. Não se admite, por exemplo, transação sobre adoção, reconhecimento de filhos, poder familiar etc.

O *Superior Tribunal de Justiça* considerou inadmissível a homologação de acordo extrajudicial e retificação de registro civil em juízo, "ainda que fundada no princípio da instrumentalidade das formas, devendo ser respeitados os requisitos e o procedimento legalmente instituídos para essa finalidade, que compreendem, dentre outros, a investigação acerca de erro ou falsidade do registro anterior, a concreta participação do Ministério Público, a realização de prova pericial consistente em exame de DNA em juízo e sob o crivo do mais amplo contraditório e a realização de estudos psicossociais que efetivamente apurem a existência de vínculos socioafetivos com o pai registral e com a sua família extensa". Segundo a relatora, Min. Nancy Andrighi, "o formalismo ínsito às questões e ações de estado não é um fim em si mesmo, mas, ao revés, justifica-se pela fragilidade e relevância dos direitos da personalidade e da dignidade da pessoa humana, que devem ser integralmente tutelados pelo Estado"[21].

Esclarece Orlando Gomes que todo direito de que o titular não pode dispor é insuscetível de *transação*. Esta só é permitida, com efeito, aduz, "relativamente a direitos patrimoniais de caráter privado. Excluem-se do âmbito desse contrato certas relações de família, como o matrimônio, o pátrio poder, o poder marital, o estado de filho legítimo ou ilegítimo. Mas é lícito transigir quanto aos interesses pecuniários vinculados ao estado de uma pessoa, como, *v. g.*, o direito de sucessão de quem investiga a paternidade, desde que não importe transação sobre o estado que se reivindica. Proíbe-se transação sobre a dívida de alimentos"[22].

Quanto aos *alimentos*, são ademais irrenunciáveis (CC, art. 1.707). Por isso, a transação somente pode versar sobre o *quantum* da prestação, mas não sobre o direito em si. Se assim não fosse, a transação em que o necessitado liberasse seu parente do encargo alimentar sobrecarregaria o Estado, sobre quem recairia o ônus de sustentá-lo. Interessa à ordem pública que a pessoa, em condições de fazê-lo, sustente o parente sem recursos para sobreviver. Admite-se a transação sobre as pensões vencidas, porque passam a integrar o patrimônio do alimentando, que bem ou mal sobreviveu sem elas.

---

[20] Clóvis Beviláqua, *Código Civil dos Estados Unidos do Brasil comentado*, apud Silvio Rodrigues, *Direito civil*, v. 3, p. 370.

[21] STJ, REsp 1.698.717-MS, 3ª T., rel. Min. Nancy Andrighi, *DJe* 7-6-2018.

[22] *Contratos*, p. 500.

Assinala Flávio Tartuce[23] que, quanto à sua natureza, a transação constitui "um contrato bilateral, oneroso, consensual e comutativo, devendo ter como objeto apenas direitos obrigacionais de cunho patrimonial e de caráter privado (art. 841 do CC). Exemplificando, a transação não pode ter como objeto os direitos da personalidade ou aqueles relacionados a aspectos existenciais do Direito de Família, caso dos alimentos e das relações de parentesco, por exemplo. Anote-se, contudo, que se tem admitido amplamente a transação quanto aos alimentos, por supostamente envolver direitos patrimoniais. Todavia, na opinião deste autor os alimentos estão mais para os direitos existenciais da personalidade do que para os direitos patrimoniais, sendo vedada a transação quanto à sua existência. Relativamente ao seu valor, é possível a transação, o que não afasta a possibilidade de discussão posterior, em especial se houver necessidade de quem os pleiteia".

Aduz o art. 846 do mesmo diploma que "*a transação concernente a obrigações resultantes de delito não extingue a ação penal pública*". O dispositivo é considerado ocioso, uma vez que a transação só pode versar sobre direitos patrimoniais de caráter privado. A responsabilidade civil é independente da criminal (CC, art. 935). Mesmo que o fato seja, ao mesmo tempo, ilícito penal e ilícito civil, por ter o ato criminoso causado danos patrimoniais à vítima, pode a reparação ser objeto de transação, sem acarretar, com isso, a extinção da ação penal movida pela justiça pública, salvo se a transação foi efetuada com essa finalidade, nos casos em que a legislação penal especial admite tal efeito. Assim, a composição amigável, pela qual o motorista causador de um acidente de veículos indeniza a vítima, não produz necessariamente o efeito de sustar o andamento da ação penal.

O mencionado art. 846 refere-se somente à ação penal pública, pois se o titular da ação penal for o particular, admite-se a transação de caráter patrimonial, da qual resulte a não interposição ou retirada da queixa. A transação que a Lei n. 9.099/95 permite na justiça criminal para infrações de menor poder ofensivo tem a finalidade de harmonizar as jurisdições civis e criminais em busca de soluções rápidas que somente a transação permite alcançar[24].

7. EFEITOS EM RELAÇÃO A TERCEIROS

Em regra, a transação só produz efeitos entre os transatores. É o que prescreve o art. 844 do Código Civil: "*A transação não aproveita, nem prejudica senão aos que nela intervierem, ainda que diga respeito a coisa indivisível*". O dispositivo constitui invocação da parêmia *res inter alios acta aliis nec nocet nec podest*. A transação é válida *inter partes*, e somente entre elas produz os seus efeitos. Nem a indivisibilidade da coisa afasta a intangibilidade da órbita jurídica de terceiros, ainda que ligados estes às dos transatores, como é o caso dos coerdeiros[25]. Feita por um dos herdeiros, não afeta os demais, ainda que tenha por objeto coisa indivisível.

Nos parágrafos, entretanto, o aludido dispositivo abre *três exceções* a esse princípio. A primeira delas é no sentido de que o acordo celebrado entre o credor e o devedor principal *desobriga o fiador*. Como o acessório segue o principal, extinta a obrigação controvertida,

---

[23] Flávio Tartuce, *Direito Civil*, v. 3, p. 790.

[24] "Dano moral. Composição dos danos civis por meio de transação nos Juizados Especiais. Circunstância que acarreta renúncia dos ofendidos ao direito de pleitear demais reparações" (*RT*, 800/309). "Transação penal. Homologação judicial. Descumprimento do acordo. Oferecimento de denúncia. Admissibilidade. Decisão que produz, apenas, coisa julgada formal e possui eficácia *rebus sic stantibus* (*RT*, 806/557). "Crime contra o meio ambiente. Denúncia que atribui a prática de crime ambiental em determinada área. Causador do dano que celebra acordo se comprometendo a recuperar toda a área danificada. Admissibilidade" (*RT*, 805/531).

[25] Caio Mário da Silva Pereira, *Instituições de direito civil*, v. III, p. 510.

extinguem-se, também, os seus acessórios, como a fiança, cuja existência depende daquela. A garantia fidejussória somente sobrevive à transação quando o fiador intervém na renegociação, anuindo à avença. O efeito sobre a obrigação do fiador vigora ainda no caso de já estar ele obrigado a pagar, porque a extinção da obrigação principal por efeito da transação põe termo ao vínculo obrigacional, não podendo ser o fiador chamado a solver uma dívida já extinta[26].

A segunda e a terceira exceções decorrem de aplicações das regras da solidariedade ativa e passiva. Confira-se: "Art. 844 (...) *§ 2º Se entre um dos credores solidários e o devedor, extingue a obrigação deste para com os outros credores*" (solidariedade ativa). "*§ 3º Se entre um dos devedores solidários e seu credor, extingue a dívida em relação aos codevedores*" (solidariedade passiva).

O que caracteriza a solidariedade ativa é o fato de cada credor ter direito a exigir do devedor o cumprimento da prestação "*por inteiro*" (CC, art. 267); e a solidariedade passiva, o de o credor ter direito a receber, de um ou de alguns dos devedores, também a *dívida inteira* (CC, art. 275). Portanto, na relação entre os devedores solidários e o credor, cada um daqueles responde pela dívida toda. Por conseguinte, a transação realizada com um só credor solidário, na solidariedade ativa, e com um só devedor solidário, na solidariedade passiva, envolve a dívida inteira, e não a quota de cada um. Como a transação tem efeitos liberatórios do pagamento, por ela ficam exonerados os demais, que não participaram do acordo. O princípio é o mesmo aplicado no caso de novação operada entre o credor e um dos devedores solidários (CC, art. 365)[27].

Se a coisa, objeto da transação, "*renunciada*" ou "*transferida*", não pertencer a um dos transigentes, e sofrer *evicção*, não ficará sem efeito o acordo. Dispõe o art. 845 do Código Civil que, nesse caso, "*não revive a obrigação extinta pela transação; mas ao evicto cabe o direito de reclamar perdas e danos*". Por essa regulamentação, o transator não dá garantia pelos riscos da evicção, mas fica sujeito ao ressarcimento dos danos causados ao lesado (evicto), para que não se locuplete às custas da outra parte.

À primeira vista pode parecer que, evicta a coisa, a solução lógica seria o restabelecimento da obrigação. Todavia, explica Clóvis que, "sem indenização, o evicto teria apenas prejuízo e a outra parte somente vantagens com a transação, quando é do conceito desta que as partes se façam mútuas concessões"[28].

O parágrafo único do aludido art. 845 dispõe que, "*se um dos transigentes adquirir, depois da transação, novo direito sobre a coisa renunciada ou transferida, a transação feita não o inibirá de exercê-lo*". Assinala Caio Mário que o dispositivo repete um truísmo que já vem do Código de 1916: "É óbvio que não pode ser atingido pela transação pretérita um novo direito que vem a adquirir ulteriormente sobre a mesma coisa renunciada ou transferida. A aquisição posterior dá origem a uma relação jurídica nova, de que a coisa é objeto, não podendo ser envolvida nos efeitos da *obligatio* anterior"[29].

No art. 849, o Código de 2002 reproduz regra que já existia no Código de 1916: "*A transação só se anula por dolo, coação, ou erro essencial quanto à pessoa ou coisa controversa*".

---

26 Silvio Rodrigues, *Direito civil*, v. 3, p. 374; Caio Mário da Silva Pereira, *Instituições de direito civil*, v. III, p. 510-511.

27 "Transação. Acordo concluído entre um dos devedores solidários e seu credor. Ato que extingue a obrigação também com relação aos codevedores. Irrelevância, ademais, de se tratar de ação indenizatória em fase de instrução e sem definição do *quantum* resultante da sentença condenatória, pois é lícito às partes prevenirem o litígio mediante concessões mútuas" (*RT*, 763/294).

28 *Código Civil dos Estados Unidos do Brasil comentado*, apud Silvio Rodrigues, *Direito civil*, v. 3, p. 376.

29 *Instituições de direito civil*, v. III, p. 511.

Tal afirmativa contém uma impropriedade, porque a transação pode ser invalidada por qualquer das causas que conduzem à anulação dos negócios jurídicos em geral, bem como se a situação fática tomada como seu suporte material não corresponder à realidade (quando, p. ex., as partes transigem a respeito de um crédito, e depois se apura que este não existia; ou se os herdeiros transigem a propósito de um legado, e depois se anula o testamento que o instituíra). Nestes casos a transação é inoperante. Além disso, como lembra ainda Caio Mário, sendo a transação "um contrato, gerando obrigações para ambos os transigentes, pode comportar a resolução por inadimplemento"[30].

O Código de 2002, seguindo a linha dos Códigos francês e italiano, exclui, como inovação, a anulação por erro de direito, malgrado o considere erro substancial, no art. 139, III, quando, "*não implicando recusa à aplicação da lei, for o motivo único ou principal do negócio jurídico*". No erro de direito, por exemplo, uma das partes transige porque interpreta mal ou inadequadamente um preceito jurídico, o que a leva a acreditar que sua pretensão não está firmemente apoiada nele. Esse erro não dá ensejo à anulação da transação[31].

Caio Mário considera oportuna a referência ao erro de direito, não inserta no Código de 1916, porque o novo diploma abriga expressamente a teoria da anulação fundada em *error iuris*. A exclusão da anulação do erro de direito, afirma, constitui técnica adotada para evitar a eternização das questões[32].

---

[30] *Instituições de direito civil*, v. III, p. 513.
[31] Carlos Alberto Dabus Maluf, *Novo Código Civil comentado*, p. 764.
[32] *Instituições de direito civil*, v. III, p. 513.

Capítulo XX
DO COMPROMISSO E DA ARBITRAGEM

1. CONCEITO

Arbitragem é o acordo de vontades por meio do qual as partes, preferindo não se submeterem à decisão judicial, confiam a árbitros a solução de seus conflitos de interesses. É uma espécie de complemento da transação. Nesta, porém, os próprios interessados, mediante concessões mútuas, dirimem suas controvérsias. Na arbitragem, de comum acordo transferem a terceiros a solução, por não se sentirem habilitados a resolvê-las pessoalmente.

Esclarece Caio Mário, citando Carnelutti e Ruggiero e Maroi, que a doutrina aponta uma semelhança entre o compromisso e a transação, "por serem ambos resultantes de uma declaração convergente de vontades, e perseguirem o objetivo genérico de pôr fim a uma controvérsia. Separa-os, entretanto, diferença essencial: pela transação as partes previnem ou terminam um litígio; pelo compromisso subtraem-no a pronunciamento da Justiça Comum, submetendo-o a uma *jurisdictio* excepcional, particular, e de eleição dos próprios interessados, que é o juízo arbitral"[1].

O Código Civil de 2002 regula, nos arts. 851 a 853, a formação do *compromisso*, que precede ao *juízo arbitral*, sendo meio de existência deste. O último era tratado nos arts. 1.072 a 1.102 do Código de Processo Civil de 1973. A *Lei n. 9.307, de 23 de setembro de 1996*, atualizada pela Lei n. 13.129, de 26 de maio de 2015, em seu art. 44, revogou os referidos artigos do estatuto processual civil e os do Código Civil de 1916 que disciplinavam o compromisso, unificando a legislação sobre a *arbitragem*, tanto no plano interno como no internacional. Atualmente, pois, a arbitragem nacional e a internacional estão submetidas ao mesmo regramento. A arbitragem internacional constitui processo para a solução pacífica de controvérsias entre entidades de direito público externo.

A referida lei dispõe no art. 1º que "as pessoas *capazes* de contratar poderão valer-se da arbitragem para dirimir litígios relativos a *direitos patrimoniais disponíveis*". Exclui, portanto, desse sistema as questões relativas aos direitos da personalidade e aos direitos de família, como alimentos, interdição, investigação de paternidade etc. No mesmo sentido dispõe o art. 852

[1] *Instituições de direito civil*, v. III, p. 514.

do novo estatuto civil: "*É vedado compromisso para solução de questões de estado, de direito pessoal de família e de outras que não tenham caráter estritamente patrimonial*".

O citado atual Código Civil preceitua, no art. 853, que "*admite-se nos contratos a cláusula compromissória, para resolver divergências mediante juízo arbitral, na forma estabelecida em lei especial*". A *cláusula compromissória* ou *cláusula arbitral* constitui simples promessa de celebração de um compromisso, se surgirem dúvidas ou conflitos na execução do contrato então firmado. O compromisso (CC) e o juízo arbitral (CPC) foram aglutinados na Lei n. 9.307/96 (Lei da Arbitragem), sob a rubrica de *compromisso arbitral*. A convenção de arbitragem, em virtude da referida lei, hoje, é de duas espécies: *cláusula compromissória* (simples promessa de celebrar compromisso) e *compromisso arbitral* (regulamentação definitiva da arbitragem, feita após o surgimento do conflito de interesses).

A arbitragem é meio rápido e racional de solução de conflitos de interesses, especialmente de natureza contratual, muito utilizado em países da Europa, como a Inglaterra e a França[2].

A Lei n. 13.129/2015 alterou a referida Lei n. 9.307/96 e a Lei n. 6.404/76 para: a) ampliar o âmbito de aplicação da arbitragem e dispor sobre a escolha dos árbitros quando as partes recorrem a órgão arbitral; b) estabelecer a interrupção da prescrição pela instituição da arbitragem; c) prever a concessão de tutelas cautelares e de urgência nos casos de arbitragem; d) instituir a carta arbitral; e) revogar dispositivos da Lei n. 9.307/96.

O *Superior Tribunal de Justiça* divulgou na nova edição do *Jurisprudência em Teses*, em abril de 2019, várias teses sobre a arbitragem, sendo de se destacar as seguintes:

– "A convenção de arbitragem, tanto na modalidade de compromisso arbitral quanto na modalidade de cláusula compromissória, uma vez contratada pelas partes, goza de força vinculante e de caráter obrigatório, definido ao juízo arbitral eleito a competência para dirimir os litígios relativos aos direitos patrimoniais disponíveis, derrogando-se a jurisdição estatal".

– "Uma vez expressada a vontade de estatuir, em contrato, cláusula compromissória ampla, a sua destituição deve vir através de igual declaração expressa das partes, não servindo, para tanto, mera alusão a atos ou a acordos que não tenham o condão de afastar a convenção das partes".

– "A previsão contratual de convenção de arbitragem enseja o reconhecimento da competência do Juízo arbitral para decidir com primazia sobre Poder Judiciário, de ofício ou por provocação das partes, as questões relativas à existência, à validade e à eficácia da convenção de arbitragem e do contrato que contenha a cláusula compromissória".

– "O Poder Judiciário pode, em situações excepcionais, declarar a nulidade de cláusula compromissória arbitral, independentemente do estado em que se encontre o procedimento arbitral, quando aposta em compromisso claramente ilegal".

– "A Lei de Arbitragem aplica-se aos contratos que contenham cláusula arbitral, ainda que celebrados antes da sua edição (*Súmula 485/STJ*)".

– "O prévio ajuizamento de medida de urgência perante o Poder Judiciário não afasta a eficácia da cláusula compromissória arbitral".

– "O árbitro não possui poder coercitivo direto, sendo-lhe vedada a prática de atos executivos, cabendo ao Poder Judiciário a execução forçada do direito reconhecido na sentença arbitral".

---

2 "Juízo arbitral. Execução. Contrato de exportação. Alegação, pela parte contrária, da existência de cláusula compromissória ou compromisso arbitral. Impossibilidade do julgamento e processamento do feito pelo juízo comum. Extinção do processo sem julgamento do mérito" (*RT*, 759/125).

– "A atividade desenvolvida no âmbito da arbitragem possui natureza jurisdicional, o que torna possível a existência de conflito de competência entre os juízos estatal e arbitral, cabendo ao *Superior Tribunal de Justiça* o seu julgamento".

– "Não configura óbice à homologação de sentença estrangeira arbitral a citação por qualquer meio de comunicação cuja veracidade possa ser atestada, desde que haja prova inequívoca do recebimento da informação atinente à existência do processo arbitral".

– "A legislação consumerista impede a adoção prévia e compulsória de arbitragem no momento da celebração do contrato, mas não proíbe que, posteriormente, em face de eventual litígio, havendo consenso entre as partes, seja instaurado o procedimento arbitral".

– "Diante da força coercitiva condominial com cláusula arbitral, qualquer condômino que ingressar no agrupamento condominial está obrigado a obedecer as normas ali existentes, de modo que eventuais conflitos condominiais deverão ser resolvidos por meio de arbitragem, excluindo-se a participação do Poder Judiciário".

– "Não existe óbice legal na estipulação da arbitragem pelo poder público, notadamente pelas sociedades de economia mista, para resolução de conflitos relacionados a direitos disponíveis".

2. NATUREZA JURÍDICA

Diverge-se a respeito da natureza jurídica do compromisso. Para uns, equipara-se a um *contrato*, por resultar de um acordo de vontades e requerer capacidade das partes, objeto lícito e forma especial. Entretanto, considerando que o seu objetivo não é criar, modificar ou extinguir direitos, o Código Civil de 1916 o incluiu entre os *meios extintivos de obrigações*, recebendo esse mesmo tratamento na Lei n. 9.307/96. O atual Código Civil, diversamente, inseriu o compromisso no Título VI ("Das várias espécies de contrato"), dispensando-lhe o tratamento de contrato nominado.

Silvio Rodrigues bem esclarece a questão, dizendo que o compromisso é um ato de vontade capaz de criar relações na órbita do direito. Ele se ultima, aduz, "pelo consenso de vontades de duas ou mais pessoas, que indicam árbitros e se vinculam a acatar suas decisões. Portanto, trata-se de ato jurídico bilateral que cria obrigações para cada um dos participantes. Ora, isso é *contrato*, e como tal deve ser conceituado. Nesse sentido as opiniões de Espínola e Serpa Lopes, entre outros"[3].

3. CONSTITUCIONALIDADE DA ARBITRAGEM

Pelo compromisso arbitral os juízes togados são afastados, confiando-se a prestação jurisdicional a juízes particulares, escolhidos de comum acordo pelas próprias partes. Trata-se de uma espécie de privatização da justiça.

Faz-se mister analisar a constitucionalidade da referida Lei n. 9.307/96, que regula atualmente o citado sistema, por aparentemente colidir com o preceito do art. 5º, XXXV, da Constituição Federal, de que a lei não poderá excluir do Poder Judiciário qualquer lesão de direito individual. No caso da arbitragem, entretanto, ela é escolhida livremente pelas partes, não havendo qualquer imposição do legislador. A lei faculta, e não impõe, aos interessados esse modo de composição privada de lides. O art. 33 da mencionada lei, com a redação determinada pela Lei n. 13.129/2015, permite a arguição de *nulidade da sentença arbitral* perante juiz togado, bem como quando houver *resistência* de uma das partes para a celebração

---

3 *Direito civil*, v. 3, p. 378.

do compromisso, havendo cláusula compromissória, além de outras hipóteses. A *execução coativa* da decisão arbitral só ocorre perante o Judiciário.

Desse modo, em caso de ilicitudes e irregularidades, o Judiciário pode ser acionado, para evitar ou reparar lesões eventualmente ocorridas. Embora as convenções arbitrais resultem de acordo dos interessados, têm os seus limites na lei. As decisões, na arbitragem, não cabem ao Judiciário, mas a sua intervenção se faz necessária para coibir abusos, nos casos previstos na lei.

Já decidiu, com efeito, o *Supremo Tribunal Federal*: "Juízo arbitral. Cláusula compromissória. Opção convencionada pelas partes contratantes para dirimir possível litígio oriundo de inadimplemento contratual. Possibilidade de que o contratante, caso sobrevenha litígio, recorra ao Poder Judiciário para compelir o inadimplente ao cumprimento do avençado que atende o disposto no art. 5º, XXXV, da CF"[4].

O tribunal arbitral possui preferência lógico-temporal em relação ao Poder Judiciário para a interpretação dos limites e do alcance do compromisso arbitral. Nesses casos, o Judiciário deve se manifestar apenas quando forem detectadas cláusulas arbitrais consideradas "patológicas", que possam gerar a nulidade do compromisso em parte ou no todo[5].

4. CLÁUSULA COMPROMISSÓRIA E COMPROMISSO ARBITRAL

Ao celebrarem qualquer contrato, que tenha por objeto direitos patrimoniais disponíveis, podem as partes estipular, *preventivamente*, que eventual dúvida ou conflito de interesses que venha a surgir durante a sua execução, seja submetida à decisão do juízo arbitral. Tal deliberação denomina-se *cláusula compromissória*, e é simultânea à formação da obrigação. Nasce junto com o contrato principal, do qual é parte acessória. Pode estar nele inserta ou em documento apartado que *a ela se refira*. Assim dispõe o § 1º do art. 4º da Lei da Arbitragem cujo *caput* estabelece: "*A cláusula compromissória é a convenção através da qual as partes em um contrato comprometem-se a submeter à arbitragem os litígios que possam vir a surgir, relativamente a tal contrato*". Percebe-se o caráter preventivo da estipulação pela expressão "litígios que possam vir a surgir".

O art. 8º da aludida lei complementa: "*A cláusula compromissória é* autônoma *em relação ao contrato em que estiver inserta, de tal sorte que a nulidade deste não implica, necessariamente, a nulidade da cláusula compromissória*". Deve esta ser estipulada *por escrito*. Nos *contratos de adesão* só terá eficácia se o aderente tomar a iniciativa de instituir a arbitragem ou concordar, expressamente, com a sua instituição, desde que por escrito em documento anexo ou em negrito, com a assinatura ou visto especialmente para essa cláusula (art. 4º, §§ 1º e 2º).

Na cláusula compromissória, se as partes reportarem-se ou escolherem as regras de algum *órgão arbitral* institucional ou especializado, a arbitragem será instituída e processada de acordo com tais regras (art. 5º).

O *compromisso arbitral* constitui "*convenção através da qual as partes submetem um litígio à arbitragem de uma ou mais pessoas, podendo ser judicial ou extrajudicial*" (art. 9º). Só será firmado se, durante a execução do contrato, surgir algum conflito de interesses entre os contratantes. Pode ser celebrado em cumprimento a cláusula compromissória ou independentemente desta, se as partes já estiverem a litigar ou na iminência de fazê-lo.

A qualquer tempo, durante a vigência de um contrato, no qual não haja previsão sobre a maneira de se eliminarem dúvidas futuras, tenha sido ou não ajuizada a demanda, podem as partes renunciar à justiça comum e atribuir a árbitros a solução.

---

4 *RT*, 777/189.

5 STJ, REsp 1.656.643, 3ª T., rel. Min. Nancy Andrighi, j. 9-4-2019.

Os contratantes podem escolher a forma para instituição da arbitragem, reportando-se, inclusive, às regras de algum órgão institucional ou entidade especializada. Existindo cláusula compromissória, e não havendo acordo sobre a forma de instituir a arbitragem, a parte interessada manifestará à outra sua intenção de dar início à arbitragem, convocando-a para firmar o compromisso (art. 6º). A interpelação poderá ser feita por qualquer meio de comunicação, mediante comprovação de recebimento. Se esta não comparecer ou, comparecendo, recusar-se a firmar o compromisso arbitral, a que tomou a iniciativa da convocação poderá propor a demanda de que trata o art. 7º da lei, a fim de lavrar-se o compromisso, designando o juiz audiência especial para tal fim.

O autor deverá indicar, com precisão, o objeto da arbitragem, instruindo o pedido com o documento que contiver a cláusula compromissória. Na audiência, frustrada a tentativa de conciliação, decidirá o juiz. Se a cláusula compromissória nada dispuser sobre a nomeação de árbitros, caberá ao juiz, ouvidas as partes, estatuir a respeito, podendo nomear árbitro único para a solução do litígio. A sentença que julgar o pedido valerá como compromisso arbitral.

Preleciona Caio Mário que, pela cláusula compromissória, "que não passa de pré-contrato, as partes estabelecem que, na eventualidade de futura divergência, os interessados recorrerão ao juízo arbitral. Embora sua frequência maior seja nos contratos, pode vir adjecta a ato jurídico unilateral. O testador às vezes insere na cédula que, se dúvida houver na interpretação de cláusula, seja dirimida por árbitro"[6]. Enquanto o compromisso é contrato definitivo, perfeito e acabado, a cláusula compromissória ou *pactum de compromittento* é apenas contrato preliminar, em que as partes prometem efetuar contrato definitivo de compromisso, caso apareçam dúvidas a serem dirimidas. O compromisso é o contrato em que as partes decidem submeter suas pendências a árbitros nele nomeados, como dizia o art. 1.037 do Código Civil de 1916[7].

5. ESPÉCIES DE COMPROMISSO ARBITRAL

Segundo dispõe o art. 9º da Lei da Arbitragem, o compromisso pode ser *judicial* ou *extrajudicial*. A primeira hipótese pressupõe demanda em andamento. Nesse caso, celebrar-se-á o compromisso no próprio processo, por *termo nos autos*. Se ainda não foi ajuizada nenhuma demanda, o compromisso extrajudicial poderá ser celebrado por *escritura pública* ou *escrito particular*, assinado pelas partes e por duas testemunhas.

Celebrado o compromisso na *pendência da lide*, cessam as funções do juiz togado, que passam a ser exercidas pelos árbitros, inclusive a de proferir decisão. Aperfeiçoado o compromisso *extrajudicial*, a ação não poderá ser mais ajuizada, salvo nos casos expressos em lei. No primeiro caso, o termo será assinado pelas próprias partes, ou por mandatário com poderes especiais (CC, art. 661, § 2º; CPC, art. 105).

A arbitragem poderá ser *de direito* ou *de equidade*, a critério das partes, que devem ser *capazes* de contratar. Podem escolher, livremente, as regras de direito que serão aplicadas na arbitragem, desde que não haja violação aos bons costumes e à ordem pública. Poderão, também, as partes convencionar que a arbitragem se realize com base nos princípios gerais de direito, nos usos e costumes e nas regras internacionais de comércio (LA, arts. 1º e 2º).

---

6 *Instituições de direito civil*, v. III, p. 516.

7 Silvio Rodrigues, *Direito civil*, v. 3, p. 379.

6. REQUISITOS LEGAIS

O art. 10 da Lei da Arbitragem prescreve que deve constar, *obrigatoriamente*, do compromisso arbitral: a) o nome, profissão, estado civil e domicílio das partes; b) o nome, profissão e domicílio do árbitro, ou dos árbitros, ou, se for o caso, a identificação da entidade à qual as partes delegaram a indicação de árbitros; c) a matéria que será objeto da arbitragem; d) o lugar em que será proferida a sentença arbitral.

Além dessas cláusulas, consideradas essenciais, *faculta* o art. 11 a inserção de outras, se as partes o desejarem, que contenham: a) local, ou locais, onde se desenvolverá a arbitragem; b) a autorização para que o árbitro ou os árbitros julguem por equidade, se assim for convencionado pelas partes; c) o prazo para apresentação da sentença arbitral; d) a indicação da lei nacional ou das regras corporativas aplicáveis à arbitragem, quando assim convencionarem as partes; e) a declaração da responsabilidade pelo pagamento dos honorários e das despesas com a arbitragem; f) a fixação dos honorários do árbitro, ou dos árbitros.

7. EXTINÇÃO DO COMPROMISSO ARBITRAL

Consoante dispõe o art. 12 da Lei n. 9.307/96, *extingue-se* o compromisso arbitral: a) escusando-se qualquer dos árbitros, antes de aceitar a nomeação, desde que as partes tenham declarado, expressamente, não aceitar substituto; b) falecendo ou ficando impossibilitado de dar seu voto algum dos árbitros, desde que as partes declarem, expressamente, não aceitar substituto; c) tendo expirado o prazo a que se refere o art. 11, III, desde que a parte interessada tenha notificado o árbitro, ou o presidente do tribunal arbitral, concedendo-lhe o prazo de dez dias para a prolação e apresentação da sentença arbitral.

8. DOS ÁRBITROS

Pode ser árbitro qualquer pessoa capaz, que tenha a confiança das partes. Estão afastados os analfabetos e os incapazes, nada impedindo, porém, sejam nomeados árbitros juízes de qualquer grau de jurisdição, despidos, todavia, de sua função jurisdicional[8]. É comum a nomeação de juízes de direito aposentados para exercer essa função.

As partes nomearão um ou mais árbitros, sempre em número ímpar, podendo nomear, também, os respectivos suplentes; se em número par, presumem-se também autorizados a nomear mais um árbitro. Não havendo acordo, requererão as partes ao órgão do Judiciário a que tocaria o julgamento da causa a nomeação.

No desempenho de sua função, deverá o árbitro proceder com imparcialidade, independência, diligência e discrição. Aplicam-se-lhe as mesmas regras sobre impedimentos e suspeições previstas para todos os juízes (LA, art. 13), sendo equiparados aos funcionários públicos para os efeitos da legislação penal.

Dispõe o § 4º do art. 13 da Lei n. 9.307/96, com a redação dada pela Lei n. 13.129/2015: "*As partes, de comum acordo, poderão afastar a aplicação de dispositivo do regulamento do órgão arbitral institucional ou entidade especializada que limite a escolha do árbitro único, coárbitro ou presidente do tribunal à respectiva lista de árbitros, autorizado o controle da escolha pelos órgãos competentes da instituição, sendo que, nos casos de impasse e arbitragem multiparte, deverá ser observado o que dispuser o regulamento aplicável*".

---

8 Washington de Barros Monteiro, *Curso de direito civil*, v. 5, p. 406.

9. DO PROCEDIMENTO ARBITRAL

Considera-se instituída a arbitragem quando aceita a nomeação pelos árbitros (LA, art. 19). Após essa fase, o nomeado só poderá ser recusado mediante oposição de exceção diretamente ao árbitro ou ao presidente do tribunal arbitral.

É lícito às partes estabelecer o procedimento a ser seguido. Não havendo previsão a respeito, competirá ao árbitro ou ao tribunal arbitral discipliná-lo. Serão sempre respeitados, no procedimento arbitral, os princípios do contraditório, da igualdade das partes, da imparcialidade do árbitro e de seu livre convencimento (art. 21, §§ 1º e 2º), tendo este poderes para proceder a instrução probatória que entenda conveniente ou seja requerida pelas partes.

No curso do processo arbitral, ou antes mesmo da instauração do tribunal arbitral, pode tornar-se imprescindível a concessão de medida que evite dano irreparável ou que torne inútil a decisão que será proferida. Na segunda hipótese, abre-se à parte necessitada a via judicial, sem que fique prejudicada a arbitragem, apenas para que o juiz togado examine se é caso de conceder a tutela de urgência (CPC, art. 300; Lei n. 9.307/2015, arts. 22-A e s.); concedida a medida, cessa a competência do juiz togado, cabendo aos árbitros, tão logo sejam investidos no cargo, manter, cassar ou modificar a medida concedida.

A competência do juiz togado, portanto, ficará adstrita apenas à análise da medida emergencial, passando a direção do processo na sequência aos árbitros, tão logo seja instituída a arbitragem. Por conta disso, o autor deve, ao promover a demanda cautelar, informar sempre o juiz togado acerca de sua incompetência, explicando que a demanda principal será arbitral[9].

A propósito, reconheceu o *Tribunal de Justiça de São Paulo* a possibilidade de se conceder liminar em medida cautelar, ou antecipação de tutela, para que os sócios recorrentes possam administrar, de forma provisória e exclusiva, a empresa, independentemente da participação dos demais sócios, até que a sociedade seja dissolvida total ou parcialmente, no juízo arbitral, conforme convenção contratual[10].

A Terceira Turma do *Superior Tribunal de Justiça* decidiu que a cláusula arbitral não prevalece quando o consumidor procura a via judicial para a solução de litígios. Segundo a relatora, Min. Nancy Andrighi, é possível esse tipo de solução extrajudicial em contratos de adesão, mas desde que haja concordância entre as partes, pois o consumidor sempre terá a possibilidade de optar por levar o caso à Justiça Estadual[11].

10. DA CARTA ARBITRAL

No direito processual, "carta" é um instrumento de comunicação e colaboração entre juízos distintos, pelo qual um deles, tendo sua competência restrita a limites territoriais, solicita a outro que pratique determinado ato na esfera de sua competência.

O Código de Processo Civil refere-se às cartas arbitrais no art. 260, § 3º, determinando que elas deverão atender, no que couber, aos requisitos das demais cartas, quais sejam de ordem, precatória e rogatória, e serão instruídas com "a convenção de arbitragem e com as provas da nomeação do árbitro e de sua aceitação da função".

O art. 22-C da Lei n. 9.307/96, com a redação que lhe foi conferida pela Lei n. 13.129/2015, por sua vez, proclama: "*O árbitro ou o tribunal arbitral poderá expedir carta arbitral para que o órgão jurisdicional nacional pratique ou determine o cumprimento, na área de sua competência territorial, de ato solicitado pelo árbitro*".

---

9 Carlos Alberto Carmona, *Arbitragem e processo*, p. 265-269.

10 AgI 388.797-4/1-00, 10ª Câm. Dir. Priv., rel. Des. Testa Marchi, j. 10-5-2005.

11 STJ, REsp 1.753.041-GO, 3ª T., rel. Min. Nancy Andrighi, *Revista Consultor Jurídico*, de 18-10-2018.

11. DA SENTENÇA ARBITRAL

A sentença arbitral será proferida no prazo estipulado pelas partes, ou no prazo de *seis meses*, contado da instituição da arbitragem ou da substituição do árbitro, caso nada tenha sido convencionado (LA, art. 23). Produz entre as partes, e seus sucessores, os mesmos efeitos da sentença proferida pelos juízes togados. Sendo condenatória, constitui título executivo (art. 31).

Deverá ser prolatada em documento escrito, apresentando, obrigatoriamente: relatório; os fundamentos da decisão, com exposição das questões de fato e de direito analisadas, e indicação de eventual julgamento por equidade; dispositivo em que estarão resolvidas as questões submetidas à arbitragem, com prazo para o seu cumprimento; e a data e o lugar em que foi proferida, com a assinatura do árbitro.

O art. 32 da referida Lei da Arbitragem, com a redação que lhe foi dada pela Lei n. 13.129/2015, declara *nula* a sentença se: a) for nula a convenção de arbitragem; b) emanou de quem não podia ser árbitro; c) não contiver os requisitos do art. 26 da mesma lei; d) for proferida fora dos limites da convenção de arbitragem; e) comprovado que foi proferida por prevaricação, concussão ou corrupção passiva; f) proferida fora do prazo, respeitado o disposto no art. 12, III, da referida lei; g) forem desrespeitados os princípios de que trata o art. 21, § 2º, da aludida lei[12].

Preceitua, ainda, o art. 34 que a sentença arbitral estrangeira será reconhecida ou executada no Brasil de conformidade com os tratados internacionais com eficácia no ordenamento interno e, na sua ausência, estritamente de acordo com os termos da mesma lei, devendo ser homologada pelo Superior Tribunal de Justiça (LA, arts. 34 e 35).

12. IRRECORRIBILIDADE DA DECISÃO ARBITRAL

O árbitro é juiz de fato e de direito, e a sentença que proferir não fica sujeita a recurso ou a homologação pelo Poder Judiciário (LA, art. 18). Mas pode ser impugnada judiciariamente, se for *nula*, nas hipóteses previstas no art. 32, retrotranscrito (*v.* n. 11).

Dispõe o art. 33 da Lei da Arbitragem que a parte interessada poderá pleitear ao órgão do Poder Judiciário competente a decretação de nulidade nos referidos casos, e que a demanda seguirá o procedimento comum, previsto no Código de Processo Civil, devendo ser proposta no prazo de até noventa dias após o recebimento da notificação da respectiva sentença, parcial ou final, ou da decisão do pedido de esclarecimentos (§ 1º), com a redação dada pela Lei n. 13.129/2015.

A decretação da *nulidade* da sentença arbitral também poderá ser arguida mediante impugnação, conforme os arts. 525, § 1º, III, e 515, VII, do Código de Processo Civil, se for exigido o seu cumprimento.

Afirmou o *Superior Tribunal de Justiça*, em recurso especial em que a recorrente pleiteava anulação de sentença arbitral que condenou a companhia em dois milhões e setecentos

---

[12] "Sentença arbitral. Tutela antecipada. Inviabilidade de se conceder a medida para o fim de anular e suspender os efeitos da decisão arbitral. Impossibilidade de se impedir ao executante de exercer o seu direito à execução, pois o direito de ação é de ordem constitucional. Caso, ademais, que não se encontra dentro das hipóteses que autorizam a nulidade da sentença arbitral. Nulidade que pode ser alegada em regular embargos do devedor" (*RT*, 803/262). "Sentença estrangeira. Homologação. Compromisso celebrado entre a requerente e a requerida relativo a direitos patrimoniais disponíveis. Alegada nulidade da citação feita por via postal, antes da vigência da Lei 9.307/96. Inadmissibilidade, se configurado o comparecimento e a consequente aceitação do juízo arbitral" (STF, *RT*, 789/153).

mil reais em virtude da retenção indevida do pagamento de cotas sociais a ela cedidas, que "o controle judicial excepcional de decisões arbitrais por meio de ação anulatória, previsto no artigo 33 da Lei n. 9.307/1966, não pode ser utilizado como justificativa para demonstrar mero inconformismo da parte sucumbente"[13]. Segundo o relator, Min. Marco Aurélio Bellizze, "o exame quanto à suficiência das provas ou à necessidade de realização de determinada prova é providência que compete exclusivamente ao juiz da causa - no caso, o tribunal arbitral. Assim, o indeferimento de determinada prova, desde que idoneamente fundamentado pelo juízo arbitral, não importa em ofensa ao contraditório. As ações anulatórias não servem à simples revisão do mérito da sentença arbitral, mas devem estar fundadas em uma das hipóteses previstas no artigo 32 da Lei de Arbitragem, a exemplo da nulidade da convenção de arbitragem, da escolha de árbitro legítimo e da decisão proferida fora dos limites da convenção de arbitragem...". "... A argumentação expendida pela insurgente evidencia, às escâncaras, o propósito de revisar a justiça da decisão arbitral, a refugir por completo das restritas e excepcionais hipóteses de cabimento da ação anulatória"[14].

Proclamou a referida Corte, também, que, nos termos da Lei n. 9.307/96, não há proibição de que seja proferida sentença arbitral parcial durante procedimento arbitral, contra a qual é possível o ajuizamento de ação anulatória. Frisou o mesmo relator, Min. Marco Aurélio Bellizze, que "a legislação estabelece o prazo decadencial de 90 dias (artigo 33 da Lei 9.037/96) para se pedir a anulação de sentença arbitral, que pode ser compreendida como gênero - do qual a sentença parcial e a sentença final são espécies -, o que leva à conclusão de que o prazo previsto no dispositivo legal pode ser aplicado às sentenças parcial e final, indistintamente. A ação anulatória destinada a infirmar a sentença parcial arbitral - único meio admitido de impugnação do *decisum* - deve ser intentada de imediato, sob pena de a questão decidida tornar-se imutável, porquanto não mais passível de anulação pelo Poder Judiciário, a obstar, por conseguinte, que o juízo arbitral profira nova decisão sobre a matéria. Não há, nessa medida, nenhum argumento idôneo a autorizar a compreensão de que a impugnação ao comando da sentença parcial arbitral, por meio da competente ação anulatória, poderia ser engendrada somente por ocasião da prolação da sentença arbitral final"[15].

13. ARBITRAGEM E ADMINISTRAÇÃO PÚBLICA

Algumas leis esparsas preveem a possibilidade de haver arbitragem em determinados contratos administrativos. A Lei n. 13.129/2015, todavia, deu um grande passo ao admitir, de forma genérica, que a Administração Pública possa valer-se da arbitragem nos casos em que a lide verse sobre direitos disponíveis. Para esse fim, acrescentou dois parágrafos ao art. 1º da Lei n. 9.307/96, *verbis*:

"*Art. 1º (...)*

§ 1º A administração pública direta e indireta poderá utilizar-se da arbitragem para dirimir conflitos relativos a direitos patrimoniais disponíveis.

§ 2º A autoridade ou o órgão competente da administração pública direta para a celebração de convenção de arbitragem é a mesma para a realização de acordos ou transações".

A regra vale para a União, os Estados e os Municípios.

---

13 STJ vê mero inconformismo e nega anulação de sentença arbitral. Conjur. Disponível em: <https://www.conjur.com.br/2019-mai-27/stj-ve-mero-inconformismo-nega-anulacao-sentenca-arbitral>. Acesso em: 14-11-2019.

14 STJ, 3ª T., rel. Min. Marco Aurélio Bellizze, *Revista Consultor Jurídico*, de 25-5-2019.

15 STJ, REsp 1.543.564, 3ª T., rel. Min. Marco Aurélio Bellizze, *Revista Consultor Jurídico*, de 22-10-2018.

Tendo em vista que a Administração Pública deve observar o princípio da legalidade, previsto no art. 37 da Carta Magna, o § 3º do art. 2º da Lei n. 9.307/96 (LA), com a redação conferida pela Lei n. 13.129/2015, dispõe: "A arbitragem que envolva a administração pública será sempre de direito e respeitará o princípio da publicidade".

14. ARBITRAGEM E INTERRUPÇÃO DA PRESCRIÇÃO

A Lei n. 13.129/2015 acrescentou um parágrafo ao art. 19 da Lei n. 9.307/96 (LA), estabelecendo um marco interruptivo da prescrição. Confira-se:

"*Art. 19 (...)*

§ 2º A instituição da arbitragem interrompe a prescrição, retroagindo à data do requerimento de sua instauração, ainda que extinta a arbitragem por ausência de jurisdição".

A referida Lei da Arbitragem permanece não estabelecendo prazos prescricionais – o que compete às leis de direito material, especialmente ao Código Civil.

15. MEDIAÇÃO

A Lei n. 13.140/2015 dispõe sobre a mediação entre particulares como meio de solução de controvérsias e sobre a autocomposição de conflitos no âmbito da administração pública. Também altera a Lei n. 9.469/97 e o Decreto n. 70.235/72 e revoga o § 2º da Lei n. 9.469/97.

O art. 1º, parágrafo único, da aludida lei conceitua dessa forma a mediação:

"*Art. 1º (...)*

Parágrafo único. Considera-se mediação a atividade técnica exercida por terceiro imparcial sem poder decisório, que, escolhido ou aceito pelas partes, as auxilia e estimula a identificar ou desenvolver soluções consensuais para a controvérsia".

Pode ser objeto de mediação o conflito que verse sobre direitos disponíveis ou sobre direitos indisponíveis que admitam transação (art. 3º). A mediação pode versar sobre todo o conflito ou parte dele (§ 1º). O consenso das partes envolvendo direitos indisponíveis, mas transigíveis, deve ser homologado em juízo, exigida a oitiva do Ministério Público (§ 2º).

O Código de Processo Civil, no art. 165, §§ 2º e 3º, aponta a diferença entre conciliação e mediação. Embora ambas sejam forma de autocomposição do conflito e o terceiro não o decida, mas apenas facilita que as partes cheguem a um acordo, na conciliação ele atua preferencialmente nos casos em que não houver vínculo e propõe soluções para os litigantes, ao passo que na mediação atua preferencialmente nos casos em que houver vínculo anterior entre as partes e não propõe soluções para os litigantes.

Já a arbitragem é forma de heterocomposição do conflito, que é decidido por terceiro, o qual atua em ambos os casos, ou seja, naqueles em que não houver vínculo anterior entre as partes e nos que houver.

A mediação pode ocorrer tanto na órbita judicial como na extrajudicial. A Lei n. 13.140/2015, por essa razão, regulamenta tanto a mediação extrajudicial (arts. 21 a 23) como a judicial (arts. 24 a 29), os mediadores extrajudiciais (arts. 9º e 10) e os judiciais (arts. 11 a 13).

Um ponto positivo e de destaque da referida lei é que ela dispõe sobre a mediação como meio de solução de controvérsias entre particulares e também sobre a autocomposição de conflitos no âmbito da administração pública, como consta expressamente de seu art. 1º.

Capítulo XXI

DO CONTRATO DE ADMINISTRAÇÃO FIDUCIÁRIA DE GARANTIAS

A Lei n. 14.711/2023, ao acrescentar o art. 853-A ao Código Civil, regulamentou o contrato de administração fiduciária em garantia.

De acordo com o *caput*, *"qualquer garantia poderá ser constituída, levada a registro, gerida e ter a sua execução pleiteada por agente de garantia, que será designado pelos credores da obrigação garantida para esse fim e atuará em nome próprio e em benefício dos credores, inclusive em ações judiciais que envolvam discussões sobre a existência, a validade ou a eficácia do ato jurídico do crédito garantido, vedada qualquer cláusula que afaste essa regra em desfavor do devedor ou, se for o caso, do terceiro prestador da garantia"*.

Trata-se, portanto, de um contrato celebrado entre o credor e o agente de garantia, que terá amplos poderes para, agindo em nome próprio e em benefício dos credores, pleitear a execução da garantia, e inclusive atuar em ações judiciais envolvendo o ato garantido.

O dispositivo legal não faz qualquer restrição ao tipo de garantia, que poderá ser pessoal ou real.

O agente de garantia, no exercício de suas funções, poderá valer-se da execução extrajudicial da garantia, quando houver previsão na legislação especial aplicável à modalidade de garantia.

Ele terá dever fiduciário em relação aos credores da obrigação garantida e responderá perante os credores por todos os seus atos.

Como a atuação do agente não é de caráter personalíssimo, ele poderá ser substituído, a qualquer tempo, por decisão do credor único ou dos titulares que representarem a maioria simples dos créditos garantidos, reunidos em assembleia, mas a substituição do agente de garantia somente será eficaz após ter sido tornada pública pela mesma forma por meio da qual tenha sido dada publicidade à garantia.

A convocação e a instalação das assembleias dos titulares dos créditos garantidos estarão previstas em ato de designação ou de contratação do agente de garantia.

O produto da realização da garantia, enquanto não transferido para os credores garantidos, constitui patrimônio separado daquele do agente de garantia e não poderá responder por suas obrigações pelo período de até 180 (cento e oitenta) dias, contado da data de recebimento do produto da garantia.

Após receber o valor do produto da realização da garantia, o agente de garantia disporá do prazo de 10 (dez) dias úteis para efetuar o pagamento aos credores.

Por fim, dispõe o § 7º do art. 853-A do Código Civil que, paralelamente ao contrato de que trata este artigo, o agente de garantia poderá manter contratos com o devedor para:

I – pesquisa de ofertas de crédito mais vantajosas entre os diversos fornecedores;

II – auxílio nos procedimentos necessários à formalização de contratos de operações de crédito e de garantias reais;

III – intermediação na resolução de questões relativas aos contratos de operações de crédito ou às garantias reais; e

IV – outros serviços não vedados em lei.

Nessas hipóteses, o agente de garantia deverá agir com estrita boa-fé perante o devedor.

PARTE II
DOS ATOS UNILATERAIS

INTRODUÇÃO AO ESTUDO DOS ATOS UNILATERAIS

Sumário: 1. Os atos unilaterais como fontes de obrigações. 2. A disciplina dos atos unilaterais no Código Civil de 2002.

1. OS ATOS UNILATERAIS COMO FONTES DE OBRIGAÇÕES

O direito romano, baseado em classificação inicialmente feita por Gaio no Comentário III, n. 88, das *Institutas*, considerava que a obrigação ora nasce do contrato, ora do delito ("*vel ex contractu nascitur vel ex delicto*"). Essa classificação constava também das *Institutas* de Justiniano. O mesmo Gaio, em outra passagem do *Digesto*, mostra-se mais minucioso e mais extenso, admitindo outras causas menos precisas. Com a evolução do tempo essas várias causas ficaram definidas, concentrando-se nas expressões "quase contrato" e "quase delito". As fontes das obrigações passaram a ser, desse modo, o contrato, o quase contrato, o delito e o quase delito. A gestão de negócios era considerada quase contrato. Delito era o ato ilícito doloso, e quase delito, o ato ilícito culposo[1].

Essa noção estendeu-se à doutrina moderna de origem romanística, sendo adotada por vários códigos civis europeus, como o Código Napoleão de 1804, o italiano de 1865 e o espanhol de 1889, bem como pelas Ordenações do Reino (Afonsinas, Manuelinas e Filipinas). Posteriormente, por influência de Pothier, a *lei* passou a integrar a referida classificação, no Código Civil francês[2].

Hodiernamente, predomina o entendimento de que a lei é a fonte primacial das obrigações. Estas emanam direta e *imediatamente* da *vontade do Estado*, por intermédio da lei (como a de pagar alimentos aos parentes necessitados, ser eleitor, pagar tributos etc.) ou da *vontade humana*, por meio dos contratos, das declarações unilaterais da vontade e dos atos ilícitos, dolosos e culposos. Como é a *lei* que dá eficácia a todos esses fatos, transformando-os em fontes diretas ou *imediatas*, aquela constitui fonte *mediata* ou *primária* das obrigações. É a lei, com efeito, que disciplina os efeitos dos contratos, que obriga o declarante a pagar a recompensa prometida e que impõe ao autor do ato ilícito o dever de ressarcir o prejuízo causado.

Há obrigações que, entretanto, resultam diretamente da *lei*, como a de prestar alimentos (CC, art. 1.694), já mencionada, a de indenizar os danos causados por seus empregados (CC, art. 932, III), a *propter rem* imposta aos vizinhos etc. Nestes casos ela atua como fonte *imediata* da obrigação. A lei está, portanto, sempre presente, ora como fonte imediata, ora como fonte mediata das obrigações. Caio Mário, com clareza e precisão, obtempera que "ora o ordenamento jurídico atua, deixando mais larga margem de participação à vontade humana, e desenha o zoneamento das obrigações nascidas do contrato ou da declaração unilateral de vontade; ora procede na criação de obrigações em cuja formação avulta a vontade da lei"[3].

---

1 Caio Mário da Silva Pereira, *Instituições de direito civil*, v. III, p. 1-2.

2 Newton de Lucca, *Comentários ao novo Código Civil*, v. XII, p. 3-4.

3 *Instituições de direito civil*, v. III, p. 2.

Os fatos humanos que o Código Civil de 1916 considerava geradores de obrigação eram: a) os contratos; b) as declarações unilaterais da vontade; e c) os atos ilícitos, dolosos e culposos.

2. A DISCIPLINA DOS ATOS UNILATERAIS NO CÓDIGO CIVIL DE 2002

O Código Civil de 1916 considerava as *declarações unilaterais da vontade* fontes autônomas das obrigações, contemplando, porém, apenas os "Títulos ao portador" (arts. 1.505 a 1.511) e a "Promessa de recompensa" (arts. 1.512 a 1.517) no Título VI, sob a denominação "Das obrigações por declaração unilateral da vontade".

O novo diploma alterou a denominação do Título, que passou a ser o VII, para "Dos Atos Unilaterais", mantendo a *Promessa de recompensa* (arts. 854 a 860) e agregando a ela a *Gestão de negócios* (arts. 861 a 875), o *Pagamento indevido* (arts. 876 a 883) e o *Enriquecimento sem causa* (arts. 884 a 886). Os *Títulos ao portador* foram deslocados para o Capítulo II (arts. 904 a 909) do Título VIII, dedicado à disciplina dos *Títulos de crédito*.

Assinale-se que a *gestão de negócios* e o *pagamento indevido* já eram disciplinados no Código Civil de 1916, mas em títulos diversos. A primeira era tratada como contrato nominado, no Título V denominado "Das várias espécies de contratos"; e o *pagamento indevido*, como um "Dos efeitos das obrigações", no Capítulo II do Título que tinha essa denominação. O *enriquecimento sem causa* não era regulado em capítulo próprio, embora o princípio que o veda tivesse sido adotado em dispositivos esparsos, como, por exemplo, o art. 517, que deferia ao possuidor de má-fé o direito de ser ressarcido das benfeitorias necessárias; o art. 547, que proclamava o direito à indenização do construtor de boa-fé em terreno alheio e outros.

O Código Civil de 2002, levando em conta o fato de haver criado um novo Livro, "Do direito de empresa", no qual passa a tratar da empresa e seus aspectos societários, dedicou um título autônomo aos "Títulos de crédito", em seguida ao intitulado "Dos atos unilaterais". A matéria concernente aos títulos de crédito não se limita ao direito civil, sendo regulada pela legislação especial em suas várias modalidades, cuja aplicabilidade foi ressalvada no art. 903 do novo diploma. Seguiu este, ao disciplinar os títulos de crédito, o modelo do Código Civil italiano de 1942.

A circunstância de terem sido incluídas as normas sobre títulos de crédito em título distinto não significa negar a estes a natureza de atos unilaterais. Trata-se de uma questão de ordem prática, baseada na consideração de que o grande número daquelas normas demandaria sua disciplina em título próprio.

A disciplina geral dos títulos de crédito em um código é criticada por autores da nomeada de Messineo e Ascarelli, no direito italiano, no qual o novo diploma foi buscar o modelo. O caráter subsidiário do novo diploma, ressalvado no art. 903 já mencionado, tem sido apontado no Brasil como fator que torna realmente discutível a oportunidade de tal disciplina, considerando-se que a matéria já está suficientemente regulada no ordenamento jurídico pátrio[4].

Todavia, esse mesmo argumento pode ser utilizado para justificar a sistemática adotada, pois inexistirá o risco de conflitos de interpretação, uma vez mantida a legislação especial, aplicando-se apenas supletivamente as novas normas estatuídas no Código de 2002.

---

4 Sílvio Venosa, *Direito civil*, v. III, p. 439-440; Newton de Lucca, *Comentários ao novo Código Civil*, v. XII, p. 119-124.

Capítulo I

DA PROMESSA DE RECOMPENSA

Sumário: 1. Conceito e natureza jurídica. 2. Requisitos. 3. Exigibilidade da recompensa. 4. Revogabilidade da promessa. 5. Promessa formulada em concurso público.

1. CONCEITO E NATUREZA JURÍDICA

Como foi dito na *Introdução*, os atos unilaterais, assim como os contratos e os atos ilícitos, constituem fontes de obrigações. O atual Código Civil disciplina, no Título VII dedicado aos primeiros, em primeiro lugar, a *promessa de recompensa*.

Diverge-se na doutrina a respeito da natureza jurídica do instituto. Uma corrente não a distingue da *oferta* dirigida a qualquer pessoa indeterminadamente, a qual é reputada aceita pelos receptores sucessivos. Neste caso, o vínculo obrigatório só se forma com a manifestação do terceiro que preencheu a condição ou desempenhou o serviço, aceitando-a. Outra corrente, no entanto, considera a promessa de recompensa negócio jurídico unilateral, que obriga aquele que emite a declaração de vontade desde o momento em que ela se torna pública, independentemente de qualquer aceitação[1].

O Código Civil adotou a segunda corrente, realçando o caráter vinculante dessa declaração unilateral da vontade. A *promessa de recompensa* não é mera promessa de contrato, mas uma obrigação já assumida com a própria declaração. Segundo LIMONGI FRANÇA[2], a promessa de recompensa traz uma obrigatoriedade ínsita. O promitente vincula-se obrigacionalmente, ainda que o aceitante haja executado o trabalho desinteressadamente sem ter sido impelido pelo desejo de obter a recompensa prometida[3].

Dispõe o art. 854 do Código Civil que "*aquele que, por anúncios públicos, se comprometer a recompensar, ou gratificar, a quem preencha certa condição, ou desempenhe certo serviço, contrai obrigação de cumprir o prometido*". O dispositivo é claro ao proclamar que o promitente, ao declarar que se propõe a recompensar ou gratificar terceiro, assume a obrigação de cumprir o prometido.

A promessa de recompensa pode assim ser definida como "o ato obrigacional de alguém que, por anúncio público, se compromete a recompensar, ou gratificar, pessoa que preencha certa condição ou desempenhe certo serviço"[4]. As hipóteses mais comuns de promessa de recompensa são as feitas a quem encontrar determinado objeto ou animal de valor ou de estimação, ou pessoa desaparecida, ou fornecer informações para a captura de criminosos.

---

1 Washington de Barros Monteiro, *Curso de direito civil*, v. 5, p. 419.

2 *Instituições de direito civil*, p. 873.

3 Washington de Barros Monteiro, *Curso de direito civil*, v. 5, p. 419.

4 Carlos Alberto Dabus Maluf, *Novo Código Civil comentado*, p. 767.

O fundamento da obrigatoriedade da promessa de recompensa reside apenas secundariamente em razões éticas de respeito à palavra dada, mais precipuamente na reação e expectativa que gera no meio social, expectativa esta que deve ser respeitada e protegida, como bem assinala SILVIO RODRIGUES, nestes termos: "Parece-me, entretanto, que essa razão de caráter subjetivo é menos importante para justificar a obrigatoriedade da promessa. A meu ver, é em consideração às pessoas a quem a promessa se dirige que a lei compele o promitente a cumprir o prometido. De resto, o fato de a promessa se endereçar indiscriminadamente ao público em geral, torna mais urgente a interferência do legislador. Isso porque, como disse, a promessa provoca, ordinariamente, uma reação no meio social, que a lei não pode ignorar. Daí conferir ação ao beneficiário, que, tendo preenchido a condição da proposta, pode reclamar a recompensa estipulada"[5].

2. REQUISITOS

Para que se torne obrigatória a promessa de recompensa, entretanto, são exigidos três *requisitos específicos*: a) que lhe tenha sido dada publicidade; b) a especificação da condição a ser preenchida ou o serviço a ser desempenhado; e c) a indicação da recompensa ou gratificação.

Além dos mencionados pressupostos específicos, devem ser observados os *requisitos gerais de validade* dos negócios jurídicos unilaterais e bilaterais, elencados no art. 104 do Código Civil, quais sejam, promitente capaz; objeto lícito, possível, determinado ou determinável; e forma não defesa em lei.

O art. 854 retrotranscrito refere-se expressamente a "*anúncios públicos*", demonstrando que a publicidade é pressuposto do vínculo obrigacional. Não é relevante o meio pelo qual a proposta é veiculada. Pode ser difundida pela imprensa (jornal, alto-falante, rádio e televisão) ou constar de cartazes ou folhetos afixados ou distribuídos em locais de grande acesso de pessoas etc.

A *publicidade* deve dirigir-se a pessoas indeterminadas, ainda que pertencentes a um grupo determinado, como uma escola, uma associação, um clube etc. Não pode haver individualização, sob pena de a hipótese se transformar em negócio bilateral. Segundo PONTES DE MIRANDA, "o número mínimo para que a promessa seja ao público é o de dois; o máximo, a humanidade". Aduz o incomparável jurista pátrio: "Sempre que há duas pessoas ou mais, há publicidade, salvo se não se coadunar com a natureza da promessa tão estreita esfera de atuação"[6]. Havendo publicidade, está cumprido o requisito, independentemente da constatação de ter chegado ao conhecimento das pessoas. Basta, portanto, a simples possibilidade de comunicação.

Em segundo lugar, deve o promitente *especificar o objeto da promessa*, ou seja, a condição a ser preenchida ou o serviço a ser desempenhado pelo público em geral. Pode tratar-se de uma *ação*, como na hipótese de se prometer milhões de dólares àquele que fornecer informações que possibilitem a descoberta do paradeiro de determinada pessoa (Saddam Hussein ou Osama Bin Laden, p. ex.), ou de um *ato omissivo*, como a recompensa prometida aos alunos que não faltarem a nenhuma aula durante todo o ano letivo.

A *indicação da recompensa ou gratificação*, pelo promitente, também se faz necessária para a vinculação deste. Há várias formas de recompensa, podendo consistir em entrega de uma coisa, caracterizando uma obrigação de dar, ou a realização de certa atividade por parte

---

5 *Direito civil*, v. 3, p. 390.

6 *Da promessa de recompensa*, p. 160 e 167.

do promitente, configurando uma obrigação de fazer ou não fazer (pagamento de tratamento médico ou de determinado curso, p. ex.).

Na "maioria dos casos, como observa CUNHA GONÇALVES, o anúncio menciona apenas esta declaração: *dão-se alvíssaras*, ou então *será recompensado*, não se fixando a quantia ou o objeto da recompensa. Ficará então a fixação a critério exclusivo do promitente? Evidentemente, não. Em caso de desacordo, a recompensa será arbitrada pela autoridade judiciária, em consonância com o vulto do serviço prestado, despesas e incômodos da outra parte"[7].

A promessa de recompensa pode ser feita por particulares ou por fornecedores ou prestadores de serviços. Quando configurar típica relação de consumo, aplicam-se-lhe os princípios protetivos do Código de Defesa do Consumidor e, subsidiariamente, as normas genéricas do atual Código Civil[8].

3. EXIGIBILIDADE DA RECOMPENSA

Dispõe o art. 855 do Código Civil: "*Quem quer que, nos termos do artigo antecedente, fizer o serviço, ou satisfizer a condição, ainda que não pelo interesse da promessa, poderá exigir a recompensa estipulada*".

Infere-se do dispositivo em apreço que, uma vez realizado o serviço ou preenchida a condição, o promitente é devedor da obrigação de recompensar ou gratificar o executor, na conformidade da proposta divulgada. Na hipótese de não cumprimento dessa obrigação, responde o promitente, conforme a natureza desta, por uma ação de cobrança, de perdas e danos ou de obrigação de fazer ou não fazer.

Não examina o juiz a utilidade para o promitente do ato ou conduta praticada pelo executante. Importa saber unicamente se a atividade consistiu exatamente no que foi prometido recompensar. Da mesma forma, não importa averiguar do interesse do executor ou de seu conhecimento da promessa. A obrigação é exigível, ainda que a desconhecesse[9]. Não é necessário, portanto, que o serviço tenha sido realizado no interesse da recompensa, sendo suficiente que corresponda às condições da promessa divulgada.

Assevera NEWTON DE LUCCA que, para fazer jus à recompensa, "o executante deve estar legitimado a recebê-la, independentemente de sua capacidade civil. A criança de dez anos que encontra o cachorro perdido terá direito ao prêmio oferecido. A quitação será dada pelo seu representante legal, dada a incapacidade absoluta do menor de dezesseis anos (art. 3º, inciso I, do CC)"[10]. A hipótese configura o denominado *ato-fato jurídico*, que a lei encara como fato, sem levar em consideração a vontade, a intenção ou a consciência do agente, demandando apenas o ato material predeterminado[11].

"*Se o ato contemplado na promessa for praticado por mais de um indivíduo, terá direito à recompensa o que primeiro o executou*" (CC, art. 857). O dispositivo atende à precedência na execução do serviço, sem qualquer consideração de ordem pessoal. Esta somente ocorrerá se a situação ou estado das pessoas foi imposta nos anúncios em que a recompensa foi prometida (como nos concursos de beleza ou de robustez, p. ex.).

"*Sendo simultânea a execução, a cada um tocará quinhão igual na recompensa; se esta não for divisível, conferir-se-á por sorteio, e o que obtiver a coisa dará ao outro o valor de seu quinhão*"

---

7 Washington de Barros Monteiro, *Curso de direito civil*, v. 5, p. 420.
8 Newton de Lucca, *Comentários ao novo Código Civil*, v. XII, p. 13-14.
9 Sílvio Venosa, *Direito civil*, v. III, p. 477.
10 *Comentários ao novo Código Civil*, v. XII, p. 17.
11 Carlos Roberto Gonçalves, *Direito civil brasileiro*, v. 1, p. 365.

(CC, art. 858). O nosso direito não prevê a divisão do prêmio de acordo com a colaboração de cada um, como consta do § 669 do Código Civil alemão (BGB), mas em partes iguais. Este critério, dependendo das circunstâncias, pode não se revelar o mais justo. Também não é prevista a solução consistente na venda do objeto, para a repartição do produto, considerando-se que não corresponde ela à promessa feita e, muitas vezes, desejada pelo executante.

4. REVOGABILIDADE DA PROMESSA

Uma vez emitida a promessa, dirigida a pessoa indeterminada, o promitente fica vinculado obrigacionalmente, se não a revogar com a mesma publicidade com que a fez. Preceitua, com efeito, o art. 856 do Código Civil: "*Antes de prestado o serviço ou preenchida a condição, pode o promitente revogar a promessa, contanto que o faça com a mesma publicidade; se houver assinado prazo à execução da tarefa, entender-se-á que renuncia o arbítrio de retirar, durante ele, a oferta*".

Sublinha Washington de Barros Monteiro que, "tendo marcado prazo para execução do serviço, ou preenchimento da condição, coloca-se o promitente na mesma condição jurídica do policitante, que, nos contratos entre ausentes, se obriga a esperar a resposta da outra parte durante certo prazo (arts. 428, n. III, e 434, n. II). Enquanto não transcorre o prazo, a promessa tem de ficar de pé e o promitente não pode arrepender-se"[12].

O cumprimento da promessa de recompensa é, portanto, obrigatório. Se revogá-la, "*o candidato de boa-fé, que houver feito despesas, terá direito a reembolso*" (CC, art. 856, parágrafo único).

5. PROMESSA FORMULADA EM CONCURSO PÚBLICO

Estatui o art. 859 do Código Civil que, "*nos concursos que se abrirem, com promessa pública de recompensa, é condição essencial, para valerem, a fixação de um prazo, observadas também as disposições dos parágrafos seguintes*".

Em geral, tais concursos são realizados para a apresentação de trabalhos literários, científicos e artísticos. Justifica-se a solução pelo fato de tais concursos exigirem uma grande concentração de espírito por parte dos concorrentes, pesquisas, estudos, esforço incomum, dispêndio de energias, tempo e dinheiro. Nesses casos, com razão estabeleceu o legislador que o promitente não pode retirar *ad libitum*, arbitrariamente, a promessa, impondo-lhe a fixação de prazo. Enquanto este não se escoa, a promessa é irrevogável. Esse prazo é, portanto, condição essencial nos concursos públicos[13].

A decisão da "*pessoa nomeada nos anúncios como juiz obriga os interessados*", proclama o § 1º do aludido art. 859 do Código Civil. Ao participar do concurso as pessoas se submetem às suas condições, dentre elas a de concordarem com o veredito do juiz ou dos juízes cujos nomes em regra constam do edital. Em falta de pessoa designada para julgar o mérito dos trabalhos que se apresentarem, "*entender-se-á que o promitente se reservou essa função*" (CC, art. 859, § 2º). Se os trabalhos tiverem mérito igual, "*proceder-se-á de acordo com os arts. 857 e 858*" (art. 859, § 3º), isto é, far-se-á a partilha, se a recompensa é divisível, e sorteio, se indivisível.

A promessa visa estimular o trabalho intelectual. As obras premiadas só ficarão pertencendo ao promitente, "*se assim for estipulado na publicação da promessa*" (CC, art. 860).

---

[12] *Curso de direito civil*, v. 5, p. 422.

[13] Washington de Barros Monteiro, *Curso de direito civil*, v. 5, p. 423.

Capítulo II

DA GESTÃO DE NEGÓCIOS

Sumário: 1. Conceito e pressupostos. 2. Obrigações do gestor do negócio. 3. Obrigações do dono do negócio. 4. A ratificação do dono do negócio.

1. CONCEITO E PRESSUPOSTOS

Dá-se a gestão de negócios quando uma pessoa, sem autorização do interessado, intervém na administração de negócio alheio, dirigindo-o segundo o interesse e a vontade presumível de seu dono. Segundo a definição de CLÓVIS[1], é a administração oficiosa de negócios alheios, feita sem procuração.

Na maioria das vezes se trata de um ato de altruísmo, em que o gestor intervém na órbita de interesses de outra pessoa com a intenção de evitar um prejuízo para esta, mesmo sem estar por ela autorizado, agindo de acordo com a vontade presumida do dono do negócio. Dá-se a gestão de negócios, por exemplo, quando alguém, presenciando em prédio alheio estragos capazes de o destruir, ajusta em nome do proprietário ausente, mas sem sua autorização, um empreiteiro para o reparar[2]. Ou ainda quando alguém socorre pessoa desconhecida, vítima de um acidente, conduzindo-a ao hospital e tomando todas as providências para o seu atendimento, realizando inclusive o depósito exigido pelo nosocômio.

Dispõe a propósito o art. 861 do Código Civil: "*Aquele que, sem autorização do interessado, intervém na gestão de negócio alheio, dirigi-lo-á segundo o interesse e a vontade presumível de seu dono, ficando responsável a este e às pessoas com que tratar*".

Constam dessa regra os *pressupostos* da gestão de negócios, que são:

a) Tratar-se de "*negócio alheio*". Esta expressão não tem o sentido técnico de *negócio jurídico*, mas de *interesse* de terceiro, em sentido amplo. Aplicam-se-lhe os preceitos ora em estudo ainda que o gestor trate do negócio alheio pensando que era dele próprio, ou mesmo supondo que era de uma pessoa, quando, na realidade, era de outra[3].

b) *Ausência de autorização do dono do negócio*. O dispositivo supratranscrito refere-se a intervenção em negócio alheio "*sem autorização do interessado*". E o art. 864 do mesmo diploma alude à *comunicação* do gestor ao dono do negócio. Este, portanto, não deve ter, até então, conhecimento do ocorrido, pois, caso o tenha e dê sua autorização, caracterizado estará o mandato tácito, admitido no art. 656, ou locação de serviços, conforme exista ou não representação. É a espontaneidade do gestor que caracteriza a relação jurídica. É uma atitude

---

1 *Código Civil dos Estados Unidos do Brasil comentado*, v. 5, p. 80.
2 Silvio Rodrigues, *Direito civil*, v. 3, p. 398.
3 Washington de Barros Monteiro, *Curso de direito civil*, v. 5, p. 426.

espontânea e improvisada, propondo-se o gestor a proceder como o faria o próprio dono do negócio, se estivesse presente[4].

c) Atuação do gestor *no interesse e vontade presumida do "dominus"* (*utiliter gestum*). O gestor procura fazer exatamente o que o dono do negócio desejaria, se estivesse presente. Se o negócio não é bem gerido, pode aquele não ter os seus atos ratificados, ficando por eles pessoalmente responsável. Se a gestão for iniciada "*contra a vontade*" do interessado, "*responderá o gestor até pelos casos fortuitos*", não provando que teriam sobrevindo de qualquer modo, como dispõe o art. 862 do Código Civil. Considera-se que, neste caso, existe abuso do gestor e só o êxito do empreendimento o isentará de qualquer responsabilidade. Se, porém, fracassar, suportará os prejuízos, ainda que derivados de caso fortuito, salvo provando a escusa mencionada. Acrescenta o art. 863 que, "*no caso do artigo antecedente, se os prejuízos da gestão excederem o seu proveito, poderá o dono do negócio exigir que o gestor restitua as coisas ao estado anterior, ou o indenize da diferença*".

Embora o retrotranscrito art. 862 do Código Civil se refira a gestão iniciada contra a vontade "*manifesta ou presumível*" do interessado, na realidade se ela contrariar a vontade *manifesta* do dono já não haverá gestão, "porém ato ilícito, com aplicação dos preceitos a este atinentes"[5].

Anote-se ter havido um *lapsus cálami* do legislador na redação da parte final do mencionado art. 862. Onde consta "*ainda quando se houvesse abatido*" deveria ser "*ainda quando se houve abstido*", ou seja, deixado de agir.

d) Limitar-se a ação *a atos de natureza patrimonial*, ou seja, a negócios, como nos mostra a própria denominação do instituto, porque os outros exigem sempre a outorga de poderes. Ficam, pois, excluídos da gestão de negócios os assuntos de interesse público, tais como os relativos às qualidades de cidadão, eleitor, jurado etc., ou os concernentes ao estado civil ou aos interesses familiares, como os de pai, filho, cônjuge, divorciado etc., ou o matrimônio, a separação, o divórcio, a perfilhação etc. Mesmo os negócios patrimoniais, nem todos podem ser objeto da gestão de negócios, mas somente os que são suscetíveis de ser executados por meio de mandatário, desde que não exijam mandato expresso, como, por exemplo, doação, convenção antenupcial e repúdio de herança[6].

e) Intervenção motivada por *necessidade ou por utilidade*, com a intenção de trazer proveito para o dono. Por exemplo: a atuação do despachante, que recolhe imposto para cliente de outro negócio, no último dia do prazo. Este último pressuposto constitui a razão de ser do referido contrato. Com efeito, a utilidade é elemento fundamental na gestão de negócios. Sendo proveitosa a administração, o dono do negócio ficará vinculado aos compromissos assumidos pelo gestor, ainda que tal fato o desagrade. Tal ocorrerá mesmo que a gestão se haja iniciado contra a sua vontade presumível e mesmo que tenha consistido em "*operações arriscadas*", excedentes da mera administração. Nesta última hipótese, se o dono do negócio quiser aproveitar-se da gestão, "*será obrigado a indenizar o gestor*" por todas as despesas e prejuízos sofridos (CC, art. 868, parágrafo único).

Em alguns sistemas a gestão de negócios é considerada um *quase contrato*, como era no direito romano, devido à falta do acordo de vontades. No Código Civil de 1916 foi tratada

---

4 Newton de Lucca, *Comentários ao novo Código Civil*, v. XII, p. 39-40; Eduardo Espínola, *Dos contratos nominados no direito civil brasileiro*, p. 349.

5 Caio Mário da Silva Pereira, *Instituições de direito civil*, v. III, p. 421.

6 Cunha Gonçalves, *Dos contratos em especial*, p. 86-87. Aduz o consagrado mestre português que ficam igualmente "excluídos os atos de caráter pessoal, como o testamento ou os que só determinado indivíduo, de especial competência, pode praticar: pintura de um quadro, escultura de uma estátua, ensino de arte ou ciência".

como contrato, "não somente pelo paralelismo com as situações jurídicas contratuais, como ainda porque a ratificação ulterior a equipara ao mandato: "*Rati enim habitio mandato comparatur*". No Código Civil de 2002 foi deslocada para o Título referente aos "Atos unilaterais", que é a sua sede mais apropriada"[7].

Embora se assemelhe ao *mandato tácito*, a gestão de negócios deste se distingue pela inexistência de prévia avença, por ser sempre gratuita e depender de ratificação (aprovação, pelo dono do negócio, do comportamento do gestor). Quando uma pessoa, com conhecimento e sem desaprovação do dono, assume a administração de negócio alheio, há mandato tácito (CC, art. 656), e não gestão de negócios.

2. OBRIGAÇÕES DO GESTOR DO NEGÓCIO

As obrigações do gestor do negócio são, em regra, as do mandatário. O Código Civil, entretanto, destaca as seguintes:

a) *Comunicar a gestão ao dono do negócio*, aguardando-lhe a resposta, se da espera não resultar perigo. Dispõe nesse sentido o art. 864 do Código Civil: "*Tanto que se possa, comunicará o gestor ao dono do negócio a gestão que assumiu, aguardando-lhe a resposta, se da espera não resultar perigo*". Cumpre ao gestor, portanto, aguardar a resposta antes de tomar qualquer outra providência. Só deverá agir, sem resposta, se a demora puder acarretar algum prejuízo para o negócio.

Recebendo a comunicação do gestor, o dono do negócio tomará uma das deliberações assim elencadas por Washington de Barros Monteiro: a) desaprovará a gestão, caso em que a situação se regerá pelo art. 874 do Código Civil; b) aprová-la-á expressa ou tacitamente, caso em que a gestão se converterá em mandato expresso ou tácito; c) aprová-la-á na parte já realizada, desaprovando-a, porém, para o futuro; d) constituirá procurador, que assumirá o negócio no pé em que se achar, extinguindo-se assim a gestão; e) assumirá pessoalmente o negócio, cessando igualmente a gestão, como no caso da letra anterior"[8].

Aduz o art. 865 do Código Civil que, "*enquanto o dono não providenciar, velará o gestor pelo negócio, até o levar a cabo, esperando, se aquele falecer durante a gestão, as instruções dos herdeiros, sem se descuidar, entretanto, das medidas que o caso reclame*". Podem suceder, todavia, fatos imprevistos que autorizem a dispensa do gestor por justa causa, tais como moléstia grave e acidente, por exemplo. A morte do dono do negócio, diferentemente do que sucede no caso do mandato, que é celebrado *intuitu personae*, não faz cessar a gestão, devendo o gestor prosseguir na execução das medidas cabíveis, enquanto aguarda instruções dos herdeiros.

b) Envidar, nesse mister, a sua *diligência habitual*, ressarcindo ao dono todo o prejuízo decorrente de qualquer culpa na gestão. O art. 866 do Código Civil preceitua, com efeito, que "*o gestor envidará toda sua diligência habitual na administração do negócio, ressarcindo ao dono o prejuízo resultante de qualquer culpa na gestão*". Deve o gestor, portanto, não se fazer substituir por outro e cuidar dos interesses do dono do negócio como trataria dos seus. No dispositivo em apreço acentuam-se as analogias com o mandato, cabendo ao gestor, em regra, as mesmas obrigações imputáveis ao mandatário, como já foi dito.

c) Não promover *operações arriscadas*, ainda que o dono costumasse fazê-las, "*nem preterir interesses deste em proveito de interesses seus*", sob pena de responder pelo caso fortuito (CC, art. 868). Lembra Caio Mário que ainda é costume adotarem os escritores a comparação tradicional com o bom pai de família. A lei, entretanto, aduz, "é mais exigente,

---

7 Caio Mário da Silva Pereira, *Instituições de direito civil*, v. III, p. 421.

8 *Curso de direito civil*, v. 5, p. 427.

quando o responsabiliza mesmo pelo fortuito, se preterir os interesses do *dominus* em proveito dos seus (Código Civil, art. 868). Obtemperar-se-á que o rigor é demasiado, para quem procede oficiosamente. Contudo, o princípio é certo: não era obrigado a iniciar a gestão, mas, se intervém em negócio alheio, tem de agir com o máximo de diligência, para que não advenha prejuízo causado por sua intromissão"[9].

3. OBRIGAÇÕES DO DONO DO NEGÓCIO

As obrigações do *dono do negócio* consistem, basicamente, em:

a) *Indenizar o gestor* das despesas necessárias e dos prejuízos que houver sofrido. Nos termos do parágrafo único do art. 868 retrotranscrito (*v.* n. 1, letra *e*, *retro*), se o *dominus negotii* quiser aproveitar-se da gestão, será obrigado a indenizar o gestor das despesas *necessárias* e dos prejuízos que por motivo da gestão houver este sofrido. Se, embora arriscadas, as operações trouxerem proveito ao titular do negócio, reembolsará este também as benfeitorias *úteis* feitas pelo gestor, como prevê o art. 869 do mesmo diploma, sob pena de locupletar-se à custa alheia.

b) *Cumprir as obrigações contraídas em seu nome*, reembolsando ao gestor as despesas necessárias ou úteis, se o negócio for *utilmente* administrado (gestão útil), apreciando-se a utilidade não pelo resultado obtido, "*mas segundo as circunstâncias da ocasião em que se fizerem*" (CC, art. 869, § 1º). Assim, mesmo sem o desejar e desde que a gestão seja útil, fica o dono do negócio obrigado a honrar o contrato, celebrado em seu nome pelo gestor, ou a reembolsar as despesas por este efetuadas, ou a indenizar os prejuízos pelo mesmo experimentados por força da gestão, ou a remunerar o gestor por sua atividade, quando tal for o caso, pelos serviços que resultaram proveitosos. Esta constitui, sem dúvida, a principal obrigação do dono do negócio[10].

Não fica ao alvedrio do titular do negócio declarar se a administração do gestor foi, ou não, útil e necessária, devendo tal aferição ser feita de acordo com os critérios legais. A utilidade da gestão decorre de fatores vários, como sejam a vontade presumível do dono, o interesse deste, bem como as circunstâncias da ocasião em que se fizerem. Aquele que gerir utilmente negócio alheio tem ação de cobrança contra o dono, para reembolsar-se integralmente do que despendeu e se ressarcir dos prejuízos que experimentou[11].

Acrescenta o § 2º do aludido art. 869 do Código Civil que "*vigora o disposto neste artigo, ainda quando o gestor, em erro quanto ao dono do negócio, der a outra pessoa as contas da gestão*".

c) Igualmente cumprir as obrigações assumidas em seu nome e efetuar os aludidos pagamentos *quando a gestão se proponha a acudir a prejuízos iminentes*, ou redunde em *proveito do dono do negócio*, ou da coisa, pois nesses casos a utilidade decorre do próprio fato (gestão necessária), como proclama o art. 870 do Código Civil. Em ambas as situações, embora o *dominus* fique vinculado e deva ressarcir o gestor, a indenização não pode exceder em importância às vantagens obtidas com a gestão.

d) *Reembolsar*, quando obrigado legalmente a fornecer *alimentos* a alguém e estiver ausente, *ao gestor que prestá-los*, ainda que não tenha ratificado o ato, bem como as "*despesas do enterro*" feitas por terceiro (CC, arts. 871 e 872). A obrigação de prestar alimentos decor-

---

9 *Instituições de direito civil*, v. III, p. 423.

10 Silvio Rodrigues, *Direito civil*, v. 3, p. 403-404.

11 Caio Mário da Silva Pereira, *Instituições de direito civil*, v. III, p. 424; Newton de Lucca, *Comentários ao novo Código Civil*, v. XII, p. 62.

re dos laços de parentesco, do casamento e da união estável. Configura-se a hipótese em apreço quando, não fosse a intervenção do gestor, a obrigação alimentar não seria satisfeita. Assim, se os pais abandonam os filhos e desaparecem, e estes recebem de terceiro os meios de subsistência, ficam aqueles responsáveis perante o gestor pelo pagamento por este realizado.

Igualmente podem ser cobradas, de quem "teria a obrigação de alimentar pessoa falecida", as despesas do enterro desta, ainda mesmo que "*não tenha deixado bens*" (CC, art. 872). Acrescenta o parágrafo único que "*cessa o disposto neste artigo e no antecedente, em se provando que o gestor fez essas despesas com o simples intento de bem-fazer*". Quem age com a intenção de fazer uma liberalidade plena ou movido pelo espírito de benemerência não pode depois reclamar reembolso do que despendeu, pois "a virtude não exige pagamento"[12].

Finalmente, dispõe o art. 875 do Código Civil que, se os negócios de outrem forem conexos com os do gestor, de tal modo "*que se não possam gerir separadamente*", o gestor será considerado "*sócio*" daquele na respectiva gerência; mas o beneficiado com a gestão "*só é obrigado na razão das vantagens que lograr*".

4. A RATIFICAÇÃO DO DONO DO NEGÓCIO

Dispõe o art. 873 do Código Civil que "*a ratificação pura e simples do dono do negócio retroage ao dia do começo da gestão, e produz todos os efeitos do mandato*".

Ratificação é o ato pelo qual o dono do negócio, ciente da gestão, aprova o comportamento do gestor. Ela pode ser expressa ou tácita. É desta última espécie quando, ciente da gestão e podendo desautorizá-la, o *dominus* silencia. Neste caso, a figura da gestão se transforma na de mandato tácito.

A afirmação de que a ratificação retroage ao dia do começo da gestão ("*omnis ratihabitio prorsus retrotrahitur*") equivale a dizer que esta se extingue, transformando-se em mandato. Por essa razão, cessam as responsabilidades especiais que vinculam o gestor e não mais se cogitará de saber se foi útil, ou não, a gestão. É como se não tivesse havido gestão de negócios, mas apenas mandato[13].

---

12 Washington de Barros Monteiro, *Curso de direito civil*, v. 5, p. 430.

13 Clóvis Beviláqua, *Código Civil dos Estados Unidos do Brasil comentado*, v. 5, obs. ao art. 1.343; Silvio Rodrigues, *Direito civil*, v. 3, p. 405.

Capítulo III

DO PAGAMENTO INDEVIDO

Sumário: 1. Conceito. 2. Espécies de pagamento indevido. 3. *Accipiens* de boa e de má-fé. 4. Recebimento indevido de imóvel. 5. Pagamento indevido sem direito à repetição.

1. CONCEITO

O pagamento indevido constitui um dos modos de enriquecimento sem causa. Este representa o gênero do qual aquele é espécie. Desde o direito romano se proclama que ninguém pode locupletar-se, sem causa ou razão jurídica, com o alheio (*nemo potest locupletari detrimento alterius*). Por essa razão, preceitua o art. 876 do Código Civil de 2002, primeira parte: "*Todo aquele que recebeu o que lhe não era devido fica obrigado a restituir*".

O Código Civil de 1916 não continha nenhuma regra genérica sobre o enriquecimento sem causa. Todavia, aplicava o aludido princípio em dispositivos esparsos, adotando sempre soluções destinadas a afastar o locupletamento ilícito de uma pessoa à custa de outra, especialmente quando tal fato ocorria em decorrência de um pagamento indevido. Somente esta espécie de enriquecimento sem causa foi disciplinada sistematicamente, em uma das seções do capítulo concernente ao pagamento, que é o modo normal de extinção das obrigações.

O pagamento indevido e o enriquecimento sem causa têm sido regulados de modo diverso pelas legislações. Alguns Códigos, como o italiano, o francês e o espanhol, por exemplo, inserem-nos no rol dos *quase contratos*. O Código Suíço das Obrigações os considera *causas geradoras de obrigações*, como a de restituir. O Código Civil alemão, por sua vez, os concebe como uma *relação de direito*. O Código Civil brasileiro de 1916, ao enquadrar o pagamento indevido em uma das seções do capítulo em que regulava o pagamento, seguiu os modelos austríaco e argentino.

A propósito, salienta Clóvis: "O Código Civil Brasileiro não conhece uma doutrina dos quase contratos, nem considerou o enriquecimento ilícito como figura especial de obrigação, ou como causa geradora de obrigação, porque as suas diversas espécies não se subordinam a um princípio unificador, segundo reconhece Endemann. Cada uma das formas por ele apresentada aparecerá em seu lugar. O que retém o preço da coisa alheia, que vendeu, comete um ato ilícito, pelo qual tem de responder. O que recebe uma doação com encargo e não cumpre, ou a recebe para um casamento, que se não realiza, ou celebra um contrato para um determinado fim, que se não verifica, restitui o objeto ou lhe paga o valor em consequência da condição resolutiva tácita, a que estão subordinadas essas relações de direito. Não estão sem providência no Código, esses casos, como não estão todos os outros possíveis"[1].

---

1 *Código Civil dos Estados Unidos do Brasil comentado*, v. 4, p. 99.

O Código Civil de 2002, na esteira do Código Civil português de 1966 (arts. 473º a 482º), disciplina o enriquecimento sem causa e o pagamento indevido no Título VII, concernente aos "Atos unilaterais", ao lado da promessa de recompensa e da gestão de negócios. Reconheceu o legislador, no pagamento indevido, a natureza de fonte unilateral das obrigações, por legitimar o *solvens* para a ação de repetição do indébito. Assim como o pagamento *devido* extingue a obrigação (CC, arts. 304 a 312), o *indevido* cria a obrigação de restituir[2].

Todavia, tendo em vista que o pagamento indevido é espécie de enriquecimento sem causa, sendo este o gênero, mais correto seria o novo diploma ter tratado primeiramente deste, fixando-lhe os princípios básicos, e depois daquele.

Nessa matéria vigora o tradicional princípio, acolhido pelo Código Civil de 2002, de que todo enriquecimento sem causa jurídica e que acarrete como consequência o empobrecimento de outrem induz obrigação de restituir em favor de quem se prejudica com o pagamento. Preleciona Washington de Barros Monteiro que, se fosse possível, "numa única fórmula, sintetizar o conteúdo do pagamento indevido, diríamos que: enriquecimento + empobrecimento + ausência de causa = indébito. Nessa fórmula acham-se reunidos os elementos constitutivos do pagamento indevido. O enriquecimento compreende não só o aumento originário do patrimônio do *accipiens*, como também todos os acréscimos e majorações supervenientes"[3].

Verifica-se assim que, além do enriquecimento do *accipiens*, também o empobrecimento do *solvens* constitui requisito para a caracterização do indébito. Todavia, o seu principal pressuposto é a *inexistência de causa* para o pagamento, uma vez que nem todo enriquecimento é considerado injusto, mas somente o que não representa a consequência de uma causa lícita ou jurídica.

Aduz o aludido art. 876 do Código Civil, na segunda parte, que a mesma obrigação de restituir "*incumbe àquele que recebe dívida condicional antes de cumprida a condição*". Como a prestação só se torna exigível após a ocorrência de evento futuro e incerto, ela não pode ser reclamada antes de tal fato, pois, como enfatiza Clóvis[4], a obrigação condicional ainda não existe e, assim, cumpri-la é dar o que por enquanto não é devido.

Entretanto, não será obrigado a restituir o que recebeu o pagamento antes do *termo*, porque é lícito ao devedor renunciar a ele e pagar a dívida antes do vencimento (CC, art. 133), sem poder alegar que o credor enriqueceu indevidamente. Se o pagamento indevido tiver consistido no desempenho de "*obrigação de fazer ou para eximir-se da obrigação de não fazer*", aquele que recebeu a prestação fica na "*obrigação de indenizar o que a cumpriu, na medida do lucro obtido*" (art. 881).

Também constitui requisito da ação de repetição de indébito que o pagamento tenha sido efetuado *voluntariamente* e *por erro*. Dispõe, com efeito, o art. 877 do Código Civil: "*Àquele que voluntariamente pagou o indevido incumbe a prova de tê-lo feito por erro*". Inexistindo erro, portanto, mas ato refletido e consciente, afastado fica o direito à repetição. O ônus da prova é, como se vê, do *solvens*.

A doutrina, todavia, afasta a prova do erro e defere a restituição ao *solvens*, nas hipóteses em que não se poderia exigir deste conduta diversa. A propósito, preleciona Newton de Lucca: "Se o pagamento foi voluntário, porém efetuado *ad cautelam*, não poderemos qualificar esse ato de coação *stricto sensu*, mas identificável será o constrangimento, impelindo o *solvens* a pagar com o intuito de resguardar-se de eventual constrição patrimonial ou penalidade. Em situações como essa afastada fica a voluntariedade do pagamento"[5].

---

2 Newton de Lucca, *Comentários ao novo Código Civil*, v. XII, p. 76.
3 *Curso de direito civil*, v. 5, p. 433.
4 *Código Civil dos Estados Unidos do Brasil comentado*, v. 4, p. 124.
5 *Comentários ao novo Código Civil*, v. XII, p. 83.

Na mesma linha, afirma Sílvio Venosa que não deve provar erro não só o *solvens* que pagar sob coação, senão também o que "for colocado em uma situação na qual não tinha outra saída, como o caso de pagamento de tributos não devidos. Neste caso, o não pagamento acarretaria uma série de consequências nefastas para o contribuinte e não seria justo, do mesmo modo, recusar a repetição de indébito ao *solvens*"[6].

Se o pagamento não foi efetuado espontaneamente, mas em virtude de decisão judicial, incabível se mostra a ação de repetição de indébito, ainda que se trate de quantia não devida, sendo adequada a ação rescisória do julgado. A prova do erro, que pode ser de *fato* ou de *direito* e *escusável ou grosseiro*, é também exigida no aludido dispositivo. Entende a doutrina que efetua uma *liberalidade* e não tem direito à repetição aquele que deliberadamente satisfaz o que sabe não devido[7]. Em caso de dúvida, deve o *solvens* consignar o pagamento, sob pena de assumir o risco de pagar mal e não poder invocar o supratranscrito art. 877 do Código Civil.

A jurisprudência tem dispensado a prova do erro e deferido a restituição ao *solvens* quando se trata de pagamento de impostos, contentando-se com a prova de sua ilegalidade ou inconstitucionalidade[8]. Também tem proclamado que a correção monetária é devida a partir do indevido pagamento e não apenas a contar do ajuizamento da ação de repetição do indébito[9]. Entretanto, o Código Tributário Nacional estabelece que os juros só são devidos desde o trânsito em julgado da sentença (art. 167, parágrafo único).

Estabelece, por seu turno, a Súmula 322 do Superior Tribunal de Justiça: "Para a repetição de indébito, nos contratos de abertura de crédito em conta-corrente, não se exige a prova do erro".

2. ESPÉCIES DE PAGAMENTO INDEVIDO

Há duas espécies de pagamento indevido: o *indébito objetivo* e o *indébito subjetivo*. Dá-se o *objetivo* ou *indebito ex re* quando o erro diz respeito à *existência e extensão* da obrigação, ou seja, quando o *solvens* paga dívida inexistente (indébito absoluto), mas que supunha existir, ou débito que já existiu mas se encontra extinto, ou dívida pendente de condição suspensiva; ou, ainda, quando paga mais do que realmente deve ou se engana quanto ao objeto da obrigação e entrega ao *accipiens* uma coisa no lugar de outra. Nestes dois últimos casos, a devolução da coisa mantém íntegra a obrigação[10].

---

[6] *Direito civil*, v. II, p. 217.

[7] "Repetição de indébito. Diferenças de mensalidades escolares. Falta de comprovação dos pagamentos terem sido feitos por erro. Improcedência da ação. Competia ao autor, caso não concordasse com a cobrança, consigná-la em juízo, nas datas dos vencimentos das mensalidades" (TJSP, Ap. 266.145-2/0-SP, rel. Des. Quaglia Barbosa, j. 17-9-1996). "Pagamento indevido. Voluntariedade. Inocorrência. Usuário que se não o fizesse estaria sujeito ao corte no fornecimento de energia. O pagamento voluntário, excludente de repetição, a que alude a lei civil, é aquele que possa ser equiparado à liberalidade consciente, e não guarda nenhuma similitude com a situação da autora, que, não fizesse o pagamento, estaria desde sempre sujeita ao corte no fornecimento de energia" (*JTJ*, Lex, 143/119).

[8] "Repetição do indébito. Ocorrência. Quantias pagas indevidamente. Entidade beneficente assistencial. Contribuição previdenciária. Imunidade tributária. Presença dos requisitos do art. 14 do CTN" (*RT*, 806/370). "Repetição de indébito tributário. Cumulação em declaratória de inexistência de relação tributária. Admissibilidade. Irrelevância de não ter havido pedido anterior de restituição. Insistência na exigência do tributo que equivale a implícita negativa" (*RT*, 644/94).

[9] "Repetição do indébito fiscal. Correção monetária. Incidência a partir do descabido recolhimento" (STF, *RT*, 628/246). "Repetição do indébito tributário. Empréstimo compulsório. Pagamento indevido por fundação, que goza de isenção legal. Correção monetária devida a partir do efetivo desembolso e juros da mora incidentes sobre tal valor desde a citação".

[10] Newton de Lucca, *Comentários ao novo Código Civil*, v. XII, p. 80.

Configura-se o *indébito subjetivo* ou *indebito ex persona* quando a dívida realmente existe e o engano é pertinente a *quem paga* (que não é a pessoa obrigada) ou a *quem recebe* (que não é o verdadeiro credor). É o que acontece, por exemplo, quando alguém, por engano, paga dívida da empresa da qual é sócio, supondo que se tratava de dívida pessoal; ou de quem, por engano, deposita o pagamento na conta bancária de quem não é o verdadeiro credor, mas seu irmão cujo nome é semelhante ao daquele.

Como esclarece Orlando Gomes, "convencido de que deve, o *solvens* paga. Uma vez que o *accipiens* verdadeiramente não é credor, terá recebido indevidamente, ainda que de boa-fé. É claro, pois, que não deve ficar com o que não lhe pertence. Mas se não devolve espontaneamente, pode ser compelido a fazê-lo. Para obrigá-lo à restituição, aquele que indevidamente pagou tem a *ação de repetição*"[11].

3. *ACCIPIENS* DE BOA E DE MÁ-FÉ

Prescreve o art. 878 do Código Civil que "*aos frutos, acessões, benfeitorias e deteriorações sobrevindas à coisa dada em pagamento indevido, aplica-se o disposto neste Código sobre o possuidor de boa-fé ou de má-fé, conforme o caso*".

Desse modo, aquele que recebe, de boa-fé, pagamento indevido, sendo obrigado a restituí-lo, é equiparado ao possuidor de boa-fé, fazendo jus aos frutos que percebeu da coisa recebida, à indenização pelas benfeitorias necessárias e úteis, podendo levantar as voluptuárias, e ao direito de retenção pelo valor daquelas, não respondendo pela perda ou deterioração da coisa (CC, arts. 1.214, 1.217 e 1.219).

O *accipiens* de má-fé, todavia, não tem direito aos frutos e responde por eles, inclusive juros e deteriorações, desde o recebimento da coisa. No tocante às benfeitorias, será ressarcido somente pelas necessárias, sem direito de levantar as voluptuárias e de poder valer-se do *jus retentionis* (CC, art. 1.220). Faz jus à indenização das benfeitorias necessárias porque, caso contrário, o *solvens* experimentaria um enriquecimento indevido.

4. RECEBIMENTO INDEVIDO DE IMÓVEL

Dispõe o art. 879 do Código Civil:

"*Se aquele que indevidamente recebeu um imóvel o tiver alienado em boa-fé, por título oneroso, responde somente pela quantia recebida; mas, se agiu de má-fé, além do valor do imóvel, responde por perdas e danos.*

Parágrafo único. Se o imóvel foi alienado por título gratuito, ou se, alienado por título oneroso, o terceiro adquirente agiu de má-fé, cabe ao que pagou por erro o direito de reivindicação".

O dispositivo em tela cuida, especificamente, das hipóteses em que aquele que recebeu o imóvel em pagamento (de obrigação de dar coisa certa ou sob a forma de dação em pagamento, p. ex.) tenha em seguida efetuado nova alienação, a título oneroso ou gratuito, a terceiro de boa ou má-fé.

Quando o pagamento é representado pela entrega de um *imóvel* e se revela indevido, este deve ser restituído ao *solvens*. Às vezes, no entanto, o *accipiens* já o alienou a terceiro. Se o fez em *boa-fé*, por *título oneroso*, responde somente pela quantia recebida; mas, se agiu de *má-fé*, além do valor do imóvel, responde por perdas e danos. Se o *terceiro* adquiriu o imóvel a título *oneroso* e de *boa-fé*, o proprietário, que o entregou indevidamente em pagamento, não obterá sucesso na reivindicação. A lei, nesses casos, protege o primeiro. O *solvens* terá direito,

---

11 *Obrigações*, p. 303.

apenas, ao preço recebido do terceiro pelo *accipiens*, que ainda responderá por perdas e danos, se obrou de má-fé, como supramencionado.

Tendo que optar entre proteger o direito do proprietário, que pagou por seu próprio erro, e o do terceiro que agiu de boa-fé, sendo conduzido a um negócio por circunstâncias que induziriam qualquer pessoa, o legislador preferiu resguardar o deste último, que não colaborou para aquela situação de fato e poderia, caso contrário, sofrer um prejuízo injustificado. Sublinha Silvio Rodrigues que o legislador, socorrendo o terceiro, "não protege apenas o interesse deste último, mas também o da sociedade, pois a solução da lei atua no sentido de reforçar a confiança nas relações negociais, que se querem firmes e estáveis. Um elemento de dúvida na eficácia dos registros públicos, a perspectiva de aquele que comprou, rodeado de todas as precauções legais, experimentar um prejuízo, representa um instrumento perturbador da ordem, que compete ao ordenamento jurídico conjurar".

Destarte, assevera o notável mestre paulista, "na hipótese em que o pagamento indevido se efetuou pela dação em pagamento de um imóvel, depois alienado, a título oneroso, pelo *accipiens*, a terceiro de boa-fé, não defere a lei ao *solvens* o direito de reivindicar a coisa. Pelo contrário, compete-lhe absorver o prejuízo, só lhe remanescendo a prerrogativa da ação regressiva contra o *accipiens*[12].

O proprietário somente recuperará o imóvel, sofrendo a perda o terceiro, se este o adquiriu de *má-fé*, isto é, sabendo que o alienante o recebera indevidamente, ou se o adquiriu a *título* gratuito. Neste caso, não importa se agiu de boa ou de má-fé. Perderá o imóvel para o proprietário, nos dois casos, conforme proclama o parágrafo único do aludido art. 879 do Código Civil.

Assim, como esclarece com precisão novamente Silvio Rodrigues, "o conflito entre o interesse do terceiro adquirente e do *solvens* se propõe em termos diversos, porque, enquanto o *solvens* procura evitar um prejuízo (*certat de damno vitando*), o terceiro procura alcançar um lucro, isto é, quer obter o aumento de seu patrimônio (*certat de lucro captando*). Ora, frequentemente, quando o legislador tem de decidir entre o interesse de *qui certat de lucro captando*, em face do interesse de *qui certat de damno vitando*, é o deste último que ele prefere"[13].

Em resumo: se o pagamento indevido tem por objeto bem *imóvel*, o proprietário, provado o erro, terá direito à *reivindicação*: *a*) se o bem ainda se encontra em poder do *accipiens*; *b*) se este o alienou a título gratuito; *c*) se o alienou a título oneroso e o terceiro adquirente agiu de má-fé. Frise-se que, em regra, sendo o domínio o mais completo dos direitos reais, o seu titular pode perseguir e reivindicar a coisa em poder de quem quer que ela se encontre (*jus persequendi*), ainda que de terceiro de boa-fé. A exceção foi aberta em favor do terceiro adquirente a título oneroso e de boa-fé somente na hipótese de pagamento indevido, em que o proprietário mostrou-se negligente, incorrendo em erro[14].

Há, no entanto, uma corrente que, embora minoritária, defende o direito de sequela do proprietário, em qualquer hipótese, corrente esta integrada por Clóvis Beviláqua e Serpa Lopes, dentre outros[15]. A solução adotada pela corrente majoritária decorre de interpretação *a contrario sensu* do parágrafo único do aludido art. 879 do Código Civil que, deferindo ao *solvens* ação reivindicatória contra o adquirente de má-fé, ou que obteve o imóvel a título gratuito, dela afasta o que o obteve a título oneroso de boa-fé. O próprio *caput* do dispositivo

---

12 *Direito civil*, v. 3, p. 414.

13 *Direito civil*, v. 3, p. 414.

14 Washington de Barros Monteiro, *Curso de direito civil*, v. 5, p. 436.

15 Washington de Barros Monteiro, *Curso de direito civil*, v. 5, p. 436, nota 8.

em apreço preceitua que, se o *accipiens* alienou de boa-fé o imóvel recebido indevidamente, "*responde somente pela quantia recebida*".

5. PAGAMENTO INDEVIDO SEM DIREITO À REPETIÇÃO

O Código Civil abre três exceções à regra que assegura o direito à repetição a quem efetua pagamento indevido, voluntariamente e por erro.

A primeira acha-se no art. 880, segundo o qual "*fica isento de restituir pagamento indevido aquele que, recebendo-o como parte de dívida verdadeira, inutilizou o título, deixou prescrever a pretensão ou abriu mão das garantias que asseguravam seu direito; mas aquele que pagou dispõe de ação regressiva contra o verdadeiro devedor e seu fiador*".

Trata o dispositivo do recebimento, de boa-fé, de dívida verdadeira, paga por quem descobre, posteriormente, não ser o devedor. Se o *título foi inutilizado*, o credor não está obrigado a restituir a importância recebida, porque não poderá mais, sem título, cobrar a dívida, do verdadeiro devedor. Contra este o *solvens,* que não deve ser prejudicado, dirigirá a ação regressiva, para evitar o enriquecimento indevido do réu. Assim também ocorrerá se o *accipiens* de boa-fé deixou *prescrever* a pretensão que poderia deduzir contra o verdadeiro devedor, ou se abriu mão das *garantias* de seu crédito.

É natural que, recebendo pagamento de dívida verdadeira, efetuado por quem se julga devedor, o *accipiens* não tenha interesse em conservar-lhe o título comprobatório, ou se quede inerte, permitindo se consume a prescrição em curso. Tendo de escolher entre o interesse do *solvens*, que pagou por erro, e o do *accipiens*, que teve um comportamento normal e isento de censura, prefere o legislador o deste último e o desobriga de restituir o que recebeu[16].

A segunda exceção está contemplada no art. 882: "*Não se pode repetir o que se pagou para solver dívida prescrita, ou cumprir obrigação judicialmente inexigível*". Quem paga *obrigação natural,* judicialmente inexigível, como dívida de jogo, cumpre um dever moral, que se encontra em seu íntimo. Não pode afirmar que pagou indevidamente, nem que o *accipiens* experimentou enriquecimento sem causa. Embora inexigível, a dívida, paga voluntariamente, existia. O mesmo ocorre com a dívida prescrita.

Por fim, dispõe o art. 883: "*Não terá direito à repetição aquele que deu alguma coisa para obter fim ilícito, imoral, ou proibido por lei*". Se alguém, por exemplo, contrata uma pessoa, pagando-lhe certa importância para que cometa um crime, não terá direito de repetir se esta embolsar o dinheiro e não cumprir o prometido. Mesmo que, nesse caso, possa haver um enriquecimento ilícito do criminoso, que embolsou o pagamento, não assiste ao *solvens* direito à repetição, pois o legislador deu prevalência ao princípio de que ninguém pode valer-se da própria torpeza *(nemo auditur propriam turpitudinem allegans).* Nesse caso, "*o que se deu reverterá em favor de estabelecimento local de beneficência, a critério do juiz*", como estatui o parágrafo único do supratranscrito dispositivo.

Preceitua ainda o art. 42, parágrafo único, do Código de Defesa do Consumidor que "*o consumidor cobrado em quantia indevida tem direito à repetição do indébito, por valor igual ao dobro do que pagou em excesso, acrescido de correção monetária e juros legais, salvo hipótese de engano justificável*". Já se decidiu, a propósito: "Repetição do indébito. Devolução em dobro do valor indevidamente pago. Medida prevista no art. 42, par. ún., da Lei 8.078/90. Necessidade apenas da existência de injusta cobrança extrajudicial, tanto por dolo como por culpa"[17].

---

16 Washington de Barros Monteiro, *Curso de direito civil*, v. 5, p. 437; Silvio Rodrigues, *Direito civil*, v. 3, p. 416.

17 *RT*, 782/385.

Capítulo IV
DO ENRIQUECIMENTO SEM CAUSA

Sumário: 1. Conceito. 2. A disciplina no Código Civil de 2002. 3. Requisitos da ação de *in rem verso*.

1. CONCEITO

O princípio que veda o enriquecimento sem causa, fundado na equidade, já era conhecido e aplicado no direito romano. As ações destinadas a evitar o locupletamento de coisa alheia, sem causa jurídica, recebiam o nome genérico de *condictiones*. Podem ser citadas, entre as principais, a *condictio indebiti,* utilizada nos casos de pagamento por erro; a *condictio causa data non secuta*, para a repetição de coisa dada por causa futura que não se verifica, como a restituição do dote quando o casamento não se realiza; e as *condictiones sine causa*, previstas para as hipóteses de pagamento efetuado sem causa e que se dividiam em várias espécies.

Hodiernamente, várias são as ações que têm esse objetivo, como a de *repetição de indébito* (em caso de pagamento indevido), a de *locupletamento ilícito* (na cobrança de cheque prescrito, representativo de um empréstimo não pago), a de *indenização* etc. Constituem espécies do gênero das ações de *in rem verso*. Muitas vezes o enriquecimento sem causa é chamado de *enriquecimento ilícito*, de *locupletamento ilícito*, de *enriquecimento injusto*, sendo mais apropriada, todavia, a designação adotada pelo Código Civil de 2002.

Embora não o tivesse regulamentado em capítulo próprio, é indubitável que o Código Civil de 1916 o acolheu em dispositivos esparsos, adotando sempre soluções destinadas a afastar o locupletamento de alguém às custas de outrem. Assim ocorreu, por exemplo, ao determinar a restituição da importância recebida, em caso de pagamento indevido (art. 964); ao reconhecer o direito ao ressarcimento das despesas da produção e custeio e das benfeitorias necessárias ao possuidor de má-fé (art. 513); ao proclamar o direito à indenização do construtor de boa-fé em terreno alheio (art. 547) etc. Somente o pagamento indevido, que é um dos modos de enriquecimento sem causa, foi disciplinado sistematicamente no referido diploma, podendo ser combatido por ação específica, a de repetição do indébito, espécie do gênero das ações de *in rem verso*.

2. A DISCIPLINA NO CÓDIGO CIVIL DE 2002

O Código Civil de 2002 dedicou um capítulo específico ao *enriquecimento sem causa* (arts. 884 a 886), no título concernente aos "Atos Unilaterais". Dispõe o art. 884 do aludido diploma:

"*Aquele que, sem justa causa, se enriquecer à custa de outrem, será obrigado a restituir o indevidamente auferido, feita a atualização dos valores monetários.*

Parágrafo único. Se o enriquecimento tiver por objeto coisa determinada, quem a recebeu é obrigado a restituí-la, e, se a coisa não mais subsistir, a restituição se fará pelo valor do bem na época em que foi exigido".

O citado diploma, de forma louvável, supriu a omissão do legislador de 1916, traçando os princípios básicos do enriquecimento sem causa em capítulo próprio, tal como o fez o Código Civil português de 1966 (arts. 473º a 482º).

A propósito desse instituto, salienta Caio Mário que "toda aquisição patrimonial deve decorrer de uma causa, ainda que seja ela apenas um ato de apropriação por parte do agente, ou de um ato de liberalidade de uma parte em favor de outra. Ninguém enriquece do nada. O sistema jurídico não admite, assim, que alguém obtenha um proveito econômico às custas de outrem, sem que esse proveito decorra de uma causa juridicamente reconhecida. A causa para todo e qualquer enriquecimento não só deve existir originariamente, como também deve subsistir, já que o desaparecimento superveniente da causa do enriquecimento de uma pessoa, às custas de outra, também repugna ao sistema (CC, art. 885). Esse é o espírito do denominado princípio do enriquecimento sem causa, disciplinado pela primeira vez de forma expressa no Código Civil de 2002"[1].

A determinação para que a restituição do indevidamente recebido seja feita com "*a atualização dos valores monetários*" se deve ao fato de a jurisprudência vir-se manifestando, há longo tempo, no sentido de que a correção monetária constitui mera recomposição do valor da moeda corroído pela inflação, devendo ser computada desde o momento em que foi feito o desembolso, para se evitar o enriquecimento sem causa do devedor, sendo irrelevante a demora havida na propositura da demanda[2].

3. REQUISITOS DA AÇÃO DE *IN REM VERSO*

São pressupostos da ação de *in rem verso*: a) enriquecimento do *accipiens* (do que recebe ou lucra); b) empobrecimento do *solvens* (do que paga ou sofre o prejuízo); c) relação de causalidade entre os dois fatos; d) ausência de causa jurídica (contrato ou lei) que os justifique; e) inexistência de ação específica.

O *enriquecimento* compreende não só o aumento patrimonial, como também qualquer vantagem obtida pelo *accipiens*, como, por exemplo, a decorrente da omissão de uma despesa. O convivente, por exemplo, evita gastos em razão dos serviços domésticos prestados pela companheira, posteriormente abandonada.

O *empobrecimento* do *solvens* pode consistir em diminuição de seu patrimônio, como ocorre no pagamento indevido, ou em não percepção de verba a que faz jus, como a contraprestação de serviços prestados ou a indenização prevista em lei.

A *relação de causalidade* significa que enriquecimento e empobrecimento são resultantes de um mesmo fato. Assim, o enriquecimento do *accipiens* deve ter por causa o empobrecimento do *solvens*, e vice-versa. Em geral, o lucro de um equivale ao prejuízo de outro. Quando isso, excepcionalmente, não acontecer, e os valores forem diversos, a indenização se fixará pela cifra menor. Se o enriquecimento foi de *dez* e o empobrecimento de *quinze*, o *accipiens* não pode ser obrigado a devolver mais do que recebeu. Assim, a indenização será de *dez*. Se a situação for a contrária, também a indenização será de *dez*, porque o *solvens* não pode pretender mais do que perdeu.

Na *I Jornada de Direito Civil promovida pelo Conselho da Justiça Federa*l, foi aprovado o *Enunciado n. 35*, de seguinte teor: "A expressão 'se enriquecer à custa de outrem' do art. 884

---

1 *Instituições de direito civil*, v. III, p. 537-538.

2 STJ, REsp 31.791-MG, 4ª T., rel. Min. Barros Monteiro, *DJU* 22-4-2002, p. 212.

do atual Código Civil não significa, necessariamente, que deverá haver empobrecimento". Já o *Enunciado n. 188 da III Jornada de Direito Civil* expõe que: "A existência de negócio jurídico válido e eficaz é, em regra, uma justa causa para o enriquecimento".

A *ausência de causa jurídica* é o requisito mais importante, o que realmente configura o enriquecimento sem causa. É muito comum, em um negócio, um dos contratantes lucrar e o outro perder. Mas não se pode falar em enriquecimento sem causa, porque houve um contrato entre ambos, uma causa jurídica para o lucro obtido. Configura-se o enriquecimento sem causa somente quando inexiste contrato, ou dispositivo de lei, a justificar o aludido proveito, como ocorre no pagamento indevido. Se "A" deve a "B", mas por engano paga a "C", este experimentará um enriquecimento sem causa, porque não era parte no contrato. Fica, por isso, obrigado a restituir o que indevidamente recebeu (CC, art. 884).

Prescreve o art. 885 do Código Civil que "*a restituição é devida, não só quando não tenha havido causa que justifique o enriquecimento, mas também se esta deixou de existir*". Não se trata de inovação, como assinala Newton de Lucca, visto que "a sua origem reporta-se às já citadas *condictiones sine causa* do Direito Romano, constituindo uma espécie dessas: a *condictio ob causam finitam*, utilizada desde aquela época para a restituição de uma vantagem obtida, quando o motivo que lhe servia de fundamento desaparecia"[3].

Só cabe ação de *in rem verso* quando *inexiste ação específica*. Tem ela, pois, caráter *subsidiário* ou *residual*. Dispõe, com efeito, o art. 886 do Código Civil que "*não caberá a restituição por enriquecimento, se a lei conferir ao lesado outros meios para se ressarcir do prejuízo sofrido*". Embora, por exemplo, o locador alegue o enriquecimento sem causa, à sua custa, do locatário que não vem pagando regularmente os aluguéis, resta-lhe ajuizar a ação de despejo por falta de pagamento, ou a ação de cobrança dos aluguéis, não podendo ajuizar a de *in rem verso*. Se deixou prescrever a pretensão específica, também não poderá socorrer-se desta última. Caso contrário, as demais ações seriam absorvidas por ela.

O Código Civil é expresso em limitar o exercício da ação de enriquecimento sem causa a três anos (art. 206, § 3º, IV). Não tendo, todavia, a lei se referido expressamente ao pagamento indevido, entende-se que o prazo extintivo para a ação dele derivada seja o geral, de 10 anos (art. 205)[4].

O *Superior Tribunal de Justiça* já firmou posição a esse respeito. Com efeito, proclamou a Segunda Turma que "A restituição de indébito de tarifas de água e esgoto sujeita-se ao prazo prescricional de 10 (dez) anos previsto no artigo 205 do Código Civil. Precedente da Primeira Seção"[5]. Igual prazo aplica-se para a devolução de valores cobrados indevidamente por serviços de TV por assinatura que não foram previstos no contrato[6].

---

3 *Comentários ao novo Código Civil*, v. XII, p. 115.

4 Sílvio Venosa, *Direito civil*, v. II, p. 218. Na mesma linha: Cláudio Michelon Júnior, *Direito Restitutório*, São Paulo: Revista dos Tribunais, 2007, p. 19.

5 REsp 1.128.054-RJ, rel. Min. Eliana Calmon, j. 17-12-2009. No mesmo sentido: REsp 1.113.403-RJ, Primeira Seção, rel. Min. Teori Albino Zavascki, j. 9-9-2009.

6 REsp 1.951.988-RS, 4ª T., rel. Min. Luis Felipe Salomão, j. 10-5-2022.

Capítulo V
DOS TÍTULOS DE CRÉDITO

1. A DISCIPLINA NO CÓDIGO CIVIL DE 2002

Como foi dito na introdução ao estudo dos atos unilaterais, o Código Civil de 2002 dedicou um título autônomo aos "Títulos de crédito", em seguida ao intitulado "Dos atos unilaterais". A matéria é tratada no Título VII, dividido em quatro capítulos: "Disposições gerais", "Do título ao portador", "Do título à ordem" e "Do título nominativo". *Ao portador* são os que se transferem por simples tradição. *À ordem*, os que são transmissíveis por endosso, em branco ou em preto. *Nominativos*, aqueles que circulam mediante termo no registro próprio do emitente, assinado pelo proprietário e pelo adquirente[1].

A circunstância de terem sido incluídas as normas sobre títulos de crédito em título distinto não significa negar a estes a natureza de atos unilaterais. Trata-se de uma questão de ordem prática, baseada na consideração de que o grande número daquelas normas demandaria sua disciplina em título próprio.

A matéria concernente aos títulos de crédito não se limita ao direito civil, sendo regulada pela legislação especial em suas várias modalidades, cuja aplicabilidade foi ressalvada no art. 903 do novo diploma. Mesmo estando reunificadas as normas gerais do direito das obrigações em um único Código, a matéria relativa aos títulos de crédito não perde sua natureza mercantil e as características da comercialidade, e continuará integrando a disciplina comercial como direito especial, como adverte Ricardo Fiuza e tal como foi reconhecido por Sylvio Marcondes, responsável pela elaboração do anteprojeto na parte relativa ao direito de empresa[2].

O direito cambiário, desse modo, constitui um universo autônomo, que merece um estudo pormenorizado em obras especializadas, cabendo, neste curso de cunho didático,

---

1 Fábio Ulhoa Coelho critica a classificação adotada no Código Civil de 2002, considerando-a mesmo imprestável. Além de não existir título de crédito nenhum, no direito brasileiro, que atenda aos requisitos para se considerar nominativo, afirma, a mencionada classificação "confunde, nos títulos ao portador, efeito com conceito da classe (o título ao portador é o que não identifica o credor e *por isso* se transfere pela simples tradição)" (*Curso de direito comercial*, v. 1, p. 384).

2 *Novo Código Civil comentado*, p. 788.

apenas uma breve incursão sobre a sua teoria geral, destacando-se as noções básicas e fundamentais.

2. CONCEITO DE TÍTULO DE CRÉDITO

O Código Civil de 2002 definiu o título de crédito, no art. 887, como o "*documento necessário ao exercício do direito literal e autônomo nele contido*", que "*somente produz efeito quando preencha os requisitos da lei*".

O texto é inspirado na conhecida definição de VIVANTE, para quem título de crédito é o "documento necessário para o exercício do direito literal e autônomo nele mencionado"[3]. A diferença é que o consagrado autor italiano usa, de forma mais adequada, a expressão "nele mencionado", em vez de "*nele contido*", uma vez que o direito não está incorporado no título. Os documentos exigidos para que um determinado documento possa produzir os efeitos de um título de crédito são os constantes do art. 889 do mesmo diploma: "*data da emissão, a indicação precisa dos direitos que confere, e a assinatura do emitente*".

O título de crédito constitui modalidade de declaração unilateral de vontade e configura-se quando o agente faz uma emissão volitiva, materializada em um instrumento, obrigando-se a uma prestação determinada, independentemente de qualquer ato de aceitação emanado de outro agente.

O título de crédito vale por si, e produz efeito obrigatório desde o momento em que é colocado em circulação[4]. É um documento que corporifica um direito, que reflete uma obrigação decorrente de um negócio jurídico preexistente, como se observa frequentemente nos compromissos de compra e venda de imóveis, em que o comprador emite notas promissórias no valor das prestações vincendas, para corporificar as obrigações deles decorrentes.

A emissão tem por causa o contrato. Se este vier a ser desconstituído, a validade das promissórias será atingida. Todavia, se estas não preencherem os requisitos legais, não perde o vendedor o direito de cobrar o seu crédito, embora não disponha mais das facilidades de cobrança que os títulos de crédito concedem[5]. Preceitua, com efeito, o art. 888 do Código Civil que "*a omissão de qualquer requisito legal, que tire ao escrito a sua validade como título de crédito, não implica a invalidade do negócio jurídico que lhe deu origem*".

O título de crédito, portanto, representa uma obrigação pecuniária, mas não se confunde com ela. Constitui um documento e, como tal, prova a existência de uma relação jurídica, especificamente duma relação de crédito. Representa a prova de que certa pessoa é credora de outra, ou de que duas ou mais pessoas são credoras de outras.

Como assinala FÁBIO ULHOA COELHO[6], o título de crédito não é, porém, o único documento disciplinado pelo direito. Distingue-se ele dos demais documentos representativos de direitos e obrigações em três aspectos. Em primeiro lugar, refere-se o título de crédito unicamente a relações creditícias. Pela própria interpretação literal verifica-se que o termo "título de crédito" diz respeito a documento representativo de um crédito (*creditum, credere*), ato de fé, confiança do credor de que irá receber uma prestação futura a ele devida. A segunda diferença está ligada à facilidade na cobrança do crédito em juízo, pois o título de crédito é definido pela lei processual como título executivo extrajudicial (CPC, art. 585, I – atual art. 784, I). E, em terceiro lugar, ostenta ele o atributo da negociabilidade, estando sujeito a certa

---

3 *Trattato di diritto commerciale*, v. III, p. 63 e 164.

4 Cariota Ferrara, *Negozio giuridico*, p. 164, apud Caio Mário da Silva Pereira, *Instituições de direito civil*, v. III, p. 539.

5 Caio Mário da Silva Pereira, *Instituições de direito civil*, v. III, p. 539-540.

6 *Curso de direito comercial*, v. 1, p. 369-371.

disciplina jurídica que torna mais fácil a circulação do crédito, a negociação do direito nele mencionado, como sucede corriqueiramente nas operações de descontos bancários.

3. PRINCÍPIOS FUNDAMENTAIS

Da definição de CESARE VIVANTE, retrotranscrita, que reflete o regime jurídico disciplinador dos títulos de crédito, extraem-se os seus três princípios fundamentais: *cartularidade, literalidade* e *autonomia das obrigações cambiais*.

3.1. Cartularidade

O princípio da cartularidade expressa a incorporação do direito no título, documento ou *cártula* (daí o nome do princípio). Serve, ainda, para distinguir a obrigação cartular, que é aquela constante do título, de outra estranha ao documento, que é, assim, extracartular. A partir do momento em que o documento corporifica o direito, torna-se a cártula documento necessário e indispensável à satisfação desse direito por aquele que o detém, pouco importando o negócio que a ele deu origem[7].

Somente quem exibe o título ou cártula pode pretender a satisfação da obrigação que ele representa. Não se presume credor quem não detém a sua posse. A aplicação do aludido princípio torna obrigatória a exibição do original do título de crédito com a petição inicial do processo de execução. Como o título de crédito se revela, essencialmente, um instrumento de circulação do crédito representado, observa FÁBIO ULHOA COELHO, "o princípio da cartularidade é a garantia de que o sujeito que postula a satisfação do direito é mesmo o seu titular. Cópias autênticas não conferem a mesma garantia, porque quem as apresenta não se encontra necessariamente na posse do documento original, e pode já tê-lo transferido a terceiros"[8].

A Lei das Duplicatas (Lei n. 5.474/68) permite, porém, como exceção, que o credor por duplicata mercantil ou de prestação de serviços exerça seus direitos cambiários, mesmo que não se encontre na posse do documento. O referido diploma legal prevê, com efeito, o protesto *por indicações* (art. 13, § 1º, *in fine*), pelo qual o credor da duplicata retida pelo devedor pode protestá-la fornecendo ao cartório apenas os elementos que a individualizam, bem como também a possibilidade de execução judicial da duplicata mercantil não restituída pelo devedor, desde que protestada por indicações e acompanhada do comprovante da entrega e recebimento das mercadorias (art. 15, § 2º).

A informalidade dos negócios comerciais e a evolução, cada vez mais rápida, da informatização nas transações comerciais, tem provocado a criação de títulos não cartularizados, como a "duplicata-escritural", por exemplo, sob a forma de boletos bancários enviados aos sacados, sem que os bancos possuam meios de comprovação adequada da existência do título. A falta de regulamentação legal dessa modalidade tem provocado a edição de provimentos das Corregedorias dos Tribunais de Justiça dos Estados, recomendando aos Oficiais de Protestos de Títulos que se abstenham de receber para apontamento duplicatas não aceitas, ou indicação de duplicatas não aceitas, da espécie de venda mercantil ou de prestação de serviços, quando desacompanhadas da prova do vínculo contratual que autorize, respectivamente, a entrega do bem ou a prestação dos serviços.

---

7 Victor Eduardo Rios Gonçalves, *Títulos de crédito e contratos mercantis*, p. 6 (Col. Sinopses Jurídicas, 22).

8 *Curso de direito comercial*, v. 1, p. 372.

3.2. Literalidade

O título de crédito é um documento escrito e só vale pelo que nele está mencionado. Pelo princípio da literalidade somente produzem efeitos jurídico-cambiais os atos constantes do próprio título de crédito. Qualquer obrigação expressa em instrumento apartado nele não estará integrada, ainda que guarde com ele alguma relação.

A quitação dada em recibo separado ilustra bem o aludido princípio. Quem paga parcialmente um título de crédito deve pedir a quitação na própria cártula, pois não poderá se eximir de pagar o valor total, se ela vier a ser transferida a terceiro de boa-fé. Do mesmo modo, aval dado fora do título, em separado, considera-se inexistente[9].

Para o credor, o princípio da literalidade constitui a garantia de que pode exigir todas as obrigações decorrentes das assinaturas lançadas na cambial. E, para o devedor, a de que não será obrigado a mais do que o mencionado no documento.

O aludido princípio igualmente não se aplica inteiramente à disciplina da duplicata, uma vez que o art. 9º, § 1º, da Lei n. 5.474/68 permite que a quitação seja dada, *pelo legítimo portador do título*, em documento em separado.

3.3. Autonomia

Segundo o princípio da autonomia, quando um único título representa mais de uma obrigação, a eventual invalidade de uma delas não prejudica as demais. A sua importância se evidencia na circulação do título, uma vez que torna o portador da cártula titular de um direito autônomo em relação ao direito que tinham seus antecessores.

A obrigação de cada pessoa que firma o documento é autônoma, pois o devedor é obrigado a cumpri-la em favor do portador ou beneficiário sem poder opor-lhe os meios de defesa que dizem respeito a outros coobrigados. Como consequência, não poderão ser opostas ao portador de boa-fé as exceções pessoais referentes ao credor originário, no que tange à obrigação extracartular entre ele e o devedor, emitente do título (Dec. n. 2.044/1908, denominada Lei Saraiva, art. 43). Assim, por exemplo, qualquer devedor pode alegar ausência de literalidade em razão de o título estar dilacerado, mas somente o agente vítima de coação pode opô-la como meio de defesa, não podendo fazê-lo os demais coobrigados cuja vontade não estava eivada de nenhum vício ao contrair a obrigação[10].

Tendo em vista que as obrigações representadas pelos títulos de crédito são independentes entre si, os vícios que comprometem a validade de uma relação jurídica, documentada em título de crédito, não se estendem às demais relações abrangidas no mesmo documento. Destarte, se for emitida uma nota promissória para pagamento, em sessenta dias, da metade do preço da compra de um veículo (negócio originário), e o mencionado título vier a ser transferido posteriormente mediante endosso, pelo vendedor, a terceiro, com a concordância deste, em pagamento de uma dívida, passará a cártula a representar outras duas relações jurídicas: a do vendedor, satisfazendo a sua dívida junto ao terceiro; e a do devedor do título, agora em mãos deste último.

---

9 Fábio Ulhoa Coelho, *Curso de direito comercial*, v. 1, p. 374. *V.* a jurisprudência: "O pagamento de título extrajudicial, negado pelo exequente, só pode ser provado por documento inequívoco, isto é, por recibo no próprio título ou em separado pela tradição do devedor. Para que os avalistas possam se favorecer de abatimentos do débito decorrentes de entregas de mercadorias, deve o devedor principal exigir a quitação parcial regular ou fazer com que o credor lance na nota promissória os respectivos recibos; caso contrário, presume-se a validade do título cambiário e da quantia nele consignada" (*RT*, 767/386).

10 Sílvio Venosa, *Direito civil*, v. III, p. 441.

Como as obrigações são autônomas e independentes entre si, eventuais vícios que venham a comprometer qualquer delas não influi na validade e eficácia das demais. Desse modo, se o veículo objeto do negócio originário é portador de algum vício redibitório, tal fato não exonera quem o recebeu, e emitiu a nota promissória, de honrar o seu pagamento junto ao terceiro, a quem o vendedor o transferiu mediante endosso. O defeito do veículo pode influir somente na relação jurídica entre os participantes da relação originária do título, mas não tem influência no tocante aos direitos dos terceiros de boa-fé, a quem a cártula foi transferida[11].

Pode-se desdobrar o princípio da autonomia das obrigações cambiais em dois outros subprincípios: o da *abstração* e o da *inoponibilidade* das exceções pessoais aos terceiros de boa-fé.

3.3.1. *Abstração*

A abstração consiste na desvinculação do título da causa que o originou. O título pode nascer de diversos negócios jurídicos, como um contrato de compra e venda, de mútuo, de locação etc. Todavia, quando colocado em circulação, desvincula-se ele da relação fundamental, ou seja, do ato ou negócio jurídico que lhe deu origem. Entre as pessoas que participaram do negócio originário, o título não se considera desvinculado deste[12].

Como esclarece Fábio Ulhoa Coelho, a abstração somente se verifica se o título circula. "Em outros termos, só quando é transferido para terceiros de boa-fé, opera-se o desligamento entre o documento cambial e a relação em que teve origem. A consequência disso é a impossibilidade de o devedor exonerar-se de suas obrigações cambiárias, perante terceiros de boa-fé, em razão de irregularidades, nulidades ou vícios de qualquer ordem que contaminem a relação fundamental"[13].

Todos os títulos gozam de autonomia. Nem todos, porém, são *abstratos*. Embora a maioria o seja, como a nota promissória e a letra de câmbio, por exemplo, por se desvincularem das causas que os originam, alguns são *causais*. Estes são os que declaram expressamente a relação jurídica que lhes deu causa. É o caso da duplicata, que só pode ser emitida em decorrência de uma venda efetiva de mercadoria ou prestação de serviço, os quais se encontram discriminados no título. A abstração só surge quando o título é posto em circulação e passa a vincular duas pessoas que não contrataram entre si, como o possuidor atual e o devedor-emitente, unidos apenas pela cártula[14].

Em suma, nos títulos abstratos a causa originária do negócio somente pode ser oposta entre credor originário e o devedor. Ela jamais poderá, destarte, ser oposta contra terceiro possuidor do título, a não ser que este tenha conhecimento do vício que o macula e esteja, portanto, agindo de má-fé. A autonomia diz respeito aos vários obrigados mencionados no título, enquanto o princípio da abstração concerne ao desinteresse por qualquer investigação da origem do crédito.

3.3.2. Inoponibilidade

De acordo com o subprincípio da inoponibilidade das exceções pessoais aos terceiros de boa-fé, o devedor não pode alegar, em seus embargos, matéria de defesa estranha à sua

---

[11] Fábio Ulhoa Coelho, *Curso de direito comercial*, v, 1, p. 375-376.

[12] "Nota promissória. Vinculação a contrato de abertura de crédito em conta-corrente. Título de crédito que tem sua natureza cambial desnaturada, subtraída a sua autonomia. Iliquidez da avença que é transmitida à cambial" (STJ, *RT*, 791/182).

[13] *Curso de direito comercial*, v. 1, p. 377.

[14] Victor Eduardo Rios Gonçalves, *Títulos de crédito e contratos mercantis*, p. 9.

relação direta com o exequente, salvo provando a má-fé deles. São, portanto, inoponíveis aos terceiros as exceções não fundadas no título.

Em outras palavras, o devedor pode opor contra o credor originário as exceções pessoais que o direito lhe confere, concernentes à relação contratual que os vincula. Todavia, em relação aos terceiros possuidores de boa-fé do título, que se sucederam ao credor pela corrente de endossos, o fundamento da obrigação está na sua assinatura constante do título, que o vincula do modo inafastável ao pagamento daquele crédito, ao portador. Contra tais terceiros não pode, assim, opor eventuais exceções pessoais que teria contra o credor originário[15]. O portador exerce direito próprio e não derivado das relações anteriores. Contra o possuidor da boa-fé o emitente do título somente poderá opor os vícios formais da cártula ou de seu conteúdo literal, como, por exemplo, falsidade de assinatura, ausência de capacidade da parte ou de requisito necessário ao exercício da ação, como o não vencimento da dívida etc.

O subprincípio da inoponibilidade nada mais é, portanto, do que uma extensão processual do princípio da autonomia[16].

4. LEGISLAÇÃO APLICÁVEL

O Código Civil em vigor dispôs, no art. 903, que, "*salvo disposição diversa em lei especial, regem-se os títulos de crédito pelo disposto neste Código*". Por conseguinte, as normas no novo Código não revogam nem afastam a incidência da legislação especial sobre títulos de crédito, cujo diploma básico é o Decreto n. 2.044, de 1908, conhecido como Lei Saraiva, que disciplina a nota promissória e a letra de câmbio.

O Brasil adotou, para regulamentação da matéria relativa às letras de câmbio, notas promissórias e cheques, as Convenções de Genebra de 1930 e 1931, responsáveis pela elaboração das Leis Uniformes sobre cambiais. A primeira dispõe sobre cheque e a segunda sobre letra de câmbio e nota promissória. As Convenções foram aprovadas pelo Decreto Legislativo n. 54, de 8 de setembro de 1964, e promulgadas pelos Decretos n. 57.595, de 7 de janeiro de 1966, e 57.663, de 24 de janeiro de 1966.

Há uma extensa variedade de títulos de crédito, cada qual regido por lei própria, peculiar às suas características. No que tange às normas gerais, as Leis Uniformes servem de fundamento e supedâneo para a legislação que disciplina os demais títulos específicos, como, por exemplo, a Lei do Cheque (Lei n. 7.357/85) e a das Duplicatas (Lei n. 5.474/68), legislação esta complementada por normas administrativas, acrescidas de inúmeras resoluções, circulares e portarias do Banco Central.

Todo esse feixe de decretos e leis concernentes aos títulos de crédito não foi abalado pela entrada em vigor do atual Código Civil, pois continuam eles em vigor e aplicáveis, ainda quando dispuserem diversamente deste, que tem caráter supletivo.

Entende a doutrina que a intenção do legislador, ao introduzir o capítulo intitulado "Disposições gerais", foi deixar a porta aberta para a livre criação de títulos inominados ou atípicos, que são aqueles criados pela prática empresarial sem lei específica que os discipline, mas que se subordinam às regras gerais, sem deixar, no entanto, de ser norma subsidiária para os títulos de crédito típicos nas hipóteses de lacuna das leis reguladoras destes[17].

---

15 "Cheque. Endosso em preto. Título transferido pelo beneficiário inicial à empresa de *factoring*. Emitente da cártula que opõe exceções pessoais fundadas em sua relação com o portador anterior. Inadmissibilidade. Relação jurídica entre as partes que é regulada pelo direito cambial" (*RT*, 796/278).

16 Fábio Ulhoa Coelho, *Curso de direito comercial*, v. 1, p. 378; Victor Eduardo Rios Gonçalves, *Títulos de crédito e contratos mercantis*, p. 10-11.

17 Newton de Lucca, *Comentários ao novo Código Civil*, v. XII, p. 138, nota 29.

5. ESPÉCIES DE TÍTULOS DE CRÉDITO

Os títulos de crédito podem ser classificados de diversas formas. Segundo o critério adotado por FÁBIO ULHOA COELHO[18], podem eles ser divididos: *a*) quanto ao modelo; *b*) quanto à estrutura; *c*) quanto às hipóteses de emissão; *d*) quanto à circulação.

Quanto ao *modelo*, há títulos de crédito que podem adotar qualquer forma, desde que atendidos os requisitos da lei. São os de *modelo livre*, como a letra de câmbio e a nota promissória. Qualquer papel, independentemente da forma adotada, será nota promissória, desde que atendidos os requisitos mínimos exigidos pela lei para essa modalidade de título de crédito. São, portanto, dispensáveis os formulários impressos, vendidos comumente nas papelarias.

Há, também, os títulos de crédito que devem atender a uma forma ou padrão obrigatório, para ter validade. Constituem os de *modelo vinculado*. Estes, ainda quando contenham todos os requisitos exigidos para os títulos de crédito, não serão considerados válidos se não observarem a forma especial prescrita em lei. É o que sucede com o cheque e a duplicata. O emitente do cheque deve necessariamente fazer uso do papel fornecido pelo banco sacado, via de regra em talões. As necessidades do mundo moderno têm proporcionado a utilização da informatização nas atividades bancárias, possibilitando a impressão e obtenção, pelo próprio cliente, de folhas de cheques avulsas, diretamente nos caixas eletrônicos. Do mesmo modo, os empresários que emitem duplicata devem utilizar modelo que obedeça às normas de padronização formal definidas pelo Conselho Monetário Nacional (Lei n. 5.474/68, art. 27).

Quanto à *estrutura*, os títulos de crédito se classificam em *ordem de pagamento* e *promessa de pagamento*. Nos primeiros, o sacador, subscritor ou emitente ordena ao sacado que efetue o pagamento de determinada importância ao tomador, que é o beneficiário da ordem. É o que sucede, por exemplo, com a emissão de um cheque, em que o emitente ou correntista o preenche e o entrega ao beneficiário, que o descontará perante o banco sacado, uma vez que nele consta uma ordem para que o banco o pague ao seu portador. O banco sacado cumprirá a ordem, se atendidas as condições para tanto. As ordens de pagamento dão origem, portanto, a três situações jurídicas distintas. A duplicata e a letra de câmbio têm também a mesma estrutura.

A *promessa de pagamento* gera, todavia, apenas duas situações jurídicas: a do promitente ou devedor, que assume a obrigação de pagar, e a do beneficiário ou credor da promessa. Na nota promissória, por exemplo, o emitente assume o compromisso de pagar o valor do título ao beneficiário.

Pelo terceiro critério de classificação, que leva em conta as *hipóteses de emissão*, os títulos dividem-se em *causais*, *limitados* e *abstratos*. São *causais* os títulos que só podem ser emitidos em determinadas hipóteses autorizadas por lei. A duplicata mercantil, por exemplo, só pode ser criada para a documentação de crédito oriundo de compra e venda mercantil. Os títulos *limitados* são os que não podem ser emitidos em certos casos. A letra de câmbio, por exemplo, não pode ser sacada pelo comerciante para comprovar o crédito nascido da compra e venda mercantil, porque a Lei das Duplicatas (Lei n. 5.474/68, art. 2º) o proíbe. Finalmente, os títulos *abstratos* ou *não causais* são os que podem ser emitidos em qualquer situação, como o cheque e a nota promissória.

De acordo com o quarto critério, o da *circulação* dos títulos de crédito, classificam-se estes em *ao portador* e *nominativos*, subdividindo-se estes em *à ordem* e *não à ordem*. Distin-

---

[18] *Curso de direito comercial*, v. 1, p. 381-383.

guem-se conforme o ato que opera a circulação de crédito. Os primeiros são aqueles emitidos sem o nome do beneficiário ou tomador, ou com a cláusula "ao portador", e que por isso circulam "*por simples tradição*" (CC, art. 904).

Os *nominativos à ordem* "identificam o titular do crédito e se transferem por endosso, que é o ato típico da circulação cambiária. Os *nominativos não à ordem*, que também identificam o credor, circulam por cessão civil de crédito"[19]. Estes são emitidos em benefício de pessoa determinada, mas, em razão da existência de cláusula "não à ordem", fica vedado o endosso[20].

O art. 890 do Código Civil preceitua que se considera não escrita no título eventual cláusula "*proibitiva de endosso*". Advirta-se que essa regra, todavia, não se aplica às letras de câmbio, notas promissórias, duplicatas e ao cheque, uma vez que esses títulos estão disciplinados em lei especial e o art. 903 do mesmo diploma ressalvou as normas ditadas em leis especiais, que prevalecerão quando conflitarem com este.

6. TÍTULO AO PORTADOR

Título ao portador, como já foi dito, é aquele emitido sem o nome do beneficiário ou tomador, ou com a cláusula "ao portador", transferindo-se, assim, por mera entrega ou tradição (CC, art. 904). É, portanto, dirigido a um credor anônimo. O seu emitente se obriga a uma prestação ao portador que com ele se apresentar. Dispõe, com efeito, o art. 905 do Código Civil: "*O possuidor de título ao portador tem direito à prestação nele indicada, mediante a sua simples apresentação ao devedor*". Acrescenta o parágrafo único que "*a prestação é devida ainda que o título tenha entrado em circulação contra a vontade do emitente*".

Segundo NEWTON DE LUCCA, não se trata, propriamente, de ter ou não ter o *direito à prestação* e sim de estar ou não estar *legitimado para recebê-la*... Propõe, em consequência, o preclaro jurista paulista que o dispositivo em apreço seja lido e entendido da seguinte forma: "O possuidor do título ao portador é legitimado para o exercício do direito mencionado no título, mediante a apresentação deste ao devedor"[21].

Extraem-se, do exposto, as seguintes consequências: a) o título ao portador se transmite por simples *tradição manual*, sem declaração do favorecido originário e sem qualquer comunicação ou notificação ao subscritor ou emissor; b) o emitente libera-se pagando a qualquer *detentor*, ainda que não autorizado a dele dispor e mesmo que tenha sido posto em circulação contra a vontade do devedor; c) o emissor não pode opor a quem lhe reclama o pagamento outra defesa senão a que se baseia na ineficácia do próprio título, nulidade da sua obrigação, ou em direito pessoal oponível ao portador, dispensado este de justificar o seu direito, salvo se estiver de má-fé, a qual deverá ser provada, como no caso de apropriação indébita ou furto do título; d) o devedor não é obrigado a pagar senão contra a entrega do próprio título[22].

Na última hipótese, extraviado ou destruído o título, deverá ser promovida a sua nulidade pela via regular, com a emissão de novo instrumento em sua substituição. Estatui, a propósito, o art. 909 do Código Civil: "*O proprietário, que perder ou extraviar título, ou for injustamente desapossado dele, poderá obter novo título em juízo, bem como impedir sejam pagos a outrem capital e rendimentos*". O devedor que efetivar o pagamento antes da intimação

---

19 Fábio Ulhoa Coelho, *Curso de direito comercial*, v. 1, p. 383.

20 "Cheque. Cártula cruzada. Circulação por endosso. Admissibilidade. Restrição da circulabilidade que se dá com a cláusula expressa "não à ordem" (*RT*, 787/422).

21 *Comentários ao novo Código Civil*, v. XII, p. 242.

22 Caio Mário da Silva Pereira, *Instituições de direito civil*, v. III, p. 543-544.

estará exonerado da obrigação, salvo se o legítimo titular comprovar que ele tinha ciência do desapossamento ilícito ou do seu extravio (art. 909, parágrafo único).

O *procedimento* a ser observado é o previsto no art. 907 do *Código de Processo Civil*, concernente à anulação e substituição de títulos ao portador, citando-se o credor e eventual detentor, e, por edital, os terceiros interessados, julgando-se, a final, ineficaz o título reclamado, ordenando o juiz que outro seja lavrado, em substituição.

O art. 907 do Código Civil declara "*nulo o título ao portador emitido sem autorização de lei especial*". A proibição já constava do art. 1.511 do Código Civil de 1916, porém limitada aos títulos que mencionassem uma obrigação de pagamento em dinheiro. O atual diploma ampliou-a, para abranger também títulos de crédito que mencionem qualquer modalidade de prestação.

A *Lei Uniforme* veda a emissão de nota promissória, letra de câmbio e duplicata ao portador. Desse modo, a regra do art. 2º, II, da Lei n. 8.021/90, da época do Governo Collor, que proíbe a emissão de títulos ao portador, não tem grande repercussão, uma vez que nos três aludidos títulos as leis respectivas já vedavam a emissão ao portador. A sua aplicação limita-se aos cheques emitidos ao portador. Todavia, a Lei n. 9.069/95, em seu art. 69, admite a emissão de cheque ao portador se o valor for inferior a R$ 100,00. Desse modo, constitui requisito essencial para a liquidação dos cheques superiores a R$ 100,00 a identificação do tomador, ou seja, da pessoa em favor de quem é passada a ordem de pagamento.

Nada impede, porém, que o título seja emitido com espaços em branco ou totalmente em branco, presumindo-se, neste caso, que o portador recebeu mandato tácito para preenchê-lo de conformidade com os ajustes celebrados entre ele e o signatário do título. O Supremo Tribunal Federal cristalizou esse entendimento na Súmula 387, do seguinte teor: "A cambial emitida ou aceita com omissões, ou em branco, pode ser completada pelo credor de boa-fé antes da cobrança ou do protesto".

O Código Civil de 2002, nessa linha, dispõe, no art. 891: "*O título de crédito, incompleto ao tempo da emissão, deve ser preenchido de conformidade com os ajustes realizados*". Se houver abuso no preenchimento do título competirá ao seu signatário prová-lo, para ilidir a presunção de veracidade das cláusulas nele lançadas pelo tomador imediato. Contra o terceiro endossatário que, de boa-fé adquiriu o título, o devedor não poderá, em princípio, opor tal exceção, salvo se aquele, "*ao adquirir o título, tiver agido de má-fé*" (CC, art. 891, parágrafo único).

O título ao portador padece de *ineficácia* por três ordens de motivos, consoante a lição de Caio Mário: a) *extrinsecamente* considerado, pode ser arguida a falsidade do título ou a falsificação da assinatura do emissor; b) *intrinsecamente*, por algumas das causas que invalidam o negócio jurídico em geral, como incapacidade do agente ou iliceidade do objeto. Todavia, a sua natureza peculiar impede a invocação de defeitos da vontade de que emane (erro, dolo, coação etc.), porque a dívida se incorpora no instrumento, o qual adquire existência autônoma e independente da vontade que o gerou. Caso contrário, a circulação, que é a sua tônica, seria altamente prejudicada; c) por motivo de *nulidade objetiva*, proclamada pela lei, quando o subscritor faz circular título representativo de quantia certa em dinheiro. Ao particular é vedada a emissão de um instrumento dotado das características de moeda corrente. A Lei n. 8.021, de 12 de abril de 1990, proíbe expressamente a emissão de títulos e a captação de depósitos ou aplicações ao portador ou nominativo-endossáveis[23].

---

[23] *Instituições de direito civil*, v. III, p. 545.

7. TÍTULO À ORDEM

Título à ordem é aquele emitido em favor de pessoa determinada, tendo esta a faculdade de efetuar a sua transferência mediante simples lançamento da sua assinatura no próprio título. Preceitua o art. 910 do Código Civil que "*o endosso deve ser lançado pelo endossante no verso ou anverso do próprio título*". A transferência por endosso "*completa-se com a tradição do título*" (art. 910, § 2º) e pode ser realizada antes ou depois do seu vencimento (art. 920).

Os títulos à ordem distinguem-se dos nominativos pelo fato de dispensarem qualquer outra formalidade para a sua transferência, bastando o endosso. Os nominativos exigem a escrituração nos livros do devedor. Nada impede, no entanto, que a transferência dos primeiros seja feita por meio da cessão civil. Dispõe o art. 919 do Código Civil que "*a aquisição de título à ordem, por meio diverso do endosso, tem efeito de cessão civil*". A cessão pode ser feita da mesma forma que os contratos em geral, ao contrário do endosso, que só é admitido mediante assinatura e declaração apostas no título. Este é ato unilateral, enquanto aquela é negócio jurídico bilateral.

Salienta FÁBIO ULHOA COELHO duas diferenças entre endosso e cessão civil de crédito: "enquanto o endossante, em regra, responde pela solvência do devedor, o cedente geralmente responde apenas pela existência do crédito; o devedor não pode alegar contra o endossatário de boa-fé exceções pessoais, mas pode suscitá-las contra o cessionário"[24].

7.1. Letra de câmbio

A letra de câmbio, a nota promissória, o cheque e a duplicata identificam o titular do crédito e se transferem por endosso, sendo, portanto, títulos nominativos à ordem.

Afirma JOSÉ MARIA WHITAKER que o direito moderno fez da letra de câmbio um título de crédito, isto é, "*um título capaz de realizar imediatamente o valor que representa*". A letra é, pois, na sua dicção, "um título representativo do valor contendo implicitamente a obrigação de realizar esse valor". Trata-se, aduz, de "um título destinado à circulação. Daí provém que a cláusula à ordem, isto é, o antecipado consentimento a essa circulação, é uma cláusula imanente, congênita, da letra de câmbio, e que não precisa ser expressa, nem pode ser prejudicada pelas restrições de qualquer dos signatários"[25].

Ao contrário da nota promissória, que constitui uma promessa de pagamento, a letra de câmbio reveste a forma de uma *ordem de pagamento*, pois, ao emiti-la, o sacador dá uma ordem ao sacado para que pague o valor, nela constante, ao beneficiário ou tomador. Deve ser apresentada ao sacado que, pelo *aceite*, completa-lhe os atributos de liquidez e certeza da obrigação. Trata-se, como foi dito, de um título à ordem, que se cria mediante o saque, emitido em favor de alguém, sendo transferível por endosso e que se completa pelo aceite e se garante pelo aval.

Na letra de câmbio figuram três personagens: a) o *sacador*, que dá origem ao título, ordenando o pagamento; b) o *aceitante*, contra o qual é sacada a letra e que se torna devedor pelo *aceite*, independentemente de qualquer indagação causal; e c) o *tomador*, que é o beneficiário. Efetuado o saque da letra, o sacador a entrega ao tomador, que deverá procurar o sacado, primeiramente, para a obtenção do *aceite* ou concordância em cumprir a ordem, e, posteriormente, para receber o pagamento.

A mesma pessoa pode, todavia, ocupar simultaneamente mais de uma posição, pois o art. 3º da Lei Uniforme autoriza o saque da letra de câmbio *à ordem do próprio sacador*, que

---

24 *Curso de direito comercial*, v. 1, p. 407.

25 *Letra de câmbio*, p. 18 e 22.

neste caso passa a ocupar também a posição de tomador, ou *sobre ele*, quando ocupa as situações de sacador e sacado.

Para que possa produzir os efeitos cambiais, a letra de câmbio deve atender aos requisitos essenciais estabelecidos nos arts. 1º e 2º da Lei Uniforme: a) as palavras "letra de câmbio", insertas no próprio texto do título, na língua empregada para a sua redação; b) uma ordem incondicional de pagar quantia determinada; c) o nome da pessoa que deve pagar (sacado); d) o nome da pessoa a quem, ou à ordem de quem, deve ser feito o pagamento (tomador); e) a assinatura de quem dá a ordem (sacador); f) data do saque; g) lugar do pagamento ou a menção de um lugar ao lado do nome do sacado; h) lugar do saque ou a menção de um lugar ao lado do nome do sacador.

7.1.1. Institutos típicos do direito cambial

Como já foi dito, a letra de câmbio é um título à ordem, que se origina de um saque e é emitido em favor de determinada pessoa, sendo transferível por endosso e que se completa pelo aceite e pelo aval, estando ainda sujeito a protesto para comprovação da falta de pagamento.

Merecem destaque, pois, como institutos típicos do direito cambial, o aceite, o endosso, o aval e o protesto.

7.1.1.1. Aceite

Efetuado o saque, a letra, que contém uma ordem de pagamento emanada do sacador, é endereçada ao sacado para aceite. Lançando-o no próprio título, o sacado ou "aceitante" se vincula ao pagamento e se torna o seu devedor principal.

A *Lei Uniforme* exige, em virtude do princípio da literalidade, que o aceite seja dado na própria letra, para que seja válido (art. 25). Em geral, é lançado no anverso do título, embora se admita também o aceite no verso do documento, desde que utilizadas as expressões "aceito", "aceitamos" ou outra equivalente, para que não se confunda com endosso.

O sacador ou emitente do título vincula-se solidariamente ao seu pagamento e por isso deve ter plena capacidade para os atos da vida civil. O aceite é feito pessoalmente ou por procurador com poderes especiais (Dec. n. 2.044/1908, art. 11). Da mesma forma o sacado deve ser civilmente capaz, não podendo ser falido. Se falecer, o inventariante poderá efetivar o aceite, em nome dos sucessores dele. E, se houver mais de um sacado, a letra deverá ser apresentada ao primeiro nomeado; se este não aceitar, ao segundo, e, assim, sucessivamente.

Mesmo sem aceite, o título que preencha todos os requisitos legais pode produzir efeitos cambiais e ser executado, pois tal ato não é essencial para a existência, validade e eficácia da letra. Basta a assinatura do sacador. Na falta de aceite, este será o devedor principal. Frise-se que o aceite é sempre facultativo. Mesmo na hipótese de o sacado ser devedor do sacador ou tomador, ele não está obrigado a representar essa sua dívida por um título de crédito, isto é, por um documento com circulação cambial. O motorista que tenha, por exemplo, provocado culposamente um acidente e reconhecido a sua responsabilidade e a obrigação de ressarcir os danos que causou, pode-se recusar, validamente, a documentar sua obrigação por meio da letra que o lesado resolva sacar e lhe endereçar. Não há meios jurídicos que possam vincular o sacado ao pagamento da letra de câmbio, contrariamente à sua vontade[26].

A recusa do sacado é, portanto, ato plenamente válido, embora provoque o vencimento antecipado do título. A recusa do aceite significa que a ordem de pagamento dada pelo saca-

---

[26] Fábio Ulhoa Coelho, *Curso de direito comercial*, v. 1, p. 398.

dor não foi atendida e, portanto, não produziu os efeitos almejados. Neste caso, reconhece-se ao tomador o direito de exigir do sacador o imediato pagamento da cártula. Com a circulação do título, havendo endossantes, todos eles, como devedores cambiários solidários, responsabilizam-se, igualmente, pelo aceite e pagamento do sacado. Assim, se este não aceitar, o possuidor poderá cobrá-lo do sacador ou dos endossantes[27].

Podendo recusar totalmente o aceite, o sacado pode fazê-lo também de modo *parcial*. A Lei Uniforme disciplina duas espécies de recusa parcial: a) o *aceite limitativo*, pelo qual o sacado reduz o valor da obrigação que assume, dizendo que aceita até determinado valor; b) o *aceite modificativo*, no qual o sacado altera a data do vencimento ou o lugar de pagamento. Como nos dois casos houve recusa de uma parte da ordem dada pelo sacador, opera-se o vencimento antecipado do título. O tomador poderá, então, executá-lo prontamente e pela totalidade contra o sacador, cuja ordem não foi recepcionada e precisa ser garantida. Todavia, o sacado se vincula ao pagamento da letra de câmbio nos termos do seu aceite parcial, como preceitua o art. 26 da Lei Uniforme. Por conseguinte, o sacador que honrar o pagamento do título junto ao tomador ou outro portador poderá depois cobrá-lo do aceitante parcial, pela via regressiva.

Ao receber a letra para aceite, o sacado deve devolvê-la imediatamente. A recusa na devolução pode ensejar sua responsabilização por crime de apropriação indébita (CP, art. 168). O art. 24 da Lei Uniforme declara que "*o portador não é obrigado a deixar nas mãos do aceitante a letra apresentada ao aceite*". Mas, por outro lado, permite que o sacado solicite que esta lhe seja apresentada uma segunda vez, no dia seguinte àquele da primeira apresentação. Tal dilação é chamada pela doutrina de "prazo de respiro".

Como a recusa do aceite, total ou parcial, produz efeitos contrários ao sacador e aos demais codevedores da letra de câmbio, se houver, a *Lei Uniforme* possibilita ao primeiro, no art. 22, introduzir uma cláusula proibindo a sua apresentação ao sacado, para aceite, antes do vencimento. Tal deliberação, denominada "cláusula não aceitável", determina que o tomador, ou o portador, somente poderá apresentar o título ao sacado na data designada para o seu vencimento. Com isso, o sacador se protege contra a antecipação da exigibilidade da obrigação, que decorreria de eventual recusa do aceite, malgrado continue responsável pela ordem que emitiu.

7.1.1.2. Endosso

O título de crédito tem a virtude de facilitar a circulação do crédito nele representado, uma vez que o credor pode transmitir os seus direitos a outra pessoa mediante um ato da maior simplicidade, que é o endosso. Este se resume na mera aposição da assinatura do credor, no verso ou anverso do próprio título (CC, art. 910), e resguarda a pessoa a quem é transferido, o endossatário, de insolvência do devedor originário ou de eventuais vícios anteriores, na criação e circulação do documento.

Pelo endosso, o credor de um título de crédito com a cláusula *à ordem* transmite os seus direitos a uma pessoa, deixando de ser o credor. Em regra, essa transferência não é feita gratuitamente, mas de modo oneroso.

Proclama o art. 893 do Código Civil que "*a transferência do título implica a de todos os direitos que lhe são inerentes*". Quando se menciona o nome do endossatário ou beneficiário, se diz que o endosso foi efetivado *em preto*. O endosso é *em branco* quando contém apenas a assinatura do endossante, sem indicação da pessoa beneficiada pela transferência do crédito.

---

[27] Victor Eduardo Rios Gonçalves, *Títulos de crédito e contratos mercantis*, p. 32.

Neste caso o título se converterá em título ao portador e terá livre circulação, sendo facultado ao endossatário, porém, a qualquer tempo, "*mudá-lo para endosso em preto, complementando-o com o seu nome ou de terceiro*" (CC, art. 913).

O art. 911 do Código Civil declara legítimo possuidor "*o portador do título à ordem com série regular e ininterrupta de endossos, ainda que o último seja em branco*". Aquele que paga o título só está obrigado a verificar a "*regularidade da série de endossos, mas não a autenticidade das assinaturas*" (parágrafo único)[28].

É vedado o endosso parcial ou limitado a certo valor (Dec. n. 2.044/1908, art. 8º, § 3º). Se existir, será nulo (CC, art. 912, parágrafo único). Considera-se também "*não escrita no endosso qualquer condição a que o subordine o endossante*" (art. 912, *caput*). Desse modo, a transferência do título somente se efetiva de modo integral, puro e simples.

Em regra, o endossante não responde "*pelo cumprimento da prestação constante do título*", ressalvada "*cláusula expressa em contrário*" (CC, art. 914). Se assumir a responsabilidade pelo pagamento, torna-se "*devedor solidário*" (§ 1º). Neste caso, pagando o título, "*tem o endossante ação de regresso contra os coobrigados anteriores*" (§ 2º). A Lei n. 7.357/85, denominada "Lei do Cheque", contém regra diferente (art. 21), estabelecendo que o endossante garante o pagamento, salvo estipulação em contrário. No caso do cheque, portanto, diferentemente dos demais títulos de crédito, deve prevalecer a regra especial, conforme dispõe o mencionado art. 903 do Código Civil, retrotranscrito.

Ocorre o chamado *endosso-mandato* quando o endossante não transmite os direitos inerentes ao título, mas apenas o exercício, em seu nome, desses direitos, pelo endossatário. Em geral é concedido a instituições financeiras, para fins de cobrança do título. Prescreve o art. 917 do Código Civil que a cláusula constitutiva de mandato, lançada no endosso, "*confere ao endossatário o exercício dos direitos inerentes ao título, salvo restrição expressamente estatuída*". Somente poderá realizar novo endosso-mandato, uma vez que não se tornou proprietário do título (§ 1º). E, por essa razão, deve prestar contas ao endossante.

O devedor do título, ao ser cobrado, não pode exercer qualquer exceção que tenha contra a pessoa do endossatário-mandatário, já que o título a este não foi transferido, cabendo somente as exceções que porventura tenha contra o endossante (CC, art. 917, § 3º). Com a "morte ou a superveniente incapacidade do endossante", não perde eficácia o endosso-mandato (§ 2º).

A doutrina refere-se também a *endosso impróprio*, que se configura quando o endosso não produz um de seus efeitos normais, que é a transferência da titularidade do crédito. Tal ocorre em dois casos: no endosso-mandato, já mencionado, e no *endosso-caução*. Neste, o endossatário é investido na condição de credor pignoratício do endossante. Como o título de crédito ostenta a natureza de bem móvel, pode ser dado em penhor. O endossante, então, transfere o título em garantia de um débito. Como a garantia pignoratícia se constitui pela efetiva tradição da coisa empenhada (CC, art. 1.431), faz-se necessária a entrega do título ao credor, denominado caucionado, sem que se transfira a titularidade do crédito representado pela cambial.

O endosso-caução ou pignoratício expressa-se, em geral, pela cláusula "valor em garantia", "valor em penhor" ou outra equivalente. Cumprida a obrigação garantida pelo penhor,

---

28 "Cheque. Circulação por endosso. Instituição financeira que não tem a responsabilidade de averiguar os poderes de quem endossa por empresa ou a autenticidade da assinatura" (*RT*, 787/422). "Cheque. Ação indenizatória. Pagamento, pelo banco, de cheque administrativo endossado. Indenização indevida ao correntista, ainda que o endosso seja falso, pois as instituições financeiras não estão obrigadas a averiguar a autenticidade das assinaturas dos endossantes" (*RT*, 762/288).

o título retorna ao endossante. Essa modalidade é disciplinada nos arts. 18 e 19 da Lei Uniforme e no art. 918 do atual Código Civil. Dispõe o § 2º do último dispositivo que "*não pode o devedor opor ao endossatário de endosso-penhor as exceções que tinha contra o endossante, salvo se aquele tiver agido de má-fé*". Aplica-se à hipótese, portanto, o subprincípio da inoponibilidade das exceções pessoais aos terceiros de boa-fé.

Denomina-se *endosso póstumo* o realizado após o protesto do título por falta de pagamento. Neste caso, segundo dispõe o art. 20 da Lei Uniforme, "produz apenas os efeitos de uma cessão ordinária de créditos". O direito é transferido a título derivado, como cessão civil, e não autônomo. Registre-se que o portador tem ação cambial contra todos os devedores que assinaram o título antes do protesto, apenas não o tendo quanto aos endossantes póstumos.

O art. 920 do Código Civil dispõe, a propósito, que "*o endosso posterior ao vencimento produz os mesmos efeitos do anterior*". Melhor a redação do aludido art. 20 da Lei Uniforme, *verbis*: "*O endosso posterior ao vencimento tem os mesmos efeitos que o endosso anterior. Todavia, o endosso posterior ao protesto por falta de pagamento, ou feito depois de expirado o prazo fixado para se fazer o protesto, produz apenas os efeitos de uma cessão ordinária de créditos. Salvo prova em contrário, presume-se que um endosso sem data foi feito antes de expirado o prazo fixado para se fazer o protesto*".

Desse modo, o endosso efetivado após o vencimento do título tem o mesmo valor do endosso anterior, desde que antes do protesto por falta de pagamento ou do decurso do prazo respectivo[29].

Segundo Fábio Ulhoa Coelho, as disposições do Plano Collor, consubstanciadas no art. 2º, II, da Lei n. 8.021/90, que proíbe a emissão de títulos nominativo-endossáveis, não se aplicam à letra de câmbio, à nota promissória e à duplicata, por não ter sido denunciada a Convenção de Genebra, que continua tendo aplicação no País. Se se admitisse a sua aplicação aos títulos cambiais, estaria eliminada a cláusula *à ordem* do direito brasileiro. Com isso, estar-se-ia vedando o endosso na letra de câmbio, na nota promissória e na duplicata.

Aduz o mencionado e respeitado comercialista que o art. 1º, *caput*, da referida lei, que veda pagamento de títulos a beneficiários não identificados, pode ser plenamente integrado ao regime jurídico cambial, sem o descaracterizar. Assim, afirma, "nada impede que se pratique o endosso *em branco*, aquele que não identifica o endossatário e que transforma a letra de câmbio em título *ao portador*; nada obsta, também, que a letra circule, a partir de então, por mera tradição, que é o ato próprio de circulação dos títulos *ao portador*. Contudo, para obedecer ao ditame legal de identificação da pessoa para quem o título é pago, o endosso *em branco* deve necessariamente ser convertido em endosso *em preto*, no vencimento"[30].

7.1.1.3. Aval

O pagamento dos títulos de crédito em geral pode ser garantido por *aval*, independentemente de aceite ou de endosso. Dispõe o art. 897 do Código Civil que "*o pagamento de título de crédito, que contenha obrigação de pagar soma determinada, pode ser garantido por aval*".

Aduz o parágrafo único do dispositivo em apreço que "*é vedado o aval parcial*". Todavia, o art. 30 da Lei Uniforme admite o aval parcial ou limitado. Por se tratar de regra prevista em lei especial, prevalece sobre a do aludido parágrafo único, nos termos do art. 903 do Código Civil, donde se conclui ser o aval parcial possível, tanto nas letras de câmbio e nas notas pro-

---

29 Victor Eduardo Rios Gonçalves, *Títulos de crédito e contratos mercantis*, p. 44; Newton de Lucca, *Comentários ao novo Código Civil*, v. XII, p. 296.

30 *Curso de direito comercial*, v. 1, p. 409.

missórias, quanto nas duplicatas e nos cheques. A limitação à utilização do aval parcial somente se aplica, portanto, aos títulos de crédito atípicos ou inominados, podendo servir, também, de norma supletiva para os títulos de crédito em geral[31].

Pode-se afirmar que o aval corresponde a uma garantia cambial, firmada por terceiro, garantindo o pagamento do título. Na realidade, estabelece-se uma garantia fidejussória específica dos títulos de crédito. Como foi dito na Primeira Parte, no Capítulo XVIII, item 1, o *aval* também constitui garantia pessoal, mas não se confunde com a fiança. Esta é uma garantia fidejussória ampla, que acede a qualquer espécie de obrigação, seja convencional, legal ou judicial. O aval, no entanto, é instituto do direito cambiário, restrito aos débitos submetidos aos princípios deste[32]. Trata-se de declaração unilateral e não de contrato. Nos seus efeitos também se observa a diferença: o aval gera "responsabilidade sempre solidária, ao contrário da fiança, que pode sê-lo, ou não"[33].

As Leis Uniformes sobre a cambial e sobre o cheque afirmam que a garantia do aval pode ser prestada por um terceiro ou mesmo por um signatário da letra (art. 30, 2ª alínea), no caso das cambiais, e por um terceiro, excetuado o sacado, no caso dos cheques (art. 25, 2ª alínea). Malgrado o silêncio a esse respeito do retrotranscrito art. 897 do Código Civil, deve-se concluir pela possibilidade de o aval ser prestado tanto por um terceiro como também por um dos que figuram no título.

Assim como no endosso, dá-se o aval *em preto* quando o avalista indica nominalmente o obrigado avalizado; e *em branco*, quando não o faz. Neste caso, segundo dispõe o art. 899 do Código Civil, o avalista se equipara "*ao emitente ou devedor final*".

Diz a primeira parte do mencionado art. 899 do estatuto civil que "*o avalista equipara-se àquele cujo nome indicar*", ou seja, o avalista obriga-se no mesmo nível de seu avalizado. O dispositivo em apreço quis realçar a mesma natureza cambiária da obrigação de ambos, avalista e avalizado. Mas isso não significa que o avalista pode vir a ser obrigado, perante o credor do título, por montante superior àquele que, em regresso, poderá recuperar junto ao avalizado.

A Lei Uniforme consagrou dois princípios fundamentais, quais sejam: o da *autonomia substancial* e o da *acessoriedade formal* do aval. O avalista assume, perante o credor do título, uma obrigação autônoma, mas *equivalente* à do avalizado. Quando o § 2º do aludido art. 899 proclama que a responsabilidade do avalista subsiste, "*ainda que nula a obrigação*" por ele avalizada, está acolhendo o princípio da autonomia substancial do aval.

Da autonomia do aval decorrem importantes consequências. Assim, por exemplo, ainda que a obrigação do avalizado seja nula por falta de capacidade ou falsidade de assinatura (salvo se a nulidade decorrer de vício de forma, hipótese em que não haverá, sequer, título de crédito), permanece na íntegra a obrigação do avalista, que não fica comprometida. Ademais, eventuais direitos que beneficiam o avalizado, como a concessão de concordata preventiva e a consequente postergação do pagamento do título, não se estendem ao avalista, que não se pode furtar ao cumprimento da obrigação, no vencimento nele consignado[34]. O avalista

---

31 Newton de Lucca, *Comentários ao novo Código Civil*, v. XII, p. 193.

32 "Aval. Assinatura lançada em contrato particular de empréstimo a curto prazo. Descaracterização do aval, uma vez que é uma garantia '*in rem*' própria de títulos cambiários. Inadmissibilidade em contratos. Viabilidade da execução apenas contra o devedor principal" (*JTACSP*, 158/223).

33 Caio Mário da Silva Pereira, *Instituições de direito civil*, v. III, p. 495.

34 "Cambial. Aval. Devedora principal em regime de concordata preventiva excluída do polo passivo da demanda. Circunstância que não beneficia os avalistas, visto serem autônomas suas responsabilidades. Prosseguimento da execução contra os avalistas determinado" (*JTACSP*, 155/43). "Aval. Concordata do devedor principal. Cobrança integral da dívida do coobrigado. Admissibilidade diante da

também não pode arguir exceção pessoal do avalizado, mas apenas as suas próprias exceções, como, por exemplo, que foi coagido a dar o aval, ou ainda as exceções comuns a todos os devedores, como pagamento parcial da letra, falta de requisito essencial, prescrição, decadência etc., em razão de sua obrigação ser autônoma em relação à dele[35].

A propósito, decidiu o *Superior Tribunal de Justiça*: "É possível ao avalista opor exceções pessoais relativas à origem do débito se o título de crédito não circulou. Mitigação dos princípios da abstração e da autonomia do aval. Incidência dos princípios da boa-fé e da vedação ao enriquecimento sem causa"[36].

Cabe salientar que o Decreto n. 2.044/1908 autoriza o aval antecipado, dado antes do aceite ou do endosso (art. 14). Desse modo, o tomador que não tem informações sobre o sacado, ou tem dúvidas sobre a aceitação do título, pode exigir que o sacador, antes de lhe entregar a letra, indique alguém que concorde em garantir o seu pagamento, como avalista do devedor principal. Do mesmo modo, o art. 900 do atual Código Civil admite a validade do aval quando lançado após o seu vencimento, denominado *aval póstumo*, nestes termos: "*O aval posterior ao vencimento produz os mesmos efeitos do anteriormente dado*". Como a Lei Uniforme é silente sobre esse assunto, o citado dispositivo legal tem plena aplicação, uma vez que não é contrariado por lei especial.

Assinale-se que o devedor cambial pode ter a sua obrigação garantida por mais de um avalista. Trata-se de hipótese de avais simultâneos, ou coavais. A propósito, proclama a *Súmula 189 do Supremo Tribunal Federal*: "Avais em branco e superpostos consideram-se simultâneos e não sucessivos".

Todavia, a partir da Lei Uniforme, tal entendimento não tem mais aplicação à letra de câmbio, que aponta o sacador como o devedor avalizado no aval *em branco*. Em consequência, todo e qualquer avalista *em branco* da letra de câmbio somente pode ser considerado coavalista do mesmo avalizado. Acontece o mesmo em relação à nota promissória e ao cheque, para os quais a lei também define especificamente quem é o avalizado (Lei Uniforme, art. 77). A aludida Súmula 189 do Supremo Tribunal Federal ainda é pertinente somente em relação à duplicata, em face do critério complexo de definição do beneficiário do aval *em branco*, constante do art. 12 da Lei n. 5.474/68[37].

7.1.1.4. Protesto

Protesto é o "ato praticado pelo credor, perante o competente cartório, para fins de incorporar ao título de crédito a prova de fato relevante para as relações cambiais, como, por exemplo, a falta de aceite ou de pagamento da letra de câmbio"[38]. Constitui a prova literal de que o portador apresentou o título a aceite ou a pagamento e que tais providências não foram tomadas por parte do sacado ou aceitante, respectivamente.

Se, por exemplo, o tomador da letra procura o sacador, antes do vencimento, e lhe apresenta o título sem a assinatura do sacado, exigindo o pagamento sob alegação de recusa do aceite, tem o referido devedor o direito de também exigir a comprovação desse fato, pois

---

autonomia da garantia em relação à obrigação assumida pelo avalizado. Direito à dedução do valor depositado no juízo da concordata ressalvado" (*RT*, 767/429).

35 Newton de Lucca, *Comentários ao novo Código Civil*, v. XII, p. 215; Fábio Ulhoa Coelho, *Curso de direito comercial*, v. 1, p. 410-411; Victor Eduardo Rios Gonçalves, *Títulos de crédito e contratos mercantis*, p. 46.

36 STJ, REsp 1.436.245-MG, 3ª T., rel. Min. João Otávio de Noronha, disponível em <www.conjur.com.br>, de 21-4-2015.

37 Fábio Ulhoa Coelho, *Curso de direito comercial*, v. 1, p. 413-414.

38 Fábio Ulhoa Coelho, *Curso de direito comercial*, v. 1, p. 423.

somente se opera o vencimento antecipado da obrigação se o título foi efetivamente apresentado ao sacado e este o recusou. A prova da falta de aceite se faz exatamente pelo protesto da letra.

Se o aceitante não paga a letra de câmbio no vencimento, o credor deve protestá-la por falta de pagamento nos dois dias seguintes àquele em que é pagável (Lei Uniforme, art. 44). Se tal não foi feito, ou se a apresentação do título em cartório se deu fora desse prazo, a consequência será a inexigibilidade do crédito nele mencionado contra os demais coobrigados cambiários, quais sejam, sacador, endossantes e seus respectivos avalistas (art. 53). O endossatário, por exemplo, que perde o prazo para a efetivação do protesto por falta de pagamento, não pode cobrar a letra do sacador, endossante e seus avalistas, embora possa fazê-lo contra o aceitante e o avalista do aceitante, perante os quais a falta do protesto não produz efeitos.

Observa-se, assim, que o protesto por falta de pagamento do título é *necessário* no tocante aos coobrigados cambiários, ou seja, para fins de conservação do direito creditício contra os codevedores: sacador e endossantes e respectivos avalistas; e é *facultativo* em relação ao devedor principal e seus respectivos avalistas.

O pagamento da letra de câmbio em cartório, para evitar a efetivação do protesto, deve compreender os juros e a correção monetária, além do reembolso das despesas e custas despendidas pelo credor para providenciar o protesto. Se este já foi efetuado, o devedor que realizar o pagamento, ou terceiro interessado, pode requerer perante o oficial do cartório o seu cancelamento, instruindo o pedido com o próprio título, sendo presumido o pagamento pela sua posse, ou por declaração de anuência do credor (Lei n. 9.492/97, art. 26).

7.1.2. *Ação cambial*

A ação cambial é, na realidade, *execução por título extrajudicial*, visto que os títulos de crédito são considerados títulos executivos extrajudiciais na legislação processual (CPC, art. 784, I). Dispensam, portanto, prévia ação de conhecimento. Na falta de *solutio* espontânea, o credor dispõe de um meio célere e eficiente para a satisfação de seu crédito.

O credor pode executar o título contra todos os devedores: o devedor principal, os codevedores e avalistas da letra. A execução é chamada de *direta* quando dirigida contra o aceitante da letra e seu avalista, o emitente da nota promissória e seu avalista, o emitente do cheque e seu avalista, o sacado da duplicata e seu avalista. Será *regressiva* quando voltada contra os devedores coobrigados[39].

A execução deverá ser proposta no lugar indicado para o pagamento do título, ou no domicílio do devedor principal: no do sacado, se a letra tiver sido aceita; no do sacador, se não aceita. Será necessário o prévio protesto para a propositura contra os coobrigados. Em virtude do princípio da cartularidade, a execução deverá ser instruída com o próprio título original. Não se admite cópia, pois o credor que ainda estiver na posse do original poderá fazê-lo circular indevidamente após o início da execução. Somente se o título tiver sido juntado em outro processo será admitida a execução com base em certidão do oficial do cartório, comprobatória desse fato.

A execução da letra de câmbio deve ser ajuizada contra o devedor principal e seu avalista em três anos, a contar do vencimento; contra os codevedores, em um ano, contado do protesto. Para o exercício da ação de regresso contra codevedor, é fixado o prazo de seis meses, a partir do pagamento ou do ajuizamento da execução (Lei Uniforme, art. 70).

---

[39] "Execução. Ação proposta apenas contra os avalistas. Admissibilidade, assegurado aos garantes o direito de regresso" (*RT*, 767/386).

Consumada a prescrição, nenhum devedor ou codevedor pode ser acionado em virtude da letra de câmbio. Todavia, se a obrigação que se encontrava representada pelo título de crédito tinha origem extracambial, como uma compra e venda, por exemplo, seu devedor poderá ser demandado por ação de conhecimento (Dec. n. 2.044/1908, art. 48) ou por monitória, nas quais a letra serve, apenas, como começo de prova. Essas ações são chamadas de "causais", como esclarece Fábio Ulhoa Coelho, porque discutem a causa da obrigação e não o seu documento. A prescrição da ação causal se dá de acordo com o disposto na legislação que disciplina o negócio jurídico celebrado. O termo inicial de prescrição de ação causal, portanto, não é o exaurimento do prazo prescricional da ação cambial, mas a data em que poderia aquela ser ajuizada.

Enfatiza o aludido jurista paulista que "o devedor cuja obrigação tenha se originado exclusivamente no título de crédito - como é, em geral, o caso do avalista -, após a prescrição da execução cambial não poderá ser responsabilizado em nenhuma hipótese perante o seu credor, já que não há causa subjacente a fundamentar qualquer pretensão ao recebimento do crédito"[40].

A *defesa* dos devedores é feita mediante embargos de devedor, ou por ação autônoma que tenha por objeto a declaração de inexigibilidade ou a anulação do título executivo. A desvantagem desta em relação aos embargos de devedor é que a estes pode o juiz atribuir efeito suspensivo (CPC, art. 919, § 1º). A ação autônoma, no entanto, não inibirá o credor de ajuizar a execução, nem importará na suspensão desta (CPC, art. 784, § 1º).

Os embargos têm natureza de processo de conhecimento. A cognição do juiz nos embargos opostos à execução por título extrajudicial é plena porque o art. 917 do Código de Processo Civil permite que sejam deduzidas quaisquer matérias de interesse do devedor. Não há limitação ao objeto dos embargos.

7.2. Nota promissória

A nota promissória, como visto (item n. 5, *retro*), é uma promessa de pagamento, em que o emitente se compromete a pagar determinada quantia ao beneficiário ou à pessoa a quem este transferir o título.

Diversamente do que sucede com as letras de câmbio, as notas promissórias dão origem a apenas duas posições jurídicas: a do emitente ou sacador e a do beneficiário ou tomador. Não surge a figura do sacado, uma vez que não há nenhuma ordem, inexistindo, por conseguinte, o aceite e demais regras ligadas a esse instituto. Simplesmente o emitente da nota, com o saque, se responsabiliza pelo seu pagamento, anuindo, ainda, tacitamente com eventual negociação, pelo tomador, do seu crédito junto a terceiros. Estes se tornam titulares de um direito creditício autônomo à relação jurídica primária, de que havia se originado a dívida[41].

A nota promissória só produz efeitos cambiários quando revestida de todas as formalidades prescritas por lei. Caso não as atenda, o documento produzirá apenas efeitos civis. A Lei Uniforme menciona, nos arts. 75 e 76, os seguintes requisitos da nota promissória: a) a expressão "nota promissória", inserta no texto do título, na mesma língua utilizada para a sua redação; b) a promessa incondicional de pagar quantia determinada; c) nome do tomador; d) data do saque; e) assinatura do subscritor; f) lugar do saque, ou menção de um lugar ao lado do nome do subscritor. Como é exigido o "nome do tomador", não produzirá efeitos cambiais a nota promissória emitida ao portador.

---

40 *Curso de direito comercial*, v. 1, p. 428.

41 Fábio Ulhoa Coelho, *Curso de direito comercial*, v. 1, p. 429; Victor Eduardo Rios Gonçalves, *Títulos de crédito e contratos mercantis*, p. 58.

A nota promissória está disciplinada no Decreto n. 2.044/1908 (Lei Saraiva), arts. 54 a 56, e também no Decreto n. 57.663/66 (Lei Uniforme), arts. 75 a 78. De acordo com o art. 56 do primeiro diploma, são, todavia, "aplicáveis à nota promissória, com as modificações necessárias, todos os dispositivos do Título I desta lei (concernentes às letras de câmbio), exceto os que se referem ao aceite...".

Desse modo, exceção feita ao instituto do aceite, todas as regras traçadas a respeito das letras de câmbio, atinentes a endosso, aval, protesto, ação cambial etc., aplicam-se às notas promissórias. Todavia, algumas observações ou ressalvas devem ser feitas. Assim:

a) Não se aplicam às notas promissórias as regras incompatíveis com a sua natureza de promessa de pagamento. Em geral, tais regras concernem à apresentação do título ao sacado, para aceite, e às consequências da recusa ou aceitação da ordem.

b) Proclama a Lei Uniforme, no art. 78, que se aplica ao subscritor da nota promissória as regras do aceitante da letra de câmbio. A equiparação decorre do fato de serem ambos os devedores principais dos respectivos títulos. Em consequência, o protesto do título é facultativo contra o emitente da nota promissória e respectivo avalista; a prescrição da cambiaridade e execução da nota promissória contra o emitente é igual à da execução da letra contra o aceitante, ou seja, três anos, nos termos do art. 70 da Lei Uniforme; a falência do subscritor antecipa o vencimento da nota promissória, como sucede com a do aceitante (Dec. n. 2.044/1908, art. 19, II).

c) O emitente da nota promissória é o avalizado, no aval em branco. Destarte, se o avalista não identifica o devedor em favor do qual está prestando a garantia, considera-se que foi ao emitente da nota que se pretendeu beneficiar (Lei Uniforme, art. 77, *in fine*).

d) A nota promissória admite a modalidade "a certo termo de vista", por expressa previsão legal (Lei Uniforme, art. 78)[42].

Dispõe a Súmula 504 do Superior Tribunal de Justiça: "O prazo para ajuizamento de ação monitória em face do emitente de nota promissória sem força executiva é quinquenal, a contar do dia seguinte ao vencimento do título".

7.3. Cheque

Cheque é ordem de pagamento à vista, emitida contra um banco ou instituição financeira que lhe seja equiparada, a favor de terceiro ou do próprio emitente, por quem tenha provisão de fundos em poder do sacado.

Tal como sucede com a letra de câmbio, o saque do cheque dá origem a três situações jurídicas distintas: a do sacador (emitente ou subscritor) do cheque, que emite uma ordem de pagamento à vista ao sacador; a do sacado, que será sempre banco ou instituição financeira; e a do tomador ou beneficiário do título, que tanto pode ser terceiro quando o próprio emitente.

O cheque é título de crédito de modelo vinculado, ou seja, padronizado, devendo ser emitido no papel fornecido pelo banco sacado ou instituição financeira assemelhada, observada a forma e dizeres regulamentados na Resolução n. 885/83 do Banco Central, em talonário ou avulso. Neste último caso, pode ser fornecido por meio eletrônico. Está regulamentado pela Lei Uniforme, resultante da Convenção de Genebra de 1931 (Dec. n. 57.595/66), que foi incorporada pela Lei n. 7.357/85, denominada Lei do Cheque.

Dispõe esta última, nos arts. 1º e 2º, que são essenciais ao cheque: a) a palavra "cheque", escrita no texto do título, na língua empregada para a sua redação; b) a ordem incondicional de pagar quantia determinada; c) o nome do banco a quem a ordem é dirigida (sacado); d)

---

[42] Fábio Ulhoa Coelho, *Curso de direito comercial*, v. 1, p. 431-432.

data do saque; e) lugar do saque ou menção de um lugar junto ao nome do emitente; f) assinatura do emitente (sacador). Esta pode ser mecânica ou por processo equivalente, por exemplo, eletrônico (art. 2º, parágrafo único).

O emitente deve estar identificado no cheque pelo nome e número de inscrição no Cadastro de Pessoas Físicas (CPF), por exigência do art. 3º da Lei n. 6.268/75 e respectiva regulamentação pelo Banco Central. A Lei n. 9.069/95 exige ainda, no art. 69, um requisito essencial para os cheques superiores a R$ 100,00, que é a identificação do tomador ou beneficiário.

A emissão do cheque requer a provisão de fundos pelo emitente junto ao banco sacado. Sendo ordem de pagamento à vista, não comporta a figura do aceite (Lei n. 7.357/85, art. 6º). Difere da letra de câmbio na medida em que depende de um prévio acordo entre sacado e emitente, pelo qual este abriu uma conta-corrente naquele, disponibilizando quantia ou fundos suficientes para o pagamento ordenado. O banco não tem nenhuma obrigação, uma vez que não garante o pagamento do cheque. Por conseguinte, não pode ser responsabilizado pelo credor em razão da falta ou insuficiência de fundos disponíveis na conta-corrente do emitente.

Na cobrança fundada em cheque sem fundos, os juros de mora incidem a contar da primeira apresentação da cártula. Proclamou, com efeito, a 4ª Turma do Superior Tribunal de Justiça que o credor de cheque sem fundos deve receber juros de mora a partir da data da primeira apresentação do título que tem seu pagamento negado pelo banco, como previsto no art. 52, II, da Lei n. 7.357/85 (Lei do Cheque). Assim decidindo, a referida Corte negou a pretensão de devedora que pretendia fazer com que os juros fossem cobrados apenas a partir da citação na ação de cobrança.

No referido julgamento, frisou o relator que a hipótese é de mora *ex re*, por se tratar de obrigação certa quanto à existência e determinada quanto ao objeto, prevista a constituição da mora na Lei do Cheque[43].

O cheque contém, implícita, a cláusula "à ordem", que permite a sua transmissão mediante endosso. Poderá o emitente, no entanto, inserir a cláusula "não à ordem". Neste caso, a circulação do cheque será regida pelo direito civil e corresponderá à cessão civil do crédito. O endossante é codevedor do título e está sujeito à execução, na hipótese de devolução do cheque pelo banco, por insuficiência de fundos. O endosso do cheque admite, todavia, a cláusula "sem garantia", pela qual o endossante não assume nenhuma responsabilidade cambial. Também em relação ao cheque admite-se o *endosso-mandato*, pelo qual o endossatário se investe na condição de mandatário do endossante e não se torna o titular do crédito, como preceitua o art. 26 da Lei n. 7.357/85.

Segundo dispõe o art. 39 da aludida lei, o sacado deve verificar a série de endossos, mas não a autenticidade das assinaturas que o compõem. Todavia, desde a criação da Contribuição Provisória sobre Movimentação Financeira (CPMF), somente é permitido um endosso no cheque (Lei n. 9.311/96, art. 17, I). Não há, no entanto, nenhum problema na transferência do crédito consubstanciado no cheque por meio de cessão civil. Desde que o tomador, ao transmiti-lo para o endossatário, no primeiro e único endosso, insira a cláusula "não à ordem", o cheque passa a circular por cessão civil, ato este não limitado pela lei tributária[44].

O cheque deve ser apresentado ao banco sacado em trinta dias, se da mesma praça, e em sessenta, se de praças diferentes. Mesmo após o decurso dos aludidos prazos, o cheque ainda poderá ser apresentado ao banco sacado, para fins de liquidação. Apenas depois de

---

43 STJ, REsp 1.354.934-RS, 4ª T., rel. Min. Luis Felipe Salomão, j. 20-8-2013.

44 Fábio Ulhoa Coelho, *Curso de direito comercial*, v. 1, p. 437.

transcorrido o prazo de seis meses do término do prazo de apresentação é que se dará a prescrição da execução e o sacado não poderá mais receber e processar o cheque (Lei do Cheque, art. 35, parágrafo único, *in fine*)[45].

Dispõe a propósito a *Súmula 600 do Supremo Tribunal Federal*: "Cabe ação executiva contra o emitente e seus avalistas, ainda que não apresentado o cheque ao sacado no prazo legal, desde que não prescrita a ação cambiária". O tomador ou endossatário perderá, no entanto, o direito à execução contra o emitente se havia fundos na conta deste, durante o prazo de apresentação, mas deixaram de existir por ato não imputável a ele, como dispõe o art. 47, § 3º, da Lei do Cheque (se, p. ex., a conta era conjunta e o outro titular, decorrido o prazo de apresentação do cheque, retirou todo o numerário nela depositado).

Estatui, por seu turno, a *Súmula 299 do Superior Tribunal de Justiça*: "É admissível ação monitória fundada em cheque prescrito".

Pertinente ao tema, dispõe a *Súmula 503 da aludida Corte*: "O prazo para ajuizamento de ação monitória em face do emitente de cheque sem força executiva é quinquenal, a contar do dia seguinte à data de emissão estampada na cártula".

A doutrina destaca quatro modalidades de cheque, a saber:

a) *Cheque visado* – É aquele que, antes de ser colocado em circulação, é submetido ao *visto* do banco sacado, que o anota e, por esse ato, assegura a existência de fundos disponíveis. É aquele, portanto, em que o banco sacado, a pedido do seu emitente ou de seu portador legítimo, lança e assina, no verso do cheque nominal e ainda não endossado, declaração confirmando a existência de suficiente provisão de fundos na conta-corrente do emitente (Lei do Cheque, art. 7º). A finalidade do cheque visado é emprestar maior segurança aos negócios e reforçar o cheque como título capaz de desempenhar papel semelhante ao da moeda, facilitando os pagamentos a distância e a circulação da riqueza.

O lançamento do *visto* no cheque não importa nenhuma obrigação cambial do banco, que apenas efetua uma espécie de bloqueio do valor nele indicado. O sacado somente poderá ser responsabilizado civilmente se deixar de realizar o referido bloqueio. Não ficam exonerados, em razão do visto, o emitente, endossantes e demais devedores.

b) *Cheque administrativo* – É o emitido pelo banco sacado, para liquidação por uma de suas agências. Trata-se, portanto, de um cheque emitido pelo banco contra si mesmo, em favor de terceiro. Nele, emitente e sacado são a mesma pessoa (Lei do Cheque, art. 9º, III). Só pode, portanto, ser nominal. Tal modalidade, utilizada em geral nos negócios imobiliários de grande valor, afasta a possibilidade de o pagamento ser efetuado mediante cheque sem fundos.

c) *Cheque cruzado* – Configura-se mediante a inserção de dois traços paralelos e transversais no anverso do cheque, cuja finalidade é possibilitar, a partir de consulta aos assentamentos da instituição financeira, uma vez que não é pagável senão a um banco, a identificação da pessoa em favor de quem foi ele liquidado. O cruzamento do cheque pode ser geral ou especial. O primeiro, também chamado de cruzamento "em branco" ou "ao portador", não identifica nenhum banco no interior dos dois traços. O especial, também denominado "em preto" ou "nominativo", menciona determinado banco, por seu nome ou número no sistema financeiro, entre os mesmos traços.

Como o cruzamento geral somente pode ser pago a um banco, o tomador que aceitou recebê-lo dessa forma, ou ele próprio o cruzou, deverá depositá-lo no banco no qual mantém

---

45 "Execução. Prescrição. Lapso prescricional de seis meses contados a partir do 30º dia da data da emissão do título, se pagável na mesma praça em que foi emitido, e a partir do 60º dia da sua emissão, se a cártula foi emitida em localidade diversa ou no exterior. Interpretação do art. 59 da Lei 7.357/85" (*RT*, 766/362).

conta-corrente, para que este cobre o título do sacado. Se for especial o cruzamento, o cheque somente poderá ser pago ao banco mencionado no interior dos dois traços. Se o tomador não tiver conta nesse banco, terá dificuldade para receber o seu crédito, porque somente poderá liquidar o cheque após celebrar contrato de depósito bancário com aquela específica instituição. O cruzamento restringe tão somente o recebimento do cheque, mas não impede a sua circulação ou o seu endosso[46].

d) *Cheque para se levar em conta* – Segundo dispõe o art. 46 da Lei n. 7.357/85, o emitente ou o portador de um cheque pode vedar o seu pagamento em dinheiro ou que circule, fazendo constar do anverso do título, em transversal, a cláusula "para ser creditado em conta". Tal cláusula costuma ser inserida no cruzamento, com transcrição do número da conta do credor em que deverá ser depositado. Essa modalidade, assim como sucede no cheque cruzado, permite que se identifique a pessoa em favor de quem o título foi pago.

Modalidade de cheque muito utilizada no comércio é a do *cheque pós-datado*, que surgiu da praxe comercial e não encontra guarida na legislação. Nas vendas a prazo é comum o pagamento ser realizado mediante a entrega ao vendedor de vários cheques, tantos quantos forem as parcelas, emitidos com data futura. Embora tais cheques sejam conhecidos como "pré-datados", o correto é chamá-los de "pós-datados", uma vez que ostentam data posterior àquela em que efetivamente são emitidos.

O banco não poderá negar-se a efetuar o pagamento, se o cheque for apresentado antes da data assinalada como "boa para pagamento". Nos termos do art. 32 da Lei n. 7.357/85, "o cheque é pagável à vista. Considera-se não escrita qualquer menção em contrário"[47]. Embora, por isso, a pós-datação não produza efeitos perante o banco sacado, ela representa um acordo entre tomador e emitente. A apresentação antecipada do cheque significa o descumprimento do acordo, muitas vezes com consequências graves para o emitente, como protesto e inserção de seu nome no Cadastro de Emitentes de Cheques Sem Fundos. Por tal razão, tem a jurisprudência proclamado o direito do emitente, nesses casos, à indenização por danos materiais e morais[48].

A *Segunda Seção do Tribunal de Justiça* decidiu que não cabe dilação do prazo prescricional em caso de emissão de cheque pós-datado. Segundo a relatora, Ministra Nancy Andrighi, os precedentes do aludido Tribunal preveem que o prazo prescricional da execução do cheque é de seis meses, contados a partir da expiração do prazo de apresentação, que, por sua vez, é de 30 dias, a contar da data da emissão, quando emitido no local de pagamento, e de 60 dias, quando emitido em outro lugar do país ou do exterior.

Pretendia o recorrente que se considerasse a fluência do lapso prescricional a partir da data acordada para apresentação da cártula e não da data da emissão do título. Frisou a mencionada relatora, todavia, que, embora, "na sociedade moderna, a emissão de cheques pós-datados seja prática costumeira, não encontra previsão legal. Admitir-se que do acordo ex-

---

46 Caio Mário da Silva Pereira, *Instituições de direito civil*, v. III, p. 551; Fábio Ulhoa Coelho, *Curso de direito comercial*, v. 1, p. 439.

47 "Título pré-datado. Fato que não o desnatura como título executivo extrajudicial, pois sempre consubstanciará uma ordem de pagamento à vista. Inteligência do art. 32 e parágrafo único da Lei 7.357/85" (*RT*, 762/416).

48 "Dano moral. Apresentação extemporânea da cártula. Circunstância que ensejou a restrição na conta bancária do emitente do título e a inclusão de seu nome no cadastro de cheques devolvidos por falta de fundos. Indenização devida" (*RT*, 770/393). "Título pós-datado. Indenização. Dano moral. Cártula apresentada pelo portador fora do prazo estipulado, culminando em sua devolução por insuficiência de fundos. Costume que estabeleceu, de forma inexorável, que o cheque, em certas e determinadas condições de negócio, é contrato, restando desfigurada sua característica de ordem de pagamento à vista. Verba devida" (*RT*, 788/388).

tracartular decorram os efeitos almejados pela parte recorrente, importaria na alteração da natureza do cheque como ordem de pagamento à vista, além de violação dos princípios da literalidade e abstração"[49].

O cheque pós-datado tem sido utilizado como título negociável, para fins de desconto bancário ou cessão para empresa de fomento mercantil, nos contratos de *factoring*.

Os *cheques de viagem* ou de *turismo*, conhecidos como *traveller's checks*, são espécies de cheques administrativos que os correntistas adquirem de seus bancos. Neles já consta um valor fixo, impresso. Trata-se de um cheque assinado pelo cliente no momento em que o banco o emite, e que subordina o seu pagamento ao fato de novamente ser assinado pelo mesmo tomador, no momento em que é posto em circulação. Constitui modalidade criada pelo uso e de utilidade para os viajantes que não desejam levar consigo grande volume de dinheiro em espécie, e como técnica de proteção contra o roubo ou extravio.

O pagamento do cheque pode ser sustado pelo emitente em duas hipóteses: a) *revogação*, também denominada *contra ordem* (Lei do Cheque, art. 35); b) *oposição* (art. 36). A sustação do pagamento, em ambas, visa impedir a liquidação do título pelo banco sacado. A *contraordem* corresponde à revogação do cheque, pois desconstitui a ordem de pagamento nele contida e é ato exclusivo do emitente. A *oposição* ao pagamento, por sua vez, pode ser feita tanto pelo emitente quanto pelo possuidor legitimado, e só é cabível quando baseada em razão relevante, tal como furto, roubo, extravio etc. A oposição visa a sustar o pagamento, e não a ordem em si, para que o cheque não seja pago àquele que não seja seu legítimo possuidor[50].

7.4. Duplicata

A duplicata é título à ordem, consistindo numa criação consuetudinária brasileira. Sua regulamentação remonta ao Código Comercial de 1850, que impunha aos comerciantes atacadistas, na venda aos retalhistas, a emissão da *fatura* ou *conta*, isto é, a relação por escrito das mercadorias entregues. O instrumento devia ser emitido em duas vias ("por duplicado", dizia a lei), as quais, assinadas pelas partes, ficariam uma em poder do comprador, e outra do vendedor. A conta assinada pelo comprador, por sua vez, era equiparada aos títulos de crédito, inclusive para fins de cobrança judicial[51].

Hodiernamente, a duplicata está disciplinada na Lei n. 5.474/68, conhecida como *Lei das Duplicatas*, e no Decreto-Lei n. 436/69, que a alterou parcialmente. As suas funções atuais são de exclusiva natureza comercial, relacionadas à constituição, circulação e cobrança do crédito oriundo de operações mercantis ou de contratos de prestação de serviços.

O título de crédito em apreço consiste em instrumento emitido e entregue pelo vendedor ao comprador, nas vendas mercantis a prazo, entre pessoas domiciliadas no País, dotada da particularidade de ser de aceitação obrigatória. Trata-se de um título formal, que recebe a aplicação dos princípios da lei cambial por disposição expressa do art. 25 da mencionada Lei n. 5.474, de 18 de julho de 1968[52], e que pode ser sacado exclusivamente em razão de venda a prazo de mercadorias ou de prestação de determinado serviço para cobrança futura.

O comerciante, com habitualidade, negocia a duplicata com instituições financeiras, mediante a operação conhecida como "desconto de duplicata" (cessão de crédito), para obtenção de capital de giro.

---

49 STJ, REsp 1.068.513, 2ª S., rel. Min. Nancy Andrighi, disponível em <www.editoramagister.com>, de 4-10-2011.

50 Victor Eduardo Rios Gonçalves, *Títulos de crédito e contratos mercantis*, p. 75.

51 Fábio Ulhoa Coelho, *Curso de direito comercial*, v. 1, p. 452.

52 Caio Mário da Silva Pereira, *Instituições de direito civil*, v. III, p. 549.

O art. 25 da Lei n. 5.474/68 declara expressamente que às duplicatas aplicam-se, no que couber, os dispositivos da legislação sobre letra de câmbio. Em consequência, a duplicata transmite-se por endosso, garante-se por aval, cobra-se por ação cambial, é de aceitação obrigatória, estando também sujeita aos princípios da cartularidade, literalidade e autonomia.

A duplicata representa uma ordem de pagamento emitida pelo vendedor de mercadorias pela importância faturada ao comprador. Por essa característica assemelha-se à letra de câmbio. Todavia, distingue-se desta pelo fato de a letra poder ser sacada em qualquer situação, de acordo com a vontade do emitente, sendo, destarte, um *título abstrato*, enquanto a duplicata é *título causal*, que só pode ser emitido sob o lastro de uma venda de mercadorias ou de uma prestação de serviços, todas perfeitamente discriminadas[53].

A diferença fundamental entre a letra de câmbio e a duplicata reside, no entanto, no regime aplicável ao *aceite*: enquanto o ato de vinculação do sacado à letra é sempre facultativo, na duplicata a sua vinculação é obrigatória, ou seja, o sacado (adquirente de mercadorias ou beneficiário da prestação de serviços) se obriga ao pagamento da duplicata, ainda que não a assine.

O *protesto* de uma duplicata pode ser feito na praça de pagamento constante do título por: a) por falta de aceite; b) falta de devolução do título pelo comprador; c) falta de pagamento. A retenção da duplicata pelo comprador impede a sua apresentação pelo vendedor ao cartório de protesto. Para que este possa ser efetivado, a lei admite que o credor indique ao cartório os elementos que identificam a duplicata em mãos do sacado. O protesto é feito, neste caso, por simples *indicações do credor*, dispensada a exibição do título ao cartório.

A não efetivação de protesto por falta de aceite ou de devolução não afasta a possibilidade de protesto por falta de pagamento (Lei n. 5.474/68, art. 13, § 2º). A consequência da falta de protesto dentro do prazo legal de trinta dias, contados da data do seu vencimento, é a perda do direito de regresso contra os endossantes e respectivos avalistas do título, tal como sucede com a letra de câmbio (art. 13, § 4º)[54].

Em vez de efetuar o protesto da duplicata por indicações, pode o comerciante expedir, nos casos de sua retenção, uma *triplicata*, para envio ao cartório. Trata-se de uma segunda via da duplicata que foi perdida ou extraviada, extraída a partir dos dados escriturados no livro próprio. Malgrado a lei autorize o saque da triplicata apenas nas hipóteses de perda ou extravio (Lei n. 5.474/68, art. 23), não há prejuízo para as partes na emissão da triplicata também nos casos de retenção[55].

A ação cambial, no caso da duplicata, difere da prevista para as letras de câmbio, porque varia a sua forma conforme tenha havido aceite ou não. De acordo com o art. 15 da Lei n. 5.474/68, o portador da duplicata pode acionar o sacado mesmo sem aceite, desde que proteste o título, juntando os comprovantes de entrega de mercadoria ou de efetiva prestação do serviço. Se o aludido título contém o aceite ordinário, ou seja, a assinatura do sacado, a sua exibição é suficiente para o ajuizamento da execução, não se exigindo o protesto. Se, no entanto, o aceite é presumido, a execução deve ser promovida com base na duplicata, ou tripli-

---

53 "Duplicata. Título sem causa recebido pelo banco por endosso em operação de desconto. Protesto. Inadmissibilidade. Responsabilidade civil. Dever de indenizar o dano decorrente, ressalvado seu direito contra o endossante" (STJ, *RT*, 805/206).

54 "Duplicata. Título sem causa. Circulação por endosso translativo. Protesto dos títulos que devem ser efetivados com a omissão do nome da sacada, preservando-se, dessa forma, o direito de regresso do portador, terceiro de boa-fé, contra a endossante" (*RT*, 787/268).

55 "Execução. Título extrajudicial. Extração pelo vendedor de triplicata em face da retenção do título. Nulidade do processo executivo se o título não foi devidamente protestado" (*RT*, 762/288).

cata, protestada diretamente ou por indicações, acompanhada do comprovante do recebimento das mercadorias[56].

Se a execução é promovida contra o avalista do sacado, o credor deve exibir o título, duplicata ou triplicata, que contenha o aval, sendo dispensável o protesto.

No tocante à *duplicata de prestação de serviços*, dispõe o art. 20 da Lei n. 5.474/68 que as empresas individuais ou coletivas, fundações ou sociedades civis, bem como os profissionais liberais e aqueles que prestam serviços de natureza eventual, poderão, também, emitir fatura e duplicata. Na fatura será discriminada a natureza dos serviços prestados, bem como a soma correspondente ao preço desses serviços (art. 20, § 1º). Nesse caso, o sacado poderá negar aceite ao título se: *a*) os serviços prestados não corresponderem efetivamente aos contratados; *b*) forem comprovados vícios ou defeitos na qualidade dos serviços prestados; *c*) houver divergência quanto aos prazos e preços ajustados[57].

O crédito do prestador de serviços pode ser documentado, também, em duplicata *à conta de serviços*, como prevê o art. 22 da Lei das Duplicatas. Trata-se de título emitido pelo profissional liberal ou pelo prestador de serviços de natureza eventual. Neste caso, não se exige qualquer escrituração, bastando a apresentação da conta, com discriminação, por sua natureza e valor, dos serviços prestados.

A pretensão à execução da duplicata prescreve em três anos, a contar do vencimento, contra o sacado e seu avalista; em um ano, contado do protesto, contra os endossantes e seus avalistas; e em um ano, a partir da data em que haja sido efetuado o pagamento, para o exercício de direito de regresso contra qualquer dos coobrigados (Lei n. 5.474/68, art. 18).

Embora a execução de duplicata emitida por meio magnético constitua uma questão controvertida, entendendo alguns que o assunto depende de regulamentação legal, outros, como Fábio Ulhoa Coelho, manifestam-se, com razão, no sentido de que o direito brasileiro, independentemente de qualquer alteração legislativa, "já ampara a executividade de duplicata virtual, isto é, de título constituído, negociado e protestado exclusivamente em meios magnéticos", uma vez que "é dispensável a exibição da duplicata, para aparelhar execução, quando o protesto é feito por indicações do credor. Em juízo, basta a apresentação de *dois papéis*: o instrumento de protesto por indicações e o comprovante da entrega das mercadorias"[58].

A tendência é de crescente uso dos recursos da informática na atividade de administração do crédito. O meio magnético vem substituindo paulatinamente o papel como suporte de informações. Estas, arquivadas em banco de dados magnéticos, são a base para a expedição de alguns documentos em papel, relativos à operação. Os bancos emitem, a partir delas, o instrumento para a quitação da dívida em qualquer agência de qualquer instituição financeira no país, a chamada "guia de compensação bancária"; os cartórios de protesto dos grandes centros geram a intimação do devedor e lavram o instrumento de protesto, igualmente a partir das informações que lhes são transmitidas em meio magnético. Desse modo, quando

---

56 "Execução. Título executivo extrajudicial. Caracterização. Comprovação da entrega de mercadorias e do protesto do título por falta de pagamento. Dispensabilidade de prova da remessa da cambial para aceite" (*RT*, 801/223). "Duplicata sem aceite. Execução. Admissibilidade, desde que protestada e acompanhada de documento hábil que comprove a entrega e o recebimento da mercadoria" (*RT*, 793/367).

57 "Prestação de serviços. Transcrição de instrumento de protesto. Validade que depende da existência de documento que comprove a efetiva realização dos serviços e do vínculo contratual entre as partes" (*RT*, 761/268). "Duplicata sem aceite e sem a prova da realização de negócio mercantil. Protesto da cambial que vale, unicamente, como garantia do direito de regresso do endossatário contra o endossante. Inteligência do art. 15, II, *b*, da Lei 5.474/68" (*RT*, 769/304).

58 *Curso de direito comercial*, v. 1, p. 466-467.

a obrigação registrada por processo informatizado vem a ser cumprida, ela não chega a ser materializada num documento escrito[59].

8. TÍTULO NOMINATIVO

O art. 921 do Código Civil define título nominativo como "*o emitido em favor de pessoa cujo nome conste no registro do emitente*". A sua transferência se dá "*mediante termo, em registro do emitente, assinado pelo proprietário e pelo adquirente*" (art. 922).

"*O título nominativo também pode ser transferido por endosso que contenha o nome do endossatário*" (CC, art. 923) e "*transformado em à ordem ou ao portador, a pedido do proprietário e à sua custa*", ressalvada proibição legal (art. 924).

Fábio Ulhoa Coelho critica a classificação dos títulos de crédito no Código Civil de 2002, considerando-a imprestável, visto que, "além de não existir título de crédito nenhum, no direito brasileiro, que atenda aos requisitos para se considerar nominativo, confunde, nos títulos ao portador, efeito com conceito da classe (o título ao portador é o que não identifica o credor e *por isso* se transfere pela simples tradição)"[60].

---

59 Fábio Ulhoa Coelho, *Curso de direito comercial*, v. 1, p. 385-386.

60 *Curso de direito comercial*, v. 1, p. 384.

PARTE III
DOS CONTRATOS ESPECIAIS

Capítulo I
DA EDIÇÃO

Sumário: 1. Noção de edição. 2. Partes e objeto. 3. Direitos e deveres do autor. 4. Direitos e deveres do editor. 5. Extinção do contrato de edição. 6. Da representação dramática.

1. NOÇÃO DE EDIÇÃO

O direito do autor visa proteger e amparar os interesses deste, como forma técnica de estimular e garantir a criação intelectual. A Constituição Federal, no art. 5º, XXVII e XXVIII, garante a reprodução aos autores de obras literárias, artísticas ou científicas, na mesma linha de proteção aos inventos industriais e às marcas de fábrica.

Não se pode afirmar que os direitos autorais e o contrato de edição são fenômenos jurídicos distintos, uma vez que íntima é a relação entre um e outro, assentando-se o pressuposto de que é necessário ser autor da obra ou seu sucessor para celebrá-lo[1].

O Código Civil de 1916 tratava do direito autoral como propriedade imaterial, incluindo-o no capítulo do direito das coisas concernente à "Propriedade Literária, Científica e Artística" (arts. 649 e s.). Tal capítulo foi revogado pela Lei n. 5.988/73. Atualmente, rege-se o contrato de edição pela Lei n. 9.610, de 19 de fevereiro de 1998, que revogou expressamente a Lei n. 5.988/73, menos o seu art. 17, voltando a dizer que o diploma de 1916 ficava, nessa parte, revogado.

A lei em apreço atualizou e adaptou as relações autorais ao novo contexto tecnológico, ao mundo da fibra ótica e das comunicações via satélite, versando sobre propriedade intelectual diante dos novos suportes físicos, da Internet e da multimídia.

Contrato de edição, segundo Arnoldo Wald, é "aquele pelo qual o autor autoriza temporariamente o editor, mediante remuneração, a reproduzir, divulgar, custear e explorar com exclusividade uma obra intelectual, no prazo e condições do contrato"[2]. O art. 53 da aludida Lei n. 9.610/98 o define como aquele pelo qual o autor concede ao editor o direito exclusivo de, a suas expensas, reproduzir mecanicamente e divulgar a obra científica, literária ou artística, e explorá-la economicamente, no prazo e nas condições pactuadas pelas partes.

Não se confunde o contrato de edição com o de *cessão de direitos autorais*. Por este se transmite definitivamente o direito cedido, enquanto aquele apenas assegura ao editor o direito de publicação de uma ou mais edições, contendo determinado número de exemplares. A cessão de direitos autorais é regulada pelos arts. 49 e s. da mencionada lei, que só a

---

1 Serpa Lopes, *Curso de direito civil*, v. IV, n. 488, p. 196-197; Caio Mário da Silva Pereira, *Instituições de direito civil*, v. III, p. 442.

2 *Obrigações e contratos*, p. 480.

admite por escrito; nada constando, limita-se a transferência pelo prazo de cinco anos (art. 49, III). A cessão interpreta-se restritivamente e só vale para o país em que se firma o contrato, se não se dispõe contrariamente, e só para as modalidades existentes na data do contrato (art. 49, IV a VI).

O aludido art. 49 menciona outras modalidades de transferência de direitos do autor, dizendo que, obedecidas as limitações discriminadas nos seus incisos, poderão eles "ser total ou parcialmente transferidos a terceiros, por ele ou por seus sucessores, a título universal ou singular, pessoalmente ou por meio de representantes com poderes especiais, por meio de licenciamento, concessão, cessão ou por outros meios admitidos em Direito". O contrato deve mencionar expressamente quais as modalidades permitidas de reprodução. Se houver, por exemplo, cessão geral de direito autoral de obra em revista, não estará o cessionário autorizado a publicar a obra em livros (art. 49, VI).

Pelo contrato de edição *propriamente dito*, como já referido, o autor concede ao editor o direito exclusivo de reproduzir e de divulgar obra literária, artística ou científica, explorando-a economicamente. Mas pode a obra ser feita *por encomenda* ao autor, envolvendo, neste caso, também locação de serviços, configurando-se uma forma mista de edição, pela qual autor e editor assumem obrigação de fazer. Dispõe, com efeito, o art. 54 da Lei n. 9.610/98: "*Pelo mesmo contrato pode o autor obrigar-se à feitura de obra literária, artística ou científica em cuja publicação e divulgação se empenha o editor*".

Esclarece Eduardo Vieira Manso que haverá *obra sob encomenda* quando o trabalho não é realizado por iniciativa de seu autor, mas lhe é solicitada a criação de "uma obra segundo um tema dado, um fato apontado, um argumento a ser desenvolvido, uma história a ser contada, um motivo a ser elaborado etc."[3]. Se a obra for realizada no curso de contrato trabalhista, de prestação de serviços ou de dever funcional, os direitos do autor pertencerão a ambas as partes, salvo convenção em contrário, conforme estabelecido pelo Conselho Nacional de Direito do Autor[4].

Mesmo em se tratando de obra encomendada, deverão ser respeitados os direitos morais do autor, especificados nos arts. 24 a 27 da lei em epígrafe. Observa Sílvio Venosa que, em se tratando, contudo, de autor assalariado, "o princípio deve ser visto com mitigação, pois de regra perderá ele o direito ao inédito e ao arrependimento, não podendo frustrar a divulgação e a publicação"[5].

No contrato de edição propriamente dito, o editor é que explora a obra, custeando-lhe a impressão, publicidade e venda, gozando do direito exclusivo de reprodução de uma ou mais edições, conforme dispuser o contrato[6]. No silêncio deste, entende-se que o direito versa apenas sobre uma edição, sendo esta de três mil exemplares (Lei n. 9.610/98, art. 56 e parágrafo único). Os direitos do autor perduram por setenta anos, contados da sua morte (art. 41).

A edição distingue-se também da *distribuição*, que se limita à colocação, no mercado, de obra editada por outrem ou publicada pelo próprio autor, bem como da *impressão*, que

---

[3] *Contratos de direito autoral*, p. 74.

[4] "Direito autoral. Violação. Inocorrência. Prestação de serviços. Produção de material didático em cumprimento do contrato, com estreita colaboração das partes. Admissibilidade da reprodução da obra por um dos contratantes se não havia convenção em contrário" (*RT*, 767/215).

[5] *Direito civil*, v. III, p. 315.

[6] "Direito autoral. Indenização. Reedição de obra fonográfica sem a aquiescência do intérprete. Inadmissibilidade. Produtor que, mesmo pagando ao cantor os direitos de comercialização de suas interpretações musicais, não está legitimado a reproduzir a obra sem a autorização do artista, respondendo junto a ele pelas obrigações advindas da reedição" (*RT*, 798/251).

consiste apenas na realização do trabalho gráfico. Difere, ainda, do contrato de prestação de serviço e da sociedade, mesmo que haja participação do autor no êxito da obra[7].

O que caracteriza o contrato de edição é propriamente a cessão do direito de reprodução da obra criada, em termos amplos ou limitados a uma edição ou tiragem. Trata-se de contrato *bilateral*, visto que autor e editor contraem obrigações correlatas; *consensual*, porque se aperfeiçoa com o acordo de vontades; *oneroso*, embora a onerosidade não seja essencial, nada impedindo que o autor ceda gratuitamente os direitos ao editor; de *duração temporária*, uma vez que não se admite contrato de edição perpétuo ou por tempo indeterminado, entendendo-se, caso o contrato silencie quanto ao número de edições, que tem por objeto uma única edição; *intuitu personae*, tendo em vista que é celebrado em consideração à pessoa do autor, à sua capacidade de criação intelectual, bem como em atenção à confiança que o autor deposita no editor; e, ainda, *típico*, uma vez que se encontra inteiramente regulado pela mencionada lei especial, tendo o seu perfil nela traçado.

2. PARTES E OBJETO

São *partes*, no contrato de edição, o *autor* e o *editor*. O primeiro, segundo o art. 11 da Lei n. 9.610/98, "*é a pessoa física criadora de obra literária, artística ou científica*". E o art. 15 cuida da coautoria da obra, dizendo ser ela "*atribuída àqueles em cujo nome, pseudônimo ou sinal convencional for utilizada*", acrescentando que não se considera coautor "*quem simplesmente auxiliou*" o autor na produção da obra, "*revendo-a, atualizando-a, bem como fiscalizando ou dirigindo sua edição ou apresentação por qualquer meio*" (§ 1º). *Editor*, por sua vez, é o que tem o direito exclusivo de reproduzir e de divulgar obra literária, artística ou científica, explorando-a economicamente.

A *capacidade* exigida é a mesma dos contratos em geral, podendo haver autores menores, absoluta ou relativamente incapazes, que, no contrato, serão representados ou assistidos por seus representantes legais, conforme o caso.

O *objeto* do contrato de edição é a *autorização* concedida ao editor de reproduzir e divulgar a obra intelectual, na forma convencionada, que pode se limitar a uma edição ou estender-se a várias. Como foi dito anteriormente, há casos em que convém ao autor ceder desde logo os seus direitos, em razão da remuneração compensadora oferecida pelo editor. Neste caso, poderá este reproduzir a obra, em novas tiragens ou novas edições, sem limitação. O contrato, na hipótese, passa a ser de *cessão de direitos autorais.*

Quanto à *forma* da obra, podem ser editados, exemplificativamente, livros, discos, filmes, desenhos, gravuras, fitas magnéticas, quadros, fotografias, programas de computador etc. O art. 7º da Lei n. 9.610/98, em treze incisos, traz um rol não exaustivo das diversas formas, pois utiliza, ao elencá-las, a expressão "tais como".

3. DIREITOS E DEVERES DO AUTOR

A obrigação fundamental do autor é transferir o direito de edição da obra ao editor, respondendo por sua autenticidade. Celebrado o contrato com um editor sem ressalvas, presume-se a exclusividade. Nada obsta que seja convencionado, expressamente, o direito de autorizar vários editores a publicarem o mesmo trabalho.

Os originais devem ser entregues em condições de serem publicados. Dispõe o art. 58 da Lei n. 9.610/98 que, se o editor não os recusar nos trinta dias seguintes ao do recebimento,

[7] Henri de Page, *Traité élémentaire de droit civil belge*, v. 5, n. 46; Planiol e Ripert, *Traité pratique*, v. XI, n. 981, apud Caio Mário da Silva Pereira, *Instituições de direito civil*, v. III, p. 442.

têm-se por aceitos. Não está este obrigado a recebê-los se o autor se afastar do ajustado, como na hipótese, por exemplo, de ter-se obrigado a escrever um tratado e entregar um manual[8].

Em princípio, o trabalho intelectual ou criador não pode estar sujeito a imposições e a prazo determinado. Ressalva-se, no entanto, ao editor fixar-lhe prazo, com a cominação de rescindir o contrato, se a espera ultrapassa o que as conveniências indicam[9].

Os principais direitos e deveres do autor são, em resumo, os seguintes: a) exigir prestação de contas, *mensalmente*, quando a sua remuneração depender do êxito da venda, se não foi convencionada outra periodicidade; b) efetuar emendas e alterações, nas edições sucessivas, que bem lhe parecer, desde que não prejudiquem os interesses do editor; c) examinar a escrituração deste, na parte que lhe corresponde, quaisquer que sejam as condições do contrato (Lei n. 9.610/98, art. 59); d) não dispor de sua obra, enquanto não se esgotarem as edições a que tiver direito o editor, seja para resumi-la, seja para incluí-la nas suas obras completas; e) intimar judicialmente o editor, uma vez esgotada a última edição, para que edite outra, sob pena de perder o direito e pagar perdas e danos.

O autor tem o dever de manter-se atualizado e de consignar em sua obra as modificações científicas de profundidade ou extensão, de acordo com a natureza do trabalho. Por outro lado, se se recusar a fazê-lo, o editor poderá encarregar outra pessoa para realizar as alterações necessárias, devendo mencionar o fato expressamente na edição (Lei n. 9.610/98, art. 67).

A par dos direitos de natureza *patrimonial*[10], em parte mencionados, a lei em apreço discrimina, nos arts. 24 a 27 os *direitos morais do autor*, declarados "inalienáveis e irrenunciáveis", quais sejam: a) o de reivindicar, a qualquer tempo, a autoria da obra; b) o de ter seu nome, pseudônimo ou sinal convencional indicado ou anunciado, como sendo o do autor, na utilização de sua obra; c) o de conservar a obra inédita; d) o de assegurar a integridade da obra, opondo-se a quaisquer modificações, ou à prática de atos que, de qualquer forma, possam prejudicá-la ou atingi-lo, como autor, em sua reputação ou honra; e) o de modificar a obra, antes ou depois de utilizada; f) o de retirar de circulação a obra ou de suspender qualquer forma de utilização já autorizada, quando a circulação ou utilização implicarem afronta à sua reputação e imagem; g) o de ter acesso a exemplar único e raro da obra, quando se encontre legitimamente em poder de outrem, para o fim de, por meio de processo fotográfico ou assemelhado, ou audiovisual, preservar sua memória, de forma que cause o menor inconveniente possível a seu detentor, que, em todo caso, será indenizado de qualquer dano ou prejuízo que lhe seja causado.

Proclama a Súmula 228 do Superior Tribunal de Justiça que "é inadmissível o interdito proibitório para a proteção do direito autoral".

4. DIREITOS E DEVERES DO EDITOR

Destacam-se, dentre os vários direitos e deveres do editor, os seguintes: a) fixar, como interessado na exploração comercial e técnico no assunto, o preço da venda, sem todavia poder elevá-lo a ponto de embaraçar a circulação da obra; b) fixar o número de exemplares de cada edição, sem reduzir a tiragem ao ponto de cercear a difusão da obra (Lei

---

8 Serpa Lopes, *Curso de direito civil*, v. IV, n. 492, p. 203.

9 Caio Mário da Silva Pereira, *Instituições de direito civil*, v. III, p. 443.

10 "Direito autoral. Violação. Ocorrência. Programa de computador. Reprodução ou utilização não autorizada. Pretendida fixação da indenização com base no proveito econômico supostamente obtido com a fraude. Inadmissibilidade, visto que a verba tem sentido puramente punitivo, não se relacionando com o dano efetivamente sofrido pela vítima, pressuposto indeclinável da responsabilidade civil" (*RT*, 788/403).

n. 6.910/98, art. 60); c) facultar ao autor o exame da escrituração na parte que lhe corresponde; d) não fazer abreviações, adições ou modificações, sem permissão do autor; e) exigir a retirada de circulação de edição da mesma obra, feita por outrem, na vigência do contrato de edição; e f) encarregar outra pessoa de atualizá-la em novas edições, se for necessário e o autor negar-se a fazê-lo.

Na falta de convenção sobre o número de exemplares de cada edição, considera-se que ela se constitui de 3.000 (Lei n. 9.610/98, art. 56). O editor tem o prazo de dois anos da celebração do contrato para editar a obra, salvo convenção em contrário. Tem ele o dever de lançá-la mencionando o seu título, sob o nome do autor, ou pseudônimo por este adotado, bem como o ano de publicação. No caso de tradução, é obrigado a mencionar o título original e o nome do tradutor (art. 53, parágrafo único).

5. EXTINÇÃO DO CONTRATO DE EDIÇÃO

O contrato de edição, assim como todos os contratos, extingue-se normalmente pelo cumprimento. Pode extinguir-se, também, pela resilição unilateral (denúncia) e bilateral (distrato) e, ainda, por causas específicas:

a) Pelo *esgotamento da edição*, quando não prevista expressamente nova tiragem ou edição. Faz-se nova tiragem quando a obra é republicada sem alteração; e nova edição, quando são introduzidas alterações ou meras atualizações.

b) Pelo *não cumprimento do prazo contratual* para a edição da obra, ou à falta de estipulação expressa, *no prazo de dois anos* após a celebração do contrato.

c) Pela *morte* ou *incapacidade superveniente* do autor, antes de concluída a obra. A extinção é imperativo da natureza personalíssima da prestação do autor. Não tem o editor a obrigação de aceitar o prosseguimento do trabalho por outra pessoa. Tem ele, contudo, a alternativa de editar a obra, se for autônoma e permitir a edição parcial, pagando proporcionalmente o preço (Lei n. 9.610/98, art. 55, I), ou mesmo mandar que outro a termine, desde que, em ambos os casos, haja consentimento dos herdeiros e tal fato conste da edição, a fim de não serem prejudicados os terceiros que a adquirirem. A extinção do contrato pelos modos citados cabe apenas na modalidade de edição na qual o autor se obriga à elaboração da obra. Se esta já estiver concluída, não haverá extinção, transmitindo-se aos herdeiros os direitos e obrigações.

d) Pela *apreensão* da obra ou sua *proibição* pelos poderes públicos, nos casos e formas legais.

e) Pela *destruição da obra*, depois de entregue, em consequência do *fortuito* ou *força maior*, por falta de objeto, a menos que o autor possua cópia, ou segunda via do original, hipótese em que deverá encaminhá-la ao editor. O contrato, todavia, não se extinguirá se a destruição dos originais ocorrer depois de sua reprodução, pois o editor tem o direito de fazer nova tiragem a suas expensas.

f) Pela *falência* do editor, se o síndico, notificado a se pronunciar sobre o cumprimento do contrato, optar pela negativa ou manter-se silente (Lei de Falências, art. 43)[11].

6. DA REPRESENTAÇÃO DRAMÁTICA

A Lei do Direito Autoral (Lei n. 9.610, de 19-2-1998) disciplinou exaustivamente a matéria, tratando da representação cênica da obra intelectual, revogando a Lei n. 5.988/73 e o Código Civil de 1916, nessa parte.

---

[11] Orlando Gomes, *Contratos*, p. 455-456; Caio Mário da Silva Pereira, *Instituições de direito civil*, v. III, p. 445-446; Arnoldo Wald, *Obrigações e contratos*, p. 495; Sílvio Venosa, *Direito civil*, v. III, p. 313-314.

A referida lei destaca, da edição, a representação dramática e a execução pública, regulando-as genericamente sob a rubrica "Da Comunicação ao Público". Todavia, trata-se de aspectos da mesma ideia de reprodução da obra criada, do mesmo fenômeno de produção intelectual. Por essa razão, aplicam-se a ambas as figuras, edição e representação dramática, os princípios gerais contidos na aludida lei.

Em alguns casos, como anota CAIO MÁRIO, há separação muito nítida entre edição e representação dramática, como, por exemplo, a publicação de um livro e a apresentação de música original por uma orquestra. Mas os progressos técnicos concorrem para a maior aproximação das duas figuras, "podendo-se mencionar a gravação em *compact disc*, a fixação em fita magnética (por processo eletrônico), a produção cinematográfica, a confecção de *video tape* ou *DVD* para televisão – processos em que há uma apresentação visual ou auditiva da obra, com adoção de um sistema mecânico de reprodução"[12].

Considera-se contrato de *representação dramática* o acordo de vontades pelo qual o autor, ou seu sucessor, de obra literária e artística autoriza sua representação ou execução. É celebrado entre autor e empresário teatral, cinematográfico ou semelhante, que explora economicamente a obra intelectual.

Dispõe o art. 68 da aludida Lei n. 9.610/68 que, *sem prévia e expressa autorização do autor ou titular*, "não poderão ser utilizadas obras teatrais, composições musicais ou literomusicais e fonogramas, em representações e execuções públicas". No entanto, no art. 46, VI, a mesma lei dispensa de autorização a representação teatral e a execução musical realizadas em recinto fechado, no recesso familiar ou para fins exclusivamente didáticos, nos locais de ensino, não havendo intuito de lucro.

O § 1º do art. 68 supramencionado esclarece o que são *espetáculos públicos* e *audições públicas*, para os efeitos legais: "as representações ou execuções em locais ou estabelecimentos, como teatros, cinemas, salões de baile ou concerto, boates, bares, clubes de qualquer natureza, lojas comerciais e industriais, estádios, circos, restaurantes, hotéis, meios de transporte de passageiros terrestre, marítimo, fluvial ou aéreo, ou onde quer que se representem, executem, recitem, interpretem ou transmitam obras intelectuais, com a participação de artistas remunerados, ou mediante quaisquer processos fonomecânicos, eletrônicos ou audiovisuais".

Pode ser convencionada a continuidade de apresentações, ou a sua limitação a uma única vez, ou ainda a uma temporada. Todavia, a própria natureza da representação dramática faz presumir a continuidade de apresentações, se não houver estipulação contrária. A situação é, portanto, diversa da edição, em que se presume autorizada uma só reprodução, salvo convenção em contrário. Em geral, as obras destinadas à representação teatral são veiculadas em livro, vendido em larga escala, aplicando-se-lhe, então as duas séries de regras, concernentes à edição, como livro, e representação, como obra teatral.

Ao autor assiste o direito de exigir a remuneração pela utilização da obra e de opor-se à representação ou execução que não esteja bem ensaiada, bem como o de fiscalizar o espetáculo, tendo, para isso, livre acesso, durante as apresentações, ao local onde se realizam (Lei n. 9.610/98, art. 70). Por outro lado, sem licença do autor, não pode o empresário comunicar o manuscrito da obra a pessoa estranha à representação ou execução (art. 72).

Uma vez entregue a peça, o autor não pode introduzir-lhe alterações substanciais sem acordo com o empresário (Lei n. 9.610/98, art. 71). Reversamente, não podem ser realizadas alterações na peça teatral ou assemelhada sem a autorização do autor. O art. 68, §§ 4º a 7º, menciona várias exigências, dentre elas a necessidade de comprovação de pagamento de di-

---

12 *Instituições de direito civil*, v. III, p. 446-447.

reitos autorais ao Escritório Central de Arrecadação e Distribuição (ECAD)[13]. A responsabilidade pela encenação ou apresentação radiofônica ou televisiva perante os órgãos oficiais, entretanto, é da empresa ou empresário responsável[14].

É impenhorável a parte do produto dos espetáculos reservada ao autor e aos artistas (Lei n. 9.610/98, art. 76). Estabelece a Constituição Federal, no art. 5º, IX, que é livre a expressão da atividade intelectual, artística, científica e de comunicação, independentemente de censura ou licença. Mas as peças teatrais, novelas e congêneres estão sujeitas à apreciação do Conselho de Comunicação Social, criado pela Lei n. 8.389/91, e que tem por função a realização de estudos e recomendações sobre diversões e espetáculos públicos.

---

13 "Direito autoral. Execução de obras musicais em bailes carnavalescos e *shows* em praça pública promovidos por Município. Verba devida, haja ou não a aferição de vantagem econômica" (STJ, *RT*, 784/208). "Pela execução de obra musical por artistas remunerados é devido direito autoral, não exigível quando a orquestra for de amadores" (STF, Súmula 386). "ECAD. Hotel. Rádio receptor. O hotel que coloca rádio receptor à disposição do hóspede não está obrigado a pagar contribuição correspondente ao direito autoral do autor da música, já recolhido pela emissora" (STJ, REsp 123.675-SP, 4ª T., rel. Min. Ruy Rosado de Aguiar, *DJU* 10-11-1997).

14 "São devidos direitos autorais pela retransmissão radiofônica de música em estabelecimentos comerciais" (STJ, Súmula 63). "Direito autoral. Ação de cobrança. Admissibilidade. Execução e promoção de obras musicais em estabelecimento comercial tido como motel sem autorização de seus titulares, a fim de obter lucro indireto, ao garantir conforto à sua clientela, com vistas a retê-la" (*RT*, 802/300). "Inserção de obra musical em película cinematográfica. Verba devida pelo veículo que transmitiu o filme. Complexidade da obra cinematográfica que não elimina os direitos anteriores dos autores sobre as músicas incorporadas à película" (*RT*, 799/221).

Capítulo II

DOS CONTRATOS BANCÁRIOS

1. CONCEITO

A expressão *contratos bancários* é indicativa de um grupo de contratos em que uma das partes é um banco ou uma instituição financeira. Há, efetivamente, algumas figuras contratuais que são próprias da atividade bancária e merecem essa designação. São modalidades reservadas, por lei, às instituições bancárias e assemelhadas e seus clientes.

Dispõe a *Súmula 297 do Superior Tribunal de Justiça*: "O Código de Defesa do Consumidor é aplicável às instituições financeiras". No mesmo sentido o entendimento do Supremo Tribunal Federal, manifestado no julgamento da ADIn n. 2.591, realizado aos 4 de maio de 2006.

A enorme variedade de operações bancárias é disciplinada em legislação específica, destinada a proteger os depositantes e, simultaneamente, a resguardar a política monetária do governo. A multifária atividade bancária, as diversas operações de crédito e operações financeiras dela decorrentes dão origem a inúmeros contratos, dos quais o mais importante deles é o de *depósito*, a seguir estudado.

2. DEPÓSITO BANCÁRIO

Contrato de depósito bancário é aquele pelo qual determinado banco recebe uma quantia em dinheiro, adquirindo-lhe a propriedade, mas obrigando-se a restituí-la na mesma espécie monetária e na mesma quantidade, quando solicitado pelo cliente ou em data prefixada.

Trata-se de: a) contrato *real*, porque somente se aperfeiçoa com a efetiva entrega da própria quantia; b) *oneroso*, porque ambos os contraentes obtêm proveito: o banco, mediante a utilização do valor depositado, e o depositante, pela vantagem de perceber os juros e correção monetária, quando pactuados. Se não forem, será gratuito; e c) *unilateral*, porque, uma vez efetuado, somente há obrigação para o banco.

Os *requisitos subjetivos* dos contratos bancários são os exigidos para os contratos em geral, com a ressalva de que aos menores que exercem profissão lucrativa é lícito movimentar a conta bancária. O seu *objeto* é o dinheiro com curso legal no País, tratando-se de negócio creditório. Não pode ser efetuado em moeda estrangeira. O depósito de bens infungíveis, não pecuniários, configura outra operação bancária, denominada *contrato de custódia* ou *guarda*[1].

O depósito bancário não depende de *forma* especial, nem a sua prova, que pode ser efetuada por todos os meios admitidos em direito. Normalmente, o depositante recebe um comprovante do depósito realizado. Antigamente, alguns bancos expediam cadernetas, como ainda ocorre com as cadernetas de poupança, cuja escrituração comprova o depósito. O depósito é escriturado em conta individual do depositante. Os extratos bancários, contendo os dados dessa conta, podem ser obtidos a qualquer tempo, embora o serviço seja, em regra, cobrado. É comum a remessa de extratos periódicos aos clientes de contas bastante movimentadas. O avanço tecnológico permite, hoje, a consulta a esses dados pela Internet. Por meio do cheque o depositante movimenta sua conta.

Embora o banco deva prestar informações ao cliente, a todo o tempo, a respeito da movimentação de sua conta, não pode, contudo, dá-las a terceiro, em razão da exigência legal de respeito ao sigilo bancário, salvo exceções legais, como as estabelecidas em favor de autoridades judiciais e fiscais.

2.1. Distinção entre depósito bancário e mútuo

A natureza jurídica do depósito bancário deu margem a muita controvérsia, no passado. A doutrina e a jurisprudência, influenciadas pelas lições dos autores clássicos, ministradas em uma fase anterior à autonomia e ao desenvolvimento do direito bancário, entendiam que tal modalidade não passa de *forma irregular* do depósito comum. Equiparavam-no, assim, ao mútuo feneratício ou oneroso, considerando-o depósito irregular.

Predomina hoje, no entanto, a opinião de que o depósito bancário constitui contrato típico, misto, formado pela conjunção de prestações características de outros contratos, embora se reconheça que se lhe aplicam analogicamente as normas concernentes ao mútuo, nos termos do art. 645 do Código Civil. Tal dispositivo constitui norma geral aplicável ao depósito comum de direito civil e não se aplica sempre e necessariamente ao depósito bancário, que tem características e regime próprios. Os estudiosos de direito bancário reconhecem a natureza *sui generis* desse depósito e salientam que um dos seus resultados é a *disponibilidade*, por parte do depositante, pela criação da moeda escritural ou bancária[2].

A característica precípua do depósito bancário é a dupla disponibilidade que se exerce sobre os recursos depositados. A quantia depositada continua à disposição do depositante, que pode levantá-la, no todo ou em parte, quando isso lhe convenha, sem prejuízo de sua utilização pelo banco.

2.2. Espécies de depósito bancário

As espécies mais comuns de depósito bancário são os chamados depósitos em conta-corrente e os realizados em cadernetas de poupança.

2.2.1. *Depósito em conta-corrente*

Contrato de conta-corrente é aquele em que o banco registra, em contabilidade própria, o débito e o crédito, as remessas e os saques, podendo o depositante verificar o saldo a qualquer tempo. Os depósitos são escriturados em conta individual dos depositantes. As partes

---

1 Caio Mário da Silva Pereira, *Instituições de direito civil*, v. III, p. 521-522.

2 Sérgio Carlos Covello, *Contratos bancários*, p. 71; Nelson Abrão, *Curso de direito bancário*, p. 42-44.

são o banco e o correntista e os depósitos denominam-se *remessas*. Normalmente o contrato é celebrado por tempo indeterminado, mas pode ser convencionado o depósito a prazo fixo.

Os depósitos em conta-corrente podem ser, com efeito: a) *à vista*, também denominados "em conta de movimento", em que o depositante movimenta livremente os depósitos, sacando-os por meio de cheques segundo sua conveniência; b) *com aviso prévio*, que só admitem saques mediante prévia comunicação; c) *a prazo fixo*, com correção monetária, criados pela Lei do Mercado de Capitais (Lei n. 4.728, de 14-7-1965, art. 28), em que o depositante não pode efetuar a retirada senão a termo certo, antes do qual o banco pode recusar-lhe o saque; e d) *com permissão de saque a descoberto*, até limites estabelecidos, consistindo num misto de depósito e outros contratos, conhecidos como *cheques especiais*.

Levando-se em conta o montante, os depósitos em conta-corrente classificam-se em: a) *depósitos populares*, quando se destinam a estimular a poupança, rendendo juros mais elevados; b) *depósitos limitados*, sujeitos a um teto maior do que os primeiros; e c) *depósitos sem limite*, não submetidos a nenhum teto ou limite.

O encerramento da conta-corrente é a verificação do saldo, mediante o balanço das parcelas de crédito e débito. Tal encerramento só será definitivo se coincidir com a extinção do contrato. Qualquer das partes na conta-corrente poderá reservar-se o direito de encerrá-la mediante simples comunicação à outra. Os saldos devedores em conta-corrente não se consideram dívida líquida antes de reconhecidos. Nenhum dos contratantes tem a faculdade de reclamar do outro qualquer crédito isoladamente, porém, o saldo que a conta apresentar, no final. Os objetos dos contratos são os lançamentos e não as remessas. O efeito mais importante da conta-corrente, chamado *novatório*, está no fato de se substituir um crédito exigível por um lançamento[3].

2.2.2. *Cadernetas de poupança*

As cadernetas de poupança, embora ofereçam menor rentabilidade, são consideradas aplicações mais seguras, porque o Governo tem interesse em incrementar a poupança popular e procura dotá-las de maior garantia. A sua peculiaridade está no fato de terem os seus critérios de remuneração fixados pelas autoridades monetárias, não estando sujeitos ao arbítrio dos contratantes[4].

O direito à remuneração e à correção monetária se perfaz em data determinada. Reconhece a jurisprudência que o depositante tem direito adquirido ao regime legal fixado na data do depósito, que se renova mensalmente. Já decidiu o *Supremo Tribunal Federal*, a propósito: "Caderneta de poupança. Aplicação de legislação que altera para menor o índice, quando já iniciado o período para aquisição do reajuste. Inadmissibilidade, diante da existência de contrato de adesão entre os depositantes e o estabelecimento financeiro depositário. Afronta ao direito adquirido do poupador"[5].

2.2.3. *Contas conjuntas*

O depósito em conta-corrente pode ser efetuado em conta individual ou em conta conjunta. Esta pode ser aberta em nome de dois ou mais titulares e pode ser simples ou solidária.

---

3 Caio Mário da Silva Pereira, *Instituições de direito civil*, v. III, p. 524-525.

4 Arnoldo Wald, *Obrigações e contratos*, p. 555.

5 *RT*, 784/173. *V.* ainda: "Caderneta de poupança. Legitimidade passiva *ad causam*. Ação de cobrança. Prejuízo na remuneração da conta. Instituição financeira que deve responder pelo prejuízo, em razão de permanecer com a disponibilidade dos recursos. Dever de pagar ao poupador a diferença dos rendimentos" (*RT*, 804/256).

As contas conjuntas *simples* permitem a movimentação somente com a assinatura de todos os contratantes. Em geral são indicadas pela expressão "e/ou".

As contas conjuntas *solidárias* podem ser movimentadas com a assinatura de qualquer dos depositantes. Nestas, portanto, basta a assinatura de um dos titulares, para o saque dos valores depositados, mesmo após a morte do outro ou outros depositantes. Haverá, neste caso, uma *solidariedade ativa* entre os titulares, pela qual cada titular tem o direito de, individualmente, efetuar retiradas, ainda que estas venham a esgotar totalmente o saldo disponível, respondendo perante os outros pela parte que lhes caiba (CC, art. 272). Em alguns países a prática é reprimida, por permitir que se burle o recolhimento de direitos fiscais, no caso de morte de um dos depositantes. O *Supremo Tribunal Federal* já decidiu, contudo, que, falecendo um dos titulares de conta bancária conjunta, pode o outro "levantar o depósito a título de credor exclusivo e direto e não a título de sucessor e comproprietário"[6].

Saliente-se que a solidariedade se limita às relações entre o banco e os titulares da conta-corrente conjunta, e não entre estes e terceiro. Desse modo, o cheque emitido por apenas um dos correntistas não obriga ao pagamento o outro correntista. Nesse sentido a jurisprudência: "Cheque. Conta-corrente conjunta. Título emitido por apenas um dos correntistas. Fato que não obriga o pagamento da cambial pelo outro. Solidariedade nos contratos bancários que se desenvolve nos limites das relações pactuadas entre o banco e os titulares da conta-corrente conjunta"[7].

2.2.4. Juros e correção monetária

A obrigação fundamental do banco consiste na restituição do depósito, quando solicitada, ou no vencimento, quando a prazo fixo. A restituição deve ser efetivada na mesma espécie monetária e na mesma quantidade (*tantundem*), como já foi dito (*v.* n. 2, *retro*), de acordo com a conveniência e o arbítrio do depositante. Esta última característica distingue o depósito bancário do mútuo.

Pode ser convencionado que os valores depositados sejam restituídos corrigidos monetariamente[8] e com o acréscimo de juros. Em geral tal acontece nos depósitos efetuados em cadernetas de poupança ou nos depósitos a termo ou a prazo fixo, que podem ser mensais ou com maior periodicidade, obedecendo à taxa estipulada. Os juros poderão ser pagos em dinheiro ou levados a crédito da respectiva conta. Na última hipótese, equivalem a novo depósito, e acrescem ao saldo, vencendo novos juros.

Confiram-se, a propósito, as seguintes súmulas de jurisprudência do Superior Tribunal de Justiça: 233 – "o contrato de abertura de crédito, ainda que acompanhado de extrato da conta corrente, não é título executivo"; 285 – "Nos contratos bancários posteriores ao Código de Defesa do Consumidor incide a multa moratória nele prevista"; 286 – "A renegociação de contrato bancário ou a confissão da dívida não impede a possibilidade de discussão sobre eventuais ilegalidades dos contratos anteriores"; 287 – "A Taxa Básica Financeira (TBF) não pode ser utilizada como indexador de correção monetária nos contratos bancários"; 288 – "A

---

6 *RT*, 215/469. A ementa do referido *decisum* é a seguinte: "Depósito bancário. Conjunto. Falecimento de um dos correntistas. Levantamento do saldo pelo sobrevivente. Direito. Aplicação do art. 898 do Código Civil (*de 1916*). Nas contas conjuntas que os bancos abrem a duas ou mais pessoas, falecendo uma delas, pode a outra ou uma das outras, levantar o depósito a título de credor exclusivo direto e não a título de sucessor e comproprietário" (STF, RE 16.736-SP, 2ª T., rel. Min. Edgard Costa, j. 21-11-1950, *DJU* 12-8-1952, v. u.).

7 *RT*, 770/261.

8 "Correção monetária. Cumulação com comissão de permanência. Inadmissibilidade, pois contêm verbas da mesma natureza" (*RT*, 795/235).

Taxa de Juros de Longo Prazo (TJLP) pode ser utilizada como indexador de correção monetária nos contratos bancários"; 328 – "Na execução contra instituição financeira, é penhorável o numerário disponível, excluídas as reservas bancárias mantidas no Banco Central"; 530 – "Nos contratos bancários, na impossibilidade de comprovar a taxa de juros efetivamente contratada – por ausência de pactuação ou pela falta de juntada do instrumento aos autos –, aplica-se a taxa média de mercado, divulgada pelo Bacen, praticada nas operações da mesma espécie, salvo se a taxa cobrada for mais vantajosa para o devedor".

Presentemente, os depósitos bancários *à vista*, em que o depositante tem a faculdade de efetuar saques de acordo com a sua conveniência, não vencem juros. Estes, quando convencionados, não estão sujeitos à Lei da Usura, em virtude do que dispõe a Lei n. 4.595, de 14 de julho de 1965.

Decidiu o *Superior Tribunal de Justiça* que, embora os negócios bancários estejam sujeitos ao Código do Consumidor, inclusive quanto aos juros remuneratórios, "a abusividade destes, todavia, só pode ser declarada, caso a caso, à vista de taxa que comprovadamente discrepe, de modo substancial, da média do mercado na praça do empréstimo, salvo se justificada pelo risco da operação"[9].

Tal entendimento sedimentou-se com a edição da Súmula 381, do seguinte teor: "Nos contratos bancários, é vedado ao julgador conhecer, de ofício, da abusividade das cláusulas".

3. ABERTURA DE CRÉDITO

Abertura de crédito bancário é o contrato pelo qual o banco se obriga a colocar à disposição do cliente, por um certo prazo, uma quantia em dinheiro, aceitando os saques por ele efetuados ou acolhendo suas ordens. Nele figuram, como partes, o banco creditador e o cliente creditado.

Diversamente do depósito bancário, em que o banco recebe a quantia e admite as retiradas, na abertura de crédito não há prévia entrega de dinheiro, "mas um ajuste, em virtude do qual o banco, como creditador, convenciona com o creditado a *disponibilidade* do numerário, que poderá ser retirado global ou parceladamente. Difere, por outro lado, do empréstimo, em que não existe tradição de quantia no momento da celebração"[10].

O banco debita ao creditado todas as despesas e tributos e cobra juros pelas quantias efetivamente utilizadas, bem como uma comissão, a título de imobilização do capital, incidente sobre o limite do crédito aberto. Os juros correm somente sobre as quantias efetivamente utilizadas, mas a comissão é cobrada ainda que o cliente não faça uso do crédito aberto.

Pode o contrato de abertura de crédito ser conjugado ao de conta-corrente, aplicando-se-lhe os princípios deste. O banco, nesse caso, abre o crédito, o cliente o utiliza, mas recompõe a disponibilidade mediante remessas que efetua, repetindo os saques e movimentando a conta, cujo saldo será apurado a final[11].

---

[9] REsp 736.354-RS, 3ª T., rel. Min. Ari Pargendler, *DJU* 6-2-2006.

[10] Caio Mário da Silva Pereira, *Instituições de direito civil*, v. III, p. 526.

[11] "Contrato de abertura de crédito em conta-corrente. Cheque especial. Título executivo extrajudicial. Descaracterização. Irrelevância de o documento estar subscrito por duas testemunhas e acompanhado dos respectivos extratos bancários, se não pode inferir a liquidez da dívida" (*RT*, 795/339). "Avença assinada pelo correntista e por duas testemunhas, acompanhada de extratos da conta e demonstrativo atualizado do débito. Ação monitória. Documentos que são suficientes para embasar a demanda, pois preenchem o requisito de prova escrita, exigido pelo art. 1.102a do CPC" (*RT*, 788/263). "Execução. Necessidade de o devedor conferir os lançamentos, principalmente porque feitos unilateralmente pelo credor" (STJ, *RT*, 763/166).

A doutrina moderna considera a abertura de crédito bancário um contrato especial, incluindo-o entre os contratos bancários, por não se assimilar a qualquer outro modelo. Trata-se de contrato bilateral ou sinalagmático, oneroso, consensual, de execução sucessiva e *intuitu personae*. Pode celebrar-se *a descoberto*, quando o creditador o concede com base apenas no patrimônio geral do devedor, considerando-o suficiente para assegurar-lhe a solvência, ou *com garantia real ou fidejussória*, exigida em segurança especial do crédito, como hipoteca, penhor de títulos ou fiança prestada por terceiro.

Uma subespécie do contrato de abertura de crédito é o chamado *crédito documentado*, também chamado *crédito documentário*, não regulado no direito positivo, mas utilizado nas práticas comerciais dos diversos países. Surgiu da necessidade de, após a I Guerra Mundial, de 1914 a 1918, proteger os exportadores contra os riscos provenientes da oscilação dos preços das mercadorias já expedidas.

Trata-se de modalidade de abertura de crédito em que o saque do creditado só pode ser liberado mediante a apresentação dos documentos exigidos. Consiste na convenção, celebrada entre um banco e o comprador de determinada mercadoria, de abertura de um crédito em benefício do vendedor ou exportador, que recebe o pagamento contra a entrega dos documentos concernentes à exportação ou venda (saque, fatura comercial, conhecimento de embarque etc.). Faculta-se ao vendedor exigir do banco a confirmação da abertura de crédito, a fim de assegurar-se contra a revogação da ordem pelo comprador, surgindo nesse caso a figura do *crédito confirmado em matéria documental*, muito utilizada no comércio internacional[12].

Pode o contrato vir articulado com outro de financiamento, em que os saques só são liberados após a comprovação da correta utilização das parcelas. Esta modalidade é utilizada por instituições de crédito e financiamento ou bancos de desenvolvimento ou investimento[13].

4. DESCONTO BANCÁRIO

A operação de desconto bancário constitui um dos mais importantes instrumentos da vida econômica atual, pela qual o comerciante transfere seus créditos a uma instituição financeira, com a finalidade principalmente de obter capital de giro. Representa um volume considerável das operações bancárias e um fator impulsionador do grande movimento das instituições creditícias.

Pelo contrato de desconto bancário o banco adquire a propriedade de títulos de crédito do cliente, geralmente duplicatas, mediante o adiantamento de uma importância líquida inferior ao valor constante das cártulas, em razão da dedução ou desconto do lucro ou vantagem que aufere pela operação. Assim, o comerciante que desconta uma duplicata de R$ 20.000,00, por exemplo, com vencimento futuro, em uma instituição financeira, recebe um pouco menos, descontando-se o lucro visado por esta. O banco irá receber do devedor, no vencimento, o valor integral do título.

A operação equipara-se a uma cessão de crédito, com a diferença de que o endosso lançado pelo comerciante cedente é sempre *pro solvendo*, de sorte que, não conseguindo cobrar o título descontado, o banco pode voltar-se contra ele e respectivos avalistas. É uma espécie de empréstimo sob garantia do título. Até a solução do débito, o endossante que efetuou o desconto permanece vinculado ao banco, podendo ser chamado a solvê-lo na ação de regresso movida pelo banco.

---

12 Caio Mário da Silva Pereira, *Instituições de direito civil*, v. III, p. 527-528.

13 Arnoldo Wald, *Obrigações e contratos*, p. 557.

Embora seja mais comum o desconto de duplicatas, podem ser objeto de desconto todos os créditos cessíveis e especialmente os de natureza cambial: letra de câmbio, notas promissórias, *warrants*, cheque, debêntures, conhecimento de embarque. São inoponíveis ao banco, como terceiro, as exceções pessoais que o devedor tenha contra o credor-cedente, salvo se estiver de má-fé. Todavia, são cabíveis as extintivas da obrigação[14].

5. CONTRATO DE FINANCIAMENTO

O contrato de financiamento bancário constitui uma subespécie da abertura de crédito. É aquele pelo qual o banco adianta ao cliente recursos necessários a determinado empreendimento, mediante cessão ou caução de créditos ou outras garantias.

É praticado pelas companhias de crédito, financiamento e investimento, em geral mediante o chamado crédito direto ao consumidor. O financiamento da compra contratada diretamente com o consumidor terá como garantia principal a alienação fiduciária do bem objeto da transação.

O contrato de financiamento pode vir conjugado a outras operações acessórias, sendo a mais comum o mandato, para que o banco represente o financiado junto a devedores deste. O banco financiador cobrará do financiado uma taxa a título de execução do mandato. É também chamado de *adiantamento*, porque o banco antecipa numerário sobre créditos que o cliente, pessoa física ou jurídica, possa ter.

No caso dos bancos de investimento ou desenvolvimento, o financiamento pode destinar-se ao atendimento de necessidades de capital de giro ou à aquisição de máquinas ou equipamentos.

6. CUSTÓDIA DE VALORES

Custódia de valores é o contrato pelo qual o banco celebra com o cliente um contrato de depósito simples de bens infungíveis. Tem por objeto a guarda de títulos, documentos ou objetos de valor, mediante remuneração. Tais bens podem ser retirados a qualquer tempo, pelo cliente. O banco assume a posição de depositário dos bens confiados à sua guarda, entregando ao proprietário relação documentada com seu número e valor, pela qual se prova o seu recebimento.

É comum conjugar-se o contrato de custódia de valores com o de mandato, quando os títulos produzem renda. O banco fica encarregado de receber e depositar em conta do cliente os rendimentos auferidos.

Tal modalidade contratual não se confunde com o contrato de depósito, que tem por objeto bem fungível, ou seja, o dinheiro.

7. ALUGUEL DE COFRE

Alguns bancos possuem pequenos escaninhos em sua caixa forte, nos quais os clientes, mediante uma taxa, guardam títulos e valores. Malgrado o título dado a este item, não se trata propriamente de contrato de locação de cofre, mas de contrato atípico, misto, que engloba locação, prestação de serviços e depósito.

O cofre tem duas chaves, ficando uma com o cliente e a outra com o banco. Somente com o uso simultâneo das duas pode ser aberto. O cliente só tem acesso a ele durante o expediente bancário.

---

[14] Caio Mário da Silva Pereira, *Instituições de direito civil*, v. III, p. 530.

A cessão de uso é essencial; porém o cliente não se limita à obtenção do arrendamento de uma caixa onde pretende depositar os bens que deseja guardar. Exige-se do banco, igualmente, a custódia e a proteção dessa mesma caixa. Essa custódia não representa mero elemento secundário, mas se coloca no mesmo nível da cessão de uso. Da concorrência desses elementos heterogêneos resulta uma duplicidade de causas (contrato com causa mista), que se fundem em um contrato único. Não é, assim, locação nem depósito, "senão um contrato atípico, integrado por elementos heterogêneos"[15].

Quem toma em locação um cofre de banco, objetiva colocar em segurança os objetos que pretende ali depositar. O banco, ao oferecer esse serviço de segurança, assume um dever de vigilância e, portanto, uma obrigação de resultado e não simples obrigação de meio. Ao fazê-lo, passa a responder, portanto, pelo conteúdo do cofre. Entender de outra forma seria desconfigurar o contrato na sua finalidade específica. Identificada como de resultado, a obrigação da instituição bancária somente pode ser excluída diante do caso fortuito ou da força maior.

A natureza dos serviços de segurança oferecidos e da obrigação assumida exige que faça a prova da absoluta inevitabilidade ou irresistibilidade do desfalque do patrimônio colocado sob sua custódia, devendo-se considerar, por exemplo, que o furto ou roubo, como fatos previsíveis, não podem conduzir à aceitação do caso fortuito, mas, sim, ao reconhecimento de que terá falhado o esquema de segurança e vigilância prestado pelo banco[16].

O grande problema nesses casos reside, na realidade, na prova do efetivo prejuízo sofrido pelo cliente. Sem essa prova não há condições de obrigar o banco a indenizar o prejuízo simplesmente alegado pelo lesado. A prova do dano não se revela absolutamente impossível, citando os autores a hipótese de furto em que o assaltante tenha confessado a prática do delito e pelo menos uma parte dos bens subtraídos tenha sido recuperada em seu poder. Em várias outras situações tem a jurisprudência admitido a prova da preexistência de valores e objetos depositados na caixa, julgando procedente a ação de responsabilidade civil movida contra o banco[17].

8. CARTÃO DE CRÉDITO

Apontam-se três espécies de cartões de crédito: a) os emitidos por empresas comerciais, para uso de seus clientes; b) os emitidos por bancos ou grupos de bancos, para utilização de crédito bancário; e c) os emitidos por empresas intermediárias entre compradores e vendedores.

Os primeiros permitem a realização de compra somente nas lojas da mesma empresa. Destinam-se a atrair clientes, concedendo-lhes crédito. Os segundos são os cartões de banco, que admitem saques diretamente nos caixas das agências ou nos caixas eletrônicos. Tendo em vista que tais caixas admitem saques até limites preestabelecidos, o cliente pode sacar tendo ou não os fundos necessários. Se sacar sem fundos, recebe a quantia como empréstimo. Os

---

15 Yussef Said Cahali, Responsabilidade dos bancos pelo roubo em seus cofres, *RT*, 591/12.

16 Carlos Roberto Gonçalves, *Responsabilidade civil*, p. 348.

17 "Responsabilidade civil. Banco. Indenização a cliente cujas joias e valores foram furtados de cofre alugado. Reconhecimento da responsabilidade da empresa guardadora por existir a possibilidade de a depositante possuir joias e valores, dada sua posição socioeconômica, roborado o fato por prova testemunhal idônea" (*RJTJSP*, 122/377). "Banco. Cofre de aluguel. Defesa baseada na arguição de caso fortuito ou força maior afastada. O roubo praticado na agência bancária do réu era perfeitamente previsível, pois são até comuns os assaltos a bancos, com a subtração de valores guardados em cofres-fortes" (*RJTJSP*, 125/216).

terceiros, finalmente, de maior utilização, são emitidos por empresas administradoras, que atuam como intermediárias entre comerciantes e consumidores. Costumam ter apoio bancário, pois concedem crédito aos usuários dos cartões[18].

Esta última modalidade tem a vantagem de evitar o transporte de dinheiro e de ser aceita universalmente. O cartão pioneiro foi o Diner's Club, lançado nos Estados Unidos em 1950, seguindo-se o American Express. Inicialmente cobriam apenas despesas em hotéis e restaurantes. Hoje, no entanto, são aceitos na generalidade dos estabelecimentos comerciais.

Em caso de perda ou furto, o usuário do cartão deve comunicar incontinenti o fato à administradora, pois enquanto não o fizer responde pelo mau uso que dele alguém possa fazer. Após a comunicação, a responsabilidade passa a ser unicamente dela. Tem a jurisprudência proclamado a validade de cláusula contratual que estabelece a responsabilidade civil do titular do cartão até a referida comunicação[19], bem como a legitimidade da administradora do cartão em figurar no polo passivo de ação indenizatória movida por cliente que teve o seu cartão "clonado", por ser ela a emitente do veículo de pagamento utilizado perante o estabelecimento vendedor[20].

No contrato de cartão de crédito há necessariamente três personagens:

a) O *titular* ou *usuário*, que é a pessoa que faz uso do cartão ao efetuar uma compra ou receber um serviço. Recebe ele do emissor, mensalmente, um demonstrativo da utilização do cartão na realização de compras e recebimento de serviços, para que o pagamento seja realizado em data preestabelecida. Se não houver pagamento integral, mas apenas do valor mínimo estipulado, a diferença será cobrada no vencimento do mês seguinte, acrescida dos juros. O fornecedor pode recusar-se a autorizar a venda, se o montante das despesas ultrapassar o limite de crédito para a utilização do cartão.

b) *Sociedade emissora* ou *emissor*, que pode ser ou não uma instituição financeira, que se compromete a cobrar do titular do cartão o crédito utilizado e a pagar o valor ao fornecedor do bem ou serviço. O emissor, como foi dito, é uma espécie de intermediário entre o fornecedor e o titular do cartão. Parte de seu lucro provém de uma taxa percentual cobrada do fornecedor para cada pagamento feito, em razão de lhe estar angariando clientela, garantindo o pagamento e assumindo o risco de não receber.

c) *Fornecedor*, que é o empresário que realiza contrato de filiação com a empresa emissora do cartão, obrigando-se a aceitar o uso deste sem acréscimo no preço dos produtos. Recebe ele do emissor o montante concernente ao total de vendas realizadas com utilização do cartão, descontando-se a comissão deste. A assinatura do boleto de venda por parte do titular do cartão o desobriga perante o vendedor ou fornecedor, que deverá buscar o pagamento na empresa emissora.

Alguns cartões de crédito, em que a emissora é um banco, permitem ao seu titular utilizá-lo para pagar compras ou serviços e também para sacar dinheiro em caixas eletrônicos, inexistindo nesses casos a figura do fornecedor.

Proclama, a propósito, a *Súmula 283 do Superior Tribunal de Justiça*: "As empresas administradoras de cartão de crédito são instituições financeiras e, por isso, os juros remuneratórios por elas cobrados não sofrem as limitações da Lei de Usura". Tal circunstância, no entanto, "não permite à administradora do serviço cobrar juros extorsivos, sob pena de intervenção judicial para sua redução"[21].

---

[18] Arnoldo Wald, *Obrigações e contratos*, p. 563.
[19] *RT*, 802/232.
[20] *RT*, 791/262.
[21] TJMG, *RT*, 842/287.

Tem a jurisprudência reconhecido o direito à indenização por dano moral sofrido pelo usuário do cartão de crédito quando este é recusado injustificadamente como meio de pagamento, em face de falha na operação eletrônica do crédito, mormente quando o fato ocorre diante de pessoas estranhas, fazendo presumir o vexame e a humilhação sofridos pelo lesado[22].

---

[22] *RT*, 792/282. Também já se decidiu: "Dano moral. Indenização. Envio do cartão, por instituição financeira, sem a prévia solicitação do serviço pelo consumidor. Administradora que, sem o cuidado prévio de averiguar se houve o efetivo uso do serviço, envia o nome do suposto usuário a cadastros de inadimplentes, por não ter saldado fatura referentes a valores de anuidade. Abusividade evidenciada. Verba devida" (*RT*, 789/248).

Capítulo III

DO ARRENDAMENTO MERCANTIL OU *LEASING*

Sumário: 1. Conceito e características. 2. Espécies de arrendamento mercantil. 3. Extinção do *leasing*. 4. Aspectos processuais.

1. CONCEITO E CARACTERÍSTICAS

Conforme ensinamento de ARNOLDO WALD, o "*leasing*, também denominado na França '*crédit bail*' e na Inglaterra '*hire-purchase*', é um contrato pelo qual uma empresa, desejando utilizar determinado equipamento ou um certo imóvel, consegue que uma instituição financeira adquira o referido bem, alugando-o ao interessado por prazo certo, admitindo-se que, terminado o prazo locativo, o locatário possa optar entre a devolução do bem, a renovação da locação ou a compra pelo preço residual fixado no momento inicial do contrato"[1].

O termo *leasing* advém do verbo *to lease*, da língua inglesa, que significa alugar ou ceder onerosamente. Na Itália denomina-se *locazione finanziaria*; na Bélgica, *location financement*; e, no Brasil, "arrendamento mercantil". O próprio nome já indica tratar-se de um contrato de origem norte-americana, que nasceu da atividade econômica para posteriormente, depois de estar sedimentado pelo uso, ingressar no campo jurídico. É utilizado em geral por comerciantes ou industriais que, necessitando de certos equipamentos, que não lhes convém adquirir, obtêm de uma instituição financiadora que os compre e os alugue, permitindo aos locatários, no fim do período da locação, a aquisição por preço que leve em conta os aluguéis, conforme a noção que deflui da lei francesa de 2 de julho de 1996 que disciplina o contrato de *leasing*.

Embora muito se assemelhe à locação, trata-se de uma fórmula intermediária entre a compra e venda e a locação. É, na realidade, um contrato complexo, um misto de financiamento, promessa de compra e venda e locação, regulado pela Lei n. 6.099, de 12 de setembro de 1974 (Lei do Arrendamento Mercantil), que dispõe sobre o tratamento tributário dessa espécie de operação financeira. O tema *leasing* traz em si sempre a noção de financiamento, cujo âmbito deve ser tratado adequadamente para se evitarem distorções. O financiamento é conceito econômico que pode integrar vários contratos, sendo o mútuo o principal deles, mas não é uma categoria jurídica, como acertadamente enfatiza MIRANDA LEÃO[2].

A referida lei, malgrado a preocupação com o aspecto fiscal, definiu a nova modalidade como o negócio realizado entre uma pessoa jurídica (arrendadora) e uma pessoa física ou jurídica (arrendatária), cujo objeto é a locação de bens adquiridos pela primeira de acordo

---

1 A introdução do *leasing* no Brasil, *RT*, 415/9.

2 *"Leasing": o arrendamento financeiro*, p. 9.

com as especificações fornecidas pela segunda e para uso desta (art. 1º, parágrafo único, com a redação dada pela Lei n. 7.132/83).

O *arrendador* é necessariamente pessoa jurídica, constituída sob a forma de sociedade anônima, controlada e fiscalizada pelo Banco Central por praticar uma operação financeira. O *arrendatário* é pessoa física ou jurídica, de direito privado ou de direito público. A extensão dessa modalidade de contrato às pessoas físicas só adveio com a Lei n. 7.132, de 26 de outubro de 1983, que modificou a Lei n. 6.099/74.

O *objeto* do contrato pode ser bem *móvel* ou *imóvel*. A Lei n. 9.514, de 20 de novembro de 1997, que dispõe sobre o sistema de financiamento imobiliário, prescreve que as "operações de comercialização de imóveis, com pagamento parcelado, de *arrendamento mercantil de imóveis* e de financiamento imobiliário em geral, poderão ser pactuadas nas mesmas condições permitidas para as entidades autorizadas a operar no SFI, observados, quanto a eventual reajuste, os mesmos índices e a mesma periodicidade de incidência e cobrança" (art. 5º, § 2º).

Quanto à *forma*, pode ser celebrado por instrumento público ou particular, nos quais deverão constar, dentre outros informativos: a) a descrição dos bens que constituem o objeto do contrato, com todas as suas características que permitam sua perfeita identificação; b) o valor das prestações a que o arrendatário ficará sujeito e a forma de pagamento; c) o prazo de vencimento da avença, que será, no mínimo de três anos, salvo no caso de arrendamento de veículos, quando o prazo mínimo pode ser de dois anos; d) o direito de opção a ser exercido pelo arrendatário; e) o critério para reajuste do valor da prestação, se convencionado etc.

O arrendatário é quem escolhe o bem a ser arrendado, mas é o arrendador quem o adquire, celebrando contrato de compra e venda com o vendedor. Ao final do prazo estipulado, o primeiro poderá optar por: a) adquiri-lo pelo valor residual; b) restituí-lo ao arrendador; ou c) renovar o contrato. Se preferir a renovação do contrato, as prestações terão valor menor, porque as inicialmente contratadas foram fixadas para um bem novo.

O contrato de arrendamento mercantil é *consensual*, porque se aperfeiçoa com a manifestação de vontade das partes, independentemente da entrega da coisa; *solene*, porque exige a forma escrita; *bilateral*, uma vez que gera obrigações recíprocas; *oneroso*, pois ambos os contratantes obtêm proveito, ao qual corresponde um ônus ou sacrifício; *comutativo*, porque as prestações são certas e as partes podem antever as vantagens e os sacrifícios; *de trato sucessivo*, tendo em vista que a execução se faz durante o prazo previsto ou renovado; *de adesão*, porque é inteiramente elaborado pelo arrendador, não tendo o arrendatário possibilidade de discutir as suas cláusulas: adere em bloco a elas ou não realiza o negócio.

Tem a jurisprudência proclamado que não se aplica às empresas que exploram o ramo de arrendamento mercantil de veículos a Súmula 492 do Supremo Tribunal Federal, que responsabiliza a "empresa locadora de veículo, civil e solidariamente com o locatário, pelos danos por este causado a terceiros, no uso do carro locado". Prevaleceu o entendimento de que o *leasing* não se confunde com o contrato de locação, porque a empresa arrendadora exerce o papel de simples intermediária entre o arrendatário e o vendedor, não tendo nenhum controle sobre o uso do veículo.

Confira-se, a propósito: "A arrendadora não é responsável pelos danos provocados pelo arrendatário. O 'leasing' é operação financeira na qual o bem, em regra objeto de promessa unilateral de venda futura, tem a sua posse transferida antecipadamente. A atividade, aliás, própria do mercado financeiro, não oferece potencial de risco capaz de por si acarretar a responsabilidade objetiva, ainda que a coisa arrendada seja automotor"[3].

---

[3] STJ, REsp 5.508-SP, 3ª T., rel. Min. Cláudio Santos, v. u., *DJU* 3-12-1990, n. 230, p. 14321.

O *Superior Tribunal de Justiça*, durante vários anos, orientou-se pelos ditames da Súmula 263, segundo a qual os contratos de *leasing* que preveem a cobrança antecipada do Valor Residual Garantido (VRG) ficam descaracterizados. De acordo com a aludida súmula, essa modalidade de contrato deveria ser considerada uma compra e venda, uma vez que a cobrança antecipada do resíduo tornava a compra obrigatória. A opção de compra só estaria garantida se o valor residual fosse cobrado ao final do contrato e não acrescido das prestações pagas mensalmente.

Esse entendimento, no entanto, foi modificado pela mencionada Corte de Justiça, como se pode verificar pelo julgamento de 6 de fevereiro de 2003 da 1ª Turma: "Sem que ocorra a mínima descaracterização do contrato de *leasing*, o valor residual pode ser adiantado pelo arrendatário, não a título de opção de compra, mas sim, como mero adiantamento em garantia das obrigações contratuais assumidas. Valor Residual Garantido é o preço contratual estipulado para o exercício da opção de compra, ou valor contratualmente garantido pela arrendatária como mínimo que será recebido pela arrendadora na venda a terceiros do bem arrendado, na hipótese de não ser exercida a opção de compra"[4].

Essa mudança de orientação acarretou o posterior cancelamento da mencionada Súmula 263, fixando, então, o *Superior Tribunal de Justiça* o entendimento de que deve vigorar o princípio da livre convenção entre as partes, que rege o direito privado. Assim, o valor residual pode ser cobrado a qualquer momento sem descaracterizar o *leasing*, como agora preceitua a *Súmula 293 do Superior Tribunal de Justiça, verbis*: "A cobrança antecipada do valor residual garantido (VRG) não descaracteriza o contrato de arrendamento mercantil".

O Código Civil de 2002 não tratou do contrato de *leasing*, estando portanto em vigor a legislação especial que o regula.

2. ESPÉCIES DE ARRENDAMENTO MERCANTIL

A Resolução n. 2.309/96 do Banco Central distingue duas modalidades de contrato de arrendamento mercantil: o financeiro e o operacional.

O *leasing* financeiro (*financial leasing* ou *leasing* puro) é aquele cujas características foram descritas no item anterior. Uma pessoa jurídica adquire bens de terceiros para arrendá-los. O bem é escolhido pelo arrendatário, para uso próprio. Feito o arrendamento, o arrendatário goza de uma opção irrevogável de compra. Tal modalidade se caracteriza basicamente pela inexistência de resíduo expressivo. Isto é, para o exercício da opção de compra, o arrendatário desembolsa uma importância de pequeno valor, devendo a soma das prestações correspondentes à locação ser suficiente para a recuperação do custo do bem e o retorno do investimento da arrendadora.

O *leasing* financeiro é a modalidade clássica e a mais utilizada em nosso país. Envolve três partes: a) a *arrendatária*, que é quem indica o bem a ser comprado e que fará uso do objeto mediante pagamentos periódicos, com opção final de compra, devolução ou renovação. Pode ser pessoa física ou jurídica; b) a *empresa arrendadora*, que é quem compra o bem e o aluga à arrendatária; e c) a *empresa fornecedora* do bem, de quem a arrendadora adquire o objeto. A empresa arrendadora não age como mandatária mesmo quando o arrendatário faz a indicação da empresa vendedora, uma vez que adquire o bem para si mesma, antes de arrendá-lo. O arrendatário assume os riscos da coisa, obriga-se pela sua conservação e sofre a sua obsolescência.

Na segunda modalidade (*leasing* operacional), também conhecido como *renting*, como a aludida soma não pode ultrapassar 90% do custo do bem arrendado (Resolução n. 2.309/96

---

4 REsp 465.428-MG, rel. Min. José Delgado, v. u.

do Banco Central, com a alteração introduzida pela Resolução n. 2.465/98), o resíduo a ser pago pela arrendatária, no momento da opção de compra, tende a ser expressivo. O *leasing* operacional é feito pela proprietária do bem (fabricante ou fornecedor), mediante o pagamento de prestações determinadas e, muitas vezes, com a obrigação de prestar assistência ao arrendatário durante a vigência do contrato (caso das montadoras de veículos). É, portanto, a espécie de *leasing* em que o objeto já pertence à empresa arrendadora, que o aluga à arrendatária e assume os riscos da coisa, sofrendo a sua obsolescência.

Ao arrendatário é facultado devolver o objeto na pendência do contrato, e não é obrigado a adquiri-lo no termo do contrato, que há de ser menor que o tempo de duração da vida econômica do objeto.

Além dessas duas modalidades, há ainda outras, merecendo destaque o *leasing back* (retro-*leasing* ou *leasing* de retorno), que pode ser explicado com o exemplo fornecido por Arnoldo Wald[5]: uma empresa vende a fábrica, o imóvel no qual funcionam os seus escritórios ou o seu equipamento a uma financeira, a qual celebra com o mesmo vendedor simultaneamente um contrato de *leasing*, alugando-lhe o bem que acaba de adquirir. Embora tal espécie deva ser tributariamente tratada como arrendamento mercantil, alguns juristas a consideram apenas um contrato análogo a este.

Nessa modalidade, portanto, o proprietário de um bem o vende à empresa que, por sua vez, o arrenda ao antigo proprietário.

3. EXTINÇÃO DO *LEASING*

A extinção do contrato de arrendamento mercantil pode ocorrer por várias causas:

a) pela *expiração do prazo convencionado*, ocasião em que o arrendatário exercerá a opção de compra ou de renovação, ou fará a devolução do bem, sujeitando-se, se não o fizer, à ação de reintegração de posse. Se optar pela compra, apurar-se-á o preço residual, ficando extinto o *leasing*, que se transformará em compra e venda;

b) pelo *inadimplemento* de qualquer uma das partes, ou de ambas, com a presença de culpa ou de motivos alheios à vontade dos contratantes, como força maior, incêndio, cassação de autorização de funcionamento pelo governo, concordata ou falência da usuária;

c) pelo *distrato* ou acordo bilateral;

d) pela *falência* da arrendadora.

4. ASPECTOS PROCESSUAIS

Em caso de inadimplemento da arrendatária, o credor pode ingressar em juízo para postular a resolução do contrato e a devolução da coisa. Têm, entretanto, os tribunais proclamado que, uma vez "comprovada a mora da arrendatária, em face do inadimplemento de obrigação positiva e líquida, no seu termo, perfeitamente cabível a retomada dos bens arrendados, não havendo necessidade de prévia rescisão judicial do contrato"[6]. A propósito, dispõe a Súmula 369 do Superior Tribunal de Justiça: "No contrato de arrendamento mercantil (*leasing*), ainda que haja cláusula resolutiva expressa, é necessária a notificação prévia do arrendatário para constituí-lo em mora".

A retomada é feita por meio da *ação de reintegração de posse*. Confira-se: "A retenção do bem após a rescisão do contrato de arrendamento mercantil, na modalidade *leasing*, em face da falta de pagamento de prestações, caracteriza o esbulho, autorizando a arrendadora a

5 *Obrigações e contratos*, p. 570.

6 *RT*, 762/309.

reaver a posse direta do bem através da ação de reintegração de posse"[7]. No mesmo julgado reconheceu-se que o arrendamento mercantil, *salvo casos especiais*, "não está sujeito ao Código de Defesa do Consumidor, pois configura negócio jurídico complexo, envolvendo, primordialmente, financiamento e locação com opção de compra, sujeito a regime jurídico próprio, e não relação de consumo"[8].

Em outras oportunidades, todavia, tem a jurisprudência decidido pela aplicação ao aludido contrato do estatuto consumerista, "uma vez que a entidade financeira arrendante é considerada fornecedora de serviços"[9], admitindo-se, inclusive, a revisão do contrato com base no art. 6º, V, da Lei 8.078/90, em razão de mudança abrupta de política cambial, entendendo-se que o fornecedor deve suportar margem de lucro[10]. O Ministério Público tem sido considerado parte legítima para ajuizar ação civil pública objetivando a declaração de nulidade de cláusula inserta no contrato que prevê o reajuste das prestações através de variação cambial, visando à proteção dos consumidores, visto caracterizado o interesse individual homogêneo destes"[11].

Em caso de contrato de *leasing*, caracterizada a mora e o esbulho, é possível a cumulação de pleito possessório com a cobrança de aluguéis atrasados, excluídas as quantias relativas à antecipação do valor residual[12]. Por outro lado, é da essência do aludido contrato a relação jurídica de locação, conservando o arrendante a propriedade e a posse do bem, ao passo que o arrendatário mantém a sua posse direta. Daí a conclusão "de ser nula a cláusula de contrato de *leasing* que considera este último como depositário infiel na hipótese de inadimplemento da avença, com a possibilidade de decreto de prisão civil, pois a Constituição Federal veda a decretação de custódia por dívida civil"[13].

A 2ª Seção do Superior Tribunal de Justiça aprovou as Súmulas 564 e 565, que tratam, respectivamente, de arrendamento mercantil financeiro e tarifa de contrato bancário. Na Súmula 564 ficou definido que, "no caso de reintegração de posse em arrendamento mercantil financeiro, quando a soma da importância antecipada a título de valor residual garantido (VRG) com o valor da venda do bem ultrapassar o total do VRG previsto contratualmente, o arrendatário terá direito de receber a respectiva diferença, cabendo, porém, se estipulado no contrato, o prévio desconto de outras despesas ou encargos pactuados". E na Súmula 565 ficou decidido que a pactuação das tarifas de abertura de crédito (TAC) e de emissão de carnê (TEC), ou outra denominação para o mesmo fato gerador, é válida apenas nos contratos bancários anteriores ao início da vigência da Resolução-CMN 3.518/2007, em 30 de abril de 2008.

---

7 *RT*, 764/272. *V.* ainda: "*Leasing*. Concessão liminar de reintegração de posse. Admissibilidade se caracterizado o esbulho pela inadimplência e pela constituição em mora" (*RT*, 784/322). "*Leasing*. Inadimplemento da arrendatária. Notificação premonitória. Irrelevância. Existência de cláusula resolutória expressa. Reintegração de posse. Admissibilidade. Retenção do bem que caracteriza o esbulho possessório" (STJ, *RT*, 806/152). "Falência. Juízo universal. Arrendamento mercantil. *Leasing*. Reintegração de posse. Inocorrência da *vis atractiva*" (*RT*, 786/416).

8 *V.* ainda: "*Leasing*. Código de Defesa do Consumidor. Inaplicabilidade. Arrendatária que não se enquadra como consumidora, eis que se utiliza do bem arrendado como instrumento de trabalho" (*RT*, 799/279). "*Leasing*. Pretendida aplicação do Código de Defesa do Consumidor. Inadmissibilidade. Possibilidade de o arrendatário optar, ao término do contrato, pela renovação do arrendamento ou pela restituição do bem" (*RT*, 793/307). "*Leasing*. Pretendida aplicação do Código de Defesa do Consumidor. Inadmissibilidade, mormente se o bem foi arrendado para implementação de atividade comercial, não podendo ser enquadrado como relação de consumo" (*RT*, 790/388).

9 *RT*, 763/268.

10 *RT*, 806/235.

11 *RT*, 797/389, 799/335.

12 *RT*, 760/288.

13 *RT*, 762/309.

Capítulo IV

DA FRANQUIA OU *FRANCHISING*

Sumário: 1. Conceito. 2. Características. 3. Elementos. 4. Espécies de franquia. 5. Extinção do *franchising*.

1. CONCEITO

A franquia é um contrato pelo qual um comerciante detentor de uma marca ou produto (franqueador) concede, mediante remuneração, o seu uso a outra pessoa (franqueado) e lhe presta serviços de organização empresarial. Esse contrato foi tipificado no direito brasileiro pela Lei n. 8.955, de 15 de dezembro de 1994, sendo definido no art. 2º, posteriormente revogada pela Lei n. 13.966, de 29 de dezembro de 2019.

Apresenta vantagens para ambas as partes, porque o *franqueado*, que dispõe de recursos, mas não de conhecimentos técnicos necessários ao sucesso de um empreendimento, estabelece-se negociando desde logo produtos ou serviços já conhecidos e aceitos pelo consumidor, enquanto o *franqueador*, por sua vez, pode ampliar a oferta da sua mercadoria ou serviço, sem as despesas e os riscos inerentes à implantação de filiais.

Trata-se de contrato também originário dos Estados Unidos. Em 1860, a *Singer Sewing Machine Company*, pretendendo ampliar sua participação no mercado varejista, outorgou franquias a pequenos comerciantes, que, então, passaram a comercializar seus produtos em lojas com a denominação "Singer", arcando com as despesas e riscos. Com o sucesso da medida, o sistema se expandiu pelo mundo, sendo marcante exemplo a rede McDonald's. No Brasil, a ideia vem sendo aplicada há décadas, como estratégia mercadológica para a concessão de uma marca ou produto a serem explorados por terceiros, haja vista os carrinhos de sorvete da Kibon, os postos de gasolina, as Escolas Yázigi etc.[1].

O *franqueador* é aquele que detém a marca e o esquema de comercialização de um produto ou serviço. Além de disponibilizá-los ao franqueado, garante exclusividade de exploração sobre determinada área, fornecendo assistência técnica na organização, gerenciamento e administração do negócio e, muitas vezes, publicidade.

O *franqueado*, por sua vez, paga uma remuneração inicial ao franqueador, a título de filiação, e uma percentagem periódica sobre os lucros obtidos. Além disso, é obrigado a adquirir os produtos ou serviços do franqueador, a atuar com exclusividade e a seguir as instruções deste acerca da comercialização dos bens e do *marketing* da empresa[2].

---

[1] Maria Helena Diniz, *Tratado teórico e prático dos contratos*, v. 4, p. 47.

[2] Victor Eduardo Rios Gonçalves, *Títulos de crédito e contratos mercantis*, p. 120.

2. CARACTERÍSTICAS

O franqueado arca com os custos e despesas com a instalação e operação do seu estabelecimento.

O franqueador estabelece o modo pelo qual o franqueado deverá instalar e operar o seu produto e lhe presta orientação e assistência contínuas, pelo prazo de duração do contrato. Essa orientação abrange: a) o contrato de *engineering*, pelo qual o franqueador planeja e orienta a montagem do estabelecimento do franqueado; b) o *management*, relativo ao treinamento dos funcionários e à estruturação da administração do negócio; c) o *marketing*, pertinente às técnicas de colocação dos produtos ou serviços junto aos seus consumidores. Em razão dessas características, não se confunde com a concessão de venda exclusiva, cuja finalidade é tão somente a distribuição de produtos.

O contrato de franquia assemelha-se ao contrato de agência e distribuição, mas dele se distingue porque, neste, o concessionário conserva a sua individuação jurídica e mercadológica. Age com sua firma ou denominação social em seu próprio nome, e é identificado por ela. No *franchising*, o franqueado conserva a sua individualidade jurídica, tem seus empregados, suas responsabilidades, mas não mantém individuação mercadológica, a tal ponto que o grande público o desconhece, pois tudo se passa como se fosse o próprio franqueador que estivesse comerciando[3].

Uma das principais características dessa modalidade contratual é, com efeito, a independência do franqueado, sua autonomia como empresário, de caráter jurídico, administrativo e financeiro, não mantendo qualquer vínculo de natureza empregatícia com o franqueador. Essa autonomia, todavia, é relativa, uma vez que o franqueado depende da estrutura fornecida pelo franqueador. Para manter uma padronização, o franqueado submete-se a muitas regras impostas por aquele. Há, efetivamente, certos atos que o franqueado não pode praticar sem a autorização do franqueador, como, por exemplo, promoções e descontos nos produtos.

Uma vez que o contrato é disciplinado pela Lei n. 13.966/2019, a franquia deve ser considerada como contrato típico. É, também, de natureza *bilateral*, *consensual*, *oneroso* e *de trato sucessivo*.

3. ELEMENTOS

A franquia consiste basicamente em uma autorização de nome e marca que uma empresa cede a outra com prestação de serviços.

São dois, portanto, os elementos do *franchising*. O primeiro é a licença de utilização de marca, de nome, e até de insígnia do franqueador. O segundo, a prestação de serviços de organização e métodos de venda, padronização de materiais, e até de uniforme de pessoal externo[4].

É sempre necessário que o franqueador e o franqueado sejam empresários. Por se tratar de contrato não totalmente regulamentado, as cláusulas que regem cada contrato de *franchising* possuem características diferenciadas, dependendo da espécie de produto a que cada um se refere e de peculiaridades das partes envolvidas. No entanto, apesar dessa diversificação, algumas cláusulas se tornam necessárias, como, por exemplo, as que dizem respeito ao prazo de duração do contrato e à possibilidade de sua prorrogação, ao território de atuação do franqueado, aos montantes devidos ao franqueador pelo uso de sua marca ou produto, ao direito do franqueado de transferir seu negócio a outro empresário e à extinção do contrato.

---

3 Caio Mário da Silva Pereira, *Instituições de direito civil*, v. III, p. 586.

4 Caio Mário da Silva Pereira, *Instituições de direito civil*, v. III, p. 586.

O preço dos produtos em regra é fixado pelo franqueador, para que haja homogeneidade nesse aspecto entre os diversos franqueados. Em situações excepcionais, no entanto, levando-se em conta a desigualdade de custos de uma região ou de um país para outro, o franqueador pode autorizar preços diferenciados.

4. ESPÉCIES DE FRANQUIA

A franquia, como esclarece MARIA HELENA DINIZ[5], pode apresentar-se sob três modalidades:

a) *Franquia industrial* ou "*lifreding*", muito utilizada na indústria automobilística e alimentícia (General Motors, Coca-Cola, p. ex.), por ser um contrato em que o franqueador se obriga a auxiliar na construção de uma unidade industrial para o franqueado, cedendo o uso da marca, transmitindo sua tecnologia, exigindo segredo relativamente aos processos de fabricação e fornecendo assistência técnica. Desse modo, o franqueado fabrica e vende os produtos fabricados por ele mesmo, em sua empresa, com o auxílio do franqueador.

b) *Franquia de comércio* ou *de distribuição*, que vem a ser o contrato que visa o desenvolvimento da rede de lojas de aspectos idênticos, sob um mesmo símbolo, aplicado na comercialização ou distribuição de artigos similares de grande consumo (Lojas Benetton e O Boticário, p. ex.). O franqueado, neste caso, vende produto do franqueador, mantendo a sua marca, enquanto o franqueador procura sempre aperfeiçoar o método de comercialização.

c) *Franquia de serviços*, que poderá ser a *propriamente dita*, pela qual o franqueado reproduz e vende as prestações de serviços inventadas pelo franqueador, e a do *tipo hoteleiro*, que abrange escolas, hotéis, restaurantes, lanchonetes, tendo por escopo fornecer serviços a certo segmento de clientela (p. ex., Escolas Yázigi, Hotéis Hilton, McDonald's, Pizza Hut etc.).

5. EXTINÇÃO DO *FRANCHISING*

Além dos modos de extinção dos contratos em geral, o *franchising* pode extinguir-se:

a) pelo *término do prazo contratual*;

b) por *inadimplemento* de uma das partes, acarretando a resilição unilateral por iniciativa de qualquer dos contraentes;

c) *por distrato* ou resilição bilateral; e ainda

d) pela *conduta do franqueado*, que comprometa o bom conceito do produto ou serviço. O franqueador poderá pôr fim ao contrato, por exemplo, se o franqueado revelar-se ébrio contumaz ou envolver-se em escândalo.

---

5 *Tratado teórico e prático dos contratos*, v. 4, p. 53-54.

Capítulo V

DA FATURIZAÇÃO OU *FACTORING*

Sumário: 1. Conceito. 2. Características. 3. Espécies de faturização. 4. Extinção do *factoring*.

1. CONCEITO

Faturização ou *factoring*, também denominado "fomento mercantil", é o contrato pelo qual uma instituição financeira ou empresa especializada (faturizadora) adquire créditos faturados por um comerciante ou industrial, prestando a este serviços de administração do movimento creditício e assumindo o risco de insolvência do consumidor ou comprador, sem direito de regresso contra o cedente (faturizado), recebendo uma remuneração ou comissão ou efetuando a compra dos créditos a preço reduzido.

O contrato em apreço tem sua origem recente na prática comercial norte-americana, tendo-se expandido na Europa a partir da década de 60. Resultou do enorme incremento do crédito nas relações comerciais e industriais e da preocupação empresarial com a necessidade de administrar a sua concessão. Celebrando-o, o empresário desfruta da vantagem de transferir à empresa de *factoring*, ou seja, ao *factor* o trabalho de controle dos vencimentos dos títulos, o acompanhamento da flutuação das taxas de juros, a adoção de medidas assecuratórias do direito creditício, o contato com os inadimplentes e até mesmo a cobrança judicial.

Três são os personagens que se envolvem nessa modalidade contratual: a) a *faturizadora* (empresa de *factoring* ou *factor*), cessionária dos créditos e que pode ser pessoa física ou jurídica, necessariamente comerciante, pois a operação não é privativa de instituições financeiras (Lei n. 9.294, de 26-12-1995, art. 15, § 1º, *d*; Resolução n. 2.144, do Conselho Monetário Nacional, de 22-2-1995); b) o *faturizado*, cedente ou fornecedor, que pode ser um comerciante ou industrial, pessoa física ou jurídica, titular dos créditos adquiridos; e c) o *comprador da mercadoria ou adquirente do serviço* que gerou o crédito (devedor). A participação deste resulta do fato de que são cedidos à faturizadora os créditos que o fornecedor tem contra ele. Deve ser notificado do negócio, para efetuar o pagamento ao *factor*.

2. CARACTERÍSTICAS

A faturização se realiza nas vendas a prazo e não se confunde com a operação de desconto de título, porque inexiste responsabilidade regressiva contra o fornecedor. Na realidade, é modalidade contratual que se situa entre o desconto mercantil de título cambial e a cessão de crédito.

Distingue-se do desconto porque, neste, o cedente pode ser acionado pelo banco, em regresso, em caso de inadimplemento do devedor, no vencimento do título, uma vez que em tal contrato, como foi dito, a instituição financeira não garante o crédito, enquanto no *facto-*

ring inexiste o direito de regresso porque a faturizadora garante o recebimento do valor ao faturizado. Desse modo, este não responde perante aquela em caso de inadimplemento da obrigação. É intuitivo que a comissão cobrada costuma ser maior no *factoring*.

Nesse sentido, o Superior Tribunal de Justiça decidiu que, "no bojo do contrato de *factoring*, a faturizada/cedente não responde, em absoluto, pela insolvência dos créditos cedidos, afigurando-se nulos a disposição contratual nesse sentido e eventuais títulos de créditos emitidos com o fim de garantir a solvência dos créditos cedidos no bojo de operação de *factoring*, cujo risco é integral e exclusivo da faturizadora. Remanesce, contudo, a responsabilidade da faturizadora pela existência do crédito, ao tempo em que lhe cedeu (*pro soluto*)"[1].

A cobrança do título será feita pelo *factor* diretamente contra o consumidor. O cedente dos títulos (faturizado) responsabiliza-se somente pela existência do crédito, mas não pela solvência do devedor, que constitui risco assumido pelo *factor*[2].

No Brasil, a praxe de utilizar os cheques pós-datados (chamados, na prática, de pré-datados) como títulos de crédito a prazo por grande parte do comércio, em substituição à duplicata, promoveu o incremento dos contratos de *factoring*, constituindo-se em meio de obtenção de capital de giro utilizado principalmente pelas pequenas e médias empresas e facilitando, dessa forma, a circulação de mercadorias.

O *faturizador* desempenha três funções: a) *garante* os créditos, pois fica obrigado aos pagamentos, mesmo na hipótese de insolvência dos devedores, salvo disposição em contrário no contrato; b) *administra* os créditos da empresa faturizada, opinando sobre devedores duvidosos e providenciando a cobrança; e c) *financia* o faturizado, quando lhe adianta recursos referentes aos títulos, sub-rogando-se nos direitos creditícios do cedente por força dos princípios do endosso ou da cessão de crédito civil[3]. Essas diversas funções demonstram que o *factoring* é mais amplo do que o desconto de títulos e a cessão de crédito.

Por outro lado, o faturizador tem o direito de recusar, no todo ou em parte, os títulos apresentados pelo faturizado se julgar, por exemplo, que o devedor não é bom pagador, podendo, para tanto, examinar os livros daquele para conhecer o histórico de tal devedor. Tem também o direito de receber as comissões devidas pelo faturizado, e de cobrar o terceiro devedor, inclusive judicialmente, em caso de inadimplência[4].

Ao *faturizado* cabe a obrigação de pagar as comissões devidas ao faturizador e fornecer a este todas as informações necessárias a respeito dos créditos, bem como dos respectivos devedores, para que a faturizadora tenha elementos que lhe possibilite aprová-los ou recusá-los[5].

O *factoring* é contrato *bilateral* ou *sinalagmático*, porque gera obrigações para ambos os contratantes; *oneroso*, tendo em vista que os contraentes obtêm proveito, ao qual corresponde um sacrifício; *consensual*, uma vez que se aperfeiçoa com o acordo de vontades; e de *trato sucessivo*, pois a sua execução se prolonga no tempo. É também contrato *atípico*, cujo perfil ainda não foi regulado em lei específica. Por tal razão, rege-se pelas normas da cessão de crédito e da comissão (CC, arts. 286 a 289 e 693 a 709).

---

1 REsp 1.711.412-MG, 3ª T., rel. Min. Marco Aurélio Bellizze, *DJe* 10-5-2021.

2 "*Factoring*. Ação de cobrança. Pretendido recebimento de crédito representado por nota promissória, emitida em garantia de desconto de cheque feito por empresa de faturização. Inadmissibilidade. Espécie de contrato que constitui uma operação de risco, em que o faturizado não responde, ao ceder seu crédito, pela solvência do devedor" (*RT*, 767/357, 792/275, 795/219, 802/344).

3 "*Factoring*. Falência. Habilitação de crédito, pelo *factor*, fundada em títulos do negócio. Inadmissibilidade. Título que pela própria instabilidade de sua criação sofre limitações quanto a sua exigibilidade e certeza. Credor que poderá valer-se da via ordinária para exaurir a relação comercial" (*RT*, 762/256).

4 Sílvio Venosa, *Direito civil*, v. III, p. 606.

5 Victor Eduardo Rios Gonçalves, *Títulos de crédito e contratos mercantis*, p. 118.

3. ESPÉCIES DE FATURIZAÇÃO

Embora sejam várias as modalidades conhecidas de faturização (o *import-export factoring*, o *collection type factoring agreement*, o *intercredit*, o *open factoring*), duas são as comumente utilizadas no Brasil: o *conventional factoring* e o *maturity factoring*.

No *conventional factoring*, a instituição financeira ou empresa especializada garante o pagamento das faturas, antecipando o seu valor ao faturizado. Ocorre uma cessão, com pagamento à vista de créditos, realizada conjuntamente com prestações de serviços, gestão dos créditos, notificação da cessão etc. Compreende, assim, três elementos: serviços de administração do crédito, seguro e financiamento.

O *maturity factoring* caracteriza-se pelo pagamento do valor das faturas somente no seu vencimento. Essa modalidade não inclui a atividade de financiamento, estando presentes apenas a prestação de serviços de administração do crédito e o seguro. É assegurado, porém, o risco de inadimplemento do devedor, pois o pagamento a ser feito pela faturizadora independe do recebimento das faturas[6].

As contas remetidas à faturizadora podem ser aprovadas ou recusadas, no todo ou em parte. Pela própria natureza do contrato, deve ela, como foi dito, ter acesso aos livros e papéis do faturizado, envolvendo os negócios dele com os clientes. Já o cedente, além de pagar a remuneração do faturizador, deve lhe submeter as contas dos clientes, para o exercício da faculdade de aceitar ou rejeitar os créditos cedidos.

4. EXTINÇÃO DO *FACTORING*

Extingue-se o *factoring* pelas causas comuns a todos os contratos e, também, em consequência de: a) *vencimento do prazo* previsto para a sua duração; b) *distrato* ou resilição bilateral; c) *mudança de estado* de um dos contratantes, por ser contrato *intuitu personae*; d) *resilição unilateral*, desde que precedida de aviso prévio; e) inadimplemento de obrigações contratuais; e f) morte de uma das partes, se ela for comerciante individual[7].

---

6 Arnoldo Wald, *Obrigações e contratos*, p. 561.

7 Maria Helena Diniz, *Tratado teórico e prático dos contratos*, v. 4, p. 82.

Capítulo VI

DO CONTRATO DE RISCO OU *JOINT VENTURE*

Sumário: 1. Conceito. 2. Características.

1. CONCEITO

O Código Civil de 2002 não tratou do contrato de *joint venture*, nem é ele regulado em lei especial. Todavia, ainda que em pequena escala, tem sido celebrado no Brasil, especialmente mediante associações de empresas nacionais com outras estrangeiras, notadamente norte-americanas, francesas, alemãs, suíças, italianas e japonesas.

Tal modalidade pode ser denominada "contrato de risco" ou "contrato de serviços com cláusula de risco". A formação da Comunidade Econômica Europeia, em 1958, abriu campo para os investimentos americanos na Europa, sob técnicas diversificadas, variando desde o estabelecimento de subsidiárias ou de filiais, até o modelo de *joint ventures* com associados locais.

Como assinala Caio Mário da Silva Pereira, a necessidade de apressar a produção de petróleo em face da modificação do panorama mundial advinda da crise de 1973 levou o Governo brasileiro a autorizar a realização de "contratos de serviço com cláusula de risco". O grande público tomou conhecimento dos aludidos contratos em razão de a Petrobras havê-los admitido para a pesquisa, prospecção e exploração de jazidas petrolíferas *off-shore* e mesmo em terra firme. Dentro desse esquema, a contratada realiza trabalhos de exploração em área delimitada e por período determinado, comprometendo-se a um investimento mínimo obrigatório para pesquisa e avaliação da potencialidade, financiamento e produção. Descoberto e desenvolvido o campo, a contratante deverá reembolsar a contratada "em prestações a prazo fixo com recursos gerados exclusivamente pela entrada em produção do próprio campo"[1].

2. CARACTERÍSTICAS

Em geral, ocorre a coparticipação *fifty-fifty* dos contraentes e as divergências são submetidas a arbitramento por uma terceira parte, árbitro único ou não.

Em princípio, não havendo regulamentação específica dessa modalidade contratual no direito brasileiro, regem-se os contratos de risco celebrados entre empresa brasileira e empresa estrangeira pelas normas de direito comum. É praxe elegerem desde logo uma entidade arbitral internacional para dirimir quaisquer pendências. Embora subordinados à jurisdição brasileira, é possível inserir-se cláusula de eleição de foro no país-sede da entidade contratada[2].

---

[1] *Instituições de direito civil*, v. III, p. 580.

[2] Caio Mário da Silva Pereira, *Instituições de direito civil*, v. III, p. 581.

V. ainda, a respeito do contrato de *joint venture*, trabalho de Hermes Marcelo Huck, intitulado "Pactos societários leoninos", *RT*, 760/64

Capítulo VII

DA TRANSFERÊNCIA DE TECNOLOGIA OU *KNOW-HOW*

Sumário: 1. Introdução. 2. Conceito. 3. Modalidades. 4. Natureza jurídica. 5. Extinção.

1. INTRODUÇÃO

A tecnologia tornou-se essencial, no mundo moderno, para o aumento da produtividade e incremento do comércio. As grandes potências mundiais costumam celebrar contratos de transmissão de tecnologia com os países menos desenvolvidos, assim como as empresas de maior porte com as que necessitam de expansão econômica. Nos aludidos contratos, uma parte transmite à outra, mediante remuneração, segredos de produção ou processo industrial ou técnicas especializadas industriais ou comerciais não divulgadas.

Quando o resultado de pesquisas ou invenções é transposto para o aproveitamento econômico, passa-se a cogitar de sua proteção contra o abuso ou contra especulação com a atividade alheia. Para que o segredo industrial seja garantido como valor econômico, proíbe-se a concorrência desleal, protegendo-se as invenções patenteadas ou não e a chamada descoberta científica.

Várias figuras contratuais agrupam-se sob a denominação genérica de *transferência de tecnologia*, geralmente atípicas. No Brasil, embora sem lei adequada, alguns contratos passaram a ser regulados em normas administrativas: licença de uso de patente e de marca, fornecimento de tecnologia, cooperação técnico-industrial e prestação de serviços técnicos. O Instituto Nacional de Propriedade Industrial (INPI) expediu o Ato Normativo n. 15/75, apresentando os conceitos básicos e as normas para os contratos de tecnologia, visando ordenar a matéria. Estabelece como requisito básico a averbação de contratos no INPI. Essa averbação tem três objetivos principais, além da eficácia contra terceiros: legitimar os pagamentos internos e internacionais, permitir a agilização fiscal, e comprovar a exploração efetiva da patente ou o uso efetivo da marca no país[1].

No direito alienígena temos as figuras do "*know-how*" e do "*engineering*".

2. CONCEITO

A expressão inglesa "*know-how*" advém da frase "*to know-how to do it*" (saber como se faz algo). Embora utilizada desde 1916 para designar conhecimentos secretos decorrentes de aplicação de técnicas por empresas comerciais e industriais, tornou-se usual nos

[1] Arnoldo Wald, *Obrigações e contratos*, p. 575; Sílvio Venosa, *Direito civil*, v. III, p. 587.

Estados Unidos da América do Norte somente a partir de 1953, de onde se expandiu para os diversos países.

Considera-se contrato de *know-how* aquele pelo qual uma das partes se obriga a transmitir a outra uma determinada tecnologia ou conhecimentos técnicos exclusivos, empregados na produção e comercialização de bens e serviços. A tecnologia é um bem imaterial patrimonial, é o conhecimento de um processo (*know-how*) que se pode utilizar na produção de um bem e tem valor de mercado. A importação de tecnologia chega a influir em importantes aspectos da economia.

A complexidade da vida econômica e o desenvolvimento técnico de que ela se vale exigem que a transmissão da tecnologia seja complementada pela assistência técnica necessária a que o usuário possa aproveitar o *know-how*, ou "saber como", de maneira a dele extrair todo o proveito.

São *partes* no contrato: o *transmitente* e o *licenciado*, podendo aquele ser uma pessoa física que descobriu novo processo ou possui conhecimentos técnicos originais. *Objeto* do *know-how* é a transmissão onerosa de conhecimentos ou técnicas originais e não reveladas. Para obtê-los, o licenciado paga certa remuneração, à vista ou calculada proporcionalmente sobre cada produto fabricado, segundo o processo transmitido. A remuneração costuma ser paga sob a forma de *royalties*[2].

3. MODALIDADES

A transferência de tecnologia pode-se dar por dois modos: em caráter temporário ou em caráter definitivo. No primeiro caso, passa a se chamar "licença de *know-how*", devendo o recebedor ou licenciado cessar a utilização com o fim do contrato.

O negócio realizado em caráter definitivo denomina-se "cessão", não podendo, em regra, o cessionário transferi-lo a terceiro. Os conhecimentos podem ser fornecidos por escritos, por materiais, mediante treinamento de pessoal ou combinação dessas formas.

O art. 61 da Lei de Propriedade Industrial (Lei n. 9.279, de 15-5-1996) estabelece que "o titular de patente ou o depositante poderá celebrar contrato de licença para exploração". Aduz o parágrafo único que, pelo contrato, o licenciado poderá ser investido pelo titular de todos os poderes para agir em defesa da patente. O art. 63 da referida lei disciplina a possibilidade de aperfeiçoamento de patente licenciada, que pode ser levada a efeito tanto pelo licenciante, como pelo licenciado.

A Lei n. 4.131, de 3 de setembro de 1962, que disciplina o capital estrangeiro, cria órgãos de controle e técnicas de fiscalização, quanto à remessa de remuneração para o exterior, quando a tecnologia é importada, bem como estabelece o esquema tributário respectivo.

4. NATUREZA JURÍDICA

O *know-how*, empregado muitas vezes como sinônimo de segredo industrial, com ele não se confunde. O segredo de fabricação é uma invenção patenteada que só o dono da patente utiliza com exclusividade, sem transmiti-lo a ninguém. O *know-how*, no entanto, não constitui segredo absoluto e é objeto de transmissão por via de contrato.

O contrato em apreço também difere do pacto de assistência técnica, embora o admita. Consiste este numa prestação de serviços, enquanto o *know-how* se configura pela transferência de tecnologia de forma assemelhada à locação de bem incorpóreo.

---

2 Orlando Gomes, *Contratos*, p. 528.

Trata-se de contrato de natureza *bilateral*, em regra *oneroso* (não é vedada, todavia, a transferência gratuita), *consensual* e *intuitu personae*. É contrato autônomo, irredutível a qualquer das modalidades conhecidas, mas que se conjuga a muitas delas. O contrato de *franchising*, por exemplo, muitas vezes necessita de *know-how* e de assistência técnica e consultoria.

5. EXTINÇÃO

O contrato de *know-how* poderá extinguir-se pelos modos comuns a todos os contratos, como nulidade e anulabilidade, bem como por: a) *vencimento do prazo* de sua duração; b) *distrato* ou resilição bilateral; c) *infração de cláusula contratual*; d) *modificação essencial de seu objeto*, como na hipótese de o *know-how* perder o seu valor; e) *mudança da pessoa* que recebe as informações sobre a tecnologia, visto tratar-se de contrato *intuitu personae*.

Observa Maria Helena Diniz que, em qualquer desses casos extintivos do contrato, o beneficiário deverá continuar a manter segredo sobre o *know-how* e não mais utilizá-lo, restituindo todos os documentos que lhe foram fornecidos[3].

Sílvio Venosa, por sua vez, adverte que a extinção do contrato de *know-how*, como todos os que envolvem transferência de tecnologia, requer exames cuidadosos, pois esses contratos protraem-se no tempo e envolvem em geral vultosos capitais. É preciso, por isso, conceder prazo razoável para as partes liquidarem compromissos pendentes e, se for o caso, a exemplo do contrato de licença, terminar estoques. Embora o contrato por prazo determinado não exija, como regra, notificação prévia, é comum as partes estabelecerem dispositivos exigindo comunicação oportuna sobre a renovação ou não. Sendo o pacto celebrado por prazo indeterminado, há necessidade de aviso prévio, com lapso razoável, a fim de ocorrer a resilição[4].

---

3 *Tratado teórico e prático dos contratos*, v. 4, p. 28.

4 *Direito civil*, v. III, p. 591-592.

Capítulo VIII

DO CONTRATO DE *ENGINEERING*

Sumário: 1. Conceito. 2. Espécies e características.

1. CONCEITO

O contrato de *engineering*, embora tenha características próprias, não difere muito do de *know-how*, enquadrando-se também dentre os contratos de transmissão de tecnologia e comercialização. Tem por objeto a assistência técnica especializada em engenharia. É o contrato pelo qual uma parte se obriga a realizar um projeto industrial, seja para a implantação, seja para a ampliação e modernização de uma empresa[1].

Não se trata de simples projeto industrial como objeto de um contrato específico. É "algo mais abrangente de sua execução, montagem de unidades industriais e até assistência técnica nos primeiros tempos de funcionamento"[2].

2. ESPÉCIES E CARACTERÍSTICAS

O *engineering*, segundo a lição de ORLANDO GOMES, é um contrato a fim de obter-se uma indústria construída e instalada. Desdobra-se em duas fases bem características: a de estudos e a de execução[3].

Apontam-se, com efeito, duas etapas: o *consulting engineering*, referente ao estudo da viabilidade e elaboração do projeto industrial; e o *comercial engineering*, que abrange o estudo e a realização prática do projeto, até a instalação e execução[4]. Trata-se de um contrato de compra e venda de equipamento industrial já instalado, acionado, testado e agilizado na produção, "pois o vendedor deverá, além de entregar o referido equipamento vendido, fornecer a tecnologia de sua utilização, treinar o pessoal do contratante e prestar assistência técnica. Exemplo desse contrato foi o efetivado entre a Renault e a empresa estatal romena Industrialimport. A Renault vendeu a maquinaria, instalou-a na indústria e a fez funcionar testando a produção. A entrega do equipamento industrial só se aperfeiçoou quando o comprador pôde produzir veículos"[5].

Pelo contrato em apreço, pois, obriga-se a empresa de engenharia a "apresentar o projeto para a instalação da indústria, a dirigir a construção de suas instalações e a pô-las em

---

1 Caio Mário da Silva Pereira, *Instituições de direito civil*, v. III, p. 588; Arnoldo Wald, *Obrigações e contratos*, p. 576.

2 Orlando Gomes, *Contratos*, p. 529.

3 *Contratos*, p. 529.

4 Arnoldo Wald, *Obrigações e contratos*, p. 576.

5 Maria Helena Diniz, *Tratado teórico e prático dos contratos*, v. 4, p. 93.

funcionamento, entregando-a nestas condições à outra parte, que, por sua vez, se obriga a pôr todos os materiais e máquinas à disposição da construtora e a lhe pagar os honorários ajustados e reembolsar despesas. Se o *engineering* se limita à primeira fase, os honorários são, de regra, fixos. Se é completo, a execução é remunerada variavelmente por certo sobre o custo da obra. É próprio do contrato o oferecimento de garantias pela empresa de engenharia"[6].

O contrato de *engineering* distingue-se dos de *know-how* e de assistência técnica porque, nos últimos, a empresa que transmite os conhecimentos não se vincula contratualmente a executá-los. Ocorre a transmissão de técnicas especializadas, mas não a implantação ou execução de projetos, mesmo que utilizem as mesmas técnicas. Pode-se afirmar que há, no *engineering*, aspectos da *empreitada*, pois a empresa de engenharia e consultoria se responsabiliza não só pelos resultados visados pelo projeto, mas também pela instalação. Assume, pois, obrigação de resultado, consistente em fazer a indústria funcionar[7].

O Ato Normativo n. 15, de 1975, expedido pelo Instituto Nacional da Propriedade Industrial, contempla também o contrato de *engineering*. Aplicam-se-lhe as normas disciplinadoras de figuras afins. O Decreto n. 66.717, de 15-7-1970, que proibia a Administração Pública de celebrar contratos de *engineering* com empresas estrangeiras de engenharia, salvo quando não houvesse similar nacional, ou se realizasse em consórcio com empresa brasileira, foi revogado pelo Decreto s/n de 14 de maio de 1991[8]. Por outro lado, o Decreto n. 1.418, de 1975, tem em vista a exportação de serviços (*engineering*) para o exterior, concedendo para isto estímulos fiscais.

---

6 Orlando Gomes, *Contratos*, p. 529.

7 Arnoldo Wald, *Obrigações e contratos*, p. 576; Maria Helena Diniz, *Tratado teórico e prático dos contratos*, v. 4, p. 94.

8 Maria Helena Diniz, *Tratado teórico e prático dos contratos*, v. 4, p. 93.

Capítulo IX

DA COMERCIALIZAÇÃO DE PROGRAMA DE COMPUTADOR (*SOFTWARE*)

Sumário: 1. Noção introdutória. 2. Disciplina legal. 3. Transações eletrônicas.

1. NOÇÃO INTRODUTÓRIA

A comercialização dos programas de computador conhecidos como *software* tem por objetivo a transmissão de um conjunto organizado de instruções indispensáveis ao tratamento eletrônico de informações, em linguagem natural ou codificada. Os direitos de seu criador são tutelados pelo direito autoral, não se confundindo com os direitos do inventor, regidos pela propriedade industrial.

2. DISCIPLINA LEGAL

Dispõe o art. 7º, § 1º, da Lei n. 9.610, de 19 de fevereiro de 1998, de proteção ao direito autoral, que os "*programas de computador são objeto de legislação específica, observadas as disposições desta Lei que lhes sejam aplicáveis*". A legislação específica é constituída basicamente pela Lei n. 9.609, publicada no mesmo dia 19 de fevereiro de 1998, que dispõe sobre a proteção da propriedade intelectual de programa de computador e sua comercialização no País.

A proteção concedida ao inventor é mais ampla, uma vez que alcança a própria ideia inventiva, excluindo a possibilidade de terceiro fazer uso de trabalho semelhante, embora original. O direito autoral tutela apenas a forma de exteriorização da ideia, não impedindo obra semelhante, "quando se der por força das características funcionais de sua aplicação, da observância de preceitos normativos e técnicos, ou de limitação de forma alternativa para a sua expressão" (Lei n. 9.609, art. 6º, III). Por outro lado, decorre o último da apresentação da obra ao público, não dependendo de registro para ser protegido (art. 2º, § 3º)[1].

O criador do *software* tem a prerrogativa de impedir a comercialização por terceiros de programa com idêntica forma, desde o momento em que o torna público (Lei n. 9.609/98, art. 14). A prática da "pirataria", consistente na "reprodução, por qualquer meio, de programa

1 "Programa de computador. Propriedade intelectual. Quebra de reciprocidade entre brasileiros e estrangeiros, de que trata o art. 2º, § 4º, da Lei 9.609/98, em face de o referido texto normativo dispensar, para fins de proteção legal e judicial, o registro do *software*, enquanto a legislação norte-americana o exige. Inocorrência. Exigência contida na norma estrangeira que se dirige a todos, inclusive aos próprios nativos do país estrangeiro" (*RT*, 797/386).

de computador, no todo ou em parte, para fins de comércio, sem autorização expressa do autor ou de quem o represente", é considerada infração penal, punida com pena de reclusão de um a quatro anos e multa (art. 12, § 1º), por representar conduta lesiva aos direitos do autor[2]. O uso de programa de computador "será objeto de contrato de licença", cuja inexistência, contudo, poderá ser suprida pelo documento fiscal relativo à aquisição ou licenciamento de cópia (art. 9º, parágrafo único).

Um programa de computador pode ser objeto de contrato entre empresários (cessão ou licença de direitos autorais ou, ainda, transferência de tecnologia) ou entre o titular dos direitos de comercialização e o usuário. O usuário de programa de computador, que o tenha adquirido em uma relação de consumo, pode invocar, para a tutela dos seus interesses, não somente a Lei n. 9.609/98, como também as normas do Código de Defesa do Consumidor.

3. TRANSAÇÕES ELETRÔNICAS

Crescem, a cada dia, os negócios celebrados pela Internet. Entretanto, o direito brasileiro não contém nenhuma norma específica sobre o comércio eletrônico, nem mesmo no Código de Defesa do Consumidor. Desse modo, a obrigação do empresário brasileiro que dele se vale para vender os seus produtos ou serviços, para com os consumidores, é a mesma que o referido diploma atribui aos fornecedores em geral. A transação eletrônica realizada entre brasileiros está, assim, sujeita aos mesmos princípios e regras aplicáveis aos demais contratos aqui celebrados.

No entanto, o contrato de consumo eletrônico internacional obedece ao disposto no art. 9º, § 2º, da Lei de Introdução às Normas de Direito Brasileiro, que determina a aplicação à hipótese da lei do domicílio do proponente. Por essa razão, se um brasileiro faz a aquisição de algum produto oferecido pela Internet por empresa estrangeira, o contrato então celebrado rege-se pelas leis do país do contratante que fez a oferta ou proposta. Assim, malgrado o Código de Defesa do Consumidor brasileiro (art. 51, I), por exemplo, considere abusiva e não admita a validade de cláusula que reduza, por qualquer modo, os direitos do consumidor (cláusula de não indenizar), o internauta brasileiro pode ter dado sua adesão a uma proposta de empresa ou comerciante estrangeiro domiciliado em país cuja legislação admita tal espécie de cláusula, especialmente quando informada com clareza aos consumidores. E, neste caso, não terá o aderente como evitar a limitação de seu direito.

Da mesma forma, o comerciante ou industrial brasileiro que anunciar os seus produtos no comércio virtual, deve atentar para as normas do nosso Código de Defesa do Consumidor, especialmente quanto aos requisitos da oferta. Podem ser destacadas as que exigem informações claras e precisas do produto, em português, sobre o preço, qualidade, garantia, prazos de validade, origem e eventuais riscos à saúde ou segurança do consumidor (art. 31), e as que se referem à necessidade de identificação dos fabricantes pelo nome e endereço (art. 33). Se as informações transmitidas são incompletas ou obscuras, prevalece a condição mais benéfica ao consumidor (CDC, arts. 30 e 47). E, se não forem verdadeiras, configura-se vício de fornecimento, sendo que a disparidade entre a realidade do produto ou serviço e as indicações

---

2 "Programa de computador. Direito autoral. Violação. Ocorrência. Reprodução ou utilização não autorizada. Pretendida fixação da indenização com base no proveito econômico supostamente obtido com a fraude. Inadmissibilidade, visto que a verba tem sentido puramente punitivo, não se relacionando com o dano efetivamente sofrido pela vítima, pressuposto indeclinável da responsabilidade civil" (*RT*, 788/403). "Proteção de propriedade intelectual. Necessidade da inspeção e apreensão dos programas para que seu criador possa auferir a justa compensação pelo uso indevido do *software*" (*RT*, 760/151).

constantes da mensagem publicitária, na forma dos arts. 18 e 20 do mencionado Código, caracteriza vício de qualidade.

Anote-se que essas cautelas devem ser tomadas pelo anunciante e fornecedor dos produtos e serviços, como único responsável pelas informações veiculadas, pois o titular do estabelecimento eletrônico onde é feito o anúncio não responde pela regularidade deste nos casos em que atua apenas como veículo. Do mesmo modo não responde o provedor de acesso à Internet, pois os serviços que presta são apenas instrumentais, não tendo este condições técnicas de avaliar as informações nem o direito de interceptá-las e de obstar qualquer mensagem (*v.* a propósito, no Capítulo II da Primeira Parte, item 7: *Formação dos contratos pela Internet*).

BIBLIOGRAFIA

ABRÃO, Nelson. *Curso de direito bancário*. São Paulo: Revista dos Tribunais, 1982.

ABREU FILHO, José. *O negócio jurídico e sua teoria geral*. 5. ed. São Paulo: Saraiva, 2003.

AFONSO DE ANDRÉ, Bruno. Prescrição e decadência. *Tribuna da Magistratura*. São Paulo: Apamagis, n. 127.

AGUIAR JÚNIOR, Ruy Rosado de. *Extinção dos contratos por incumprimento do devedor*. 2. ed. Rio de Janeiro: AIDE, 2003.

AGUIAR JÚNIOR, Ruy Rosado de. Projeto do Código Civil – As obrigações e os contratos. *RT*, 775/18.

ALMEIDA COSTA, Mário Júlio. *Direito das obrigações*. 8. ed. Coimbra: Coimbra Ed., 2000.

ALVES, João Luiz. *Código Civil da República dos Estados Unidos do Brasil anotado*. Rio de Janeiro: F. Briguiet, 1917. v. 3.

ALVES, Jones Figueirêdo. *Novo Código Civil comentado*. Coord. de Ricardo Fiuza. São Paulo: Saraiva, 2002.

ALVES, Jones Figueirêdo. O adimplemento substancial como elemento decisivo à preservação do contrato. *Revista Jurídica Consulex*, n. 240, jan. 2007.

ALVIM, Agostinho. *Da compra e venda e da troca*. Rio de Janeiro: Forense, 1961.

ALVIM, Agostinho. *Da doação*. São Paulo: Revista dos Tribunais, 1963.

ALVIM, Agostinho. *Da inexecução das obrigações e suas consequências*. 3. ed. São Paulo: Ed. Jurídica e Universitária, 1965.

ALVIM, Pedro. *O contrato de seguro*. 2. ed. Rio de Janeiro: Forense, 1986.

AMARAL, Francisco. *Direito civil*: introdução. 4. ed. Rio de Janeiro: Renovar.

ANTUNES VARELA, João de Deus Mattos. *Das obrigações em geral*. 2. ed. Coimbra: Livr. Almedina, 1973. v. I.

ASSIS, Araken de. *Comentários ao Código Civil brasileiro*. Coord. de Arruda Alvim e Thereza Alvim. Rio de Janeiro: Forense, 2007. v. V.

AZEVEDO, Álvaro Villaça. *Teoria geral dos contratos típicos e atípicos*. São Paulo: Atlas, 2002.

AZEVEDO, Antônio Junqueira de. Insuficiências, deficiências e desatualização do projeto de Código Civil na questão da boa-fé objetiva nos contratos. *RT*, 775/11.

AZEVEDO, Antônio Junqueira de. *Negócio jurídico*. 3. ed. São Paulo: Saraiva, 2000.

AZEVEDO JÚNIOR, José Osório. *Compromisso de compra e venda*. 2. ed. São Paulo: Saraiva, 1983.

BARASSI, Lodovico. *La teoria generalle delle obbligazione*. Milano: Giuffrè, 1948. v. II.

BASSO, Maristela. *Contratos internacionais do comércio. Negociação – Conclusão – Prática*. 2. ed. Porto Alegre: Livraria do Advogado, 1998.

BECKER, Anelise. A doutrina do adimplemento substancial no direito brasileiro em perspectiva comparativista. *Revista da Faculdade de Direito da Universidade Federal do Rio Grande do Sul*, Porto Alegre: Livraria dos Advogados, n. 1, v. 9, p. 62, nov. 1993.

BECKER, Anelise. *Teoria geral da lesão nos contratos*. São Paulo: Saraiva, 2000.

BESSONE, Darcy. *Da compra e venda – promessa e reserva de domínio*. Belo Horizonte: Editora Bernardo Álvares, 1960.

BETTI, Emílio. *Teoría general del negocio jurídico*. Madrid: Revista de Derecho Privado, s. d.

BEVILÁQUA, Clóvis. *Código Civil dos Estados Unidos do Brasil comentado*. 8. ed. São Paulo, 1950. v. IV e V.

BIERWAGEN, Mônica Yoshizato. *Princípios e regras de interpretação dos contratos no novo Código Civil*. 2. ed. São Paulo: Saraiva, 2003.

BITTAR, Carlos Alberto. *Curso de direito civil*. Rio de Janeiro: Forense Universitária, 1994. v. 1.

BITTAR, Carlos Alberto. *Direito dos contratos e dos atos unilaterais*. Rio de Janeiro: Forense Universitária, 1990.

BITTAR, Carlos Alberto. Responsabilidade civil nas atividades perigosas. In: *Responsabilidade civil*: doutrina e jurisprudência. São Paulo: Saraiva, 1984.

BORDA, Guillermo. *Manual de contratos*. Buenos Aires: Abeledo-Perrot, 1989.

BULGARELLI, Waldirio. *Contratos mercantis*. São Paulo: Atlas, 1990.

CAHALI, Yussef Said. *Divórcio e separação*. 10. ed. São Paulo: Revista dos Tribunais, 2002.

CAHALI, Yussef Said. Responsabilidade dos bancos pelo roubo em seus cofres. *RT*, 591/12.

CAMPOS, Diogo Leite de. *Contrato a favor de terceiro*. Coimbra: Almedina, 1980.

CARMONA, Carlos Alberto. *Arbitragem e processo*. 2. ed. São Paulo: Atlas, 2004.

CARVALHO DE MENDONÇA, Manoel Ignácio. *Contratos no direito civil brasileiro*. 2. ed. atual. por Achilles Beviláqua. Rio de Janeiro: Freitas Bastos, 1938.

CARVALHO SANTOS, J. M. de. *Código Civil brasileiro interpretado*. Rio de Janeiro: Freitas Bastos, 1955. v. 16.

CASES, José Maria Trepat. *Código Civil comentado*. Coord. de Álvaro Villaça Azevedo. São Paulo: Atlas, 2003. v. VIII.

CHAVES, Antônio. *Tratado de direito civil*. São Paulo: Revista dos Tribunais, 1982. v. 2.

COELHO, Fábio Ulhoa. *Curso de direito comercial*. 6. ed. São Paulo: Saraiva, 2002. v. 1.

COLIN, Ambroise; CAPITANT, Henri. *Cours élémentaire de droit civil français*. 10. ed. Paris: Dalloz, 1948. t. II.

COLTRO, Antonio Carlos Mathias. *Contrato de corretagem imobiliária*. São Paulo: Atlas, 2001.

COUTO E SILVA, Clóvis Veríssimo do. *A obrigação como processo*. São Paulo: Bushatsky, 1976.

COVELLO, Sérgio Carlos. *Contratos bancários*. São Paulo: Saraiva, 1981.

CUNHA GONÇALVES, Luiz da. *Da compra e venda no direito comercial brasileiro*. 2. ed. São Paulo: Max Limonad, 1950.

CUNHA GONÇALVES, Luiz da. *Dos contratos em especial*. Lisboa: Edições Ática, 1953.

CUNHA GONÇALVES, Luiz da. *Tratado de direito civil*. 2. ed. São Paulo: Max Limonad.

DELGADO, José Augusto. *Comentários ao novo Código Civil*. Coord. de Sálvio de Figueiredo Teixeira. Rio de Janeiro: Forense, 2004. v. XI, t. I.

DELGADO, José Augusto. Interpretação dos contratos regulados pelo Código de Proteção ao Consumidor. *Informativo Jurídico*. Biblioteca Ministro Oscar Saraiva, v. 8, n. 2.

DÍEZ-PICAZO. *Fundamentos del derecho civil patrimonial*. 5. ed. Madrid: Editorial Civitas, 1996. v. 2.

DINAMARCO, Cândido Rangel. *Fundamentos do processo civil moderno*. 3. ed. São Paulo: Malheiros Ed., 2000. t. II.

DINIZ, Maria Helena. *Tratado teórico e prático dos contratos*. 4. ed. São Paulo: Saraiva, 2002. v. 1.

ENNECCERUS, Ludwig; KIPP, Theodor; WOLFF, Martin. *Tratado de derecho civil*: derecho de obligaciones. 2. ed. Barcelona: Bosch, 1950. v. 2.

ESPÍNOLA, Eduardo. *Dos contratos nominados no direito civil brasileiro*. Rio de Janeiro: "Gazeta Judiciária", 1953.

ESPÍNOLA, Eduardo. *Garantia e extinção das obrigações*. Rio de Janeiro: Freitas Bastos, 1951.

FACHIN, Luiz Edson; BREKAILO, Uiara Andressa. Apontamentos sobre aspectos da reforma do Código Civil alemão na perspectiva de um novo arquétipo contratual. In: GONÇALVES, Fernando (Coord.). *Superior Tribunal de Justiça*: doutrina: edição comemorativa, 20 anos. Brasília: STJ, 2009.

FARIAS, Cristiano Chaves de; ROSENVALD, Nelson. *Curso de direito civil*. 4. ed. Salvador: Jus Podium, 2014; 9. ed., 2019.

FERREIRA, Waldemar. *Tratado de direito comercial*. São Paulo: Saraiva, 1963. v. XI.

FIUZA, Ricardo. *Novo Código Civil comentado*. Coord. de Ricardo Fiuza. São Paulo: Saraiva, 2002.

FRANÇA, Rubens Limongi. *Instituições de direito civil*. São Paulo: Saraiva, 1988.

GAGLIANO, Pablo Stolze; PAMPLONA FILHO, Rodolfo. *Novo curso de direito civil* – Contratos. 3. ed. São Paulo: Saraiva, 2020. v. 4.

GALGANO, Francesco. *Diritto privato*. 4. ed. Pádua, 1987.

GLANZ, Semy. Internet e contrato eletrônico. *RT*, 757/70.

GOMES, Luiz Roldão de Freitas. *Contrato*. 2. ed. Rio de Janeiro: Renovar, 2002.

GOMES, Luiz Roldão de Freitas. *Contrato com pessoa a declarar*. Rio de Janeiro: Renovar, 1994.

GOMES, Orlando. *Contratos*. 9. ed. Rio de Janeiro: Forense, 1983.

GOMES, Orlando. *Introdução ao direito civil*. 7. ed. Rio de Janeiro: Forense, 1983.

GOMES, Orlando. *Obrigações*. 4. ed. Rio de Janeiro: Forense, 1976.

GONÇALVES, Carlos Roberto. *Direito civil brasileiro* – Parte Geral. 18. ed. São Paulo: Saraiva, 2020. v. 1.

GONÇALVES, Carlos Roberto. *Direito civil brasileiro* – Teoria Geral das Obrigações. 17. ed. São Paulo: Saraiva, 2020. v. 2.

GONÇALVES, Carlos Roberto. *Responsabilidade civil*. 18. ed. São Paulo: Saraiva, 2019.

GONÇALVES, Marcus Vinicius Rios. *Curso de Direito Processual Civil*. 17. ed. São Paulo: Saraiva, 2020. v. 1.

GONÇALVES, Marcus Vinicius Rios. *Procedimentos especiais*. 3. ed. São Paulo: Saraiva, 2003 (Col. Sinopses Jurídicas, 13).

GONÇALVES, Sérgio Ricardo Marques. As assinaturas eletrônicas e o direito brasileiro. In: *Comércio eletrônico*. São Paulo: Revista dos Tribunais, 2001.

GONÇALVES, Victor Eduardo Rios. *Títulos de crédito e contratos mercantis*. São Paulo: Saraiva, 2004 (Col. Sinopses Jurídicas, 22).

GORLA, Gino. *Teoria e prática da compra e venda*. Tradução: Alcino Pinto Falcão. Rio de Janeiro: Konfino, 1960.

HIRONAKA, Giselda Maria Fernandes Novaes. Concorrência do companheiro e do cônjuge na sucessão dos descendentes. In: DELGADO, Mário Luiz; ALVES, Jones Figueirêdo (Coord.). *Questões controvertidas no novo Código Civil*. São Paulo: Método, 2003.

HIRONAKA, Giselda Maria Fernandes Novaes; TARTUCE, Flávio. A boa-fé objetiva e adimplemento substancial. In: *Direito contratual*. Temas atuais. São Paulo: Método, 2008.

HUCK, Hermes Marcelo. Pactos societários leoninos. *RT*, 760/64.

ITURRASPE, Jorge Mosset. *Contratos*. Buenos Aires, 1992.

JOSSERAND, Louis. *Derecho civil*. Buenos Aires: EJEA, 1950. t. II, v. I.

LARENZ, Karl. *Derecho de obligaciones*. Tradução esp.: Jaime Santos Briz. Madrid: Revista de Derecho Privado, 1958. t. I.

LEITE, Iolanda Moreira et al. Responsabilidade civil do construtor. In: *Responsabilidade civil*: doutrina e jurisprudência. São Paulo: Saraiva, 1984.

LÔBO, Paulo Luiz Netto. *Comentários ao Código Civil*. Coord. de Antônio Junqueira de Azevedo. São Paulo: Saraiva, 2003. v. 6.

LÔBO, Paulo Luiz Netto. *Direito civil*: contratos. 8. ed. São Paulo: Saraiva, 2022. v. 3.

LOPEZ, Teresa Ancona. *Comentários ao Código Civil*. Coord. de Antônio Junqueira de Azevedo. São Paulo: Saraiva, 2003. v. 7.

LOPEZ, Teresa Ancona. O estado de perigo como defeito do negócio jurídico. *Revista do Advogado*, Associação dos Advogados de São Paulo, dezembro/2002, n. 68.

LOTUFO, Renan. *Código Civil comentado*. São Paulo: Saraiva, 2003. v. 1.

LOTUFO, Renan. *Questões relativas a mandato, representação e procuração*. São Paulo: Saraiva, 2001.

LOUREIRO, Luiz Guilherme. *Teoria geral dos contratos no novo Código Civil*. São Paulo: Método, 2002.

LUCCA, Newton de. *Comentários ao novo Código Civil*. Coord. de Sálvio de Figueiredo Teixeira. Rio de Janeiro: Forense, 2003. v. XII.

MAIA JÚNIOR, Mairan Gonçalves. *A representação no negócio jurídico*. São Paulo: Revista dos Tribunais, 2001.

MALUF, Carlos Alberto Dabus. *As condições no direito civil*. 2. ed. São Paulo: Saraiva, 1991.

MALUF, Carlos Alberto Dabus. *Novo Código Civil comentado*. Coord. de Ricardo Fiuza. São Paulo: Saraiva, 2002.

MANSO, Eduardo Vieira. *Contratos de direito autoral*. São Paulo: Revista dos Tribunais, 1989.

MARMITT, Arnaldo. *Comodato*. Rio de Janeiro: Aide, 1991.

MARQUES, Cláudia Lima. Diálogo entre o Código de Defesa do Consumidor e o novo Código Civil: do "diálogo das fontes" no combate às cláusulas abusivas. *Revista de Direito do Consumidor*, 45/71, jan./mar. 2003.

MARTINS-COSTA, Judith. *A boa-fé no direito privado*. São Paulo: Revista dos Tribunais, 1999.

MARTINS-COSTA, Judith. O direito privado como um "sistema em construção" – as cláusulas gerais no Projeto de Código Civil brasileiro. *RT*, 753/40-41, jul. 1998.

MATTIA, Fábio Maria de. *Aparência de representação*. São Paulo: Rumo Gráfica, 1984.

MATTIETTO, Leonardo. A representação voluntária e o negócio jurídico da procuração. *Revista Trimestral de Direito Civil*, v. 4, 2000.

MAZEAUD, Henry; MAZEAUD, Léon; MAZEAUD, Jean. *Lecciones de derecho civil*. 2ª Parte, *Obligationes*. Buenos Aires: EJEA, 1969. v. I.

MAZEAUD, Henry; MAZEAUD, Léon; MAZEAUD, Jean. *Leçons de droit civil*. Paris: Éd. Montchrestien, 1969. v. 1, t. 2.

MEDEIROS DA FONSECA, Arnoldo. *Caso fortuito e teoria da imprevisão*. 3. ed. Rio de Janeiro: Forense, 1958.

MEIRELLES, Hely Lopes. *Direito de construir*. 2. ed. São Paulo: Revista dos Tribunais.

MESSINEO, Francesco. *Doctrina general del contrato*. Tradução: R. Fontanarrosa, Sentis Melendo e M. Volterra. Buenos Aires: EJEA, 1952. t. I e II.

MESSINEO, Francesco. *Manuale di diritto civile e commerciale*. Milano: Giuffrè, 1947. v. 3.

MICHELON JÚNIOR, Cláudio. *Direito restituitório*: esquecimento sem causa, pagamento indevido, gestão de negócios. São Paulo: Revista dos Tribunais, 2007.

MIRANDA LEÃO, José Francisco Lopes de. *Leasing*: o arrendamento financeiro. 2. ed. São Paulo: Malheiros, 2000.

MONTEIRO, Washington de Barros. *Curso de direito civil*. 34. ed. atual. por Carlos Alberto Dabus Maluf e Regina Beatriz Tavares da Silva. São Paulo: Saraiva, 1997. v. 5.

MORAES, Alexandre de. *Direito constitucional*. 6. ed. São Paulo: Atlas, 1999.

MOREIRA ALVES, José Carlos. *A Parte Geral do Projeto do Código Civil brasileiro*. São Paulo: Saraiva, 1986.

MOREIRA ALVES, José Carlos. *A retrovenda*. São Paulo: Revista dos Tribunais, 1987.

MOTA PINTO, Carlos Alberto da. *Teoria geral do direito civil*. Coimbra: Coimbra Ed., 1976.

NERY JUNIOR, Nelson. Contratos no Código Civil – Apontamentos gerais. In: FRANCIULLI NETTO, Domingos; MENDES, Gilmar Ferreira; MARTINS FILHO, Ives Gandra da Silva (Coord.). *O novo Código Civil*: estudos em homenagem ao Professor Miguel Reale. São Paulo: LTr, 2003.

OPICE BLUM, Renato Muller da Silva. As assinaturas eletrônicas e o direito brasileiro. In: *Comércio eletrônico*. São Paulo: Revista dos Tribunais, 2001.

OTHON SIDOU, J. M. *A revisão judicial dos contratos*. 2. ed. Rio de Janeiro: Forense, 1984.

PAGE, Henri de. *Traité élémentaire de droit civil belge*. 1941. v. 5.

PAIVA, Alfredo de Almeida. *Aspectos do contrato de empreitada*. Rio de Janeiro: Forense, 1955.

PIETNICZKA JÚNIOR, Nelson; BELON, Beatriz Marina; OLIVEIRA, Yara Letícia Cruz de. Reajuste de aluguel em tempos de Covid-19. *Revista Consultor Jurídico*, 2021.

PINTO DE CARVALHO, Luiz Camargo. Da extinção da responsabilidade dos fiadores, em contrato de locação. *Tribuna da Magistratura*. São Paulo: Apamagis, n. 128, 2003.

PLANIOL, Marcel. *Traité élémentaire de droit civil*. Paris, 1915. v. II.

PONTES DE MIRANDA, Francisco C. *Da promessa de recompensa*. Campinas: Bookseller, 2001.

PONTES DE MIRANDA, Francisco C. *Tratado de direito privado*. 3. ed. Rio de Janeiro: Borsoi, 1972. v. 35, 38, 39, 43 e 45.

PORTO, Mário Moacyr. Responsabilidade civil do construtor. *RT*, 623/11.

PORTO, Mário Moacyr. *Temas de responsabilidade civil*. São Paulo: Revista dos Tribunais, 1989.

REALE, Miguel. *O Projeto do novo Código Civil*. 2. ed. São Paulo: Saraiva, 1999.

REALE, Miguel. Um artigo-chave do Código Civil. Jornal *O Estado de S. Paulo*, de 21 de junho de 2003.

REQUIÃO, Rubens. *Do representante comercial*. 5. ed. Rio de Janeiro: Forense, 1994.

REYMOND, Jean Fréderic. *La promesse de vente pour soi ou pour son nommable*. Lausanne: Libraire de Droit F. Roth, 1945.

RIZZARDO, Arnaldo. *Contratos*. Rio de Janeiro: AIDE, 1988. v. 1.

RODRIGUES, Silvio. *Direito civil*. 28. ed. São Paulo: Saraiva, 2002. v. 3.

ROPPO, Enzo. *O contrato*. Tradução: Ana Coimbra e M. Januário C. Gomes. Coimbra: Livr. Almedina, 1988.

ROSENVALD, Nelson. O princípio da concentração na matrícula imobiliária. *Carta Forense*, mar. 1916.

RUGGIERO, Roberto de. *Instituições de direito civil*. 3. ed. Tradução: Ary dos Santos. São Paulo: Saraiva, 1973. v. III.

SANTOS, Ricardo Bechara. *Direito de seguro no cotidiano*. 3. ed. Rio de Janeiro: Forense, 2000.

SAVIGNY, Friedrich Karl von. *Sistema del diritto romano attuale*. Tradução: Vittorio Scialoja. Torino: Unione Tipográfico-Editrice, v. IV.

SCHREIBER, Anderson et al. *Código Civil comentado*: doutrina e jurisprudência. São Paulo: GEN/Forense, 2020.

SERPA LOPES, Miguel Maria de. *Curso de direito civil*. 4. ed. Rio de Janeiro: Freitas Bastos, 1962. v. III.

SERPA LOPES, Miguel Maria de. *Exceções substanciais: exceção de contrato não cumprido*. Rio de Janeiro: Freitas Bastos, 1959.

SILVA, Jorge Cesa Ferreira da. *A boa-fé e a violação positiva do contrato*. Rio de Janeiro: Renovar, 2002.

SILVA JÚNIOR, Ronaldo Lemos da. Perspectivas da regulamentação da Internet no Brasil – Uma análise social e de direito comparado. In: *Comércio eletrônico*. São Paulo: Revista dos Tribunais, 2001.

SILVA PEREIRA, Caio Mário da. Cláusula *rebus sic stantibus*. *RF*, 92/797.

SILVA PEREIRA, Caio Mário da. *Instituições de direito civil*. 11. ed. atual. por Regis Fichtner. Rio de Janeiro: Forense, 2003. v. III.

SILVA PEREIRA, Caio Mário da. *Instituições de direito civil*. 19. ed. Rio de Janeiro: Forense, 2002. v. I.

SILVA PEREIRA, Caio Mário da. *Lesão nos contratos*. 6. ed. Rio de Janeiro: Forense, 1999.

TARTUCE, Flávio. *Direito civil*. 3. ed. São Paulo: Método, 2008; 12. ed. São Paulo: Forense, 2017; 14. ed. 2019.

TARTUCE, Flávio. *Direito civil*: teoria geral dos contratos e contratos em espécie. 16. ed. São Paulo: Forense, 2021.

TARTUCE, Flávio. *Teoria geral dos contratos e contratos em espécie*. 16. ed. São Paulo: Forense, 2020.

TAVARES DA SILVA, Regina Beatriz. *Cláusula "rebus sic stantibus" ou teoria da imprevisão – revisão contratual*. Belém: CEJUP, 1989.

TELLES, Inocêncio Galvão. *Direito das obrigações*. 6. ed. Lisboa: Coimbra Ed., 1989.

TEPEDINO, Gustavo. As relações de consumo e a nova teoria contratual. In: *Temas de direito civil*. 2. ed. Rio de Janeiro: Renovar, 2001.

THEODORO DE MELO, Adriana Mandim. *Apontamentos sobre a responsabilidade civil na denúncia dos contratos de distribuição, franquia e concessão comercial.* Belo Horizonte: Movimento Editorial da Faculdade de Direito da UFMG, 2001.

THEODORO JÚNIOR, Humberto. *Apontamentos sobre a responsabilidade civil na denúncia dos contratos de distribuição, franquia e concessão comercial.* Belo Horizonte: Movimento Editorial da Faculdade de Direito da UFMG, 2001.

THEODORO JÚNIOR, Humberto. Do contrato de agência e distribuição no novo Código Civil. *RT*, 812/22.

THEODORO JÚNIOR, Humberto. Do contrato de comissão no novo Código Civil. *RT*, 814/26.

THEODORO JÚNIOR, Humberto. Do transporte de pessoas no novo Código Civil. *RT*, 807/11.

THEODORO JÚNIOR, Humberto. *O contrato e seus princípios.* 2. ed. Rio de Janeiro: AIDE, 1999.

TRABUCCHI, Alberto. *Instituciones de derecho civil.* Tradução: Luiz Martínez-Calcerrada. Madrid: Revista de Derecho Privado, 1967. v. 2.

VARELA, J. M. Antunes. *Das obrigações em geral.* 2. ed. Coimbra: Almedina, 1973. v. I.

VARELA, J. M. Antunes. *Direito das obrigações.* Rio de Janeiro: Forense, 1977. v. I.

VELOSO, Zeno. *Novo Código Civil comentado.* Coord. de Ricardo Fiuza. São Paulo: Saraiva, 2002.

VENOSA, Sílvio de Salvo. *Direito civil.* 3. e 8. ed. São Paulo: Atlas, 2003. v. II e III.

VENOSA, Sílvio de Salvo. *Lei do Inquilinato comentada.* 6. ed. São Paulo: Atlas, 2003.

VIEIRA, Jacyr de Aguilar. A autonomia da vontade no Código Civil brasileiro e no Código de Defesa do Consumidor. *RT*, 791/31.

VIVANTE, Cesare. *Trattato di diritto commerciale.* 5. ed. Milano: Francesco Vallardi, 1935. v. III.

WALD, Arnoldo. A introdução do *leasing* no Brasil. *RT*, 415/9.

WALD, Arnoldo. *Obrigações e contratos.* 14. ed. São Paulo: Revista dos Tribunais, 2000.

WHITAKER, José Maria. *Letra de câmbio.* 7. ed. São Paulo: Revista dos Tribunais, 1963.

WIELEWICKI, Luís. Contratos e Internet – Contornos de uma breve análise. In: *Comércio eletrônico.* São Paulo: Revista dos Tribunais, 2001.

ZULIANI, Ênio Santarelli. *Transação.* Rio de Janeiro: Seleções Jurídicas, 2001.

2026
10 1 2 3 4 5 6 7 8 9